חומש קורן מהדורת ישראל • בראשית

קוֹרֵן ירושלים

חומש קורן • מהדורת ישראל

בראשית
שמות
ויקרא
במדבר
דברים

הוצאת קורן ירושלים

Koren Ḥumash Yisrael, Bereshit
with Rashi & Onkelos,
Third Edition, 2016

Koren Publishers Jerusalem Ltd.
POB 4044, Jerusalem 9104001, ISRAEL
POB 8531, New Milford, CT 06776, USA

www.korenpub.com

Large size, Hardcover, color maps & additional material.
ISBN 978-965-301-675-0

Large size, Hardcover & additional material.
ISBN 978-965-301-695-8

HYB3

חומש קורן מהדורת ישראל • בראשית
עם רש״י ואונקלוס
מהדורה שלישית © תשע״ו

הוצאת קורן ירושלים
ת״ד 4044 ירושלים 9104001

www.korenpub.com

מהדורה גדולה, כריכה קשה, מפות צבעוניות ותוספות
מסת״ב: 978-965-301-675-0

מהדורה גדולה, כריכה קשה ותוספות
מסת״ב: 978-965-301-695-8

חיב3

תוכן

מבואות

פרשות

נספחים

דברי פתיחה

הקריאה בתורה בבתי הכנסת והקריאה הערבה של תינוקות של בית רבן יום־יום בבתי המדרשות היו חוסנו של העם היהודי מאז ומעולם.

שני מאורות האירו את עיניהם של ישראל בקריאה ובלימוד אלו: אונקלוס, כאלף וארבע מאות שנה אחרי מסירת התורה על ידי משה, ורש״י, כאלף שנה אחריו. חכמים אלו התקבלו כפרשני יסוד של התורה, והם המעטרים אותה בדפוסים רבים , עד לימינו, תשע מאות שנה אחרי רש״י.

למן המצאת הדפוס עמלו מדפיסי הספרים לקבוע למאורות אלה מקום מתאים בצד התורה. משימה מורכבת זו גרמה לא פעם לקשיים בעימוד שהכבידו על הלימוד והקריאה. המהדורה שבידך שואפת ליצוק את התורה על שני מפרשיה למבנה ולמראה הראויים לשאת את דבר ה׳, ולהנגישו לדור הזה. ארבע שנות עמל הושקעו בחומש זה — החל בנוסחים המדויקים ביותר וכלה בעימוד הקפדני של הדף.

לאות העברית המפורסמת שעיצב אליהו קורן ז״ל מייסד ההוצאה לתנ״ך, נוספה כעת אות חדשה שעליה עמל מר קורן אך לא זכה לראות בגמר מלאכתו. גופן ׳קורן רש״י׳ שעיצב מר קורן הוא ביטוי נוסף של אמונתו של מייסד ההוצאה כי העיצוב נועד להעצים את התוכן: מלבד הקריאות והבהירות המאפיינים את הגופן, היופי והאסתטיקה מעניקים את הכבוד הראוי לדברי רש״י. כשם שבדי ארון הברית צופו גם הם זהב, כן האותיות הנושאות את דבר ה׳ – מרהיבות ומאירות.

מהדורה מיוחדת זו רואה אור בראש ובראשונה הודות לרב כרמיאל כהן, הרב ינון חן, יהושע מילר ומיכל בריטמן שלא חסכו מאמצים להעמיד דבר מתוקן ונאה – אשריהם ואשרי חלקם. נוספים עליהם הרב דוד פוקס, הרב חנן בניהו ואפרת גרוס; אסתר באר, רינה בן גל, דניאל בר־לב, איילת דגן ואליהו משגב שעיצבו את הספר בהתאם לרף הגבוה של ההוצאה; לרב דן בארי, הרב ראובן ציגלר, אמנון מאיר, תומר מבורך, הרב דוד נתיב ואליאב סטולמן שנתנו מחכמתם למהדורה זו.

אחרית כול עלינו להודות לקב״ה שזיכה אותנו לעסוק במלאכת קודשו, ושזימן לנו את הכלים המתאימים ליצור את המצע להעברת דברו לעם ישראל. אנו תפילה שמאמצינו יישאו פרי, ומהדורה זו תשרת בנאמנות את עם ה׳, ותפרה את הקשר הנצחי שיש בינו לבין התורה, קשר המקיים את העולם, כדברי חז״ל המובאים ברש״י על הפסוק הראשון בתורה: ״׳בראשית ברא׳ - בשביל התורה... ובשביל ישראל״.

מאיר מילר, מו״ל

ערב חג מתן תורה ה׳תשע״ד, ירושלים

מבוא

למהדורה זו מעלות רבות, ולהן מגמה עיקרית - הנגשת התורה לקורא. נעמוד על העיקריות שבהן:

תורה

נוסח התורה עבר בחינה מדוקדקת על פי המסורה בידי שלושת המומחים הידועים דניאל גולדשמידט, אברהם מאיר הברמן ומאיר מדן, זכרם לברכה.

התורה מוצגת בכתב גדול בגופן 'תנ"ך קורן' בחטיבה אחת בעמוד הימני, כדי להבחין בין התורה שבכתב ובין פרשניה. חלוקה זו נועדה גם להקל את הקריאה הרציפה של התורה בבתי כנסת ובבתי ספר. במהדורה שלוש חלוקות עתיקות: החלוקה לפרשות, החלוקה לפרשות הפתוחות והסתומות והחלוקה לסדרים המסומנת בשוליים החיצוניים של העמוד. את העליות של מנחה של שבת ושני וחמישי, סימַנו בסימן: ◂. ציַינו גם בכל פרשה עוד שני מקומות אפשריים להוספת עולים על שבעת הקרואים לתורה בשבת. את ההוספות סימַנו בסימן: ★.

במהדורה זו הבדלנו בין השווא הנע והשווא הנח, וסימַנו את השווא הנע בסימן בולט יותר, למשל, נַפְשְׁךָ. באותו אופן הבדלנו בין הקמץ הרגיל לקמץ הקטן באמצעות סימן גדול לקמץ הקטן, למשל, חָכְמָה. כידוע, ישנו הבדל בין מסורת הקריאה הספרדית לאופן הקריאה שהמליצה עליו האקדמיה. כל הקמצים שבהם ישנה מחלוקת, מסומנים בטעמי המקרא באמצעות געיה. משום כך, סימַנו אותם כקמצים קטנים בהתאם להוראות האקדמיה. המקפידים על המסורה הספרדית, יקראו כל קמץ שיש בו געיה כקמץ רחב (להרחבה ראו במאמר על שיטת הניקוד המופיע באתר ההוצאה, במדור 'אודות').

לצד התורה ציינו את המצוות על פי ספר החינוך.

כמו כן, בשולי כל דף ישנה תווית ובה שם הפרשה, להקל את ההתמצאות בחומש.

תרגום אונקלוס

את נוסח התרגום, ניקודו ופיסוקו קיבלנו מאת מכון שתילי זיתים באדיבות המו"ל הרב יוסף עראקי הכהן ואדם בן נון. נוסח מבורר ומנופה זה משקף את המסורת העתיקה של קריאת התרגום בציבור, כפי שהיא נהוגה עד ימינו אלה בקהילות תימן.

ראוי לציין כי הפיסוק במסורת זו מנוגד לעתים לכללי הפיסוק לפי הטעמים, שכן לפי מסורת זו יש הפסקה בתביר ולא בטיפחא שאחריו. מכל מקום העדפנו להיצמד למסורת ברורה ולא ליצור פיסוק חדש.

התרגום מוצג בגופן 'סידור קורן' כדי להבחין בין התורה ובין התרגום. ציַינו באפור את התיבות שאינן תרגומו המילולי של הכתוב בתורה אלא הרחבה או פירוש נוסף. מובן שבכל תרגום יש מן הפירוש וקשה לקבוע במדויק, מתי המעבר לשפה אחרת הוא בגדר תרגום מילולי מדויק, ומתי יש בו תוספת או ביאור. לכן אחזנו בשיטה מצמצמת וסימַנו אך ורק מילים שבפסוקי התורה לא הייתה אף מילה התואמת לתוכנן.

רש"י

פירוש רש"י לתורה הוא מן הספרים הנפוצים ביותר בעולם התורה. בכל תפוצות ישראל הגו ושיננו חומש עם פירוש רש"י מגיל צעיר. בשל תפוצתו הגדולה של הספר בכתבי יד ובדפוסים ובשל ידי הלומדים שהרבו למשמש בדברי רש"י, עד היום לא צלחה דרכם של המבקשים להעמיד לפני הלומדים מהדורה מוסמכת של פירוש רש"י, נקייה ומנופה בלי תוספות ובלי שיבושים.

בהניחנו לפני הלומדים נוסח דברי רש"י לא התיימרנו ללכת בגדולות ובנפלאות ולומר כזה

ראה וקדש, אך עמלנו שיהיו הדברים ברורים ומדויקים כמידת יכולתנו. לנגד עינינו היו שלושה סוגים של עדי נוסח: 1. כתבי יד של פירוש רש״י, כגון: כתב יד ויימר, כתב יד וינה, כתב יד מינכן. 2. דפוסים קדומים של פירוש רש״י, כגון: רומא (ר״ל), רג׳יו די קלבריה (רל״ה), ואדי אל חאג׳ארה (רל״ו) וונציה (רפ״ד–רפ״ו). 3. מהדורות חשובות שיצאו לאור במהלך השנים, כגון: מהדורותיו של אברהם ברלינר מן המאה הי״ט, חומש אריאל ומהדורת הכתר של אוניברסיטת בר אילן שיצאה לאור בשנים האחרונות. ויותר מכולם עיינו תדיר בכתב יד לייפציג 1 (מן המאה הי״ג). המומחים ראו בו כתב יד בכיר לפירושו של רש״י לתורה, ובסיועו עלה בידינו במקומות רבים בס״ד להעמיד נוסח מדויק יותר בדברי רש״י. תודתנו נתונה למכון לתצלומי כתבי יד שבספרייה הלאומית.

מלבד הניסיון להעמיד נוסח מדויק לפירוש רש״י עמלנו גם בניקוד דברי רש״י ובפיסוקם, וגם בזה אפשר שזכינו להאיר חלק מדבריו. תודה מיוחדת למגיהים המעולים, הרב כרמיאל כהן והרב ינון חן. במקומות שבהם רש״י מזכיר בקצרה משל ואינו מצטטו ציטוט מלא, השלמנו את המשל בגופן רש״י בלא ניקוד. ראה למשל רש״י לויקרא י, ב.

פירוש רש״י מוצג בגופן החדש ׳קורן רש״י׳, גופן שעיצב אליהו קורן ז״ל לפני מותו. בעיצוב הגופן הושם דגש על יופי, קריאות ודמיון לכתב עברי מרובע. ייחודיותו של גופן זה מתבטאת בעיצוב כמה תבניות לאותיות מסוימות, למען ירוץ הקורא בו (לדוגמא האות ׳ת׳ במילים: *תלתל כתית*). גופן זה מבוסס על סגנון כתב רש״י כפי הסגנון הרווח בכתבי יד ספרדיים מן המאה הט״ו (ראו לדוגמא: פריז, הספרייה הלאומית, המחלקה העברית, 684; אוקספורד, הספרייה הבריטית, Poc. 393).

החלוקה לפרשות

לכל פרשה שער משלה ובו תרשים הסוקר את החטיבות המרכזיות של הפרשה, את ההקשר הגיאוגרפי שלה ואת טווח הזמן שבו היא מתרחשת. החטיבות נקבעו על פי החלוקה לסדרים. הוצאת קורן מחזירה עטרה ליושנה בחשיפת המשמעות שבחלוקה היהודית לסדרים. חלוקה ארצישראלית קדומה זו נועדה, ככל הנראה, להשלמת קריאת התורה אחת לשלוש שנים וחצי, פעמיים בשמיטה, וייתכן שיש זיקה בינה ובין מצוות הקהל. חלוקה ייחודית זו שונה מהחלוקה הנוצרית לפרקים, שהיא החלוקה המצויה בכל החומשים. כבר בפרק הראשון של ספר בראשית אפשר להבחין בהבדל בין החלוקה היהודית לסדרים לחלוקה הנוצרית לפרקים. לפי החלוקה הנוצרית, מסתיים פרק א בסוף היום השישי, ואילו לפי החלוקה היהודית, מסתיים סדר א אחרי היום השביעי, כלומר, סדר א מאגד בתוכו את שבעת הימים יחדיו.

בסוף כל פרשה הבאנו את ההפטרה על פי מנהגי הקריאה השונים: אשכנזי, ספרדי ותימני. בתחילת כל הפטרה שילבנו דברי רקע וביאור מאת הרב דוד נתיב, המעניקים לקורא את ההקשר הנדרש להבנת דברי הנביאים.

בסוף כל חומש מובאות עליות המפטיר, ההפטרות הנוספות והמגילות המתאימות לעונת השנה שבה קוראים את החומש.

נספחים

פרופסור זֹהר עמר הכין לכבוד מהדורה זו את נספח ׳החי והצומח בתורה׳. בנספח זה צילומים, איורים וביאורים על החיות והצמחים המופיעים בתורה שאינם מוכרים לקהל הרחב. למתעניינים בשיטת הזיהוי, אפשר לעיין באתר ההוצאה, במדור ׳אודות׳, במבוא שכתב פרופסור עמר לנספח זה.

בנספחים מפות, תרשימים ואיורים נוספים שנועדו להוסיף רקע גיאוגרפי ולבאר חזותית עניינים בתורה הזוקקים המחשה, כגון: רצף אירועי המבול, בגדי הכהונה, סדר הקרבנות ועוד. בבחירת המפות ובעיצובן הושקעה מחשבה רבה. וגם כאן ראוי ללומד המעמיק לעיין במדור ׳אודות׳ באתר ההוצאה, לתכנים המעשירים את הנספחים האלו. שם הקורא גם ימצא רשימות שכתב הרב דוד נתיב

על דרך חישוב משך הזמן שהובא בשער של כל פרשה ופרשה.

בפירושיו של רש״י לתנ״ך ולתלמוד משובצים מאות מילים וביטויים בצרפתית עתיקה, השפה שהייתה מדוברת בימיו ובמקומו של רש״י. בדרך כלל אחרי תיבות אלו רשומה המילה ׳בלעז׳, המציינת שמדובר במילה או בביטוי בלועזית. ד״ר משה קטן ז״ל (תר״פ–תשנ״ו) השווה את הנוסח בכתבי היד למצוי בספרות הצרפתית העתיקה ובספרות המחקר, זיהה את כל הלעזים ופירשם. רעייתו יקירת ירושלים, הגב׳ שולמית קטן ז״ל (תרפ״ג–תשע״ג), ניאותה בחפץ לב בשעתו להעביר את החומר לידינו ולהדפיסו, ועל כך תודתנו נתונה לה.

בסוף כל חומש ערכנו טבלה ובה מניין המצוות, הפסוקים, המילים והאותיות של כל פרשה ופרשה.

אנו מודים לר׳ פינחס טשרנפסקי שקיבץ בעבורנו את החומר.

בעמודים האחרונים של החומש הבאנו הלכות מעשיות לשעת קריאת התורה.

תודה מיוחדת לאליהו משגב על עיצוב הקליגרפיה המעטרת את כריכת הספר. עיצוב זה הוא הביטוי האומנותי של עקרונות המהדורה, בהיותו מנגיש באמצעים חדשניים סגנונות קליגרפיים מסורתיים.

למאמר המתאר את סיפור יצירת קליגרפיית הכריכה, ניתן לעיין באתר ההוצאה, במדור ׳אודות׳.

מי ייתן ויקוים בנו הכתוב: ״וְהַמַּשְׂכִּלִים יַזְהִרוּ כְּזֹהַר הָרָקִיעַ וּמַצְדִּיקֵי הָרַבִּים כַּכּוֹכָבִים לְעוֹלָם וָעֶד״ (דניאל יב, ג).

ועתה ״חֲתֹם הַסֵּפֶר״ (שם, שם ד).

יהושע מילר, עורך ראשי

הוצאת קורן ירושלים

מלכות שבמלכות ה׳תשע״ד

ברכות התורה לאשכנזים

קודם הברכה על העולה לראות היכן קוראים ולנשק את ספר התורה.
בשעת הברכה העולה אוחז בעמודי הספר.

עולה: **בָּרְכוּ אֶת יהוה הַמְבֹרָךְ.**

קהל: **בָּרוּךְ יהוה הַמְבֹרָךְ לְעוֹלָם וָעֶד.**

עולה: **בָּרוּךְ יהוה הַמְבֹרָךְ לְעוֹלָם וָעֶד.**

בָּרוּךְ אַתָּה יהוה, אֱלֹהֵינוּ מֶלֶךְ הָעוֹלָם, אֲשֶׁר בָּחַר בָּנוּ מִכָּל הָעַמִּים וְנָתַן לָנוּ אֶת תּוֹרָתוֹ. בָּרוּךְ אַתָּה יהוה, נוֹתֵן הַתּוֹרָה.

לאחר הקריאה מברך:

בָּרוּךְ אַתָּה יהוה, אֱלֹהֵינוּ מֶלֶךְ הָעוֹלָם, אֲשֶׁר נָתַן לָנוּ תּוֹרַת אֱמֶת וְחַיֵּי עוֹלָם נָטַע בְּתוֹכֵנוּ. בָּרוּךְ אַתָּה יהוה, נוֹתֵן הַתּוֹרָה.

ברכות ההפטרה

בָּרוּךְ אַתָּה יהוה אֱלֹהֵינוּ מֶלֶךְ הָעוֹלָם אֲשֶׁר בָּחַר בִּנְבִיאִים טוֹבִים, וְרָצָה בְדִבְרֵיהֶם הַנֶּאֱמָרִים בֶּאֱמֶת; בָּרוּךְ אַתָּה יהוה, הַבּוֹחֵר בַּתּוֹרָה וּבְמֹשֶׁה עַבְדּוֹ וּבְיִשְׂרָאֵל עַמּוֹ וּבִנְבִיאֵי הָאֱמֶת וָצֶדֶק.

אחר קריאת ההפטרה המפטיר מברך:

בָּרוּךְ אַתָּה יהוה, אֱלֹהֵינוּ מֶלֶךְ הָעוֹלָם, צוּר כָּל הָעוֹלָמִים, צַדִּיק בְּכָל הַדּוֹרוֹת, הָאֵל הַנֶּאֱמָן, הָאוֹמֵר וְעוֹשֶׂה, הַמְדַבֵּר וּמְקַיֵּם, שֶׁכָּל דְּבָרָיו אֱמֶת וָצֶדֶק. נֶאֱמָן אַתָּה הוּא יהוה אֱלֹהֵינוּ וְנֶאֱמָנִים דְּבָרֶיךָ, וְדָבָר אֶחָד מִדְּבָרֶיךָ אָחוֹר לֹא יָשׁוּב רֵיקָם, כִּי אֵל מֶלֶךְ נֶאֱמָן (וְרַחֲמָן) אָתָּה. בָּרוּךְ אַתָּה יהוה, הָאֵל הַנֶּאֱמָן בְּכָל דְּבָרָיו.

רַחֵם עַל צִיּוֹן כִּי הִיא בֵּית חַיֵּינוּ, וְלַעֲלוּבַת נֶפֶשׁ תּוֹשִׁיעַ בִּמְהֵרָה בְיָמֵינוּ. בָּרוּךְ אַתָּה יהוה, מְשַׂמֵּחַ צִיּוֹן בְּבָנֶיהָ.

שַׂמְּחֵנוּ יהוה אֱלֹהֵינוּ בְּאֵלִיָּהוּ הַנָּבִיא עַבְדֶּךָ, וּבְמַלְכוּת בֵּית דָּוִד מְשִׁיחֶךָ, בִּמְהֵרָה יָבוֹא וְיָגֵל לִבֵּנוּ. עַל כִּסְאוֹ לֹא יֵשֵׁב זָר, וְלֹא יִנְחֲלוּ עוֹד אֲחֵרִים אֶת כְּבוֹדוֹ, כִּי בְשֵׁם קָדְשְׁךָ נִשְׁבַּעְתָּ לּוֹ שֶׁלֹּא יִכְבֶּה נֵרוֹ לְעוֹלָם וָעֶד. בָּרוּךְ אַתָּה יהוה, מָגֵן דָּוִד.

עַל הַתּוֹרָה וְעַל הָעֲבוֹדָה וְעַל הַנְּבִיאִים וְעַל יוֹם הַשַּׁבָּת הַזֶּה, שֶׁנָּתַתָּ לָּנוּ יהוה אֱלֹהֵינוּ לִקְדֻשָּׁה וְלִמְנוּחָה, לְכָבוֹד וּלְתִפְאָרֶת. עַל הַכֹּל יהוה אֱלֹהֵינוּ אֲנַחְנוּ מוֹדִים לָךְ וּמְבָרְכִים אוֹתָךְ, יִתְבָּרַךְ שִׁמְךָ בְּפִי כָּל חַי תָּמִיד לְעוֹלָם וָעֶד. בָּרוּךְ אַתָּה יהוה, מְקַדֵּשׁ הַשַּׁבָּת.

ברכות התורה לספרדים

קודם הברכה על העולה לראות היכן קוראים ולנשק את ספר התורה.
בשעת הברכה העולה אוחז בעמודי הספר באמצעות מטפחת.

עולה: **יהוה עִמָּכֶם** קהל: **יְבָרֶכְךָ יהוה**

עולה: **(רַבָּנַן) בָּרְכוּ אֶת יהוה הַמְבֹרָךְ.**

קהל: **בָּרוּךְ יהוה הַמְבֹרָךְ לְעוֹלָם וָעֶד.**

עולה: **בָּרוּךְ יהוה הַמְבֹרָךְ לְעוֹלָם וָעֶד.**

בָּרוּךְ אַתָּה יהוה, אֱלֹהֵינוּ מֶלֶךְ הָעוֹלָם, אֲשֶׁר בָּחַר בָּנוּ מִכָּל הָעַמִּים, וְנָתַן לָנוּ אֶת תּוֹרָתוֹ. בָּרוּךְ אַתָּה יהוה, נוֹתֵן הַתּוֹרָה.

לאחר הקריאה העולה מנשק את ספר התורה ומברך:

בָּרוּךְ אַתָּה יהוה, אֱלֹהֵינוּ מֶלֶךְ הָעוֹלָם, אֲשֶׁר נָתַן לָנוּ (אֶת) תּוֹרָתוֹ תּוֹרַת אֱמֶת, וְחַיֵּי עוֹלָם נָטַע בְּתוֹכֵנוּ. בָּרוּךְ אַתָּה יהוה, נוֹתֵן הַתּוֹרָה.

ברכות ההפטרה

בָּרוּךְ אַתָּה יהוה אֱלֹהֵינוּ מֶלֶךְ הָעוֹלָם אֲשֶׁר בָּחַר בִּנְבִיאִים טוֹבִים, וְרָצָה בְדִבְרֵיהֶם הַנֶּאֱמָרִים בֶּאֱמֶת. בָּרוּךְ אַתָּה יהוה, הַבּוֹחֵר בַּתּוֹרָה וּבְמֹשֶׁה עַבְדּוֹ וּבְיִשְׂרָאֵל עַמּוֹ וּבִנְבִיאֵי הָאֱמֶת וְהַצֶּדֶק.

אחרי קריאת ההפטרה המפטיר מוסיף פסוק זה קודם הברכה:

גֹּאֲלֵנוּ יהוה צְבָאוֹת שְׁמוֹ, קְדוֹשׁ יִשְׂרָאֵל: ישעיה מז

בָּרוּךְ אַתָּה יהוה, אֱלֹהֵינוּ מֶלֶךְ הָעוֹלָם, צוּר כָּל הָעוֹלָמִים, צַדִּיק בְּכָל הַדּוֹרוֹת, הָאֵל הַנֶּאֱמָן, הָאוֹמֵר וְעוֹשֶׂה, מְדַבֵּר וּמְקַיֵּם, כִּי כָל דְּבָרָיו אֱמֶת וָצֶדֶק. נֶאֱמָן אַתָּה הוּא יהוה אֱלֹהֵינוּ וְנֶאֱמָנִים דְּבָרֶיךָ, וְדָבָר אֶחָד מִדְּבָרֶיךָ אָחוֹר לֹא יָשׁוּב רֵיקָם, כִּי אֵל מֶלֶךְ נֶאֱמָן (וְרַחֲמָן) אָתָּה. בָּרוּךְ אַתָּה יהוה, הָאֵל הַנֶּאֱמָן בְּכָל דְּבָרָיו.

רַחֵם עַל צִיּוֹן כִּי הִיא בֵּית חַיֵּינוּ, וְלַעֲלוּבַת נֶפֶשׁ תּוֹשִׁיעַ בִּמְהֵרָה בְיָמֵינוּ. בָּרוּךְ אַתָּה יהוה, מְשַׂמֵּחַ צִיּוֹן בְּבָנֶיהָ.

שַׂמְּחֵנוּ יהוה אֱלֹהֵינוּ בְּאֵלִיָּהוּ הַנָּבִיא עַבְדֶּךָ, וּבְמַלְכוּת בֵּית דָּוִד מְשִׁיחֶךָ, בִּמְהֵרָה יָבוֹא וְיָגֵל לִבֵּנוּ. עַל כִּסְאוֹ לֹא יֵשֵׁב זָר, וְלֹא יִנְחֲלוּ עוֹד אֲחֵרִים אֶת כְּבוֹדוֹ, כִּי בְשֵׁם קָדְשְׁךָ נִשְׁבַּעְתָּ לּוֹ שֶׁלֹּא יִכְבֶּה נֵרוֹ לְעוֹלָם וָעֶד. בָּרוּךְ אַתָּה יהוה, מָגֵן דָּוִד.

עַל הַתּוֹרָה וְעַל הָעֲבוֹדָה וְעַל הַנְּבִיאִים וְעַל יוֹם הַשַּׁבָּת הַזֶּה, שֶׁנָּתַתָּ לָנוּ יהוה אֱלֹהֵינוּ לִקְדֻשָּׁה וְלִמְנוּחָה, לְכָבוֹד וּלְתִפְאָרֶת. עַל הַכֹּל יהוה אֱלֹהֵינוּ אֲנַחְנוּ מוֹדִים לָךְ וּמְבָרְכִים אוֹתָךְ, יִתְבָּרַךְ שִׁמְךָ בְּפִי כָּל חַי תָּמִיד לְעוֹלָם וָעֶד. בָּרוּךְ אַתָּה יהוה, מְקַדֵּשׁ הַשַּׁבָּת. אָמֵן.

ברכות התורה לתימנים

קודם הברכה על העולה לראות היכן קוראים ולנשק את ספר התורה.
בשעת הברכה העולה אוחז ביריעת הספר באמצעות מטפחת.

עולה: **בָּרְכוּ אֶת יהוה הַמְבֹרָךְ.**

קהל ועולה: **בָּרוּךְ יהוה הַמְבֹרָךְ לְעוֹלָם וָעֶד.**

עולה: **בָּרוּךְ אַתָּה יהוה, אֱלֹהֵינוּ מֶלֶךְ הָעוֹלָם, אֲשֶׁר בָּחַר בָּנוּ מִכָּל הָעַמִּים, וְנָתַן לָנוּ אֶת תּוֹרָתוֹ. בָּרוּךְ אַתָּה יהוה, נוֹתֵן הַתּוֹרָה.**

לאחר הקריאה העולה מנשק את ספר התורה ומברך:

בָּרוּךְ אַתָּה יהוה, אֱלֹהֵינוּ מֶלֶךְ הָעוֹלָם, אֲשֶׁר נָתַן לָנוּ תּוֹרַת אֱמֶת, וְחַיֵּי עוֹלָם נָטַע בְּתוֹכֵנוּ. בָּרוּךְ אַתָּה יהוה, נוֹתֵן הַתּוֹרָה.

ברכות ההפטרה

בָּרוּךְ אַתָּה יהוה אֱלֹהֵינוּ מֶלֶךְ הָעוֹלָם אֲשֶׁר בָּחַר בִּנְבִיאִים טוֹבִים, וְרָצָה בְדִבְרֵיהֶם הַנֶּאֱמָרִים בֶּאֱמֶת; בָּרוּךְ אַתָּה יהוה, הַבּוֹחֵר בַּתּוֹרָה בְּמֹשֶׁה עַבְדּוֹ וּבְיִשְׂרָאֵל עַמּוֹ וּבִנְבִיאֵי הָאֱמֶת וְהַצֶּדֶק.

אחר קריאת ההפטרה המפטיר מברך:

בָּרוּךְ אַתָּה יהוה, אֱלֹהֵינוּ מֶלֶךְ הָעוֹלָם, צוּר כָּל הָעוֹלָמִים, הַצַּדִּיק בְּכָל הַדּוֹרוֹת, הָאֵל הַנֶּאֱמָן, הָאוֹמֵר וְעוֹשֶׂה, מְדַבֵּר וּמְקַיֵּם, אֲשֶׁר כָּל דְּבָרָיו אֱמֶת וְהַצֶּדֶק. נֶאֱמָן אַתָּה הוּא יהוה אֱלֹהֵינוּ וְנֶאֱמָנִים דְּבָרֶיךָ, וְדָבָר מִדְּבָרֶיךָ אָחוֹר לֹא יָשׁוּב רֵיקָם, כִּי אֵל נֶאֱמָן אָתָּה. בָּרוּךְ אַתָּה יהוה, הָאֵל הַנֶּאֱמָן בְּכָל דְּבָרָיו.

רַחֵם עַל צִיּוֹן כִּי הִיא בֵּית חַיֵּינוּ, וְלַעֲגוּמַת נֶפֶשׁ תִּנְקֹם נָקָם מְהֵרָה בְיָמֵינוּ וְתִבָּנֶה מְהֵרָה. בָּרוּךְ אַתָּה יהוה, בּוֹנֵה יְרוּשָׁלָיִם.

אֶת צֶמַח דָּוִד מְהֵרָה תַצְמִיחַ וְקַרְנוֹ תָרוּם בִּישׁוּעָתֶךָ. בָּרוּךְ אַתָּה יהוה, מָגֵן דָּוִד.

עַל הַתּוֹרָה וְעַל הַנְּבִיאִים וְעַל יוֹם הַמָּנוֹחַ הַזֶּה /בראש חודש: וְעַל יוֹם רֹאשׁ הַחֹדֶשׁ הַזֶּה/ **שֶׁנָּתַתָּ לָּנוּ יהוה אֱלֹהֵינוּ לִקְדֻשָּׁה וְלִמְנוּחָה, לְכָבוֹד וּלְתִפְאָרֶת. עַל הַכֹּל אָנוּ מְבָרְכִים אֶת שְׁמָךְ. בָּרוּךְ אַתָּה יהוה, מְקַדֵּשׁ הַשַּׁבָּת. אָמֵן.**

שמות הטעמים וסימניהם

אשכנזים:

מֵרְכָ֥א טִפְּחָ֖א מֻנַּ֣ח אֶתְנַחְתָּ֑א מֵרְכָ֥א טִפְּחָ֖א סוֹף־פָּסֽוּק

מַהְפַּ֤ךְ פַּשְׁטָא֙ מֻנַּ֣ח זָקֵף־קָטֹ֔ן זָקֵף־גָּד֕וֹל מֻנַּ֣ח ׀ מֻנַּ֣ח רְבִ֗יעַ

קַדְמָ֨א דַּרְגָּ֧א תְּבִ֛יר מֻנַּ֣ח זַרְקָא֮ מֻנַּ֣ח סֶגּוֹל֒ תְּ֠לִישָׁא־גְדוֹלָה

תְּלִישָׁא־קְטַנָּה֩ קַדְמָ֨א וְאַזְלָ֨א אַזְלָא־גֵּ֜רֵשׁ גֵּרְשַׁ֞יִם פָּזֵ֡ר

יְ֚תִיב שַׁלְשֶׁ֓לֶת גַּלְגַּ֪ל קַרְנֵי־פָרָ֟ה מֵרְכָא־כְפוּלָ֦ה

לְגַרְמֵր ׀ סוֹף־פָּסֽוּק

ספרדים:

זַרְקָא֮ מַקַּף־שׁוֹפָר־הוֹלֵ֣ךְ סְגוֹלְתָּא֒ פָּזֵר־גָּד֡וֹל

תְּ֠לְשָׁא תִּילְשָׁא֩ אַזְלָא־גֵּ֜רִישׁ פָּסֵק ׀ רָבִ֗יעַ שְׁנֵי־גֵרְשִׁ֞ין

דַּרְגָּ֧א תְּבִ֛יר מַאֲרִ֥יךְ טַרְחָ֖א אַתְנָ֑ח שׁוֹפָר־מְהֻפָּ֤ךְ

קַדְמָ֨א תְּרֵי־קַדְמִין֙ זָקֵף־קָטֹ֔ן זָקֵף־גָּד֕וֹל שַׁלְשֶׁ֓לֶת

גַּלְגַּ֪ל קַרְנֵי־פָרָ֟ה תְּרֵי־טַעֲמֵ֦י יְ֚תִיב סוֹף־פָּסֽוּק

תימנים:

זַרְקָא֮ מַקַּף־שׁוֹפָר־הוֹלֵ֣ךְ סְגֻלְתָּא֒ פָּזֵ֡ר תְּ֠לְשָׁא־יָמִין

תְּלְשָׁא־שְׂמֹאל֩ אָזֵ֜ל וְאָתֵ֜י פְּסִיקוּ ׀ רְבִ֗יעַ תְּרֵין־טַרְסִ֞ין

דַּרְגָּ֧א תְּבִ֛יר מַאֲרְכָ֥ה טִפְּחָ֖א אַתְנַחְתָּ֑א שׁוֹפָר־הָפ֤וּךְ

פַּשְׁטָא֙ תְּרֵין־פַּשְׁטִין֙ זָקֵף־קָטֹ֔ן זָקֵף־גָּד֕וֹל שַׁלְשֶׁ֓לֶת

גַּלְגַּ֪ל קַרְנֵי־פָרָ֟ה תְּרֵין־טַעֲמֵ֦י יְ֚תִיב סוֹף־פָּסֽוּק

אות קורן ואות רש"י

א - א	ל - ל	ם - ם
ב - ב	מ - מ	ן - ן
ג - ג	נ - נ	ץ - ץ
ד - ד	ס - ס	ף - ף
ה - ה	ע - ע	ך - ך
ו - ו	פ - פ	
ז - ז	צ - צ	
ח - ח	ק - ק	
ט - ט	ר - ר	
י - י	ש - ש	
כ - כ	ת - ת	

חלוקת ספר בראשית

<table dir="rtl">
<tr><th colspan="3">ראשית האנושות</th><th colspan="6">האבות</th><th colspan="4">יוסף ואחיו</th></tr>
<tr><td>אדם ותולדותיו</td><td>המבול</td><td>בני נח</td><td colspan="3">אברהם</td><td>יצחק</td><td colspan="2">יעקב</td><td>סבלות יוסף</td><td>מפגש יוסף ואחיו</td><td colspan="2">בית יעקב במצרים</td></tr>
<tr><td>בראשית</td><td colspan="2">נח</td><td>לך לך</td><td>וירא</td><td>חיי שרה</td><td>תולדות</td><td>ויצא</td><td>וישלח</td><td>וישב</td><td>מקץ</td><td>ויגש</td><td>ויחי</td></tr>
</table>

פרשת
בראשית

נושאים לפי סדרים	א	ב	ג	ד
	מעשה בראשית	יצירת האדם וחטאו	הגירוש מגן עדן קין והבל	מאדם עד נח
		גן עדן	מקדם לגן עדן	

1556 שנים

בראשית

א בְּרֵאשִׁית בָּרָא אֱלֹהִים אֵת הַשָּׁמַיִם וְאֵת הָאָרֶץ׃ א א
וְהָאָרֶץ הָיְתָה תֹהוּ וָבֹהוּ וְחֹשֶׁךְ עַל־פְּנֵי תְהוֹם וְרוּחַ ב
אֱלֹהִים מְרַחֶפֶת עַל־פְּנֵי הַמָּיִם׃ וַיֹּאמֶר אֱלֹהִים ג
יְהִי־אוֹר וַיְהִי־אוֹר׃ וַיַּרְא אֱלֹהִים אֶת־הָאוֹר כִּי־ ד
טוֹב וַיַּבְדֵּל אֱלֹהִים בֵּין הָאוֹר וּבֵין הַחֹשֶׁךְ׃ וַיִּקְרָא ה
אֱלֹהִים ׀ לָאוֹר יוֹם וְלַחֹשֶׁךְ קָרָא לָיְלָה וַיְהִי־עֶרֶב
וַיְהִי־בֹקֶר יוֹם אֶחָד׃
• וַיֹּאמֶר אֱלֹהִים יְהִי רָקִיעַ בְּתוֹךְ הַמָּיִם וִיהִי מַבְדִּיל ו
בֵּין מַיִם לָמָיִם׃ וַיַּעַשׂ אֱלֹהִים אֶת־הָרָקִיעַ וַיַּבְדֵּל ז
בֵּין הַמַּיִם אֲשֶׁר מִתַּחַת לָרָקִיעַ וּבֵין הַמַּיִם אֲשֶׁר

פרק א

א] **בְּרֵאשִׁית.** אָמַר רַבִּי יִצְחָק: לֹא הָיָה צָרִיךְ לְהַתְחִיל אֶת הַתּוֹרָה אֶלָּא מֵ"הַחֹדֶשׁ הַזֶּה לָכֶם" (שמות יב, ב) שֶׁהִיא מִצְוָה רִאשׁוֹנָה שֶׁנִּצְטַוּוּ יִשְׂרָאֵל. וּמַה טַּעַם פָּתַח בִּ"בְרֵאשִׁית" – מִשּׁוּם "כֹּחַ מַעֲשָׂיו הִגִּיד לְעַמּוֹ לָתֵת לָהֶם נַחֲלַת גּוֹיִם" (תהלים קיא, ו), שֶׁאִם יֹאמְרוּ אֻמּוֹת הָעוֹלָם לְיִשְׂרָאֵל: לִסְטִים אַתֶּם שֶׁכְּבַשְׁתֶּם אַרְצוֹת שִׁבְעָה גּוֹיִם, הֵם אוֹמְרִים לָהֶם: כָּל הָאָרֶץ שֶׁל הַקָּדוֹשׁ בָּרוּךְ הוּא הִיא, הוּא בְּרָאָהּ וּנְתָנָהּ לַאֲשֶׁר יָשַׁר בְּעֵינָיו, בִּרְצוֹנוֹ נְתָנָהּ לָהֶם, וּבִרְצוֹנוֹ נְטָלָהּ מֵהֶם וּנְתָנָהּ לָנוּ: **בְּרֵאשִׁית בָּרָא.** אֵין הַמִּקְרָא הַזֶּה אוֹמֵר אֶלָּא דָּרְשֵׁנִי, כְּמוֹ שֶׁדְּרָשׁוּהוּ רַבּוֹתֵינוּ ז"ל: בִּשְׁבִיל הַתּוֹרָה שֶׁנִּקְרֵאת "רֵאשִׁית דַּרְכּוֹ" (משלי ח, כב), וּבִשְׁבִיל יִשְׂרָאֵל שֶׁנִּקְרְאוּ "רֵאשִׁית תְּבוּאָתֹה" (ירמיה ב, ג). וְאִם בָּאתָ לְפָרְשׁוֹ כִּפְשׁוּטוֹ, כָּךְ פָּרְשֵׁהוּ: בְּרֵאשִׁית בְּרִיאַת שָׁמַיִם וָאָרֶץ, וְהָאָרֶץ הָיְתָה תֹהוּ וָבֹהוּ וְחֹשֶׁךְ, וַיֹּאמֶר אֱלֹהִים יְהִי אוֹר. וְלֹא בָּא הַמִּקְרָא לְהוֹרוֹת סֵדֶר הַבְּרִיאָה לוֹמַר שֶׁאֵלּוּ קָדְמוּ, שֶׁאִם בָּא לְהוֹרוֹת כָּךְ, הָיָה לוֹ לִכְתֹּב: בָּרִאשׁוֹנָה בָּרָא אֶת הַשָּׁמַיִם וְגוֹ', שֶׁאֵין לְךָ 'רֵאשִׁית' בַּמִּקְרָא שֶׁאֵינוֹ דָּבוּק לַתֵּבָה שֶׁל אַחֲרָיו, כְּמוֹ: "בְּרֵאשִׁית מַמְלֶכֶת יְהוֹיָקִם" (שם כז, א), "רֵאשִׁית מַמְלַכְתּוֹ" (בראשית י, י), "רֵאשִׁית דְּגָנְךָ"

א א ב בְּקַדְמִין בְּרָא יְיָ, יָת שְׁמַיָּא וְיָת אַרְעָא: וְאַרְעָא, הֲוָת צָדְיָא וְרֵיקָנְיָא, וַחֲשׁוֹכָא עַל אַפֵּי
ג ד תְהוֹמָא, וְרוּחָא מִן קֳדָם יְיָ, מְנַשְּׁבָא עַל אַפֵּי מַיָּא: וַאֲמַר יְיָ יְהֵי נְהוֹרָא, וַהֲוָה נְהוֹרָא: וַחֲזָא
ה יְיָ, יָת נְהוֹרָא אֲרֵי טָב, וְאַפְרֵישׁ יְיָ, בֵּין נְהוֹרָא וּבֵין חֲשׁוֹכָא: וּקְרָא יְיָ לִנְהוֹרָא יְמָמָא, וְלַחֲשׁוֹכָא
ו קְרָא לֵילְיָא, וַהֲוָה רְמַשׁ וַהֲוָה צְפַר יוֹם חַד: וַאֲמַר יְיָ, יְהֵי רְקִיעָא בִּמְצִיעוּת מַיָּא, וִיהֵי מַפְרֵישׁ,
ז בֵּין מַיָּא לְמַיָּא: וַעֲבַד יְיָ יָת רְקִיעָא, וְאַפְרֵישׁ, בֵּין מַיָּא דְּמִלְּרַע לִרְקִיעָא, וּבֵין מַיָּא, דְּמֵעַל

(דברים יח, ד). אַף כָּאן אַתָּה אוֹמֵר: "בְּרֵאשִׁית בָּרָא אֱלֹהִים" וְגוֹ' כְּמוֹ: 'בְּרֵאשִׁית בְּרֹא', וְדוֹמֶה לוֹ: "תְּחִלַּת דִּבֶּר ה' בְּהוֹשֵׁעַ", כְּלוֹמַר תְּחִלַּת דִּבּוּרוֹ שֶׁל הַקָּדוֹשׁ בָּרוּךְ הוּא בְּהוֹשֵׁעַ, "וַיֹּאמֶר ה' אֶל הוֹשֵׁעַ" וְגוֹ' (הושע א, ב). וְאִם תֹּאמַר, לְהוֹרוֹת בָּא שֶׁאֵלּוּ תְּחִלָּה נִבְרְאוּ, וּפֵרוּשׁוֹ: 'בְּרֵאשִׁית הַכֹּל בָּרָא אֵלּוּ', וְיֵשׁ לְךָ מִקְרָאוֹת שֶׁמְּקַצְּרִים לְשׁוֹנָם וּמְמַעֲטִים תֵּבָה אַחַת, כְּמוֹ: "כִּי לֹא סָגַר דַּלְתֵי בִטְנִי" (איוב ג, י) וְלֹא פֵּרֵשׁ מִי הַסּוֹגֵר, וּכְמוֹ: "יִשָּׂא אֶת חֵיל דַּמֶּשֶׂק" (ישעיה ח, ד) וְלֹא פֵּרֵשׁ מִי יִשָּׂאֶנּוּ, וּכְמוֹ: "אִם יַחֲרוֹשׁ בַּבְּקָרִים" (עמוס ו, יב) וְלֹא פֵּרֵשׁ 'אִם יַחֲרוֹשׁ אָדָם בַּבְּקָרִים', וּכְמוֹ: "מַגִּיד מֵרֵאשִׁית אַחֲרִית" (ישעיה מו, י) וְלֹא פֵּרֵשׁ 'מַגִּיד מֵרֵאשִׁית דָּבָר אַחֲרִית דָּבָר' – אִם כֵּן תְּמַהּ עַל עַצְמְךָ שֶׁהֲרֵי הַמַּיִם קָדְמוּ, שֶׁהֲרֵי כְּתִיב: "וְרוּחַ אֱלֹהִים מְרַחֶפֶת עַל פְּנֵי הַמָּיִם" (להלן פסוק ב), וַעֲדַיִן לֹא גִּלָּה הַמִּקְרָא בְּרִיַּת הַמַּיִם מָתַי הָיְתָה, לָמַדְתָּ שֶׁקָּדְמוּ לָאָרֶץ, וְעוֹד שֶׁהַשָּׁמַיִם מֵאֵשׁ וּמִמַּיִם נִבְרְאוּ, עַל כָּרְחֲךָ לֹא לִמֵּד הַמִּקְרָא בְּסֵדֶר הַמֻּקְדָּמִים וְהַמְאֻחָרִים כְּלוּם: **בָּרָא אֱלֹהִים.** וְלֹא אָמַר 'בָּרָא ה'', שֶׁבַּתְּחִלָּה עָלָה בְּמַחֲשָׁבָה לִבְרֹאתוֹ בְּמִדַּת הַדִּין, וְרָאָה שֶׁאֵין מִתְקַיֵּם, וְהִקְדִּים מִדַּת רַחֲמִים וְשִׁתְּפָהּ לְמִדַּת הַדִּין, וְהַיְנוּ דִּכְתִיב: "בְּיוֹם עֲשׂוֹת ה' אֱלֹהִים אֶרֶץ וְשָׁמָיִם" (להלן ב, ד):

ב] **תֹהוּ וָבֹהוּ.** תֹּהוּ לְשׁוֹן תֵּמַהּ וְשִׁמָּמוֹן, שֶׁאָדָם תּוֹהֶא וּמִשְׁתּוֹמֵם עַל בֹּהוּ שֶׁבָּהּ: תֹּהוּ. אישטורדישו"ן בְּלַעַז: בֹּהוּ. לְשׁוֹן רֵיקוּת וְצָדוּ: **עַל פְּנֵי תְהוֹם.** עַל פְּנֵי הַמַּיִם שֶׁעַל הָאָרֶץ: **וְרוּחַ אֱלֹהִים מְרַחֶפֶת.** כִּסֵּא הַכָּבוֹד עוֹמֵד בָּאֲוִיר וּמְרַחֵף עַל פְּנֵי הַמַּיִם בְּרוּחַ פִּיו שֶׁל הַקָּדוֹשׁ בָּרוּךְ הוּא וּבְמַאֲמָרוֹ, כְּיוֹנָה הַמְרַחֶפֶת עַל הַקֵּן, אקוביטי"ר בְּלַעַז:

ד] **וַיַּרְא אֱלֹהִים אֶת הָאוֹר כִּי טוֹב וַיַּבְדֵּל.** אַף בָּזֶה אָנוּ צְרִיכִים לְדִבְרֵי אַגָּדָה, רָאָהוּ שֶׁאֵינוֹ כְדַאי לְהִשְׁתַּמֵּשׁ בּוֹ רְשָׁעִים וְהִבְדִּילוֹ לַצַּדִּיקִים לֶעָתִיד לָבֹא. וּלְפִי פְשׁוּטוֹ, כָּךְ פָּרְשֵׁהוּ: רָאָהוּ כִּי טוֹב וְאֵין נָאֶה לוֹ וְלַחֹשֶׁךְ שֶׁיִּהְיוּ מִשְׁתַּמְּשִׁים בְּעִרְבּוּבְיָא, וְקָבַע לָזֶה תְּחוּמוֹ בַּיּוֹם וְלָזֶה תְּחוּמוֹ בַּלַּיְלָה:

ה] **יוֹם אֶחָד.** לְפִי סֵדֶר לְשׁוֹן הַפָּרָשָׁה הָיָה לוֹ לִכְתֹּב: יוֹם רִאשׁוֹן, כְּמוֹ שֶׁכָּתוּב בִּשְׁאָר הַיָּמִים: שֵׁנִי, שְׁלִישִׁי, רְבִיעִי. לָמָּה כָּתַב "אֶחָד"? עַל שֵׁם שֶׁהָיָה הַקָּדוֹשׁ בָּרוּךְ הוּא יָחִיד בְּעוֹלָמוֹ, שֶׁלֹּא נִבְרְאוּ הַמַּלְאָכִים עַד יוֹם שֵׁנִי. כָּךְ מְפֹרָשׁ בִּבְרֵאשִׁית רַבָּה (ג, ח):

ו] **יְהִי רָקִיעַ.** יֶחֱזַק הָרָקִיעַ, שֶׁאַף עַל פִּי שֶׁנִּבְרְאוּ שָׁמַיִם בְּיוֹם רִאשׁוֹן, עֲדַיִן לַחִים הָיוּ, וְקָרְשׁוּ בַּשֵּׁנִי מִגַּעֲרַת הַקָּדוֹשׁ בָּרוּךְ הוּא בְּאָמְרוֹ: "יְהִי רָקִיעַ", וְזֶהוּ שֶׁכָּתוּב: "עַמּוּדֵי שָׁמַיִם יְרוֹפָפוּ" (איוב כו, יא) כָּל יוֹם רִאשׁוֹן, וּבַשֵּׁנִי – "וְיִתְמְהוּ מִגַּעֲרָתוֹ" (שם), כְּאָדָם שֶׁמִּשְׁתּוֹמֵם וְעוֹמֵד מִגַּעֲרַת הַמְאַיֵּם עָלָיו: **בְּתוֹךְ הַמָּיִם.** בְּאֶמְצַע הַמַּיִם, שֶׁיֵּשׁ הֶפְרֵשׁ בֵּין מַיִם הָעֶלְיוֹנִים לָרָקִיעַ כְּמוֹ בֵּין הָרָקִיעַ לַמַּיִם שֶׁעַל הָאָרֶץ. הָא לָמַדְתָּ שֶׁהֵם תְּלוּיִים בְּמַאֲמָרוֹ שֶׁל מֶלֶךְ:

ז] **וַיַּעַשׂ אֱלֹהִים אֶת הָרָקִיעַ.** תִּקְּנוֹ עַל עָמְדוֹ וְהִיא עֲשִׂיָּתוֹ, כְּמוֹ: "וְעָשְׂתָה אֶת צִפָּרְנֶיהָ" (דברים

מֵעַ֣ל לָרָקִ֑יעַ וַֽיְהִי־כֵֽן׃ וַיִּקְרָ֧א אֱלֹהִ֛ים לָֽרָקִ֖יעַ ח
שָׁמָ֑יִם וַֽיְהִי־עֶ֥רֶב וַֽיְהִי־בֹ֖קֶר י֥וֹם שֵׁנִֽי׃
וַיֹּ֣אמֶר אֱלֹהִ֗ים יִקָּו֨וּ הַמַּ֜יִם מִתַּ֤חַת הַשָּׁמַ֙יִם֙ אֶל־ ט
מָק֣וֹם אֶחָ֔ד וְתֵרָאֶ֖ה הַיַּבָּשָׁ֑ה וַֽיְהִי־כֵֽן׃ וַיִּקְרָ֨א י
אֱלֹהִ֤ים ׀ לַיַּבָּשָׁה֙ אֶ֔רֶץ וּלְמִקְוֵ֥ה הַמַּ֖יִם קָרָ֣א
יַמִּ֑ים וַיַּ֥רְא אֱלֹהִ֖ים כִּי־טֽוֹב׃ וַיֹּ֣אמֶר אֱלֹהִ֗ים יא
תַּֽדְשֵׁ֤א הָאָ֙רֶץ֙ דֶּ֔שֶׁא עֵ֚שֶׂב מַזְרִ֣יעַ זֶ֔רַע עֵ֣ץ פְּרִ֞י
עֹ֤שֶׂה פְּרִי֙ לְמִינ֔וֹ אֲשֶׁ֥ר זַרְעוֹ־ב֖וֹ עַל־הָאָ֑רֶץ
וַֽיְהִי־כֵֽן׃ וַתּוֹצֵ֨א הָאָ֜רֶץ דֶּ֠שֶׁא עֵ֣שֶׂב מַזְרִ֤יעַ זֶ֙רַע֙ יב
לְמִינֵ֔הוּ וְעֵ֧ץ עֹֽשֶׂה־פְּרִ֛י אֲשֶׁ֥ר זַרְעוֹ־ב֖וֹ לְמִינֵ֑הוּ
וַיַּ֥רְא אֱלֹהִ֖ים כִּי־טֽוֹב׃ וַֽיְהִי־עֶ֥רֶב וַֽיְהִי־בֹ֖קֶר י֥וֹם יג
שְׁלִישִֽׁי׃

וַיֹּ֣אמֶר אֱלֹהִ֗ים יְהִ֤י מְאֹרֹת֙ בִּרְקִ֣יעַ הַשָּׁמַ֔יִם יד
לְהַבְדִּ֕יל בֵּ֥ין הַיּ֖וֹם וּבֵ֣ין הַלָּ֑יְלָה וְהָי֤וּ לְאֹתֹת֙
וּלְמ֣וֹעֲדִ֔ים וּלְיָמִ֖ים וְשָׁנִֽים׃ וְהָי֤וּ לִמְאוֹרֹת֙ בִּרְקִ֣יעַ טו
הַשָּׁמַ֔יִם לְהָאִ֖יר עַל־הָאָ֑רֶץ וַֽיְהִי־כֵֽן׃ וַיַּ֣עַשׂ טז
אֱלֹהִ֔ים אֶת־שְׁנֵ֥י הַמְּאֹרֹ֖ת הַגְּדֹלִ֑ים אֶת־הַמָּא֤וֹר
הַגָּדֹל֙ לְמֶמְשֶׁ֣לֶת הַיּ֔וֹם וְאֶת־הַמָּא֤וֹר הַקָּטֹן֙

(ח, יב): מֵעַל לָרָקִיעַ. 'עַל הָרָקִיעַ' לֹא נֶאֱמַר אֶלָּא "מֵעַל", לְפִי שֶׁהֵן תְּלוּיִין בָּאֲוִיר. וּמִפְּנֵי מָה לֹא נֶאֱמַר 'כִּי טוֹב' בַּשֵּׁנִי? לְפִי שֶׁלֹּא נִגְמְרָה מְלֶאכֶת הַמַּיִם עַד יוֹם שְׁלִישִׁי וַהֲרֵי הִתְחִיל בָּהּ בַּשֵּׁנִי,

ח ט לִרְקִיעָא, וַהֲוָה כֵן: וּקְרָא יְיָ, לִרְקִיעָא שְׁמַיָּא, וַהֲוָה רְמַשׁ וַהֲוָה צְפַר יוֹם תִּנְיָן: וַאֲמַר יְיָ,
י יִתְכַּנְּשׁוּן מַיָּא, מִתְּחוֹת שְׁמַיָּא לַאֲתַר חַד, וְתִתַּחְזֵי יַבֶּשְׁתָּא, וַהֲוָה כֵן: וּקְרָא יְיָ לְיַבֶּשְׁתָּא
יא אַרְעָא, וּלְבֵית כְּנִישַׁת מַיָּא קְרָא יַמְמֵי, וַחֲזָא יְיָ אֲרֵי טָב: וַאֲמַר יְיָ, תַּדְאֵית אַרְעָא דִּתְאָה,
עִסְבָּא דְּבַר זַרְעֵיהּ מִזְדְּרַע, אִילָן פֵּירִין, עָבֵיד פֵּירִין לִזְנֵיהּ, דְּבַר זַרְעֵיהּ בֵּיהּ עַל אַרְעָא,
יב וַהֲוָה כֵן: וְאַפֵּיקַת אַרְעָא, דִּתְאָה, עִסְבָּא דְּבַר זַרְעֵיהּ מִזְדְּרַע לִזְנוֹהִי, וְאִילָן עָבֵיד פֵּירִין, דְּבַר
יג יד זַרְעֵיהּ בֵּיהּ לִזְנוֹהִי, וַחֲזָא יְיָ אֲרֵי טָב: וַהֲוָה רְמַשׁ וַהֲוָה צְפַר יוֹם תְּלִיתָי: וַאֲמַר יְיָ, יְהוֹן
נְהוֹרִין בִּרְקִיעָא דִּשְׁמַיָּא, לְאַפְרָשָׁא, בֵּין יְמָמָא וּבֵין לֵילְיָא, וִיהוֹן לְאָתִין וּלְזִמְנִין,
טו וּלְמִמְנֵי בְהוֹן יוֹמִין וּשְׁנִין: וִיהוֹן לִנְהוֹרִין בִּרְקִיעָא דִּשְׁמַיָּא, לְאַנְהָרָא עַל אַרְעָא, וַהֲוָה כֵן:
טז וַעֲבַד יְיָ, יָת תְּרֵין נְהוֹרַיָּא רַבְרְבַיָּא, יָת נְהוֹרָא רַבָּא לְמִשְׁלַט בִּימָמָא, וְיָת נְהוֹרָא זְעֵירָא

וְדָבָר שֶׁלֹּא נִגְמַר אֵינוֹ בִּמְלוֹאוֹ וְטוּבוֹ, וּבַשְּׁלִישִׁי שֶׁנִּגְמְרָה מְלֶאכֶת הַמַּיִם וְהִתְחִיל וְגָמַר מְלָאכָה אַחֶרֶת, כָּפַל בּוֹ 'כִּי טוֹב' שְׁנֵי פְעָמִים (להלן פסוקים י, יב): אַחַת לִגְמַר מְלֶאכֶת הַשֵּׁנִי וְאַחַת לִגְמַר מְלֶאכֶת הַיּוֹם:

ח| וַיִּקְרָא אֱלֹהִים לָרָקִיעַ שָׁמָיִם. שָׂא מַיִם, שָׁם מַיִם, אֵשׁ וּמַיִם שֶׁעֵרְבָן זֶה בָּזֶה וְעָשָׂה מֵהֶם שָׁמַיִם:

ט| יִקָּווּ הַמַּיִם. שֶׁהָיוּ שְׁטוּחִים עַל פְּנֵי כָּל הָאָרֶץ, וְהִקְוָם בָּאוֹקְיָנוֹס, הוּא הַיָּם הַגָּדוֹל שֶׁבְּכָל הַיַּמִּים:

י| קָרָא יַמִּים. וַהֲלֹא יָם אֶחָד הוּא? אֶלָּא אֵינוֹ דּוֹמֶה טַעַם דָּג הָעוֹלֶה מִן הַיָּם בְּעַכּוֹ לְטַעַם דָּג הָעוֹלֶה מִן הַיָּם בְּאַסְפַּמְיָא:

יא| תַּדְשֵׁא הָאָרֶץ דֶּשֶׁא עֵשֶׂב. לֹא דֶּשֶׁא לְשׁוֹן עֵשֶׂב וְלֹא עֵשֶׂב לְשׁוֹן דֶּשֶׁא, וְלֹא הָיָה לְשׁוֹן הַמִּקְרָא לוֹמַר: 'תַּעֲשִׂיב הָאָרֶץ', שֶׁמִּינֵי דְשָׁאִין מְחֻלָּקִין, כָּל אֶחָד לְעַצְמוֹ נִקְרָא עֵשֶׂב פְּלוֹנִי, וְאֵין לָשׁוֹן לְמְדַבֵּר לוֹמַר דֶּשֶׁא פְּלוֹנִי, שֶׁלְּשׁוֹן דֶּשֶׁא הוּא לְבִישַׁת הָאָרֶץ כְּשֶׁהִיא מִתְמַלֵּאת בִּדְשָׁאִים: תַּדְשֵׁא. תִּתְמַלֵּא וְתִתְכַּסֶּה לְבוּשׁ עֲשָׂבִים. בִּלְשׁוֹן לַעַז נִקְרָא דֶּשֶׁא אירבי"ץ, כֻּלָּן בְּעִרְבּוּבְיָא, וְכָל שֹׁרֶשׁ לְעַצְמוֹ נִקְרָא עֵשֶׂב: מַזְרִיעַ זֶרַע. שֶׁיִּגְדַּל בּוֹ זַרְעוֹ לִזְרֹעַ מִמֶּנּוּ בְּמָקוֹם אַחֵר: עֵץ פְּרִי. שֶׁיְּהֵא טַעַם הָעֵץ כְּטַעַם הַפְּרִי. וְהִיא לֹא עָשְׂתָה כֵן, אֶלָּא וַתּוֹצֵא הָאָרֶץ עֵץ עֹשֶׂה פְּרִי, וְלֹא הָעֵץ פְּרִי, לְפִיכָךְ כְּשֶׁנִּתְקַלֵּל אָדָם עַל עֲוֹנוֹ נִפְקְדָה גַּם הִיא עַל עֲוֹנָהּ וְנִתְקַלְּלָה: אֲשֶׁר זַרְעוֹ בוֹ. הֵן גַּרְעִינֵי כָּל פְּרִי שֶׁמֵּהֶן הָאִילָן צוֹמֵחַ כְּשֶׁנּוֹטְעִין אוֹתוֹ:

יב| וַתּוֹצֵא הָאָרֶץ וְגוֹ'. אַף עַל פִּי שֶׁלֹּא נֶאֱמַר 'לְמִינֵהוּ' בִּדְשָׁאִין בְּצִוּוּיֵיהֶן, שָׁמְעוּ שֶׁנִּצְטַוּוּ הָאִילָנוֹת עַל כָּךְ וְנָשְׂאוּ קַל וָחֹמֶר בְּעַצְמָן, כַּמְפֹרָשׁ בָּאַגָּדָה בִּשְׁחִיטַת חֻלִּין (חולין ס ע"א):

יד| יְהִי מְאֹרֹת וְגוֹ'. מִיּוֹם רִאשׁוֹן נִבְרְאוּ, וּבָרְבִיעִי צִוָּה עֲלֵיהֶם לְהִתָּלוֹת בָּרָקִיעַ, וְכֵן כָּל תּוֹלְדוֹת שָׁמַיִם וָאָרֶץ נִבְרְאוּ מִיּוֹם רִאשׁוֹן וְכָל אֶחָד וְאֶחָד נִקְבַּע בַּיּוֹם שֶׁנִּגְזַר עָלָיו, הוּא שֶׁכָּתוּב (לעיל פסוק א): "אֵת הַשָּׁמַיִם" – לְרַבּוֹת תּוֹלְדוֹתֵיהֶם, "וְאֵת הָאָרֶץ" – לְרַבּוֹת תּוֹלְדוֹתֶיהָ: יְהִי מְאֹרֹת. חָסֵר וָי"ו כְּתִיב, עַל שֶׁהוּא יוֹם מְאֵרָה לִפֹּל אַסְכָּרָה בַּתִּינוֹקוֹת, הוּא שֶׁשָּׁנִינוּ: בָּרְבִיעִי הָיוּ מִתְעַנִּים עַל אַסְכָּרָה שֶׁלֹּא תִפֹּל בַּתִּינוֹקוֹת (תענית כז ע"ב): לְהַבְדִּיל בֵּין הַיּוֹם וּבֵין הַלָּיְלָה. מִשֶּׁנִּגְנַז הָאוֹר הָרִאשׁוֹן, אֲבָל בְּשִׁבְעַת יְמֵי בְרֵאשִׁית שִׁמְּשׁוּ הָאוֹר וְהַחֹשֶׁךְ הָרִאשׁוֹנִים זֶה בַּיּוֹם וְזֶה בַּלַּיְלָה: וְהָיוּ לְאֹתֹת. כְּשֶׁהַמְּאוֹרוֹת לוֹקִין סִימָן רַע הוּא לָעוֹלָם, שֶׁנֶּאֱמַר: "וּמֵאֹתוֹת הַשָּׁמַיִם אַל תֵּחָתּוּ" (ירמיה י, ב), בַּעֲשׂוֹתְכֶם רְצוֹן הַקָּדוֹשׁ בָּרוּךְ הוּא אֵין אַתֶּם צְרִיכִים לִדְאֹג מִן הַפֻּרְעָנוּת: וּלְמוֹעֲדִים. עַל שֵׁם הֶעָתִיד, שֶׁעֲתִידִים יִשְׂרָאֵל לְהִצְטַוּוֹת עַל הַמּוֹעֲדוֹת, וְהֵם נִמְנִים לְמוֹלַד הַלְּבָנָה: וּלְיָמִים. שִׁמּוּשׁ הַחַמָּה חֲצִי יוֹם וְשִׁמּוּשׁ הַלְּבָנָה חֶצְיוֹ, הֲרֵי יוֹם שָׁלֵם: וְשָׁנִים. לְסוֹף שְׁלֹשׁ מֵאוֹת וְשִׁשִּׁים וַחֲמִשָּׁה יָמִים יִגְמְרוּ מַהֲלַכְתָּן בִּשְׁנֵים עָשָׂר מַזָּלוֹת הַמְשָׁרְתִים אוֹתָם, וְהִיא שָׁנָה:

טו| וְהָיוּ לִמְאוֹרֹת. עוֹד זֹאת יְשַׁמְּשׁוּ, שֶׁיָּאִירוּ לָעוֹלָם:

טז| הַמְּאֹרֹת הַגְּדֹלִים. שָׁוִים נִבְרְאוּ, וְנִתְמַעֲטָה הַלְּבָנָה עַל שֶׁקִּטְרְגָה וְאָמְרָה: אִי אֶפְשָׁר לִשְׁנֵי

לְמֶמְשֶׁלֶת הַלַּיְלָה וְאֵת הַכּוֹכָבִים׃ וַיִּתֵּן אֹתָם יז
אֱלֹהִים בִּרְקִיעַ הַשָּׁמָיִם לְהָאִיר עַל־הָאָרֶץ׃
וְלִמְשֹׁל בַּיּוֹם וּבַלַּיְלָה וּֽלֲהַבְדִּיל בֵּין הָאוֹר וּבֵין יח
הַחֹשֶׁךְ וַיַּרְא אֱלֹהִים כִּי־טוֹב׃ וַֽיְהִי־עֶרֶב וַֽיְהִי־ יט
בֹקֶר יוֹם רְבִיעִי׃
וַיֹּאמֶר אֱלֹהִים יִשְׁרְצוּ הַמַּיִם שֶׁרֶץ נֶפֶשׁ חַיָּה כ
וְעוֹף יְעוֹפֵף עַל־הָאָרֶץ עַל־פְּנֵי רְקִיעַ הַשָּׁמָיִם׃
וַיִּבְרָא אֱלֹהִים אֶת־הַתַּנִּינִם הַגְּדֹלִים וְאֵת כא
כָּל־נֶפֶשׁ הַחַיָּה ׀ הָֽרֹמֶשֶׂת אֲשֶׁר שָׁרְצוּ הַמַּיִם
לְמִינֵהֶם וְאֵת כָּל־עוֹף כָּנָף לְמִינֵהוּ וַיַּרְא אֱלֹהִים
כִּי־טוֹב׃ וַיְבָרֶךְ אֹתָם אֱלֹהִים לֵאמֹר פְּרוּ וּרְבוּ כב
וּמִלְאוּ אֶת־הַמַּיִם בַּיַּמִּים וְהָעוֹף יִרֶב בָּאָרֶץ׃
וַֽיְהִי־עֶרֶב וַֽיְהִי־בֹקֶר יוֹם חֲמִישִׁי׃ כג
וַיֹּאמֶר אֱלֹהִים תּוֹצֵא הָאָרֶץ נֶפֶשׁ חַיָּה לְמִינָהּ כד
בְּהֵמָה וָרֶמֶשׂ וְחַֽיְתוֹ־אֶרֶץ לְמִינָהּ וַֽיְהִי־כֵן׃
וַיַּעַשׂ אֱלֹהִים אֶת־חַיַּת הָאָרֶץ לְמִינָהּ וְאֶת־ כה
הַבְּהֵמָה לְמִינָהּ וְאֵת כָּל־רֶמֶשׂ הָאֲדָמָה לְמִינֵהוּ
וַיַּרְא אֱלֹהִים כִּי־טוֹב׃ וַיֹּאמֶר אֱלֹהִים נַעֲשֶׂה כו
אָדָם בְּצַלְמֵנוּ כִּדְמוּתֵנוּ וְיִרְדּוּ בִדְגַת הַיָּם וּבְעוֹף
הַשָּׁמַיִם וּבַבְּהֵמָה וּבְכָל־הָאָרֶץ וּבְכָל־הָרֶמֶשׂ
הָרֹמֵשׂ עַל־הָאָרֶץ׃ וַיִּבְרָא אֱלֹהִים ׀ אֶת־הָאָדָם כז

יז לְמִשְׁלַט בְּלֵילְיָא, וְיָת כּוֹכְבַיָּא: וִיהַב יָתְהוֹן, יי בִּרְקִיעָא דִשְׁמַיָּא, לְאַנְהָרָא עַל אַרְעָא:
יח יט וּלְמִשְׁלַט בִּימָמָא וּבְלֵילְיָא, וּלְאַפְרָשָׁא, בֵּין נְהוֹרָא וּבֵין חֲשׁוֹכָא, וַחֲזָא יי אֲרֵי טָב: וַהֲוָה
כ רְמַשׁ וַהֲוָה צְפַר יוֹם רְבִיעָי: וַאֲמַר יי, יִרְחֲשׁוּן מַיָּא, רְחֵישׁ נַפְשָׁא חַיְתָא, וְעוֹפָא יְפָרַח
כא עַל אַרְעָא, עַל אַפֵּי רְקִיעַ שְׁמַיָּא: וּבְרָא יי, יָת תַּנִּינַיָּא רַבְרְבַיָּא, וְיָת כָּל נַפְשָׁא חַיְתָא
כב דְּרָחֲשָׁא, דְּאַרְחִישׁוּ מַיָּא לִזְנֵיהוֹן, וְיָת כָּל עוֹפָא דְּפָרַח לִזְנוֹהִי, וַחֲזָא יי אֲרֵי טָב: וּבָרֵיךְ
כג יָתְהוֹן, יי לְמֵימַר, פּוּשׁוּ וּסְגוֹ, וּמְלוֹ יָת מַיָּא בְּיַמְמַיָּא, וְעוֹפָא יִסְגֵּי בְּאַרְעָא: וַהֲוָה רְמַשׁ
כד וַהֲוָה צְפַר יוֹם חֲמִישָׁי: וַאֲמַר יי, תַּפֵּיק אַרְעָא, נַפְשָׁא חַיְתָא לִזְנַהּ, בְּעִיר וּרְחֵישׁ, וְחַיַּת אַרְעָא
כה לִזְנַהּ, וַהֲוָה כֵן: וַעֲבַד יי יָת חַיַּת אַרְעָא לִזְנַהּ, וְיָת בְּעִירָא לִזְנַהּ, וְיָת, כָּל רִחְשָׁא דְּאַרְעָא
כו לִזְנוֹהִי, וַחֲזָא יי אֲרֵי טָב: וַאֲמַר יי, נַעְבֵּיד אֱנָשָׁא, בְּצַלְמַנָא כִּדְמוּתַנָא, וְיִשְׁלְטוּן בְּנוּנֵי יַמָּא
כז וּבְעוֹפָא דִשְׁמַיָּא, וּבִבְעִירָא וּבְכָל אַרְעָא, וּבְכָל רִחְשָׁא דְּרָחֵישׁ עַל אַרְעָא: וּבְרָא יי יָת אָדָם

מְלָכִים שֶׁיִּשְׁתַּמְּשׁוּ בְּכֶתֶר אֶחָד: **וְאֵת הַכּוֹכָבִים.** עַל יְדֵי שֶׁמִּעֵט אֶת הַלְּבָנָה, הִרְבָּה צְבָאֶיהָ לְהָפִיס דַּעְתָּהּ:

כ| **נֶפֶשׁ חַיָּה.** שֶׁיְּהֵא בָהּ חִיּוּת: **שֶׁרֶץ.** כָּל דָּבָר חַי שֶׁאֵינוֹ גָבוֹהַּ מִן הָאָרֶץ קָרוּי שֶׁרֶץ, בָּעוֹף – כְּגוֹן זְבוּבִים, בַּשְּׁקָצִים – כְּגוֹן נְמָלִים וְחִפּוּשִׁית וְתוֹלָעִים, וּבַבְּרִיּוֹת – כְּגוֹן חֹלֶד וְעַכְבָּר וְחֹמֶט וְכַיּוֹצֵא בָהֶם, וְכָל הַדָּגִים:

כא| **הַתַּנִּינִם.** דָּגִים גְּדוֹלִים שֶׁבַּיָּם. וּבְדִבְרֵי אַגָּדָה: הוּא לִוְיָתָן וּבֶן זוּגוֹ, שֶׁבְּרָאָם זָכָר וּנְקֵבָה וְהָרַג אֶת הַנְּקֵבָה וּמְלָחָהּ לַצַּדִּיקִים לֶעָתִיד לָבוֹא, שֶׁאִם יִפְרוּ וְיִרְבּוּ לֹא יִתְקַיֵּם הָעוֹלָם בִּפְנֵיהֶם: **נֶפֶשׁ הַחַיָּה.** נֶפֶשׁ שֶׁיֵּשׁ בָּהּ חִיּוּת:

כב| **וַיְבָרֶךְ אֹתָם.** לְפִי שֶׁמְּחַסְּרִים אוֹתָם וְצָדִין מֵהֶן וְאוֹכְלִין אוֹתָם, הֻצְרְכוּ לִבְרָכָה. וְאַף הַחַיּוֹת הֻצְרְכוּ לִבְרָכָה, אֶלָּא מִפְּנֵי הַנָּחָשׁ הֶעָתִיד לִקְלָלָה, לְכָךְ לֹא בֵרְכָן, שֶׁלֹּא יְהֵא הוּא בַּכְּלָל: **פְּרוּ.** לְשׁוֹן פְּרִי, כְּלוֹמַר עֲשׂוּ פֵרוֹת:

כד| **תּוֹצֵא הָאָרֶץ.** הוּא שֶׁפֵּרַשְׁתִּי (לעיל פסוק יד) שֶׁהַכֹּל נִבְרָא מִיּוֹם רִאשׁוֹן וְלֹא הֻצְרְכוּ אֶלָּא לְהוֹצִיאָם: **נֶפֶשׁ חַיָּה.** שֶׁיֵּשׁ בָּהּ חִיּוּת: **וָרֶמֶשׂ.** הֵם שְׁרָצִים שֶׁהֵם נְמוּכִים וְרוֹמְשִׂים עַל הָאָרֶץ, וְנִרְאִים כְּאִלּוּ נִגְרָרִין שֶׁאֵין הִלּוּכָן נִכָּר, כָּל לְשׁוֹן רֶמֶשׂ וְשֶׁרֶץ בִּלְשׁוֹנֵנוּ קונמוברי"ש:

כה| **וַיַּעַשׂ.** תִּקֵּן לִצְבִיוֹנָן בְּקוֹמָתָן:

כו| **נַעֲשֶׂה אָדָם.** עַנְוְתָנוּתוֹ שֶׁל הַקָּדוֹשׁ בָּרוּךְ הוּא לָמַדְנוּ מִכָּאן, לְפִי שֶׁהָאָדָם בִּדְמוּת הַמַּלְאָכִים וְיִתְקַנְּאוּ בוֹ, לְפִיכָךְ נִמְלַךְ בָּהֶם. וּכְשֶׁהוּא דָן אֶת הַמְּלָכִים הוּא נִמְלָךְ בְּפָמַלְיָא שֶׁלּוֹ, שֶׁכֵּן מָצִינוּ בְּאַחְאָב שֶׁאָמַר לוֹ מִיכָה: "רָאִיתִי אֶת ה' יֹשֵׁב עַל כִּסְאוֹ וְכָל צְבָא הַשָּׁמַיִם עֹמֵד עָלָיו מִימִינוֹ וּמִשְּׂמֹאלוֹ" (מלכים א' כב, יט), וְכִי יֵשׁ יָמִין וּשְׂמֹאל לְפָנָיו? אֶלָּא אֵלּוּ מַיְמִינִים לִזְכוּת וְאֵלּוּ מַשְׂמְאִילִים לְחוֹבָה, וְכֵן: "בִּגְזֵרַת עִירִין פִּתְגָמָא וּמֵאמַר קַדִּישִׁין שְׁאֶלְתָא" (דניאל ד, יד), אַף כָּאן בְּפָמַלְיָא שֶׁלּוֹ נָטַל רְשׁוּת. אָמַר לָהֶם: יֵשׁ בָּעֶלְיוֹנִים כִּדְמוּתִי, אִם אֵין בַּתַּחְתּוֹנִים כִּדְמוּתִי הֲרֵי יֵשׁ קִנְאָה בְּמַעֲשֵׂה בְרֵאשִׁית: **נַעֲשֶׂה אָדָם.** אַף עַל פִּי שֶׁלֹּא סִיְּעוּהוּ בִּיצִירָתוֹ, וְיֵשׁ מָקוֹם לַמִּינִים לִרְדּוֹת, לֹא נִמְנַע הַכָּתוּב מִלְּלַמֵּד דֶּרֶךְ אֶרֶץ וּמִדַּת עֲנָוָה, שֶׁיְּהֵא הַגָּדוֹל נִמְלָךְ וְנוֹטֵל רְשׁוּת מִן הַקָּטָן. וְאִם כָּתַב 'אֶעֱשֶׂה אָדָם' לֹא לָמַדְנוּ שֶׁהָיָה מְדַבֵּר עִם בֵּית דִּינוֹ, אֶלָּא עִם עַצְמוֹ. וּתְשׁוּבַת הַמִּינִים כָּתַב בְּצִדּוֹ: "וַיִּבְרָא אֱלֹהִים אֶת הָאָדָם", וְלֹא כָתַב 'וַיִּבְרְאוּ': **בְּצַלְמֵנוּ.** בִּדְפוּס שֶׁלָּנוּ: **כִּדְמוּתֵנוּ.** לְהָבִין וּלְהַשְׂכִּיל: **וְיִרְדּוּ בִדְגַת הַיָּם.** יֵשׁ בַּלָּשׁוֹן הַזֶּה לְשׁוֹן רִדּוּי וּלְשׁוֹן יְרִידָה, זָכָה – רוֹדֶה בַּחַיּוֹת וּבַבְּהֵמוֹת, לֹא זָכָה – נַעֲשֶׂה יָרוּד לִפְנֵיהֶם וְהַחַיָּה מוֹשֶׁלֶת בּוֹ:

כז| **וַיִּבְרָא אֱלֹהִים אֶת הָאָדָם בְּצַלְמוֹ.** בַּדְּפוּס הֶעָשׂוּי לוֹ, שֶׁהַכֹּל נִבְרָא בְּמַאֲמָר וְהוּא בַּיָּדַיִם, שֶׁנֶּאֱמַר: "וַתָּשֶׁת עָלַי כַּפֶּכָה" (תהלים קלט, ה). נַעֲשָׂה בְּחוֹתָם כְּמַטְבֵּעַ הָעֲשׂוּיָה עַל יְדֵי רֹשֶׁם, שֶׁקּוֹרִין קוי"ן בְּלַעַז, וְכֵן הוּא אוֹמֵר: "תִּתְהַפֵּךְ כְּחֹמֶר

מצווה א
מצוות פריה ורביה

בְּצַלְמוֹ בְּצֶלֶם אֱלֹהִים בָּרָא אֹתוֹ זָכָר וּנְקֵבָה בָּרָא
אֹתָם׃ וַיְבָרֶךְ אֹתָם אֱלֹהִים וַיֹּאמֶר לָהֶם אֱלֹהִים כח
פְּרוּ וּרְבוּ וּמִלְאוּ אֶת־הָאָרֶץ וְכִבְשֻׁהָ וּרְדוּ בִּדְגַת
הַיָּם וּבְעוֹף הַשָּׁמַיִם וּבְכָל־חַיָּה הָרֹמֶשֶׂת עַל־
הָאָרֶץ׃ וַיֹּאמֶר אֱלֹהִים הִנֵּה נָתַתִּי לָכֶם אֶת־כָּל־ כט
עֵשֶׂב ׀ זֹרֵעַ זֶרַע אֲשֶׁר עַל־פְּנֵי כָל־הָאָרֶץ וְאֶת־
כָּל־הָעֵץ אֲשֶׁר־בּוֹ פְרִי־עֵץ זֹרֵעַ זָרַע לָכֶם יִהְיֶה
לְאָכְלָה׃ וּלְכָל־חַיַּת הָאָרֶץ וּלְכָל־עוֹף הַשָּׁמַיִם ל
וּלְכֹל ׀ רוֹמֵשׂ עַל־הָאָרֶץ אֲשֶׁר־בּוֹ נֶפֶשׁ חַיָּה אֶת־
כָּל־יֶרֶק עֵשֶׂב לְאָכְלָה וַיְהִי־כֵן׃ וַיַּרְא אֱלֹהִים אֶת־ לא
כָּל־אֲשֶׁר עָשָׂה וְהִנֵּה־טוֹב מְאֹד וַיְהִי־עֶרֶב וַיְהִי־
בֹקֶר יוֹם הַשִּׁשִּׁי׃

וַיְכֻלּוּ הַשָּׁמַיִם וְהָאָרֶץ וְכָל־צְבָאָם׃ וַיְכַל אֱלֹהִים א ב ב
בַּיּוֹם הַשְּׁבִיעִי מְלַאכְתּוֹ אֲשֶׁר עָשָׂה וַיִּשְׁבֹּת
בַּיּוֹם הַשְּׁבִיעִי מִכָּל־מְלַאכְתּוֹ אֲשֶׁר עָשָׂה׃
וַיְבָרֶךְ אֱלֹהִים אֶת־יוֹם הַשְּׁבִיעִי וַיְקַדֵּשׁ אֹתוֹ ג
כִּי בוֹ שָׁבַת מִכָּל־מְלַאכְתּוֹ אֲשֶׁר־בָּרָא אֱלֹהִים
לַעֲשׂוֹת׃

שני ב אֵלֶּה תוֹלְדוֹת הַשָּׁמַיִם וְהָאָרֶץ בְּהִבָּרְאָם בְּיוֹם ד
עֲשׂוֹת יְהוָה אֱלֹהִים אֶרֶץ וְשָׁמָיִם׃ וְכֹל ׀ שִׂיחַ ה
הַשָּׂדֶה טֶרֶם יִהְיֶה בָאָרֶץ וְכָל־עֵשֶׂב הַשָּׂדֶה טֶרֶם

כח בְּצַלְמֵיהּ, בְּצֶלֶם אֱלֹהִים בְּרָא יָתֵיהּ, דְּכַר וְנֻקְבָּא בְּרָא יָתְהוֹן: וּבָרֵיךְ יָתְהוֹן יְיָ, וַאֲמַר לְהוֹן יְיָ,
פּוּשׁוּ וּסְגוֹ, וּמְלוֹ יָת אַרְעָא וּתְקוּפוּ עֲלַהּ, וּשְׁלוּטוּ, בְּנוּנֵי יַמָּא וּבְעוֹפָא דִשְׁמַיָּא, וּבְכָל חַיְתָא
כט דְּרָחֲשָׁא עַל אַרְעָא: וַאֲמַר יְיָ, הָא יְהָבִית לְכוֹן, יָת כָּל עִסְבָּא דְּבַר זַרְעֵיהּ מִזְדְּרַע, דְּעַל אַפֵּי כָל
ל אַרְעָא, וְיָת כָּל אִילָן, דְּבֵיהּ פֵּירֵי אִילָנָא דְּבַר זַרְעֵיהּ מִזְדְּרַע, לְכוֹן יְהֵי לְמֵיכַל: וּלְכָל חַיַּת אַרְעָא,
וּלְכָל עוֹפָא דִשְׁמַיָּא, וּלְכֹל דְּרָחֵישׁ עַל אַרְעָא, דְּבֵיהּ נַפְשָׁא חַיְתָא, יָת כָּל יְרוֹק עִסְבָּא לְמֵיכַל,
לא ב א וַהֲוָה כֵן: וַחֲזָא יְיָ יָת כָּל דַּעֲבַד, וְהָא תַקִּין לַחְדָּא, וַהֲוָה רְמַשׁ וַהֲוָה צְפַר יוֹם שְׁתִיתָי: וְאִשְׁתַּכְלַלוּ,
ב שְׁמַיָּא וְאַרְעָא וְכָל חֵילֵיהוֹן: וְשֵׁיצִי יְיָ בְּיוֹמָא שְׁבִיעָאָה, עֲבִידְתֵיהּ דַּעֲבַד, וְנָח בְּיוֹמָא
ג שְׁבִיעָאָה, מִכָּל עֲבִידְתֵיהּ דַּעֲבַד: וּבָרֵיךְ יְיָ יָת יוֹמָא שְׁבִיעָאָה, וְקַדֵּישׁ יָתֵיהּ, אֲרֵי בֵיהּ נָח מִכָּל
ד עֲבִידְתֵיהּ, דִּבְרָא יְיָ לְמֶעְבַּד: אִלֵּין תּוֹלְדָת שְׁמַיָּא, וְאַרְעָא כַּד אִתְבְּרִיאוּ, בְּיוֹמָא, דַּעֲבַד, יְיָ
ה אֱלֹהִים אַרְעָא וּשְׁמַיָּא: וְכָל אִילָנֵי חַקְלָא, עַד לָא הֲווֹ בְאַרְעָא, וְכָל עִסְבָּא דְחַקְלָא עַד לָא

אוֹתָם" (איוב לח, יד): **בְּצֶלֶם אֱלֹהִים בָּרָא אֹתוֹ.** פֵּרֵשׁ לְךָ שֶׁאוֹתוֹ צֶלֶם הַמְתֻקָּן לוֹ צֶלֶם דְּיוֹקַן יוֹצְרוֹ הוּא: **זָכָר וּנְקֵבָה בָּרָא אֹתָם.** וּלְהַלָּן הוּא אוֹמֵר: "וַיִּקַּח אַחַת מִצַּלְעֹתָיו" וְגוֹ' (להלן ב, כא)! מִדְרַשׁ אַגָּדָה, שֶׁבְּרָאוֹ שְׁנֵי פַּרְצוּפִים בִּבְרִיאָה רִאשׁוֹנָה, וְאַחַר כָּךְ חִלְּקוֹ. וּפְשׁוּטוֹ שֶׁל מִקְרָא: כָּאן הוֹדִיעֲךָ שֶׁנִּבְרְאוּ שְׁנֵיהֶם בַּשִּׁשִּׁי, וְלֹא פֵּרֵשׁ לְךָ כֵּיצַד בְּרִיָּתָן, וּפֵרֵשׁ לְךָ בְּמָקוֹם אַחֵר:

כח| **וְכִבְשֻׁהָ.** חָסֵר וָי"ו, לְלַמֶּדְךָ שֶׁהַזָּכָר כּוֹבֵשׁ אֶת הַנְּקֵבָה שֶׁלֹּא תְּהֵא יַצְאָנִית. וְעוֹד לְלַמֶּדְךָ, שֶׁהָאִישׁ שֶׁדַּרְכּוֹ לִכְבֹּשׁ מְצֻוֶּה עַל פְּרִיָּה וּרְבִיָּה וְלֹא הָאִשָּׁה:

כט-ל| **לָכֶם יִהְיֶה לְאָכְלָה וּלְכָל חַיַּת הָאָרֶץ.** הִשְׁוָה לָהֶם הַכָּתוּב בְּהֵמוֹת וְחַיּוֹת לְמַאֲכָל, וְלֹא הִרְשָׁה לְאָדָם וּלְאִשְׁתּוֹ לְהָמִית בְּרִיָּה וְלֶאֱכֹל בָּשָׂר, אַךְ כָּל יֶרֶק עֵשֶׂב יֹאכְלוּ יַחַד כֻּלָּם. וּכְשֶׁבָּאוּ בְּנֵי נֹחַ, הִתִּיר לָהֶם בָּשָׂר, שֶׁנֶּאֱמַר: "כָּל רֶמֶשׂ אֲשֶׁר הוּא חַי וְגוֹ' כְּיֶרֶק עֵשֶׂב" שֶׁהִתַּרְתִּי לְאָדָם הָרִאשׁוֹן "נָתַתִּי לָכֶם אֶת כֹּל" (להלן ט, ג):

לא| **יוֹם הַשִּׁשִּׁי.** הוֹסִיף הֵ"א בַּשִּׁשִּׁי בִּגְמַר מַעֲשֵׂה בְרֵאשִׁית, לוֹמַר שֶׁהִתְנָה עִמָּהֶם עַל מְנָת שֶׁיְּקַבְּלוּ עֲלֵיהֶם יִשְׂרָאֵל חֲמִשָּׁה חֻמְשֵׁי תוֹרָה. דָּבָר אַחֵר, "יוֹם הַשִּׁשִּׁי", כֻּלָּם תְּלוּיִים וְעוֹמְדִים עַד יוֹם הַשִּׁשִּׁי, הוּא שִׁשִּׁי בְּסִיוָן הַמּוּכָן לְמַתַּן תּוֹרָה:

פרק ב

ב| **וַיְכַל אֱלֹהִים בַּיּוֹם הַשְּׁבִיעִי.** רַבִּי שִׁמְעוֹן אוֹמֵר: בָּשָׂר וָדָם שֶׁאֵינוֹ יוֹדֵעַ עִתָּיו וּרְגָעָיו צָרִיךְ לְהוֹסִיף מֵחוֹל עַל הַקֹּדֶשׁ, הַקָּדוֹשׁ בָּרוּךְ הוּא שֶׁיּוֹדֵעַ עִתָּיו וּרְגָעָיו, נִכְנַס בּוֹ כְּחוּט הַשַּׂעֲרָה, וְנִרְאֶה כְּאִלּוּ כִּלָּה בּוֹ בַּיּוֹם. דָּבָר אַחֵר: מֶה הָיָה הָעוֹלָם חָסֵר? מְנוּחָה, בָּאת שַׁבָּת בָּאת מְנוּחָה, כָּלְתָה וְנִגְמְרָה הַמְּלָאכָה:

ג| **וַיְבָרֶךְ וַיְקַדֵּשׁ.** בֵּרְכוֹ בַּמָּן, שֶׁכָּל יְמוֹת הַשָּׁבוּעַ יוֹרֵד לָהֶם עֹמֶר לַגֻּלְגֹּלֶת, וּבַשִּׁשִּׁי לֶחֶם מִשְׁנֶה. וְקִדְּשׁוֹ בַּמָּן שֶׁלֹּא יָרַד בּוֹ מָן כְּלָל, וְהַמִּקְרָא כָּתוּב עַל הֶעָתִיד: **אֲשֶׁר בָּרָא אֱלֹהִים לַעֲשׂוֹת.** הַמְּלָאכָה שֶׁהָיְתָה רְאוּיָה לֵעָשׂוֹת בַּשַּׁבָּת כָּפַל וַעֲשָׂאָהּ בַּשִּׁשִּׁי, כְּמוֹ שֶׁמְּפֹרָשׁ בִּבְרֵאשִׁית רַבָּה (יא, ט):

ד| **אֵלֶּה.** הָאֲמוּרִים לְמַעְלָה "תּוֹלְדוֹת הַשָּׁמַיִם וְהָאָרֶץ": **בְּהִבָּרְאָם בְּיוֹם עֲשׂוֹת ה'.** לְלַמֶּדְךָ שֶׁכֻּלָּם נִבְרְאוּ בָּרִאשׁוֹן. דָּבָר אַחֵר, "בְּהִבָּרְאָם", בְּהֵ"י בְּרָאָם, שֶׁנֶּאֱמַר: "בְּיָהּ ה' צוּר עוֹלָמִים" (ישעיה כו, ד), בִּשְׁתֵּי אוֹתִיּוֹת הַלָּלוּ שֶׁל הַשֵּׁם יָצַר שְׁנֵי עוֹלָמִים, וְלִמֶּדְךָ כָּאן שֶׁהָעוֹלָם הַזֶּה נִבְרָא בְּהֵ"י, רֶמֶז שֶׁיֵּרְדוּ הָרְשָׁעִים לְמַטָּה לִרְאוֹת שַׁחַת, כְּהֵ"י זֹאת שֶׁסְּתוּמָה מִכָּל הַצְּדָדִים וּפְתוּחָה לְמַטָּה לָרֶדֶת דֶּרֶךְ שָׁם:

ה| **טֶרֶם יִהְיֶה בָאָרֶץ.** כָּל 'טֶרֶם' שֶׁבַּמִּקְרָא לְשׁוֹן 'עַד לֹא' הוּא, וְאֵינוֹ לְשׁוֹן קֹדֶם, וְאֵינוֹ נִפְעַל לוֹמַר: הִטְרִים, כַּאֲשֶׁר יֵאָמֵר: הִקְדִּים, וְזֶה מוֹכִיחַ, וְעוֹד אַחֵר: "כִּי טֶרֶם תִּירְאוּן" (שמות ט, ל), עֲדַיִן לֹא תִירְאוּן. וְאַף זֶה תְּפָרֵשׁ: עֲדַיִן לֹא הָיָה בָּאָרֶץ כְּשֶׁנִּגְמְרָה בְּרִיאַת הָעוֹלָם בַּשִּׁשִּׁי קֹדֶם שֶׁנִּבְרָא אָדָם, וְכָל עֵשֶׂב הַשָּׂדֶה עֲדַיִן לֹא צָמַח. וּבַשְּׁלִישִׁי שֶׁכָּתוּב: "וַתּוֹצֵא הָאָרֶץ" (לעיל א, יב), עַל פֶּתַח קַרְקַע עָמְדוּ עַד יוֹם שִׁשִּׁי: **כִּי לֹא הִמְטִיר.**

יַצְמָ֑ח כִּי֩ לֹ֨א הִמְטִ֜יר יְהוָ֤ה אֱלֹהִים֙ עַל־הָאָ֔רֶץ
וְאָדָ֣ם אַ֔יִן לַֽעֲבֹ֖ד אֶת־הָֽאֲדָמָֽה׃ וְאֵ֖ד יַֽעֲלֶ֣ה מִן־ ו
הָאָ֑רֶץ וְהִשְׁקָ֖ה אֶֽת־כָּל־פְּנֵֽי־הָאֲדָמָֽה׃ וַיִּ֩יצֶר֩ ז
יְהוָ֨ה אֱלֹהִ֜ים אֶת־הָֽאָדָ֗ם עָפָר֙ מִן־הָ֣אֲדָמָ֔ה וַיִּפַּ֥ח
בְּאַפָּ֖יו נִשְׁמַ֣ת חַיִּ֑ים וַֽיְהִ֥י הָֽאָדָ֖ם לְנֶ֥פֶשׁ חַיָּֽה׃
וַיִּטַּ֞ע יְהוָ֧ה אֱלֹהִ֛ים גַּ֥ן בְּעֵ֖דֶן מִקֶּ֑דֶם וַיָּ֣שֶׂם שָׁ֔ם ח
אֶת־הָֽאָדָ֖ם אֲשֶׁ֥ר יָצָֽר׃ וַיַּצְמַ֞ח יְהוָ֤ה אֱלֹהִים֙ מִן־ ט
הָ֣אֲדָמָ֔ה כָּל־עֵ֛ץ נֶחְמָ֥ד לְמַרְאֶ֖ה וְט֣וֹב לְמַאֲכָ֑ל
וְעֵ֤ץ הַֽחַיִּים֙ בְּת֣וֹךְ הַגָּ֔ן וְעֵ֕ץ הַדַּ֖עַת ט֥וֹב וָרָֽע׃
וְנָהָר֙ יֹצֵ֣א מֵעֵ֔דֶן לְהַשְׁק֖וֹת אֶת־הַגָּ֑ן וּמִשָּׁם֙ יִפָּרֵ֔ד י
וְהָיָ֖ה לְאַרְבָּעָ֥ה רָאשִֽׁים׃ שֵׁ֥ם הָֽאֶחָ֖ד פִּישׁ֑וֹן ה֣וּא יא
הַסֹּבֵ֗ב אֵ֚ת כָּל־אֶ֣רֶץ הַֽחֲוִילָ֔ה אֲשֶׁר־שָׁ֖ם הַזָּהָֽב׃
וּֽזֲהַ֛ב הָאָ֥רֶץ הַהִ֖וא ט֑וֹב שָׁ֥ם הַבְּדֹ֖לַח וְאֶ֥בֶן יב
הַשֹּֽׁהַם׃ וְשֵֽׁם־הַנָּהָ֥ר הַשֵּׁנִ֖י גִּיח֑וֹן ה֣וּא הַסּוֹבֵ֔ב אֵ֖ת יג
כָּל־אֶ֥רֶץ כּֽוּשׁ׃ וְשֵׁ֨ם הַנָּהָ֤ר הַשְּׁלִישִׁי֙ חִדֶּ֔קֶל ה֥וּא יד
הַהֹלֵ֖ךְ קִדְמַ֣ת אַשּׁ֑וּר וְהַנָּהָ֥ר הָרְבִיעִ֖י ה֥וּא פְרָֽת׃
וַיִּקַּ֛ח יְהוָ֥ה אֱלֹהִ֖ים אֶת־הָֽאָדָ֑ם וַיַּנִּחֵ֣הוּ בְגַן־עֵ֔דֶן טו

וּמַה טַּעַם לֹא הִמְטִיר? לְפִי שֶׁאָדָם אַיִן לַעֲבֹד אֶת הָאֲדָמָה וְאֵין מַכִּיר בְּטוֹבָתָם שֶׁל גְּשָׁמִים. וּכְשֶׁבָּא אָדָם וְיָדַע שֶׁהֵם צֹרֶךְ לָעוֹלָם הִתְפַּלֵּל עֲלֵיהֶם וְיָרְדוּ, וְצָמְחוּ הָאִילָנוֹת וְהַדְּשָׁאִים: ה׳

צְמַח, אֲרֵי לָא אַחֵית, יְיָ אֱלֹהִים מִטְרָא עַל אַרְעָא, וֶאֱנָשׁ לֵית, לְמִפְלַח יָת אַדְמְתָא:
ו וַעֲנָנָא הֲוָה סָלֵיק מִן אַרְעָא, וּמַשְׁקֵי יָת כָּל אַפֵּי אַדְמְתָא: ז וּבְרָא יְיָ אֱלֹהִים יָת אָדָם, עַפְרָא
ח מִן אַרְעָא, וּנְפַח בְּאַפּוֹהִי נִשְׁמְתָא דְחַיֵי, וַהֲוָת בְּאָדָם לְרוּחַ מְמַלְּלָא: וּנְצַב, יְיָ אֱלֹהִים,
ט גִּנְתָא בְעֵדֶן מִלְקַדְמִין, וְאַשְׁרִי תַמָּן, יָת אָדָם דִּבְרָא: וְאַצְמַח, יְיָ אֱלֹהִים מִן אַרְעָא, כָּל
אִילָן, דִּמְרַגַּג לְמֶחֱזֵי וְטָב לְמֵיכַל, וְאִילַן חַיַּיָּא בִּמְצִיעוּת גִּנְתָא, וְאִילָן, דְּאָכְלֵי פֵירוֹהִי
י חָכְמִין בֵּין טָב לְבִישׁ: וְנַהֲרָא הֲוָה נָפֵיק מֵעֵדֶן, לְאַשְׁקָאָה יָת גִּנְתָא, וּמִתַּמָּן מִתְפָּרַשׁ,
יא וְהָוֵי לְאַרְבְּעָא רֵישֵׁי נַהְרִין: שׁוּם חַד פִּישׁוֹן, הוּא דְּמַקֵּיף, יָת כָּל אֲרַע חֲוִילָה, דְּתַמָּן
יב יג דַּהֲבָא: וְדַהֲבָא, דְּאַרְעָא הַהִיא טָב, תַּמָּן בְּדֻלְחָא וְאַבְנֵי בֻרְלָא: וְשׁוּם נַהֲרָא תִּנְיָנָא גִּיחוֹן,
יד הוּא דְּמַקֵּיף, יָת כָּל אֲרַע כּוּשׁ: וְשׁוּם נַהֲרָא תְּלִיתָאָה דִּגְלַת, הוּא דִּמְהַלֵּיךְ לְמַדִּנְחָא
טו דְּאַתּוּר, וְנַהֲרָא רְבִיעָאָה הוּא פְרָת: וּדְבַר, יְיָ אֱלֹהִים יָת אָדָם, וְאַשְׁרְיֵהּ בְּגִנְתָא דְעֵדֶן,

אֱלֹהִים. ה' הוּא שְׁמוֹ, אֱלֹהִים – שֶׁהוּא שַׁלִּיט וְשׁוֹפֵט עַל כֹּל, וְכֵן פֵּרוּשׁ זֶה בְּכָל מָקוֹם לְפִי פְשׁוּטוֹ: ה' שֶׁהוּא אֱלֹהִים:

ו| **וְאֵד יַעֲלֶה.** לְעִנְיַן בְּרִיָּתוֹ שֶׁל אָדָם, הֶעֱלָה הַתְּהוֹם וְהִשְׁקָה עֲנָנִים לִשְׁרוֹת הֶעָפָר וְנִבְרָא אָדָם, כְּגַבָּל זֶה שֶׁנּוֹתֵן מַיִם וְאַחַר כָּךְ לָשׁ אֶת הָעִסָּה, אַף כָּאן "וְהִשְׁקָה" וְאַחַר כָּךְ "וַיִּיצֶר":

ז| **וַיִּיצֶר.** שְׁתֵּי יְצִירוֹת, יְצִירָה לָעוֹלָם הַזֶּה וִיצִירָה לִתְחִיַּת הַמֵּתִים, אֲבָל בַּבְּהֵמָה שֶׁאֵינָהּ עוֹמֶדֶת לַדִּין, לֹא נִכְתַּב בִּיצִירָתָהּ שְׁנֵי יוּדִי"ן: **עָפָר מִן הָאֲדָמָה.** צָבַר עֲפָרוֹ מִכָּל הָאֲדָמָה מֵאַרְבַּע רוּחוֹת, שֶׁכָּל מָקוֹם שֶׁיָּמוּת שָׁם תְּהֵא קוֹלַטְתּוֹ לִקְבוּרָה. דָּבָר אַחֵר, נָטַל עֲפָרוֹ מִמָּקוֹם שֶׁנֶּאֱמַר בּוֹ: "מִזְבַּח אֲדָמָה תַּעֲשֶׂה לִּי" (שמות כ, כא), הַלְוַאי תְּהֵא לוֹ כַּפָּרָה וְיוּכַל לַעֲמֹד: **וַיִּפַּח בְּאַפָּיו.** עֲשָׂאוֹ מִן הַתַּחְתּוֹנִים וּמִן הָעֶלְיוֹנִים, גּוּף מִן הַתַּחְתּוֹנִים וּנְשָׁמָה מִן הָעֶלְיוֹנִים. לְפִי שֶׁבְּיוֹם רִאשׁוֹן נִבְרְאוּ שָׁמַיִם וָאָרֶץ, בַּשֵּׁנִי בָּרָא רָקִיעַ לָעֶלְיוֹנִים, בַּשְּׁלִישִׁי "תֵּרָאֶה הַיַּבָּשָׁה" לַתַּחְתּוֹנִים, בָּרְבִיעִי בָּרָא מְאוֹרוֹת לָעֶלְיוֹנִים, בַּחֲמִישִׁי "יִשְׁרְצוּ הַמַּיִם" לַתַּחְתּוֹנִים, הֻזְקַק הַשִּׁשִּׁי לִבְרֹאות בּוֹ בָּעֶלְיוֹנִים וּבַתַּחְתּוֹנִים, וְאִם לָאו יֵשׁ קִנְאָה בְּמַעֲשֵׂה בְרֵאשִׁית, שֶׁיִּהְיוּ אֵלּוּ רַבִּים עַל אֵלּוּ בִּבְרִיאַת יוֹם אֶחָד: **לְנֶפֶשׁ חַיָּה.** אַף בְּהֵמָה וְחַיָּה נִקְרְאוּ 'נֶפֶשׁ חַיָּה', אַךְ זוֹ שֶׁל אָדָם חַיָּה שֶׁבְּכֻלָּן, שֶׁנִּתּוֹסֵף בּוֹ דֵּעָה וְדִבּוּר:

ח| **מִקֶּדֶם.** בְּמִזְרָחוֹ שֶׁל עֵדֶן נָטַע אֶת הַגָּן. וְאִם תֹּאמַר, הֲרֵי כְּבָר כָּתַב: "וַיִּבְרָא... אֶת הָאָדָם" וְגוֹ' (לעיל א, כז)? רָאִיתִי בַּבָּרַיְתָא שֶׁל רַבִּי אֱלִיעֶזֶר בְּנוֹ שֶׁל רַבִּי יוֹסֵי הַגְּלִילִי מִשְּׁלֹשִׁים וּשְׁתַּיִם מִדּוֹת הָאַגָּדָה נִדְרֶשֶׁת, וְזוֹ אַחַת מֵהֶן: כְּלָל שֶׁלְּאַחֲרָיו מַעֲשֶׂה, הוּא פְּרָטוֹ שֶׁל רִאשׁוֹן. "וַיִּבְרָא... אֶת הָאָדָם" – זֶהוּ כְּלָל, סָתַם בְּרִיָּתוֹ מֵהֵיכָן וְסָתַם מַעֲשָׂיו. חָזַר וּפֵרַשׁ: "וַיִּיצֶר ה' אֱלֹהִים" וְגוֹ', וַיַּצְמַח לוֹ גַּן עֵדֶן וַיַּנִּיחֵהוּ בְּגַן עֵדֶן וַיַּפֵּל עָלָיו תַּרְדֵּמָה, הַשּׁוֹמֵעַ סָבוּר שֶׁהוּא מַעֲשֶׂה אַחֵר וְאֵינוֹ אֶלָּא פְּרָטוֹ שֶׁל רִאשׁוֹן. וְכֵן אֵצֶל הַבְּהֵמָה חָזַר וְכָתַב: "וַיִּצֶר ה' וְגוֹ' מִן הָאֲדָמָה כָּל חַיַּת הַשָּׂדֶה" (להלן פסוק יט), כְּדֵי לְפָרֵשׁ: "וַיָּבֵא אֶל הָאָדָם" לִקְרוֹת שֵׁם, וּלְלַמֵּד עַל הָעוֹפוֹת שֶׁנִּבְרְאוּ מִן הָרְקָק:

ט| **וַיַּצְמַח.** לְעִנְיַן הַגָּן הַכָּתוּב מְדַבֵּר: **בְּתוֹךְ הַגָּן.** בְּאֶמְצַע הַגָּן:

יא| **פִּישׁוֹן.** הוּא נִילוּס נְהַר מִצְרַיִם, וְעַל שֵׁם שֶׁמֵּימָיו מִתְבָּרְכִין וְעוֹלִין וּמַשְׁקִין אֶת הָאָרֶץ נִקְרָא "פִּישׁוֹן", כְּמוֹ: "וּפָשׁוּ פָּרָשָׁיו" (חבקוק א, ח). דָּבָר אַחֵר, "פִּישׁוֹן", שֶׁהוּא מְגַדֵּל פִּשְׁתָּן, הוּא שֶׁנֶּאֱמַר בִּישַׁעְיָה אֵצֶל מִצְרַיִם: "וּבֹשׁוּ עֹבְדֵי פִשְׁתִּים" (ישעיה יט, ט):

יג–יד| **גִּיחוֹן.** שֶׁהָיָה הוֹלֵךְ וְהוֹמֶה וְהֶמְיָתוֹ גְּדוֹלָה מְאֹד, כְּמוֹ: "וְכִי יִגַּח" (שמות כא, כח), שֶׁמְּנַגֵּחַ וְהוֹלֵךְ וְהוֹמֶה: **חִדֶּקֶל.** שֶׁמֵּימָיו חַדִּין וְקַלִּין: **פְּרָת.** שֶׁמֵּימָיו פָּרִין וְרָבִין וּמַבְרִין אֶת הָאָדָם: **כּוּשׁ וְאַשּׁוּר** – עֲדַיִן לֹא הָיוּ, וְנִכְתַּב מִקְרָא עַל הֶעָתִיד: **קִדְמַת אַשּׁוּר.** לְמִזְרָחָהּ שֶׁל אַשּׁוּר: **הוּא פְרָת.** הֶחָשׁוּב עַל כֻּלָּם, הַנִּזְכָּר עַל שֵׁם אֶרֶץ יִשְׂרָאֵל:

טו| **וַיִּקַּח.** לְקָחוֹ בִּדְבָרִים נָאִים וּפִתָּהוּ לִכָּנֵס:

לְעָבְדָ֖הּ וּלְשָׁמְרָֽהּ׃ וַיְצַו֙ יְהוָ֣ה אֱלֹהִ֔ים עַל־הָֽאָדָ֖ם טז
לֵאמֹ֑ר מִכֹּ֥ל עֵֽץ־הַגָּ֖ן אָכֹ֥ל תֹּאכֵֽל׃ וּמֵעֵ֗ץ הַדַּ֙עַת֙ יז
ט֣וֹב וָרָ֔ע לֹ֥א תֹאכַ֖ל מִמֶּ֑נּוּ כִּ֗י בְּי֛וֹם אֲכָלְךָ֥ מִמֶּ֖נּוּ
מ֥וֹת תָּמֽוּת׃ וַיֹּ֙אמֶר֙ יְהוָ֣ה אֱלֹהִ֔ים לֹא־ט֛וֹב הֱי֥וֹת יח
הָֽאָדָ֖ם לְבַדּ֑וֹ אֶֽעֱשֶׂהּ־לּ֥וֹ עֵ֖זֶר כְּנֶגְדּֽוֹ׃ וַיִּצֶר֩ יְהוָ֨ה יט
אֱלֹהִ֜ים מִן־הָֽאֲדָמָ֗ה כָּל־חַיַּ֤ת הַשָּׂדֶה֙ וְאֵת֙ כָּל־
ע֣וֹף הַשָּׁמַ֔יִם וַיָּבֵא֙ אֶל־הָ֣אָדָ֔ם לִרְא֖וֹת מַה־יִּקְרָא־
ל֑וֹ וְכֹל֩ אֲשֶׁ֨ר יִקְרָא־ל֧וֹ הָֽאָדָ֛ם נֶ֥פֶשׁ חַיָּ֖ה ה֥וּא שְׁמֽוֹ׃
שלישי וַיִּקְרָ֨א הָֽאָדָ֜ם שֵׁמ֗וֹת לְכָל־הַבְּהֵמָה֙ וּלְע֣וֹף הַשָּׁמַ֔יִם כ
וּלְכֹ֖ל חַיַּ֣ת הַשָּׂדֶ֑ה וּלְאָדָ֕ם לֹֽא־מָצָ֥א עֵ֖זֶר כְּנֶגְדּֽוֹ׃
וַיַּפֵּל֩ יְהוָ֨ה אֱלֹהִ֧ים ׀ תַּרְדֵּמָ֛ה עַל־הָאָדָ֖ם וַיִּישָׁ֑ן כא
וַיִּקַּ֗ח אַחַת֙ מִצַּלְעֹתָ֔יו וַיִּסְגֹּ֥ר בָּשָׂ֖ר תַּחְתֶּֽנָּה׃ וַיִּבֶן֩ כב
יְהוָ֨ה אֱלֹהִ֧ים ׀ אֶֽת־הַצֵּלָ֛ע אֲשֶׁר־לָקַ֥ח מִן־הָֽאָדָ֖ם
לְאִשָּׁ֑ה וַיְבִאֶ֖הָ אֶל־הָֽאָדָֽם׃ וַיֹּאמֶר֮ הָֽאָדָם֒ זֹ֣את כג
הַפַּ֗עַם עֶ֚צֶם מֵֽעֲצָמַ֔י וּבָשָׂ֖ר מִבְּשָׂרִ֑י לְזֹאת֙ יִקָּרֵ֣א
אִשָּׁ֔ה כִּ֥י מֵאִ֖ישׁ לֻֽקְחָה־זֹּֽאת׃ עַל־כֵּן֙ יַֽעֲזָב־אִ֔ישׁ כד
אֶת־אָבִ֖יו וְאֶת־אִמּ֑וֹ וְדָבַ֣ק בְּאִשְׁתּ֔וֹ וְהָי֖וּ לְבָשָׂ֥ר
אֶחָֽד׃ וַיִּֽהְי֤וּ שְׁנֵיהֶם֙ עֲרוּמִּ֔ים הָֽאָדָ֖ם וְאִשְׁתּ֑וֹ וְלֹ֖א כה
יִתְבֹּשָֽׁשׁוּ׃ וְהַנָּחָשׁ֙ הָיָ֣ה עָר֔וּם מִכֹּל֙ חַיַּ֣ת הַשָּׂדֶ֔ה א ג
אֲשֶׁ֥ר עָשָׂ֖ה יְהוָ֣ה אֱלֹהִ֑ים וַיֹּ֙אמֶר֙ אֶל־הָ֣אִשָּׁ֔ה אַ֚ף
כִּֽי־אָמַ֣ר אֱלֹהִ֔ים לֹ֣א תֹֽאכְל֔וּ מִכֹּ֖ל עֵ֥ץ הַגָּֽן׃ וַתֹּ֥אמֶר ב

טז לְמִפְלְחַהּ וּלְמִטְרַהּ: וּפַקֵּיד יְיָ אֱלֹהִים, עַל אָדָם לְמֵימַר, מִכֹּל אִילָן גִּנְתָּא מֵיכַל תֵּיכוֹל:
יז וּמֵאִילָן, דְּאָכְלֵי פֵּירוֹהִי חָכְמִין בֵּין טָב לְבִישׁ, לָא תֵיכוֹל מִנֵּיהּ, אֲרֵי, בְּיוֹמָא, דְּתֵיכוֹל מִנֵּיהּ
יח מְמָת תְּמוּת: וַאֲמַר יְיָ אֱלֹהִים, לָא תָקֵין, דִּיהֵי אָדָם בִּלְחוֹדוֹהִי, אַעֲבֵיד לֵיהּ סְמָךְ כְּקִבְלֵיהּ:
יט וּבְרָא יְיָ אֱלֹהִים מִן אַרְעָא, כָּל חֵיַת בָּרָא וְיָת כָּל עוֹפָא דִּשְׁמַיָּא, וְאַיְתִי לְוָת אָדָם, לְמִחְזֵי
כ מָא יִקְרֵי לֵיהּ, וְכֹל דַּהֲוָה קָרֵי לֵיהּ אָדָם, נַפְשָׁא חַיְתָא הוּא שְׁמֵיהּ: וּקְרָא אָדָם שְׁמָהָן, לְכָל
כא בְּעִירָא וּלְעוֹפָא דִּשְׁמַיָּא, וּלְכָל חֵיַת בָּרָא, וּלְאָדָם, לָא אַשְׁכַּח סְמָךְ כְּקִבְלֵיהּ: וּרְמָא יְיָ
כב אֱלֹהִים שִׁינְתָא, עַל אָדָם וּדְמוּךְ, וּנְסֵיב, חֲדָא מֵעִלְעוֹהִי, וּמְלָא בִסְרָא תְּחוֹתַהּ: וּבְנָא יְיָ
כג אֱלֹהִים יָת עִלְעָא, דִּנְסֵיב מִן אָדָם לְאִתְּתָא, וְאַיְתְיַהּ לְוָת אָדָם: וַאֲמַר אָדָם, הָדָא זִמְנָא,
כד גַּרְמָא מִגַּרְמַי, וּבִסְרָא מִבִּסְרִי, לְדָא יִתְקְרֵי אִתְּתָא, אֲרֵי מִבַּעְלַהּ נְסִיבָא דָא: עַל כֵּן יִשְׁבּוֹק
כה גְּבַר, בֵּית מִשְׁכְּבֵי אֲבוּהִי וְאִמֵּיהּ, וְיִדְבּוֹק בְּאִתְּתֵיהּ, וִיהוֹן לְבִסְרָא חַד: וַהֲווֹ תַרְוֵיהוֹן
ג א עַרְטִלָּאִין, אָדָם וְאִתְּתֵיהּ, וְלָא מִתְכַּלְמִין: וְחִוְיָא הֲוָה חֲכִים, מִכֹּל חֵיַת בָּרָא, דַּעֲבַד יְיָ
ב אֱלֹהִים, וַאֲמַר לְאִתְּתָא, בְּקֻשְׁטָא אֲרֵי אֲמַר יְיָ, לָא תֵיכְלוּן, מִכֹּל אִילָן גִּנְתָּא: וַאֲמַרַת

יח| **לֹא טוֹב הֱיוֹת וְגוֹ׳.** שֶׁלֹּא יֹאמְרוּ שְׁתֵּי רָשׁוּיוֹת הֵן, הַקָּדוֹשׁ בָּרוּךְ הוּא בָּעֶלְיוֹנִים יָחִיד וְאֵין לוֹ זוּג וְזֶה בַּתַּחְתּוֹנִים אֵין לוֹ זוּג: **עֵזֶר כְּנֶגְדּוֹ.** זָכָה – ׳עֵזֶר׳, לֹא זָכָה – ׳כְּנֶגְדּוֹ׳ לְהִלָּחֵם:

יט| **וַיִּצֶר... מִן הָאֲדָמָה.** הִיא יְצִירָה הִיא עֲשִׂיָּה הָאֲמוּרָה לְמַעְלָה: "וַיַּעַשׂ אֱלֹהִים אֶת חַיַּת הָאָרֶץ" וְגוֹ׳ (לעיל א, כה), אֶלָּא בָּא וּפֵרֵשׁ שֶׁהָעוֹפוֹת נִבְרְאוּ מִן הָרְקָק, לְפִי שֶׁאָמַר לְמַעְלָה (לעיל א, כ) מִן הַמַּיִם נִבְרְאוּ, וְכָאן אָמַר מִן הָאָרֶץ נִבְרְאוּ. וְעוֹד לִמֶּדְךָ כָּאן, שֶׁבִּשְׁעַת יְצִירָתָן מִיָּד בּוֹ בַּיּוֹם הֱבִיאָם אֶל הָאָדָם לִקְרוֹת לָהֶם שֵׁם. וּבְדִבְרֵי אַגָּדָה יְצִירָה זוֹ לְשׁוֹן רִדּוּי וְכִבּוּשׁ, כְּמוֹ: "כִּי תָצוּר אֶל עִיר" (דברים כ, יט), שֶׁכְּבָשָׁן תַּחַת יָדוֹ שֶׁל אָדָם: **וְכֹל אֲשֶׁר יִקְרָא לוֹ הָאָדָם נֶפֶשׁ חַיָּה וְגוֹ׳.** סָרְסֵהוּ וּפָרְשֵׁהוּ: כָּל נֶפֶשׁ חַיָּה אֲשֶׁר יִקְרָא לוֹ הָאָדָם שֵׁם, הוּא שְׁמוֹ לְעוֹלָם:

כ-כא| **וּלְאָדָם לֹא מָצָא עֵזֶר. וַיַּפֵּל ה׳ אֱלֹהִים תַּרְדֵּמָה.** כְּשֶׁהֱבִיאָן, הֱבִיאָן לְפָנָיו כָּל מִין וָמִין זָכָר וּנְקֵבָה, אָמַר: לְכֻלָּם יֵשׁ בֶּן זוּג וְלִי אֵין בֶּן זוּג, מִיָּד "וַיַּפֵּל": **מִצַּלְעֹתָיו.** מִסִּטְרָיו, כְּמוֹ: "וּלְצֶלַע הַמִּשְׁכָּן" (שמות כו, כ), זֶהוּ שֶׁאָמַרְנוּ (ברכות סא ע״א): שְׁנֵי פַּרְצוּפִין נִבְרְאוּ: **וַיִּסְגֹּר.** מְקוֹם הַחֲתָךְ: **וַיִּישַׁן וַיִּקַּח.** שֶׁלֹּא יִרְאֶה חֲתִיכַת הַבָּשָׂר שֶׁמִּמֶּנּוּ נִבְרֵאת וְתִתְבַּזֶּה עָלָיו:

כב| **וַיִּבֶן.** כְּבִנְיָן, רְחָבָה מִלְּמַטָּה וּקְצָרָה מִלְמַעְלָה לְקַבֵּל הַוָּלָד, כְּאוֹצָר שֶׁל חִטִּים שֶׁהוּא רָחָב מִלְּמַטָּה וְקָצָר מִלְמַעְלָה שֶׁלֹּא יַכְבִּיד מַשָּׂאוֹ עַל קִירוֹתָיו: **וַיִּבֶן... אֶת הַצֵּלָע... לְאִשָּׁה.** לִהְיוֹת אִשָּׁה, כְּמוֹ: "וַיַּעַשׂ אוֹתוֹ גִּדְעוֹן לְאֵפוֹד" (שופטים ח, כז), לִהְיוֹת אֵפוֹד:

כג| **זֹאת הַפַּעַם.** מְלַמֵּד שֶׁבָּא אָדָם עַל כָּל בְּהֵמָה וְחַיָּה וְלֹא נִתְקָרְרָה דַּעְתּוֹ בָּהֶם: **לְזֹאת יִקָּרֵא אִשָּׁה כִּי מֵאִישׁ וְגוֹ׳.** לָשׁוֹן נוֹפֵל עַל לָשׁוֹן, מִכָּאן שֶׁנִּבְרָא הָעוֹלָם בִּלְשׁוֹן הַקֹּדֶשׁ:

כד| **עַל כֵּן יַעֲזָב אִישׁ.** רוּחַ הַקֹּדֶשׁ אוֹמֶרֶת כֵּן, לֶאֱסֹר עַל בְּנֵי נֹחַ עֲרָיוֹת: **לְבָשָׂר אֶחָד.** הַוָּלָד נוֹצָר עַל יְדֵי שְׁנֵיהֶם, וְשָׁם נַעֲשֶׂה בְּשָׂרָם אֶחָד:

כה| **וְלֹא יִתְבֹּשָׁשׁוּ.** שֶׁלֹּא הָיוּ יוֹדְעִים דֶּרֶךְ צְנִיעוּת לְהַבְחִין בֵּין טוֹב לָרָע, וְאַף עַל פִּי שֶׁנִּתְּנָה בּוֹ דֵּעָה לִקְרֹא שֵׁמוֹת, לֹא נִתַּן בּוֹ יֵצֶר הָרָע עַד אָכְלוֹ מִן הָעֵץ, וְנִכְנַס בּוֹ יֵצֶר הָרָע וְיָדַע מַה בֵּין טוֹב לָרָע:

פרק ג

א| **וְהַנָּחָשׁ הָיָה עָרוּם.** מָה עִנְיָן זֶה לְכָאן? הָיָה לוֹ לִסְמֹךְ: "וַיַּעַשׂ... לְאָדָם וּלְאִשְׁתּוֹ כָּתְנוֹת עוֹר וַיַּלְבִּשֵׁם" (להלן פסוק כא)! אֶלָּא לִמֶּדְךָ מֵאֵיזוֹ עֵצָה קָפַץ הַנָּחָשׁ עֲלֵיהֶם, רָאָה אוֹתָם עֲרֻמִּים וְעוֹסְקִים בְּתַשְׁמִישׁ לְעֵין כֹּל וְנִתְאַוָּה לָהּ: **עָרוּם מִכֹּל.** לְפִי עָרְמָתוֹ וּגְדֻלָּתוֹ הָיְתָה מַפַּלְתּוֹ, עָרוּם מִכֹּל, אָרוּר מִכֹּל (להלן פסוק יד): **אַף כִּי אָמַר וְגוֹ׳.** שֶׁמָּא אָמַר לָכֶם: "לֹא תֹאכְלוּ מִכֹּל" וְגוֹ׳, וְאַף

ג הָאִשָּׁה אֶל־הַנָּחָשׁ מִפְּרִי עֵץ־הַגָּן נֹאכֵל׃ וּמִפְּרִי
הָעֵץ אֲשֶׁר בְּתוֹךְ־הַגָּן אָמַר אֱלֹהִים לֹא תֹאכְלוּ
ד מִמֶּנּוּ וְלֹא תִגְּעוּ בּוֹ פֶּן תְּמֻתוּן׃ וַיֹּאמֶר הַנָּחָשׁ
ה אֶל־הָאִשָּׁה לֹא־מוֹת תְּמֻתוּן׃ כִּי יֹדֵעַ אֱלֹהִים
כִּי בְּיוֹם אֲכָלְכֶם מִמֶּנּוּ וְנִפְקְחוּ עֵינֵיכֶם וִהְיִיתֶם
ו כֵּאלֹהִים יֹדְעֵי טוֹב וָרָע׃ וַתֵּרֶא הָאִשָּׁה כִּי טוֹב
הָעֵץ לְמַאֲכָל וְכִי תַאֲוָה־הוּא לָעֵינַיִם וְנֶחְמָד
הָעֵץ לְהַשְׂכִּיל וַתִּקַּח מִפִּרְיוֹ וַתֹּאכַל וַתִּתֵּן גַּם־
ז לְאִישָׁהּ עִמָּהּ וַיֹּאכַל׃ וַתִּפָּקַחְנָה עֵינֵי שְׁנֵיהֶם
וַיֵּדְעוּ כִּי עֵירֻמִּם הֵם וַיִּתְפְּרוּ עֲלֵה תְאֵנָה וַיַּעֲשׂוּ
ח לָהֶם חֲגֹרֹת׃ וַיִּשְׁמְעוּ אֶת־קוֹל יְהוָה אֱלֹהִים
מִתְהַלֵּךְ בַּגָּן לְרוּחַ הַיּוֹם וַיִּתְחַבֵּא הָאָדָם וְאִשְׁתּוֹ
ט מִפְּנֵי יְהוָה אֱלֹהִים בְּתוֹךְ עֵץ הַגָּן׃ וַיִּקְרָא יְהוָה
י אֱלֹהִים אֶל־הָאָדָם וַיֹּאמֶר לוֹ אַיֶּכָּה׃ וַיֹּאמֶר אֶת־
קֹלְךָ שָׁמַעְתִּי בַּגָּן וָאִירָא כִּי־עֵירֹם אָנֹכִי וָאֵחָבֵא׃
יא וַיֹּאמֶר מִי הִגִּיד לְךָ כִּי עֵירֹם אָתָּה הֲמִן־הָעֵץ
יב אֲשֶׁר צִוִּיתִיךָ לְבִלְתִּי אֲכָל־מִמֶּנּוּ אָכָלְתָּ׃ וַיֹּאמֶר
הָאָדָם הָאִשָּׁה אֲשֶׁר נָתַתָּה עִמָּדִי הִוא נָתְנָה־
יג לִּי מִן־הָעֵץ וָאֹכֵל׃ וַיֹּאמֶר יְהוָה אֱלֹהִים לָאִשָּׁה
מַה־זֹּאת עָשִׂית וַתֹּאמֶר הָאִשָּׁה הַנָּחָשׁ הִשִּׁיאַנִי
יד וָאֹכֵל׃ וַיֹּאמֶר יְהוָה אֱלֹהִים ׀ אֶל־הַנָּחָשׁ כִּי עָשִׂיתָ

ג אתתא לחויא, מפירי אילן גנתא ניכול: ומפירי אילנא דבמציעות גנתא, אמר יי, לא
ד תיכלון מניה, ולא תקרבון ביה, דלמא תמותון: ואמר חויא לאתתא, לא ממת תמותון:
ה ארי גלי קדם יי, ארי, ביומא דתיכלון מניה, יתפתחן עיניכון, ותהון כרברבין, חכמין בין
ו טב לביש: וחזת אתתא, ארי טב אילנא למיכל וארי אסו הוא לעינין, ומרגג אילנא
ז לאסתכלא ביה, ונסיבת מאביה ואכלת, ויהבת אף לבעלה, עמה ואכל: ואתפתחא
עיני תרויהון, וידעו, ארי ערטלאין אנון, וחטיטו להון טרפי תינין, ועבדו להון זרזין:
ח ושמעו, ית קל מימרא דיי אלהים, מהליך בגנתא למנח יומא, ואטמר אדם ואתתיה,
ט י מן קדם יי אלהים, בגו אילן גנתא: וקרא, יי אלהים לאדם, ואמר ליה אן את: ואמר, ית
יא קל מימרך שמעית בגנתא, ודחילית, ארי ערטלאי אנא ואטמרית: ואמר, מאן חוי לך,
יב ארי ערטלאי את, המן אילנא, דפקידתך, בדיל דלא למיכל מניה אכלתא: ואמר אדם,
יג אתתא דיהבת עמי, היא, יהבת לי מן אילנא ואכלית: ואמר יי אלהים, לאתתא מא
יד דא עבדת, ואמרת אתתא, חויא אטעיני ואכלית: ואמר יי אלהים לחויא ארי עבדת

על פי שראה אותם אוכלים מאחר פרות, הרבה עליה דברים כדי שתשיאנו ויבא לדבר באותו העץ:

ג| **ולא תגעו בו.** הוסיפה על הצווי לפיכך באה לידי גרעון, הוא שנאמר: "אל תוסף על דבריו" (משלי ל, ו):

ד| **לא מות תמתון.** דחפה עד שנגעה בו. אמר לה: כשם שאין מיתה בנגיעה, כך אין מיתה באכילה:

ה| **כי ידע.** כל אמן שונא את בני אמנותו, מן העץ אכל וברא את העולם: **והייתם כאלהים.** יוצרי עולמות:

ו| **ותרא האשה.** ראתה דבריו של נחש והנאו לה והאמינתו: **כי טוב העץ.** להיות כאלהים: **וכי תאוה הוא לעינים.** "ונפקחו עיניכם" (לעיל פסוק ה): **ונחמד... להשכיל.** "ידעי טוב ורע" (שם): **ותתן גם לאישה.** שלא תמות היא ויחיה הוא וישא אחרת: **גם.** לרבות בהמה וחיה:

ז| **ותפקחנה וגו'.** לענין החכמה דבר הכתוב ולא לענין ראיה ממש, וסוף המקרא מוכיח: "וידעו כי עירמם הם" – אף הסומא יודע כשהוא ערום! **וידעו כי עירמם הם.** מצוה אחת היתה בידם ונתערטלו הימנה: **עלה תאנה.** הוא העץ שאכלו ממנו, בדבר שנתקלקלו בו נתקנו, אבל שאר העצים מנעום מלטול עליהם.

ומפני מה לא נתפרסם העץ? שאין הקדוש ברוך הוא חפץ להונות בריה, שלא יכלימוהו ויאמרו: זהו שלקה העולם על ידו. מדרש רבי תנחומא (וירא יד):

ח| **וישמעו.** יש מדרשי אגדה רבים, וכבר סדרום רבותינו על מכונם בבראשית רבה ובשאר מדרשות, ואני לא באתי אלא לפשוטו של מקרא ולאגדה המישבת דברי המקרא דבר דבור על אפניו. **ושמעו,** שמעו את קול הקדוש ברוך הוא שהיה מתהלך בגן: **לרוח היום.** לאותו רוח שהשמש באה משם, וזו היא מערבית, שלפנות ערב חמה במערב, והם סרחו בעשירית:

ט| **איכה.** יודע היה היכן הוא, אלא לכנס עמו בדברים, שלא יהא נבהל להשיב אם יענישהו פתאום. וכן בקין אמר לו: "אי הבל אחיך" (להלן ד, ט), וכן בבלעם: "מי האנשים האלה עמך" (במדבר כב, ט), לכנס עמהם בדברים, וכן בחזקיהו בשלוחי מרודך:

יא| **מי הגיד לך.** מאין לך לדעת מה בשת יש בעומד ערם?: **המן העץ.** בתמיה:

יב| **אשר נתתה עמדי.** כאן כפר בטובה:

יג| **השיאני.** הטעני, כמו: "אל ישיא אתכם חזקיהו" (דברי הימים ב' לב, טו):

יד| **כי עשית זאת.** מכאן שאין מהפכים בזכותו של מסית, שאלו שאלו: למה עשית זאת? היה

זֹאת אָרוּר אַתָּה מִכָּל־הַבְּהֵמָה וּמִכֹּל חַיַּת הַשָּׂדֶה
עַל־גְּחֹנְךָ תֵלֵךְ וְעָפָר תֹּאכַל כָּל־יְמֵי חַיֶּיךָ: וְאֵיבָה ׀ טו
אָשִׁית בֵּינְךָ וּבֵין הָאִשָּׁה וּבֵין זַרְעֲךָ וּבֵין זַרְעָהּ הוּא
יְשׁוּפְךָ רֹאשׁ וְאַתָּה תְּשׁוּפֶנּוּ עָקֵב: אֶל־ טז
הָאִשָּׁה אָמַר הַרְבָּה אַרְבֶּה עִצְּבוֹנֵךְ וְהֵרֹנֵךְ בְּעֶצֶב
תֵּלְדִי בָנִים וְאֶל־אִישֵׁךְ תְּשׁוּקָתֵךְ וְהוּא יִמְשָׁל־
בָּךְ: וּלְאָדָם אָמַר כִּי שָׁמַעְתָּ לְקוֹל יז
אִשְׁתֶּךָ וַתֹּאכַל מִן־הָעֵץ אֲשֶׁר צִוִּיתִיךָ לֵאמֹר לֹא
תֹאכַל מִמֶּנּוּ אֲרוּרָה הָאֲדָמָה בַּעֲבוּרֶךָ בְּעִצָּבוֹן
תֹּאכְלֶנָּה כֹּל יְמֵי חַיֶּיךָ: וְקוֹץ וְדַרְדַּר תַּצְמִיחַ לָךְ יח
וְאָכַלְתָּ אֶת־עֵשֶׂב הַשָּׂדֶה: בְּזֵעַת אַפֶּיךָ תֹּאכַל לֶחֶם יט
עַד שׁוּבְךָ אֶל־הָאֲדָמָה כִּי מִמֶּנָּה לֻקָּחְתָּ כִּי־עָפָר
אַתָּה וְאֶל־עָפָר תָּשׁוּב: וַיִּקְרָא הָאָדָם שֵׁם אִשְׁתּוֹ כ
חַוָּה כִּי הִוא הָיְתָה אֵם כָּל־חָי: וַיַּעַשׂ יְהוָה אֱלֹהִים כא
לְאָדָם וּלְאִשְׁתּוֹ כָּתְנוֹת עוֹר וַיַּלְבִּשֵׁם:
רביעי ג וַיֹּאמֶר ׀ יְהוָה אֱלֹהִים הֵן הָאָדָם הָיָה כְּאַחַד מִמֶּנּוּ כב
לָדַעַת טוֹב וָרָע וְעַתָּה ׀ פֶּן־יִשְׁלַח יָדוֹ וְלָקַח גַּם

לוֹ לְהָשִׁיב: דִּבְרֵי הָרַב וְדִבְרֵי הַתַּלְמִיד, דִּבְרֵי מִי שׁוֹמְעִין?. מִכָּל הַבְּהֵמָה וּמִכֹּל חַיַּת הַשָּׂדֶה. אִם מִבְּהֵמָה נִתְקַלֵּל, מֵחַיָּה לֹא כָל שֶׁכֵּן?! הֶעֱמִידוּ רַבּוֹתֵינוּ מִדְרָשׁ זֶה בְּמַסֶּכֶת בְּכוֹרוֹת (דף ח ע"א) לְלַמֵּד שֶׁיְּמֵי עִבּוּרוֹ שֶׁל נָחָשׁ שֶׁבַע שָׁנִים: עַל גְּחֹנְךָ תֵלֵךְ. רַגְלַיִם הָיוּ לוֹ וְנִקְצְצוּ:

דָּא, לִיט אַתְּ מִכָּל בְּעִירָא, וּמִכֹּל חֵיוַת בָּרָא, עַל מְעָךְ תֵּיזֵיל, וְעַפְרָא תֵּיכוּל כָּל יוֹמֵי חַיָּךְ:
טו וּדְבָבוּ אֲשַׁוֵּי, בֵּינָךְ וּבֵין אִתְּתָא, וּבֵין בְּנָךְ וּבֵין בְּנַהָא, הוּא יְהֵי דְּכִיר מָא דַּעֲבַדְתְּ לֵיהּ
טז מִלְּקַדְמִין, וְאַתְּ תְּהֵי נָטַר לֵיהּ לְסוֹפָא: לְאִתְּתָא אֲמַר, אַסְגָּאָה אַסְגֵּי צַעֲרִכִי וְעִדּוּיַכִי, בְּצַעַר
יז תְּלִידִין בְּנִין, וּלְוָת בַּעְלִיךְ תְּהֵי תֵּיאוּבְתִּיךְ, וְהוּא יִשְׁלוֹט בִּיךְ: וּלְאָדָם אֲמַר, אֲרֵי קַבֵּילְתָּא
לְמֵימַר אִתְּתָךְ, וַאֲכַלְתְּ מִן אִילָנָא, דְּפַקֵּידְתָּךְ לְמֵימַר, לָא תֵיכוּל מִנֵּיהּ, לִיטָא אַרְעָא בְּדִילָךְ,
יח יט בַּעֲמַל תֵּיכְלִנַּהּ, כָּל יוֹמֵי חַיָּךְ: וְכוּבִין וְאַטְדִין תַּצְמַח לָךְ, וְתֵיכוּל יָת עִסְבָּא דְּחַקְלָא: בְּזֵיעֲתָא
דְּאַפָּךְ תֵּיכוּל לַחְמָא, עַד דְּתִתּוּב לְאַרְעָא, דְּמִנַּהּ אִתְבְּרִיתָא, אֲרֵי עַפְרָא אַתְּ, וּלְעַפְרָא
כ כא תְּתוּב: וּקְרָא אָדָם, שׁוּם אִתְּתֵיהּ חַוָּה, אֲרֵי, הִיא הֲוָת אִמָּא דְּכָל בְּנֵי אֱנָשָׁא: וַעֲבַד יי
כב אֱלֹהִים, לְאָדָם וּלְאִתְּתֵיהּ, לְבוּשִׁין דִּיקָר עַל מְשַׁךְ בִּסְרְהוֹן וְאַלְבֵּשִׁנּוּן: וַאֲמַר יי אֱלֹהִים, הָא
אָדָם הֲוָה יְחִידַאי בְּעָלְמָא מִנֵּיהּ, לְמִדַּע טָב וּבִישׁ, וּכְעַן דִּלְמָא יוֹשֵׁיט יְדֵיהּ, וְיִסַּב אַף

טו) **וְאֵיבָה אָשִׁית.** אַתָּה לֹא נִתְכַּוַּנְתָּ אֶלָּא שֶׁיָּמוּת אָדָם, שֶׁיֹּאכַל הוּא תְּחִלָּה וְתִשָּׂא אֶת חַוָּה, וְלֹא בָּאתָ לְדַבֵּר אֶל חַוָּה תְּחִלָּה אֶלָּא לְפִי שֶׁהַנָּשִׁים קַלּוֹת לְהִתְפַּתּוֹת וְיוֹדְעוֹת לְפַתּוֹת בַּעְלֵיהֶן, לְפִיכָךְ "וְאֵיבָה אָשִׁית": **יְשׁוּפְךָ.** יְכַתֶּתְךָ, כְּמוֹ: "וָאֶכֹּת אֹתוֹ" (דברים ט, כא), וְתַרְגּוּמוֹ: "וְשַׁפִּית יָתֵיהּ": **וְאַתָּה תְּשׁוּפֶנּוּ עָקֵב.** לֹא יְהֵא לְךָ קוֹמָה, וְתִשְּׁכֶנּוּ בַּעֲקֵבוֹ וְאַף מִשָּׁם תְּמִיתֶנּוּ. וּלְשׁוֹן 'תְּשׁוּפֶנּוּ' כְּמוֹ: "נָשַׁף בָּהֶם" (ישעיה מ, כד), כְּשֶׁהַנָּחָשׁ בָּא לִנְשֹׁךְ הוּא נוֹשֵׁף כְּמִין שְׁרִיקָה, וּלְפִי שֶׁהַלָּשׁוֹן נוֹפֵל עַל הַלָּשׁוֹן כָּתַב לְשׁוֹן נְשִׁיפָה בִּשְׁנֵיהֶם:

טז) **עִצְּבוֹנֵךְ.** זֶה צַעַר גִּדּוּל בָּנִים: **וְהֵרֹנֵךְ.** זֶה צַעַר הָעִבּוּר: **בְּעֶצֶב תֵּלְדִי בָנִים.** זֶה צַעַר הַלֵּדָה: **וְאֶל אִישֵׁךְ תְּשׁוּקָתֵךְ.** לְתַשְׁמִישׁ, וְאַף עַל פִּי כֵן אֵין לָךְ מֵצַח לְתָבְעוֹ בַּפֶּה אֶלָּא "הוּא יִמְשָׁל בָּךְ", הַכֹּל מִמֶּנּוּ וְלֹא מִמֵּךְ: **תְּשׁוּקָתֵךְ.** תַּאֲוָתֵךְ, כְּמוֹ: "וְנַפְשׁוֹ שׁוֹקֵקָה" (ישעיה כט, ח):

יז) **אֲרוּרָה הָאֲדָמָה בַּעֲבוּרֶךָ.** מַעֲלָה לְךָ דְּבָרִים אֲרוּרִים, כְּגוֹן זְבוּבִים וּפַרְעוֹשִׁים וּנְמָלִים. מָשָׁל לְיוֹצֵא לְתַרְבּוּת רָעָה וְהַבְּרִיּוֹת מְקַלְּלוֹת שָׁדַיִם שֶׁיָּנַק מֵהֶם:

יח) **וְקוֹץ וְדַרְדַּר תַּצְמִיחַ לָךְ.** הָאָרֶץ, כְּשֶׁתִּזְרָעֶנָּה מִינֵי זְרָעִים תַּצְמִיחַ קוֹץ וְדַרְדַּר, קוֹנְדָּס וְעַכָּבִיּוֹת, וְהֵן נֶאֱכָלִין עַל יְדֵי תִּקּוּן: **וְאָכַלְתָּ אֶת עֵשֶׂב הַשָּׂדֶה.** וּמַה קְּלָלָה הִיא זוֹ? וַהֲלֹא בִּבְרָכָה נֶאֱמַר לוֹ: "הִנֵּה נָתַתִּי לָכֶם אֶת כָּל עֵשֶׂב זֹרֵעַ זֶרַע" וְגוֹ' (לעיל א, כט)? אֶלָּא מָה אָמוּר כָּאן בָּרֹאשׁ הָעִנְיָן: "אֲרוּרָה הָאֲדָמָה בַּעֲבוּרֶךָ בְּעִצָּבוֹן תֹּאכֲלֶנָּה", וְאַחַר הָעִצָּבוֹן: "וְקוֹץ וְדַרְדַּר תַּצְמִיחַ לָךְ", כְּשֶׁתִּזְרָעֶנָּה קִטְנִית אוֹ יַרְקוֹת גִּנָּה, הִיא תַּצְמִיחַ לְךָ קוֹצִים וְדַרְדָּרִים וּשְׁאָר עִשְׂבֵי שָׂדֶה, וְעַל כָּרְחֲךָ תֹּאכְלֵם:

יט) **בְּזֵעַת אַפֶּיךָ.** לְאַחַר שֶׁתִּטְרַח בּוֹ הַרְבֵּה:

כ) **וַיִּקְרָא הָאָדָם.** חָזַר הַכָּתוּב לְעִנְיָנוֹ הָרִאשׁוֹן: "וַיִּקְרָא הָאָדָם שֵׁמוֹת" (לעיל ב, כ), וְלֹא הִפְסִיק אֶלָּא לְלַמֶּדְךָ שֶׁעַל יְדֵי קְרִיאַת שֵׁמוֹת נִזְדַּוְּגָה לוֹ חַוָּה, כְּמוֹ שֶׁכָּתוּב: "וּלְאָדָם לֹא מָצָא עֵזֶר כְּנֶגְדּוֹ" (שם), לְפִיכָךְ "וַיַּפֵּל... תַּרְדֵּמָה" (שם, כא), וְעַל יְדֵי שֶׁכָּתַב: "וַיִּהְיוּ שְׁנֵיהֶם עֲרוּמִּים" (שם, כה) סָמַךְ לוֹ פָּרָשַׁת הַנָּחָשׁ, לְהוֹדִיעֲךָ שֶׁמִּתּוֹךְ שֶׁרָאָה עֶרְוָתָהּ וְרָאָה אוֹתָם עֲסוּקִים בְּתַשְׁמִישׁ נִתְאַוָּה לָהּ, וּבָא עֲלֵיהֶם בְּמַחֲשָׁבָה וּבְמִרְמָה: **חַוָּה.** נוֹפֵל עַל לְשׁוֹן 'חַיָּה' שֶׁמְּחַיָּה אֶת וַלְדוֹתֶיהָ, כַּאֲשֶׁר תֹּאמַר: "מֶה הֹוֶה לָאָדָם" (קהלת ב, כב) בִּלְשׁוֹן 'הָיָה':

כא) **כָּתְנוֹת עוֹר.** יֵשׁ דִּבְרֵי אַגָּדָה אוֹמְרִים: חֲלָקִים כְּצִפֹּרֶן מְדֻבָּקִין עַל עוֹרָן. וְיֵשׁ אוֹמְרִים: דָּבָר הַבָּא מִן הָעוֹר, כְּגוֹן צֶמֶר אַרְנָבִים שֶׁהוּא רַךְ וְחַם, וְעָשָׂה לָהֶם כָּתְנוֹת מִמֶּנּוּ:

כב) **הָיָה כְּאַחַד מִמֶּנּוּ.** הֲרֵי הוּא יָחִיד בַּתַּחְתּוֹנִים כְּמוֹ שֶׁאֲנִי יָחִיד בָּעֶלְיוֹנִים, וּמַה הִיא יְחִידוּתוֹ? "לָדַעַת טוֹב וָרָע", מַה שֶּׁאֵין כֵּן בַּבְּהֵמָה וּבַחַיָּה: **וְעַתָּה פֶּן יִשְׁלַח יָדוֹ וְגוֹ'.** וּמִשֶּׁיִּחְיֶה לְעוֹלָם הֲרֵי הוּא קָרוֹב לְהַטְעוֹת הַבְּרִיּוֹת אַחֲרָיו וְלוֹמַר אַף הוּא אֱלוֹהַּ. וְיֵשׁ מִדְרְשֵׁי אַגָּדָה, אֲבָל אֵין מְיֻשָּׁבִין עַל פְּשׁוּטוֹ:

מֵעֵץ הַחַיִּים וְאָכַל וָחַי לְעֹלָם׃ וַיְשַׁלְּחֵהוּ כג
יְהוָה אֱלֹהִים מִגַּן־עֵדֶן לַעֲבֹד אֶת־הָאֲדָמָה
אֲשֶׁר לֻקַּח מִשָּׁם׃ וַיְגָרֶשׁ אֶת־הָאָדָם וַיַּשְׁכֵּן כד
מִקֶּדֶם לְגַן־עֵדֶן אֶת־הַכְּרֻבִים וְאֵת לַהַט
הַחֶרֶב הַמִּתְהַפֶּכֶת לִשְׁמֹר אֶת־דֶּרֶךְ עֵץ
הַחַיִּים׃ וְהָאָדָם יָדַע אֶת־חַוָּה א ד
אִשְׁתּוֹ וַתַּהַר וַתֵּלֶד אֶת־קַיִן וַתֹּאמֶר קָנִיתִי אִישׁ
אֶת־יְהוָה׃ וַתֹּסֶף לָלֶדֶת אֶת־אָחִיו אֶת־הָבֶל ב
וַיְהִי־הֶבֶל רֹעֵה צֹאן וְקַיִן הָיָה עֹבֵד אֲדָמָה׃
וַיְהִי מִקֵּץ יָמִים וַיָּבֵא קַיִן מִפְּרִי הָאֲדָמָה מִנְחָה ג
לַיהוָה׃ וְהֶבֶל הֵבִיא גַם־הוּא מִבְּכֹרוֹת צֹאנוֹ ד
וּמֵחֶלְבֵהֶן וַיִּשַׁע יְהוָה אֶל־הֶבֶל וְאֶל־מִנְחָתוֹ׃
וְאֶל־קַיִן וְאֶל־מִנְחָתוֹ לֹא שָׁעָה וַיִּחַר לְקַיִן ה
מְאֹד וַיִּפְּלוּ פָּנָיו׃ וַיֹּאמֶר יְהוָה אֶל־קָיִן לָמָּה ו
חָרָה לָךְ וְלָמָּה נָפְלוּ פָנֶיךָ׃ הֲלוֹא אִם־תֵּיטִיב ז
שְׂאֵת וְאִם לֹא תֵיטִיב לַפֶּתַח חַטָּאת רֹבֵץ
וְאֵלֶיךָ תְּשׁוּקָתוֹ וְאַתָּה תִּמְשָׁל־בּוֹ׃ וַיֹּאמֶר ח
קַיִן אֶל־הֶבֶל אָחִיו וַיְהִי בִּהְיוֹתָם בַּשָּׂדֶה וַיָּקָם
קַיִן אֶל־הֶבֶל אָחִיו וַיַּהַרְגֵהוּ׃ וַיֹּאמֶר יְהוָה ט
אֶל־קַיִן אֵי הֶבֶל אָחִיךָ וַיֹּאמֶר לֹא יָדַעְתִּי
הֲשֹׁמֵר אָחִי אָנֹכִי׃ וַיֹּאמֶר מֶה עָשִׂיתָ קוֹל י

יא דְּמֵי אָחִיךָ צֹעֲקִים אֵלַי מִן־הָאֲדָמָה׃ וְעַתָּה
אָרוּר אָתָּה מִן־הָאֲדָמָה אֲשֶׁר פָּצְתָה אֶת־

כג מֵאִילָן חַיַּיָּא, וְיֵיכוּל וְיֵיחֵי לְעָלַם: וְשַׁלְּחֵיהּ, יְיָ אֱלֹהִים מִגִּנְּתָא דְעֵדֶן, לְמִפְלַח בְּאַרְעָא,
כד דְּאִתְבְּרִי מִתַּמָּן: וְתָרֵיךְ יָת אָדָם, וְאַשְׁרִי מִלְּקַדְמִין לְגִנְּתָא דְעֵדֶן יָת כְּרוּבַיָּא, וְיָת שְׁנַן חַרְבָּא
ד א דְּמִתְהַפְּכָא, לְמִטַּר, יָת אוֹרַח אִילָן חַיַּיָּא: וְאָדָם, יְדַע יָת חַוָּה אִתְּתֵיהּ, וְעַדִּיאַת וִילֵידַת יָת
ב קַיִן, וַאֲמַרַת, קְנֵיתִי גַּבְרָא מִן קֳדָם יְיָ: וְאוֹסֵיפַת לְמֵילַד, יָת אֲחוּהִי יָת הָבֶל, וַהֲוָה הֶבֶל רָעֵי
ג עָנָא, וְקַיִן, הֲוָה פָּלַח בְּאַרְעָא: וַהֲוָה מִסּוֹף יוֹמִין, וְאַיְתִי קַיִן, מֵאִבָּא דְאַרְעָא, קֻרְבָּנָא קֳדָם יְיָ:
ד וְהֶבֶל אַיְתִי אַף הוּא, מִבַּכִּירֵי עָנֵיהּ וּמִשַּׁמִּינֵיהוֹן, וַהֲוָת רַעֲוָא מִן קֳדָם יְיָ, בְּהֶבֶל וּבְקֻרְבָּנֵיהּ:
ה ו וּבְקַיִן וּבְקֻרְבָּנֵיהּ לָא הֲוָת רַעֲוָא, וּתְקֵיף לְקַיִן לַחְדָּא, וְאִתְכְּבִישׁוּ אַפּוֹהִי: וַאֲמַר יְיָ לְקָיִן, לְמָא
ז תְּקֵיף לָךְ, וּלְמָא אִתְכְּבִישׁוּ אַפָּךְ: הֲלָא אִם תּוֹטֵיב עוֹבָדָךְ יִשְׁתְּבֵיק לָךְ, וְאִם לָא תוֹטֵיב
עוֹבָדָךְ, לְיוֹם דִּינָא חֶטְאָךְ נְטִיר, עֲתִיד לְאִתְפְּרָעָא מִנָּךְ אִם לָא תְתוּב, וְאִם תְּתוּב יִשְׁתְּבֵיק
ח לָךְ: וַאֲמַר קַיִן לְהֶבֶל אֲחוּהִי, וַהֲוָה בְּמִהְוֵיהוֹן בְּחַקְלָא, וְקָם קַיִן, עַל הֶבֶל אֲחוּהִי וְקַטְלֵיהּ:
ט י וַאֲמַר יְיָ לְקַיִן, אָן הֶבֶל אֲחוּךְ, וַאֲמַר לָא יְדַעְנָא, הֲנָטַר אֲחִי אֲנָא: וַאֲמַר מָא עֲבַדְתָּא, קָל דַּם
יא זַרְעָיָן דַּעֲתִידִין לְמִפַּק מִן אֲחוּךְ, קָבְלָן קֳדָמַי מִן אַרְעָא: וּכְעַן לִיט אַתְּ, מִן אַרְעָא דִפְתַחַת יָת

כד| מִקֶּדֶם לְגַן עֵדֶן. בְּמִזְרָחוֹ שֶׁל גַּן עֵדֶן חוּץ לַגָּן: אֶת הַכְּרֻבִים. מַלְאֲכֵי חַבָּלָה, וְחֶרֶב מִתְהַפֶּכֶת וְלָהּ לַהַט, לְאַיֵּם עָלָיו מִלִּכָּנֵס עוֹד לַגָּן. תַּרְגּוּם 'לַהַט' – "שְׁנַן", וְהוּא כְּמוֹ "שְׁלַף שְׁנָנָא" בְּסַנְהֶדְרִין (דף פב ע"א) וּבִלְשׁוֹן לַעַז למ"א. וּמִדְרְשֵׁי אַגָּדָה יֵשׁ, וַאֲנִי אֵינִי בָּא אֶלָּא לִפְשׁוּטוֹ:

פרק ד

א-ב| וְהָאָדָם יָדַע. כְּבָר קֹדֶם הָעִנְיָן שֶׁל מַעְלָה, קֹדֶם שֶׁחָטָא וְנִטְרַד מִגַּן עֵדֶן, וְכֵן הַהֵרָיוֹן וְהַלֵּדָה, שֶׁאִם כָּתַב 'וַיֵּדַע אָדָם' נִשְׁמָע שֶׁלְּאַחַר שֶׁנִּטְרַד הָיוּ לוֹ בָּנִים: קַיִן. עַל שֵׁם "קָנִיתִי": אֶת ה'. עִם ה', כְּשֶׁבָּרָא אוֹתִי וְאֶת אִישִׁי לְבַדּוֹ בְּרָאָנוּ, אֲבָל בָּזֶה שֻׁתָּפִים אָנוּ עִמּוֹ: אֶת קַיִן, אֶת אָחִיו אֶת הָבֶל. שְׁלֹשָׁה 'אֶתִּים' רִבּוּיִים הֵם, מְלַמֵּד שֶׁתְּאוֹמָה נוֹלְדָה עִם קַיִן, וְעִם הֶבֶל נוֹלְדוּ שְׁתַּיִם, לְכָךְ נֶאֱמַר: "וַתֹּסֶף": רֹעֵה צֹאן. לְפִי שֶׁנִּתְקַלְּלָה הָאֲדָמָה, פֵּרַשׁ לוֹ מֵעֲבוֹדָתָהּ:

ג| מִפְּרִי הָאֲדָמָה. מִן הַגָּרוּעַ, וְיֵשׁ אַגָּדָה שֶׁאוֹמֶרֶת זֶרַע פִּשְׁתָּן הָיָה:

ד| וַיִּשַׁע. וַיִּפֶן, וְכֵן: "שְׁעֵה מֵעָלָיו" (איוב יד, ו) פְּנֵה מֵעָלָיו: וַיִּשַׁע. יָרְדָה אֵשׁ וְלִחֲכָה מִנְחָתוֹ:

ה| לֹא שָׁעָה. לֹא פָּנָה, וְכֵן: "אַל יִשְׁעוּ" (שמות ה, ט) אַל יִפְנוּ:

ז| הֲלֹא אִם תֵּיטִיב. כְּתַרְגּוּמוֹ פֵּרוּשׁוֹ: לַפֶּתַח חַטָּאת רֹבֵץ. לְפֶתַח קִבְרְךָ חֶטְאֲךָ שָׁמוּר: וְאֵלֶיךָ תְּשׁוּקָתוֹ. שֶׁל חַטָּאת, הוּא יֵצֶר הָרָע, תָּמִיד שׁוֹקֵק וּמִתְאַוֶּה לְהַכְשִׁילְךָ: וְאַתָּה תִּמְשָׁל בּוֹ. אִם תִּרְצֶה תִּתְגַּבֵּר עָלָיו:

ח| וַיֹּאמֶר קַיִן אֶל הֶבֶל. נִכְנַס עִמּוֹ בְּדִבְרֵי רִיב וּמַצָּה לְהִתְגּוֹלֵל עָלָיו וּלְהָרְגוֹ. וְיֵשׁ בָּזֶה מִדְרְשֵׁי אַגָּדָה, אַךְ זֶה יִשּׁוּבוֹ שֶׁל מִקְרָא:

ט| אֵי הֶבֶל אָחִיךָ. לְהִכָּנֵס עִמּוֹ בְּדִבְרֵי נַחַת, אוּלַי יָשִׁיב: אֲנִי הֲרַגְתִּיו וְחָטָאתִי לָךְ: לֹא יָדַעְתִּי. נַעֲשָׂה כְּגוֹנֵב דַּעַת הָעֶלְיוֹנָה: הֲשֹׁמֵר אָחִי. לְשׁוֹן תֵּמַהּ הוּא, וְכֵן כָּל הֵ"א הַנְּקוּדָה בַּחֲטַף פַּתָּח:

י| דְּמֵי אָחִיךָ. דָּמוֹ וְדַם זַרְעִיּוֹתָיו. דָּבָר אַחֵר, שֶׁעָשָׂה בּוֹ פְּצָעִים הַרְבֵּה, שֶׁלֹּא הָיָה יוֹדֵעַ מֵהֵיכָן נַפְשׁוֹ יוֹצְאָה:

יא-יב| מִן הָאֲדָמָה. יוֹתֵר מִמַּה שֶּׁנִּתְקַלְּלָה הִיא כְּבָר בַּעֲוֹנָהּ, וְגַם בָּזוֹ הוֹסִיפָה לַחֲטוֹא "אֲשֶׁר

יב פִּ֖יהָ לָקַ֛חַת אֶת־דְּמֵ֥י אָחִ֖יךָ מִיָּדֶֽךָ׃ כִּ֤י תַעֲבֹד֙ אֶת־
הָ֣אֲדָמָ֔ה לֹֽא־תֹסֵ֥ף תֵּת־כֹּחָ֖הּ לָ֑ךְ נָ֥ע וָנָ֖ד תִּהְיֶ֥ה
יג בָאָֽרֶץ׃ וַיֹּ֥אמֶר קַ֖יִן אֶל־יְהֹוָ֑ה גָּד֥וֹל עֲוֺנִ֖י מִנְּשֽׂוֹא׃
יד הֵן֩ גֵּרַ֨שְׁתָּ אֹתִ֜י הַיּ֗וֹם מֵעַל֙ פְּנֵ֣י הָאֲדָמָ֔ה וּמִפָּנֶ֖יךָ
אֶסָּתֵ֑ר וְהָיִ֜יתִי נָ֤ע וָנָד֙ בָּאָ֔רֶץ וְהָיָ֥ה כָל־מֹצְאִ֖י
טו יַהַרְגֵֽנִי׃ וַיֹּ֧אמֶר ל֣וֹ יְהֹוָ֗ה לָכֵן֙ כָּל־הֹרֵ֣ג קַ֔יִן שִׁבְעָתַ֖יִם
יֻקָּ֑ם וַיָּ֨שֶׂם יְהֹוָ֤ה לְקַ֙יִן֙ א֔וֹת לְבִלְתִּ֥י הַכּוֹת־אֹת֖וֹ
טז כָּל־מֹצְאֽוֹ׃ וַיֵּ֥צֵא קַ֖יִן מִלִּפְנֵ֣י יְהֹוָ֑ה וַיֵּ֥שֶׁב בְּאֶֽרֶץ־
יז נ֖וֹד קִדְמַת־עֵֽדֶן׃ וַיֵּ֤דַע קַ֙יִן֙ אֶת־אִשְׁתּ֔וֹ וַתַּ֖הַר
וַתֵּ֣לֶד אֶת־חֲנ֑וֹךְ וַֽיְהִי֙ בֹּ֣נֶה עִ֔יר וַיִּקְרָא֙ שֵׁ֣ם הָעִ֔יר
יח כְּשֵׁ֖ם בְּנ֥וֹ חֲנֽוֹךְ׃ וַיִּוָּלֵ֤ד לַחֲנוֹךְ֙ אֶת־עִירָ֔ד וְעִירָ֕ד
יָלַ֖ד אֶת־מְחֽוּיָאֵ֑ל וּמְחִיָּיאֵ֗ל יָלַד֙ אֶת־מְת֣וּשָׁאֵ֔ל
חמישי יט וּמְתוּשָׁאֵ֖ל יָלַ֥ד אֶת־לָֽמֶךְ׃ וַיִּֽקַּֽח־ל֥וֹ לֶ֖מֶךְ שְׁתֵּ֣י
כ נָשִׁ֑ים שֵׁ֤ם הָֽאַחַת֙ עָדָ֔ה וְשֵׁ֥ם הַשֵּׁנִ֖ית צִלָּֽה׃ וַתֵּ֥לֶד
עָדָ֖ה אֶת־יָבָ֑ל ה֣וּא הָיָ֔ה אֲבִ֕י יֹשֵׁ֥ב אֹ֖הֶל וּמִקְנֶֽה׃
כא וְשֵׁ֥ם אָחִ֖יו יוּבָ֑ל ה֣וּא הָיָ֔ה אֲבִ֕י כָּל־תֹּפֵ֥שׂ כִּנּ֖וֹר

פָּצְתָה אֶת פִּיהָ לָקַחַת אֶת דְּמֵי אָחִיךָ" וְגוֹ', וַהֲרֵינִי מוֹסִיף לָהּ קְלָלָה אֶצְלְךָ: "לֹא תֹסֵף תֵּת כֹּחָהּ". נָע וָנָד. אֵין לְךָ רְשׁוּת לָדוּר בְּמָקוֹם אֶחָד: יג) גָּדוֹל עֲוֹנִי מִנְּשׂוֹא. בִּתְמִיָּה, אַתָּה טוֹעֵן עֶלְיוֹנִים וְתַחְתּוֹנִים וַעֲוֹנִי אִי אֶפְשָׁר לִטְעוֹן?!:

טו) לָכֵן כָּל הֹרֵג קַיִן. זֶה אֶחָד מִן הַמִּקְרָאוֹת שֶׁקִּצְּרוּ דִּבְרֵיהֶם וְרָמְזוּ וְלֹא פֵּרְשׁוּ: "לָכֵן כָּל הֹרֵג קַיִן" לְשׁוֹן גְּעָרָה, כֹּה יֵעָשֶׂה לוֹ, כָּךְ וְכָךְ עָנְשׁוֹ, וְלֹא פֵּרֵשׁ עָנְשׁוֹ: שִׁבְעָתַיִם יֻקָּם. אֵינִי רוֹצֶה לְהִנָּקֵם מִקַּיִן עַכְשָׁיו, לְסוֹף שִׁבְעָה דוֹרוֹת אֲנִי נוֹקֵם

יב פֻּמַּהּ, וְקַבֵּילַת, יָת דְּמָא דַּאֲחוּךְ מִן יְדָךְ: אֲרֵי תִפְלַח בְּאַרְעָא, לָא תוֹסֵיף לְמִתַּן חֵילַהּ לָךְ,
יג יד מְטֻלְטַל וְגָלֵי תְּהֵי בְּאַרְעָא: וַאֲמַר קַיִן קֳדָם יי, סַגִּי חוֹבִי מִלְּמִשְׁבַּק: הָא תָרֵיכְתָּא יָתִי יוֹמָא דֵין,
מֵעַל אַפֵּי אַרְעָא, וּמִן קֳדָמָךְ לֵית אֶפְשַׁר לְאִטַּמָּרָא, וְאֶיהֵי, מְטֻלְטַל וְגָלֵי בְּאַרְעָא, וִיהֵי כָּל
טו דְּיַשְׁכְּחִנַּנִי יִקְטְלִנַּנִי: וַאֲמַר לֵיהּ יי, לָכֵן כָּל קָטוֹלַיָּא קַיִן, לְשִׁבְעָא דָרִין יִתְפְּרַע מִנֵּיהּ, וְשַׁוִּי יי לְקַיִן
טז אָתָא, בְּדִיל דְּלָא לְמִקְטַל יָתֵיהּ כָּל דְּיַשְׁכְּחִנֵּיהּ: וּנְפַק קַיִן מִן קֳדָם יי, וִיתֵיב בַּאֲרַע גָּלֵי וּמְטֻלְטַל
יז דַּהֲוָת עֲבִידָא עֲלוֹהִי מִלְּקַדְמִין כְּגִנְּתָא דְעֵדֶן: וִידַע קַיִן יָת אִתְּתֵיהּ, וְעַדִּיאַת וִילֵידַת יָת חֲנוֹךְ,
יח וַהֲוָה בָּנֵי קַרְתָּא, וּקְרָא שְׁמַהּ דְּקַרְתָּא, כְּשׁוּם בְּרֵיהּ חֲנוֹךְ: וְאִתְיְלֵיד לַחֲנוֹךְ יָת עִירָד, וְעִירָד,
יט אוֹלֵיד יָת מְחוּיָאֵל, וּמְחִיָּיאֵל, אוֹלֵיד יָת מְתוּשָׁאֵל, וּמְתוּשָׁאֵל אוֹלֵיד יָת לָמֶךְ: וּנְסֵיב לֵיהּ לֶמֶךְ
כ תַּרְתֵּין נְשִׁין, שׁוּם חֲדָא עָדָה, וְשׁוּם תִּנְיֵיתָא צִלָּה: וִילֵידַת עָדָה יָת יָבָל, הוּא הֲוָה, רַבְּהוֹן, דְּיָתְבֵי
כא מַשְׁכְּנִין וּמָרֵי בְעִיר: וְשׁוּם אֲחוּהִי יוּבָל, הוּא הֲוָה, רַבְּהוֹן, דְּכָל דִּמְנַגַּן עַל פּוּם נִבְלָא יָדְעֵי זְמָר

נִקְמָתִי מִמֶּנּוּ, שֶׁיַּעֲמֹד לֶמֶךְ מִבְּנֵי בָנָיו וְיַהַרְגֵהוּ. וְסוֹף הַמִּקְרָא שֶׁאָמַר: "שִׁבְעָתַיִם יֻקָּם", וְהִיא נִקְמַת הֶבֶל מִקַּיִן, הוּא לִמְּדָנוּ שֶׁתְּחִלַּת מִקְרָא לְשׁוֹן גְּעָרָה הִיא שֶׁלֹּא תְהֵא בְּרִיָּה מַזִּיקָתוֹ. וְכַיּוֹצֵא בוֹ: "וַיֹּאמֶר דָּוִד... כָּל מַכֵּה יְבֻסִי וְיִגַּע בַּצִּנּוֹר" (שמואל ב׳ ה, ח) וְלֹא פֵּרַשׁ מַה יֵּעָשֶׂה לוֹ, אֲבָל דִּבֵּר הַכָּתוּב בְּרֶמֶז: כָּל מַכֵּה יְבוּסִי וְיִגַּע בַּצִּנּוֹר וְיִקְרַב אֶל הַשַּׁעַר וְיִכְבְּשֶׁנּוּ, "וְאֶת הָעִוְרִים" וְגוֹ׳, וְגַם אוֹתָם יַכֶּה עַל אֲשֶׁר אָמְרוּ הָעִוֵּר וְהַפִּסֵּחַ: לֹא יָבֹא דָוִד אֶל תּוֹךְ הַבַּיִת; הַמַּכֶּה אֶת אֵלּוּ אֲנִי אֶעֱשֶׂנּוּ רֹאשׁ וְשַׂר. כָּאן קִצֵּר דְּבָרָיו, וּבְדִבְרֵי הַיָּמִים (א׳ יא, ו) פֵּרַשׁ: "יִהְיֶה לְרֹאשׁ וּלְשָׂר": וַיָּשֶׂם ה׳ לְקַיִן אוֹת. חָקַק לוֹ אוֹת מִשְּׁמוֹ בְּמִצְחוֹ:

טז| וַיֵּצֵא קַיִן. יָצָא בְּהַכְנָעָה כְּגוֹנֵב דַּעַת הָעֶלְיוֹנָה: בְּאֶרֶץ נוֹד. בָּאָרֶץ שֶׁכָּל הַגּוֹלִים נָדִים שָׁם: קִדְמַת עֵדֶן. שָׁם גָּלָה אָבִיו כְּשֶׁגֹּרַשׁ מִגַּן עֵדֶן, שֶׁנֶּאֱמַר: "וַיַּשְׁכֵּן מִקֶּדֶם לְגַן עֵדֶן" (לעיל ג, כד) אֶת שְׁמִירַת דֶּרֶךְ מְבוֹא הַגַּן – יֵשׁ לְךָ לִלְמֹד שֶׁהָיָה אָדָם שָׁם. וּמָצִינוּ רוּחַ מִזְרָחִית קוֹלֶטֶת בְּכָל מָקוֹם אֶת הָרוֹצְחִים: "אָז יַבְדִּיל מֹשֶׁה וְגוֹ׳ מִזְרְחָה שָׁמֶשׁ" (דברים ד, מא). דָּבָר אַחֵר, "בְּאֶרֶץ נוֹד", כָּל מָקוֹם שֶׁהוֹלֵךְ הָיְתָה הָאָרֶץ מִזְדַּעְזַעַת מִתַּחְתָּיו, וְהַבְּרִיּוֹת אוֹמְרוֹת: סוּרוּ מֵעָלָיו, זֶהוּ שֶׁהָרַג אֶת אָחִיו:

יז| וַיְהִי. קַיִן בֹּנֶה עִיר, וַיִּקְרָא שֵׁם הָעִיר לְזֵכֶר בְּנוֹ חֲנוֹךְ:

יח| וְעִירָד יָלַד. יֵשׁ מָקוֹם שֶׁהוּא אוֹמֵר בִּזְכָר 'הוֹלִיד' וְיֵשׁ מָקוֹם שֶׁהוּא אוֹמֵר 'יָלַד', שֶׁהַלֵּדָה מְשַׁמֶּשֶׁת שְׁתֵּי לְשׁוֹנוֹת, לֵדַת הָאִשָּׁה נייסטר״א בְּלַעַז, וּזְרִיעַת תּוֹלְדוֹת הָאִישׁ אינייגדרי״ר בְּלַעַז; כְּשֶׁהוּא אוֹמֵר 'הוֹלִיד' בִּלְשׁוֹן הִפְעִיל, מְדַבֵּר בְּלֵדַת הָאִשָּׁה, פְּלוֹנִי הוֹלִיד אֶת אִשְׁתּוֹ בֵּן אוֹ בַת, כְּשֶׁהוּא אוֹמֵר 'יָלַד' מְדַבֵּר בִּזְרִיעַת הָאִישׁ:

יט| וַיִּקַּח לוֹ לֶמֶךְ. לֹא הָיָה לוֹ לְפָרֵשׁ כָּל זֶה, אֶלָּא לְלַמְּדֵנוּ מִסּוֹף הָעִנְיָן שֶׁקִּיֵּם הַקָּדוֹשׁ בָּרוּךְ הוּא הַבְטָחָתוֹ שֶׁאָמַר: "שִׁבְעָתַיִם יֻקַּם קָיִן", עָמַד לֶמֶךְ לְאַחַר שֶׁהוֹלִיד בָּנִים וְעָשָׂה דּוֹר שְׁבִיעִי וְהָרַג אֶת קַיִן. זֶהוּ שֶׁאָמַר: "כִּי אִישׁ הָרַגְתִּי לְפִצְעִי" וְגוֹ׳: שְׁתֵּי נָשִׁים. כָּךְ הָיָה דַּרְכָּן שֶׁל דּוֹר הַמַּבּוּל, אַחַת לִפְרִיָּה וּרְבִיָּה וְאַחַת לְתַשְׁמִישׁ. זוֹ שֶׁהִיא לְתַשְׁמִישׁ מַשְׁקָהּ כּוֹס שֶׁל עִקָּרִין כְּדֵי שֶׁתֵּעָקֵר, וּמְקֻשֶּׁטֶת כְּכַלָּה וּמַאֲכִילָהּ מַעֲדַנִּים, וַחֲבֶרְתָּהּ נְזוּפָה וַאֲבֵלָה כְּאַלְמָנָה, וְזֶהוּ שֶׁפֵּרַשׁ אִיּוֹב (כד, כא): "רֹעֶה עֲקָרָה לֹא תֵלֵד וְאַלְמָנָה לֹא יְיֵטִיב", כְּמוֹ שֶׁמְּפֹרָשׁ בְּאַגָּדַת 'חֵלֶק'. עָדָה. הִיא שֶׁל פְּרִיָּה וּרְבִיָּה, עַל שֵׁם שֶׁמְּגֻנָּה עָלָיו וּמוּסֶרֶת מֵאֶצְלוֹ, "עָדָה" תַּרְגּוּם שֶׁל סוּרָה: צִלָּה. הִיא שֶׁל תַּשְׁמִישׁ, עַל שֵׁם שֶׁיּוֹשֶׁבֶת תָּמִיד בְּצִלּוֹ. דִּבְרֵי אַגָּדָה הֵם בִּבְרֵאשִׁית רַבָּה (כג, ב):

כ| אֲבִי יֹשֵׁב אֹהֶל וּמִקְנֶה. הוּא הָיָה הָרִאשׁוֹן לְרוֹעֵי בְהֵמוֹת בַּמִּדְבָּרוֹת, וְיוֹשֵׁב אֹהָלִים חֹדֶשׁ כָּאן וְחֹדֶשׁ כָּאן; כְּשֶׁכָּלֶה הַמִּרְעֶה לְצֹאנוֹ בְּמָקוֹם זֶה הוֹלֵךְ וְתוֹקֵעַ אָהֳלוֹ בְּמָקוֹם אַחֵר. וּמִדְרַשׁ אַגָּדָה: בּוֹנֶה בָּתִּים לַעֲבוֹדָה זָרָה, כְּמָה דְאַתְּ אָמַר: "סֵמֶל הַקִּנְאָה הַמַּקְנֶה" (יחזקאל ח, ג), וְכֵן אָחִיו "תֹּפֵשׂ כִּנּוֹר וְעוּגָב" לְזַמֵּר לַעֲבוֹדָה זָרָה:

וְעוּגָב׃ וְצִלָּה גַם־הִוא יָלְדָה אֶת־תּוּבַל קַיִן כב
לֹטֵשׁ כָּל־חֹרֵשׁ נְחֹשֶׁת וּבַרְזֶל וַאֲחוֹת תּוּבַל־קַיִן
* נַעֲמָה׃ וַיֹּאמֶר לֶמֶךְ לְנָשָׁיו עָדָה וְצִלָּה שְׁמַעַן כג
קוֹלִי נְשֵׁי לֶמֶךְ הַאְזֵנָּה אִמְרָתִי כִּי אִישׁ הָרַגְתִּי
לְפִצְעִי וְיֶלֶד לְחַבֻּרָתִי׃ כִּי שִׁבְעָתַיִם יֻקַּם־קָיִן כד
וְלֶמֶךְ שִׁבְעִים וְשִׁבְעָה׃ וַיֵּדַע אָדָם עוֹד אֶת־ כה
אִשְׁתּוֹ וַתֵּלֶד בֵּן וַתִּקְרָא אֶת־שְׁמוֹ שֵׁת כִּי שָׁת־
לִי אֱלֹהִים זֶרַע אַחֵר תַּחַת הֶבֶל כִּי הֲרָגוֹ קָיִן׃
וּלְשֵׁת גַּם־הוּא יֻלַּד־בֵּן וַיִּקְרָא אֶת־שְׁמוֹ אֱנוֹשׁ כו
ששי ד אָז הוּחַל לִקְרֹא בְּשֵׁם יְהוָה׃ זֶה סֵפֶר א ה
תּוֹלְדֹת אָדָם בְּיוֹם בְּרֹא אֱלֹהִים אָדָם בִּדְמוּת
אֱלֹהִים עָשָׂה אֹתוֹ׃ זָכָר וּנְקֵבָה בְּרָאָם וַיְבָרֶךְ ב
אֹתָם וַיִּקְרָא אֶת־שְׁמָם אָדָם בְּיוֹם הִבָּרְאָם׃ וַיְחִי ג
אָדָם שְׁלֹשִׁים וּמְאַת שָׁנָה וַיּוֹלֶד בִּדְמוּתוֹ כְּצַלְמוֹ
וַיִּקְרָא אֶת־שְׁמוֹ שֵׁת׃ וַיִּהְיוּ יְמֵי־אָדָם אַחֲרֵי ד
הוֹלִידוֹ אֶת־שֵׁת שְׁמֹנֶה מֵאֹת שָׁנָה וַיּוֹלֶד בָּנִים
וּבָנוֹת׃ וַיִּהְיוּ כָּל־יְמֵי אָדָם אֲשֶׁר־חַי תְּשַׁע מֵאוֹת ה
שָׁנָה וּשְׁלֹשִׁים שָׁנָה וַיָּמֹת׃ וַיְחִי־ ו
שֵׁת חָמֵשׁ שָׁנִים וּמְאַת שָׁנָה וַיּוֹלֶד אֶת־אֱנוֹשׁ׃
וַיְחִי־שֵׁת אַחֲרֵי הוֹלִידוֹ אֶת־אֱנוֹשׁ שֶׁבַע שָׁנִים ז
וּשְׁמֹנֶה מֵאוֹת שָׁנָה וַיּוֹלֶד בָּנִים וּבָנוֹת׃ וַיִּהְיוּ ח

כב כִּנָּרָא וַאֲבוּבָא: וְצִלָּה אַף הִיא, יְלֵידַת יָת תּוּבַל קַיִן, הוּא הֲוָה, רִבְּהוֹן, דְּכָל דְּיָדְעֵי עֲבִידַת
כג נְחָשָׁא וּבַרְזְלָא, וַאֲחָתֵיהּ דְּתוּבַל קַיִן נַעֲמָה: וַאֲמַר לֶמֶךְ לִנְשׁוֹהִי, עָדָה וְצִלָּה שְׁמַעָא קָלִי, נְשֵׁי
לֶמֶךְ, אַצִּיתָא לְמֵימְרִי, לָא גְּבַרָא קְטֵלִית דְּבְדִילֵיהּ אֲנָא סָבֵיל חוֹבִין לְמִמַת, וְאַף לָא עוּלֵימָא
כד חֲבִילִית דְּבְדִילֵיהּ יִשְׁתֵּיצֵי זַרְעִי: אֲרֵי שִׁבְעָא דָרִין אִתְלִיאוּ לְקָיִן, הֲלָא לְלֶמֶךְ בְּרֵיהּ שִׁבְעִין
כה וְשִׁבְעָא: וִידַע אָדָם עוֹד יָת אִתְּתֵיהּ, וִילֵידַת בַּר, וּקְרָת יָת שְׁמֵיהּ שֵׁת, אֲרֵי אֲמָרַת, יְהַב לִי יי
כו בַּר אָחֳרָן, חֲלַף הֶבֶל, דְּקַטְלֵיהּ קָיִן: וּלְשֵׁת אַף הוּא אִתְיְלִיד בַּר, וּקְרָא יָת שְׁמֵיהּ אֱנוֹשׁ, בְּכֵן
ה א בְּיוֹמוֹהִי חֲלוּ בְּנֵי אֲנָשָׁא, מִלְּצַלָּאָה בִּשְׁמָא דַּיי: דֵּין סְפַר, תּוֹלְדָת אָדָם, בְּיוֹמָא, דִּבְרָא יי
ב אָדָם, בִּדְמוּת אֱלֹהִים עֲבַד יָתֵיהּ: דְּכַר וְנֻקְבָּא בְּרָאנוּן, וּבָרֵיךְ יָתְהוֹן, וּקְרָא יָת שׁוּמְהוֹן אָדָם,
ג בְּיוֹמָא דְּאִתְבְּרִיאוּ: וַחֲיָא אָדָם, מְאָה וּתְלָתִין שְׁנִין, וְאוֹלֵיד בִּדְמוּתֵיהּ דְּדָמֵי לֵיהּ, וּקְרָא יָת
ד ה שְׁמֵיהּ שֵׁת: וַהֲווֹ יוֹמֵי אָדָם, בָּתַר דְּאוֹלֵיד יָת שֵׁת, תַּמְנֵי מְאָה שְׁנִין, וְאוֹלֵיד בְּנִין וּבְנָן: וַהֲווֹ, כָּל
ו יוֹמֵי אָדָם דַּחֲיָא, תְּשַׁע מְאָה וּתְלָתִין שְׁנִין, וּמִית: וַחֲיָא שֵׁת, מְאָה וַחֲמֵשׁ שְׁנִין, וְאוֹלֵיד יָת
ז ח אֱנוֹשׁ: וַחֲיָא שֵׁת, בָּתַר דְּאוֹלֵיד יָת אֱנוֹשׁ, תַּמְנֵי מְאָה וּשְׁבַע שְׁנִין, וְאוֹלֵיד בְּנִין וּבְנָן: וַהֲווֹ

כב) **תּוּבַל קַיִן.** לְשׁוֹן תְּבָלִין, תִּבֵּל וְהִתְקִין אֻמָּנוּתוֹ שֶׁל קַיִן לַעֲשׂוֹת כְּלֵי זַיִן לָרוֹצְחִים: **לֹטֵשׁ כָּל חֹרֵשׁ נְחֹשֶׁת וּבַרְזֶל.** מְחַדֵּד אֻמָּנוּת נְחֹשֶׁת וּבַרְזֶל, כְּמוֹ: "יִלְטוֹשׁ עֵינָיו לִי" (איוב טז, ט). 'חֹרֵשׁ' אֵינוֹ לְשׁוֹן פֹּעֶל, אֶלָּא לְשׁוֹן פּוֹעֵל, שֶׁהֲרֵי נָקוּד קָמַץ (צירי) וְטַעְמוֹ לְמַטָּה, כְּלוֹמַר מְחַדֵּד וּמְתַקֵּן כָּל כְּלֵי אֻמָּנוּת נְחֹשֶׁת וּבַרְזֶל: **נַעֲמָה.** הִיא אִשְׁתּוֹ שֶׁל נֹחַ. בִּבְרֵאשִׁית רַבָּה (כג, ג):

כג-כד) **שְׁמַעַן קוֹלִי.** שֶׁהָיוּ נָשָׁיו פּוֹרְשׁוֹת מִמֶּנּוּ מִתַּשְׁמִישׁ לְפִי שֶׁהָרַג אֶת קַיִן וְאֶת תּוּבַל קַיִן בְּנוֹ, שֶׁהָיָה לֶמֶךְ סוּמָא וְתוּבַל קַיִן מוֹשְׁכוֹ, וְרָאָה אֶת קַיִן וְנִדְמָה לוֹ כְּחַיָּה, וְאָמַר לְאָבִיו לִמְשֹׁךְ בַּקֶּשֶׁת, וַהֲרָגוֹ. וְכֵיוָן שֶׁיָּדַע שֶׁהוּא קַיִן זְקֵנוֹ הִכָּה כַּף אֶל כַּף וְסָפַק אֶת בְּנוֹ בֵּינֵיהֶן וַהֲרָגוֹ. וְהָיוּ נָשָׁיו פּוֹרְשׁוֹת מִמֶּנּוּ וְהוּא מְפַיְּסָן: "שְׁמַעַן קוֹלִי" לְהִשָּׁמַע לִי; וְכִי "אִישׁ" אֲשֶׁר "הָרַגְתִּי, לְפִצְעִי" הוּא נֶהֱרַג? וְכִי אֲנִי פְצַעְתִּיו מֵזִיד שֶׁיְּהֵא הַפֶּצַע קָרוּי עַל שְׁמִי? "וְיֶלֶד" אֲשֶׁר הָרַגְתִּי, "לְחַבֻּרָתִי" נֶהֱרַג? כְּלוֹמַר עַל יְדֵי חַבּוּרָתִי? בִּתְמִיָּה; וַהֲלֹא שׁוֹגֵג אֲנִי, לֹא זֶהוּ פִּצְעִי וְלֹא זֶהוּ חַבּוּרָתִי. פֶּצַע – מַכַּת חֶרֶב אוֹ חֵץ, נברידור"א בְּלַעַז: **כִּי שִׁבְעָתַיִם יֻקַּם קָיִן.** קַיִן שֶׁהָרַג מֵזִיד נִתְלָה לוֹ עַד שִׁבְעָה דוֹרוֹת, אֲנִי שֶׁהָרַגְתִּי שׁוֹגֵג כָּל שֶׁכֵּן שֶׁיִּתָּלֶה לִי שְׁבִיעִיּוֹת הַרְבֵּה: **שִׁבְעִים וְשִׁבְעָה.** לְשׁוֹן רִבּוּי שְׁבִיעִיּוֹת אָחַז לוֹ, כָּךְ דָּרַשׁ רַבִּי תַּנְחוּמָא (יא). וּמִדְרַשׁ בְּרֵאשִׁית רַבָּה: לֹא הָרַג לֶמֶךְ כְּלוּם, וְנָשָׁיו פּוֹרְשׁוֹת מִמֶּנּוּ מִשֶּׁקִּיְּמוּ פְּרִיָּה וּרְבִיָּה, לְפִי שֶׁנִּגְזְרָה גְּזֵרָה לְכַלּוֹת זַרְעוֹ שֶׁל קַיִן לְשִׁבְעָה דוֹרוֹת, אָמְרוּ: מָה אָנוּ יוֹלְדוֹת לַבֶּהָלָה? לְמָחָר הַמַּבּוּל בָּא וְשׁוֹטֵף אֶת הַכֹּל. וְהוּא אוֹמֵר לָהֶן: "וְכִי אִישׁ הָרַגְתִּי לְפִצְעִי"? וְכִי אֲנִי הָרַגְתִּי אֶת הֶבֶל שֶׁהוּא אִישׁ בְּקוֹמָה וְיֶלֶד בְּשָׁנִים שֶׁיְּהֵא זַרְעִי כָּלֶה בְּאוֹתוֹ עָוֹן? וּמַה קַּיִן שֶׁהָרַג, נִתְלוּ לוֹ שִׁבְעָה דוֹרוֹת, אֲנִי שֶׁלֹּא הָרַגְתִּי לֹא כָּל שֶׁכֵּן שֶׁיִּתָּלוּ לִי שְׁבִיעִיּוֹת הַרְבֵּה? וְזֶהוּ קַל וָחֹמֶר שֶׁל שְׁטוּת, אִם כֵּן אֵין הַקָּדוֹשׁ בָּרוּךְ הוּא גּוֹבֶה אֶת חוֹבוֹ וּמְקַיֵּם אֶת דְּבָרוֹ:

כה) **וַיֵּדַע אָדָם וְגוֹ'.** בָּא לוֹ לֶמֶךְ אֵצֶל אָדָם הָרִאשׁוֹן וְקָבַל עַל נָשָׁיו. אָמַר לָהֶם: וְכִי עֲלֵיכֶם לְדַקְדֵּק עַל גְּזֵרָתוֹ שֶׁל מָקוֹם? אַתֶּם עֲשׂוּ מִצְוַתְכֶם וְהוּא יַעֲשֶׂה אֶת שֶׁלּוֹ! אָמְרוּ לוֹ: קְשׁוֹט עַצְמְךָ תְּחִלָּה, וַהֲלֹא פָּרַשְׁתָּ מֵאִשְׁתְּךָ זֶה מֵאָה וּשְׁלֹשִׁים שָׁנָה מִשֶּׁנִּקְנְסָה מִיתָה עַל יָדְךָ! מִיָּד – "וַיֵּדַע אָדָם" וְגוֹ', וּמַהוּ "עוֹד"? מְלַמֵּד שֶׁנִּתּוֹסְפָה לוֹ תַּאֲוָה עַל תַּאֲוָתוֹ. בִּבְרֵאשִׁית רַבָּה (כג, ד-ה):

כו) **אָז הוּחַל לִקְרֹא.** אֶת שְׁמוֹת הָאָדָם וְאֶת שְׁמוֹת הָעֲצַבִּים בִּשְׁמוֹ שֶׁל הַקָּדוֹשׁ בָּרוּךְ הוּא, לַעֲשׂוֹתָן עֲבוֹדָה זָרָה וְלִקְרוֹתָן אֱלֹהוֹת:

פרק ה

א) **זֶה סֵפֶר תּוֹלְדֹת אָדָם.** זוֹ הִיא סְפִירַת תּוֹלְדוֹת אָדָם. וּמִדְרְשֵׁי אַגָּדָה יֵשׁ רַבִּים: **בְּיוֹם בְּרֹא וְגוֹ'.** מַגִּיד שֶׁבַּיּוֹם שֶׁנִּבְרָא הוֹלִיד:

ג) **שְׁלֹשִׁים וּמְאַת שָׁנָה.** עַד כָּאן פֵּרַשׁ מִן הָאִשָּׁה:

כָּל־יְמֵי־שֵׁ֔ת שְׁתֵּ֥ים עֶשְׂרֵ֖ה שָׁנָ֑ה וּתְשַׁ֥ע מֵא֖וֹת
ט שָׁנָ֖ה וַיָּמֹֽת׃ וַיְחִ֥י אֱנ֖וֹשׁ תִּשְׁעִ֣ים שָׁנָ֑ה
י וַיּ֖וֹלֶד אֶת־קֵינָֽן׃ וַיְחִ֣י אֱנ֗וֹשׁ אַחֲרֵי֙ הוֹלִיד֣וֹ אֶת־
קֵינָ֔ן חֲמֵ֤שׁ עֶשְׂרֵה֙ שָׁנָ֔ה וּשְׁמֹנֶ֥ה מֵא֖וֹת שָׁנָ֑ה
יא וַיּ֥וֹלֶד בָּנִ֖ים וּבָנֽוֹת׃ וַיִּֽהְיוּ֙ כָּל־יְמֵ֣י אֱנ֔וֹשׁ חָמֵ֣שׁ
יב שָׁנִ֔ים וּתְשַׁ֥ע מֵא֖וֹת שָׁנָ֑ה וַיָּמֹֽת׃ וַיְחִ֥י
יג קֵינָ֖ן שִׁבְעִ֣ים שָׁנָ֑ה וַיּ֖וֹלֶד אֶת־מַֽהֲלַלְאֵֽל׃ וַיְחִ֣י
קֵינָ֗ן אַחֲרֵי֙ הוֹלִיד֣וֹ אֶת־מַֽהֲלַלְאֵ֔ל אַרְבָּעִ֣ים
שָׁנָ֔ה וּשְׁמֹנֶ֥ה מֵא֖וֹת שָׁנָ֑ה וַיּ֥וֹלֶד בָּנִ֖ים וּבָנֽוֹת׃
יד וַיִּֽהְיוּ֙ כָּל־יְמֵ֣י קֵינָ֔ן עֶ֣שֶׂר שָׁנִ֔ים וּתְשַׁ֥ע מֵא֖וֹת
טו שָׁנָ֑ה וַיָּמֹֽת׃ וַיְחִ֣י מַֽהֲלַלְאֵ֔ל חָמֵ֥שׁ
טז שָׁנִ֖ים וְשִׁשִּׁ֣ים שָׁנָ֑ה וַיּ֖וֹלֶד אֶת־יָֽרֶד׃ וַיְחִ֣י
מַֽהֲלַלְאֵ֗ל אַחֲרֵי֙ הוֹלִיד֣וֹ אֶת־יֶ֔רֶד שְׁלֹשִׁ֣ים
שָׁנָ֔ה וּשְׁמֹנֶ֥ה מֵא֖וֹת שָׁנָ֑ה וַיּ֥וֹלֶד בָּנִ֖ים וּבָנֽוֹת׃
יז וַיִּֽהְיוּ֙ כָּל־יְמֵ֣י מַֽהֲלַלְאֵ֔ל חָמֵ֤שׁ וְתִשְׁעִים֙ שָׁנָ֔ה
יח וּשְׁמֹנֶ֥ה מֵא֖וֹת שָׁנָ֑ה וַיָּמֹֽת׃ וַֽיְחִי־
יֶ֕רֶד שְׁתַּ֧יִם וְשִׁשִּׁ֛ים שָׁנָ֖ה וּמְאַ֣ת שָׁנָ֑ה וַיּ֖וֹלֶד
יט אֶת־חֲנֽוֹךְ׃ וַֽיְחִי־יֶ֗רֶד אַחֲרֵי֙ הוֹלִיד֣וֹ אֶת־חֲנ֔וֹךְ
כ שְׁמֹנֶ֥ה מֵא֖וֹת שָׁנָ֑ה וַיּ֥וֹלֶד בָּנִ֖ים וּבָנֽוֹת׃ וַיִּֽהְיוּ֙
כָּל־יְמֵי־יֶ֔רֶד שְׁתַּ֤יִם וְשִׁשִּׁים֙ שָׁנָ֔ה וּתְשַׁ֥ע מֵא֖וֹת
כא שָׁנָ֑ה וַיָּמֹֽת׃ וַיְחִ֣י חֲנ֔וֹךְ חָמֵ֥שׁ וְשִׁשִּׁ֖ים

כב שָׁנָה וַיּוֹלֶד אֶת־מְתוּשָׁלַח: וַיִּתְהַלֵּךְ חֲנוֹךְ אֶת־
הָאֱלֹהִים אַחֲרֵי הוֹלִידוֹ אֶת־מְתוּשֶׁלַח שְׁלֹשׁ
כג מֵאוֹת שָׁנָה וַיּוֹלֶד בָּנִים וּבָנוֹת: וַיְהִי כָּל־יְמֵי
חֲנוֹךְ חָמֵשׁ וְשִׁשִּׁים שָׁנָה וּשְׁלֹשׁ מֵאוֹת שָׁנָה:
כד וַיִּתְהַלֵּךְ חֲנוֹךְ אֶת־הָאֱלֹהִים וְאֵינֶנּוּ כִּי־לָקַח
כה אֹתוֹ אֱלֹהִים: וַיְחִי מְתוּשֶׁלַח שֶׁבַע שביעי
וּשְׁמֹנִים שָׁנָה וּמְאַת שָׁנָה וַיּוֹלֶד אֶת־לָמֶךְ:
כו וַיְחִי מְתוּשֶׁלַח אַחֲרֵי הוֹלִידוֹ אֶת־לֶמֶךְ שְׁתַּיִם
וּשְׁמוֹנִים שָׁנָה וּשְׁבַע מֵאוֹת שָׁנָה וַיּוֹלֶד בָּנִים

ט כל יומי שית, תשע מאה ותרתא עסרי שנין, ומית: וחיא אנוש תשעין שנין, ואוליד ית קינן:
יא וחיא אנוש, בתר דאוליד ית קינן, תמני מאה וחמש עסרי שנין, ואוליד בנין ובנן: והוו כל
יב יומי אנוש, תשע מאה וחמש שנין, ומית: וחיא קינן שבעין שנין, ואוליד ית מהללאל:
יג יד וחיא קינן, בתר דאוליד ית מהללאל, תמני מאה וארבעין שנין, ואוליד בנין ובנן: והוו כל
טו יומי קינן, תשע מאה ועסר שנין, ומית: וחיא מהללאל, שתין וחמש שנין, ואוליד ית ירד:
טז יז וחיא מהללאל, בתר דאוליד ית ירד, תמני מאה ותלתין שנין, ואוליד בנין ובנן: והוו כל
יח יומי מהללאל, תמני מאה ותשעין וחמש שנין, ומית: וחיא ירד, מאה ושתין ותרתין שנין,
יט כ ואוליד ית חנוך: וחיא ירד, בתר דאוליד ית חנוך, תמני מאה שנין, ואוליד בנין ובנן: והוו
כא כל יומי ירד, תשע מאה ושתין ותרתין שנין, ומית: וחיא חנוך, שתין וחמש שנין, ואוליד
כב ית מתושלח: והליך חנוך בדחלתא דיי, בתר דאוליד ית מתושלח, תלת מאה שנין,
כג כד ואוליד בנין ובנן: והוו כל יומי חנוך, תלת מאה ושתין וחמש שנין: והליך חנוך בדחלתא
כה דיי, וליתוהי, ארי לא אמית יתיה יי: וחיא מתושלח, מאה ותמנן ושבע שנין, ואוליד ית
כו למך: וחיא מתושלח, בתר דאוליד ית למך, שבע מאה ותמנן ותרתין שנין, ואוליד בנין

כד) וַיִּתְהַלֵּךְ חֲנוֹךְ. צַדִּיק הָיָה וְקַל בְּדַעְתּוֹ לָשׁוּב לְהַרְשִׁיעַ, לְפִיכָךְ מִהֵר הַקָּדוֹשׁ בָּרוּךְ הוּא וְסִלְּקוֹ וֶהֱמִיתוֹ קֹדֶם זְמַנּוֹ, וְזֶהוּ שֶׁשִּׁנָּה הַכָּתוּב בְּמִיתָתוֹ, לִכְתֹּב: "וְאֵינֶנּוּ" בָּעוֹלָם לְמַלֹּאות שְׁנוֹתָיו: כִּי לָקַח אֹתוֹ. לִפְנֵי זְמַנּוֹ, כְּמוֹ: "הִנְנִי לֹקֵחַ מִמְּךָ אֶת מַחְמַד עֵינֶיךָ" (יחזקאל כד, טז):

כז וּבָנוֹת׃ וַיִּהְיוּ כָּל־יְמֵי מְתוּשֶׁלַח תֵּשַׁע וְשִׁשִּׁים
כח שָׁנָה וּתְשַׁע מֵאוֹת שָׁנָה וַיָּמֹת׃ ⋆ וַיְחִי־
לֶמֶךְ שְׁתַּיִם וּשְׁמֹנִים שָׁנָה וּמְאַת שָׁנָה וַיּוֹלֶד בֵּן׃
כט וַיִּקְרָא אֶת־שְׁמוֹ נֹחַ לֵאמֹר זֶה יְנַחֲמֵנוּ מִמַּעֲשֵׂנוּ
וּמֵעִצְּבוֹן יָדֵינוּ מִן־הָאֲדָמָה אֲשֶׁר אֵרְרָהּ יְהוָה׃
ל וַיְחִי־לֶמֶךְ אַחֲרֵי הוֹלִידוֹ אֶת־נֹחַ חָמֵשׁ וְתִשְׁעִים
לא שָׁנָה וַחֲמֵשׁ מֵאֹת שָׁנָה וַיּוֹלֶד בָּנִים וּבָנוֹת׃ וַיְהִי
כָּל־יְמֵי־לֶמֶךְ שֶׁבַע וְשִׁבְעִים שָׁנָה וּשְׁבַע מֵאוֹת
לב שָׁנָה וַיָּמֹת׃ וַיְהִי־נֹחַ בֶּן־חֲמֵשׁ מֵאוֹת
ו א שָׁנָה וַיּוֹלֶד נֹחַ אֶת־שֵׁם אֶת־חָם וְאֶת־יָפֶת׃ וַיְהִי
כִּי־הֵחֵל הָאָדָם לָרֹב עַל־פְּנֵי הָאֲדָמָה וּבָנוֹת יֻלְּדוּ
ב לָהֶם׃ וַיִּרְאוּ בְנֵי־הָאֱלֹהִים אֶת־בְּנוֹת הָאָדָם כִּי
טֹבֹת הֵנָּה וַיִּקְחוּ לָהֶם נָשִׁים מִכֹּל אֲשֶׁר בָּחָרוּ׃
ג וַיֹּאמֶר יְהוָה לֹא־יָדוֹן רוּחִי בָאָדָם לְעֹלָם בְּשַׁגַּם
ד הוּא בָשָׂר וְהָיוּ יָמָיו מֵאָה וְעֶשְׂרִים שָׁנָה׃ הַנְּפִלִים
הָיוּ בָאָרֶץ בַּיָּמִים הָהֵם וְגַם אַחֲרֵי־כֵן אֲשֶׁר יָבֹאוּ
בְּנֵי הָאֱלֹהִים אֶל־בְּנוֹת הָאָדָם וְיָלְדוּ לָהֶם הֵמָּה
הַגִּבֹּרִים אֲשֶׁר מֵעוֹלָם אַנְשֵׁי הַשֵּׁם׃

כח) וַיּוֹלֶד בֵּן. שֶׁמִּמֶּנּוּ נִבְנָה הָעוֹלָם:
כט) זֶה יְנַחֲמֵנוּ. יָנַח מִמֶּנּוּ אֶת עִצְּבוֹן יָדֵינוּ. עַד שֶׁלֹּא בָּא נֹחַ לֹא הָיָה לָהֶם כְּלֵי מַחֲרֵשָׁה וְהוּא הֵכִין לָהֶם, וְהָיְתָה הָאָרֶץ מוֹצִיאָה קוֹצִים וְדַרְדָּרִים

כז כח ובנן: והוו כל יומי מתושלח, תשע מאה ושתין ותשע שנין, ומית: וחיא למך, מאה
כט ותמנן ותרתין שנין, ואוליד בר: וקרא ית שמיה, נח למימר, דין, ינחמננא מעובדנא
ל ומליאות ידנא, מן ארעא, דלטה יי: וחיא למך, בתר דאוליד ית נח, חמש מאה ותשעין
לא וחמש שנין, ואוליד בנין ובנן: והוו כל יומי למך, שבע מאה ושבעין ושבע שנין,
לב ו א ומית: והוה נח, בר חמש מאה שנין, ואוליד נח, ית שם ית חם וית יפת: והוה כד שריאו
ב בני אנשא, למסגי על אפי ארעא, ובנתא אתילידא להון: וחזו בני רברביא ית בנת
ג אנשא, ארי שפירן אנין, ונסיבו להון נשין, מכל דאתרעיאו: ואמר יי, לא יתקים דרא
בישא הדין קדמי לעלם, בדיל דאנון בסרא ועובדיהון בישין, ארכא יהיב להון, מאה
ד ועסרין שנין אם יתובון: גבריא, הוו בארעא ביומיא האנון, ואף בתר כן, דעאלין
בני רברביא לות בנת אנשא, וילדן להון, אנון גבריא, דמעלמא אנשין דשמא:

כשזורעים חטים, מקללתו של אדם הראשון, ובימי נח נחה, וזה 'ינחמנו' – ינח ממנו. ואם לא תפרשהו כך, אין טעם הלשון נופל על השם, ואתה צריך לקרות שמו מנחם:

לב) **בן חמש מאות שנה.** אמר רבי יודן: מה טעם כל הדורות הולידו למאה שנה וזה לחמש מאות? אמר הקדוש ברוך הוא: אם רשעים הם יאבדו במים ורע לצדיק זה, ואם צדיקים הם אטריח עליו לעשות תבות הרבה, כבש את מעינו ולא הוליד עד חמש מאות שנה, כדי שלא יהא יפת הגדול שבבניו ראוי לעונשין לפני המבול, דכתיב: "כי הנער בן מאה שנה ימות" (ישעיה סה, כ) – ראוי לעונש לעתיד, וכן לפני מתן תורה: **את שם את חם ואת יפת.** והלא יפת הגדול הוא! אלא בתחלה אתה דורש את שהוא צדיק, ונולד כשהוא מהול, ושאברהם יצא ממנו וכו'. בבראשית רבה (כו, ג):

פרק ו

ב) **בני האלהים.** בני השרים והשופטים. דבר אחר, "בני האלהים", הם השרים ההולכים בשליחותו של מקום, אף הם היו מתערבים בהם. כל 'אלהים' שבמקרא לשון מרות, וזה יוכיח: "ואתה תהיה לו לאלהים" (שמות ד, טז), "ראה נתתיך אלהים" (שם ז, א): **כי טבת הנה.** אמר רבי יודן: "טבת" כתיב, משהיו מטיבין אותה מקשטת לכנס לחפה, היה גדול נכנס ובועלה תחלה: **מכל אשר בחרו.** אף בעולת בעל, אף הזכר והבהמה:

ג) **לא ידון רוחי באדם.** לא יתרעם ויריב רוחי עלי בשביל האדם: **לעלם.** לאורך ימים; הנה רוחי נדון בקרבי אם להשחית ואם לרחם, לא יהיה מדון זה ברוחי לעולם, כלומר לאורך ימים: **בשגם הוא בשר.** כמו 'בשגם', כלומר בשביל שגם זאת בו שהוא בשר ואף על פי כן אינו נכנע לפני, ומה אם יהיה אש או דבר קשה. כיוצא בו: "עד שקמתי דבורה" (שופטים ה, ז) כמו 'שקמתי', וכן: "שאתה מדבר עמי" (שם ו, יז) כמו 'שאתה', אף 'בשגם' כמו 'בשגם': **והיו ימיו וגו'.** עד מאה ועשרים שנה אאריך להם אפי, ואם לא ישובו – אביא עליהם מבול. ואם תאמר, משנולד יפת עד המבול אינו אלא מאה שנה? אין מוקדם ומאוחר בתורה, כבר היתה הגזרה גזורה עשרים שנה קודם שהוליד נח תולדות, וכן מצינו בסדר עולם (סוף פכ"ח). יש מדרשי אגדה רבים ב"לא ידון", אבל זה צחצוח פשוטו:

ד) **הנפלים.** על שם שנפלו והפילו את העולם, ובלשון עברית לשון ענקים הוא: **בימים ההם.** בימי דור אנוש ובני קין: **וגם אחרי כן.** אף על פי שראו באבדן של דור אנוש, שעלה אוקינוס והציף שליש העולם, לא נכנע דור המבול ללמד מהם: **אשר יבאו.** היו יולדות ענקים כמותם: **הגברים.** למרד במקום: **אנשי השם.** אותם שנקבו בשמות: עירד מחויאל מתושאל, שנקראו על שם אבדן, שנמוחו והותשו. דבר אחר, אנשי שממון, ששממו את העולם:

ה וַיַּרְא יְהוָה כִּי רַבָּה רָעַת הָאָדָם בָּאָרֶץ וְכָל־יֵצֶר מפטיר
ו מַחְשְׁבֹת לִבּוֹ רַק רַע כָּל־הַיּוֹם׃ וַיִּנָּחֶם יְהוָה
כִּי־עָשָׂה אֶת־הָאָדָם בָּאָרֶץ וַיִּתְעַצֵּב אֶל־לִבּוֹ׃
ז וַיֹּאמֶר יְהוָה אֶמְחֶה אֶת־הָאָדָם אֲשֶׁר־בָּרָאתִי
מֵעַל פְּנֵי הָאֲדָמָה מֵאָדָם עַד־בְּהֵמָה עַד־רֶמֶשׂ
ח וְעַד־עוֹף הַשָּׁמָיִם כִּי נִחַמְתִּי כִּי עֲשִׂיתִם׃ וְנֹחַ
מָצָא חֵן בְּעֵינֵי יְהוָה׃

ו **וַיִּנָּחֶם ה' כִּי עָשָׂה.** נֶחָמָה הָיְתָה לְפָנָיו שֶׁבְּרָאוֹ בַּתַּחְתּוֹנִים, שֶׁאִלּוּ הָיָה מִן הָעֶלְיוֹנִים הָיָה מַמְרִידָן, כִּבְרֵאשִׁית רַבָּה (כז, ד): **וַיִּתְעַצֵּב.** הָאָדָם "אֶל לִבּוֹ" שֶׁל מָקוֹם, עָלָה בְּמַחֲשַׁבְתּוֹ שֶׁל מָקוֹם לְהַעֲצִיבוֹ,

הפטרת בראשית

בערב ראש חודש מרחשוון קוראים את ההפטרה בעמ' שו.

הנביא ישעיהו היה צריך להתמודד עם השקפות אליליות שביטלו את האמונה בה' ואת מקומו של עם ישראל בעולם. בדבריו הוא מעמיד, זה לצד זה, שלושה צמדי ניגודים בהתאמה: ה', בורא העולם ומנהיגו, מול האלילים חסרי המשמעות. ישראל, עם ה', העם הנצחי מול האומות המכות שיבואו על עונשן. גאולה היוצרת מציאות מתוקנת ושלמה, מול מציאות של חטא המביא שבר וחורבן. המשותף לשלושתם: הוודאי והנצחי אל מול החולף וחסר התוחלת. תובנה זו, שהוודאי והנצחי יגבר על החולף וחסר התוחלת, באה לבסס את הדרך המוליכה מבריאת העולם לחזון אחרית הימים.

מב א הֵן עַבְדִּי אֶתְמָךְ־בּוֹ בְּחִירִי רָצְתָה נַפְשִׁי נָתַתִּי רוּחִי עָלָיו מִשְׁפָּט לַגּוֹיִם ישעיה
ב ג יוֹצִיא׃ לֹא יִצְעַק וְלֹא יִשָּׂא וְלֹא־יַשְׁמִיעַ בַּחוּץ קוֹלוֹ׃ קָנֶה רָצוּץ לֹא יִשְׁבּוֹר התימנים מתחילים כאן
ד וּפִשְׁתָּה כֵהָה לֹא יְכַבֶּנָּה לֶאֱמֶת יוֹצִיא מִשְׁפָּט׃ לֹא יִכְהֶה וְלֹא יָרוּץ עַד־
ה יָשִׂים בָּאָרֶץ מִשְׁפָּט וּלְתוֹרָתוֹ אִיִּים יְיַחֵלוּ׃ *כֹּה־אָמַר הָאֵל ׀ האשכנזים והספרדים מתחילים כאן
יְהוָה בּוֹרֵא הַשָּׁמַיִם וְנוֹטֵיהֶם רֹקַע הָאָרֶץ וְצֶאֱצָאֶיהָ נֹתֵן נְשָׁמָה לָעָם עָלֶיהָ

ה וַחֲזָא יְיָ, אֲרֵי סְגִיאַת, בִּישַׁת אֱנָשָׁא בְּאַרְעָא, וְכָל יִצְרָא מַחְשְׁבָת לִבֵּיהּ, לְחוֹד בִּישׁ כָּל
ו יוֹמָא: וְתָב יְיָ בְּמֵימְרֵיהּ, אֲרֵי עֲבַד יָת אֱנָשָׁא בְּאַרְעָא, וַאֲמַר בְּמֵימְרֵיהּ לְמִתְבַּר תָּקְפְּהוֹן
ז כִּרְעוּתֵיהּ: וַאֲמַר יְיָ, אֶמְחֵי יָת אֱנָשָׁא דִּבְרֵיתִי מֵעַל אַפֵּי אַרְעָא, מֵאֱנָשָׁא עַד בְּעִירָא, עַד
ח רִחְשָׁא וְעַד עוֹפָא דִּשְׁמַיָּא, אֲרֵי תָבִית בְּמֵימְרִי אֲרֵי עֲבַדְתִּנּוּן: וְנֹחַ, אַשְׁכַּח רַחֲמִין קֳדָם יְיָ:

זֶהוּ תַּרְגּוּם אוּנְקְלוֹס. דָּבָר אַחֵר, "וַיִּנָּחֶם", נֶהֶפְכָה מַחְשַׁבְתּוֹ שֶׁל מָקוֹם מִמִּדַּת רַחֲמִים לְמִדַּת הַדִּין, עָלָה בְּמַחְשָׁבָה לְפָנָיו מַה לַּעֲשׂוֹת בָּאָדָם שֶׁעָשָׂה בָּאָרֶץ, וְכֵן כָּל לְשׁוֹן נִחוּם שֶׁבַּמִּקְרָא לְשׁוֹן נִמְלָךְ מַה לַּעֲשׂוֹת: "וּבֶן אָדָם וְיִתְנֶחָם" (במדבר כג, יט), "וְעַל עֲבָדָיו יִתְנֶחָם" (דברים לב, לו), "וַיִּנָּחֶם ה' עַל הָרָעָה" (שמות לב, יד), "נִחַמְתִּי כִּי הִמְלַכְתִּי" (שמואל א' טו, יא), כֻּלָּם לְשׁוֹן מַחְשָׁבָה אַחֶרֶת הֵם. "וַיִּתְעַצֵּב אֶל לִבּוֹ" – נִתְאַבֵּל עַל אָבְדַן מַעֲשֵׂה יָדָיו, כְּמוֹ: "נֶעֱצַב הַמֶּלֶךְ עַל בְּנוֹ" (שמואל ב' יט, ג). וְזוֹ כָּתַבְתִּי לִתְשׁוּבַת הַמִּינִים: גּוֹי אֶחָד שָׁאַל אֶת רַבִּי יְהוֹשֻׁעַ בֶּן קָרְחָה, אָמַר לוֹ: אֵין אַתֶּם מוֹדִים שֶׁהַקָּדוֹשׁ בָּרוּךְ הוּא רוֹאֶה אֶת הַנּוֹלָד? אָמַר לוֹ: הֵן. אָמַר לוֹ: וְהָא כְתִיב: "וַיִּתְעַצֵּב אֶל לִבּוֹ"? אָמַר לוֹ: נוֹלַד לְךָ בֵּן זָכָר מִיָּמֶיךָ? אָמַר לוֹ: הֵן. אָמַר לוֹ: וּמֶה עָשִׂיתָ? אָמַר לוֹ: שָׂמַחְתִּי וְשִׂמַּחְתִּי אֶת הַכֹּל. אָמַר לוֹ: וְלֹא הָיִיתָ יוֹדֵעַ שֶׁסּוֹפוֹ לָמוּת? אָמַר לוֹ: בְּשַׁעַת חֶדְוָתָא חֶדְוָתָא, בְּשַׁעַת אֶבְלָא אֶבְלָא. אָמַר לוֹ: כָּךְ מַעֲשֵׂה לִפְנֵי הַקָּדוֹשׁ בָּרוּךְ הוּא, אַף עַל פִּי שֶׁגָּלוּי לְפָנָיו שֶׁסּוֹפָן לַחֲטֹא וּלְאַבְּדָן לֹא נִמְנַע מִלְּבָרְאָן, בִּשְׁבִיל הַצַּדִּיקִים הָעֲתִידִים לַעֲמֹד מֵהֶם:

ז) **וַיֹּאמֶר ה' אֶמְחֶה אֶת הָאָדָם.** הוּא עָפָר וְאָבִיא עָלָיו מַיִם וְאֶמְחֶה אוֹתוֹ, לְכָךְ נֶאֱמַר לְשׁוֹן מְחוּי: **מֵאָדָם עַד בְּהֵמָה.** אַף הֵם הִשְׁחִיתוּ דַּרְכָּם. דָּבָר אַחֵר, הַכֹּל נִבְרָא בִּשְׁבִיל הָאָדָם, וְכֵיוָן שֶׁהוּא כָּלֶה מַה צֹּרֶךְ בְּאֵלּוּ: **כִּי נִחַמְתִּי כִּי עֲשִׂיתִם.** חָשַׁבְתִּי מַה לַּעֲשׂוֹת עַל אֲשֶׁר עֲשִׂיתִים:

ו וְרוּחַ לַהֹלְכִים בָּהּ: אֲנִי יְהוָה קְרָאתִיךָ בְצֶדֶק וְאַחְזֵק בְּיָדֶךָ וְאֶצָּרְךָ וְאֶתֶּנְךָ
ז לִבְרִית עָם לְאוֹר גּוֹיִם: לִפְקֹחַ עֵינַיִם עִוְרוֹת לְהוֹצִיא מִמַּסְגֵּר אַסִּיר מִבֵּית
ח כֶּלֶא יֹשְׁבֵי חֹשֶׁךְ: אֲנִי יְהוָה הוּא שְׁמִי וּכְבוֹדִי לְאַחֵר לֹא־אֶתֵּן וּתְהִלָּתִי
ט לַפְּסִילִים: הָרִאשֹׁנוֹת הִנֵּה־בָאוּ וַחֲדָשׁוֹת אֲנִי מַגִּיד בְּטֶרֶם תִּצְמַחְנָה
י אַשְׁמִיעַ אֶתְכֶם: שִׁירוּ לַיהוָה שִׁיר חָדָשׁ תְּהִלָּתוֹ מִקְצֵה הָאָרֶץ
יא יוֹרְדֵי הַיָּם וּמְלֹאוֹ אִיִּים וְיֹשְׁבֵיהֶם: יִשְׂאוּ מִדְבָּר וְעָרָיו חֲצֵרִים תֵּשֵׁב קֵדָר
יב יָרֹנּוּ יֹשְׁבֵי סֶלַע מֵרֹאשׁ הָרִים יִצְוָחוּ: יָשִׂימוּ לַיהוָה כָּבוֹד וּתְהִלָּתוֹ בָּאִיִּים
יג יַגִּידוּ: יְהוָה כַּגִּבּוֹר יֵצֵא כְּאִישׁ מִלְחָמוֹת יָעִיר קִנְאָה יָרִיעַ אַף־יַצְרִיחַ עַל־
יד אֹיְבָיו יִתְגַּבָּר: הֶחֱשֵׁיתִי מֵעוֹלָם אַחֲרִישׁ אֶתְאַפָּק כַּיּוֹלֵדָה אֶפְעֶה
טו אֶשֹּׁם וְאֶשְׁאַף יָחַד: אַחֲרִיב הָרִים וּגְבָעוֹת וְכָל־עֶשְׂבָּם אוֹבִישׁ וְשַׂמְתִּי
טז נְהָרוֹת לָאִיִּים וַאֲגַמִּים אוֹבִישׁ: וְהוֹלַכְתִּי עִוְרִים בְּדֶרֶךְ לֹא יָדָעוּ בִּנְתִיבוֹת

לֹא־יָדְעוּ אַדְרִיכֵם אָשִׂים מַחְשָׁךְ לִפְנֵיהֶם לָאוֹר וּמַעֲקַשִּׁים לְמִישׁוֹר אֵלֶּה
התימנים מסיימים כאן הַדְּבָרִים עֲשִׂיתִם וְלֹא עֲזַבְתִּים׃* נָסֹגוּ אָחוֹר יֵבֹשׁוּ בֹשֶׁת הַבֹּטְחִים בַּפָּסֶל יז
הָאֹמְרִים לְמַסֵּכָה אַתֶּם אֱלֹהֵינוּ׃ הַחֵרְשִׁים שְׁמָעוּ וְהַעִוְרִים הַבִּיטוּ יח
לִרְאוֹת׃ מִי עִוֵּר כִּי אִם־עַבְדִּי וְחֵרֵשׁ כְּמַלְאָכִי אֶשְׁלָח מִי עִוֵּר כִּמְשֻׁלָּם יט
רָאוֹת וְעִוֵּר כְּעֶבֶד יהוה׃ ראִית רַבּוֹת וְלֹא תִשְׁמֹר פָּקוֹחַ אָזְנַיִם וְלֹא יִשְׁמָע׃ כ
הספרדים מסיימים כאן יהוה חָפֵץ לְמַעַן צִדְקוֹ יַגְדִּיל תּוֹרָה וְיַאְדִּיר׃* וְהוּא עַם־בָּזוּז וְשָׁסוּי הָפֵחַ כא כב
בַּחוּרִים כֻּלָּם וּבְבָתֵּי כְלָאִים הָחְבָּאוּ הָיוּ לָבַז וְאֵין מַצִּיל מְשִׁסָּה וְאֵין־אֹמֵר
לִמְשִׁסָּה הָשַׁב׃ מִי בָכֶם יַאֲזִין זֹאת יַקְשִׁב וְיִשְׁמַע לְאָחוֹר׃ מִי־נָתַן למשוסה יַעֲקֹב כג כד
וְיִשְׂרָאֵל לְבֹזְזִים הֲלוֹא יהוה זוּ חָטָאנוּ לוֹ וְלֹא־אָבוּ בִדְרָכָיו הָלוֹךְ וְלֹא
שָׁמְעוּ בְּתוֹרָתוֹ׃ וַיִּשְׁפֹּךְ עָלָיו חֵמָה אַפּוֹ וֶעֱזוּז מִלְחָמָה וַתְּלַהֲטֵהוּ מִסָּבִיב כה
וְלֹא יָדָע וַתִּבְעַר־בּוֹ וְלֹא־יָשִׂים עַל־לֵב׃ וְעַתָּה כֹּה־אָמַר א מג
יהוה בֹּרַאֲךָ יַעֲקֹב וְיֹצֶרְךָ יִשְׂרָאֵל אַל־תִּירָא כִּי גְאַלְתִּיךָ קָרָאתִי בְשִׁמְךָ
לִי־אָתָּה׃ כִּי־תַעֲבֹר בַּמַּיִם אִתְּךָ אָנִי וּבַנְּהָרוֹת לֹא יִשְׁטְפוּךָ כִּי־תֵלֵךְ ב
בְּמוֹ־אֵשׁ לֹא תִכָּוֶה וְלֶהָבָה לֹא תִבְעַר־בָּךְ׃ כִּי אֲנִי יהוה אֱלֹהֶיךָ קְדוֹשׁ ג
יִשְׂרָאֵל מוֹשִׁיעֶךָ נָתַתִּי כָפְרְךָ מִצְרַיִם כּוּשׁ וּסְבָא תַּחְתֶּיךָ׃ מֵאֲשֶׁר יָקַרְתָּ ד
בְעֵינַי נִכְבַּדְתָּ וַאֲנִי אֲהַבְתִּיךָ וְאֶתֵּן אָדָם תַּחְתֶּיךָ וּלְאֻמִּים תַּחַת נַפְשֶׁךָ׃
אַל־תִּירָא כִּי אִתְּךָ־אָנִי מִמִּזְרָח אָבִיא זַרְעֶךָ וּמִמַּעֲרָב אֲקַבְּצֶךָּ׃ אֹמַר ה ו
לַצָּפוֹן תֵּנִי וּלְתֵימָן אַל־תִּכְלָאִי הָבִיאִי בָנַי מֵרָחוֹק וּבְנוֹתַי מִקְצֵה הָאָרֶץ׃
כֹּל הַנִּקְרָא בִשְׁמִי וְלִכְבוֹדִי בְּרָאתִיו יְצַרְתִּיו אַף־עֲשִׂיתִיו׃ הוֹצִיא עַם־עִוֵּר ז ח
וְעֵינַיִם יֵשׁ וְחֵרְשִׁים וְאָזְנַיִם לָמוֹ׃ כָּל־הַגּוֹיִם נִקְבְּצוּ יַחְדָּו וְיֵאָסְפוּ לְאֻמִּים מִי ט
בָהֶם יַגִּיד זֹאת וְרִאשֹׁנוֹת יַשְׁמִיעֻנוּ יִתְּנוּ עֵדֵיהֶם וְיִצְדָּקוּ וְיִשְׁמְעוּ וְיֹאמְרוּ
אֱמֶת׃ אַתֶּם עֵדַי נְאֻם־יהוה וְעַבְדִּי אֲשֶׁר בָּחָרְתִּי לְמַעַן תֵּדְעוּ וְתַאֲמִינוּ י
לִי וְתָבִינוּ כִּי־אֲנִי הוּא לְפָנַי לֹא־נוֹצַר אֵל וְאַחֲרַי לֹא יִהְיֶה׃

פרשת
נח

	ט	ח	ז	ו	ה	
	מגדל בבל מנח עד אברם	צאצאי נח ותפוצתם	היציאה מן התיבה	סיום המבול	המבול	נושאים לפי סדרים

שנער (בבל)

467 שנים

נח

ה אֵלֶּה תּוֹלְדֹת נֹחַ נֹחַ אִישׁ צַדִּיק תָּמִים הָיָה ט ו
בְּדֹרֹתָיו אֶת־הָאֱלֹהִים הִתְהַלֶּךְ־נֹחַ׃ וַיּוֹלֶד י
נֹחַ שְׁלֹשָׁה בָנִים אֶת־שֵׁם אֶת־חָם וְאֶת־
יָפֶת׃ וַתִּשָּׁחֵת הָאָרֶץ לִפְנֵי הָאֱלֹהִים וַתִּמָּלֵא יא
הָאָרֶץ חָמָס׃ וַיַּרְא אֱלֹהִים אֶת־הָאָרֶץ וְהִנֵּה יב
נִשְׁחָתָה כִּי־הִשְׁחִית כָּל־בָּשָׂר אֶת־דַּרְכּוֹ עַל־
הָאָרֶץ׃ וַיֹּאמֶר אֱלֹהִים לְנֹחַ קֵץ כָּל־ יג
בָּשָׂר בָּא לְפָנַי כִּי־מָלְאָה הָאָרֶץ חָמָס מִפְּנֵיהֶם
וְהִנְנִי מַשְׁחִיתָם אֶת־הָאָרֶץ׃ עֲשֵׂה לְךָ תֵּבַת יד
עֲצֵי־גֹפֶר קִנִּים תַּעֲשֶׂה אֶת־הַתֵּבָה וְכָפַרְתָּ אֹתָהּ
מִבַּיִת וּמִחוּץ בַּכֹּפֶר׃ וְזֶה אֲשֶׁר תַּעֲשֶׂה אֹתָהּ טו
שְׁלֹשׁ מֵאוֹת אַמָּה אֹרֶךְ הַתֵּבָה חֲמִשִּׁים אַמָּה
רָחְבָּהּ וּשְׁלֹשִׁים אַמָּה קוֹמָתָהּ׃ צֹהַר ׀ תַּעֲשֶׂה טז
לַתֵּבָה וְאֶל־אַמָּה תְּכַלֶּנָּה מִלְמַעְלָה וּפֶתַח
הַתֵּבָה בְּצִדָּהּ תָּשִׂים תַּחְתִּיִּם שְׁנִיִּם וּשְׁלִשִׁים

ט אֵלֶּה תּוֹלְדֹת נֹחַ נֹחַ אִישׁ צַדִּיק. הוֹאִיל וְהִזְכִּירוֹ סִפֵּר בְּשִׁבְחוֹ, שֶׁנֶּאֱמַר: "זֵכֶר צַדִּיק לִבְרָכָה" (משלי י, ז). דָּבָר אַחֵר, לְלַמֶּדְךָ שֶׁעִקַּר תּוֹלְדוֹתֵיהֶם שֶׁל צַדִּיקִים מַעֲשִׂים טוֹבִים: בְּדֹרֹתָיו.

נח

ט אלין תולדת נח, נח, גבר זכאי, שלים הוה בדרוהי, בדחלתא דיי הליך נח: ואוליד נח
י תלתא בנין, ית שם ית חם וית יפת: ואתחבלת ארעא קדם יי, ואתמליאת ארעא חטופין:
יא יב וחזא יי, ית ארעא והא אתחבלת, ארי חבילו כל בסרא, אנש אורחיה על ארעא: ואמר
יג יי לנח, קצא דכל בסרא עאל לקדמי, ארי אתמליאת ארעא, חטופין מן קדם עובדיהון
יד בישיא, והאנא מחבילהון עם ארעא: עביד לך תיבתא דאעין דקדרוס, מדורין תעביד ית
טו תיבתא, ותחפי יתה, מגיו ומברא בכפרא: ודין, דתעביד יתה, תלת מאה אמין, ארכא
טז דתיבתא, חמשין אמין פתיה, ותלתין אמין רומה: ניהור תעביד לתיבתא, ולאמתא
תשכללנה מלעילא, ותרעה דתיבתא בסטרה תשוי, מדורין ארעאין, תנינין ותליתאין

יש מרבותינו דורשים אותו לשבח: כל שכן אלו היה בדור צדיקים היה צדיק יותר. ויש שדורשים אותו לגנאי: לפי דורו היה צדיק, ואלו היה בדורו של אברהם לא היה נחשב לכלום: **את האלהים התהלך נח.** ובאברהם הוא אומר: "אשר התהלכתי לפניו" (להלן כד, מ), נח היה צריך סעד לתמכו, אבל אברהם היה מתחזק ומהלך בצדקו מאליו: **התהלך.** לשון עבר. וזהו שמושה של למ"ד בלשון כבד, משמשת להבא ולשעבר בלשון אחד: "קום התהלך" (להלן יג, יז) להבא, "התהלך נח" לשעבר; "התפלל בעד עבדיך" (שמואל א' יב, יט) להבא, "ובא והתפלל אל הבית הזה" (מלכים א' ח, מב) לשון עבר, אלא שהוי"ו שבראשו הופכו להבא:

יא) **ותשחת.** לשון ערוה ועבודה זרה, כמו: "פן תשחתון" (דברים ד, טז), "כי השחית כל בשר" (להלן פסוק יב): **ותמלא הארץ חמס.** גזל:

יב) **כי השחית כל בשר.** אפלו בהמה חיה ועוף נזקקין לשאינן מינן:

יג) **קץ כל בשר.** כל מקום שאתה מוצא זנות, אנדרלמוסיא באה לעולם והורגת טובים ורעים: **כי מלאה הארץ חמס.** לא נחתם גזר דינם אלא על הגזל: **את הארץ.** כמו מן הארץ, ודומה לו: "כצאתי את העיר" (שמות ט, כט) מן העיר. "חלה את רגליו" (מלכים א' טו, כג) מן רגליו. דבר אחר, "את הארץ", עם הארץ, שאף שלשה טפחים של עמק המחרשה נמוחו ונטשטשו:

יד) **עשה לך תבת.** הרבה רוח והצלה לפניו, ולמה הטריחו בבנין זה? כדי שיראוהו אנשי דור המבול עסוק בה מאה ועשרים שנה ושואלין אותו: מה זאת לך? והוא אומר להם: עתיד הקדוש ברוך הוא להביא מבול לעולם, אולי ישובו: **עצי גפר.** כך שמו. ולמה ממין זה? על שם גפרית שנגזר עליהם למחות בו: **קנים.** מדורים מדורים לכל בהמה וחיה: **בכפר.** זפת בלשון ארמי. ומצינו בתלמוד 'כופרא'. בתבתו של משה, על ידי שהיו המים תשים, דיה בחמר מבפנים וזפת מבחוץ, ועוד כדי שלא יריח ריח רע של זפת, אבל כאן מפני חזק המים זפתה מבית ומחוץ:

טז) **צהר.** יש אומרים חלון, ויש אומרים אבן טובה המאירה להם: **ואל אמה תכלנה מלמעלה.** כסויה משפע ועולה עד שהוא קצר מלמעלה ועומד על אמה, כדי שיזובו המים למטה מכאן ומכאן: **בצדה תשים.** שלא יפלו גשמים בה: **תחתים שנים ושלשים.** שלש עליות זו על גב זו, עליונים לאדם אמצעיים למדור הבהמות תחתיים לזבל:

תַּעֲשֶׂהָ: וַאֲנִי הִנְנִי מֵבִיא אֶת־הַמַּבּוּל מַיִם עַל־ יז
הָאָרֶץ לְשַׁחֵת כָּל־בָּשָׂר אֲשֶׁר־בּוֹ רוּחַ חַיִּים
מִתַּחַת הַשָּׁמָיִם כֹּל אֲשֶׁר־בָּאָרֶץ יִגְוָע: וַהֲקִמֹתִי יח
אֶת־בְּרִיתִי אִתָּךְ וּבָאתָ אֶל־הַתֵּבָה אַתָּה וּבָנֶיךָ
וְאִשְׁתְּךָ וּנְשֵׁי־בָנֶיךָ אִתָּךְ: וּמִכָּל־הָחַי מִכָּל־ יט
בָּשָׂר שְׁנַיִם מִכֹּל תָּבִיא אֶל־הַתֵּבָה לְהַחֲיֹת אִתָּךְ
זָכָר וּנְקֵבָה יִהְיוּ: מֵהָעוֹף לְמִינֵהוּ וּמִן־הַבְּהֵמָה כ
לְמִינָהּ מִכֹּל רֶמֶשׂ הָאֲדָמָה לְמִינֵהוּ שְׁנַיִם מִכֹּל
יָבֹאוּ אֵלֶיךָ לְהַחֲיוֹת: וְאַתָּה קַח־לְךָ מִכָּל־מַאֲכָל כא
אֲשֶׁר יֵאָכֵל וְאָסַפְתָּ אֵלֶיךָ וְהָיָה לְךָ וְלָהֶם
לְאָכְלָה: וַיַּעַשׂ נֹחַ כְּכֹל אֲשֶׁר צִוָּה אֹתוֹ אֱלֹהִים כב
שני כֵּן עָשָׂה: וַיֹּאמֶר יהוה לְנֹחַ בֹּא־אַתָּה וְכָל־ א ז
בֵּיתְךָ אֶל־הַתֵּבָה כִּי־אֹתְךָ רָאִיתִי צַדִּיק לְפָנַי
בַּדּוֹר הַזֶּה: מִכֹּל ׀ הַבְּהֵמָה הַטְּהוֹרָה תִּקַּח־לְךָ ב
שִׁבְעָה שִׁבְעָה אִישׁ וְאִשְׁתּוֹ וּמִן־הַבְּהֵמָה אֲשֶׁר
לֹא טְהֹרָה הִוא שְׁנַיִם אִישׁ וְאִשְׁתּוֹ: גַּם מֵעוֹף ג
הַשָּׁמַיִם שִׁבְעָה שִׁבְעָה זָכָר וּנְקֵבָה לְחַיּוֹת זֶרַע
עַל־פְּנֵי כָל־הָאָרֶץ: כִּי לְיָמִים עוֹד שִׁבְעָה אָנֹכִי ד
מַמְטִיר עַל־הָאָרֶץ אַרְבָּעִים יוֹם וְאַרְבָּעִים לָיְלָה
וּמָחִיתִי אֶת־כָּל־הַיְקוּם אֲשֶׁר עָשִׂיתִי מֵעַל פְּנֵי

ה ו הָאֲדָמָה: וַיַּעַשׂ נֹחַ כְּכֹל אֲשֶׁר־צִוָּהוּ יְהוָה: וְנֹחַ
בֶּן־שֵׁשׁ מֵאוֹת שָׁנָה וְהַמַּבּוּל הָיָה מַיִם עַל־

יז תַּעְבְּדִנַּהּ: וַאֲנָא, הָאֲנָא מֵיתֵי יָת טוֹפָנָא מַיָּא עַל אַרְעָא, לְחַבָּלָא כָּל בִּסְרָא, דְּבֵיהּ רוּחָא
יח דְּחַיֵּי, מִתְּחוֹת שְׁמַיָּא, כֹּל דִּבְאַרְעָא יְמוּת: וַאֲקֵים יָת קְיָמִי עִמָּךְ, וְתֵיעוֹל לְתֵיבְתָא, אַתְּ, וּבְנָךְ,
יט וְאִתְּתָךְ וּנְשֵׁי בְנָךְ עִמָּךְ: וּמִכָּל דְּחַי, מִכָּל בִּסְרָא, תְּרֵין מִכּוֹלָא, תַּעֵיל לְתֵיבְתָא לְקַיָּמָא עִמָּךְ,
כ דְּכַר וְנֻקְבָּא יְהוֹן: מֵעוֹפָא לִזְנוֹהִי, וּמִן בְּעִירָא לִזְנַהּ, מִכֹּל, רִחְשָׁא דְּאַרְעָא לִזְנוֹהִי, תְּרֵין מִכּוֹלָא,
כא יֵיעֲלוּן לְוָתָךְ לְקַיָּמָא: וְאַתְּ סַב לָךְ, מִכָּל מֵיכַל דְּמִתְאֲכִיל, וְתִכְנוֹשׁ לְוָתָךְ, וִיהֵי לָךְ, וּלְהוֹן
כב ז א לְמֵיכַל: וַעֲבַד נֹחַ, כְּכֹל, דְּפַקֵּיד יָתֵיהּ, יי כֵּן עֲבַד: וַאֲמַר יי לְנֹחַ, עוֹל אַתְּ וְכָל אֱנָשׁ בֵּיתָךְ
ב לְתֵיבְתָא, אֲרֵי יָתָךְ חֲזֵיתִי, זַכַּאי קֳדָמַי בְּדָרָא הָדֵין: מִכֹּל בְּעִירָא דַּכְיָא, תִּסַּב לָךְ, שִׁבְעָא
ג שִׁבְעָא דְּכַר וְנֻקְבָּא, וּמִן בְּעִירָא, דְּלֵיתַהָא דַּכְיָא, תְּרֵין דְּכַר וְנֻקְבָּא: אַף מֵעוֹפָא דִּשְׁמַיָּא,
ד שִׁבְעָא שִׁבְעָא דְּכַר וְנֻקְבָּא, לְקַיָּמָא זַרְעָא עַל אַפֵּי כָל אַרְעָא: אֲרֵי לִזְמַן יוֹמִין עוֹד שִׁבְעָא,
אֲנָא מַחֵית מִטְרָא עַל אַרְעָא, אַרְבְּעִין יְמָמִין, וְאַרְבְּעִין לֵילָוָן, וְאֶמְחֵי, יָת כָּל יְקוּמָא דַּעֲבָדִית,
ה ו מֵעַל אַפֵּי אַרְעָא: וַעֲבַד נֹחַ, כְּכֹל דְּפַקְדֵיהּ יי: וְנֹחַ, בַּר שֵׁית מְאָה שְׁנִין, וְטוֹפָנָא הֲוָה, מַיָּא עַל

יז| **וַאֲנִי הִנְנִי מֵבִיא.** הִנְנִי מוּכָן לְהַסְכִּים עִם אוֹתָם שֶׁזֵּרְזוּנִי כְּבָר: "מָה אֱנוֹשׁ כִּי תִזְכְּרֶנּוּ" (תהלים ח, ה): **מַבּוּל.** שֶׁבִּלָּה אֶת הַכֹּל, שֶׁבִּלְבֵּל אֶת הַכֹּל, שֶׁהוֹבִיל אֶת הַכֹּל מִן הַגָּבוֹהַּ לַנָּמוּךְ. וְזֶהוּ שֶׁתִּרְגֵּם אוּנְקְלוֹס: "טוֹפָנָא", שֶׁהֵצִיף אֶת הַכֹּל וֶהֱבִיאָם לְבָבֶל שֶׁהִיא עֲמוּקָה, לְכָךְ נִקְרֵאת 'שִׁנְעָר', שֶׁכָּל מֵתֵי מַבּוּל נִנְעֲרוּ לְשָׁם:

יח| **וַהֲקִמֹתִי אֶת בְּרִיתִי.** בְּרִית הָיָה צָרִיךְ עַל הַפֵּרוֹת שֶׁלֹּא יִרְקְבוּ וְיֶעְפְּשׁוּ, וְשֶׁלֹּא יַהַרְגוּהוּ רְשָׁעִים שֶׁבַּדּוֹר: **אַתָּה וּבָנֶיךָ וְאִשְׁתְּךָ.** הָאֲנָשִׁים לְבַד וְהַנָּשִׁים לְבַד, מִכָּאן שֶׁנֶּאֶסְרוּ בְּתַשְׁמִישׁ הַמִּטָּה:

יט| **וּמִכָּל הָחַי.** אֲפִלּוּ שֵׁדִים: **שְׁנַיִם מִכֹּל.** מִן הַפְּחוּתִים שֶׁבָּהֶם לֹא פָּחֲתוּ מִשְּׁנַיִם, אֶחָד זָכָר וְאֶחָד נְקֵבָה:

כ| **מֵהָעוֹף לְמִינֵהוּ.** אוֹתָן שֶׁדָּבְקוּ בְּמִינֵיהֶם וְלֹא הִשְׁחִיתוּ דַּרְכָּם; וּמֵאֲלֵיהֶן בָּאוּ, וְכָל שֶׁהַתֵּבָה קוֹלַטְתּוֹ הִכְנִיס בָּהּ:

כב| **וַיַּעַשׂ נֹחַ.** זֶה בִּנְיַן הַתֵּבָה:

פרק ז

א| **רָאִיתִי צַדִּיק.** וְלֹא נֶאֱמַר 'צַדִּיק תָּמִים', מִכָּאן שֶׁאוֹמְרִים מִקְצָת שִׁבְחוֹ שֶׁל אָדָם בְּפָנָיו וְכֻלּוֹ שֶׁלֹּא בְּפָנָיו:

ב| **הַטְּהוֹרָה.** הָעֲתִידָה לִהְיוֹת טְהוֹרָה לְיִשְׂרָאֵל, לָמַדְנוּ שֶׁלָּמַד נֹחַ תּוֹרָה: **שִׁבְעָה שִׁבְעָה.** כְּדֵי שֶׁיַּקְרִיב מֵהֶם קָרְבָּן בְּצֵאתוֹ:

ג| **גַּם מֵעוֹף הַשָּׁמַיִם וְגוֹ'.** בַּטְּהוֹרִים דִּבֵּר הַכָּתוּב, וְיִלָּמֵד סָתוּם מִן הַמְפֹרָשׁ:

ד| **כִּי לְיָמִים עוֹד שִׁבְעָה.** אֵלּוּ שִׁבְעַת יְמֵי אֶבְלוֹ שֶׁל מְתוּשֶׁלַח הַצַּדִּיק, שֶׁחָס הַקָּדוֹשׁ בָּרוּךְ הוּא עַל כְּבוֹדוֹ וְעִכֵּב אֶת הַפֻּרְעָנוּת. צֵא וַחֲשֹׁב שְׁנוֹתָיו שֶׁל מְתוּשֶׁלַח וְתִמְצָא שֶׁהֵם כָּלִים בִּשְׁנַת שֵׁשׁ מֵאוֹת שָׁנָה לְחַיֵּי נֹחַ: **כִּי לְיָמִים עוֹד.** מַהוּ "עוֹד"? זְמַן אַחַר זְמַן זֶה, נוֹסָף עַל מֵאָה וְעֶשְׂרִים שָׁנָה: **אַרְבָּעִים יוֹם.** כְּנֶגֶד יְצִירַת הַוָּלָד, שֶׁקִּלְקְלוּ לְהַטְרִיחַ לְיוֹצְרָם לָצוּר צוּרַת מַמְזֵרִים:

ה| **וַיַּעַשׂ נֹחַ.** זֶה בִּיאָתוֹ לַתֵּבָה:

הָאָרֶץ׃ וַיָּבֹא נֹחַ וּבָנָיו וְאִשְׁתּוֹ וּנְשֵׁי־בָנָיו אִתּוֹ ז
אֶל־הַתֵּבָה מִפְּנֵי מֵי הַמַּבּוּל׃ מִן־הַבְּהֵמָה ח
הַטְּהוֹרָה וּמִן־הַבְּהֵמָה אֲשֶׁר אֵינֶנָּה טְהֹרָה
וּמִן־הָעוֹף וְכֹל אֲשֶׁר־רֹמֵשׂ עַל־הָאֲדָמָה׃ שְׁנַיִם ט
שְׁנַיִם בָּאוּ אֶל־נֹחַ אֶל־הַתֵּבָה זָכָר וּנְקֵבָה כַּאֲשֶׁר
צִוָּה אֱלֹהִים אֶת־נֹחַ׃ וַיְהִי לְשִׁבְעַת הַיָּמִים וּמֵי י
הַמַּבּוּל הָיוּ עַל־הָאָרֶץ׃ בִּשְׁנַת שֵׁשׁ־מֵאוֹת יא
שָׁנָה לְחַיֵּי־נֹחַ בַּחֹדֶשׁ הַשֵּׁנִי בְּשִׁבְעָה־עָשָׂר יוֹם
לַחֹדֶשׁ בַּיּוֹם הַזֶּה נִבְקְעוּ כָּל־מַעְיְנוֹת תְּהוֹם
רַבָּה וַאֲרֻבֹּת הַשָּׁמַיִם נִפְתָּחוּ׃ וַיְהִי הַגֶּשֶׁם עַל־ יב
הָאָרֶץ אַרְבָּעִים יוֹם וְאַרְבָּעִים לָיְלָה׃ בְּעֶצֶם יג
הַיּוֹם הַזֶּה בָּא נֹחַ וְשֵׁם־וְחָם וָיֶפֶת בְּנֵי־נֹחַ וְאֵשֶׁת
נֹחַ וּשְׁלֹשֶׁת נְשֵׁי־בָנָיו אִתָּם אֶל־הַתֵּבָה׃ הֵמָּה יד
וְכָל־הַחַיָּה לְמִינָהּ וְכָל־הַבְּהֵמָה לְמִינָהּ וְכָל־
הָרֶמֶשׂ הָרֹמֵשׂ עַל־הָאָרֶץ לְמִינֵהוּ וְכָל־הָעוֹף
לְמִינֵהוּ כֹּל צִפּוֹר כָּל־כָּנָף׃ וַיָּבֹאוּ אֶל־נֹחַ אֶל־ טו
הַתֵּבָה שְׁנַיִם שְׁנַיִם מִכָּל־הַבָּשָׂר אֲשֶׁר־בּוֹ רוּחַ
חַיִּים׃ וְהַבָּאִים זָכָר וּנְקֵבָה מִכָּל־בָּשָׂר בָּאוּ טז
כַּאֲשֶׁר צִוָּה אֹתוֹ אֱלֹהִים וַיִּסְגֹּר יְהוָה בַּעֲדוֹ׃
שלישי וַיְהִי הַמַּבּוּל אַרְבָּעִים יוֹם עַל־הָאָרֶץ וַיִּרְבּוּ יז

הַמַּיִם וַיִּשְׂאוּ אֶת־הַתֵּבָה וַתָּרָם מֵעַל הָאָרֶץ׃
יח וַיִּגְבְּרוּ הַמַּיִם וַיִּרְבּוּ מְאֹד עַל־הָאָרֶץ וַתֵּלֶךְ

ח אַרְעָא: וְעָאל נֹחַ, וּבְנוֹהִי, וְאִתְּתֵיהּ וּנְשֵׁי בְנוֹהִי, עִמֵּיהּ לְתֵיבְתָא, מִן קֳדָם מֵי טוֹפָנָא: מִן בְּעִירָא
ט דַּכְיָא, וּמִן בְּעִירָא, דְּלֵיתַהָא דַּכְיָא, וּמִן עוֹפָא, וְכֹל דְּרָחֵישׁ עַל אַרְעָא: תְּרֵין תְּרֵין, עָאלוּ
י עִם נֹחַ, לְתֵיבְתָא דְּכַר וְנֻקְבָא, כְּמָא דְּפַקֵּיד יְיָ יָת נֹחַ: וַהֲוָה לִזְמַן שִׁבְעָא יוֹמִין, וּמֵי טוֹפָנָא,
יא הֲווֹ עַל אַרְעָא: בִּשְׁנַת שֵׁית מְאָה שְׁנִין לְחַיֵּי נֹחַ, בְּיַרְחָא תִּנְיָנָא, בְּשִׁבְעַת עַסְרָא יוֹמָא לְיַרְחָא,
יב בְּיוֹמָא הָדֵין, אִתְבְּזַעוּ כָּל מַבּוּעֵי תְּהוֹם רַבָּא, וְכַוֵּי דִשְׁמַיָּא אִתְפְּתַחָא: וַהֲוָה מִטְרָא נָחֵית
יג עַל אַרְעָא, אַרְבְּעִין יְמָמִין, וְאַרְבְּעִין לֵילָוָן: בִּכְרַן יוֹמָא הָדֵין עָאל נֹחַ, וְשֵׁם וְחָם וָיֶפֶת בְּנֵי נֹחַ,
יד וְאִתַּת נֹחַ, וּתְלָת נְשֵׁי בְנוֹהִי, עִמְּהוֹן לְתֵיבְתָא: אִנּוּן וְכָל חַיְתָא לִזְנַהּ, וְכָל בְּעִירָא לִזְנַהּ, וְכָל
טו רִחְשָׁא, דְּרָחֵישׁ עַל אַרְעָא לִזְנוֹהִי, וְכָל עוֹפָא לִזְנוֹהִי, כֹּל צִפַּר כָּל דְּפָרַח: וְעָאלוּ עִם נֹחַ
טז לְתֵיבְתָא, תְּרֵין תְּרֵין מִכָּל בִּסְרָא, דְּבֵיהּ רוּחָא דְחַיֵּי: וְעָאלַיָּא, דְּכַר וְנֻקְבָא מִכָּל בִּסְרָא עָאלוּ,
יז כְּמָא דְּפַקֵּיד יָתֵיהּ יְיָ, וְאַגֵּין יְיָ בְּמֵימְרֵיהּ עֲלוֹהִי: וַהֲוָה טוֹפָנָא, אַרְבְּעִין יוֹמִין עַל אַרְעָא, וּסְגִיאוּ
יח מַיָּא, וּנְטַלוּ יָת תֵּיבְתָא, וְאִתְרָמַת מֵעַל אַרְעָא: וּתְקִיפוּ מַיָּא, וּסְגִיאוּ לַחֲדָא עַל אַרְעָא, וּמְהַלְּכָא

ז| נֹחַ וּבָנָיו. הָאֲנָשִׁים לְבַד וְהַנָּשִׁים לְבַד, לְפִי שֶׁנֶּאֶסְרוּ בְּתַשְׁמִישׁ הַמִּטָּה מִפְּנֵי שֶׁהָעוֹלָם שָׁרוּי בְּצַעַר: מִפְּנֵי מֵי הַמַּבּוּל. אַף נֹחַ מִקְּטַנֵּי אֲמָנָה הָיָה, מַאֲמִין וְאֵינוֹ מַאֲמִין שֶׁיָּבֹא הַמַּבּוּל, וְלֹא נִכְנַס לַתֵּבָה עַד שֶׁדְּחָקוּהוּ הַמַּיִם:

ט| בָּאוּ אֶל נֹחַ. מֵאֲלֵיהֶן: שְׁנַיִם שְׁנַיִם. כֻּלָּם הֻשְׁווּ בְּמִנְיָן זֶה, מִן הַפְּחוּת הָיוּ שְׁנַיִם:

יא| בַּחֹדֶשׁ הַשֵּׁנִי. רַבִּי אֱלִיעֶזֶר אוֹמֵר: זֶה מַרְחֶשְׁוָן, רַבִּי יְהוֹשֻׁעַ אוֹמֵר: זֶה אִיָּר: נִבְקְעוּ. לְהוֹצִיא מֵימֵיהֶן: תְּהוֹם רַבָּה. מִדָּה כְּנֶגֶד מִדָּה, הֵם חָטְאוּ בְּ"רַבָּה רָעַת הָאָדָם" (לעיל ו, ה) וְלָקוּ בִּ"תְהוֹם רַבָּה":

יב| וַיְהִי הַגֶּשֶׁם עַל הָאָרֶץ. וּלְהַלָּן (פסוק יז) הוּא אוֹמֵר: "וַיְהִי הַמַּבּוּל"? אֶלָּא כְּשֶׁהוֹרִידָן הוֹרִידָן בְּרַחֲמִים שֶׁאִם יַחְזְרוּ יִהְיוּ גִּשְׁמֵי בְרָכָה, כְּשֶׁלֹּא חָזְרוּ הָיוּ לְמַבּוּל: אַרְבָּעִים יוֹם וְגוֹ'. אֵין יוֹם רִאשׁוֹן מִן הַמִּנְיָן, לְפִי שֶׁאֵין לֵילוֹ עִמּוֹ, שֶׁהֲרֵי כָּתוּב: "בַּיּוֹם הַזֶּה נִבְקְעוּ כָּל מַעְיְנוֹת" (לעיל פסוק יא), נִמְצְאוּ אַרְבָּעִים יוֹם כָּלִים בְּכ"ח בְּכִסְלֵו לְרַבִּי אֱלִיעֶזֶר, שֶׁהֶחֳדָשִׁים נִמְנִין כְּסִדְרָן אֶחָד מָלֵא וְאֶחָד חָסֵר, הֲרֵי שְׁנַיִם עָשָׂר מִמַּרְחֶשְׁוָן וְעֶשְׂרִים וּשְׁמוֹנָה מִכִּסְלֵו:

יג| בְּעֶצֶם הַיּוֹם הַזֶּה. לִמֶּדְךָ הַכָּתוּב שֶׁהָיוּ בְּנֵי דוֹרוֹ אוֹמְרִים: אִלּוּ אָנוּ רוֹאִים אוֹתוֹ נִכְנָס לַתֵּבָה אָנוּ שׁוֹבְרִין אוֹתָהּ וְהוֹרְגִין אוֹתוֹ. אָמַר הַקָּדוֹשׁ בָּרוּךְ הוּא: אֲנִי מַכְנִיסוֹ לְעֵינֵי כֻלָּם, וְנִרְאֶה דְּבַר מִי יָקוּם:

יד| צִפּוֹר כָּל כָּנָף. דָּבוּק הוּא, צִפּוֹר שֶׁל כָּל מִין כָּנָף, לְרַבּוֹת חֲגָבִים:

טז| וַיִּסְגֹּר ה' בַּעֲדוֹ. הֵגֵן עָלָיו שֶׁלֹּא שְׁבָרוּהָ, הִקִּיף הַתֵּבָה דֻּבִּים וַאֲרָיוֹת וְהָיוּ הוֹרְגִים בָּהֶם. וּפְשׁוּטוֹ שֶׁל מִקְרָא, סָגַר כְּנֶגְדּוֹ מִן הַמַּיִם, וְכֵן כָּל 'בְּעַד' שֶׁבַּמִּקְרָא לְשׁוֹן 'כְּנֶגֶד' הוּא: "בְּעַד כָּל רֶחֶם" (להלן כ, יח), "בַּעֲדֵךְ וּבְעַד בָּנַיִךְ" (מלכים ב' ד, ד), "עוֹר בְּעַד עוֹר" (איוב ב, ד), "מָגֵן בַּעֲדִי" (תהלים ג, ד), "הִתְפַּלֵּל בְּעַד עֲבָדֶיךָ" (שמואל א' יב, יט), כְּנֶגֶד עֲבָדֶיךָ:

יז| וַתָּרָם מֵעַל הָאָרֶץ. מְשֻׁקַּעַת הָיְתָה בַּמַּיִם אַחַת עֶשְׂרֵה אַמָּה, כִּסְפִינָה טְעוּנָה שֶׁמְּשֻׁקַּעַת מִקְצָתָהּ בַּמַּיִם, וּמִקְרָאוֹת שֶׁלְּפָנֵינוּ יוֹכִיחוּ:

יח| וַיִּגְבְּרוּ. מֵאֲלֵיהֶן:

הַתֵּבָה עַל־פְּנֵי הַמָּיִם׃ וְהַמַּיִם גָּבְרוּ מְאֹד מְאֹד יט
עַל־הָאָרֶץ וַיְכֻסּוּ כָּל־הֶהָרִים הַגְּבֹהִים אֲשֶׁר־
תַּחַת כָּל־הַשָּׁמָיִם׃ חֲמֵשׁ עֶשְׂרֵה אַמָּה מִלְמַעְלָה כ
גָּבְרוּ הַמָּיִם וַיְכֻסּוּ הֶהָרִים׃ וַיִּגְוַע כָּל־בָּשָׂר ׀ כא
הָרֹמֵשׂ עַל־הָאָרֶץ בָּעוֹף וּבַבְּהֵמָה וּבַחַיָּה וּבְכָל־
הַשֶּׁרֶץ הַשֹּׁרֵץ עַל־הָאָרֶץ וְכֹל הָאָדָם׃ כֹּל אֲשֶׁר כב
נִשְׁמַת־רוּחַ חַיִּים בְּאַפָּיו מִכֹּל אֲשֶׁר בֶּחָרָבָה
מֵתוּ׃ וַיִּמַח אֶת־כָּל־הַיְקוּם ׀ אֲשֶׁר ׀ עַל־פְּנֵי כג
הָאֲדָמָה מֵאָדָם עַד־בְּהֵמָה עַד־רֶמֶשׂ וְעַד־עוֹף
הַשָּׁמַיִם וַיִּמָּחוּ מִן־הָאָרֶץ וַיִּשָּׁאֶר אַךְ־נֹחַ וַאֲשֶׁר
אִתּוֹ בַּתֵּבָה׃ וַיִּגְבְּרוּ הַמַּיִם עַל־הָאָרֶץ חֲמִשִּׁים כד
ו וּמְאַת יוֹם׃ וַיִּזְכֹּר אֱלֹהִים אֶת־נֹחַ וְאֵת כָּל־ א ח
הַחַיָּה וְאֶת־כָּל־הַבְּהֵמָה אֲשֶׁר אִתּוֹ בַּתֵּבָה
וַיַּעֲבֵר אֱלֹהִים רוּחַ עַל־הָאָרֶץ וַיָּשֹׁכּוּ הַמָּיִם׃
וַיִּסָּכְרוּ מַעְיְנֹת תְּהוֹם וַאֲרֻבֹּת הַשָּׁמָיִם וַיִּכָּלֵא ב
הַגֶּשֶׁם מִן־הַשָּׁמָיִם׃ וַיָּשֻׁבוּ הַמַּיִם מֵעַל הָאָרֶץ ג
הָלוֹךְ וָשׁוֹב וַיַּחְסְרוּ הַמַּיִם מִקְצֵה חֲמִשִּׁים וּמְאַת
יוֹם׃ וַתָּנַח הַתֵּבָה בַּחֹדֶשׁ הַשְּׁבִיעִי בְּשִׁבְעָה־ ד
עָשָׂר יוֹם לַחֹדֶשׁ עַל הָרֵי אֲרָרָט׃ וְהַמַּיִם הָיוּ ה
הָלוֹךְ וְחָסוֹר עַד הַחֹדֶשׁ הָעֲשִׂירִי בָּעֲשִׂירִי

יט תיבתא על אפי מיא: ומיא, תקיפו, לחדא לחדא על ארעא, ואתחפיאו, כל טוריא
כ כא רמיא, דתחות כל שמיא: חמש עסרי אמין מלעילא, תקיפו מיא, ואתחפיאו טוריא: ומית,
כל בסרא דרחיש על ארעא, בעופא ובבעירא ובחיתא, ובכל רחשא דרחיש על ארעא, וכל
כב כג אנשא: כל, דנשמת רוח חיין באפוהי, מכל דביבשתא מיתו: ומחא, ית כל יקומא דעל
אפי ארעא, מאנשא עד בעירא עד רחשא ועד עופא דשמיא, ואתמחיאו מן ארעא,
ח כד א ואשתאר ברם נח, ודעמיה בתיבתא: ותקיפו מיא על ארעא, מאה וחמשין יומין: ודכיר יי
ית נח, וית כל חיתא וית כל בעירא, דעמיה בתיבתא, ואעבר יי רוחא על ארעא, ונחו מיא:
ב ג ואסתכרו מבועי תהומא, וכוי דשמיא, ואתכלי מטרא מן שמיא: ותבו מיא, מעל ארעא
ד אזלין ותיבין, וחסרו מיא, מסוף, מאה וחמשין יומין: ונחת תיבתא בירחא שביעאה, בשבעת
ה עסרא יומא לירחא, על טורי קרדו: ומיא, הוו אזלין וחסרין, עד ירחא עסיראה, בעסיראה

כ) **חמש עשרה אמה מלמעלה.** למעלה של גבה כל ההרים לאחר שהשוו המים לראשי ההרים:

כב) **נשמת רוח חיים.** נשמה של רוח חיים: **אשר בחרבה.** ולא דגים שבים:

כג) **וימח.** לשון ויפעל הוא ואינו לשון ויפעל, והוא מגזרת 'ויפן' 'ויבן'. כל תבה שסופה הא, כגון בנה, מחה, קנה, כשהוא נותן וי"ו יו"ד בראשה נקוד בחירק תחת היו"ד: **אך נח.** לבד נח, זהו פשוטו. ומדרש אגדה, גונח וכוהה דם מטרח הבהמות והחיות. ויש אומרים שאחר מזונות לארי והכישו, ועליו נאמר: "הן צדיק בארץ ישלם" (משלי יא, לא):

פרק ח

א) **ויזכר אלהים.** זה השם מדת הדין הוא, ונהפכה למדת רחמים על ידי תפלת הצדיקים. ורשעתן של רשעים הופכת מדת רחמים למדת הדין, שנאמר: "וירא ה' כי רבה רעת האדם וגו' ויאמר ה' אמחה" (לעיל ו, ה-ז), והוא שם מדת רחמים: **ויזכר אלהים את נח וגו'.** מה זכר להם לבהמות? זכות שלא השחיתו דרכם קדם לכן, ושלא שמשו בתבה: **ויעבר אלהים רוח.** רוח תנחומין והנחה עברה לפניו: **על הארץ.** על עסקי הארץ: **וישכו.** כמו: "כשך חמת המלך" (אסתר ב, א), לשון הנחת חמה:

ב) **ויסכרו מעינת.** כשנפתחו כתיב: "כל מעינות" (לעיל ז, יא) וכאן אין כתיב 'כל', לפי שנשתיירו מהם אותן שיש בהם צרך לעולם, כגון חמי טבריא וכיוצא בהן: **ויכלא.** וימנע, כמו: "לא תכלא רחמיך" (תהלים מ, יב), "לא יכלה ממך" (להלן כג, ו):

ג) **מקצה חמשים ומאת יום.** התחילו לחסר, והוא אחד בסיון, כיצד? בעשרים ושבעה בכסלו פסקו הגשמים, הרי שלשה מכסלו ועשרים ותשעה מטבת הרי שלשים ושנים, ושבט ואדר וניסן ואיר מאה ושמונה עשר, הרי מאה וחמשים:

ד) **בחדש השביעי.** סיון, והוא שביעי לכסלו שבו פסקו הגשמים: **בשבעה עשר יום.** מכאן אתה למד שהיתה התבה משקעת במים אחת עשרה אמה, שהרי כתיב: "בעשירי באחד לחדש נראו ראשי ההרים", זה אב שהוא עשירי למרחשון לירידת גשמים, והם היו גבוהים על ההרים חמש עשרה אמה, וחסרו מיום אחד בסיון עד אחד באב חמש עשרה אמה לששים יום, הרי אמה לארבעה ימים, נמצא שבששה עשר של סיון לא חסרו אלא ארבע אמות, ונחה התבה ליום המחרת, למדת שהיתה משקעת אחת עשרה אמה במים שעל ראשי ההרים:

ה) **בעשירי... נראו ראשי ההרים.** זה אב שהוא עשירי למרחשון שהתחיל הגשם. ואם תאמר, הוא אלול ועשירי לכסלו שפסק הגשם, כשם שאתה אומר "בחדש השביעי" סיון והוא שביעי להפסקה – אי אפשר לומר כן, על כרחך שביעי אי אתה מונה אלא להפסקה, שהרי

בְּאֶחָ֣ד לַחֹ֔דֶשׁ נִרְא֖וּ רָאשֵׁ֥י הֶהָרִֽים׃ וַיְהִ֕י מִקֵּ֖ץ ו
אַרְבָּעִ֣ים י֑וֹם וַיִּפְתַּ֣ח נֹ֔חַ אֶת־חַלּ֥וֹן הַתֵּבָ֖ה אֲשֶׁ֥ר
עָשָֽׂה׃ וַיְשַׁלַּ֖ח אֶת־הָעֹרֵ֑ב וַיֵּצֵ֤א יָצוֹא֙ וָשׁ֔וֹב עַד־ ז
יְבֹ֥שֶׁת הַמַּ֖יִם מֵעַ֥ל הָאָֽרֶץ׃ וַיְשַׁלַּ֥ח אֶת־הַיּוֹנָ֖ה ח
מֵאִתּ֑וֹ לִרְאוֹת֙ הֲקַ֣לּוּ הַמַּ֔יִם מֵעַ֖ל פְּנֵ֥י הָאֲדָמָֽה׃
וְלֹא־מָצְאָה֩ הַיּוֹנָ֨ה מָנ֜וֹחַ לְכַף־רַגְלָ֗הּ וַתָּ֤שָׁב אֵלָיו֙ ט
אֶל־הַתֵּבָ֔ה כִּי־מַ֖יִם עַל־פְּנֵ֣י כָל־הָאָ֑רֶץ וַיִּשְׁלַ֤ח
יָדוֹ֙ וַיִּקָּחֶ֔הָ וַיָּבֵ֥א אֹתָ֛הּ אֵלָ֖יו אֶל־הַתֵּבָֽה׃ וַיָּ֣חֶל י
ע֔וֹד שִׁבְעַ֥ת יָמִ֖ים אֲחֵרִ֑ים וַיֹּ֛סֶף שַׁלַּ֥ח אֶת־הַיּוֹנָ֖ה
מִן־הַתֵּבָֽה׃ וַתָּבֹ֨א אֵלָ֤יו הַיּוֹנָה֙ לְעֵ֣ת עֶ֔רֶב וְהִנֵּ֥ה יא
עֲלֵה־זַ֖יִת טָרָ֣ף בְּפִ֑יהָ וַיֵּ֣דַע נֹ֔חַ כִּי־קַ֥לּוּ הַמַּ֖יִם
מֵעַ֥ל הָאָֽרֶץ׃ וַיִּיָּ֣חֶל ע֔וֹד שִׁבְעַ֥ת יָמִ֖ים אֲחֵרִ֑ים יב
וַיְשַׁלַּח֙ אֶת־הַיּוֹנָ֔ה וְלֹא־יָסְפָ֥ה שׁוּב־אֵלָ֖יו עֽוֹד׃
וַיְהִ֞י בְּאַחַ֣ת וְשֵׁשׁ־מֵא֗וֹת שָׁנָ֔ה בָּרִאשׁוֹן֙ בְּאֶחָ֣ד יג
לַחֹ֔דֶשׁ חָרְב֥וּ הַמַּ֖יִם מֵעַ֣ל הָאָ֑רֶץ וַיָּ֤סַר נֹ֨חַ֙ אֶת־
מִכְסֵ֣ה הַתֵּבָ֔ה וַיַּ֕רְא וְהִנֵּ֥ה חָֽרְב֖וּ פְּנֵ֥י הָאֲדָמָֽה׃
וּבַחֹ֙דֶשׁ֙ הַשֵּׁנִ֔י בְּשִׁבְעָ֧ה וְעֶשְׂרִ֛ים י֖וֹם לַחֹ֑דֶשׁ יָבְשָׁ֖ה יד
רביעי ז הָאָֽרֶץ׃ וַיְדַבֵּ֥ר אֱלֹהִ֖ים אֶל־נֹ֥חַ טו
לֵאמֹֽר׃ צֵ֖א מִן־הַתֵּבָ֑ה אַתָּ֕ה וְאִשְׁתְּךָ֛ וּבָנֶ֥יךָ טז
וּנְשֵֽׁי־בָנֶ֖יךָ אִתָּֽךְ׃ כָּל־הַחַיָּ֨ה אֲשֶׁר־אִתְּךָ֜ מִכָּל־ יז
בָּשָׂ֗ר בָּע֧וֹף וּבַבְּהֵמָ֛ה וּבְכָל־הָרֶ֛מֶשׂ הָֽרֹמֵ֥שׂ עַל־

ו בְּחַד לְיַרְחָא, אִתַּחְזִיאוּ רֵישֵׁי טוּרַיָּא: וַהֲוָה, מִסּוֹף אַרְבְּעִין יוֹמִין, וּפְתַח נֹחַ, יָת כַּוַּת תֵּיבְתָא
ז
ח דַּעֲבַד: וְשַׁלַּח יָת עוֹרְבָא, וּנְפַק מִפָּק וְתָאֵיב, עַד דִּיבִישׁוּ מַיָּא מֵעַל אַרְעָא: וְשַׁלַּח יָת
ט יוֹנָה מִלְּוָתֵיהּ, לְמִחְזֵי אִם קַלּוּ מַיָּא, מֵעַל אַפֵּי אַרְעָא: וְלָא אַשְׁכַּחַת יוֹנָה מְנָח לְפַרְסַת רַגְלַהּ,
וְתָבַת לְוָתֵיהּ לְתֵיבְתָא, אֲרֵי מַיָּא עַל אַפֵּי כָל אַרְעָא, וְאוֹשֵׁיט יְדֵיהּ וְנַסְבַהּ, וְאַעֵיל יָתַהּ,
י
יא לְוָתֵיהּ לְתֵיבְתָא: וְאוֹרֵיךְ עוֹד, שִׁבְעָא יוֹמִין אָחֳרָנִין, וְאוֹסֵיף, שַׁלַּח יָת יוֹנָה מִן תֵּיבְתָא: וַאֲתָת
לְוָתֵיהּ יוֹנָה לְעִדַּן רַמְשָׁא, וְהָא טְרַף זֵיתָא תְּבִיר מַחֵת בְּפֻמַּהּ, וִידַע נֹחַ, אֲרֵי קַלּוּ מַיָּא
יב מֵעַל אַרְעָא: וְאוֹרֵיךְ עוֹד, שִׁבְעָא יוֹמִין אָחֳרָנִין, וְשַׁלַּח יָת יוֹנָה, וְלָא אוֹסֵיפַת לְמִתַּב לְוָתֵיהּ
יג עוֹד: וַהֲוָה, בְּשֵׁית מְאָה וְחַדָא שְׁנִין, בְּקַדְמָאָה בְּחַד לְיַרְחָא, נְגוּבוּ מַיָּא מֵעַל אַרְעָא, וְאַעְדִּי
יד נֹחַ יָת חוּפָאָה דְּתֵיבְתָא, וַחֲזָא, וְהָא נְגוּבוּ אַפֵּי אַרְעָא: וּבְיַרְחָא תִּנְיָנָא, בְּעֶסְרִין וְשִׁבְעָא,
טו
טז יוֹמָא לְיַרְחָא, יְבֵישַׁת אַרְעָא: וּמַלֵּיל יי עִם נֹחַ לְמֵימַר: פּוֹק מִן תֵּיבְתָא, אַתְּ, וְאִתְּתָךְ, וּבְנָךְ
יז וּנְשֵׁי בְנָךְ עִמָּךְ: כָּל חַיְתָא דְּעִמָּךְ מִכָּל בִּסְרָא, בְּעוֹפָא וּבִבְעִירָא, וּבְכָל רִחְשָׁא, דְּרָחֵישׁ עַל

לא כלו ארבעים יום של ירידת גשמים ומאה וחמשים של תגבורת המים עד אחד בסיון. ואם אתה אומר שביעי לירידה אין זה סיון, והעשירי אי אפשר למנות אלא לירידה, שאם אתה אומר להפסקה והוא אלול, אי אתה מוצא "בראשון באחד לחדש חרבו המים מעל הארץ" (להלן פסוק יג), שהרי מקץ ארבעים יום משנראו ראשי ההרים שלח את העורב, ועשרים ואחת יום הוחיל בשליחות היונה, הרי ששים יום משנראו ראשי ההרים עד שחרבו פני האדמה. ואם תאמר באלול נראו, נמצא שחרבו במרחשון, והוא קורא אותו ראשון?! ואין זה אלא תשרי שהוא ראשון לבריאת עולם, ולרבי יהושע הוא ניסן:

ו] **מקץ ארבעים יום.** משנראו ראשי ההרים: **את חלון התבה אשר עשה.** לצהר, ולא זה פתח התבה העשוי לביאה ויציאה:

ז] **יצוא ושוב.** הולך ומקיף סביבות התבה, ולא הלך בשליחותו, שהיה חושדו על בת זוגו, כמו ששנינו באגדת 'חלק' (סנהדרין קח ע"ב): **עד יבשת המים.** פשוטו כמשמעו. אבל מדרש אגדה: מוכן היה העורב לשליחות אחרת בעצירת גשמים בימי אליהו, שנאמר: "והערבים מביאים לו לחם ובשר" (מלכים א' יז, ו):

ח] **וישלח את היונה.** לסוף שבעה ימים, שהרי כתיב (להלן פסוק י): "ויחל עוד שבעת ימים אחרים", מכלל זה אתה למד שאף בראשונה הוחיל שבעה ימים: **וישלח.** אין זה לשון שליחות אלא לשון שלוח, שלחה ללכת לדרכה, ובזו יראה אם קלו המים, שאם תמצא מנוח לא תשוב אליו:

י] **ויחל.** לשון המתנה, וכן: "לי שמעו ויחלו" (איוב כט, כא), והרבה יש במקרא:

יא] **טרף בפיה.** אומר אני שזכר היה, לכך הוא קוראהו פעמים לשון זכר ופעמים לשון נקבה, לפי שכל יונה שבמקרא לשון נקבה, כמו: "כיוני הגאיות כלם המות" (יחזקאל ז, טז), וכן: "כיונה פותה" (הושע ז, יא): **טרף.** חטף. ומדרש אגדה לשון מזון, ודרשו "בפיה" לשון מאמר, אמרה: יהיו מזונותי מרורין כזית זו ובידו של הקדוש ברוך הוא ולא יהו מתוקים כדבש ובידי בשר ודם:

יב] **וייחל.** הוא לשון 'ויחל' (לעיל פסוק י), אלא שזה לשון ויפעל וזה לשון ויתפעל, 'ויחל' וימתן, 'וייחל' ויתמתן:

יג] **בראשון.** לרבי אליעזר הוא תשרי ולרבי יהושע הוא ניסן: **חרבו.** נעשה כמין טיט, שקרמו פניה של מעלה:

יד] **יבשה.** נעשית גריד כהלכתה **בשבעה ועשרים,** וירידתו בחדש השני בשבעה עשר, אלו אחד עשר ימים שהחמה יתרה על הלבנה, שמשפט דור המבול שנה תמימה היה:

טז] **אתה ואשתך וגו'.** איש ואשתו, כאן התיר להם תשמיש המטה:

הַיְצֵא הָאָרֶץ הוצא אִתָּךְ וְשָׁרְצוּ בָאָרֶץ וּפָרוּ וְרָבוּ
עַל־הָאָרֶץ: וַיֵּצֵא־נֹחַ וּבָנָיו וְאִשְׁתּוֹ וּנְשֵׁי־בָנָיו יח
אִתּוֹ: כָּל־הַחַיָּה כָּל־הָרֶמֶשׂ וְכָל־הָעוֹף כֹּל יט
רוֹמֵשׂ עַל־הָאָרֶץ לְמִשְׁפְּחֹתֵיהֶם יָצְאוּ מִן־
הַתֵּבָה: וַיִּבֶן נֹחַ מִזְבֵּחַ לַיהוָה וַיִּקַּח מִכֹּל ׀ כ
הַבְּהֵמָה הַטְּהֹרָה וּמִכֹּל הָעוֹף הַטָּהֹר וַיַּעַל
עֹלֹת בַּמִּזְבֵּחַ: וַיָּרַח יהוה אֶת־רֵיחַ הַנִּיחֹחַ כא
וַיֹּאמֶר יהוה אֶל־לִבּוֹ לֹא אֹסִף לְקַלֵּל עוֹד אֶת־
הָאֲדָמָה בַּעֲבוּר הָאָדָם כִּי יֵצֶר לֵב הָאָדָם רַע
מִנְּעֻרָיו וְלֹא־אֹסִף עוֹד לְהַכּוֹת אֶת־כָּל־חַי
כַּאֲשֶׁר עָשִׂיתִי: עֹד כָּל־יְמֵי הָאָרֶץ זֶרַע וְקָצִיר כב
וְקֹר וָחֹם וְקַיִץ וָחֹרֶף וְיוֹם וָלַיְלָה לֹא יִשְׁבֹּתוּ:
וַיְבָרֶךְ אֱלֹהִים אֶת־נֹחַ וְאֶת־בָּנָיו וַיֹּאמֶר לָהֶם א ט
פְּרוּ וּרְבוּ וּמִלְאוּ אֶת־הָאָרֶץ: וּמוֹרַאֲכֶם וְחִתְּכֶם ב
יִהְיֶה עַל כָּל־חַיַּת הָאָרֶץ וְעַל כָּל־עוֹף הַשָּׁמָיִם
בְּכֹל אֲשֶׁר תִּרְמֹשׂ הָאֲדָמָה וּבְכָל־דְּגֵי הַיָּם
בְּיֶדְכֶם נִתָּנוּ: כָּל־רֶמֶשׂ אֲשֶׁר הוּא־חַי לָכֶם ג
יִהְיֶה לְאָכְלָה כְּיֶרֶק עֵשֶׂב נָתַתִּי לָכֶם אֶת־
כֹּל: אַךְ־בָּשָׂר בְּנַפְשׁוֹ דָמוֹ לֹא תֹאכֵלוּ: וְאַךְ ד ה
אֶת־דִּמְכֶם לְנַפְשֹׁתֵיכֶם אֶדְרֹשׁ מִיַּד כָּל־חַיָּה

יח ארעא אפיק עמך, ויתילדון בארעא, ויפשון ויסגון על ארעא: ונפק נח, ובנוהי, ואתתיה ונשי
יט בנוהי עמיה: כל חיתא, כל רחשא וכל עופא, כל דרחיש על ארעא, לזרעיתהון, נפקו מן
כ תיבתא: ובנא נח, מדבחא קדם יי, ונסיב, מכל בעירא דכיא, ומכל עופא דכי, ואסיק עלון
כא על מדבחא: וקביל יי ברעוא ית קרבניה, ואמר יי במימריה, לא אוסיף, למלט עוד ית ארעא
בדיל חובי אנשא, ארי, יצרא לבא דאנשא, ביש מזעוריה, ולא אוסיף עוד, לממחי ית כל
כב דחי כמא דעבדית: עוד כל יומי ארעא, זרועא, וחצדא, וקורא וחומא, וקיטא וסתוא, ויימם
ט א ב וליליא לא יבטלון: ובריך יי, ית נח וית בנוהי, ואמר להון, פושו וסגו ומלו ית ארעא: ודחלתכון
ואימתכון תהי, על כל חית ארעא, ועל כל עופא דשמיא, בכל דתרחיש ארעא, ובכל נוני
ג ימא בידכון מסירין: כל רחשא דהוא חי, לכון יהי למיכל, כירוק עסבא, יהבית לכון ית כולא:
ד ה ברם בסרא, בנפשיה דמיה לא תיכלון: וברם ית דמכון לנפשתכון אתבע, מיד כל חיתא

יז] **הוצא.** כתיב, 'הוצא' קרי. "היצא" – אמור להם שיצאו, "הוצא" – אם אינן רוצים לצאת הוציאם אתה: **ושרצו בארץ.** ולא בתבה, מגיד שאף הבהמה והעוף נאסרו בתשמיש:

יט] **למשפחתיהם.** קבלו עליהם על מנת לדבק במינן:

כ] **מכל הבהמה הטהרה.** אמר: לא צוה לי הקדוש ברוך הוא להכניס מאלו שבעה שבעה אלא כדי להקריב קרבן מהם:

כא] **מנעריו.** 'מנעריו' כתיב, משננער לצאת ממעי אמו נתן בו יצר הרע: **לא אסף, ולא אסף.** כפל הדבר לשבועה, הוא שכתוב (ישעיה נד, ט): "אשר נשבעתי מעבר מי נח", ולא מצינו בה שבועה אלא זו שכפל דבריו והיא שבועה, וכן דרשו חכמים במסכת שבועות (דף לו ע"א):

כב] **עד כל ימי הארץ וגו' לא ישבתו.** שש עתים הללו, שני חדשים לכל אחד ואחד, כמו ששנינו: חצי תשרי ומרחשון וחצי כסלו – זרע, חצי כסלו וטבת וחצי שבט – קר וכו', כבבא מציעא (דף קו ע"ב): **קר.** קשה מחרף: **וחרף.** עת זרע שעורים וקטניות החריפין להתבשל מהר, והוא חצי שבט ואדר וחצי ניסן. **קיץ.** הוא זמן לקיטת תאנים וזמן שמיבשין אותן בשדות, ושמו קיץ, כמו: "והלחם והקיץ לאכול הנערים" (שמואל ב' טז, ב): **חם.** הוא סוף ימות החמה, חצי אב ואלול וחצי תשרי, שהעולם חם ביותר, כמו ששנינו במסכת יומא (דף כט ע"א) שלהי קיטא קשי מקיטא: **ויום ולילה לא ישבתו.** מכלל ששבתו כל ימות המבול, שלא שמשו המזלות ולא נכר בין יום ולילה: **לא ישבתו.** לא יפסקו כל אלה מלהתנהג כסדרן:

פרק ט

ב] **וחתכם.** ואימתכם, כמו: "תראו חתת" (איוב ו, כא). ואגדה: לשון חיות, שכל זמן שתינוק בן יומו חי אין צריך לשמרו מן העכברים, עוג מלך הבשן מת צריך לשמרו מן העכברים, שנאמר: "ומוראכם וחתכם יהיה", אימתי יהיה מוראכם על החיות? כל זמן שאתם חיים:

ג] **לכם יהיה לאכלה.** שלא הרשיתי לאדם הראשון לאכול בשר אלא ירק עשב, ולכם – "כירק עשב" שהפקרתי לאדם הראשון "נתתי לכם את כל":

ד] **בנפשו דמו.** אסר להם אבר מן החי, כלומר כל זמן שנפשו בדמו לא תאכלו הבשר: **בנפשו דמו.** בעוד נפשו בו: **בשר בנפשו לא תאכלו.** הרי אבר מן החי, ואף "דמו לא תאכלו" הרי דם מן החי:

ה] **ואך את דמכם.** אף על פי שהתרתי לכם נטילת נשמה בבהמה, "את דמכם... אדרש" – השופך דם עצמו, "לנפשתיכם" – אף החונק עצמו, אף על פי שלא יצא ממנו דם: **מיד כל חיה.** לפי שחטאו דור המבול והפקרו למאכל חיות רעות לשלט בהן, שנאמר: "נמשל כבהמות

אֶדְרְשֶׁנּוּ וּמִיַּד הָאָדָם מִיַּד אִישׁ אָחִיו אֶדְרֹשׁ
אֶת־נֶפֶשׁ הָאָדָם׃ שֹׁפֵךְ דַּם הָאָדָם בָּאָדָם דָּמוֹ ו
יִשָּׁפֵךְ כִּי בְּצֶלֶם אֱלֹהִים עָשָׂה אֶת־הָאָדָם׃ וְאַתֶּם ז
חמישי פְּרוּ וּרְבוּ שִׁרְצוּ בָאָרֶץ וּרְבוּ־בָהּ׃ וַיֹּאמֶר ח
אֱלֹהִים אֶל־נֹחַ וְאֶל־בָּנָיו אִתּוֹ לֵאמֹר׃ וַאֲנִי ט
הִנְנִי מֵקִים אֶת־בְּרִיתִי אִתְּכֶם וְאֶת־זַרְעֲכֶם
אַחֲרֵיכֶם׃ וְאֵת כָּל־נֶפֶשׁ הַחַיָּה אֲשֶׁר אִתְּכֶם י
בָּעוֹף בַּבְּהֵמָה וּבְכָל־חַיַּת הָאָרֶץ אִתְּכֶם מִכֹּל
יֹצְאֵי הַתֵּבָה לְכֹל חַיַּת הָאָרֶץ׃ וַהֲקִמֹתִי אֶת־ יא
בְּרִיתִי אִתְּכֶם וְלֹא־יִכָּרֵת כָּל־בָּשָׂר עוֹד מִמֵּי
הַמַּבּוּל וְלֹא־יִהְיֶה עוֹד מַבּוּל לְשַׁחֵת הָאָרֶץ׃
וַיֹּאמֶר אֱלֹהִים זֹאת אוֹת־הַבְּרִית אֲשֶׁר־אֲנִי נֹתֵן יב
בֵּינִי וּבֵינֵיכֶם וּבֵין כָּל־נֶפֶשׁ חַיָּה אֲשֶׁר אִתְּכֶם
לְדֹרֹת עוֹלָם׃ אֶת־קַשְׁתִּי נָתַתִּי בֶּעָנָן וְהָיְתָה יג
לְאוֹת בְּרִית בֵּינִי וּבֵין הָאָרֶץ׃ וְהָיָה בְּעַנְנִי עָנָן יד
עַל־הָאָרֶץ וְנִרְאֲתָה הַקֶּשֶׁת בֶּעָנָן׃ וְזָכַרְתִּי אֶת־ טו
בְּרִיתִי אֲשֶׁר בֵּינִי וּבֵינֵיכֶם וּבֵין כָּל־נֶפֶשׁ חַיָּה
בְּכָל־בָּשָׂר וְלֹא־יִהְיֶה עוֹד הַמַּיִם לְמַבּוּל לְשַׁחֵת
כָּל־בָּשָׂר׃ וְהָיְתָה הַקֶּשֶׁת בֶּעָנָן וּרְאִיתִיהָ לִזְכֹּר טז
בְּרִית עוֹלָם בֵּין אֱלֹהִים וּבֵין כָּל־נֶפֶשׁ חַיָּה בְּכָל־
בָּשָׂר אֲשֶׁר עַל־הָאָרֶץ׃ וַיֹּאמֶר אֱלֹהִים אֶל־נֹחַ יז

זֹאת אוֹת־הַבְּרִית אֲשֶׁר הֲקִמֹתִי בֵּינִי וּבֵין כָּל־ בָּשָׂר אֲשֶׁר עַל־הָאָרֶץ׃

אֶתְבְּעִנֵּיהּ, וּמִיַּד אֱנָשָׁא, מִיַּד גְּבַר דְּיֵישׁוֹד יָת דְּמָא דַּאֲחוּהִי, אֶתְבַּע יָת נַפְשָׁא דַּאֲנָשָׁא:
ו דְּיֵישׁוֹד דְּמָא דַּאֲנָשָׁא, בְּסָהֲדִין עַל מֵימַר דַּיָּנַיָּא דְּמֵיהּ יִתְאֲשַׁד, אֲרֵי בְּצֶלֶם אֱלֹהִים, עֲבַד יָת
ז ח אֲנָשָׁא: וְאַתּוּן פּוּשׁוּ וּסְגוֹ, אִתְיַלַּדוּ בְּאַרְעָא וּסְגוֹ בַהּ: וַאֲמַר יי לְנֹחַ, וְלִבְנוֹהִי עִמֵּיהּ לְמֵימַר:
ט י וַאֲנָא, הָאֲנָא מְקִים, יָת קְיָמִי עִמְּכוֹן, וְעִם בְּנֵיכוֹן בָּתְרֵיכוֹן: וְעִם כָּל נַפְשָׁא חַיְתָא דְּעִמְּכוֹן,
יא בְּעוֹפָא בִּבְעִירָא, וּבְכָל חַיַּת אַרְעָא עִמְּכוֹן, מִכָּל נָפְקֵי תֵיבְתָא, לְכָל חַיַּת אַרְעָא: וַאֲקֵים
יָת קְיָמִי עִמְּכוֹן, וְלָא יִשְׁתֵּיצֵי כָּל בִּסְרָא, עוֹד מִמֵּי טוֹפָנָא, וְלָא יְהֵי עוֹד, טוֹפָנָא לְחַבָּלָא אַרְעָא:
יב וַאֲמַר יי, דָּא אָת קְיָם דַּאֲנָא יָהֵיב, בֵּין מֵימְרִי וּבֵינֵיכוֹן, וּבֵין, כָּל נַפְשָׁא חַיְתָא דְּעִמְּכוֹן,
יג יד לְדָרֵי עָלְמָא: יָת קַשְׁתִּי, יְהַבִית בַּעֲנָנָא, וּתְהֵי לְאָת קְיָם, בֵּין מֵימְרִי וּבֵין אַרְעָא: וִיהֵי, בְּעַנָּנוּתִי
טו עֲנָנָא עַל אַרְעָא, וְתִתַּחְזֵי קַשְׁתָּא בַּעֲנָנָא: וְדִכְרְנָא יָת קְיָמִי, דְּבֵין מֵימְרִי וּבֵינֵיכוֹן, וּבֵין,
טז כָּל נַפְשָׁא חַיְתָא בְּכָל בִּסְרָא, וְלָא יְהֵי עוֹד מַיָּא לְטוֹפָנָא, לְחַבָּלָא כָּל בִּסְרָא: וּתְהֵי קַשְׁתָּא
בַּעֲנָנָא, וְאַחְזֵינַהּ, לְדָכְרַן קְיָם עָלַם, בֵּין מֵימְרָא דַּיי, וּבֵין כָּל נַפְשָׁא חַיְתָא, בְּכָל בִּסְרָא
יז דְּעַל אַרְעָא: וַאֲמַר יי לְנֹחַ, דָּא אָת קְיָם דַּאֲקֵימִית בֵּין מֵימְרִי, וּבֵין כָּל בִּסְרָא דְּעַל אַרְעָא:

נִדְמוּ" (תהלים מט, כא), לְפִיכָךְ הֻצְרַךְ לְהַזְהִיר עֲלֵיהֶן אֶת הַחַיּוֹת: **וּמִיַּד הָאָדָם.** מִיַּד הַהוֹרֵג בְּמֵזִיד וְאֵין עֵדִים, אֲנִי אֶדְרֹשׁ: **מִיַּד אִישׁ אָחִיו.** שֶׁהוּא אוֹהֵב לוֹ כְּאָח וַהֲרָגוֹ שׁוֹגֵג, אֲנִי אֶדְרֹשׁ אִם לֹא יִגְלֶה וִיבַקֵּשׁ עַל עֲוֹנוֹ לִמָּחֵל, שֶׁאַף הַשּׁוֹגֵג צָרִיךְ כַּפָּרָה, וְאִם אֵין עֵדִים לְחַיְּבוֹ גָּלוּת וְהוּא אֵינוֹ נִכְנָע הַקָּדוֹשׁ בָּרוּךְ הוּא דּוֹרֵשׁ מִמֶּנּוּ, כְּמוֹ שֶׁדָּרְשׁוּ רַבּוֹתֵינוּ "וְהָאֱלֹהִים אִנָּה לְיָדוֹ" (שמות כא, יג) בְּמַסֶּכֶת מַכּוֹת (דף י ע"ב): הַקָּדוֹשׁ בָּרוּךְ הוּא מְזַמְּנָן לְפֻנְדָּק אֶחָד וְכוּ':

ו| **בָּאָדָם דָּמוֹ יִשָּׁפֵךְ.** אִם יֵשׁ עֵדִים הֲמִיתוּהוּ אַתֶּם, לָמָּה? "כִּי בְּצֶלֶם אֱלֹהִים עָשָׂה אֶת הָאָדָם", וְזֶה מִקְרָא חָסֵר: עָשָׂה הָעוֹשֶׂה אֶת הָאָדָם, וְכֵן הַרְבֵּה בַּמִּקְרָא:

ז| **וְאַתֶּם פְּרוּ וּרְבוּ.** לְפִי פְשׁוּטוֹ, הָרִאשׁוֹנָה לִבְרָכָה וְכָאן לְצִוּוּי. וּלְפִי מִדְרָשׁוֹ, לְהַקִּישׁ מִי שֶׁאֵינוֹ עוֹסֵק בִּפְרִיָּה וּרְבִיָּה לְשׁוֹפֵךְ דָּמִים:

ט| **וַאֲנִי הִנְנִי.** מַסְכִּים אֲנִי עִמְּךָ; שֶׁהָיָה נֹחַ דּוֹאֵג לַעֲסֹק בִּפְרִיָּה וּרְבִיָּה עַד שֶׁהִבְטִיחוֹ הַקָּדוֹשׁ בָּרוּךְ הוּא שֶׁלֹּא לְשַׁחֵת הָעוֹלָם עוֹד, וְכֵן עָשָׂה. בָּאַחֲרוֹנָה אָמַר לוֹ: הִנְנִי מַסְכִּים לַעֲשׂוֹת קִיּוּם וְחִזּוּק בְּרִית לְהַבְטָחָתִי וְאֶתֵּן לְךָ אוֹת:

י| **חַיַּת הָאָרֶץ אִתְּכֶם.** הֵם הַמִּתְהַלְּכִים עִם הַבְּרִיּוֹת: **מִכֹּל יֹצְאֵי הַתֵּבָה.** לְהָבִיא שְׁקָצִים וּרְמָשִׂים: **לְכֹל חַיַּת הָאָרֶץ.** לְהָבִיא הַמַּזִּיקִין שֶׁאֵינָן בִּכְלַל "הַחַיָּה אֲשֶׁר אִתְּכֶם", שֶׁאֵין הִלּוּכָן עִם הַבְּרִיּוֹת:

יא| **וַהֲקִמֹתִי.** אֶעֱשֶׂה קִיּוּם לִבְרִיתִי, וּמַהוּ קִיּוּמוֹ? אוֹת הַקֶּשֶׁת, כְּמוֹ שֶׁמְּסַיֵּם וְהוֹלֵךְ:

יב| **לְדֹרֹת עוֹלָם.** נִכְתַּב חָסֵר, שֶׁיֵּשׁ דּוֹרוֹת שֶׁלֹּא הֻצְרְכוּ לְאוֹת לְפִי שֶׁצַּדִּיקִים גְּמוּרִים הָיוּ, כְּמוֹ דּוֹרוֹ שֶׁל חִזְקִיָּהוּ מֶלֶךְ יְהוּדָה וְדוֹרוֹ שֶׁל רַבִּי שִׁמְעוֹן בֶּן יוֹחַאי:

יד| **בְּעַנְנִי עָנָן.** כְּשֶׁתַּעֲלֶה בְּמַחֲשָׁבָה לְפָנַי לְהָבִיא חֹשֶׁךְ וַאֲבַדּוֹן לָעוֹלָם:

טז| **בֵּין אֱלֹהִים וּבֵין כָּל נֶפֶשׁ חַיָּה.** בֵּין מִדַּת הַדִּין שֶׁל מַעְלָה וּבֵינֵיכֶם; שֶׁהָיָה לוֹ לִכְתֹּב: 'בֵּינִי וּבֵין כָּל נֶפֶשׁ חַיָּה', אֶלָּא זֶהוּ מִדְרָשׁוֹ: כְּשֶׁתָּבֹא מִדַּת הַדִּין לְקַטְרֵג עֲלֵיכֶם לְחַיֵּב אֶתְכֶם, אֲנִי רוֹאֶה אֶת הָאוֹת וְנִזְכָּר:

יז| **זֹאת אוֹת הַבְּרִית.** הֶרְאָהוּ הַקֶּשֶׁת וְאָמַר לוֹ: הֲרֵי הָאוֹת שֶׁאָמַרְתִּי:

ששי ח וַיִּהְיוּ בְנֵי־נֹחַ הַיֹּצְאִים מִן־הַתֵּבָה שֵׁם וְחָם יח
וָיָפֶת וְחָם הוּא אֲבִי כְנָעַן׃ שְׁלֹשָׁה אֵלֶּה בְּנֵי־ יט
נֹחַ וּמֵאֵלֶּה נָפְצָה כָל־הָאָרֶץ׃ וַיָּחֶל נֹחַ אִישׁ כ
הָאֲדָמָה וַיִּטַּע כָּרֶם׃ וַיֵּשְׁתְּ מִן־הַיַּיִן וַיִּשְׁכָּר כא
וַיִּתְגַּל בְּתוֹךְ אָהֳלֹה׃ וַיַּרְא חָם אֲבִי כְנַעַן אֵת כב
עֶרְוַת אָבִיו וַיַּגֵּד לִשְׁנֵי־אֶחָיו בַּחוּץ׃ וַיִּקַּח שֵׁם כג
וָיֶפֶת אֶת־הַשִּׂמְלָה וַיָּשִׂימוּ עַל־שְׁכֶם שְׁנֵיהֶם
וַיֵּלְכוּ אֲחֹרַנִּית וַיְכַסּוּ אֵת עֶרְוַת אֲבִיהֶם וּפְנֵיהֶם
אֲחֹרַנִּית וְעֶרְוַת אֲבִיהֶם לֹא רָאוּ׃ וַיִּיקֶץ נֹחַ כד
מִיֵּינוֹ וַיֵּדַע אֵת אֲשֶׁר־עָשָׂה לוֹ בְּנוֹ הַקָּטָן׃
וַיֹּאמֶר אָרוּר כְּנָעַן עֶבֶד עֲבָדִים יִהְיֶה לְאֶחָיו׃ כה
וַיֹּאמֶר בָּרוּךְ יְהוָה אֱלֹהֵי שֵׁם וִיהִי כְנַעַן עֶבֶד כו
לָמוֹ׃ יַפְתְּ אֱלֹהִים לְיֶפֶת וְיִשְׁכֹּן בְּאָהֳלֵי־שֵׁם וִיהִי כז
כְנַעַן עֶבֶד לָמוֹ׃ וַיְחִי־נֹחַ אַחַר הַמַּבּוּל שְׁלֹשׁ כח
מֵאוֹת שָׁנָה וַחֲמִשִּׁים שָׁנָה׃ וַיְהִי כָּל־יְמֵי־נֹחַ כט
תְּשַׁע מֵאוֹת שָׁנָה וַחֲמִשִּׁים שָׁנָה וַיָּמֹת׃
וְאֵלֶּה תּוֹלְדֹת בְּנֵי־נֹחַ שֵׁם חָם וָיָפֶת וַיִּוָּלְדוּ א י
לָהֶם בָּנִים אַחַר הַמַּבּוּל׃ בְּנֵי יֶפֶת גֹּמֶר וּמָגוֹג ב
וּמָדַי וְיָוָן וְתֻבָל וּמֶשֶׁךְ וְתִירָס׃ וּבְנֵי גֹּמֶר אַשְׁכְּנַז ג
וְרִיפַת וְתֹגַרְמָה׃ וּבְנֵי יָוָן אֱלִישָׁה וְתַרְשִׁישׁ כִּתִּים ד
וְדֹדָנִים׃ מֵאֵלֶּה נִפְרְדוּ אִיֵּי הַגּוֹיִם בְּאַרְצֹתָם ה

יח יט וַהֲווֹ בְּנֵי נֹחַ, דִּנְפַקוּ מִן תֵּיבְתָא, שֵׁם וְחָם וָיָפֶת, וְחָם, הוּא אֲבוּהִי דִּכְנָעַן: תְּלָתָא אִלֵּין בְּנֵי
כ כא נֹחַ, וּמֵאִלֵּין אִתְבַּדַּרוּ בְּכָל אַרְעָא: וְשָׁרִי נֹחַ גְּבַר פָּלַח בְּאַרְעָא, וּנְצַב כַּרְמָא: וּשְׁתִי מִן חַמְרָא
כב וּרְוִי, וְאִתְגַּלִּי בְּגוֹ מַשְׁכְּנֵיהּ: וַחֲזָא, חָם אֲבוּהִי דִּכְנַעַן, יָת עֶרְיְתָא דַּאֲבוּהִי, וְחַוִּי לִתְרֵין אֲחוֹהִי
כג בְּשׁוּקָא: וּנְסֵיב שֵׁם וָיֶפֶת יָת כְּסוּתָא, וְשַׁוִּיאוּ עַל כְּתַף תַּרְוֵיהוֹן, וַאֲזַלוּ מַחְזְרִין, וְכַסִּיאוּ, יָת
כד עֶרְיְתָא דַּאֲבוּהוֹן, וְאַפֵּיהוֹן מַחְזְרִין, וְעֶרְיְתָא דַּאֲבוּהוֹן לָא חֲזוֹ: וְאִתְּעַר נֹחַ מֵחַמְרֵיהּ, וִידַע,
כה כו יָת דַּעֲבַד לֵיהּ בְּרֵיהּ זְעֵירָא: וַאֲמַר לִיט כְּנָעַן, עֶבֶד פָּלַח יְהֵי לַאֲחוֹהִי: וַאֲמַר, בְּרִיךְ יי אֱלָהֵיהּ
כז דְּשֵׁם, וִיהֵי כְּנַעַן עַבְדָּא לְהוֹן: יַפְתֵּי יי לְיֶפֶת, וְיַשְׁרֵי שְׁכִינְתֵיהּ בְּמַשְׁכְּנֵי שֵׁם, וִיהֵי כְנַעַן עַבְדָּא
כח כט לְהוֹן: וַחֲיָא נֹחַ בָּתַר טוֹפָנָא, תְּלָת מְאָה וְחַמְשִׁין שְׁנִין: וַהֲווֹ כָּל יוֹמֵי נֹחַ, תְּשַׁע מְאָה וְחַמְשִׁין
י א ב שְׁנִין, וּמִית: וְאִלֵּין תּוֹלְדָת בְּנֵי נֹחַ, שֵׁם חָם וָיָפֶת, וְאִתְיְלִידוּ לְהוֹן, בְּנִין בָּתַר טוֹפָנָא: בְּנֵי
ג ד יֶפֶת, גּוֹמֶר וּמָגוֹג, וּמָדַי וְיָוָן וְתוּבָל, וּמֶשֶׁךְ וְתִירָס: וּבְנֵי גוֹמֶר, אַשְׁכְּנַז וְרִיפַת וְתוֹגַרְמָה: וּבְנֵי
ה יָוָן אֱלִישָׁה וְתַרְשִׁישׁ, כִּתִּים וְדוֹדָנִים: מֵאִלֵּין, אִתְפָּרַשׁוּ, נְגָוַת עַמְמַיָּא בְּאַרְעָתְהוֹן,

יח) **וְחָם הוּא אֲבִי כְנָעַן.** לָמָּה הֻצְרַךְ לוֹמַר כָּאן? לְפִי שֶׁהַפָּרָשָׁה עֲסוּקָה וּבָאָה בְּשִׁכְרוּתוֹ שֶׁל נֹחַ שֶׁקִּלְקֵל בָּהּ חָם וְעַל יָדוֹ נִתְקַלֵּל כְּנַעַן, וַעֲדַיִן לֹא כָתַב תּוֹלְדוֹת חָם וְלֹא יָדַעְנוּ שֶׁכְּנַעַן בְּנוֹ, לְפִיכָךְ הֻצְרַךְ לוֹמַר כָּאן: "וְחָם הוּא אֲבִי כְנָעַן":

כ) **וַיָּחֶל.** עָשָׂה עַצְמוֹ חֻלִּין, שֶׁהָיָה לוֹ לַעֲסֹק תְּחִלָּה בִּנְטִיעָה אַחֶרֶת: **אִישׁ הָאֲדָמָה.** אֲדוֹנֵי הָאֲדָמָה, כְּמוֹ: "אִישׁ נָעֳמִי" (רות א, ג): **וַיִּטַּע כָּרֶם.** כְּשֶׁנִּכְנַס לַתֵּבָה הִכְנִיס עִמּוֹ זְמוֹרוֹת וְיִחוּרֵי תְאֵנִים:

כא) **אָהֳלֹה.** "אָהֳלָה" כְּתִיב, רֶמֶז לַעֲשָׂרָה שְׁבָטִים שֶׁנִּקְרְאוּ עַל שֵׁם שׁוֹמְרוֹן שֶׁנִּקְרֵאת אָהֳלָה, שֶׁגָּלוּ עַל עִסְקֵי יַיִן, שֶׁנֶּאֱמַר: "הַשֹּׁתִים בְּמִזְרְקֵי יַיִן" (עמוס ו, ו): **וַיִּתְגַּל.** לְשׁוֹן וַיִּתְפַּעֵל:

כב) **וַיַּרְא חָם אֲבִי כְנַעַן.** יֵשׁ מֵרַבּוֹתֵינוּ אוֹמְרִים, כְּנַעַן רָאָה וְהִגִּיד לְאָבִיו, לְכָךְ הֻזְכַּר עַל הַדָּבָר וְנִתְקַלֵּל: **וַיַּרְא... אֵת עֶרְוַת אָבִיו.** יֵשׁ אוֹמְרִים סֵרְסוֹ, וְיֵשׁ אוֹמְרִים רְבָעוֹ:

כג) **וַיִּקַּח שֵׁם וָיֶפֶת.** אֵין כְּתוּב 'וַיִּקְחוּ' אֶלָּא "וַיִּקַּח", לִמֵּד עַל שֵׁם שֶׁנִּתְאַמֵּץ בַּמִּצְוָה יוֹתֵר מִיֶּפֶת, לְכָךְ זָכוּ בָנָיו לְטַלִּית שֶׁל צִיצִית, וְיֶפֶת זָכָה לִקְבוּרָה לְבָנָיו, שֶׁנֶּאֱמַר: "אֶתֵּן לְגוֹג מְקוֹם שָׁם קֶבֶר" (יחזקאל לט, יא). וְחָם שֶׁבִּזָּה אֶת אָבִיו, נֶאֱמַר בְּזַרְעוֹ: "כֵּן יִנְהַג מֶלֶךְ אַשּׁוּר אֶת שְׁבִי מִצְרַיִם וְאֶת גָּלוּת כּוּשׁ נְעָרִים וּזְקֵנִים עָרוֹם וְיָחֵף וַחֲשׂוּפַי שֵׁת" וְגוֹ' (ישעיה כ, ד): **וּפְנֵיהֶם אֲחֹרַנִּית.** לָמָּה נֶאֱמַר פַּעַם שְׁנִיָּה? לְלַמֵּד שֶׁכְּשֶׁקָּרְבוּ אֶצְלוֹ וְהֻצְרְכוּ לַהֲפֹךְ עַצְמָם לְכַסּוֹתוֹ, הָפְכוּ פְּנֵיהֶם אֲחוֹרַנִּית:

כד) **בְּנוֹ הַקָּטָן.** הַפָּסוּל וְהַבָּזוּי, כְּמוֹ: "הִנֵּה קָטֹן נְתַתִּיךָ בַּגּוֹיִם בָּזוּי" (ירמיה מט, טו; עובדיה א, ב):

כה) **אָרוּר כְּנָעַן.** אַתָּה גָּרַמְתָּ לִי שֶׁלֹּא אוֹלִיד בֵּן רְבִיעִי אַחֵר לְשַׁמְּשֵׁנִי, אָרוּר בִּנְךָ הָרְבִיעִי לִהְיוֹת מְשַׁמֵּשׁ אֶת זַרְעָם שֶׁל אֵלּוּ הַגְּדוֹלִים שֶׁהֻטַּל עֲלֵיהֶם טֹרַח עֲבוֹדָתִי מֵעַתָּה. וּמָה רָאָה חָם שֶׁסֵּרְסוֹ? אָמַר לָהֶם לְאֶחָיו: אָדָם הָרִאשׁוֹן שְׁנֵי בָנִים הָיוּ לוֹ, וְהָרַג זֶה אֶת זֶה בִּשְׁבִיל יְרֻשַּׁת הָעוֹלָם, וְאָבִינוּ יֵשׁ לוֹ שְׁלֹשָׁה בָנִים וְעוֹדֶנּוּ מְבַקֵּשׁ בֵּן רְבִיעִי:

כו) **בָּרוּךְ ה' אֱלֹהֵי שֵׁם.** שֶׁעָתִיד לִשְׁמֹר הַבְטָחָתוֹ לְזַרְעוֹ לָתֵת לָהֶם אֶת אֶרֶץ כְּנַעַן: **וִיהִי.** לָהֶם כְּנַעַן לְמַס עוֹבֵד:

כז) **יַפְתְּ אֱלֹהִים לְיֶפֶת.** מְתֻרְגָּם: "יַפְתֵּי", יַרְחִיב: **וְיִשְׁכֹּן בְּאָהֳלֵי שֵׁם.** יַשְׁרֶה שְׁכִינָתוֹ בְּיִשְׂרָאֵל. וּמִדְרַשׁ חֲכָמִים, אַף עַל פִּי שֶׁ"יַּפְתְּ אֱלֹהִים לְיֶפֶת", שֶׁבָּנָה כּוֹרֶשׁ שֶׁהָיָה מִבְּנֵי יֶפֶת בַּיִת שֵׁנִי, לֹא שָׁרְתָה בּוֹ שְׁכִינָה; וְהֵיכָן שָׁרְתָה? בְּמִקְדָּשׁ רִאשׁוֹן שֶׁבָּנָה שְׁלֹמֹה שֶׁהָיָה מִבְּנֵי שֵׁם: **וִיהִי כְנַעַן עֶבֶד.** אַף מִשֶּׁיִּגְלוּ בְּנֵי שֵׁם יִמָּכְרוּ לָהֶם עֲבָדִים מִבְּנֵי כְנַעַן:

פרק י

ב) **וְתִירָס.** זוֹ פָּרַס:

ו אִישׁ לִלְשֹׁנוֹ לְמִשְׁפְּחֹתָם בְּגוֹיֵהֶם: וּבְנֵי חָם כּוּשׁ
ז וּמִצְרַיִם וּפוּט וּכְנָעַן: וּבְנֵי כוּשׁ סְבָא וַחֲוִילָה
וְסַבְתָּה וְרַעְמָה וְסַבְתְּכָא וּבְנֵי רַעְמָה שְׁבָא
ח וּדְדָן: וְכוּשׁ יָלַד אֶת־נִמְרֹד הוּא הֵחֵל לִהְיוֹת
ט גִּבֹּר בָּאָרֶץ: הוּא־הָיָה גִבֹּר־צַיִד לִפְנֵי יְהוָה
עַל־כֵּן יֵאָמַר כְּנִמְרֹד גִּבּוֹר צַיִד לִפְנֵי יְהוָה:
י וַתְּהִי רֵאשִׁית מַמְלַכְתּוֹ בָּבֶל וְאֶרֶךְ וְאַכַּד
יא וְכַלְנֵה בְּאֶרֶץ שִׁנְעָר: מִן־הָאָרֶץ הַהִוא יָצָא
אַשּׁוּר וַיִּבֶן אֶת־נִינְוֵה וְאֶת־רְחֹבֹת עִיר וְאֶת־
יב כָּלַח: וְאֶת־רֶסֶן בֵּין נִינְוֵה וּבֵין כָּלַח הִוא הָעִיר
יג הַגְּדֹלָה: וּמִצְרַיִם יָלַד אֶת־לוּדִים וְאֶת־עֲנָמִים
יד וְאֶת־לְהָבִים וְאֶת־נַפְתֻּחִים: וְאֶת־פַּתְרֻסִים
וְאֶת־כַּסְלֻחִים אֲשֶׁר יָצְאוּ מִשָּׁם פְּלִשְׁתִּים
טו וְאֶת־כַּפְתֹּרִים: וּכְנַעַן יָלַד אֶת־צִידֹן
טז בְּכֹרוֹ וְאֶת־חֵת: וְאֶת־הַיְבוּסִי וְאֶת־הָאֱמֹרִי
יז וְאֵת הַגִּרְגָּשִׁי: וְאֶת־הַחִוִּי וְאֶת־הַעַרְקִי וְאֶת־
יח הַסִּינִי: וְאֶת־הָאַרְוָדִי וְאֶת־הַצְּמָרִי וְאֶת־
יט הַחֲמָתִי וְאַחַר נָפֹצוּ מִשְׁפְּחוֹת הַכְּנַעֲנִי: וַיְהִי
גְּבוּל הַכְּנַעֲנִי מִצִּידֹן בֹּאֲכָה גְרָרָה עַד־עַזָּה
בֹּאֲכָה סְדֹמָה וַעֲמֹרָה וְאַדְמָה וּצְבֹיִם עַד־לָשַׁע:
כ אֵלֶּה בְנֵי־חָם לְמִשְׁפְּחֹתָם לִלְשֹׁנֹתָם בְּאַרְצֹתָם

כא בְּגוֹיֵהֶם: וּלְשֵׁם יֻלַּד גַּם־הוּא אֲבִי ★
כב כָּל־בְּנֵי־עֵבֶר אֲחִי יֶפֶת הַגָּדוֹל: בְּנֵי שֵׁם עֵילָם
כג וְאַשּׁוּר וְאַרְפַּכְשַׁד וְלוּד וַאֲרָם: וּבְנֵי אֲרָם עוּץ

ו ז גְּבַר לְלִישָּׁנֵיהּ, לְזַרְעֲיָתְהוֹן בְּעַמְמֵיהוֹן: וּבְנֵי חָם, כּוּשׁ וּמִצְרַיִם וּפוּט וּכְנָעַן: וּבְנֵי כוּשׁ, סְבָא
ח וַחֲוִילָה, וְסַבְתָּא וְרַעְמָה וְסַבְתְּכָא, וּבְנֵי רַעְמָה שְׁבָא וּדְדָן: וְכוּשׁ אוֹלֵיד יָת נִמְרוֹד, הוּא שָׁרִי,
ט לְמִהְוֵי גְּבַר בְּאַרְעָא: הוּא הֲוָה גְּבַר תַּקִּיף קֳדָם יְיָ, עַל כֵּן יִתְאֲמַר, כְּנִמְרוֹד, גְּבַר תַּקִּיף קֳדָם
י יא יְיָ: וַהֲוָת רֵישׁ מַלְכוּתֵיהּ בָּבֶל, וְאֶרֶךְ וְאַכַּד וְכַלְנֵה, בְּאַרְעָא דְּבָבֶל: מִן אַרְעָא הַהִיא נְפַק
יב אַתּוּרָאָה, וּבְנָא יָת נִינְוֵה, וְיָת רְחוֹבוֹת קַרְתָּא וְיָת כָּלַח: וְיָת רֶסֶן, בֵּין נִינְוֵה וּבֵין כָּלַח, הִיא
יג יד קַרְתָּא רַבְּתָא: וּמִצְרַיִם, אוֹלֵיד, יָת לוּדָאֵי וְיָת עַנְמָאֵי, וְיָת לַהֲבָאֵי וְיָת נַפְתּוּחָאֵי: וְיָת
טו פַּתְרוּסָאֵי וְיָת כַּסְלוּחָאֵי, דִּנְפַקוּ מִתַּמָּן, פְּלִשְׁתָּאֵי וְיָת קַפְטְקָאֵי: וּכְנַעַן, אוֹלֵיד, יָת צִידוֹן
טז יז בְּכְרֵיהּ וְיָת חֵת: וְיָת יְבוּסָאֵי וְיָת אֱמוֹרָאֵי, וְיָת גִּרְגָּשָׁאֵי: וְיָת חִוָּאֵי וְיָת עַרְקָאֵי וְיָת אַנְתּוּסָאֵי:
יח יט וְיָת אַרְוָדָאֵי וְיָת צְמָרָאֵי וְיָת חֲמָתָאֵי, וּבָתַר כֵּן אִתְבַּדַּרוּ, זַרְעִיַּת כְּנַעֲנָאֵי: וַהֲוָה, תְּחוּם
כ כְּנַעֲנָאָה מִצִּידוֹן, מָטֵי לִגְרָר עַד עַזָּה, מָטֵי, לִסְדוֹם וַעֲמוֹרָה, וְאַדְמָה וּצְבוֹיִם עַד לָשַׁע: אִלֵּין
כא בְּנֵי חָם, לְזַרְעֲיָתְהוֹן לְלִישָּׁנְהוֹן, בְּאַרְעָתְהוֹן בְּעַמְמֵיהוֹן: וּלְשֵׁם אִתְיְלֵיד אַף הוּא, אֲבוּהוֹן דְּכָל
כב כג בְּנֵי עֵבֶר, אֲחוּהִי דְּיֶפֶת רַבָּא: בְּנֵי שֵׁם עֵילָם וְאַשּׁוּר, וְאַרְפַּכְשַׁד וְלוּד וַאֲרָם: וּבְנֵי אֲרָם, עוּץ

ח| **לִהְיוֹת גִּבֹּר.** לְהַמְרִיד כָּל הָעוֹלָם עַל הַקָּדוֹשׁ בָּרוּךְ הוּא בַּעֲצַת דּוֹר הַפַּלָּגָה:

ט| **גִּבֹּר צַיִד.** צָד דַּעְתָּן שֶׁל בְּרִיּוֹת בְּפִיו וּמַטְעָן לִמְרֹד בַּמָּקוֹם: **לִפְנֵי ה'.** מִתְכַּוֵּן לְהַקְנִיטוֹ עַל פָּנָיו: **עַל כֵּן יֵאָמַר.** עַל כָּל אָדָם מַרְשִׁיעַ בְּעַזּוּת פָּנִים, יוֹדֵעַ רִבּוֹנוֹ וּמִתְכַּוֵּן לִמְרֹד בּוֹ, יֵאָמֵר: זֶה כְּנִמְרֹד גִּבּוֹר צַיִד:

יא| **מִן הָאָרֶץ.** כֵּיוָן שֶׁרָאָה אַשּׁוּר אֶת בָּנָיו שׁוֹמְעִין לְנִמְרוֹד וּמוֹרְדִין בַּמָּקוֹם לִבְנוֹת הַמִּגְדָּל, יָצָא מִתּוֹכָם:

יב| **הָעִיר הַגְּדֹלָה.** הִיא נִינְוֵה, שֶׁנֶּאֱמַר: "וְנִינְוֵה הָיְתָה עִיר גְּדוֹלָה לֵאלֹהִים" (יונה ג, ג):

יג| **לְהָבִים.** שֶׁפְּנֵיהֶם דּוֹמִים לְלַהַב:

יד| **וְאֶת פַּתְרֻסִים וְאֶת כַּסְלֻחִים אֲשֶׁר יָצְאוּ מִשָּׁם פְּלִשְׁתִּים.** מִשְּׁנֵיהֶם יָצְאוּ, שֶׁהָיוּ פַּתְרוּסִים וְכַסְלוּחִים מַחֲלִיפִין מִשְׁכַּב נְשׁוֹתֵיהֶם אֵלּוּ לָאֵלּוּ, וְיָצְאוּ מֵהֶם פְּלִשְׁתִּים:

יח| **וְאַחַר נָפֹצוּ.** מֵאֵלֶּה נָפוֹצוּ מִשְׁפָּחוֹת הַרְבֵּה:

יט| **גְּבוּל הַכְּנַעֲנִי.** גְּבוּל סוֹף אַרְצוֹ. כָּל 'גְּבוּל' לְשׁוֹן סוֹף וְקָצֶה: **בֹּאֲכָה.** שֵׁם דָּבָר. וְלִי נִרְאֶה, כְּאָדָם הָאוֹמֵר לַחֲבֵרוֹ: גְּבוּל זֶה מַגִּיעַ עַד אֲשֶׁר תָּבֹא לְמָקוֹם פְּלוֹנִי:

כ| **לִלְשֹׁנֹתָם בְּאַרְצֹתָם.** אַף עַל פִּי שֶׁנֶּחְלְקוּ לִלְשׁוֹנוֹת וַאֲרָצוֹת, כֻּלָּם בְּנֵי חָם הֵם:

כא| **אֲבִי כָּל בְּנֵי עֵבֶר.** הַנָּהָר, הָיָה שֵׁם: **אֲחִי יֶפֶת הַגָּדוֹל.** אֵינִי יוֹדֵעַ אִם יֶפֶת הַגָּדוֹל אִם שֵׁם. כְּשֶׁהוּא אוֹמֵר: "שֵׁם בֶּן מְאַת שָׁנָה וְגוֹ' שְׁנָתַיִם אַחַר הַמַּבּוּל" (להלן יא, י), הֱוֵי אוֹמֵר יֶפֶת הַגָּדוֹל, שֶׁהֲרֵי בֶּן חֲמֵשׁ מֵאוֹת שָׁנָה הָיָה נֹחַ כְּשֶׁהִתְחִיל לְהוֹלִיד, וְהַמַּבּוּל הָיָה בִּשְׁנַת שֵׁשׁ מֵאוֹת שָׁנָה, נִמְצָא שֶׁהַגָּדוֹל בְּבָנָיו הָיָה בֶּן מֵאָה שָׁנָה, וְשֵׁם לֹא הִגִּיעַ לְמֵאָה עַד שְׁנָתַיִם אַחַר הַמַּבּוּל: **אֲחִי יֶפֶת.** וְלֹא אֲחִי חָם, שֶׁאֵלּוּ שְׁנֵיהֶם כִּבְּדוּ אֶת אֲבִיהֶם וְזֶה בִּזָּהוּ:

וְחוּל וְגֶתֶר וָמַשׁ׃ וְאַרְפַּכְשַׁד יָלַד אֶת־שָׁלַח וְשֶׁלַח כד
יָלַד אֶת־עֵבֶר׃ וּלְעֵבֶר יֻלַּד שְׁנֵי בָנִים שֵׁם הָאֶחָד כה
פֶּלֶג כִּי בְיָמָיו נִפְלְגָה הָאָרֶץ וְשֵׁם אָחִיו יָקְטָן׃
וְיָקְטָן יָלַד אֶת־אַלְמוֹדָד וְאֶת־שָׁלֶף וְאֶת־חֲצַרְמָוֶת כו
וְאֶת־יָרַח׃ וְאֶת־הֲדוֹרָם וְאֶת־אוּזָל וְאֶת־דִּקְלָה׃ כז
וְאֶת־עוֹבָל וְאֶת־אֲבִימָאֵל וְאֶת־שְׁבָא׃ וְאֶת־אוֹפִר כח כט
וְאֶת־חֲוִילָה וְאֶת־יוֹבָב כָּל־אֵלֶּה בְּנֵי יָקְטָן׃ וַיְהִי ל
מוֹשָׁבָם מִמֵּשָׁא בֹּאֲכָה סְפָרָה הַר הַקֶּדֶם׃ אֵלֶּה לא
בְנֵי־שֵׁם לְמִשְׁפְּחֹתָם לִלְשֹׁנֹתָם בְּאַרְצֹתָם לְגוֹיֵהֶם׃
אֵלֶּה מִשְׁפְּחֹת בְּנֵי־נֹחַ לְתוֹלְדֹתָם בְּגוֹיֵהֶם וּמֵאֵלֶּה לב
נִפְרְדוּ הַגּוֹיִם בָּאָרֶץ אַחַר הַמַּבּוּל׃

שביעי ט וַיְהִי כָל־הָאָרֶץ שָׂפָה אֶחָת וּדְבָרִים אֲחָדִים׃ וַיְהִי א ב יא
בְּנָסְעָם מִקֶּדֶם וַיִּמְצְאוּ בִקְעָה בְּאֶרֶץ שִׁנְעָר וַיֵּשְׁבוּ
שָׁם׃ וַיֹּאמְרוּ אִישׁ אֶל־רֵעֵהוּ הָבָה נִלְבְּנָה לְבֵנִים ג
וְנִשְׂרְפָה לִשְׂרֵפָה וַתְּהִי לָהֶם הַלְּבֵנָה לְאָבֶן וְהַחֵמָר
הָיָה לָהֶם לַחֹמֶר׃ וַיֹּאמְרוּ הָבָה ׀ נִבְנֶה־לָּנוּ עִיר ד
וּמִגְדָּל וְרֹאשׁוֹ בַשָּׁמַיִם וְנַעֲשֶׂה־לָּנוּ שֵׁם פֶּן־נָפוּץ
עַל־פְּנֵי כָל־הָאָרֶץ׃ וַיֵּרֶד יְהוָה לִרְאֹת אֶת־הָעִיר ה
וְאֶת־הַמִּגְדָּל אֲשֶׁר בָּנוּ בְּנֵי הָאָדָם׃ וַיֹּאמֶר יְהוָה ו
הֵן עַם אֶחָד וְשָׂפָה אַחַת לְכֻלָּם וְזֶה הַחִלָּם לַעֲשׂוֹת
וְעַתָּה לֹא־יִבָּצֵר מֵהֶם כֹּל אֲשֶׁר יָזְמוּ לַעֲשׂוֹת׃

כב כה וְחוּל וְגֶתֶר וָמַשׁ: וְאַרְפַּכְשַׁד אוֹלֵיד יָת שָׁלַח, וְשֶׁלַח אוֹלֵיד יָת עֵבֶר: וּלְעֵבֶר אִתְיְלִידוּ תְּרֵין
כו בְּנִין, שׁוּם חַד פֶּלֶג, אֲרֵי בְּיוֹמוֹהִי אִתְפְּלֵיגַת אַרְעָא, וְשׁוּם אֲחוּהִי יָקְטָן: וְיָקְטָן אוֹלֵיד, יָת
כז כח אַלְמוֹדָד וְיָת שָׁלֶף, וְיָת חֲצַרְמָוֶת וְיָת יָרַח: וְיָת הֲדוֹרָם וְיָת אוּזָל וְיָת דִּקְלָה: וְיָת עוֹבָל וְיָת
כט ל אֲבִימָאֵל וְיָת שְׁבָא: וְיָת אוֹפִיר וְיָת חֲוִילָה וְיָת יוֹבָב, כָּל אִלֵּין בְּנֵי יָקְטָן: וַהֲוָה מוֹתַבְהוֹן
לא מִמֵּישָׁא, מָטֵי לִסְפַר טוּר מַדְנְחָא: אִלֵּין בְּנֵי שֵׁם, לְזַרְעֲיָתְהוֹן לְלִישָּׁנְהוֹן, בְּאַרְעָתְהוֹן
לב לְעַמְמֵיהוֹן: אִלֵּין זַרְעֲיַת בְּנֵי נֹחַ, לְתוֹלְדָתְהוֹן בְּעַמְמֵיהוֹן, וּמֵאִלֵּין, אִתְפָּרְשׁוּ עַמְמַיָּא, בְּאַרְעָא
יא א ב בָּתַר טוֹפָנָא: וַהֲוָה כָל אַרְעָא לִישָּׁן חַד, וּמַמְלַל חַד: וַהֲוָה בְּמִטַּלְהוֹן בְּקַדְמֵיתָא, וְאַשְׁכַּחוּ
ג בִּקְעֲתָא, בְּאַרְעָא דְּבָבֶל וִיתִיבוּ תַמָּן: וַאֲמַרוּ גְּבַר לְחַבְרֵיהּ, הַבוּ נִרְמֵי לִבְנִין, וְנוֹקֵידִנּוּן בְּנוּרָא,
ד וַהֲוָת לְהוֹן לְבֵינְתָא לְאַבְנָא, וְחֵימָרָא, הֲוָה לְהוֹן לְשִׁיָעַ: וַאֲמַרוּ, הַבוּ נִבְנֵי לַנָא קַרְתָּא,
וּמִגְדְּלָא וְרֵישֵׁיהּ מָטֵי עַד צֵית שְׁמַיָּא, וְנַעֲבֵיד לַנָא שׁוּם, דִּלְמָא נִתְבַּדַּר עַל אַפֵּי כָל אַרְעָא:
ה ו וְאִתְגְּלִי יְיָ, לְאִתְפְּרָעָא עַל עוֹבָד קַרְתָּא וּמִגְדְּלָא, דִּבְנוֹ בְּנֵי אֲנָשָׁא: וַאֲמַר יְיָ, הָא עַמָּא חַד
וְלִישָּׁן חַד לְכֻלְּהוֹן, וְדֵין דְּשָׁרִיאוּ לְמֶעְבַּד, וּכְעַן לָא יִתְמְנַע מִנְּהוֹן, כָּל דְּחַשִּׁיבוּ לְמֶעְבַּד:

כה| **נִפְלְגָה.** נִתְבַּלְבְּלוּ הַלְּשׁוֹנוֹת וְנָפוֹצוּ מִן הַבִּקְעָה וְנִתְפַּלְּגוּ בְּכָל הָעוֹלָם. לָמַדְנוּ שֶׁהָיָה עֵבֶר נָבִיא, שֶׁקָּרָא שֵׁם בְּנוֹ עַל שֵׁם הֶעָתִיד. וְשָׁנִינוּ בְּסֵדֶר עוֹלָם שֶׁבְּסוֹף יָמָיו נִתְפַּלְּגוּ, שֶׁאִם תֹּאמַר בִּתְחִלַּת יָמָיו, הֲרֵי יָקְטָן אָחִיו צָעִיר מִמֶּנּוּ וְהוֹלִיד כַּמָּה מִשְׁפָּחוֹת קֹדֶם לָכֵן, שֶׁנֶּאֱמַר: "וְיָקְטָן יָלַד" וְגוֹ' (להלן פסוק כו) וְאַחַר כָּךְ: "וַיְהִי כָל הָאָרֶץ שָׂפָה אֶחָת" (להלן יא, א). וְאִם תֹּאמַר בְּאֶמְצַע יָמָיו, לֹא בָּא הַכָּתוּב לִסְתֹּם אֶלָּא לְפָרֵשׁ; הָא לָמַדְתָּ שֶׁבִּשְׁנַת מוֹת פֶּלֶג נִתְפַּלְּגוּ: **יָקְטָן.** שֶׁהָיָה עָנָו וּמַקְטִין עַצְמוֹ, לְכָךְ זָכָה לְהַעֲמִיד כָּל הַמִּשְׁפָּחוֹת הַלָּלוּ:

כו| **חֲצַרְמָוֶת.** עַל שֵׁם מְקוֹמוֹ, דִּבְרֵי אַגָּדָה:

פרק יא

א| **שָׂפָה אֶחָת.** לְשׁוֹן הַקֹּדֶשׁ: **וּדְבָרִים אֲחָדִים.** בָּאוּ בְּעֵצָה אַחַת וְאָמְרוּ: לֹא כָּל הֵימֶנּוּ שֶׁיָּבֹר לוֹ אֶת הָעֶלְיוֹנִים, נַעֲלֶה לָרָקִיעַ וְנַעֲשֶׂה עִמּוֹ מִלְחָמָה. דָּבָר אַחֵר, עַל יְחִידוֹ שֶׁל עוֹלָם. דָּבָר אַחֵר, "וּדְבָרִים אֲחָדִים", אָמְרוּ: אַחַת לְאֶלֶף וְתרנ"ו שָׁנִים הָרָקִיעַ מִתְמוֹטֵט כְּשֵׁם שֶׁעָשָׂה בִּימֵי הַמַּבּוּל, בֹּאוּ וְנַעֲשֶׂה לוֹ סָמוֹכוֹת. בִּרְאשִׁית רַבָּה (לח, ו):

ב| **בְּנָסְעָם מִקֶּדֶם.** שֶׁהָיוּ יוֹשְׁבִים שָׁם, כִּדְכְתִיב לְמַעְלָה: "וַיְהִי מוֹשָׁבָם וְגוֹ' הַר הַקֶּדֶם" (לעיל י, ל), וְנָסְעוּ מִשָּׁם לָתוּר לָהֶם מָקוֹם לְהַחֲזִיק אֶת כֻּלָּם, וְלֹא מָצְאוּ אֶלָּא שִׁנְעָר:

ג| **אִישׁ אֶל רֵעֵהוּ.** אֻמָּה לְאֻמָּה, מִצְרַיִם לְכוּשׁ וְכוּשׁ לְפוּט וּפוּט לִכְנַעַן: **הָבָה.** הַזְמִינוּ עַצְמְכֶם. כָּל 'הָבָה' לְשׁוֹן הַזְמָנָה הוּא, שֶׁמְּכִינִים עַצְמָן וּמִתְחַבְּרִים לִמְלָאכָה אוֹ לְעֵצָה אוֹ לְמַשָּׂא. הָבָה – הַזְמִינוּ, אפריילי"ר בְּלַעַז: **לְבֵנִים.** שֶׁאֵין אֲבָנִים בְּבָבֶל, שֶׁהִיא בִּקְעָה: **וְנִשְׂרְפָה לִשְׂרֵפָה.** כָּךְ עוֹשִׂין הַלְּבֵנִים שֶׁקּוֹרִים טיוול"ש, שׂוֹרְפִים אוֹתָן בְּכִבְשָׁן: **לַחֹמֶר.** לָטוּחַ הַקִּיר:

ד| **פֶּן נָפוּץ.** שֶׁלֹּא יָבִיא עָלֵינוּ שׁוּם מַכָּה לַהֲפִיצֵנוּ מִכָּאן:

ה| **וַיֵּרֶד ה' לִרְאֹת.** לֹא הֻצְרַךְ לְכָךְ, אֶלָּא לְלַמֵּד לַדַּיָּנִים שֶׁלֹּא יַרְשִׁיעוּ הַנִּדּוֹן עַד שֶׁיִּרְאוּ וְיָבִינוּ. מִדְרַשׁ רַבִּי תַּנְחוּמָא (יח): **בְּנֵי הָאָדָם.** אֶלָּא בְּנֵי מִי? שֶׁמָּא בְּנֵי חֲמוֹרִים וּגְמַלִּים?! אֶלָּא בְּנֵי אָדָם הָרִאשׁוֹן שֶׁכָּפָה אֶת הַטּוֹבָה וְאָמַר: "הָאִשָּׁה אֲשֶׁר נָתַתָּה עִמָּדִי" (לעיל ג, יב), אַף אֵלּוּ כָּפוּ בַּטּוֹבָה לִמְרֹד בְּמִי שֶׁהִשְׁפִּיעָם טוֹבָה וּמִלְּטָם מִן הַמַּבּוּל:

ו| **הֵן עַם אֶחָד.** כָּל טוֹבָה זוֹ יֵשׁ עִמָּהֶם, שֶׁעַם אֶחָד הֵם וְשָׂפָה אַחַת לְכֻלָּם, וְדָבָר זֶה הֵחֵלּוּ לַעֲשׂוֹת: **הַחִלָּם.** כְּמוֹ 'הַתְחָלָתָם' 'עֲשׂוֹתָם', לְהַתְחִיל הֵם לַעֲשׂוֹת: **לֹא יִבָּצֵר.** בִּתְמִיָּה. "יִבָּצֵר" לְשׁוֹן מְנִיעָה כְּתַרְגּוּמוֹ, וְדוֹמֶה לוֹ: "יִבְצֹר רוּחַ נְגִידִים" (תהלים עו, יג):

ז הָבָה נֵרְדָה וְנָבְלָה שָׁם שְׂפָתָם אֲשֶׁר לֹא יִשְׁמְעוּ
ח אִישׁ שְׂפַת רֵעֵהוּ׃ וַיָּפֶץ יְהוָה אֹתָם מִשָּׁם עַל־פְּנֵי
ט כָל־הָאָרֶץ וַיַּחְדְּלוּ לִבְנֹת הָעִיר׃ עַל־כֵּן קָרָא
שְׁמָהּ בָּבֶל כִּי־שָׁם בָּלַל יְהוָה שְׂפַת כָּל־הָאָרֶץ
וּמִשָּׁם הֱפִיצָם יְהוָה עַל־פְּנֵי כָּל־הָאָרֶץ׃
י אֵלֶּה תּוֹלְדֹת שֵׁם שֵׁם בֶּן־מְאַת שָׁנָה וַיּוֹלֶד אֶת־
יא אַרְפַּכְשָׁד שְׁנָתַיִם אַחַר הַמַּבּוּל׃ וַיְחִי־שֵׁם אַחֲרֵי
הוֹלִידוֹ אֶת־אַרְפַּכְשָׁד חֲמֵשׁ מֵאוֹת שָׁנָה וַיּוֹלֶד
יב בָּנִים וּבָנוֹת׃ וְאַרְפַּכְשַׁד חַי חָמֵשׁ
יג וּשְׁלֹשִׁים שָׁנָה וַיּוֹלֶד אֶת־שָׁלַח׃ וַיְחִי אַרְפַּכְשַׁד
אַחֲרֵי הוֹלִידוֹ אֶת־שֶׁלַח שָׁלֹשׁ שָׁנִים וְאַרְבַּע
יד מֵאוֹת שָׁנָה וַיּוֹלֶד בָּנִים וּבָנוֹת׃ וְשֶׁלַח
טו חַי שְׁלֹשִׁים שָׁנָה וַיּוֹלֶד אֶת־עֵבֶר׃ וַיְחִי־שֶׁלַח
אַחֲרֵי הוֹלִידוֹ אֶת־עֵבֶר שָׁלֹשׁ שָׁנִים וְאַרְבַּע
טז מֵאוֹת שָׁנָה וַיּוֹלֶד בָּנִים וּבָנוֹת׃ וַיְחִי־
יז עֵבֶר אַרְבַּע וּשְׁלֹשִׁים שָׁנָה וַיּוֹלֶד אֶת־פָּלֶג׃ וַיְחִי־
עֵבֶר אַחֲרֵי הוֹלִידוֹ אֶת־פֶּלֶג שְׁלֹשִׁים שָׁנָה וְאַרְבַּע
יח מֵאוֹת שָׁנָה וַיּוֹלֶד בָּנִים וּבָנוֹת׃ וַיְחִי־
יט פֶלֶג שְׁלֹשִׁים שָׁנָה וַיּוֹלֶד אֶת־רְעוּ׃ וַיְחִי־פֶלֶג
אַחֲרֵי הוֹלִידוֹ אֶת־רְעוּ תֵּשַׁע שָׁנִים וּמָאתַיִם

כ שָׁנָה וַיּוֹלֶד בָּנִים וּבָנוֹת: וַיְחִי רְעוּ
כא שְׁתַּיִם וּשְׁלֹשִׁים שָׁנָה וַיּוֹלֶד אֶת־שְׂרוּג: וַיְחִי רְעוּ
אַחֲרֵי הוֹלִידוֹ אֶת־שְׂרוּג שֶׁבַע שָׁנִים וּמָאתַיִם
כב שָׁנָה וַיּוֹלֶד בָּנִים וּבָנוֹת: וַיְחִי שְׂרוּג
כג שְׁלֹשִׁים שָׁנָה וַיּוֹלֶד אֶת־נָחוֹר: וַיְחִי שְׂרוּג אַחֲרֵי
הוֹלִידוֹ אֶת־נָחוֹר מָאתַיִם שָׁנָה וַיּוֹלֶד בָּנִים

ז ח הבו נתגלי, ונבלביל תמן לישנהון, דלא ישמעון, אנש לישן חבריה: ובדר יי יתהון, מתמן על
ט אפי כל ארעא, ואתמנעו מלמבני קרתא: על כן, קרא שמה בבל, ארי תמן, בלביל יי לישן
י כל ארעא, ומתמן בדרנון יי, על אפי כל ארעא: אלין תולדת שם, שם בר מאה שנין, ואוליד
יא ית ארפכשד, תרתין שנין בתר טופנא: וחיא שם, בתר דאוליד ית ארפכשד, חמש מאה
יב יג שנין, ואוליד בנין ובנן: וארפכשד חיא, תלתין וחמש שנין, ואוליד ית שלח: וחיא ארפכשד,
יד בתר דאוליד ית שלח, ארבע מאה ותלת שנין, ואוליד בנין ובנן: ושלח חיא תלתין שנין,
טו ואוליד ית עבר: וחיא שלח, בתר דאוליד ית עבר, ארבע מאה ותלת שנין, ואוליד בנין ובנן:
טז יז וחיא עבר, תלתין וארבע שנין, ואוליד ית פלג: וחיא עבר, בתר דאוליד ית פלג, ארבע
יח יט מאה ותלתין שנין, ואוליד בנין ובנן: וחיא פלג תלתין שנין, ואוליד ית רעו: וחיא פלג, בתר
כ דאוליד ית רעו, מאתן ותשע שנין, ואוליד בנין ובנן: וחיא רעו, תלתין ותרתין שנין, ואוליד
כא כב ית שרוג: וחיא רעו, בתר דאוליד ית שרוג, מאתן ושבע שנין, ואוליד בנין ובנן: וחיא שרוג
כג תלתין שנין, ואוליד ית נחור: וחיא שרוג, בתר, דאוליד ית נחור מאתן שנין, ואוליד בנין

ז **הבה נרדה.** בבית דינו נמלך מענותנותו יתרה: **הבה.** מדה כנגד מדה, הם אמרו: "הבה נלבנה", והוא כנגדם מדד ואמר: "הבה נרדה": **ונבלה.** ונבלבל, נו"ן משמש בלשון רבים, וה"א אחרונה יתרה כה"א של 'נרדה': **לא ישמעו.** זה שואל לבנה וזה מביא טיט, וזה עומד עליו ופוצע את מוחו:

ח **ויפץ ה' אותם משם.** בעולם הזה. מה שאמרו "פן נפוץ" (לעיל פסוק ד) נתקיים עליהם, הוא שאמר שלמה: "מגורת רשע היא תבואנו" (משלי י, כד):

ט **ומשם הפיצם.** למד שאין להם חלק לעולם הבא. וכי איזו קשה, של דור המבול או של דור הפלגה? אלו לא פשטו יד בעקר ואלו פשטו יד בעקר להלחם בו, ואלו נשטפו ואלו לא נאבדו מן העולם! אלא שדור המבול היו גזלנים והיתה מריבה ביניהם, ואלו היו נוהגים אהבה ורעות ביניהם, שנאמר: "שפה אחת ודברים אחדים" (לעיל פסוק א). למדת ששנאוי המחלקת וגדול השלום:

י **שם בן מאת שנה.** כשהוליד את ארפכשד שנתים אחר המבול:

וּבָנֽוֹת׃ וַיְחִ֣י נָח֔וֹר תֵּ֥שַׁע וְעֶשְׂרִ֖ים שָׁנָ֑ה כד
וַיּ֖וֹלֶד אֶת־תָּֽרַח׃ וַיְחִ֣י נָח֗וֹר אַחֲרֵי֙ הוֹלִיד֣וֹ אֶת־ כה
תֶּ֔רַח תְּשַֽׁע־עֶשְׂרֵ֥ה שָׁנָ֖ה וּמְאַ֣ת שָׁנָ֑ה וַיּ֥וֹלֶד בָּנִ֖ים
וּבָנֽוֹת׃ וַֽיְחִי־תֶ֖רַח שִׁבְעִ֣ים שָׁנָ֑ה וַיּ֙וֹלֶד֙ כו
אֶת־אַבְרָ֔ם אֶת־נָח֖וֹר וְאֶת־הָרָֽן׃ וְאֵ֙לֶּה֙ תּוֹלְדֹ֣ת כז
תֶּ֔רַח תֶּ֚רַח הוֹלִ֣יד אֶת־אַבְרָ֔ם אֶת־נָח֖וֹר וְאֶת־
הָרָ֑ן וְהָרָ֖ן הוֹלִ֥יד אֶת־לֽוֹט׃ וַיָּ֣מָת הָרָ֔ן עַל־פְּנֵ֖י כח
תֶּ֣רַח אָבִ֑יו בְּאֶ֥רֶץ מוֹלַדְתּ֖וֹ בְּא֥וּר כַּשְׂדִּֽים׃ וַיִּקַּ֨ח כט ★ מפטיר
אַבְרָ֧ם וְנָח֛וֹר לָהֶ֖ם נָשִׁ֑ים שֵׁ֤ם אֵֽשֶׁת־אַבְרָם֙ שָׂרָ֔י
וְשֵׁ֤ם אֵֽשֶׁת־נָחוֹר֙ מִלְכָּ֔ה בַּת־הָרָ֥ן אֲבִֽי־מִלְכָּ֖ה
וַאֲבִ֥י יִסְכָּֽה׃ וַתְּהִ֥י שָׂרַ֖י עֲקָרָ֑ה אֵ֥ין לָ֖הּ וָלָֽד׃ וַיִּקַּ֨ח ל לא
תֶּ֜רַח אֶת־אַבְרָ֣ם בְּנ֗וֹ וְאֶת־ל֤וֹט בֶּן־הָרָן֙ בֶּן־בְּנ֔וֹ
וְאֵת֙ שָׂרַ֣י כַּלָּת֔וֹ אֵ֖שֶׁת אַבְרָ֣ם בְּנ֑וֹ וַיֵּצְא֨וּ אִתָּ֜ם
מֵא֣וּר כַּשְׂדִּ֗ים לָלֶ֙כֶת֙ אַ֣רְצָה כְּנַ֔עַן וַיָּבֹ֥אוּ עַד־חָרָ֖ן
וַיֵּ֥שְׁבוּ שָֽׁם׃ וַיִּהְי֣וּ יְמֵי־תֶ֔רַח חָמֵ֥שׁ שָׁנִ֖ים וּמָאתַ֣יִם לב
שָׁנָ֑ה וַיָּ֥מָת תֶּ֖רַח בְּחָרָֽן׃

כב כה וּבְנָן: וַחֲיָא נָחוֹר, עֶסְרִין וּתְשַׁע שְׁנִין, וְאוֹלֵיד יָת תָּרַח: וַחֲיָא נָחוֹר, בָּתַר דְּאוֹלֵיד יָת תֶּרַח, מְאָה
כו וּתְשַׁע עֶסְרֵי שְׁנִין, וְאוֹלֵיד בְּנִין וּבְנָן: וַחֲיָא תֶרַח שִׁבְעִין שְׁנִין, וְאוֹלֵיד יָת אַבְרָם, יָת נָחוֹר וְיָת
כז כח הָרָן: וְאִלֵּין תּוֹלְדָת תֶּרַח, תֶּרַח אוֹלֵיד יָת אַבְרָם, יָת נָחוֹר וְיָת הָרָן, וְהָרָן אוֹלֵיד יָת לוֹט: וּמִית
כט הָרָן, עַל אַפֵּי תֶּרַח אֲבוּהִי, בַּאֲרַע יַלָּדוּתֵיהּ בְּאוּר דְּכַסְדָּאֵי: וּנְסֵיב אַבְרָם וְנָחוֹר, לְהוֹן נְשִׁין,
שׁוּם אִתַּת אַבְרָם שָׂרָי, וְשׁוּם אִתַּת נָחוֹר מִלְכָּה, בַּת הָרָן אֲבוּהָא דְּמִלְכָּה וַאֲבוּהָא דְּיִסְכָּה:
ל לא וַהֲוָת שָׂרַי עַקְרָא, לֵית לַהּ וְלַד: וּדְבַר תֶּרַח יָת אַבְרָם בְּרֵיהּ, וְיָת לוֹט בַּר הָרָן בַּר בְּרֵיהּ, וְיָת שָׂרַי
כַּלְּתֵיהּ, אִתַּת אַבְרָם בְּרֵיהּ, וּנְפַקוּ עִמְּהוֹן מֵאוּר דְּכַסְדָּאֵי, לְמֵיזַל לְאַרְעָא דִּכְנַעַן, וַאֲתוֹ עַד חָרָן
לב וִיתִיבוּ תַּמָּן: וַהֲווֹ יוֹמֵי תֶרַח, מָאתַן וַחֲמֵשׁ שְׁנִין, וּמִית תֶּרַח בְּחָרָן:

כח| **עַל פְּנֵי תֶּרַח אָבִיו.** בְּחַיֵּי אָבִיו. וּמִדְרַשׁ אַגָּדָה אוֹמֵר, שֶׁעַל יְדֵי אָבִיו מֵת, שֶׁקָּבַל תֶּרַח עַל אַבְרָם בְּנוֹ לִפְנֵי נִמְרוֹד עַל שֶׁכִּתֵּת אֶת צְלָמָיו, וְהִשְׁלִיכוֹ לְכִבְשַׁן הָאֵשׁ, וְהָרָן יוֹשֵׁב וְאוֹמֵר בְּלִבּוֹ: אִם אַבְרָם נוֹצֵחַ אֲנִי מִשֶּׁלּוֹ, וְאִם נִמְרוֹד נוֹצֵחַ אֲנִי מִשֶּׁלּוֹ. וּכְשֶׁנִּצַּל אַבְרָם אָמְרוּ לוֹ לְהָרָן: מִשֶּׁל מִי אַתָּה? אָמַר לָהֶם הָרָן: מִשֶּׁל אַבְרָם אֲנִי. הִשְׁלִיכוּהוּ לְכִבְשַׁן הָאֵשׁ וְנִשְׂרַף, וְזֶהוּ: "אוּר כַּשְׂדִּים". וּמְנַחֵם פֵּרֵשׁ "אוּר" בִּקְעָה, וְכֵן: "בָּאֻרִים כַּבְּדוּ ה'" (ישעיה כד, טו), וְכֵן: "מְאוּרַת צִפְעוֹנִי" (שם יא, ח), כָּל חוֹר וּבֶקַע עָמֹק קָרוּי 'אוּר':

כט| **יִסְכָּה.** זוֹ שָׂרָה, עַל שֵׁם שֶׁסּוֹכָה בְּרוּחַ הַקֹּדֶשׁ, וְשֶׁהַכֹּל סוֹכִין בְּיָפְיָהּ, וּלְשׁוֹן נְסִיכוּת, כְּמוֹ 'שָׂרָה' לְשׁוֹן שְׂרָרָה:

לא| **וַיֵּצְאוּ אִתָּם.** וַיֵּצְאוּ תֶּרַח וְאַבְרָם עִם לוֹט וְשָׂרַי:

לב| **וַיָּמָת תֶּרַח בְּחָרָן.** לְאַחַר שֶׁיָּצָא אַבְרָם מֵחָרָן וּבָא לְאֶרֶץ כְּנַעַן, הָיָה תֶּרַח יוֹתֵר מִשִּׁשִּׁים שָׁנָה, שֶׁהֲרֵי כָּתוּב: "וְאַבְרָם בֶּן חָמֵשׁ שָׁנִים וְשִׁבְעִים שָׁנָה בְּצֵאתוֹ מֵחָרָן" (להלן יב, ד), וְתֶרַח בֶּן שִׁבְעִים שָׁנָה הָיָה כְּשֶׁנּוֹלַד אַבְרָם, הֲרֵי קמ"ה לְתֶרַח כְּשֶׁיָּצָא אַבְרָם מִמֶּנּוּ; נִשְׁאֲרוּ מִשְּׁנוֹתָיו הַרְבֵּה! וְלָמָּה הִקְדִּים הַכָּתוּב מִיתָתוֹ שֶׁל תֶּרַח לִיצִיאָתוֹ שֶׁל אַבְרָם? שֶׁלֹּא יְהֵא הַדָּבָר מְפֻרְסָם לַכֹּל, וְיֹאמְרוּ: לֹא קִיֵּם אַבְרָהָם כִּבּוּד אָבִיו שֶׁהִנִּיחוֹ זָקֵן וְהָלַךְ לוֹ. לְפִיכָךְ קְרָאוֹ הַכָּתוּב מֵת, שֶׁהָרְשָׁעִים אַף בְּחַיֵּיהֶם קְרוּיִים מֵתִים, וְהַצַּדִּיקִים בְּמִיתָתָן קְרוּיִים חַיִּים:

הפטרת נח

בראש חודש מרחשוון קוראים את המפטיר ואת ההפטרה בעמ׳ שד.

המבול שהשיב את העולם לתוהו ובוהו, בא בגלל עוולה ועושק. גם החורבן והגלות באו בגלל מאיסה בדבר ה׳. השבר והסבל אינם השגרה הטבעית, גם אם הם נמשכים פרק זמן ארוך. את הברית עם ה׳ יש לכונן על אדני עשיית צדקה וחסד, ואז מובטחים אנו על ברכה ואור, שישכיחו את הימים הקשים. במקום עזובה ועצבות יבואו רחמים גדולים וחסד עולם, כי חסד גורר חסד. דברים אלה של ישעיהו הנביא נאמרו על רקע הגלות של מלכות ישראל שהתרחשה בימיו. בפעם הראשונה מאז הגיע העם לארץ, יצא חלק גדול ממנו לגלות וחרב חלק ניכר משטחה של הארץ. דברי העידוד וההדרכה היו יפים לשעתם וגם לדורות. יהודים בגלות שקראו דבריו אלה בהפטרה בכל שנה, שאבו מהם כוח.

ישעיה

רָנִּי עֲקָרָה לֹא יָלָדָה פִּצְחִי רִנָּה וְצַהֲלִי לֹא־חָלָה כִּי־רַבִּים בְּנֵי־שׁוֹמֵמָה נד א
מִבְּנֵי בְעוּלָה אָמַר יהוה: הַרְחִיבִי ׀ מְקוֹם אָהֳלֵךְ וִירִיעוֹת מִשְׁכְּנוֹתַיִךְ יַטּוּ ב
אַל־תַּחְשֹׂכִי הַאֲרִיכִי מֵיתָרַיִךְ וִיתֵדֹתַיִךְ חַזֵּקִי: כִּי־יָמִין וּשְׂמֹאול תִּפְרֹצִי ג
וְזַרְעֵךְ גּוֹיִם יִירָשׁ וְעָרִים נְשַׁמּוֹת יוֹשִׁיבוּ: אַל־תִּירְאִי כִּי־לֹא תֵבוֹשִׁי וְאַל־ ד
תִּכָּלְמִי כִּי לֹא תַחְפִּירִי כִּי בֹשֶׁת עֲלוּמַיִךְ תִּשְׁכָּחִי וְחֶרְפַּת אַלְמְנוּתַיִךְ לֹא
תִזְכְּרִי־עוֹד: כִּי בֹעֲלַיִךְ עֹשַׂיִךְ יהוה צְבָאוֹת שְׁמוֹ וְגֹאֲלֵךְ קְדוֹשׁ יִשְׂרָאֵל ה
אֱלֹהֵי כָל־הָאָרֶץ יִקָּרֵא: כִּי־כְאִשָּׁה עֲזוּבָה וַעֲצוּבַת רוּחַ קְרָאָךְ יהוה וְאֵשֶׁת ו
נְעוּרִים כִּי תִמָּאֵס אָמַר אֱלֹהָיִךְ: בְּרֶגַע קָטֹן עֲזַבְתִּיךְ וּבְרַחֲמִים גְּדֹלִים ז
אֲקַבְּצֵךְ: בְּשֶׁצֶף קֶצֶף הִסְתַּרְתִּי פָנַי רֶגַע מִמֵּךְ וּבְחֶסֶד עוֹלָם רִחַמְתִּיךְ אָמַר ח
גֹּאֲלֵךְ יהוה: כִּי־מֵי נֹחַ זֹאת לִי אֲשֶׁר נִשְׁבַּעְתִּי מֵעֲבֹר מֵי־נֹחַ ט
עוֹד עַל־הָאָרֶץ כֵּן נִשְׁבַּעְתִּי מִקְּצֹף עָלַיִךְ וּמִגְּעָר־בָּךְ: כִּי הֶהָרִים יָמוּשׁוּ י
וְהַגְּבָעוֹת תְּמוּטֶינָה וְחַסְדִּי מֵאִתֵּךְ לֹא־יָמוּשׁ וּבְרִית שְׁלוֹמִי לֹא תָמוּט אָמַר
מְרַחֲמֵךְ יהוה:* עֲנִיָּה סֹעֲרָה לֹא נֻחָמָה הִנֵּה אָנֹכִי מַרְבִּיץ בַּפּוּךְ יא

הספרדים מסיימים כאן

אֲבָנַיִךְ וִיסַדְתִּיךְ בַּסַּפִּירִים: וְשַׂמְתִּי כַּדְכֹד שִׁמְשֹׁתַיִךְ וּשְׁעָרַיִךְ לְאַבְנֵי אֶקְדָּח יב
וְכָל־גְּבוּלֵךְ לְאַבְנֵי־חֵפֶץ: וְכָל־בָּנַיִךְ לִמּוּדֵי יהוה וְרַב שְׁלוֹם בָּנָיִךְ: בִּצְדָקָה יג יד
תִּכּוֹנָנִי רַחֲקִי מֵעֹשֶׁק כִּי־לֹא תִירָאִי וּמִמְּחִתָּה כִּי לֹא־תִקְרַב אֵלָיִךְ: הֵן גּוֹר טו
יָגוּר אֶפֶס מֵאוֹתִי מִי־גָר אִתָּךְ עָלַיִךְ יִפּוֹל: הֵן אָנֹכִי בָּרָאתִי חָרָשׁ נֹפֵחַ בְּאֵשׁ טז

הִנֵּה

פֶּחָם וּמוֹצִיא כְלִי לְמַעֲשֵׂהוּ וְאָנֹכִי בָּרָאתִי מַשְׁחִית לְחַבֵּל: כָּל־כְּלִי יוּצַר יז
עָלַיִךְ לֹא יִצְלָח וְכָל־לָשׁוֹן תָּקוּם־אִתָּךְ לַמִּשְׁפָּט תַּרְשִׁיעִי זֹאת נַחֲלַת עַבְדֵי
יהוה וְצִדְקָתָם מֵאִתִּי נְאֻם־יהוה: הוֹי כָּל־צָמֵא לְכוּ לַמַּיִם וַאֲשֶׁר נה א
אֵין־לוֹ כָּסֶף לְכוּ שִׁבְרוּ וֶאֱכֹלוּ וּלְכוּ שִׁבְרוּ בְּלוֹא־כֶסֶף וּבְלוֹא מְחִיר יַיִן וְחָלָב:
לָמָּה תִשְׁקְלוּ־כֶסֶף בְּלוֹא־לֶחֶם וִיגִיעֲכֶם בְּלוֹא לְשָׂבְעָה שִׁמְעוּ שָׁמוֹעַ אֵלַי ב
וְאִכְלוּ־טוֹב וְתִתְעַנַּג בַּדֶּשֶׁן נַפְשְׁכֶם: הַטּוּ אָזְנְכֶם וּלְכוּ אֵלַי שִׁמְעוּ וּתְחִי ג
נַפְשְׁכֶם וְאֶכְרְתָה לָכֶם בְּרִית עוֹלָם חַסְדֵי דָוִד הַנֶּאֱמָנִים:* הֵן עֵד לְאוּמִּים ד

התימנים מסיימים כאן

נְתַתִּיו נָגִיד וּמְצַוֵּה לְאֻמִּים: הֵן גּוֹי לֹא־תֵדַע תִּקְרָא וְגוֹי לֹא־יְדָעוּךָ אֵלֶיךָ ה
יָרוּצוּ לְמַעַן יהוה אֱלֹהֶיךָ וְלִקְדוֹשׁ יִשְׂרָאֵל כִּי פֵאֲרָךְ:

פרשת
לך לך

נושאים לפי סדרים	י	יא	יב	יג	יד
	לך לך מארצך	**מלחמת המלכים**	**ברית בין הבתרים**	**שרי והגר**	**ברית המילה**
	חרן-כנען מצרים נגבה-מקדם לבית אל-חברון	עמק השִׂדים (ים המלח) דן-חובה			

24 שנים

לך לך

י וַיֹּאמֶר יְהוָה אֶל־אַבְרָם לֶךְ־לְךָ מֵאַרְצְךָ וּמִמּוֹלַדְתְּךָ א יב
וּמִבֵּית אָבִיךָ אֶל־הָאָרֶץ אֲשֶׁר אַרְאֶךָּ: וְאֶעֶשְׂךָ ב
לְגוֹי גָּדוֹל וַאֲבָרֶכְךָ וַאֲגַדְּלָה שְׁמֶךָ וֶהְיֵה בְּרָכָה:
וַאֲבָרְכָה מְבָרְכֶיךָ וּמְקַלֶּלְךָ אָאֹר וְנִבְרְכוּ בְךָ כֹּל ג
מִשְׁפְּחֹת הָאֲדָמָה: וַיֵּלֶךְ אַבְרָם כַּאֲשֶׁר דִּבֶּר ד
אֵלָיו יְהוָה וַיֵּלֶךְ אִתּוֹ לוֹט וְאַבְרָם בֶּן־חָמֵשׁ שָׁנִים
וְשִׁבְעִים שָׁנָה בְּצֵאתוֹ מֵחָרָן: וַיִּקַּח אַבְרָם אֶת־ ה
שָׂרַי אִשְׁתּוֹ וְאֶת־לוֹט בֶּן־אָחִיו וְאֶת־כָּל־רְכוּשָׁם
אֲשֶׁר רָכָשׁוּ וְאֶת־הַנֶּפֶשׁ אֲשֶׁר־עָשׂוּ בְחָרָן וַיֵּצְאוּ
לָלֶכֶת אַרְצָה כְּנַעַן וַיָּבֹאוּ אַרְצָה כְּנָעַן: וַיַּעֲבֹר אַבְרָם ו
בָּאָרֶץ עַד מְקוֹם שְׁכֶם עַד אֵלוֹן מוֹרֶה וְהַכְּנַעֲנִי אָז
בָּאָרֶץ: וַיֵּרָא יְהוָה אֶל־אַבְרָם וַיֹּאמֶר לְזַרְעֲךָ אֶתֵּן ז
אֶת־הָאָרֶץ הַזֹּאת וַיִּבֶן שָׁם מִזְבֵּחַ לַיהוָה הַנִּרְאֶה
אֵלָיו: וַיַּעְתֵּק מִשָּׁם הָהָרָה מִקֶּדֶם לְבֵית־אֵל וַיֵּט ח
אָהֳלֹה בֵּית־אֵל מִיָּם וְהָעַי מִקֶּדֶם וַיִּבֶן־שָׁם מִזְבֵּחַ
לַיהוָה וַיִּקְרָא בְּשֵׁם יְהוָה: וַיִּסַּע אַבְרָם הָלוֹךְ וְנָסוֹעַ ט
הַנֶּגְבָּה:

א-ב) לֶךְ לְךָ. לַהֲנָאָתְךָ וּלְטוֹבָתְךָ, וְשָׁם אֶעֶשְׂךָ לְגוֹי גָּדוֹל, וְכָאן אִי אַתָּה זוֹכֶה לְבָנִים; וְעוֹד, שֶׁאוֹדִיעַ טִבְעֲךָ בָּעוֹלָם: וְאֶעֶשְׂךָ לְגוֹי גָּדוֹל. לְפִי שֶׁהַדֶּרֶךְ גּוֹרֶמֶת לִשְׁלֹשָׁה דְבָרִים: מְמַעֶטֶת פְּרִיָּה וּרְבִיָּה,

יב א ב וַאֲמַר יי לְאַבְרָם, אִיזֵיל לָךְ, מֵאַרְעָךְ וּמִיַּלָּדוּתָךְ וּמִבֵּית אֲבוּךְ, לְאַרְעָא דְאַחְזֵינָּךְ: וְאַעְבְּדִנָּךְ
ג לְעַם סַגִּי, וַאֲבָרְכִנָּךְ, וַאֲרַבֵּי שְׁמָךְ, וּתְהֵי מְבָרַךְ: וַאֲבָרֵיךְ מְבָרְכָךְ, וּמְלָטְטָךְ אֱלוּט, וְיִתְבָּרְכוּן
ד בְּדִילָךְ, כָּל זַרְעֲיָת אַרְעָא: וַאֲזַל אַבְרָם, כְּמָא דְמַלֵּיל עִמֵּיהּ יי, וַאֲזַל עִמֵּיהּ לוֹט, וְאַבְרָם, בַּר
ה שִׁבְעִין וַחֲמֵשׁ שְׁנִין, בְּמִפְּקֵיהּ מֵחָרָן: וּדְבַר אַבְרָם יָת שָׂרַי אִתְּתֵיהּ וְיָת לוֹט בַּר אֲחוּהִי, וְיָת כָּל
קִנְיָנְהוֹן דִּקְנוֹ, וְיָת נַפְשָׁתָא דְשַׁעְבִּידוּ לְאוֹרָיְתָא בְּחָרָן, וּנְפַקוּ, לְמֵיזַל לְאַרְעָא דִכְנַעַן, וַאֲתוֹ
ו לְאַרְעָא דִכְנָעַן: וַעֲבַר אַבְרָם בְּאַרְעָא, עַד אֲתַר שְׁכֶם, עַד מֵישַׁר מוֹרֶה, וּכְנַעֲנָאָה בְּכֵן בְּאַרְעָא:
ז וְאִתְגְּלִי יי לְאַבְרָם, וַאֲמַר, לִבְנָךְ, אֶתֵּין יָת אַרְעָא הָדָא, וּבְנָא תַמָּן מַדְבְּחָא, קֳדָם יי דְּאִתְגְּלִי
ח לֵיהּ: וְאִסְתַּלַּק מִתַּמָּן לְטוּרָא, מִמַּדְנַח, לְבֵית אֵל וּפְרַסֵיהּ לְמַשְׁכְּנֵיהּ, בֵּית אֵל מִמַּעְרְבָא וְעַי
ט מִמַּדְנְחָא, וּבְנָא תַמָּן מַדְבְּחָא קֳדָם יי, וְצַלִּי בִּשְׁמָא דַיי: וּנְטַל אַבְרָם, אָזֵיל וְנָטֵיל לְדָרוֹמָא:

וּמְמַעֶטֶת אֶת הַמָּמוֹן, וּמְמַעֶטֶת אֶת הַשֵּׁם; לְכָךְ הֻזְקַק לְשָׁלֹשׁ בְּרָכוֹת הַלָּלוּ, שֶׁהִבְטִיחוֹ עַל הַבָּנִים וְעַל הַמָּמוֹן וְעַל הַשֵּׁם: **וַאֲבָרֶכְךָ.** בְּמָמוֹן. בְּרֵאשִׁית רַבָּה (לט, יא): **וֶהְיֵה בְּרָכָה.** הַבְּרָכוֹת נְתוּנוֹת בְּיָדְךָ. עַד עַכְשָׁיו הָיוּ בְּיָדִי, בֵּרַכְתִּי לְאָדָם וְנֹחַ, וּמֵעַכְשָׁיו אַתָּה תְּבָרֵךְ אֶת אֲשֶׁר תַּחְפֹּץ. בְּרֵאשִׁית רַבָּה (שם). דָּבָר אַחֵר, "וְאֶעֶשְׂךָ לְגוֹי גָּדוֹל", זֶה שֶׁאוֹמְרִים אֱלֹהֵי אַבְרָהָם; "וַאֲבָרֶכְךָ", זֶה שֶׁאוֹמְרִים אֱלֹהֵי יִצְחָק; "וַאֲגַדְּלָה שְׁמֶךָ", זֶה שֶׁאוֹמְרִים אֱלֹהֵי יַעֲקֹב. יָכוֹל יִהְיוּ חוֹתְמִין בְּכֻלָּן? תַּלְמוּד לוֹמַר: "וֶהְיֵה בְּרָכָה", בְּךָ חוֹתְמִין וְלֹא בָּהֶם: **מֵאַרְצְךָ.** וַהֲלֹא כְּבָר יָצָא מִשָּׁם עִם אָבִיו וּבָא עַד חָרָן? אֶלָּא כָּךְ אָמַר לוֹ: הִתְרַחֵק עוֹד וְצֵא מִבֵּית אָבִיךָ: **אֲשֶׁר אַרְאֶךָּ.** לֹא גִלָּה לוֹ הָאָרֶץ מִיָּד, כְּדֵי לְחַבְּבָהּ בְּעֵינָיו וְלִתֵּן לוֹ שָׂכָר עַל כָּל דִּבּוּר וְדִבּוּר. כַּיּוֹצֵא בוֹ: "אֶת בִּנְךָ אֶת יְחִידְךָ אֲשֶׁר אָהַבְתָּ" (להלן כב, ב), כַּיּוֹצֵא בוֹ: "עַל אַחַד הֶהָרִים אֲשֶׁר אֹמַר אֵלֶיךָ" (שם), כַּיּוֹצֵא בוֹ: "וּקְרָא אֵלֶיהָ אֶת הַקְּרִיאָה אֲשֶׁר אָנֹכִי דֹּבֵר אֵלֶיךָ" (יונה ג, ב):

ג| **וְנִבְרְכוּ בְךָ.** יֵשׁ אַגָּדוֹת רַבּוֹת, וְזֶהוּ פְּשׁוּטוֹ: אָדָם אוֹמֵר לִבְנוֹ תְּהֵא כְּאַבְרָהָם. וְכֵן כָּל 'וְנִבְרְכוּ בְךָ' שֶׁבַּמִּקְרָא, וְזֶה מוֹכִיחַ: "בְּךָ יְבָרֵךְ יִשְׂרָאֵל לֵאמֹר יְשִׂמְךָ אֱלֹהִים כְּאֶפְרַיִם וְכִמְנַשֶּׁה" (להלן מח, כ):

ה| **אֲשֶׁר עָשׂוּ בְחָרָן.** שֶׁהִכְנִיסָם תַּחַת כַּנְפֵי הַשְּׁכִינָה, אַבְרָהָם מְגַיֵּר אֶת הָאֲנָשִׁים וְשָׂרָה מְגַיֶּרֶת הַנָּשִׁים, וּמַעֲלֶה עֲלֵיהֶם הַכָּתוּב כְּאִלּוּ עֲשָׂאוּם. וּפְשׁוּטוֹ שֶׁל מִקְרָא: עֲבָדִים וּשְׁפָחוֹת שֶׁקָּנוּ לָהֶם, כְּמוֹ: "עָשָׂה אֵת כָּל הַכָּבֹד הַזֶּה" (להלן לא, א), "וְיִשְׂרָאֵל עֹשֶׂה חָיִל" (במדבר כד, יח) לְשׁוֹן קוֹנֶה וְכוֹנֵס:

ו| **וַיַּעֲבֹר אַבְרָם בָּאָרֶץ.** נִכְנַס לְתוֹכָהּ: **עַד מְקוֹם שְׁכֶם.** לְהִתְפַּלֵּל עַל בְּנֵי יַעֲקֹב כְּשֶׁיָּבֹאוּ לִשְׁכֶם: **אֵלוֹן מוֹרֶה.** הוּא שְׁכֶם. הֶרְאָהוּ הַר גְּרִזִּים וְהַר עֵיבָל שֶׁשָּׁם קִבְּלוּ יִשְׂרָאֵל שְׁבוּעַת הַתּוֹרָה: **וְהַכְּנַעֲנִי אָז בָּאָרֶץ.** הָיָה הוֹלֵךְ וְכוֹבֵשׁ אֶת אֶרֶץ יִשְׂרָאֵל מִזַּרְעוֹ שֶׁל שֵׁם, שֶׁבְּחֶלְקוֹ שֶׁל שֵׁם נָפְלָה כְּשֶׁחִלֵּק נֹחַ אֶת הָאָרֶץ לְבָנָיו, שֶׁנֶּאֱמַר: "וּמַלְכִּי צֶדֶק מֶלֶךְ שָׁלֵם" (להלן יד, יח), לְפִיכָךְ "וַיֹּאמֶר – אֶל אַבְרָם – לְזַרְעֲךָ אֶתֵּן אֶת הָאָרֶץ הַזֹּאת" (להלן פסוק ז), עָתִיד אֲנִי לְהַחֲזִירָהּ לְבָנֶיךָ שֶׁהֵם מִזַּרְעוֹ שֶׁל שֵׁם:

ז| **וַיִּבֶן שָׁם מִזְבֵּחַ.** עַל בְּשׂוֹרַת הַזֶּרַע וְעַל בְּשׂוֹרַת אֶרֶץ יִשְׂרָאֵל:

ח| **וַיַּעְתֵּק מִשָּׁם.** אָהֳלוֹ: **מִקֶּדֶם לְבֵית אֵל.** בְּמִזְרָחָהּ שֶׁל בֵּית אֵל, נִמְצֵאת בֵּית אֵל בְּמַעֲרָבוֹ, הוּא שֶׁנֶּאֱמַר: "בֵּית אֵל מִיָּם": **אָהֳלֹה.** אָהֳלָהּ כְּתִיב, בַּתְּחִלָּה נָטָה אֶת אֹהֶל אִשְׁתּוֹ וְאַחַר כָּךְ אֶת שֶׁלּוֹ. בְּרֵאשִׁית רַבָּה (לט, טו): **וַיִּבֶן שָׁם מִזְבֵּחַ.** נִתְנַבֵּא שֶׁעֲתִידִין בָּנָיו לְהִכָּשֵׁל שָׁם עַל עֲוֹן עָכָן וְהִתְפַּלֵּל עֲלֵיהֶם:

ט| **הָלוֹךְ וְנָסוֹעַ.** לִפְרָקִים, יוֹשֵׁב כָּאן חֹדֶשׁ אוֹ יוֹתֵר

וַיְהִי רָעָב בָּאָרֶץ וַיֵּרֶד אַבְרָם מִצְרַיְמָה לָגוּר י
שָׁם כִּי־כָבֵד הָרָעָב בָּאָרֶץ׃ וַיְהִי כַּאֲשֶׁר הִקְרִיב יא
לָבוֹא מִצְרָיְמָה וַיֹּאמֶר אֶל־שָׂרַי אִשְׁתּוֹ הִנֵּה־נָא
יָדַעְתִּי כִּי אִשָּׁה יְפַת־מַרְאֶה אָתְּ׃ וְהָיָה כִּי־יִרְאוּ יב
אֹתָךְ הַמִּצְרִים וְאָמְרוּ אִשְׁתּוֹ זֹאת וְהָרְגוּ אֹתִי
וְאֹתָךְ יְחַיּוּ׃ אִמְרִי־נָא אֲחֹתִי אָתְּ לְמַעַן יִיטַב־ יג
לִי בַעֲבוּרֵךְ וְחָיְתָה נַפְשִׁי בִּגְלָלֵךְ׃ וַיְהִי כְּבוֹא יד שני
אַבְרָם מִצְרָיְמָה וַיִּרְאוּ הַמִּצְרִים אֶת־הָאִשָּׁה כִּי־
יָפָה הִוא מְאֹד׃ וַיִּרְאוּ אֹתָהּ שָׂרֵי פַרְעֹה וַיְהַלְלוּ טו
אֹתָהּ אֶל־פַּרְעֹה וַתֻּקַּח הָאִשָּׁה בֵּית פַּרְעֹה׃
וּלְאַבְרָם הֵיטִיב בַּעֲבוּרָהּ וַיְהִי־לוֹ צֹאן־וּבָקָר טז
וַחֲמֹרִים וַעֲבָדִים וּשְׁפָחֹת וַאֲתֹנֹת וּגְמַלִּים׃ וַיְנַגַּע יז
יְהוָה ׀ אֶת־פַּרְעֹה נְגָעִים גְּדֹלִים וְאֶת־בֵּיתוֹ עַל־
דְּבַר שָׂרַי אֵשֶׁת אַבְרָם׃ וַיִּקְרָא פַרְעֹה לְאַבְרָם יח
וַיֹּאמֶר מַה־זֹּאת עָשִׂיתָ לִּי לָמָּה לֹא־הִגַּדְתָּ לִּי כִּי
אִשְׁתְּךָ הִוא׃ לָמָה אָמַרְתָּ אֲחֹתִי הִוא וָאֶקַּח אֹתָהּ יט
לִי לְאִשָּׁה וְעַתָּה הִנֵּה אִשְׁתְּךָ קַח וָלֵךְ׃ וַיְצַו עָלָיו כ
פַּרְעֹה אֲנָשִׁים וַיְשַׁלְּחוּ אֹתוֹ וְאֶת־אִשְׁתּוֹ וְאֶת־כָּל־
אֲשֶׁר־לוֹ׃ וַיַּעַל אַבְרָם מִמִּצְרַיִם הוּא וְאִשְׁתּוֹ וְכָל־ א יג
אֲשֶׁר־לוֹ וְלוֹט עִמּוֹ הַנֶּגְבָּה׃ וְאַבְרָם כָּבֵד מְאֹד ב
בַּמִּקְנֶה בַּכֶּסֶף וּבַזָּהָב׃ וַיֵּלֶךְ לְמַסָּעָיו מִנֶּגֶב וְעַד־ ג

י וַהֲוָה כַּפְנָא בְּאַרְעָא, וּנְחַת אַבְרָם לְמִצְרַיִם לְאִתּוֹתָבָא תַּמָּן, אֲרֵי תְּקֵיף כַּפְנָא בְּאַרְעָא:
יא וַהֲוָה, כַּד קְרֵיב לְמֵיעַל לְמִצְרָיִם, וַאֲמַר לְשָׂרַי אִתְּתֵיהּ, הָא כְעַן יְדַעְנָא, אֲרֵי, אִתְּתָא
יב שַׁפִּירַת חֵיזוּ אַתְּ: וִיהֵי, אֲרֵי יֶחְזוֹן יָתִיךְ מִצְרָאֵי, וְיֵימְרוּן אִתְּתֵיהּ דָּא, וְיִקְטְלוּן יָתִי וְיָתִיךְ
יג יד יְקַיְּמוּן: אֵימַרִי כְעַן דַּאֲחָתֵהּ אַתְּ, בְּדִיל דְּיֵיטַב לִי בְּדִילִיךְ, וְתִתְקַיַּם נַפְשִׁי בְּפִתְגָּמַכִי: וַהֲוָה,
טו כַּד עָאל אַבְרָם לְמִצְרָיִם, וַחֲזוֹ מִצְרָאֵי יָת אִתְּתָא, אֲרֵי שַׁפִּירָא הִיא לַחְדָּא: וַחֲזוֹ יָתַהּ
טז רַבְרְבֵי פַרְעֹה, וְשַׁבַּחוּ יָתַהּ לְפַרְעֹה, וְאִדְּבַרַת אִתְּתָא לְבֵית פַּרְעֹה: וּלְאַבְרָם אוֹטֵיב בְּדִילַהּ,
יז וַהֲווֹ לֵיהּ עָן וְתוֹרִין וּחְמָרִין, וְעַבְדִּין וְאַמְהָן, וַאֲתָנָן וְגַמְלִין: וְאַיְתִי יי עַל פַּרְעֹה, מַכְתָּשִׁין
יח רַבְרְבִין וְעַל אֱנָשׁ בֵּיתֵיהּ, עַל עֵיסַק שָׂרַי אִתַּת אַבְרָם: וּקְרָא פַרְעֹה לְאַבְרָם, וַאֲמַר, מָא
יט דָא עֲבַדְתְּ לִי, לְמָא לָא חַוֵּיתְ לִי, אֲרֵי אִתְּתָךְ הִיא: לְמָא אֲמַרְתְּ אֲחָת הִיא, וּדְבָרִית יָתַהּ,
כ לִי לְאִתּוּ, וּכְעַן, הָא אִתְּתָךְ דְּבַר וְאִיזֵיל: וּפַקֵּיד עֲלוֹהִי, פַּרְעֹה גֻּבְרִין, וְאַלְוִיאוּ יָתֵיהּ, וְיָת
יג א אִתְּתֵיהּ וְיָת כָּל דְּלֵיהּ: וּסְלֵיק אַבְרָם מִמִּצְרַיִם, הוּא, וְאִתְּתֵיהּ וְכָל דְּלֵיהּ, וְלוֹט עִמֵּיהּ
ב ג לְדָרוֹמָא: וְאַבְרָם תַּקִּיף לַחְדָּא, בִּבְעִירָא, בְּכַסְפָּא וּבְדַהֲבָא: וַאֲזַל לְמַטְלָנוֹהִי, מִדָּרוֹמָא וְעַד

וְנוֹסֵעַ מִשָּׁם וְנוֹטֶה אָהֳלוֹ בְּמָקוֹם אַחֵר, וְכָל מַסָּעָיו "הַנֶּגְבָּה", לָלֶכֶת לִדְרוֹמָהּ שֶׁל אֶרֶץ יִשְׂרָאֵל, וְהוּא בְּחֶלְקוֹ שֶׁל יְהוּדָה שֶׁנָּטְלוּ בִּדְרוֹמָהּ שֶׁל אֶרֶץ יִשְׂרָאֵל, וְהוּא לְצַד יְרוּשָׁלַיִם, הַר הַמּוֹרִיָּה. בְּרֵאשִׁית רַבָּה (לט, טז):

י| רָעָב בָּאָרֶץ. בְּאוֹתָהּ הָאָרֶץ לְבַדָּהּ, לְנַסּוֹתוֹ אִם יְהַרְהֵר אַחַר דְּבָרָיו שֶׁל הַקָּדוֹשׁ בָּרוּךְ הוּא, שֶׁאָמַר לוֹ לָלֶכֶת אֶל אֶרֶץ כְּנַעַן וְעַכְשָׁו מַשִּׂיאוֹ לָצֵאת מִמֶּנָּה:

יא| הִנֵּה נָא יָדַעְתִּי. מִדְרַשׁ אַגָּדָה: עַד עַכְשָׁיו לֹא הִכִּיר בָּהּ מִתּוֹךְ צְנִיעוּת שֶׁבִּשְׁנֵיהֶם, וְעַכְשָׁיו הִכִּיר בָּהּ עַל יְדֵי מַעֲשֶׂה. דָּבָר אַחֵר, מִנְהַג הָעוֹלָם שֶׁעַל יְדֵי טֹרַח הַדֶּרֶךְ אָדָם מִתְבַּזֶּה, וְזֹאת עָמְדָה בְּיָפְיָהּ. וּפְשׁוּטוֹ שֶׁל מִקְרָא: הִנֵּה נָא הִגִּיעָה שָׁעָה שֶׁיֵּשׁ לִדְאֹג עַל יָפְיֵךְ; יָדַעְתִּי זֶה יָמִים כִּי יְפַת מַרְאֶה אָתְּ, וְעַכְשָׁיו אָנוּ בָּאִים בֵּין אֲנָשִׁים שְׁחוֹרִים וּמְכֹעָרִים, אֲחֵיהֶם שֶׁל כּוּשִׁים, וְלֹא הֻרְגְּלוּ בְּאִשָּׁה יָפָה. וְדוֹמֶה לוֹ: "הִנֶּה נָּא אֲדֹנַי סוּרוּ נָא" (להלן יט, ב):

יג| לְמַעַן יִיטַב לִי בַעֲבוּרֵךְ. יִתְּנוּ לִי מַתָּנוֹת:

יד| וַיְהִי כְּבוֹא אַבְרָם מִצְרָיְמָה. הָיָה לוֹ לוֹמַר 'כְּבוֹאָם מִצְרָיְמָה', אֶלָּא לָמֵד שֶׁהִטְמִין אוֹתָהּ בְּתֵבָה, וְעַל יְדֵי שֶׁתָּבְעוּ אֶת הַמֶּכֶס פָּתְחוּ וְרָאוּ אוֹתָהּ:

טו| וַיְהַלְלוּ אֹתָהּ אֶל פַּרְעֹה. הִלְּלוּהָ בֵּינֵיהֶם לוֹמַר, הֲגוּנָה זוֹ לַמֶּלֶךְ:

טז| וּלְאַבְרָם הֵיטִיב. פַּרְעֹה בַּעֲבוּרָהּ:

יז| וַיְנַגַּע. בְּמַכַּת רָאתָן לָקָה שֶׁתַּשְׁמִישׁ קָשֶׁה לוֹ. בְּרֵאשִׁית רַבָּה (מא, ב): עַל דְּבַר שָׂרַי. עַל פִּי דִּבּוּרָהּ, אוֹמֶרֶת לַמַּלְאָךְ הַךְ, וְהוּא מַכֶּה:

יט| קַח וָלֵךְ. לֹא כַּאֲבִימֶלֶךְ שֶׁאָמַר לוֹ: "הִנֵּה אַרְצִי לְפָנֶיךָ" (להלן כ, טו), אֶלָּא אָמַר לוֹ: לֵךְ וְאַל תַּעֲמֹד, שֶׁהַמִּצְרִים שְׁטוּפֵי זִמָּה הֵם, שֶׁנֶּאֱמַר: "וְזִרְמַת סוּסִים זִרְמָתָם" (יחזקאל כג, כ):

כ| וַיְצַו עָלָיו. עַל אוֹדוֹתָיו, לְשַׁלְּחוֹ וּלְשָׁמְרוֹ: וַיְשַׁלְּחוּ. כְּתַרְגּוּמוֹ: "וְאַלְוִיאוּ":

פרק יג

א-ב| כָּבֵד מְאֹד. טָעוּן מַשָּׂאוֹת: וַיַּעַל אַבְרָם... הַנֶּגְבָּה. לָבֹא לִדְרוֹמָהּ שֶׁל אֶרֶץ יִשְׂרָאֵל, כְּמוֹ שֶׁאָמַר לְמַעְלָה: "הָלוֹךְ וְנָסוֹעַ הַנֶּגְבָּה" (לעיל יב, ט) לְהַר הַמּוֹרִיָּה, וּמִכָּל מָקוֹם כְּשֶׁהוּא הוֹלֵךְ מִמִּצְרַיִם לְאֶרֶץ כְּנַעַן מִדָּרוֹם לַצָּפוֹן הוּא מְהַלֵּךְ, שֶׁאֶרֶץ מִצְרַיִם בִּדְרוֹמָהּ שֶׁל אֶרֶץ יִשְׂרָאֵל, כְּמוֹ שֶׁמּוֹכִיחַ בַּמַּסָּעוֹת וּבִגְבוּלֵי הָאָרֶץ:

ג| וַיֵּלֶךְ לְמַסָּעָיו. כְּשֶׁחָזַר הָיָה לָן בָּאַכְסַנְיוֹת שֶׁלָּן בָּהֶן כְּשֶׁהָלַךְ לְשָׁם. לִמֵּד דֶּרֶךְ אֶרֶץ שֶׁלֹּא יְשַׁנֶּה אָדָם מֵאַכְסַנְיָה שֶׁלּוֹ. דָּבָר אַחֵר, בַּחֲזָרָתוֹ פָּרַע הַקָּפוֹתָיו: מִנֶּגֶב. אֶרֶץ מִצְרַיִם בִּדְרוֹמָהּ שֶׁל אֶרֶץ כְּנָעַן:

בֵּית־אֵל עַד־הַמָּקוֹם אֲשֶׁר־הָיָה שָׁם אָהֳלֹה
בַּתְּחִלָּה בֵּין בֵּית־אֵל וּבֵין הָעָי: אֶל־מְקוֹם ד
הַמִּזְבֵּחַ אֲשֶׁר־עָשָׂה שָׁם בָּרִאשֹׁנָה וַיִּקְרָא שָׁם
שלישי אַבְרָם בְּשֵׁם יהוה: וְגַם־לְלוֹט הַהֹלֵךְ אֶת־אַבְרָם ה
הָיָה צֹאן־וּבָקָר וְאֹהָלִים: וְלֹא־נָשָׂא אֹתָם הָאָרֶץ ו
לָשֶׁבֶת יַחְדָּו כִּי־הָיָה רְכוּשָׁם רָב וְלֹא יָכְלוּ לָשֶׁבֶת
יַחְדָּו: וַיְהִי־רִיב בֵּין רֹעֵי מִקְנֵה־אַבְרָם וּבֵין רֹעֵי ז
מִקְנֵה־לוֹט וְהַכְּנַעֲנִי וְהַפְּרִזִּי אָז יֹשֵׁב בָּאָרֶץ:
וַיֹּאמֶר אַבְרָם אֶל־לוֹט אַל־נָא תְהִי מְרִיבָה ח
בֵּינִי וּבֵינֶךָ וּבֵין רֹעַי וּבֵין רֹעֶיךָ כִּי־אֲנָשִׁים אַחִים
אֲנָחְנוּ: הֲלֹא כָל־הָאָרֶץ לְפָנֶיךָ הִפָּרֶד נָא מֵעָלָי ט
אִם־הַשְּׂמֹאל וְאֵימִנָה וְאִם־הַיָּמִין וְאַשְׂמְאִילָה:
וַיִּשָּׂא־לוֹט אֶת־עֵינָיו וַיַּרְא אֶת־כָּל־כִּכַּר הַיַּרְדֵּן י
כִּי כֻלָּהּ מַשְׁקֶה לִפְנֵי ׀ שַׁחֵת יהוה אֶת־סְדֹם
וְאֶת־עֲמֹרָה כְּגַן־יהוה כְּאֶרֶץ מִצְרַיִם בֹּאֲכָה
צֹעַר: וַיִּבְחַר־לוֹ לוֹט אֵת כָּל־כִּכַּר הַיַּרְדֵּן וַיִּסַּע יא
לוֹט מִקֶּדֶם וַיִּפָּרְדוּ אִישׁ מֵעַל אָחִיו: אַבְרָם יָשַׁב יב
בְּאֶרֶץ־כְּנָעַן וְלוֹט יָשַׁב בְּעָרֵי הַכִּכָּר וַיֶּאֱהַל עַד־
סְדֹם: וְאַנְשֵׁי סְדֹם רָעִים וְחַטָּאִים לַיהוה מְאֹד: יג
וַיהוה אָמַר אֶל־אַבְרָם אַחֲרֵי הִפָּרֶד־לוֹט מֵעִמּוֹ יד

ד ביית אל, עד אתרא, דפרסיה תמן למשכניה בקדמיתא, בין בית אל ובין עי: לאתר מדבחא,
ה דעבד תמן בקדמיתא, וצלי תמן, אברם בשמא דיי: ואף ללוט, דאזיל עם אברם, הוו ען
ו ותורין ומשכנין: ולא סוברת יתהון, ארעא למתב כחדא, ארי הוה קנינהון סגי, ולא יכילו
ז למתב כחדא: והות מצותא, בין רען בעיריה דאברם, ובין רען בעיריה דלוט, וכנענאה
ח ופרזאה, בכן יתיב בארעא: ואמר אברם ללוט, לא כען תהי מצותא בינא ובינך, ובין רעותי
ט ובין רעותך, ארי גברין אחין אנחנא: הלא כל ארעא קדמך, אתפרש כען מלותי, אם את
י לציפונא אנא לדרומא, ואם את לדרומא ואצפנך: וזקף לוט ית עינוהי, וחזא ית כל מישר
ירדנא, ארי כליה בית שקיא, קדם דחביל יי, ית סדום וית עמורה, כגנתא דיי כארעא
יא דמצרים, מטי צוער: ובחר ליה לוט, ית כל מישר ירדנא, ונטל לוט בקדמיתא, ואתפרשו, גבר
יב יג מלות אחוהי: אברם יתיב בארעא דכנען, ולוט, יתיב בקרוי מישרא, ופרס עד סדום: ואנשי
יד סדום, בישין בממונהון וחיבין בגויתהון, קדם יי לחדא: ויי אמר לאברם, בתר דאתפרש

ד| אשר עשה שם בראשנה. ואשר קרא "שם אברם בשם ה'". וגם יש לומר "ויקרא שם" עכשיו "בשם ה'":

ה| ההלך את אברם. מי גרם לו שהיה לו זאת? הלוכו עם אברם:

ו| ולא נשא. לא היתה יכולה להספיק מרעה למקניהם: ולא נשא אתם. לשון קצר הוא וצריך להוסיף עליו, כמו: 'ולא נשא אותם מרעה הארץ', לפיכך כתב: "ולא נשא" בלשון זכר:

ז| ויהי ריב. לפי שהיו רועיו של לוט רשעים ומרעים בהמתם בשדות אחרים, ורועי אברם מוכיחים אותם על הגזל, והם אומרים: נתנה הארץ לאברם, ולו אין יורש ולוט יורשו, ואין זה גזל; והכתוב אומר: "והכנעני והפרזי אז ישב בארץ", ולא זכה בה אברם עדין:

ח| אנשים אחים. קרובים. ומדרש אגדה, דומין בקלסתר פנים:

ט| אם השמאל ואימנה. בכל אשר תשב לא אתרחק ממך ואעמד לך למגן ולעזר. וסוף דבר הצרך לו, שנאמר: "וישמע אברם כי נשבה אחיו" וגו' (להלן יד, יד): ואימנה. אימין את עצמי, כמו "ואשמאילה" – אשמאיל את עצמי. ואם תאמר, היה לו לנקד ואימינה, כך מצינו במקום אחר: "אם אש להמין" (שמואל ב' יד, יט) ואין נקוד 'להימין':

י| כי כלה משקה. ארץ נחלי מים: לפני שחת ה' את סדם ואת עמרה. היה אותו מישור "כגן ה'" – לאילנות; "כארץ מצרים" – לזרעים: באכה צער. עד צער. ומדרש אגדה דורשו לגנאי, על שהיו שטופי זמה בחר לו לוט בשכונתם. במסכת הוריות (דף י ע"ב):

יא| ככר. מישור, כתרגומו: מקדם. נסע מאצל אברם והלך לו למערבו של אברם, נמצא נוסע ממזרח למערב. ומדרש אגדה, הסיע עצמו מקדמונו של עולם, אמר: אי אפשי לא באברם ולא באלהיו:

יב| ויאהל. נטה אהלים לרועיו ולמקניהו "עד סדם":

יג| ואנשי סדם רעים. ואף על פי כן לא נמנע לוט מלשכן עמהם. ורבותינו למדו מכאן: "שם רשעים ירקב" (משלי י, ז): רעים. בגופם: וחטאים. בממונם: לה' מאד. יודעים רבונם ומתכונים למרד בו:

יד| אחרי הפרד לוט. כל זמן שהרשע עמו היה הדבור פורש ממנו:

שָׂא־נָא עֵינֶיךָ וּרְאֵה מִן־הַמָּקוֹם אֲשֶׁר־אַתָּה
שָׁם צָפֹנָה וָנֶגְבָּה וָקֵדְמָה וָיָמָּה׃ כִּי אֶת־כָּל־ טו
הָאָרֶץ אֲשֶׁר־אַתָּה רֹאֶה לְךָ אֶתְּנֶנָּה וּלְזַרְעֲךָ
עַד־עוֹלָם׃ וְשַׂמְתִּי אֶת־זַרְעֲךָ כַּעֲפַר הָאָרֶץ טז
אֲשֶׁר ׀ אִם־יוּכַל אִישׁ לִמְנוֹת אֶת־עֲפַר הָאָרֶץ
גַּם־זַרְעֲךָ יִמָּנֶה׃ קוּם הִתְהַלֵּךְ בָּאָרֶץ לְאָרְכָּהּ יז
וּלְרָחְבָּהּ כִּי לְךָ אֶתְּנֶנָּה׃ וַיֶּאֱהַל אַבְרָם וַיָּבֹא יח
וַיֵּשֶׁב בְּאֵלֹנֵי מַמְרֵא אֲשֶׁר בְּחֶבְרוֹן וַיִּבֶן־שָׁם
מִזְבֵּחַ לַיהוָה׃

רביעי יא וַיְהִי בִּימֵי אַמְרָפֶל מֶלֶךְ־שִׁנְעָר אַרְיוֹךְ מֶלֶךְ א יד
אֶלָּסָר כְּדָרְלָעֹמֶר מֶלֶךְ עֵילָם וְתִדְעָל מֶלֶךְ גּוֹיִם׃
עָשׂוּ מִלְחָמָה אֶת־בֶּרַע מֶלֶךְ סְדֹם וְאֶת־בִּרְשַׁע ב
מֶלֶךְ עֲמֹרָה שִׁנְאָב ׀ מֶלֶךְ אַדְמָה וְשֶׁמְאֵבֶר
צְבוֹיִם מֶלֶךְ צְבֹיִּים וּמֶלֶךְ בֶּלַע הִיא־צֹעַר׃ כָּל־אֵלֶּה ג
חָבְרוּ אֶל־עֵמֶק הַשִּׂדִּים הוּא יָם הַמֶּלַח׃ שְׁתֵּים ד
עֶשְׂרֵה שָׁנָה עָבְדוּ אֶת־כְּדָרְלָעֹמֶר וּשְׁלֹשׁ־
עֶשְׂרֵה שָׁנָה מָרָדוּ׃ וּבְאַרְבַּע עֶשְׂרֵה שָׁנָה בָּא ה
כְדָרְלָעֹמֶר וְהַמְּלָכִים אֲשֶׁר אִתּוֹ וַיַּכּוּ אֶת־
רְפָאִים בְּעַשְׁתְּרֹת קַרְנַיִם וְאֶת־הַזּוּזִים בְּהָם
וְאֵת הָאֵימִים בְּשָׁוֵה קִרְיָתָיִם׃ וְאֶת־הַחֹרִי ו

בְּהַרְרָם שֵׂעִיר עַד אֵיל פָּארָן אֲשֶׁר עַל־הַמִּדְבָּר׃
ז וַיָּשֻׁבוּ וַיָּבֹאוּ אֶל־עֵין מִשְׁפָּט הִוא קָדֵשׁ וַיַּכּוּ

לוֹט מֵעִמֵּיהּ, זְקוֹף כְּעַן עֵינָךְ וַחֲזִי, מִן אַתְרָא דְּאַתְּ תַּמָּן, לְצִפּוּנָא וּלְדָרוֹמָא וּלְמַדִּנְחָא
טו טז וּלְמַעְרְבָא: אֲרֵי יָת כָּל אַרְעָא, דְּאַתְּ חָזֵי לָךְ אֶתְּנִנַּהּ, וְלִבְנָךְ עַד עָלְמָא: וַאֲשַׁוֵּי יָת בְּנָךְ
סַגִּיאִין כְּעַפְרָא דְּאַרְעָא, כְּמָא דְּלֵית אֶפְשַׁר לִגְבַר, לְמִמְנֵי יָת עַפְרָא דְּאַרְעָא, אַף בְּנָךְ לָא
יז יח יִתְמְנוּן: קוּם הַלֵּיךְ בְּאַרְעָא, לְאָרְכַּהּ וּלְפָתְיַהּ, אֲרֵי לָךְ אֶתְּנִנַּהּ: וּפְרַס אַבְרָם, וַאֲתָא, וִיתֵיב,
יד א בְּמֵישְׁרֵי מַמְרֵא דִּבְחֶבְרוֹן, וּבְנָא תַמָּן מַדְבְּחָא קֳדָם יְיָ: וַהֲוָה, בְּיוֹמֵי אַמְרָפֶל מַלְכָּא דְּבָבֶל,
ב אַרְיוֹךְ מַלְכָּא דְּאֶלָּסָר, כְּדָרְלָעֹמֶר מַלְכָּא דְּעֵילָם, וְתִדְעָל מַלְכָּא דְּעַמְמֵי: עֲבַדוּ קְרָבָא,
עִם בֶּרַע מַלְכָּא דִּסְדוֹם, וְעִם בִּרְשַׁע מַלְכָּא דַּעֲמוֹרָה, שִׁנְאָב מַלְכָּא דְּאַדְמָה, וְשֶׁמְאֵבֶר
ג מַלְכָּא דִּצְבוֹיִם, וּמַלְכָּא דְּבֶלַע הִיא צוֹעַר: כָּל אִלֵּין אִתְכַּנַּשׁוּ, לְמֵישַׁר חַקְלַיָּא, הוּא אֲתַר
ד ה יַמָּא דְּמִלְחָא: תַּרְתָּא עֶסְרֵי שְׁנִין, פְּלַחוּ יָת כְּדָרְלָעֹמֶר, וּתְלָת עֶסְרֵי שְׁנִין מְרַדוּ: וּבְאַרְבַּע
עֶסְרֵי שְׁנִין אֲתָא כְדָרְלָעֹמֶר, וּמַלְכַיָּא דְּעִמֵּיהּ, וּמְחוֹ יָת גִּבָּרַיָּא דִּבְעַשְׁתְּרַת קַרְנַיִם,
ו וְיָת תַּקִּיפַיָּא דִּבְהָמְתָא, וְיָת אֵימְתָנֵי, דִּבְשָׁוֵה קִרְיָתַיִם: וְיָת חוֹרָאֵי דִּבְטוּרָא דְּשֵׂעִיר,
ז עַד מֵישַׁר פָּארָן, דִּסְמִיךְ עַל מַדְבְּרָא: וְתָבוּ, וַאֲתוֹ, לְמֵישַׁר פְּלוּג דִּינָא הִיא רְקַם, וּמְחוֹ,

טז| **אֲשֶׁר אִם יוּכַל אִישׁ.** כְּשֵׁם שֶׁאִי אֶפְשָׁר לֶעָפָר לְמָּנוֹת, כָּךְ זַרְעֲךָ לֹא יִמָּנֶה:

יח| **מַמְרֵא.** שֵׁם אָדָם:

פרק יד

א| **אַמְרָפֶל.** הוּא נִמְרוֹד, שֶׁאָמַר לְאַבְרָהָם: פֹּל לְתוֹךְ כִּבְשַׁן הָאֵשׁ: **מֶלֶךְ גּוֹיִם.** מָקוֹם יֵשׁ שֶׁשְּׁמוֹ 'גּוֹיִם' עַל שֵׁם שֶׁנִּקְבְּצוּ שָׁמָּה מִכַּמָּה אֻמּוֹת וּמְקוֹמוֹת, וְהִמְלִיכוּ אִישׁ עֲלֵיהֶם וּשְׁמוֹ תִּדְעָל. בְּרֵאשִׁית רַבָּה (מב, ד):

ב| **בֶּרַע.** רַע לַשָּׁמַיִם וְרַע לַבְּרִיּוֹת: **בִּרְשַׁע.** שֶׁנִּתְעַלָּה בְּרֶשַׁע: **שִׁנְאָב.** שׂוֹנֵא אָבִיו שֶׁבַּשָּׁמַיִם: **שֶׁמְאֵבֶר.** שָׂם אֵבֶר לָעוּף וְלִקְפֹּץ וְלִמְרֹד בְּהַקָּדוֹשׁ בָּרוּךְ הוּא: **בֶּלַע.** שֵׁם הָעִיר:

ג| **עֵמֶק הַשִּׂדִּים.** כָּךְ שְׁמוֹ, עַל שֵׁם שֶׁהָיוּ בּוֹ שָׂדוֹת הַרְבֵּה: **הוּא יָם הַמֶּלַח.** לְאַחַר זְמַן נִמְשַׁךְ הַיָּם לְתוֹכוֹ וְנַעֲשָׂה יָם הַמֶּלַח. וּמִדְרַשׁ אַגָּדָה אוֹמֵר, שֶׁנִּתְבַּקְּעוּ הַצּוּרִים סְבִיבוֹתָיו וְנִמְשְׁכוּ יְאוֹרִים לְתוֹכוֹ:

ד| **שְׁתֵּים עֶשְׂרֵה שָׁנָה עָבְדוּ.** חֲמִשָּׁה מְלָכִים הַלָּלוּ "אֶת כְּדָרְלָעֹמֶר":

ה| **וּבְאַרְבַּע עֶשְׂרֵה שָׁנָה.** לְמִרְדָּן: **בָּא כְדָרְלָעֹמֶר.** לְפִי שֶׁהוּא הָיָה בַּעַל הַמַּעֲשֶׂה נִכְנַס בָּעֳבִי הַקּוֹרָה: **וְהַמְּלָכִים אֲשֶׁר אִתּוֹ.** אֵלֶּה שְׁלֹשָׁה מְלָכִים: **זוּזִים.** הֵם זַמְזֻמִּים (דברים ב, כ):

ו| **בְּהַרְרָם.** בָּהָר שֶׁלָּהֶם: **אֵיל פָּארָן.** כְּתַרְגּוּמוֹ: "מֵישַׁר". וְאוֹמֵר אֲנִי שֶׁאֵין 'אֵיל' לְשׁוֹן מִישׁוֹר, אֶלָּא מִישׁוֹר שֶׁל פָּארָן 'אֵיל' שְׁמוֹ, וְשֶׁל מַמְרֵא 'אֵלוֹנֵי' שְׁמוֹ, וְשֶׁל יַרְדֵּן 'כִּכָּר' שְׁמוֹ, וְשֶׁל שִׁטִּים 'אָבֵל' שְׁמוֹ, "אָבֵל הַשִּׁטִּים" (במדבר לג, מט), וְכֵן "בַּעַל גָּד" (יהושע יא, יז) 'בַּעַל' שְׁמוֹ, וְכֻלָּם מְתֻרְגָּמִין "מֵישַׁר" וְכָל אֶחָד שְׁמוֹ עָלָיו: **עַל הַמִּדְבָּר.** אֵצֶל הַמִּדְבָּר, כְּמוֹ: "וְעָלָיו מַטֵּה מְנַשֶּׁה" (במדבר ב, כ):

ז| **עֵין מִשְׁפָּט הִוא קָדֵשׁ.** עַל שֵׁם הֶעָתִיד, שֶׁעֲתִידִים מֹשֶׁה וְאַהֲרֹן לְהִשָּׁפֵט שָׁם עַל עִסְקֵי אוֹתוֹ הָעַיִן, וְהֵם מֵי מְרִיבָה. וְאוּנְקְלוֹס תִּרְגְּמוֹ כִּפְשׁוּטוֹ, מָקוֹם שֶׁהָיוּ בְּנֵי הַמְּדִינָה מִתְקַבְּצִים

אֶת־כָּל־שְׂדֵה הָעֲמָלֵקִי וְגַם אֶת־הָאֱמֹרִי הַיֹּשֵׁב
ח בְּחַצְצֹן תָּמָר׃ וַיֵּצֵא מֶלֶךְ־סְדֹם וּמֶלֶךְ עֲמֹרָה
וּמֶלֶךְ אַדְמָה וּמֶלֶךְ צביים וּמֶלֶךְ בֶּלַע הִוא־צֹעַר צְבוֹיִם
ט וַיַּעַרְכוּ אִתָּם מִלְחָמָה בְּעֵמֶק הַשִּׂדִּים׃ אֵת
כְּדָרְלָעֹמֶר מֶלֶךְ עֵילָם וְתִדְעָל מֶלֶךְ גּוֹיִם
וְאַמְרָפֶל מֶלֶךְ שִׁנְעָר וְאַרְיוֹךְ מֶלֶךְ אֶלָּסָר אַרְבָּעָה
י מְלָכִים אֶת־הַחֲמִשָּׁה׃ וְעֵמֶק הַשִּׂדִּים בֶּאֱרֹת
בֶּאֱרֹת חֵמָר וַיָּנֻסוּ מֶלֶךְ־סְדֹם וַעֲמֹרָה וַיִּפְּלוּ־
יא שָׁמָּה וְהַנִּשְׁאָרִים הֶרָה נָּסוּ׃ וַיִּקְחוּ אֶת־כָּל־רְכֻשׁ
יב סְדֹם וַעֲמֹרָה וְאֶת־כָּל־אָכְלָם וַיֵּלֵכוּ׃ וַיִּקְחוּ אֶת־
לוֹט וְאֶת־רְכֻשׁוֹ בֶּן־אֲחִי אַבְרָם וַיֵּלֵכוּ וְהוּא יֹשֵׁב
יג בִּסְדֹם׃ וַיָּבֹא הַפָּלִיט וַיַּגֵּד לְאַבְרָם הָעִבְרִי וְהוּא
שֹׁכֵן בְּאֵלֹנֵי מַמְרֵא הָאֱמֹרִי אֲחִי אֶשְׁכֹּל וַאֲחִי עָנֵר
יד וְהֵם בַּעֲלֵי בְרִית־אַבְרָם׃ וַיִּשְׁמַע אַבְרָם כִּי נִשְׁבָּה
אָחִיו וַיָּרֶק אֶת־חֲנִיכָיו יְלִידֵי בֵיתוֹ שְׁמֹנָה עָשָׂר
טו וּשְׁלֹשׁ מֵאוֹת וַיִּרְדֹּף עַד־דָּן׃ וַיֵּחָלֵק עֲלֵיהֶם ׀
לַיְלָה הוּא וַעֲבָדָיו וַיַּכֵּם וַיִּרְדְּפֵם עַד־חוֹבָה אֲשֶׁר
טז מִשְּׂמֹאל לְדַמָּשֶׂק׃ וַיָּשֶׁב אֵת כָּל־הָרְכֻשׁ וְגַם
אֶת־לוֹט אָחִיו וּרְכֻשׁוֹ הֵשִׁיב וְגַם אֶת־הַנָּשִׁים
יז וְאֶת־הָעָם׃ וַיֵּצֵא מֶלֶךְ־סְדֹם לִקְרָאתוֹ אַחֲרֵי
שׁוּבוֹ מֵהַכּוֹת אֶת־כְּדָרְלָעֹמֶר וְאֶת־הַמְּלָכִים

ח יָת כָּל חֲקַל עֲמָלְקָאָה, וְאַף יָת אֱמוֹרָאָה, דְּיָתֵיב בְּעֵין גֶּדִי: וּנְפַק מַלְכָּא דִסְדוֹם וּמַלְכָּא
דַעֲמוֹרָה, וּמַלְכָּא דְאַדְמָה וּמַלְכָּא דִצְבוֹיִם, וּמַלְכָּא דְבֶלַע הִיא צוֹעַר, וְסַדַּרוּ עִמְּהוֹן קְרָבָא,
ט בְּמֵישַׁר חַקְלַיָּא: עִם כְּדָרְלָעֹמֶר מַלְכָּא דְעֵילָם, וְתִדְעָל מַלְכָּא דְעַמְמֵי, וְאַמְרָפֶל מַלְכָּא
י דְבָבֶל, וְאַרְיוֹךְ מַלְכָּא דְאֶלָּסָר, אַרְבְּעָא מַלְכִין לָקֳבֵיל חַמְשָׁא: וּמֵישַׁר חַקְלַיָּא, בֵּירָן בֵּירָן
יא מַסְּקָן חֵימָרָא, וַעֲרַקוּ, מַלְכָּא דִסְדוֹם וַעֲמוֹרָה וּנְפַלוּ תַמָּן, וּדְאִשְׁתְּאַרוּ לְטוּרָא עֲרַקוּ: וּשְׁבוֹ,
יב יָת כָּל קִנְיָנָא דִסְדוֹם וַעֲמוֹרָה, וְיָת כָּל מֵיכַלְהוֹן וַאֲזַלוּ: וּשְׁבוֹ יָת לוֹט וְיָת קִנְיָנֵיהּ, בַּר אֲחוּהִי
יג דְאַבְרָם וַאֲזַלוּ, וְהוּא יָתֵיב בִּסְדוֹם: וַאֲתָא מְשֵׁיזְבָא, וְחַוִּי לְאַבְרָם עִבְרָאָה, וְהוּא שָׁרֵי
בְּמֵישְׁרֵי מַמְרֵא אֱמוֹרָאָה, אֲחוּהִי דְאֶשְׁכּוֹל וַאֲחוּהִי דְעָנֵר, וְאִנּוּן אֱנָשׁ קְיָמֵיהּ דְאַבְרָם:
יד וּשְׁמַע אַבְרָם, אֲרֵי אִשְׁתְּבִי אֲחוּהִי, וְזָרֵיז יָת עוּלֵימוֹהִי יְלִידֵי בֵיתֵיהּ, תְּלָת מְאָה וּתְמָנַת
טו עֲסַר, וּרְדַף עַד דָּן: וְאִתְפְּלֵיג עֲלֵיהוֹן לֵילְיָא, הוּא וְעַבְדוֹהִי וּמְחָנוּן, וּרְדַפִנּוּן עַד חוֹבָה,
טז דְּמִצְּפּוּנָא לְדַמָּשֶׂק: וַאֲתֵיב, יָת כָּל קִנְיָנָא, וְאַף יָת לוֹט אֲחוּהִי וְקִנְיָנֵיהּ אֲתֵיב, וְאַף יָת נְשַׁיָּא
יז וְיָת עַמָּא: וּנְפַק מַלְכָּא דִסְדוֹם לְקַדָּמוּתֵיהּ, בָּתַר דְּתָב, מִלְּמִמְחֵי יָת כְּדָרְלָעֹמֶר, וְיָת מַלְכַיָּא

שָׁם לְכָל מִשְׁפָּט: **שְׂדֵה הָעֲמָלֵקִי.** עֲדַיִן לֹא נוֹלַד עֲמָלֵק, וְנִקְרָא עַל שֵׁם הֶעָתִיד: **בְּחַצֲצֹן תָּמָר.** הוּא עֵין גֶּדִי, מִקְרָא מָלֵא בְּדִבְרֵי הַיָּמִים (ב׳ כ, ב) בִּיהוֹשָׁפָט:

ט] **אַרְבָּעָה מְלָכִים אֶת הַחֲמִשָּׁה.** וְאַף עַל פִּי כֵן נִצְּחוּ הַמּוּעָטִים, לְהוֹדִיעֲךָ שֶׁגִּבּוֹרִים הָיוּ, וְאַף עַל פִּי כֵן לֹא נִמְנַע אַבְרָהָם מִלִּרְדֹּף אַחֲרֵיהֶם:

י] **בֶּאֱרֹת בֶּאֱרֹת חֵמָר.** בְּאֵרוֹת הַרְבֵּה הָיוּ שָׁם שֶׁנּוֹטְלִין מִשָּׁם אֲדָמָה לְטִיט שֶׁל בִּנְיָן. וּמִדְרַשׁ אַגָּדָה, שֶׁהָיָה הַטִּיט בָּהֶם, וְנַעֲשָׂה נֵס לְמֶלֶךְ סְדוֹם שֶׁיָּצָא מִשָּׁם, לְפִי שֶׁהָיוּ בָּאֻמּוֹת מִקְצָתָן שֶׁלֹּא הָיוּ מַאֲמִינִין שֶׁנִּצַּל אַבְרָהָם מֵאוּר כַּשְׂדִּים מִכִּבְשַׁן הָאֵשׁ, וְכֵיוָן שֶׁיָּצָא זֶה מִן הַחֵמָר הֶאֱמִינוּ בְּאַבְרָהָם לְמַפְרֵעַ: **הֶרָה נָּסוּ.** לְהַר נָסוּ. 'הֶרָה' כְּמוֹ 'לְהַר', כָּל תֵּבָה שֶׁצְּרִיכָה לָמֶ"ד בִּתְחִלָּתָהּ הִטִּיל לָהּ הֵ"א בְּסוֹפָהּ. וְיֵשׁ חִלּוּק בֵּין 'הֶרָה' לְ'הָהָרָה', שֶׁהֵ"א שֶׁבְּסוֹף הַתֵּבָה עוֹמֶדֶת בִּמְקוֹם לָמֶ"ד שֶׁבְּרֹאשָׁהּ, אֲבָל אֵינָהּ עוֹמֶדֶת בִּמְקוֹם לָמֶ"ד וּנְקוּדָה פַּתָּח תַּחְתֶּיהָ, וַהֲרֵי 'הֶרָה' כְּמוֹ 'לְהַר' אוֹ כְּמוֹ 'אֶל הַר' וְאֵינוֹ מְפָרֵשׁ לְאֵיזֶה הַר, אֶלָּא כַּאֲשֶׁר מָצָא תְּחִלָּה, וּכְשֶׁהוּא נוֹתֵן הֵ"א בְּרֹאשָׁהּ לִכְתֹּב 'הָהָרָה', 'הַמִּדְבָּרָה', פִּתְרוֹנוֹ כְּמוֹ 'אֶל הָהָר' אוֹ כְּמוֹ 'לָהָר', וּמַשְׁמַע לְאוֹתוֹ הַר הַיָּדוּעַ וּמְפֹרָשׁ בַּפָּרָשָׁה:

יב] **וְהוּא יֹשֵׁב בִּסְדֹם.** מִי גָּרַם לוֹ זֹאת? יְשִׁיבָתוֹ בִּסְדוֹם:

יג] **וַיָּבֹא הַפָּלִיט.** זֶה עוֹג שֶׁפָּלַט מִן הַמִּלְחָמָה, וְזֶהוּ: "נִשְׁאַר מִיֶּתֶר הָרְפָאִים" (דברים ג, יא) – 'נִשְׁאַר' שֶׁלֹּא הֲרָגוּהוּ אַמְרָפֶל וַחֲבֵרָיו כְּשֶׁהִכּוּ הָרְפָאִים בְּעַשְׁתְּרֹת קַרְנַיִם. תַּנְחוּמָא (חקת כה). וּבְרֵאשִׁית רַבָּה: זֶה עוֹג שֶׁפָּלַט מִדּוֹר הַמַּבּוּל, וְזֶהוּ "מִיֶּתֶר הָרְפָאִים", שֶׁנֶּאֱמַר: "הַנְּפִלִים הָיוּ בָאָרֶץ" וְגוֹ׳ (לעיל ו, ד), וּמִתְכַּוֵּן שֶׁיֵּהָרֵג אַבְרָם וְיִשָּׂא אֶת שָׂרָה: **הָעִבְרִי.** שֶׁבָּא מֵעֵבֶר הַנָּהָר: **בַּעֲלֵי בְרִית אַבְרָם.** שֶׁכָּרְתוּ עִמּוֹ בְּרִית:

יד] **וַיָּרֶק.** כְּתַרְגּוּמוֹ: "וְזָרֵיז", וְכֵן: "וַהֲרִיקֹתִי אַחֲרֵיכֶם חָרֶב" (ויקרא כו, לג), אֶזְדַּיֵּן בַּחַרְבִּי עֲלֵיכֶם, וְכֵן: "אָרִיק חַרְבִּי" (שמות טו, ט), וְכֵן: "וְהָרֵק חֲנִית וּסְגֹר" (תהלים לה, ג): **חֲנִיכָיו.** שֶׁחִנֵּךְ לְמִצְוֹת, וְהוּא לְשׁוֹן הַתְחָלַת כְּנִיסַת הָאָדָם אוֹ כְּלִי לָאֻמָּנוּת שֶׁהוּא עָתִיד לַעֲמֹד בָּהּ. וְכֵן: "חֲנֹךְ לַנַּעַר" (משלי כב, ו), "חֲנֻכַּת הַמִּזְבֵּחַ" (במדבר ז, י), "חֲנֻכַּת הַבַּיִת" (תהלים ל, א), וּבְלַעַז קוֹרִין לוֹ אנציי"ר: **שְׁמֹנָה עָשָׂר וְגוֹ׳.** רַבּוֹתֵינוּ אָמְרוּ: אֱלִיעֶזֶר לְבַדּוֹ הָיָה, וְהוּא מִנְיַן גִּימַטְרִיָּא שֶׁל שְׁמוֹ: **עַד דָּן.** שָׁם תָּשַׁשׁ כֹּחוֹ, שֶׁרָאָה שֶׁעֲתִידִים בָּנָיו לְהַעֲמִיד שָׁם עֵגֶל:

טו] **וַיֵּחָלֵק עֲלֵיהֶם.** לְפִי פְּשׁוּטוֹ סָרֵס הַמִּקְרָא: 'וַיֵּחָלֵק הוּא וַעֲבָדָיו עֲלֵיהֶם לַיְלָה' כְּדֶרֶךְ הָרוֹדְפִים שֶׁמִּתְפַּלְּגִים אַחַר הַנִּרְדָּפִים כְּשֶׁבּוֹרְחִים זֶה לְכָאן וְזֶה לְכָאן: **לַיְלָה.** כְּלוֹמַר, אַחַר שֶׁחָשְׁכָה לֹא נִמְנַע מִלְּרָדְפָם. וּמִדְרַשׁ אַגָּדָה, שֶׁנֶּחֱלַק הַלַּיְלָה, וּבַחֲצוֹת הָרִאשׁוֹן שֶׁלּוֹ נַעֲשָׂה לוֹ הַנֵּס, וְחֶצְיוֹ הַשֵּׁנִי נִשְׁמַר וּבָא לַחֲצוֹת לַיְלָה שֶׁל מִצְרַיִם: **עַד חוֹבָה.** אֵין מָקוֹם

אֲשֶׁר אִתּוֹ אֶל־עֵמֶק שָׁוֵה הוּא עֵמֶק הַמֶּלֶךְ׃
וּמַלְכִּי־צֶדֶק מֶלֶךְ שָׁלֵם הוֹצִיא לֶחֶם וָיָיִן וְהוּא יח
כֹהֵן לְאֵל עֶלְיוֹן׃ וַיְבָרְכֵהוּ וַיֹּאמַר בָּרוּךְ אַבְרָם יט
לְאֵל עֶלְיוֹן קֹנֵה שָׁמַיִם וָאָרֶץ׃ וּבָרוּךְ אֵל עֶלְיוֹן כ
אֲשֶׁר־מִגֵּן צָרֶיךָ בְּיָדֶךָ וַיִּתֶּן־לוֹ מַעֲשֵׂר מִכֹּל׃
חמישי וַיֹּאמֶר מֶלֶךְ־סְדֹם אֶל־אַבְרָם תֶּן־לִי הַנֶּפֶשׁ כא
וְהָרְכֻשׁ קַח־לָךְ׃ וַיֹּאמֶר אַבְרָם אֶל־מֶלֶךְ סְדֹם כב
הֲרִמֹתִי יָדִי אֶל־יהוה אֵל עֶלְיוֹן קֹנֵה שָׁמַיִם
וָאָרֶץ׃ אִם־מִחוּט וְעַד שְׂרוֹךְ־נַעַל וְאִם־אֶקַּח כג
מִכָּל־אֲשֶׁר־לָךְ וְלֹא תֹאמַר אֲנִי הֶעֱשַׁרְתִּי אֶת־
אַבְרָם׃ בִּלְעָדַי רַק אֲשֶׁר אָכְלוּ הַנְּעָרִים וְחֵלֶק כד
הָאֲנָשִׁים אֲשֶׁר הָלְכוּ אִתִּי עָנֵר אֶשְׁכֹּל וּמַמְרֵא
יב הֵם יִקְחוּ חֶלְקָם׃ אַחַר ׀ הַדְּבָרִים א טו
הָאֵלֶּה הָיָה דְבַר־יהוה אֶל־אַבְרָם בַּמַּחֲזֶה
לֵאמֹר אַל־תִּירָא אַבְרָם אָנֹכִי מָגֵן לָךְ שְׂכָרְךָ
הַרְבֵּה מְאֹד׃ וַיֹּאמֶר אַבְרָם אֲדֹנָי יֱהוִה מַה־ ב
תִּתֶּן־לִי וְאָנֹכִי הוֹלֵךְ עֲרִירִי וּבֶן־מֶשֶׁק בֵּיתִי
הוּא דַּמֶּשֶׂק אֱלִיעֶזֶר׃ וַיֹּאמֶר אַבְרָם הֵן לִי לֹא ג

שֶׁשְּׁמוֹ 'חוֹבָה', וְכֵן קוֹרֵא 'חוֹבָה' עַל שֵׁם עֲבוֹדָה זָרָה שֶׁעֲתִידָה לִהְיוֹת שָׁם׃
יז) עֵמֶק שָׁוֵה. כָּךְ שְׁמוֹ, כְּתַרְגּוּמוֹ: "לְמֵישַׁר מִפְנָא", פָּנוּי מֵאִילָנוֹת וּמִכָּל מִכְשׁוֹל: עֵמֶק הַמֶּלֶךְ. "בֵּית רֵיסָא דְמַלְכָּא" (אונקלוס), בֵּית רִיס אֶחָד, שֶׁהוּא שְׁלֹשִׁים קָנִים, שֶׁהָיָה מְיֻחָד לַמֶּלֶךְ

יח דְּעִמֵּיהּ, לְמֵישַׁר מִפְנָא, הוּא בֵּית רֵיסָא דְּמַלְכָּא: וּמַלְכִּי צֶדֶק מַלְכָּא דִּירוּשְׁלֵם, אַפֵּיק לְחֵים
יט וַחֲמַר, וְהוּא מְשַׁמֵּישׁ קֳדָם אֵל עִלָּאָה: וּבָרְכֵיהּ וַאֲמַר, בְּרִיךְ אַבְרָם לְאֵל עִלָּאָה, דִּקְנְיָנֵיהּ שְׁמַיָּא
כ וְאַרְעָא: וּבְרִיךְ אֵל עִלָּאָה, דִּמְסַר סָנְאָךְ בִּידָךְ, וִיהַב לֵיהּ חַד מִן עַסְרָא מִכּוֹלָא:
כא כב וַאֲמַר מַלְכָּא דִּסְדוֹם לְאַבְרָם, הַב לִי נַפְשָׁתָא, וְקִנְיָנָא סַב לָךְ: וַאֲמַר אַבְרָם לְמַלְכָּא
כג דִּסְדוֹם, אֲרֵימִית יְדַי בִּצְלוֹ קֳדָם יי אֵל עִלָּאָה, דִּקְנְיָנֵיהּ שְׁמַיָּא וְאַרְעָא: אִם מִחוּטָא
כד וְעַד עַרְקַת מְסָנָא, וְאִם אֶסַּב מִכָּל דְּלָךְ, וְלָא תֵימַר, אֲנָא עַתָּרִית יָת אַבְרָם: בָּר מִדַּאֲכַלוּ
עוּלֵימַיָּא, וְחוּלָק גֻּבְרַיָּא, דַּאֲזַלוּ עִמִּי, עָנֵר אֶשְׁכּוֹל וּמַמְרֵא, אִנּוּן יְקַבְּלוּן חוּלָקְהוֹן:
טו א בָּתַר פִּתְגָמַיָּא הָאִלֵּין, הֲוָה פִּתְגָמָא דַּיי עִם אַבְרָם, בִּנְבוּאָה לְמֵימַר, לָא תִדְחַל אַבְרָם,
ב מֵימְרִי תְּקוֹף לָךְ, אַגְרָךְ סַגִּי לַחְדָּא: וַאֲמַר אַבְרָם, יי אֱלֹהִים מָא תִתֵּין לִי, וַאֲנָא אָזֵיל
ג דְּלָא וְלַד, וּבַר פַּרְנָסָא הָדֵין דִּבְבֵיתִי, הוּא דַּמְשָׁקָאָה אֱלִיעֶזֶר: וַאֲמַר אַבְרָם, הָא לִי, לָא

לְשַׂחֵק שָׁם. וּמִדְרַשׁ אַגָּדָה, עֵמֶק שֶׁהֻשְׁווּ שָׁם כָּל הָאֻמּוֹת וְהִמְלִיכוּ אֶת אַבְרָהָם עֲלֵיהֶם לִנְשִׂיא אֱלֹהִים וּלְקָצִין:

יח| וּמַלְכִּי צֶדֶק. מִדְרַשׁ אַגָּדָה, הוּא שֵׁם בֶּן נֹחַ: לֶחֶם וָיָיִן. כָּךְ עוֹשִׂים לִיגִיעֵי מִלְחָמָה, וְהֶרְאָה לוֹ שֶׁאֵין בְּלִבּוֹ עָלָיו עַל שֶׁהָרַג אֶת בָּנָיו. וּמִדְרַשׁ אַגָּדָה, רָמַז לוֹ עַל הַמְּנָחוֹת וְעַל הַנְּסָכִים שֶׁיַּקְרִיבוּ שָׁם בָּנָיו:

יט| קֹנֵה שָׁמַיִם וָאָרֶץ. כְּמוֹ: עֹשֵׂה שָׁמַיִם וָאָרֶץ, עַל יְדֵי עֲשִׂיָּתוֹ קְנָאָן לִהְיוֹת שֶׁלּוֹ:

כ| אֲשֶׁר מִגֵּן. אֲשֶׁר הִסְגִּיר, וְכֵן: "אֲמַגֶּנְךָ יִשְׂרָאֵל" (הושע יא, ח): וַיִּתֶּן לוֹ. אַבְרָם: מַעֲשֵׂר מִכֹּל. אֲשֶׁר לוֹ, לְפִי שֶׁהָיָה כֹּהֵן:

כא| תֶּן לִי הַנֶּפֶשׁ. מִן הַשְּׁבִי שֶׁלִּי שֶׁהִצַּלְתָּ, הַחֲזֵר לִי הַגּוּפִים לְבַדָּם:

כב| הֲרִמֹתִי יָדִי. לְשׁוֹן שְׁבוּעָה, מֵרִים אֲנִי אֶת יָדִי לָאֵל עֶלְיוֹן, וְכֵן: "בִּי נִשְׁבַּעְתִּי" (להלן כב, טז) – נִשְׁבָּע אֲנִי. וְכֵן: "נָתַתִּי כֶּסֶף הַשָּׂדֶה קַח מִמֶּנִּי" (להלן כג, יג) – נוֹתֵן אֲנִי לְךָ כֶּסֶף הַשָּׂדֶה וְקָחֵהוּ מִמֶּנִּי:

כג| אִם מִחוּט וְעַד שְׂרוֹךְ נַעַל. אֲעַכֵּב לְעַצְמִי מִן הַשְּׁבִי: וְאִם אֶקַּח מִכָּל אֲשֶׁר לָךְ. אִם תֹּאמַר לָתֵת לִי שָׂכָר מִבֵּית גְּנָזֶיךָ: וְלֹא תֹאמַר וְגוֹ'. שֶׁהַקָּדוֹשׁ בָּרוּךְ הוּא הִבְטִיחַנִי לְעַשְּׁרֵנִי, שֶׁנֶּאֱמַר: "וַאֲבָרֶכְךָ וַאֲגַדְּלָה שְׁמֶךָ" (לעיל יב, ב):

כד| הַנְּעָרִים. עֲבָדַי אֲשֶׁר הָלְכוּ אִתִּי, וְעוֹד "עָנֵר אֶשְׁכֹּל וּמַמְרֵא" וְגוֹ'; אַף עַל פִּי שֶׁעֲבָדַי נִכְנְסוּ לַמִּלְחָמָה, שֶׁנֶּאֱמַר: "וַיִּרְדֹּף עַד דָּן" (לעיל פסוק יד), וְעָנֵר וַחֲבֵרָיו יָשְׁבוּ עַל הַכֵּלִים לִשְׁמֹר. וּמִמֶּנּוּ לָמַד דָּוִד שֶׁאָמַר: "כְּחֵלֶק הַיֹּרֵד בַּמִּלְחָמָה וּכְחֵלֶק הַיֹּשֵׁב עַל הַכֵּלִים יַחְדָּו יַחֲלֹקוּ" (שמואל א' ל, כד), וּלְכָךְ נֶאֱמַר: "וַיְהִי מֵהַיּוֹם הַהוּא וָמָעְלָה וַיְשִׂמֶהָ לְחֹק וּלְמִשְׁפָּט" (שם פסוק כה), וְלֹא נֶאֱמַר 'וְהָלְאָה', לְפִי שֶׁכְּבָר נִתַּן הַחֹק בִּימֵי אַבְרָהָם:

פרק טו

א| אַחַר הַדְּבָרִים הָאֵלֶּה. כָּל מָקוֹם שֶׁנֶּאֱמַר 'אַחַר' – סָמוּךְ, 'אַחֲרֵי' – מֻפְלָג. בְּרֵאשִׁית רַבָּה (מד, ה). אַחַר שֶׁנַּעֲשָׂה לוֹ נֵס זֶה שֶׁהָרַג אֶת הַמְּלָכִים, וְהָיָה דּוֹאֵג וְאוֹמֵר: שֶׁמָּא קִבַּלְתִּי שָׂכָר עַל כָּל צִדְקוֹתַי? לְכָךְ אָמַר לוֹ הַמָּקוֹם: "אַל תִּירָא": אָנֹכִי מָגֵן לָךְ. מִן הָעֹנֶשׁ, שֶׁלֹּא תֵעָנֵשׁ עַל כָּל אוֹתָן נְפָשׁוֹת שֶׁהָרַגְתָּ. וּמַה שֶּׁאַתָּה דּוֹאֵג עַל קִבּוּל שְׂכָרְךָ – "שְׂכָרְךָ הַרְבֵּה מְאֹד":

ב| הוֹלֵךְ עֲרִירִי. מְנַחֵם בֶּן סָרוּק פֵּרְשׁוֹ לְשׁוֹן יוֹרֵשׁ, וְחִבֵּר לוֹ: "עֵר וְעֹנֶה" (מלאכי ב, יב). 'עֲרִירִי' – בְּלֹא יוֹרֵשׁ, כַּאֲשֶׁר תֹּאמַר: "וּבְכָל תְּבוּאָתִי תְשָׁרֵשׁ" (איוב לא, יב) – תַּעֲקֹר שָׁרָשֶׁיהָ, כָּךְ לְשׁוֹן עֲרִירִי – חֲסַר בָּנִים, וּבְלַעַז דישאנפנטי"ן. וְלִי נִרְאֶה, "עֵר וְעֹנֶה" מִגִּזְרַת "וְלִבִּי עֵר" (שיר השירים ה, ב), וַ'עֲרִירִי' לְשׁוֹן חֻרְבָּן, וְכֵן: "עָרוּ עָרוּ" (תהלים קלז, ז), וְכֵן: "עָרוֹת יְסוֹד" (חבקוק ג, יג), וְכֵן: "עַרְעֵר תִּתְעַרְעַר" (ירמיה נא, נח), וְכֵן: "כִּי אַרְזָה עֵרָה" (צפניה ב, יד): וּבֶן מֶשֶׁק בֵּיתִי. כְּתַרְגּוּמוֹ, כָּל בֵּיתִי נִזּוֹן עַל פִּיו, כְּמוֹ: "וְעַל פִּיךָ יִשַּׁק" (להלן מא, מ), אַפּוֹטְרוֹפּוֹס שֶׁלִּי; וְאִלּוּ הָיָה לִי בֵּן, הָיָה בְּנִי מְמֻנֶּה עַל שֶׁלִּי: דַּמֶּשֶׂק. לְפִי הַתַּרְגּוּם מִדַּמֶּשֶׂק הָיָה; וּלְפִי מִדְרַשׁ אַגָּדָה, שֶׁרָדַף הַמְּלָכִים עַד דַּמֶּשֶׂק. וּבַתַּלְמוּד שֶׁלָּנוּ (יומא כח ע"ב) דּוֹרְשׁוֹ נוֹטָרִיקוֹן: דּוֹלֶה וּמַשְׁקֶה מִתּוֹרַת רַבּוֹ לַאֲחֵרִים:

נָתַתָּה זָרַע וְהִנֵּה בֶן־בֵּיתִי יוֹרֵשׁ אֹתִי׃ וְהִנֵּה דְבַר־ ד
יְהוָה אֵלָיו לֵאמֹר לֹא יִירָשְׁךָ זֶה כִּי־אִם אֲשֶׁר יֵצֵא
מִמֵּעֶיךָ הוּא יִירָשֶׁךָ׃ וַיּוֹצֵא אֹתוֹ הַחוּצָה וַיֹּאמֶר ה
הַבֶּט־נָא הַשָּׁמַיְמָה וּסְפֹר הַכּוֹכָבִים אִם־תּוּכַל
לִסְפֹּר אֹתָם וַיֹּאמֶר לוֹ כֹּה יִהְיֶה זַרְעֶךָ׃ וְהֶאֱמִן ו
ששי בַּיהוָה וַיַּחְשְׁבֶהָ לּוֹ צְדָקָה׃ וַיֹּאמֶר אֵלָיו אֲנִי יְהוָה ז
אֲשֶׁר הוֹצֵאתִיךָ מֵאוּר כַּשְׂדִּים לָתֶת לְךָ אֶת־
הָאָרֶץ הַזֹּאת לְרִשְׁתָּהּ׃ וַיֹּאמַר אֲדֹנָי יֱהוִה בַּמָּה ח
אֵדַע כִּי אִירָשֶׁנָּה׃ וַיֹּאמֶר אֵלָיו קְחָה לִי עֶגְלָה ט
מְשֻׁלֶּשֶׁת וְעֵז מְשֻׁלֶּשֶׁת וְאַיִל מְשֻׁלָּשׁ וְתֹר וְגוֹזָל׃
וַיִּקַּח־לוֹ אֶת־כָּל־אֵלֶּה וַיְבַתֵּר אֹתָם בַּתָּוֶךְ וַיִּתֵּן י
אִישׁ־בִּתְרוֹ לִקְרַאת רֵעֵהוּ וְאֶת־הַצִּפֹּר לֹא בָתָר׃
וַיֵּרֶד הָעַיִט עַל־הַפְּגָרִים וַיַּשֵּׁב אֹתָם אַבְרָם׃ וַיְהִי יא יב
הַשֶּׁמֶשׁ לָבוֹא וְתַרְדֵּמָה נָפְלָה עַל־אַבְרָם וְהִנֵּה
אֵימָה חֲשֵׁכָה גְדֹלָה נֹפֶלֶת עָלָיו׃ וַיֹּאמֶר לְאַבְרָם יג
יָדֹעַ תֵּדַע כִּי־גֵר ׀ יִהְיֶה זַרְעֲךָ בְּאֶרֶץ לֹא לָהֶם
וַעֲבָדוּם וְעִנּוּ אֹתָם אַרְבַּע מֵאוֹת שָׁנָה׃ וְגַם אֶת־ יד

ג| **הֵן לִי לֹא נָתַתָּה זָרַע.** וּמָה תּוֹעֶלֶת בְּכָל אֲשֶׁר תִּתֵּן לִי?

ה| **וַיּוֹצֵא אֹתוֹ הַחוּצָה.** לְפִי פְּשׁוּטוֹ, הוֹצִיאוֹ מֵאָהֳלוֹ לַחוּץ לִרְאוֹת הַכּוֹכָבִים. וּלְפִי מִדְרָשׁוֹ, אָמַר לוֹ: צֵא מֵאִצְטַגְנִינוּת שֶׁלְּךָ, שֶׁרָאִיתָ בַּמַּזָּלוֹת שֶׁאֵינְךָ עָתִיד לְהַעֲמִיד בֵּן – אַבְרָם אֵין לוֹ בֵּן, אֲבָל אַבְרָהָם יֵשׁ לוֹ בֵּן; שָׂרַי לֹא תֵלֵד, אֲבָל שָׂרָה תֵּלֵד – אֲנִי קוֹרֵא לָכֶם שֵׁם אַחֵר וְיִשְׁתַּנֶּה הַמַּזָּל. דָּבָר אַחֵר, הוֹצִיאוֹ מֵחֲלָלוֹ שֶׁל עוֹלָם וְהִגְבִּיהוֹ לְמַעְלָה מִן הַכּוֹכָבִים; וְזֶהוּ לְשׁוֹן הַבָּטָה, מִלְמַעְלָה לְמַטָּה:

ד יְהַבְתְּ וְלַד, וְהָא בַּר בֵּיתִי יָרֵית יָתִי: וְהָא פִתְגָּמָא דַּיְיָ עִמֵּיהּ לְמֵימַר, לָא יֵירְתִנָּךְ דֵּין, אֱלָהֵין
ה בַּר דְּתוֹלֵיד, הוּא יֵירְתִנָּךְ: וְאַפֵּיק יָתֵיהּ לְבָרָא, וַאֲמַר אִסְתַּכִּי כְעַן לִשְׁמַיָּא, וּמְנִי כּוֹכְבַיָּא, אִם
ו ז תִּכּוּל לְמִמְנֵי יָתְהוֹן, וַאֲמַר לֵיהּ, כְּדֵין יְהוֹן בְּנָךְ: וְהֵימִין בְּמֵימְרָא דַּיְיָ, וְחַשְׁבַהּ לֵיהּ לִזְכוּ: וַאֲמַר
ח לֵיהּ, אֲנָא יְיָ, דְּאַפֵּיקְתָּךְ מֵאוּר דְּכַסְדָּאֵי, לְמִתַּן לָךְ, יָת אַרְעָא הָדָא לְמֵירְתַהּ: וַאֲמַר, יְיָ אֱלֹהִים,
ט בְּמָא אֵדַּע אֲרֵי אֵירְתִנַּהּ: וַאֲמַר לֵיהּ, קָרֵיב קֳדָמַי עִגְלִין תְּלָתָא, וְעִזִּין תְּלָתָא וּדְכְרִין תְּלָת,
י וְשַׁפְנִינָא וּבַר יוֹנָה: וְקָרֵיב קֳדָמוֹהִי יָת כָּל אִלֵּין, וּפַלֵּיג יָתְהוֹן בְּשַׁוֵי, וִיהַב פַּלְגַיָּא פֵּילֶג לָקֳבֵיל
יא יב חַבְרֵיהּ, וְיָת עוֹפָא לָא פַלֵּיג: וּנְחַת עוֹפָא עַל פַּלְגַיָּא, וְאַפְרַח יָתְהוֹן אַבְרָם: וַהֲוָה שִׁמְשָׁא לְמֵיעַל,
יג וְשִׁינְתָא נְפַלַת עַל אַבְרָם, וְהָא אֵימָה, קְבַל סַגִּי נְפַלַת עֲלוֹהִי: וַאֲמַר לְאַבְרָם, מִדַּע תִּדַּע,
יד אֲרֵי דַּיָּרִין יְהוֹן בְּנָךְ, בַּאֲרַע לָא דִילְהוֹן, וְיִפְלְחוּן בְּהוֹן וִיעַנּוֹן יָתְהוֹן, אַרְבַּע מְאָה שְׁנִין: וְאַף יָת

ו| **וְהֶאֱמִן בַּה'.** לֹא שָׁאַל לוֹ אוֹת עַל זֹאת, אֲבָל עַל יְרֻשַּׁת הָאָרֶץ שָׁאַל לוֹ אוֹת וְאָמַר לוֹ: "בַּמָּה אֵדַע" (להלן פסוק ח): **וַיַּחְשְׁבֶהָ לּוֹ צְדָקָה.** הַקָּדוֹשׁ בָּרוּךְ הוּא חֲשָׁבָהּ לְאַבְרָהָם לִזְכוּת וְלִצְדָקָה עַל הָאֲמָנָה שֶׁהֶאֱמִין בּוֹ. דָּבָר אַחֵר, "בַּמָּה אֵדַע" – לֹא שָׁאַל לוֹ אוֹת, אֶלָּא אָמַר לְפָנָיו: הוֹדִיעֵנִי בְּאֵיזֶה זְכוּת יִתְקַיְּמוּ בָהּ; וְאָמַר לוֹ הַקָּדוֹשׁ בָּרוּךְ הוּא: בִּזְכוּת הַקָּרְבָּנוֹת:

ט| **עֶגְלָה מְשֻׁלֶּשֶׁת.** שְׁלֹשָׁה עֲגָלִים, רֶמֶז לִשְׁלֹשָׁה פָּרִים: פַּר יוֹם הַכִּפּוּרִים, וּפַר הֶעְלֵם דָּבָר שֶׁל צִבּוּר וְעֶגְלָה עֲרוּפָה: **וְעֵז מְשֻׁלֶּשֶׁת.** רֶמֶז לַשָּׂעִיר הַנַּעֲשֶׂה בִּפְנִים, וּשְׂעִירֵי מוּסָפִין שֶׁל מוֹעֵד, וּשְׂעִירַת חַטָּאת יָחִיד: **וְאַיִל מְשֻׁלָּשׁ.** אָשָׁם וַדַּאי וְאָשָׁם תָּלוּי וְכִבְשָׂה שֶׁל חַטַּאת יָחִיד: **וְתֹר וְגוֹזָל.** תּוֹרִים וּבְנֵי יוֹנָה:

י| **וַיְבַתֵּר אֹתָם.** חִלֵּק כָּל אֶחָד לִשְׁנֵי חֲלָקִים; וְאֵין הַמִּקְרָא יוֹצֵא מִידֵי פְשׁוּטוֹ, לְפִי שֶׁהָיָה כּוֹרֵת בְּרִית עִמּוֹ לִשְׁמֹר הַבְטָחָתוֹ לְהוֹרִישׁ לְבָנָיו אֶת הָאָרֶץ, כִּדְכְתִיב: "בַּיּוֹם הַהוּא כָּרַת ה' אֶת אַבְרָם בְּרִית לֵאמֹר" וְגוֹ' (להלן פסוק יח), וְדֶרֶךְ כּוֹרְתֵי בְּרִית לְחַלֵּק בְּהֵמָה וְלַעֲבֹר בֵּין בְּתָרֶיהָ, כְּמָה שֶׁנֶּאֱמַר לְהַלָּן: "הָעֹבְרִים בֵּין בִּתְרֵי הָעֵגֶל" (ירמיה לד, יט) אַף כָּאן: "תַּנּוּר עָשָׁן וְלַפִּיד אֵשׁ אֲשֶׁר עָבַר בֵּין הַגְּזָרִים" (להלן פסוק יז) הוּא שְׁלוּחוֹ שֶׁל שְׁכִינָה שֶׁהִיא אֵשׁ: **וְאֶת הַצִּפֹּר לֹא בָתָר.** לְפִי שֶׁהָאֻמּוֹת נִמְשְׁלוּ לְפָרִים וְאֵילִים וּשְׂעִירִים, שֶׁנֶּאֱמַר: "סְבָבוּנִי פָּרִים רַבִּים" וְגוֹ' (תהלים כב, יג), וְאוֹמֵר: "הָאַיִל אֲשֶׁר רָאִיתָ בַּעַל הַקְּרָנַיִם מַלְכֵי מָדַי וּפָרָס" (דניאל ח, כ), וְאוֹמֵר: "וְהַצָּפִיר הַשָּׂעִיר מֶלֶךְ יָוָן" (שם כא), וְיִשְׂרָאֵל נִמְשְׁלוּ לִבְנֵי יוֹנָה, שֶׁנֶּאֱמַר: "יוֹנָתִי בְּחַגְוֵי הַסֶּלַע" (שיר השירים ב, יד), לְפִיכָךְ בִּתֵּר הַבְּהֵמוֹת, רֶמֶז שֶׁיִּהְיוּ הָאֻמּוֹת כָּלִין וְהוֹלְכִין, "וְאֶת הַצִּפֹּר לֹא בָתָר" – רֶמֶז שֶׁיִּהְיוּ יִשְׂרָאֵל קַיָּמִין לְעוֹלָם:

יא| **הָעַיִט.** הוּא עוֹף, וְעַל שֵׁם שֶׁהוּא עָט וְשׁוֹאֵף אֶל הַנְּבֵלוֹת לָטוּשׂ עָלֶיהָ אֹכֶל, כְּמוֹ: "וַתַּעַט אֶל הַשָּׁלָל" (שמואל א' טו, יט): **עַל הַפְּגָרִים.** עַל הַבְּתָרִים: **וַיַּשֵּׁב.** לְשׁוֹן נְשִׁיבָה וְהַפְרָחָה, כְּמוֹ: "יַשֵּׁב רוּחוֹ" (תהלים קמז, יח), רֶמֶז שֶׁיָּבֹא דָוִד בֶּן יִשַׁי לְכַלּוֹתָם, וְאֵין מַנִּיחִין אוֹתוֹ מִן הַשָּׁמַיִם עַד שֶׁיָּבוֹא מֶלֶךְ הַמָּשִׁיחַ:

יב| **וְהִנֵּה אֵימָה וְגוֹ'.** רֶמֶז לְצָרוֹת וְחֹשֶׁךְ שֶׁל גָּלֻיּוֹת:

יג| **כִּי גֵר יִהְיֶה זַרְעֲךָ.** מִשֶּׁנּוֹלַד יִצְחָק עַד שֶׁיָּצְאוּ יִשְׂרָאֵל מִמִּצְרַיִם אַרְבַּע מֵאוֹת שָׁנָה. כֵּיצַד? יִצְחָק בֶּן שִׁשִּׁים שָׁנָה כְּשֶׁנּוֹלַד יַעֲקֹב, וְיַעֲקֹב כְּשֶׁיָּרַד לְמִצְרַיִם אָמַר: "יְמֵי שְׁנֵי מְגוּרַי שְׁלֹשִׁים וּמְאַת שָׁנָה" (להלן מז, ט), הֲרֵי מֵאָה וְתִשְׁעִים. וּבְמִצְרַיִם הָיוּ מָאתַיִם וָעֶשֶׂר כְּמִנְיַן 'רד"ו', הֲרֵי אַרְבַּע מֵאוֹת שָׁנָה. וְאִם תֹּאמַר, בְּמִצְרַיִם הָיוּ אַרְבַּע מֵאוֹת – הֲרֵי קְהָת מִיּוֹרְדֵי מִצְרַיִם הָיָה, צֵא וַחֲשֹׁב שְׁנוֹתָיו שֶׁל קְהָת וְשֶׁל עַמְרָם וּשְׁמֹנִים שֶׁל מֹשֶׁה שֶׁהָיָה כְּשֶׁיָּצְאוּ יִשְׂרָאֵל מִמִּצְרַיִם, אֵין אַתָּה מוֹצֵא אֶלָּא שְׁלֹשׁ מֵאוֹת וַחֲמִשִּׁים, וְאַתָּה צָרִיךְ לְהוֹצִיא מֵהֶן כָּל הַשָּׁנִים שֶׁחַי קְהָת אַחַר לֵדַת עַמְרָם, וְשֶׁחַי עַמְרָם אַחַר לֵדַת מֹשֶׁה: **בְּאֶרֶץ לֹא לָהֶם.** וְלֹא נֶאֱמַר 'בְּאֶרֶץ מִצְרַיִם' אֶלָּא "לֹא לָהֶם", וּמִשֶּׁנּוֹלַד יִצְחָק: "וַיָּגָר אַבְרָהָם" וְגוֹ' (להלן כא, לד), וְיִצְחָק – "וַיָּגָר בִּגְרָר" (להלן כו, ו), "וְיַעֲקֹב גָּר בְּאֶרֶץ חָם" (תהלים קה, כג), "לָגוּר בָּאָרֶץ בָּאנוּ" (להלן מז, ד):

הַגּוֹי אֲשֶׁר יַעֲבֹדוּ דָּן אָנֹכִי וְאַחֲרֵי־כֵן יֵצְאוּ בִּרְכֻשׁ
גָּדוֹל: וְאַתָּה תָּבוֹא אֶל־אֲבֹתֶיךָ בְּשָׁלוֹם תִּקָּבֵר טו
בְּשֵׂיבָה טוֹבָה: וְדוֹר רְבִיעִי יָשׁוּבוּ הֵנָּה כִּי לֹא־ טז
שָׁלֵם עֲוֺן הָאֱמֹרִי עַד־הֵנָּה: וַיְהִי הַשֶּׁמֶשׁ בָּאָה יז
וַעֲלָטָה הָיָה וְהִנֵּה תַנּוּר עָשָׁן וְלַפִּיד אֵשׁ אֲשֶׁר
עָבַר בֵּין הַגְּזָרִים הָאֵלֶּה: בַּיּוֹם הַהוּא כָּרַת יְהוָה יח
אֶת־אַבְרָם בְּרִית לֵאמֹר לְזַרְעֲךָ נָתַתִּי אֶת־
הָאָרֶץ הַזֹּאת מִנְּהַר מִצְרַיִם עַד־הַנָּהָר הַגָּדֹל
נְהַר־פְּרָת: אֶת־הַקֵּינִי וְאֶת־הַקְּנִזִּי וְאֵת הַקַּדְמֹנִי: יט
וְאֶת־הַחִתִּי וְאֶת־הַפְּרִזִּי וְאֶת־הָרְפָאִים: וְאֶת־ כ כא
הָאֱמֹרִי וְאֶת־הַכְּנַעֲנִי וְאֶת־הַגִּרְגָּשִׁי וְאֶת־
יג הַיְבוּסִי: וְשָׂרַי אֵשֶׁת אַבְרָם לֹא יָלְדָה א טז
לוֹ וְלָהּ שִׁפְחָה מִצְרִית וּשְׁמָהּ הָגָר: וַתֹּאמֶר שָׂרַי ב
אֶל־אַבְרָם הִנֵּה־נָא עֲצָרַנִי יְהוָה מִלֶּדֶת בֹּא־נָא
אֶל־שִׁפְחָתִי אוּלַי אִבָּנֶה מִמֶּנָּה וַיִּשְׁמַע אַבְרָם
לְקוֹל שָׂרָי: וַתִּקַּח שָׂרַי ׀ אֵשֶׁת אַבְרָם אֶת־הָגָר ג
הַמִּצְרִית שִׁפְחָתָהּ מִקֵּץ עֶשֶׂר שָׁנִים לְשֶׁבֶת

יד) וְגַם אֶת הַגּוֹי. "וְגַם" לְרַבּוֹת אַרְבַּע מַלְכֻיּוֹת, שֶׁאַף הֵן כָּלִים עַל שֶׁשִּׁעְבְּדוּ אֶת יִשְׂרָאֵל: דָּן אָנֹכִי. בְּעֶשֶׂר מַכּוֹת: בִּרְכֻשׁ גָּדוֹל. בְּמָמוֹן גָּדוֹל, כְּמוֹ שֶׁנֶּאֱמַר: "וַיְנַצְּלוּ אֶת מִצְרָיִם" (שמות יב, לו):

טו) וְאַתָּה תָּבוֹא אֶל אֲבֹתֶיךָ. וְלֹא תִרְאֶה כָּל אֵלֶּה. אֶל אֲבֹתֶיךָ. אָבִיו עוֹבֵד עֲבוֹדָה זָרָה וְהוּא מְבַשְּׂרוֹ שֶׁיָּבֹא אֵלָיו?! לִמֶּדְךָ שֶׁעָשָׂה תֶרַח תְּשׁוּבָה: תִּקָּבֵר בְּשֵׂיבָה טוֹבָה. בִּשְּׂרוֹ שֶׁיַּעֲשֶׂה יִשְׁמָעֵאל תְּשׁוּבָה בְּיָמָיו, וְלֹא יֵצֵא עֵשָׂו לְתַרְבּוּת רָעָה בְּיָמָיו, וּלְפִיכָךְ מֵת חָמֵשׁ שָׁנִים קֹדֶם זְמַנּוֹ, וּבוֹ בַּיּוֹם מָרַד עֵשָׂו:

טו עַמָּא, דִּיפְלְחוּן בְּהוֹן דָּאֵין אֲנָא, וּבָתַר כֵּן יִפְּקוּן בְּקִנְיָנָא סַגִּי: וְאַתְּ, תִּתְכְּנֵישׁ לְוָת אֲבָהָתָךְ
טז בִּשְׁלָם, תִּתְקְבַר בְּסֵיבוּ טָבָא: וְדָרָא רְבִיעָאָה יְתוּבוּן הָלְכָא, אֲרֵי לָא שְׁלִים, חוֹבָא דֶאֱמוֹרָאָה
יז עַד כְּעַן: וַהֲוָה שִׁמְשָׁא עַאלַת, וְקַבְלָא הֲוָה, וְהָא תַנּוּר דְּתָנַן וּבָעוֹר דְּאִישָׁא, עֲדָא, בֵּין
יח פַּלְגַיָּא הָאִלֵּין: בְּיוֹמָא הַהוּא, גְּזַר יְיָ, עִם אַבְרָם קְיָם לְמֵימַר, לִבְנָךְ, יְהַבִית יָת אַרְעָא הָדָא,
יט כ מִנַּהְרָא דְמִצְרַיִם, עַד נַהְרָא רַבָּא נַהְרָא פְרָת: יָת שַׁלְמָאֵי וְיָת קְנִזָּאֵי, וְיָת קַדְמוֹנָאֵי: וְיָת חִתָּאֵי
כא טז א וְיָת פְּרִזָּאֵי וְיָת גִּבָּרַיָּא: וְיָת אֱמוֹרָאֵי וְיָת כְּנַעֲנָאֵי, וְיָת גִּרְגָּשָׁאֵי וְיָת יְבוּסָאֵי: וְשָׂרַי
ב אִתַּת אַבְרָם, לָא יְלֵידַת לֵיהּ, וְלַהּ, אַמְתָא מִצְרֵיתָא וּשְׁמַהּ הָגָר: וַאֲמַרַת שָׂרַי לְאַבְרָם,
הָא כְעַן, מַנְעַנִי יְיָ מִלְּמֵילַד, עוּל כְּעַן לְוָת אַמְתִי, מָאִם אֶתְבְּנֵי מִנַּהּ, וְקַבֵּיל אַבְרָם
ג לְמֵימַר שָׂרָי: וּדְבַרַת, שָׂרַי אִתַּת אַבְרָם, יָת הָגָר מִצְרֵיתָא אַמְתַהּ, מִסּוֹף עֲסַר שְׁנִין, לְמִתַּב

טז| **וְדוֹר רְבִיעִי.** לְאַחַר שֶׁיִּגְלוּ לְמִצְרַיִם יִהְיוּ שָׁם שְׁלֹשָׁה דוֹרוֹת, וְהָרְבִיעִי יָשׁוּבוּ לָאָרֶץ הַזֹּאת, לְפִי שֶׁבְּאֶרֶץ כְּנַעַן הָיָה מְדַבֵּר עִמּוֹ וְכָרַת בְּרִית זוֹ, כִּדְכְתִיב: "לָתֶת לְךָ אֶת הָאָרֶץ הַזֹּאת לְרִשְׁתָּהּ" (לעיל פסוק ז). וְכֵן הָיָה: יַעֲקֹב יָרַד לְמִצְרַיִם, צֵא וַחֲשֹׁב דּוֹרוֹתָיו – יְהוּדָה פֶּרֶץ וְחֶצְרוֹן, וְכָלֵב בֶּן חֶצְרוֹן מִבָּאֵי הָאָרֶץ הָיָה: **כִּי לֹא שָׁלֵם עֲוֹן הָאֱמֹרִי.** לִהְיוֹת מִשְׁתַּלֵּחַ מֵאַרְצוֹ עַד אוֹתוֹ זְמַן, שֶׁאֵין הַקָּדוֹשׁ בָּרוּךְ הוּא נִפְרָע מֵאֻמָּה עַד שֶׁתִּתְמַלֵּא סְאָתָהּ, שֶׁנֶּאֱמַר: "בְּסַאסְּאָה בְּשַׁלְחָהּ תְּרִיבֶנָּה" (ישעיה כז, ח):

יז| **וַיְהִי הַשֶּׁמֶשׁ בָּאָה.** כְּמוֹ: "וַיְהִי הֵם מְרִיקִים שַׂקֵּיהֶם" (להלן מב, לה), "וַיְהִי הֵם קֹבְרִים אִישׁ" (מלכים ב׳ יג, כא), כְּלוֹמַר, וַיְהִי דָּבָר זֶה: **הַשֶּׁמֶשׁ בָּאָה.** שָׁקְעָה: **וַעֲלָטָה הָיָה.** חָשַׁךְ הַיּוֹם: **וְהִנֵּה תַנּוּר עָשָׁן וְגוֹ׳.** רָמַז לוֹ שֶׁיִּפְּלוּ הַמַּלְכֻיּוֹת בְּגֵיהִנָּם: **בָּאָה.** טַעְמוֹ לְמַעְלָה, לְכָךְ הוּא מְאֹחָר שֶׁבָּאָה כְּבָר. וְאִם הָיָה טַעְמוֹ לְמַטָּה בָּאלֶ״ף, הָיָה מְאֹחָר כְּשֶׁהִיא שׁוֹקַעַת; וְאִי אֶפְשָׁר כֵּן, שֶׁהֲרֵי כְּבָר כָּתַב: "וַיְהִי הַשֶּׁמֶשׁ לָבוֹא" (לעיל פסוק יב), וְהַעֲבָרַת תַּנּוּר עָשָׁן לְאַחַר מִכָּאן הָיְתָה, נִמְצָא שֶׁכְּבָר שָׁקְעָה. וְזֶה חִלּוּק בְּכָל תֵּבָה לְשׁוֹן נְקֵבָה שֶׁיְּסוֹדָהּ שְׁתֵּי אוֹתִיּוֹת, כְּשֶׁהַטַּעַם לְמַעְלָה לְשׁוֹן שֶׁעָבַר הוּא, כְּגוֹן זֶה, וּכְגוֹן: "וְרָחֵל בָּאָה" (להלן כט, ט), "קָמָה אֲלֻמָּתִי" (להלן לז, ז), "הִנֵּה שָׁבָה יְבִמְתֵּךְ" (רות א, טו), וּכְשֶׁהַטַּעַם לְמַטָּה הוּא לְשׁוֹן הֹוֶה, דָּבָר שֶׁנַּעֲשֶׂה עַכְשָׁיו וְהוֹלֵךְ, כְּמוֹ: "בָּאָה עִם הַצֹּאן" (להלן כט, ו), "קָמָה בְּאִמָּהּ" (מיכה ז, ו), "וּבַבֹּקֶר הִיא שָׁבָה" (אסתר ב, יד):

יח| **לְזַרְעֲךָ נָתַתִּי.** אֲמִירָתוֹ שֶׁל הַקָּדוֹשׁ בָּרוּךְ הוּא כְּאִלּוּ הִיא עֲשׂוּיָה: **הַנָּהָר הַגָּדֹל.** לְפִי שֶׁהוּא דָּבוּק לְאֶרֶץ יִשְׂרָאֵל קְרָאָהוּ גָּדוֹל, אַף עַל פִּי שֶׁהוּא מְאֻחָר בְּאַרְבָּעָה נְהָרוֹת הַיּוֹצְאִים מֵעֵדֶן, שֶׁנֶּאֱמַר: "וְהַנָּהָר הָרְבִיעִי הוּא פְרָת" (לעיל ב, יד); מְשַׁל הֶדְיוֹט: עֶבֶד מֶלֶךְ – מֶלֶךְ, הִדָּבֵק לְשַׁחְוָר וְיִשְׁתַּחֲווּ לָךְ:

יט| **אֶת הַקֵּינִי.** עֶשֶׂר אֻמּוֹת יֵשׁ כָּאן, וְלֹא נָתַן לָהֶם אֶלָּא שִׁבְעָה גוֹיִם, וְהַשְּׁלֹשָׁה אֱדוֹם וּמוֹאָב וְעַמּוֹן, וְהֵם קֵינִי קְנִזִּי קַדְמֹנִי, וַעֲתִידִים לִהְיוֹת יְרֻשָּׁה לֶעָתִיד, שֶׁנֶּאֱמַר: "אֱדוֹם וּמוֹאָב מִשְׁלוֹחַ יָדָם וּבְנֵי עַמּוֹן מִשְׁמַעְתָּם" (ישעיה יא, יד):

כ| **וְאֶת הָרְפָאִים.** אֶרֶץ עוֹג, שֶׁנֶּאֱמַר בָּהּ: "הַהוּא יִקָּרֵא אֶרֶץ רְפָאִים" (דברים ג, יג):

פרק טז

א| **שִׁפְחָה מִצְרִית.** בַּת פַּרְעֹה הָיְתָה, כְּשֶׁרָאָה נִסִּים שֶׁנַּעֲשׂוּ לְשָׂרָה, אָמַר: מוּטָב שֶׁתְּהֵא בִּתִּי שִׁפְחָה בְּבַיִת זֶה וְלֹא גְבִירָה בְּבַיִת אַחֵר:

ב| **אוּלַי אִבָּנֶה מִמֶּנָּה.** לְמֵד עַל מִי שֶׁאֵין לוֹ בָּנִים שֶׁאֵינוֹ בָּנוּי אֶלָּא הָרוּס: **אִבָּנֶה מִמֶּנָּה.** בִּזְכוּת שֶׁאַכְנִיס צָרָתִי לְבֵיתִי: **לְקוֹל שָׂרָי.** לְרוּחַ הַקֹּדֶשׁ שֶׁבָּהּ:

ג| **וַתִּקַּח שָׂרַי.** לְקָחַתָּהּ בִּדְבָרִים: אַשְׁרֶיךָ שֶׁזָּכִית לְדָבֵק בְּגוּף קָדוֹשׁ כָּזֶה: **מִקֵּץ עֶשֶׂר שָׁנִים.** מוֹעֵד הַקָּבוּעַ לְאִשָּׁה שֶׁשָּׁהֲתָה עֶשֶׂר שָׁנִים וְלֹא יָלְדָה לְבַעְלָהּ, חַיָּב לִשָּׂא אַחֶרֶת: **לְשֶׁבֶת אַבְרָם וְגוֹ׳.** מַגִּיד שֶׁאֵין יְשִׁיבַת חוּצָה לָאָרֶץ עוֹלָה לוֹ מִן הַמִּנְיָן, לְפִי שֶׁלֹּא נֶאֱמַר לוֹ: "וְאֶעֶשְׂךָ לְגוֹי גָּדוֹל" (לעיל יב, ב) עַד שֶׁיָּבֹא לְאֶרֶץ יִשְׂרָאֵל:

אַבְרָם בְּאֶרֶץ כְּנָעַן וַתִּתֵּן אֹתָהּ לְאַבְרָם אִישָׁהּ
ד לוֹ לְאִשָּׁה׃ וַיָּבֹא אֶל־הָגָר וַתַּהַר וַתֵּרֶא כִּי הָרָתָה
ה וַתֵּקַל גְּבִרְתָּהּ בְּעֵינֶיהָ׃ וַתֹּאמֶר שָׂרַי אֶל־אַבְרָם
חֲמָסִי עָלֶיךָ אָנֹכִי נָתַתִּי שִׁפְחָתִי בְּחֵיקֶךָ וַתֵּרֶא כִּי
הָרָתָה וָאֵקַל בְּעֵינֶיהָ יִשְׁפֹּט יְהוָה בֵּינִי וּבֵינֶיךָ׃
ו וַיֹּאמֶר אַבְרָם אֶל־שָׂרַי הִנֵּה שִׁפְחָתֵךְ בְּיָדֵךְ
עֲשִׂי־לָהּ הַטּוֹב בְּעֵינָיִךְ וַתְּעַנֶּהָ שָׂרַי וַתִּבְרַח
ז מִפָּנֶיהָ׃ וַיִּמְצָאָהּ מַלְאַךְ יְהוָה עַל־עֵין הַמַּיִם
ח בַּמִּדְבָּר עַל־הָעַיִן בְּדֶרֶךְ שׁוּר׃ וַיֹּאמַר הָגָר
שִׁפְחַת שָׂרַי אֵי־מִזֶּה בָאת וְאָנָה תֵלֵכִי וַתֹּאמֶר
ט מִפְּנֵי שָׂרַי גְּבִרְתִּי אָנֹכִי בֹּרַחַת׃ וַיֹּאמֶר לָהּ
מַלְאַךְ יְהוָה שׁוּבִי אֶל־גְּבִרְתֵּךְ וְהִתְעַנִּי תַּחַת
י יָדֶיהָ׃ וַיֹּאמֶר לָהּ מַלְאַךְ יְהוָה הַרְבָּה אַרְבֶּה
יא אֶת־זַרְעֵךְ וְלֹא יִסָּפֵר מֵרֹב׃ וַיֹּאמֶר לָהּ מַלְאַךְ
יְהוָה הִנָּךְ הָרָה וְיֹלַדְתְּ בֵּן וְקָרָאת שְׁמוֹ יִשְׁמָעֵאל
יב כִּי־שָׁמַע יְהוָה אֶל־עָנְיֵךְ׃ וְהוּא יִהְיֶה פֶּרֶא אָדָם
יָדוֹ בַכֹּל וְיַד כֹּל בּוֹ וְעַל־פְּנֵי כָל־אֶחָיו יִשְׁכֹּן׃
יג וַתִּקְרָא שֵׁם־יְהוָה הַדֹּבֵר אֵלֶיהָ אַתָּה אֵל רֳאִי
יד כִּי אָמְרָה הֲגַם הֲלֹם רָאִיתִי אַחֲרֵי רֹאִי׃ עַל־כֵּן
קָרָא לַבְּאֵר בְּאֵר לַחַי רֹאִי הִנֵּה בֵין־קָדֵשׁ וּבֵין
טו בָּרֶד׃ וַתֵּלֶד הָגָר לְאַבְרָם בֵּן וַיִּקְרָא אַבְרָם שֶׁם־

ד אַבְרָם בְּאַרְעָא דִּכְנָעַן, וִיהַבַת יָתַהּ, לְאַבְרָם בַּעְלַהּ לֵיהּ לְאִתּוּ: וְעָאל לְוָת הָגָר וְעַדִּיאַת, וַחֲזָת
ה אֲרֵי עַדִּיאַת, וְקַלַּת רִבּוֹנְתַהּ בְּעֵינַהָא: וַאֲמַרַת שָׂרַי לְאַבְרָם דִּין לִי עֲלָךְ, אֲנָא, יְהַבִית אַמְתִּי
ו לָךְ, וַחֲזָת אֲרֵי עַדִּיאַת, וְקַלִּית בְּעֵינַהָא, יְדִין יְיָ בֵּינָא וּבֵינָךְ: וַאֲמַר אַבְרָם לְשָׂרַי, הָא אַמְתִּיךְ
ז בִּידִיךְ, עֲבִידִי לַהּ דְּתַקִּין בְּעֵינַכִי, וְעַנִּיתַהּ שָׂרַי, וַעֲרַקַת מִן קֳדָמַהָא: וְאַשְׁכְּחַהּ, מַלְאֲכָא דַּיְיָ,
ח עַל עֵינָא דְּמַיָּא בְּמַדְבְּרָא, עַל עֵינָא בְּאוֹרְחָא דְּחַגְרָא: וַאֲמַר, הָגָר, אַמְתַהּ דְּשָׂרַי, מְנָן אַתְּ אָתְיָא
ט וּלְאָן אַתְּ אָזְלָא, וַאֲמַרַת, מִן קֳדָם שָׂרַי רִבּוֹנְתִי, אֲנָא עָרְקָא: וַאֲמַר לַהּ מַלְאֲכָא דַּיְיָ, תּוּבִי לְוָת
י רִבּוֹנְתִיךְ, וְאִשְׁתַּעֲבִידִי תְּחוֹת יְדַהָא: וַאֲמַר לַהּ מַלְאֲכָא דַּיְיָ, אַסְגָּאָה אַסְגֵּי יָת בְּנַיְכִי, וְלָא
יא יִתְמְנוֹן מִסְּגֵי: וַאֲמַר לַהּ מַלְאֲכָא דַּיְיָ, הָא אַתְּ מְעַדְּיָא וּתְלִידִין בַּר, וְתִקְרַן שְׁמֵיהּ יִשְׁמָעֵאל, אֲרֵי
יב קַבֵּיל יְיָ צְלוֹתִיךְ: וְהוּא יְהֵי מָרוֹד בַּאֲנָשָׁא, הוּא יְהֵי צְרִיךְ לְכוֹלָא, וְאַף אֲנָשָׁא יְהוֹן צְרִיכִין לֵיהּ,
יג וְעַל אַפֵּי כָל אֲחוֹהִי יִשְׁרֵי: וְצַלִּיאַת בִּשְׁמָא דַּיְיָ דְּאִתְמַלַּל עִמַּהּ, אֲמַרַת אַתְּ הוּא אֱלָהָא חָזֵי
יד כוֹלָא, אֲרֵי אֲמַרַת, אַף הָכָא, שָׁרִיתִי חָזְיָא בָּתַר דְּאִתְגְּלִי לִי: עַל כֵּן קְרָא לְבֵירָא, בֵּירָא דְּמַלְאַךְ
טו קַיָּמָא אִתַּחְזִי עֲלַהּ, הָא הִיא בֵּין רְקַם וּבֵין חַגְרָא: וִילֵידַת הָגָר, לְאַבְרָם בַּר, וּקְרָא אַבְרָם שׁוּם

לך לך

ד] וַיָּבֹא אֶל הָגָר וַתַּהַר. מִבִּיאָה רִאשׁוֹנָה: וַתֵּקַל גְּבִרְתָּהּ בְּעֵינֶיהָ. אָמְרָה: שָׂרָה זוֹ אֵין סִתְרָהּ כְּגָלוּיָהּ, מַרְאָה עַצְמָהּ כְּאִלּוּ הִיא צַדֶּקֶת וְאֵינָהּ צַדֶּקֶת, שֶׁלֹּא זָכְתָה לְהֵרָיוֹן כָּל הַשָּׁנִים הַלָּלוּ, וַאֲנִי נִתְעַבַּרְתִּי מִבִּיאָה רִאשׁוֹנָה:

ה] חֲמָסִי עָלֶיךָ. חָמָס הֶעָשׂוּי לִי, עָלֶיךָ אֲנִי מַטִּילָה הָעֹנֶשׁ; כְּשֶׁהִתְפַּלַּלְתָּ לְהַקָּדוֹשׁ בָּרוּךְ הוּא: "מַה תִּתֶּן לִי וְאָנֹכִי הוֹלֵךְ עֲרִירִי" (לעיל טו, ב) לֹא הִתְפַּלַּלְתָּ אֶלָּא עָלֶיךָ, וְהָיָה לְךָ לְהִתְפַּלֵּל עַל שְׁנֵינוּ וְהָיִיתִי אֲנִי נִפְקֶדֶת עִמָּךְ. וְעוֹד, דְּבָרֶיךָ אַתָּה חוֹמֵס מִמֶּנִּי, שֶׁאַתָּה שׁוֹמֵעַ בִּזְיוֹנִי וְשׁוֹתֵק: אָנֹכִי נָתַתִּי שִׁפְחָתִי וְגוֹ' בֵּינִי וּבֵינֶיךָ. כָּל 'בֵּינֶךָ' שֶׁבַּמִּקְרָא חָסֵר וְזֶה מָלֵא, קְרִי בֵּיהּ: 'וּבֵינֶיךָ', שֶׁהִכְנִיסָה עַיִן הָרָע בְּעֻבָּרָהּ שֶׁל הָגָר וְהִפִּילָה עֻבָּרָהּ. הוּא שֶׁהַמַּלְאָךְ אוֹמֵר לְהָגָר: "הִנָּךְ הָרָה" (להלן פסוק יא), וַהֲלֹא כְּבָר הָרְתָה, וְהוּא מְבַשֵּׂר לָהּ שֶׁתַּהַר?! אֶלָּא מְלַמֵּד שֶׁהִפִּילָה הֵרָיוֹן הָרִאשׁוֹן:

ו] וַתְּעַנֶּהָ שָׂרַי. הָיְתָה מְשַׁעְבֶּדֶת בָּהּ בְּקֹשִׁי:

ח] אֵי מִזֶּה בָאת. מֵהֵיכָן בָּאת. יוֹדֵעַ הָיָה, אֶלָּא לִתֵּן לָהּ פֶּתַח לִכָּנֵס עִמָּהּ בִּדְבָרִים. וּלְשׁוֹן "אֵי מִזֶּה", אַיֵּה הַמָּקוֹם שֶׁתֹּאמַר עָלָיו "מִזֶּה" אֲנִי בָּאָה:

ט] וַיֹּאמֶר לָהּ מַלְאַךְ וְגוֹ'. עַל כָּל אֲמִירָה הָיָה שָׁלוּחַ לָהּ מַלְאָךְ אַחֵר מַלְאָךְ, לְכָךְ נֶאֱמַר 'מַלְאָךְ' בְּכָל אֲמִירָה וַאֲמִירָה:

יא] הִנָּךְ הָרָה. כְּשֶׁתָּשׁוּבִי תַּהֲרִי, כְּמוֹ: "הִנָּךְ הָרָה" (שופטים יג, ה) דְּאֵשֶׁת מָנוֹחַ: וְיֹלַדְתְּ בֵּן. כְּמוֹ 'וְיוֹלֶדֶת'. וְדוֹמֶה לוֹ: "יֹשַׁבְתְּ בַּלְּבָנוֹן מְקֻנַּנְתְּ בָּאֲרָזִים" (ירמיה כב, כג): וְקָרָאת שְׁמוֹ. צִוּוּי הוּא, כְּמוֹ שֶׁאוֹמֵר לַזָּכָר: "וְקָרָאתָ אֶת שְׁמוֹ יִצְחָק" (להלן יז, יט):

יב] פֶּרֶא אָדָם. אוֹהֵב מִדְבָּרוֹת לָצוּד חַיּוֹת, כְּמוֹ שֶׁכָּתוּב: "וַיֵּשֶׁב בַּמִּדְבָּר וַיְהִי רֹבֶה קַשָּׁת" (להלן כא, כ): יָדוֹ בַכֹּל. לִסְטִים: וְיַד כֹּל בּוֹ. הַכֹּל שׂוֹנְאִין אוֹתוֹ וּמִתְגָּרִין בּוֹ: וְעַל פְּנֵי כָל אֶחָיו יִשְׁכֹּן. שֶׁיִּהְיֶה זַרְעוֹ גָּדוֹל:

יג] אַתָּה אֵל רֳאִי. נָקוּד חֲטַף קָמַץ מִפְּנֵי שֶׁהוּא שֵׁם דָּבָר, אֱלוֹהַּ הָרְאִיָּה, שֶׁרוֹאֶה בְּעֶלְבּוֹן שֶׁל עֲלוּבִין: הֲגַם הֲלֹם. לְשׁוֹן תֵּמַהּ, וְכִי סְבוּרָה הָיִיתִי שֶׁאַף הֲלוֹם בַּמִּדְבָּרוֹת רָאִיתִי שְׁלוּחוֹ שֶׁל מָקוֹם, "אַחֲרֵי רֹאִי" אוֹתָם בְּבֵיתוֹ שֶׁל אַבְרָהָם שֶׁשָּׁם הָיִיתִי רְגִילָה לִרְאוֹת מַלְאָכִים? וְתֵדַע שֶׁהָיְתָה רְגִילָה לִרְאוֹתָם, שֶׁהֲרֵי מָנוֹחַ רָאָה אֶת הַמַּלְאָךְ פַּעַם אַחַת וְאָמַר: "מוֹת נָמוּת" (שופטים יג, כב), וְזוֹ רָאֲתָה אַרְבָּעָה זֶה אַחַר זֶה וְלֹא חָרְדָה:

יד] בְּאֵר לַחַי רֹאִי. כְּתַרְגּוּמוֹ: "דְּמַלְאַךְ קַיָּמָא אִתַּחְזִי עֲלַהּ":

טו] וַיִּקְרָא אַבְרָם שֶׁם וְגוֹ'. אַף עַל פִּי שֶׁלֹּא שָׁמַע אַבְרָהָם דִּבְרֵי הַמַּלְאָךְ שֶׁאָמַר: "וְקָרָאת שְׁמוֹ יִשְׁמָעֵאל" (לעיל פסוק יא), שָׁרְתָה רוּחַ הַקֹּדֶשׁ עָלָיו וּקְרָאוֹ יִשְׁמָעֵאל:

בְּנ֥וֹ אֲשֶׁר־יָלְדָ֖ה הָגָ֑ר יִשְׁמָעֵֽאל׃ וְאַבְרָ֕ם בֶּן־ טז
שְׁמֹנִ֥ים שָׁנָ֖ה וְשֵׁ֣שׁ שָׁנִ֑ים בְּלֶֽדֶת־הָגָ֥ר אֶת־
יד יִשְׁמָעֵ֖אל לְאַבְרָֽם׃ וַיְהִ֣י אַבְרָ֔ם יז א
בֶּן־תִּשְׁעִ֥ים שָׁנָ֖ה וְתֵ֣שַׁע שָׁנִ֑ים וַיֵּרָ֨א יְהוָ֜ה אֶל־
אַבְרָ֗ם וַיֹּ֤אמֶר אֵלָיו֙ אֲנִי־אֵ֣ל שַׁדַּ֔י הִתְהַלֵּ֥ךְ
לְפָנַ֖י וֶהְיֵ֥ה תָמִֽים׃ וְאֶתְּנָ֥ה בְרִיתִ֖י בֵּינִ֣י וּבֵינֶ֑ךָ ב
וְאַרְבֶּ֥ה אוֹתְךָ֖ בִּמְאֹ֥ד מְאֹֽד׃ וַיִּפֹּ֥ל אַבְרָ֖ם עַל־ ג
פָּנָ֑יו וַיְדַבֵּ֥ר אִתּ֛וֹ אֱלֹהִ֖ים לֵאמֹֽר׃ אֲנִ֕י הִנֵּ֥ה ד
בְרִיתִ֖י אִתָּ֑ךְ וְהָיִ֕יתָ לְאַ֖ב הֲמ֥וֹן גּוֹיִֽם׃ וְלֹא־ ה
יִקָּרֵ֥א ע֛וֹד אֶת־שִׁמְךָ֖ אַבְרָ֑ם וְהָיָ֤ה שִׁמְךָ֙
אַבְרָהָ֔ם כִּ֛י אַב־הֲמ֥וֹן גּוֹיִ֖ם נְתַתִּֽיךָ׃ וְהִפְרֵתִ֤י ו
אֹֽתְךָ֙ בִּמְאֹ֣ד מְאֹ֔ד וּנְתַתִּ֖יךָ לְגוֹיִ֑ם וּמְלָכִ֖ים
שביעי מִמְּךָ֥ יֵצֵֽאוּ׃ וַהֲקִמֹתִ֨י אֶת־בְּרִיתִ֜י בֵּינִ֣י וּבֵינֶ֗ךָ ז
וּבֵ֨ין זַרְעֲךָ֧ אַחֲרֶ֛יךָ לְדֹרֹתָ֖ם לִבְרִ֣ית עוֹלָ֑ם
לִהְי֤וֹת לְךָ֙ לֵֽאלֹהִ֔ים וּֽלְזַרְעֲךָ֖ אַחֲרֶֽיךָ׃ וְנָתַתִּ֣י ח
לְ֠ךָ֠ וּלְזַרְעֲךָ֨ אַחֲרֶ֜יךָ אֵ֣ת ׀ אֶ֣רֶץ מְגֻרֶ֗יךָ אֵ֚ת כָּל־
אֶ֣רֶץ כְּנַ֔עַן לַאֲחֻזַּ֖ת עוֹלָ֑ם וְהָיִ֥יתִי לָהֶ֖ם
לֵאלֹהִֽים׃ וַיֹּ֤אמֶר אֱלֹהִים֙ אֶל־אַבְרָהָ֔ם וְאַתָּ֖ה ט
אֶת־בְּרִיתִ֣י תִשְׁמֹ֑ר אַתָּ֛ה וְזַרְעֲךָ֥ אַחֲרֶ֖יךָ
מצווה ב מצוות ברית מילה לְדֹרֹתָֽם׃ זֹ֣את בְּרִיתִ֞י אֲשֶׁ֣ר תִּשְׁמְר֗וּ בֵּינִי֙ י
וּבֵ֣ינֵיכֶ֔ם וּבֵ֥ין זַרְעֲךָ֖ אַחֲרֶ֑יךָ הִמּ֥וֹל לָכֶ֖ם כָּל־

יא זכר: ונמלתם את בשר ערלתכם והיה לאות
יב ברית ביני וביניכם: ובן שמנת ימים ימול לכם

טז בריה, דילידת הגר ישמעאל: ואברם, בר תמנן ושית שנין, כד ילידת הגר ית ישמעאל
יז א לאברם: והוה אברם, בר תשעין ותשע שנין, ואתגלי יי לאברם, ואמר ליה אנא אל
ב ג שדי, פלח קדמי והוי שלים: ואתין קימי בין מימרי ובינך, ואסגי יתך לחדא לחדא: ונפל
ד אברם על אפוהי, ומליל עמיה, יי למימר: אנא, הא גזר קימי עמך, ותהי, לאב סגי
ה עממין: ולא יתקרי עוד, ית שמך אברם, ויהי שמך אברהם, ארי, לאב סגי עממין
ו יהבתך: ואפיש יתך לחדא לחדא, ואתננך לכנשן, ומלכין דשלטין בעממיא מנך יפקון:
ז ואקים ית קימי בין מימרי ובינך, ובין בנך בתרך, לדריהון לקים עלם, למהוי לך לאלה,
ח ולבנך בתרך: ואתין לך, ולבנך בתרך, ית ארע תותבותך, ית כל ארעא דכנען, לאחסנת
ט עלם, ואהוי להון לאלה: ואמר יי לאברהם, ואת ית קימי תטר, את, ובנך בתרך לדריהון:
יא דין קימי דתטרון, בין מימרי וביניכון, ובין בנך בתרך, מגזר לכון כל דכורא: ותגזרון,
יב ית בסרא דערלתכון, ויהי לאת קים, בין מימרי וביניכון: ובר תמניא יומין, יגזר לכון,

טז| **ואברם בן שמנים וגו'.** לשבחו של ישמעאל נכתב, להודיע שהיה בן שלש עשרה שנה כשנמול ולא עכב:

פרק יז

א| **אני אל שדי.** אני הוא שיש די באלהותי לכל בריה, לפיכך "התהלך לפני" ואהיה לך לאלוה ולפטרון. וכן כל מקום שהוא במקרא, פרושו: די שלו, לפי הענין: **התהלך לפני.** כתרגומו: "פלח קדמי", הדבק בעבודתי: **והיה תמים.** אף זה צווי אחר צווי, היה שלם בכל נסיונותי. ולפי מדרשו, "התהלך לפני" במצות מילה, ובדבר הזה תהיה תמים, שכל זמן שהערלה בך אתה בעל מום לפני. דבר אחר, "והיה תמים", מוסיף אני אות על שמך ויהיו מנין אותיותיך רמ"ח כמנין איבריך:

ב| **ואתנה בריתי.** ברית של אהבה וברית הארץ להורישה לך על ידי מצוה זו:

ג| **ויפל אברם על פניו.** ממורא השכינה, שעד שלא מל לא היה בו כח לעמד ורוח הקדש נצבת עליו. וזהו שנאמר בבלעם: "נפל וגלוי עינים" (במדבר כד, ד). בברייתא דרבי אליעזר:

ה| **כי אב המון גוים.** לשון נוטריקון של שמו, וריי"ש שהיתה בו בתחלה, שלא היה אב אלא לארם שהוא מקומו, ועכשיו לא זזה ממקומה; שאף יו"ד של שרי נתרעמה על השכינה עד שהוסיפה ליהושע, שנאמר: "ויקרא משה להושע בן נון יהושע" (במדבר יג, טז):

ו| **ונתתיך לגוים.** ישראל ואדום, שהרי ישמעאל כבר היה לו ולא היה מבשרו עליו:

ז| **והקמתי את בריתי.** ומה היא הברית? "להיות לך לאלהים":

ח| **לאחזת עולם.** ושם אהיה לכם לאלהים, אבל הדר בחוצה לארץ כמי שאין לו אלוה:

ט-י| **ואתה.** וי"ו זו מוסף על ענין ראשון, "אני הנה בריתי אתך" (לעיל פסוק ד), ואתה הוי זהיר לשמרו, ומה היא שמירתו? "זאת בריתי אשר תשמרו... המול לכם" וגו': **ביני וביניכם.** אותם של עכשיו: **ובין זרעך אחריך.** העתידין להולד אחריך: **המול.** כמו 'להמול', כמו שאתה אומר 'עשות' כמו 'לעשות':

יא| **ונמלתם.** כמו 'ומלתם', והנו"ן בו יתרה ליסוד הנופל בו לפרקים, כמו נו"ן של 'נושך'

כָּל־זָכָ֖ר לְדֹרֹתֵיכֶ֑ם יְלִ֣יד בָּ֔יִת וּמִקְנַת־כֶּ֙סֶף֙ מִכֹּ֣ל
בֶּן־נֵכָ֔ר אֲשֶׁ֛ר לֹ֥א מִֽזַּרְעֲךָ֖ הֽוּא׃ הִמּ֧וֹל ׀ יִמּ֛וֹל יְלִ֥יד יג
בֵּֽיתְךָ֖ וּמִקְנַ֣ת כַּסְפֶּ֑ךָ וְהָיְתָ֧ה בְרִיתִ֛י בִּבְשַׂרְכֶ֖ם
לִבְרִ֥ית עוֹלָֽם׃ וְעָרֵ֣ל ׀ זָכָ֗ר אֲשֶׁ֤ר לֹֽא־יִמּוֹל֙ אֶת־ יד
בְּשַׂ֣ר עָרְלָת֔וֹ וְנִכְרְתָ֛ה הַנֶּ֥פֶשׁ הַהִ֖וא מֵעַמֶּ֑יהָ אֶת־
בְּרִיתִ֖י הֵפַֽר׃ וַיֹּ֤אמֶר אֱלֹהִים֙ אֶל־ טו
אַבְרָהָ֔ם שָׂרַ֣י אִשְׁתְּךָ֔ לֹא־תִקְרָ֥א אֶת־שְׁמָ֖הּ שָׂרָ֑י
כִּ֥י שָׂרָ֖ה שְׁמָֽהּ׃ וּבֵרַכְתִּ֣י אֹתָ֔הּ וְגַ֨ם נָתַ֧תִּי מִמֶּ֛נָּה טז
לְךָ֖ בֵּ֑ן וּבֵרַכְתִּ֙יהָ֙ וְהָֽיְתָ֣ה לְגוֹיִ֔ם מַלְכֵ֥י עַמִּ֖ים מִמֶּ֥נָּה
יִהְיֽוּ׃ וַיִּפֹּ֧ל אַבְרָהָ֛ם עַל־פָּנָ֖יו וַיִּצְחָ֑ק וַיֹּ֣אמֶר בְּלִבּ֗וֹ יז
הַלְּבֶ֤ן מֵאָֽה־שָׁנָה֙ יִוָּלֵ֔ד וְאִ֨ם־שָׂרָ֔ה הֲבַת־תִּשְׁעִ֥ים
שָׁנָ֖ה תֵּלֵֽד׃ וַיֹּ֥אמֶר אַבְרָהָ֖ם אֶל־הָאֱלֹהִ֑ים ל֥וּ יח
יִשְׁמָעֵ֖אל יִחְיֶ֥ה לְפָנֶֽיךָ׃ וַיֹּ֣אמֶר אֱלֹהִ֗ים אֲבָל֙ שָׂרָ֣ה יט ⋆
אִשְׁתְּךָ֗ יֹלֶ֤דֶת לְךָ֙ בֵּ֔ן וְקָרָ֥אתָ אֶת־שְׁמ֖וֹ יִצְחָ֑ק
וַהֲקִמֹתִ֨י אֶת־בְּרִיתִ֥י אִתּ֛וֹ לִבְרִ֥ית עוֹלָ֖ם לְזַרְע֥וֹ
אַחֲרָֽיו׃ וּֽלְיִשְׁמָעֵאל֮ שְׁמַעְתִּיךָ֒ הִנֵּ֣ה ׀ בֵּרַ֣כְתִּי אֹת֗וֹ כ
וְהִפְרֵיתִ֥י אֹת֛וֹ וְהִרְבֵּיתִ֥י אֹת֖וֹ בִּמְאֹ֣ד מְאֹ֑ד שְׁנֵים־
עָשָׂ֤ר נְשִׂיאִם֙ יוֹלִ֔יד וּנְתַתִּ֖יו לְג֥וֹי גָּדֽוֹל׃ וְאֶת־בְּרִיתִ֖י כא
אָקִ֣ים אֶת־יִצְחָ֑ק אֲשֶׁר֩ תֵּלֵ֨ד לְךָ֤ שָׂרָה֙ לַמּוֹעֵ֣ד הַזֶּ֔ה
בַּשָּׁנָ֖ה הָאַחֶֽרֶת׃ וַיְכַ֖ל לְדַבֵּ֣ר אִתּ֑וֹ וַיַּ֣עַל אֱלֹהִ֔ים כב ⋆

יג כָּל דְּכוּרָא לְדָרֵיכוֹן, יְלִיד בֵּיתָא, וּזְבִין כַּסְפָּא מִכָּל בַּר עַמְמִין, דְּלָא מִבְּנָךְ הוּא: מִגְזַר
יד יִגְזַר, יְלִיד בֵּיתָךְ וּזְבִין כַּסְפָּךְ, וּתְהֵי קְיָמִי, בְּבִסְרְכוֹן לִקְיָם עָלַם: וַעֲרַל דְּכוּרָא, דְּלָא יִגְזַר
טו יָת בְּסַר דְּעָרְלְתֵיהּ, וְיִשְׁתֵּיצֵי, אֲנָשָׁא הַהוּא מֵעַמֵּיהּ, יָת קְיָמִי אַשְׁנִי: וַאֲמַר יְיָ לְאַבְרָהָם,
טז שָׂרַי אִתְּתָךְ, לָא תִקְרֵי יָת שְׁמַהּ שָׂרָי, אֲרֵי שָׂרָה שְׁמַהּ: וַאֲבָרֵיךְ יָתַהּ, וְאַף אֶתֵּין
יז מִנַּהּ, לָךְ בַּר, וַאֲבָרְכִנַּהּ וּתְהֵי לִכְנִשָׁן, וּמַלְכִין דְּשָׁלְטִין בְּעַמְמַיָּא מִנַּהּ יְהוֹן: וּנְפַל אַבְרָהָם,
עַל אַפּוֹהִי וַחְדִי, וַאֲמַר בְּלִבֵּיהּ, הַלְבַר מְאָה שְׁנִין יְהֵי וְלַד, וְאִם שָׂרָה, הֲבַת תִּשְׁעִין שְׁנִין
יח יט תְּלִיד: וַאֲמַר אַבְרָהָם קֳדָם יְיָ, לְוַי יִשְׁמָעֵאל יִתְקַיַּם קֳדָמָךְ: וַאֲמַר יְיָ, בְּקֻשְׁטָא שָׂרָה
אִתְּתָךְ, תְּלִיד לָךְ בַּר, וְתִקְרֵי יָת שְׁמֵיהּ יִצְחָק, וַאֲקֵים יָת קְיָמִי עִמֵּיהּ, לִקְיָם עָלַם לִבְנוֹהִי
כ בָּתְרוֹהִי: וְעַל יִשְׁמָעֵאל קַבֵּילִית צְלוֹתָךְ, הָא בָּרֵיכִית יָתֵיהּ, וְאַפֵּישִׁית יָתֵיהּ, וְאַסְגֵּיתִי
כא יָתֵיהּ לַחְדָּא לַחְדָּא, תְּרֵי עֲסַר רַבְרְבִין יוֹלִיד, וְאֶתְּנִנֵּיהּ לְעַם סַגִּי: וְיָת קְיָמִי אֲקִים עִם יִצְחָק,
כב דִּתְלִיד לָךְ שָׂרָה לְזִמְנָא הָדֵין, בְּשַׁתָּא אָחֳרַנְתָּא: וְשֵׁיצִי לְמַלָּלָא עִמֵּיהּ, וְאִסְתַּלַּק יְקָרָא דַּייָ,

וְנוּ"ן שֶׁל 'נוֹשֵׂא'. 'וּנְמַלְתֶּם' כְּמוֹ 'וּנְשָׂאתֶם' (להלן מה, יט), אֲבָל 'יִמּוֹל' לְשׁוֹן יִפָּעֵל, כְּמוֹ: יֵעָשֶׂה, יֵאָכֵל:

יב| **יְלִיד בָּיִת.** שֶׁיְּלָדַתּוּ הַשִּׁפְחָה בַּבַּיִת: **וּמִקְנַת כֶּסֶף.** שֶׁקְּנָאוֹ מִשֶּׁנּוֹלַד:

יג| **הִמּוֹל יִמּוֹל יְלִיד בֵּיתְךָ.** כָּאן כָּפַל עָלָיו וְלֹא אָמַר לִשְׁמֹנָה יָמִים, לְלַמֶּדְךָ שֶׁיֵּשׁ יְלִיד בַּיִת נִמּוֹל לְאֶחָד, וּכְמוֹ שֶׁמְּפֹרָשׁ בְּמַסֶּכֶת שַׁבָּת (דף קלה ע"ב):

יד| **וְעָרֵל זָכָר.** כָּאן לִמֵּד שֶׁהַמִּילָה בְּאוֹתוֹ מָקוֹם שֶׁהוּא מַבְדִּיל בֵּין זָכָר לִנְקֵבָה: **אֲשֶׁר לֹא יִמּוֹל.** מִשֶּׁיַּגִּיעַ לִכְלַל עֳנָשִׁין – "וְנִכְרְתָה". אֲבָל אָבִיו אֵין עָנוּשׁ עָלָיו כָּרֵת, אֲבָל עוֹבֵר בַּעֲשֵׂה: **וְנִכְרְתָה הַנֶּפֶשׁ.** הוֹלֵךְ עֲרִירִי וּמֵת קֹדֶם זְמַנּוֹ:

טו| **לֹא תִקְרָא אֶת שְׁמָהּ שָׂרָי.** דְּמַשְׁמַע שָׂרַי לִי וְלֹא לַאֲחֵרִים, "כִּי שָׂרָה" סְתָם "שְׁמָהּ", שֶׁתְּהֵא שָׂרָה עַל כֹּל:

טז| **וּבֵרַכְתִּי אֹתָהּ.** וּמַה הִיא הַבְּרָכָה? שֶׁחָזְרָה לְנַעֲרוּתָהּ, שֶׁנֶּאֱמַר: "הָיְתָה לִי עֶדְנָה" (להלן יח, יב): **וּבֵרַכְתִּיהָ.** בַּהֲנָקַת שָׁדַיִם כְּשֶׁנִּצְרְכָה לְכָךְ, בְּיוֹם מִשְׁתֵּה יִצְחָק, שֶׁהָיוּ מְרַנְּנִים עֲלֵיהֶם שֶׁהֵבִיאוּ אֲסוּפִי מִן הַשּׁוּק וְאוֹמְרִים בְּנֵנוּ הוּא, וְהֵבִיאָה כָּל אַחַת בְּנָהּ עִמָּהּ וּמֵינִקְתָּהּ לֹא הֵבִיאָה, וְהִיא הֵינִיקָה אֶת כֻּלָּם. הוּא שֶׁנֶּאֱמַר: "הֵינִיקָה בָנִים שָׂרָה" (להלן כא, ז). בִּבְרֵאשִׁית רַבָּה רָמַז בְּמִקְצָת (מז, ט):

יז| **וַיִּפֹּל אַבְרָהָם עַל פָּנָיו וַיִּצְחָק.** זֶה תִּרְגֵּם אוּנְקְלוֹס לְשׁוֹן שִׂמְחָה: 'וַחְדִי', וְשֶׁל שָׂרָה לְשׁוֹן מָחוֹךְ (להלן יח, יב), לִמַּדְתָּ שֶׁאַבְרָהָם הֶאֱמִין וְשָׂמַח, וְשָׂרָה לֹא הֶאֱמִינָה וְלִגְלְגָה, וְזֶהוּ שֶׁהִקְפִּיד הַקָּדוֹשׁ בָּרוּךְ הוּא עַל שָׂרָה וְלֹא הִקְפִּיד עַל אַבְרָהָם: **הַלְּבֶן.** יֵשׁ תְּמִיהוֹת שֶׁהֵן קִיּוּמוֹת, כְּמוֹ: "הֲנִגְלֹה נִגְלֵיתִי" (שמואל א' ב, כז), "הֲרוֹאֶה אַתָּה" (שמואל ב' טו, כז), אַף זוֹ קַיֶּמֶת, וְכָךְ אָמַר בְּלִבּוֹ: הֲנַעֲשָׂה חֶסֶד זֶה לְאַחֵר, מַה שֶּׁהַקָּדוֹשׁ בָּרוּךְ הוּא עוֹשֶׂה לִי?: **וְאִם שָׂרָה הֲבַת תִּשְׁעִים שָׁנָה.** הָיְתָה כְּדַאי לֵילֵד? וְאַף עַל פִּי שֶׁדּוֹרוֹת הָרִאשׁוֹנִים הָיוּ מוֹלִידִין בְּנֵי חֲמֵשׁ מֵאוֹת שָׁנָה, בִּימֵי אַבְרָהָם נִתְמַעֲטוּ הַשָּׁנִים כְּבָר וּבָא תַּשּׁוּת כֹּחַ לָעוֹלָם; וְצֵא וּלְמַד מֵעֲשָׂרָה דּוֹרוֹת שֶׁמִּנֹּחַ וְעַד אַבְרָהָם שֶׁמִּהֲרוּ תוֹלְדוֹתֵיהֶן בְּנֵי שְׁלֹשִׁים וּבְנֵי שִׁבְעִים:

יח| **לוּ יִשְׁמָעֵאל יִחְיֶה.** הַלְוַאי שֶׁיִּחְיֶה יִשְׁמָעֵאל, אֵינִי כְדַאי לְקַבֵּל מַתַּן שָׂכָר כָּזֶה: **יִחְיֶה לְפָנֶיךָ.** יִחְיֶה בְּיִרְאָתֶךָ, כְּמוֹ: "הִתְהַלֵּךְ לְפָנַי" (לעיל פסוק א) – "פְּלַח קֳדָמַי":

יט| **אֲבָל.** לְשׁוֹן אֲמִתַּת דְּבָרִים, וְכֵן: "אֲבָל אֲשֵׁמִים אֲנַחְנוּ" (להלן מב, כא), "אֲבָל בֵּן אֵין לָהּ" (מלכים ב' ד, יד): **וְקָרָאתָ אֶת שְׁמוֹ יִצְחָק.** עַל שֵׁם הַצְּחוֹק; וְעַל שֵׁם עֲשָׂרָה נִסְיוֹנוֹת, וְתִשְׁעִים שָׁנָה שֶׁל שָׂרָה, וּשְׁמוֹנָה יָמִים שֶׁנִּמּוֹל, וּמֵאָה שָׁנָה שֶׁל אַבְרָהָם: **אֶת בְּרִיתִי.** בְּרִית הַמִּילָה תְּהֵא מְסוּרָה לְזַרְעוֹ:

כ| **שְׁנֵים עָשָׂר נְשִׂיאִם.** כַּעֲנָנִים יִכְלוּ, כְּמוֹ: "נְשִׂיאִים וְרוּחַ" (משלי כה, יד):

כג מֵעַל אַבְרָהָם׃ וַיִּקַּח אַבְרָהָם אֶת־יִשְׁמָעֵאל בְּנוֹ
וְאֵת כָּל־יְלִידֵי בֵיתוֹ וְאֵת כָּל־מִקְנַת כַּסְפּוֹ כָּל־
זָכָר בְּאַנְשֵׁי בֵּית אַבְרָהָם וַיָּמָל אֶת־בְּשַׂר
עָרְלָתָם בְּעֶצֶם הַיּוֹם הַזֶּה כַּאֲשֶׁר דִּבֶּר אִתּוֹ
כד אֱלֹהִים׃ וְאַבְרָהָם בֶּן־תִּשְׁעִים וָתֵשַׁע שָׁנָה מפטיר
כה בְּהִמֹּלוֹ בְּשַׂר עָרְלָתוֹ׃ וְיִשְׁמָעֵאל בְּנוֹ בֶּן־שְׁלֹשׁ
כו עֶשְׂרֵה שָׁנָה בְּהִמֹּלוֹ אֵת בְּשַׂר עָרְלָתוֹ׃ בְּעֶצֶם
כז הַיּוֹם הַזֶּה נִמּוֹל אַבְרָהָם וְיִשְׁמָעֵאל בְּנוֹ׃ וְכָל־
אַנְשֵׁי בֵיתוֹ יְלִיד בָּיִת וּמִקְנַת־כֶּסֶף מֵאֵת בֶּן־
נֵכָר נִמֹּלוּ אִתּוֹ׃

לך לך

הפטרת לך לך

בחירת ה' באברהם, מנתץ האלילים הראשון, ומכוחו בבניו – העמידה את עם אברהם בחזית המאבק בעיוותים שהביאה עמה האלילות. מאבק ארוך וקשה זה בהיסטוריה האנושית, הותיר לא פעם את "תולעת יעקב" חלושה וכואבת, תוהה על הסתר הפנים. בדברי חיזוק נמרצים, מפי ישעיהו הנביא, חוזרת ונשנית ההבטחה "אל תירא". הבטחה זו יוצרת את הקִרבה המיוחדת בין ה' ל"זרע אברהם אוהבי", נותנת כוח להמשיך להיאבק בחשכת האלילות ומסלקת את סימני השאלה העולים מפעם לפעם. הרקע לנבואה זו הוא כללי, והוא היה נחוץ לאורך כל הדרך בעימות של העם עם ממלכות זרות והשפעתן המדינית והתרבותית.

ישעיה
התימנים מתחילים כאן

האשכנזים והספרדים מתחילים כאן

מ כה כו וְאֶל־מִי תְדַמְּיוּנִי וְאֶשְׁוֶה יֹאמַר קָדוֹשׁ׃ שְׂאוּ־מָרוֹם עֵינֵיכֶם וּרְאוּ מִי־בָרָא
אֵלֶּה הַמּוֹצִיא בְמִסְפָּר צְבָאָם לְכֻלָּם בְּשֵׁם יִקְרָא מֵרֹב אוֹנִים וְאַמִּיץ כֹּחַ
כז אִישׁ לֹא נֶעְדָּר׃ ★ לָמָּה תֹאמַר יַעֲקֹב וּתְדַבֵּר יִשְׂרָאֵל נִסְתְּרָה
כח דַרְכִּי מֵיהוה וּמֵאֱלֹהַי מִשְׁפָּטִי יַעֲבוֹר׃ הֲלוֹא יָדַעְתָּ אִם־לֹא שָׁמַעְתָּ אֱלֹהֵי
עוֹלָם ׀ יהוה בּוֹרֵא קְצוֹת הָאָרֶץ לֹא יִיעַף וְלֹא יִיגָע אֵין חֵקֶר לִתְבוּנָתוֹ׃
כט ל נֹתֵן לַיָּעֵף כֹּחַ וּלְאֵין אוֹנִים עָצְמָה יַרְבֶּה׃ וְיִעֲפוּ נְעָרִים וְיִגָעוּ וּבַחוּרִים כָּשׁוֹל
לא יִכָּשֵׁלוּ׃ וְקוֹיֵ יהוה יַחֲלִיפוּ כֹחַ יַעֲלוּ אֵבֶר כַּנְּשָׁרִים יָרוּצוּ וְלֹא יִיגָעוּ יֵלְכוּ

כג מֵעִלָּוֹהִי דְּאַבְרָהָם: וּדְבַר אַבְרָהָם יָת יִשְׁמָעֵאל בְּרֵיהּ, וְיָת כָּל יְלִידֵי בֵיתֵיהּ וְיָת כָּל זְבִינֵי
כַּסְפֵּיהּ, כָּל דְּכוּרָא, בְּאֱנָשֵׁי בֵּית אַבְרָהָם, וּגְזַר יָת בִּסְרָא דְּעָרְלַתְהוֹן, בִּכְרַן יוֹמָא הָדֵין, כְּמָא
כד כה דְּמַלֵּיל עִמֵּיהּ יְיָ: וְאַבְרָהָם, בַּר תִּשְׁעִין וּתְשַׁע שְׁנִין, כַּד גְּזַר בִּסְרָא דְּעָרְלְתֵיהּ: וְיִשְׁמָעֵאל בְּרֵיהּ,
כו בַּר תְּלָת עֶסְרֵי שְׁנִין, כַּד גְּזַר, יָת בִּסְרָא דְּעָרְלְתֵיהּ: בִּכְרַן יוֹמָא הָדֵין, אִתְגְּזַר אַבְרָהָם, וְיִשְׁמָעֵאל
כז בְּרֵיהּ: וְכָל אֱנָשֵׁי בֵיתֵיהּ יְלִידֵי בֵיתָא, וּזְבִינֵי כַסְפָּא מִן בְּנֵי עַמְמַיָּא, אִתְגְּזַרוּ עִמֵּיהּ:

כב| **מֵעַל אַבְרָהָם.** לָשׁוֹן נְקִיָּה הוּא כְּלַפֵּי שְׁכִינָה, וְלָמַדְנוּ שֶׁהַצַּדִּיקִים מֶרְכַּבְתּוֹ שֶׁל מָקוֹם:

כג| **בְּעֶצֶם הַיּוֹם.** בּוֹ בַּיּוֹם שֶׁנִּצְטַוָּה, בַּיּוֹם וְלֹא בַּלַּיְלָה, לֹא נִתְיָרֵא לֹא מִן הַגּוֹיִם וְלֹא מִן הַלֵּיצָנִים, וְשֶׁלֹּא יִהְיוּ אוֹיְבָיו וּבְנֵי דוֹרוֹ אוֹמְרִים: אִלּוּ רְאִינוּהוּ לֹא הִנַּחְנוּהוּ לָמוּל וּלְקַיֵּם מִצְוָתוֹ שֶׁל מָקוֹם: **וַיָּמָל.** לְשׁוֹן וַיִּפְעַל:

כד| **בְּהִמֹּלוֹ.** בְּהִפָּעֲלוֹ, כְּמוֹ: "בְּהִבָּרְאָם" (לעיל ב, ד): **בְּהִמֹּלוֹ בְּשַׂר עָרְלָתוֹ.** בְּאַבְרָהָם לֹא נֶאֱמַר 'אֶת' לְפִי שֶׁלֹּא הָיָה חָסֵר אֶלָּא חִתּוּךְ בָּשָׂר, שֶׁכְּבָר נִתְמַעֵךְ עַל יְדֵי תַּשְׁמִישׁ, אֲבָל יִשְׁמָעֵאל שֶׁהָיָה יֶלֶד הֻזְקַק לַחְתֹּךְ עָרְלָה וְלִפְרֹעַ הַמִּילָה, לְכָךְ נֶאֱמַר בּוֹ 'אֶת' (להלן פסוק כה):

כו| **בְּעֶצֶם הַיּוֹם הַזֶּה.** שֶׁמָּלְאוּ לְאַבְרָהָם תִּשְׁעִים וָתֵשַׁע שָׁנָה וּלְיִשְׁמָעֵאל שְׁלֹשׁ עֶשְׂרֵה שָׁנִים, "נִמּוֹל אַבְרָהָם וְיִשְׁמָעֵאל בְּנוֹ":

מא א וְלֹא יִיעָפוּ: הַחֲרִישׁוּ אֵלַי אִיִּים וּלְאֻמִּים יַחֲלִיפוּ כֹחַ יִגְּשׁוּ אָז
ב יְדַבֵּרוּ יַחְדָּו לַמִּשְׁפָּט נִקְרָבָה: מִי הֵעִיר מִמִּזְרָח צֶדֶק יִקְרָאֵהוּ לְרַגְלוֹ יִתֵּן
ג לְפָנָיו גּוֹיִם וּמְלָכִים יַרְדְּ יִתֵּן כֶּעָפָר חַרְבּוֹ כְּקַשׁ נִדָּף קַשְׁתּוֹ: יִרְדְּפֵם יַעֲבוֹר
ד שָׁלוֹם אֹרַח בְּרַגְלָיו לֹא יָבוֹא: מִי־פָעַל וְעָשָׂה קֹרֵא הַדֹּרוֹת מֵרֹאשׁ אֲנִי
ה יהוה רִאשׁוֹן וְאֶת־אַחֲרֹנִים אֲנִי־הוּא: רָאוּ אִיִּים וְיִירָאוּ קְצוֹת הָאָרֶץ יֶחֱרָדוּ
ו ז קָרְבוּ וַיֶּאֱתָיוּן: אִישׁ אֶת־רֵעֵהוּ יַעְזֹרוּ וּלְאָחִיו יֹאמַר חֲזָק: וַיְחַזֵּק חָרָשׁ
אֶת־צֹרֵף מַחֲלִיק פַּטִּישׁ אֶת־הוֹלֶם פָּעַם אֹמֵר לַדֶּבֶק טוֹב הוּא וַיְחַזְּקֵהוּ
ח בְמַסְמְרִים לֹא יִמּוֹט: וְאַתָּה יִשְׂרָאֵל עַבְדִּי יַעֲקֹב אֲשֶׁר בְּחַרְתִּיךָ
ט זֶרַע אַבְרָהָם אֹהֲבִי: אֲשֶׁר הֶחֱזַקְתִּיךָ מִקְצוֹת הָאָרֶץ וּמֵאֲצִילֶיהָ קְרָאתִיךָ
י וָאֹמַר לְךָ עַבְדִּי־אַתָּה בְּחַרְתִּיךָ וְלֹא מְאַסְתִּיךָ: אַל־תִּירָא כִּי עִמְּךָ־אָנִי אַל־
תִּשְׁתָּע כִּי־אֲנִי אֱלֹהֶיךָ אִמַּצְתִּיךָ אַף־עֲזַרְתִּיךָ אַף־תְּמַכְתִּיךָ בִּימִין צִדְקִי:
יא יב הֵן יֵבֹשׁוּ וְיִכָּלְמוּ כֹּל הַנֶּחֱרִים בָּךְ יִהְיוּ כְאַיִן וְיֹאבְדוּ אַנְשֵׁי רִיבֶךָ: תְּבַקְשֵׁם

יג וְלֹא תִמְצָאֵם אַנְשֵׁי מַצֻּתֶךָ יִהְיוּ כְאַיִן וּכְאֶפֶס אַנְשֵׁי מִלְחַמְתֶּךָ׃ כִּי אֲנִי יְהוָה
יד אֱלֹהֶיךָ מַחֲזִיק יְמִינֶךָ הָאֹמֵר לְךָ אַל־תִּירָא אֲנִי עֲזַרְתִּיךָ׃ אַל־
תִּירְאִי תּוֹלַעַת יַעֲקֹב מְתֵי יִשְׂרָאֵל אֲנִי עֲזַרְתִּיךְ נְאֻם־יְהוָה וְגֹאֲלֵךְ קְדוֹשׁ
טו יִשְׂרָאֵל׃ הִנֵּה שַׂמְתִּיךְ לְמוֹרַג חָרוּץ חָדָשׁ בַּעַל פִּיפִיּוֹת תָּדוּשׁ הָרִים
טז וְתָדֹק וּגְבָעוֹת כַּמֹּץ תָּשִׂים׃ תִּזְרֵם וְרוּחַ תִּשָּׂאֵם וּסְעָרָה תָּפִיץ אוֹתָם וְאַתָּה
יז תָּגִיל בַּיהוָה בִּקְדוֹשׁ יִשְׂרָאֵל תִּתְהַלָּל׃* הָעֲנִיִּים וְהָאֶבְיוֹנִים
מְבַקְשִׁים מַיִם וָאַיִן לְשׁוֹנָם בַּצָּמָא נָשָׁתָּה אֲנִי יְהוָה אֶעֱנֵם אֱלֹהֵי יִשְׂרָאֵל
לֹא אֶעֶזְבֵם׃

האשכנזים
והספרדים
מסיימים כאן

פרשת
וירא

נושאים לפי סדרים	טו	טז	יז	יח	יט (א)
	ביקור המלאכים תפילת אברהם על סדום	**מהפכת סדום**	**שרה בבית אבימלך**	**לידת יצחק וגירוש ישמעאל**	**עקדת יצחק**
	אלוני ממרא	ערי סדום	גרר	מדבר באר שבע	הר המוריה

38 שנים

וירא

טו וַיֵּרָא אֵלָיו יְהֹוָה בְּאֵלֹנֵי מַמְרֵא וְהוּא יֹשֵׁב פֶּתַח־ א יח
הָאֹהֶל כְּחֹם הַיּוֹם: וַיִּשָּׂא עֵינָיו וַיַּרְא וְהִנֵּה שְׁלֹשָׁה ב
אֲנָשִׁים נִצָּבִים עָלָיו וַיַּרְא וַיָּרָץ לִקְרָאתָם מִפֶּתַח
הָאֹהֶל וַיִּשְׁתַּחוּ אָרְצָה: וַיֹּאמַר אֲדֹנָי אִם־נָא ג
מָצָאתִי חֵן בְּעֵינֶיךָ אַל־נָא תַעֲבֹר מֵעַל עַבְדֶּךָ:
יֻקַּח־נָא מְעַט־מַיִם וְרַחֲצוּ רַגְלֵיכֶם וְהִשָּׁעֲנוּ תַּחַת ד
הָעֵץ: וְאֶקְחָה פַת־לֶחֶם וְסַעֲדוּ לִבְּכֶם אַחַר ה
תַּעֲבֹרוּ כִּי־עַל־כֵּן עֲבַרְתֶּם עַל־עַבְדְּכֶם וַיֹּאמְרוּ
כֵּן תַּעֲשֶׂה כַּאֲשֶׁר דִּבַּרְתָּ: וַיְמַהֵר אַבְרָהָם ו
הָאֹהֱלָה אֶל־שָׂרָה וַיֹּאמֶר מַהֲרִי שְׁלֹשׁ סְאִים קֶמַח
סֹלֶת לוּשִׁי וַעֲשִׂי עֻגוֹת: וְאֶל־הַבָּקָר רָץ אַבְרָהָם ז
וַיִּקַּח בֶּן־בָּקָר רַךְ וָטוֹב וַיִּתֵּן אֶל־הַנַּעַר וַיְמַהֵר

א) **וַיֵּרָא אֵלָיו.** לְבַקֵּר אֶת הַחוֹלֶה. אָמַר רַבִּי חָמָא בַּר חֲנִינָא: יוֹם שְׁלִישִׁי לְמִילָתוֹ הָיָה, וּבָא הַקָּדוֹשׁ בָּרוּךְ הוּא וְשָׁאַל בּוֹ: **בְּאֵלֹנֵי מַמְרֵא.** הוּא שֶׁנָּתַן לוֹ עֵצָה עַל הַמִּילָה, לְפִיכָךְ נִגְלָה עָלָיו בְּחֶלְקוֹ: **יֹשֵׁב.** 'יָשַׁב' כְּתִיב, בִּקֵּשׁ לַעֲמֹד, אָמַר לוֹ הַקָּדוֹשׁ בָּרוּךְ הוּא: שֵׁב, וְאַתָּה סִימָן לְבָנֶיךָ שֶׁעָתִיד אֲנִי לְהִתְיַצֵּב בַּעֲדַת הַדַּיָּנִים וְהֵן יוֹשְׁבִים: **פֶּתַח הָאֹהֶל.** לִרְאוֹת אִם יֵשׁ עוֹבֵר וָשָׁב, וְיַכְנִיסֵם בְּבֵיתוֹ: **כְּחֹם הַיּוֹם.** הוֹצִיא הַקָּדוֹשׁ בָּרוּךְ הוּא חַמָּה מִנַּרְתִּיקָהּ שֶׁלֹּא לְהַטְרִיחוֹ בְּאוֹרְחִים, וּלְפִי שֶׁרָאָהוּ מִצְטַעֵר שֶׁלֹּא הָיוּ אוֹרְחִים בָּאִים, הֵבִיא הַמַּלְאָכִים עָלָיו בִּדְמוּת אֲנָשִׁים:

ב) **וְהִנֵּה שְׁלֹשָׁה אֲנָשִׁים.** אֶחָד לְבַשֵּׂר אֶת שָׂרָה וְאֶחָד לַהֲפֹךְ אֶת סְדוֹם וְאֶחָד לְרַפְּאוֹת אֶת אַבְרָהָם, שֶׁאֵין מַלְאָךְ אֶחָד עוֹשֶׂה שְׁתֵּי שְׁלִיחֻיּוֹת, תֵּדַע לְךָ שֶׁכֵּן כָּל הַפָּרָשָׁה הוּא מַזְכִּירָן בִּלְשׁוֹן רַבִּים, "וַיֹּאכֵלוּ" (להלן פסוק ח), "וַיֹּאמְרוּ אֵלָיו" (שם פסוק ט), וּבַבְּשׂוֹרָה נֶאֱמַר: "וַיֹּאמֶר שׁוֹב אָשׁוּב" (שם

יח א ב וְאִתְגְּלִי לֵיהּ יְיָ, בְּמֵישְׁרֵי מַמְרֵא, וְהוּא, יָתֵיב בִּתְרַע מַשְׁכְּנָא כְּמֵיחַם יוֹמָא: וּזְקַף עֵינוֹהִי
וַחֲזָא, וְהָא תְּלָתָא גֻּבְרִין, קָיְמִין עִלָּווֹהִי, וַחֲזָא, וּרְהַט לְקַדָּמוּתְהוֹן מִתְּרַע מַשְׁכְּנָא, וּסְגֵיד
ג ד עַל אַרְעָא: וַאֲמַר, יְיָ, אִם כְּעַן אַשְׁכַּחִית רַחֲמִין קֳדָמָךְ, לָא כְעַן תִּעְבַּר מֵעַל עַבְדָּךְ: יִסְּבוּן
ה כְּעַן זְעֵיר מַיָּא, וְאַסְחוּ רַגְלֵיכוֹן, וְאִסְתְּמִיכוּ תְּחוֹת אִילָנָא: וְאֶסַּב פִּתָּא דְלַחְמָא, וּסְעוּדוּ
לִבְּכוֹן בָּתַר כֵּן תִּעְבְּרוּן, אֲרֵי עַל כֵּן עֲבַרְתּוּן עַל עַבְדְּכוֹן, וַאֲמַרוּ, כֵּן תַּעֲבֵיד כְּמָא דְמַלֵּילְתָּא:
ו וְאוֹחִי אַבְרָהָם, לְמַשְׁכְּנָא לְוָת שָׂרָה, וַאֲמַר, אוֹחַא, תְּלָת סְאִין קִמְחָא סֻלְתָּא, לוּשִׁי
ז וַעֲבִידִי גְּרִיצָן: וּלְבֵית תּוֹרֵי רְהַט אַבְרָהָם, וּנְסֵיב בַּר תּוֹרֵי, רַכִּיךְ וְטָב וִיהַב לְעוּלֵימָא, וְאוֹחִי

פָּסוּק י), וּבַהֲפִיכַת סְדוֹם הוּא אוֹמֵר: "כִּי לֹא אוּכַל לַעֲשׂוֹת דָּבָר" (לְהַלָּן יט, כב), "לְבִלְתִּי הָפְכִּי" (שָׁם פָּסוּק כא). וּרְפָאֵל שֶׁרִפֵּא אֶת אַבְרָהָם הָלַךְ מִשָּׁם לְהַצִּיל אֶת לוֹט, הוּא שֶׁנֶּאֱמַר: "וַיְהִי כְהוֹצִיאָם אֹתָם הַחוּצָה וַיֹּאמֶר הִמָּלֵט עַל נַפְשֶׁךָ" (שָׁם פָּסוּק יז), לָמַדְתָּ שֶׁהָאֶחָד הָיָה מַצִּיל: **נִצָּבִים עָלָיו.** לְפָנָיו, אֲבָל לָשׁוֹן נְקִיָּה הוּא כְּלַפֵּי הַמַּלְאָכִים: **וַיַּרְא.** מַהוּ "וַיַּרְא... וַיַּרְא" שְׁנֵי פְּעָמִים? הָרִאשׁוֹן כְּמַשְׁמָעוֹ, וְהַשֵּׁנִי לְשׁוֹן הֲבָנָה – נִסְתַּכֵּל שֶׁהָיוּ נִצָּבִים בְּמָקוֹם אֶחָד וְהֵבִין שֶׁלֹּא הָיוּ רוֹצִים לְהַטְרִיחוֹ, וְקָדַם הוּא וְרָץ לִקְרָאתָם. בְּבָבָא מְצִיעָא (דַּף פו ע"ב): כְּתִיב "נִצָּבִים עָלָיו" וּכְתִיב "וַיָּרָץ לִקְרָאתָם", כַּד חַזְיוּהּ דַּהֲוָה שָׁרֵי וְאָסַר, פֵּרְשׁוּ הֵימֶנּוּ. מִיָּד – "וַיָּרָץ לִקְרָאתָם":

ג| **וַיֹּאמַר אֲדֹנָי אִם נָא וְגוֹ'.** לַגָּדוֹל שֶׁבָּהֶם אָמַר, וּקְרָאָם כֻּלָּם אֲדוֹנִים, וְלַגָּדוֹל אָמַר: "אַל נָא תַעֲבֹר", וְכֵיוָן שֶׁלֹּא יַעֲבֹר הוּא יַעַמְדוּ חֲבֵרָיו עִמּוֹ, וּבְלָשׁוֹן זֶה הוּא חוֹל. דָּבָר אַחֵר, קֹדֶשׁ הוּא, וְהָיָה אוֹמֵר לְהַקָּדוֹשׁ בָּרוּךְ הוּא לְהַמְתִּין לוֹ עַד שֶׁיָּרוּץ וְיַכְנִיס אֶת הָאוֹרְחִים, וְאַף עַל פִּי שֶׁכָּתוּב אַחַר "וַיָּרָץ לִקְרָאתָם", הָאֲמִירָה קֹדֶם לָכֵן הָיְתָה, וְדֶרֶךְ הַמִּקְרָאוֹת לְדַבֵּר כֵּן, כְּמוֹ שֶׁפֵּרַשְׁתִּי אֵצֶל "לֹא יָדוֹן רוּחִי בָאָדָם" (לְעֵיל ו, ג) שֶׁנִּכְתַּב אַחַר "וַיּוֹלֶד נֹחַ" (לְעֵיל ה, לב), וְאִי אֶפְשָׁר לוֹמַר אֶלָּא אִם כֵּן קָדַם הַגְּזֵרָה עֶשְׂרִים שָׁנָה. וּשְׁתֵּי הַלְּשׁוֹנוֹת בִּבְרֵאשִׁית רַבָּה (מח, י; מט, ז):

ד| **יֻקַּח נָא.** עַל יְדֵי שָׁלִיחַ, וְהַקָּדוֹשׁ בָּרוּךְ הוּא שִׁלֵּם לְבָנָיו עַל יְדֵי שָׁלִיחַ, שֶׁנֶּאֱמַר: "וַיָּרֶם מֹשֶׁה אֶת יָדוֹ וַיַּךְ אֶת הַסֶּלַע" (בְּמִדְבַּר כ, יא): **וְרַחֲצוּ רַגְלֵיכֶם.** כְּסְבוּר שֶׁהֵם עַרְבִיִּים שֶׁמִּשְׁתַּחֲוִים לַאֲבַק רַגְלֵיהֶם וְהִקְפִּיד שֶׁלֹּא לְהַכְנִיס עֲבוֹדָה זָרָה לְבֵיתוֹ. אֲבָל לוֹט שֶׁלֹּא הִקְפִּיד הִקְדִּים לִינָה לִרְחִיצָה, שֶׁנֶּאֱמַר: "וְלִינוּ וְרַחֲצוּ רַגְלֵיכֶם" (לְהַלָּן יט, ב): **תַּחַת הָעֵץ.** תַּחַת הָאִילָן:

ה| **וְסַעֲדוּ לִבְּכֶם.** בַּתּוֹרָה בַּנְּבִיאִים וּבַכְּתוּבִים מָצִינוּ דְּפִתָּא סַעֲדְתָּא דְּלִבָּא. בַּתּוֹרָה: "וְסַעֲדוּ לִבְּכֶם", בַּנְּבִיאִים: "סְעָד לִבְּךָ פַּת לֶחֶם" (שׁוֹפְטִים יט, ה), בַּכְּתוּבִים: "וְלֶחֶם לְבַב אֱנוֹשׁ יִסְעָד" (תְּהִלִּים קד, טו). אָמַר רַבִּי חָמָא: 'לְבַבְכֶם' אֵין כְּתִיב כָּאן אֶלָּא 'לִבְּכֶם', מַגִּיד שֶׁאֵין יֵצֶר הָרָע שׁוֹלֵט בַּמַּלְאָכִים: **אַחַר תַּעֲבֹרוּ.** אַחַר כֵּן תֵּלְכוּ: **כִּי עַל כֵּן עֲבַרְתֶּם.** כִּי הַדָּבָר הַזֶּה אֲנִי מְבַקֵּשׁ מִכֶּם מֵאַחַר שֶׁעֲבַרְתֶּם עָלַי לִכְבוֹדִי. "כִּי עַל כֵּן" – כְּמוֹ: 'עַל אֲשֶׁר', וְכֵן כָּל 'כִּי עַל כֵּן' שֶׁבַּמִּקְרָא: "כִּי עַל כֵּן בָּאוּ בְּצֵל קֹרָתִי" (לְהַלָּן יט, ח), "כִּי עַל כֵּן רָאִיתִי פָנֶיךָ" (לְהַלָּן לג, י), "כִּי עַל כֵּן לֹא נְתַתִּיהָ" (לְהַלָּן לח, כו), "כִּי עַל כֵּן יָדַעְתָּ חֲנֹתֵנוּ" (בְּמִדְבַּר י, לא):

ו| **קֶמַח סֹלֶת.** סֹלֶת לְעוּגוֹת, קֶמַח לַעֲמִילָן שֶׁל טַבָּחִים לְכַסּוֹת אֶת הַקְּדֵרָה לִשְׁאֹב אֶת הַזֻּהֲמָא:

ז| **בֶּן בָּקָר רַךְ וָטוֹב.** שְׁלֹשָׁה פָּרִים הָיוּ, כְּדֵי לְהַאֲכִילָן שָׁלֹשׁ לְשׁוֹנוֹת בְּחַרְדָּל: **אֶל הַנַּעַר.** זֶה יִשְׁמָעֵאל, לְחַנְּכוֹ בְּמִצְוֹת:

לַעֲשׂוֹת אֹתוֹ׃ וַיִּקַּח חֶמְאָה וְחָלָב וּבֶן־הַבָּקָר ח
אֲשֶׁר עָשָׂה וַיִּתֵּן לִפְנֵיהֶם וְהוּא עֹמֵד עֲלֵיהֶם
תַּחַת הָעֵץ וַיֹּאכֵלוּ׃ וַיֹּאמְרוּ אֵלָיו אַיֵּה שָׂרָה ט
אִשְׁתֶּךָ וַיֹּאמֶר הִנֵּה בָאֹהֶל׃ וַיֹּאמֶר שׁוֹב אָשׁוּב י
אֵלֶיךָ כָּעֵת חַיָּה וְהִנֵּה־בֵן לְשָׂרָה אִשְׁתֶּךָ וְשָׂרָה
שֹׁמַעַת פֶּתַח הָאֹהֶל וְהוּא אַחֲרָיו׃ וְאַבְרָהָם יא
וְשָׂרָה זְקֵנִים בָּאִים בַּיָּמִים חָדַל לִהְיוֹת לְשָׂרָה
אֹרַח כַּנָּשִׁים׃ וַתִּצְחַק שָׂרָה בְּקִרְבָּהּ לֵאמֹר יב
אַחֲרֵי בְלֹתִי הָיְתָה־לִּי עֶדְנָה וַאדֹנִי זָקֵן׃ וַיֹּאמֶר יג
יְהוָה אֶל־אַבְרָהָם לָמָּה זֶּה צָחֲקָה שָׂרָה לֵאמֹר
הַאַף אֻמְנָם אֵלֵד וַאֲנִי זָקַנְתִּי׃ הֲיִפָּלֵא מֵיְהוָה יד
דָּבָר לַמּוֹעֵד אָשׁוּב אֵלֶיךָ כָּעֵת חַיָּה וּלְשָׂרָה בֵן׃
וַתְּכַחֵשׁ שָׂרָה ׀ לֵאמֹר לֹא צָחַקְתִּי כִּי ׀ יָרֵאָה שני טו
וַיֹּאמֶר ׀ לֹא כִּי צָחָקְתְּ׃ וַיָּקֻמוּ מִשָּׁם הָאֲנָשִׁים טז
וַיַּשְׁקִפוּ עַל־פְּנֵי סְדֹם וְאַבְרָהָם הֹלֵךְ עִמָּם
לְשַׁלְּחָם׃ וַיהוָה אָמָר הַמְכַסֶּה אֲנִי מֵאַבְרָהָם יז
אֲשֶׁר אֲנִי עֹשֶׂה׃ וְאַבְרָהָם הָיוֹ יִהְיֶה לְגוֹי גָּדוֹל יח

ח) וַיִּקַּח חֶמְאָה וְגוֹ׳. וְלֶחֶם לֹא הֵבִיא, לְפִי שֶׁפֵּרְסָה שָׂרָה נִדָּה שֶׁחָזַר לָהּ אֹרַח כַּנָּשִׁים אוֹתוֹ הַיּוֹם, וְנִטְמֵאת הָעִסָּה: חֶמְאָה. שׁוּמַן הֶחָלָב שֶׁקּוֹלְטִין מֵעַל פָּנָיו: וּבֶן הַבָּקָר אֲשֶׁר עָשָׂה. אֲשֶׁר תִּיקֵּן, קַמָּא קַמָּא שֶׁתִּיקֵּן אַמְטֵי וְאַיְיתֵי קַמַּיְהוּ: וַיֹּאכֵלוּ. נִרְאוּ כְמוֹ שֶׁאָכְלוּ, מִכָּאן שֶׁלֹּא יְשַׁנֶּה אָדָם מִן הַמִּנְהָג:

ח למעבד יתיה: ונסיב שמן וחלב, ובר תורי דעבד, ויהב קדמיהון, והוא משמיש עליהון,
ט י תחות אילנא ואכלו: ואמרו ליה, אן שרה אתתך, ואמר הא במשכנא: ואמר, מתב אתוב
לותך כעדן דאתון קימין, והא ברא לשרה אתתך, ושרה שמעת, בתרע משכנא והוא
יא יב אחורוהי: ואברהם ושרה סיבו, עאלו ביומין, פסק מלמהוי לשרה, אורח כנשיא: וחייכת
יג שרה במעהא למימר, בתר דסיבית תהי לי עולימו, ורבוני סיב: ואמר יי לאברהם, למא דנן
יד חייכת שרה למימר, הבקשטא, אוליד ואנא סיבית: היתכסא מן קדם יי פתגמא, לזמן, אתוב
טו לותך, כעדן דאתון קימין ולשרה בר: וכדיבת שרה למימר, לא חייכית ארי דחילת, ואמר
טז לא ברם חייכת: וקמו מתמן גבריא, ואסתכיאו על אפי סדום, ואברהם, אזיל עמהון
יז יח לאלוואיהון: ויי אמר, המכסי אנא מאברהם, דאנא עביד: ואברהם, מהוא יהוי, לעם סגי

ט **ויאמרו אליו.** נקוד על אי"ו, ותניא, רבי שמעון בן אלעזר אומר: כל מקום שהכתב רבה על הנקדה אתה דורש הכתב, וכאן נקדה רבה על הכתב ואתה דורש הנקדה, שאף לשרה שאלו: איו אברהם? למדנו שישאל אדם באכסניא שלו לאיש על האשה ולאשה על האיש. בבבא מציעא (דף פז ע"א) אומרים: יודעים היו מלאכי השרת שרה אמנו היכן היתה, אלא להודיע שצנועה היתה כדי לחבבה על בעלה. אמר רבי יוסי ברבי חנינא: כדי לשגר לה כוס של ברכה: **הנה באהל.** צנועה היא:

י **כעת חיה.** כעת הזאת לשנה הבאה, ופסח היה, ולפסח הבא נולד יצחק, מדלא קרינן כעת חיה: **כעת חיה.** כעת הזאת שתהא חיה לכם, שתהיו כלכם שלמים וקימים: **שוב אשוב.** לא בשרו המלאך שישוב אליו, אלא בשליחותו של מקום אמר לו, כמו: "ויאמר לה מלאך ה' הרבה ארבה" (לעיל טז, י) והוא אין בידו להרבות, אלא בשליחותו של מקום אמר לה, אף כאן בשליחותו של מקום אמר לו: **והוא אחריו.** הפתח היה אחר המלאך:

יא **חדל להיות.** פסק ממנה דרך נשים – נדות:

יב **בקרבה לאמר.** מסתכלת במעיה: אפשר הקרבים הללו טוענין ולד? השדים הללו שצמקו מושכין חלב? תנחומא (שופטים יח): **עדנה.** צחות בשר, ולשון משנה: "מסיר את השער ומעדן את הבשר". דבר אחר, לשון עדן, זמן וסת נדות:

יג **האף אמנם.** הגם אמת "אלד": **ואני זקנתי.** שנה הכתוב מפני השלום, שהרי היא אמרה: "ואדני זקן":

יד **היפלא.** כתרגומו, "היתכסי", וכי שום דבר מפלא ומפרד ומכסה ממני מלעשות כרצוני?: **למועד.** לאותו מועד המיחד שקבעתי לך אתמול, "למועד הזה בשנה האחרת" (לעיל יז, כא):

טו **כי יראה. כי צחקת.** הראשון משמש לשון 'דהא', שהוא נותן טעם לדבר: ותכחש שרה לפי שיראה. והשני משמש בלשון 'אלא': ויאמר, לא כדבריך הוא, אלא צחקת; שאמרו רבותינו: 'כי' משמש בארבע לשונות, אי, דלמא, אלא, דהא:

טז **וישקפו.** כל השקפה שבמקרא לרעה, חוץ מ"השקיפה ממעון קדשך" (דברים כו, טו), שגדול כח מתנות עניים שהופך מדת הרגז לרחמים: **לשלחם.** ללותם, כסבור אורחים הם:

יז **המכסה אני.** בתמיה, מה שאני עשה בסדום?! לא יפה לי לעשות דבר זה שלא מדעתו! אני נתתי לו את הארץ הזאת וחמשה כרכין הללו שלו הן, שנאמר: "גבול הכנעני מצידן... באכה סדמה ועמרה" וגו' (לעיל י, יט), קראתי אותו אברהם, "אב המון גוים" (לעיל יז, ה), ואשמיד את הבנים ולא אודיע לאב שהוא אוהבי?!:

יח **ואברהם היו יהיה.** מדרש אגדה, זכר צדיק לברכה (משלי י, ז), הואיל והזכירו ברכו. ופשוטו, וכי ממנו אני מעלים? והרי הוא חביב לפני להיות לגוי גדול ולהתברך בו כל גויי הארץ:

יט וְעָצוּם וְנִבְרְכוּ־בוֹ כֹּל גּוֹיֵי הָאָרֶץ: כִּי יְדַעְתִּיו
לְמַעַן אֲשֶׁר יְצַוֶּה אֶת־בָּנָיו וְאֶת־בֵּיתוֹ אַחֲרָיו
וְשָׁמְרוּ דֶּרֶךְ יְהוָה לַעֲשׂוֹת צְדָקָה וּמִשְׁפָּט לְמַעַן
הָבִיא יְהוָה עַל־אַבְרָהָם אֵת אֲשֶׁר־דִּבֶּר עָלָיו:
כ וַיֹּאמֶר יְהוָה זַעֲקַת סְדֹם וַעֲמֹרָה כִּי־רָבָּה
כא וְחַטָּאתָם כִּי כָבְדָה מְאֹד: אֵרֲדָה־נָּא וְאֶרְאֶה
הַכְּצַעֲקָתָהּ הַבָּאָה אֵלַי עָשׂוּ ׀ כָּלָה וְאִם־לֹא
כב אֵדָעָה: וַיִּפְנוּ מִשָּׁם הָאֲנָשִׁים וַיֵּלְכוּ סְדֹמָה
כג וְאַבְרָהָם עוֹדֶנּוּ עֹמֵד לִפְנֵי יְהוָה: וַיִּגַּשׁ אַבְרָהָם
כד וַיֹּאמַר הַאַף תִּסְפֶּה צַדִּיק עִם־רָשָׁע: אוּלַי יֵשׁ
חֲמִשִּׁים צַדִּיקִם בְּתוֹךְ הָעִיר הַאַף תִּסְפֶּה וְלֹא־
תִשָּׂא לַמָּקוֹם לְמַעַן חֲמִשִּׁים הַצַּדִּיקִם אֲשֶׁר
כה בְּקִרְבָּהּ: חָלִלָה לְּךָ מֵעֲשֹׂת ׀ כַּדָּבָר הַזֶּה לְהָמִית
צַדִּיק עִם־רָשָׁע וְהָיָה כַצַּדִּיק כָּרָשָׁע חָלִלָה לָּךְ
כו הֲשֹׁפֵט כָּל־הָאָרֶץ לֹא יַעֲשֶׂה מִשְׁפָּט: וַיֹּאמֶר
יְהוָה אִם־אֶמְצָא בִסְדֹם חֲמִשִּׁים צַדִּיקִם בְּתוֹךְ
כז הָעִיר וְנָשָׂאתִי לְכָל־הַמָּקוֹם בַּעֲבוּרָם: וַיַּעַן
אַבְרָהָם וַיֹּאמַר הִנֵּה־נָא הוֹאַלְתִּי לְדַבֵּר אֶל־

וירא

יט] **כִּי יְדַעְתִּיו.** לְשׁוֹן חִבָּה, כְּמוֹ: "מוֹדַע לְאִישָׁהּ" (רות ב, א), "הֲלֹא בֹעַז מֹדַעְתָּנוּ" (שם ג, ב), "וָאֵדָעֲךָ בְשֵׁם" (שמות לג, יז). וְאָמְנָם עִקַּר לְשׁוֹן כֻּלָּם אֵינוֹ אֶלָּא לְשׁוֹן יְדִיעָה, שֶׁהַמְחַבֵּב אֶת הָאָדָם מְקָרְבוֹ אֶצְלוֹ וְיוֹדְעוֹ וּמַכִּירוֹ. וְלָמָּה יְדַעְתִּיו? "לְמַעַן אֲשֶׁר יְצַוֶּה", לְפִי שֶׁהוּא מְצַוֶּה אֶת בָּנָיו עָלַי לִשְׁמֹר

יט ותקיף, ויתברכון בדיליה, כל עממי ארעא: ארי גלי קדמי, בדיל דיפקיד, ית בנוהי
וית אנש ביתיה בתרוהי, ויטרון אורחן דתקנן קדם יי, למעבד צדקתא ודינא, בדיל
כ דייתי יי על אברהם, ית דמליל עלוהי: ואמר יי, קבילת, סדום ועמורה ארי סגיאת,
כא וחובתהון, ארי תקיפת לחדא: אתגלי כען ואדון, הכקבילתהון, דעאלת לקדמי, עבדו
כב אעביד עמהון גמירא אם לא תיבין, ואם תיבין לא אתפרע: ואתפניאו מתמן גבריא,
כג ואזלו לסדום, ואברהם, עד כען משמיש בצלו קדם יי: וקריב אברהם ואמר,
כד הברגז תשיצי, זכאה עם חיבא: מאם אית, חמשין זכאין בגו קרתא, הברגז תשיצי
כה ולא תשבוק לאתרא, בדיל, חמשין זכאין דבגוה: קשטא אנון דינך, מלמעבד
כפתגמא הדין, לשיצאה זכאה עם חיבא, ויהי זכאה כחיבא, קשטא אנון דינך, הדין
כו כל ארעא, ברם יעביד דינא: ואמר יי, אם אשכח בסדום, חמשין זכאין בגו קרתא,
כז ואשבוק לכל אתרא בדילהון: ואתיב אברהם ואמר, הא כען שריתי למללא קדם

דרכי. ואם תפרשהו כתרגומו: יודע אני בו שיצוה את בניו וגו', אין 'למען' נופל על הלשון: **יצוה.** לשון הוה, כמו: "ככה יעשה איוב" (איוב א, ה): **למען הביא.** כך הוא מצוה לבניו: שמרו דרך ה' כדי שיביא ה' על אברהם וגו'; 'על בית אברהם' לא נאמר אלא "על אברהם", למדנו כל המעמיד בן צדיק כאלו אינו מת:

כ) **ויאמר ה'.** אל אברהם: זעקת סדם וגו'. **כי רבה.** כל 'רבה' שבמקרא הטעם בבי"ת, לפי שהן מתרגמין 'גדולה' או 'גדלה והולכת', אבל זה טעמו למעלה ברי"ש לפי שמתרגם 'גדלה' כבר, כמו שפרשתי: "ויהי השמש באה" (לעיל טו, יז), "הנה שבה יבמתך" (רות א, טו):

כא) **ארדה נא.** למד לדיינים שלא יפסקו דיני נפשות אלא בראיה, הכל כמו שפרשתי בפרשת הפלגה (לעיל יא, ה). דבר אחר, "ארדה נא" לסוף מעשיהם: **הכצעקתה.** של מדינה: **הבאה אלי עשו.** וכן עומדים במרדם – "כלה" אני עושה בהם, "ואם לא" יעמדו במרדם – "אדעה" מה אעשה, להפרע מהם ביסורין, ולא אכלה אותם. וכיוצא בו מצינו במקום אחר: "ועתה הורד עדיך מעליך ואדעה מה אעשה לך" (שמות לג, ה). ולפיכך יש הפסק נקדת פסק בין 'עשו' ל'כלה' כדי להפרידם תבה מחברתה. ורבותינו דרשו: "הכצעקתה", צעקת ריבה אחת שהרגו מיתה משנה על שנתנה מזון לעני, כמפרש ב'חלק' (סנהדרין קט ע"ב):

כב) **ויפנו משם.** ממקום שאברהם לוה שם: **עודנו עמד וגו'.** והלא לא הלך לעמד לפניו, אלא הקדוש ברוך הוא בא אצלו ואמר לו: "זעקת סדם ועמרה" וגו' (לעיל פסוק כ), והיה לו לכתב: 'וה' עודנו עומד על אברהם'? אלא תקון סופרים הוא זה:

כג) **ויגש אברהם.** מצינו הגשה למלחמה: "ויגש יואב" וגו' (דברי הימים א' יט, יד); הגשה לפיוס: "ויגש אליו יהודה" (להלן מד, יח); והגשה לתפלה: "ויגש אליהו הנביא" (מלכים א' יח, לו); ולכל אלה נכנס אברהם: לדבר קשות ולפיוס ולתפלה: **האף תספה.** הגם תספה. ולתרגום של אונקלוס שתרגמו לשון רגז, כך פרושו: האף ישיאך שתספה צדיק עם רשע?:

כד) **חמשים צדיקם.** עשרה צדיקים לכל כרך וכרך, חמשה מקומות יש.

כה) **חללה לך.** ואם תאמר, לא יצילו הצדיקים את הרשעים, למה תמית הצדיקים? חלין הוא לך! יאמרו: כך היא אמנותו, שוטף הכל, צדיקים ורשעים; כך עשית לדור המבול ולדור הפלגה: **כדבר הזה.** לא הוא ולא כיוצא בו: **חללה לך.** לעולם הבא: **השפט כל הארץ.** נקוד בחטף פתח ה"א של 'השפט', לשון תמיה, וכי מי שהוא שופט לא יעשה משפט אמת?!:

כו) **אם אמצא בסדם וגו'.** לפי שסדום היתה מטרופולין וחשובה מכלם, תלה בה הכתוב:

אֲדֹנָי וְאָנֹכִי עָפָר וָאֵפֶר׃ אוּלַי יַחְסְרוּן חֲמִשִּׁים כח
הַצַּדִּיקִם חֲמִשָּׁה הֲתַשְׁחִית בַּחֲמִשָּׁה אֶת־כָּל־
הָעִיר וַיֹּאמֶר לֹא אַשְׁחִית אִם־אֶמְצָא שָׁם
אַרְבָּעִים וַחֲמִשָּׁה׃ וַיֹּסֶף עוֹד לְדַבֵּר אֵלָיו וַיֹּאמַר כט
אוּלַי יִמָּצְאוּן שָׁם אַרְבָּעִים וַיֹּאמֶר לֹא אֶעֱשֶׂה
בַּעֲבוּר הָאַרְבָּעִים׃ וַיֹּאמֶר אַל־נָא יִחַר לַאדֹנָי ל
וַאֲדַבֵּרָה אוּלַי יִמָּצְאוּן שָׁם שְׁלֹשִׁים וַיֹּאמֶר לֹא
אֶעֱשֶׂה אִם־אֶמְצָא שָׁם שְׁלֹשִׁים׃ וַיֹּאמֶר הִנֵּה־נָא לא
הוֹאַלְתִּי לְדַבֵּר אֶל־אֲדֹנָי אוּלַי יִמָּצְאוּן שָׁם
עֶשְׂרִים וַיֹּאמֶר לֹא אַשְׁחִית בַּעֲבוּר הָעֶשְׂרִים׃
וַיֹּאמֶר אַל־נָא יִחַר לַאדֹנָי וַאֲדַבְּרָה אַךְ־הַפַּעַם לב
אוּלַי יִמָּצְאוּן שָׁם עֲשָׂרָה וַיֹּאמֶר לֹא אַשְׁחִית
בַּעֲבוּר הָעֲשָׂרָה׃ וַיֵּלֶךְ יְהוָה כַּאֲשֶׁר כִּלָּה לְדַבֵּר לג
שלישי טז אֶל־אַבְרָהָם וְאַבְרָהָם שָׁב לִמְקֹמוֹ׃ וַיָּבֹאוּ שְׁנֵי א יט
הַמַּלְאָכִים סְדֹמָה בָּעֶרֶב וְלוֹט יֹשֵׁב בְּשַׁעַר־סְדֹם
וַיַּרְא־לוֹט וַיָּקָם לִקְרָאתָם וַיִּשְׁתַּחוּ אַפַּיִם אָרְצָה׃
וַיֹּאמֶר הִנֶּה נָּא־אֲדֹנַי סוּרוּ נָא אֶל־בֵּית עַבְדְּכֶם ב
וְלִינוּ וְרַחֲצוּ רַגְלֵיכֶם וְהִשְׁכַּמְתֶּם וַהֲלַכְתֶּם
לְדַרְכְּכֶם וַיֹּאמְרוּ לֹּא כִּי בָרְחוֹב נָלִין׃ וַיִּפְצַר־בָּם ג
מְאֹד וַיָּסֻרוּ אֵלָיו וַיָּבֹאוּ אֶל־בֵּיתוֹ וַיַּעַשׂ לָהֶם
מִשְׁתֶּה וּמַצּוֹת אָפָה וַיֹּאכֵלוּ׃ טֶרֶם יִשְׁכָּבוּ וְאַנְשֵׁי ד

כח יְיָ, וַאֲנָא עֲפַר וּקְטַם: מָאִם, יַחְסְרוּן, חַמְשִׁין זַכָּאִין חַמְשָׁא, הַתְחַבֵּיל בְּחַמְשָׁא יָת כָּל
כט קַרְתָּא, וַאֲמַר לָא אֲחַבֵּיל, אִם אַשְׁכַּח תַּמָּן, אַרְבְּעִין וְחַמְשָׁא: וְאוֹסֵיף עוֹד, לְמַלָּלָא
קֳדָמוֹהִי וַאֲמַר, מָאִם, יִשְׁתַּכְחוּן תַּמָּן אַרְבְּעִין, וַאֲמַר לָא אַעֲבֵיד גְּמִירָא, בְּדִיל אַרְבְּעִין:
ל וַאֲמַר, לָא כְעַן, יִתְקַף רֻגְזָא דַּייָ וַאֲמַלֵּיל, מָאִם, יִשְׁתַּכְחוּן תַּמָּן תְּלָתִין, וַאֲמַר לָא אַעֲבֵיד
לא גְּמִירָא, אִם אַשְׁכַּח תַּמָּן תְּלָתִין: וַאֲמַר, הָא כְעַן אַסְגִּיתִי לְמַלָּלָא קֳדָם יְיָ, מָאִם, יִשְׁתַּכְחוּן
לב תַּמָּן עֶסְרִין, וַאֲמַר לָא אֲחַבֵּיל, בְּדִיל עֶסְרִין: וַאֲמַר, לָא כְעַן, יִתְקַף רֻגְזָא דַּייָ וַאֲמַלֵּיל בְּרַם
לג זִמְנָא הָדָא, מָאִם, יִשְׁתַּכְחוּן תַּמָּן עַסְרָא, וַאֲמַר לָא אֲחַבֵּיל, בְּדִיל עַסְרָא: וְאִסְתַּלַּק יְקָרָא
יט א דַּייָ, כַּד שֵׁיצִי, לְמַלָּלָא עִם אַבְרָהָם, וְאַבְרָהָם תָּב לְאַתְרֵיהּ: וְעָאלוּ, תְּרֵין מַלְאֲכַיָּא לִסְדוֹם
בְּרַמְשָׁא, וְלוֹט יָתֵיב בְּתַרְעָא דִסְדוֹם, וַחֲזָא לוֹט וְקָם לְקַדָּמוּתְהוֹן, וּסְגֵיד עַל אַפּוֹהִי עַל
ב אַרְעָא: וַאֲמַר בְּבָעוּ כְעַן רִבּוֹנַי, זוּרוּ כְעַן, לְבֵית עַבְדְּכוֹן וּבִיתוּ וְאַסְחוּ רַגְלֵיכוֹן, וְתַקְדְּמוּן
ג וּתְהָכוּן לְאוֹרַחְכוֹן, וַאֲמַרוּ לָא, אֱלָהֵין בִּרְחוֹבָא נְבִית: וְאַתְקֵיף בְּהוֹן לַחֲדָא, וְזָרוּ לְוָתֵיהּ,
ד וְעָאלוּ לְבֵיתֵיהּ, וַעֲבַד לְהוֹן מִשְׁתְּיָא, וּפַטִּיר אֲפָא לְהוֹן וַאֲכַלוּ: עַד לָא שְׁכִיבוּ, וֶאֱנָשֵׁי

כח| **הֲתַשְׁחִית בַּחֲמִשָּׁה.** וַהֲלֹא הֵן תִּשְׁעָה לְכָל כִּכָּר, וְאַתָּה צַדִּיקוֹ שֶׁל עוֹלָם תִּצְטָרֵף עִמָּהֶם:

כט| **אוּלַי יִמָּצְאוּן שָׁם אַרְבָּעִים.** וְיִמָּלְטוּ אַרְבָּעָה הַכְּרַכִּים. וְכֵן שְׁלֹשִׁים יַצִּילוּ שְׁלֹשָׁה מֵהֶם, אוֹ עֶשְׂרִים יַצִּילוּ שְׁנַיִם מֵהֶם, אוֹ עֲשָׂרָה יַצִּילוּ אֶחָד מֵהֶם:

לא| **הוֹאַלְתִּי.** רָצִיתִי, כְּמוֹ: "וַיּוֹאֶל מֹשֶׁה" (שמות ב, כא):

לב| **אוּלַי יִמָּצְאוּן שָׁם עֲשָׂרָה.** עַל הַפָּחוּת לֹא בִּקֵּשׁ, אָמַר: דּוֹר הַמַּבּוּל הָיוּ שְׁמוֹנָה, נֹחַ וּבָנָיו וּנְשֵׁיהֶם, וְלֹא הִצִּילוּ עַל דּוֹרָם. וְעַל תִּשְׁעָה עַל יְדֵי צֵרוּף כְּבָר בִּקֵּשׁ וְלֹא מָצָא:

לג| **וַיֵּלֶךְ ה׳ וְגוֹ׳.** כֵּיוָן שֶׁנִּשְׁתַּתֵּק הַסָּנֵגוֹר הָלַךְ לוֹ הַדַּיָּן: **וְאַבְרָהָם שָׁב לִמְקוֹמוֹ.** נִסְתַּלֵּק הַדַּיָּן נִסְתַּלֵּק הַסָּנֵגוֹר, וְהַקָּטֵגוֹר מְקַטְרֵג, לְפִיכָךְ "וַיָּבֹאוּ שְׁנֵי הַמַּלְאָכִים סְדֹמָה" (להלן יט, א), לְהַשְׁחִית.

פרק יט

א| **וַיָּבֹאוּ שְׁנֵי.** וְהַשְּׁלִישִׁי שֶׁבָּא לְבַשֵּׂר אֶת שָׂרָה, כֵּיוָן שֶׁעָשָׂה שְׁלִיחוּתוֹ נִסְתַּלֵּק לוֹ: **הַמַּלְאָכִים.** וּלְהַלָּן (לעיל יח, ב) קְרָאָם 'אֲנָשִׁים'; כְּשֶׁהָיְתָה שְׁכִינָה עִמָּהֶם קְרָאָם 'אֲנָשִׁים'. דָּבָר אַחֵר, אֵצֶל אַבְרָהָם שֶׁכֹּחוֹ גָּדוֹל וְהָיוּ הַמַּלְאָכִים תְּדִירִין אֶצְלוֹ כַּאֲנָשִׁים, קְרָאָם 'אֲנָשִׁים', וְאֵצֶל לוֹט קְרָאָם 'מַלְאָכִים': **בָּעֶרֶב.** וְכִי כָּל כָּךְ שָׁהוּ הַמַּלְאָכִים מֵחֶבְרוֹן לִסְדוֹם? אֶלָּא מַלְאֲכֵי רַחֲמִים הָיוּ וּמַמְתִּינִים שֶׁמָּא יוּכַל אַבְרָהָם לְלַמֵּד עֲלֵיהֶם סָנֵגוֹרְיָא: **וְלוֹט יֹשֵׁב בְּשַׁעַר סְדֹם.** 'יָשַׁב' כְּתִיב, אוֹתוֹ הַיּוֹם מִנּוּהוּ שׁוֹפֵט עַל הַשּׁוֹפְטִים: **וַיַּרְא לוֹט וְגוֹ׳.** מִבֵּית אַבְרָהָם לָמַד לְחַזֵּר עַל הָאוֹרְחִים:

ב| **הִנֶּה נָּא אֲדֹנַי.** הִנֵּה נָא אַתֶּם אֲדוֹנִים לִי אַחַר שֶׁעֲבַרְתֶּם עָלַי. דָּבָר אַחֵר, "הִנֶּה נָא", צְרִיכִים אַתֶּם לָתֵת לֵב עַל הָרְשָׁעִים הַלָּלוּ שֶׁלֹּא יַכִּירוּ בָּכֶם; וְזוֹ הִיא עֵצָה נְכוֹנָה: "סוּרוּ נָא" וְגוֹ׳ – עַקְּמוּ אֶת הַדֶּרֶךְ לְבֵיתִי דֶּרֶךְ עֲקַלָּתוֹן, שֶׁלֹּא יַכִּירוּ שֶׁאַתֶּם נִכְנָסִים שָׁם, לְכָךְ נֶאֱמַר "סוּרוּ". בְּרֵאשִׁית רַבָּה (נ, ד): **וַיֹּאמְרוּ לֹּא.** וּלְאַבְרָהָם אָמְרוּ: "כֵּן תַּעֲשֶׂה" (לעיל יח, ה), מִכָּאן שֶׁמְּסָרְבִין לַקָּטָן וְאֵין מְסָרְבִין לַגָּדוֹל: **כִּי בָרְחוֹב נָלִין.** הֲרֵי 'כִּי' מְשַׁמֵּשׁ בִּלְשׁוֹן 'אֶלָּא', שֶׁאָמְרוּ: לֹא נָסוּר אֶל בֵּיתְךָ אֶלָּא בִּרְחוֹבָהּ שֶׁל עִיר נָלִין:

ג| **וַיָּסֻרוּ אֵלָיו.** עִקְּמוּ אֶת הַדֶּרֶךְ לְצַד בֵּיתוֹ: **וּמַצּוֹת אָפָה.** פֶּסַח הָיָה:

ד| **טֶרֶם יִשְׁכָּבוּ וְאַנְשֵׁי הָעִיר אַנְשֵׁי סְדֹם.** כָּךְ נִדְרַשׁ בִּבְרֵאשִׁית רַבָּה (נ, ה): "טֶרֶם יִשְׁכָּבוּ וְאַנְשֵׁי הָעִיר" הָיוּ בְּפִיהֶם שֶׁל מַלְאָכִים, שֶׁהָיוּ שׁוֹאֲלִים לְלוֹט: מַה טִּיבָם וּמַעֲשֵׂיהֶם? וְהוּא אוֹמֵר לָהֶם: רֻבָּם רְשָׁעִים. עוֹדָם מְדַבְּרִים בָּהֶם, וְ"אַנְשֵׁי סְדֹם נָסַבּוּ" וְגוֹ׳. וּפְשׁוּטוֹ שֶׁל מִקְרָא: וְאַנְשֵׁי הָעִיר, אַנְשֵׁי רֶשַׁע, נָסַבּוּ עַל הַבַּיִת; עַל שֶׁהָיוּ רְשָׁעִים נִקְרָאִים "אַנְשֵׁי סְדֹם", כְּמוֹ שֶׁאָמַר הַכָּתוּב:

הָעִיר אַנְשֵׁי סְדֹם נָסַבּוּ עַל־הַבַּיִת מִנַּעַר וְעַד־זָקֵן
ה כָּל־הָעָם מִקָּצֶה: וַיִּקְרְאוּ אֶל־לוֹט וַיֹּאמְרוּ לוֹ
אַיֵּה הָאֲנָשִׁים אֲשֶׁר־בָּאוּ אֵלֶיךָ הַלָּיְלָה הוֹצִיאֵם
ו אֵלֵינוּ וְנֵדְעָה אֹתָם: וַיֵּצֵא אֲלֵהֶם לוֹט הַפֶּתְחָה
ז וְהַדֶּלֶת סָגַר אַחֲרָיו: וַיֹּאמַר אַל־נָא אַחַי תָּרֵעוּ:
ח הִנֵּה־נָא לִי שְׁתֵּי בָנוֹת אֲשֶׁר לֹא־יָדְעוּ אִישׁ
אוֹצִיאָה־נָּא אֶתְהֶן אֲלֵיכֶם וַעֲשׂוּ לָהֶן כַּטּוֹב
בְּעֵינֵיכֶם רַק לָאֲנָשִׁים הָאֵל אַל־תַּעֲשׂוּ דָבָר כִּי־
ט עַל־כֵּן בָּאוּ בְּצֵל קֹרָתִי: וַיֹּאמְרוּ ׀ גֶּשׁ־הָלְאָה
וַיֹּאמְרוּ הָאֶחָד בָּא־לָגוּר וַיִּשְׁפֹּט שָׁפוֹט עַתָּה נָרַע
לְךָ מֵהֶם וַיִּפְצְרוּ בָאִישׁ בְּלוֹט מְאֹד וַיִּגְּשׁוּ לִשְׁבֹּר
י הַדָּלֶת: וַיִּשְׁלְחוּ הָאֲנָשִׁים אֶת־יָדָם וַיָּבִיאוּ אֶת־
יא לוֹט אֲלֵיהֶם הַבָּיְתָה וְאֶת־הַדֶּלֶת סָגָרוּ: וְאֶת־
הָאֲנָשִׁים אֲשֶׁר־פֶּתַח הַבַּיִת הִכּוּ בַּסַּנְוֵרִים מִקָּטֹן
יב וְעַד־גָּדוֹל וַיִּלְאוּ לִמְצֹא הַפָּתַח: וַיֹּאמְרוּ הָאֲנָשִׁים
אֶל־לוֹט עֹד מִי־לְךָ פֹה חָתָן וּבָנֶיךָ וּבְנֹתֶיךָ וְכֹל
יג אֲשֶׁר־לְךָ בָּעִיר הוֹצֵא מִן־הַמָּקוֹם: כִּי־מַשְׁחִתִים
אֲנַחְנוּ אֶת־הַמָּקוֹם הַזֶּה כִּי־גָדְלָה צַעֲקָתָם אֶת־
יד פְּנֵי יְהוָה וַיְשַׁלְּחֵנוּ יְהוָה לְשַׁחֲתָהּ: וַיֵּצֵא לוֹט
וַיְדַבֵּר ׀ אֶל־חֲתָנָיו ׀ לֹקְחֵי בְנֹתָיו וַיֹּאמֶר קוּמוּ
צְאוּ מִן־הַמָּקוֹם הַזֶּה כִּי־מַשְׁחִית יְהוָה אֶת־הָעִיר

טו וַיְהִי כִמְצַחֵק בְּעֵינֵי חֲתָנָיו: וּכְמוֹ הַשַּׁחַר עָלָה וַיָּאִיצוּ הַמַּלְאָכִים בְּלוֹט לֵאמֹר קוּם

ה קַרְתָּא, אֱנָשֵׁי סְדוֹם אַקִּיפוּ עַל בֵּיתָא, מֵעוּלֵימָא וְעַד סָבָא, כָּל עַמָּא מִסּוֹפֵיהּ: וּקְרוֹ לְלוֹט וַאֲמַרוּ
ו לֵיהּ, אָן גֻּבְרַיָּא, דַּאֲתוֹ לְוָתָךְ בְּלֵילְיָא, אַפֵּיקִנּוּן לְוָתַנָא, וְנֵדַע יָתְהוֹן: וּנְפַק לְוָתְהוֹן, לוֹט לְתַרְעָא,
ז ח וְדַשָּׁא אֲחַד בָּתְרוֹהִי: וַאֲמַר, בְּבָעוּ כְעַן אַחַי לָא תַבְאֲשׁוּן: הָא כְעַן לִי תַּרְתֵּין בְּנָן, דְּלָא יְדַעוּנִין
גְּבַר, אַפֵּיק כְּעַן יָתְהוֹן לְוָתְכוֹן, וַעֲבִידוּ לְהוֹן, כִּדְתָקֵין בְּעֵינֵיכוֹן, לְחוֹד, לְגֻבְרַיָּא הָאִלֵּין לָא
ט תַעְבְּדוּן מִדַּעַם, אֲרֵי עַל כֵּן עָאלוּ בִּטְלַל שָׁרִיתִי: וַאֲמַרוּ קְרַב לְהַלְאָה, וַאֲמַרוּ חַד אֲתָא
לְאִתּוֹתָבָא וְהָא דָאֵין דִּינָא, כְּעַן, נַבְאֵישׁ לָךְ מִדִּילְהוֹן, וְאַתְקִיפוּ בְּגֻבְרָא בְלוֹט לַחְדָּא, וּקְרִיבוּ
י לְמִתְבַּר דַּשָּׁא: וְאוֹשִׁיטוּ גֻּבְרַיָּא יָת יְדֵיהוֹן, וְאַעִילוּ יָת לוֹט, לְוָתְהוֹן לְבֵיתָא, וְיָת דַּשָּׁא אֲחַדוּ:
יא וְיָת גֻּבְרַיָּא דִּבְתְרַע בֵּיתָא, מְחוֹ בְּשַׁבְרִירַיָּא, מִזְּעֵירָא וְעַד רַבָּא, וּלְאִיאוּ לְאַשְׁכָּחָא תַרְעָא:
יב וַאֲמַרוּ גֻבְרַיָּא לְלוֹט, עוֹד מָא לָךְ הָכָא, חַתְנָא וּבְנָךְ וּבְנָתָךְ, וְכֹל דִּלָךְ בְּקַרְתָּא, אַפֵּיק מִן אַתְרָא:
יג אֲרֵי מְחַבְּלִין אֲנַחְנָא, יָת אַתְרָא הָדֵין, אֲרֵי סְגִיאַת קְבִילַתְהוֹן קֳדָם יְיָ, וְשַׁלְּחַנָא יְיָ לְחַבָּלוּתַהּ:
יד וּנְפַק לוֹט, וּמַלֵּיל עִם חַתְנוֹהִי נָסְבֵי בְנָתֵיהּ, וַאֲמַר קוּמוּ פּוּקוּ מִן אַתְרָא הָדֵין, אֲרֵי מְחַבֵּיל יְיָ יָת
טו קַרְתָּא, וַהֲוָה כִּמְחָיֵךְ בְּעֵינֵי חַתְנוֹהִי: וּכְמִסַּק צַפְרָא הֲוָה, וּדְחִיקוּ מַלְאֲכַיָּא בְּלוֹט לְמֵימַר, קוּם

"וְאַנְשֵׁי סְדֹם רָעִים וְחַטָּאִים" (לעיל יג, יג): כָּל הָעָם מִקָּצֶה. מִקְּצֵה הָעִיר עַד הַקָּצֶה, שֶׁאֵין אֶחָד מוֹחֶה בְּיָדָם, שֶׁאֲפִלּוּ צַדִּיק אֶחָד אֵין בָּהֶם:

ה| וְנֵדְעָה אֹתָם. בְּמִשְׁכַּב זָכוּר, כְּמוֹ: "אֲשֶׁר לֹא יָדְעוּ אִישׁ" (להלן פסוק ח):

ח| הָאֵל. כְּמוֹ 'הָאֵלֶּה': כִּי עַל כֵּן בָּאוּ. כִּי הַטּוֹבָה הַזֹּאת תַּעֲשׂוּ לִכְבוֹדִי עַל אֲשֶׁר "בָּאוּ בְּצֵל קֹרָתִי", "בִּטְלַל שָׁרִיתִי", תַּרְגּוּם שֶׁל 'קוֹרָה' – שָׁרִיתָא:

ט| גֶּשׁ הָלְאָה. כְּשֶׁאָמַר לָהֶם עַל הַבָּנוֹת, אָמְרוּ לוֹ: "גֶּשׁ הָלְאָה", לְשׁוֹן נַחַת. וְעַל שֶׁאַתָּה מֵלִיץ עַל הָאוֹרְחִין, אָמְרוּ לוֹ: אֵיךְ מְלָאֲךָ לִבְּךָ? "הָאֶחָד בָּא לָגוּר" – אָדָם נָכְרִי יְחִידִי אַתָּה בֵּינֵינוּ שֶׁבָּאתָ לָגוּר, "וַיִּשְׁפֹּט שָׁפוֹט" – נַעֲשֵׂיתָ מוֹכִיחַ אוֹתָנוּ [וְר' יוֹסֵף בַּר' שִׁמְעוֹן (קרא) אוֹמֵר הָלְאָה "גֶּשׁ הָלְאָה" אֵינוֹ אֶלָּא לְשׁוֹן דְּחִיָּה וּדְחִיפָה, כְּמוֹ "קְרַב אֵלֶיךָ אַל תִּגַּשׁ בִּי" (ישעיה סה, ה) וּכְמוֹ "וְאֶת הָאֵשׁ זְרֵה הָלְאָה" (במדבר יז, ב) וּכְמוֹ "וְהִגְלֵיתִי אֶתְכֶם מֵהָלְאָה לְדַמָּשֶׂק" (עמוס ה, כז) שֶׁאַף כָּאן לוֹט הָיָה מִתְחַבֵּט לִפְנֵיהֶם עַל הָאַכְסְנָאִים, וְהֵם אוֹמְרִים לוֹ: קְרַב אֵלֶיךָ אַל תִּפְגַּע בָּנוּ; שֶׁאִם אַתָּה אוֹמֵר קְרַב אֵלֵינוּ וּשְׁמַע דְּבָרֵינוּ הוּא, מַה צֹּרֶךְ לְדָבָר זֶה? וַהֲלֹא לוֹט קָרוֹב אֲלֵיהֶם עוֹמֵד, כְּמוֹ שֶׁמָּנִינוּ "וַיֵּצֵא אֲלֵהֶם לוֹט הַפֶּתְחָה" (לעיל פסוק ו)! אֶלָּא עַל כָּרְחֲךָ לְשׁוֹן הַרְחָקָה הוּא, כְּלוֹמַר, לֵךְ מֵעִמָּנוּ. וְהוֹדָה הַמּוֹרֶה לִדְבָרָיו]: הַדֶּלֶת. הַסּוֹבֶבֶת לִנְעֹל וְלִפְתֹּחַ:

יא| פֶּתַח. הוּא הֶחָלָל שֶׁבּוֹ נִכְנָסִין וְיוֹצְאִין: בַּסַּנְוֵרִים. מַכַּת עִוָּרוֹן: מִקָּטֹן וְעַד גָּדוֹל. הַקְּטַנִּים הִתְחִילוּ בָּעֲבֵרָה תְּחִלָּה, שֶׁנֶּאֱמַר: "מִנַּעַר וְעַד זָקֵן" (לעיל פסוק ד), לְפִיכָךְ הִתְחִילָה הַפֻּרְעָנוּת מֵהֶם:

יב| עֹד מִי לְךָ פֹה. פְּשׁוּטוֹ שֶׁל מִקְרָא, מִי יֵשׁ לְךָ עוֹד בָּעִיר הַזֹּאת חוּץ מֵאִשְׁתְּךָ וּבְנוֹתֶיךָ שֶׁבַּבַּיִת: חָתָן וּבָנֶיךָ וּבְנֹתֶיךָ. אִם יֵשׁ לְךָ חָתָן אוֹ בָנִים וּבָנוֹת, "הוֹצֵא מִן הַמָּקוֹם": וּבָנֶיךָ. בְּנֵי בְנוֹתֶיךָ הַנְּשׂוּאוֹת. וּמִדְרַשׁ אַגָּדָה, "עֹד" – מֵאַחַר שֶׁעוֹשִׂין נְבָלָה כָּזֹאת, "מִי לְךָ" פִּתְחוֹן פֶּה לְלַמֵּד סָנֵגוֹרְיָא עֲלֵיהֶם, שֶׁכָּל הַלַּיְלָה הָיָה מֵלִיץ עֲלֵיהֶם טוֹבוֹת. קְרִי בֵּיהּ: 'מִי לְךָ פֶּה':

יד| חֲתָנָיו. שְׁתֵּי בָנוֹת נְשׂוּאוֹת הָיוּ לוֹ בָּעִיר: לֹקְחֵי בְנֹתָיו. שֶׁאוֹתָן שֶׁבַּבַּיִת אֲרוּסוֹת לָהֶם:

טו| וַיָּאִיצוּ. כְּתַרְגּוּמוֹ 'וּדְחִיקוּ', מִהֲרוּהוּ: הַנִּמְצָאֹת.

קַח אֶת־אִשְׁתְּךָ וְאֶת־שְׁתֵּי בְנֹתֶיךָ הַנִּמְצָאֹת
פֶּן־תִּסָּפֶה בַּעֲוֺן הָעִיר: וַיִּתְמַהְמָהּ ׀ וַיַּחֲזִיקוּ טז
הָאֲנָשִׁים בְּיָדוֹ וּבְיַד־אִשְׁתּוֹ וּבְיַד שְׁתֵּי בְנֹתָיו
בְּחֶמְלַת יְהוָה עָלָיו וַיֹּצִאֻהוּ וַיַּנִּחֻהוּ מִחוּץ
לָעִיר: וַיְהִי כְהוֹצִיאָם אֹתָם הַחוּצָה וַיֹּאמֶר יז
הִמָּלֵט עַל־נַפְשֶׁךָ אַל־תַּבִּיט אַחֲרֶיךָ וְאַל־
תַּעֲמֹד בְּכָל־הַכִּכָּר הָהָרָה הִמָּלֵט פֶּן־תִּסָּפֶה:
וַיֹּאמֶר לוֹט אֲלֵהֶם אַל־נָא אֲדֹנָי: הִנֵּה־נָא מָצָא יח יט
עַבְדְּךָ חֵן בְּעֵינֶיךָ וַתַּגְדֵּל חַסְדְּךָ אֲשֶׁר עָשִׂיתָ
עִמָּדִי לְהַחֲיוֹת אֶת־נַפְשִׁי וְאָנֹכִי לֹא אוּכַל
לְהִמָּלֵט הָהָרָה פֶּן־תִּדְבָּקַנִי הָרָעָה וָמַתִּי:
הִנֵּה־נָא הָעִיר הַזֹּאת קְרֹבָה לָנוּס שָׁמָּה וְהִוא כ
מִצְעָר אִמָּלְטָה נָּא שָׁמָּה הֲלֹא מִצְעָר הִוא
רביעי וּתְחִי נַפְשִׁי: וַיֹּאמֶר אֵלָיו הִנֵּה נָשָׂאתִי פָנֶיךָ גַּם כא
לַדָּבָר הַזֶּה לְבִלְתִּי הָפְכִּי אֶת־הָעִיר אֲשֶׁר
דִּבַּרְתָּ: מַהֵר הִמָּלֵט שָׁמָּה כִּי לֹא אוּכַל לַעֲשׂוֹת כב
דָּבָר עַד־בֹּאֲךָ שָׁמָּה עַל־כֵּן קָרָא שֵׁם־הָעִיר

הַמְזֻמָּנוֹת לְךָ בַּבַּיִת לְהַצִּילָם. וּמִדְרַשׁ אַגָּדָה יֵשׁ, וְזֶה יִשּׁוּבוֹ שֶׁל מִקְרָא: תִּסָּפֶה. תִּהְיֶה כָלֶה; "עַד תֹּם כָּל הַדּוֹר" (דברים ב, יד) מְתֻרְגָּם: "עַד דְּסָף":

טז וַיִּתְמַהְמָהּ. כְּדֵי לְהַצִּיל אֶת מָמוֹנוֹ: וַיַּחֲזִיקוּ. אֶחָד מֵהֶם הָיָה שָׁלִיחַ לְהַצִּילוֹ, וַחֲבֵרוֹ לַהֲפֹךְ אֶת סְדוֹם, לְכָךְ נֶאֱמַר: "וַיֹּאמֶר הִמָּלֵט" (להלן פסוק יז) וְלֹא נֶאֱמַר 'וַיֹּאמְרוּ':

יז הִמָּלֵט עַל נַפְשֶׁךָ. דַּיֶּיךָ לְהַצִּיל נְפָשׁוֹת, אַל תָּחוּס עַל הַמָּמוֹן: אַל תַּבִּיט אַחֲרֶיךָ. אַתָּה הִרְשַׁעְתָּ עִמָּהֶם וּבִזְכוּת אַבְרָהָם אַתָּה נִצּוֹל, אֵינְךָ כְּדַאי

דְּבַר יָת אִתְּתָךְ, וְיָת תַּרְתֵּין בְּנָתָךְ דְּאִשְׁתְּכַחָא מְהֵימְנָן עִמָּךְ, דִּלְמָא תִלְקֵי בְּחוֹבֵי קַרְתָּא:
טז וְאִתְעַכַּב וְאַתְקִיפוּ גֻבְרַיָּא בִּידֵיהּ וּבִיד אִתְּתֵיהּ, וּבְיַד תַּרְתֵּין בְּנָתֵיהּ, בִּדְחָס יְיָ עֲלוֹהִי, וְאַפְּקוּהִי
יז וְאַשְׁרְיוּהִי מִבָּרָא לְקַרְתָּא: וַהֲוָה כַּד אַפִּיק יָתְהוֹן לְבָרָא, וַאֲמַר חוּס עַל נַפְשָׁךְ, לָא תִסְתַּכֵּי
יח לַאֲחוֹרָךְ, וְלָא תְקוּם בְּכָל מֵישְׁרָא, לְטוּרָא אִשְׁתֵּיזַב דִּלְמָא תִלְקֵי: וַאֲמַר לוֹט לְהוֹן, בְּבָעוּ יְיָ:
יט הָא כְעַן, אַשְׁכַּח עַבְדָּךְ רַחֲמִין בְּעֵינָךְ, וְאַסְגֵּיתָא טֵיבוּתָךְ, דַּעֲבַדְתְּ עִמִּי, לְקַיָּמָא יָת נַפְשִׁי, וַאֲנָא,
כ לֵית אֲנָא יָכֵיל לְאִשְׁתֵּיזָבָא לְטוּרָא, דִּלְמָא תְעָרְעִנַּנִי בִּשְׁתָּא וַאֲמוּת: הָא כְעַן, קַרְתָּא הָדָא
כא קָרִיבָא, לְמֵעֲרַק לְתַמָּן וְהִיא זְעֵירָא, אֶשְׁתֵּיזַב כְּעַן לְתַמָּן, הֲלָא זְעֵירָא, הִיא וְתִתְקַיַּם נַפְשִׁי: וַאֲמַר
כב לֵיהּ, הָא נְסֵיבִית אַפָּךְ, אַף לְפִתְגָמָא הָדֵין, בְּדִיל, דְּלָא לְמֶהְפַּךְ יָת קַרְתָּא דְּבְעֵיתָא עֲלַהּ: אוֹחִי
אִשְׁתֵּיזַב לְתַמָּן, אֲרֵי לָא אִכּוּל לְמֶעֱבַד פִּתְגָּמָא, עַד מֵיתָךְ לְתַמָּן, עַל כֵּן, קְרָא שְׁמַהּ דְּקַרְתָּא

לִרְאוֹת בְּפֻרְעָנוּתָם וְאַתָּה נִצּוֹל: **בְּכָל הַכִּכָּר.** כִּכַּר הַיַּרְדֵּן: **הָהָרָה הִמָּלֵט.** אֵצֶל אַבְרָהָם בְּרַח שֶׁהָיָה יוֹשֵׁב בָּהָר, שֶׁנֶּאֱמַר: "וַיַּעְתֵּק מִשָּׁם הָהָרָה" (לעיל יב, ח), וְאַף עַכְשָׁיו הָיָה יוֹשֵׁב שָׁם, שֶׁנֶּאֱמַר: "עַד הַמָּקוֹם אֲשֶׁר הָיָה שָׁם אָהֳלֹה בַּתְּחִלָּה" (לעיל יג, ג); וְאַף עַל פִּי שֶׁכָּתוּב: "וַיֶּאֱהַל אַבְרָם" וְגוֹ' (שם יח), אֹהָלִים הַרְבֵּה הָיוּ לוֹ וְנִמְשְׁכוּ עַד חֶבְרוֹן: **הִמָּלֵט.** לְשׁוֹן הַשְׁמָטָה, וְכֵן כָּל הַמְלָטָה שֶׁבַּמִּקְרָא אשמוצי"ר בְּלַעַז, וְכֵן: "וְהִמְלִיטָה זָכָר" (ישעיה סו, ז), שֶׁנִּשְׁמַט הָעֻבָּר מִן הָרֶחֶם, "כְּצִפּוֹר נִמְלְטָה" (תהלים קכד, ז), "לֹא יָכְלוּ מַלֵּט מַשָּׂא" (ישעיה מו, ב), לְהַשְׁמִיט מַשָּׂא הָרְעִי שֶׁבְּנִקְבֵיהֶם:

יח| **אַל נָא אֲדֹנָי.** רַבּוֹתֵינוּ אָמְרוּ שֶׁשֵּׁם זֶה קֹדֶשׁ, שֶׁנֶּאֱמַר בּוֹ: "לְהַחֲיוֹת אֶת נַפְשִׁי" (להלן פסוק יט) – מִי שֶׁיֵּשׁ בְּיָדוֹ לְהָמִית וּלְהַחֲיוֹת, וְתַרְגּוּמוֹ "בְּבָעוּ כְעַן ה'": **אַל נָא.** אַל תֹּאמְרוּ אֵלַי לְהִמָּלֵט הָהָרָה: **נָא.** לְשׁוֹן בַּקָּשָׁה:

יט| **פֶּן תִּדְבָּקַנִי הָרָעָה.** כְּשֶׁהָיִיתִי אֵצֶל אַנְשֵׁי סְדוֹם הָיָה הַקָּדוֹשׁ בָּרוּךְ הוּא רוֹאֶה מַעֲשַׂי וּמַעֲשֵׂה בְּנֵי עִירִי וְהָיִיתִי נִרְאֶה צַדִּיק וּכְדַאי לְהִנָּצֵל, וּכְשֶׁאָבוֹא אֵצֶל צַדִּיק אֲנִי כְּרָשָׁע. וְכֵן אָמְרָה הַצָּרְפִית לְאֵלִיָּהוּ: "בָּאתָ אֵלַי לְהַזְכִּיר אֶת עֲוֹנִי" (מלכים א' יז, יח) – עַד שֶׁלֹּא בָּאתָ אֶצְלִי הָיָה הַקָּדוֹשׁ בָּרוּךְ הוּא רוֹאֶה מַעֲשַׂי וּמַעֲשֵׂה עַמִּי וַאֲנִי צַדֶּקֶת בֵּינֵיהֶם, וּמִשֶּׁבָּאתָ אֶצְלִי, לְפִי מַעֲשֶׂיךָ אֲנִי רְשָׁעָה:

כ| **הָעִיר הַזֹּאת קְרֹבָה.** יְשִׁיבָתָהּ קְרוֹבָה, וְלֹא נִתְמַלֵּאת סְאָתָהּ עֲדַיִן. וּמַה הִיא קְרִיבָתָהּ? מִדּוֹר הַפַּלָּגָה, שֶׁנִּתְפַּלְּגוּ הָאֲנָשִׁים וְהִתְחִילוּ לְהִתְיַשֵּׁב אִישׁ אִישׁ בִּמְקוֹמוֹ, וְהִיא הָיְתָה בִּשְׁנַת מוֹת פֶּלֶג, וּמִשָּׁם עַד כָּאן חֲמִשִּׁים וּשְׁתַּיִם שָׁנָה, שֶׁפֶּלֶג מֵת בִּשְׁנַת אַרְבָּעִים וּשְׁמֹנֶה לְאַבְרָהָם. כֵּיצַד? פֶּלֶג חַי אַחֲרֵי הוֹלִידוֹ אֶת רְעוּ מָאתַיִם וָתֵשַׁע שָׁנָה, מֵהֶם כֻּלּוֹ שְׁלֹשִׁים וּשְׁתַּיִם כְּשֶׁנּוֹלַד שְׂרוּג וּמִשְּׂרוּג עַד שֶׁנּוֹלַד נָחוֹר שְׁלֹשִׁים, הֲרֵי שִׁשִּׁים וּשְׁתַּיִם, וּמִנָּחוֹר עַד שֶׁנּוֹלַד תֶּרַח עֶשְׂרִים וָתֵשַׁע, הֲרֵי תִּשְׁעִים וְאַחַת, וּמִשָּׁם עַד שֶׁנּוֹלַד אַבְרָהָם שִׁבְעִים, הֲרֵי מֵאָה שִׁשִּׁים וְאַחַת, תֵּן לָהֶם אַרְבָּעִים וּשְׁמֹנֶה, הֲרֵי מָאתַיִם וָתֵשַׁע, וְאוֹתָהּ שָׁנָה הָיְתָה שְׁנַת הַפַּלָּגָה. וּכְשֶׁנֶּחְרְבָה סְדוֹם הָיָה אַבְרָהָם בֶּן תִּשְׁעִים וָתֵשַׁע שָׁנָה, הֲרֵי מִדּוֹר הַפַּלָּגָה עַד כָּאן חֲמִשִּׁים וּשְׁתַּיִם שָׁנָה. וְצוֹעַר אֵחֲרָה יְשִׁיבָתָהּ אַחֲרֵי יְשִׁיבַת סְדוֹם וַחֲבֵרוֹתֶיהָ שָׁנָה אַחַת, הוּא שֶׁנֶּאֱמַר: "אִמָּלְטָה נָּא", 'נָא' בְּגִימַטְרִיָּא חֲמִשִּׁים וְאַחַת: **הֲלֹא מִצְעָר הִוא.** עֲוֹנוֹתֶיהָ מוּעָטִין וְיָכוֹל אַתָּה לְהַנִּיחָהּ "וּתְחִי נַפְשִׁי" בָּהּ, זֶהוּ מִדְרָשׁוֹ. וּפְשׁוּטוֹ שֶׁל מִקְרָא, הֲלֹא עִיר קְטַנָּה הִיא וַאֲנָשִׁים בָּהּ מְעַט, אֵין לְךָ לְהַקְפִּיד אִם תְּנִיחֶנָּה "וּתְחִי נַפְשִׁי" בָּהּ:

כא| **גַּם לַדָּבָר הַזֶּה.** לֹא דַּיֶּיךָ שֶׁאַתָּה נִצָּל אֶלָּא אַף כָּל הָעִיר אַצִּיל בִּגְלָלְךָ: **הָפְכִּי.** הוֹפֵךְ אֲנִי, כְּמוֹ "עַד בֹּאִי" (להלן מח, ה), "אַחֲרֵי רֹאִי" (לעיל טז, יג), "מִדֵּי דַבְּרִי בּוֹ" (ירמיה לא, יט):

כב| **כִּי לֹא אוּכַל לַעֲשׂוֹת.** זֶה עָנְשָׁן שֶׁל מַלְאָכִים עַל שֶׁאָמְרוּ: "כִּי מַשְׁחִתִים אֲנַחְנוּ" (לעיל פסוק יג) וְתָלוּ הַדָּבָר בְּעַצְמָן, לְפִיכָךְ לֹא זָזוּ מִשָּׁם עַד שֶׁהֻזְקְקוּ לוֹמַר שֶׁאֵין הַדָּבָר בִּרְשׁוּתָן: **כִּי לֹא אוּכַל.** לְשׁוֹן יָחִיד, מִכָּאן אַתָּה לָמֵד שֶׁהָאֶחָד הוֹפֵךְ וְהָאֶחָד מַצִּיל, שֶׁאֵין שְׁנֵי מַלְאָכִים נִשְׁלָחִים לְדָבָר אֶחָד: **עַל כֵּן קָרָא שֵׁם הָעִיר צוֹעַר.** עַל שֵׁם "וְהִיא מִצְעָר" (לעיל פסוק כ):

צוֹעַר׃ הַשֶּׁמֶשׁ יָצָא עַל־הָאָרֶץ וְלוֹט בָּא צֹעֲרָה׃ כג
וַיהוָה הִמְטִיר עַל־סְדֹם וְעַל־עֲמֹרָה גָּפְרִית וָאֵשׁ כד
מֵאֵת יְהוָה מִן־הַשָּׁמָיִם׃ וַיַּהֲפֹךְ אֶת־הֶעָרִים הָאֵל כה
וְאֵת כָּל־הַכִּכָּר וְאֵת כָּל־יֹשְׁבֵי הֶעָרִים וְצֶמַח
הָאֲדָמָה׃ וַתַּבֵּט אִשְׁתּוֹ מֵאַחֲרָיו וַתְּהִי נְצִיב מֶלַח׃ כו
וַיַּשְׁכֵּם אַבְרָהָם בַּבֹּקֶר אֶל־הַמָּקוֹם אֲשֶׁר־עָמַד כז
שָׁם אֶת־פְּנֵי יְהוָה׃ וַיַּשְׁקֵף עַל־פְּנֵי סְדֹם וַעֲמֹרָה כח
וְעַל כָּל־פְּנֵי אֶרֶץ הַכִּכָּר וַיַּרְא וְהִנֵּה עָלָה קִיטֹר
הָאָרֶץ כְּקִיטֹר הַכִּבְשָׁן׃ וַיְהִי בְּשַׁחֵת אֱלֹהִים אֶת־ כט
עָרֵי הַכִּכָּר וַיִּזְכֹּר אֱלֹהִים אֶת־אַבְרָהָם וַיְשַׁלַּח
אֶת־לוֹט מִתּוֹךְ הַהֲפֵכָה בַּהֲפֹךְ אֶת־הֶעָרִים אֲשֶׁר־
יָשַׁב בָּהֵן לוֹט׃ וַיַּעַל לוֹט מִצּוֹעַר וַיֵּשֶׁב בָּהָר וּשְׁתֵּי ל
בְנֹתָיו עִמּוֹ כִּי יָרֵא לָשֶׁבֶת בְּצוֹעַר וַיֵּשֶׁב בַּמְּעָרָה
הוּא וּשְׁתֵּי בְנֹתָיו׃ וַתֹּאמֶר הַבְּכִירָה אֶל־הַצְּעִירָה לא
אָבִינוּ זָקֵן וְאִישׁ אֵין בָּאָרֶץ לָבוֹא עָלֵינוּ כְּדֶרֶךְ
כָּל־הָאָרֶץ׃ לְכָה נַשְׁקֶה אֶת־אָבִינוּ יַיִן וְנִשְׁכְּבָה לב
עִמּוֹ וּנְחַיֶּה מֵאָבִינוּ זָרַע׃ וַתַּשְׁקֶיןָ אֶת־אֲבִיהֶן יַיִן לג
בַּלַּיְלָה הוּא וַתָּבֹא הַבְּכִירָה וַתִּשְׁכַּב אֶת־אָבִיהָ
וְלֹא־יָדַע בְּשִׁכְבָהּ וּבְקוּמָהּ׃ וַיְהִי מִמָּחֳרָת וַתֹּאמֶר לד
הַבְּכִירָה אֶל־הַצְּעִירָה הֵן־שָׁכַבְתִּי אֶמֶשׁ אֶת־אָבִי
נַשְׁקֶנּוּ יַיִן גַּם־הַלַּיְלָה וּבֹאִי שִׁכְבִי עִמּוֹ וּנְחַיֶּה

וירא

כג כד צוער: שמשא נפק על ארעא, ולוט עאל לצוער: ויי, אמטר על סדום, ועל עמורה גפריתא
כה ואשתא, מן קדם יי מן שמיא: והפך ית קרויא האלין, וית כל מישרא, וית כל יתבי קרויא,
כו כז וצמחה דארעא: ואסתכיאת אתתיה מבתרוהי, והות קמא דמלחא: ואקדים אברהם
כח בצפרא, לאתרא, דשמיש תמן בצלו קדם יי: ואסתכי, על אפי סדום ועמורה, ועל כל אפי
כט ארע מישרא, וחזא, והא סליק תננא דארעא, כתננא דאתונא: והוה, כד חביל יי ית קרוי
מישרא, ודכיר יי ית אברהם, ושלח ית לוט מגו הפיכתא, כד הפך ית קרויא, דהוה יתיב
ל בהון לוט: וסליק לוט מצוער ויתיב בטורא, ותרתין בנתיה עמיה, ארי דחיל למתב בצוער,
לא ויתיב במערתא, הוא ותרתין בנתיה: ואמרת רבתא, לזעירתא אבונא סיב, וגבר לית בארעא
לב למיעל עלנא, כאורח כל ארעא: איתא נשקי ית אבונא, חמרא ונשכוב עמיה, ונקיים
לג מאבונא בנין: ואשקיאה ית אבוהון, חמרא בליליא הוא, ועאלת רבתא ושכיבת עם
לד אבוהא, ולא ידע במשכבה ובמקימה: והוה ביומא דבתרוהי, ואמרת רבתא לזעירתא,
הא שכבית רמשי עם אבא, נשקיניה חמרא אף בליליא, ועולי שכובי עמיה, ונקיים

כד| **וה' המטיר.** כל מקום שנאמר "וה'" – הוא ובית דינו: **המטיר על סדם.** בעלות השחר, כמו שנאמר: "וכמו השחר עלה" (לעיל פסוק טו). שעה שהלבנה עומדת ברקיע עם החמה, לפי שהיו מהם עובדים לחמה ומהם ללבנה, אמר הקדוש ברוך הוא: אם אפרע מהם ביום יהיו עובדי לבנה אומרים, אלו לבנה מושלת לא היינו חרבין; ואם אפרע מהם בלילה יהיו עובדי החמה אומרים, אלו היה ביום כשהחמה מושלת לא היינו חרבין; לכך כתיב: "וכמו השחר עלה", ונפרע מהם בשעה שהחמה והלבנה מושלים: **המטיר... גפרית ואש.** בתחלה מטר ונעשה גפרית ואש: **מאת ה'.** דרך מקראות לדבר כן, כמו: "נשי למך" (לעיל ד, כג) ולא אמר 'נשי'; וכן אמר דוד: "קחו עמכם את עבדי אדניכם" (מלכים א' א, לג) ולא אמר 'את עבדי'; וכן באחשורוש: "בשם המלך" (אסתר ח, ח) ולא אמר 'בשמי'; אף כאן אמר: "מאת ה'" ולא אמר 'מאתו': **מן השמים.** הוא שאמר הכתוב: "כי בם ידין עמים" וגו' (איוב לו, לא). כשבא ליסר הבריות מביא עליהם אש מן השמים כמו שעשה לסדום, וכשבא להוריד המן – מן השמים, "הנני ממטיר לכם לחם מן השמים" (שמות טז, ד):

כה| **ויהפך את הערים וגו'.** ארבעתן יושבות בסלע אחד והפכן מלמעלה למטה, שנאמר: "בחלמיש שלח ידו" וגו' (איוב כח, ט):

כו| **ותבט אשתו מאחריו.** מאחריו של לוט: **ותהי נציב מלח.** במלח חטאה ובמלח לקתה; אמר לה: תני מעט מלח לאורחים הללו, אמרה לו: אף המנהג הרע הזה אתה בא להנהיג במקום הזה?!:

כח| **קיטר.** תמור של עשן, טורק"א בלעז: **כבשן.** חפירה ששורפין בה את האבנים לסיד, וכן כל 'כבשן' שבתורה:

כט| **ויזכר אלהים את אברהם.** מה היא זכירתו של אברהם על לוט? נזכר, שהיה יודע ששרה אשתו של אברהם, ושמע שאמר אברהם במצרים על שרה: "אחותי היא" (לעיל יב, יט) ולא גלה הדבר, שהיה חס עליו, לפיכך חס הקדוש ברוך הוא עליו:

ל| **כי ירא לשבת בצוער.** לפי שהיתה קרובה לסדום:

לא| **אבינו זקן.** ואם לא עכשיו אימתי? שמא ימות או יפסק מלדה: **ואיש אין בארץ.** סבורות היו שכל העולם נחרב כמו בדור המבול. בראשית רבה (נא, ח):

לג| **ותשקין וגו'.** יין נזדמן להן במערה להוציא מהן שתי אמות: **ותשכב את אביה.** ובצעירה כתיב: "ותשכב עמו" (להלן פסוק לה). צעירה לפי שלא פתחה בזנות אלא אחותה למדתה, חסך עליה הכתוב ולא פרש גנותה, אבל בכירה שפתחה בזנות פרסמה הכתוב במפרש. "ובקומה" של בכירה נקוד, הרי הוא כאלו לא נכתב, לומר

מֵאָבִינוּ זָרַע׃ וַתַּשְׁקֶיןָ גַּם בַּלַּיְלָה הַהוּא אֶת־ לה
אֲבִיהֶן יָיִן וַתָּקָם הַצְּעִירָה וַתִּשְׁכַּב עִמּוֹ וְלֹא־
יָדַע בְּשִׁכְבָהּ וּבְקֻמָהּ׃ וַתַּהֲרֶיןָ שְׁתֵּי בְנוֹת־לוֹט לו
מֵאֲבִיהֶן׃ וַתֵּלֶד הַבְּכִירָה בֵּן וַתִּקְרָא שְׁמוֹ לז
מוֹאָב הוּא אֲבִי־מוֹאָב עַד־הַיּוֹם׃ וְהַצְּעִירָה לח
גַם־הִוא יָלְדָה בֵּן וַתִּקְרָא שְׁמוֹ בֶּן־עַמִּי הוּא
יז אֲבִי בְנֵי־עַמּוֹן עַד־הַיּוֹם׃ וַיִּסַּע א כ
מִשָּׁם אַבְרָהָם אַרְצָה הַנֶּגֶב וַיֵּשֶׁב בֵּין־קָדֵשׁ
וּבֵין שׁוּר וַיָּגָר בִּגְרָר׃ וַיֹּאמֶר אַבְרָהָם אֶל־שָׂרָה ב
אִשְׁתּוֹ אֲחֹתִי הִוא וַיִּשְׁלַח אֲבִימֶלֶךְ מֶלֶךְ גְּרָר
וַיִּקַּח אֶת־שָׂרָה׃ וַיָּבֹא אֱלֹהִים אֶל־אֲבִימֶלֶךְ ג
בַּחֲלוֹם הַלָּיְלָה וַיֹּאמֶר לוֹ הִנְּךָ מֵת עַל־הָאִשָּׁה
אֲשֶׁר־לָקַחְתָּ וְהִוא בְּעֻלַת בָּעַל׃ וַאֲבִימֶלֶךְ לֹא ד
קָרַב אֵלֶיהָ וַיֹּאמַר אֲדֹנָי הֲגוֹי גַּם־צַדִּיק תַּהֲרֹג׃
הֲלֹא הוּא אָמַר־לִי אֲחֹתִי הִוא וְהִיא־גַם־ ה
הִוא אָמְרָה אָחִי הוּא בְּתָם־לְבָבִי וּבְנִקְיֹן כַּפַּי
עָשִׂיתִי זֹאת׃ וַיֹּאמֶר אֵלָיו הָאֱלֹהִים בַּחֲלֹם ו
גַּם אָנֹכִי יָדַעְתִּי כִּי בְתָם־לְבָבְךָ עָשִׂיתָ זֹּאת
וָאֶחְשֹׂךְ גַּם־אָנֹכִי אוֹתְךָ מֵחֲטוֹ־לִי עַל־כֵּן לֹא־
נְתַתִּיךָ לִנְגֹּעַ אֵלֶיהָ׃ וְעַתָּה הָשֵׁב אֵשֶׁת־הָאִישׁ ז
כִּי־נָבִיא הוּא וְיִתְפַּלֵּל בַּעַדְךָ וֶחְיֵה וְאִם־אֵינְךָ

מֵשִׁיב דַּע כִּי־מ֣וֹת תָּמ֔וּת אַתָּ֖ה וְכׇל־אֲשֶׁר־לָֽךְ׃
ח וַיַּשְׁכֵּ֨ם אֲבִימֶ֜לֶךְ בַּבֹּ֗קֶר וַיִּקְרָא֙ לְכׇל־עֲבָדָ֔יו

לה מאבונא בנין: ואשקיאה, אף בליליא ההוא, ית אבוהון חמרא, וקמת זעירתא ושכיבת
לו לז עמיה, ולא ידע במשכבה ובמקימה: ועדיאה, תרתין בנת לוט מאבוהון: וילידת רבתא בר,
לח וקרת שמיה מואב, הוא אבוהון דמואבאי עד יומא דין: וזעירתא אף היא ילידת בר, וקרת
כ א שמיה בר עמי, הוא, אבוהון דבני עמון עד יומא דין: ונטל מתמן אברהם לארע דרומא,
ב ויתיב בין רקם ובין חגרא, ואתותב בגרר: ואמר אברהם, על שרה אתתיה אחת היא, ושלח,
ג אבימלך מלכא דגרר, ודבר ית שרה: ואתא מימר מן קדם יי, לות אבימלך בחלמא דליליא,
ד ואמר ליה, האת מאית על עיסק אתתא דדברתא, והיא אתת גבר: ואבימלך, לא קריב
ה לותה, ואמר, יי, העם אף זכאי תקטול: הלא הוא אמר לי אחת היא, והיא אף היא אמרת
ו אחי הוא, בקשיטות לבי, ובזכאות ידי עבדית דא: ואמר ליה יי בחלמא, אף קדמי גלי ארי
בקשיטות לבך עבדת דא, ומנעית אף אנא, יתך מלמחטי קדמי, על כן לא שבקתך למקרב
ז לותה: וכען, אתיב אתת גברא ארי נביא הוא, ויצלי עלך ותיחי, ואם ליתך מתיב,
ח דע ארי ממת תמות, את וכל דלך: ואקדים אבימלך בצפרא, וקרא לכל עבדוהי,

שבקומה ידע, ואף על פי כן לא נשמר ליל שני מלשתות:

לו| **ותהרין.** אף על פי שאין האשה מתעברת מביאה ראשונה, אלו שלטו בעצמן והוציאו ערותן לחוץ ונתעברו מביאה ראשונה:

לז| **מואב.** זו שלא היתה צנועה פרשה שמאביה הוא, אבל צעירה קראתו בלשון נקיה, וקבלו שכר בימי משה, שנאמר בבני עמון: "ואל תתגר בם" (דברים ב, יט) כלל, ובמואב לא הזהיר אלא שלא ילחם בם, אבל לצערן התיר לו:

פרק כ

א| **ויסע משם אברהם.** כשראה שחרבו הכרכים ופסקו העוברים והשבים נסע לו משם. דבר אחר, להתרחק מלוט שיצא עליו שם רע שבא על בנותיו:

ב| **ויאמר אברהם.** כאן לא נטל רשות, אלא על כרחה שלא בטובתה, לפי שכבר לקחה לבית פרעה על ידי כן: **אל שרה אשתו.** על שרה אשתו. כמוהו בו: "אל הלקח ארון וגו' ואל חמיה" (שמואל א' ד, כא), שניהם בלשון 'על':

ד| **לא קרב אליה.** המלאך מנעו, כמה שנאמר: "לא נתתיך לנגע אליה" (להלן פסוק ו): **הגוי גם צדיק תהרג.** אף אם הוא צדיק תהרגנו? שמא כך דרכך לאבד האמות חנם? כך עשית לדור המבול ולדור הפלגה, אף אני אומר שהרגתם על לא דבר כשם שאתה אומר להרגני:

ה| **גם הוא.** לרבות עבדים וגמלים וחמרים שלה, את כלם שאלתי ואמרו לי: אחיה הוא: **בתם לבבי.** שלא דמיתי לחטא: **ובנקין כפי.** נקי אני מן החטא, שלא נגעתי בה:

ו| **ידעתי כי בתם לבבך וגו'.** אמת שלא דמית מתחלה לחטא, אבל נקיון כפים אין כאן שלא ממך היה שלא נגעת בה, אלא אני חשכתי אותך מחטא: **לא נתתיך.** לא נתתי לך כח, וכן: "ולא נתנו אלהים להרע" (להלן לא, ז), וכן: "ולא נתנו אביה לבוא" (שופטים טו, א) – לא נתן לו מקום:

ז| **השב אשת האיש.** ואל תהא סבור שתתגנה בעיניו ולא יקבלנה, או שישנאך ולא יתפלל עליך: **כי נביא הוא.** ויודע שלא נגעת בה, לפיכך "ויתפלל בעדך":

וַיְדַבֵּר אֶת־כָּל־הַדְּבָרִים הָאֵלֶּה בְּאָזְנֵיהֶם וַיִּירְאוּ
הָאֲנָשִׁים מְאֹד׃ וַיִּקְרָא אֲבִימֶלֶךְ לְאַבְרָהָם וַיֹּאמֶר ט
לוֹ מֶה־עָשִׂיתָ לָּנוּ וּמֶה־חָטָאתִי לָךְ כִּי־הֵבֵאתָ
עָלַי וְעַל־מַמְלַכְתִּי חֲטָאָה גְדֹלָה מַעֲשִׂים אֲשֶׁר
לֹא־יֵעָשׂוּ עָשִׂיתָ עִמָּדִי׃ וַיֹּאמֶר אֲבִימֶלֶךְ אֶל־ י
אַבְרָהָם מָה רָאִיתָ כִּי עָשִׂיתָ אֶת־הַדָּבָר הַזֶּה׃
וַיֹּאמֶר אַבְרָהָם כִּי אָמַרְתִּי רַק אֵין־יִרְאַת אֱלֹהִים יא
בַּמָּקוֹם הַזֶּה וַהֲרָגוּנִי עַל־דְּבַר אִשְׁתִּי׃ וְגַם־אָמְנָה יב
אֲחֹתִי בַת־אָבִי הִוא אַךְ לֹא בַת־אִמִּי וַתְּהִי־לִי
לְאִשָּׁה׃ וַיְהִי כַּאֲשֶׁר הִתְעוּ אֹתִי אֱלֹהִים מִבֵּית יג
אָבִי וָאֹמַר לָהּ זֶה חַסְדֵּךְ אֲשֶׁר תַּעֲשִׂי עִמָּדִי אֶל
כָּל־הַמָּקוֹם אֲשֶׁר נָבוֹא שָׁמָּה אִמְרִי־לִי אָחִי הוּא׃
וַיִּקַּח אֲבִימֶלֶךְ צֹאן וּבָקָר וַעֲבָדִים וּשְׁפָחֹת וַיִּתֵּן יד
לְאַבְרָהָם וַיָּשֶׁב לוֹ אֵת שָׂרָה אִשְׁתּוֹ׃ וַיֹּאמֶר טו
אֲבִימֶלֶךְ הִנֵּה אַרְצִי לְפָנֶיךָ בַּטּוֹב בְּעֵינֶיךָ שֵׁב׃
וּלְשָׂרָה אָמַר הִנֵּה נָתַתִּי אֶלֶף כֶּסֶף לְאָחִיךְ הִנֵּה טז
הוּא־לָךְ כְּסוּת עֵינַיִם לְכֹל אֲשֶׁר אִתָּךְ וְאֵת כֹּל
וְנֹכָחַת׃ וַיִּתְפַּלֵּל אַבְרָהָם אֶל־הָאֱלֹהִים וַיִּרְפָּא יז
אֱלֹהִים אֶת־אֲבִימֶלֶךְ וְאֶת־אִשְׁתּוֹ וְאַמְהֹתָיו וַיֵּלֵדוּ׃

וירא

ט מַעֲשִׂים אֲשֶׁר לֹא יֵעָשׂוּ. מַכָּה אֲשֶׁר לֹא הֻרְגְּלָה לָבֹא עַל בְּרִיָּה בָּאָה לָנוּ עַל יָדְךָ – עֲצִירַת כָּל נְקָבִים שֶׁל זֶרַע וְשֶׁל קְטַנִּים וּרְעִי וְאָזְנַיִם וְחֹטֶם:

ט ומליל, ית כל פתגמיא האלין קדמיהון, ודחילו גבריא לחדא: וקרא אבימלך לאברהם,
ואמר ליה, מא עבדת לנא ומא חטית לך, ארי איתיתא עלי, ועל מלכותי חובא רבא, עובדין
י דלא כשרין לאתעבדא, עבדת עמי: ואמר אבימלך לאברהם, מא חזיתא, ארי עבדתא ית
יא פתגמא הדין: ואמר אברהם, ארי אמרית, לחוד לית דחלתא דיי, באתרא הדין, ויקטלנני
יב על עיסק אתתי: וברם בקושטא, אחתי בת אבא היא, ברם לא בת אמא, והות לי לאתו:
יג והוה כד טעו עממיא בתר עובדי ידיהון, יתי קריב יי לדחלתיה מבית אבא, ואמרית לה,
יד דין טיבותיך, דתעבדין עמי, לכל אתר דנהך לתמן, אימרי עלי אחי הוא: ודבר אבימלך ען
טו ותורין, ועבדין ואמהן, ויהב לאברהם, ואתיב ליה, ית שרה אתתיה: ואמר אבימלך, הא
טז ארעי קדמך, בדתקין בעינך תיב: ולשרה אמר, הא יהבית, אלף סלעין דכסף לאחויך, הא
הוא ליך כסות דיקר, חלף דשלחית דברתיך, וחזית יתיך וית כל דעמיך, ועל כל מא דאמרת
יז אתוכחת: וצלי אברהם קדם יי, ואסי יי, ית אבימלך וית אתתיה, ואמהתיה ואתרוחו:

יא) **רק אין יראת אלהים.** אכסנאי שבא לעיר, על עסקי אכילה ושתיה שואלין אותו או על עסקי אשתו שואלין אותו, אשתך היא או אחותך היא?:

יב) **אחתי בת אבי היא.** ובת אב מותרת לבן נח, שאין אב לגוי; וכדי לאמת דבריו השיבם כן. ואם תאמר, והלא בת אחיו היתה! בני בנים הרי הם כבנים והרי היא בתו של תרח, וכן הוא אומר ללוט: "כי אנשים אחים אנחנו" (לעיל יג, ח): **אך לא בת אמי.** הרן מאם אחרת היה:

יג) **ויהי כאשר התעו אותי וגו'.** אונקלוס תרגם מה שתרגם; ויש ליישבו עוד דבר דבור על אפניו: כשהוציאני הקדוש ברוך הוא מבית אבי להיות משוטט ונד ממקום למקום וידעתי שאעבור במקום רשעים, "ואמר לה זה חסדך": **כאשר התעו.** לשון רבים. ואל תתמה, כי הרבה מקומות לשון אלהות ולשון מרות קרוי בלשון רבים: "אשר הלכו אלהים" (שמואל ב' ז, כג), "אלהים חיים" (דברים ה, כג), "אלהים קדשים" (יהושע כד, יט), וכל לשון 'אלהים' לשון רבים. וכן: "ויקח אדני יוסף" (להלן לט, כ), "ואדני האדנים" (דברים י, יז), "אדני הארץ" (להלן מב, לג); וכן: "בעליו עמו" (שמות כב, יד), "והועד בבעליו" (שם כא, כט). ואם תאמר, מהו לשון 'התעו'? כל הגולה ממקומו ואינו מיושב קרוי 'תועה', כמו: "ותלך ותתע" (להלן כא, יד), "תעיתי כשה אבד" (תהלים קיט, קעו), "יתעו לבלי אכל" (איוב לח, מא), יצאו ויתעו לבקש אכלם: **אמרי לי.** עלי, וכן: "וישאלו אנשי המקום לאשתו" (להלן כו, ז) על אשתו, וכן: "ואמר פרעה לבני ישראל" (שמות יד, ג), "פן יאמרו לי אשה הרגתהו" (שופטים ט, נד):

יד) **ויתן לאברהם.** כדי שיתפייס ויתפלל עליו:

טו) **הנה ארצי לפניך.** אבל פרעה אמר לו: "הנה אשתך קח ולך" (לעיל יב, יט), לפי שנתירא, שהמצרים שטופי זמה:

טז) **ולשרה אמר.** אבימלך לכבודה, כדי לפייסה: הנה עשיתי לך כבוד זה, נתתי ממון לאחיך שאמרת עליו "אחי הוא", הנה הכבוד הזה לך "כסות עינים לכל אשר אתך" – יכסה עיניהם שלא יקלוך, שאלו השיבותיך ריקנית יש להם לומר, לאחר שנתעלל בה החזירה, עכשיו שהצרכתי לבזבז ממון ולפייסך, יודעים יהיו שעל כרחי השיבותיך ועל ידי נס: **ואת כל.** ועם כל באי עולם: **ונכחת.** יהא לך פתחון פה להתוכח ולהראות דברים נכרים הללו. ולשון 'הוכחה' בכל מקום בירור דברים, ובלעז אספרובי"ר. ואונקלוס תרגם בפנים אחרים, ולשון המקרא כך הוא נופל על תרגומו של אונקלוס: הנה הוא לך כסות של כבוד על העינים שלי ששלטו בך ובכל אשר אתך, ועל כן תרגם: "וחזית יתיך וית כל דעמיך". ויש מדרשי אגדה, אבל ישוב לשון המקרא פרשתי:

יז) **ויולדו.** כתרגומו "ואתרוחו", נפתחו נקביהם והוציאו, והיא לדה שלהם:

יח כִּי־עָצֹר עָצַר יְהוָה בְּעַד כָּל־רֶחֶם לְבֵית אֲבִימֶלֶךְ

יח א כא עַל־דְּבַר שָׂרָה אֵשֶׁת אַבְרָהָם׃ וַיהוָה

פָּקַד אֶת־שָׂרָה כַּאֲשֶׁר אָמָר וַיַּעַשׂ יְהוָה לְשָׂרָה

ב כַּאֲשֶׁר דִּבֵּר׃ וַתַּהַר וַתֵּלֶד שָׂרָה לְאַבְרָהָם בֵּן

ג לִזְקֻנָיו לַמּוֹעֵד אֲשֶׁר־דִּבֶּר אֹתוֹ אֱלֹהִים׃ וַיִּקְרָא

אַבְרָהָם אֶת־שֶׁם־בְּנוֹ הַנּוֹלַד־לוֹ אֲשֶׁר־יָלְדָה־לּוֹ

ד שָׂרָה יִצְחָק׃ וַיָּמָל אַבְרָהָם אֶת־יִצְחָק בְּנוֹ בֶּן־

ה חמישי שְׁמֹנַת יָמִים כַּאֲשֶׁר צִוָּה אֹתוֹ אֱלֹהִים׃ וְאַבְרָהָם

ו בֶּן־מְאַת שָׁנָה בְּהִוָּלֶד לוֹ אֵת יִצְחָק בְּנוֹ׃ וַתֹּאמֶר

שָׂרָה צְחֹק עָשָׂה לִי אֱלֹהִים כָּל־הַשֹּׁמֵעַ יִצְחַק־

ז לִי׃ וַתֹּאמֶר מִי מִלֵּל לְאַבְרָהָם הֵינִיקָה בָנִים

ח שָׂרָה כִּי־יָלַדְתִּי בֵן לִזְקֻנָיו׃ וַיִּגְדַּל הַיֶּלֶד וַיִּגָּמַל

וַיַּעַשׂ אַבְרָהָם מִשְׁתֶּה גָדוֹל בְּיוֹם הִגָּמֵל אֶת־

ט יִצְחָק׃ וַתֵּרֶא שָׂרָה אֶת־בֶּן־הָגָר הַמִּצְרִית אֲשֶׁר־

י יָלְדָה לְאַבְרָהָם מְצַחֵק׃ וַתֹּאמֶר לְאַבְרָהָם גָּרֵשׁ

הָאָמָה הַזֹּאת וְאֶת־בְּנָהּ כִּי לֹא יִירַשׁ בֶּן־הָאָמָה

יא הַזֹּאת עִם־בְּנִי עִם־יִצְחָק׃ וַיֵּרַע הַדָּבָר מְאֹד

יב בְּעֵינֵי אַבְרָהָם עַל אוֹדֹת בְּנוֹ׃ וַיֹּאמֶר אֱלֹהִים

אֶל־אַבְרָהָם אַל־יֵרַע בְּעֵינֶיךָ עַל־הַנַּעַר וְעַל־

אֲמָתֶךָ כֹּל אֲשֶׁר תֹּאמַר אֵלֶיךָ שָׂרָה שְׁמַע בְּקֹלָהּ

כא יח א אֲרֵי מֵיחָד אֲחַד יי, בְּאַפֵּי כָל פְּתַח וַלְדָּא לְבֵית אֲבִימֶלֶךְ, עַל עֵיסֶק שָׂרָה אִתַּת אַבְרָהָם: וַיי,
ב דְּכִיר יָת שָׂרָה כְּמָא דַאֲמַר, וַעֲבַד יי, לְשָׂרָה כְּמָא דְּמַלֵּיל: וְעַדִּיאַת וִילֵידַת שָׂרָה לְאַבְרָהָם, בַּר
ג לְסֵיבְתוֹהִי, לְזִמְנָא, דְּמַלֵּיל יָתֵיהּ יי: וּקְרָא אַבְרָהָם, יָת שׁוּם בְּרֵיהּ דְּאִתְיְלֵיד לֵיהּ, דִּילֵידַת לֵיהּ
ד ה שָׂרָה יִצְחָק: וּגְזַר אַבְרָהָם יָת יִצְחָק בְּרֵיהּ, בַּר תְּמָנְיָא יוֹמִין, כְּמָא דְּפַקֵּיד יָתֵיהּ יי: וְאַבְרָהָם בַּר
ו מְאָה שְׁנִין, כַּד אִתְיְלֵיד לֵיהּ, יָת יִצְחָק בְּרֵיהּ: וַאֲמַרַת שָׂרָה, חֶדְוָא, עֲבַד לִי יי, כָּל דְּשָׁמַע יֶחְדֵּי
ז ח לִי: וַאֲמַרַת, מְהֵימַן דַּאֲמַר לְאַבְרָהָם וְקַיָּים, דְּתוֹנִיק בְּנִין שָׂרָה, אֲרֵי יְלֵידִית בַּר לְסֵיבְתוֹהִי: וּרְבָא
ט רְבִיָא וְאִתְחֲסִיל, וַעֲבַד אַבְרָהָם מִשְׁתְּיָא רַבָּא, בְּיוֹמָא דְּאִתְחֲסִיל יִצְחָק: וַחֲזַת שָׂרָה, יָת בַּר
י הָגָר מִצְרֵיתָא, דִּילֵידַת לְאַבְרָהָם מְחַיֵּיךְ: וַאֲמַרַת לְאַבְרָהָם, תָּרֵיךְ, אַמְתָא הָדָא וְיָת בְּרַהּ, אֲרֵי
יא לָא יֵירַת בַּר אַמְתָא הָדָא, עִם בְּרִי עִם יִצְחָק: וּבְאֵישׁ פִּתְגָמָא, לַחְדָא בְּעֵינֵי אַבְרָהָם, עַל עֵיסֶק
יב בְּרֵיהּ: וַאֲמַר יי לְאַבְרָהָם, לָא יִבְאַשׁ בְּעֵינָךְ עַל עוּלֵימָא וְעַל אַמְתָךְ, כָּל דְּתֵימַר לָךְ, שָׂרָה קַבֵּיל

יח| **בְּעַד כָּל רֶחֶם.** כְּנֶגֶד כָּל פֶּתַח: **עַל דְּבַר שָׂרָה.** עַל פִּי דִּבּוּרָהּ שֶׁל שָׂרָה:

פרק כא

א| **וַה' פָּקַד אֶת שָׂרָה.** סָמַךְ פָּרָשָׁה זוֹ לְכָאן, לְלַמֶּדְךָ שֶׁכָּל הַמְבַקֵּשׁ רַחֲמִים עַל חֲבֵרוֹ וְהוּא צָרִיךְ לְאוֹתוֹ דָּבָר הוּא נַעֲנֶה תְּחִלָּה, שֶׁנֶּאֱמַר: "וַיִּתְפַּלֵּל" וְגוֹ' (לעיל כ, יז) וַה' פָּקַד אֶת שָׂרָה", שֶׁפָּקַד כְּבָר קֹדֶם שֶׁרִפָּא אֶת אֲבִימֶלֶךְ: **פָּקַד.** בְּהֵרָיוֹן: **כַּאֲשֶׁר אָמָר.** בְּלֵדָה. וּמַה הִיא אֲמִירָה וְהֵיכָן הוּא דִּבּוּר? אֲמִירָה: "וַיֹּאמֶר אֱלֹהִים אֲבָל שָׂרָה אִשְׁתְּךָ" וְגוֹ' (לעיל יז, יט), דִּבּוּר: "הָיָה דְבַר ה' אֶל אַבְרָם" (לעיל טו, א) בִּבְרִית בֵּין הַבְּתָרִים, שָׁם נֶאֱמַר: "לֹא יִירָשְׁךָ זֶה" וְגוֹ' (שם ד), וְהֵבִיא הַיּוֹרֵשׁ מִשָּׂרָה: **וַיַּעַשׂ ה' לְשָׂרָה כַּאֲשֶׁר דִּבֵּר.** לְאַבְרָהָם:

ב| **לַמּוֹעֵד אֲשֶׁר דִּבֶּר אֹתוֹ.** "דְּמַלֵּיל יָתֵיהּ", אֶת הַמּוֹעֵד דִּבֵּר וְקָבַע כְּשֶׁאָמַר לוֹ: "לַמּוֹעֵד אָשׁוּב אֵלֶיךָ" (לעיל יח, יד), שָׂרַט לוֹ שְׂרִיטָה בַּכֹּתֶל, אָמַר לוֹ: כְּשֶׁתַּגִּיעַ חַמָּה לִשְׂרִיטָה זוֹ בַּשָּׁנָה הָאַחֶרֶת – תֵּלֵד:

ו| **יִצְחַק לִי.** יִשְׂמַח עָלַי. וּמִדְרַשׁ אַגָּדָה, הַרְבֵּה עֲקָרוֹת נִפְקְדוּ עִמָּהּ, הַרְבֵּה חוֹלִים נִתְרַפְּאוּ בּוֹ בַּיּוֹם, הַרְבֵּה תְּפִלּוֹת נַעֲנוּ עִמָּהּ, וְרֹב שְׂחוֹק הָיָה בָּעוֹלָם:

ז| **מִי מִלֵּל לְאַבְרָהָם.** לְשׁוֹן שֶׁבַח וַחֲשִׁיבוּת, רְאוּ מִי הוּא וְכַמָּה הוּא גָּדוֹל, שׁוֹמֵר הַבְטָחָתוֹ, וּמַבְטִיחַ וְעוֹשֶׂה: **מִלֵּל.** שִׁנָּה הַכָּתוּב וְלֹא אָמַר 'דִּבֶּר', גִּימַטְרִיָּא שֶׁלּוֹ מֵאָה, כְּלוֹמַר לְסוֹף מֵאָה לְאַבְרָהָם "הֵינִיקָה בָנִים שָׂרָה". וּמַהוּ 'בָּנִים' לְשׁוֹן רַבִּים? בְּיוֹם הַמִּשְׁתֶּה הֵבִיאוּ הַשָּׂרוֹת בְּנֵיהֶן עִמָּהֶן, שֶׁהָיוּ אוֹמְרוֹת: לֹא יָלְדָה שָׂרָה, אֶלָּא אֲסוּפִי הֵבִיאָה מִן הַשּׁוּק – וְהֵינִיקָה אוֹתָם:

ח| **וַיִּגָּמַל.** לְסוֹף עֶשְׂרִים וְאַרְבָּעָה חֹדֶשׁ: **מִשְׁתֶּה גָּדוֹל.** שֶׁהָיוּ שָׁם גְּדוֹלֵי הַדּוֹר, שֵׁם וָעֵבֶר וַאֲבִימֶלֶךְ:

ט| **מְצַחֵק.** לְשׁוֹן עֲבוֹדָה זָרָה, שֶׁנֶּאֱמַר: "וַיָּקֻמוּ לְצַחֵק" (שמות לב, ו); לְשׁוֹן רְצִיחָה, "יָקוּמוּ נָא הַנְּעָרִים וִישַׂחֲקוּ לְפָנֵינוּ" (שמואל ב' ב, יד); לְשׁוֹן גִּלּוּי עֲרָיוֹת, כְּמוֹ: "לְצַחֶק בִּי" (להלן לט, יז). הָיָה מֵרִיב עִם יִצְחָק עַל הַיְרֻשָּׁה וְאוֹמֵר: אֲנִי בְּכוֹר וְנוֹטֵל פִּי שְׁנַיִם, וְיוֹצְאִים לַשָּׂדֶה וְנוֹטֵל קַשְׁתּוֹ וְיוֹרֶה בּוֹ חִצִּים, כְּמָה דְאַתְּ אָמַר: "כְּמִתְלַהְלֵהַּ הַיֹּרֶה זִקִּים וְגוֹ' וְאָמַר הֲלֹא מְשַׂחֵק אָנִי" (משלי כו, יח-יט):

י| **עִם בְּנִי עִם יִצְחָק.** מִכֵּיוָן שֶׁהוּא בְּנִי אֲפִלּוּ אִם אֵינוֹ הָגוּן כְּיִצְחָק, אוֹ הָגוּן כְּיִצְחָק אֲפִלּוּ אֵינוֹ בְּנִי, אֵין זֶה כְּדַאי לִירַשׁ עִמּוֹ, קַל וָחֹמֶר "עִם בְּנִי עִם יִצְחָק", שֶׁשְּׁתֵּיהֶם בּוֹ:

יא| **עַל אוֹדֹת בְּנוֹ.** שֶׁיָּצָא לְתַרְבּוּת רָעָה. וּפְשׁוּטוֹ, עַל שֶׁאוֹמֶרֶת לוֹ לְשַׁלְּחוֹ:

יב| **שְׁמַע בְּקֹלָהּ.** לָמַדְנוּ שֶׁהָיָה אַבְרָהָם טָפֵל לְשָׂרָה בִּנְבִיאוּת:

יג כִּי בְיִצְחָק יִקָּרֵא לְךָ זָרַע: וְגַם אֶת־בֶּן־הָאָמָה

יד לְגוֹי אֲשִׂימֶנּוּ כִּי זַרְעֲךָ הוּא: וַיַּשְׁכֵּם אַבְרָהָם ׀

בַּבֹּקֶר וַיִּקַּח־לֶחֶם וְחֵמַת מַיִם וַיִּתֵּן אֶל־הָגָר שָׂם

עַל־שִׁכְמָהּ וְאֶת־הַיֶּלֶד וַיְשַׁלְּחֶהָ וַתֵּלֶךְ וַתֵּתַע

טו בְּמִדְבַּר בְּאֵר שָׁבַע: וַיִּכְלוּ הַמַּיִם מִן־הַחֵמֶת

טז וַתַּשְׁלֵךְ אֶת־הַיֶּלֶד תַּחַת אַחַד הַשִּׂיחִם: וַתֵּלֶךְ

וַתֵּשֶׁב לָהּ מִנֶּגֶד הַרְחֵק כִּמְטַחֲוֵי קֶשֶׁת כִּי אָמְרָה

אַל־אֶרְאֶה בְּמוֹת הַיָּלֶד וַתֵּשֶׁב מִנֶּגֶד וַתִּשָּׂא

יז אֶת־קֹלָהּ וַתֵּבְךְּ: וַיִּשְׁמַע אֱלֹהִים אֶת־קוֹל הַנַּעַר

וַיִּקְרָא מַלְאַךְ אֱלֹהִים ׀ אֶל־הָגָר מִן־הַשָּׁמַיִם

וַיֹּאמֶר לָהּ מַה־לָּךְ הָגָר אַל־תִּירְאִי כִּי־שָׁמַע

יח אֱלֹהִים אֶל־קוֹל הַנַּעַר בַּאֲשֶׁר הוּא־שָׁם: קוּמִי

שְׂאִי אֶת־הַנַּעַר וְהַחֲזִיקִי אֶת־יָדֵךְ בּוֹ כִּי־לְגוֹי

יט גָּדוֹל אֲשִׂימֶנּוּ: וַיִּפְקַח אֱלֹהִים אֶת־עֵינֶיהָ וַתֵּרֶא

בְּאֵר מָיִם וַתֵּלֶךְ וַתְּמַלֵּא אֶת־הַחֵמֶת מַיִם וַתַּשְׁקְ

כ אֶת־הַנָּעַר: וַיְהִי אֱלֹהִים אֶת־הַנַּעַר וַיִּגְדָּל וַיֵּשֶׁב

כא בַּמִּדְבָּר וַיְהִי רֹבֶה קַשָּׁת: וַיֵּשֶׁב בְּמִדְבַּר פָּארָן

וַתִּקַּח־לוֹ אִמּוֹ אִשָּׁה מֵאֶרֶץ מִצְרָיִם:

כב וַיְהִי בָּעֵת הַהִוא וַיֹּאמֶר אֲבִימֶלֶךְ וּפִיכֹל שַׂר־ ששי

צְבָאוֹ אֶל־אַבְרָהָם לֵאמֹר אֱלֹהִים עִמְּךָ בְּכֹל

יג מְנַהּ, אֲרֵי בְיִצְחָק, יִתְקְרוֹן לָךְ בְּנִין: וְאַף יָת בַּר אַמְתָא לְעַמָּא אֲשַׁוֵּינֵיהּ, אֲרֵי בְרָךְ הוּא:
יד וְאַקְדֵּים אַבְרָהָם בְּצַפְרָא, וּנְסֵיב לַחְמָא וְרָקְבָא דְמַיָּא, וִיהַב לְהָגָר, שַׁוִּי עַל כַּתְפַּהּ, וְיָת רָבְיָא
טו וְשַׁלְּחַהּ, וַאֲזַלַת וּטְעָת, בְּמַדְבְּרָא בְּאֵר שָׁבַע: וּשְׁלִימוּ מַיָּא מִן רָקְבָא, וּרְמַת יָת רָבְיָא, תְּחוֹת
טז חַד מִן אִילָנַיָּא: וַאֲזַלַת וִיתֵיבַת לַהּ מִקֳּבֵיל, אַרְחֵיקַת כְּמֵיגַד בְּקַשְׁתָּא, אֲרֵי אֲמַרַת, לָא אֶחֱזֵי
יז בְּמוֹתֵיהּ דְּרָבְיָא, וִיתֵיבַת מִקֳּבֵיל, וַאֲרֵימַת יָת קָלַהּ וּבְכָת: וּשְׁמִיעַ קֳדָם יְיָ יָת קָלֵיהּ דְּרָבְיָא,
וּקְרָא מַלְאֲכָא דַייָ לְהָגָר מִן שְׁמַיָּא, וַאֲמַר לַהּ מָא לִיךְ הָגָר, לָא תִדְחֲלִין, אֲרֵי שְׁמִיעַ קֳדָם
יח יְיָ, קָלֵיהּ דְּרָבְיָא בַּאֲתַר דְּהוּא תַמָּן: קוּמִי טוּלִי יָת רָבְיָא, וְאַתְקִיפִי יָת יְדִיךְ בֵּיהּ, אֲרֵי לְעַם
יט סַגִּי אֲשַׁוֵּינֵיהּ: וּגְלָא יְיָ יָת עֵינַהָא, וַחֲזָת בֵּירָא דְמַיָּא, וַאֲזַלַת, וּמְלָת יָת רָקְבָא מַיָּא, וְאַשְׁקִיאַת
כ יָת רָבְיָא: וַהֲוָה מֵימְרָא דַייָ, בְּסַעְדֵּיהּ דְּרָבְיָא וּרְבָא, וִיתֵיב בְּמַדְבְּרָא, וַהֲוָה רָבֵי קַשְׁתָּא:
כא וִיתֵיב בְּמַדְבְּרָא דְפָארָן, וּנְסֵיבַת לֵיהּ אִמֵּיהּ, אִתְּתָא מֵאַרְעָא דְמִצְרָיִם: וַהֲוָה בְּעִדָּנָא
כב הַהוּא, וַאֲמַר אֲבִימֶלֶךְ, וּפִיכֹל רַב חֵילֵיהּ, לְאַבְרָהָם לְמֵימַר, מֵימְרָא דַייָ בְּסַעְדָּךְ, בְּכָל

יד| **לֶחֶם וְחֵמַת מַיִם.** וְלֹא כֶּסֶף וְזָהָב, לְפִי שֶׁהָיָה שׂוֹנְאוֹ עַל שֶׁיָּצָא לְתַרְבּוּת רָעָה: **וְאֶת הַיֶּלֶד.** אַף הַיֶּלֶד "שָׂם עַל שִׁכְמָהּ", שֶׁהִכְנִיסָה בּוֹ שָׂרָה עַיִן רָעָה, וַאֲחָזַתּוּ חַמָּה וְלֹא יָכֹל לֵילֵךְ בְּרַגְלָיו: **וַתֵּלֶךְ וַתֵּתַע.** חָזְרָה לְגִלּוּלֵי בֵּית אָבִיהָ:

טו| **וַיִּכְלוּ הַמַּיִם.** לְפִי שֶׁדֶּרֶךְ חוֹלִים לִשְׁתּוֹת הַרְבֵּה:

טז| **מִנֶּגֶד.** מֵרָחוֹק: **כִּמְטַחֲוֵי קֶשֶׁת.** כִּשְׁתֵּי טִיחוֹת, וְהוּא לְשׁוֹן יְרִיַּת חֵץ. בִּלְשׁוֹן מִשְׁנָה: "שֶׁהִטִּיחַ בְּאִשְׁתּוֹ", עַל שֵׁם שֶׁהַזֶּרַע יוֹרֶה כַּחֵץ. וְאִם תֹּאמַר, הָיָה לוֹ לִכְתֹּב 'כִּמְטַחֵי קֶשֶׁת'! מִשְׁפַּט הַוָּי"ו לִכָּנֵס לְכָאן, כְּמוֹ: "בְּחַגְוֵי הַסֶּלַע" (שיר השירים ב, יד) מִגִּזְרַת: "וְהָיְתָה אַדְמַת יְהוּדָה לְמִצְרַיִם לְחָגָּא" (ישעיה יט, יז) וּמִגִּזְרַת: "יָחוֹגּוּ וְיָנוּעוּ כַּשִּׁכּוֹר" (תהלים קז, כז), וְכֵן: "קַצְוֵי אָרֶץ" (שם סה, ו) מִגִּזְרַת 'קָצֶה': **וַתֵּשֶׁב מִנֶּגֶד.** כֵּיוָן שֶׁקָּרַב לָמוּת הוֹסִיפָה לְהִתְרַחֵק:

יז| **אֶת קוֹל הַנַּעַר.** מִכָּאן שֶׁיָּפָה תְּפִלַּת הַחוֹלֶה מִתְּפִלַּת אֲחֵרִים עָלָיו, וְהִיא קוֹדֶמֶת לְהִתְקַבֵּל: **בַּאֲשֶׁר הוּא שָׁם.** לְפִי מַעֲשִׂים שֶׁהוּא עוֹשֶׂה עַכְשָׁיו הוּא נִדּוֹן, וְלֹא לְפִי מַה שֶּׁהוּא עָתִיד לַעֲשׂוֹת; לְפִי שֶׁהָיוּ מַלְאֲכֵי הַשָּׁרֵת מְקַטְרְגִים וְאוֹמְרִים: רִבּוֹנוֹ שֶׁל עוֹלָם, מִי שֶׁעָתִיד לְהָמִית בָּנֶיךָ בַּצָּמָא אַתָּה מַעֲלֶה לוֹ בְּאֵר? וְהוּא מְשִׁיבָם: עַכְשָׁיו מַה הוּא, צַדִּיק אוֹ רָשָׁע? אָמְרוּ לוֹ: צַדִּיק. אָמַר לָהֶם: לְפִי מַעֲשָׂיו שֶׁל עַכְשָׁיו אֲנִי דָנוֹ, וְזֶהוּ "בַּאֲשֶׁר הוּא שָׁם". וְהֵיכָן הֵמִית אֶת יִשְׂרָאֵל בַּצָּמָא? כְּשֶׁהִגְלָם נְבוּכַדְנֶצַּר, שֶׁנֶּאֱמַר: "מַשָּׂא בַּעְרָב וְגוֹ' לִקְרַאת צָמֵא הֵתָיוּ מָיִם" וְגוֹ' (ישעיה כא, יג-יד), כְּשֶׁהָיוּ מוֹלִיכִין אוֹתָן אֵצֶל עַרְבִיִּים הָיוּ יִשְׂרָאֵל אוֹמְרִים לַשַּׁבָּאִים, בְּבַקָּשָׁה מִכֶּם הוֹלִיכוּנוּ אֵצֶל בְּנֵי דּוֹדֵנוּ יִשְׁמָעֵאל וִירַחֲמוּ עָלֵינוּ, שֶׁנֶּאֱמַר: "אֹרְחוֹת דְּדָנִים" (שם), אַל תִּקְרֵי דְּדָנִים אֶלָּא דּוֹדִים; וְאֵלּוּ יוֹצְאִים לִקְרָאתָם וּמְבִיאִין לָהֶם בָּשָׂר מָלִיחַ וְנוֹדוֹת נְפוּחִים, כִּסְבוּרִים יִשְׂרָאֵל שֶׁהֵם מְלֵאִים מַיִם, וּכְשֶׁמַּכְנִיסוֹ לְתוֹךְ פִּיו וּפוֹתְחוֹ, הָרוּחַ נִכְנֶסֶת בְּגוּפוֹ וָמֵת:

כ| **רֹבֶה קַשָּׁת.** יוֹרֶה חִצִּים בַּקֶּשֶׁת: **קַשָּׁת.** עַל שֵׁם הָאֻמָּנוּת, כְּמוֹ: חַמָּר, גַּמָּל, צַיָּד, לְפִיכָךְ הַשִּׁי"ן מְדֻגֶּשֶׁת. הָיָה יוֹשֵׁב בַּמִּדְבָּר וּמְלַסְטֵם אֶת הָעוֹבְרִים, הוּא שֶׁנֶּאֱמַר: "יָדוֹ בַכֹּל" וְגוֹ' (לעיל טז, יב):

כא| **מֵאֶרֶץ מִצְרָיִם.** מִמְּקוֹם גִּדּוּלֶיהָ, שֶׁנֶּאֱמַר: "וְלָהּ שִׁפְחָה מִצְרִית" וְגוֹ' (לעיל טז, א), הַיְנוּ דְּאָמְרֵי אֱנָשֵׁי: זְרֹק חוּטְרָא לַאֲוִירָא, אַעִקָּרֵיהּ קָאֵי:

כב| **אֱלֹהִים עִמְּךָ.** לְפִי שֶׁרָאוּ שֶׁיָּצָא מִשְּׁכוּנַת סְדוֹם לְשָׁלוֹם, וְעִם הַמְּלָכִים נִלְחַם וְנָפְלוּ בְּיָדוֹ, וְנִפְקְדָה אִשְׁתּוֹ לִזְקוּנָיו:

אֲשֶׁר־אַתָּה עֹשֶׂה׃ וְעַתָּה הִשָּׁבְעָה לִּי בֵאלֹהִים כג
הֵנָּה אִם־תִּשְׁקֹר לִי וּלְנִינִי וּלְנֶכְדִּי כַּחֶסֶד אֲשֶׁר־
עָשִׂיתִי עִמְּךָ תַּעֲשֶׂה עִמָּדִי וְעִם־הָאָרֶץ אֲשֶׁר־
גַּרְתָּה בָּהּ׃ וַיֹּאמֶר אַבְרָהָם אָנֹכִי אִשָּׁבֵעַ׃ וְהוֹכִחַ כד כה
אַבְרָהָם אֶת־אֲבִימֶלֶךְ עַל־אֹדוֹת בְּאֵר הַמַּיִם
אֲשֶׁר גָּזְלוּ עַבְדֵי אֲבִימֶלֶךְ׃ וַיֹּאמֶר אֲבִימֶלֶךְ כו
לֹא יָדַעְתִּי מִי עָשָׂה אֶת־הַדָּבָר הַזֶּה וְגַם־אַתָּה
לֹא־הִגַּדְתָּ לִּי וְגַם אָנֹכִי לֹא שָׁמַעְתִּי בִּלְתִּי
הַיּוֹם׃ וַיִּקַּח אַבְרָהָם צֹאן וּבָקָר וַיִּתֵּן לַאֲבִימֶלֶךְ כז
וַיִּכְרְתוּ שְׁנֵיהֶם בְּרִית׃ וַיַּצֵּב אַבְרָהָם אֶת־שֶׁבַע כח
כִּבְשֹׂת הַצֹּאן לְבַדְּהֶן׃ וַיֹּאמֶר אֲבִימֶלֶךְ אֶל־ כט
אַבְרָהָם מָה הֵנָּה שֶׁבַע כְּבָשֹׂת הָאֵלֶּה אֲשֶׁר
הִצַּבְתָּ לְבַדָּנָה׃ וַיֹּאמֶר כִּי אֶת־שֶׁבַע כְּבָשֹׂת ל
תִּקַּח מִיָּדִי בַּעֲבוּר תִּהְיֶה־לִּי לְעֵדָה כִּי חָפַרְתִּי
אֶת־הַבְּאֵר הַזֹּאת׃ עַל־כֵּן קָרָא לַמָּקוֹם הַהוּא לא
בְּאֵר שָׁבַע כִּי שָׁם נִשְׁבְּעוּ שְׁנֵיהֶם׃ וַיִּכְרְתוּ בְרִית לב
בִּבְאֵר שָׁבַע וַיָּקָם אֲבִימֶלֶךְ וּפִיכֹל שַׂר־צְבָאוֹ
וַיָּשֻׁבוּ אֶל־אֶרֶץ פְּלִשְׁתִּים׃ וַיִּטַּע אֶשֶׁל בִּבְאֵר לג
שָׁבַע וַיִּקְרָא־שָׁם בְּשֵׁם יְהוָה אֵל עוֹלָם׃ וַיָּגָר לד
אַבְרָהָם בְּאֶרֶץ פְּלִשְׁתִּים יָמִים רַבִּים׃

שביעי יט וַיְהִי אַחַר הַדְּבָרִים הָאֵלֶּה וְהָאֱלֹהִים נִסָּה אֶת־ א כב

כג דְּאַתְּ עֲבֵיד: וּכְעַן, קַיֵּים לִי בְּמֵימְרָא דַּיְיָ הָכָא, דְּלָא תְשַׁקַּר בִּי, וּבִבְרִי וּבְבַר בְּרִי, כְּטֵיבוּתָא,
כד דַּעֲבַדִית עִמָּךְ תַּעֲבֵיד עִמִּי, וְעִם אַרְעָא דְּאִתּוֹתַבְתְּ בַּהּ: וַאֲמַר אַבְרָהָם, אֲנָא אֲקַיֵּים:
כה כו וְאוֹכַח אַבְרָהָם יָת אֲבִימֶלֶךְ, עַל עֵיסַק בֵּירָא דְּמַיָּא, דַּאֲנַסוּ עַבְדֵי אֲבִימֶלֶךְ: וַאֲמַר
אֲבִימֶלֶךְ, לָא יְדַעִית, מַאן עֲבַד יָת פִּתְגָּמָא הָדֵין, וְאַף אַתְּ לָא חַוֵּית לִי, וְאַף אֲנָא, לָא
כז שְׁמַעִית אֱלָהֵין יוֹמָא דֵין: וּדְבַר אַבְרָהָם עָן וְתוֹרִין, וִיהַב לַאֲבִימֶלֶךְ, וּגְזַרוּ תַּרְוֵיהוֹן קְיָם:
כח כט וַאֲקֵים אַבְרָהָם, יָת שְׁבַע, חוּרְפַן דְּעָן בִּלְחוֹדֵיהוֹן: וַאֲמַר אֲבִימֶלֶךְ לְאַבְרָהָם, מָא אִנִּין,
ל שְׁבַע חוּרְפַן אִלֵּין, דַּאֲקֵימְתָּא בִּלְחוֹדֵיהוֹן: וַאֲמַר, אֲרֵי יָת שְׁבַע חוּרְפַן, תְּקַבֵּיל מִן יְדִי, בְּדִיל
לא דִּתְהֵי לִי לְסָהֲדוּ, אֲרֵי חֲפַרִית יָת בֵּירָא הָדָא: עַל כֵּן, קְרָא, לְאַתְרָא הַהוּא בְּאֵר
לב שָׁבַע, אֲרֵי, תַּמָּן קַיִּימוּ תַּרְוֵיהוֹן: וּגְזַרוּ קְיָם בִּבְאֵר שָׁבַע, וְקָם אֲבִימֶלֶךְ, וּפִיכֹל רַב חֵילֵיהּ,
לג וְתָבוּ לַאֲרַע פְּלִשְׁתָּאֵי: וּנְצַב נִצְבָּא בִּבְאֵר שָׁבַע, וְצַלִּי תַמָּן, בִּשְׁמָא דַּיְיָ אֱלָהּ עָלְמָא:
לד כב א וְאִתּוֹתַב אַבְרָהָם, בַּאֲרַע פְּלִשְׁתָּאֵי יוֹמִין סַגִּיאִין: וַהֲוָה, בָּתַר פִּתְגָּמַיָּא הָאִלֵּין, וַיְיָ, נַסִּי יָת

כג| **וּלְנִינִי וּלְנֶכְדִּי.** עַד כָּאן רַחֲמֵי הָאָב עַל הַבֵּן: **כַּחֶסֶד אֲשֶׁר עָשִׂיתִי עִמְּךָ תַּעֲשֶׂה עִמָּדִי.** שֶׁאָמַרְתִּי לְךָ: "הִנֵּה אַרְצִי לְפָנֶיךָ" (לעיל כ, טו):

כה| **וְהוֹכִחַ.** נִתְוַכַּח עִמּוֹ עַל כָּךְ:

ל| **בַּעֲבוּר תִּהְיֶה לִי.** זֹאת, "לְעֵדָה" – לְשׁוֹן עֵדוּת שֶׁל נְקֵבָה, כְּמוֹ: "וְעֵדָה הַמַּצֵּבָה" (להלן לא, נב): **כִּי חָפַרְתִּי אֶת הַבְּאֵר.** מְרִיבִים הָיוּ עָלֶיהָ רוֹעֵי אֲבִימֶלֶךְ וְאוֹמְרִים: אֲנַחְנוּ חֲפַרְנוּהָ; אָמְרוּ בֵּינֵיהֶם, כָּל מִי שֶׁיִּתְרָאֶה עַל הַבְּאֵר וְיַעֲלוּ הַמַּיִם לִקְרָאתוֹ שֶׁלּוֹ הִיא, וְעָלוּ לִקְרַאת אַבְרָהָם:

לג| **אֵשֶׁל.** רַב וּשְׁמוּאֵל, חַד אָמַר: פַּרְדֵּס לְהָבִיא מִמֶּנּוּ פֵּרוֹת לָאוֹרְחִים בַּסְּעוּדָה; וְחַד אָמַר: פֻּנְדָּק לְאַכְסַנְיָא וּבוֹ כָּל מִינֵי פֵּרוֹת. וּמָצִינוּ לְשׁוֹן נְטִיעָה בְּאֹהָלִים, שֶׁנֶּאֱמַר: "וְיִטַּע אָהֳלֵי אַפַּדְנוֹ" (דניאל יא, מה): **וַיִּקְרָא שָׁם וְגוֹ'.** עַל יְדֵי אוֹתוֹ אֵשֶׁל הִקְרָא שְׁמוֹ שֶׁל הַקָּדוֹשׁ בָּרוּךְ הוּא אֱלוֹהַּ לְכָל הָעוֹלָם; לְאַחַר שֶׁאוֹכְלִים וְשׁוֹתִים אוֹמֵר לָהֶם: בָּרְכוּ לְמִי שֶׁאֲכַלְתֶּם מִשֶּׁלּוֹ; סְבוּרִים אַתֶּם שֶׁמִּשֶּׁלִּי אֲכַלְתֶּם? מִשֶּׁל מִי שֶׁאָמַר וְהָיָה הָעוֹלָם אֲכַלְתֶּם:

לד| **יָמִים רַבִּים.** מְרֻבִּים עַל שֶׁל חֶבְרוֹן; בְּחֶבְרוֹן עָשָׂה עֶשְׂרִים וְחָמֵשׁ שָׁנָה וְכָאן עֶשְׂרִים וָשֵׁשׁ, שֶׁהֲרֵי בֶּן שִׁבְעִים וְחָמֵשׁ שָׁנָה הָיָה בְּצֵאתוֹ מֵחָרָן, אוֹתָהּ שָׁנָה "וַיָּבֹא וַיֵּשֶׁב בְּאֵלֹנֵי מַמְרֵא" (לעיל יג, יח), שֶׁלֹּא מָצִינוּ קֹדֶם לָכֵן שֶׁנִּתְיַשֵּׁב אֶלָּא שָׁם, שֶׁבְּכָל מְקוֹמוֹתָיו הָיָה כְּאוֹרֵחַ חוֹנֶה וְנוֹסֵעַ וְהוֹלֵךְ, שֶׁנֶּאֱמַר: "וַיַּעֲבֹר אַבְרָם" (לעיל יב, ו), "וַיַּעְתֵּק מִשָּׁם" (שם פסוק ח), "וַיְהִי רָעָב בָּאָרֶץ וַיֵּרֶד אַבְרָם מִצְרַיְמָה" (שם פסוק י), וּבְמִצְרַיִם לֹא עָשָׂה אֶלָּא שְׁלֹשָׁה חֳדָשִׁים, שֶׁהֲרֵי שִׁלְּחוֹ פַּרְעֹה, מִיָּד "וַיֵּלֶךְ לְמַסָּעָיו" (לעיל יג, ג) עַד "וַיָּבֹא וַיֵּשֶׁב בְּאֵלֹנֵי מַמְרֵא אֲשֶׁר בְּחֶבְרוֹן" (שם פסוק יח), שָׁם יָשַׁב עַד שֶׁנֶּהֶפְכָה סְדוֹם, מִיָּד "וַיִּסַּע מִשָּׁם אַבְרָהָם" (לעיל כ, א) מִפְּנֵי בּוּשָׁה שֶׁל לוֹט, וּבָא לְאֶרֶץ פְּלִשְׁתִּים, וּבֶן תִּשְׁעִים וְתֵשַׁע שָׁנָה הָיָה, שֶׁהֲרֵי בַּשְּׁלִישִׁי לְמִילָתוֹ בָּאוּ אֶצְלוֹ הַמַּלְאָכִים, הֲרֵי עֶשְׂרִים וְחָמֵשׁ שָׁנָה, וְכָאן כְּתִיב: "יָמִים רַבִּים" – מְרֻבִּים עַל הָרִאשׁוֹנִים, וְלֹא בָּא הַכָּתוּב לִסְתֹּם אֶלָּא לְפָרֵשׁ, וְאִם הָיוּ מְרֻבִּים עֲלֵיהֶם שְׁתֵּי שָׁנִים אוֹ יוֹתֵר הָיָה מְפָרְשָׁם, עַל כָּרְחֲךָ אֵינָם יְתֵרִים יוֹתֵר מִשָּׁנָה, הֲרֵי עֶשְׂרִים וְשֵׁשׁ שָׁנָה. מִיָּד יָצָא מִשָּׁם וְחָזַר לְחֶבְרוֹן, וְאוֹתָהּ שָׁנָה קָדְמָה לִפְנֵי עֲקֵדָתוֹ שֶׁל יִצְחָק שְׁתֵּים עֶשְׂרֵה שָׁנִים. כָּךְ שְׁנוּיָה בְּסֵדֶר עוֹלָם:

פרק כב

א| **אַחַר הַדְּבָרִים הָאֵלֶּה.** יֵשׁ מֵרַבּוֹתֵינוּ אוֹמְרִים: אַחַר דְּבָרָיו שֶׁל שָׂטָן שֶׁהָיָה מְקַטְרֵג וְאוֹמֵר: מִכָּל סְעוּדָה שֶׁעָשָׂה אַבְרָהָם לֹא הִקְרִיב לְפָנֶיךָ פַּר אֶחָד אוֹ אַיִל אֶחָד. אָמַר לוֹ: כְּלוּם עָשָׂה אֶלָּא בִּשְׁבִיל בְּנוֹ, אִלּוּ הָיִיתִי אוֹמֵר לוֹ: זְבַח אוֹתוֹ לְפָנַי, לֹא הָיָה מְעַכֵּב. וְיֵשׁ אוֹמְרִים: אַחַר דְּבָרָיו שֶׁל יִשְׁמָעֵאל שֶׁהָיָה מִתְפָּאֵר עַל יִצְחָק, שֶׁמָּל בֶּן שְׁלֹשׁ עֶשְׂרֵה שָׁנָה וְלֹא מִחָה. אָמַר לוֹ יִצְחָק: בְּאֵבֶר אֶחָד אַתָּה מְיָרְאֵנִי, אִלּוּ אָמַר לִי הַקָּדוֹשׁ בָּרוּךְ הוּא: זְבַח עַצְמְךָ לְפָנַי, לֹא הָיִיתִי מְעַכֵּב:

אַבְרָהָם וַיֹּאמֶר אֵלָיו אַבְרָהָם וַיֹּאמֶר הִנֵּנִי׃ וַיֹּאמֶר ב
קַח־נָא אֶת־בִּנְךָ אֶת־יְחִידְךָ אֲשֶׁר־אָהַבְתָּ אֶת־
יִצְחָק וְלֶךְ־לְךָ אֶל־אֶרֶץ הַמֹּרִיָּה וְהַעֲלֵהוּ שָׁם
לְעֹלָה עַל אַחַד הֶהָרִים אֲשֶׁר אֹמַר אֵלֶיךָ׃ וַיַּשְׁכֵּם ג
אַבְרָהָם בַּבֹּקֶר וַיַּחֲבֹשׁ אֶת־חֲמֹרוֹ וַיִּקַּח אֶת־
שְׁנֵי נְעָרָיו אִתּוֹ וְאֵת יִצְחָק בְּנוֹ וַיְבַקַּע עֲצֵי עֹלָה
וַיָּקָם וַיֵּלֶךְ אֶל־הַמָּקוֹם אֲשֶׁר־אָמַר־לוֹ הָאֱלֹהִים׃
בַּיּוֹם הַשְּׁלִישִׁי וַיִּשָּׂא אַבְרָהָם אֶת־עֵינָיו וַיַּרְא ד
אֶת־הַמָּקוֹם מֵרָחֹק׃ וַיֹּאמֶר אַבְרָהָם אֶל־נְעָרָיו ה
שְׁבוּ־לָכֶם פֹּה עִם־הַחֲמוֹר וַאֲנִי וְהַנַּעַר נֵלְכָה עַד־
כֹּה וְנִשְׁתַּחֲוֶה וְנָשׁוּבָה אֲלֵיכֶם׃ וַיִּקַּח אַבְרָהָם ו
אֶת־עֲצֵי הָעֹלָה וַיָּשֶׂם עַל־יִצְחָק בְּנוֹ וַיִּקַּח בְּיָדוֹ
אֶת־הָאֵשׁ וְאֶת־הַמַּאֲכֶלֶת וַיֵּלְכוּ שְׁנֵיהֶם יַחְדָּו׃
וַיֹּאמֶר יִצְחָק אֶל־אַבְרָהָם אָבִיו וַיֹּאמֶר אָבִי ז
וַיֹּאמֶר הִנֶּנִּי בְנִי וַיֹּאמֶר הִנֵּה הָאֵשׁ וְהָעֵצִים וְאַיֵּה
הַשֶּׂה לְעֹלָה׃ וַיֹּאמֶר אַבְרָהָם אֱלֹהִים יִרְאֶה־ ח
לּוֹ הַשֶּׂה לְעֹלָה בְּנִי וַיֵּלְכוּ שְׁנֵיהֶם יַחְדָּו׃ וַיָּבֹאוּ ט
אֶל־הַמָּקוֹם אֲשֶׁר אָמַר־לוֹ הָאֱלֹהִים וַיִּבֶן שָׁם
אַבְרָהָם אֶת־הַמִּזְבֵּחַ וַיַּעֲרֹךְ אֶת־הָעֵצִים וַיַּעֲקֹד
אֶת־יִצְחָק בְּנוֹ וַיָּשֶׂם אֹתוֹ עַל־הַמִּזְבֵּחַ מִמַּעַל
לָעֵצִים׃ וַיִּשְׁלַח אַבְרָהָם אֶת־יָדוֹ וַיִּקַּח אֶת־ י

ב אַבְרָהָם, וַאֲמַר לֵיהּ, אַבְרָהָם וַאֲמַר הָאֲנָא: וַאֲמַר, דְּבַר כְּעַן, יָת בְּרָךְ יָת יְחִידָךְ דִּרְחֵימְתָּא
יָת יִצְחָק, וְאִיזֵיל לָךְ, לַאֲרַע פֻּלְחָנָא, וְאַסֵּיקְהִי קֳדָמַי תַּמָּן לַעֲלָתָא, עַל חַד מִן טוּרַיָּא, דְּאֵימַר
ג לָךְ: וְאַקְדֵּים אַבְרָהָם בְּצַפְרָא, וְזָרֵיז יָת חֲמָרֵיהּ, וּדְבַר, יָת תְּרֵין עוּלֵימוֹהִי עִמֵּיהּ, וְיָת יִצְחָק
ד בְּרֵיהּ, וְצַלַּח אָעֵי לַעֲלָתָא, וְקָם וַאֲזַל, לְאַתְרָא דַּאֲמַר לֵיהּ יְיָ: בְּיוֹמָא תְּלִיתָאָה, וּזְקַף אַבְרָהָם
ה יָת עֵינוֹהִי, וַחֲזָא יָת אַתְרָא מֵרַחִיק: וַאֲמַר אַבְרָהָם לְעוּלֵימוֹהִי, אוֹרִיכוּ לְכוֹן הָכָא עִם
ו חֲמָרָא, וַאֲנָא וְעוּלֵימָא, נִתְמְטֵי עַד כָּא, וְנִסְגּוֹד וּנְתוּב לְוָתְכוֹן: וּנְסֵיב אַבְרָהָם יָת אָעֵי
דַּעֲלָתָא, וְשַׁוִּי עַל יִצְחָק בְּרֵיהּ, וּנְסֵיב בִּידֵיהּ, יָת אִישָּׁתָא וְיָת סַכִּינָא, וַאֲזַלוּ תַּרְוֵיהוֹן כַּחְדָא:
ז וַאֲמַר יִצְחָק, לְאַבְרָהָם אֲבוּהִי וַאֲמַר אַבָּא, וַאֲמַר הָאֲנָא בְרִי, וַאֲמַר, הָא אִישָּׁתָא וְאָעַיָּא,
ח וְאָן אִמְּרָא לַעֲלָתָא: וַאֲמַר אַבְרָהָם, קֳדָם יְיָ גְּלֵי אִמְּרָא, לַעֲלָתָא בְּרִי, וַאֲזַלוּ תַּרְוֵיהוֹן כַּחְדָא:
ט וַאֲתוֹ, לְאַתְרָא דַּאֲמַר לֵיהּ יְיָ, וּבְנָא תַמָּן אַבְרָהָם יָת מַדְבְּחָא, וְסַדַּר יָת אָעַיָּא, וַעֲקַד יָת
י יִצְחָק בְּרֵיהּ, וְשַׁוִּי יָתֵיהּ עַל מַדְבְּחָא, עֵיל מִן אָעַיָּא: וְאוֹשֵׁיט אַבְרָהָם יָת יְדֵיהּ, וּנְסֵיב יָת

הִנֵּנִי. כָּךְ הִיא עֲנִיּוּתָם שֶׁל חֲסִידִים, לְשׁוֹן עֲנָוָה הוּא וּלְשׁוֹן זִמּוּן:

ב| **קַח נָא.** אֵין 'נָא' אֶלָּא לְשׁוֹן בַּקָּשָׁה, אָמַר לוֹ: בְּבַקָּשָׁה מִמְּךָ עֲמֹד לִי בְּזוֹ, שֶׁלֹּא יֹאמְרוּ: הָרִאשׁוֹנוֹת לֹא הָיָה בָהֶן מַמָּשׁ: **אֶת בִּנְךָ.** אָמַר לוֹ: שְׁנֵי בָנִים יֵשׁ לִי. אָמַר לוֹ: "אֶת יְחִידְךָ". אָמַר לוֹ: זֶה יָחִיד לְאִמּוֹ וְזֶה יָחִיד לְאִמּוֹ. אָמַר לוֹ: "אֲשֶׁר אָהַבְתָּ". אָמַר לוֹ: שְׁנֵיהֶם אֲנִי אוֹהֵב. אָמַר לוֹ: "אֶת יִצְחָק". וְלָמָּה לֹא גִּלָּה לוֹ מִתְּחִלָּה? שֶׁלֹּא לְעַרְבְּבוֹ פִּתְאוֹם וְתָזוּחַ דַּעְתּוֹ עָלָיו וְתִטָּרֵף, וּכְדֵי לְחַבֵּב עָלָיו אֶת הַמִּצְוָה וְלִתֵּן לוֹ שָׂכָר עַל כָּל דִּבּוּר וְדִבּוּר: **אֶרֶץ הַמֹּרִיָּה.** יְרוּשָׁלַיִם. וְכֵן בְּדִבְרֵי הַיָּמִים (ב' ג, א): "לִבְנוֹת אֶת בֵּית ה' בִּירוּשָׁלַיִם בְּהַר הַמּוֹרִיָּה". וְרַבּוֹתֵינוּ פֵּרְשׁוּ, עַל שֵׁם שֶׁמִּשָּׁם הוֹרָאָה יוֹצְאָה לְיִשְׂרָאֵל. וְאוּנְקְלוֹס תִּרְגְּמוֹ עַל שֵׁם עֲבוֹדַת הַקְּטֹרֶת שֶׁיֵּשׁ בּוֹ מוֹר נֵרְדְּ וּשְׁאָר בְּשָׂמִים: **וְהַעֲלֵהוּ.** לֹא אָמַר לוֹ 'שָׁחֲטֵהוּ', לְפִי שֶׁלֹּא הָיָה חָפֵץ הַקָּדוֹשׁ בָּרוּךְ הוּא לְשָׁחֲטוֹ אֶלָּא לְהַעֲלוֹתוֹ לָהָר לַעֲשׂוֹתוֹ עוֹלָה, וּמִשֶּׁהֶעֱלָהוּ אָמַר לוֹ הוֹרִידֵהוּ: **אַחַד הֶהָרִים.** הַקָּדוֹשׁ בָּרוּךְ הוּא מַתְהֶא הַצַּדִּיקִים וְאַחַר כָּךְ מְגַלֶּה לָהֶם, וְכָל זֶה כְּדֵי לְהַרְבּוֹת שְׂכָרָן, וְכֵן: "אֶל הָאָרֶץ אֲשֶׁר אַרְאֶךָּ" (לעיל יב, א), וְכֵן בְּיוֹנָה: "וּקְרָא אֵלֶיהָ אֶת הַקְּרִיאָה" (יונה ג, ב):

ג| **וַיַּשְׁכֵּם.** נִזְדָּרֵז לַמִּצְוָה: **וַיַּחֲבֹשׁ.** הוּא בְּעַצְמוֹ, וְלֹא צִוָּה לְאֶחָד מֵעֲבָדָיו, שֶׁהָאַהֲבָה מְקַלְקֶלֶת הַשּׁוּרָה: **אֶת שְׁנֵי נְעָרָיו.** יִשְׁמָעֵאל וֶאֱלִיעֶזֶר, שֶׁאֵין אָדָם חָשׁוּב רַשַּׁאי לָצֵאת לַדֶּרֶךְ בְּלֹא שְׁנֵי אֲנָשִׁים, שֶׁאִם יִצְטָרֵךְ הָאֶחָד לִנְקָבָיו וְיִתְרַחֵק יִהְיֶה הַשֵּׁנִי עִמּוֹ: **וַיְבַקַּע.** "וַיְּצַלַּח", כְּמוֹ: "וְצָלְחוּ הַיַּרְדֵּן" (שמואל ב' יט, יח), לְשׁוֹן בִּקּוּעַ, פינדר"א בְּלַעַז:

ד| **בַּיּוֹם הַשְּׁלִישִׁי.** לָמָּה אֵחַר מִלְּהַרְאוֹתוֹ מִיָּד? כְּדֵי שֶׁלֹּא יֹאמְרוּ: הֲמָמוֹ וְעִרְבְּבוֹ פִּתְאוֹם וְטָרַף דַּעְתּוֹ, וְאִלּוּ הָיָה לוֹ שָׁהוּת לְהִמָּלֵךְ אֶל לִבּוֹ לֹא הָיָה עוֹשֶׂה: **וַיַּרְא אֶת הַמָּקוֹם.** רָאָה עָנָן קָשׁוּר עַל הָהָר:

ה| **עַד כֹּה.** כְּלוֹמַר, דֶּרֶךְ מוּעָט לַמָּקוֹם אֲשֶׁר לְפָנֵינוּ. וּמִדְרַשׁ אַגָּדָה, אֶרְאֶה הֵיכָן הוּא מַה שֶּׁאָמַר לִי הַמָּקוֹם: "כֹּה יִהְיֶה זַרְעֶךָ" (לעיל טו, ה): **וְנָשׁוּבָה.** נִתְנַבֵּא שֶׁיָּשׁוּבוּ שְׁנֵיהֶם:

ו| **הַמַּאֲכֶלֶת.** סַכִּין, עַל שֵׁם שֶׁאוֹכֶלֶת אֶת הַבָּשָׂר, כְּמָה דְּתֵימָא: "וְחַרְבִּי תֹּאכַל בָּשָׂר" (דברים לב, מב), וְשֶׁמַּכְשֶׁרֶת בָּשָׂר לַאֲכִילָה. דָּבָר אַחֵר, זֹאת נִקְרֵאת מַאֲכֶלֶת, עַל שֵׁם שֶׁיִּשְׂרָאֵל אוֹכְלִים מַתַּן שְׂכָרָהּ: **וַיֵּלְכוּ שְׁנֵיהֶם יַחְדָּו.** אַבְרָהָם שֶׁהָיָה יוֹדֵעַ שֶׁהוֹלֵךְ לִשְׁחֹט אֶת בְּנוֹ, הָיָה הוֹלֵךְ בְּרָצוֹן וְשִׂמְחָה כְּיִצְחָק שֶׁלֹּא הָיָה מַרְגִּישׁ בַּדָּבָר:

ח| **יִרְאֶה לּוֹ הַשֶּׂה.** כְּלוֹמַר, יִרְאֶה וְיִבְחַר לוֹ הַשֶּׂה, וְאִם אֵין שֶׂה – "לְעוֹלָה בְּנִי". וְאַף עַל פִּי שֶׁהֵבִין יִצְחָק שֶׁהוּא הוֹלֵךְ לְהִשָּׁחֵט, "וַיֵּלְכוּ שְׁנֵיהֶם יַחְדָּו" בְּלֵב שָׁוֶה:

ט| **וַיַּעֲקֹד.** יָדָיו וְרַגְלָיו מֵאֲחוֹרָיו. הַיָּדַיִם וְהָרַגְלַיִם בְּיַחַד הִיא עֲקֵדָה, וְהוּא לְשׁוֹן 'עֲקֻדִּים' (להלן ל, לט) שֶׁהָיוּ קַרְסֻלֵּיהֶם לְבָנִים, מָקוֹם שֶׁעוֹקְדִים אוֹתָן בּוֹ הָיָה נִכָּר:

הַֽמַּאֲכֶ֔לֶת לִשְׁחֹ֖ט אֶת־בְּנֽוֹ׃ וַיִּקְרָ֨א אֵלָ֜יו מַלְאַ֤ךְ יא
יְהוָה֙ מִן־הַשָּׁמַ֔יִם וַיֹּ֖אמֶר אַבְרָהָ֣ם ׀ אַבְרָהָ֑ם
וַיֹּ֖אמֶר הִנֵּֽנִי׃ וַיֹּ֗אמֶר אַל־תִּשְׁלַ֤ח יָֽדְךָ֙ אֶל־הַנַּ֔עַר יב
וְאַל־תַּ֥עַשׂ ל֖וֹ מְא֑וּמָה כִּ֣י ׀ עַתָּ֣ה יָדַ֗עְתִּי כִּֽי־יְרֵ֤א
אֱלֹהִים֙ אַ֔תָּה וְלֹ֥א חָשַׂ֛כְתָּ אֶת־בִּנְךָ֥ אֶת־יְחִידְךָ֖
מִמֶּֽנִּי׃ וַיִּשָּׂ֨א אַבְרָהָ֜ם אֶת־עֵינָ֗יו וַיַּרְא֙ וְהִנֵּה־אַ֔יִל יג
אַחַ֕ר נֶאֱחַ֥ז בַּסְּבַ֖ךְ בְּקַרְנָ֑יו וַיֵּ֤לֶךְ אַבְרָהָם֙ וַיִּקַּ֣ח
אֶת־הָאַ֔יִל וַיַּעֲלֵ֥הוּ לְעֹלָ֖ה תַּ֥חַת בְּנֽוֹ׃ וַיִּקְרָ֧א יד
אַבְרָהָ֛ם שֵֽׁם־הַמָּק֥וֹם הַה֖וּא יְהוָ֣ה ׀ יִרְאֶ֑ה אֲשֶׁר֙
★ יֵאָמֵ֣ר הַיּ֔וֹם בְּהַ֥ר יְהוָ֖ה יֵרָאֶֽה׃ וַיִּקְרָ֛א מַלְאַ֥ךְ טו
יְהוָ֖ה אֶל־אַבְרָהָ֑ם שֵׁנִ֖ית מִן־הַשָּׁמָֽיִם׃ וַיֹּ֗אמֶר טז
בִּ֥י נִשְׁבַּ֖עְתִּי נְאֻם־יְהוָ֑ה כִּ֗י יַ֚עַן אֲשֶׁ֤ר עָשִׂ֙יתָ֙ אֶת־
הַדָּבָ֣ר הַזֶּ֔ה וְלֹ֥א חָשַׂ֖כְתָּ אֶת־בִּנְךָ֥ אֶת־יְחִידֶֽךָ׃
כִּֽי־בָרֵ֣ךְ אֲבָרֶכְךָ֗ וְהַרְבָּ֨ה אַרְבֶּ֤ה אֶֽת־זַרְעֲךָ֙ יז
כְּכוֹכְבֵ֣י הַשָּׁמַ֔יִם וְכַח֕וֹל אֲשֶׁ֖ר עַל־שְׂפַ֣ת הַיָּ֑ם
וְיִרַ֣שׁ זַרְעֲךָ֔ אֵ֖ת שַׁ֥עַר אֹיְבָֽיו׃ וְהִתְבָּרֲכ֣וּ בְזַרְעֲךָ֔ יח
כֹּ֖ל גּוֹיֵ֣י הָאָ֑רֶץ עֵ֕קֶב אֲשֶׁ֥ר שָׁמַ֖עְתָּ בְּקֹלִֽי׃ וַיָּ֤שָׁב יט
אַבְרָהָם֙ אֶל־נְעָרָ֔יו וַיָּקֻ֛מוּ וַיֵּלְכ֥וּ יַחְדָּ֖ו אֶל־בְּאֵ֣ר
שָׁ֑בַע וַיֵּ֥שֶׁב אַבְרָהָ֖ם בִּבְאֵ֥ר שָֽׁבַע׃

★ מפטיר וַיְהִ֗י אַחֲרֵי֙ הַדְּבָרִ֣ים הָאֵ֔לֶּה וַיֻּגַּ֥ד לְאַבְרָהָ֖ם כ
לֵאמֹ֑ר הִ֠נֵּה יָלְדָ֨ה מִלְכָּ֥ה גַם־הִ֛וא בָּנִ֖ים לְנָח֥וֹר

יא סכינא, למכס ית בריה: וקרא ליה, מלאכא דיי מן שמיא, ואמר אברהם אברהם, ואמר
יב האנא: ואמר, לא תושיט ידך לעולימא, ולא תעביד ליה מדעם, ארי כען ידענא, ארי
יג דחלא דיי את, ולא מנעתא, ית ברך ית יחידך מני: וזקף אברהם ית עינוהי בתר אלין,
וחזא והא דכרא, אחיד באילנא בקרנוהי, ואזל אברהם ונסיב ית דכרא, ואסקיה
יד לעלתא חלף בריה: ופלח וצלי אברהם, תמן באתרא ההוא, אמר קדם יי הכא יהון
טו פלחין דריא, בכן יתאמר ביומא הדין, בטורא הדין אברהם קדם יי פלח: וקרא, מלאכא
טז דיי לאברהם, תנינות מן שמיא: ואמר, במימרי קיימית אמר יי, ארי, חלף דעבדתא
יז ית פתגמא הדין, ולא מנעתא ית ברך ית יחידך: ארי ברכא אברכנך, ואסגאה
אסגי ית בנך ככוכבי שמיא, וכחלא, דעל כיף ימא, ויירתון בנך, ית קרוי סנאיהון:
יח יט ויתברכון בדיל בנך, כל עממי ארעא, חלף, דקבילתא למימרי: ותב אברהם לות
כ עולימוהי, וקמו, ואזלו כחדא לבאר שבע, ויתיב אברהם בבאר שבע: והוה, בתר
פתגמיא האלין, ואתחוא לאברהם למימר, הא, ילידת מלכה אף היא, בנין לנחור

יא] **אברהם אברהם.** לשון חבה הוא, שכופל את שמו:

יב] **אל תשלח.** לשחוט. אמר לו: אם כן לחנם באתי לכאן? אעשה בו חבלה ואוציא ממנו מעט דם! אמר לו: "אל תעש לו מאומה": **כי עתה ידעתי.** מעתה יש לי מה אשיב לשטן ולאמות, התמהים מה היא חבתי אצלך, ידעתי לי פתחון פה עכשיו, שרואים "כי ירא אלהים אתה":

יג] **והנה איל.** מוכן היה לכך מששת ימי בראשית: **אחר.** אחרי שאמר לו המלאך: "אל תשלח ידך" ראהו כשהוא נאחז, והוא שמתרגמינן: "וזקף אברהם ית עינוהי בתר אלין": **בסבך.** אילן: **בקרניו.** שהיה רץ אצל אברהם, והשטן סובכו ומערבבו באילנות: **תחת בנו.** מאחר שכתוב: "ויעלהו לעלה" לא חסר המקרא כלום, מהו "תחת בנו"? על כל עבודה שעשה ממנו היה מתפלל ואומר: יהי רצון שתהא זו כאלו היא עשויה בבני, כאלו בני שחוט, כאלו דמו זרוק, כאלו בני מופשט, כאלו הוא נקטר ונעשה דשן:

יד] **ה' יראה.** פשוטו כתרגומו: ה' יבחר ויראה לו את המקום הזה להשרות בו שכינתו ולהקריב כאן קרבנות: **אשר יאמר היום.** שיאמרו לימי הדורות עליו: בהר זה יראה הקדוש ברוך הוא לעמו: **היום.** הימים העתידים, כמו 'עד היום הזה' שבכל המקרא, שדורות הבאים הקוראים את המקרא אומרים על יום שעומדים בו: 'היום הזה'. ומדרש אגדה, "ה' יראה" עקדה זו לסלח לישראל בכל שנה ולהצילם מן הפורענות, כדי שיאמר היום הזה בכל דורות הבאים: בהר ה' נראה אפרו של יצחק צבור ועומד לכפרה:

יז] **ברך אברכך.** אחת לאב ואחת לבן: **והרבה ארבה.** אחת לאב ואחת לבן:

יט] **וישב אברהם בבאר שבע.** לא ישיבה ממש, שהרי בחברון היה יושב. שתים עשרה שנים לפני עקדתו של יצחק יצא מבאר שבע ובא לו לחברון, כמו שנאמר: "ויגר אברהם בארץ פלשתים ימים רבים" (לעיל כא, לד), מרובים משל חברון הראשונים, והם עשרים ושש שנה כמו שפרשנו למעלה:

כ] **אחרי הדברים האלה ויגד וגו'.** בשובו מהר המוריה היה אברהם מהרהר ואומר: אלו היה בני שחוט כבר היה הולך בלא בנים, היה לי להשיאו אשה מבנות ענר אשכול וממרא; בשרו הקדוש ברוך הוא שנולדה רבקה בת זוגו. וזהו "הדברים האלה", הרהורי דברים שהיו על ידי העקדה: **גם הוא.** אף היא השוות משפחותיה למשפחות אברהם שתים עשרה, מה אברהם, שבטים שיצאו מיעקב שמונה בני הגבירות וארבעה בני שפחות, אף אלו שמונה בני גבירות וארבעה בני פילגש:

כא אָחִיךָ: אֶת־עוּץ בְּכֹרוֹ וְאֶת־בּוּז אָחִיו וְאֶת־
כב קְמוּאֵל אֲבִי אֲרָם: וְאֶת־כֶּשֶׂד וְאֶת־חֲזוֹ וְאֶת־
כג פִּלְדָּשׁ וְאֶת־יִדְלָף וְאֵת בְּתוּאֵל: וּבְתוּאֵל יָלַד
אֶת־רִבְקָה שְׁמֹנָה אֵלֶּה יָלְדָה מִלְכָּה לְנָחוֹר
כד אֲחִי אַבְרָהָם: וּפִילַגְשׁוֹ וּשְׁמָהּ רְאוּמָה וַתֵּלֶד
גַּם־הִוא אֶת־טֶבַח וְאֶת־גַּחַם וְאֶת־תַּחַשׁ וְאֶת־
מַעֲכָה:

הפטרת וירא

בהפטרה מתוארים שני אירועים שבהם באה לידי ביטוי חרדת האם לצאצאיה. בשני האירועים מסתייעות האימהות במעשי נס של אלישע. הרצון להעמיד צאצאים ולקיימם מביא את האימהות למסירות נפש ולדבקות במטרה, עד השגת היעד. בסוף ימי בית אחאב ובימיה הראשונים של שושלת בית יהוא נלחם אלישע הנביא בעבודה הזרה. הוא מרומם את האנשים הדבקים בעבודת ה׳ ומבליט את השכר שה׳ מעניק להם. בדרך זו הוא מנסה לעורר את העם להמיר את ההליכה אחר הבעל בדבקות בה׳. בד בבד עם זה הוא מחדד את התובנה שהקשר בין ה׳ לעמו הוא עוצמתי וטבעי, כמו חוויית האימהות וחיבורה לצאצאיה.

מלכים ב׳

ד א וְאִשָּׁה אַחַת מִנְּשֵׁי בְנֵי־הַנְּבִיאִים צָעֲקָה אֶל־אֱלִישָׁע לֵאמֹר עַבְדְּךָ אִישִׁי
מֵת וְאַתָּה יָדַעְתָּ כִּי עַבְדְּךָ הָיָה יָרֵא אֶת־יהוה וְהַנֹּשֶׁה בָּא לָקַחַת אֶת־
ב שְׁנֵי יְלָדַי לוֹ לַעֲבָדִים: וַיֹּאמֶר אֵלֶיהָ אֱלִישָׁע מָה אֶעֱשֶׂה־לָּךְ הַגִּידִי לִי
מַה־יֶּשׁ־לכי בַּבָּיִת וַתֹּאמֶר אֵין לְשִׁפְחָתְךָ כֹל בַּבַּיִת כִּי אִם־אָסוּךְ שָׁמֶן: (לָךְ)
ג וַיֹּאמֶר לְכִי שַׁאֲלִי־לָךְ כֵּלִים מִן־הַחוּץ מֵאֵת כָּל־שכניכי כֵּלִים רֵקִים אַל־ (שְׁכֵנָיִךְ)
ד תַּמְעִיטִי: וּבָאת וְסָגַרְתְּ הַדֶּלֶת בַּעֲדֵךְ וּבְעַד־בָּנַיִךְ וְיָצַקְתְּ עַל כָּל־הַכֵּלִים
ה הָאֵלֶּה וְהַמָּלֵא תַּסִּיעִי: וַתֵּלֶךְ מֵאִתּוֹ וַתִּסְגֹּר הַדֶּלֶת בַּעֲדָהּ וּבְעַד בָּנֶיהָ הֵם
ו מַגִּשִׁים אֵלֶיהָ וְהִיא מיצקת: וַיְהִי ׀ כִּמְלֹאת הַכֵּלִים וַתֹּאמֶר אֶל־בְּנָהּ (מוּצָקֶת)
ז הַגִּישָׁה אֵלַי עוֹד כֶּלִי וַיֹּאמֶר אֵלֶיהָ אֵין עוֹד כֶּלִי וַיַּעֲמֹד הַשָּׁמֶן: וַתָּבֹא
וַתַּגֵּד לְאִישׁ הָאֱלֹהִים וַיֹּאמֶר לְכִי מִכְרִי אֶת־הַשֶּׁמֶן וְשַׁלְּמִי אֶת־נשיכי (נִשְׁיֵךְ)
ח וְאַתְּ בניכי תִּחְיִי בַּנּוֹתָר: וַיְהִי הַיּוֹם וַיַּעֲבֹר אֱלִישָׁע אֶל־שׁוּנֵם (וּבָנַיִךְ)

כא כב אֲחוּךְ: יָת עוּץ בֻּכְרֵיהּ וְיָת בּוּז אֲחוּהִי, וְיָת קְמוּאֵל אֲבוּהִי דַאֲרָם: וְיָת כֶּשֶׂד וְיָת חֲזוֹ, וְיָת
כג פִּלְדָּשׁ וְיָת יִדְלָף, וְיָת בְּתוּאֵל: וּבְתוּאֵל אוֹלֵיד יָת רִבְקָה, תְּמָנְיָא אִלֵּין יְלֵידַת מִלְכָּה, לְנָחוֹר
כד אֲחוּהִי דְאַבְרָהָם: וּלְחֵינָתֵיהּ וּשְׁמַהּ רְאוּמָה, וִילֵידַת אַף הִיא יָת טֶבַח וְיָת גַּחַם, וְיָת תַּחַשׁ
וְיָת מַעֲכָה:

כג) וּבְתוּאֵל יָלַד אֶת רִבְקָה. כָּל הַיִּחוּסִין הַלָּלוּ לֹא נִכְתְּבוּ אֶלָּא בִּשְׁבִיל פָּסוּק זֶה:

וְשָׁם אִשָּׁה גְדוֹלָה וַתַּחֲזֶק־בּוֹ לֶאֱכָל־לָחֶם וַיְהִי מִדֵּי עָבְרוֹ יָסֻר שָׁמָּה
ט לֶאֱכָל־לָחֶם: וַתֹּאמֶר אֶל־אִישָׁהּ הִנֵּה־נָא יָדַעְתִּי כִּי אִישׁ אֱלֹהִים קָדוֹשׁ
י הוּא עֹבֵר עָלֵינוּ תָּמִיד: נַעֲשֶׂה־נָּא עֲלִיַּת־קִיר קְטַנָּה וְנָשִׂים לוֹ שָׁם מִטָּה
יא וְשֻׁלְחָן וְכִסֵּא וּמְנוֹרָה וְהָיָה בְּבֹאוֹ אֵלֵינוּ יָסוּר שָׁמָּה: וַיְהִי הַיּוֹם וַיָּבֹא שָׁמָּה
יב וַיָּסַר אֶל־הָעֲלִיָּה וַיִּשְׁכַּב־שָׁמָּה: וַיֹּאמֶר אֶל־גֵּיחֲזִי נַעֲרוֹ קְרָא לַשּׁוּנַמִּית
יג הַזֹּאת וַיִּקְרָא־לָהּ וַתַּעֲמֹד לְפָנָיו: וַיֹּאמֶר לוֹ אֱמָר־נָא אֵלֶיהָ הִנֵּה חָרַדְתְּ ׀
אֵלֵינוּ אֶת־כָּל־הַחֲרָדָה הַזֹּאת מֶה לַעֲשׂוֹת לָךְ הֲיֵשׁ לְדַבֶּר־לָךְ אֶל־הַמֶּלֶךְ
יד אוֹ אֶל־שַׂר הַצָּבָא וַתֹּאמֶר בְּתוֹךְ עַמִּי אָנֹכִי יֹשָׁבֶת: וַיֹּאמֶר וּמֶה לַעֲשׂוֹת
טו לָהּ וַיֹּאמֶר גֵּיחֲזִי אֲבָל בֵּן אֵין־לָהּ וְאִישָׁהּ זָקֵן: וַיֹּאמֶר קְרָא־לָהּ וַיִּקְרָא־לָהּ
טז וַתַּעֲמֹד בַּפָּתַח: וַיֹּאמֶר לַמּוֹעֵד הַזֶּה כָּעֵת חַיָּה אתי חֹבֶקֶת בֵּן וַתֹּאמֶר אַתְּ
יז אַל־אֲדֹנִי אִישׁ הָאֱלֹהִים אַל־תְּכַזֵּב בְּשִׁפְחָתֶךָ: וַתַּהַר הָאִשָּׁה וַתֵּלֶד בֵּן
יח לַמּוֹעֵד הַזֶּה כָּעֵת חַיָּה אֲשֶׁר־דִּבֶּר אֵלֶיהָ אֱלִישָׁע: וַיִּגְדַּל הַיָּלֶד וַיְהִי הַיּוֹם
יט וַיֵּצֵא אֶל־אָבִיו אֶל־הַקֹּצְרִים: וַיֹּאמֶר אֶל־אָבִיו רֹאשִׁי ׀ רֹאשִׁי וַיֹּאמֶר אֶל־
כ הַנַּעַר שָׂאֵהוּ אֶל־אִמּוֹ: וַיִּשָּׂאֵהוּ וַיְבִיאֵהוּ אֶל־אִמּוֹ וַיֵּשֶׁב עַל־בִּרְכֶּיהָ עַד־
כא הַצָּהֳרַיִם וַיָּמֹת: וַתַּעַל וַתַּשְׁכִּבֵהוּ עַל־מִטַּת אִישׁ הָאֱלֹהִים וַתִּסְגֹּר בַּעֲדוֹ
כב וַתֵּצֵא: וַתִּקְרָא אֶל־אִישָׁהּ וַתֹּאמֶר שִׁלְחָה נָא לִי אֶחָד מִן־הַנְּעָרִים וְאַחַת

הָאֲתֹנוֹת וְאָרוּצָה עַד־אִישׁ הָאֱלֹהִים וְאָשׁוּבָה: וַיֹּאמֶר מַדּוּעַ אַתְּי הֹלֶכְתִּי כג
אֵלָיו הַיּוֹם לֹא־חֹדֶשׁ וְלֹא שַׁבָּת וַתֹּאמֶר שָׁלוֹם:* וַתַּחֲבֹשׁ הָאָתוֹן וַתֹּאמֶר כד
אֶל־נַעֲרָהּ נְהַג וָלֵךְ אַל־תַּעֲצָר־לִי לִרְכֹּב כִּי אִם־אָמַרְתִּי לָךְ: וַתֵּלֶךְ וַתָּבֹא כה
אֶל־אִישׁ הָאֱלֹהִים אֶל־הַר הַכַּרְמֶל וַיְהִי כִּרְאוֹת אִישׁ־הָאֱלֹהִים אֹתָהּ
מִנֶּגֶד וַיֹּאמֶר אֶל־גֵּיחֲזִי נַעֲרוֹ הִנֵּה הַשּׁוּנַמִּית הַלָּז: עַתָּה רוּץ־נָא לִקְרָאתָהּ כו
וֶאֱמָר־לָהּ הֲשָׁלוֹם לָךְ הֲשָׁלוֹם לְאִישֵׁךְ הֲשָׁלוֹם לַיָּלֶד וַתֹּאמֶר שָׁלוֹם:
וַתָּבֹא אֶל־אִישׁ הָאֱלֹהִים אֶל־הָהָר וַתַּחֲזֵק בְּרַגְלָיו וַיִּגַּשׁ גֵּיחֲזִי לְהָדְפָהּ כז
וַיֹּאמֶר אִישׁ הָאֱלֹהִים הַרְפֵּה־לָהּ כִּי־נַפְשָׁהּ מָרָה־לָהּ וַיהוָה הֶעְלִים מִמֶּנִּי
וְלֹא הִגִּיד לִי: וַתֹּאמֶר הֲשָׁאַלְתִּי בֵן מֵאֵת אֲדֹנִי הֲלֹא אָמַרְתִּי לֹא תַשְׁלֶה כח
אֹתִי: וַיֹּאמֶר לְגֵיחֲזִי חֲגֹר מָתְנֶיךָ וְקַח מִשְׁעַנְתִּי בְיָדְךָ וָלֵךְ כִּי־תִמְצָא אִישׁ כט
לֹא תְבָרְכֶנּוּ וְכִי־יְבָרֶכְךָ אִישׁ לֹא תַעֲנֶנּוּ וְשַׂמְתָּ מִשְׁעַנְתִּי עַל־פְּנֵי הַנָּעַר:
וַתֹּאמֶר אֵם הַנַּעַר חַי־יְהוָה וְחֵי־נַפְשְׁךָ אִם־אֶעֶזְבֶךָּ וַיָּקָם וַיֵּלֶךְ אַחֲרֶיהָ: ל
וְגֵחֲזִי עָבַר לִפְנֵיהֶם וַיָּשֶׂם אֶת־הַמִּשְׁעֶנֶת עַל־פְּנֵי הַנַּעַר וְאֵין קוֹל וְאֵין לא
קָשֶׁב וַיָּשָׁב לִקְרָאתוֹ וַיַּגֶּד־לוֹ לֵאמֹר לֹא הֵקִיץ הַנָּעַר: וַיָּבֹא אֱלִישָׁע לב
הַבָּיְתָה וְהִנֵּה הַנַּעַר מֵת מֻשְׁכָּב עַל־מִטָּתוֹ: וַיָּבֹא וַיִּסְגֹּר הַדֶּלֶת בְּעַד לג
שְׁנֵיהֶם וַיִּתְפַּלֵּל אֶל־יְהוָה: וַיַּעַל וַיִּשְׁכַּב עַל־הַיֶּלֶד וַיָּשֶׂם פִּיו עַל־פִּיו וְעֵינָיו לד
עַל־עֵינָיו וְכַפָּיו עַל־כַּפָּו וַיִּגְהַר עָלָיו וַיָּחָם בְּשַׂר הַיָּלֶד: וַיָּשָׁב וַיֵּלֶךְ בַּבַּיִת לה
אַחַת הֵנָּה וְאַחַת הֵנָּה וַיַּעַל וַיִּגְהַר עָלָיו וַיְזוֹרֵר הַנַּעַר עַד־שֶׁבַע פְּעָמִים
וַיִּפְקַח הַנַּעַר אֶת־עֵינָיו: וַיִּקְרָא אֶל־גֵּיחֲזִי וַיֹּאמֶר קְרָא אֶל־הַשֻּׁנַמִּית הַזֹּאת לו
וַיִּקְרָאֶהָ וַתָּבוֹא אֵלָיו וַיֹּאמֶר שְׂאִי בְנֵךְ: וַתָּבֹא וַתִּפֹּל עַל־רַגְלָיו וַתִּשְׁתַּחוּ לז
אָרְצָה וַתִּשָּׂא אֶת־בְּנָהּ וַתֵּצֵא:

אַתְּ הֹלֶכֶת

הספרדים
מסיימים כאן

וירא

פרשת חיי שרה

נושאים לפי סדרים	יט (ב)	כ	כא	כב
	מות שרה וקניית מערת המכפלה	שליחות העבד – מציאת אישה ליצחק	העבד לוקח את רבקה והיא נישאת ליצחק	נישואי אברהם לקטורה, בניו ומותו
	קרית ארבע (חברון)	ארם נהריים		
	כ־23 שנה			

חיי שרה

וַיִּהְיוּ חַיֵּי שָׂרָה מֵאָה שָׁנָה וְעֶשְׂרִים שָׁנָה וְשֶׁבַע א כג
שָׁנִים שְׁנֵי חַיֵּי שָׂרָה׃ וַתָּמָת שָׂרָה בְּקִרְיַת ב
אַרְבַּע הִוא חֶבְרוֹן בְּאֶרֶץ כְּנָעַן וַיָּבֹא אַבְרָהָם
לִסְפֹּד לְשָׂרָה וְלִבְכֹּתָהּ׃ וַיָּקָם אַבְרָהָם מֵעַל ג
פְּנֵי מֵתוֹ וַיְדַבֵּר אֶל־בְּנֵי־חֵת לֵאמֹר׃ גֵּר־ ד
וְתוֹשָׁב אָנֹכִי עִמָּכֶם תְּנוּ לִי אֲחֻזַּת־קֶבֶר עִמָּכֶם
וְאֶקְבְּרָה מֵתִי מִלְּפָנָי׃ וַיַּעֲנוּ בְנֵי־חֵת אֶת־ ה
אַבְרָהָם לֵאמֹר לוֹ׃ שְׁמָעֵנוּ ׀ אֲדֹנִי נְשִׂיא אֱלֹהִים ו
אַתָּה בְּתוֹכֵנוּ בְּמִבְחַר קְבָרֵינוּ קְבֹר אֶת־מֵתֶךָ
אִישׁ מִמֶּנּוּ אֶת־קִבְרוֹ לֹא־יִכְלֶה מִמְּךָ מִקְּבֹר
מֵתֶךָ׃ וַיָּקָם אַבְרָהָם וַיִּשְׁתַּחוּ לְעַם־הָאָרֶץ ז
לִבְנֵי־חֵת׃ וַיְדַבֵּר אִתָּם לֵאמֹר אִם־יֵשׁ אֶת־ ח
נַפְשְׁכֶם לִקְבֹּר אֶת־מֵתִי מִלְּפָנַי שְׁמָעוּנִי וּפִגְעוּ־
לִי בְּעֶפְרוֹן בֶּן־צֹחַר׃ וְיִתֶּן־לִי אֶת־מְעָרַת ט
הַמַּכְפֵּלָה אֲשֶׁר־לוֹ אֲשֶׁר בִּקְצֵה שָׂדֵהוּ בְּכֶסֶף
מָלֵא יִתְּנֶנָּה לִּי בְּתוֹכְכֶם לַאֲחֻזַּת־קָבֶר׃ וְעֶפְרוֹן י
יֹשֵׁב בְּתוֹךְ בְּנֵי־חֵת וַיַּעַן עֶפְרוֹן הַחִתִּי אֶת־
אַבְרָהָם בְּאָזְנֵי בְנֵי־חֵת לְכֹל בָּאֵי שַׁעַר־עִירוֹ

יא לֵאמֹר: לֹא־אֲדֹנִי שְׁמָעֵנִי הַשָּׂדֶה נָתַתִּי לָךְ
וְהַמְּעָרָה אֲשֶׁר־בּוֹ לְךָ נְתַתִּיהָ לְעֵינֵי בְנֵי־

כג א ב וַהֲווֹ חַיֵּי שָׂרָה, מְאָה וְעֶסְרִין וּשְׁבַע שְׁנִין, שְׁנֵי חַיֵּי שָׂרָה: וּמִיתַת שָׂרָה, בְּקִרְיַת אַרְבַּע, הִיא חֶבְרוֹן
ג בְּאַרְעָא דִכְנָעַן, וַאֲתָא אַבְרָהָם, לְמִסְפַּד לְשָׂרָה וּלְמִבְכַּהּ: וְקָם אַבְרָהָם, מֵעַל אַפֵּי מִיתֵיהּ,
ד וּמַלֵּיל עִם בְּנֵי חִתָּאָה לְמֵימַר: דַּיָּר וְתוֹתָב אֲנָא עִמְּכוֹן, הַבוּ לִי אַחְסָנַת קְבוּרָא עִמְּכוֹן, וְאֶקְבַּר
ה ו מִיתִי מִן קֳדָמָי: וַאֲתִיבוּ בְנֵי חִתָּאָה, יָת אַבְרָהָם לְמֵימַר לֵיהּ: קַבֵּיל מִנָּנָא רִבּוֹנָנָא, רַב קֳדָם יְיָ
אַתְּ בֵּינָנָא, בִּשְׁפַר קִבְרָנָא, קְבַר יָת מִיתָךְ, אֱנָשׁ מִנָּנָא, יָת קִבְרֵיהּ, לָא יִמְנַע מִנָּךְ מִלְּמִקְבַּר
ז ח מִיתָךְ: וְקָם אַבְרָהָם, וּסְגֵיד לְעַמָּא דְאַרְעָא לִבְנֵי חִתָּאָה: וּמַלֵּיל עִמְּהוֹן לְמֵימַר, אִם אִית רַעֲוָא
ט נַפְשְׁכוֹן, לְמִקְבַּר יָת מִיתִי מִן קֳדָמַי, קַבִּילוּ מִנִּי, וּבְעוֹ לִי מִן עֶפְרוֹן בַּר צוֹחַר: וְיִתֵּין לִי, יָת מְעָרַת
י כָּפֵילְתָּא דִּילֵיהּ, דְּבִסְטַר חַקְלֵיהּ, בִּכְסַף שְׁלִים, יִתְּנַהּ לִי, בֵּינֵיכוֹן לְאַחְסָנַת קְבוּרָא: וְעֶפְרוֹן
יָתֵיב בְּגוֹ בְּנֵי חִתָּאָה, וַאֲתֵיב עֶפְרוֹן חִתָּאָה יָת אַבְרָהָם קֳדָם בְּנֵי חִתָּאָה, לְכֹל, עָאלֵי תְּרַע
יא קַרְתֵּיהּ לְמֵימַר: לָא רִבּוֹנִי קַבֵּיל מִנִּי, חַקְלָא יְהַבִית לָךְ, וּמְעָרְתָא דְּבֵיהּ לָךְ יְהַבְתַּהּ, לְעֵינֵי בְנֵי

א| **וַיִּהְיוּ חַיֵּי שָׂרָה מֵאָה שָׁנָה וְעֶשְׂרִים שָׁנָה וְשֶׁבַע שָׁנִים.** לְכָךְ נִכְתַּב 'שָׁנָה' בְּכָל כְּלָל וּכְלָל, לוֹמַר לְךָ שֶׁכָּל אֶחָד נִדְרָשׁ לְעַצְמוֹ: בַּת מֵאָה כְּבַת עֶשְׂרִים לְחֵטְא, מַה בַּת עֶשְׂרִים לֹא חָטְאָה שֶׁהֲרֵי אֵינָהּ בַּת עֳנָשִׁין, אַף בַּת מֵאָה בְּלֹא חֵטְא, וּבַת עֶשְׂרִים כְּבַת שֶׁבַע לְיֹפִי: **שְׁנֵי חַיֵּי שָׂרָה.** כֻּלָּן שָׁוִין לְטוֹבָה:

ב| **בְּקִרְיַת אַרְבַּע.** עַל שֵׁם אַרְבָּעָה עֲנָקִים שֶׁהָיוּ שָׁם: אֲחִימָן שֵׁשַׁי וְתַלְמַי וַאֲבִיהֶם. דָּבָר אַחֵר, עַל שֵׁם אַרְבָּעָה זוּגוֹת שֶׁנִּקְבְּרוּ שָׁם, אִישׁ וְאִשְׁתּוֹ: אָדָם וְחַוָּה, אַבְרָהָם וְשָׂרָה, יִצְחָק וְרִבְקָה, יַעֲקֹב וְלֵאָה: **וַיָּבֹא אַבְרָהָם.** מִבְּאֵר שֶׁבַע "לִסְפֹּד לְשָׂרָה וְלִבְכֹּתָהּ". וְנִסְמְכָה מִיתַת שָׂרָה לַעֲקֵדַת יִצְחָק, לְפִי שֶׁעַל יְדֵי בְּשׂוֹרַת הָעֲקֵדָה שֶׁנִּזְדַּמֵּן בְּנָהּ לִשְׁחִיטָה וְכִמְעַט שֶׁלֹּא נִשְׁחַט, פָּרְחָה נִשְׁמָתָהּ וּמֵתָה:

ד| **גֵּר וְתוֹשָׁב אָנֹכִי עִמָּכֶם.** גֵּר מֵאֶרֶץ אַחֶרֶת וְנִתְיַשַּׁבְתִּי עִמָּכֶם. וּמִדְרַשׁ אַגָּדָה: אִם תִּרְצוּ – הֲרֵינִי גֵּר, וְאִם לָאו – אֶהְיֶה תּוֹשָׁב וְאֶטְּלֶנָּה מִן הַדִּין, שֶׁאָמַר לִי הַקָּדוֹשׁ בָּרוּךְ הוּא: "לְזַרְעֲךָ אֶתֵּן אֶת הָאָרֶץ הַזֹּאת" (לעיל יב, ז): **אֲחֻזַּת קָבֶר.** אֲחֻזַּת קַרְקַע לְבֵית הַקְּבָרוֹת:

ו| **לֹא יִכְלֶה.** לֹא יִמְנַע, כְּמוֹ: "לֹא תִכְלָא רַחֲמֶיךָ" (תהלים מ, יב), וּכְמוֹ: "וַיִּכָּלֵא הַגֶּשֶׁם" (לעיל ח, ב):

ח| **נַפְשְׁכֶם.** רְצוֹנְכֶם: **וּפִגְעוּ לִי.** לְשׁוֹן בַּקָּשָׁה, כְּמוֹ: "אַל תִּפְגְּעִי בִי" (רות א, טז):

ט| **הַמַּכְפֵּלָה.** בַּיִת וַעֲלִיָּה עַל גַּבָּיו. דָּבָר אַחֵר, שֶׁכְּפוּלָה בְּזוּגוֹת: **בְּכֶסֶף מָלֵא.** שָׁלֵם, כָּל שָׁוְיָהּ:

י| **וְעֶפְרוֹן יֹשֵׁב.** כְּתִיב חָסֵר, אוֹתוֹ הַיּוֹם מִנּוּהוּ שׁוֹטֵר עֲלֵיהֶם; מִפְּנֵי חֲשִׁיבוּתוֹ שֶׁל אַבְרָהָם שֶׁהָיָה צָרִיךְ לוֹ, עָלָה לִגְדֻלָּה: **לְכֹל בָּאֵי שַׁעַר עִירוֹ.** שֶׁכֻּלָּן בָּטְלוּ מִמְּלַאכְתָּן וּבָאוּ לִגְמֹל חֶסֶד לְשָׂרָה:

יא| **לֹא אֲדֹנִי.** לֹא תִקְנֶה אוֹתָהּ בְּדָמִים: **נָתַתִּי לָךְ.** הֲרֵי הִיא כְּמוֹ שֶׁנְּתַתִּיהָ לְךָ:

עַמִּי נְתַתִּיהָ לָּךְ קְבֹר מֵתֶךָ׃ וַיִּשְׁתַּחוּ אַבְרָהָם יב
לִפְנֵי עַם־הָאָרֶץ׃ וַיְדַבֵּר אֶל־עֶפְרוֹן בְּאָזְנֵי עַם־ יג
הָאָרֶץ לֵאמֹר אַךְ אִם־אַתָּה לוּ שְׁמָעֵנִי נָתַתִּי
כֶּסֶף הַשָּׂדֶה קַח מִמֶּנִּי וְאֶקְבְּרָה אֶת־מֵתִי שָׁמָּה׃
וַיַּעַן עֶפְרוֹן אֶת־אַבְרָהָם לֵאמֹר לוֹ׃ אֲדֹנִי שְׁמָעֵנִי יד טו
אֶרֶץ אַרְבַּע מֵאֹת שֶׁקֶל־כֶּסֶף בֵּינִי וּבֵינְךָ מַה־
הִוא וְאֶת־מֵתְךָ קְבֹר׃ וַיִּשְׁמַע אַבְרָהָם אֶל־ טז
עֶפְרוֹן וַיִּשְׁקֹל אַבְרָהָם לְעֶפְרֹן אֶת־הַכֶּסֶף אֲשֶׁר
דִּבֶּר בְּאָזְנֵי בְנֵי־חֵת אַרְבַּע מֵאוֹת שֶׁקֶל כֶּסֶף
שני עֹבֵר לַסֹּחֵר׃ וַיָּקָם ׀ שְׂדֵה עֶפְרוֹן אֲשֶׁר בַּמַּכְפֵּלָה יז
אֲשֶׁר לִפְנֵי מַמְרֵא הַשָּׂדֶה וְהַמְּעָרָה אֲשֶׁר־בּוֹ
וְכָל־הָעֵץ אֲשֶׁר בַּשָּׂדֶה אֲשֶׁר בְּכָל־גְּבֻלוֹ סָבִיב׃
לְאַבְרָהָם לְמִקְנָה לְעֵינֵי בְנֵי־חֵת בְּכֹל בָּאֵי שַׁעַר־ יח
עִירוֹ׃ וְאַחֲרֵי־כֵן קָבַר אַבְרָהָם אֶת־שָׂרָה אִשְׁתּוֹ יט
אֶל־מְעָרַת שְׂדֵה הַמַּכְפֵּלָה עַל־פְּנֵי מַמְרֵא הִוא
חֶבְרוֹן בְּאֶרֶץ כְּנָעַן׃ וַיָּקָם הַשָּׂדֶה וְהַמְּעָרָה כ
אֲשֶׁר־בּוֹ לְאַבְרָהָם לַאֲחֻזַּת־קָבֶר מֵאֵת בְּנֵי־
ס חֵת׃ וְאַבְרָהָם זָקֵן בָּא בַּיָּמִים וַיהוָה א כד
בֵּרַךְ אֶת־אַבְרָהָם בַּכֹּל׃ וַיֹּאמֶר אַבְרָהָם אֶל־ ב
עַבְדּוֹ זְקַן בֵּיתוֹ הַמֹּשֵׁל בְּכָל־אֲשֶׁר־לוֹ שִׂים־נָא
יָדְךָ תַּחַת יְרֵכִי׃ וְאַשְׁבִּיעֲךָ בַּיהוָה אֱלֹהֵי הַשָּׁמַיִם ג

וֵֽאלֹהֵ֖י הָאָ֑רֶץ אֲשֶׁ֨ר לֹֽא־תִקַּ֤ח אִשָּׁה֙ לִבְנִ֔י
ד מִבְּנוֹת֙ הַֽכְּנַעֲנִ֔י אֲשֶׁ֥ר אָנֹכִ֖י יוֹשֵׁ֥ב בְּקִרְבּֽוֹ׃ כִּ֧י
אֶל־אַרְצִ֛י וְאֶל־מוֹלַדְתִּ֖י תֵּלֵ֑ךְ וְלָקַחְתָּ֥ אִשָּׁ֖ה
ה לִבְנִ֥י לְיִצְחָֽק׃ וַיֹּ֤אמֶר אֵלָיו֙ הָעֶ֔בֶד אוּלַ֗י לֹֽא־

יב יג עמי, יהבתה לך קבר מיתך: וסגיד אברהם, קדם עמא דארעא: ומליל עם עפרון, קדם עמא
דארעא למימר, ברם, אם עבדת לי טיבו קביל מני, אתין, כספא דמי חקלא סב מני, ואקבר
יד טו ית מיתי תמן: ואתיב עפרון, ית אברהם למימר ליה: רבוני קביל מני, ארע שויא ארבע מאה
טז סלעין דכסף, בינא ובינך מא היא, וית מיתך קבר: וקביל אברהם מן עפרון, ותקל אברהם
לעפרון, ית כספא, דמליל קדם בני חתאה, ארבע מאה סלעין דכסף, מתקבל סחורה בכל
יז מדינה: וקם חקל עפרון, דבכפילתא, דקדם ממרא, חקלא ומערתא דביה, וכל אילני
יח דבחקלא, דבכל תחומיה סחור סחור: לאברהם לזבינוהי לעיני בני חתאה, בכל עאלי תרע
יט קרתיה: ובתר כן קבר אברהם ית שרה אתתיה, במערת, חקל כפילתא, על אפי ממרא היא
כ חברון, בארעא דכנען: וקם חקלא, ומערתא דביה, לאברהם לאחסנת קבורא, מן בני
כד א ב חתאה: ואברהם סיב, עאל ביומין, ויי, בריך ית אברהם בכולא: ואמר אברהם, לעבדיה
ג סבא דביתיה, דשליט בכל דליה, שו כען ידך תחות ירכי: ואקיים עלך, במימרא דיי
אלהא דשמיא, ואלהא דארעא, דלא תסב אתתא לברי, מבנת כנענאי, דאנא יתיב ביניהון:
ד ה אלהין לארעי, ולילדותי תיזיל, ותסב אתתא לברי ליצחק: ואמר ליה עבדא, מאם לא

יג| **אך אם אתה לו שמעני.** אתה אומר לי לשמע לך ולקח חנם, אני אי חפשי בכך. **אך אם אתה לו שמעני.** הלואי ותשמעני: **נתתי.** דונ״י בלעז, מוכן הוא אצלי והלואי נתתיו לך כבר:

טו| **ביני ובינך.** בין שני אוהבים כמונו ״מה היא״ – חשובה לכלום, אלא הנח את המכר ״ואת מתך קבר״:

טז| **וישקל אברהם לעפרן.** חסר וי״ו, לפי שאמר הרבה ואפלו מעט לא עשה, שנטל ממנו שקלים גדולים שהן קנטרין, שנאמר: ״עבר לסחר״, שמתקבלים בשקל בכל מקום, ויש מקום ששקליהן גדולים שהן קנטרין, גנטינא״ש בלעז:

יז-יח| **ויקם שדה עפרון.** תקומה היתה לו שיצא מיד הדיוט ליד מלך. ופשוטו של מקרא: ויקם השדה והמערה אשר בו וכל העץ לאברהם למקנה וגו׳: **בכל באי שער עירו.** בקרב כלם ובמעמד כלם הקנהו לו:

פרק כד

א| **ברך את אברהם בכל.** ׳בכל׳ עולה בגימטריא ׳בן׳, ומאחר שהיה לו בן היה צריך להשיאו אשה:

ב| **זקן ביתו.** לפי שהוא דבוק נקוד ׳זקן׳: **תחת ירכי.** לפי שהנשבע צריך לטל בידו חפץ של מצוה כגון ספר תורה או תפלין, והמילה היתה מצוה ראשונה לו, ובאה לו על ידי צער והיתה חביבה עליו, ונטלה:

תֹּאבֶ֣ה הָֽאִשָּׁ֔ה לָלֶ֥כֶת אַחֲרַ֖י אֶל־הָאָ֣רֶץ הַזֹּ֑את
הֶֽהָשֵׁ֤ב אָשִׁיב֙ אֶת־בִּנְךָ֔ אֶל־הָאָ֖רֶץ אֲשֶׁר־יָצָ֥אתָ
מִשָּֽׁם׃ וַיֹּ֥אמֶר אֵלָ֖יו אַבְרָהָ֑ם הִשָּׁ֣מֶר לְךָ֔ פֶּן־ ו
תָּשִׁ֥יב אֶת־בְּנִ֖י שָֽׁמָּה׃ יְהוָ֣ה ׀ אֱלֹהֵ֣י הַשָּׁמַ֗יִם ז
אֲשֶׁ֨ר לְקָחַ֜נִי מִבֵּ֣ית אָבִ֘י וּמֵאֶ֣רֶץ מוֹלַדְתִּי֒ וַאֲשֶׁ֨ר
דִּבֶּר־לִ֜י וַאֲשֶׁ֤ר נִֽשְׁבַּֽע־לִי֙ לֵאמֹ֔ר לְזַ֨רְעֲךָ֔ אֶתֵּ֖ן
אֶת־הָאָ֣רֶץ הַזֹּ֑את ה֗וּא יִשְׁלַ֤ח מַלְאָכוֹ֙ לְפָנֶ֔יךָ
וְלָקַחְתָּ֥ אִשָּׁ֛ה לִבְנִ֖י מִשָּֽׁם׃ וְאִם־לֹ֨א תֹאבֶ֤ה ח
הָֽאִשָּׁה֙ לָלֶ֣כֶת אַחֲרֶ֔יךָ וְנִקִּ֕יתָ מִשְּׁבֻעָתִ֖י זֹ֑את רַ֣ק
אֶת־בְּנִ֔י לֹ֥א תָשֵׁ֖ב שָֽׁמָּה׃ וַיָּ֤שֶׂם הָעֶ֙בֶד֙ אֶת־יָד֔וֹ ט
תַּ֛חַת יֶ֥רֶךְ אַבְרָהָ֖ם אֲדֹנָ֑יו וַיִּשָּׁ֣בַֽע ל֔וֹ עַל־הַדָּבָ֖ר
שלישי הַזֶּֽה׃ וַיִּקַּ֣ח הָ֠עֶבֶד עֲשָׂרָ֨ה גְמַלִּ֜ים מִגְּמַלֵּ֤י אֲדֹנָיו֙ י
וַיֵּ֔לֶךְ וְכָל־ט֥וּב אֲדֹנָ֖יו בְּיָד֑וֹ וַיָּ֗קָם וַיֵּ֛לֶךְ אֶל־אֲרַ֥ם
נַהֲרַ֖יִם אֶל־עִ֥יר נָחֽוֹר׃ וַיַּבְרֵ֧ךְ הַגְּמַלִּ֛ים מִח֥וּץ יא
לָעִ֖יר אֶל־בְּאֵ֣ר הַמָּ֑יִם לְעֵ֣ת עֶ֔רֶב לְעֵ֖ת צֵ֥את
הַשֹּׁאֲבֹֽת׃ וַיֹּאמַ֓ר ׀ יְהוָ֗ה אֱלֹהֵי֙ אֲדֹנִ֣י אַבְרָהָ֔ם יב
הַקְרֵה־נָ֥א לְפָנַ֖י הַיּ֑וֹם וַעֲשֵׂה־חֶ֕סֶד עִ֖ם אֲדֹנִ֥י
אַבְרָהָֽם׃ הִנֵּ֛ה אָנֹכִ֥י נִצָּ֖ב עַל־עֵ֣ין הַמָּ֑יִם וּבְנוֹת֙ יג
אַנְשֵׁ֣י הָעִ֔יר יֹצְאֹ֖ת לִשְׁאֹ֥ב מָֽיִם׃ וְהָיָ֣ה הַנַּעֲרָ֗ יד
אֲשֶׁ֨ר אֹמַ֤ר אֵלֶ֙יהָ֙ הַטִּי־נָ֤א כַדֵּךְ֙ וְאֶשְׁתֶּ֔ה וְאָֽמְרָ֣ה
שְׁתֵ֔ה וְגַם־גְּמַלֶּ֖יךָ אַשְׁקֶ֑ה אֹתָ֤הּ הֹכַ֙חְתָּ֙ לְעַבְדְּךָ֣

לְיִצְחָק וּבָהּ אֵדַע כִּי־עָשִׂיתָ חֶסֶד עִם־אֲדֹנִי׃
טו וַיְהִי־הוּא טֶרֶם כִּלָּה לְדַבֵּר וְהִנֵּה רִבְקָה יֹצֵאת
אֲשֶׁר יֻלְּדָה לִבְתוּאֵל בֶּן־מִלְכָּה אֵשֶׁת נָחוֹר
טז אֲחִי אַבְרָהָם וְכַדָּהּ עַל־שִׁכְמָהּ׃ וְהַנַּעֲרָ טֹבַת

תיבי אתתא, למיתי בתרי לארעא הדא, האתבא אתיב ית ברך, לארעא דנפקתא מתמן:
ז ואמר ליה אברהם, אסתמר לך, דלמא תתיב ית ברי לתמן: יי אלהא דשמיא, דדברני,
מבית אבא ומארע ילדותי, ודמליל לי, ודקיים לי למימר, לבנך, אתין ית ארעא הדא,
ח הוא, ישלח מלאכיה קדמך, ותסב אתתא, לברי מתמן: ואם לא תיבי אתתא למיתי בתרך,
ט ותהי זכא, ממומתי דא, לחוד ית ברי, לא תתיב לתמן: ושוי עבדא ית ידיה, תחות, ירכא
י דאברהם רבוניה, וקיים ליה, על פתגמא הדין: ודבר עבדא, עסרא גמלין, מגמלי רבוניה
יא ואזל, וכל טוב רבוניה בידיה, וקם, ואזל, לארם דעל פרת לקרתא דנחור: ואשרי גמליא,
יב מברא לקרתא עם בירא דמיא, לעדן רמשא, לעדן דנפקן מליתא: ואמר יי, אלהיה דרבוני
יג אברהם, זמין כען קדמי יומא דין, ועביד טיבו, עם רבוני אברהם: הא אנא קאים על עינא
יד דמיא, ובנת אנשי קרתא, נפקן לממלי מיא: ותהי עולימתא, דאימר לה ארכיני כען
קלתיך ואשתי, ותימר אשת, ואף גמלך אשקי, יתה זמינתא לעבדך ליצחק, ובה אדע,
טו ארי עבדת טיבו עם רבוני: והוה הוא, עד לא שיצי למללא, והא רבקה נפקת, דאתילידת
טז לבתואל בר מלכה, אתת נחור אחוהי דאברהם, וקלתה על כתפה: ועולימתא, שפירא

ז ה' אלהי השמים אשר לקחני מבית אבי. ולא אמר 'ואלהי הארץ', ולמעלה (לעיל פסוק ג) אמר: "ואשביעך" וגו'. אמר לו: עכשיו הוא אלהי השמים ואלהי הארץ, שהרגלתיו בפי הבריות, אבל כשלקחני מבית אבי היה אלהי השמים ולא אלהי הארץ, שלא היו באי עולם מכירים בו: מבית אבי. מחרן: ומארץ מולדתי. מאור כשדים: ואשר דבר לי. לצרכי, כמו: 'אשר דבר עלי'. וכן כל 'לי' ו'לו' ו'להם' הסמוכים אצל דבור מפרשים בלשון 'על', ותרגום שלהם: 'עלי' 'עלוהי' 'עליהון', שאין נופל אצל דבור לשון 'לי' ו'לו' ו'להם', אלא 'אלי' 'אליו' 'אליהם', ותרגום שלהם: 'עמי' 'עמיה' 'עמהון'. אבל אצל אמירה נופל 'לי' ו'לו' ו'להם': ואשר נשבע לי. בין הבתרים:

ח ונקית משבעתי. וקח לו אשה מבנות ענר אשכול וממרא: רק את בני וגו'. 'רק' מעוט הוא – בני אינו חוזר, אבל יעקב בן בני סופו לחזור:

י מגמלי אדניו. נכרין היו משאר גמלים, שהיו יוצאין זמומין מפני הגזל שלא ירעו בשדות אחרים: וכל טוב אדניו בידו. שטר מתנה כתב ליצחק על כל אשר לו, כדי שיקפצו לשלח לו בתם: ארם נהרים. בין שתי נהרות יושבת:

יא ויברך הגמלים. הרביצם:

יד אתה הכחת. ראויה היא לו, שתהא גומלת חסדים וכדאי לכנס בביתו של אברהם. ולשון 'הוכחת' בררת, אפרובי"ט בלעז: ובה אדע. לשון תחנה, הודע לי בה: כי עשית חסד. אם תהיה ממשפחתו והוגנת לו אדע כי עשית חסד:

טז בתולה. ממקום בתולים: ואיש לא ידעה.

מַרְאֶה֙ מְאֹ֔ד בְּתוּלָ֕ה וְאִ֖ישׁ לֹ֣א יְדָעָ֑הּ וַתֵּ֣רֶד
יז הָעַ֔יְנָה וַתְּמַלֵּ֥א כַדָּ֖הּ וַתָּֽעַל׃ וַיָּ֥רָץ הָעֶ֖בֶד
לִקְרָאתָ֑הּ וַיֹּ֕אמֶר הַגְמִיאִ֥ינִי נָ֛א מְעַט־מַ֖יִם
יח מִכַּדֵּֽךְ׃ וַתֹּ֖אמֶר שְׁתֵ֣ה אֲדֹנִ֑י וַתְּמַהֵ֗ר וַתֹּ֧רֶד
יט כַּדָּ֛הּ עַל־יָדָ֖הּ וַתַּשְׁקֵֽהוּ׃ וַתְּכַ֖ל לְהַשְׁקֹת֑וֹ
וַתֹּ֗אמֶר גַּ֤ם לִגְמַלֶּ֙יךָ֙ אֶשְׁאָ֔ב עַ֥ד אִם־כִּלּ֖וּ
כ לִשְׁתֹּֽת׃ וַתְּמַהֵ֗ר וַתְּעַ֤ר כַּדָּהּ֙ אֶל־הַשֹּׁ֔קֶת
וַתָּ֥רָץ ע֛וֹד אֶל־הַבְּאֵ֖ר לִשְׁאֹ֑ב וַתִּשְׁאַ֖ב לְכָל־
כא גְּמַלָּֽיו׃ וְהָאִ֥ישׁ מִשְׁתָּאֵ֖ה לָ֑הּ מַחֲרִ֕ישׁ לָדַ֗עַת
כב הַהִצְלִ֧יחַ יְהוָ֛ה דַּרְכּ֖וֹ אִם־לֹֽא׃ וַיְהִ֗י כַּאֲשֶׁ֨ר כִּלּ֤וּ
הַגְּמַלִּים֙ לִשְׁתּ֔וֹת וַיִּקַּ֤ח הָאִישׁ֙ נֶ֣זֶם זָהָ֔ב בֶּ֖קַע
מִשְׁקָל֑וֹ וּשְׁנֵ֤י צְמִידִים֙ עַל־יָדֶ֔יהָ עֲשָׂרָ֥ה זָהָ֖ב
כג מִשְׁקָלָֽם׃ וַיֹּ֗אמֶר בַּת־מִ֣י אַ֔תְּ הַגִּ֥ידִי נָ֖א לִ֑י
כד הֲיֵ֧שׁ בֵּית־אָבִ֛יךְ מָק֥וֹם לָ֖נוּ לָלִֽין׃ וַתֹּ֣אמֶר
אֵלָ֔יו בַּת־בְּתוּאֵ֖ל אָנֹ֑כִי בֶּן־מִלְכָּ֕ה אֲשֶׁ֥ר יָלְדָ֖ה
כה לְנָחֽוֹר׃ וַתֹּ֣אמֶר אֵלָ֔יו גַּם־תֶּ֥בֶן גַּם־מִסְפּ֖וֹא רַ֣ב
כו עִמָּ֑נוּ גַּם־מָק֖וֹם לָלֽוּן׃ וַיִּקֹּ֣ד הָאִ֔ישׁ וַיִּשְׁתַּ֖חוּ
רביעי כז לַיהוָֽה׃ וַיֹּ֗אמֶר בָּר֤וּךְ יְהוָה֙ אֱלֹהֵי֙ אֲדֹנִ֣י אַבְרָהָ֔ם
אֲשֶׁ֛ר לֹא־עָזַ֥ב חַסְדּ֛וֹ וַאֲמִתּ֖וֹ מֵעִ֣ם אֲדֹנִ֑י אָנֹכִ֕י
כח בַּדֶּ֕רֶךְ נָחַ֥נִי יְהוָ֖ה בֵּ֥ית אֲחֵ֥י אֲדֹנִֽי׃ וַתָּ֙רָץ֙ הַֽנַּעֲרָ֔

יז לְמִחְזֵי לַחְדָא, בְּתוּלְתָא, וּגְבַר לָא יְדַעַהּ, וּנְחַתַת לְעֵינָא, וּמְלָת קֻלְתַהּ וּסְלֵיקַת: וּרְהַט
יח עַבְדָּא לְקַדָּמוּתַהּ, וַאֲמַר, אַשְׁקִינִי כְעַן, זְעֵיר מַיָּא מִקֻּלְתִיךְ: וַאֲמַרַת אִשְׁתְּ רִבּוֹנִי, וְאוֹחִיאַת,
יט וַאֲחֵיתַת קֻלְתַהּ, עַל יְדַהּ וְאַשְׁקִיתֵיהּ: וְשֵׁיצִיאַת לְאַשְׁקָיוּתֵיהּ, וַאֲמַרַת, אַף לְגַמְלָךְ אֶמְלֵי,
כ עַד דִּיסַפְּקוּן לְמִשְׁתֵּי: וְאוֹחִיאַת, וּנְפַצַת קֻלְתַהּ לְבֵית שִׁקְיָא, וּרְהַטַת עוֹד, לְבֵירָא לְמִמְלֵי,
כא וּמְלָת לְכָל גַּמְלוֹהִי: וְגַבְרָא שָׁהֵי בַהּ מִסְתַּכַּל, שָׁתֵיק, לְמִדַּע, הַאַצְלַח יְיָ, אוֹרְחֵיהּ אִם לָא:
כב וַהֲוָה, כַּד סְפִיקוּ גַמְלַיָּא לְמִשְׁתֵּי, וּנְסֵיב גַּבְרָא קְדָשָׁא דְדַהֲבָא, תִּקְלָא מַתְקָלֵיהּ, וּתְרֵין
כג שֵׁירִין עַל יְדַהָא, מַתְקַל עֲסַר סִלְעִין דִּדְהַב מַתְקָלְהוֹן: וַאֲמַר בַּת מַאן אַתְּ, חַוַּאִי כְעַן לִי,
כד הַאִית בֵּית אֲבוּיִךְ, אֲתַר כָּשַׁר לַנָא לִמְבָּת: וַאֲמַרַת לֵיהּ, בַּת בְּתוּאֵל אֲנָא, בַּר מִלְכָּה,
כה דִּילֵידַת לְנָחוֹר: וַאֲמַרַת לֵיהּ, אַף תִּבְנָא אַף כִּסְתָּא סַגִּי עִמַּנָא, אַף אֲתַר כָּשַׁר לִמְבָּת:
כו כז וּכְרַע גַּבְרָא, וּסְגֵיד קֳדָם יְיָ: וַאֲמַר, בְּרִיךְ יְיָ אֱלָהֵיהּ דְּרִבּוֹנִי אַבְרָהָם, דְּלָא מְנַע טֵיבוּתֵיהּ,
כח וְקֻשְׁטֵיהּ מִן רִבּוֹנִי, אֲנָא, בְּאוֹרַח תָּקְנָא דַבְּרַנִי יְיָ, בֵּית אֲחוּהִי דְרִבּוֹנִי: וּרְהַטַת עוּלֵימְתָא,

שֶׁלֹּא כְדַרְכָּהּ. לְפִי שֶׁבְּנוֹת הַגּוֹיִם מְשַׁמְּרוֹת מְקוֹם בְּתוּלֵיהֶן וּמַפְקִירוֹת עַצְמָן מִמָּקוֹם אַחֵר, הֵעִיד עַל זוֹ שֶׁנְּקִיָּה מִכֹּל:

יז| **וַיָּרָץ הָעֶבֶד לִקְרָאתָהּ.** לְפִי שֶׁרָאָה שֶׁעָלוּ הַמַּיִם לִקְרָאתָהּ: **הַגְמִיאִינִי.** לְשׁוֹן גְּמִיעָה, הומי"ר בְּלַעַז:

יח| **וַתֹּרֶד כַּדָּהּ.** מֵעַל שִׁכְמָהּ:

יט| **עַד אִם כִּלּוּ.** הֲרֵי 'אִם' מְשַׁמֵּשׁ בִּלְשׁוֹן 'אֲשֶׁר': **אִם כִּלּוּ.** "דִּיסַפְּקוּן", שֶׁזּוֹ הִיא גְּמַר שְׁתִיָּתָן כְּשֶׁשָּׁתוּ דֵּי סִפְקָן:

כ| **וַתְּעַר.** לְשׁוֹן נְפִיצָה, וְהַרְבֵּה יֵשׁ בִּלְשׁוֹן מִשְׁנָה: "הַמְעָרֶה מִכְּלִי אֶל כְּלִי" (עבודה זרה עב ע"א), וּבַמִּקְרָא יֵשׁ לוֹ דוֹמֶה: "אַל תְּעַר נַפְשִׁי" (תהלים קמא, ח), "אֲשֶׁר הֶעֱרָה לַמָּוֶת נַפְשׁוֹ" (ישעיה נג, יב): **הַשֹּׁקֶת.** אֶבֶן חֲלוּלָה שֶׁשּׁוֹתִים בָּהּ הַגְּמַלִּים:

כא| **מִשְׁתָּאֵה.** לְשׁוֹן שְׁאִיָּה, כְּמוֹ: "שָׁאוּ עָרִים", "תִּשָּׁאֶה שְׁמָמָה" (ישעיה ו, יא): **מִשְׁתָּאֵה.** מִשְׁתּוֹמֵם וּמִתְבַּהֵל עַל שֶׁרָאָה דְּבָרוֹ קָרוֹב לְהַצְלִיחַ, אֲבָל אֵינוֹ יוֹדֵעַ אִם מִמִּשְׁפַּחַת אַבְרָהָם הִיא אִם לָאו. וְאַל תִּתְמַהּ בַּתָּי"ו שֶׁל "מִשְׁתָּאֵה", שֶׁאֵין לְךָ תֵּבָה שֶׁתְּחִלַּת יְסוֹדָהּ שִׁי"ן וּמְדַבֶּרֶת בִּלְשׁוֹן מִתְפַּעֵל שֶׁאֵין תָּי"ו מַפְרִידָה בֵּין שְׁתֵּי אוֹתִיּוֹת שֶׁל עִקַּר הַיְסוֹד, כְּגוֹן: "מִשְׁתָּאֵה", "מִשְׁתּוֹלֵל" (שם נט, טו) מִגִּזְרַת 'שׁוֹלָל', "וַיִּשְׁתּוֹמֵם" (שם פסוק טז) מִגִּזְרַת 'שְׁמָמָה', "וְיִשְׁתַּמֵּר חֻקּוֹת עָמְרִי" (מיכה ו, טז) מִגִּזְרַת 'וַיִּשְׁמֹר', אַף כָּאן "מִשְׁתָּאֵה" מִגִּזְרַת 'תִּשָּׁאֶה'. וּכְשֵׁם שֶׁאִתָּה מוּאָה לְשׁוֹן מְשׁוֹמֵם בְּאָדָם נִבְהָל וְנֶאֱלָם וּבַעַל מַחֲשָׁבוֹת, כְּמוֹ: "עַל יוֹמוֹ נָשַׁמּוּ אַחֲרֹנִים" (איוב יח, כ), "שֹׁמּוּ שָׁמַיִם" (ירמיה ב, יב), "אֶשְׁתּוֹמַם כְּשָׁעָה חֲדָה" (דניאל ד, טז), כָּךְ תְּפָרֵשׁ לְשׁוֹן 'שְׁאִיָּה' בְּאָדָם בָּהוּל וּבַעַל מַחֲשָׁבוֹת. וְאוּנְקְלוֹס תִּרְגֵּם לְשׁוֹן 'שְׁהִיָּה', "וְגַבְרָא שָׁהֵי", שׁוֹהֶא וְעוֹמֵד בְּמָקוֹם אֶחָד לִרְאוֹת "הַהִצְלִיחַ ה' דַּרְכּוֹ". וְאֵין לְתַרְגֵּם 'שָׁתֵי', שֶׁהֲרֵי אֵינוֹ לְשׁוֹן שְׁתִיָּה, שֶׁאֵין אָלֶ"ף נוֹפֶלֶת בִּלְשׁוֹן שְׁתִיָּה: **מִשְׁתָּאֵה לָהּ.** מִשְׁתּוֹמֵם עָלֶיהָ, כְּמוֹ: "אִמְרִי לִי אָחִי הוּא" (לעיל כ, יג), "אַנְשֵׁי הַמָּקוֹם לְאִשְׁתּוֹ" (להלן כו, ז):

כב| **בֶּקַע.** רֶמֶז לְשִׁקְלֵי יִשְׂרָאֵל בֶּקַע לַגֻּלְגֹּלֶת (שמות לח, כו): **וּשְׁנֵי צְמִידִים.** רֶמֶז לִשְׁנֵי לוּחוֹת מְצֻמָּדוֹת: **עֲשָׂרָה זָהָב מִשְׁקָלָם.** רֶמֶז לַעֲשֶׂרֶת הַדִּבְּרוֹת שֶׁבָּהֶן:

כג| **וַיֹּאמֶר בַּת מִי אַתְּ.** לְאַחַר שֶׁנָּתַן לָהּ שְׁאָלָהּ, לְפִי שֶׁהָיָה בָּטוּחַ בִּזְכוּתוֹ שֶׁל אַבְרָהָם שֶׁהִצְלִיחַ הַקָּדוֹשׁ בָּרוּךְ הוּא דַּרְכּוֹ: **לָלִין.** לִינָה אַחַת, 'לִין' שֵׁם דָּבָר, וְהִיא אָמְרָה "לָלוּן" (להלן פסוק כה), כַּמָּה לֵינוֹת אַתָּה יָכוֹל לָלוּן אֶצְלֵנוּ:

כד| **בַּת בְּתוּאֵל.** הֱשִׁיבַתּוּ עַל רִאשׁוֹן רִאשׁוֹן וְעַל אַחֲרוֹן אַחֲרוֹן:

כה| **מִסְפּוֹא.** כָּל מַאֲכַל הַגְּמַלִּים קָרוּי 'מִסְפּוֹא', כְּגוֹן עָצָה וּשְׂעוֹרִים:

כז| **בַּדֶּרֶךְ.** דֶּרֶךְ הַמְזֻמָּן, דֶּרֶךְ הַיָּשָׁר, בְּאוֹתוֹ דֶּרֶךְ שֶׁהָיִיתִי צָרִיךְ. וְכֵן כָּל בֵּי"ת וְלָמֶ"ד וְהֵ"א

כט וַתַּגֵּד לְבֵית אִמָּהּ כַּדְּבָרִים הָאֵלֶּה׃ וּלְרִבְקָה
אָח וּשְׁמוֹ לָבָן וַיָּרָץ לָבָן אֶל־הָאִישׁ הַחוּצָה
ל אֶל־הָעָיִן׃ וַיְהִי ׀ כִּרְאֹת אֶת־הַנֶּזֶם וְאֶת־
הַצְּמִדִים עַל־יְדֵי אֲחֹתוֹ וּכְשָׁמְעוֹ אֶת־דִּבְרֵי
רִבְקָה אֲחֹתוֹ לֵאמֹר כֹּה־דִבֶּר אֵלַי הָאִישׁ וַיָּבֹא
אֶל־הָאִישׁ וְהִנֵּה עֹמֵד עַל־הַגְּמַלִּים עַל־הָעָיִן׃
לא וַיֹּאמֶר בּוֹא בְּרוּךְ יְהוָה לָמָּה תַעֲמֹד בַּחוּץ
לב וְאָנֹכִי פִּנִּיתִי הַבַּיִת וּמָקוֹם לַגְּמַלִּים׃ וַיָּבֹא
הָאִישׁ הַבַּיְתָה וַיְפַתַּח הַגְּמַלִּים וַיִּתֵּן תֶּבֶן
וּמִסְפּוֹא לַגְּמַלִּים וּמַיִם לִרְחֹץ רַגְלָיו וְרַגְלֵי
לג הָאֲנָשִׁים אֲשֶׁר אִתּוֹ׃ ויישם לְפָנָיו לֶאֱכֹל וַיֹּאמֶר [וַיּוּשַׂם]
לֹא אֹכַל עַד אִם־דִּבַּרְתִּי דְּבָרָי וַיֹּאמֶר דַּבֵּר׃
לד לה וַיֹּאמַר עֶבֶד אַבְרָהָם אָנֹכִי׃ וַיהוָה בֵּרַךְ אֶת־
אֲדֹנִי מְאֹד וַיִּגְדָּל וַיִּתֶּן־לוֹ צֹאן וּבָקָר וְכֶסֶף וְזָהָב
לו וַעֲבָדִם וּשְׁפָחֹת וּגְמַלִּים וַחֲמֹרִים׃ וַתֵּלֶד שָׂרָה
אֵשֶׁת אֲדֹנִי בֵן לַאדֹנִי אַחֲרֵי זִקְנָתָהּ וַיִּתֶּן־לוֹ
לז אֶת־כָּל־אֲשֶׁר־לוֹ׃ וַיַּשְׁבִּעֵנִי אֲדֹנִי לֵאמֹר לֹא־
תִקַּח אִשָּׁה לִבְנִי מִבְּנוֹת הַכְּנַעֲנִי אֲשֶׁר אָנֹכִי
לח יֹשֵׁב בְּאַרְצוֹ׃ אִם־לֹא אֶל־בֵּית־אָבִי תֵּלֵךְ וְאֶל־
לט מִשְׁפַּחְתִּי וְלָקַחְתָּ אִשָּׁה לִבְנִי׃ וָאֹמַר אֶל־אֲדֹנִי
מ אֻלַי לֹא־תֵלֵךְ הָאִשָּׁה אַחֲרָי׃ וַיֹּאמֶר אֵלָי יְהוָה

אֲשֶׁר־הִתְהַלַּכְתִּי לְפָנָיו יִשְׁלַח מַלְאָכוֹ אִתָּךְ
וְהִצְלִיחַ דַּרְכֶּךָ וְלָקַחְתָּ אִשָּׁה לִבְנִי מִמִּשְׁפַּחְתִּי
מא וּמִבֵּית אָבִי: אָז תִּנָּקֶה מֵאָלָתִי כִּי תָבוֹא אֶל־
מִשְׁפַּחְתִּי וְאִם־לֹא יִתְּנוּ לָךְ וְהָיִיתָ נָקִי מֵאָלָתִי:

כט וְחַוִיאַת לְבֵית אִמַּהּ, כְּפִתְגָּמַיָּא הָאִלֵּין: וּלְרִבְקָה אֲחָא וּשְׁמֵיהּ לָבָן, וּרְהַט לָבָן לְוָת גֻּבְרָא,
ל לְבָרָא לְעֵינָא: וַהֲוָה כַּד חֲזָא יָת קְדָשָׁא, וְיָת שֵׁירַיָּא עַל יְדֵי אֲחָתֵיהּ, וְכַד שְׁמַע, יָת פִּתְגָּמֵי,
רִבְקָה אֲחָתֵיהּ לְמֵימַר, כְּדֵין מַלֵּיל עִמִּי גֻּבְרָא, וַאֲתָא לְוָת גֻּבְרָא, וְהָא, קָאֵים עִלָּוֵי גַּמְלַיָּא
לא עַל עֵינָא: וַאֲמַר, עוֹל בְּרִיכָא דַּייָ, לְמָא אַתְּ קָאֵים בְּבָרָא, וַאֲנָא פַּנֵּיתִי בֵּיתָא, וַאֲתַר כָּשַׁר
לב לְגַמְלַיָּא: וְעָאל גֻּבְרָא לְבֵיתָא, וּשְׁרָא מִן גַּמְלַיָּא, וִיהַב תִּבְנָא וְכִסְּתָא לְגַמְלַיָּא, וּמַיָּא
לג לְאַסְחָאָה רַגְלוֹהִי, וְרַגְלֵי גֻּבְרַיָּא דְּעִמֵּיהּ: וְשַׁוִּיאוּ קֳדָמוֹהִי לְמֵיכַל, וַאֲמַר לָא אֵיכוֹל, עַד
לד לה דַּאֲמַלֵּיל פִּתְגָּמָי, וַאֲמַר מַלֵּיל: וַאֲמַר, עַבְדָּא דְּאַבְרָהָם אֲנָא: וַייָ, בָּרֵיךְ יָת רִבּוֹנִי, לַחֲדָא
לו וּרְבָא, וִיהַב לֵיהּ, עָן וְתוֹרִין וּכְסַף וּדְהַב, וְעַבְדִּין וְאַמְהָן, וְגַמְלִין וּחֲמָרִין: וִילֵידַת, שָׂרָה אִתַּת
לז רִבּוֹנִי בַּר לְרִבּוֹנִי, בָּתַר דְּסֵיבַת, וִיהַב לֵיהּ יָת כָּל דְּלֵיהּ: וְקַיֵּים עֲלַי רִבּוֹנִי לְמֵימַר, לָא תִסַּב
לח אִתְּתָא לִבְרִי, מִבְּנָת כְּנַעֲנָאֵי, דַּאֲנָא יָתֵיב בְּאַרְעֲהוֹן: אֱלָהֵין לְבֵית אַבָּא, תֵּיזֵיל וּלְזַרְעִיתִי,
לט מ וְתִסַּב אִתְּתָא לִבְרִי: וַאֲמָרִית לְרִבּוֹנִי, מָאִם, לָא תֵיתֵי אִתְּתָא בָּתְרָי: וַאֲמַר לִי, יְיָ דִּפְלַחִית
קֳדָמוֹהִי, יִשְׁלַח מַלְאֲכֵיהּ עִמָּךְ וְיַצְלַח אוֹרְחָךְ, וְתִסַּב אִתְּתָא לִבְרִי, מִזַּרְעִיתִי וּמִבֵּית אַבָּא:
מא בְּכֵן תְּהֵי זַכָּא מִמּוֹמָתִי, אֲרֵי תְהָךְ לְזַרְעִיתִי, וְאִם לָא יִתְּנוּן לָךְ, וּתְהֵי זַכָּא מִמּוֹמָתִי:

הַמְשַׁמְּשִׁים בְּרֹאשׁ הַתֵּבָה וּנְקוּדִים בְּפַתָּח, מְדַבְּרִים כְּדָבָר הַפָּשׁוּט שֶׁנִּזְכַּר כְּבָר בְּמָקוֹם אַחֵר, אוֹ שֶׁהוּא מְבֹרָר וְנִכָּר בְּאֵיזוֹ הוּא מְדַבֵּר:

כח| **לְבֵית אִמָּהּ.** דֶּרֶךְ הַנָּשִׁים הָיְתָה לִהְיוֹת לָהֶן בַּיִת לֵישֵׁב בּוֹ לִמְלַאכְתָּן, וְאֵין הַבַּת מַגֶּדֶת אֶלָּא לְאִמָּהּ:

כט| **וַיָּרָץ.** לָמָּה וַיָּרָץ וְעַל מָה רָץ? "וַיְהִי כִּרְאֹת אֶת הַנֶּזֶם" (בפסוק הבא), אָמַר: עָשִׁיר הוּא זֶה, וְנָתַן עֵינָיו בַּמָּמוֹן:

ל| **עַל הַגְּמַלִּים.** לְשָׁמְרָן, כְּמוֹ: "וְהוּא עֹמֵד עֲלֵיהֶם" (לעיל יח, ח) לְשַׁמְּשָׁם:

לא| **פִּנִּיתִי הַבַּיִת.** מֵעֲבוֹדָה זָרָה:

לב| **וַיְפַתַּח.** הִתִּיר זְמָם שֶׁלָּהֶם, שֶׁהָיָה סוֹתֵם אֶת פִּיהֶם שֶׁלֹּא יִרְעוּ בַּדֶּרֶךְ בִּשְׂדוֹת אֲחֵרִים:

לג| **עַד אִם דִּבַּרְתִּי.** הֲרֵי 'אִם' מְשַׁמֵּשׁ בִּלְשׁוֹן 'אֲשֶׁר' וּבִלְשׁוֹן 'כִּי', כְּמוֹ: "עַד כִּי יָבֹא שִׁילֹה" (להלן מט, י), וְזֶהוּ שֶׁאָמְרוּ חֲכָמִים: 'כִּי' מְשַׁמֵּשׁ בְּאַרְבַּע לְשׁוֹנוֹת, וְהָאֶחָד 'אִי' וְהוּא 'אִם':

לו| **וַיִּתֶּן לוֹ אֶת כָּל אֲשֶׁר לוֹ.** שְׁטַר הַמַּתָּנָה בְּיָדִי:

לז-לח| **לֹא תִקַּח אִשָּׁה לִבְנִי מִבְּנוֹת הַכְּנַעֲנִי.** אִם לֹא תֵלֵךְ תְּחִלָּה אֶל בֵּית אָבִי וְלֹא תֹאבֶה לָלֶכֶת אַחֲרֶיךָ:

לט| **אֻלַי לֹא תֵלֵךְ הָאִשָּׁה.** 'אֵלַי' כְּתִיב, בַּת הָיְתָה לוֹ לֶאֱלִיעֶזֶר, וְהָיָה מְחַזֵּר לִמְצֹא עִלָּה שֶׁיֹּאמַר לוֹ אַבְרָהָם לִפְנוֹת אֵלָיו לְהַשִּׂיאוֹ בִּתּוֹ. אָמַר

כא וָאָבֹא הַיּוֹם אֶל־הָעָיִן וָאֹמַר יְהוָה אֱלֹהֵי אֲדֹנִי מב
אַבְרָהָם אִם־יֶשְׁךָ־נָּא מַצְלִיחַ דַּרְכִּי אֲשֶׁר אָנֹכִי
הֹלֵךְ עָלֶיהָ׃ הִנֵּה אָנֹכִי נִצָּב עַל־עֵין הַמָּיִם וְהָיָה מג
הָעַלְמָה הַיֹּצֵאת לִשְׁאֹב וְאָמַרְתִּי אֵלֶיהָ הַשְׁקִינִי־
נָא מְעַט־מַיִם מִכַּדֵּךְ׃ וְאָמְרָה אֵלַי גַּם־אַתָּה מד
שְׁתֵה וְגַם לִגְמַלֶּיךָ אֶשְׁאָב הִוא הָאִשָּׁה אֲשֶׁר־
הֹכִיחַ יְהוָה לְבֶן־אֲדֹנִי׃ אֲנִי טֶרֶם אֲכַלֶּה לְדַבֵּר מה
אֶל־לִבִּי וְהִנֵּה רִבְקָה יֹצֵאת וְכַדָּהּ עַל־שִׁכְמָהּ
וַתֵּרֶד הָעַיְנָה וַתִּשְׁאָב וָאֹמַר אֵלֶיהָ הַשְׁקִינִי נָא׃
וַתְּמַהֵר וַתּוֹרֶד כַּדָּהּ מֵעָלֶיהָ וַתֹּאמֶר שְׁתֵה וְגַם־ מו
גְּמַלֶּיךָ אַשְׁקֶה וָאֵשְׁתְּ וְגַם הַגְּמַלִּים הִשְׁקָתָה׃
וָאֶשְׁאַל אֹתָהּ וָאֹמַר בַּת־מִי אַתְּ וַתֹּאמֶר בַּת־ מז
בְּתוּאֵל בֶּן־נָחוֹר אֲשֶׁר יָלְדָה־לּוֹ מִלְכָּה וָאָשִׂם
הַנֶּזֶם עַל־אַפָּהּ וְהַצְּמִידִים עַל־יָדֶיהָ׃ וָאֶקֹּד מח
וָאֶשְׁתַּחֲוֶה לַיהוָה וָאֲבָרֵךְ אֶת־יְהוָה אֱלֹהֵי
אֲדֹנִי אַבְרָהָם אֲשֶׁר הִנְחַנִי בְּדֶרֶךְ אֱמֶת לָקַחַת
אֶת־בַּת־אֲחִי אֲדֹנִי לִבְנוֹ׃ וְעַתָּה אִם־יֶשְׁכֶם מט
עֹשִׂים חֶסֶד וֶאֱמֶת אֶת־אֲדֹנִי הַגִּידוּ לִי וְאִם־לֹא
הַגִּידוּ לִי וְאֶפְנֶה עַל־יָמִין אוֹ עַל־שְׂמֹאל׃ וַיַּעַן נ
לָבָן וּבְתוּאֵל וַיֹּאמְרוּ מֵיְהוָה יָצָא הַדָּבָר לֹא
נוּכַל דַּבֵּר אֵלֶיךָ רַע אוֹ־טוֹב׃ הִנֵּה־רִבְקָה לְפָנֶיךָ נא

קַח וָלֵךְ וּתְהִי אִשָּׁה לְבֶן־אֲדֹנֶיךָ כַּאֲשֶׁר דִּבֶּר
נב יְהוָה׃ וַיְהִי כַּאֲשֶׁר שָׁמַע עֶבֶד אַבְרָהָם אֶת־
נג דִּבְרֵיהֶם וַיִּשְׁתַּחוּ אַרְצָה לַיהוָה׃ וַיּוֹצֵא הָעֶבֶד חמישי

מב ואתיתי יומא דין לעינא, ואמרית, יי אלהיה דרבוני אברהם, אם אית כען רעוא קדמך
מג לאצלחא אורחי, דאנא אזיל עלה: הא אנא קאים על עינא דמיא, ותהי עולימתא דתפוק
מד למملי, ואימר לה, אשקיני כען זעיר מיא מקלתיך: ותימר לי אף את אשת, ואף לגמלך
מה אמלי, היא אתתא, דזמין יי לבר רבוני: אנא עד לא שיציתי למללא בלבי, והא רבקה
מו נפקת וקלתה על כתפה, ונחתת לעינא ומלת, ואמרית לה אשקיני כען: ואוחיאת,
ואחיתת קלתה מנה, ואמרת אשת, ואף גמלך אשקי, ושתיתי, ואף גמליא אשקיאת:
מז ושאילית יתה, ואמרית בת מאן את, ואמרת, בת בתואל בר נחור, דילידת ליה מלכה,
מח ושויתי קדשא על אפה, ושיריא על ידהא: וכרעית וסגידית קדם יי, ובריכית, ית יי אלהיה
מט דרבוני אברהם, דדברני באורח קשוט, למסב, ית בת אחוהי דרבוני לבריה: וכען, אם
איתיכון עבדין, טיבו וקשוט, עם רבוני חוו לי, ואם לא, חוו לי, ואתפני על ימינא או על
נ סמאלא: ואתיב לבן ובתואל ואמרו, מן קדם יי נפק פתגמא, לית אנחנא יכלין, למללא
נא עמך ביש או טב: הא רבקה קדמך דבר ואיזיל, ותהי אתתא לבר רבונך, כמא דמליל יי:
נב נג והוה, כד שמע, עבדא דאברהם ית פתגמיהון, וסגיד על ארעא קדם יי: ואפיק עבדא,

לו חברהם: בני ברוך ואתה ארור, ואין ארור מדבק בברוך:

מב| ואבא היום. היום יצאתי והיום באתי; מכאן שקפצה לו הארץ. אמר רבי אחא: יפה שיחתן של עבדי אבות לפני המקום מתורתן של בנים, שהרי פרשה של אליעזר כפולה בתורה, והרבה גופי תורה לא נתנו אלא ברמיזה:

מד| גם אתה. 'גם' לרבות אנשים שעמו: הכיח. ברר והודיע, וכן כל הוכחה שבמקרא ברור דבר:

מה| טרם אכלה. טרם שאני מכלה, וכן כל לשון הוה, פעמים שהוא מדבר בלשון עבר, ויכול לכתב 'טרם כליתי', ופעמים שמדבר בלשון עתיד; כמו: "כי אמר איוב" (איוב א, ה) הרי לשון עבר, "ככה יעשה איוב" (שם) הרי לשון עתיד, ופרוש שניהם לשון הוה: כי אומר היה איוב: "אולי חטאו בני" וגו' (שם) והיה עושה כך:

מז| ואשאל... ואשם. שנה הסדר, שהרי הוא תחלה נתן ואחר כך שאל, אלא שלא יתפשוהו בדבריו ויאמרו: היאך נתת לה ועדין אינך יודע מי היא?:

מט| על ימין. מבנות ישמעאל: על שמאל. מבנות לוט, שהיה יושב לשמאלו של אברהם. בראשית רבה (ס, ט):

נ| ויען לבן ובתואל. רשע היה וקפץ להשיב לפני אביו: לא נוכל דבר אליך. למאן בדבר הזה, לא על ידי תשובת דבר רע ולא על ידי תשובת דבר הגון ונכר, לפי שמה' יצא הדבר לפי דבריך שזמנה לך:

נב| וישתחו ארצה. מכאן שמודים על בשורה טובה:

כְּלֵי־כֶסֶף וּכְלֵי זָהָב וּבְגָדִים וַיִּתֵּן לְרִבְקָה
נד וּמִגְדָּנֹת נָתַן לְאָחִיהָ וּלְאִמָּהּ׃ וַיֹּאכְלוּ וַיִּשְׁתּוּ
הוּא וְהָאֲנָשִׁים אֲשֶׁר־עִמּוֹ וַיָּלִינוּ וַיָּקוּמוּ
נה בַבֹּקֶר וַיֹּאמֶר שַׁלְּחֻנִי לַאדֹנִי׃ וַיֹּאמֶר אָחִיהָ
וְאִמָּהּ תֵּשֵׁב הַנַּעֲרָ אִתָּנוּ יָמִים אוֹ עָשׂוֹר אַחַר
נו תֵּלֵךְ׃ וַיֹּאמֶר אֲלֵהֶם אַל־תְּאַחֲרוּ אֹתִי וַיהוָה
נז הִצְלִיחַ דַּרְכִּי שַׁלְּחוּנִי וְאֵלְכָה לַאדֹנִי׃ וַיֹּאמְרוּ
נח נִקְרָא לַנַּעֲרָ וְנִשְׁאֲלָה אֶת־פִּיהָ׃ וַיִּקְרְאוּ
לְרִבְקָה וַיֹּאמְרוּ אֵלֶיהָ הֲתֵלְכִי עִם־הָאִישׁ
נט הַזֶּה וַתֹּאמֶר אֵלֵךְ׃ וַיְשַׁלְּחוּ אֶת־רִבְקָה
אֲחֹתָם וְאֶת־מֵנִקְתָּהּ וְאֶת־עֶבֶד אַבְרָהָם
ס וְאֶת־אֲנָשָׁיו׃ וַיְבָרְכוּ אֶת־רִבְקָה וַיֹּאמְרוּ לָהּ
אֲחֹתֵנוּ אַתְּ הֲיִי לְאַלְפֵי רְבָבָה וְיִירַשׁ זַרְעֵךְ
סא * אֵת שַׁעַר שֹׂנְאָיו׃ וַתָּקָם רִבְקָה וְנַעֲרֹתֶיהָ
וַתִּרְכַּבְנָה עַל־הַגְּמַלִּים וַתֵּלַכְנָה אַחֲרֵי הָאִישׁ
סב וַיִּקַּח הָעֶבֶד אֶת־רִבְקָה וַיֵּלַךְ׃ וְיִצְחָק בָּא
מִבּוֹא בְּאֵר לַחַי רֹאִי וְהוּא יוֹשֵׁב בְּאֶרֶץ הַנֶּגֶב׃
סג וַיֵּצֵא יִצְחָק לָשׂוּחַ בַּשָּׂדֶה לִפְנוֹת עָרֶב וַיִּשָּׂא
סד עֵינָיו וַיַּרְא וְהִנֵּה גְמַלִּים בָּאִים׃ וַתִּשָּׂא רִבְקָה
אֶת־עֵינֶיהָ וַתֵּרֶא אֶת־יִצְחָק וַתִּפֹּל מֵעַל
סה הַגָּמָל׃ וַתֹּאמֶר אֶל־הָעֶבֶד מִי־הָאִישׁ הַלָּזֶה

הַהֹלֵךְ בַּשָּׂדֶה לִקְרָאתֵנוּ וַיֹּאמֶר הָעֶבֶד הוּא
סו אֲדֹנִי וַתִּקַּח הַצָּעִיף וַתִּתְכָּס: וַיְסַפֵּר הָעֶבֶד

נד מנין דכסף ומנין דדהב ולבושין, ויהב לרבקה, ומגדנין, יהב לאחוהא ולאמה: ואכלו
נה ושתיאו, הוא, וגבריא דעמיה ובתו, וקמו בצפרא, ואמר שלחוני לות רבוני: ואמר אחוהא
נו ואמה, תתיב עולימתא עמנא, עדן בעדן או עסרא ירחין, בתר כן תיזיל: ואמר להון לא
נז תאחרון יתי, ויי אצלח אורחי, שלחוני, ואהך לות רבוני: ואמרו נקרי לעולימתא, ונשמע
נח נט מא דהיא אמרא: וקרו לרבקה ואמרו לה, התיזלין עם גברא הדין, ואמרת איזיל: ושלחו,
ס ית רבקה אחתהון וית מינקתה, וית עבדא דאברהם וית גברוהי: ובריכו ית רבקה ואמרו
סא לה, אחתנא, את הואי לאלפין ולרבון, ויירתון בנכי, ית קרוי סנאיהון: וקמת רבקה
סב ועולימתהא, ורכיבא על גמליא, ואזלא בתר גברא, ודבר עבדא, ית רבקה ואזל: ויצחק
סג עאל במיתוהי, מבירא דמלאך קימא אתחזי עלה, והוא יתיב בארע דרומא: ונפק יצחק,
סד לצלאה בחקלא למפני רמשא, וזקף עינוהי וחזא, והא גמליא אתן: וזקפת רבקה ית
סה עינהא, וחזת ית יצחק, ואתרכינת מעל גמלא: ואמרת לעבדא, מאן גברא דיכי דמהליך
סו בחקלא לקדמותנא, ואמר עבדא הוא רבוני, ונסיבת עיפא ואתכסיאת: ואשתעי עבדא

נג| **ומגדנת.** מגדים, שהביא עמו מיני פירות של ארץ ישראל:

נד| **וילינו.** כל לינה שבמקרא לינת לילה אחד:

נה| **ויאמר אחיה ואמה.** ובתואל היכן היה? רוצה היה לעכב ובא מלאך והמיתו: **ימים.** שנה, כמו: "ימים תהיה גאלתו" (ויקרא כה, כט), שכך נותנין לבתולה זמן שנים עשר חדש לפרנס עצמה בתכשיטיה: **או עשור.** עשרה חדשים. ואם תאמר, 'ימים' ממש, אין דרך המבקשים לבקש דבר מועט, ואם לא תרצה – תן לנו מרבה מזה:

נז| **ונשאלה את פיה.** מכאן שאין משיאין את האשה אלא מדעתה:

נח| **ותאמר אלך.** מעצמי, ואף אם אינכם רוצים:

ס| **את היי לאלפי רבבה.** את וזרעך תקבלו אותה ברכה שנאמר לאברהם בהר המוריה: "הרבה ארבה את זרעך" וגו' (לעיל כב, יז), יהי רצון שיהא אותו הזרע ממך ולא מאשה אחרת:

סב| **מבוא באר לחי ראי.** שהלך להביא הגר לאברהם אביו שישאנה: **יושב בארץ הנגב.** קרוב לאותו באר, שנאמר: "ארצה הנגב וישב בין קדש ובין שור" (לעיל כ, א), ושם היה הבאר, שנאמר: "הנה בין קדש ובין ברד" (לעיל טז, יד):

סג| **לשוח.** לשון תפלה, כמו "ישפך שיחו" (תהלים קב, א):

סד| **ותרא את יצחק.** ראתה אותו הדור ותוהה מפניו: **ותפל.** השמיטה עצמה לארץ, כתרגומו: "ואתרכינת", הטת עצמה לארץ ולא הגיעה עד הקרקע, כמו: "הטי נא כדך" (לעיל פסוק יד) "ארכיני", "ויט שמים" (שמואל ב' כב, י; תהלים יח, י) "וארכין", לשון מטה לארץ, ודומה לו: "כי יפל לא יוטל" (תהלים לז, כד), כלומר, אם יטה לארץ לא יגיע עד הקרקע:

סה| **ותתכס.** לשון מתפעל, כמו: "ותקבר" (להלן לה, ח), "ותלכד" (שמואל א' י, כא), "ותשבר" (שם ד, יח):

סו| **ויספר העבד.** גלה לו נסים שנעשו לו, שקפצה לו הארץ ושנזדמנה לו רבקה בתפלתו:

לְיִצְחָק אֵת כָּל־הַדְּבָרִים אֲשֶׁר עָשָׂה׃ וַיְבִאֶהָ סז
יִצְחָק הָאֹהֱלָה שָׂרָה אִמּוֹ וַיִּקַּח אֶת־רִבְקָה
וַתְּהִי־לוֹ לְאִשָּׁה וַיֶּאֱהָבֶהָ וַיִּנָּחֵם יִצְחָק אַחֲרֵי
אִמּוֹ׃

כה וַיֹּסֶף אַבְרָהָם וַיִּקַּח אִשָּׁה וּשְׁמָהּ קְטוּרָה׃ א ששי כב
וַתֵּלֶד לוֹ אֶת־זִמְרָן וְאֶת־יָקְשָׁן וְאֶת־מְדָן וְאֶת־ ב
מִדְיָן וְאֶת־יִשְׁבָּק וְאֶת־שׁוּחַ׃ וְיָקְשָׁן יָלַד אֶת־ ג
שְׁבָא וְאֶת־דְּדָן וּבְנֵי דְדָן הָיוּ אַשּׁוּרִם וּלְטוּשִׁם
וּלְאֻמִּים׃ וּבְנֵי מִדְיָן עֵיפָה וָעֵפֶר וַחֲנֹךְ וַאֲבִידָע ד
וְאֶלְדָּעָה כָּל־אֵלֶּה בְּנֵי קְטוּרָה׃ וַיִּתֵּן אַבְרָהָם ה
אֶת־כָּל־אֲשֶׁר־לוֹ לְיִצְחָק׃ וְלִבְנֵי הַפִּילַגְשִׁים ו
אֲשֶׁר לְאַבְרָהָם נָתַן אַבְרָהָם מַתָּנֹת וַיְשַׁלְּחֵם
מֵעַל יִצְחָק בְּנוֹ בְּעוֹדֶנּוּ חַי קֵדְמָה אֶל־אֶרֶץ
קֶדֶם׃ וְאֵלֶּה יְמֵי שְׁנֵי־חַיֵּי אַבְרָהָם אֲשֶׁר־חָי ז ★
מְאַת שָׁנָה וְשִׁבְעִים שָׁנָה וְחָמֵשׁ שָׁנִים׃ וַיִּגְוַע ח
וַיָּמָת אַבְרָהָם בְּשֵׂיבָה טוֹבָה זָקֵן וְשָׂבֵעַ וַיֵּאָסֶף
אֶל־עַמָּיו׃ וַיִּקְבְּרוּ אֹתוֹ יִצְחָק וְיִשְׁמָעֵאל בָּנָיו ט
אֶל־מְעָרַת הַמַּכְפֵּלָה אֶל־שְׂדֵה עֶפְרֹן בֶּן־צֹחַר
הַחִתִּי אֲשֶׁר עַל־פְּנֵי מַמְרֵא׃ הַשָּׂדֶה אֲשֶׁר־קָנָה י
אַבְרָהָם מֵאֵת בְּנֵי־חֵת שָׁמָּה קֻבַּר אַבְרָהָם
וְשָׂרָה אִשְׁתּוֹ׃ וַיְהִי אַחֲרֵי מוֹת אַבְרָהָם וַיְבָרֶךְ יא

אֱלֹהִים אֶת־יִצְחָק בְּנוֹ וַיֵּשֶׁב יִצְחָק עִם־בְּאֵר
לַחַי רֹאִי׃

סז ליצחק, ית כל פתגמיא דעבד: ואעלה יצחק למשכנא, וחזא והא תקנין עובדהא כעובדי
כה א שרה אמיה, ונסיב ית רבקה, והות ליה לאתו וריחמה, ואתנחם יצחק בתר אמיה: ואוסיף
ב אברהם, ונסיב אתתא ושמה קטורה: וילידת ליה, ית זמרן וית יקשן, וית מדן וית מדין,
ג וית ישבק וית שוח: ויקשן אוליד, ית שבא וית דדן, ובני דדן, הוו, למשרין ולשכונין ולנגון:
ד ה ובני מדין, עיפה ועפר וחנוך, ואבידע ואלדעה, כל אלין בני קטורה: ויהב אברהם, ית כל
ו דליה ליצחק: ולבני לחינתא דלאברהם, יהב אברהם מתנן, ושלחנון, מעל יצחק בריה
ז בעוד דהוא קים, קדומא לארע מדנחא: ואלין, יומי, שני חיי אברהם דחיא, מאה ושבעין
ח ט וחמש שנין: ואתנגיד ומית אברהם, בסיבו טבא סיב וסבע, ואתכניש לעמיה: וקברו יתיה,
יצחק וישמעאל בנוהי, במערת כפילתא, בחקל, עפרון בר צוחר חתאה, דעל אפי ממרא:
י יא חקלא, דזבן אברהם מן בני חתאה, תמן, אתקבר אברהם ושרה אתתיה: והוה, בתר
דמית אברהם, ובריך יי ית יצחק בריה, ויתיב יצחק, עם בירא דמלאך קימא אתחזי עלה:

סז **האהלה שרה אמו.** ויביאה האהלה ונעשית דגמת שרה אמו, כלומר, והרי היא שרה אמו, שכל זמן ששרה קימת היה נר דלוק מערב שבת לערב שבת וברכה מצויה בעסה וענן קשור על האהל, ומשמתה פסקו, וכשבאת רבקה חזרו. בראשית רבה (ס, טז): **אחרי אמו.** דרך ארץ, כל זמן שאמו של אדם קימת כרוך הוא אצלה, ומשמתה – הוא מתנחם באשתו:

פרק כה

א **קטורה.** זו הגר, ונקראת קטורה על שם שנאים מעשיה כקטרת, ושקשרה פתחה, שלא נזדוגה לאדם מיום שפרשה מאברהם:

ג **אשורם ולטושם.** שם ראשי אמות. ותרגום של אונקלוס אין לי ליישבו על לשון המקרא:

ה **ויתן אברהם וגו׳.** אמר רבי נחמיה: ברכה ודיתיקי נתן לו. שאמר לו הקדוש ברוך הוא לאברהם: "והיה ברכה" (לעיל יב, ב), הברכות מסורות בידך לברך את מי שתרצה, ואברהם מסרן ליצחק:

ו **הפילגשים.** חסר כתיב, שלא היתה אלא פילגש אחת, היא הגר היא קטורה. נשים בכתבה, פילגשים בלא כתבה, כדאמרינן בסנהדרין בנשים ופילגשים דדוד: **נתן אברהם מתנת.** פרשו רבותינו, שם טמאה מסר להם:

ז **מאת שנה ושבעים שנה וחמש שנים.** בן מאה כבן שבעים, ובן שבעים כבן חמש בלא חטא:

ט **יצחק וישמעאל.** מכאן שעשה ישמעאל תשובה והוליך את יצחק לפניו, והיא "שיבה טובה" (לעיל טו, טו) שנאמרה באברהם:

יא **ויהי אחרי מות אברהם ויברך וגו׳.** נחמו תנחומי אבלים. דבר אחר, אף על פי שמסר הקדוש ברוך הוא את הברכות לאברהם, נתירא לברך את יצחק, מפני שצפה את עשו יוצא ממנו. אמר: יבא בעל העולם ויברך את אשר ייטב בעיניו. ובא הקדוש ברוך הוא וברכו:

שביעי וְאֵלֶּה תֹּלְדֹת יִשְׁמָעֵאל בֶּן־אַבְרָהָם אֲשֶׁר יָלְדָה יב
הָגָר הַמִּצְרִית שִׁפְחַת שָׂרָה לְאַבְרָהָם׃ וְאֵלֶּה יג
שְׁמוֹת בְּנֵי יִשְׁמָעֵאל בִּשְׁמֹתָם לְתוֹלְדֹתָם בְּכֹר
יִשְׁמָעֵאל נְבָיֹת וְקֵדָר וְאַדְבְּאֵל וּמִבְשָׂם׃ וּמִשְׁמָע יד
וְדוּמָה וּמַשָּׂא׃ חֲדַד וְתֵימָא יְטוּר נָפִישׁ וָקֵדְמָה׃ טו
מפטיר אֵלֶּה הֵם בְּנֵי יִשְׁמָעֵאל וְאֵלֶּה שְׁמֹתָם בְּחַצְרֵיהֶם טז
וּבְטִירֹתָם שְׁנֵים־עָשָׂר נְשִׂיאִם לְאֻמֹּתָם׃ וְאֵלֶּה יז
שְׁנֵי חַיֵּי יִשְׁמָעֵאל מְאַת שָׁנָה וּשְׁלֹשִׁים שָׁנָה
וְשֶׁבַע שָׁנִים וַיִּגְוַע וַיָּמָת וַיֵּאָסֶף אֶל־עַמָּיו׃
וַיִּשְׁכְּנוּ מֵחֲוִילָה עַד־שׁוּר אֲשֶׁר עַל־פְּנֵי מִצְרַיִם יח
בֹּאֲכָה אַשּׁוּרָה עַל־פְּנֵי כָל־אֶחָיו נָפָל׃

חיי שרה

הפטרת חיי שרה

ההפטרה מתארת ניסיון למחטף השלטון בסוף ימי דוד. שלמה, שדוד ייעדו למלוך תחתיו, היה צעיר. אדוניה, אחיו הגדול, היה אמור להיות יורש העצר לפי סדר הלידה. אדוניה אסף סביבו חבורה של מתנגדים למינויו של שלמה, וניסה ליצור מצג שווא, שדוד חזר בו ממינוי שלמה והחזיר את התפקיד למי שהיה ראוי להיות המנהיג לפי סדר הלידה. נתן הנביא, בסיועה של בת שבע, הצליח להודיע לדוד על ניסיון המחטף. דוד ציווה להמליך את שלמה בהמלכה חפוזה והציג את אדוניהו ותומכיו כמי שפועלים נגד רצון המלך. מהלך זה מנע מלחמת אחים בעת הרגישה של חילופי שלטון, מלחמה שהייתה הורסת את שנבנה בעשרות שנות עמל של הממלכה המאוחדת.

מלכים א׳ וְהַמֶּלֶךְ דָּוִד זָקֵן בָּא בַּיָּמִים וַיְכַסֻּהוּ בַּבְּגָדִים וְלֹא יִחַם לוֹ׃ וַיֹּאמְרוּ לוֹ א ב א
עֲבָדָיו יְבַקְשׁוּ לַאדֹנִי הַמֶּלֶךְ נַעֲרָה בְתוּלָה וְעָמְדָה לִפְנֵי הַמֶּלֶךְ וּתְהִי־לוֹ
סֹכֶנֶת וְשָׁכְבָה בְחֵיקֶךָ וְחַם לַאדֹנִי הַמֶּלֶךְ׃ וַיְבַקְשׁוּ נַעֲרָה יָפָה בְּכֹל גְּבוּל ג
יִשְׂרָאֵל וַיִּמְצְאוּ אֶת־אֲבִישַׁג הַשּׁוּנַמִּית וַיָּבִאוּ אֹתָהּ לַמֶּלֶךְ׃ וְהַנַּעֲרָה יָפָה ד

יב וְאִלֵּין, תּוֹלְדָת יִשְׁמָעֵאל בַּר אַבְרָהָם, דִּילֵידַת, הָגָר מִצְרֵיתָא, אַמְתַהּ דְּשָׂרָה לְאַבְרָהָם:
יג וְאִלֵּין, שְׁמָהָת בְּנֵי יִשְׁמָעֵאל, בִּשְׁמָהָתְהוֹן לְתוֹלְדָתְהוֹן, בְּכְרֵיהּ דְּיִשְׁמָעֵאל נְבָיוֹת, וְקֵדָר
יד טו טז וְאַדְבְּאֵל וּמִבְשָׂם: וּמִשְׁמָע וְדוּמָה וּמַשָּׂא: חֲדַד וְתֵימָא, יְטוּר נָפִישׁ וָקֵדְמָה: אִלֵּין אִנּוּן, בְּנֵי
יז יִשְׁמָעֵאל וְאִלֵּין שְׁמָהָתְהוֹן, בְּפַצְחֵיהוֹן וּבִכְרַכֵּיהוֹן, תְּרֵי עֲסַר רַבְרְבִין לְאֻמֵּיהוֹן: וְאִלֵּין, שְׁנֵי
יח חַיֵּי יִשְׁמָעֵאל, מְאָה וּתְלָתִין וּשְׁבַע שְׁנִין, וְאִתְנְגִיד וּמִית, וְאִתְכְּנִישׁ לְעַמֵּיהּ: וּשְׁרוֹ מֵחֲוִילָה
עַד חַגְרָא, דְּעַל אַפֵּי מִצְרַיִם, מָטֵי לְאַתּוּר, עַל אַפֵּי כָל אֲחוּהִי שְׁרָא:

יג) בִּשְׁמֹתָם לְתוֹלְדֹתָם. סֵדֶר לֵידָתָן זֶה אַחַר זֶה:

טז) בְּחַצְרֵיהֶם. כְּרַכִּים שֶׁאֵין לָהֶם חוֹמָה, כְּתַרְגּוּמוֹ: "בְּפַצְחֵיהוֹן", שֶׁהֵם מְפֻצָּחִים, לְשׁוֹן פְּתִיחָה, כְּמוֹ: "פִּצְחוּ וְרַנְּנוּ" (תהלים צח, ד):

יז) וְאֵלֶּה שְׁנֵי חַיֵּי יִשְׁמָעֵאל וְגוֹ'. אָמַר רַבִּי חִיָּא בַּר אַבָּא: לָמָּה נִמְנוּ שְׁנוֹתָיו שֶׁל יִשְׁמָעֵאל? כְּדֵי לְיַחֵס בָּהֶם שְׁנוֹתָיו שֶׁל יַעֲקֹב. מִשְּׁנוֹתָיו שֶׁל יִשְׁמָעֵאל לָמַדְנוּ שֶׁשִּׁמֵּשׁ יַעֲקֹב בְּבֵית עֵבֶר אַרְבַּע עֶשְׂרֵה שָׁנָה כְּשֶׁפֵּרַשׁ מֵאָבִיו קֹדֶם שֶׁבָּא אֵצֶל לָבָן, שֶׁהֲרֵי כְּשֶׁפֵּרַשׁ יַעֲקֹב מֵאָבִיו מֵת יִשְׁמָעֵאל, שֶׁנֶּאֱמַר: "וַיֵּלֶךְ עֵשָׂו אֶל יִשְׁמָעֵאל" וְגוֹ' (להלן כח, ט), כְּמוֹ שֶׁמְּפֹרָשׁ בְּסוֹף 'מְגִלָּה נִקְרֵאת' (מגילה יז ע"א): וַיִּגְוַע. לֹא נֶאֶמְרָה 'גְּוִיעָה' אֶלָּא בַּצַּדִּיקִים:

יח) נָפָל. שָׁכַן, כְּמוֹ: "וּמִדְיָן וַעֲמָלֵק וְכָל בְּנֵי קֶדֶם נֹפְלִים בָּעֵמֶק" (שופטים ז, יב). כָּאן הוּא אוֹמֵר לְשׁוֹן נְפִילָה, וּלְהַלָּן הוּא אוֹמֵר: "עַל פְּנֵי כָל אֶחָיו יִשְׁכֹּן" (לעיל טז, יב), עַד שֶׁלֹּא מֵת אַבְרָהָם – "יִשְׁכֹּן", מִשֶּׁמֵּת אַבְרָהָם – "נָפָל":

ה עַד־מְאֹד וַתְּהִי לַמֶּלֶךְ סֹכֶנֶת וַתְּשָׁרְתֵהוּ וְהַמֶּלֶךְ לֹא יְדָעָהּ: וַאֲדֹנִיָּה בֶן־
חַגִּית מִתְנַשֵּׂא לֵאמֹר אֲנִי אֶמְלֹךְ וַיַּעַשׂ לוֹ רֶכֶב וּפָרָשִׁים וַחֲמִשִּׁים אִישׁ
ו רָצִים לְפָנָיו: וְלֹא־עֲצָבוֹ אָבִיו מִיָּמָיו לֵאמֹר מַדּוּעַ כָּכָה עָשִׂיתָ וְגַם־הוּא
ז טוֹב־תֹּאַר מְאֹד וְאֹתוֹ יָלְדָה אַחֲרֵי אַבְשָׁלוֹם: וַיִּהְיוּ דְבָרָיו עִם יוֹאָב
ח בֶּן־צְרוּיָה וְעִם אֶבְיָתָר הַכֹּהֵן וַיַּעְזְרוּ אַחֲרֵי אֲדֹנִיָּה: וְצָדוֹק הַכֹּהֵן וּבְנָיָהוּ
בֶן־יְהוֹיָדָע וְנָתָן הַנָּבִיא וְשִׁמְעִי וְרֵעִי וְהַגִּבּוֹרִים אֲשֶׁר לְדָוִד לֹא הָיוּ
ט עִם־אֲדֹנִיָּהוּ: וַיִּזְבַּח אֲדֹנִיָּהוּ צֹאן וּבָקָר וּמְרִיא עִם אֶבֶן הַזֹּחֶלֶת אֲשֶׁר־
אֵצֶל עֵין רֹגֵל וַיִּקְרָא אֶת־כָּל־אֶחָיו בְּנֵי הַמֶּלֶךְ וּלְכָל־אַנְשֵׁי יְהוּדָה עַבְדֵי
י הַמֶּלֶךְ: וְאֶת־נָתָן הַנָּבִיא וּבְנָיָהוּ וְאֶת־הַגִּבּוֹרִים וְאֶת־שְׁלֹמֹה אָחִיו לֹא

קָרָא׃ וַיֹּאמֶר נָתָן אֶל־בַּת־שֶׁבַע אֵם־שְׁלֹמֹה לֵאמֹר הֲלוֹא שָׁמַעַתְּ כִּי יא
מָלַךְ אֲדֹנִיָּהוּ בֶן־חַגִּית וַאֲדֹנֵינוּ דָוִד לֹא יָדָע׃ וְעַתָּה לְכִי אִיעָצֵךְ נָא יב
עֵצָה וּמַלְּטִי אֶת־נַפְשֵׁךְ וְאֶת־נֶפֶשׁ בְּנֵךְ שְׁלֹמֹה׃ לְכִי וּבֹאִי ׀ אֶל־הַמֶּלֶךְ יג
דָּוִד וְאָמַרְתְּ אֵלָיו הֲלֹא־אַתָּה אֲדֹנִי הַמֶּלֶךְ נִשְׁבַּעְתָּ לַאֲמָתְךָ לֵאמֹר כִּי־
שְׁלֹמֹה בְנֵךְ יִמְלֹךְ אַחֲרַי וְהוּא יֵשֵׁב עַל־כִּסְאִי וּמַדּוּעַ מָלַךְ אֲדֹנִיָּהוּ׃ הִנֵּה יד
עוֹדָךְ מְדַבֶּרֶת שָׁם עִם־הַמֶּלֶךְ וַאֲנִי אָבוֹא אַחֲרַיִךְ וּמִלֵּאתִי אֶת־דְּבָרָיִךְ׃
וַתָּבֹא בַת־שֶׁבַע אֶל־הַמֶּלֶךְ הַחַדְרָה וְהַמֶּלֶךְ זָקֵן מְאֹד וַאֲבִישַׁג הַשּׁוּנַמִּית טו
מְשָׁרַת אֶת־הַמֶּלֶךְ׃ וַתִּקֹּד בַּת־שֶׁבַע וַתִּשְׁתַּחוּ לַמֶּלֶךְ וַיֹּאמֶר הַמֶּלֶךְ מַה־ טז
לָּךְ׃ וַתֹּאמֶר לוֹ אֲדֹנִי אַתָּה נִשְׁבַּעְתָּ בַּיהוָה אֱלֹהֶיךָ לַאֲמָתֶךָ כִּי־שְׁלֹמֹה יז
בְנֵךְ יִמְלֹךְ אַחֲרָי וְהוּא יֵשֵׁב עַל־כִּסְאִי׃ וְעַתָּה הִנֵּה אֲדֹנִיָּה מָלָךְ וְעַתָּה יח
אֲדֹנִי הַמֶּלֶךְ לֹא יָדָעְתָּ׃ וַיִּזְבַּח שׁוֹר וּמְרִיא־וְצֹאן לָרֹב וַיִּקְרָא לְכָל־בְּנֵי יט
הַמֶּלֶךְ וּלְאֶבְיָתָר הַכֹּהֵן וּלְיֹאָב שַׂר הַצָּבָא וְלִשְׁלֹמֹה עַבְדְּךָ לֹא קָרָא׃
וְאַתָּה אֲדֹנִי הַמֶּלֶךְ עֵינֵי כָל־יִשְׂרָאֵל עָלֶיךָ לְהַגִּיד לָהֶם מִי יֵשֵׁב עַל־כִּסֵּא כ
אֲדֹנִי־הַמֶּלֶךְ אַחֲרָיו׃ וְהָיָה כִּשְׁכַב אֲדֹנִי־הַמֶּלֶךְ עִם־אֲבֹתָיו וְהָיִיתִי אֲנִי כא
וּבְנִי שְׁלֹמֹה חַטָּאִים׃ וְהִנֵּה עוֹדֶנָּה מְדַבֶּרֶת עִם־הַמֶּלֶךְ וְנָתָן הַנָּבִיא בָּא׃ כב
וַיַּגִּידוּ לַמֶּלֶךְ לֵאמֹר הִנֵּה נָתָן הַנָּבִיא וַיָּבֹא לִפְנֵי הַמֶּלֶךְ וַיִּשְׁתַּחוּ לַמֶּלֶךְ כג
עַל־אַפָּיו אָרְצָה׃ וַיֹּאמֶר נָתָן אֲדֹנִי הַמֶּלֶךְ אַתָּה אָמַרְתָּ אֲדֹנִיָּהוּ יִמְלֹךְ כד
אַחֲרָי וְהוּא יֵשֵׁב עַל־כִּסְאִי׃ כִּי ׀ יָרַד הַיּוֹם וַיִּזְבַּח שׁוֹר וּמְרִיא־וְצֹאן לָרֹב כה
וַיִּקְרָא לְכָל־בְּנֵי הַמֶּלֶךְ וּלְשָׂרֵי הַצָּבָא וּלְאֶבְיָתָר הַכֹּהֵן וְהִנָּם אֹכְלִים וְשֹׁתִים
לְפָנָיו וַיֹּאמְרוּ יְחִי הַמֶּלֶךְ אֲדֹנִיָּהוּ׃ וְלִי אֲנִי־עַבְדֶּךָ וּלְצָדֹק הַכֹּהֵן וְלִבְנָיָהוּ כו
בֶן־יְהוֹיָדָע וְלִשְׁלֹמֹה עַבְדְּךָ לֹא קָרָא׃ אִם מֵאֵת אֲדֹנִי הַמֶּלֶךְ נִהְיָה הַדָּבָר כז
עַבְדְּךָ
הַזֶּה וְלֹא הוֹדַעְתָּ אֶת־עבדיך מִי יֵשֵׁב עַל־כִּסֵּא אֲדֹנִי־הַמֶּלֶךְ אַחֲרָיו׃ וַיַּעַן כח
הַמֶּלֶךְ דָּוִד וַיֹּאמֶר קִרְאוּ־לִי לְבַת־שָׁבַע וַתָּבֹא לִפְנֵי הַמֶּלֶךְ וַתַּעֲמֹד לִפְנֵי
הַמֶּלֶךְ׃ וַיִּשָּׁבַע הַמֶּלֶךְ וַיֹּאמַר חַי־יְהוָה אֲשֶׁר־פָּדָה אֶת־נַפְשִׁי מִכָּל־צָרָה׃ כט
כִּי כַּאֲשֶׁר נִשְׁבַּעְתִּי לָךְ בַּיהוָה אֱלֹהֵי יִשְׂרָאֵל לֵאמֹר כִּי־שְׁלֹמֹה בְנֵךְ יִמְלֹךְ ל
אַחֲרַי וְהוּא יֵשֵׁב עַל־כִּסְאִי תַּחְתָּי כִּי כֵּן אֶעֱשֶׂה הַיּוֹם הַזֶּה׃ וַתִּקֹּד בַּת־ לא
שֶׁבַע אַפַּיִם אֶרֶץ וַתִּשְׁתַּחוּ לַמֶּלֶךְ וַתֹּאמֶר יְחִי אֲדֹנִי הַמֶּלֶךְ דָּוִד לְעֹלָם׃

פרשת תולדת

	כג	כד	כה
נושאים לפי סדרים	עשו ויעקב ישיבת יצחק בגרר וחפירת הבארות	לקיחת הברכות	ברכות יצחק לבניו ושליחת יעקב לפדן ארם
	באר לחי רואי-גרר-באר שבע		

97 שנה

תולדת

כג וְאֵ֛לֶּה תּוֹלְדֹ֥ת יִצְחָ֖ק בֶּן־אַבְרָהָ֑ם אַבְרָהָ֖ם הוֹלִ֥יד יט כה
אֶת־יִצְחָֽק׃ וַיְהִ֤י יִצְחָק֙ בֶּן־אַרְבָּעִ֣ים שָׁנָ֔ה בְּקַחְתּ֣וֹ כ
אֶת־רִבְקָ֗ה בַּת־בְּתוּאֵל֙ הָֽאֲרַמִּ֔י מִפַּדַּ֖ן אֲרָ֑ם אֲח֛וֹת
לָבָ֥ן הָאֲרַמִּ֖י ל֥וֹ לְאִשָּֽׁה׃ וַיֶּעְתַּ֨ר יִצְחָ֤ק לַֽיהוָה֙ כא
לְנֹ֣כַח אִשְׁתּ֔וֹ כִּ֥י עֲקָרָ֖ה הִ֑וא וַיֵּעָ֤תֶר לוֹ֙ יְהוָ֔ה וַתַּ֖הַר
רִבְקָ֥ה אִשְׁתּֽוֹ׃ וַיִּתְרֹֽצְצ֤וּ הַבָּנִים֙ בְּקִרְבָּ֔הּ וַתֹּ֣אמֶר כב
אִם־כֵּ֔ן לָ֥מָּה זֶּ֖ה אָנֹ֑כִי וַתֵּ֖לֶךְ לִדְרֹ֥שׁ אֶת־יְהוָֽה׃
גוים · וַיֹּאמֶר֩ יְהוָ֨ה לָ֜הּ שְׁנֵ֤י גיים֙ בְּבִטְנֵ֔ךְ וּשְׁנֵ֣י לְאֻמִּ֔ים כג
מִמֵּעַ֖יִךְ יִפָּרֵ֑דוּ וּלְאֹם֙ מִלְאֹ֣ם יֶֽאֱמָ֔ץ וְרַ֖ב יַעֲבֹ֥ד
צָעִֽיר׃ וַיִּמְלְא֥וּ יָמֶ֖יהָ לָלֶ֑דֶת וְהִנֵּ֥ה תוֹמִ֖ם בְּבִטְנָֽהּ׃ כד
וַיֵּצֵ֤א הָרִאשׁוֹן֙ אַדְמוֹנִ֔י כֻּלּ֖וֹ כְּאַדֶּ֣רֶת שֵׂעָ֑ר וַיִּקְרְא֥וּ כה
שְׁמ֖וֹ עֵשָֽׂו׃ וְאַֽחֲרֵי־כֵ֞ן יָצָ֣א אָחִ֗יו וְיָד֤וֹ אֹחֶ֙זֶת֙ בַּעֲקֵ֣ב כו

יט) **וְאֵלֶּה תוֹלְדֹת יִצְחָק.** יַעֲקֹב וְעֵשָׂו הָאֲמוּרִים בַּפָּרָשָׁה; וְעַל יְדֵי שֶׁכָּתַב הַכָּתוּב: "יִצְחָק בֶּן אַבְרָהָם" הֻזְקַק לוֹמַר: "אַבְרָהָם הוֹלִיד אֶת יִצְחָק", לְפִי שֶׁהָיוּ לֵיצָנֵי הַדּוֹר אוֹמְרִים: מֵאֲבִימֶלֶךְ נִתְעַבְּרָה שָׂרָה, שֶׁהֲרֵי כַּמָּה שָׁנִים שָׁהֲתָה עִם אַבְרָהָם וְלֹא נִתְעַבְּרָה הֵימֶנּוּ. מֶה עָשָׂה הַקָּדוֹשׁ בָּרוּךְ הוּא? צָר קְלַסְתֵּר פָּנָיו שֶׁל יִצְחָק דּוֹמֶה לְאַבְרָהָם, וְהֵעִידוּ הַכֹּל: אַבְרָהָם הוֹלִיד אֶת יִצְחָק. וְזֶהוּ שֶׁכָּתוּב כָּאן: "יִצְחָק בֶּן אַבְרָהָם", שֶׁהֲרֵי עֵדוּת יֵשׁ שֶׁ"אַבְרָהָם הוֹלִיד אֶת יִצְחָק":

כ) **בֶּן אַרְבָּעִים שָׁנָה.** שֶׁהֲרֵי כְּשֶׁהָיָה בָּא אַבְרָהָם מֵהַר הַמּוֹרִיָּה נִתְבַּשֵּׂר שֶׁנּוֹלְדָה רִבְקָה, וְיִצְחָק הָיָה בֶּן שְׁלֹשִׁים וְשֶׁבַע שָׁנָה, שֶׁהֲרֵי בוֹ בַּפֶּרֶק מֵתָה שָׂרָה, וּמִשֶּׁנּוֹלַד יִצְחָק עַד שֶׁמֵּתָה שָׂרָה שְׁלֹשִׁים וְשֶׁבַע שָׁנִים הָיוּ – בַּת תִּשְׁעִים הָיְתָה כְּשֶׁנּוֹלַד, וּבַת מֵאָה עֶשְׂרִים וְשֶׁבַע שָׁנָה הָיְתָה כְּשֶׁמֵּתָה, שֶׁנֶּאֱמַר: "וַיִּהְיוּ

יט כ וְאִלֵּין, תּוֹלְדָת יִצְחָק בַּר אַבְרָהָם, אַבְרָהָם אוֹלֵיד יָת יִצְחָק: וַהֲוָה יִצְחָק בַּר אַרְבְּעִין שְׁנִין,
כַּד נְסֵיב יָת רִבְקָה, בַּת בְּתוּאֵל אֲרַמָּאָה, מִפַּדַּן אֲרָם, אֲחָתֵיהּ, דְּלָבָן אֲרַמָּאָה לֵיהּ לְאִתּוּ:
כא וְצַלִּי יִצְחָק קֳדָם יְיָ לָקֳבֵיל אִתְּתֵיהּ, אֲרֵי עַקְרָא הִיא, וְקַבֵּיל צְלוֹתֵיהּ יְיָ, וְעַדִּיאַת רִבְקָה
כב אִתְּתֵיהּ: וְדָחֲקִין בְּנַיָּא בִּמְעַהָא, וַאֲמַרַת אִם כֵּן, לְמָא דְנָן אֲנָא, וַאֲזַלַת לְמִתְבַּע אוּלְפָן מִן
כג קֳדָם יְיָ: וַאֲמַר יְיָ לַהּ, תְּרֵין עַמְמִין בִּמְעַכִי, וְתַרְתֵּין מַלְכְוָן, מִמְּעַכִי יִתְפָּרְשָׁן, וּמַלְכוּ מִמַּלְכוּ
כד כה תִּתַּקַּף, וְרַבָּא יִשְׁתַּעְבַּד לִזְעֵירָא: וּשְׁלִימוּ יוֹמַהָא לְמֵילַד, וְהָא תְיוֹמִין בִּמְעַהָא: וּנְפַק קַדְמָאָה
כו סָמוֹק, כֻּלֵּיהּ כִּגְלִים דִּסְעַר, וּקְרוֹ שְׁמֵיהּ עֵשָׂו: וּבָתַר כֵּן נְפַק אֲחוּהִי, וִידֵיהּ אֲחִידָא בְּעִקְבָא

חַיֵּי שָׂרָה" וְגוֹ' (לעיל כג, א), הֲרֵי לְיִצְחָק שְׁלֹשִׁים וְשֶׁבַע שָׁנִים. וּבוֹ בַּפֶּרֶק נוֹלְדָה רִבְקָה. הִמְתִּין לָהּ עַד שֶׁתְּהֵא רְאוּיָה לְבִיאָה שָׁלֹשׁ שָׁנִים וּנְשָׂאָהּ: **בַּת בְּתוּאֵל מִפַּדַּן אֲרָם אֲחוֹת לָבָן.** וְכִי עֲדַיִן לֹא נִכְתַּב שֶׁהִיא בַּת בְּתוּאֵל וַאֲחוֹת לָבָן וּמִפַּדַּן אֲרָם? אֶלָּא לְהַגִּיד שִׁבְחָהּ, שֶׁהָיְתָה בַּת רָשָׁע וַאֲחוֹת רָשָׁע וּמְקוֹמָהּ אַנְשֵׁי רֶשַׁע, וְלֹא לָמְדָה מִמַּעֲשֵׂיהֶם: **מִפַּדַּן אֲרָם.** עַל שֵׁם שֶׁשְּׁנֵי אֲרָם הָיוּ, אֲרַם נַהֲרַיִם וַאֲרַם צוֹבָה, קוֹרֵא אוֹתוֹ 'פַּדָּן', לָשׁוֹן: "צֶמֶד בָּקָר" (שמואל א' יא, ז) תַּרְגּוּם: "פַּדַּן תּוֹרִין". וְיֵשׁ פּוֹתְרִים 'פַּדַּן אֲרָם' כְּמוֹ "שְׂדֵה אֲרָם" (הושע יב, יג), שֶׁבִּלְשׁוֹן יִשְׁמָעֵאל קוֹרִין לְשָׂדֶה 'פַּדָּן':

כא| **וַיֶּעְתַּר.** הִרְבָּה וְהִפְצִיר בִּתְפִלָּה: **וַיֵּעָתֶר לוֹ.** נִתְפַּצֵּר לוֹ וְנִתְפַּתָּה לוֹ. וְאוֹמֵר אֲנִי, כָּל לְשׁוֹן 'עֶתֶר' לְשׁוֹן הַפְצָרָה וְרִבּוּי הוּא, וְכֵן: "וַעֲתַר עֲנַן הַקְּטֹרֶת" (יחזקאל ח, יא) – מַרְבִּית עֲלִיַּת הֶעָשָׁן, וְכֵן: "וְהַעְתַּרְתֶּם עָלַי דִּבְרֵיכֶם" (שם לה, יג), וְכֵן: "וְנַעְתָּרוֹת נְשִׁיקוֹת שׂוֹנֵא" (משלי כז, ו) – דּוֹמוֹת לְמַרְבּוֹת וְהֵנָּם לְמַשָּׂא, אינקריסמנ"ט בְּלַעַז: **לְנֹכַח אִשְׁתּוֹ.** זֶה עוֹמֵד בְּזָוִית זוֹ וּמִתְפַּלֵּל, וְזוֹ עוֹמֶדֶת בְּזָוִית זוֹ וּמִתְפַּלֶּלֶת: **וַיֵּעָתֶר לוֹ.** שֶׁאֵין דּוֹמָה תְּפִלַּת צַדִּיק בֶּן רָשָׁע לִתְפִלַּת צַדִּיק בֶּן צַדִּיק, לְפִיכָךְ לוֹ וְלֹא לָהּ:

כב| **וַיִּתְרֹצְצוּ.** עַל כָּרְחֲךָ הַמִּקְרָא הַזֶּה אוֹמֵר דָּרְשֵׁנִי, שֶׁסָּתַם מַה הִיא רְצִיצָה זוֹ וְכָתַב: "אִם כֵּן לָמָּה זֶּה אָנֹכִי". רַבּוֹתֵינוּ דְּרָשׁוּהוּ לְשׁוֹן רִיצָה: כְּשֶׁהָיְתָה עוֹבֶרֶת עַל פִּתְחֵי תוֹרָה שֶׁל שֵׁם וָעֵבֶר יַעֲקֹב רָץ וּמְפַרְכֵּס לָצֵאת, עוֹבֶרֶת עַל פֶּתַח עֲבוֹדָה זָרָה וְעֵשָׂו מְפַרְכֵּס לָצֵאת. דָּבָר אַחֵר, מִתְרוֹצְצִים זֶה עִם זֶה וּמְרִיבִים בְּנַחֲלַת שְׁנֵי עוֹלָמוֹת: **וַתֹּאמֶר אִם כֵּן.** גָּדוֹל צַעַר הָעִבּוּר, "לָמָּה זֶּה אָנֹכִי" מִתְאַוָּה וּמִתְפַּלֶּלֶת עַל הֵרָיוֹן: **וַתֵּלֶךְ לִדְרֹשׁ.** לְבֵית מִדְרָשׁוֹ שֶׁל שֵׁם: **לִדְרֹשׁ אֶת ה'.** לְהַגִּיד לָהּ מַה תְּהֵא בְּסוֹפָהּ:

כג| **וַיֹּאמֶר ה' לָהּ.** עַל יְדֵי שָׁלִיחַ, לְשֵׁם אָמַר בְּרוּחַ הַקֹּדֶשׁ וְהוּא אָמַר לָהּ: **שְׁנֵי גוֹיִם בְּבִטְנֵךְ.** 'גֵּיִים' כְּתִיב, אֵלּוּ אַנְטוֹנִינוּס וְרַבִּי, שֶׁלֹּא פָּסְקוּ מֵעַל שֻׁלְחָנָם לֹא צְנוֹן וְלֹא חֲזֶרֶת לֹא בִּימוֹת הַחַמָּה וְלֹא בִּימוֹת הַגְּשָׁמִים: **וּשְׁנֵי לְאֻמִּים.** אֵין 'לְאֹם' אֶלָּא מַלְכוּת: **מִמֵּעַיִךְ יִפָּרֵדוּ.** מִן הַמֵּעַיִם הֵם נִפְרָדִים, זֶה לְרִשְׁעוֹ וְזֶה לְתֻמּוֹ: **מִלְאֹם יֶאֱמָץ.** לֹא יִשְׁווּ בִּגְדֻלָּה, כְּשֶׁזֶּה קָם זֶה נוֹפֵל, וְכֵן הוּא אוֹמֵר: "אִמָּלְאָה הָחֳרָבָה" (יחזקאל כו, ב) – לֹא נִתְמַלְּאָה צֹר אֶלָּא מֵחֻרְבָּנָהּ שֶׁל יְרוּשָׁלַיִם:

כד| **וַיִּמְלְאוּ יָמֶיהָ.** אֲבָל בְּתָמָר כְּתִיב: "וַיְהִי בְּעֵת לִדְתָּהּ" (להלן לח, כז), שֶׁלֹּא מָלְאוּ יָמֶיהָ כִּי לְשִׁבְעָה חֳדָשִׁים יְלָדָתַם: **וְהִנֵּה תוֹמִם.** חָסֵר. וּבְתָמָר "תְּאוֹמִים" מָלֵא, לְפִי שֶׁשְּׁנֵיהֶם צַדִּיקִים, אֲבָל כָּאן אֶחָד צַדִּיק וְאֶחָד רָשָׁע:

כה| **אַדְמוֹנִי.** סִימָן הוּא שֶׁיְּהֵא שׁוֹפֵךְ דָּמִים: **כֻּלּוֹ כְּאַדֶּרֶת שֵׂעָר.** מָלֵא שֵׂעָר כְּטַלִּית שֶׁל צֶמֶר הַמְלֵאָה שֵׂעָר, פלוקיד"א בְּלַעַז: **וַיִּקְרְאוּ שְׁמוֹ עֵשָׂו.** הַכֹּל קָרְאוּ לוֹ כֵּן, לְפִי שֶׁהָיָה נַעֲשֶׂה וְנִגְמָר בִּשְׂעָרוֹ כְּבֶן שָׁנִים הַרְבֵּה:

כו| **בַּעֲקֵב עֵשָׂו.** סִימָן שֶׁאֵין זֶה מַסְפִּיק לִגְמֹר

עֵשָׂו וַיִּקְרָא שְׁמוֹ יַעֲקֹב וְיִצְחָק בֶּן־שִׁשִּׁים
שָׁנָה בְּלֶדֶת אֹתָם׃ · וַיִּגְדְּלוּ הַנְּעָרִים וַיְהִי עֵשָׂו כז
אִישׁ יֹדֵעַ צַיִד אִישׁ שָׂדֶה וְיַעֲקֹב אִישׁ תָּם יֹשֵׁב
אֹהָלִים׃ וַיֶּאֱהַב יִצְחָק אֶת־עֵשָׂו כִּי־צַיִד בְּפִיו כח
וְרִבְקָה אֹהֶבֶת אֶת־יַעֲקֹב׃ וַיָּזֶד יַעֲקֹב נָזִיד כט
וַיָּבֹא עֵשָׂו מִן־הַשָּׂדֶה וְהוּא עָיֵף׃ וַיֹּאמֶר עֵשָׂו ל
אֶל־יַעֲקֹב הַלְעִיטֵנִי נָא מִן־הָאָדֹם הָאָדֹם הַזֶּה
כִּי עָיֵף אָנֹכִי עַל־כֵּן קָרָא־שְׁמוֹ אֱדוֹם׃ וַיֹּאמֶר לא
יַעֲקֹב מִכְרָה כַיּוֹם אֶת־בְּכֹרָתְךָ לִי׃ וַיֹּאמֶר עֵשָׂו לב
הִנֵּה אָנֹכִי הוֹלֵךְ לָמוּת וְלָמָּה־זֶּה לִי בְּכֹרָה׃
וַיֹּאמֶר יַעֲקֹב הִשָּׁבְעָה לִּי כַּיּוֹם וַיִּשָּׁבַע לוֹ וַיִּמְכֹּר לג
אֶת־בְּכֹרָתוֹ לְיַעֲקֹב׃ וְיַעֲקֹב נָתַן לְעֵשָׂו לֶחֶם לד
וּנְזִיד עֲדָשִׁים וַיֹּאכַל וַיֵּשְׁתְּ וַיָּקָם וַיֵּלַךְ וַיִּבֶז עֵשָׂו
אֶת־הַבְּכֹרָה׃

וַיְהִי רָעָב בָּאָרֶץ מִלְּבַד הָרָעָב הָרִאשׁוֹן אֲשֶׁר א כו
הָיָה בִּימֵי אַבְרָהָם וַיֵּלֶךְ יִצְחָק אֶל־אֲבִימֶלֶךְ
מֶלֶךְ־פְּלִשְׁתִּים גְּרָרָה׃ וַיֵּרָא אֵלָיו יְהוָה וַיֹּאמֶר ב
אַל־תֵּרֵד מִצְרָיְמָה שְׁכֹן בָּאָרֶץ אֲשֶׁר אֹמַר
אֵלֶיךָ׃ גּוּר בָּאָרֶץ הַזֹּאת וְאֶהְיֶה עִמְּךָ וַאֲבָרְכֶךָּ ג
כִּי־לְךָ וּלְזַרְעֲךָ אֶתֵּן אֶת־כָּל־הָאֲרָצֹת הָאֵל
וַהֲקִמֹתִי אֶת־הַשְּׁבֻעָה אֲשֶׁר נִשְׁבַּעְתִּי לְאַבְרָהָם

תולדת

כז דְּעֵשָׂו, וּקְרָא שְׁמֵיהּ יַעֲקֹב, וְיִצְחָק, בַּר שִׁתִּין שְׁנִין כַּד יְלֵידַת יָתְהוֹן: וּרְבִיאוּ עוּלֵימַיָּא, וַהֲוָה
כח עֵשָׂו, גְּבַר, נַחְשִׁירְכָן גְּבַר נָפֵיק חֲקַל, וְיַעֲקֹב גְּבַר שְׁלִים, מְשַׁמֵּישׁ בֵּית אֻלְפָנָא: וּרְחֵים יִצְחָק,
כט יָת עֵשָׂו אֲרֵי מִצֵּידֵיהּ הֲוָה אָכֵיל, וְרִבְקָה רְחִימַת יָת יַעֲקֹב: וּבַשֵּׁיל יַעֲקֹב תַּבְשִׁילָא, וְעָאל
ל עֵשָׂו, מִן חַקְלָא וְהוּא מְשַׁלְהֵי: וַאֲמַר עֵשָׂו לְיַעֲקֹב, אַטְעֵימְנִי כְעַן מִן סְמוֹקָא סְמָקָא הָדֵין,
לא אֲרֵי מְשַׁלְהֵי אֲנָא, עַל כֵּן קְרָא שְׁמֵיהּ אֱדוֹם: וַאֲמַר יַעֲקֹב, זַבֵּין כְּיוֹם דִּלְהֵין, יָת בְּכֵירוּתָךְ לִי:
לב לג וַאֲמַר עֵשָׂו, הָא אֲנָא אָזֵיל לִמְמָת, וּלְמָא דְנַן לִי בְּכֵירוּתָא: וַאֲמַר יַעֲקֹב, קַיֵּים לִי כְּיוֹם דִּלְהֵין,
לד וְקַיֵּים לֵיהּ, וְזַבֵּין יָת בְּכֵירוּתֵיהּ לְיַעֲקֹב: וְיַעֲקֹב יְהַב לְעֵשָׂו, לְחֵים וְתַבְשִׁיל דִּטְלוֹפְחִין, וַאֲכַל
כו א וּשְׁתִי, וְקָם וַאֲזַל, וְשָׁט עֵשָׂו יָת בְּכֵירוּתָא: וַהֲוָה כַפְנָא בְּאַרְעָא, בַּר מִכַּפְנָא קַדְמָאָה, דַּהֲוָה
ב בְּיוֹמֵי אַבְרָהָם, וַאֲזַל יִצְחָק, לְוָת אֲבִימֶלֶךְ מַלְכָּא דִּפְלִשְׁתָּאֵי לִגְרָר: וְאִתְגְּלִי לֵיהּ יְיָ, וַאֲמַר
ג לָא תֵיחוֹת לְמִצְרָיִם, שְׁרִי בְּאַרְעָא, דְּאֵימַר לָךְ: דּוּר בְּאַרְעָא הָדָא, וִיהֵי מֵימְרִי בְּסַעֲדָךְ
וַאֲבָרְכִנָּךְ, אֲרֵי לָךְ וְלִבְנָךְ, אֶתֵּין יָת כָּל אַרְעָתָא הָאִלֵּין, וַאֲקֵים יָת קְיָמָא, דְּקַיֵּימִית לְאַבְרָהָם

מַלְכוּתוֹ עַד שֶׁזֶּה עוֹמֵד וְנוֹטְלָהּ הֵימֶנּוּ: **וַיִּקְרָא שְׁמוֹ יַעֲקֹב.** הַקָּדוֹשׁ בָּרוּךְ הוּא. דָּבָר אַחֵר, אָבִיו קְרָאוֹ לוֹ יַעֲקֹב עַל שֵׁם אֲחִיזַת הֶעָקֵב: **בֶּן שִׁשִּׁים שָׁנָה.** עֶשֶׂר שָׁנִים מִשֶּׁנִּשָּׂאָהּ עַד שֶׁנַּעֲשֵׂית בַּת שְׁלֹשׁ עֶשְׂרֵה שָׁנָה וּרְאוּיָה לְהֵרָיוֹן, וְעֶשֶׂר שָׁנִים הַלָּלוּ צִפָּה וְהִמְתִּין לָהּ כְּמוֹ שֶׁעָשָׂה אָבִיו לְשָׂרָה (לעיל טז, ג). כֵּיוָן שֶׁלֹּא נִתְעַבְּרָה יָדַע שֶׁהִיא עֲקָרָה וְהִתְפַּלֵּל עָלֶיהָ. וְשִׁפְחָה לֹא רָצָה לִשָּׂא, לְפִי שֶׁנִּתְקַדֵּשׁ בְּהַר הַמּוֹרִיָּה לִהְיוֹת עוֹלָה תְמִימָה:

כז] **וַיִּגְדְּלוּ הַנְּעָרִים וַיְהִי עֵשָׂו.** כָּל זְמַן שֶׁהָיוּ קְטַנִּים לֹא הָיוּ נִכָּרִים בְּמַעֲשֵׂיהֶם וְאֵין אָדָם מְדַקְדֵּק בָּהֶם מַה טִּיבָם. כֵּיוָן שֶׁנַּעֲשׂוּ בְּנֵי שְׁלֹשׁ עֶשְׂרֵה שָׁנָה, זֶה פֵּרַשׁ לְבָתֵּי מִדְרָשׁוֹת וְזֶה פֵּרַשׁ לַעֲבוֹדָה זָרָה: **יֹדֵעַ צַיִד.** לָצוּד וּלְרַמּוֹת אֶת אָבִיו בְּפִיו, וְשׁוֹאֵל: אַבָּא, הֵיאַךְ מְעַשְּׂרִין אֶת הַמֶּלַח? הֵיאַךְ מְעַשְּׂרִין אֶת הַתֶּבֶן? כִּסְבוּר אָבִיו שֶׁהוּא מְדַקְדֵּק בַּמִּצְוֹת: **אִישׁ שָׂדֶה.** כְּמַשְׁמָעוֹ, אָדָם בָּטֵל, וְצוֹדֶה בְּקַשְׁתּוֹ חַיּוֹת וְעוֹפוֹת: **תָּם.** אֵינוֹ בָּקִי בְּכָל אֵלֶּה, כְּלִבּוֹ כֵּן פִּיו. מִי שֶׁאֵינוֹ חָרִיף לְרַמּוֹת קָרוּי 'תָּם': **יֹשֵׁב אֹהָלִים.** אָהֳלוֹ שֶׁל שֵׁם וְאָהֳלוֹ שֶׁל עֵבֶר:

כח] **בְּפִיו.** כְּתַרְגּוּמוֹ, בְּפִיו שֶׁל יִצְחָק. וּמִדְרָשׁוֹ, בְּפִיו שֶׁל עֵשָׂו, שֶׁהָיָה צָד אוֹתוֹ וּמְרַמֵּהוּ בִּדְבָרָיו:

כט] **וַיָּזֶד.** לְשׁוֹן בִּשּׁוּל, כְּתַרְגּוּמוֹ: **וְהוּא עָיֵף.** בִּרְצִיחָה, כְּמָה דְּתֵימַר: "כִּי עָיְפָה נַפְשִׁי לַהֹרְגִים" (ירמיה ד, לא):

ל] **הַלְעִיטֵנִי.** אֶפְתַּח פִּי וּשְׁפֹךְ הַרְבֵּה לְתוֹכָהּ, כְּמוֹ שֶׁשָּׁנִינוּ: "אֵין אוֹבְסִין אֶת הַגָּמָל אֲבָל מַלְעִיטִין אוֹתוֹ" (שבת קנה ע"ב): **מִן הָאָדֹם הָאָדֹם.** עֲדָשִׁים אֲדֻמּוֹת, וְאוֹתוֹ הַיּוֹם מֵת אַבְרָהָם שֶׁלֹּא יִרְאֶה אֶת עֵשָׂו בֶּן בְּנוֹ יוֹצֵא לְתַרְבּוּת רָעָה, וְאֵין זוֹ "שֵׂיבָה טוֹבָה" שֶׁהִבְטִיחוֹ הַקָּדוֹשׁ בָּרוּךְ הוּא (לעיל טו, טו), לְפִיכָךְ קִצֵּר הַקָּדוֹשׁ בָּרוּךְ הוּא חָמֵשׁ שָׁנִים מִשְּׁנוֹתָיו, שֶׁיִּצְחָק חַי מֵאָה וּשְׁמֹנִים שָׁנָה וְזֶה מֵאָה וְשִׁבְעִים וְחָמֵשׁ שָׁנָה, וּבִשֵּׁל יַעֲקֹב עֲדָשִׁים לְהַבְרוֹת אֶת הָאָבֵל. וְלָמָּה עֲדָשִׁים? שֶׁדּוֹמוֹת לְגַלְגַּל, שֶׁהָאֲבֵלוּת גַּלְגַּל שֶׁחוֹזֵר בָּעוֹלָם:

לא] **מִכְרָה כַיּוֹם.** כְּתַרְגּוּמוֹ: "כְּיוֹם דִּלְהֵן", כַּיּוֹם שֶׁהוּא בָּרוּר כָּךְ מְכֹר לִי מְכִירָה בְּרוּרָה: **בְּכֹרָתְךָ.** לְפִי שֶׁהָעֲבוֹדָה בַּבְּכוֹרוֹת, אָמַר יַעֲקֹב: אֵין רָשָׁע זֶה כְּדַאי שֶׁיַּקְרִיב לְהַקָּדוֹשׁ בָּרוּךְ הוּא:

לב] **הִנֵּה אָנֹכִי הוֹלֵךְ לָמוּת.** אָמַר עֵשָׂו: מַה טִּיבָהּ שֶׁל עֲבוֹדָה זוֹ? אָמַר לוֹ: כַּמָּה אַזְהָרוֹת וַעֲנָשִׁין וּמִיתוֹת תְּלוּיִין בָּהּ, כְּאוֹתָהּ שֶׁשָּׁנִינוּ: אֵלּוּ הֵן שֶׁבְּמִיתָה, שְׁתוּיֵי יַיִן וּפְרוּעֵי רֹאשׁ. אָמַר: אֲנִי הוֹלֵךְ לָמוּת עַל יָדָהּ, אִם כֵּן מַה חֵפֶץ לִי בָּהּ?:

לד] **וַיִּבֶז עֵשָׂו.** הֵעִיד הַכָּתוּב עַל רִשְׁעוֹ שֶׁבִּזָּה עֲבוֹדָתוֹ שֶׁל מָקוֹם:

פרק כו

ב] **אַל תֵּרֵד מִצְרָיְמָה.** שֶׁהָיָה דַעְתּוֹ לָרֶדֶת מִצְרַיִם כְּמוֹ שֶׁיָּרַד אָבִיו בִּימֵי הָרָעָב. **אַל תֵּרֵד מִצְרָיְמָה.** שֶׁאַתָּה עוֹלָה תְמִימָה וְאֵין חוּצָה לָאָרֶץ כְּדַאי לְךָ:

ג] **הָאֵל.** כְּמוֹ 'הָאֵלֶּה':

אָבִֽיךָ׃ וְהִרְבֵּיתִ֤י אֶֽת־זַרְעֲךָ֙ כְּכוֹכְבֵ֣י הַשָּׁמַ֔יִם ד
וְנָתַתִּ֣י לְזַרְעֲךָ֔ אֵ֥ת כׇּל־הָאֲרָצֹ֖ת הָאֵ֑ל וְהִתְבָּרְכ֣וּ
בְזַרְעֲךָ֔ כֹּ֖ל גּוֹיֵ֥י הָאָֽרֶץ׃ עֵ֕קֶב אֲשֶׁר־שָׁמַ֥ע ה
אַבְרָהָ֖ם בְּקֹלִ֑י וַיִּשְׁמֹר֙ מִשְׁמַרְתִּ֔י מִצְוֺתַ֖י חֻקּוֹתַ֥י
שני וְתוֹרֹתָֽי׃ ◦ וַיֵּ֥שֶׁב יִצְחָ֖ק בִּגְרָֽר׃ וַיִּשְׁאֲל֞וּ אַנְשֵׁ֤י ו ז
הַמָּקוֹם֙ לְאִשְׁתּ֔וֹ וַיֹּ֖אמֶר אֲחֹ֣תִי הִ֑וא כִּ֤י יָרֵא֙
לֵאמֹ֣ר אִשְׁתִּ֔י פֶּן־יַהַרְגֻ֜נִי אַנְשֵׁ֤י הַמָּקוֹם֙ עַל־
רִבְקָ֔ה כִּֽי־טוֹבַ֥ת מַרְאֶ֖ה הִֽוא׃ וַיְהִ֗י כִּ֣י אָֽרְכוּ־ל֥וֹ ח
שָׁם֙ הַיָּמִ֔ים וַיַּשְׁקֵ֗ף אֲבִימֶ֙לֶךְ֙ מֶ֣לֶךְ פְּלִשְׁתִּ֔ים
בְּעַ֖ד הַחַלּ֑וֹן וַיַּ֗רְא וְהִנֵּ֤ה יִצְחָק֙ מְצַחֵ֔ק אֵ֖ת רִבְקָ֥ה
אִשְׁתּֽוֹ׃ וַיִּקְרָ֨א אֲבִימֶ֜לֶךְ לְיִצְחָ֗ק וַיֹּ֙אמֶר֙ אַ֣ךְ ט
הִנֵּ֤ה אִשְׁתְּךָ֙ הִ֔וא וְאֵ֥יךְ אָמַ֖רְתָּ אֲחֹ֣תִי הִ֑וא
וַיֹּ֤אמֶר אֵלָיו֙ יִצְחָ֔ק כִּ֣י אָמַ֔רְתִּי פֶּן־אָמ֖וּת עָלֶֽיהָ׃
וַיֹּ֣אמֶר אֲבִימֶ֔לֶךְ מַה־זֹּ֖את עָשִׂ֣יתָ לָּ֑נוּ כִּמְעַ֗ט י
שָׁכַ֞ב אַחַ֤ד הָעָם֙ אֶת־אִשְׁתֶּ֔ךָ וְהֵבֵאתָ֥ עָלֵ֖ינוּ
אָשָֽׁם׃ וַיְצַ֣ו אֲבִימֶ֔לֶךְ אֶת־כׇּל־הָעָ֖ם לֵאמֹ֑ר הַנֹּגֵ֗עַ יא
בָּאִ֥ישׁ הַזֶּ֛ה וּבְאִשְׁתּ֖וֹ מ֥וֹת יוּמָֽת׃ וַיִּזְרַ֤ע יִצְחָק֙ יב
בָּאָ֣רֶץ הַהִ֔וא וַיִּמְצָ֛א בַּשָּׁנָ֥ה הַהִ֖וא מֵאָ֣ה שְׁעָרִ֑ים
שלישי וַֽיְבָרְכֵ֖הוּ יְהוָֽה׃ וַיִּגְדַּ֖ל הָאִ֑ישׁ וַיֵּ֤לֶךְ הָלוֹךְ֙ וְגָדֵ֔ל יג
עַ֥ד כִּֽי־גָדַ֖ל מְאֹֽד׃ וַיְהִי־ל֤וֹ מִקְנֵה־צֹאן֙ וּמִקְנֵ֣ה יד
בָקָ֔ר וַעֲבֻדָּ֖ה רַבָּ֑ה וַיְקַנְא֥וּ אֹת֖וֹ פְּלִשְׁתִּֽים׃ וְכׇל־ טו

הַבְּאֵרֹת אֲשֶׁר חָפְרוּ עַבְדֵי אָבִיו בִּימֵי אַבְרָהָם
טו אָבִיו סִתְּמוּם פְּלִשְׁתִּים וַיְמַלְאוּם עָפָר: וַיֹּאמֶר

ד אֲבוּךְ: וְאַסְגֵּי יָת בְּנָךְ כְּכוֹכְבֵי שְׁמַיָּא, וְאֶתֵּין לִבְנָךְ, יָת כָּל אַרְעָתָא הָאִלֵּין, וְיִתְבָּרְכוּן בְּדִיל
ה בְּנָךְ, כָּל עַמְמֵי אַרְעָא: חֲלָף, דְּקַבֵּיל אַבְרָהָם לְמֵימְרִי, וּנְטַר מַטְּרַת מֵימְרִי, פִּקּוֹדֵי קְיָמַי וְאוֹרָיְתָי:
ו ז וִיתֵיב יִצְחָק בִּגְרָר: וּשְׁאִילוּ, אֱנָשֵׁי אַתְרָא עַל עֵיסֶק אִתְּתֵיהּ, וַאֲמַר אֲחָת הִיא, אֲרֵי דְּחֵיל
ח לְמֵימַר אִתְּתִי, דִּלְמָא יִקְטְלֻנַּנִי, אֱנָשֵׁי אַתְרָא עַל רִבְקָה, אֲרֵי שַׁפִּירַת חֵיזוּ הִיא: וַהֲוָה, כַּד סְגִיאוּ
לֵיהּ תַּמָּן יוֹמַיָּא, וְאִסְתְּכִי, אֲבִימֶלֶךְ מַלְכָּא דִּפְלִשְׁתָּאֵי, מִן חֲרַכָּא, וַחֲזָא, וְהָא יִצְחָק מְחַיֵּיךְ, עִם
ט רִבְקָה אִתְּתֵיהּ: וּקְרָא אֲבִימֶלֶךְ לְיִצְחָק, וַאֲמַר בְּרַם הָא אִתְּתָךְ הִיא, וְאֵיכְדֵין אֲמַרְתְּ אֲחָת
י הִיא, וַאֲמַר לֵיהּ יִצְחָק, אֲרֵי אֲמָרִית, דִּלְמָא אֶתְקְטִיל עֲלַהּ: וַאֲמַר אֲבִימֶלֶךְ, מָא דָא עֲבַדְתְּ
יא לַנָא, כִּזְעֵיר פּוֹן, שְׁכֵיב, דִּמְיַחַד בְּעַמָּא עִם אִתְּתָךְ, וְאֵיתֵיתָא עֲלַנָא חוֹבָא: וּפַקֵּיד אֲבִימֶלֶךְ,
יב יָת כָּל עַמָּא לְמֵימַר, דְּיַנְזֵיק, לְגַבְרָא הָדֵין, וּלְאִתְּתֵיהּ אִתְקְטָלָא יִתְקְטִיל: וּזְרַע יִצְחָק בְּאַרְעָא
יג הַהִיא, וְאַשְׁכַּח, בְּשַׁתָּא הַהִיא עַל חַד מְאָה בִּדְשַׁעֲרוּהִי, וּבָרְכֵיהּ יי: וּרְבָא גֻּבְרָא, וַאֲזַל אָזֵיל
יד סָגֵי וְרָבֵי, עַד דִּרְבָא לַחֲדָא: וַהֲווֹ לֵיהּ גֵּיתֵי עָנָא וְגֵיתֵי תוֹרֵי, וּפָלְחָנָא סַגִּי, וְקַנִּיאוּ בֵּיהּ פְּלִשְׁתָּאֵי:
טו טז וְכָל בֵּירֵי, דַּחֲפַרוּ עַבְדֵי אֲבוּהִי, בְּיוֹמֵי אַבְרָהָם אֲבוּהִי, טָמוּנִין פְּלִשְׁתָּאֵי, וּמְלוֹנִין עַפְרָא: וַאֲמַר

ד| **וְהִתְבָּרֲכוּ בְזַרְעֲךָ.** אָדָם אוֹמֵר לִבְנוֹ: יְהֵא זַרְעֲךָ כְּזַרְעוֹ שֶׁל יִצְחָק. וְכֵן בְּכָל הַמִּקְרָא, וְזֶה אָב לְכֻלָּן: "בְּךָ יְבָרֵךְ יִשְׂרָאֵל לֵאמֹר" וְגוֹ' (להלן מח, כ). וְאַף לְעִנְיַן הַקְּלָלָה מָצִינוּ כֵּן: "וְהָיְתָה הָאִשָּׁה לְאָלָה" (במדבר ה, כז), שֶׁהַמְקַלֵּל שׂוֹנְאוֹ אוֹמֵר: תְּהֵא כִּפְלוֹנִית; וְכֵן: "וְהִנַּחְתֶּם שִׁמְכֶם לִשְׁבוּעָה לִבְחִירַי" (ישעיה סה, טו), שֶׁהַנִּשְׁבָּע אוֹמֵר: אֱהֵא כִּפְלוֹנִי אִם עָשִׂיתִי כָּךְ וְכָךְ:

ה| **שָׁמַע אַבְרָהָם בְּקֹלִי.** כְּשֶׁנִּסִּיתִי אוֹתוֹ: **וַיִּשְׁמֹר מִשְׁמַרְתִּי.** גְּזֵרוֹת לְהַרְחָקָה עַל אַזְהָרוֹת שֶׁבַּתּוֹרָה, כְּגוֹן שְׁנִיּוֹת לַעֲרָיוֹת וּשְׁבוּת לַשַּׁבָּת: **מִצְוֹתַי.** דְּבָרִים שֶׁאִלּוּ לֹא נִכְתְּבוּ רְאוּיִין הֵם לְהִצְטַוּוֹת, כְּגוֹן גָּזֵל וּשְׁפִיכוּת דָּמִים: **חֻקּוֹתַי.** דְּבָרִים שֶׁיֵּצֶר הָרָע וְאֻמּוֹת הָעוֹלָם מְשִׁיבִים עֲלֵיהֶם, כְּגוֹן אֲכִילַת חֲזִיר וּלְבִישַׁת שַׁעַטְנֵז, שֶׁאֵין טַעַם בַּדָּבָר אֶלָּא הַמֶּלֶךְ גָּזַר חֻקּוֹ עַל עֲבָדָיו: **וְתוֹרֹתָי.** לְהָבִיא תּוֹרָה שֶׁבְּעַל פֶּה, הֲלָכָה לְמשֶׁה מִסִּינַי:

ז| **לְאִשְׁתּוֹ.** עַל אִשְׁתּוֹ, כְּמוֹ: "אִמְרִי לִי אָחִי הוּא" (לעיל כ, יג):

ח| **כִּי אָרְכוּ.** אָמַר: מֵעַתָּה אֵין לִי לִדְאֹג מֵאַחַר שֶׁלֹּא אֲנָסוּהָ עַד עַכְשָׁיו, וְלֹא נִזְהַר לִהְיוֹת נִשְׁמָר: **וַיַּשְׁקֵף אֲבִימֶלֶךְ.** רָאָהוּ מְשַׁמֵּשׁ מִטָּתוֹ:

י| **אַחַד הָעָם.** הַמְיֻחָד בָּעָם, זֶה הַמֶּלֶךְ: **וְהֵבֵאתָ עָלֵינוּ אָשָׁם.** אִם שָׁכַב, כְּבָר הֵבֵאתָ אָשָׁם עָלֵינוּ:

יב| **בָּאָרֶץ הַהִוא.** אַף עַל פִּי שֶׁאֵינָהּ חֲשׁוּבָה כְּאֶרֶץ יִשְׂרָאֵל עַצְמָהּ, כְּאֶרֶץ שִׁבְעָה גוֹיִם: **בָּאָרֶץ הַהִוא בַּשָּׁנָה הַהִוא.** הָאָרֶץ קָשָׁה וְהַשָּׁנָה קָשָׁה: **בַּשָּׁנָה הַהִוא.** אַף עַל פִּי שֶׁאֵינָהּ כְּתִקְנָהּ, שֶׁהָיְתָה שְׁנַת רְעָבוֹן: **מֵאָה שְׁעָרִים.** שֶׁאֲמָדוּהָ כַּמָּה רְאוּיָה לַעֲשׂוֹת, וְעָשְׂתָה עַל אַחַת שֶׁאֲמָדוּהָ מֵאָה. וְרַבּוֹתֵינוּ אָמְרוּ: אֹמֶד זֶה לְמַעַשְׂרוֹת הָיָה:

יג| **כִּי גָדַל מְאֹד.** שֶׁהָיוּ אוֹמְרִים: זֶבֶל פְּרָדוֹתָיו שֶׁל יִצְחָק וְלֹא כַּסְפּוֹ וּזְהָבוֹ שֶׁל אֲבִימֶלֶךְ:

יד| **וַעֲבֻדָּה רַבָּה.** פְּעֻלָּה רַבָּה, בִּלְשׁוֹן לַעַז אוברינ"א. 'עֲבוֹדָה' מַשְׁמָע עֲבוֹדָה אַחַת, 'עֲבֻדָּה' מַשְׁמָע פְּעֻלָּה רַבָּה:

טו| **סִתְּמוּם פְּלִשְׁתִּים.** מִפְּנֵי שֶׁאָמְרוּ: תַּקָּלָה

אֲבִימֶלֶךְ אֶל־יִצְחָק לֵךְ מֵעִמָּנוּ כִּי־עָצַמְתָּ מִמֶּנּוּ
יז מְאֹד׃ וַיֵּלֶךְ מִשָּׁם יִצְחָק וַיִּחַן בְּנַחַל־גְּרָר וַיֵּשֶׁב
יח שָׁם׃ וַיָּשָׁב יִצְחָק וַיַּחְפֹּר ׀ אֶת־בְּאֵרֹת הַמַּיִם
אֲשֶׁר חָפְרוּ בִּימֵי אַבְרָהָם אָבִיו וַיְסַתְּמוּם
פְלִשְׁתִּים אַחֲרֵי מוֹת אַבְרָהָם וַיִּקְרָא לָהֶן שֵׁמוֹת
יט כַּשֵּׁמֹת אֲשֶׁר־קָרָא לָהֶן אָבִיו׃ וַיַּחְפְּרוּ עַבְדֵי־
כ יִצְחָק בַּנָּחַל וַיִּמְצְאוּ־שָׁם בְּאֵר מַיִם חַיִּים׃ וַיָּרִיבוּ
רֹעֵי גְרָר עִם־רֹעֵי יִצְחָק לֵאמֹר לָנוּ הַמָּיִם וַיִּקְרָא
כא שֵׁם־הַבְּאֵר עֵשֶׂק כִּי הִתְעַשְּׂקוּ עִמּוֹ׃ וַיַּחְפְּרוּ
בְּאֵר אַחֶרֶת וַיָּרִיבוּ גַּם־עָלֶיהָ וַיִּקְרָא שְׁמָהּ
כב שִׂטְנָה׃ וַיַּעְתֵּק מִשָּׁם וַיַּחְפֹּר בְּאֵר אַחֶרֶת וְלֹא
רָבוּ עָלֶיהָ וַיִּקְרָא שְׁמָהּ רְחֹבוֹת וַיֹּאמֶר כִּי־עַתָּה
כג הִרְחִיב יְהוָה לָנוּ וּפָרִינוּ בָאָרֶץ׃ וַיַּעַל מִשָּׁם בְּאֵר רביעי
כד שָׁבַע׃ וַיֵּרָא אֵלָיו יְהוָה בַּלַּיְלָה הַהוּא וַיֹּאמֶר
אָנֹכִי אֱלֹהֵי אַבְרָהָם אָבִיךָ אַל־תִּירָא כִּי־אִתְּךָ
אָנֹכִי וּבֵרַכְתִּיךָ וְהִרְבֵּיתִי אֶת־זַרְעֲךָ בַּעֲבוּר
כה אַבְרָהָם עַבְדִּי׃ וַיִּבֶן שָׁם מִזְבֵּחַ וַיִּקְרָא בְּשֵׁם
יְהוָה וַיֶּט־שָׁם אָהֳלוֹ וַיִּכְרוּ־שָׁם עַבְדֵי־יִצְחָק
כו בְּאֵר׃ וַאֲבִימֶלֶךְ הָלַךְ אֵלָיו מִגְּרָר וַאֲחֻזַּת מֵרֵעֵהוּ
כז וּפִיכֹל שַׂר־צְבָאוֹ׃ וַיֹּאמֶר אֲלֵהֶם יִצְחָק מַדּוּעַ
בָּאתֶם אֵלָי וְאַתֶּם שְׂנֵאתֶם אֹתִי וַתְּשַׁלְּחוּנִי

כח מֵאִתְּכֶם׃ וַיֹּאמְרוּ רָאוֹ רָאִינוּ כִּי־הָיָה יְהוָה ׀
עִמָּךְ וַנֹּאמֶר תְּהִי נָא אָלָה בֵּינוֹתֵינוּ בֵּינֵינוּ וּבֵינֶךָ
כט וְנִכְרְתָה בְרִית עִמָּךְ׃ אִם־תַּעֲשֵׂה עִמָּנוּ רָעָה
כַּאֲשֶׁר לֹא נְגַעֲנוּךָ וְכַאֲשֶׁר עָשִׂינוּ עִמְּךָ רַק־טוֹב

יז אֲבִימֶלֶךְ לְיִצְחָק, אִיזֵיל מֵעִמַּנָא, אֲרֵי תְקֵיפְתְּ מִנַּנָא לַחֲדָא: וַאֲזַל מִתַּמָּן יִצְחָק, וּשְׁרָא
יח בְּנַחְלָא דִגְרָר וִיתֵיב תַּמָּן: וְתָב יִצְחָק, וַחֲפַר יָת בֵּירֵי דְמַיָּא, דַּחֲפַרוּ בְּיוֹמֵי אַבְרָהָם אֲבוּהִי,
וְטַמּוּנִין פְּלִשְׁתָּאֵי, בָּתַר דְּמִית אַבְרָהָם, וּקְרָא לְהוֹן שְׁמָהָן, כִּשְׁמָהָן, דַּהֲוָה קָרֵי לְהוֹן
יט כ אֲבוּהִי: וַחֲפַרוּ עַבְדֵי יִצְחָק בְּנַחְלָא, וְאַשְׁכַּחוּ תַמָּן, בֵּיר דְּמַיִין נָבְעִין: וּנְצוֹ רָעֲוָתָא דִגְרָר,
עִם רָעֲוָתָא דְיִצְחָק, לְמֵימַר דִּילַנָא מַיָּא, וּקְרָא שְׁמַהּ דְּבֵירָא עֵשֶׂק, אֲרֵי אִתְעַסַּקוּ עִמֵּיהּ:
כא כב וַחֲפַרוּ בֵּיר אָחֳרִי, וּנְצוֹ אַף עֲלַהּ, וּקְרָא שְׁמַהּ שִׂטְנָה: וְאִסְתַּלַּק מִתַּמָּן, וַחֲפַר בֵּיר אָחֳרִי,
כג וְלָא נְצוֹ עֲלַהּ, וּקְרָא שְׁמַהּ רְחוֹבוֹת, וַאֲמַר, אֲרֵי כְעַן, אַפְתִּי יְיָ, לַנָא וְנִפּוּשׁ בְּאַרְעָא: וּסְלֵיק
כד מִתַּמָּן לִבְאֵר שָׁבַע: וְאִתְגְּלִי לֵיהּ יְיָ בְּלֵילְיָא הַהוּא, וַאֲמַר, אֲנָא, אֱלָהֵיהּ דְּאַבְרָהָם אֲבוּךְ,
כה לָא תִדְחַל אֲרֵי בְּסַעֲדָךְ מֵימְרִי, וַאֲבָרְכִנָּךְ וְאַסְגֵּי יָת בְּנָךְ, בְּדִיל אַבְרָהָם עַבְדִּי: וּבְנָא תַמָּן
כו מַדְבְּחָא, וְצַלִּי בִּשְׁמָא דַייָ, וּפְרַסֵיהּ תַּמָּן לְמַשְׁכְּנֵיהּ, וּכְרוֹ תַמָּן עַבְדֵי יִצְחָק בֵּירָא: וַאֲבִימֶלֶךְ,
כז אֲתָא לְוָתֵיהּ מִגְּרָר, וְסִיעַת מֵרַחֲמוֹהִי, וּפִיכֹל רַב חֵילֵיהּ: וַאֲמַר לְהוֹן יִצְחָק, מָדֵין אֲתֵיתוּן
כח לְוָתִי, וְאַתּוּן סְנֵיתוּן יָתִי, וְשַׁלַּחְתּוּנִי מִלְּוָתְכוֹן: וַאֲמַרוּ, מִחְזָא חֲזֵינָא אֲרֵי הֲוָה מֵימְרָא
דַּייָ בְּסַעֲדָךְ, וַאֲמַרְנָא, תִּתְקַיַּם כְּעַן מוֹמָתָא, דַּהֲוָת בֵּין אֲבָהָתַנָא בֵּינַנָא וּבֵינָךְ, וְנִגְזַר קְיָם
כט עִמָּךְ: אִם תַּעֲבֵיד עִמַּנָא בִּישָׁא, כְּמָא דְּלָא אַנְזֵיקְנָךְ, וּכְמָא דַּעֲבַדְנָא עִמָּךְ לְחוֹד טָב,

הֵם לָנוּ מִפְּנֵי הַגַּיָּסוֹת הַבָּאוֹת עָלֵינוּ. "טַמּוּנִין פְּלִשְׁתָּאֵי", לְשׁוֹן סְתִימָה, וּכִלְשׁוֹן מִשְׁנָה: "מְטַמְטֵם אֶת הַלֵּב" (פסחים מב ע"א):

יז **בְּנַחַל גְּרָר.** רָחוֹק מִן הָעִיר:

יח **וַיָּשָׁב וַיַּחְפֹּר.** אֶת הַבְּאֵרוֹת אֲשֶׁר חָפְרוּ בִּימֵי אַבְרָהָם אָבִיו וּפְלִשְׁתִּים סְתָמוּם קֹדֶם שֶׁנָּסַע יִצְחָק מִגְּרָר, חָזַר וַחֲפָרָן:

כ **עֵשֶׂק.** עַרְעָר: הִתְעַשְּׂקוּ. נִתְעַסְּקוּ עִמּוֹ עָלֶיהָ בִּמְרִיבָה וְעַרְעָר:

כא **שִׂטְנָה.** נויישמנ"ט:

כב **וּפָרִינוּ בָאָרֶץ.** כְּתַרְגּוּמוֹ: "וְנִפּוּשׁ בְּאַרְעָא":

כו **וַאֲחֻזַּת מֵרֵעֵהוּ.** "סִיעַת מֵרַחֲמוֹהִי", סִיעָה מֵאוֹהֲבָיו. וְאַל תִּתְמַהּ עַל תָּי"ו שֶׁבַּ'אֲחֻזַּת' וְאַף עַל פִּי שֶׁאֵינָהּ תֵּבָה דְּבוּקָה לַחֲבֶרְתָּהּ, יֵשׁ דֻּגְמָתָהּ בַּמִּקְרָא: "הָבָה לָנוּ עֶזְרָת מִצָּר" (תהלים ס, יג), "וּשְׁכֻרַת וְלֹא מִיָּיִן" (ישעיה נא, כא). וְיֵשׁ פּוֹתְרִים 'מֵרֵעֵהוּ' הַמֵּ"ם מִיסוֹד הַתֵּבָה, כְּמוֹ "שְׁלֹשִׁים מֵרֵעִים" (שופטים יד, יא) דְּשִׁמְשׁוֹן, כְּדֵי לַעֲשׂוֹת 'וַאֲחֻזַּת' תֵּבָה דְּבוּקָה, וּמְתַרְגְּמִין "סִיעַת רָחֲמוֹהִי": **אֲחֻזַּת.** לְשׁוֹן קְבוּצָה וַאֲגֻדָּה, שֶׁנֶּאֱחָזִים יַחַד:

כח **רָאוֹ רָאִינוּ.** רָאוֹ בְּאָבִיךָ, רָאִינוּ בְּךָ: **תְּהִי נָא אָלָה בֵּינוֹתֵינוּ.** תְּהִי הָאָלָה אֲשֶׁר בֵּינוֹתֵינוּ מִימֵי אָבִיךָ, תְּהִי גַם עַתָּה בֵּינֵינוּ וּבֵינֶךָ:

כט **לֹא נְגַעֲנוּךָ.** כְּשֶׁאָמַרְנוּ לְךָ: "לֵךְ מֵעִמָּנוּ" (לעיל פסוק טז): **אַתָּה.** גַּם אַתָּה עֲשֵׂה לָנוּ כֵן:

חמישי ונשלחך בשלום אתה עתה ברוך יהוה: ויעש ל
להם משתה ויאכלו וישתו: וישכימו בבקר לא
וישבעו איש לאחיו וישלחם יצחק וילכו מאתו
בשלום: ויהי ׀ ביום ההוא ויבאו עבדי יצחק לב
ויגדו לו על־אדות הבאר אשר חפרו ויאמרו לו
מצאנו מים: ויקרא אתה שבעה על־כן שם־ לג
* העיר באר שבע עד היום הזה: ויהי לד
עשו בן־ארבעים שנה ויקח אשה את־יהודית
בת־בארי החתי ואת־בשמת בת־אילן החתי:
כד ותהיין מרת רוח ליצחק ולרבקה: ויהי לה כז א
כי־זקן יצחק ותכהין עיניו מראת ויקרא את־
עשו ׀ בנו הגדל ויאמר אליו בני ויאמר אליו
הנני: ויאמר הנה־נא זקנתי לא ידעתי יום מותי: ב
ועתה שא־נא כליך תליך וקשתך וצא השדה ג
ציד וצודה לי צידה: ועשה־לי מטעמים כאשר ד
אהבתי והביאה לי ואכלה בעבור תברכך נפשי
בטרם אמות: ורבקה שמעת בדבר יצחק אל־ ה
עשו בנו וילך עשו השדה לצוד ציד להביא:
ורבקה אמרה אל־יעקב בנה לאמר הנה ו
שמעתי את־אביך מדבר אל־עשו אחיך לאמר:
הביאה לי ציד ועשה־לי מטעמים ואכלה ז

תולדת

ח וַאֲבָרֶכְכָה לִפְנֵי יְהוָה לִפְנֵי מוֹתִי: וְעַתָּה בְנִי
ט שְׁמַע בְּקֹלִי לַאֲשֶׁר אֲנִי מְצַוָּה אֹתָךְ: לֶךְ־נָא
אֶל־הַצֹּאן וְקַח־לִי מִשָּׁם שְׁנֵי גְּדָיֵי עִזִּים טֹבִים

לא וְשַׁלַּחְנָךְ בִּשְׁלָם, אַתְּ כְּעַן בְּרִיכָא דַיְיָ: וַעֲבַד לְהוֹן מִשְׁתְּיָא, וַאֲכַלוּ וּשְׁתִיאוּ: וְאַקְדִּימוּ
לב בְצַפְרָא, וְקַיִּימוּ גְּבַר לַאֲחוּהִי, וְשַׁלְּחִנּוּן יִצְחָק, וַאֲזַלוּ מִלְוָתֵיהּ בִּשְׁלָם: וַהֲוָה בְּיוֹמָא הַהוּא,
לג וַאֲתוֹ עַבְדֵי יִצְחָק, וְחַוִּיאוּ לֵיהּ, עַל עֵיסֶק בֵּירָא דַחֲפַרוּ, וַאֲמַרוּ לֵיהּ אַשְׁכַּחְנָא מַיָּא: וּקְרָא
לד יָתַהּ שִׁבְעָה, עַל כֵּן שְׁמַהּ דְּקַרְתָּא בְּאֵר שֶׁבַע, עַד יוֹמָא הָדֵין: וַהֲוָה עֵשָׂו בַּר אַרְבְּעִין שְׁנִין,
לה וּנְסֵיב אִתְּתָא יָת יְהוּדִית, בַּת בְּאֵרִי חִתָּאָה, וְיָת בָּשְׂמַת, בַּת אֵילוֹן חִתָּאָה: וַהֲוָאָה מְסָרְבָן
כז א וּמַרְגְּזָן, עַל מֵימַר יִצְחָק וְרִבְקָה: וַהֲוָה כַּד סִיב יִצְחָק, וְכָהֲיָא עֵינוֹהִי מִלְּמִחְזֵי, וּקְרָא, יָת
ב עֵשָׂו בְּרֵיהּ רַבָּא, וַאֲמַר לֵיהּ בְּרִי, וַאֲמַר לֵיהּ הָאֲנָא: וַאֲמַר, הָא כְעַן סֵיבִית, לֵית אֲנָא יָדַע
ג ד יוֹמָא דַאֲמוּת: וּכְעַן סַב כְּעַן זֵינָךְ, סַיְפָךְ וְקַשְׁתָּךְ, וּפוֹק לְחַקְלָא, וְצוּד לִי צֵידָא: וַעֲבֵיד
לִי תַבְשִׁילִין, כְּמָא דִרְחֵימִית, וְאַעֵיל לִי וְאֵיכוֹל, בְּדִיל, דְּתִבָרְכִנָּךְ נַפְשִׁי עַד לָא אֲמוּת:
ה וְרִבְקָה שְׁמַעַת, כַּד מַלֵּיל יִצְחָק, עִם עֵשָׂו בְּרֵיהּ, וַאֲזַל עֵשָׂו לְחַקְלָא, לְמִצַד צֵידָא לְאֵיתָאָה:
ו וְרִבְקָה אֲמַרַת, לְיַעֲקֹב בְּרַהּ לְמֵימַר, הָא שְׁמַעִית מִן אֲבוּךְ, מְמַלֵּיל, עִם עֵשָׂו אֲחוּךְ לְמֵימַר:
ז ח אֵיתַא לִי צֵידָא, וַעֲבֵיד לִי תַבְשִׁילִין וְאֵיכוֹל, וַאֲבָרְכִנָּךְ, קֳדָם יְיָ קֳדָם מוֹתִי: וּכְעַן בְּרִי
ט קַבֵּיל מִנִּי, לְמָא דַאֲנָא מְפַקְּדָא יָתָךְ: אִיזֵיל כְּעַן לְעָנָא, וְסַב לִי מִתַּמָּן, תְּרֵין, גַּדְיֵי עִזִּין טָבִין,

לג) **שִׁבְעָה.** עַל שֵׁם הַבְּרִית:

לד) **בֶּן אַרְבָּעִים שָׁנָה.** עֵשָׂו נִמְשַׁל לַחֲזִיר, שֶׁנֶּאֱמַר: "יְכַרְסְמֶנָּה חֲזִיר מִיָּעַר" (תהלים פ, יד); הַחֲזִיר הַזֶּה כְּשֶׁהוּא שׁוֹכֵב פּוֹשֵׁט טְלָפָיו לוֹמַר: רְאוּ שֶׁאֲנִי טָהוֹר, כָּךְ אֵלּוּ גּוֹזְלִים וְחוֹמְסִים וּמַרְאִים עַצְמָם כְּשֵׁרִים. כָּל אַרְבָּעִים שָׁנָה הָיָה עֵשָׂו צָד נָשִׁים מִתַּחַת בַּעְלֵיהֶן וּמְעַנֶּה אוֹתָן; כְּשֶׁהָיָה בֶּן אַרְבָּעִים אָמַר: אַבָּא בֶּן אַרְבָּעִים שָׁנָה נָשָׂא אִשָּׁה, אַף אֲנִי כֵּן:

לה) **מֹרַת רוּחַ.** לְשׁוֹן: "מַמְרִים הֱיִיתֶם" (דברים ט, כד), כָּל מַעֲשֵׂיהֶן הָיוּ לְעִצָּבוֹן "לְיִצְחָק וּלְרִבְקָה", שֶׁהָיוּ עוֹבְדוֹת עֲבוֹדָה זָרָה:

פרק כז

א) **וַתִּכְהֶיןָ.** בְּעֲשָׁנָן שֶׁל אֵלּוּ. דָּבָר אַחֵר, כְּדֵי שֶׁיִּטֹּל יַעֲקֹב אֶת הַבְּרָכוֹת:

ב) **לֹא יָדַעְתִּי יוֹם מוֹתִי.** אָמַר רַבִּי יְהוֹשֻׁעַ בֶּן קָרְחָה: אִם מַגִּיעַ אָדָם לְפֶרֶק אֲבוֹתָיו יִדְאַג חָמֵשׁ שָׁנִים לִפְנֵי כֵן וְחָמֵשׁ לְאַחַר כֵּן, וְיִצְחָק הָיָה בֶּן מֵאָה וְעֶשְׂרִים וְשָׁלֹשׁ, אָמַר: שֶׁמָּא לְפֶרֶק אִמִּי אֲנִי מַגִּיעַ וְהִיא מֵתָה בַּת מֵאָה וְעֶשְׂרִים וָשֶׁבַע, וַהֲרֵינִי בְּחָמֵשׁ שָׁנִים סָמוּךְ לְפִרְקָהּ, לְפִיכָךְ "לֹא יָדַעְתִּי יוֹם מוֹתִי", שֶׁמָּא לְפֶרֶק אִמִּי שֶׁמָּא לְפֶרֶק אַבָּא:

ג) **תֶּלְיְךָ.** חַרְבְּךָ שֶׁדֶּרֶךְ לְתָלוֹתָהּ: **שָׂא נָא.** לְשׁוֹן הַשְׁחָזָה, כְּאוֹתָהּ שֶׁשָּׁנִינוּ: "אֵין מַשְׁחִיזִין אֶת הַסַּכִּין אֲבָל מַשִּׂיאָהּ עַל גַּבֵּי חֲבֶרְתָּהּ" (ביצה כח ע"א), חַדֵּד סַכִּינְךָ וּשְׁחֹט יָפֶה, שֶׁלֹּא תַאֲכִילֵנִי נְבֵלָה: **וְצוּדָה לִּי.** מִן הַהֶפְקֵר וְלֹא מִן הַגָּזֵל:

ה) **לָצוּד צַיִד לְהָבִיא.** מַהוּ "לְהָבִיא"? אִם לֹא יִמְצָא צַיִד – יָבִיא מִן הַגָּזֵל:

ז) **לִפְנֵי ה'.** בִּרְשׁוּתוֹ, שֶׁיַּסְכִּים עַל יָדִי:

ט) **וְקַח לִי.** מִשֶּׁלִּי הֵם וְאֵינָם גָּזֵל, שֶׁכָּךְ כָּתַב לָהּ יִצְחָק בִּכְתֻבָּתָהּ לִטֹּל שְׁנֵי גְדָיֵי עִזִּים בְּכָל יוֹם. בְּרֵאשִׁית רַבָּה (סה):

וְאֶעֱשֶׂה אֹתָם מַטְעַמִּים לְאָבִיךָ כַּאֲשֶׁר אָהֵב׃
וְהֵבֵאתָ לְאָבִיךָ וְאָכָל בַּעֲבֻר אֲשֶׁר יְבָרֶכְךָ לִפְנֵי י
מוֹתוֹ׃ וַיֹּאמֶר יַעֲקֹב אֶל־רִבְקָה אִמּוֹ הֵן עֵשָׂו אָחִי יא
אִישׁ שָׂעִר וְאָנֹכִי אִישׁ חָלָק׃ אוּלַי יְמֻשֵּׁנִי אָבִי יב
וְהָיִיתִי בְעֵינָיו כִּמְתַעְתֵּעַ וְהֵבֵאתִי עָלַי קְלָלָה וְלֹא
בְרָכָה׃ וַתֹּאמֶר לוֹ אִמּוֹ עָלַי קִלְלָתְךָ בְּנִי אַךְ יג
שְׁמַע בְּקֹלִי וְלֵךְ קַח־לִי׃ וַיֵּלֶךְ וַיִּקַּח וַיָּבֵא לְאִמּוֹ יד
וַתַּעַשׂ אִמּוֹ מַטְעַמִּים כַּאֲשֶׁר אָהֵב אָבִיו׃ וַתִּקַּח טו
רִבְקָה אֶת־בִּגְדֵי עֵשָׂו בְּנָהּ הַגָּדֹל הַחֲמֻדֹת אֲשֶׁר
אִתָּהּ בַּבָּיִת וַתַּלְבֵּשׁ אֶת־יַעֲקֹב בְּנָהּ הַקָּטָן׃ וְאֵת טז
עֹרֹת גְּדָיֵי הָעִזִּים הִלְבִּישָׁה עַל־יָדָיו וְעַל חֶלְקַת
צַוָּארָיו׃ וַתִּתֵּן אֶת־הַמַּטְעַמִּים וְאֶת־הַלֶּחֶם אֲשֶׁר יז
עָשָׂתָה בְּיַד יַעֲקֹב בְּנָהּ׃ וַיָּבֹא אֶל־אָבִיו וַיֹּאמֶר יח
אָבִי וַיֹּאמֶר הִנֶּנִּי מִי אַתָּה בְּנִי׃ וַיֹּאמֶר יַעֲקֹב אֶל־ יט
אָבִיו אָנֹכִי עֵשָׂו בְּכֹרֶךָ עָשִׂיתִי כַּאֲשֶׁר דִּבַּרְתָּ אֵלָי
קוּם־נָא שְׁבָה וְאָכְלָה מִצֵּידִי בַּעֲבוּר תְּבָרְכַנִּי
נַפְשֶׁךָ׃ וַיֹּאמֶר יִצְחָק אֶל־בְּנוֹ מַה־זֶּה מִהַרְתָּ לִמְצֹא כ
בְּנִי וַיֹּאמֶר כִּי הִקְרָה יהוה אֱלֹהֶיךָ לְפָנָי׃ וַיֹּאמֶר כא
יִצְחָק אֶל־יַעֲקֹב גְּשָׁה־נָּא וַאֲמֻשְׁךָ בְּנִי הַאַתָּה זֶה
בְּנִי עֵשָׂו אִם־לֹא׃ וַיִּגַּשׁ יַעֲקֹב אֶל־יִצְחָק אָבִיו כב
וַיְמֻשֵּׁהוּ וַיֹּאמֶר הַקֹּל קוֹל יַעֲקֹב וְהַיָּדַיִם יְדֵי עֵשָׂו׃

כג וְלֹא הִכִּירוֹ כִּי־הָיוּ יָדָיו כִּידֵי עֵשָׂו אָחִיו שְׂעִרֹת
כד וַיְבָרְכֵהוּ: וַיֹּאמֶר אַתָּה זֶה בְּנִי עֵשָׂו וַיֹּאמֶר אָנִי:
כה וַיֹּאמֶר הַגִּשָׁה לִּי וְאֹכְלָה מִצֵּיד בְּנִי לְמַעַן
תְּבָרֶכְךָ נַפְשִׁי וַיַּגֶּשׁ־לוֹ וַיֹּאכַל וַיָּבֵא לוֹ יַיִן וַיֵּשְׁתְּ:
כו וַיֹּאמֶר אֵלָיו יִצְחָק אָבִיו גְּשָׁה־נָּא וּשְׁקָה־לִּי

י וְאַעֲבֵיד יָתְהוֹן תַּבְשִׁילִין, לַאֲבוּךְ כְּמָא דְּרָחֵים: וְתָעֵיל לַאֲבוּךְ וְיֵיכוֹל, בְּדִיל, דִּיבָרְכִנָּךְ קֳדָם
יא יב מוֹתֵיהּ: וַאֲמַר יַעֲקֹב, לְרִבְקָה אִמֵּיהּ, הָא עֵשָׂו אֲחִי גְּבַר סַעֲרָן, וַאֲנָא גְּבַר שְׁעִיעַ: מָאִם יְמוּשְׁנַנִי
יג אַבָּא, וְאֵיהֵי בְעֵינוֹהִי כְּמִתְלָעֵב, וְאַיְתֵי עֲלַי, לְוָטִין וְלָא בִרְכָן: וַאֲמַרַת לֵיהּ אִמֵּיהּ, עֲלַי
יד אִתְאֲמַר בִּנְבוּאָה דְּלָא יֵיתוֹן לְוָטַיָּא עֲלָךְ בְּרִי, בְּרַם, קַבֵּיל מִנִּי וְאִיזֵיל סַב לִי: וַאֲזַל
טו וּנְסֵיב, וְאַיְתִי לְאִמֵּיהּ, וַעֲבַדַת אִמֵּיהּ תַּבְשִׁילִין, כְּמָא דְּרָחֵים אֲבוּהִי: וּנְסֵיבַת רִבְקָה, יָת
טז לְבוּשֵׁי עֵשָׂו, בְּרַהּ רַבָּא דַּכְיָתָא, דְּעִמַּהּ בְּבֵיתָא, וְאַלְבֵּישַׁת יָת יַעֲקֹב בְּרַהּ זְעֵירָא: וְיָת, מַשְׁכֵי
יז דִּגְדֵי בְנֵי עִזֵּי, אַלְבֵּישַׁת עַל יְדוֹהִי, וְעַל שְׁעִיעוּת צַוְרֵיהּ: וִיהַבַת יָת תַּבְשִׁילַיָּא, וְיָת לַחְמָא
יח דַּעֲבַדַת, בִּידָא דְּיַעֲקֹב בְּרַהּ: וְעָאל לְוָת אֲבוּהִי וַאֲמַר אַבָּא, וַאֲמַר הָאֲנָא, מַאן אַתְּ
יט בְּרִי: וַאֲמַר יַעֲקֹב לַאֲבוּהִי, אֲנָא עֵשָׂו בֻּכְרָךְ, עֲבַדִית, כְּמָא דְּמַלֵּילְתָּא עִמִּי, קוּם כְּעַן אִסְתְּחַר,
כ וֶאֱכוֹל מִצֵּידִי, בְּדִיל דִּתְבָרְכִנַּנִי נַפְשָׁךְ: וַאֲמַר יִצְחָק לִבְרֵיהּ, מָא דֵין, אוֹחִיתָא לְאַשְׁכָּחָא בְּרִי,
כא וַאֲמַר, אֲרֵי זַמֵּין, יי אֱלָהָךְ קֳדָמָי: וַאֲמַר יִצְחָק לְיַעֲקֹב, קְרַב כְּעַן וַאֲמוּשִׁנָּךְ בְּרִי, הַאַתְּ דֵּין,
כב בְּרִי עֵשָׂו אִם לָא: וּקְרֵיב יַעֲקֹב, לְוָת יִצְחָק אֲבוּהִי וּמָשֵׁיהּ, וַאֲמַר, קָלָא קָלֵיהּ דְּיַעֲקֹב, וִידַיָּא
כג כד יְדֵי עֵשָׂו: וְלָא אִשְׁתְּמוֹדְעֵיהּ, אֲרֵי הֲוָאָה יְדוֹהִי, כִּידֵי, עֵשָׂו אֲחוּהִי סַעֲרָנִין, וּבָרְכֵיהּ: וַאֲמַר,
כה אַתְּ דֵּין בְּרִי עֵשָׂו, וַאֲמַר אֲנָא: וַאֲמַר, קָרֵיב לִי וְאֵיכוֹל מִצֵּידָא דִּבְרִי, בְּדִיל דִּתְבָרְכִנָּךְ נַפְשִׁי,
כו וְקָרֵיב לֵיהּ וַאֲכַל, וְאַעֵיל לֵיהּ חַמְרָא וּשְׁתִי: וַאֲמַר לֵיהּ יִצְחָק אֲבוּהִי, קְרַב כְּעַן וְשַׁק לִי

יא| **אִישׁ שָׂעִר.** בַּעַל שֵׂעָר:

יב| **יְמֻשֵּׁנִי.** כְּמוֹ: "מְמַשֵּׁשׁ בַּצָּהֳרַיִם" (דברים כח, כט):

טו| **הַחֲמֻדֹת.** הַנְּקִיּוֹת, "דַּכְיָתָא". דָּבָר אַחֵר, שֶׁחָמַד אוֹתָן מִן נִמְרוֹד: **אֲשֶׁר אִתָּהּ בַּבָּיִת.** וַהֲלֹא כַּמָּה נָשִׁים הָיוּ לוֹ וְהוּא מַפְקִיד אֵצֶל אִמּוֹ? אֶלָּא שֶׁהָיְתָה בְּקִיָּה בְּמַעֲשֵׂיהֶן וְחוֹשַׁדְתָּן:

יט| **אָנֹכִי.** הַמֵּבִיא לְךָ, וְעֵשָׂו הוּא בְּכֹרֶךָ: **עָשִׂיתִי.** כַּמָּה דְּבָרִים כַּאֲשֶׁר דִּבַּרְתָּ אֵלָי: **שְׁבָה.** לְשׁוֹן מֵסֵב עַל הַשֻּׁלְחָן, לְכָךְ מְתֻרְגָּם "אִסְתְּחַר":

כא| **גְּשָׁה נָּא וַאֲמֻשְׁךָ.** אָמַר בְּלִבּוֹ: אֵין דֶּרֶךְ עֵשָׂו לִהְיוֹת שֵׁם שָׁמַיִם שָׁגוּר בְּפִיו, וְזֶה אוֹמֵר: "כִּי הִקְרָה ה' אֱלֹהֶיךָ" (לעיל פסוק כ):

כב| **קוֹל יַעֲקֹב.** שֶׁמְּדַבֵּר בִּלְשׁוֹן תַּחֲנוּנִים, "קוּם נָא" (לעיל פסוק יט), אֲבָל עֵשָׂו בִּלְשׁוֹן קַנְטוּרִיָּא דִּבֵּר, "יָקֻם אָבִי" (להלן פסוק לא):

כד| **וַיֹּאמֶר אָנִי.** לֹא אָמַר 'אֲנִי עֵשָׂו', אֶלָּא "אָנִי":

כז בְּנִי׃ וַיִּגַּשׁ וַיִּשַּׁק־לוֹ וַיָּרַח אֶת־רֵיחַ בְּגָדָיו וַיְבָרְכֵהוּ
וַיֹּאמֶר רְאֵה רֵיחַ בְּנִי כְּרֵיחַ שָׂדֶה אֲשֶׁר בֵּרְכוֹ
כח יְהוָה׃ וְיִתֶּן־לְךָ הָאֱלֹהִים מִטַּל הַשָּׁמַיִם וּמִשְׁמַנֵּי כה ששי
כט הָאָרֶץ וְרֹב דָּגָן וְתִירֹשׁ׃ יַעַבְדוּךָ עַמִּים וְיִשְׁתַּחֲוֻ
לְךָ לְאֻמִּים הֱוֵה גְבִיר לְאַחֶיךָ וְיִשְׁתַּחֲווּ לְךָ בְּנֵי
ל אִמֶּךָ אֹרְרֶיךָ אָרוּר וּמְבָרְכֶיךָ בָּרוּךְ׃ וַיְהִי כַּאֲשֶׁר
כִּלָּה יִצְחָק לְבָרֵךְ אֶת־יַעֲקֹב וַיְהִי אַךְ יָצֹא יָצָא
יַעֲקֹב מֵאֵת פְּנֵי יִצְחָק אָבִיו וְעֵשָׂו אָחִיו בָּא
לא מִצֵּידוֹ׃ וַיַּעַשׂ גַּם־הוּא מַטְעַמִּים וַיָּבֵא לְאָבִיו
וַיֹּאמֶר לְאָבִיו יָקֻם אָבִי וְיֹאכַל מִצֵּיד בְּנוֹ בַּעֲבֻר
לב תְּבָרְכַנִּי נַפְשֶׁךָ׃ וַיֹּאמֶר לוֹ יִצְחָק אָבִיו מִי־אָתָּה
לג וַיֹּאמֶר אֲנִי בִּנְךָ בְכֹרְךָ עֵשָׂו׃ וַיֶּחֱרַד יִצְחָק חֲרָדָה
גְּדֹלָה עַד־מְאֹד וַיֹּאמֶר מִי־אֵפוֹא הוּא הַצָּד־צַיִד
וַיָּבֵא לִי וָאֹכַל מִכֹּל בְּטֶרֶם תָּבוֹא וָאֲבָרְכֵהוּ גַּם־
לד בָּרוּךְ יִהְיֶה׃ כִּשְׁמֹעַ עֵשָׂו אֶת־דִּבְרֵי אָבִיו וַיִּצְעַק ⋆
צְעָקָה גְּדֹלָה וּמָרָה עַד־מְאֹד וַיֹּאמֶר לְאָבִיו בָּרְכֵנִי
לה גַם־אָנִי אָבִי׃ וַיֹּאמֶר בָּא אָחִיךָ בְּמִרְמָה וַיִּקַּח
לו בִּרְכָתֶךָ׃ וַיֹּאמֶר הֲכִי קָרָא שְׁמוֹ יַעֲקֹב וַיַּעְקְבֵנִי
זֶה פַעֲמַיִם אֶת־בְּכֹרָתִי לָקָח וְהִנֵּה עַתָּה לָקַח
לז בִּרְכָתִי וַיֹּאמַר הֲלֹא־אָצַלְתָּ לִּי בְּרָכָה׃ וַיַּעַן יִצְחָק
וַיֹּאמֶר לְעֵשָׂו הֵן גְּבִיר שַׂמְתִּיו לָךְ וְאֶת־כָּל־אֶחָיו

כז בְּרִי: וּקְרֵיב וְנַשֵּׁיק לֵיהּ, וַאֲרַח, יָת רֵיחַ לְבוּשׁוֹהִי וּבָרְכֵיהּ, וַאֲמַר, חֲזִי רֵיחָא דִּבְרִי, כְּרֵיחַ
כח חַקְלָא, דְּבָרְכֵיהּ יְיָ: וְיִתֵּין לָךְ יְיָ, מִטַּלָּא דִּשְׁמַיָּא, וּמִטּוּבָא דְּאַרְעָא, וְסַגִּיּוּת עֲבוּר וַחֲמַר:
כט יִפְלְחֻנָּךְ עַמְמִין, וְיִשְׁתַּעְבְּדוּן לָךְ מַלְכְוָן, הֱוֵי רַב לַאֲחָךְ, וְיִסְגְּדוּן לָךְ בְּנֵי אִמָּךְ, לִיטָךְ יְהוֹן לִיטִין,
ל וּבָרִיכָךְ יְהוֹן בְּרִיכִין: וַהֲוָה, כַּד שֵׁיצִי יִצְחָק לְבָרָכָא יָת יַעֲקֹב, וַהֲוָה, בְּרַם מִפַּק נְפַק יַעֲקֹב,
לא מִן קֳדָם יִצְחָק אֲבוּהִי, וְעֵשָׂו אֲחוּהִי, עָאל מִצֵּידֵיהּ: וַעֲבַד אַף הוּא תַּבְשִׁילִין, וְאַעֵיל לַאֲבוּהִי,
לב וַאֲמַר לַאֲבוּהִי, יְקוּם אַבָּא וְיֵיכוּל מִצֵּידָא דִּבְרֵיהּ, בְּדִיל דִּתְבָרְכִנַּנִי נַפְשָׁךְ: וַאֲמַר לֵיהּ, יִצְחָק
לג אֲבוּהִי מַאן אַתְּ, וַאֲמַר, אֲנָא, בְּרָךְ בֻּכְרָךְ עֵשָׂו: וּתְוַהּ יִצְחָק תִּוְהָא רַבָּא עַד לַחֲדָא, וַאֲמַר,
מַאן הוּא דֵיכִי, דִּצְד צֵידָא וְאַעֵיל לִי, וַאֲכַלִית מִכּוֹלָא, עַד לָא תֵיעוֹל וּבָרֵיכְתֵּיהּ, אַף בְּרִיךְ
לד יְהֵי: כַּד שְׁמַע עֵשָׂו יָת פִּתְגָּמֵי אֲבוּהִי, וּצְוַח צְוָחָא, רַבָּא וּמְרִירָא עַד לַחֲדָא, וַאֲמַר לַאֲבוּהִי,
לה לו בָּרֵיכְנִי אַף לִי אַבָּא: וַאֲמַר, עָאל אֲחוּךְ בְּחָכְמָא, וְקַבֵּיל בִּרְכְתָךְ: וַאֲמַר, יָאוּת קְרָא
שְׁמֵיהּ יַעֲקֹב, וְחַכְּמַנִי דְּנָן תַּרְתֵּין זִמְנִין, יָת בְּכֵירוּתִי נְסֵיב, וְהָא כְעַן קַבֵּיל בִּרְכְתִי, וַאֲמַר,
לז הֲלָא שְׁבַקְתְּ לִי בִּרְכָן: וַאֲתֵיב יִצְחָק וַאֲמַר לְעֵשָׂו, הָא רַב, שַׁוִּיתֵיהּ עֲלָךְ וְיָת כָּל אֲחוֹהִי,

כז| **וַיָּרַח.** וַהֲלֹא אֵין רֵיחַ רַע יוֹתֵר מִשֶּׁטֶף הָעִזִּים? אֶלָּא מְלַמֵּד שֶׁנִּכְנְסָה עִמּוֹ גַּן עֵדֶן: **כְּרֵיחַ שָׂדֶה אֲשֶׁר בֵּרֲכוֹ ה'.** שֶׁנָּתַן בּוֹ רֵיחַ טוֹב, וְזֶהוּ שְׂדֵה תַּפּוּחִים. כָּךְ דָּרְשׁוּ רַבּוֹתֵינוּ זִכְרוֹנָם לִבְרָכָה:

כח| **וְיִתֶּן לְךָ.** יִתֵּן וְיַחֲזֹר וְיִתֵּן. בְּרֵאשִׁית רַבָּה (סו, ג). וּלְפִי פְּשׁוּטוֹ מוּסָב לְעִנְיָן רִאשׁוֹן: רֵיחַ בְּנִי אֲשֶׁר נָתַן לְךָ הַקָּדוֹשׁ בָּרוּךְ הוּא כְּרֵיחַ שָׂדֶה וְגוֹ', וְעוֹד יִתֶּן לְךָ מִטַּל הַשָּׁמַיִם וְגוֹ' כְּמַשְׁמָעוֹ. וּמִדְרְשֵׁי אַגָּדָה יֵשׁ הַרְבֵּה לְכַמָּה פָנִים:

כט| **בְּנֵי אִמֶּךָ.** וְיַעֲקֹב אָמַר לִיהוּדָה: "בְּנֵי אָבִיךָ" (להלן מט, ח), לְפִי שֶׁהָיוּ לוֹ בָּנִים מִכַּמָּה אִמָּהוֹת, וְכָאן שֶׁלֹּא נָשָׂא אֶלָּא אִשָּׁה אַחַת אָמַר: "בְּנֵי אִמֶּךָ": **אֹרְרֶיךָ אָרוּר וּמְבָרְכֶיךָ בָּרוּךְ.** וּבְבִלְעָם הוּא אוֹמֵר: "מְבָרֲכֶיךָ בָרוּךְ וְאֹרְרֶיךָ אָרוּר" (במדבר כד, ט)? הַצַּדִּיקִים – תְּחִלָּתָם יִסּוּרִים וְסוֹפָן שַׁלְוָה וְאוֹרְרֵיהֶם וּמְצַעֲרֵיהֶם קוֹדְמִים לִמְבָרְכֵיהֶם, לְפִיכָךְ יִצְחָק הִקְדִּים קִלְלַת אוֹרְרִים לְבִרְכַּת מְבָרְכִים; וְהָרְשָׁעִים – תְּחִלָּתָם שַׁלְוָה וְסוֹפָן יִסּוּרִין, לְפִיכָךְ בִּלְעָם הִקְדִּים בְּרָכָה לִקְלָלָה:

ל| **יָצֹא יָצָא.** זֶה יוֹצֵא וְזֶה בָּא:

לג| **וַיֶּחֱרַד.** כְּמַשְׁמָעוֹ, לְשׁוֹן תְּמִיָּה. וּמִדְרָשׁוֹ, רָאָה גֵּיהִנָּם פְּתוּחָה מִתַּחְתָּיו: **מִי אֵפוֹא.** לָשׁוֹן לְעַצְמוֹ, מְשַׁמֵּשׁ עִם כַּמָּה דְבָרִים: "אֵיפוֹא" – אַיֵּה פֹה, מִי הוּא וְאֵיפֹה הוּא הַצָּד צַיִד? **וָאֹכַל מִכֹּל.** מִכָּל טְעָמִים שֶׁבִּקַּשְׁתִּי לִטְעֹם טָעַמְתִּי בּוֹ: **גַּם בָּרוּךְ יִהְיֶה.** שֶׁלֹּא תֹּאמַר, אִלּוּלֵי שֶׁרִמָּה יַעֲקֹב לְאָבִיו לֹא נָטַל אֶת הַבְּרָכוֹת, לְכָךְ הִסְכִּים וּבֵרְכוֹ מִדַּעְתּוֹ:

לה| **בְּמִרְמָה.** בְּחָכְמָה:

לו| **הֲכִי קָרָא שְׁמוֹ.** לְשׁוֹן תֵּמַהּ הוּא, כְּמוֹ: "הֲכִי אָחִי אָתָּה" (להלן כט, טו), שֶׁמָּא לְכָךְ נִקְרָא שְׁמוֹ יַעֲקֹב, עַל שֵׁם סוֹפוֹ, שֶׁהוּא עָתִיד לְעָקְבֵנִי. תַּנְחוּמָא (תנחומא ישן כג): לָמָּה חָרַד יִצְחָק? אָמַר: שֶׁמָּא עָוֹן יֵשׁ בִּי שֶׁבֵּרַכְתִּי קָטָן לִפְנֵי גָדוֹל וְשִׁנִּיתִי סֵדֶר הַיַּחַס, הִתְחִיל עֵשָׂו מְצַעֵק: "וַיַּעְקְבֵנִי זֶה פַעֲמַיִם", אָמַר לוֹ אָבִיו: מֶה עָשָׂה לְךָ? אָמַר לוֹ: "אֶת בְּכֹרָתִי לָקָח". אָמַר: בְּכָךְ הָיִיתִי מֵצֵר וְחָרֵד שֶׁמָּא עָבַרְתִּי עַל שׁוּרַת הַדִּין, עַכְשָׁיו לַבְּכוֹר בֵּרַכְתִּי, "גַּם בָּרוּךְ יִהְיֶה": **וַיַּעְקְבֵנִי.** כְּתַרְגּוּמוֹ: "וְכַמְנַנִי" אֲרָבַנִי. "וְאָרַב" (דברים יט, יא) – "וְיִכְמַן". וְיֵשׁ מְתַרְגְּמִין: "וְחַכְמַנִי", נִתְחַכֵּם לִי: **אָצַלְתָּ.** לְשׁוֹן הַפְרָשָׁה, כְּמוֹ: "וַיָּאצֶל" (במדבר יא, כה):

לז| **הֵן גְּבִיר.** בְּרָכָה זוֹ שְׁבִיעִית הִיא וְהוּא עוֹשֶׂה אוֹתָהּ רִאשׁוֹנָה? אֶלָּא אָמַר לוֹ: מַה תּוֹעֶלֶת לְךָ בִּבְרָכָה? אִם תִּקְנֶה נְכָסִים שֶׁלּוֹ הֵם, שֶׁהֲרֵי גְּבִיר שַׂמְתִּיו לָךְ, וּמַה שֶּׁקָּנָה עֶבֶד קָנָה רַבּוֹ!: **וּלְכָה אֵפוֹא מָה אֶעֱשֶׂה.** אַיֵּה אֵיפֹה אֲבַקֵּשׁ מַה לַּעֲשׂוֹת לָךְ?:

נְתַתִּי לוֹ לַעֲבָדִים וְדָגָן וְתִירֹשׁ סְמַכְתִּיו וּלְכָה
אֵפוֹא מָה אֶעֱשֶׂה בְּנִי׃ וַיֹּאמֶר עֵשָׂו אֶל־אָבִיו לח
הַבְרָכָה אַחַת הִוא־לְךָ אָבִי בָּרְכֵנִי גַם־אָנִי אָבִי
וַיִּשָּׂא עֵשָׂו קֹלוֹ וַיֵּבְךְּ׃ וַיַּעַן יִצְחָק אָבִיו וַיֹּאמֶר לט
אֵלָיו הִנֵּה מִשְׁמַנֵּי הָאָרֶץ יִהְיֶה מוֹשָׁבֶךָ וּמִטַּל
הַשָּׁמַיִם מֵעָל׃ וְעַל־חַרְבְּךָ תִחְיֶה וְאֶת־אָחִיךָ מ
תַּעֲבֹד וְהָיָה כַּאֲשֶׁר תָּרִיד וּפָרַקְתָּ עֻלּוֹ מֵעַל
צַוָּארֶךָ׃ וַיִּשְׂטֹם עֵשָׂו אֶת־יַעֲקֹב עַל־הַבְּרָכָה מא
אֲשֶׁר בֵּרְכוֹ אָבִיו וַיֹּאמֶר עֵשָׂו בְּלִבּוֹ יִקְרְבוּ יְמֵי
אֵבֶל אָבִי וְאַהַרְגָה אֶת־יַעֲקֹב אָחִי׃ וַיֻּגַּד לְרִבְקָה מב
אֶת־דִּבְרֵי עֵשָׂו בְּנָהּ הַגָּדֹל וַתִּשְׁלַח וַתִּקְרָא
לְיַעֲקֹב בְּנָהּ הַקָּטָן וַתֹּאמֶר אֵלָיו הִנֵּה עֵשָׂו אָחִיךָ
מִתְנַחֵם לְךָ לְהָרְגֶךָ׃ וְעַתָּה בְנִי שְׁמַע בְּקֹלִי מג
וְקוּם בְּרַח־לְךָ אֶל־לָבָן אָחִי חָרָנָה׃ וְיָשַׁבְתָּ עִמּוֹ מד
יָמִים אֲחָדִים עַד אֲשֶׁר־תָּשׁוּב חֲמַת אָחִיךָ׃ עַד־ מה
שׁוּב אַף־אָחִיךָ מִמְּךָ וְשָׁכַח אֵת אֲשֶׁר־עָשִׂיתָ
לּוֹ וְשָׁלַחְתִּי וּלְקַחְתִּיךָ מִשָּׁם לָמָה אֶשְׁכַּל גַּם־
שְׁנֵיכֶם יוֹם אֶחָד׃ וַתֹּאמֶר רִבְקָה אֶל־יִצְחָק מו
קַצְתִּי בְחַיַּי מִפְּנֵי בְּנוֹת חֵת אִם־לֹקֵחַ יַעֲקֹב
אִשָּׁה מִבְּנוֹת־חֵת כָּאֵלֶּה מִבְּנוֹת הָאָרֶץ לָמָּה
לִּי חַיִּים׃ וַיִּקְרָא יִצְחָק אֶל־יַעֲקֹב וַיְבָרֶךְ אֹתוֹ א כח

וַיְצַוֵּהוּ וַיֹּאמֶר לוֹ לֹא־תִקַּח אִשָּׁה מִבְּנוֹת כְּנָעַן׃
ב קוּם לֵךְ פַּדֶּנָה אֲרָם בֵּיתָה בְתוּאֵל אֲבִי אִמֶּךָ
וְקַח־לְךָ מִשָּׁם אִשָּׁה מִבְּנוֹת לָבָן אֲחִי אִמֶּךָ׃

לח יְהַבִית לֵיהּ לְעַבְדִּין, וּבַעֲבוּר וּבַחֲמַר סַעֲדְתֵּיהּ, וְלָךְ כְּעַן, מָא אַעֲבֵיד בְּרִי: וַאֲמַר עֵשָׂו לַאֲבוּהִי,
לט הֲבִרְכְתָא חֲדָא הִיא לָךְ אַבָּא, בָּרֵיכְנִי אַף לִי אַבָּא, וַאֲרִים עֵשָׂו, קָלֵיהּ וּבְכָא: וַאֲתֵיב, יִצְחָק
מ אֲבוּהִי וַאֲמַר לֵיהּ, הָא, מִטּוּבָא דְּאַרְעָא יְהֵי מוֹתְבָךְ, וּמִטַּלָּא דִּשְׁמַיָּא מִלְּעֵילָא: וְעַל חַרְבָּךְ
תֵּיחֵי, וְיָת אֲחוּךְ תִּפְלַח, וִיהֵי כַּד יְעִבְרוּן בְּנוֹהִי עַל פִּתְגָּמֵי אוֹרָיְתָא, וְתַעְדֵּי נִירֵיהּ מֵעַל צַוְּרָךְ:
מא וּנְטַר עֵשָׂו דְּבָבוּ לְיַעֲקֹב, עַל בִּרְכְתָא, דְּבָרְכֵיהּ אֲבוּהִי, וַאֲמַר עֵשָׂו בְּלִבֵּיהּ, יִקְרְבוּן יוֹמֵי
מב אֶבְלֵיהּ דְּאַבָּא, וְאֶקְטוֹל יָת יַעֲקֹב אֲחִי: וְאִתְחַוַּא לְרִבְקָה, יָת פִּתְגָּמֵי עֵשָׂו בְּרַהּ רַבָּא,
מג וּשְׁלַחַת, וּקְרָת לְיַעֲקֹב בְּרַהּ זְעֵירָא, וַאֲמַרַת לֵיהּ, הָא עֵשָׂו אֲחוּךְ, כָּמֵין לָךְ לְמִקְטְלָךְ: וּכְעַן
מד בְּרִי קַבֵּיל מִנִּי, וְקוּם אִיזֵיל לָךְ, לְוָת לָבָן אֲחִי לְחָרָן: וְתֵתֵיב עִמֵּיהּ יוֹמִין זְעֵירִין, עַד דְּתְתוּב
מה חֵמְתָא דַּאֲחוּךְ: עַד דִּיתוּב רֻגְזָא דַּאֲחוּךְ מִנָּךְ, וְיִתְנְשֵׁי יָת דַּעֲבַדְתְּ לֵיהּ, וְאֶשְׁלַח וַאֲדַבְּרִנָּךְ
מו מִתַּמָּן, לְמָא אֶתְכֵּול, אַף תַּרְוֵיכוֹן יוֹמָא חַד: וַאֲמַרַת רִבְקָה לְיִצְחָק, עֲקִית בְּחַיַּי, מִן קֳדָם בְּנָת
כח א חִתָּאָה, אִם נָסֵיב יַעֲקֹב, אִתְּתָא מִבְּנָת חִתָּאָה כְּאִלֵּין מִבְּנָת אַרְעָא, לְמָא לִי חַיִּין: וּקְרָא
ב יִצְחָק, לְיַעֲקֹב וּבָרֵיךְ יָתֵיהּ, וּפַקְדֵיהּ וַאֲמַר לֵיהּ, לָא תִסַּב אִתְּתָא מִבְּנָת כְּנָעַן: קוּם אִיזֵיל לְפַדַּן
דַּאֲרָם, לְבֵית בְּתוּאֵל אֲבוּהָא דְּאִמָּךְ, וְסַב לָךְ מִתַּמָּן אִתְּתָא, מִבְּנָת לָבָן אֲחוּהָא דְּאִמָּךְ:

לח| הַבְרָכָה אַחַת. הֵ"א זוֹ מְשַׁמֶּשֶׁת לְשׁוֹן תְּמִיָּה, כְּמוֹ: "הַבְּמַחֲנִים" (במדבר יג, יט), "הַשְּׁמֵנָה הִיא" (שם כ), "הַכְּמוֹת נָבָל" (שמואל ב׳ ג, לג):

לט| מִשְׁמַנֵּי הָאָרֶץ וְגוֹ׳. זוֹ אִיטַלְיָא שֶׁל יָוָן:

מ| וְעַל חַרְבְּךָ. כְּמוֹ: 'בְּחַרְבְּךָ', יֵשׁ 'עַל' שֶׁהוּא אֶלָּא בִּמְקוֹם אוֹת אַחַת, כְּגוֹן "עֲמַדְתֶּם עַל חַרְבְּכֶם" (יחזקאל לג, כו) 'בְּחַרְבְּכֶם', "עַל צִבְאֹתָם" (שמות ו, כו) 'בְּצִבְאֹתָם': וְהָיָה כַּאֲשֶׁר תָּרִיד. לְשׁוֹן צַעַר, כְּמוֹ: "אָרִיד בְּשִׂיחִי" (תהלים נה, ג), כְּלוֹמַר, כְּשֶׁיַּעַבְרוּ יִשְׂרָאֵל עַל הַתּוֹרָה וְיִהְיֶה לְךָ פִּתְחוֹן פֶּה לְהִצְטַעֵר עַל הַבְּרָכוֹת שֶׁנָּטַל – "וּפָרַקְתָּ עֻלּוֹ" וְגוֹ׳:

מא| יִקְרְבוּ יְמֵי אֵבֶל אָבִי. כְּמַשְׁמָעוֹ, שֶׁלֹּא אֲצַעֵר אֶת אַבָּא. וּמִדְרַשׁ אַגָּדָה לְכַמָּה פָּנִים יֵשׁ:

מב| וַיֻּגַּד לְרִבְקָה. בְּרוּחַ הַקֹּדֶשׁ הֻגַּד לָהּ מַה שֶּׁעֵשָׂו מְהַרְהֵר בְּלִבּוֹ: מִתְנַחֵם. נִחָם עַל הָאַחְוָה לַחְשֹׁב מַחֲשָׁבָה אַחֶרֶת לְהִתְנַכֵּר לְךָ "לְהָרְגֶךָ". וּמִדְרַשׁ אַגָּדָה, כְּבָר אַתָּה מֵת בְּעֵינָיו וְשָׁתָה עָלֶיךָ כּוֹס תַּנְחוּמִים. לְשׁוֹן אַחֵר לִפְשׁוּטוֹ, לְשׁוֹן תַּנְחוּמִים, מִתְנַחֵם הוּא עַל הַבְּרָכוֹת בַּהֲרִיגָתְךָ:

מד| אֲחָדִים. מוּעָטִים:

מה| לָמָה אֶשְׁכַּל. אֶהְיֶה שְׁכוּלָה מִשְּׁנֵיכֶם; הַקּוֹבֵר אֶת בָּנָיו קָרוּי 'שַׁכּוּל', וְכֵן יַעֲקֹב אָמַר: "כַּאֲשֶׁר שָׁכֹלְתִּי שָׁכָלְתִּי" (להלן מג, יד): גַּם שְׁנֵיכֶם. אִם יָקוּם עָלֶיךָ וְאַתָּה תַּהַרְגֶנּוּ יַעַמְדוּ בָנָיו וְיַהַרְגוּךָ. וְרוּחַ הַקֹּדֶשׁ נִזְרְקָה בָּהּ וְנִתְנַבְּאָה שֶׁבְּיוֹם אֶחָד יָמוּתוּ, כְּמוֹ שֶׁמְּפֹרָשׁ בְּ'הַמְקַנֵּא לְאִשְׁתּוֹ' (סוטה יג ע"א):

מו| קַצְתִּי בְחַיַּי. מָאַסְתִּי בְּחַיַּי:

פרק כח

ב| פַּדֶּנָה. כְּמוֹ 'לְפַדַּן': בֵּיתָה בְתוּאֵל. לְבֵית בְּתוּאֵל, כָּל תֵּבָה שֶׁצְּרִיכָה לָמֶ"ד בִּתְחִלָּתָהּ הִטִּיל לָהּ הֵ"א בְּסוֹפָהּ:

ג וְאֵל שַׁדַּי יְבָרֵךְ אֹתְךָ וְיַפְרְךָ וְיַרְבֶּךָ וְהָיִיתָ
ד לִקְהַל עַמִּים: וְיִתֶּן־לְךָ אֶת־בִּרְכַּת אַבְרָהָם לְךָ
וּלְזַרְעֲךָ אִתָּךְ לְרִשְׁתְּךָ אֶת־אֶרֶץ מְגֻרֶיךָ אֲשֶׁר־
ה נָתַן אֱלֹהִים לְאַבְרָהָם: וַיִּשְׁלַח יִצְחָק אֶת־יַעֲקֹב שביעי
וַיֵּלֶךְ פַּדֶּנָה אֲרָם אֶל־לָבָן בֶּן־בְּתוּאֵל הָאֲרַמִּי
ו אֲחִי רִבְקָה אֵם יַעֲקֹב וְעֵשָׂו: וַיַּרְא עֵשָׂו כִּי־בֵרַךְ
יִצְחָק אֶת־יַעֲקֹב וְשִׁלַּח אֹתוֹ פַּדֶּנָה אֲרָם לָקַחַת־
לוֹ מִשָּׁם אִשָּׁה בְּבָרְכוֹ אֹתוֹ וַיְצַו עָלָיו לֵאמֹר
ז לֹא־תִקַּח אִשָּׁה מִבְּנוֹת כְּנָעַן: וַיִּשְׁמַע יַעֲקֹב מפטיר
ח אֶל־אָבִיו וְאֶל־אִמּוֹ וַיֵּלֶךְ פַּדֶּנָה אֲרָם: וַיַּרְא
עֵשָׂו כִּי רָעוֹת בְּנוֹת כְּנָעַן בְּעֵינֵי יִצְחָק אָבִיו:
ט וַיֵּלֶךְ עֵשָׂו אֶל־יִשְׁמָעֵאל וַיִּקַּח אֶת־מָחֲלַת ׀
בַּת־יִשְׁמָעֵאל בֶּן־אַבְרָהָם אֲחוֹת נְבָיוֹת עַל־
נָשָׁיו לוֹ לְאִשָּׁה:

ג ד וְאֵל שַׁדַּי יְבָרֵיךְ יָתָךְ, וְיַפְּשִׁנָּךְ וְיַסְגֵּינָךְ, וּתְהֵי לִכְנִשַׁת שִׁבְטִין: וְיִתֵּין לָךְ יָת בִּרְכְתָא דְּאַבְרָהָם,
ה לָךְ וְלִבְנָךְ עִמָּךְ, לְמֵירְתָךְ יָת אֲרַע תּוֹתָבוּתָךְ, דִּיהַב יי לְאַבְרָהָם: וּשְׁלַח יִצְחָק יָת יַעֲקֹב, וַאֲזַל
ו לְפַדַּן דַּאֲרָם, לְוָת לָבָן בַּר בְּתוּאֵל אֲרַמָּאָה, אֲחוּהָא דְּרִבְקָה, אִמֵּיהּ דְּיַעֲקֹב וְעֵשָׂו: וַחֲזָא עֵשָׂו,
אֲרֵי בָרֵיךְ יִצְחָק יָת יַעֲקֹב, וְשַׁלַּח יָתֵיהּ לְפַדַּן דַּאֲרָם, לְמִסַּב לֵיהּ מִתַּמָּן אִתְּתָא, בְּדִבָרֵיךְ יָתֵיהּ,
ז וּפַקֵּיד עֲלוֹהִי לְמֵימַר, לָא תִסַּב אִתְּתָא מִבְּנָת כְּנָעַן: וְקַבֵּיל יַעֲקֹב, מִן אֲבוּהִי וּמִן אִמֵּיהּ, וַאֲזַל
ח ט לְפַדַּן דַּאֲרָם: וַחֲזָא עֵשָׂו, אֲרֵי בִישָׁן בְּנָת כְּנָעַן, בְּעֵינֵי יִצְחָק אֲבוּהִי: וַאֲזַל עֵשָׂו לְוָת יִשְׁמָעֵאל,
וּנְסֵיב, יָת מָחֲלַת בַּת יִשְׁמָעֵאל בַּר אַבְרָהָם, אֲחָתֵיהּ דִּנְבָיוֹת, עַל נְשׁוֹהִי לֵיהּ לְאִתּוּ:

ג] **וְאֵל שַׁדַּי.** מִי שֶׁדַּי בְּבִרְכוֹתָיו לַמִּתְבָּרְכִין מִפִּיו יְבָרֵךְ אוֹתְךָ:

ד] **אֶת בִּרְכַּת אַבְרָהָם.** שֶׁאָמַר לוֹ: "וְאֶעֶשְׂךָ לְגוֹי גָּדוֹל" (לעיל יב, ב), "וְהִתְבָּרֲכוּ בְזַרְעֲךָ" (לעיל כב, יח) – יִהְיוּ אוֹתָן בְּרָכוֹת אֲמוּרוֹת בִּשְׁבִילְךָ, מִמְּךָ יֵצֵא אוֹתוֹ הַגּוֹי וְאוֹתוֹ הַזֶּרַע הַמְבֹרָךְ:

ה] **אֵם יַעֲקֹב וְעֵשָׂו.** אֵינִי יוֹדֵעַ מַה מְּלַמְּדֵנוּ:

ז] **וַיִּשְׁמַע יַעֲקֹב.** מְחֻבָּר לָעִנְיָן שֶׁל מַעְלָה: "וַיַּרְא עֵשָׂו כִּי בֵרַךְ יִצְחָק" וְגוֹ' וְכִי שִׁלַּח אוֹתוֹ פַּדֶּנָה אֲרָם וְכִי שָׁמַע יַעֲקֹב אֶל אָבִיו וְהָלַךְ פַּדֶּנָה אֲרָם וְכִי רָעוֹת בְּנוֹת כְּנַעַן, וְהָלַךְ גַּם הוּא אֶל יִשְׁמָעֵאל:

ט] **אֲחוֹת נְבָיוֹת.** מִמַּשְׁמָע שֶׁנֶּאֱמַר: "בַּת יִשְׁמָעֵאל" אֵינִי יוֹדֵעַ שֶׁהִיא "אֲחוֹת נְבָיוֹת"? אֶלָּא לָמַדְנוּ שֶׁמֵּת יִשְׁמָעֵאל מִשֶּׁיְּעָדָהּ לְעֵשָׂו קֹדֶם נִשּׂוּאִין, וְהִשִּׂיאָהּ נְבָיוֹת אָחִיהָ. וְלָמַדְנוּ שֶׁהָיָה יַעֲקֹב בְּאוֹתוֹ הַפֶּרֶק בֶּן שִׁשִּׁים וְשָׁלֹשׁ שָׁנִים, שֶׁהֲרֵי יִשְׁמָעֵאל בֶּן שִׁבְעִים וְאַרְבַּע שָׁנִים הָיָה כְּשֶׁנּוֹלַד יַעֲקֹב – אַרְבַּע עֶשְׂרֵה שָׁנָה הָיָה גָּדוֹל יִשְׁמָעֵאל מִיִּצְחָק, "וְיִצְחָק בֶּן שִׁשִּׁים שָׁנָה בְּלֶדֶת אֹתָם" (לעיל כה, כו), הֲרֵי שִׁבְעִים וְאַרְבַּע – וּשְׁנוֹתָיו הָיוּ מֵאָה וּשְׁלֹשִׁים וָשֶׁבַע, שֶׁנֶּאֱמַר: "וְאֵלֶּה שְׁנֵי חַיֵּי יִשְׁמָעֵאל" וְגוֹ' (לעיל כה, יז), נִמְצָא יַעֲקֹב כְּשֶׁמֵּת יִשְׁמָעֵאל בֶּן שִׁשִּׁים וְשָׁלֹשׁ שָׁנִים הָיָה. וְלָמַדְנוּ מִכָּאן שֶׁנִּטְמַן בְּבֵית עֵבֶר אַרְבַּע עֶשְׂרֵה שָׁנָה וְאַחַר כָּךְ הָלַךְ לְחָרָן, שֶׁהֲרֵי לֹא שָׁהָה בְּבֵית לָבָן לִפְנֵי לֵדָתוֹ שֶׁל יוֹסֵף אֶלָּא אַרְבַּע עֶשְׂרֵה שָׁנָה, שֶׁנֶּאֱמַר: "עֲבַדְתִּיךָ אַרְבַּע עֶשְׂרֵה שָׁנָה בִּשְׁתֵּי בְנֹתֶיךָ וְשֵׁשׁ שָׁנִים בְּצֹאנֶךָ" (להלן לא, מא), וּשְׂכַר הַצֹּאן מִשֶּׁנּוֹלַד יוֹסֵף הָיָה, שֶׁנֶּאֱמַר: "וַיְהִי כַּאֲשֶׁר יָלְדָה רָחֵל אֶת יוֹסֵף" וְגוֹ' (להלן ל, כה). וְכָתוּב: "וְיוֹסֵף בֶּן שְׁלֹשִׁים שָׁנָה" (להלן מא, מו) כְּשֶׁמָּלַךְ, וּמִשָּׁם עַד שֶׁיָּרַד יַעֲקֹב לְמִצְרַיִם תֵּשַׁע שָׁנִים, שֶׁבַע שֶׁל שָׂבָע וּשְׁתַּיִם שֶׁל רָעָב, וְיַעֲקֹב אָמַר לְפַרְעֹה: "יְמֵי שְׁנֵי מְגוּרַי שְׁלֹשִׁים וּמְאַת שָׁנָה" (להלן מז, ט). צֵא וַחֲשֹׁב אַרְבַּע עֶשְׂרֵה שָׁנָה שֶׁלִּפְנֵי לֵדַת יוֹסֵף וּשְׁלֹשִׁים שֶׁל יוֹסֵף וְתֵשַׁע מִשֶּׁמָּלַךְ עַד שֶׁבָּא יַעֲקֹב, הֲרֵי חֲמִשִּׁים וְשָׁלֹשׁ, וּכְשֶׁפֵּרַשׁ מֵאָבִיו הָיָה בֶּן שִׁשִּׁים וְשָׁלֹשׁ, הֲרֵי מֵאָה וְשֵׁשׁ עֶשְׂרֵה, וְהוּא אוֹמֵר: "שְׁלֹשִׁים וּמְאַת שָׁנָה", הֲרֵי חֲסֵרִים אַרְבַּע עֶשְׂרֵה שָׁנִים. הָא לָמַדְתָּ שֶׁאַחַר שֶׁקִּבֵּל הַבְּרָכוֹת נִטְמַן בְּבֵית עֵבֶר אַרְבַּע עֶשְׂרֵה שָׁנָה: **עַל נָשָׁיו.** הוֹסִיף רִשְׁעָה עַל רִשְׁעָתוֹ, שֶׁלֹּא גֵּרַשׁ אֶת הָרִאשׁוֹנוֹת:

הפטרת תולדת

בערב ראש חודש כסלו קוראים את ההפטרה בעמ׳ שו.

בעמ׳ שו

מלאכי, אחרון הנביאים שחי בראשית ימי בית שני, משקף מציאות קשה בפחוות יהודה של המעצמה הפרסית. בית המקדש בנוי, אך תהליך שיבת ציון אינו מתקדם כראוי. חולשה גדולה שורה בכול, גם המצב הרוחני ירוד. התנהלות העם והכוהנים במקדש מבזה את הקודש כל כך עד שהנביא מכריז בשם ה׳: ״אין לי חפץ בכם... ומִנחה לא ארצה מידכם״. המפתח לשינוי בידיהם של הכוהנים. אם ימחישו בדוגמה אישית שפיהם ולבם שווים, יקרינו תורת אמת שתסחף את הציבור כולו לעבודת ה׳ ראויה. זהו גם המפתח לקדם את תהליך שיבת ציון עד למימוש הגאולה הגלומה בו.

מלאכי

משא דבר־יהוה אל־ישראל ביד מלאכי: אהבתי אתכם אמר יהוה א א ב
ואמרתם במה אהבתנו הלוא־אח עשו ליעקב נאם־יהוה ואהב את־
יעקב: ואת־עשו שנאתי ואשים את־הריו שממה ואת־נחלתו לתנות ג
מדבר: כי־תאמר אדום רששנו ונשוב ונבנה חרבות כה אמר יהוה ד
צבאות המה יבנו ואני אהרוס וקראו להם גבול רשעה והעם אשר־זעם
יהוה עד־עולם: ועיניכם תראינה ואתם תאמרו יגדל יהוה מעל לגבול ה
ישראל: בן יכבד אב ועבד אדניו ואם־אב אני איה כבודי ואם־אדונים ו
אני איה מוראי אמר | יהוה צבאות לכם הכהנים בוזי שמי ואמרתם
במה בזינו את־שמך: מגישים על־מזבחי לחם מגאל ואמרתם במה ז
גאלנוך באמרכם שלחן יהוה נבזה הוא: וכי־תגשון עור לזבח אין רע ח
וכי תגישו פסח וחלה אין רע הקריבהו נא לפחתך הירצך או הישא
פניך אמר יהוה צבאות: ועתה חלו־נא פני־אל ויחננו מידכם היתה ט
זאת הישא מכם פנים אמר יהוה צבאות: מי גם־בכם ויסגר דלתים י
ולא־תאירו מזבחי חנם אין־לי חפץ בכם אמר יהוה צבאות ומנחה לא־
ארצה מידכם: כי ממזרח־שמש ועד־מבואו גדול שמי בגוים ובכל־מקום יא
מקטר מגש לשמי ומנחה טהורה כי־גדול שמי בגוים אמר יהוה צבאות:
ואתם מחללים אותו באמרכם שלחן אדני מגאל הוא וניבו נבזה יב
אכלו: ואמרתם הנה מתלאה והפחתם אותו אמר יהוה צבאות והבאתם יג
גזול ואת־הפסח ואת־החולה והבאתם את־המנחה הארצה אותה
מידכם אמר יהוה: וארור נוכל ויש בעדרו זכר ונדר וזבח משחת יד
לאדני כי מלך גדול אני אמר יהוה צבאות ושמי נורא בגוים: ועתה ב א
אליכם המצוה הזאת הכהנים: אם־לא תשמעו ואם־לא תשימו על־ ב
לב לתת כבוד לשמי אמר יהוה צבאות ושלחתי בכם את־המארה

ג וְאֵרוֹתִי אֶת־בִּרְכוֹתֵיכֶם וְגַם אָרוֹתִיהָ כִּי אֵינְכֶם שָׂמִים עַל־לֵב: הִנְנִי גֹעֵר
לָכֶם אֶת־הַזֶּרַע וְזֵרִיתִי פֶרֶשׁ עַל־פְּנֵיכֶם פֶּרֶשׁ חַגֵּיכֶם וְנָשָׂא אֶתְכֶם אֵלָיו:
ד וִידַעְתֶּם כִּי שִׁלַּחְתִּי אֲלֵיכֶם אֵת הַמִּצְוָה הַזֹּאת לִהְיוֹת בְּרִיתִי אֶת־לֵוִי
ה אָמַר יְהוָה צְבָאוֹת: בְּרִיתִי | הָיְתָה אִתּוֹ הַחַיִּים וְהַשָּׁלוֹם וָאֶתְּנֵם־לוֹ מוֹרָא
ו וַיִּירָאֵנִי וּמִפְּנֵי שְׁמִי נִחַת הוּא: תּוֹרַת אֱמֶת הָיְתָה בְּפִיהוּ וְעַוְלָה לֹא־נִמְצָא
ז בִשְׂפָתָיו בְּשָׁלוֹם וּבְמִישׁוֹר הָלַךְ אִתִּי וְרַבִּים הֵשִׁיב מֵעָוֹן: כִּי־שִׂפְתֵי כֹהֵן
ח יִשְׁמְרוּ־דַעַת וְתוֹרָה יְבַקְשׁוּ מִפִּיהוּ כִּי מַלְאַךְ יְהוָה־צְבָאוֹת הוּא:* וְאַתֶּם

האשכנזים והספרדים מסיימים כאן

סַרְתֶּם מִן־הַדֶּרֶךְ הִכְשַׁלְתֶּם רַבִּים בַּתּוֹרָה שִׁחַתֶּם בְּרִית הַלֵּוִי אָמַר יְהוָה
ט צְבָאוֹת: וְגַם־אֲנִי נָתַתִּי אֶתְכֶם נִבְזִים וּשְׁפָלִים לְכָל־הָעָם כְּפִי אֲשֶׁר אֵינְכֶם
י שֹׁמְרִים אֶת־דְּרָכַי וְנֹשְׂאִים פָּנִים בַּתּוֹרָה: הֲלוֹא אָב אֶחָד לְכֻלָּנוּ הֲלוֹא
יא אֵל אֶחָד בְּרָאָנוּ מַדּוּעַ נִבְגַּד אִישׁ בְּאָחִיו לְחַלֵּל בְּרִית אֲבֹתֵינוּ: בָּגְדָה
יְהוּדָה וְתוֹעֵבָה נֶעֶשְׂתָה בְיִשְׂרָאֵל וּבִירוּשָׁלָםִ כִּי | חִלֵּל יְהוּדָה קֹדֶשׁ
יב יְהוָה אֲשֶׁר אָהֵב וּבָעַל בַּת־אֵל נֵכָר: יַכְרֵת יְהוָה לָאִישׁ אֲשֶׁר יַעֲשֶׂנָּה
יג עֵר וְעֹנֶה מֵאָהֳלֵי יַעֲקֹב וּמַגִּישׁ מִנְחָה לַיהוָה צְבָאוֹת: וְזֹאת
שֵׁנִית תַּעֲשׂוּ כַּסּוֹת דִּמְעָה אֶת־מִזְבַּח יְהוָה בְּכִי וַאֲנָקָה מֵאֵין עוֹד פְּנוֹת
יד אֶל־הַמִּנְחָה וְלָקַחַת רָצוֹן מִיֶּדְכֶם: וַאֲמַרְתֶּם עַל־מָה עַל כִּי־יְהוָה הֵעִיד
בֵּינְךָ וּבֵין | אֵשֶׁת נְעוּרֶיךָ אֲשֶׁר אַתָּה בָּגַדְתָּה בָּהּ וְהִיא חֲבֶרְתְּךָ וְאֵשֶׁת
טו בְּרִיתֶךָ: וְלֹא־אֶחָד עָשָׂה וּשְׁאָר רוּחַ לוֹ וּמָה הָאֶחָד מְבַקֵּשׁ זֶרַע אֱלֹהִים
טז וְנִשְׁמַרְתֶּם בְּרוּחֲכֶם וּבְאֵשֶׁת נְעוּרֶיךָ אַל־יִבְגֹּד: כִּי־שָׂנֵא שַׁלַּח אָמַר יְהוָה
אֱלֹהֵי יִשְׂרָאֵל וְכִסָּה חָמָס עַל־לְבוּשׁוֹ אָמַר יְהוָה צְבָאוֹת וְנִשְׁמַרְתֶּם
יז בְּרוּחֲכֶם וְלֹא תִבְגֹּדוּ: הוֹגַעְתֶּם יְהוָה בְּדִבְרֵיכֶם וַאֲמַרְתֶּם
בַּמָּה הוֹגָעְנוּ בֶּאֱמָרְכֶם כָּל־עֹשֵׂה רָע טוֹב | בְּעֵינֵי יְהוָה וּבָהֶם הוּא חָפֵץ
ג א אוֹ אַיֵּה אֱלֹהֵי הַמִּשְׁפָּט: הִנְנִי שֹׁלֵחַ מַלְאָכִי וּפִנָּה־דֶרֶךְ לְפָנָי וּפִתְאֹם
יָבוֹא אֶל־הֵיכָלוֹ הָאָדוֹן | אֲשֶׁר־אַתֶּם מְבַקְשִׁים וּמַלְאַךְ הַבְּרִית אֲשֶׁר
ב אַתֶּם חֲפֵצִים הִנֵּה־בָא אָמַר יְהוָה צְבָאוֹת: וּמִי מְכַלְכֵּל אֶת־יוֹם בּוֹאוֹ וּמִי
ג הָעֹמֵד בְּהֵרָאוֹתוֹ כִּי־הוּא כְּאֵשׁ מְצָרֵף וּכְבֹרִית מְכַבְּסִים: וְיָשַׁב מְצָרֵף
וּמְטַהֵר כֶּסֶף וְטִהַר אֶת־בְּנֵי־לֵוִי וְזִקַּק אֹתָם כַּזָּהָב וְכַכָּסֶף וְהָיוּ לַיהוָה
ד מַגִּישֵׁי מִנְחָה בִּצְדָקָה: וְעָרְבָה לַיהוָה מִנְחַת יְהוּדָה וִירוּשָׁלָםִ כִּימֵי עוֹלָם
וּכְשָׁנִים קַדְמֹנִיּוֹת:

פרשת ויצא

נושאים לפי סדרים	כו	כז	כח	כט
	חלום יעקב **יעקב נושא את לאה ורחל**	**הולדת בני לאה בלהה וזלפה**	**הולדת יוסף** **יעקב עושה לביתו**	**הבריחה מלבן** **ברית יעקב ולבן**
	בית אל	חרן	חרן	הר הגלעד-מחניים

כ־20 שנה

ויצא

כו וַיֵּצֵא יַעֲקֹב מִבְּאֵר שָׁבַע וַיֵּלֶךְ חָרָנָה: וַיִּפְגַּע יא כח
בַּמָּקוֹם וַיָּלֶן שָׁם כִּי־בָא הַשֶּׁמֶשׁ וַיִּקַּח מֵאַבְנֵי
הַמָּקוֹם וַיָּשֶׂם מְרַאֲשֹׁתָיו וַיִּשְׁכַּב בַּמָּקוֹם הַהוּא:
וַיַּחֲלֹם וְהִנֵּה סֻלָּם מֻצָּב אַרְצָה וְרֹאשׁוֹ מַגִּיעַ יב
הַשָּׁמָיְמָה וְהִנֵּה מַלְאֲכֵי אֱלֹהִים עֹלִים וְיֹרְדִים בּוֹ:
וְהִנֵּה יְהוָֹה נִצָּב עָלָיו וַיֹּאמַר אֲנִי יְהוָֹה אֱלֹהֵי יג
אַבְרָהָם אָבִיךָ וֵאלֹהֵי יִצְחָק הָאָרֶץ אֲשֶׁר אַתָּה
שֹׁכֵב עָלֶיהָ לְךָ אֶתְּנֶנָּה וּלְזַרְעֶךָ: וְהָיָה זַרְעֲךָ יד
כַּעֲפַר הָאָרֶץ וּפָרַצְתָּ יָמָּה וָקֵדְמָה וְצָפֹנָה וָנֶגְבָּה
וְנִבְרְכוּ בְךָ כָּל־מִשְׁפְּחֹת הָאֲדָמָה וּבְזַרְעֶךָ: וְהִנֵּה טו
אָנֹכִי עִמָּךְ וּשְׁמַרְתִּיךָ בְּכֹל אֲשֶׁר־תֵּלֵךְ וַהֲשִׁבֹתִיךָ
אֶל־הָאֲדָמָה הַזֹּאת כִּי לֹא אֶעֱזָבְךָ עַד אֲשֶׁר
אִם־עָשִׂיתִי אֵת אֲשֶׁר־דִּבַּרְתִּי לָךְ: וַיִּיקַץ יַעֲקֹב טז
מִשְּׁנָתוֹ וַיֹּאמֶר אָכֵן יֵשׁ יְהוָֹה בַּמָּקוֹם הַזֶּה וְאָנֹכִי
לֹא יָדָעְתִּי: וַיִּירָא וַיֹּאמַר מַה־נּוֹרָא הַמָּקוֹם הַזֶּה יז

י וַיֵּצֵא יַעֲקֹב. עַל יְדֵי שֶׁבִּשְׁבִיל שֶׁרָעוֹת בְּנוֹת כְּנַעַן בְּעֵינֵי יִצְחָק אָבִיו הָלַךְ עֵשָׂו אֶל יִשְׁמָעֵאל, הִפְסִיק הָעִנְיָן בְּפָרָשָׁתוֹ שֶׁל יַעֲקֹב וְכָתַב: "וַיַּרְא עֵשָׂו כִּי בֵרַךְ" וְגוֹ' (לעיל פסוק ו), וּמִשֶּׁגָּמַר – חָזַר לָעִנְיָן הָרִאשׁוֹן: וַיֵּצֵא. לֹא הָיָה צָרִיךְ לִכְתֹּב אֶלָּא 'וַיֵּלֶךְ יַעֲקֹב חָרָנָה', וְלָמָּה הִזְכִּיר יְצִיאָתוֹ? אֶלָּא מַגִּיד שֶׁיְּצִיאַת צַדִּיק מִן הַמָּקוֹם עוֹשָׂה רֹשֶׁם, שֶׁבִּזְמַן שֶׁהַצַּדִּיק בָּעִיר הוּא הוֹדָהּ הוּא זִיוָהּ הוּא

יא וּנְפַק יַעֲקֹב מִבְּאֵר שָׁבַע, וַאֲזַל לְחָרָן: וַעֲרַע בְּאַתְרָא, וּבָת תַּמָּן אֲרֵי עָאל שִׁמְשָׁא,
יב וּנְסֵיב מֵאַבְנֵי אַתְרָא, וְשַׁוִּי אִיסָדוֹהִי, וּשְׁכֵיב בְּאַתְרָא הַהוּא: וַחֲלַם, וְהָא סֻלְמָא נְעִיץ
יג בְּאַרְעָא, וְרֵישֵׁיהּ מָטֵי עַד צֵית שְׁמַיָּא, וְהָא מַלְאֲכַיָּא דַּייָ, סָלְקִין וְנָחְתִין בֵּיהּ: וְהָא יְקָרָא
דַּייָ, מְעַתַּד עִלָּוֹהִי וַאֲמַר, אֲנָא יי, אֱלָהֵיהּ דְּאַבְרָהָם אֲבוּךְ, וֵאלָהֵיהּ דְּיִצְחָק, אַרְעָא, דְּאַתְּ
יד שְׁכֵיב עֲלַהּ, לָךְ אֶתְּנִנַּהּ וְלִבְנָךְ: וִיהוֹן בְּנָךְ סַגִּיאִין כְּעַפְרָא דְּאַרְעָא, וְתִתְקַף, לְמַעְרְבָא
טו וּלְמַדִּנְחָא וּלְצִפּוּנָא וּלְדָרוֹמָא, וְיִתְבָּרְכוּן בְּדִילָךְ, כָּל זַרְעִית אַרְעָא וּבְדִיל בְּנָךְ: וְהָא
מֵימְרִי בְּסַעֲדָךְ, וְאַטְּרִנָּךְ בְּכָל אֲתַר דִּתְהָךְ, וַאֲתִיבִנָּךְ, לְאַרְעָא הָדָא, אֲרֵי לָא אֶשְׁבְּקִנָּךְ,
טז עַד דַּאֲעֲבֵיד, יָת דְּמַלֵּילִית לָךְ: וְאִתְּעַר יַעֲקֹב מִשֵּׁינְתֵיהּ, וַאֲמַר, בְּקֻשְׁטָא יְקָרָא דַּייָ,
יז שְׁרֵי בְּאַתְרָא הָדֵין, וַאֲנָא לָא הֲוֵיתִי יָדַע: וּדְחֵיל וַאֲמַר, מָא דְּחִילוּ אַתְרָא הָדֵין,

הֲדָרָהּ; יָצָא מִשָּׁם, פָּנָה הוֹדָהּ פָּנָה זִיוָהּ פָּנָה הֲדָרָהּ, וְכֵן: "וַתֵּצֵא מִן הַמָּקוֹם" (רות א, ז) הָאָמוּר בְּנָעֳמִי וְרוּת: וַיֵּלֶךְ חָרָנָה. יָצָא לָלֶכֶת לְחָרָן:

יא **וַיִּפְגַּע בַּמָּקוֹם.** לֹא הִזְכִּיר הַכָּתוּב בְּאֵיזֶה מָקוֹם, אֶלָּא בַּמָּקוֹם הַנִּזְכָּר בְּמָקוֹם אַחֵר, הוּא הַר הַמּוֹרִיָּה שֶׁנֶּאֱמַר בּוֹ: "וַיַּרְא אֶת הַמָּקוֹם מֵרָחֹק" (לעיל כב, ד): **וַיִּפְגַּע.** כְּמוֹ: "וּפָגַע בִּירִיחוֹ" (יהושע טז, ז), "וּפָגַע בְּדַבָּשֶׁת" (שם יט, יא). וְרַבּוֹתֵינוּ פֵּרְשׁוּ לְשׁוֹן תְּפִלָּה, כְּמוֹ: "וְאַל תִּפְגַּע בִּי" (ירמיה ז, טז), וְלִמְּדָנוּ שֶׁתִּקֵּן תְּפִלַּת עַרְבִית. וְשִׁנָּה הַכָּתוּב וְלֹא כָתַב 'וַיִּתְפַּלֵּל', לְלַמֶּדְךָ שֶׁקָּפְצָה לוֹ הָאָרֶץ, כְּמוֹ שֶׁמְּפֹרָשׁ בְּפֶרֶק 'גִּיד הַנָּשֶׁה' (חולין צא ע"ב): **כִּי בָא הַשֶּׁמֶשׁ.** הָיָה לוֹ לִכְתֹּב: 'וַיָּבֹא הַשֶּׁמֶשׁ וַיָּלֶן שָׁם', "כִּי בָא הַשֶּׁמֶשׁ" מַשְׁמָע שֶׁשָּׁקְעָה לוֹ חַמָּה פִּתְאוֹם שֶׁלֹּא בְּעוֹנָתָהּ, כְּדֵי שֶׁיָּלִין שָׁם: **וַיָּשֶׂם מְרַאֲשֹׁתָיו.** עֲשָׂאָן כְּמִין מַרְזֵב סָבִיב לְרֹאשׁוֹ מִפְּנֵי חַיּוֹת רָעוֹת. הִתְחִילוּ מְרִיבוֹת זוֹ עִם זוֹ, זֹאת אוֹמֶרֶת: עָלַי יַנִּיחַ צַדִּיק אֶת רֹאשׁוֹ, וְזֹאת אוֹמֶרֶת: עָלַי יַנִּיחַ, מִיָּד עֲשָׂאָן הַקָּדוֹשׁ בָּרוּךְ הוּא אֶבֶן אַחַת, וְזֶהוּ שֶׁנֶּאֱמַר: "וַיִּקַּח אֶת הָאֶבֶן אֲשֶׁר שָׂם מְרַאֲשֹׁתָיו" (להלן פסוק יח): **וַיִּשְׁכַּב בַּמָּקוֹם הַהוּא.** לְשׁוֹן מִעוּט – בְּאוֹתוֹ מָקוֹם שָׁכַב, אֲבָל אַרְבַּע עֶשְׂרֵה שָׁנִים שֶׁשִּׁמֵּשׁ בְּבֵית עֵבֶר לֹא שָׁכַב בַּלַּיְלָה, שֶׁהָיָה עוֹסֵק בַּתּוֹרָה:

יב **עֹלִים וְיֹרְדִים.** עוֹלִים תְּחִלָּה וְאַחַר כָּךְ יוֹרְדִים? מַלְאָכִים שֶׁלִּוּוּהוּ בָּאָרֶץ אֵין יוֹצְאִים חוּצָה לָאָרֶץ, וְעָלוּ לָרָקִיעַ, וְיָרְדוּ מַלְאֲכֵי חוּצָה לָאָרֶץ לְלַוּוֹתוֹ:

יג **נִצָּב עָלָיו.** לְשָׁמְרוֹ: **וֵאלֹהֵי יִצְחָק.** אַף עַל פִּי שֶׁלֹּא מָצִינוּ בַּמִּקְרָא שֶׁיִּחֵד הַקָּדוֹשׁ בָּרוּךְ הוּא שְׁמוֹ עַל הַצַּדִּיקִים בְּחַיֵּיהֶם לִכְתֹּב 'אֱלֹהֵי פְלוֹנִי', מִשּׁוּם שֶׁנֶּאֱמַר: "הֵן בִּקְדֹשָׁו לֹא יַאֲמִין" (איוב טו, טו), כָּאן יִחֵד שְׁמוֹ עַל יִצְחָק, לְפִי שֶׁכָּהוּ עֵינָיו וְכָלוּא בַּבַּיִת וַהֲרֵי הוּא כְּמֵת, וְיֵצֶר הָרָע פָּסַק מִמֶּנּוּ. תַּנְחוּמָא (תולדות ז): **שֹׁכֵב עָלֶיהָ.** קִפֵּל הַקָּדוֹשׁ בָּרוּךְ הוּא כָּל אֶרֶץ יִשְׂרָאֵל תַּחְתָּיו, כְּדֵי שֶׁתְּהֵא נוֹחָה לִכָּבֵשׁ לְבָנָיו:

יד **וּפָרַצְתָּ.** וְחָזַקְתָּ, כְּמוֹ: "וְכֵן יִפְרֹץ" (שמות א, יב):

טו **אָנֹכִי עִמָּךְ.** לְפִי שֶׁהָיָה יָרֵא מֵעֵשָׂו וּמִלָּבָן: **עַד אֲשֶׁר אִם עָשִׂיתִי.** 'אִם' מְשַׁמֵּשׁ בִּלְשׁוֹן 'כִּי': **דִּבַּרְתִּי לָךְ.** לְצָרְכְּךָ וְעָלֶיךָ, מַה שֶּׁהִבְטַחְתִּי לְאַבְרָהָם עַל זַרְעוֹ לְךָ הִבְטַחְתִּי וְלֹא לְעֵשָׂו, שֶׁלֹּא אָמַרְתִּי לוֹ: 'כִּי יִצְחָק יִקָּרֵא לְךָ זָרַע' אֶלָּא "כִּי בְיִצְחָק" (לעיל כא, יב) וְלֹא כָּל יִצְחָק. וְכֵן כָּל 'לִי' וּ'לְךָ' וְ'לוֹ' וְ'לָהֶם' הַסְּמוּכִים אֵצֶל דִּבּוּר מְשַׁמְּשִׁים לְשׁוֹן 'עַל', וְזֶה יוֹכִיחַ, שֶׁהֲרֵי עִם יַעֲקֹב לֹא דִּבֵּר קֹדֶם לָכֵן:

טז **וְאָנֹכִי לֹא יָדָעְתִּי.** שֶׁאִם יָדַעְתִּי לֹא יָשַׁנְתִּי בְּמָקוֹם קָדוֹשׁ כָּזֶה:

אֵין זֶה כִּי אִם־בֵּית אֱלֹהִים וְזֶה שַׁעַר הַשָּׁמָיִם׃
יח וַיַּשְׁכֵּם יַעֲקֹב בַּבֹּקֶר וַיִּקַּח אֶת־הָאֶבֶן אֲשֶׁר־שָׂם
מְרַאֲשֹׁתָיו וַיָּשֶׂם אֹתָהּ מַצֵּבָה וַיִּצֹק שֶׁמֶן עַל־
יט רֹאשָׁהּ׃ וַיִּקְרָא אֶת־שֵׁם־הַמָּקוֹם הַהוּא בֵּית־אֵל
כ וְאוּלָם לוּז שֵׁם־הָעִיר לָרִאשֹׁנָה׃ וַיִּדַּר יַעֲקֹב נֶדֶר
לֵאמֹר אִם־יִהְיֶה אֱלֹהִים עִמָּדִי וּשְׁמָרַנִי בַּדֶּרֶךְ
הַזֶּה אֲשֶׁר אָנֹכִי הוֹלֵךְ וְנָתַן־לִי לֶחֶם לֶאֱכֹל וּבֶגֶד
כא לִלְבֹּשׁ׃ וְשַׁבְתִּי בְשָׁלוֹם אֶל־בֵּית אָבִי וְהָיָה יְהוָה
כב לִי לֵאלֹהִים׃ וְהָאֶבֶן הַזֹּאת אֲשֶׁר־שַׂמְתִּי מַצֵּבָה
יִהְיֶה בֵּית אֱלֹהִים וְכֹל אֲשֶׁר תִּתֶּן־לִי עַשֵּׂר
כט א שני אֲעַשְּׂרֶנּוּ לָךְ׃ וַיִּשָּׂא יַעֲקֹב רַגְלָיו וַיֵּלֶךְ אַרְצָה
ב בְנֵי־קֶדֶם׃ וַיַּרְא וְהִנֵּה בְאֵר בַּשָּׂדֶה וְהִנֵּה־שָׁם
שְׁלֹשָׁה עֶדְרֵי־צֹאן רֹבְצִים עָלֶיהָ כִּי מִן־הַבְּאֵר
הַהִוא יַשְׁקוּ הָעֲדָרִים וְהָאֶבֶן גְּדֹלָה עַל־פִּי הַבְּאֵר׃
ג וְנֶאֶסְפוּ־שָׁמָּה כָל־הָעֲדָרִים וְגָלְלוּ אֶת־הָאֶבֶן
מֵעַל פִּי הַבְּאֵר וְהִשְׁקוּ אֶת־הַצֹּאן וְהֵשִׁיבוּ אֶת־
ד הָאֶבֶן עַל־פִּי הַבְּאֵר לִמְקֹמָהּ׃ וַיֹּאמֶר לָהֶם יַעֲקֹב
ה אַחַי מֵאַיִן אַתֶּם וַיֹּאמְרוּ מֵחָרָן אֲנָחְנוּ׃ וַיֹּאמֶר
לָהֶם הַיְדַעְתֶּם אֶת־לָבָן בֶּן־נָחוֹר וַיֹּאמְרוּ יָדָעְנוּ׃
ו וַיֹּאמֶר לָהֶם הֲשָׁלוֹם לוֹ וַיֹּאמְרוּ שָׁלוֹם וְהִנֵּה רָחֵל

יח לֵית דֵּין אֲתַר הֶדְיוֹט, אֱלָהֵין אֲתַר דְּרַעֲוָא בֵיהּ מִן קֳדָם יְיָ, וְדֵין תְּרַע קֳבֵיל שְׁמַיָּא: וְאַקְדֵּים
יַעֲקֹב בְּצַפְרָא, וּנְסֵיב יָת אַבְנָא דְּשַׁוִּי אִיסָדוֹהִי, וְשַׁוִּי יָתַהּ קָמָא, וַאֲרֵיק מִשְׁחָא עַל רֵישַׁהּ:
יט כ וּקְרָא, יָת שְׁמֵיהּ דְּאַתְרָא הַהוּא בֵּית אֵל, וּבְרַם, לוּז שְׁמַהּ דְּקַרְתָּא מִלְּקַדְמִין: וְקַיֵּים יַעֲקֹב קְיָם
לְמֵימַר, אִם יְהֵי מֵימְרָא דַּייָ בְּסַעֲדִי, וְיִטְּרִנַּנִי בְּאוֹרְחָא הָדָא דַּאֲנָא אָזֵיל, וְיִתֵּין לִי לְחֵים, לְמֵיכַל
כא כב וּכְסוּ לְמִלְבַּשׁ: וַאֲתוּב בִּשְׁלָם לְבֵית אַבָּא, וִיהֵי מֵימְרָא דַּייָ, לִי לֶאֱלָהּ: וְאַבְנָא הָדָא, דְּשַׁוֵּיתִי
כט א קָמָא, תְּהֵי דְּאֵיהֵי פָּלַח עֲלַהּ קֳדָם יְיָ, וְכֹל דְּתִתֵּין לִי, חַד מִן עַסְרָא אַפְרְשִׁנֵּיהּ קֳדָמָךְ: וּנְטַל יַעֲקֹב
ב רַגְלוֹהִי, וַאֲזַל לַאֲרַע בְּנֵי מַדְנְחָא: וַחֲזָא וְהָא בֵירָא בְּחַקְלָא, וְהָא תַמָּן, תְּלָתָא עֶדְרִין דְּעָן רְבִיעִין
ג עֲלַהּ, אֲרֵי מִן בֵּירָא הַהִיא, מַשְׁקַן עֶדְרַיָּא, וְאַבְנָא רַבְּתָא עַל פּוּמָּא דְּבֵירָא: וּמִתְכַּנְשִׁין לְתַמָּן
כָּל עֶדְרַיָּא, וּמְגַנְדְּרִין יָת אַבְנָא מֵעַל פּוּמָּא דְּבֵירָא, וּמַשְׁקַן יָת עָנָא, וּמְתִיבִין יָת אַבְנָא, עַל
ד ה פּוּמָּא דְּבֵירָא לְאַתְרַהּ: וַאֲמַר לְהוֹן יַעֲקֹב, אַחַי מְנָן אַתּוּן, וַאֲמַרוּ, מֵחָרָן אֲנַחְנָא: וַאֲמַר לְהוֹן,
ו הַיְדַעְתּוּן יָת לָבָן בַּר נָחוֹר, וַאֲמַרוּ יָדְעִין: וַאֲמַר לְהוֹן הַשְׁלָם לֵיהּ, וַאֲמַרוּ שְׁלָם, וְהָא רָחֵל

יז| **כִּי אִם בֵּית אֱלֹהִים.** אָמַר רַבִּי אֶלְעָזָר בְּשֵׁם רַבִּי יוֹסֵי בֶּן זִמְרָא: הַסֻּלָּם הַזֶּה עוֹמֵד בִּבְאֵר שֶׁבַע וְאֶמְצָעוֹ מַגִּיעַ כְּנֶגֶד בֵּית הַמִּקְדָּשׁ, שֶׁבְּאֵר שֶׁבַע עוֹמֵד בִּדְרוֹמוֹ שֶׁל יְהוּדָה, וִירוּשָׁלַיִם בִּצְפוֹנוֹ בַּגְּבוּל שֶׁבֵּין יְהוּדָה וּבִנְיָמִין, וּבֵית אֵל הָיָה בַּצָּפוֹן שֶׁל נַחֲלַת בִּנְיָמִין בַּגְּבוּל שֶׁבֵּין בִּנְיָמִין וּבֵין בְּנֵי יוֹסֵף; נִמְצָא סֻלָּם שֶׁרַגְלָיו בִּבְאֵר שֶׁבַע וְרֹאשׁוֹ בְּבֵית אֵל מַגִּיעַ אֶמְצַע שִׁפּוּעוֹ נֶגֶד יְרוּשָׁלַיִם. וּלְפִי שֶׁאָמְרוּ רַבּוֹתֵינוּ שֶׁאָמַר הַקָּדוֹשׁ בָּרוּךְ הוּא, צַדִּיק זֶה בָּא לְבֵית מְלוֹנִי וְיִפָּטֵר בְּלֹא לִינָה?, וְעוֹד אָמְרוּ, יַעֲקֹב קְרָאוֹ בֵּית אֵל, וְזוֹ לוּז הִיא וְלֹא יְרוּשָׁלַיִם, וּמֵהֵיכָן לָמְדוּ לוֹמַר כֵּן? אֲנִי אוֹמֵר שֶׁנֶּעֱקַר הַר הַמּוֹרִיָּה וּבָא לְכָאן, וְזוֹ הִיא קְפִיצַת הָאָרֶץ הָאֲמוּרָה בִּשְׁחִיטַת חֻלִּין (חולין צא ע״ב), שֶׁבָּא בֵּית הַמִּקְדָּשׁ לִקְרָאתוֹ עַד בֵּית אֵל, וְזֶהוּ "וַיִּפְגַּע בַּמָּקוֹם" (לעיל פסוק יא): **מַה נּוֹרָא.** תַּרְגּוּם: "מָה דְּחִילוּ אַתְרָא הָדֵין". 'דְּחִילוּ' שֵׁם דָּבָר הוּא, כְּמוֹ 'סוֹכַלְתָנוּ' 'וּכְסוּ לְמִלְבַּשׁ': **וְזֶה שַׁעַר הַשָּׁמָיִם.** מָקוֹם תְּפִלָּה לַעֲלוֹת תְּפִלָּתָם הַשָּׁמַיְמָה. וּמִדְרָשׁוֹ, שֶׁבֵּית הַמִּקְדָּשׁ שֶׁל מַעְלָה מְכֻוָּן כְּנֶגֶד בֵּית הַמִּקְדָּשׁ שֶׁל מַטָּה:

כ-כא| **אִם יִהְיֶה אֱלֹהִים עִמָּדִי.** אִם יִשְׁמֹר לִי הַבְטָחוֹת הַלָּלוּ שֶׁהִבְטִיחַנִי לִהְיוֹת עִמָּדִי, כְּמוֹ שֶׁאָמַר לִי: "וְהִנֵּה אָנֹכִי עִמָּךְ" (לעיל פסוק טו): **וּשְׁמָרַנִי.** כְּמוֹ שֶׁאָמַר לִי: "וּשְׁמַרְתִּיךָ בְּכֹל אֲשֶׁר תֵּלֵךְ" (שם): **וְנָתַן לִי לֶחֶם לֶאֱכֹל.** כְּמוֹ שֶׁאָמַר: "כִּי לֹא אֶעֱזָבְךָ" (שם), וְהַמְבַקֵּשׁ לֶחֶם הוּא קָרוּי נֶעֱזָב, שֶׁנֶּאֱמַר: "וְלֹא רָאִיתִי צַדִּיק נֶעֱזָב וְזַרְעוֹ מְבַקֶּשׁ לָחֶם" (תהלים לז, כה): **וְשַׁבְתִּי.** כְּמוֹ שֶׁאָמַר לִי: "וַהֲשִׁבֹתִיךָ אֶל הָאֲדָמָה" (לעיל פסוק טו): **בְּשָׁלוֹם.** שָׁלֵם מִן הַחֵטְא, שֶׁלֹּא אֶלְמַד מִדַּרְכֵי לָבָן: **וְהָיָה ה׳ לִי לֵאלֹהִים.** שֶׁיָּחוּל שְׁמוֹ עָלַי מִתְּחִלָּה וְעַד סוֹף, שֶׁלֹּא יִמָּצֵא פְסוּל בְּזַרְעִי כְּמוֹ שֶׁאָמַר: "אֲשֶׁר דִּבַּרְתִּי לָךְ" (שם); וְהַבְטָחָה זוֹ הִבְטִיחַ לְאַבְרָהָם, שֶׁנֶּאֱמַר: "לִהְיוֹת לְךָ לֵאלֹהִים וּלְזַרְעֲךָ אַחֲרֶיךָ" (לעיל יז, ז):

כב| **וְהָאֶבֶן הַזֹּאת.** כָּךְ תְּפָרֵשׁ וָי״ו זוֹ שֶׁל 'וְהָאֶבֶן': אִם תַּעֲשֶׂה לִי אֶת אֵלֶּה וְאַף אֲנִי אֶעֱשֶׂה זֹאת: **וְהָאֶבֶן הַזֹּאת אֲשֶׁר שַׂמְתִּי מַצֵּבָה וְגוֹ׳.** כְּתַרְגּוּמוֹ: "אֵיהֵי פָּלַח עֲלַהּ קֳדָם ה׳". וְכֵן עָשָׂה בְּשׁוּבוֹ מִפַּדַּן אֲרָם כְּשֶׁאָמַר לוֹ: "קוּם עֲלֵה בֵית אֵל" (להלן לה, א), מַה נֶּאֱמַר שָׁם? "וַיַּצֵּב יַעֲקֹב מַצֵּבָה וְגוֹ׳ וַיַּסֵּךְ עָלֶיהָ נֶסֶךְ" (שם יד):

פרק כט

א| **וַיִּשָּׂא יַעֲקֹב רַגְלָיו.** מִשֶּׁנִּתְבַּשֵּׂר בְּשׂוֹרָה טוֹבָה וְהֻבְטַח בִּשְׁמִירָה, נָשָׂא לִבּוֹ אֶת רַגְלָיו וְנַעֲשָׂה קַל לָלֶכֶת. כָּךְ מְפֹרָשׁ בִּבְרֵאשִׁית רַבָּה (ע, ח):

ב| **יַשְׁקוּ הָעֲדָרִים.** מַשְׁקִים הָרוֹעִים אֶת הָעֲדָרִים, וְהַמִּקְרָא דִּבֶּר בִּלְשׁוֹן קְצָרָה:

ג| **וְנֶאֶסְפוּ.** רְגִילִים הָיוּ לְהֵאָסֵף, לְפִי שֶׁהָיְתָה הָאֶבֶן גְּדוֹלָה: **וְגָלֲלוּ.** וְגוֹלְלִין, וְתַרְגּוּמוֹ: "וּמְגַנְדְּרִין". כָּל לְשׁוֹן הוֶֹה מִשְׁתַּנֶּה לְדַבֵּר בִּלְשׁוֹן עָתִיד וּבִלְשׁוֹן עָבָר, לְפִי שֶׁכָּל דָּבָר הַהוֶֹה תָּמִיד כְּבָר הָיָה וְעָתִיד לִהְיוֹת: **וְהֵשִׁיבוּ.** "וּמְתִיבִין":

בִּתּ֣וֹ בָּאָ֖ה עִם־הַצֹּֽאן׃ וַיֹּ֗אמֶר הֵ֥ן ע֨וֹד הַיּ֣וֹם גָּד֔וֹל ז
לֹא־עֵ֖ת הֵאָסֵ֣ף הַמִּקְנֶ֑ה הַשְׁק֥וּ הַצֹּ֖אן וּלְכ֥וּ רְעֽוּ׃
וַיֹּאמְרוּ֮ לֹ֣א נוּכַל֒ עַ֣ד אֲשֶׁ֤ר יֵאָֽסְפוּ֙ כָּל־הָ֣עֲדָרִ֔ים ח
וְגָֽלְלוּ֙ אֶת־הָאֶ֔בֶן מֵעַ֖ל פִּ֣י הַבְּאֵ֑ר וְהִשְׁקִ֖ינוּ הַצֹּֽאן׃
עוֹדֶ֖נּוּ מְדַבֵּ֣ר עִמָּ֑ם וְרָחֵ֣ל ׀ בָּ֗אָה עִם־הַצֹּאן֙ אֲשֶׁ֣ר ט
לְאָבִ֔יהָ כִּ֥י רֹעָ֖ה הִֽוא׃ וַיְהִ֡י כַּאֲשֶׁר֩ רָאָ֨ה יַעֲקֹ֜ב י
אֶת־רָחֵ֗ל בַּת־לָבָן֙ אֲחִ֣י אִמּ֔וֹ וְאֶת־צֹ֥אן לָבָ֖ן אֲחִ֣י
אִמּ֑וֹ וַיִּגַּ֣שׁ יַעֲקֹ֗ב וַיָּ֤גֶל אֶת־הָאֶ֙בֶן֙ מֵעַל֙ פִּ֣י הַבְּאֵ֔ר
וַיַּ֕שְׁקְ אֶת־צֹ֥אן לָבָ֖ן אֲחִ֥י אִמּֽוֹ׃ וַיִּשַּׁ֥ק יַעֲקֹ֖ב לְרָחֵ֑ל יא
וַיִּשָּׂ֥א אֶת־קֹל֖וֹ וַיֵּֽבְךְּ׃ וַיַּגֵּ֨ד יַעֲקֹ֜ב לְרָחֵ֗ל כִּ֣י אֲחִ֤י יב
אָבִ֙יהָ֙ ה֔וּא וְכִ֥י בֶן־רִבְקָ֖ה ה֑וּא וַתָּ֖רָץ וַתַּגֵּ֥ד
לְאָבִֽיהָ׃ וַיְהִי֩ כִשְׁמֹ֨עַ לָבָ֜ן אֶת־שֵׁ֣מַע ׀ יַעֲקֹ֣ב בֶּן־ יג
אֲחֹת֗וֹ וַיָּ֤רָץ לִקְרָאתוֹ֙ וַיְחַבֶּק־לוֹ֙ וַיְנַשֶּׁק־ל֔וֹ
וַיְבִיאֵ֖הוּ אֶל־בֵּית֑וֹ וַיְסַפֵּ֣ר לְלָבָ֔ן אֵ֥ת כָּל־הַדְּבָרִ֖ים
הָאֵֽלֶּה׃ וַיֹּ֤אמֶר לוֹ֙ לָבָ֔ן אַ֛ךְ עַצְמִ֥י וּבְשָׂרִ֖י אָ֑תָּה יד
וַיֵּ֥שֶׁב עִמּ֖וֹ חֹ֥דֶשׁ יָמִֽים׃ וַיֹּ֤אמֶר לָבָן֙ לְיַעֲקֹ֔ב הֲכִֽי־ טו
אָחִ֣י אַ֔תָּה וַעֲבַדְתַּ֖נִי חִנָּ֑ם הַגִּ֥ידָה לִּ֖י מַה־
מַּשְׂכֻּרְתֶּֽךָ׃ וּלְלָבָ֖ן שְׁתֵּ֣י בָנ֑וֹת שֵׁ֤ם הַגְּדֹלָה֙ לֵאָ֔ה טז
וְשֵׁ֥ם הַקְּטַנָּ֖ה רָחֵֽל׃ וְעֵינֵ֥י לֵאָ֖ה רַכּ֑וֹת וְרָחֵל֙ הָֽיְתָ֔ה יז
שלישי יְפַת־תֹּ֖אַר וִיפַ֥ת מַרְאֶֽה׃ וַיֶּאֱהַ֥ב יַעֲקֹ֖ב אֶת־רָחֵ֑ל יח

ז בְּרַתֵּיהּ, אָתְיָא עִם עָנָא: וַאֲמַר, הָא עוֹד יוֹמָא סַגִּי, לָא עִדָּן לְמִכְנַשׁ בְּעִיר, אַשְׁקוֹ עָנָא וְאִיזִילוּ
ח רְעוֹ: וַאֲמַרוּ לָא נִכּוֹל, עַד דְּיִתְכַּנְשׁוּן כָּל עֶדְרַיָּא, וִיגַנְדְּרוּן יָת אַבְנָא, מֵעַל פֻּמָּא דְּבֵירָא, וְנַשְׁקֵי
ט עָנָא: עַד דְּהוּא מְמַלֵּיל עִמְּהוֹן, וְרָחֵל אֲתַת, עִם עָנָא דִּלְאֲבוּהָא, אֲרֵי רָעִיתָא הִיא: וַהֲוָה,
י כַּד חֲזָא יַעֲקֹב יָת רָחֵל, בַּת לָבָן אֲחוּהָא דְּאִמֵּיהּ, וְיָת עָנָא דְּלָבָן אֲחוּהָא דְּאִמֵּיהּ, וּקְרֵיב
יא יַעֲקֹב, וְגַנְדַּר יָת אַבְנָא מֵעַל פֻּמָּא דְּבֵירָא, וְאַשְׁקִי, יָת עָנָא דְּלָבָן אֲחוּהָא דְּאִמֵּיהּ: וְנַשֵּׁיק
יב יַעֲקֹב לְרָחֵל, וַאֲרֵים יָת קָלֵיהּ וּבְכָא: וְחַוִּי יַעֲקֹב לְרָחֵל, אֲרֵי בַּר אֲחָת אֲבוּהָא הוּא, וַאֲרֵי בַּר
יג רִבְקָה הוּא, וּרְהַטַת וְחַוִּיאַת לַאֲבוּהָא: וַהֲוָה כַּד שְׁמַע לָבָן, יָת שֵׁימַע יַעֲקֹב בַּר אֲחָתֵיהּ,
וּרְהַט לְקַדָּמוּתֵיהּ וְגָפֵיף לֵיהּ וְנַשֵּׁיק לֵיהּ, וְאַעֲלֵיהּ לְבֵיתֵיהּ, וְאִשְׁתַּעִי לְלָבָן, יָת כָּל פִּתְגָמַיָּא
יד טו הָאִלֵּין: וַאֲמַר לֵיהּ לָבָן, בְּרַם, קָרִיבִי וּבִסְרִי אַתְּ, וִיתֵיב עִמֵּיהּ יְרַח יוֹמִין: וַאֲמַר לָבָן לְיַעֲקֹב,
טז הֲמִדַּאֲחִי אַתְּ, וְתִפְלְחִנַּנִי מַגָּן, חַוִּי לִי מָא אַגְרָךְ: וּלְלָבָן תַּרְתֵּין בְּנָן, שׁוּם רַבְּתָא לֵאָה, וְשׁוּם
יז יח זְעֵירְתָא רָחֵל: וְעֵינֵי לֵאָה יָאֲיָן, וְרָחֵל הֲוָת, שַׁפִּירָא בְּרֵיוָא וְיָאְיָא בְּחֶזְוָא: וּרְחֵים יַעֲקֹב יָת רָחֵל,

ו| **בָּאָה עִם הַצֹּאן.** הַטַּעַם בְּחָלֶ"ף, וְתַרְגּוּמוֹ: "אָתְיָא"; "וְרָחֵל בָּאָה" (להלן פסוק ט) הַטַּעַם לְמַעְלָה בַּבֵּי"ת וְתַרְגּוּמוֹ: "אֲתַת", הָרִאשׁוֹן לְשׁוֹן 'עוֹשָׂה' וְהַשֵּׁנִי לְשׁוֹן 'עָשְׂתָה':

ז| **הֵן עוֹד הַיּוֹם גָּדוֹל.** לְפִי שֶׁרָאָה אוֹתָם רוֹבְצִים, כְּסָבוּר שֶׁרוֹצִים לֶאֱסֹף הַמִּקְנֶה הַבַּיְתָה וְלֹא יִרְעוּ עוֹד. אָמַר לָהֶם: "הֵן עוֹד הַיּוֹם גָּדוֹל", אִם שְׂכִירִים אַתֶּם – לֹא הִשְׁלַמְתֶּם פְּעֻלַּת הַיּוֹם, וְאִם הַבְּהֵמוֹת שֶׁלָּכֶם – אַף עַל פִּי כֵן "לֹא עֵת הֵאָסֵף הַמִּקְנֶה" וְגוֹ'. בְּרֵאשִׁית רַבָּה (ע, יח):

ח| **לֹא נוּכַל.** לְהַשְׁקוֹת, לְפִי שֶׁהָאֶבֶן גְּדוֹלָה: **וְגָלֲלוּ.** זֶה מְתֻרְגָּם: "וִיגַנְדְּרוּן", לְפִי שֶׁהוּא לְשׁוֹן עָתִיד:

י| **וַיִּגַּשׁ יַעֲקֹב וַיָּגֶל.** כְּאָדָם שֶׁמַּעֲבִיר אֶת הַפְּקָק מֵעַל פִּי צְלוֹחִית, לְהוֹדִיעֲךָ שֶׁכֹּחוֹ גָּדוֹל:

יא| **וַיֵּבְךְּ.** לְפִי שֶׁצָּפָה בְּרוּחַ הַקֹּדֶשׁ שֶׁאֵינָהּ נִכְנֶסֶת עִמּוֹ לַקְּבוּרָה. דָּבָר אַחֵר, לְפִי שֶׁבָּא בְּיָדַיִם רֵיקָנִיּוֹת, אָמַר: אֱלִיעֶזֶר עֶבֶד אֲבִי אַבָּא הָיוּ בְּיָדָיו נְזָמִים וּצְמִידִים וּמִגְדָּנוֹת, וַאֲנִי אֵין בְּיָדִי כְּלוּם. לְפִי שֶׁרָדַף אֱלִיפַז בֶּן עֵשָׂו בְּמִצְוַת אָבִיו אַחֲרָיו לְהָרְגוֹ, וְהִשִּׂיגוֹ, וּלְפִי שֶׁגָּדַל אֱלִיפַז בְּחֵיקוֹ שֶׁל יִצְחָק מָשַׁךְ יָדוֹ. אָמַר לוֹ: מָה אֶעֱשֶׂה לְצִוּוּיוֹ שֶׁל אַבָּא? אָמַר לוֹ יַעֲקֹב: טֹל מַה שֶּׁבְּיָדִי, וְהֶעָנִי חָשׁוּב כַּמֵּת:

יב| **כִּי אֲחִי אָבִיהָ הוּא.** קָרוֹב לְאָבִיהָ, כְּמוֹ: "אֲנָשִׁים אַחִים אֲנָחְנוּ" (לעיל יג, ח). וּמִדְרָשׁוֹ: אִם לְרַמָּאוּת הוּא בָּא – גַּם אֲנִי אָחִיו בְּרַמָּאוּת, וְאִם אָדָם כָּשֵׁר הוּא – גַּם אֲנִי "בֶּן רִבְקָה" אֲחוֹתוֹ הַכְּשֵׁרָה: **וַתַּגֵּד לְאָבִיהָ.** אִמָּהּ מֵתָה וְלֹא הָיָה לָהּ לְהַגִּיד אֶלָּא לוֹ:

יג| **וַיָּרָץ לִקְרָאתוֹ.** כְּסָבוּר מָמוֹן הוּא טָעוּן, שֶׁהֲרֵי עֶבֶד הַבַּיִת בָּא לְכָאן בַּעֲשָׂרָה גְּמַלִּים טְעוּנִין: **וַיְחַבֶּק.** כְּשֶׁלֹּא רָאָה עִמּוֹ כְּלוּם אָמַר: שֶׁמָּא זְהוּבִים הֵבִיא וַהֲרֵי הֵם בְּחֵיקוֹ: **וַיְנַשֶּׁק לוֹ.** אָמַר: שֶׁמָּא מַרְגָּלִיּוֹת הֵבִיא וַהֲרֵי הֵם בְּפִיו: **וַיְסַפֵּר לְלָבָן.** שֶׁלֹּא בָּא אֶלָּא מִתּוֹךְ אֹנֶס אָחִיו, וְשֶׁנָּטְלוּ מָמוֹנוֹ מִמֶּנּוּ:

יד| **אַךְ עַצְמִי וּבְשָׂרִי.** מֵעַתָּה אֵין לִי לְאָסְפְּךָ הַבַּיְתָה, הוֹאִיל וְאֵין בְּיָדְךָ כְּלוּם, אֶלָּא מִפְּנֵי קְרָבָה אֲטַפֵּל בְּךָ חֹדֶשׁ יָמִים, וְכֵן עָשָׂה, וְאַף זוֹ לֹא לְחִנָּם, שֶׁהָיָה רוֹעֶה צֹאנוֹ:

טו| **הֲכִי אָחִי אַתָּה.** לְשׁוֹן תֵּמַהּ, וְכִי בִּשְׁבִיל שֶׁאָחִי אַתָּה תַּעַבְדֵנִי חִנָּם? **וַעֲבַדְתַּנִי.** כְּמוֹ 'וְתַעַבְדֵנִי'. וְכֵן כָּל תֵּבָה שֶׁהִיא לְשׁוֹן עָבָר, הוֹסֵף וָי"ו בְּרֹאשָׁהּ וְהִיא הוֹפֶכֶת הַתֵּבָה לְהַבָּא:

יז| **רַכּוֹת.** שֶׁהָיְתָה סְבוּרָה לַעֲלוֹת בְּגוֹרָלוֹ שֶׁל עֵשָׂו וּבוֹכָה, שֶׁהָיוּ הַכֹּל אוֹמְרִים: שְׁנֵי בָנִים לְרִבְקָה וּשְׁתֵּי בָנוֹת לְלָבָן, הַגְּדוֹלָה לַגָּדוֹל וְהַקְּטַנָּה לַקָּטָן: **תֹּאַר.** הוּא צוּרַת הַפַּרְצוּף, לְשׁוֹן: "יְתָאֲרֵהוּ בַשֶּׂרֶד" (ישעיה מד, יג), קונפא"ש בְּלַעַז: **מַרְאֶה.** הוּא זִיו קְלַסְתֵּר:

וַיֹּאמֶר אֶעֱבׇדְךָ שֶׁבַע שָׁנִים בְּרָחֵל בִּתְּךָ הַקְּטַנָּה׃
וַיֹּאמֶר לָבָן טוֹב תִּתִּי אֹתָהּ לָךְ מִתִּתִּי אֹתָהּ יט
לְאִישׁ אַחֵר שְׁבָה עִמָּדִי׃ וַיַּעֲבֹד יַעֲקֹב בְּרָחֵל כ
שֶׁבַע שָׁנִים וַיִּהְיוּ בְעֵינָיו כְּיָמִים אֲחָדִים בְּאַהֲבָתוֹ
אֹתָהּ׃ וַיֹּאמֶר יַעֲקֹב אֶל־לָבָן הָבָה אֶת־אִשְׁתִּי כא
כִּי מָלְאוּ יָמָי וְאָבוֹאָה אֵלֶיהָ׃ וַיֶּאֱסֹף לָבָן אֶת־ כב
כׇּל־אַנְשֵׁי הַמָּקוֹם וַיַּעַשׂ מִשְׁתֶּה׃ וַיְהִי בָעֶרֶב כג
וַיִּקַּח אֶת־לֵאָה בִתּוֹ וַיָּבֵא אֹתָהּ אֵלָיו וַיָּבֹא
אֵלֶיהָ׃ וַיִּתֵּן לָבָן לָהּ אֶת־זִלְפָּה שִׁפְחָתוֹ לְלֵאָה כד
בִתּוֹ שִׁפְחָה׃ וַיְהִי בַבֹּקֶר וְהִנֵּה־הִוא לֵאָה וַיֹּאמֶר כה
אֶל־לָבָן מַה־זֹּאת עָשִׂיתָ לִּי הֲלֹא בְרָחֵל עָבַדְתִּי
עִמָּךְ וְלָמָּה רִמִּיתָנִי׃ וַיֹּאמֶר לָבָן לֹא־יֵעָשֶׂה כֵן כו
בִּמְקוֹמֵנוּ לָתֵת הַצְּעִירָה לִפְנֵי הַבְּכִירָה׃ מַלֵּא כז
שְׁבֻעַ זֹאת וְנִתְּנָה לְךָ גַּם־אֶת־זֹאת בַּעֲבֹדָה
אֲשֶׁר תַּעֲבֹד עִמָּדִי עוֹד שֶׁבַע־שָׁנִים אֲחֵרוֹת׃
וַיַּעַשׂ יַעֲקֹב כֵּן וַיְמַלֵּא שְׁבֻעַ זֹאת וַיִּתֶּן־לוֹ אֶת־ כח
רָחֵל בִּתּוֹ לוֹ לְאִשָּׁה׃ וַיִּתֵּן לָבָן לְרָחֵל בִּתּוֹ אֶת־ כט
בִּלְהָה שִׁפְחָתוֹ לָהּ לְשִׁפְחָה׃ וַיָּבֹא גַּם אֶל־רָחֵל ל
וַיֶּאֱהַב גַּם־אֶת־רָחֵל מִלֵּאָה וַיַּעֲבֹד עִמּוֹ עוֹד
כז שֶׁבַע־שָׁנִים אֲחֵרוֹת׃ וַיַּרְא יְהוָה כִּי־שְׂנוּאָה לא
לֵאָה וַיִּפְתַּח אֶת־רַחְמָהּ וְרָחֵל עֲקָרָה׃ וַתַּהַר לב

לֵאָה וַתֵּלֶד בֵּן וַתִּקְרָא שְׁמוֹ רְאוּבֵן כִּי אָמְרָה
כִּי־רָאָה יהוה בְּעָנְיִי כִּי עַתָּה יֶאֱהָבַנִי אִישִׁי:
לג וַתַּהַר עוֹד וַתֵּלֶד בֵּן וַתֹּאמֶר כִּי־שָׁמַע יהוה
כִּי־שְׂנוּאָה אָנֹכִי וַיִּתֶּן־לִי גַּם־אֶת־זֶה וַתִּקְרָא

יט וַאֲמַר, אֶפְלְחִנָּךְ שְׁבַע שְׁנִין, בְּרָחֵל בְּרַתָּךְ זְעֵירְתָא: וַאֲמַר לָבָן, טָב דְּאֶתֵּין יָתַהּ לָךְ, מִדְּאֶתֵּין
כ יָתַהּ לִגְבַר אָחֳרָן, תִּיב עִמִּי: וּפְלַח יַעֲקֹב, בְּרָחֵל שְׁבַע שְׁנִין, וַהֲווֹ בְּעֵינוֹהִי כְּיוֹמִין זְעִירִין,
כא כב בִּדְרָחֵים יָתַהּ: וַאֲמַר יַעֲקֹב לְלָבָן הַב יָת אִתְּתִי, אֲרֵי שְׁלִימוּ יוֹמֵי פָלְחָנִי, וְאֵיעוֹל לְוָתַהּ: וּכְנַשׁ
כג לָבָן, יָת כָּל אֱנָשֵׁי אַתְרָא וַעֲבַד מִשְׁתְּיָא: וַהֲוָה בְרַמְשָׁא, וּדְבַר יָת לֵאָה בְרַתֵּיהּ, וְאַעֵיל יָתַהּ
כד כה לְוָתֵיהּ, וְעָאל לְוָתַהּ: וִיהַב לָבָן לַהּ, יָת זִלְפָּה אַמְתֵּיהּ, לְלֵאָה בְרַתֵּיהּ לְאַמְהוּ: וַהֲוָה בְצַפְרָא,
וְהָא הִיא לֵאָה, וַאֲמַר לְלָבָן, מָא דָא עֲבַדְתְּ לִי, הֲלָא בְרָחֵל פְּלַחִית עִמָּךְ, וּלְמָא שַׁקַּרְתְּ בִּי:
כו כז וַאֲמַר לָבָן, לָא מִתְעֲבֵיד כֵּן בְּאַתְרַנָא, לְמִתַּן זְעֵירְתָא קֳדָם רַבְּתָא: אַשְׁלֵים שְׁבוּעֲתָא דְדָא,
כח וְנִתֵּין לָךְ אַף יָת דָּא, בְּפָלְחָנָא דְּתִפְלַח עִמִּי, עוֹד שְׁבַע שְׁנִין אָחֳרָנְיָן: וַעֲבַד יַעֲקֹב כֵּן, וְאַשְׁלֵים
כט שְׁבוּעֲתָא דְדָא, וִיהַב לֵיהּ, יָת רָחֵל בְּרַתֵּיהּ לֵיהּ לְאִתּוּ: וִיהַב לָבָן לְרָחֵל בְּרַתֵּיהּ, יָת בִּלְהָה
ל אַמְתֵּיהּ, לַהּ לְאַמְהוּ: וְעָאל אַף לְוָת רָחֵל, וּרְחֵים אַף יָת רָחֵל מִלֵּאָה, וּפְלַח עִמֵּיהּ, עוֹד שְׁבַע
לא לב שְׁנִין אָחֳרָנְיָן: וַחֲזָא יי אֲרֵי סְנוּאֲתָא לֵאָה, וִיהַב לַהּ עִדּוּי, וְרָחֵל עַקְרָא: וְעַדִּיאַת לֵאָה וִילֵידַת
לג בַּר, וּקְרָת שְׁמֵיהּ רְאוּבֵן, אֲרֵי אֲמַרַת, אֲרֵי גְּלֵי קֳדָם יי עֻלְבָּנִי, אֲרֵי כְעַן יְרַחֲמִנַּנִי בַעְלִי: וְעַדִּיאַת
עוֹד וִילֵידַת בַּר, וַאֲמַרַת, אֲרֵי שְׁמִיעַ קֳדָם יי אֲרֵי סְנוּאֲתָא אֲנָא, וִיהַב לִי אַף יָת דֵּין, וּקְרָת

יח) **אֶעֱבָדְךָ שֶׁבַע שָׁנִים.** הֵם "יָמִים אֲחָדִים" שֶׁאָמְרָה לוֹ אִמּוֹ: "וְיָשַׁבְתָּ עִמּוֹ יָמִים אֲחָדִים" (לעיל כז, מד), וְתֵדַע שֶׁכֵּן הוּא, שֶׁהֲרֵי כְּתִיב: "וַיִּהְיוּ בְעֵינָיו כְּיָמִים אֲחָדִים" (להלן פסוק כ): **בְּרָחֵל בִּתְּךָ הַקְּטַנָּה.** כָּל הַסִּימָנִים הַלָּלוּ לָמָּה? לְפִי שֶׁיּוֹדֵעַ בּוֹ שֶׁהוּא רַמַּאי, אָמַר לוֹ: "אֶעֱבָדְךָ בְּרָחֵל", וְשֶׁמָּא תֹּאמַר רָחֵל אַחֶרֶת מִן הַשּׁוּק, תַּלְמוּד לוֹמַר: "בִּתְּךָ", וְשֶׁמָּא תֹּאמַר אַחְלִיף לְלֵאָה שְׁמָהּ וְאֶקְרָא שְׁמָהּ רָחֵל, תַּלְמוּד לוֹמַר: "הַקְּטַנָּה". וְאַף עַל פִּי כֵן לֹא הוֹעִיל:

כא) **מָלְאוּ יָמָי.** שֶׁאָמְרָה לִי אִמִּי. וְעוֹד, "מָלְאוּ יָמַי", שֶׁהֲרֵי אֲנִי בֶּן שְׁמוֹנִים וְאַרְבַּע שָׁנָה, וְאֵימָתַי אַעֲמִיד שְׁנֵים עָשָׂר שְׁבָטִים? וְזֶהוּ שֶׁאָמַר: "וְאָבוֹאָה אֵלֶיהָ", וַהֲלֹא קַל שֶׁבַּקַּלִּים אֵינוֹ אוֹמֵר כֵּן! אֶלָּא לְהוֹלִיד תּוֹלָדוֹת אָמַר כֵּן:

כה) **וַיְהִי בַבֹּקֶר וְהִנֵּה הִיא לֵאָה.** אֲבָל בַּלַּיְלָה לֹא הָיְתָה לֵאָה, לְפִי שֶׁמָּסַר יַעֲקֹב סִימָנִים לְרָחֵל, וּכְשֶׁרָאֲתָה שֶׁמַּכְנִיסִין לוֹ לֵאָה, אָמְרָה: עַכְשָׁיו תִּכָּלֵם אֲחוֹתִי. עָמְדָה וּמָסְרָה לָהּ אוֹתָן סִימָנִים:

כז) **מַלֵּא שְׁבֻעַ זֹאת.** דָּבוּק הוּא, שֶׁהֲרֵי נָקוּד חָטָף, שָׁבוּעַ שֶׁל זֹאת, וְהֵן שִׁבְעַת יְמֵי הַמִּשְׁתֶּה. בְּתַלְמוּד יְרוּשַׁלְמִי בְּמוֹעֵד קָטָן (א, ז): **וְנִתְּנָה לְךָ.** לְשׁוֹן רַבִּים, כְּמוֹ: "נֵרְדָה וְנָבְלָה" (לעיל יא, ז), "וְנִשְׂרְפָה" (שם פסוק ג), אַף זֶה לְשׁוֹן 'וְנִתֵּן': **גַּם אֶת זֹאת.** מִיָּד לְאַחַר שִׁבְעַת יְמֵי הַמִּשְׁתֶּה, וְתַעֲבֹד לְאַחַר נִשּׂוּאֶיהָ:

ל) **שֶׁבַע שָׁנִים אֲחֵרוֹת.** אַחֵרוֹת הִקִּישָׁן לָרִאשׁוֹנוֹת, מָה רִאשׁוֹנוֹת בֶּאֱמוּנָה אַף הָאַחֲרוֹנוֹת בֶּאֱמוּנָה, וְאַף עַל פִּי שֶׁבִּרְמָאוּת בָּא עָלָיו:

שְׁמוֹ שִׁמְעוֹן׃ וַתַּהַר עוֹד וַתֵּלֶד בֵּן וַתֹּאמֶר עַתָּה לד
הַפַּעַם יִלָּוֶה אִישִׁי אֵלַי כִּי־יָלַדְתִּי לוֹ שְׁלֹשָׁה
בָנִים עַל־כֵּן קָרָא־שְׁמוֹ לֵוִי׃ וַתַּהַר עוֹד וַתֵּלֶד בֵּן לה
וַתֹּאמֶר הַפַּעַם אוֹדֶה אֶת־יְהוָה עַל־כֵּן קָרְאָה
שְׁמוֹ יְהוּדָה וַתַּעֲמֹד מִלֶּדֶת׃ וַתֵּרֶא רָחֵל כִּי לֹא א ל
יָלְדָה לְיַעֲקֹב וַתְּקַנֵּא רָחֵל בַּאֲחֹתָהּ וַתֹּאמֶר אֶל־
יַעֲקֹב הָבָה־לִּי בָנִים וְאִם־אַיִן מֵתָה אָנֹכִי׃ וַיִּחַר־ ב
אַף יַעֲקֹב בְּרָחֵל וַיֹּאמֶר הֲתַחַת אֱלֹהִים אָנֹכִי
אֲשֶׁר־מָנַע מִמֵּךְ פְּרִי־בָטֶן׃ וַתֹּאמֶר הִנֵּה אֲמָתִי ג
בִלְהָה בֹּא אֵלֶיהָ וְתֵלֵד עַל־בִּרְכַּי וְאִבָּנֶה גַם־
אָנֹכִי מִמֶּנָּה׃ וַתִּתֶּן־לוֹ אֶת־בִּלְהָה שִׁפְחָתָהּ ד
לְאִשָּׁה וַיָּבֹא אֵלֶיהָ יַעֲקֹב׃ וַתַּהַר בִּלְהָה וַתֵּלֶד ה
לְיַעֲקֹב בֵּן׃ וַתֹּאמֶר רָחֵל דָּנַנִּי אֱלֹהִים וְגַם שָׁמַע ו
בְּקֹלִי וַיִּתֶּן־לִי בֵּן עַל־כֵּן קָרְאָה שְׁמוֹ דָּן׃ וַתַּהַר ז
עוֹד וַתֵּלֶד בִּלְהָה שִׁפְחַת רָחֵל בֵּן שֵׁנִי לְיַעֲקֹב׃
וַתֹּאמֶר רָחֵל נַפְתּוּלֵי אֱלֹהִים ׀ נִפְתַּלְתִּי עִם־ ח
אֲחֹתִי גַּם־יָכֹלְתִּי וַתִּקְרָא שְׁמוֹ נַפְתָּלִי׃ וַתֵּרֶא ט
לֵאָה כִּי עָמְדָה מִלֶּדֶת וַתִּקַּח אֶת־זִלְפָּה שִׁפְחָתָהּ
וַתִּתֵּן אֹתָהּ לְיַעֲקֹב לְאִשָּׁה׃ וַתֵּלֶד זִלְפָּה שִׁפְחַת י
בָּא גָד לֵאָה לְיַעֲקֹב בֵּן׃ וַתֹּאמֶר לֵאָה בגד וַתִּקְרָא אֶת־ יא

לד שמיה שמעון: ועדיאת עוד וילידת בר, ואמרת, הדא זמנא יתחבר לי בעלי, ארי ילידית ליה
לה תלתא בנין, על כן קרא שמיה לוי: ועדיאת עוד וילידת בר, ואמרת הדא זמנא אודי קדם
ל א יי, על כן, קרת שמיה יהודה, וקמת מלמילד: וחזת רחל, ארי לא ילידת ליעקב, וקניאת רחל
ב באחתה, ואמרת ליעקב הב לי בנין, ואם לא מיתא אנא: ותקיף רוגזא דיעקב ברחל, ואמר,
ג המני את בעיא הלא מן קדם יי תבען, דמנע מניך ולדא דמעי: ואמרת, הא, אמתי בלהה
ד עול לותה, תליד ואנא ארבי, ואתבני אף אנא מנה: ויהבת ליה, ית בלהה אמתה לאתו,
ה ו ועאל לותה יעקב: ועדיאת בלהה, וילידת ליעקב בר: ואמרת רחל דנני יי, ואף קביל צלותי,
ז ויהב לי בר, על כן, קרת שמיה דן: ועדיאת עוד, וילידת, בלהה אמתה דרחל, בר תנין ליעקב:
ח ואמרת רחל, קביל בעותי יי באתחננותי בצלותי, חמידית דיהי לי ולד כאחתי אף אתיהיב
ט לי, וקרת שמיה נפתלי: וחזת לאה, ארי קמת מלמילד, ודברת ית זלפה אמתה, ויהבת יתה,
י יא ליעקב לאתו: וילידת, זלפה, אמתה דלאה ליעקב בר: ואמרת לאה אתא גד, וקרת ית

לד| **הפעם ילוה אישי.** לפי שהאמהות נביאות היו ויודעות ששנים עשר שבטים יוצאים מיעקב וארבע נשים ישא, אמרה: מעתה אין לו פתחון פה עלי, שהרי נטלתי כל חלקי בבנים: **על כן.** כל מי שנאמר בו "על כן" מרבה באכלוסין, חוץ מלוי, שהארון היה מכלה בהם: **קרא שמו לוי.** תמהתי, שבכלן כתיב: "ותקרא", וזה כתב בו: "קרא"! ויש מדרש אגדה באלה הדברים רבה, ששלח הקדוש ברוך הוא גבריאל והביאו לפניו וקרא לו שם זה, ונתן לו עשרים וארבע מתנות כהנה, ועל שם שלוהו במתנות קראו לוי:

לה| **הפעם אודה.** שנטלתי יותר מחלקי, מעתה יש לי להודות:

פרק ל

א| **ותקנא רחל באחתה.** קנאה במעשיה, אמרה: אלולי שצדקה ממני לא זכתה לבנים: **הבה לי.** וכי כך עשה אביך לאמך? והלא התפלל עליה: **מתה אנכי.** מכאן למי שאין לו בנים שחשוב כמת:

ב| **התחת.** וכי במקומו אני?: **אשר מנע ממך.** את אומרת שאעשה כאבא, אני איני כאבא, אבא לא היו לו בנים, אני יש לי בנים, ממך מנע ולא ממני:

ג| **על ברכי.** כתרגומו: "ואנא ארבי": **ואבנה גם אנכי.** מהו 'גם'? אמרה לו: זקנך אברהם היו לו בנים מהגר וחגר מתניו כנגד שרה. אמר לה: זקנתי הכניסה צרתה לביתה. אמרה לו: אם הדבר הזה מעכב "הנה אמתי": **ואבנה גם אנכי ממנה.** כשרה:

ו| **דנני אלהים.** דנני וזכני:

ח| **נפתולי אלהים.** מנחם בן סרוק פרשו במחברת 'צמיד פתיל' (במדבר יט, טו), חבורים מאת המקום נתחברתי עם אחותי לזכות לבנים. ואני מפרשו לשון 'עקש ופתלתל' (דברים לב, ה), נתעקשתי והפצרתי פצירות ונפתולים למקום להיות שוה לאחותי. "גם יכלתי" – הסכים על ידי. ואונקלוס תרגם לשון תפלה, כמו נפתולי אלהים נפתלתי – בקשות החביבות לפניו נתקבלתי ונעתרתי כאחותי. "נפתלתי" – נתקבלה תפלתי. ומדרשי אגדה יש רבים בלשון נוטריקון:

י| **ותלד זלפה.** בכלן נאמר הריון חוץ מזלפה, לפי שהיתה בחורה מכלן ותינוקת בשנים ואין הריון נכר בה, וכדי לרמות את יעקב נתנה לבן ללאה, שלא יבין שמכניסין לו את לאה, שכך מנהג לתן שפחה הגדולה לגדולה והקטנה לקטנה:

יא| **בא גד.** בא מזל טוב לי, כמו: "גד גדי וסנוק לא" (שבת סז ע"ב). ומדרש אגדה שנולד מהול, כמו: "גדו אילנא" (דניאל ד, יח), ולא ידעתי על מה נכתב תבה אחת.

יב שְׁמוֹ גָּד׃ וַתֵּלֶד זִלְפָּה שִׁפְחַת לֵאָה בֵּן שֵׁנִי
יג לְיַעֲקֹב׃ וַתֹּאמֶר לֵאָה בְּאָשְׁרִי כִּי אִשְּׁרוּנִי
רביעי יד בָּנוֹת וַתִּקְרָא אֶת־שְׁמוֹ אָשֵׁר׃ וַיֵּלֶךְ רְאוּבֵן
בִּימֵי קְצִיר־חִטִּים וַיִּמְצָא דוּדָאִים בַּשָּׂדֶה
וַיָּבֵא אֹתָם אֶל־לֵאָה אִמּוֹ וַתֹּאמֶר רָחֵל אֶל־
טו לֵאָה תְּנִי־נָא לִי מִדּוּדָאֵי בְּנֵךְ׃ וַתֹּאמֶר לָהּ
הַמְעַט קַחְתֵּךְ אֶת־אִישִׁי וְלָקַחַת גַּם אֶת־
דּוּדָאֵי בְּנִי וַתֹּאמֶר רָחֵל לָכֵן יִשְׁכַּב עִמָּךְ
טז הַלַּיְלָה תַּחַת דּוּדָאֵי בְנֵךְ׃ וַיָּבֹא יַעֲקֹב מִן־
הַשָּׂדֶה בָּעֶרֶב וַתֵּצֵא לֵאָה לִקְרָאתוֹ וַתֹּאמֶר
אֵלַי תָּבוֹא כִּי שָׂכֹר שְׂכַרְתִּיךָ בְּדוּדָאֵי בְּנִי
יז וַיִּשְׁכַּב עִמָּהּ בַּלַּיְלָה הוּא׃ וַיִּשְׁמַע אֱלֹהִים אֶל־
יח לֵאָה וַתַּהַר וַתֵּלֶד לְיַעֲקֹב בֵּן חֲמִישִׁי׃ וַתֹּאמֶר
לֵאָה נָתַן אֱלֹהִים שְׂכָרִי אֲשֶׁר־נָתַתִּי שִׁפְחָתִי
יט לְאִישִׁי וַתִּקְרָא שְׁמוֹ יִשָּׂשכָר׃ וַתַּהַר עוֹד לֵאָה
כ וַתֵּלֶד בֵּן־שִׁשִּׁי לְיַעֲקֹב׃ וַתֹּאמֶר לֵאָה זְבָדַנִי
אֱלֹהִים ׀ אֹתִי זֵבֶד טוֹב הַפַּעַם יִזְבְּלֵנִי אִישִׁי
כִּי־יָלַדְתִּי לוֹ שִׁשָּׁה בָנִים וַתִּקְרָא אֶת־שְׁמוֹ
כא זְבֻלוּן׃ וְאַחַר יָלְדָה בַּת וַתִּקְרָא אֶת־שְׁמָהּ
כח כב דִּינָה׃ וַיִּזְכֹּר אֱלֹהִים אֶת־רָחֵל וַיִּשְׁמַע אֵלֶיהָ

כג אֱלֹהִים וַיִּפְתַּח אֶת־רַחְמָהּ: וַתַּהַר וַתֵּלֶד בֵּן
כד וַתֹּאמֶר אָסַף אֱלֹהִים אֶת־חֶרְפָּתִי: וַתִּקְרָא

יב יג שְׁמֵיהּ גָּד: וִילֵידַת, זִלְפָּה אַמְתַהּ דְּלֵאָה, בַּר תִּנְיָן לְיַעֲקֹב: וַאֲמַרַת לֵאָה, תֻּשְׁבַּחְתָּא הֲוָת לִי, אֲרֵי
יד בְּכֵן יְשַׁבְּחֻנַּנִי נְשַׁיָּא, וּקְרָת יָת שְׁמֵיהּ אָשֵׁר: וַאֲזַל רְאוּבֵן בְּיוֹמֵי חֲצַד חִטִּין, וְאַשְׁכַּח יַבְרוּחִין
בְּחַקְלָא, וְאַיְתִי יָתְהוֹן, לְלֵאָה אִמֵּיהּ, וַאֲמַרַת רָחֵל לְלֵאָה, הַבִי כְעַן לִי, מִיַּבְרוּחֵי דִּבְרִיךְ:
טו וַאֲמַרַת לַהּ, הַזְעֵיר דִּדְבַרְתְּ יָת בַּעְלִי, וּלְמִסַּב, אַף יָת יַבְרוּחֵי דִּבְרִי, וַאֲמַרַת רָחֵל, בְּכֵן יִשְׁכּוֹב
טז עִמִּיךְ בְּלֵילְיָא, חֲלָף יַבְרוּחֵי דִּבְרִיךְ: וְעָאל יַעֲקֹב מִן חַקְלָא בְּרַמְשָׁא, וּנְפַקַת לֵאָה לְקַדָּמוּתֵיהּ,
יז וַאֲמַרַת לְוָתִי תֵּיעוֹל, אֲרֵי מֵיגַר אֲגַרְתָּךְ, בְּיַבְרוּחֵי דִּבְרִי, וּשְׁכֵיב עִמַּהּ בְּלֵילְיָא הוּא: וְקַבֵּיל יי
יח צְלוֹתַהּ דְּלֵאָה, וְעַדִּיאַת, וִילֵידַת לְיַעֲקֹב בַּר חֲמִישָׁי: וַאֲמַרַת לֵאָה, יְהַב יי אַגְרִי, דִּיהַבִית
יט כ אַמְתִּי לְבַעְלִי, וּקְרָת שְׁמֵיהּ יִשָּׂשכָר: וְעַדִּיאַת עוֹד לֵאָה, וִילֵידַת בַּר שְׁתִיתָאי לְיַעֲקֹב: וַאֲמַרַת
לֵאָה, יְהַב יי יָתִיהּ לִי חוּלָק טָב, הָדָא זִמְנָא יְהֵי מְדוֹרֵיהּ דְּבַעְלִי לְוָתִי, אֲרֵי יְלֵידִית לֵיהּ שִׁתָּא
כא כב בְּנִין, וּקְרָת יָת שְׁמֵיהּ זְבוּלוּן: וּבָתַר כֵּן יְלֵידַת בְּרַתָּא, וּקְרָת יָת שְׁמַהּ דִּינָה: וְעָאל דָּכְרָנַהּ דְּרָחֵל
כג כד קֳדָם יי, וְקַבֵּיל צְלוֹתַהּ יי, וִיהַב לַהּ עִדּוּי: וְעַדִּיאַת וִילֵידַת בַּר, וַאֲמַרַת, כְּנַשׁ יי יָת חִסּוּדִי: וּקְרָת

יד) **בִּימֵי קְצִיר חִטִּים.** לְהַגִּיד שִׁבְחָן שֶׁל שְׁבָטִים, שֶׁעֵת הַקָּצִיר הָיָה, וְלֹא פָּשַׁט יָדוֹ בְּגָזֵל לְהָבִיא חִטִּים וּשְׂעוֹרִים, אֶלָּא דָּבָר הַהֶפְקֵר שֶׁאֵין אָדָם מַקְפִּיד בּוֹ: **דּוּדָאִים.** סִיגְלֵי, עֵשֶׂב הוּא, וּבִלְשׁוֹן יִשְׁמָעֵאל יַסְמִין:

טו) **וְלָקַחַת גַּם אֶת דּוּדָאֵי בְּנִי.** בִּתְמִיָּה, וְלַעֲשׂוֹת עוֹד זֹאת לָקַחַת גַּם אֶת דּוּדָאֵי בְּנִי? וְתַרְגּוּמוֹ: "וּלְמִסַּב": **לָכֵן יִשְׁכַּב עִמָּךְ הַלַּיְלָה.** שֶׁלִּי הָיְתָה שְׁכִיבַת לַיְלָה זוֹ, וַאֲנִי נוֹתְנָה לָךְ תַּחַת דּוּדָאֵי בְּנֵךְ. וּלְפִי שֶׁזִּלְזְלָה בְּמִשְׁכַּב הַצַּדִּיק לֹא זָכְתָה לִקָּבֵר עִמּוֹ:

טז) **שָׂכֹר שְׂכַרְתִּיךָ.** נָתַתִּי לְרָחֵל שְׂכָרָהּ: **בַּלַּיְלָה הוּא.** הַקָּדוֹשׁ בָּרוּךְ הוּא סִיֵּעַ בּוֹ שֶׁיָּצָא מִשָּׁם יִשָּׂשכָר:

יז) **וַיִּשְׁמַע אֱלֹהִים אֶל לֵאָה.** שֶׁהָיְתָה מִתְאַוָּה וּמְחַזֶּרֶת לְהַרְבּוֹת שְׁבָטִים:

כ) **זֶבֶד טוֹב.** כְּתַרְגּוּמוֹ: **יִזְבְּלֵנִי.** לְשׁוֹן 'בֵּית זְבֻל' (מלכים א' ח, יג), הירבירייר"א בְּלַעַז, בֵּית מָדוֹר. מֵעַתָּה לֹא תְהֵא עִקַּר דִּירָתוֹ אֶלָּא עִמִּי, שֶׁיֵּשׁ לִי בָּנִים כְּנֶגֶד כָּל נָשָׁיו:

כא) **דִּינָה.** פֵּרְשׁוּ רַבּוֹתֵינוּ שֶׁדָּנָה לֵאָה דִּין בְּעַצְמָהּ: אִם זֶה זָכָר לֹא תְהֵא רָחֵל אֲחוֹתִי כְּאַחַת הַשְּׁפָחוֹת, וְנִתְפַּלְּלָה עָלָיו וְנֶהְפַּךְ לִנְקֵבָה:

כב) **וַיִּזְכֹּר אֱלֹהִים אֶת רָחֵל.** זָכַר לָהּ שֶׁמָּסְרָה סִימָנֶיהָ לַאֲחוֹתָהּ, וְשֶׁהָיְתָה מְצֵרָה שֶׁמָּא תַעֲלֶה בְּגוֹרָלוֹ שֶׁל עֵשָׂו, שֶׁמָּא יְגָרְשֶׁנָּה יַעֲקֹב לְפִי שֶׁאֵין לָהּ בָּנִים; וְאַף עֵשָׂו הָרָשָׁע כָּךְ עָלָה בְּלִבּוֹ כְּשֶׁשָּׁמַע שֶׁאֵין לָהּ בָּנִים. הוּא שֶׁיִּסֵּד הַפַּיְּטָן: "הָאַדְמוֹן כְּבָט שֶׁלֹּא הָרָה, צָבָה לְקַחְתָּהּ לוֹ וְנִתְבַּהֲלָה" (בפיוט "אבן חוג" בקרובות ליום א' דר"ה שחרית):

כג) **אָסַף.** הִכְנִיסָהּ בְּמָקוֹם שֶׁלֹּא תֵּרָאֶה. וְכֵן: "אָסַף חֶרְפָּתֵנוּ" (ישעיה ד, א), "וְלֹא יֵאָסֵף הַבַּיְתָה" (שמות ט, יט), "אָסְפוּ נָגְהָם" (יואל ד, טו), "וִירֵחֵךְ לֹא יֵאָסֵף" (ישעיה ס, כ), לֹא יִטָּמֵן: **חֶרְפָּתִי.** שֶׁהָיִיתִי לְחֶרְפָּה עַל שֶׁאֲנִי עֲקָרָה, וְהָיוּ אוֹמְרִים עָלַי שֶׁאֶעֱלֶה לְחֶלְקוֹ שֶׁל עֵשָׂו הָרָשָׁע. וְאַגָּדָה, כָּל זְמַן שֶׁאֵין לָאִשָּׁה בֵּן אֵין לָהּ בְּמִי לִתְלוֹת סִרְחוֹנָהּ,

אֶת־שְׁמוֹ יוֹסֵף לֵאמֹר יֹסֵף יְהוָה לִי בֵּן אַחֵר׃ וַיְהִי כה
כַּאֲשֶׁר יָלְדָה רָחֵל אֶת־יוֹסֵף וַיֹּאמֶר יַעֲקֹב אֶל־לָבָן
שַׁלְּחֵנִי וְאֵלְכָה אֶל־מְקוֹמִי וּלְאַרְצִי׃ תְּנָה אֶת־נָשַׁי כו
וְאֶת־יְלָדַי אֲשֶׁר עָבַדְתִּי אֹתְךָ בָּהֵן וְאֵלֵכָה כִּי
אַתָּה יָדַעְתָּ אֶת־עֲבֹדָתִי אֲשֶׁר עֲבַדְתִּיךָ׃ וַיֹּאמֶר כז
אֵלָיו לָבָן אִם־נָא מָצָאתִי חֵן בְּעֵינֶיךָ נִחַשְׁתִּי
וַיְבָרְכֵנִי יְהוָה בִּגְלָלֶךָ׃ וַיֹּאמַר נָקְבָה שְׂכָרְךָ עָלַי כח חמישי
וְאֶתֵּנָה׃ וַיֹּאמֶר אֵלָיו אַתָּה יָדַעְתָּ אֵת אֲשֶׁר כט
עֲבַדְתִּיךָ וְאֵת אֲשֶׁר־הָיָה מִקְנְךָ אִתִּי׃ כִּי מְעַט ל
אֲשֶׁר־הָיָה לְךָ לְפָנַי וַיִּפְרֹץ לָרֹב וַיְבָרֶךְ יְהוָה אֹתְךָ
לְרַגְלִי וְעַתָּה מָתַי אֶעֱשֶׂה גַם־אָנֹכִי לְבֵיתִי׃ וַיֹּאמֶר לא
מָה אֶתֶּן־לָךְ וַיֹּאמֶר יַעֲקֹב לֹא־תִתֶּן־לִי מְאוּמָה
אִם־תַּעֲשֶׂה־לִּי הַדָּבָר הַזֶּה אָשׁוּבָה אֶרְעֶה צֹאנְךָ
אֶשְׁמֹר׃ אֶעֱבֹר בְּכָל־צֹאנְךָ הַיּוֹם הָסֵר מִשָּׁם כָּל־ לב
שֶׂה ׀ נָקֹד וְטָלוּא וְכָל־שֶׂה־חוּם בַּכְּשָׂבִים וְטָלוּא
וְנָקֹד בָּעִזִּים וְהָיָה שְׂכָרִי׃ וְעָנְתָה־בִּי צִדְקָתִי בְּיוֹם לג
מָחָר כִּי־תָבוֹא עַל־שְׂכָרִי לְפָנֶיךָ כֹּל אֲשֶׁר־אֵינֶנּוּ
נָקֹד וְטָלוּא בָּעִזִּים וְחוּם בַּכְּשָׂבִים גָּנוּב הוּא אִתִּי׃
וַיֹּאמֶר לָבָן הֵן לוּ יְהִי כִדְבָרֶךָ׃ וַיָּסַר בַּיּוֹם הַהוּא לד לה
אֶת־הַתְּיָשִׁים הָעֲקֻדִּים וְהַטְּלֻאִים וְאֵת כָּל־

כה יָת שְׁמֵיהּ, יוֹסֵף לְמֵימַר, יוֹסֵיף יְיָ, לִי בַּר אָחֳרָן: וַהֲוָה, כַּד יְלֵידַת רָחֵל יָת יוֹסֵף, וַאֲמַר יַעֲקֹב לְלָבָן,
כו שַׁלְּחַנִי וַאֲהָךְ, לְאַתְרִי וּלְאַרְעִי: הַב יָת נְשַׁי וְיָת בְּנַי, דִּפְלַחִית יָתָךְ, בְּהוֹן וְאֵיזִיל, אֲרֵי אַתְּ יְדַעְתְּ,
כז יָת פָּלְחָנִי דִּפְלַחְתָּךְ: וַאֲמַר לֵיהּ לָבָן, אִם כְּעַן אַשְׁכַּחִית רַחֲמִין בְּעֵינָךְ, נַסֵּיתִי, וּבָרְכַנִי יְיָ בְּדִילָךְ:
כח כט וַאֲמַר, פָּרֵישׁ אַגְרָךְ, עֲלַי וְאֶתֵּין: וַאֲמַר לֵיהּ, אַתְּ יְדַעְתְּ, יָת דִּפְלַחְתָּךְ, וְיָת, דַּהֲוָה בְעִירָךְ עִמִּי:
ל אֲרֵי, זְעֵיר דַּהֲוָה לָךְ קֳדָמַי וּתְקֵיף לִסְגֵי, וּבָרֵיךְ יְיָ, יָתָךְ בְּדִילִי, וּכְעַן, אִמָּתַי, אַעֲבֵיד אַף אֲנָא
לא לְבֵיתִי: וַאֲמַר מָא אֶתֵּין לָךְ, וַאֲמַר יַעֲקֹב לָא תִתֵּין לִי מִדָּעַם, אִם תַּעֲבֵיד לִי פִּתְגָּמָא הָדֵין,
לב אֲתוּב, אֶרְעֵי עָנָךְ אֶטַּר: אֶעְבַּר בְּכָל עָנָךְ יוֹמָא דֵין, אַעְדִּי מִתַּמָּן, כָּל אִמַּר נְמוֹר וּרְקוֹע, וְכָל
לג אִמַּר שְׁחוֹם בְּאִמְּרַיָּא, וּרְקוֹע וּנְמוֹר בְּעִזַּיָּא, וִיהֵי אַגְרִי: וְתַסְהֵיד עֲלַי זָכוּתִי בְּיוֹם מְחַר, אֲרֵי
תֵיעוֹל עַל אַגְרִי קֳדָמָךְ, כָּל דְּלֵיתוֹהִי נְמוֹר וּרְקוֹע בְּעִזַּיָּא, וּשְׁחוֹם בְּאִמְּרַיָּא, גְּנוּבָא הוּא עִמִּי:
לד לה וַאֲמַר לָבָן בְּרַם, לְוֵי יְהֵי כְּפִתְגָּמָךְ: וְאַעְדִּי בְּיוֹמָא הַהוּא יָת תֵּישַׁיָּא רְגוֹלַיָּא וּרְקוֹעַיָּא, וְיָת כָּל

מִשֶּׁיֵּשׁ לָהּ בֵּן תּוֹלָה בּוֹ: מִי שָׁבַר כְּלִי זֶה? בִּנְךָ! מִי אָכַל תְּאֵנִים אֵלּוּ? בִּנְךָ!:

כד] **יֹסֵף ה׳ לִי בֵּן אַחֵר.** יוֹדַעַת הָיְתָה בִּנְבוּאָה שֶׁאֵין יַעֲקֹב עָתִיד לְהַעֲמִיד אֶלָּא שְׁנֵים עָשָׂר שְׁבָטִים; אָמְרָה: יְהִי רָצוֹן שֶׁאוֹתוֹ שֶׁהוּא עָתִיד לְהַעֲמִיד יְהֵא מִמֶּנִּי, לְכָךְ לֹא נִתְפַּלְּלָה אֶלָּא עַל "בֵּן אַחֵר":

כה] **כַּאֲשֶׁר יָלְדָה רָחֵל אֶת יוֹסֵף.** מִשֶּׁנּוֹלַד שְׂטָנוֹ שֶׁל עֵשָׂו, שֶׁנֶּאֱמַר: "וְהָיָה בֵית יַעֲקֹב אֵשׁ וּבֵית יוֹסֵף לֶהָבָה וּבֵית עֵשָׂו לְקַשׁ" (עובדיה א, יח), אֵשׁ בְּלֹא לֶהָבָה אֵינוֹ שׁוֹלֵט לְמֵרָחוֹק; מִשֶּׁנּוֹלַד יוֹסֵף בָּטַח יַעֲקֹב בְּהַקָּדוֹשׁ בָּרוּךְ הוּא וְרָצָה לָשׁוּב:

כו] **תְּנָה אֶת נָשַׁי.** אֵינִי רוֹצֶה לָצֵאת כִּי אִם בִּרְשׁוּת:

כז] **נִחַשְׁתִּי.** מְנַחֵשׁ הָיָה; נִסִּיתִי בְּנִחוּשׁ שֶׁלִּי שֶׁעַל יָדְךָ בָּאָה לִי בְּרָכָה; כְּשֶׁבָּאתָ לְכָאן לֹא הָיוּ לִי בָּנִים, שֶׁנֶּאֱמַר: "וְהִנֵּה רָחֵל בִּתּוֹ בָּאָה עִם הַצֹּאן" (לעיל כט, ו), אֶפְשָׁר יֵשׁ לוֹ בָּנִים וְהוּא שׁוֹלֵחַ בִּתּוֹ אֵצֶל הָרוֹעִים? עַכְשָׁיו הָיוּ לוֹ בָּנִים, שֶׁנֶּאֱמַר: "וַיִּשְׁמַע אֶת דִּבְרֵי בְנֵי לָבָן" (להלן לא, א):

כח] **נָקְבָה שְׂכָרְךָ.** כְּתַרְגּוּמוֹ: "פָּרֵישׁ אַגְרָךְ":

כט] **וְאֵת אֲשֶׁר הָיָה מִקְנְךָ אִתִּי.** אֶת חֶשְׁבּוֹן מִעוּט מִקְנְךָ שֶׁבָּא לְיָדִי מִתְּחִלָּה, כַּמָּה הָיוּ:

ל] **לְרַגְלִי.** עִם רַגְלִי, בִּשְׁבִיל בִּיאַת רַגְלִי בָּאת אֶצְלְךָ הַבְּרָכָה, כְּמוֹ: "הָעָם אֲשֶׁר בְּרַגְלֶיךָ" (שמות יא, ח), "לָעָם אֲשֶׁר בְּרַגְלָי" (שופטים ח, ה) – הַבָּאִים עִמִּי: **גַּם אָנֹכִי לְבֵיתִי.** לְצֹרֶךְ בֵּיתִי; עַכְשָׁיו אֵין עוֹשִׂין לְצָרְכִּי אֶלָּא בָּנַי, וְצָרִיךְ אֲנִי לִהְיוֹת עוֹשֶׂה גַּם אֲנִי עִמָּהֶם וְסוֹמְכָן, וְזֶהוּ 'גַּם':

לב] **נָקֹד.** מְנֻמָּר בַּחֲבַרְבּוּרוֹת דַּקּוֹת כְּמוֹ נְקֻדָּה, פונטור"א בְּלַעַז: **וְטָלוּא.** לְשׁוֹן טְלָאִי, חֲבַרְבּוּרוֹת רְחָבוֹת: **חוּם.** "שְׁחוּם", דּוֹמֶה לְאָדוֹם, רו"ש בְּלַעַז, לְשׁוֹן מִשְׁנָה: "שְׁחַמְתִּית וְנִמְצֵאת לְבָנָה" (בבא בתרא פג ע"ב) לְעִנְיַן הַתְּבוּאָה: **וְהָיָה שְׂכָרִי.** אוֹתָן שֶׁיִּוָּלְדוּ מִכָּאן וּלְהַבָּא נְקֻדִּים וּטְלוּאִים בָּעִזִּים וּשְׁחוּמִים בַּכְּשָׂבִים יִהְיוּ שֶׁלִּי, וְאוֹתָן שֶׁיֶּשְׁנָן עַכְשָׁיו הַפְרֵשׁ מֵהֶם וְהַפְקִידֵם בְּיַד בָּנֶיךָ, שֶׁלֹּא תֹאמַר לִי עַל הַנּוֹלָדִים מֵעַתָּה: אֵלּוּ הָיוּ שָׁם מִתְּחִלָּה; וְעוֹד, שֶׁלֹּא תֹאמַר לִי: עַל יְדֵי הַזְּכָרִים שֶׁהֵם נְקֻדִּים וּטְלוּאִים תֵּלַדְנָה הַנְּקֵבוֹת דֻּגְמָתָן מִכָּאן וְאֵילָךְ:

לג] **וְעָנְתָה בִּי וְגוֹ׳.** אִם תַּחְשְׁדֵנִי שֶׁאֲנִי נוֹטֵל מִשֶּׁלְּךָ כְּלוּם, תַּעֲנֶה בִּי צִדְקָתִי, "כִּי תָבוֹא" צִדְקָתִי וְתָעִיד "עַל שְׂכָרִי לְפָנֶיךָ", שֶׁלֹּא תִמְצָא בַּעֲדָרַי כִּי אִם נְקֻדִּים וּטְלוּאִים, וְכֹל שֶׁתִּמְצָא בָּהֶן שֶׁאֵינוֹ נָקֹד אוֹ טָלוּא אוֹ חוּם, בְּיָדוּעַ שֶׁגְּנַבְתִּיו לְךָ וּבִגְנֵבָה הוּא שָׁרוּי אֶצְלִי:

לד] **הֵן.** לְשׁוֹן הֵין, קַבָּלַת דְּבָרִים: **לוּ יְהִי כִדְבָרֶךָ.** הַלְוַאי שֶׁתַּחְפֹּץ בְּכָךְ:

לה] **וַיָּסַר.** לָבָן "בַּיּוֹם הַהוּא" וְגוֹ׳: **הַתְּיָשִׁים.** עִזִּים זְכָרִים: **כֹּל אֲשֶׁר לָבָן בּוֹ.** כֹּל אֲשֶׁר הָיְתָה בּוֹ חֲבַרְבֹּרֶת לְבָנָה: **וַיִּתֵּן.** לָבָן "בְּיַד בָּנָיו":

הָֽעִזִּ֞ים הַנְּקֻדּ֣וֹת וְהַטְּלֻאֹ֗ת כֹּ֤ל אֲשֶׁר־לָבָן֙ בּ֔וֹ וְכָל־
לו חוּם בַּכְּשָׂבִ֑ים וַיִּתֵּ֖ן בְּיַד־בָּנָֽיו׃ וַיָּ֗שֶׂם דֶּ֚רֶךְ שְׁלֹ֣שֶׁת
יָמִ֔ים בֵּינ֖וֹ וּבֵ֣ין יַעֲקֹ֑ב וְיַעֲקֹ֗ב רֹעֶ֛ה אֶת־צֹ֥אן לָבָ֖ן
לז הַנּוֹתָרֹֽת׃ וַיִּֽקַּֽח־ל֣וֹ יַעֲקֹ֗ב מַקַּ֥ל לִבְנֶ֛ה לַ֖ח וְל֣וּז
וְעַרְמ֑וֹן וַיְפַצֵּ֤ל בָּהֵן֙ פְּצָל֣וֹת לְבָנ֔וֹת מַחְשֹׂף֙ הַלָּבָ֔ן
לח אֲשֶׁ֖ר עַל־הַמַּקְלֽוֹת׃ וַיַּצֵּ֗ג אֶת־הַמַּקְלוֹת֙ אֲשֶׁ֣ר
פִּצֵּ֔ל בָּרְהָטִ֖ים בְּשִֽׁקֲת֣וֹת הַמָּ֑יִם אֲשֶׁ֨ר תָּבֹ֧אןָ
הַצֹּ֣אן לִשְׁתּ֗וֹת לְנֹ֚כַח הַצֹּאן֙ וַיֵּחַ֖מְנָה בְּבֹאָ֥ן
לט לִשְׁתּֽוֹת׃ וַיֶּחֱמ֥וּ הַצֹּ֖אן אֶל־הַמַּקְל֑וֹת וַתֵּלַ֣דְןָ
מ הַצֹּ֔אן עֲקֻדִּ֥ים נְקֻדִּ֖ים וּטְלֻאִֽים׃ וְהַכְּשָׂבִים֮ הִפְרִ֣יד
יַעֲקֹב֒ וַ֠יִּתֵּן פְּנֵ֨י הַצֹּ֧אן אֶל־עָקֹ֛ד וְכָל־ח֖וּם בְּצֹ֣אן
לָבָ֑ן וַיָּֽשֶׁת ל֤וֹ עֲדָרִים֙ לְבַדּ֔וֹ וְלֹ֥א שָׁתָ֖ם עַל־צֹ֥אן
מא לָבָֽן׃ וְהָיָ֗ה בְּכָל־יַחֵם֮ הַצֹּ֣אן הַמְקֻשָּׁרוֹת֒ וְשָׂ֨ם
יַעֲקֹ֧ב אֶת־הַמַּקְל֛וֹת לְעֵינֵ֥י הַצֹּ֖אן בָּרְהָטִ֑ים
מב לְיַחְמֵ֖נָּה בַּמַּקְלֽוֹת׃ וּבְהַעֲטִ֥יף הַצֹּ֖אן לֹ֣א יָשִׂ֑ים
מג וְהָיָ֤ה הָעֲטֻפִים֙ לְלָבָ֔ן וְהַקְּשֻׁרִ֖ים לְיַעֲקֹֽב׃ וַיִּפְרֹ֥ץ
הָאִ֖ישׁ מְאֹ֣ד מְאֹ֑ד וַֽיְהִי־לוֹ֙ צֹ֣אן רַבּ֔וֹת וּשְׁפָחוֹת֙
לא א וַעֲבָדִ֔ים וּגְמַלִּ֖ים וַחֲמֹרִֽים׃ וַיִּשְׁמַ֗ע אֶת־דִּבְרֵ֤י בְנֵֽי־
לָבָן֙ לֵאמֹ֔ר לָקַ֣ח יַעֲקֹ֔ב אֵ֖ת כָּל־אֲשֶׁ֣ר לְאָבִ֑ינוּ
ב וּמֵאֲשֶׁ֣ר לְאָבִ֔ינוּ עָשָׂ֕ה אֵ֥ת כָּל־הַכָּבֹ֖ד הַזֶּֽה׃ וַיַּ֥רְא

לו עִזַּיָּא נְמוֹרָתָא וּרְקוֹעָתָא, כָּל דְּחִיוָר בֵּיהּ, וְכָל דִּשְׁחוּם בְּאִמְּרַיָּא, וִיהַב בְּיַד בְּנוֹהִי: וְשַׁוִּי,
לז מַהֲלַךְ תְּלָתָא יוֹמִין, בֵּינוֹהִי וּבֵין יַעֲקֹב, וְיַעֲקֹב, רָעֵי, יָת עָנָא דְּלָבָן דְּאִשְׁתְּאָרָא: וּנְסֵיב לֵיהּ
יַעֲקֹב, חֻטְרִין דִּלְבַן, רַטִּיבָן וּדְלוּז וְדִדְלוּב, וְקַלֵּיף בְּהוֹן קִלְפִין חִיוָרִין, קְלוּף חִיוָר, דְּעַל
לח חֻטְרַיָּא: וְדַעִיץ, יָת חֻטְרַיָּא דְּקַלֵּיף, בְּרָטַיָּא אֲתַר בֵּית שִׁקְיָא דְּמַיָּא, אֲתַר דְּאָתְיָן עָנָא
לט לְמִשְׁתֵּי לְקִבְלְהוֹן דְּעָנָא, וּמִתְיַחֲמָן בְּמֵיתֵיהוֹן לְמִשְׁתֵּי: וְאִתְיַחֲמָא עָנָא בְּחֻטְרַיָּא, וִילִידָן
מ עָנָא, רְגוֹלִין נְמוֹרִין וּרְקוֹעִין: וְאִמְּרַיָּא אַפְרֵישׁ יַעֲקֹב, וִיהַב, בְּרֵישׁ עָנָא כָּל דִּרְגוֹל, וְכָל
מא דִּשְׁחוּם בְּעָנָא דְּלָבָן, וְשַׁוִּי לֵיהּ עֶדְרִין בִּלְחוֹדוֹהִי, וְלָא עָרֵיבְנוּן עִם עָנָא דְּלָבָן: וַהֲוֵי, בְּכָל
עִדָּן דְּמִתְיַחֲמָן עָנָא מְבַכְּרָתָא, וּמְשַׁוֵּי יַעֲקֹב יָת חֻטְרַיָּא, לְעֵינֵי עָנָא בְּרָטַיָּא, לְיַחָמוּתְהוֹן
מב מג בְּחֻטְרַיָּא: וּבְלַקִּישׁוּת עָנָא לָא מְשַׁוֵּי, וְהָוַן לַקִּישַׁיָּא לְלָבָן, וּבַכִּירַיָּא לְיַעֲקֹב: וּתְקֵיף גַּבְרָא
א לַחֲדָא לַחֲדָא, וַהֲווֹ לֵיהּ עָן סַגִּיאָן, וְאַמְהָן וְעַבְדִּין, וְגַמְלִין וַחֲמָרִין: וּשְׁמַע, יָת פִּתְגָמֵי בְּנֵי לא
ב לָבָן דְּאָמְרִין, נְסֵיב יַעֲקֹב, יָת כָּל דִּלְאֲבוּנָא, וּמִדִּלְאֲבוּנָא, קְנָא, יָת כָּל נִכְסַיָּא הָאִלֵּין: וַחֲזָא

לו| הַנּוֹתָרֹת. הָרְעוּעוֹת שֶׁבָּהֶן, הַחוֹלוֹת וְהָעֲקָרוֹת שֶׁאֵינָן אֶלָּא שְׁיָרִים, אוֹתָן מָסַר לוֹ:

לז| מַקַּל לִבְנֶה. עֵץ הוּא וּשְׁמוֹ 'לִבְנֶה', כְּמָה דְּאַתְּ אָמַר: "תַּחַת אַלּוֹן וְלִבְנֶה" (הושע ד, יג). וְאוֹמֵר אֲנִי, הוּא שֶׁקּוֹרִין טרימבל"א שֶׁהוּא לָבָן: לַח. כְּשֶׁהוּא רָטֹב: וְלוּז. וְעוֹד לָקַח מַקֵּל לוּז, עֵץ שֶׁגְּדֵלִין בּוֹ אֱגוֹזִים דַּקִּים, קולדר"י בְּלַעַז: וְעַרְמוֹן. קשטניי"ר בְּלַעַז: פְּצָלוֹת. קִלּוּפִים קִלּוּפִים, שֶׁהָיָה עוֹשֵׂהוּ מְנֻמָּר: מַחְשֹׂף הַלָּבָן. גִּלּוּי לֹבֶן שֶׁל מַקֵּל, כְּשֶׁהָיָה קוֹלְפוֹ הָיָה נִרְאֶה וְנִגְלֶה לָבָן שֶׁלּוֹ בִּמְקוֹם הַקִּלּוּף:

לח| וַיַּצֵּג. "וְדַעִיץ", לְשׁוֹן תְּחִיבָה וּנְעִיצָה הוּא בְּלָשׁוֹן אֲרַמִּי, וְהַרְבֵּה יֵשׁ בַּתַּלְמוּד: "דָּעַצָה וְשַׁלְפַהּ" (שבת נ ע"ב), "דָּץ בֵּיהּ מִידֵי" (חולין עג ע"ב), 'דָּצָה' כְּמוֹ 'דַּעֲצָהּ', אֶלָּא שֶׁמְּקַצֵּר אֶת לְשׁוֹנוֹ: בָּרְהָטִים. בִּמְרוּצוֹת הַמַּיִם, בַּבְּרֵכוֹת הָעֲשׂוּיוֹת בָּאָרֶץ לְהַשְׁקוֹת שָׁם הַצֹּאן: אֲשֶׁר תָּבֹאןָ וְגוֹ'. בָּרְהָטִים אֲשֶׁר תָּבֹאןָ הַצֹּאן לִשְׁתּוֹת, שָׁם הִצִּיג הַמַּקְלוֹת "לְנֹכַח הַצֹּאן": וַיֵּחַמְנָה. הַבְּהֵמָה רוֹאָה אֶת הַמַּקְלוֹת וְהִיא נִרְתַּעַת לַאֲחוֹרֶיהָ, וְהַזָּכָר רוֹבְעָהּ וְיוֹלֶדֶת כַּיּוֹצֵא בּוֹ. רַבִּי הוֹשַׁעְיָא אוֹמֵר: הַמַּיִם נַעֲשִׂין זֶרַע בְּמֵעֶיהֶן וְלֹא הָיוּ צְרִיכוֹת לְזָכָר, וְזֶהוּ "וַיֵּחַמְנָה" וְגוֹ':

לט| אֶל הַמַּקְלוֹת. אֶל מַרְאִית הַמַּקְלוֹת: עֲקֻדִּים. מְשֻׁנִּים בִּמְקוֹם עֲקֵדָתָם, הֵם קַרְסְלֵי יְדֵיהֶם וְרַגְלֵיהֶם:

מ| וְהַכְּשָׂבִים הִפְרִיד יַעֲקֹב. הַנּוֹלָדִים עֲקֻדִּים וּנְקֻדִּים הִבְדִּיל וְהִפְרִישׁ לְעַצְמָן וְעָשָׂה אוֹתָן עֵדֶר עֵדֶר לְבַדּוֹ, וְהוֹלִיךְ אוֹתוֹ הָעֵדֶר הֶעָקֹד לִפְנֵי הַצֹּאן, וּפְנֵי הַצֹּאן הַהוֹלְכוֹת אַחֲרֵיהֶם צוֹפוֹת אֲלֵיהֶם, וְזֶהוּ שֶׁאָמַר: "וַיִּתֵּן פְּנֵי הַצֹּאן אֶל עָקֹד", שֶׁהָיוּ פְּנֵי הַצֹּאן אֶל הָעֲקֻדִּים וְאֶל "כָּל חוּם" שֶׁמָּצָא "בְּצֹאן לָבָן": וַיָּשֶׁת לוֹ עֲדָרִים. כְּמוֹ שֶׁפֵּרַשְׁתִּי:

מא| הַמְקֻשָּׁרוֹת. כְּתַרְגּוּמוֹ, הַבְּכִירוֹת, וְאֵין לִי עֵד בַּמִּקְרָא. וּמְנַחֵם חִבְּרוֹ עִם "אֲחִיתֹפֶל בַּקֹּשְׁרִים" (שמואל ב' טו, לא), "וַיְהִי הַקֶּשֶׁר אַמִּץ" (שם פסוק יב) – אוֹתָן הַמִּתְקַשְּׁרוֹת יַחַד לְמַהֵר עִבּוּרָן:

מב| וּבְהַעֲטִיף. לְשׁוֹן אִחוּר, כְּתַרְגּוּמוֹ "וּבְלַקִּישׁוּת". וּמְנַחֵם חִבְּרוֹ עִם "הַמַּחֲלָצוֹת וְהַמַּעֲטָפוֹת" (ישעיה ג, כב), לְשׁוֹן עֲטִיפַת כְּסוּת, כְּלוֹמַר, מִתְעַטְּפוֹת בְּעוֹרָן וְצַמְרָן וְאֵינָן מִתְאַוּוֹת לְהִתְיַחֵם עַל יְדֵי הַזְּכָרִים:

מג| צֹאן רַבּוֹת. פָּרוֹת וְרָבוֹת מִשְּׁאָר צֹאן: וּשְׁפָחוֹת וַעֲבָדִים. מוֹכֵר צֹאנוֹ בְּדָמִים יְקָרִים וְלוֹקֵחַ לוֹ כָּל אֵלֶּה:

פרק לא

א| עָשָׂה. כָּנַס, כְּמוֹ: "וַיַּעַשׂ חַיִל וַיַּךְ אֶת עֲמָלֵק" (שמואל א' יד, מח):

יַעֲקֹב אֶת־פְּנֵי לָבָן וְהִנֵּה אֵינֶנּוּ עִמּוֹ כִּתְמוֹל
כט שִׁלְשׁוֹם׃ וַיֹּאמֶר יְהוָה אֶל־יַעֲקֹב שׁוּב אֶל־אֶרֶץ ג
אֲבוֹתֶיךָ וּלְמוֹלַדְתֶּךָ וְאֶהְיֶה עִמָּךְ׃ וַיִּשְׁלַח יַעֲקֹב ד
וַיִּקְרָא לְרָחֵל וּלְלֵאָה הַשָּׂדֶה אֶל־צֹאנוֹ׃ וַיֹּאמֶר ה
לָהֶן רֹאֶה אָנֹכִי אֶת־פְּנֵי אֲבִיכֶן כִּי־אֵינֶנּוּ אֵלַי
כִּתְמֹל שִׁלְשֹׁם וֵאלֹהֵי אָבִי הָיָה עִמָּדִי׃ וְאַתֵּנָה ו
יְדַעְתֶּן כִּי בְּכָל־כֹּחִי עָבַדְתִּי אֶת־אֲבִיכֶן׃ וַאֲבִיכֶן ז
הֵתֶל בִּי וְהֶחֱלִף אֶת־מַשְׂכֻּרְתִּי עֲשֶׂרֶת מֹנִים
וְלֹא־נְתָנוֹ אֱלֹהִים לְהָרַע עִמָּדִי׃ אִם־כֹּה יֹאמַר ח
נְקֻדִּים יִהְיֶה שְׂכָרֶךָ וְיָלְדוּ כָל־הַצֹּאן נְקֻדִּים וְאִם־
כֹּה יֹאמַר עֲקֻדִּים יִהְיֶה שְׂכָרֶךָ וְיָלְדוּ כָל־הַצֹּאן
עֲקֻדִּים׃ וַיַּצֵּל אֱלֹהִים אֶת־מִקְנֵה אֲבִיכֶם וַיִּתֶּן־ ט
לִי׃ וַיְהִי בְּעֵת יַחֵם הַצֹּאן וָאֶשָּׂא עֵינַי וָאֵרֶא י
בַּחֲלוֹם וְהִנֵּה הָעַתֻּדִים הָעֹלִים עַל־הַצֹּאן עֲקֻדִּים
נְקֻדִּים וּבְרֻדִּים׃ וַיֹּאמֶר אֵלַי מַלְאַךְ הָאֱלֹהִים יא
בַּחֲלוֹם יַעֲקֹב וָאֹמַר הִנֵּנִי׃ וַיֹּאמֶר שָׂא־נָא עֵינֶיךָ יב
וּרְאֵה כָּל־הָעַתֻּדִים הָעֹלִים עַל־הַצֹּאן עֲקֻדִּים
נְקֻדִּים וּבְרֻדִּים כִּי רָאִיתִי אֵת כָּל־אֲשֶׁר לָבָן
עֹשֶׂה לָּךְ׃ אָנֹכִי הָאֵל בֵּית־אֵל אֲשֶׁר מָשַׁחְתָּ שָּׁם יג
מַצֵּבָה אֲשֶׁר נָדַרְתָּ לִּי שָׁם נֶדֶר עַתָּה קוּם צֵא
מִן־הָאָרֶץ הַזֹּאת וְשׁוּב אֶל־אֶרֶץ מוֹלַדְתֶּךָ׃

יד וַתַּעַן רָחֵל וְלֵאָה וַתֹּאמַרְנָה לוֹ הַעוֹד לָנוּ חֵלֶק
טו וְנַחֲלָה בְּבֵית אָבִינוּ: הֲלוֹא נָכְרִיּוֹת נֶחְשַׁבְנוּ לוֹ
טז כִּי מְכָרָנוּ וַיֹּאכַל גַּם־אָכוֹל אֶת־כַּסְפֵּנוּ: כִּי כָל־

ג יַעֲקֹב יָת סְבַר אַפֵּי לָבָן, וְהָא לֵיתוֹהִי עִמֵּיהּ כִּמְאִתְמָלֵי וּמִדְּקַמּוֹהִי: וַאֲמַר יְיָ לְיַעֲקֹב, תּוּב,
ד לַאֲרַע אֲבָהָתָךְ וּלְיַלָּדוּתָךְ, וִיהֵי מֵימְרִי בְּסַעֲדָךְ: וּשְׁלַח יַעֲקֹב, וּקְרָא לְרָחֵל וּלְלֵאָה, לְחַקְלָא
ה לְוָת עָנֵיהּ: וַאֲמַר לְהוֹן, חָזֵי אֲנָא יָת סְבַר אַפֵּי אֲבוּכוֹן, אֲרֵי לֵיתוֹהִי עִמִּי כִּמְאִתְמָלֵי וּמִדְּקַמּוֹהִי,
ו ז וֵאלָהֵיהּ דְּאַבָּא, הֲוָה בְּסַעֲדִי: וְאַתִּין יְדַעְתִּין, אֲרֵי בְּכָל חֵילִי, פְּלַחִית יָת אֲבוּכוֹן: וַאֲבוּכוֹן
ח שַׁקַּר בִּי, וְאַשְׁנִי יָת אַגְרִי עֲסַר זִמְנִין, וְלָא שַׁבְקֵיהּ יְיָ, לְאַבְאָשָׁא עִמִּי: אִם כְּדֵין הֲוָה אָמַר,
נְמוֹרִין יְהֵי אַגְרָךְ, וִילִידָן כָּל עָנָא נְמוֹרִין, וְאִם כְּדֵין הֲוָה אָמַר, רְגוֹלִין יְהֵי אַגְרָךְ, וִילִידָן כָּל
ט י עָנָא רְגוֹלִין: וְאַפְרֵישׁ יְיָ, מִן בְּעִירָא דַּאֲבוּכוֹן וִיהַב לִי: וַהֲוָה, בְּעִדָּן דְּאִתְיַחֲמָא עָנָא, וּזְקַפִית
יא עֵינַי, וַחֲזֵית בְּחֶלְמָא, וְהָא תֵּישַׁיָּא דְּסָלְקִין עַל עָנָא, רְגוֹלִין נְמוֹרִין וּפַצִּיחִין: וַאֲמַר לִי, מַלְאֲכָא
יב דַּיְיָ, בְּחֶלְמָא יַעֲקֹב, וַאֲמָרִית הָאֲנָא: וַאֲמַר, זְקוֹף כְּעַן עֵינָךְ וַחֲזִי כָּל תֵּישַׁיָּא דְּסָלְקִין עַל עָנָא,
יג רְגוֹלִין נְמוֹרִין וּפַצִּיחִין, אֲרֵי גְּלֵי קֳדָמַי, יָת, כָּל דְּלָבָן עָבֵיד לָךְ: אֲנָא אֱלָהָא דְּאִתְגְּלֵיתִי עֲלָךְ
בְּבֵית אֵל, דִּמְשַׁחְתָּא תַמָּן קָמָא, דְּקַיֵּימְתָּא קֳדָמַי, תַּמָּן קְיָם, כְּעַן, קוּם פּוּק מִן אַרְעָא הָדָא,
יד וְתוּב לַאֲרַע יַלָּדוּתָךְ: וַאֲתֵיבַת רָחֵל וְלֵאָה, וַאֲמַרָא לֵיהּ, הַעוֹד לַנָא, חוּלָק וְאַחְסָנָא בְּבֵית
טו טז אֲבוּנָא: הֲלָא נֻכְרָאָן, אִתְחֲשֵׁיבְנָא לֵיהּ אֲרֵי זַבְּנַנָא, וַאֲכַל אַף מֵיכָל יָת כַּסְפַּנָא: אֲרֵי כָל

ג| שׁוּב אֶל אֶרֶץ אֲבוֹתֶיךָ. וְשָׁם "אֶהְיֶה עִמָּךְ", אֲבָל בְּעוֹדְךָ מְחֻבָּר לַטָּמֵא אִי אֶפְשָׁר לְהַשְׁרוֹת שְׁכִינָתִי עָלֶיךָ:

ד| וַיִּקְרָא לְרָחֵל וּלְלֵאָה. לְרָחֵל תְּחִלָּה וְאַחַר כָּךְ לְלֵאָה, שֶׁהִיא הָיְתָה עִקַּר הַבַּיִת, שֶׁבִּשְׁבִילָהּ נִזְדַּוֵּג יַעֲקֹב עִם לָבָן. וְאַף בָּנֶיהָ שֶׁל לֵאָה מוֹדִים בַּדָּבָר, שֶׁהֲרֵי בֹּעַז וּבֵית דִּינוֹ מִשֵּׁבֶט יְהוּדָה אוֹמְרִים: "כְּרָחֵל וּכְלֵאָה אֲשֶׁר בָּנוּ שְׁתֵּיהֶם" וְגוֹ' (רות ד, יא), הִקְדִּימוּ רָחֵל לְלֵאָה:

ז| עֲשֶׂרֶת מֹנִים. אֵין 'מוֹנִים' פָּחוֹת מֵעֲשָׂרָה: מוֹנִים. לְשׁוֹן סְכוּם כְּלַל הַחֶשְׁבּוֹן, וְהֵן עֲשִׂירִיּוֹת, לָמַדְנוּ שֶׁהֶחֱלִיף תְּנָאוֹ מֵאָה פְּעָמִים:

י| וְהִנֵּה הָעַתֻּדִים. אַף עַל פִּי שֶׁהִבְדִּילָם לָבָן כֻּלָּם שֶׁלֹּא יִתְעַבְּרוּ הַצֹּאן דֻּגְמָתָן, הָיוּ הַמַּלְאָכִים מְבִיאִין אוֹתָן מֵעֵדֶר הַמָּסוּר בְּיַד בְּנֵי לָבָן לָעֵדֶר שֶׁבְּיַד יַעֲקֹב: וּבְרֻדִּים. כְּתַרְגּוּמוֹ: "וּפַצִּיחִין", פיישי"ד בְּלַעַז, חוּט שֶׁל לָבָן מַקִּיף אֶת גּוּפוֹ סָבִיב, חֲבַרְבֻּרוֹת שֶׁלּוֹ פְּתוּחָה וּמֻפְלֶשֶׁת מִזַּן אֶל זַן, וְאֵין לִי לַהֲבִיא לוֹ עֵד מִן הַמִּקְרָא:

יג| הָאֵל בֵּית אֵל. כְּמוֹ 'אֵל בֵּית אֵל', הַהֵ"א יְתֵרָה, וְדֶרֶךְ מִקְרָאוֹת לְדַבֵּר כֵּן, כְּמוֹ: "כִּי אַתֶּם בָּאִים אֶל הָאָרֶץ כְּנָעַן" (במדבר לד, ב): מָשַׁחְתָּ שָּׁם. לְשׁוֹן רִבּוּי וּגְדֻלָּה כְּנִמְשָׁח לְמַלְכוּת, כָּךְ "וַיִּצֹק שֶׁמֶן עַל רֹאשָׁהּ" (לעיל כח, יח) לִהְיוֹת מְשׁוּחָה לַמִּזְבֵּחַ: אֲשֶׁר נָדַרְתָּ לִּי. וְצָרִיךְ אַתָּה לְשַׁלְּמוֹ (שם), שֶׁאָמַרְתָּ: "יִהְיֶה בֵּית אֱלֹהִים" (לעיל כח, כב), שֶׁתַּקְרִיב שָׁם קָרְבָּנוֹת:

יד| הַעוֹד לָנוּ. לָמָּה נְעַכֵּב עַל יָדְךָ מִלָּשׁוּב, כְּלוּם אָנוּ מְיַחֲלוֹת לִירַשׁ מִנִּכְסֵי אָבִינוּ כְּלוּם בֵּין הַזְּכָרִים?

טו| הֲלוֹא נָכְרִיּוֹת נֶחְשַׁבְנוּ לוֹ. אֲפִלּוּ בְּשָׁעָה שֶׁדֶּרֶךְ בְּנֵי אָדָם לָתֵת נְדוּנְיָא לִבְנוֹתָיו, בִּשְׁעַת נִשּׂוּאִין, נָהַג עִמָּנוּ כְּנָכְרִיּוֹת, "כִּי מְכָרָנוּ" לְךָ בִּשְׂכַר הַפְּעֻלָּה: אֶת כַּסְפֵּנוּ. שֶׁעִכֵּב דְּמֵי שְׂכַר פְּעֻלָּתְךָ:

הָעֹשֶׁר אֲשֶׁר הִצִּיל אֱלֹהִים מֵאָבִינוּ לָנוּ הוּא
וּלְבָנֵינוּ וְעַתָּה כֹּל אֲשֶׁר אָמַר אֱלֹהִים אֵלֶיךָ
ששי יז עֲשֵׂה: וַיָּקָם יַעֲקֹב וַיִּשָּׂא אֶת־בָּנָיו וְאֶת־נָשָׁיו
יח עַל־הַגְּמַלִּים: וַיִּנְהַג אֶת־כָּל־מִקְנֵהוּ וְאֶת־כָּל־
רְכֻשׁוֹ אֲשֶׁר רָכָשׁ מִקְנֵה קִנְיָנוֹ אֲשֶׁר רָכַשׁ בְּפַדַּן
יט אֲרָם לָבוֹא אֶל־יִצְחָק אָבִיו אַרְצָה כְּנָעַן: וְלָבָן
הָלַךְ לִגְזֹז אֶת־צֹאנוֹ וַתִּגְנֹב רָחֵל אֶת־הַתְּרָפִים
כ אֲשֶׁר לְאָבִיהָ: וַיִּגְנֹב יַעֲקֹב אֶת־לֵב לָבָן הָאֲרַמִּי
כא עַל־בְּלִי הִגִּיד לוֹ כִּי בֹרֵחַ הוּא: וַיִּבְרַח הוּא וְכָל־
אֲשֶׁר־לוֹ וַיָּקָם וַיַּעֲבֹר אֶת־הַנָּהָר וַיָּשֶׂם אֶת־פָּנָיו
כב הַר הַגִּלְעָד: וַיֻּגַּד לְלָבָן בַּיּוֹם הַשְּׁלִישִׁי כִּי בָרַח
כג יַעֲקֹב: וַיִּקַּח אֶת־אֶחָיו עִמּוֹ וַיִּרְדֹּף אַחֲרָיו דֶּרֶךְ
כד שִׁבְעַת יָמִים וַיַּדְבֵּק אֹתוֹ בְּהַר הַגִּלְעָד: וַיָּבֹא
אֱלֹהִים אֶל־לָבָן הָאֲרַמִּי בַּחֲלֹם הַלָּיְלָה וַיֹּאמֶר
לוֹ הִשָּׁמֶר לְךָ פֶּן־תְּדַבֵּר עִם־יַעֲקֹב מִטּוֹב עַד־
כה רָע: וַיַּשֵּׂג לָבָן אֶת־יַעֲקֹב וְיַעֲקֹב תָּקַע אֶת־אָהֳלוֹ
כו בָּהָר וְלָבָן תָּקַע אֶת־אֶחָיו בְּהַר הַגִּלְעָד: וַיֹּאמֶר
לָבָן לְיַעֲקֹב מֶה עָשִׂיתָ וַתִּגְנֹב אֶת־לְבָבִי וַתְּנַהֵג
כז אֶת־בְּנֹתַי כִּשְׁבֻיוֹת חָרֶב: לָמָּה נַחְבֵּאתָ לִבְרֹחַ
וַתִּגְנֹב אֹתִי וְלֹא־הִגַּדְתָּ לִּי וָאֲשַׁלֵּחֲךָ בְּשִׂמְחָה
כח וּבְשִׁרִים בְּתֹף וּבְכִנּוֹר: וְלֹא נְטַשְׁתַּנִי לְנַשֵּׁק

כט לבני ולבנתי עתה הסכלת עשו: יש־לאל ידי
לעשות עמכם רע ואלהי אביכם אמש ׀ אמר
אלי לאמר השמר לך מדבר עם־יעקב מטוב

יז עתרא, דאפריש יי מאבונא, דילנא הוא ודבננא, וכען, כל דאמר יי, לך עביד: וקם יעקב,
יח ונטל, ית בנוהי וית נשוהי על גמליא: ודבר ית כל גיתוהי, וית כל קנינֵיה דקנא, גיתוהי
יט וקנינֵיה, דקנא בפדן ארם, למיתי, לות יצחק אבוהי לארעא דכנען: ולבן אזל, למגז ית
כ עניה, ונסיבת רחל, ית צלמניא דלאבוהא: וכסי יעקב, מן לבן ארמאה, על דלא חוי ליה,
כא ארי אזיל הוא: ואזל הוא וכל דליה, וקם ועבר ית פרת, ושוי ית אפוהי לטורא דגלעד:
כב כג ואתחוא ללבן ביומא תליתאה, ארי אזל יעקב: ודבר ית אחוהי עמיה, ורדף בתרוהי,
כד מהלך שבעא יומין, ואדביק יתיה בטורא דגלעד: ואתא מימר מן קדם יי, לות לבן ארמאה
כה בחלמא דליליא, ואמר ליה, אסתמר לך, דלמא תמליל עם יעקב מטב עד ביש: ואדביק
כו לבן ית יעקב, ויעקב, פרס ית משכניה בטורא, ולבן, אשרי ית אחוהי בטורא דגלעד: ואמר
כז לבן ליעקב, מא עבדתא, וכסיתא מני, ודברת ית בנתי, כשבית חרב: למא אטמרתא
כח למיזל, וכסיתא מני, ולא חוית לי, ושלחתך פון, בחדוא ובתשבחן בתפין ובכנרין: ולא
כט שבקתני, לנשקא לבני ולבנתי, כען אסכילתא למעבד: אית חילא בידי, למעבד עמכון
בישא, ואלהא דאבוכון, ברמשא אמר לי למימר, אסתמר לך, מלמללא עם יעקב מטב

טז) **כי כל העשר.** 'כי' זה משמש בלשון 'אלא', כלומר, משל אבינו אין לנו כלום, אלא מה שהציל הקדוש ברוך הוא מאבינו שלנו הוא: הציל. לשון הפריש, וכן כל לשון הצלה שבמקרא לשון הפרשה, שמפרישו מן הרעה ומן האויב:

יז) **את בניו ואת נשיו.** הקדים זכרים לנקבות, ועשו הקדים נקבות לזכרים, שנאמר: "ויקח עשו את נשיו ואת בניו" וגו' (להלן לו, ו):

יח) **מקנה קנינו.** מה שקנה מצאנו, עבדים ושפחות וגמלים וחמורים:

יט) **לגזז את צאנו.** שנתן ביד בניו דרך שלשת ימים בינו ובין יעקב: **ותגנב רחל את התרפים.** להפריש את אביה מעבודה זרה נתכונה:

כב) **ביום השלישי.** שהרי דרך שלשת ימים היה ביניהם:

כג) **את אחיו.** קרוביו: **דרך שבעת ימים.** כל אותן שלשה ימים שהלך המגיד להגיד ללבן הלך יעקב לדרכו, נמצא יעקב רחוק מלבן ששה ימים, ובשביעי השיגו לבן. למדנו שכל מה שהלך יעקב בשבעה ימים הלך לבן ביום אחד:

כד) **מטוב עד רע.** כל טובתן של רשעים רעה היא אצל הצדיקים:

כו) **כשביות חרב.** כל חיל הבא למלחמה קרוי חרב:

כז) **ותגנב אותי.** גנבת את דעתי:

כט) **יש לאל ידי.** יש לחיל ולכח ידי "לעשות עמכם רע". וכל 'אל' שהוא קדש, על שם עזוז ורוב אונים הוא:

עַד־רָֽע׃ וְעַתָּה֙ הָלֹ֣ךְ הָלַ֔כְתָּ כִּֽי־נִכְסֹ֥ף נִכְסַ֖פְתָּה ל
לְבֵ֣ית אָבִ֑יךָ לָ֥מָּה גָנַ֖בְתָּ אֶת־אֱלֹהָֽי׃ וַיַּ֥עַן יַעֲקֹ֖ב לא
וַיֹּ֣אמֶר לְלָבָ֑ן כִּ֣י יָרֵ֔אתִי כִּ֣י אָמַ֔רְתִּי פֶּן־תִּגְזֹ֥ל אֶת־
בְּנוֹתֶ֖יךָ מֵעִמִּֽי׃ עִ֠ם אֲשֶׁ֨ר תִּמְצָ֣א אֶת־אֱלֹהֶיךָ֮ לב
לֹ֣א יִֽחְיֶה֒ נֶ֣גֶד אַחֵ֧ינוּ הַֽכֶּר־לְךָ֛ מָ֥ה עִמָּדִ֖י וְקַֽח־לָ֑ךְ
וְלֹֽא־יָדַ֣ע יַעֲקֹ֔ב כִּ֥י רָחֵ֖ל גְּנָבָֽתַם׃ וַיָּבֹ֨א לָבָ֜ן לג
בְּאֹ֧הֶל יַעֲקֹ֣ב ׀ וּבְאֹ֣הֶל לֵאָ֗ה וּבְאֹ֛הֶל שְׁתֵּ֥י
הָאֲמָהֹ֖ת וְלֹ֣א מָצָ֑א וַיֵּצֵא֙ מֵאֹ֣הֶל לֵאָ֔ה וַיָּבֹ֖א
בְּאֹ֥הֶל רָחֵֽל׃ וְרָחֵ֞ל לָקְחָ֣ה אֶת־הַתְּרָפִ֗ים וַתְּשִׂמֵ֛ם לד
בְּכַ֥ר הַגָּמָ֖ל וַתֵּ֣שֶׁב עֲלֵיהֶ֑ם וַיְמַשֵּׁ֥שׁ לָבָ֛ן אֶת־כָּל־
הָאֹ֖הֶל וְלֹ֥א מָצָֽא׃ וַתֹּ֣אמֶר אֶל־אָבִ֗יהָ אַל־יִ֙חַר֙ לה
בְּעֵינֵ֣י אֲדֹנִ֔י כִּ֠י ל֤וֹא אוּכַל֙ לָק֣וּם מִפָּנֶ֔יךָ כִּי־דֶ֥רֶךְ
נָשִׁ֖ים לִ֑י וַיְחַפֵּ֕שׂ וְלֹ֥א מָצָ֖א אֶת־הַתְּרָפִֽים׃ וַיִּ֥חַר לו
לְיַעֲקֹ֖ב וַיָּ֣רֶב בְּלָבָ֑ן וַיַּ֤עַן יַעֲקֹב֙ וַיֹּ֣אמֶר לְלָבָ֔ן מַה־
פִּשְׁעִי֙ מַ֣ה חַטָּאתִ֔י כִּ֥י דָלַ֖קְתָּ אַחֲרָֽי׃ כִּֽי־מִשַּׁ֣שְׁתָּ לז
אֶת־כָּל־כֵּלַ֗י מַה־מָּצָ֙אתָ֙ מִכֹּ֣ל כְּלֵי־בֵיתֶ֔ךָ שִׂ֣ים
כֹּ֔ה נֶ֥גֶד אַחַ֖י וְאַחֶ֑יךָ וְיוֹכִ֖יחוּ בֵּ֥ין שְׁנֵֽינוּ׃ זֶה֩ עֶשְׂרִ֨ים לח
שָׁנָ֤ה אָנֹכִי֙ עִמָּ֔ךְ רְחֵלֶ֥יךָ וְעִזֶּ֖יךָ לֹ֣א שִׁכֵּ֑לוּ וְאֵילֵ֥י
צֹאנְךָ֖ לֹ֥א אָכָֽלְתִּי׃ טְרֵפָה֙ לֹא־הֵבֵ֣אתִי אֵלֶ֔יךָ לט
אָנֹכִ֣י אֲחַטֶּ֔נָּה מִיָּדִ֖י תְּבַקְשֶׁ֑נָּה גְּנֻֽבְתִ֣י י֔וֹם וּגְנֻֽבְתִ֖י
לָֽיְלָה׃ הָיִ֥יתִי בַיּ֛וֹם אֲכָלַ֥נִי חֹ֖רֶב וְקֶ֣רַח בַּלָּ֑יְלָה מ

מא וַתִּדַּד שְׁנָתִי מֵעֵינָי: זֶה־לִּי עֶשְׂרִים שָׁנָה
בְּבֵיתֶךָ עֲבַדְתִּיךָ אַרְבַּע־עֶשְׂרֵה שָׁנָה בִּשְׁתֵּי

ל עד ביש: וכען מיזל אזלתא, ארי חמדא חמידתא לבית אבוך, למא נסיבתא ית דחלתי:
לא ואתיב יעקב ואמר ללבן, ארי דחילית, ארי אמרית, דלמא תינוס ית בנתך מני:
לב אתר, דתשכח ית דחלתך לא יתקים, קדם אחנא אשתמודע לך, מא דעמי וסב לך, ולא
לג ידע יעקב, ארי רחל נסיבתנון: ועאל לבן, במשכנא דיעקב ובמשכנא דלאה, ובמשכנא,
לד דתרתין לחינתא ולא אשכח, ונפק ממשכנא דלאה, ועאל במשכנא דרחל: ורחל נסיבת
ית צלמניא, ושויאתנון, בעביטא דגמלא ויתיבת עליהון, ומשיש לבן, ית כל משכנא ולא
לה אשכח: ואמרת לאבוהא, לא יתקף בעיני רבוני, ארי לא אכול למקם מן קדמך, ארי אורח
לו נשין לי, ובלש, ולא אשכח ית צלמניא: ותקיף ליעקב ונצא עם לבן, ואתיב יעקב ואמר ללבן,
לז מא חובי מא סרחני, ארי רדפתא בתרי: ארי משישתא ית כל מני, מא אשכחתא מכל מני
לח ביתך, שו הכא, קדם אחי ואחך, ויוכחון בין תרונא: דנן עסרין שנין אנא עמך, רחלך ועזך
לט לא אתכילו, ודכרי ענך לא אכלית: דתבירא לא איתיתי לך, דהות שגיא ממנינא מני את
מ בעי לה, נטרית ביממא, ונטרית בליליא: הויתי בימבא, אכלני שרבא וגלידא נחת עלי
מא בליליא, ונדת שינתי מעיני: דנן לי, עסרין שנין בביתך, פלחתך, ארבע עסרי שנין בתרתין

ל] **נכספתה.** חמדת, והרבה יש במקרא: "נכספה וגם כלתה נפשי" (תהלים פד, ג), "למעשה ידיך תכסף" (איוב יד, טו):

לא] **כי יראתי וגו׳.** השיבו על ראשון ראשון, שאמר לו: "ותנהג את בנתי" וגו׳ (לעיל פסוק כו):

לב] **לא יחיה.** ומאותה קללה מתה רחל בדרך: **מה עמדי.** משלך:

לג] **באהל יעקב.** הוא אהל רחל שהיה יעקב תדיר אצלה, וכן הוא אומר: "בני רחל אשת יעקב" (להלן מו, יט), ובכלן לא נאמר 'אשת יעקב': **ויבא באהל רחל.** כשיצא מאהל לאה חזר לו לאהל רחל קודם שחפש באהל האמהות. וכל כך למה? לפי שהיה מכיר בה שהיא משמשנית:

לד] **בכר הגמל.** לשון כרים וכסתות, כתרגומו: "בעביטא דגמלא", והיא מרדעת העשויה כמין כר. ובערובין שנינו: "הקיפוה בעביטין" (דף טז ע״ב), והן עביטי גמלים, בשטי״ל בלעז:

לו] **דלקת.** רדפת, כמו: "על ההרים דלקנו" (איכה ד, יט), וכמו: "מדלק אחרי פלשתים" (שמואל א׳ יז, נג):

לז] **ויוכיחו.** ויבררו עם מי הדין, אפרובי״ר בלעז:

לח] **לא שכלו.** לא הפילו עבורם, כמו: "רחם משכיל" (הושע ט, יד), "תפלט פרתו ולא תשכל" (איוב כא, י): **ואילי צאנך.** מכאן אמרו: איל בן יומו קרוי איל, שאם לא כן מה שבחו? אילים לא אכל אלא כבשים אכל – אם כן גזלן הוא!:

לט] **טרפה.** על ידי ארי וזאב: **אנכי אחטנה.** לשון: "אל השערה ולא יחטיא" (שופטים כ, טז), "אני ובני שלמה חטאים" (מלכים א׳ א, כא) – חסרים. אנכי אחסרנה, אם חסרה חסרה לי, שמידי תבקשנה: **גנבתי יום וגנבתי לילה.** גנובת יום או גנובת לילה, הכל שלמתי: **גנבתי.** כמו: "רבתי בגוים שרתי במדינות" (איכה א, א), "מלאתי משפט" (ישעיה א, כא), "אהבתי לדוש" (הושע י, יא):

מ] **אכלני חרב.** לשון "אש אכלה" (דברים ד, כד):

בְּנֹתֶיךָ וְשֵׁשׁ שָׁנִים בְּצֹאנֶךָ וַתַּחֲלֵף אֶת־מַשְׂכֻּרְתִּי
עֲשֶׂרֶת מֹנִים׃ לוּלֵי אֱלֹהֵי אָבִי אֱלֹהֵי אַבְרָהָם מב
וּפַחַד יִצְחָק הָיָה לִי כִּי עַתָּה רֵיקָם שִׁלַּחְתָּנִי אֶת־
עָנְיִי וְאֶת־יְגִיעַ כַּפַּי רָאָה אֱלֹהִים וַיּוֹכַח אָמֶשׁ׃
שביעי וַיַּעַן לָבָן וַיֹּאמֶר אֶל־יַעֲקֹב הַבָּנוֹת בְּנֹתַי וְהַבָּנִים מג
בָּנַי וְהַצֹּאן צֹאנִי וְכֹל אֲשֶׁר־אַתָּה רֹאֶה לִי הוּא
וְלִבְנֹתַי מָה־אֶעֱשֶׂה לָאֵלֶּה הַיּוֹם אוֹ לִבְנֵיהֶן אֲשֶׁר
יָלָדוּ׃ וְעַתָּה לְכָה נִכְרְתָה בְרִית אֲנִי וָאָתָּה וְהָיָה מד
לְעֵד בֵּינִי וּבֵינֶךָ׃ וַיִּקַּח יַעֲקֹב אָבֶן וַיְרִימֶהָ מַצֵּבָה׃ מה
וַיֹּאמֶר יַעֲקֹב לְאֶחָיו לִקְטוּ אֲבָנִים וַיִּקְחוּ אֲבָנִים מו
וַיַּעֲשׂוּ־גָל וַיֹּאכְלוּ שָׁם עַל־הַגָּל׃ וַיִּקְרָא־לוֹ לָבָן מז
* יְגַר שָׂהֲדוּתָא וְיַעֲקֹב קָרָא לוֹ גַּלְעֵד׃ וַיֹּאמֶר לָבָן מח
הַגַּל הַזֶּה עֵד בֵּינִי וּבֵינְךָ הַיּוֹם עַל־כֵּן קָרָא־שְׁמוֹ
גַּלְעֵד׃ וְהַמִּצְפָּה אֲשֶׁר אָמַר יִצֶף יְהוָה בֵּינִי וּבֵינֶךָ מט
כִּי נִסָּתֵר אִישׁ מֵרֵעֵהוּ׃ אִם־תְּעַנֶּה אֶת־בְּנֹתַי נ
וְאִם־תִּקַּח נָשִׁים עַל־בְּנֹתַי אֵין אִישׁ עִמָּנוּ רְאֵה
אֱלֹהִים עֵד בֵּינִי וּבֵינֶךָ׃ וַיֹּאמֶר לָבָן לְיַעֲקֹב הִנֵּה נא
הַגַּל הַזֶּה וְהִנֵּה הַמַּצֵּבָה אֲשֶׁר יָרִיתִי בֵּינִי וּבֵינֶךָ׃
עֵד הַגַּל הַזֶּה וְעֵדָה הַמַּצֵּבָה אִם־אָנִי לֹא־אֶעֱבֹר נב
אֵלֶיךָ אֶת־הַגַּל הַזֶּה וְאִם־אַתָּה לֹא־תַעֲבֹר אֵלַי
אֶת־הַגַּל הַזֶּה וְאֶת־הַמַּצֵּבָה הַזֹּאת לְרָעָה׃

נג אֱלֹהֵי אַבְרָהָם וֵאלֹהֵי נָחוֹר יִשְׁפְּטוּ בֵינֵינוּ אֱלֹהֵי
נד אֲבִיהֶם וַיִּשָּׁבַע יַעֲקֹב בְּפַחַד אָבִיו יִצְחָק: וַיִּזְבַּח ★

מב בְּנָתָךְ, וְשֵׁית שְׁנִין בְּעָנָךְ, וְאַשְׁנֵיתָא יָת אַגְרִי עֲסַר זִמְנִין: אִלּוּ לָא פוֹן, אֱלָהֵיהּ דְּאַבָּא אֱלָהֵיהּ
דְּאַבְרָהָם, וּדְדָחֵיל לֵיהּ יִצְחָק הֲוָה בְּסַעֲדִי, אֲרֵי כְעַן רֵיקָן שַׁלַּחְתָּנִי, יָת עַמְלִי, וְיָת לֵיאוּת
מג יְדַי, גְּלֵי קֳדָם יְיָ וְאוֹכַח בְּרַמְשָׁא: וַאֲתֵיב לָבָן וַאֲמַר לְיַעֲקֹב, בְּנָתָא בְּנָתִי, וּבְנַיָּא בְּנַי וְעָנָא
עָנִי, וְכֹל, דְּאַתְּ חָזֵי דִּילִי הוּא, וְלִבְנָתַי, מָא אַעֲבֵיד לְאִלֵּין יוֹמָא דֵין, אוֹ לִבְנֵיהוֹן דִּילִידָא:
מד מה וּכְעַן, אֵיתָא, נִגְזַר קְיָם אֲנָא וְאַתְּ, וִיהֵי לְסָהִיד בֵּינָא וּבֵינָךְ: וּנְסֵיב יַעֲקֹב אַבְנָא, וְזַקְפַהּ קָמָא:
מו מז וַאֲמַר יַעֲקֹב לַאֲחוֹהִי לְקוֹטוּ אַבְנִין, וּנְסִיבוּ אַבְנִין וַעֲבַדוּ דְּגוֹרָא, וַאֲכַלוּ תַמָּן עַל דְּגוֹרָא: וּקְרָא
מח לֵיהּ לָבָן, יְגַר שָׂהֲדוּתָא, וְיַעֲקֹב, קְרָא לֵיהּ גַּלְעֵד: וַאֲמַר לָבָן, דְּגוֹרָא הָדֵין סָהִיד, בֵּינָא וּבֵינָךְ
מט יוֹמָא דֵין, עַל כֵּן קְרָא שְׁמֵיהּ גַּלְעֵד: וְסָכוּתָא דַּאֲמַר, יִסֵּךְ מֵימְרָא דַּייָ בֵּינָא וּבֵינָךְ, אֲרֵי נִתְכַּסֵּי
נ גְּבַר מֵחַבְרֵיהּ: אִם תְּעַנֵּי יָת בְּנָתַי, וְאִם תִּסַּב נְשִׁין עַל בְּנָתַי, לֵית אֱנָשׁ עִמַּנָא, חֲזִי, מֵימְרָא
נא דַּייָ סָהִיד בֵּינָא וּבֵינָךְ: וַאֲמַר לָבָן לְיַעֲקֹב, הָא דְּגוֹרָא הָדֵין, וְהָא קָמְתָא, דַּאֲקֵימִית בֵּינָא
נב וּבֵינָךְ: סָהִיד דְּגוֹרָא הָדֵין, וְסָהֲדָא קָמְתָא, אִם אֲנָא, לָא אֶעְבַּר לְוָתָךְ יָת דְּגוֹרָא הָדֵין, וְאִם
נג אַתְּ, לָא תִעְבַּר לְוָתִי, יָת דְּגוֹרָא הָדֵין, וְיָת קָמְתָא הָדָא לְבִישׁוּ: אֱלָהֵיהּ דְּאַבְרָהָם, וֵאלָהֵיהּ
נד דְּנָחוֹר יְדִינוּן בֵּינַנָא, אֱלָהָא דַּאֲבוּהוֹן, וְקַיֵּים יַעֲקֹב, בִּדְדָחֵיל לֵיהּ אֲבוּהִי יִצְחָק: וּנְכַס

וְקָרַחַת. כְּמוֹ: "מַשְׁלִיךְ קַרְחוֹ" (תהלים קמז, יז), תַּרְגּוּמוֹ: "גְּלִידָא": שְׁנָתִי. לְשׁוֹן שֵׁנָה:

מא| וַתַּחֲלֵף אֶת מַשְׂכֻּרְתִּי. הָיִיתָ מְשַׁנֶּה תְּנַאי שֶׁבֵּינֵינוּ, מִנָּקֹד לְטָלוּא, לַעֲקֻדִּים, לִבְרֻדִּים:

מב| וּפַחַד יִצְחָק. לֹא רָצָה לוֹמַר 'אֱלֹהֵי יִצְחָק', שֶׁאֵין הַקָּדוֹשׁ בָּרוּךְ הוּא מְיַחֵד שְׁמוֹ עַל הַצַּדִּיקִים בְּחַיֵּיהֶם, וְאַף עַל פִּי שֶׁאָמַר לוֹ בְּצֵאתוֹ מִבְּאֵר שֶׁבַע: "אֲנִי ה' אֱלֹהֵי אַבְרָהָם אָבִיךָ וֵאלֹהֵי יִצְחָק" (לעיל כח, יג) בִּשְׁבִיל שֶׁכָּהוּ עֵינָיו וַהֲרֵי הוּא כְּמֵת, יַעֲקֹב נִתְיָרֵא לוֹמַר: וַיּוֹכַח. לְשׁוֹן תּוֹכָחָה הוּא וְלֹא לְשׁוֹן הוֹכָחָה:

מג| מָה אֶעֱשֶׂה לָאֵלֶּה. אֵיךְ תַּעֲלֶה עַל לִבִּי לְהָרַע לָהֶן?:

מד| וְהָיָה לְעֵד. הַקָּדוֹשׁ בָּרוּךְ הוּא:

מו| לְאֶחָיו. הֵם בָּנָיו, שֶׁהָיוּ לוֹ אַחִים נִגָּשִׁים לְצָרָה וּלְמִלְחָמָה עָלָיו:

מז-מח| יְגַר. תַּרְגּוּם שֶׁל גַּל: גַּלְעֵד. גַּל עֵד:

מט| וְהַמִּצְפָּה אֲשֶׁר אָמַר וְגוֹ'. וְהַמִּצְפָּה אֲשֶׁר בְּהַר הַגִּלְעָד, כְּמוֹ שֶׁכָּתוּב: "וַיַּעֲבֹר אֶת מִצְפֵּה גִלְעָד" (שופטים יא, כט), וְלָמָּה נִקְרֵאת שְׁמָהּ 'מִצְפָּה'? לְפִי שֶׁאָמַר כָּל אֶחָד מֵהֶם לַחֲבֵרוֹ: "יִצֶף ה' בֵּינִי וּבֵינֶךָ" אִם תַּעֲבֹר אֶת הַבְּרִית: כִּי נִסָּתֵר. וְלֹא נִרְאֶה אִישׁ אֶת רֵעֵהוּ:

נ| בְּנֹתַי... בְּנֹתַי. שְׁתֵּי פְעָמִים, אַף בִּלְהָה וְזִלְפָּה בְּנוֹתָיו הָיוּ מִפִּילֶגֶשׁ: אִם תְּעַנֶּה אֶת בְּנֹתַי. לִמְנוֹעַ מֵהֶן עוֹנַת תַּשְׁמִישׁ:

נא| יָרִיתִי. כְּמוֹ: "יָרָה בַיָּם" (שמות טו, ד), כָּזֶה שֶׁהוּא יוֹרֶה חֲנִית:

נב| אִם אָנִי. הֲרֵי 'אִם' מְשַׁמֵּשׁ בִּלְשׁוֹן 'אֲשֶׁר', כְּמוֹ: "עַד אִם דִּבַּרְתִּי דְּבָרָי" (לעיל כד, לג): לְרָעָה. לְרָעָה אִי אַתָּה עוֹבֵר, אֲבָל אַתָּה עוֹבֵר לִפְרַקְמַטְיָא:

נג| אֱלֹהֵי אַבְרָהָם. קֹדֶשׁ: וֵאלֹהֵי נָחוֹר. חֹל: אֱלֹהֵי אֲבִיהֶם. חֹל:

יַעֲקֹב זֶבַח בָּהָר וַיִּקְרָא לְאֶחָיו לֶאֱכָל־לָחֶם
מפטיר נה וַיֹּאכְלוּ לֶחֶם וַיָּלִינוּ בָּהָר׃ וַיַּשְׁכֵּם לָבָן בַּבֹּקֶר
וַיְנַשֵּׁק לְבָנָיו וְלִבְנוֹתָיו וַיְבָרֶךְ אֶתְהֶם וַיֵּלֶךְ וַיָּשָׁב
לב א לָבָן לִמְקֹמוֹ׃ וְיַעֲקֹב הָלַךְ לְדַרְכּוֹ וַיִּפְגְּעוּ־בוֹ
ב מַלְאֲכֵי אֱלֹהִים׃ וַיֹּאמֶר יַעֲקֹב כַּאֲשֶׁר רָאָם
מַחֲנֵה אֱלֹהִים זֶה וַיִּקְרָא שֵׁם־הַמָּקוֹם הַהוּא
מַחֲנָיִם׃

הפטרת ויצא

הנביא הושע ליווה את מלכות ישראל באחד משיאיה, מימי ירבעם בן יואש (גדול מלכי בית יהוא) עד החורבן בימי המלך הושע בן אלה. המעצמה האשורית כבשה את המזרח התיכון כולו. הושע הנביא (ונביאים נוספים כישעיהו, עמוס ומיכה) ניסה למנוע את נפילת מלכות ישראל. הוא קרא לישראל לנטוש את הדרך האלילית ולשוב לעבודת ה׳. בפסוקי ההפטרה יש רמיזות לאירועים מחיי יעקב. המכנה המשותף להם הוא השגחת ה׳ על יעקב בעימות עם עשו ולבן. השגחה זו נמשכת גם בצאצאיו והיא הבסיס להצלחה בימיו. ההליכה בחוקי האלילות האשורית – יש בה גם פן של זלזול וכפיות טובה כלפי ה׳ המטיב להם. אי־הכרת הטוב היא עיוות חשיבה, ובדרך זו אי־אפשר להרחיק לכת. הנביא ממחיש את העתיד הצפוי בדימויים שונים, ובהם: ״לכן יהיו כענן בֹקר... וכעשן מֵאֲרֻבָּה״. אלו מראות מרשימים אבל חולפים במהרה. כך גם הנהירה אחרי תרבות אשור, שבאותה שעה הייתה מרשימה, היא אשליה שתתנפץ עם הבוטחים בה.

הושע
הספרדים והתימנים מתחילים כאן

יא ז ח וְעַמִּי תְלוּאִים לִמְשׁוּבָתִי וְאֶל־עַל יִקְרָאֻהוּ יַחַד לֹא יְרוֹמֵם׃ אֵיךְ אֶתֶּנְךָ
אֶפְרַיִם אֲמַגֶּנְךָ יִשְׂרָאֵל אֵיךְ אֶתֶּנְךָ כְאַדְמָה אֲשִׂימְךָ כִּצְבֹאיִם נֶהְפַּךְ עָלַי
ט לִבִּי יַחַד נִכְמְרוּ נִחוּמָי׃ לֹא אֶעֱשֶׂה חֲרוֹן אַפִּי לֹא אָשׁוּב לְשַׁחֵת אֶפְרָיִם
י כִּי אֵל אָנֹכִי וְלֹא־אִישׁ בְּקִרְבְּךָ קָדוֹשׁ וְלֹא אָבוֹא בְּעִיר׃ אַחֲרֵי יְהוָה יֵלְכוּ
יא כְּאַרְיֵה יִשְׁאָג כִּי־הוּא יִשְׁאַג וְיֶחֶרְדוּ בָנִים מִיָּם׃ יֶחֶרְדוּ כְצִפּוֹר מִמִּצְרַיִם
יב א וּכְיוֹנָה מֵאֶרֶץ אַשּׁוּר וְהוֹשַׁבְתִּים עַל־בָּתֵּיהֶם נְאֻם־יְהוָה׃ סְבָבֻנִי
בְכַחַשׁ אֶפְרַיִם וּבְמִרְמָה בֵּית יִשְׂרָאֵל וִיהוּדָה עֹד רָד עִם־אֵל וְעִם־קְדוֹשִׁים
ב נֶאֱמָן׃ אֶפְרַיִם רֹעֶה רוּחַ וְרֹדֵף קָדִים כָּל־הַיּוֹם כָּזָב וָשֹׁד יַרְבֶּה וּבְרִית
ג עִם־אַשּׁוּר יִכְרֹתוּ וְשֶׁמֶן לְמִצְרַיִם יוּבָל׃ וְרִיב לַיהוָה עִם־יְהוּדָה וְלִפְקֹד
ד עַל־יַעֲקֹב כִּדְרָכָיו כְּמַעֲלָלָיו יָשִׁיב לוֹ׃ בַּבֶּטֶן עָקַב אֶת־אָחִיו וּבְאוֹנוֹ שָׂרָה

נה יעקב נכסתא בטורא, וקרא לאחוהי למיכל לחמא, ואכלו לחמא, ובתו בטורא: ואקדים
לב א לבן בצפרא, ונשיק לבנוהי, ולבנתיה ובריך יתהון, ואזל, ותב לבן לאתריה: ויעקב אזל
ב לאורחיה, וערעו ביה מלאכיא דיי: ואמר יעקב כד חזנון, משרי מן קדם יי דא, וקרא,
שמיה דאתרא ההוא מחנים:

נד) ויזבח יעקב זבח. שחט בהמות למשתה: לאחיו. לחוהביו שעם לבן: לאכל לחם. כל דבר מאכל קרוי לחם, כמו: "עבד לחם רב" (דניאל ה, א), "נשחיתה עץ בלחמו" (ירמיה יא, יט):

פרק לב

א) ויפגעו בו מלאכי אלהים. מלאכים של ארץ ישראל באו לקראתו ללוותו לארץ:

ב) מחנים. שתי מחנות, של חוצה לארץ שבאו עמו עד כאן, ושל ארץ ישראל שבאו לקראתו:

ה את־אלהים: וישר אל־מלאך ויכל בכה ויתחנן־לו בית־אל ימצאנו
ו ושם ידבר עמנו: ויהוה אלהי הצבאות יהוה זכרו: ואתה באלהיך
ח תשוב חסד ומשפט שמר וקוה אל־אלהיך תמיד: כנען בידו מאזני
ט מרמה לעשק אהב: ויאמר אפרים אך עשרתי מצאתי און לי כל־יגיעי
י לא ימצאו־לי עון אשר־חטא: ואנכי יהוה אלהיך מארץ מצרים עד
יא אושיבך באהלים כימי מועד: ודברתי על־הנביאים ואנכי חזון הרביתי
יב וביד הנביאים אדמה: אם־גלעד און אך־שוא היו בגלגל שורים זבחו
יג גם מזבחותם כגלים על תלמי שדי: * ויברח יעקב שדה ארם ויעבד
יד ישראל באשה ובאשה שמר: ובנביא העלה יהוה את־ישראל ממצרים
טו ובנביא נשמר: * הכעיס אפרים תמרורים ודמיו עליו יטוש וחרפתו
יג א ישיב לו אדניו: כדבר אפרים רתת נשא הוא בישראל ויאשם בבעל
ב וימת: ועתה | יוספו לחטא ויעשו להם מסכה מכספם כתבונם עצבים
ג מעשה חרשים כלה להם הם אמרים זבחי אדם עגלים ישקון: לכן יהיו
ד כענן־בקר וכטל משכים הלך כמץ יסער מגרן וכעשן מארבה: ואנכי
יהוה אלהיך מארץ מצרים ואלהים זולתי לא תדע ומושיע אין בלתי:
ה ו אני ידעתיך במדבר בארץ תלאבות: * כמרעיתם וישבעו שבעו וירם
ז ח לבם על־כן שכחוני: ואהי להם כמו־שחל כנמר על־דרך אשור: אפגשם

הספרדים מסיימים כאן והאשכנזים מתחילים כאן

התימנים מסיימים כאן

יש מסיימים כאן

כְּדֹב שַׁכּוּל וְאֶקְרַע סְגוֹר לִבָּם וְאֹכְלֵם שָׁם כְּלָבִיא חַיַּת הַשָּׂדֶה תְּבַקְּעֵם׃
שִׁחֶתְךָ יִשְׂרָאֵל כִּי־בִי בְעֶזְרֶךָ׃ אֱהִי מַלְכְּךָ אֵפוֹא וְיוֹשִׁיעֲךָ בְּכָל־עָרֶיךָ ט י
וְשֹׁפְטֶיךָ אֲשֶׁר אָמַרְתָּ תְּנָה־לִּי מֶלֶךְ וְשָׂרִים׃ אֶתֶּן־לְךָ מֶלֶךְ בְּאַפִּי וְאֶקַּח יא
בְּעֶבְרָתִי׃ צָרוּר עֲוֺן אֶפְרָיִם צְפוּנָה חַטָּאתוֹ׃ חֶבְלֵי יוֹלֵדָה יָבֹאוּ יב יג
לוֹ הוּא־בֵן לֹא חָכָם כִּי־עֵת לֹא־יַעֲמֹד בְּמִשְׁבַּר בָּנִים׃ מִיַּד שְׁאוֹל אֶפְדֵּם יד
מִמָּוֶת אֶגְאָלֵם אֱהִי דְבָרֶיךָ מָוֶת אֱהִי קָטָבְךָ שְׁאוֹל נֹחַם יִסָּתֵר מֵעֵינָי׃ כִּי טו
הוּא בֵּין אַחִים יַפְרִיא יָבוֹא קָדִים רוּחַ יְהוָה מִמִּדְבָּר עֹלֶה וְיֵבוֹשׁ מְקוֹרוֹ
וְיֶחֱרַב מַעְיָנוֹ הוּא יִשְׁסֶה אוֹצַר כָּל־כְּלִי חֶמְדָּה׃ תֶּאְשַׁם שֹׁמְרוֹן כִּי מָרְתָה א יד
בֵּאלֹהֶיהָ בַּחֶרֶב יִפֹּלוּ עֹלְלֵיהֶם יְרֻטָּשׁוּ וְהָרִיּוֹתָיו יְבֻקָּעוּ׃ שׁוּבָה ב
יִשְׂרָאֵל עַד יְהוָה אֱלֹהֶיךָ כִּי כָשַׁלְתָּ בַּעֲוֺנֶךָ׃ קְחוּ עִמָּכֶם דְּבָרִים וְשׁוּבוּ ג
אֶל־יְהוָה אִמְרוּ אֵלָיו כָּל־תִּשָּׂא עָוֺן וְקַח־טוֹב וּנְשַׁלְּמָה פָרִים שְׂפָתֵינוּ׃
אַשּׁוּר ׀ לֹא יוֹשִׁיעֵנוּ עַל־סוּס לֹא נִרְכָּב וְלֹא־נֹאמַר עוֹד אֱלֹהֵינוּ לְמַעֲשֵׂה ד
יָדֵינוּ אֲשֶׁר־בְּךָ יְרֻחַם יָתוֹם׃ אֶרְפָּא מְשׁוּבָתָם אֹהֲבֵם נְדָבָה כִּי שָׁב אַפִּי ה
מִמֶּנּוּ׃ אֶהְיֶה כַטַּל לְיִשְׂרָאֵל יִפְרַח כַּשּׁוֹשַׁנָּה וְיַךְ שָׁרָשָׁיו כַּלְּבָנוֹן׃ יֵלְכוּ ו ז
יֹנְקוֹתָיו וִיהִי כַזַּיִת הוֹדוֹ וְרֵיחַ לוֹ כַּלְּבָנוֹן׃ יָשֻׁבוּ יֹשְׁבֵי בְצִלּוֹ יְחַיּוּ דָגָן וְיִפְרְחוּ ח
כַגָּפֶן זִכְרוֹ כְּיֵין לְבָנוֹן׃ אֶפְרַיִם מַה־לִּי עוֹד לָעֲצַבִּים אֲנִי עָנִיתִי וַאֲשׁוּרֶנּוּ ט
אֲנִי כִּבְרוֹשׁ רַעֲנָן מִמֶּנִּי פֶּרְיְךָ נִמְצָא׃ מִי חָכָם וְיָבֵן אֵלֶּה נָבוֹן וְיֵדָעֵם כִּי־ י
יְשָׁרִים דַּרְכֵי יְהוָה וְצַדִּקִים יֵלְכוּ בָם וּפֹשְׁעִים יִכָּשְׁלוּ בָם׃

יואל
יש מוסיפים

וַאֲכַלְתֶּם אָכוֹל וְשָׂבוֹעַ וְהִלַּלְתֶּם אֶת־שֵׁם יְהוָה אֱלֹהֵיכֶם אֲשֶׁר־עָשָׂה כו ב
עִמָּכֶם לְהַפְלִיא וְלֹא־יֵבֹשׁוּ עַמִּי לְעוֹלָם׃ וִידַעְתֶּם כִּי בְקֶרֶב יִשְׂרָאֵל אָנִי כז
וַאֲנִי יְהוָה אֱלֹהֵיכֶם וְאֵין עוֹד וְלֹא־יֵבֹשׁוּ עַמִּי לְעוֹלָם׃

פרשת וישלח

	ל	לא	לב
נושאים לפי סדרים	**מפגש יעקב ועשו**	**קניית השדה מעשה דינה; המסע משכם לבית אל**	**יעקב מקיים נדרו, מות רחל; המסע לחברון; תולדות עשו**
	מחניים-מעבר יבוק פנואל-סוכות	שכם-בית אל	דרך אפרת-חברון-הר שעיר

כשנתיים

וישלח

ל וַיִּשְׁלַח יַעֲקֹב מַלְאָכִים לְפָנָיו אֶל־עֵשָׂו אָחִיו ג לב
אַרְצָה שֵׂעִיר שְׂדֵה אֱדוֹם׃ וַיְצַו אֹתָם לֵאמֹר כֹּה ד
תֹאמְרוּן לַאדֹנִי לְעֵשָׂו כֹּה אָמַר עַבְדְּךָ יַעֲקֹב
עִם־לָבָן גַּרְתִּי וָאֵחַר עַד־עָתָּה׃ וַיְהִי־לִי שׁוֹר ה
וַחֲמוֹר צֹאן וְעֶבֶד וְשִׁפְחָה וָאֶשְׁלְחָה לְהַגִּיד
לַאדֹנִי לִמְצֹא־חֵן בְּעֵינֶיךָ׃ ◦ וַיָּשֻׁבוּ הַמַּלְאָכִים ו
אֶל־יַעֲקֹב לֵאמֹר בָּאנוּ אֶל־אָחִיךָ אֶל־עֵשָׂו וְגַם
הֹלֵךְ לִקְרָאתְךָ וְאַרְבַּע־מֵאוֹת אִישׁ עִמּוֹ׃ וַיִּירָא ז
יַעֲקֹב מְאֹד וַיֵּצֶר לוֹ וַיַּחַץ אֶת־הָעָם אֲשֶׁר־אִתּוֹ
וְאֶת־הַצֹּאן וְאֶת־הַבָּקָר וְהַגְּמַלִּים לִשְׁנֵי מַחֲנוֹת׃
וַיֹּאמֶר אִם־יָבוֹא עֵשָׂו אֶל־הַמַּחֲנֶה הָאַחַת וְהִכָּהוּ ח
וְהָיָה הַמַּחֲנֶה הַנִּשְׁאָר לִפְלֵיטָה׃ ◦ וַיֹּאמֶר יַעֲקֹב ט
אֱלֹהֵי אָבִי אַבְרָהָם וֵאלֹהֵי אָבִי יִצְחָק יְהוָה
הָאֹמֵר אֵלַי שׁוּב לְאַרְצְךָ וּלְמוֹלַדְתְּךָ וְאֵיטִיבָה
עִמָּךְ׃ קָטֹנְתִּי מִכֹּל הַחֲסָדִים וּמִכָּל־הָאֱמֶת אֲשֶׁר י

ג] וַיִּשְׁלַח יַעֲקֹב מַלְאָכִים. מַלְאָכִים מַמָּשׁ: אַרְצָה שֵׂעִיר. לְאֶרֶץ שֵׂעִיר, כָּל תֵּבָה שֶׁצְּרִיכָה לָמֶ״ד בִּתְחִלָּתָהּ הִטִּיל לָהּ הֵ״א בְּסוֹפָהּ:

ד] גַּרְתִּי. לֹא נַעֲשֵׂיתִי שַׂר וְחָשׁוּב אֶלָּא גֵּר, אֵינְךָ כְּדַאי לִשְׂנֹאתִי עַל בִּרְכוֹת אָבִיךָ, שֶׁאָמַר לִי ״הֱוֵה גְבִיר לְאַחֶיךָ״ (לעיל כז, כט) – לֹא נִתְקַיְּמָה בִּי. דָּבָר

ד ושלח יעקב אזגדין קדמוהי, לות עשו אחוהי, לארעא דשעיר לחקלי אדום: ופקיד יתהון
למימר, כדין תימרון, לרבוני לעשו, כדנן אמר עבדך יעקב, עם לבן דרית, ואוחרית עד
ה כען: והוו לי תורין וחמרין, ען ועבדין ואמהן, ושלחית לחואה לרבוני, לאשכחא רחמין
ו בעינך: ותבו אזגדיא, לות יעקב למימר, אתינא לות אחוך לות עשו, ואף אתי לקדמותך,
ז וארבע מאה גברא עמיה: ודחיל יעקב, לחדא ועקת ליה, ופליג ית עמא דעמיה, וית ענא
ח וית תורי, וגמליא לתרתין משרין: ואמר, אם ייתי עשו, למשריתא חדא וימחינה, ותהי,
ט משריתא דתשתאר לשיזבא: ואמר יעקב, אלהיה דאבא אברהם, ואלהיה דאבא יצחק,
י יי דאמר לי, תוב לארעך, ולילדותך ואוטיב עמך: זעירן זכותי, מכל חסדין ומכל טבון,

אחר, "גרתי" בגימטריא תרי"ג, כלומר, עם לבן הרשע גרתי ותרי"ג מצות שמרתי, ולא למדתי ממעשיו הרעים:

ה) ויהי לי שור וחמור. אבא אמר לי: "מטל השמים ומשמני הארץ" (לעיל כז, כח); זו אינה לא מן השמים ולא מן הארץ: שור וחמור. דרך ארץ לומר על שורים הרבה 'שור'; אדם אומר לחברו: בלילה קרא התרנגול, ואינו אומר: קראו התרנגולים: ואשלחה להגיד לאדני. להודיע שאני בא אליך: למצא חן בעיניך. שאני שלם עמך ומבקש אהבתך:

ו) באנו אל אחיך אל עשו. שהיית אומר אחי הוא, אבל הוא נוהג עמך כעשו, עודנו בשנאתו:

ז) ויירא... ויצר. "ויירא" שמא יהרג, "ויצר לו" אם יהרג הוא את אחרים:

ח) המחנה האחת והכהו. 'מחנה' משמש לשון זכר ולשון נקבה, "אם תחנה עלי מחנה" (תהלים כז, ג) הרי נקבה, "המחנה הזה" (להלן לג, ח) הרי זכר. וכן יש אחר דברים משמשים לשון זכר ולשון נקבה: "השמש יצא על הארץ" (לעיל יט, כג), "מקצה השמים מוצאו" (תהלים יט, ז) הרי זכר, "והשמש זרחה על המים" (מלכים ב' ג, כב) הרי נקבה; וכן רוח, "והנה רוח גדולה באה" (איוב א, יט) הרי נקבה, "ויגע בארבע פנות הבית" (שם) הרי זכר, "ורוח גדולה וחזק מפרק הרים" (מלכים א' יט, יא) הרי זכר ונקבה: והיה המחנה הנשאר לפליטה. על כרחו, כי אלחם עמו. התקין עצמו לשלשה דברים: לדורון לתפלה ולמלחמה. לדורון, "ותעבר המנחה על פניו" (להלן פסוק כא). לתפלה, "אלהי אבי אברהם" (להלן פסוק ט). למלחמה, "והיה המחנה הנשאר לפליטה":

ט) ואלהי אבי יצחק. ולהלן הוא אומר: "ופחד יצחק" (לעיל לא, מב)! ועוד, מהו שחזר והזכיר שם המיוחד? היה לו לכתב: 'האומר אלי שוב לארצך' וגו'! אלא כך אמר יעקב לפני הקדוש ברוך הוא: שתי הבטחות הבטחתני, אחת בצאתי מבית אבא אמרת לי: "אני ה' אלהי אברהם אביך ואלהי יצחק" (לעיל כח, יג), ושם אמרת לי: "ושמרתיך בכל אשר תלך" (שם טו); ובבית לבן אמרת לי: "שוב אל ארץ אבותיך ולמולדתך ואהיה עמך" (לעיל לא, ג), ושם נגלית אלי בשם המיוחד לבדו, שנאמר: "ויאמר ה' אל יעקב שוב אל ארץ אבותיך" וגו' – בשתי הבטחות הללו אני בא לפניך:

י) קטנתי מכל החסדים. נתמעטו זכיותי על ידי החסדים והאמת שעשית עמי, לכך אני ירא, שמא משהבטחתני נתלכלכתי בחטא ויגרם לי להמסר ביד עשו: ומכל האמת. אמתת דבריך ששמרת לי כל ההבטחות שהבטחתני: כי במקלי. לא היה עמי לא כסף ולא זהב ולא מקנה אלא מקלי לבדו. ומדרש אגדה, נתן מקלו בירדן ונבקע הירדן:

עָשִׂיתָ אֶת־עַבְדֶּךָ כִּי בְמַקְלִי עָבַרְתִּי אֶת־הַיַּרְדֵּן
הַזֶּה וְעַתָּה הָיִיתִי לִשְׁנֵי מַחֲנוֹת׃ הַצִּילֵנִי נָא מִיַּד יא
אָחִי מִיַּד עֵשָׂו כִּי־יָרֵא אָנֹכִי אֹתוֹ פֶּן־יָבוֹא וְהִכַּנִי
אֵם עַל־בָּנִים׃ וְאַתָּה אָמַרְתָּ הֵיטֵב אֵיטִיב עִמָּךְ יב
וְשַׂמְתִּי אֶת־זַרְעֲךָ כְּחוֹל הַיָּם אֲשֶׁר לֹא־יִסָּפֵר
שני מֵרֹב׃ ◦ וַיָּלֶן שָׁם בַּלַּיְלָה הַהוּא וַיִּקַּח מִן־הַבָּא יג
בְיָדוֹ מִנְחָה לְעֵשָׂו אָחִיו׃ עִזִּים מָאתַיִם וּתְיָשִׁים יד
עֶשְׂרִים רְחֵלִים מָאתַיִם וְאֵילִים עֶשְׂרִים׃ גְּמַלִּים טו
מֵינִיקוֹת וּבְנֵיהֶם שְׁלֹשִׁים פָּרוֹת אַרְבָּעִים וּפָרִים
עֲשָׂרָה אֲתֹנֹת עֶשְׂרִים וַעְיָרִם עֲשָׂרָה׃ וַיִּתֵּן בְּיַד־ טז
עֲבָדָיו עֵדֶר עֵדֶר לְבַדּוֹ וַיֹּאמֶר אֶל־עֲבָדָיו עִבְרוּ
לְפָנַי וְרֶוַח תָּשִׂימוּ בֵּין עֵדֶר וּבֵין עֵדֶר׃ וַיְצַו אֶת־ יז
הָרִאשׁוֹן לֵאמֹר כִּי יִפְגָשְׁךָ עֵשָׂו אָחִי וּשְׁאֵלְךָ
לֵאמֹר לְמִי־אַתָּה וְאָנָה תֵלֵךְ וּלְמִי אֵלֶּה לְפָנֶיךָ׃
וְאָמַרְתָּ לְעַבְדְּךָ לְיַעֲקֹב מִנְחָה הִוא שְׁלוּחָה יח
לַאדֹנִי לְעֵשָׂו וְהִנֵּה גַם־הוּא אַחֲרֵינוּ׃ וַיְצַו גַּם אֶת־ יט
הַשֵּׁנִי גַּם אֶת־הַשְּׁלִישִׁי גַּם אֶת־כָּל־הַהֹלְכִים אַחֲרֵי
הָעֲדָרִים לֵאמֹר כַּדָּבָר הַזֶּה תְּדַבְּרוּן אֶל־עֵשָׂו
בְּמֹצַאֲכֶם אֹתוֹ׃ וַאֲמַרְתֶּם גַּם הִנֵּה עַבְדְּךָ יַעֲקֹב כ
אַחֲרֵינוּ כִּי־אָמַר אֲכַפְּרָה פָנָיו בַּמִּנְחָה הַהֹלֶכֶת
לְפָנָי וְאַחֲרֵי־כֵן אֶרְאֶה פָנָיו אוּלַי יִשָּׂא פָנָי׃ וַתַּעֲבֹר כא

יא דַּעֲבַדְתְּ עִם עַבְדָּךְ, אֲרֵי יְחִידַאי, עֲבַרִית יָת יַרְדְּנָא הָדֵין, וּכְעַן הֲוֵיתִי לְתַרְתֵּין מַשְׁרְיָן: שֵׁיזֵיבְנִי
כְעַן, מִיְּדָא דַּאֲחִי מִיְּדָא דְעֵשָׂו, אֲרֵי דָּחֵיל אֲנָא מִנֵּיהּ, דִּלְמָא יֵיתֵי וְיִמְחֵינַנִי, אִמָּא עַל בְּנַיָּא:
יב וְאַתְּ אֲמַרְתְּ, אוֹטָבָא אוֹטֵיב עִמָּךְ, וַאֲשַׁוֵּי יָת בְּנָךְ סַגִּיאִין כְּחָלָא דְיַמָּא, דְּלָא יִתְמְנוֹן מִסְּגֵי:
יג ויד וּבָת תַּמָּן בְּלֵילְיָא הַהוּא, וּנְסֵיב, מִן דְּאַיְתִי בִּידֵיהּ, תִּקְרֻבְתָּא לְעֵשָׂו אֲחוּהִי: עִזֵּי מָאתַן,
טו וְתֵישַׁיָּא עֶסְרִין, רַחְלֵי מָאתַן וְדִכְרֵי עֶסְרִין: גַּמְלֵי מֵינְקָתָא, וּבְנֵיהוֹן תְּלָתִין, תּוֹרָתָא אַרְבְּעִין
טז וְתוֹרֵי עַסְרָא, אֲתָנָן עֶסְרִין, וְעִלֵּי עַסְרָא: וִיהַב בְּיַד עַבְדּוֹהִי, עֶדְרָא עֶדְרָא בִּלְחוֹדוֹהִי, וַאֲמַר
יז לְעַבְדּוֹהִי עִיבַרוּ קֳדָמַי, וְרַוְחָא תְּשַׁוּוֹן, בֵּין עֶדְרָא וּבֵין עֶדְרָא: וּפַקֵּיד יָת קַדְמָאָה לְמֵימַר, אֲרֵי
יח יְעָרְעִנָּךְ עֵשָׂו אֲחִי, וְיִשְׁאֲלִנָּךְ לְמֵימַר, דְּמַאן אַתְּ וּלְאָן אַתְּ אָזֵיל, וּדְמַאן אִלֵּין דִּקְדָמָךְ: וְתֵימַר
יט דְּעַבְדָּךְ דְּיַעֲקֹב, תִּקְרֻבְתָּא הִיא דְּמִשְׁלְחָא, לְרִבּוֹנִי לְעֵשָׂו, וְהָא אַף הוּא אָתֵי בַּתְרַנָא: וּפַקֵּיד
אַף יָת תִּנְיָנָא, אַף יָת תְּלִיתָאָה, אַף יָת כָּל דְּאָזְלִין, בָּתַר עֶדְרַיָּא לְמֵימַר, כְּפִתְגָמָא הָדֵין
כ תְּמַלְּלוּן עִם עֵשָׂו, כַּד תַּשְׁכְּחוּן יָתֵיהּ: וְתֵימְרוּן, אַף, הָא, עַבְדָּךְ יַעֲקֹב אָתֵי בַּתְרַנָא, אֲרֵי אֲמַר
כא אֲנִיחֵנֵּיהּ לְרֻגְזֵיהּ, בְּתִקְרֻבְתָּא דְּאָזְלָא קֳדָמַי, וּבָתַר כֵּן אֶחְזֵי אַפּוֹהִי, מָאִם יִסַּב אַפָּי: וַעֲבַרַת

יא| **מִיַּד אָחִי מִיַּד עֵשָׂו.** מִיַּד אָחִי שֶׁאֵין נוֹהֵג עִמִּי כְּאָח אֶלָּא כְּעֵשָׂו הָרָשָׁע:

יב| **הֵיטֵב אֵיטִיב.** "הֵיטֵב" בִּזְכוּתְךָ, "אֵיטִיב" בִּזְכוּת אֲבוֹתֶיךָ: **וְשַׂמְתִּי אֶת זַרְעֲךָ כְּחוֹל הַיָּם.** וְהֵיכָן אָמַר לוֹ כֵּן? וַהֲלֹא לֹא אָמַר לוֹ אֶלָּא "וְהָיָה זַרְעֲךָ כַּעֲפַר הָאָרֶץ" (לעיל כח, יד)! אֶלָּא שֶׁאָמַר לוֹ: "כִּי לֹא אֶעֱזָבְךָ עַד אֲשֶׁר אִם עָשִׂיתִי אֵת אֲשֶׁר דִּבַּרְתִּי לָךְ" (שם פסוק טו), וּלְאַבְרָהָם אָמַר: "וְהַרְבָּה אַרְבֶּה אֶת זַרְעֲךָ כְּכוֹכְבֵי הַשָּׁמַיִם וְכַחוֹל אֲשֶׁר עַל שְׂפַת הַיָּם" (לעיל כב, יז):

יג| **הַבָּא בְיָדוֹ.** בִּרְשׁוּתוֹ, וְכֵן "וַיִּקַּח אֶת כָּל אַרְצוֹ מִיָּדוֹ" (במדבר כא, כו). וּמִדְרַשׁ אַגָּדָה, "מִן הַבָּא בְיָדוֹ", אֲבָנִים טוֹבוֹת וּמַרְגָּלִיּוֹת שֶׁאָדָם צָר בִּצְרוֹר וְנוֹשְׂאָם בְּיָדוֹ:

יד| **עִזִּים מָאתַיִם וּתְיָשִׁים עֶשְׂרִים.** מָאתַיִם עִזִּים צְרִיכוֹת עֶשְׂרִים תְּיָשִׁים, וְכֵן כֻּלָּם הַזְּכָרִים כְּדֵי צֹרֶךְ הַנְּקֵבוֹת. וּבִבְרֵאשִׁית רַבָּה (עו, ז) דּוֹרֵשׁ מִכָּאן לְעוֹנָה הָאֲמוּרָה בַּתּוֹרָה, הַטַּיָּלִים בְּכָל יוֹם, הַפּוֹעֲלִים שְׁתַּיִם בַּשַּׁבָּת, הַחַמָּרִים אַחַת בַּשַּׁבָּת, הַגַּמָּלִים אַחַת לִשְׁלֹשִׁים יוֹם, הַסַּפָּנִים אַחַת לְשִׁשָּׁה חֳדָשִׁים. וְאֵינִי יוֹדֵעַ לְכַוֵּן הַמִּדְרָשׁ הַזֶּה בְּכִוּוּן, אַךְ נִרְאֶה בְּעֵינַי שֶׁלָּמַדְנוּ מִכָּאן שֶׁאֵין הָעוֹנָה שָׁוָה בְּכָל אָדָם אֶלָּא לְפִי טֹרַח הַמֻּטָּל עָלָיו, שֶׁמָּצִינוּ כָּאן שֶׁמָּסַר לְכָל תַּיִשׁ עֶשֶׂר עִזִּים, וְכֵן לְכָל אַיִל, לְפִי שֶׁהֵם פְּנוּיִים מִמְּלָאכָה דַּרְכָּן לְהַרְבּוֹת תַּשְׁמִישׁ וּלְעַבֵּר עֶשֶׂר נְקֵבוֹת, וּבְהֵמָה מִשֶּׁנִּתְעַבְּרָה אֵינָהּ מְקַבֶּלֶת זָכָר; וּפָרִים שֶׁעוֹסְקִין בִּמְלָאכָה לֹא מָסַר לְזָכָר אֶלָּא אַרְבַּע נְקֵבוֹת; וְלַחֲמוֹר שֶׁהוֹלֵךְ בְּדֶרֶךְ רְחוֹקָה – שְׁתֵּי נְקֵבוֹת לְזָכָר; וְלַגְּמַלִּים שֶׁהוֹלְכִים דֶּרֶךְ יוֹתֵר רְחוֹקָה – נְקֵבָה אַחַת לְזָכָר:

טו| **גְּמַלִּים מֵינִיקוֹת... שְׁלֹשִׁים.** וּבְנֵיהֶם עִמָּהֶם. וּמִדְרַשׁ אַגָּדָה, "וּבְנֵיהֶם", בַּנָּאֵיהֶם, זָכָר כְּנֶגֶד נְקֵבָה, וּלְפִי שֶׁצָּנוּעַ בְּתַשְׁמִישׁ לֹא פִּרְסְמוֹ הַכָּתוּב: **וַעְיָרִם.** חֲמוֹרִים זְכָרִים:

טז| **עֵדֶר עֵדֶר לְבַדּוֹ.** כָּל מִין וּמִין לְעַצְמוֹ: **עִבְרוּ לְפָנַי.** דֶּרֶךְ יוֹם אוֹ פָּחוֹת, וַאֲנִי אָבוֹא אַחֲרֵיכֶם: **וְרֶוַח תָּשִׂימוּ.** עֵדֶר לִפְנֵי חֲבֵרוֹ מְלֹא עַיִן, כְּדֵי לְהַשְׂבִּיעַ עֵינוֹ שֶׁל רָשָׁע וּלְתַמְּהוֹ עַל רִבּוּי הַדּוֹרוֹן:

יז| **לְמִי אַתָּה.** שֶׁל מִי אַתָּה? מִי שׁוֹלַחֲךָ? וְתַרְגּוּמוֹ: "דְּמַאן אַתְּ": **וּלְמִי אֵלֶּה.** לְמִי הַמִּנְחָה הַזֹּאת שְׁלוּחָה? לָמֶ"ד מְשַׁמֶּשֶׁת בְּרֹאשׁ הַתֵּבָה בִּמְקוֹם 'שֶׁל', כְּמוֹ: "וְכֹל אֲשֶׁר אַתָּה רֹאֶה לִי הוּא" (לעיל לא, מג), שֶׁלִּי הוּא, "לַה' הָאָרֶץ וּמְלוֹאָהּ" (תהלים כד, א), שֶׁל ה':

יח| **וְאָמַרְתָּ לְעַבְדְּךָ לְיַעֲקֹב.** עַל רִאשׁוֹן רִאשׁוֹן וְעַל אַחֲרוֹן אַחֲרוֹן. שֶׁשְּׁאַלְתַּנִי "לְמִי אַתָּה" – "לְעַבְדְּךָ לְיַעֲקֹב" אֲנִי, וְתַרְגּוּמוֹ: "דְּעַבְדָּךְ דְּיַעֲקֹב". וְשֶׁשָּׁאַלְתָּ "וּלְמִי אֵלֶּה לְפָנֶיךָ" – "מִנְחָה הִיא שְׁלוּחָה" וְגוֹ': **וְהִנֵּה גַם הוּא.** יַעֲקֹב:

כ| **אֲכַפְּרָה פָנָיו.** אֲבַטֵּל רֻגְזוֹ, וְכֵן: "וְכֻפַּר בְּרִיתְכֶם

הַמִּנְחָ֖ה עַל־פָּנָ֑יו וְה֛וּא לָ֥ן בַּלַּֽיְלָה־הַה֖וּא בַּֽמַּחֲנֶֽה׃
כב וַיָּ֣קָם ׀ בַּלַּ֣יְלָה ה֗וּא וַיִּקַּ֞ח אֶת־שְׁתֵּ֤י נָשָׁיו֙ וְאֶת־
שְׁתֵּ֣י שִׁפְחֹתָ֔יו וְאֶת־אַחַ֥ד עָשָׂ֖ר יְלָדָ֑יו וַֽיַּעֲבֹ֔ר אֵ֖ת
כג מַעֲבַ֥ר יַבֹּֽק׃ וַיִּקָּחֵ֔ם וַיַּעֲבִרֵ֖ם אֶת־הַנָּ֑חַל וַיַּעֲבֵ֖ר
כד אֶת־אֲשֶׁר־לֽוֹ׃ וַיִּוָּתֵ֥ר יַעֲקֹ֖ב לְבַדּ֑וֹ וַיֵּאָבֵ֥ק אִישׁ֙
כה עִמּ֔וֹ עַ֖ד עֲל֥וֹת הַשָּֽׁחַר׃ וַיַּ֗רְא כִּ֣י לֹ֤א יָכֹל֙ ל֔וֹ וַיִּגַּ֖ע
בְּכַף־יְרֵכ֑וֹ וַתֵּ֙קַע֙ כַּף־יֶ֣רֶךְ יַעֲקֹ֔ב בְּהֵאָבְק֖וֹ עִמּֽוֹ׃
כו וַיֹּ֣אמֶר שַׁלְּחֵ֔נִי כִּ֥י עָלָ֖ה הַשָּׁ֑חַר וַיֹּ֙אמֶר֙ לֹ֣א אֲשַֽׁלֵּחֲךָ֔
כז כִּ֖י אִם־בֵּרַכְתָּֽנִי׃ וַיֹּ֥אמֶר אֵלָ֖יו מַה־שְּׁמֶ֑ךָ וַיֹּ֖אמֶר
כח יַעֲקֹֽב׃ וַיֹּ֗אמֶר לֹ֤א יַעֲקֹב֙ יֵאָמֵ֥ר עוֹד֙ שִׁמְךָ֔ כִּ֖י אִם־
יִשְׂרָאֵ֑ל כִּֽי־שָׂרִ֧יתָ עִם־אֱלֹהִ֛ים וְעִם־אֲנָשִׁ֖ים
כט וַתּוּכָֽל׃ וַיִּשְׁאַ֣ל יַעֲקֹ֗ב וַיֹּ֙אמֶר֙ הַגִּֽידָה־נָּ֣א שְׁמֶ֔ךָ
וַיֹּ֕אמֶר לָ֥מָּה זֶּ֖ה תִּשְׁאַ֣ל לִשְׁמִ֑י וַיְבָ֥רֶךְ אֹת֖וֹ שָֽׁם׃
ל שלישי וַיִּקְרָ֧א יַעֲקֹ֛ב שֵׁ֥ם הַמָּק֖וֹם פְּנִיאֵ֑ל כִּֽי־רָאִ֤יתִי
לא אֱלֹהִים֙ פָּנִ֣ים אֶל־פָּנִ֔ים וַתִּנָּצֵ֖ל נַפְשִֽׁי׃ וַיִּֽזְרַח־ל֣וֹ
הַשֶּׁ֔מֶשׁ כַּאֲשֶׁ֥ר עָבַ֖ר אֶת־פְּנוּאֵ֑ל וְה֥וּא צֹלֵ֖עַ עַל־
לב יְרֵכֽוֹ׃ עַל־כֵּ֡ן לֹֽא־יֹאכְל֨וּ בְנֵֽי־יִשְׂרָאֵ֜ל אֶת־גִּ֣יד
הַנָּשֶׁ֗ה אֲשֶׁר֙ עַל־כַּ֣ף הַיָּרֵ֔ךְ עַ֖ד הַיּ֣וֹם הַזֶּ֑ה כִּ֚י נָגַ֛ע

מצווה ג
איסור אכילת
גיד הנשה

וישלח

אֶת מָוֶת" (ישעיה כח, יח), "לֹא תוּכְלִי כַּפְּרָהּ" (שם מז, יא). וְנִרְאֶה בְּעֵינַי שֶׁכָּל כַּפָּרָה שֶׁאֵצֶל עָוֹן וְחֵטְא וְאֵצֶל פָּנִים, כֻּלָּן לְשׁוֹן קִנּוּחַ וְהַעֲבָרָה הֵן, וְלָשׁוֹן אֲרַמִּי הוּא, וְהַרְבֵּה בַּתַּלְמוּד: "וְכַפַּר יְדֵהּ" (בבא

כב תִּקְרֻבְתָּא עַל אַפּוֹהִי, וְהוּא, בָּת בְּלֵילְיָא הַהוּא בְּמַשְׁרִיתָא: וְקָם בְּלֵילְיָא הוּא, וּדְבַר, יָת תַּרְתֵּין
כג נְשׁוֹהִי וְיָת תַּרְתֵּין לְחֵינָתֵיהּ, וְיָת חַד עֲסַר בְּנוֹהִי, וַעֲבַר, יָת מַעֲבַר יֻבְקָא: וּדְבַרְנוּן, וְאַעְבְּרִנּוּן
כד יָת נַחְלָא, וְאַעְבַּר יָת דִּילֵיהּ: וְאִשְׁתְּאַר יַעֲקֹב בִּלְחוֹדוֹהִי, וְאִשְׁתַּדַּל גֻּבְרָא עִמֵּיהּ, עַד דִּסְלֵיק
כה צַפְרָא: וַחֲזָא, אֲרֵי לָא יָכֵיל לֵיהּ, וּקְרֵיב בִּפְתֵי יַרְכֵּיהּ, וְזָע פְּתֵי יַרְכָּא דְיַעֲקֹב, בְּאִשְׁתַּדָּלוּתֵיהּ
כו כז עִמֵּיהּ: וַאֲמַר שַׁלְּחַנִי, אֲרֵי סְלֵיק צַפְרָא, וַאֲמַר לָא אֲשַׁלְּחִנָּךְ, אֱלָהֵין בָּרֵיכְתָּנִי: וַאֲמַר לֵיהּ מַאן
כח שְׁמָךְ, וַאֲמַר יַעֲקֹב: וַאֲמַר, לָא יַעֲקֹב יִתְאֲמַר עוֹד שְׁמָךְ, אֱלָהֵין יִשְׂרָאֵל, אֲרֵי רַב אַתְּ קֳדָם יְיָ,
כט וְעִם גֻּבְרַיָּא וִיכֵילְתָּא: וּשְׁאֵיל יַעֲקֹב, וַאֲמַר חַוִּי כְעַן שְׁמָךְ, וַאֲמַר, לְמָא דְנָן אַתְּ שָׁאֵיל לִשְׁמִי,
ל וּבָרֵיךְ יָתֵיהּ תַּמָּן: וּקְרָא יַעֲקֹב, שְׁמֵיהּ דְּאַתְרָא פְּנִיאֵל, אֲרֵי חֲזֵיתִי מַלְאֲכָא דַּייָ אַפִּין בְּאַפִּין,
לא וְאִשְׁתֵּיזַבַת נַפְשִׁי: וּדְנַח לֵיהּ שִׁמְשָׁא, כַּד עֲבַר יָת פְּנוּאֵל, וְהוּא מַטְלַע עַל
לב יַרְכֵּיהּ: עַל כֵּן, לָא אָכְלִין בְּנֵי יִשְׂרָאֵל יָת גִּידָא נַשְׁיָא, דְּעַל פְּתֵי יַרְכָּא, עַד יוֹמָא הָדֵין, אֲרֵי קְרֵיב

מציעא כד ע״א) "בָּעֵי לְכַפּוּרֵי יְדֵהּ בְּהַהוּא גַּבְרָא" (גיטין נו ע״א). וְגַם בִּלְשׁוֹן הַמִּקְרָא נִקְרָאִים הַמִּזְרָקִים שֶׁל קֹדֶשׁ "כְּפוֹרֵי זָהָב" (עזרא א, י), עַל שֵׁם שֶׁהַכֹּהֵן מְקַנֵּחַ יָדָיו בָּהֶן בִּשְׂפַת הַמִּזְרָק:

כא| **עַל פָּנָיו.** כְּמוֹ לְפָנָיו, וְכֵן: "חָמָס וָשֹׁד יִשָּׁמַע בָּהּ עַל פָּנַי תָּמִיד" (ירמיה ו, ז), וְכֵן: "הַמַּכְעִסִים אֹתִי עַל פָּנַי" (ישעיה סה, ג). וּמִדְרַשׁ אַגָּדָה, "עַל פָּנָיו", אַף הוּא שָׁרוּי בְּכַעַס שֶׁהָיָה צָרִיךְ לְכָל זֶה:

כב| **וְאֶת אַחַד עָשָׂר יְלָדָיו.** וְדִינָה הֵיכָן הָיְתָה? נְתָנָהּ בְּתֵבָה וְנָעַל בְּפָנֶיהָ, שֶׁלֹּא יִתֵּן בָּהּ עֵשָׂו עֵינָיו, וּלְכָךְ נֶעֱנַשׁ יַעֲקֹב שֶׁמְּנָעָהּ מֵאָחִיו, שֶׁמָּא תַּחֲזִירֶנּוּ לַמּוּטָב, וְנָפְלָה בְּיַד שְׁכֶם: **יַבֹּק.** שֵׁם הַנָּהָר:

כג| **אֶת אֲשֶׁר לוֹ.** הַבְּהֵמָה וְהַמִּטַּלְטְלִים, עָשָׂה עַצְמוֹ כְּגֶשֶׁר, נוֹטֵל מִכָּאן וּמַנִּיחַ כָּאן:

כד| **וַיִּוָּתֵר יַעֲקֹב.** שָׁכַח פַּכִּים קְטַנִּים וְחָזַר עֲלֵיהֶם: **וַיֵּאָבֵק אִישׁ.** מְנַחֵם פֵּרַשׁ, וַיִּתְעַפֵּר אִישׁ, לְשׁוֹן אָבָק שֶׁהָיוּ מַעֲלִים עָפָר בְּרַגְלֵיהֶם עַל יְדֵי נִעְנוּעָם. וְלִי נִרְאֶה שֶׁהוּא לְשׁוֹן 'וַיִּתְקַשֵּׁר' (מלכים ב׳ ט, יד), וּלְשׁוֹן אֲרַמִּי הוּא: "בָּתַר דַּאֲבִיקוּ בֵּיהּ" (סנהדרין סג ע״ב) "וְאַבֵיק לֵיהּ מֵיבַק" (מנחות מב ע״א) – לְשׁוֹן עֲנִיבָה, שֶׁכֵּן דֶּרֶךְ שְׁנַיִם שֶׁמִּתְעַצְּמִים לְהַפִּיל אִישׁ אֶת רֵעֵהוּ שֶׁחוֹבְקוֹ וְאוֹבְקוֹ בִּזְרוֹעוֹתָיו. וּפֵרְשׁוּ רַבּוֹתֵינוּ שֶׁהוּא שָׂרוֹ שֶׁל עֵשָׂו:

כה| **וַתֵּקַע.** נִתְקַעְקְעָה מִמְּקוֹם מַחְבַּרְתָּהּ. וְדוֹמֶה לוֹ: "פֶּן תֵּקַע נַפְשִׁי מִמֵּךְ" (ירמיה ו, ח), לְשׁוֹן הֲסָרָה. וּבַמִּשְׁנָה: "לְקַעְקֵעַ בֵּיצָתָן", לְשָׁרֵשׁ שָׁרְשֵׁיהֶן:

כו| **כִּי עָלָה הַשָּׁחַר.** וְצָרִיךְ אֲנִי לוֹמַר שִׁירָה: **בֵּרַכְתָּנִי.** הוֹדֵה לִי עַל הַבְּרָכוֹת שֶׁבֵּרְכַנִי אָבִי, שֶׁעֵשָׂו מְעַרְעֵר עֲלֵיהֶן:

כח| **לֹא יַעֲקֹב.** לֹא יֵאָמֵר עוֹד שֶׁהַבְּרָכוֹת בָּאוּ לְךָ בְּעָקְבָה וּרְמִיָּה, כִּי אִם בִּשְׂרָרָה וְגִלּוּי פָּנִים, וְסוֹפְךָ שֶׁהַקָּדוֹשׁ בָּרוּךְ הוּא נִגְלֶה עָלֶיךָ בְּבֵית אֵל וּמַחֲלִיף שִׁמְךָ וְשָׁם הוּא מְבָרֶכְךָ, וַאֲנִי שָׁם אֶהְיֶה וְאוֹדֶה לְךָ עֲלֵיהֶן, וְזֶה שֶׁכָּתוּב: "וַיָּשַׂר אֶל מַלְאָךְ וַיֻּכָל בָּכָה וַיִּתְחַנֶּן לוֹ" (הושע יב, ה) – בָּכָה הַמַּלְאָךְ וַיִּתְחַנֶּן לוֹ, וּמַה נִּתְחַנֵּן לוֹ? "בֵּית אֵל יִמְצָאֶנּוּ וְשָׁם יְדַבֵּר עִמָּנוּ" (שם) – הַמְתֵּן לִי עַד שֶׁיְּדַבֵּר עִמָּנוּ שָׁם. וְלֹא רָצָה יַעֲקֹב, וְעַל כָּרְחוֹ הוֹדָה לוֹ עֲלֵיהֶן, וְזֶהוּ "וַיְבָרֶךְ אֹתוֹ שָׁם", שֶׁהָיָה מִתְחַנֵּן לְהַמְתִּין לוֹ וְלֹא רָצָה: **וְעִם אֲנָשִׁים.** עֵשָׂו וְלָבָן: **וַתּוּכָל.** לָהֶם:

כט| **לָמָּה זֶּה תִּשְׁאַל.** אֵין לָנוּ שֵׁם קָבוּעַ, מִשְׁתַּנִּים הֵם שְׁמוֹתֵינוּ הַכֹּל לְפִי מִצְוַת עֲבוֹדַת הַשְּׁלִיחוּת שֶׁאָנוּ מִשְׁתַּלְּחִים:

לא-לב| **וַיִּזְרַח לוֹ.** לְצָרְכּוֹ, לְרַפְּאוֹת אֶת צַלְעָתוֹ, כְּמָה דְּאַתְּ אָמַר: "שֶׁמֶשׁ צְדָקָה וּמַרְפֵּא בִּכְנָפֶיהָ" (מלאכי ג, כ). וְאוֹתָן שָׁעוֹת שֶׁמִּהֲרָה לִשְׁקֹעַ כְּשֶׁיָּצָא מִבְּאֵר שֶׁבַע מִהֲרָה לִזְרֹחַ בִּשְׁבִילוֹ, וְהוּא הָיָה צוֹלֵעַ כְּשֶׁזָּרְחָה הַשֶּׁמֶשׁ:

לב| **גִּיד הַנָּשֶׁה.** לָמָּה נִקְרָא שְׁמוֹ 'גִּיד הַנָּשֶׁה'? שֶׁנָּשָׁה מִמְּקוֹמוֹ וְעָלָה, וְהוּא לְשׁוֹן קְפִיצָה, וְכֵן: "נָשְׁתָה גְבוּרָתָם" (ירמיה נא, ל), וְכֵן: "כִּי נַשַּׁנִי אֱלֹהִים אֶת כָּל עֲמָלִי" (להלן מא, נא):

בְּכַף־יֶרֶךְ יַעֲקֹב בְּגִיד הַנָּשֶׁה׃ וַיִּשָּׂא יַעֲקֹב עֵינָיו א לג
וַיַּרְא וְהִנֵּה עֵשָׂו בָּא וְעִמּוֹ אַרְבַּע מֵאוֹת אִישׁ
וַיַּחַץ אֶת־הַיְלָדִים עַל־לֵאָה וְעַל־רָחֵל וְעַל
שְׁתֵּי הַשְּׁפָחוֹת׃ וַיָּשֶׂם אֶת־הַשְּׁפָחוֹת וְאֶת־ ב
יַלְדֵיהֶן רִאשֹׁנָה וְאֶת־לֵאָה וִילָדֶיהָ אַחֲרֹנִים
וְאֶת־רָחֵל וְאֶת־יוֹסֵף אַחֲרֹנִים׃ וְהוּא עָבַר ג
לִפְנֵיהֶם וַיִּשְׁתַּחוּ אַרְצָה שֶׁבַע פְּעָמִים עַד־גִּשְׁתּוֹ
עַד־אָחִיו׃ וַיָּרָץ עֵשָׂו לִקְרָאתוֹ וַיְחַבְּקֵהוּ וַיִּפֹּל ד
עַל־צַוָּארָו וַיִּשָּׁקֵהוּ וַיִּבְכּוּ׃ וַיִּשָּׂא אֶת־עֵינָיו וַיַּרְא ה
אֶת־הַנָּשִׁים וְאֶת־הַיְלָדִים וַיֹּאמֶר מִי־אֵלֶּה לָּךְ
וַיֹּאמַר הַיְלָדִים אֲשֶׁר־חָנַן אֱלֹהִים אֶת־עַבְדֶּךָ׃
רביעי וַתִּגַּשְׁןָ הַשְּׁפָחוֹת הֵנָּה וְיַלְדֵיהֶן וַתִּשְׁתַּחֲוֶיןָ׃ ו
וַתִּגַּשׁ גַּם־לֵאָה וִילָדֶיהָ וַיִּשְׁתַּחֲווּ וְאַחַר נִגַּשׁ ז
וישלח יוֹסֵף וְרָחֵל וַיִּשְׁתַּחֲווּ׃ וַיֹּאמֶר מִי לְךָ כָּל־הַמַּחֲנֶה ח
הַזֶּה אֲשֶׁר פָּגָשְׁתִּי וַיֹּאמֶר לִמְצֹא־חֵן בְּעֵינֵי אֲדֹנִי׃
וַיֹּאמֶר עֵשָׂו יֶשׁ־לִי רָב אָחִי יְהִי לְךָ אֲשֶׁר־לָךְ׃ ט
וַיֹּאמֶר יַעֲקֹב אַל־נָא אִם־נָא מָצָאתִי חֵן בְּעֵינֶיךָ י
וְלָקַחְתָּ מִנְחָתִי מִיָּדִי כִּי עַל־כֵּן רָאִיתִי פָנֶיךָ
כִּרְאֹת פְּנֵי אֱלֹהִים וַתִּרְצֵנִי׃ קַח־נָא אֶת־בִּרְכָתִי יא
אֲשֶׁר הֻבָאת לָךְ כִּי־חַנַּנִי אֱלֹהִים וְכִי יֶשׁ־לִי־כֹל

לג א בִּפְתֵי יִרְכָּא דְּיַעֲקֹב, בְּגִידָא נַשְׁיָא: וּזְקַף יַעֲקֹב עֵינוֹהִי, וַחֲזָא וְהָא עֵשָׂו אָתֵי, וְעִמֵּיהּ, אַרְבַּע מְאָה
ב גֻּבְרָא, וּפַלֵּיג יָת בְּנַיָּא, עַל לֵאָה וְעַל רָחֵל, וְעַל תַּרְתֵּין לְחֵינָתָא: וְשַׁוִּי יָת לְחֵינָתָא, וְיָת בְּנֵיהוֹן
ג קַדְמוּתָא, וְיָת לֵאָה וּבְנַהָא בָּתְרָאִין, וְיָת רָחֵל וְיָת יוֹסֵף בָּתְרָאִין: וְהוּא עֲבַר קֳדָמֵיהוֹן, וּסְגֵיד
ד עַל אַרְעָא שְׁבַע זִמְנִין, עַד מִקְרְבֵיהּ לְוָת אֲחוּהִי: וּרְהַט עֵשָׂו לְקַדָּמוּתֵיהּ וְגַפְּפֵיהּ, וּנְפַל עַל צַוְּרֵיהּ
ה וְנַשְּׁקֵיהּ, וּבְכוֹ: וּזְקַף יָת עֵינוֹהִי, וַחֲזָא יָת נְשַׁיָּא וְיָת בְּנַיָּא, וַאֲמַר מַאן אִלֵּין לָךְ, וַאֲמַר, בְּנַיָּא, דְּחָן
ו ז יְיָ יָת עַבְדָּךְ: וּקְרִיבָא לְחֵינָתָא, אִנִּין וּבְנֵיהוֹן וּסְגִידָא: וּקְרֵיבַת אַף לֵאָה, וּבְנַהָא וּסְגִידוּ, וּבָתַר
ח כֵּן, קְרֵיב יוֹסֵף, וְרָחֵל וּסְגִידוּ: וַאֲמַר, מָא לָךְ, כָּל מַשְׁרִיתָא הָדָא דְּעָרְעִית, וַאֲמַר, לְאַשְׁכָּחָא
ט י רַחֲמִין בְּעֵינֵי רִבּוֹנִי: וַאֲמַר עֵשָׂו אִית לִי סַגִּי, אֲחִי, אִצְלַח בְּדִילָךְ: וַאֲמַר יַעֲקֹב, בְּבָעוּ אִם כְּעַן
אַשְׁכַּחִית רַחֲמִין בְּעֵינָךְ, וּתְקַבֵּיל תִּקְרֻבְתִּי מִן יְדִי, אֲרֵי עַל כֵּן חֲזֵיתִנּוּן לְאַפָּךְ, כְּחֵיזוּ, אַפֵּי רַבְרְבַיָּא
יא וְאִתְרְעִית לִי: קַבֵּיל כְּעַן יָת תִּקְרֻבְתִּי דְּאִתֵּיתִיאַת לָךְ, אֲרֵי רָחֵים עֲלַי יְיָ וַאֲרֵי אִית לִי כוֹלָּא,

פרק לג

ב] וְאֶת לֵאָה וִילָדֶיהָ אַחֲרֹנִים. אַחֲרוֹן אַחֲרוֹן חָבִיב:

ג] עָבַר לִפְנֵיהֶם. אָמַר, אִם יָבֹא אוֹתוֹ רָשָׁע לְהִלָּחֵם, יִלָּחֵם בִּי תְּחִלָּה:

ד] וַיְחַבְּקֵהוּ. נִתְגַּלְגְּלוּ רַחֲמָיו כְּשֶׁרָאָהוּ מִשְׁתַּחֲוֶה כָּל הִשְׁתַּחֲוָאוֹת הַלָּלוּ: וַיִּשָּׁקֵהוּ. נָקוּד עָלָיו. וְיֵשׁ חוֹלְקִין בַּדָּבָר הַזֶּה בְּבָרַיְתָא דְּסִפְרֵי (בהעלתך סט). יֵשׁ שֶׁדָּרְשׁוּ נְקֻדָּה זוֹ לוֹמַר שֶׁלֹּא נְשָׁקוֹ בְּכָל לִבּוֹ; אָמַר רַבִּי שִׁמְעוֹן בֶּן יוֹחַאי: הֲלָכָה הִיא בְּיָדוּעַ שֶׁעֵשָׂו שׂוֹנֵא לְיַעֲקֹב, אֶלָּא שֶׁנִּכְמְרוּ רַחֲמָיו בְּאוֹתָהּ שָׁעָה וּנְשָׁקוֹ בְּכָל לִבּוֹ:

ה] מִי אֵלֶּה לָּךְ. מִי אֵלֶּה לִהְיוֹת שֶׁלָּךְ?:

ז] נִגַּשׁ יוֹסֵף וְרָחֵל. בְּכֻלָּן הָאִמָּהוֹת נִגָּשׁוֹת לִפְנֵי הַבָּנִים, אֲבָל בְּרָחֵל – יוֹסֵף נִגַּשׁ לְפָנֶיהָ; אָמַר: אִמִּי יְפַת תֹּאַר, שֶׁמָּא יִתְלֶה בָּהּ עֵינָיו אוֹתוֹ רָשָׁע, אֶעֱמֹד כְּנֶגְדָּהּ וַאֲעַכְּבֶנּוּ מִלְּהִסְתַּכֵּל בָּהּ. מִכָּאן זָכָה יוֹסֵף לְבִרְכַּת "עֲלֵי עָיִן" (להלן מט, כב):

ח] מִי לְךָ כָּל הַמַּחֲנֶה. מִי כָּל הַמַּחֲנֶה אֲשֶׁר פָּגַשְׁתִּי שֶׁהוּא שֶׁלְּךָ? כְּלוֹמַר, לָמָּה הוּא לְךָ? פְּשׁוּטוֹ שֶׁל מִקְרָא עַל מוֹלִיכֵי הַמִּנְחָה; וּמִדְרָשׁוֹ, כִּתּוֹת שֶׁל מַלְאָכִים פָּגַע שֶׁהָיוּ דּוֹחֲפִין אוֹתוֹ וְאֶת אֲנָשָׁיו וְאוֹמְרִים לָהֶם: שֶׁל מִי אַתֶּם? וְהֵם אוֹמְרִים לָהֶם: שֶׁל עֵשָׂו, וְהֵם אוֹמְרִים: הַכּוּ הַכּוּ. וְאֵלּוּ אוֹמְרִים: בְּנוֹ שֶׁל יִצְחָק הוּא, וְלֹא הָיוּ מַשְׁגִּיחִים; בֶּן בְּנוֹ שֶׁל אַבְרָהָם, וְלֹא הָיוּ מַשְׁגִּיחִים; אָחִיו שֶׁל יַעֲקֹב הוּא, וְאֵלּוּ אוֹמְרִים לָהֶם: אִם כֵּן מִשֶּׁלָּנוּ אַתֶּם:

ט] יְהִי לְךָ אֲשֶׁר לָךְ. כָּאן הוֹדָה לוֹ עַל הַבְּרָכוֹת:

י] אַל נָא. אַל נָא תֹּאמַר לִי כֵּן: אִם נָא מָצָאתִי חֵן בְּעֵינֶיךָ וְלָקַחְתָּ מִנְחָתִי מִיָּדִי כִּי עַל כֵּן רָאִיתִי פָנֶיךָ וְגוֹ'. כִּי כְּדַאי וְהָגוּן לְךָ שֶׁתְּקַבֵּל מִנְחָתִי, עַל אֲשֶׁר רָאִיתִי פָּנֶיךָ וְהֵן חֲשׁוּבִין לִי כִּרְאִיַּת פְּנֵי הַמַּלְאָךְ, שֶׁרָאִיתִי שַׂר שֶׁלְּךָ, וְעוֹד, עַל שֶׁנִּתְרַצֵּיתָ לִי לִמְחֹל עַל סָרְחָנִי. וְלָמָּה הִזְכִּיר לוֹ רְאִיַּת הַמַּלְאָךְ? כְּדֵי שֶׁיִּתְיָרֵא הֵימֶנּוּ וְיֹאמַר: רָאָה מַלְאָכִים וְנִצּוֹל, אֵינִי יָכוֹל לוֹ מֵעַתָּה: וַתִּרְצֵנִי. נִתְפַּיַּסְתָּ לִי, וְכֵן כָּל רָצוֹן שֶׁבַּמִּקְרָא לְשׁוֹן פִּיּוּס, אפיימנ"ט בְּלַעַז; "כִּי לֹא לְרָצוֹן יִהְיֶה לָכֶם" (ויקרא כב, כ) – הַקָּרְבָּנוֹת בָּאוֹת לְפַיֵּס וּלְרַצּוֹת, "שִׂפְתֵי צַדִּיק יֵדְעוּן רָצוֹן" (משלי י, לב) – יוֹדְעִים לְפַיֵּס וּלְרַצּוֹת:

יא] בִּרְכָתִי. מִנְחָה זוֹ הַבָּאָה עַל רְאִיַּת פָּנִים וְלִפְרָקִים, אֵינָהּ בָּאָה אֶלָּא לִשְׁאֵלַת שָׁלוֹם. וְכָל בְּרָכָה שֶׁהִיא לִרְאִיַּת פָּנִים, כְּגוֹן: "וַיְבָרֶךְ יַעֲקֹב אֶת פַּרְעֹה" (להלן מז, י), "עֲשׂוּ אִתִּי בְרָכָה" (מלכים ב' יח, לא) דְּסַנְחֵרִיב, וְכֵן: "לִשְׁאָל לוֹ לְשָׁלוֹם וּלְבָרְכוֹ" (שמואל ב' ח, י) דְּתֹעִי מֶלֶךְ חֲמָת, כֻּלָּם לְשׁוֹן בִּרְכַּת שָׁלוֹם הֵן, שֶׁקּוֹרִין בְּלַעַז שלודי"ר, אַף זוֹ, "בִּרְכָתִי" – מוּ"ן שלו"ד: אֲשֶׁר הֻבָאת לָךְ. לֹא טָרַחְתָּ בָּהּ וַאֲנִי יָגַעְתִּי לְהַגִּיעָהּ עַד שֶׁבָּאָה לְיָדְךָ: חַנַּנִי. נוּ"ן רִאשׁוֹנָה מְדֻגֶּשֶׁת לְפִי שֶׁהִיא מְשַׁמֶּשֶׁת בִּמְקוֹם שְׁתֵּי נוּנִי"ן, שֶׁהָיָה לוֹ לוֹמַר 'חֲנָנַנִי', שֶׁאֵין 'חָנַן' בְּלֹא שְׁתֵּי נוּנִי"ן, וְהַשְּׁלִישִׁית לְשִׁמּוּשׁ כְּמוֹ 'עָשָׂנִי' (ישעיה

וַיִּפְצַר־בּוֹ וַיִּקָּח׃ וַיֹּאמֶר נִסְעָה וְנֵלֵכָה וְאֵלְכָה יב
לְנֶגְדֶּךָ׃ וַיֹּאמֶר אֵלָיו אֲדֹנִי יֹדֵעַ כִּי־הַיְלָדִים רַכִּים יג
וְהַצֹּאן וְהַבָּקָר עָלוֹת עָלָי וּדְפָקוּם יוֹם אֶחָד וָמֵתוּ
כָּל־הַצֹּאן׃ יַעֲבָר־נָא אֲדֹנִי לִפְנֵי עַבְדּוֹ וַאֲנִי יד
אֶתְנָהֲלָה לְאִטִּי לְרֶגֶל הַמְּלָאכָה אֲשֶׁר־לְפָנַי
וּלְרֶגֶל הַיְלָדִים עַד אֲשֶׁר־אָבֹא אֶל־אֲדֹנִי שֵׂעִירָה׃
וַיֹּאמֶר עֵשָׂו אַצִּיגָה־נָּא עִמְּךָ מִן־הָעָם אֲשֶׁר אִתִּי טו
וַיֹּאמֶר לָמָּה זֶּה אֶמְצָא־חֵן בְּעֵינֵי אֲדֹנִי׃ וַיָּשָׁב טז
בַּיּוֹם הַהוּא עֵשָׂו לְדַרְכּוֹ שֵׂעִירָה׃ וְיַעֲקֹב נָסַע יז
סֻכֹּתָה וַיִּבֶן לוֹ בָּיִת וּלְמִקְנֵהוּ עָשָׂה סֻכֹּת עַל־כֵּן
לא קָרָא שֵׁם־הַמָּקוֹם סֻכּוֹת׃ וַיָּבֹא יַעֲקֹב יח
שָׁלֵם עִיר שְׁכֶם אֲשֶׁר בְּאֶרֶץ כְּנַעַן בְּבֹאוֹ מִפַּדַּן
אֲרָם וַיִּחַן אֶת־פְּנֵי הָעִיר׃ וַיִּקֶן אֶת־חֶלְקַת הַשָּׂדֶה יט
אֲשֶׁר נָטָה־שָׁם אָהֳלוֹ מִיַּד בְּנֵי־חֲמוֹר אֲבִי שְׁכֶם
בְּמֵאָה קְשִׂיטָה׃ וַיַּצֶּב־שָׁם מִזְבֵּחַ וַיִּקְרָא־לוֹ אֵל כ
אֱלֹהֵי יִשְׂרָאֵל׃ חמישי וַתֵּצֵא דִינָה בַּת־לֵאָה א לד

וישלח

כט, טז), 'זְכָרַנִי' (לעיל ל, כ): **יֶשׁ לִי כֹל.** כָּל סִפּוּקִי. וְעֵשָׂו דִּבֵּר בִּלְשׁוֹן גַּאֲוָה: "יֶשׁ לִי רָב" (לעיל פסוק ט), יוֹתֵר וְיוֹתֵר מִכְּדֵי צָרְכִּי:

יב] **נִסְעָה.** כְּמוֹ: "שִׁמְעָה" (תהלים לט, יג), "שְׁלָחָה" (להלן מג, ח) שֶׁהוּא כְּמוֹ 'שְׁמַע', 'שְׁלַח', אַף 'נִסְעָה' כְּמוֹ 'נְסַע', וְהַנּוּ"ן יְסוֹד בַּתֵּבָה. וְתַרְגּוּם שֶׁל אוּנְקְלוֹס: "טוּל וּנְהָךְ", עֵשָׂו אָמַר לְיַעֲקֹב, נְסַע מִכָּאן וְנֵלֵךְ: **וְאֵלְכָה לְנֶגְדֶּךָ.** בְּשָׁוֶה לְךָ, טוֹבָה זוֹ אֶעֱשֶׂה לְךָ שֶׁאַאֲרִיךְ יְמֵי מַהֲלָכִי לָלֶכֶת לְאַט כַּאֲשֶׁר אַתָּה צָרִיךְ, וְזֶהוּ "לְנֶגְדֶּךָ" – בְּשָׁוֶה לְךָ:

יג] **עָלוֹת עָלָי.** הַצֹּאן וְהַבָּקָר שֶׁהֵן "עָלוֹת", מֻטָּלוֹת "עָלַי", לְנַהֲלָן לְאַט: **עָלוֹת.** מְגַדְּלוֹת עוֹלְלֵיהֶן,

יב יג וְאַתְקֵיף בֵּיהּ וְקַבֵּיל: וַאֲמַר טוּל וּנְהָךְ, וַאֲהָךְ לְקִבְלָךְ: וַאֲמַר לֵיהּ, רִבּוֹנִי יָדַע אֲרֵי יָנְקַיָּא
יד רַכִּיכִין, וְעָנָא וְתוֹרֵי מֵינְקָתָא עֲלָי, אִם אַדְחוֹקִנּוּן יוֹמָא חַד, וִימוּתוּן כָּל עָנָא: יִעְבַּר כְּעַן
רִבּוֹנִי קֳדָם עַבְדֵּיהּ, וַאֲנָא אֲדַבַּר בְּנִיחַ, לְרֶגֶל עֲבִידְתָּא דִּקְדָמַי וּלְרֶגֶל יָנְקַיָּא, עַד, דְּאֵיתֵי לְוָת
טו רִבּוֹנִי לְשֵׂעִיר: וַאֲמַר עֵשָׂו, אֶשְׁבּוֹק כְּעַן עִמָּךְ, מִן עַמָּא דְּעִמִּי, וַאֲמַר לְמָא דְנָן, אַשְׁכַּח רַחֲמִין
טז יז בְּעֵינֵי רִבּוֹנִי: וְתָב בְּיוֹמָא הַהוּא עֵשָׂו, לְאוֹרְחֵיהּ לְשֵׂעִיר: וְיַעֲקֹב נְטַל לְסֻכּוֹת, וּבְנָא לֵיהּ
יח בֵּיתָא, וְלִבְעִירֵיהּ עֲבַד מְטַלָּן, עַל כֵּן, קְרָא שְׁמֵיהּ דְּאַתְרָא סֻכּוֹת: וַאֲתָא יַעֲקֹב שְׁלִים
יט לְקַרְתָּא דִשְׁכֶם, דִּבְאַרְעָא דִכְנַעַן, בְּמֵיתוֹהִי מִפַּדַּן אֲרָם, וּשְׁרָא לָקֳבֵיל קַרְתָּא: וּזְבַן יָת
אַחְסָנַת חַקְלָא, דִּפְרַס תַּמָּן לְמַשְׁכְּנֵיהּ, מִיַּד בְּנֵי חֲמוֹר אֲבוּהִי דִשְׁכֶם, בִּמְאָה חוּרְפָן:
לד כ א וַאֲקֵים תַּמָּן מַדְבְּחָא, וּפְלַח עֲלוֹהִי, קֳדָם אֵל אֱלָהָא דְיִשְׂרָאֵל: וּנְפַקַת דִּינָה בַּת לֵאָה,

לְשׁוֹן "עוֹלֵל וְיוֹנֵק" (ירמיה מד, ז; איכה ב, יא), "עוּל יָמִים" (ישעיה סה, כ), "וּשְׁתֵּי פָרוֹת עָלוֹת" (שמואל א׳ ו, ז), וּבְלַעַז אנפנטיי"ש: **וּדְפָקוּם יוֹם אֶחָד.** לִיגְעָם בַּדֶּרֶךְ בִּמְרוּצָה, "וָמֵתוּ כָּל הַצֹּאן": **וּדְפָקוּם.** כְּמוֹ: "קוֹל דּוֹדִי דוֹפֵק" (שיר השירים ה, ב), נוֹקֵשׁ בַּדֶּלֶת:

יד | **יַעֲבָר נָא אֲדֹנִי.** אַל נָא תַּאֲרִיךְ יְמֵי הֲלִיכָתְךָ, עֲבֹר כְּפִי דַרְכְּךָ וְאַף אִם תִּתְרַחֵק: **אֶתְנָהֲלָה.** אֶתְנַהֵל, הֵ"א יְתֵרָה, כְּמוֹ: 'אֵרְדָה' (לעיל יח, כא), 'אֶשְׁמְעָה' (ירמיה ד, כא; תהלים פה, ט): **לְאִטִּי.** לְאַט שֶׁלִּי, לְשׁוֹן נַחַת, "הַהֹלְכִים לְאַט" (ישעיה ח, ו), "לְאַט לִי לַנַּעַר" (שמואל ב׳ יח, ה): **לְאִטִּי.** הַלָּמֶ"ד מִן הַיְסוֹד וְאֵינָהּ מְשַׁמֶּשֶׁת, אֶתְנַהֵל נַחַת שֶׁלִּי: **לְרֶגֶל הַמְּלָאכָה.** לְפִי צֹרֶךְ הֲלִיכַת רַגְלֵי הַמְּלָאכָה הַמֻּטֶּלֶת לְפָנַי לְהוֹלִיךְ: **וּלְרֶגֶל הַיְלָדִים.** לְפִי רַגְלֵיהֶם שֶׁהֵם יְכוֹלִים לֵילֵךְ: **עַד אֲשֶׁר אָבֹא אֶל אֲדֹנִי שֵׂעִירָה.** הִרְחִיב לוֹ הַדֶּרֶךְ, שֶׁלֹּא הָיָה דַעְתּוֹ לָלֶכֶת אֶלָּא עַד סֻכּוֹת, אָמַר: אִם דַּעְתּוֹ לַעֲשׂוֹת לִי רָעָה יַמְתִּין עַד בּוֹאִי אֶצְלוֹ. וְהוּא לֹא הָלַךְ, וְאֵימָתַי יֵלֵךְ? בִּימֵי הַמָּשִׁיחַ, שֶׁנֶּאֱמַר: "וְעָלוּ מוֹשִׁעִים בְּהַר צִיּוֹן לִשְׁפֹּט אֶת הַר עֵשָׂו" (עובדיה א, כא). וּמִדְרְשֵׁי אַגָּדָה יֵשׁ לְפָרָשָׁה זוֹ רַבִּים:

טו | **וַיֹּאמֶר לָמָּה זֶּה.** תַּעֲשֶׂה לִי טוֹבָה זוֹ שֶׁאֵינִי צָרִיךְ לָהּ; "אֶמְצָא חֵן" בְּעֵינֶיךָ וְלֹא תְּשַׁלֵּם לִי עַתָּה שׁוּם גְּמוּל:

טז | **וַיָּשָׁב בַּיּוֹם הַהוּא עֵשָׂו לְדַרְכּוֹ.** עֵשָׂו לְבַדּוֹ, וְאַרְבַּע מֵאוֹת אִישׁ שֶׁהָלְכוּ עִמּוֹ נִשְׁמְטוּ מֵאֶצְלוֹ אֶחָד אֶחָד. וְהֵיכָן פָּרַע לָהֶם הַקָּדוֹשׁ בָּרוּךְ הוּא? בִּימֵי דָוִד, שֶׁנֶּאֱמַר: "כִּי אִם אַרְבַּע מֵאוֹת אִישׁ נַעַר אֲשֶׁר רָכְבוּ עַל הַגְּמַלִּים" (שמואל א׳ ל, יז):

יז | **וַיִּבֶן לוֹ בָּיִת.** שָׁהָה שָׁם שְׁמוֹנָה עָשָׂר חֹדֶשׁ, קַיִץ וְחֹרֶף וְקַיִץ; קַיִץ – 'סֻכֹּת', חֹרֶף – 'בַּיִת', וְקַיִץ – 'סֻכֹּת':

יח | **שָׁלֵם.** שָׁלֵם בְּגוּפוֹ, שֶׁנִּתְרַפֵּא מִצַּלְעָתוֹ; שָׁלֵם בְּמָמוֹנוֹ, שֶׁלֹּא חָסַר כְּלוּם מִכָּל אוֹתוֹ דוֹרוֹן; שָׁלֵם בְּתוֹרָתוֹ, שֶׁלֹּא שָׁכַח תַּלְמוּדוֹ בְּבֵית לָבָן: **עִיר שְׁכֶם.** כְּמוֹ 'לְעִיר', וְכָמוֹהוּ: "עַד בּוֹאֲנָה בֵּית לָחֶם" (רות א, יט): **בְּבֹאוֹ מִפַּדַּן אֲרָם.** כְּאָדָם הָאוֹמֵר לַחֲבֵרוֹ, יָצָא פְלוֹנִי מִבֵּין שִׁנֵּי אֲרָיוֹת וּבָא שָׁלֵם, אַף כָּאן: וַיָּבֹא שָׁלֵם מִפַּדַּן אֲרָם, מִלָּבָן וּמֵעֵשָׂו שֶׁנִּזְדַּוְּגוּ לוֹ בַּדֶּרֶךְ:

יט | **קְשִׂיטָה.** מֵעָה. אָמַר רַבִּי עֲקִיבָא: כְּשֶׁהָלַכְתִּי לִכְרַכֵּי הַיָּם הָיוּ קוֹרִין לְמָעָה 'קְשִׂיטָה':

כ | **וַיִּקְרָא לוֹ אֵל אֱלֹהֵי יִשְׂרָאֵל.** לֹא שֶׁהַמִּזְבֵּחַ קָרוּי "אֱלֹהֵי יִשְׂרָאֵל", אֶלָּא עַל שֵׁם שֶׁהָיָה הַקָּדוֹשׁ בָּרוּךְ הוּא עִמּוֹ וְהִצִּילוֹ קָרָא שֵׁם הַמִּזְבֵּחַ עַל שֵׁם הַנֵּס, לִהְיוֹת שִׁבְחוֹ שֶׁל מָקוֹם נִזְכָּר בִּקְרִיאַת הַשֵּׁם, כְּלוֹמַר, מִי שֶׁהוּא אֵל, הוּא הַקָּדוֹשׁ בָּרוּךְ הוּא, הוּא לֵאלֹהִים לִי שֶׁשְּׁמִי יִשְׂרָאֵל. וְכֵן מָצִינוּ בְּמֹשֶׁה: "וַיִּקְרָא שְׁמוֹ ה׳ נִסִּי" (שמות יז, טו), לֹא שֶׁהַמִּזְבֵּחַ קָרוּי ה׳, אֶלָּא עַל שֵׁם הַנֵּס קָרָא שֵׁם הַמִּזְבֵּחַ לְהַזְכִּיר שִׁבְחוֹ שֶׁל הַקָּדוֹשׁ בָּרוּךְ הוּא, ה׳ הוּא נִסִּי. וְרַבּוֹתֵינוּ אָמְרוּ שֶׁהַקָּדוֹשׁ בָּרוּךְ הוּא קְרָאוֹ לְיַעֲקֹב 'אֵל'. וְדִבְרֵי תוֹרָה "כְּפַטִּישׁ יְפֹצֵץ סָלַע" (ירמיה כג, כט), מִתְחַלְּקִים לְכַמָּה טְעָמִים, וַאֲנִי לְיַשֵּׁב פְּשׁוּטוֹ שֶׁל מִקְרָא בָּאתִי:

פרק לד

א | **בַּת לֵאָה.** וְלֹא בַּת יַעֲקֹב? אֶלָּא עַל שֵׁם

ב אֲשֶׁ֥ר יָלְדָ֖ה לְיַעֲקֹ֑ב לִרְא֖וֹת בִּבְנ֥וֹת הָאָֽרֶץ׃ וַיַּ֨רְא
אֹתָ֗הּ שְׁכֶ֧ם בֶּן־חֲמ֛וֹר הַחִוִּ֖י נְשִׂ֣יא הָאָ֑רֶץ וַיִּקַּ֥ח
ג אֹתָ֛הּ וַיִּשְׁכַּ֥ב אֹתָ֖הּ וַיְעַנֶּֽהָ׃ וַתִּדְבַּ֣ק נַפְשׁ֔וֹ בְּדִינָ֖ה
בַּֽת־יַעֲקֹ֑ב וַיֶּ֙אֱהַב֙ אֶת־הַֽנַּעֲרָ֔ וַיְדַבֵּ֖ר עַל־לֵ֥ב הַֽנַּעֲרָ׃
ד וַיֹּ֣אמֶר שְׁכֶ֔ם אֶל־חֲמ֥וֹר אָבִ֖יו לֵאמֹ֑ר קַֽח־לִ֛י אֶת־
ה הַיַּלְדָּ֥ה הַזֹּ֖את לְאִשָּֽׁה׃ וְיַעֲקֹ֣ב שָׁמַ֗ע כִּ֤י טִמֵּא֙
אֶת־דִּינָ֣ה בִתּ֔וֹ וּבָנָ֛יו הָי֥וּ אֶת־מִקְנֵ֖הוּ בַּשָּׂדֶ֑ה
ו וְהֶחֱרִ֥שׁ יַעֲקֹ֖ב עַד־בֹּאָֽם׃ וַיֵּצֵ֛א חֲמ֥וֹר אֲבִֽי־שְׁכֶ֖ם
ז אֶֽל־יַעֲקֹ֑ב לְדַבֵּ֖ר אִתּֽוֹ׃ וּבְנֵ֨י יַעֲקֹ֜ב בָּ֤אוּ מִן־
הַשָּׂדֶה֙ כְּשָׁמְעָ֔ם וַיִּֽתְעַצְּבוּ֙ הָֽאֲנָשִׁ֔ים וַיִּ֥חַר לָהֶ֖ם
מְאֹ֑ד כִּֽי־נְבָלָ֞ה עָשָׂ֣ה בְיִשְׂרָאֵ֗ל לִשְׁכַּב֙ אֶת־בַּֽת־
ח יַעֲקֹ֔ב וְכֵ֖ן לֹ֥א יֵעָשֶֽׂה׃ וַיְדַבֵּ֥ר חֲמ֖וֹר אִתָּ֣ם לֵאמֹ֑ר
שְׁכֶ֣ם בְּנִ֗י חָֽשְׁקָ֤ה נַפְשׁוֹ֙ בְּבִתְּכֶ֔ם תְּנ֨וּ נָ֥א אֹתָ֛הּ ל֖וֹ
ט לְאִשָּֽׁה׃ וְהִֽתְחַתְּנ֖וּ אֹתָ֑נוּ בְּנֹתֵיכֶם֙ תִּתְּנוּ־לָ֔נוּ
י וְאֶת־בְּנֹתֵ֖ינוּ תִּקְח֥וּ לָכֶֽם׃ וְאִתָּ֖נוּ תֵּשֵׁ֑בוּ וְהָאָ֙רֶץ֙
יא תִּהְיֶ֣ה לִפְנֵיכֶ֔ם שְׁב֙וּ֙ וּסְחָר֔וּהָ וְהֵאָחֲז֖וּ בָּֽהּ׃ וַיֹּ֤אמֶר
שְׁכֶם֙ אֶל־אָבִ֣יהָ וְאֶל־אַחֶ֔יהָ אֶמְצָא־חֵ֖ן בְּעֵינֵיכֶ֑ם
יב וַאֲשֶׁ֥ר תֹּאמְר֛וּ אֵלַ֖י אֶתֵּֽן׃ הַרְבּ֨וּ עָלַ֤י מְאֹד֙ מֹ֣הַר
וּמַתָּ֔ן וְאֶ֨תְּנָ֔ה כַּאֲשֶׁ֥ר תֹּאמְר֖וּ אֵלָ֑י וּתְנוּ־לִ֥י אֶת־
יג הַֽנַּעֲרָ֖ לְאִשָּֽׁה׃ וַיַּעֲנ֨וּ בְנֵֽי־יַעֲקֹ֜ב אֶת־שְׁכֶ֨ם וְאֶת־
חֲמ֥וֹר אָבִ֛יו בְּמִרְמָ֖ה וַיְדַבֵּ֑רוּ אֲשֶׁ֣ר טִמֵּ֔א אֵ֖ת

יד דִּינָה אֲחֹתָם: וַיֹּאמְרוּ אֲלֵיהֶם לֹא נוּכַל לַעֲשׂוֹת
הַדָּבָר הַזֶּה לָתֵת אֶת־אֲחֹתֵנוּ לְאִישׁ אֲשֶׁר־לוֹ
טו עָרְלָה כִּי־חֶרְפָּה הִוא לָנוּ: אַךְ־בְּזֹאת נֵאוֹת
טז לָכֶם אִם תִּהְיוּ כָמֹנוּ לְהִמֹּל לָכֶם כָּל־זָכָר: וְנָתַנּוּ

ב דִּילֵידַת לְיַעֲקֹב, לְמִחְזֵי בִּבְנָת אַרְעָא: וַחֲזָא יָתַהּ, שְׁכֶם בַּר חֲמוֹר, חִוָּאָה רַבָּא דְּאַרְעָא,
ג וּדְבַר יָתַהּ, וּשְׁכֵיב יָתַהּ וְעַנְיַהּ: וְאִתְרְעִיאַת נַפְשֵׁיהּ, בְּדִינָה בַּת יַעֲקֹב, וּרְחֵים יָת עוּלֵימְתָא,
ד וּמַלֵּיל עַל לִבַּהּ דְּעוּלֵימְתָא: וַאֲמַר שְׁכֶם, לַחֲמוֹר אֲבוּהִי לְמֵימַר, סַב לִי, יָת עוּלֵימְתָא הָדָא
ה לְאִתּוּ: וְיַעֲקֹב שְׁמַע, אֲרֵי סָאֵיב יָת דִּינָה בְּרַתֵּיהּ, וּבְנוֹהִי, הֲווֹ עִם גֵּיתוֹהִי בְּחַקְלָא, וּשְׁתֵיק
ו ז יַעֲקֹב עַד מֵיתֵיהוֹן: וּנְפַק, חֲמוֹר אֲבוּהִי דִּשְׁכֶם לְוָת יַעֲקֹב, לְמַלָּלָא עִמֵּיהּ: וּבְנֵי יַעֲקֹב, עָאלוּ
מִן חַקְלָא כַּד שְׁמַעוּ, וְאִתְנְסִיסוּ גֻּבְרַיָּא, וּתְקֵיף לְהוֹן לַחְדָּא, אֲרֵי קְלָנָא עֲבַד בְּיִשְׂרָאֵל,
ח לְמִשְׁכַּב עִם בַּת יַעֲקֹב, וְכֵן לָא כָשַׁר דְּיִתְעֲבֵיד: וּמַלֵּיל חֲמוֹר עִמְּהוֹן לְמֵימַר, שְׁכֶם בְּרִי,
ט אִתְרְעִיאַת נַפְשֵׁיהּ בִּבְרַתְּכוֹן, הֲבוּ כְעַן יָתַהּ, לֵיהּ לְאִתּוּ: וְאִתְחַתְּנוּ בַנָא, בְּנָתְכוֹן תִּתְּנוּן לַנָא,
י וְיָת בְּנָתַנָא תִּסְּבוּן לְכוֹן: וְעִמַּנָא תִּתְּבוּן, וְאַרְעָא תְּהֵי קֳדָמֵיכוֹן, תִּיבוּ וַעֲבִידוּ בַהּ סְחוֹרְתָא,
יא וְאַחְסִינוּ בַהּ: וַאֲמַר שְׁכֶם לַאֲבוּהָא וּלְאַחָהָא, אַשְׁכַּח רַחֲמִין בְּעֵינֵיכוֹן, וּדְתֵימְרוּן לִי אֶתֵּין:
יב אַסְגוּ עֲלַי לַחְדָּא מֹהְרִין וּמַתְּנָן, וְאֶתֵּין, כְּמָא דְּתֵימְרוּן לִי, וְהַבוּ לִי יָת עוּלֵימְתָא לְאִתּוּ:
יג וַאֲתִיבוּ בְנֵי יַעֲקֹב, יָת שְׁכֶם וְיָת חֲמוֹר אֲבוּהִי, בְּחָכְמָא וּמַלִּילוּ, דְּסַאֵיב, יָת דִּינָה אֲחָתְהוֹן:
יד וַאֲמַרוּ לְהוֹן, לָא נִכּוֹל לְמֶעֱבַד פִּתְגָּמָא הָדֵין, לְמִתַּן יָת אֲחָתַנָא, לִגְבַר דְּלֵיהּ עָרְלָה, אֲרֵי
טו טז חִסּוּדָא הִיא לַנָא: בְּרַם בְּדָא נִטְפַּס לְכוֹן, אִם תְּהוֹן כְּוָתַנָא, לְמִגְזַר לְכוֹן כָּל דְּכוּרָא: וְנִתֵּין

יְשִׁיבָתָהּ נִקְרֵאת 'בַּת לֵאָה', שֶׁאַף הִיא יַצְאָנִית – "וַתֵּצֵא לֵאָה לִקְרָאתוֹ" (לעיל ל, טז):

ב| וַיִּשְׁכַּב אֹתָהּ. כְּדַרְכָּהּ: וַיְעַנֶּהָ. שֶׁלֹּא כְּדַרְכָּהּ:

ג| עַל לֵב הַנַּעֲרָה. דְּבָרִים הַמִּתְיַשְּׁבִים עַל הַלֵּב: רְאִי אָבִיךְ בְּחֶלְקַת שָׂדֶה קְטַנָּה כַּמָּה מָמוֹן בִּזְבֵּז, מֵאָה קְשִׂיטָה; אֲנִי אֶשָּׂאֵךְ וְתִקְנִי כָּל הָעִיר וְכָל שְׂדוֹתֶיהָ:

ז| וְכֵן לֹא יֵעָשֶׂה. לְעַנּוֹת אֶת הַבְּתוּלוֹת, שֶׁהָאֻמּוֹת גָּדְרוּ עַצְמָן מִן הָעֲרָיוֹת עַל יְדֵי הַמַּבּוּל:

ח| חָשְׁקָה. חָפְצָה:

יב| מֹהַר. כְּתֻבָּה:

יג| בְּמִרְמָה. בְּחָכְמָה: אֲשֶׁר טִמֵּא. הַכָּתוּב אוֹמֵר שֶׁלֹּא הָיְתָה רְמִיָּה, שֶׁהֲרֵי "טִמֵּא אֶת דִּינָה אֲחֹתָם":

יד| חֶרְפָּה הִוא. שֶׁמֶץ הוּא אֶצְלֵנוּ; הַבָּא לְחָרֵף אֶת חֲבֵרוֹ אוֹמֵר לוֹ: עָרֵל אַתָּה, אוֹ בֶּן עָרֵל. 'חֶרְפָּה' בְּכָל מָקוֹם – גִּדּוּף:

טו| נֵאוֹת. נִתְרַצֶּה, לְשׁוֹן "וַיֵּאֹתוּ" (מלכים ב' יב, ט): לְהִמֹּל. לִהְיוֹת נִמּוֹל. אֵינוֹ לְשׁוֹן 'לִפְעֹל' אֶלָּא לְשׁוֹן 'לְהִפָּעֵל':

טז| וְנָתַנּוּ. נו"ן שְׁנִיָּה מְדֻגֶּשֶׁת לְפִי שֶׁהִיא מְשַׁמֶּשֶׁת

וישלח

אֶת־בְּנֹתֵינוּ לָכֶם וְאֶת־בְּנֹתֵיכֶם נִקַּח־לָנוּ וְיָשַׁבְנוּ
אִתְּכֶם וְהָיִינוּ לְעַם אֶחָד׃ וְאִם־לֹא תִשְׁמְעוּ יז
אֵלֵינוּ לְהִמּוֹל וְלָקַחְנוּ אֶת־בִּתֵּנוּ וְהָלָכְנוּ׃ וַיִּיטְבוּ יח
דִבְרֵיהֶם בְּעֵינֵי חֲמוֹר וּבְעֵינֵי שְׁכֶם בֶּן־חֲמוֹר׃
וְלֹא־אֵחַר הַנַּעַר לַעֲשׂוֹת הַדָּבָר כִּי חָפֵץ בְּבַת־ יט
יַעֲקֹב וְהוּא נִכְבָּד מִכֹּל בֵּית אָבִיו׃ וַיָּבֹא חֲמוֹר כ
וּשְׁכֶם בְּנוֹ אֶל־שַׁעַר עִירָם וַיְדַבְּרוּ אֶל־אַנְשֵׁי
עִירָם לֵאמֹר׃ הָאֲנָשִׁים הָאֵלֶּה שְׁלֵמִים הֵם אִתָּנוּ כא
וְיֵשְׁבוּ בָאָרֶץ וְיִסְחֲרוּ אֹתָהּ וְהָאָרֶץ הִנֵּה רַחֲבַת־
יָדַיִם לִפְנֵיהֶם אֶת־בְּנֹתָם נִקַּח־לָנוּ לְנָשִׁים וְאֶת־
בְּנֹתֵינוּ נִתֵּן לָהֶם׃ אַךְ־בְּזֹאת יֵאֹתוּ לָנוּ הָאֲנָשִׁים כב
לָשֶׁבֶת אִתָּנוּ לִהְיוֹת לְעַם אֶחָד בְּהִמּוֹל לָנוּ כָּל־
זָכָר כַּאֲשֶׁר הֵם נִמֹּלִים׃ מִקְנֵהֶם וְקִנְיָנָם וְכָל־ כג
בְּהֶמְתָּם הֲלוֹא לָנוּ הֵם אַךְ נֵאוֹתָה לָהֶם וְיֵשְׁבוּ
אִתָּנוּ׃ וַיִּשְׁמְעוּ אֶל־חֲמוֹר וְאֶל־שְׁכֶם בְּנוֹ כָּל־ כד
יֹצְאֵי שַׁעַר עִירוֹ וַיִּמֹּלוּ כָּל־זָכָר כָּל־יֹצְאֵי שַׁעַר
עִירוֹ׃ וַיְהִי בַיּוֹם הַשְּׁלִישִׁי בִּהְיוֹתָם כֹּאֲבִים וַיִּקְחוּ כה
שְׁנֵי־בְנֵי־יַעֲקֹב שִׁמְעוֹן וְלֵוִי אֲחֵי דִינָה אִישׁ חַרְבּוֹ
וַיָּבֹאוּ עַל־הָעִיר בֶּטַח וַיַּהַרְגוּ כָּל־זָכָר׃ וְאֶת־ כו
חֲמוֹר וְאֶת־שְׁכֶם בְּנוֹ הָרְגוּ לְפִי־חָרֶב וַיִּקְחוּ אֶת־

כז דינה מבית שכם ויצאו: בני יעקב באו על-
החללים ויבזו העיר אשר טמאו אחותם:
כח את-צאנם ואת-בקרם ואת-חמריהם ואת

יז ית בנתנא לכון, וית בנתכון נסב לנא, ונתיב עמכון, ונהי לעמא חד: ואם לא תקבלון,
יח מננא למגזר, ונדבר ית ברתנא וניזיל: ושפרו פתגמיהון בעיני חמור, ובעיני שכם בר
יט חמור: ולא אוחר עולימא למעבד פתגמא, ארי אתרעי בבת יעקב, והוא יקיר, מכל
כ בית אבוהי: ואתא חמור, ושכם בריה לתרע קרתהון, ומלילו, עם אנשי קרתהון למימר:
כא גבריא האלין שלם אנון עמנא, ויתבון בארעא ויעבדון בה סחורתא, וארעא, הא
כב פתיות ידין קדמיהון, ית בנתהון נסב לנא לנשין, וית בנתנא נתין להון: ברם בדא,
יתפסון לנא גבריא למתב עמנא, למהוי לעמא חד, במגזר לנא כל דכורא, כמא דאנון
כג גזירין: גיתיהון וקנינהון וכל בעירהון, הלא דילנא אנון, ברם נתפס להון, ויתבון עמנא:
כד וקבילו מן חמור ומן שכם בריה, כל נפקי תרע קרתיה, וגזרו כל דכורא, כל נפקי תרע
כה קרתיה: והוה ביומא תליתאה כד תקיפו עליהון כיביהון, ונסיבו תרין בני יעקב, שמעון
כו ולוי, אחי דינה גבר חרביה, ועאלו על קרתא דיתבא לרחצן, וקטלו כל דכורא: וית חמור
כז וית שכם בריה, קטלו לפתגם דחרב, ודברו ית דינה, מבית שכם ונפקו: בני יעקב, עאלו
כח לחלצא קטיליא, ובזו קרתא, דסאיבו אחתהון: ית ענהון וית תוריהון וית חמריהון, וית

במקום שתי נוני"ן, 'ונתננו': ואת בנתיכם נקח לנו. אתה מוצא בתנאי שאמר חמור ליעקב ובתשובת בני יעקב לחמור, שתלו החשיבות בבני יעקב לקח בנות שכם את שיבחרו להם ובנותיהם יתנו להם לפי דעתם, דכתיב: "ונתנו את בנתינו" – לפי דעתנו, "ואת בנתיכם נקח לנו" – בכל אשר נחפץ. וכשדברו חמור ושכם בנו אל יושבי עירם הפכו הדברים: "את בנתם נקח לנו לנשים ואת בנתינו נתן להם" (להלן פסוק כח), כדי לרצותם שיאותו להמול:

כא| שלמים. בשלום ובלב שלם: והארץ הנה רחבת ידים. כאדם שידו רחבה ותרנית; כלומר, לא תפסידו כלום, פרקמטיא הרבה באה לכאן ואין לה קונים:

כב| בהמול. בהיות נמול:

כג| אך נאותה להם. לדבר זה, ועל ידי כן ישבו אתנו:

כה| שני בני יעקב. בניו היו, ואף על פי כן נהגו עצמן "שמעון ולוי" – כשאר אנשים שאינם בניו, שלא נטלו עצה הימנו: אחי דינה. לפי שמסרו עצמן עליה נקראו אחיה: בטח. שהיו כואבים. ומדרש אגדה, בטוחים על כחו של זקן:

כז| על החללים. לפשט את החללים:

כט אֲשֶׁר־בָּעִ֥יר וְאֶת־אֲשֶׁ֥ר בַּשָּׂדֶ֖ה לָקָֽחוּ׃ וְאֶת־
כָּל־חֵילָ֤ם וְאֶת־כָּל־טַפָּם֙ וְאֶת־נְשֵׁיהֶ֔ם שָׁב֖וּ
ל וַיָּבֹ֑זּוּ וְאֵ֖ת כָּל־אֲשֶׁ֥ר בַּבָּֽיִת׃ וַיֹּ֨אמֶר יַעֲקֹ֜ב אֶל־
שִׁמְע֣וֹן וְאֶל־לֵוִי֮ עֲכַרְתֶּ֣ם אֹתִי֒ לְהַבְאִישֵׁ֙נִי֙ בְּיֹשֵׁ֣ב
הָאָ֔רֶץ בַּֽכְּנַעֲנִ֖י וּבַפְּרִזִּ֑י וַאֲנִי֙ מְתֵ֣י מִסְפָּ֔ר וְנֶאֶסְפ֤וּ
לא עָלַי֙ וְהִכּ֔וּנִי וְנִשְׁמַדְתִּ֖י אֲנִ֥י וּבֵיתִֽי׃ וַיֹּאמְר֑וּ הַכְזוֹנָ֕ה
יַעֲשֶׂ֖ה אֶת־אֲחוֹתֵֽנוּ׃

לה א וַיֹּ֤אמֶר אֱלֹהִים֙ אֶֽל־יַעֲקֹ֔ב ק֛וּם עֲלֵ֥ה בֵֽית־אֵ֖ל
וְשֶׁב־שָׁ֑ם וַֽעֲשֵׂה־שָׁ֣ם מִזְבֵּ֔חַ לָאֵל֙ הַנִּרְאֶ֣ה אֵלֶ֔יךָ
ב בְּבָ֨רְחֲךָ֔ מִפְּנֵ֖י עֵשָׂ֥ו אָחִֽיךָ׃ וַיֹּ֤אמֶר יַעֲקֹב֙ אֶל־
בֵּית֔וֹ וְאֶ֖ל כָּל־אֲשֶׁ֣ר עִמּ֑וֹ הָסִ֜רוּ אֶת־אֱלֹהֵ֤י הַנֵּכָר֙
אֲשֶׁ֣ר בְּתֹכְכֶ֔ם וְהִֽטַּהֲר֔וּ וְהַחֲלִ֖יפוּ שִׂמְלֹתֵיכֶֽם׃
ג וְנָק֥וּמָה וְנַעֲלֶ֖ה בֵּֽית־אֵ֑ל וְאֶֽעֱשֶׂה־שָּׁ֣ם מִזְבֵּ֗חַ
לָאֵ֞ל הָעֹנֶ֤ה אֹתִי֙ בְּי֣וֹם צָרָתִ֔י וַֽיְהִי֙ עִמָּדִ֔י בַּדֶּ֖רֶךְ
ד אֲשֶׁ֥ר הָלָֽכְתִּי׃ וַיִּתְּנ֣וּ אֶֽל־יַעֲקֹ֗ב אֵ֣ת כָּל־אֱלֹהֵ֤י
הַנֵּכָר֙ אֲשֶׁ֣ר בְּיָדָ֔ם וְאֶת־הַנְּזָמִ֖ים אֲשֶׁ֣ר בְּאָזְנֵיהֶ֑ם
וַיִּטְמֹ֤ן אֹתָם֙ יַעֲקֹ֔ב תַּ֥חַת הָאֵלָ֖ה אֲשֶׁ֥ר עִם־
ה שְׁכֶֽם׃ וַיִּסָּ֑עוּ וַיְהִ֣י ׀ חִתַּ֣ת אֱלֹהִ֗ים עַל־הֶֽעָרִים֙
אֲשֶׁר֙ סְבִיבֽוֹתֵיהֶ֔ם וְלֹ֣א רָֽדְפ֔וּ אַחֲרֵ֖י בְּנֵ֥י יַעֲקֹֽב׃
ו וַיָּבֹ֨א יַעֲקֹ֜ב ל֗וּזָה אֲשֶׁר֙ בְּאֶ֣רֶץ כְּנַ֔עַן הִ֖וא בֵּֽית־

וישלח

ז אֵל הוּא וְכָל־הָעָם אֲשֶׁר־עִמּוֹ: וַיִּבֶן שָׁם מִזְבֵּחַ
וַיִּקְרָא לַמָּקוֹם אֵל בֵּית־אֵל כִּי שָׁם נִגְלוּ אֵלָיו
ח הָאֱלֹהִים בְּבָרְחוֹ מִפְּנֵי אָחִיו: וַתָּמָת דְּבֹרָה

כט דִּבְקַרְתָּא, וְיָת דִּבְחַקְלָא בַּזּוּ: וְיָת כָּל נִכְסֵיהוֹן וְיָת כָּל טַפְלְהוֹן וְיָת נְשֵׁיהוֹן, שְׁבוֹ וּבַזּוּ, וְיָת
ל כָּל דִּבְבֵיתָא: וַאֲמַר יַעֲקֹב, לְשִׁמְעוֹן וּלְלֵוִי עֲכַרְתּוּן יָתִי, לְמִתַּן דְּבָבוּ בֵּינָא וּבֵין יָתֵיב אַרְעָא,
בִּכְנַעֲנָאָה וּבִפְרִזָּאָה, וַאֲנָא עַם דְּמִנְיָן, וְיִתְכַּנְּשׁוּן עֲלַי וְיִמְחוֹנַנִי, וְאֶשְׁתֵּיצֵי אֲנָא וֶאֱנָשׁ בֵּיתִי:
לה לא א וַאֲמַרוּ, הַכְנָפְקַת בְּרָא, יַעֲבֵיד יָת אֲחָתַנָא: וַאֲמַר יי לְיַעֲקֹב, קוּם, סַק לְבֵית אֵל וְתִיב תַּמָּן,
ב וַעֲבֵיד תַּמָּן מַדְבַּח, לְאֵל דְּאִתְגְּלִי לָךְ, בְּמִעְרְקָךְ, מִן קֳדָם עֵשָׂו אֲחוּךְ: וַאֲמַר יַעֲקֹב לֶאֱנָשׁ
ג בֵּיתֵיהּ, וּלְכָל דְּעִמֵּיהּ, אַעְדוֹ, יָת טָעֲוַת עַמְמַיָּא דְּבֵינֵיכוֹן, וְאִדַּכּוֹ, וְשַׁנּוֹ כְּסוּתְכוֹן: וּנְקוּם
וְנִסַּק לְבֵית אֵל, וְאַעֲבֵיד תַּמָּן מַדְבַּח, לְאֵל, דְּקַבֵּיל צְלוֹתִי בְּיוֹמָא דְעָקְתִי, וַהֲוָה מֵימְרֵיהּ
ד בְּסַעֲדִי, בְּאוֹרְחָא דַּאֲזַלִית: וִיהַבוּ לְיַעֲקֹב, יָת כָּל טָעֲוַת עַמְמַיָּא דִּבְיַדְהוֹן, וְיָת קְדָשַׁיָּא
ה דִּבְאֻדְנֵיהוֹן, וְטַמַּר יָתְהוֹן יַעֲקֹב, תְּחוֹת בּُטְמָא דְּעִם שְׁכֶם: וּנְטַלוּ, וַהֲוָת דַּחְלָא מִן קֳדָם יי,
ו עַל עַמְמַיָּא דִּבְקִרְוֵי סַחְרָנֵיהוֹן, וְלָא רְדַפוּ, בָּתַר בְּנֵי יַעֲקֹב: וַאֲתָא יַעֲקֹב לְלוּז, דִּבְאַרְעָא
ז דִּכְנַעַן, הִיא בֵּית אֵל, הוּא וְכָל עַמָּא דְּעִמֵּיהּ: וּבְנָא תַמָּן מַדְבְּחָא, וּקְרָא לְאַתְרָא, אֵל
ח בֵּית אֵל, אֲרֵי תַמָּן, אִתְגְּלִיאוּ לֵיהּ מַלְאֲכַיָּא דַּיי, בְּמִעְרְקֵיהּ מִן קֳדָם אֲחוּהִי: וּמֵיתַת דְּבוֹרָה

כט| חֵילָם. מָמוֹנָם, וְכֵן: "עָשָׂה לִי אֶת הַחַיִל הַזֶּה" (דברים ח, יז), "וְיִשְׂרָאֵל עֹשֶׂה חָיִל" (במדבר כד, יח), "וְעָזְבוּ לַאֲחֵרִים חֵילָם" (תהלים מט, יא): שָׁבוּ. לְשׁוֹן שְׁבִיָּה, לְפִיכָךְ טַעְמוֹ מִלְּרַע:

ל| עֲכַרְתֶּם. לְשׁוֹן מַיִם עֲכוּרִים, אֵין דַּעְתִּי צְלוּלָה עַכְשָׁיו. וְאַגָּדָה, צְלוּלָה הָיְתָה הֶחָבִית וַעֲכַרְתֶּם אוֹתָהּ. מָסֹרֶת הָיְתָה בְּיַד כְּנַעֲנִים שֶׁיִּפְּלוּ בְּיַד בְּנֵי יַעֲקֹב, אֶלָּא שֶׁהָיוּ אוֹמְרִים: "עַד אֲשֶׁר תִּפְרֶה וְנָחַלְתָּ אֶת הָאָרֶץ" (שמות כג, ל), לְפִיכָךְ הָיוּ שׁוֹתְקִין: מְתֵי מִסְפָּר. אֲנָשִׁים מוּעָטִים:

לא| הַכְזוֹנָה. הֶפְקֵר: אֶת אֲחוֹתֵנוּ. "יָת אֲחָתַנָא":

פרק לה

א| קוּם עֲלֵה. לְפִי שֶׁאֵחַרְתָּ בַדֶּרֶךְ נֶעֱנַשְׁתָּ וּבָאָה לְךָ זֹאת מִבִּתְּךָ:

ב| הַנֵּכָר. שֶׁיֵּשׁ בְּיֶדְכֶם מִשְּׁלַל שֶׁל שְׁכֶם: וְהִטַּהֲרוּ. מֵעֲבוֹדָה זָרָה: וְהַחֲלִיפוּ שִׂמְלֹתֵיכֶם. שֶׁמָּא יֵשׁ בְּיֶדְכֶם כְּסוּת שֶׁל עֲבוֹדָה זָרָה:

ד| הָאֵלָה. מִין אִילַן סְרָק: עִם שְׁכֶם. אֵצֶל שְׁכֶם:

ה| חִתַּת. פַּחַד:

ז| אֵל בֵּית אֵל. הַקָּדוֹשׁ בָּרוּךְ הוּא בְּבֵית אֵל, גִּלּוּי שְׁכִינָתוֹ בְּבֵית אֵל. יֵשׁ תֵּבָה חֲסֵרָה בֵּי"ת הַמְשַׁמֶּשֶׁת בְּרֹאשָׁהּ, כְּמוֹ: "הִנֵּה הוּא בֵּית מָכִיר בֶּן עַמִּיאֵל" (שמואל ב׳ ט, ד) כְּמוֹ: ׳בְּבֵית מָכִיר׳, "בֵּית אָבִיךָ" (להלן לח, יא) כְּמוֹ ׳בְּבֵית אָבִיךָ׳: נִגְלוּ אֵלָיו הָאֱלֹהִים. בִּמְקוֹמוֹת הַרְבֵּה יֵשׁ שֵׁם אֱלֹהוּת וְאַדְנוּת בִּלְשׁוֹן רַבִּים, כְּמוֹ: "אֲדֹנֵי יוֹסֵף" (להלן לט, כ), "אִם בְּעָלָיו עִמּוֹ" (שמות כב, יד) וְלֹא נֶאֱמַר ׳בַּעְלוֹ׳, וְכֵן אֱלֹהוּת שֶׁהוּא לְשׁוֹן שׁוֹפֵט וּמָרוּת נִזְכָּר בִּלְשׁוֹן רַבִּים, אֲבָל אֶחָד מִכָּל שְׁאָר הַשֵּׁמוֹת לֹא תִמְצָא בִּלְשׁוֹן רַבִּים:

ח| וַתָּמָת דְּבֹרָה. מָה עִנְיַן דְּבוֹרָה בְּבֵית יַעֲקֹב?

וישלח

מֵינֶקֶת רִבְקָה וַתִּקָּבֵר מִתַּחַת לְבֵית־אֵל תַּחַת
הָאַלּוֹן וַיִּקְרָא שְׁמוֹ אַלּוֹן בָּכוּת׃
לב וַיֵּרָא אֱלֹהִים אֶל־יַעֲקֹב עוֹד בְּבֹאוֹ מִפַּדַּן אֲרָם ט
וַיְבָרֶךְ אֹתוֹ׃ וַיֹּאמֶר־לוֹ אֱלֹהִים שִׁמְךָ יַעֲקֹב י
לֹא־יִקָּרֵא שִׁמְךָ עוֹד יַעֲקֹב כִּי אִם־יִשְׂרָאֵל
יִהְיֶה שְׁמֶךָ וַיִּקְרָא אֶת־שְׁמוֹ יִשְׂרָאֵל׃ וַיֹּאמֶר יא
לוֹ אֱלֹהִים אֲנִי אֵל שַׁדַּי פְּרֵה וּרְבֵה גּוֹי וּקְהַל
ששי גּוֹיִם יִהְיֶה מִמֶּךָּ וּמְלָכִים מֵחֲלָצֶיךָ יֵצֵאוּ׃ וְאֶת־ יב
הָאָרֶץ אֲשֶׁר נָתַתִּי לְאַבְרָהָם וּלְיִצְחָק לְךָ
אֶתְּנֶנָּה וּלְזַרְעֲךָ אַחֲרֶיךָ אֶתֵּן אֶת־הָאָרֶץ׃ וַיַּעַל יג
מֵעָלָיו אֱלֹהִים בַּמָּקוֹם אֲשֶׁר־דִּבֶּר אִתּוֹ׃ וַיַּצֵּב יד
יַעֲקֹב מַצֵּבָה בַּמָּקוֹם אֲשֶׁר־דִּבֶּר אִתּוֹ מַצֶּבֶת
אָבֶן וַיַּסֵּךְ עָלֶיהָ נֶסֶךְ וַיִּצֹק עָלֶיהָ שָׁמֶן׃ וַיִּקְרָא טו
יַעֲקֹב אֶת־שֵׁם הַמָּקוֹם אֲשֶׁר דִּבֶּר אִתּוֹ שָׁם
אֱלֹהִים בֵּית־אֵל׃ וַיִּסְעוּ מִבֵּית אֵל וַיְהִי־עוֹד טז
כִּבְרַת־הָאָרֶץ לָבוֹא אֶפְרָתָה וַתֵּלֶד רָחֵל וַתְּקַשׁ
בְּלִדְתָּהּ׃ וַיְהִי בְהַקְשֹׁתָהּ בְּלִדְתָּהּ וַתֹּאמֶר לָהּ יז
הַמְיַלֶּדֶת אַל־תִּירְאִי כִּי־גַם־זֶה לָךְ בֵּן׃ וַיְהִי יח
בְּצֵאת נַפְשָׁהּ כִּי מֵתָה וַתִּקְרָא שְׁמוֹ בֶּן־אוֹנִי
וְאָבִיו קָרָא־לוֹ בִנְיָמִין׃ וַתָּמָת רָחֵל וַתִּקָּבֵר יט

כ בְּדֶ֖רֶךְ אֶפְרָ֑תָה הִ֖וא בֵּ֥ית לָֽחֶם׃ וַיַּצֵּ֧ב יַעֲקֹ֛ב
מַצֵּבָ֖ה עַל־קְבֻרָתָ֑הּ הִ֛וא מַצֶּ֥בֶת קְבֻֽרַת־רָחֵ֖ל

מֵינִקְתַּהּ דְּרִבְקָה, וְאִתְקְבַרַת, מִלְּרַע לְבֵית אֵל בְּשִׁפּוֹלֵי מֵישְׁרָא, וּקְרָא שְׁמֵיהּ מֵישַׁר בְּכִיתָא׃
ט' ואִתְגְּלִי יי לְיַעֲקֹב עוֹד, בְּמֵיתוֹהִי מִפַּדַּן אֲרָם, וּבָרֵיךְ יָתֵיהּ׃ וַאֲמַר לֵיהּ יי שְׁמָךְ יַעֲקֹב, לָא יִתְקְרֵי
יא שְׁמָךְ עוֹד יַעֲקֹב, אֱלָהֵין יִשְׂרָאֵל יְהֵי שְׁמָךְ, וּקְרָא יָת שְׁמֵיהּ יִשְׂרָאֵל׃ וַאֲמַר לֵיהּ יי, אֲנָא אֵל
יב שַׁדַּי פּוּשׁ וּסְגִי, עַם, וּכְנִשְׁת שִׁבְטִין יְהוֹן מִנָּךְ, וּמַלְכִין דְּשָׁלְטִין בְּעַמְמַיָּא מִנָּךְ יִפְּקוּן׃ וְיָת אַרְעָא,
יג דִּיהַבִית, לְאַבְרָהָם וּלְיִצְחָק לָךְ אֶתְּנִנַּהּ, וְלִבְנָךְ בָּתְרָךְ אֶתֵּין יָת אַרְעָא׃ וְאִסְתַּלַּק מֵעִלָּווֹהִי יְקָרָא
יד דַּיי, בְּאַתְרָא דְּמַלֵּיל עִמֵּיהּ׃ וַאֲקֵים יַעֲקֹב קָמְתָא, בְּאַתְרָא, דְּמַלֵּיל עִמֵּיהּ קָמַת אַבְנָא, וְנַסֵּיךְ
טו עֲלַהּ נִסְכִּין, וַאֲרֵיק עֲלַהּ מִשְׁחָא׃ וּקְרָא יַעֲקֹב יָת שְׁמֵיהּ דְּאַתְרָא, דְּמַלֵּיל עִמֵּיהּ תַּמָּן, יי בֵּית
טז אֵל׃ וּנְטַלוּ מִבֵּית אֵל, וַהֲוָה עוֹד כְּרוּב אַרְעָא לְמֵיעַל לְאֶפְרָת, וִילֵידַת רָחֵל וְקַשִּׁיאַת בְּמֵילְדַהּ׃
יז יח וַהֲוָה בְּקַשָּׁיוּתַהּ בְּמֵילְדַהּ, וַאֲמַרַת לַהּ חָיְתָא לָא תִּדְחֲלִין, אֲרֵי אַף דֵּין לִיךְ בַּר׃ וַהֲוָה, בְּמִפַּק
יט נַפְשַׁהּ אֲרֵי מָיְתָא, וּקְרַת שְׁמֵיהּ בַּר דְּוָיִי, וַאֲבוּהִי קְרָא לֵיהּ בִּנְיָמִין׃ וּמֵיתַת רָחֵל, וְאִתְקְבַרַת
כ בְּאוֹרַח אֶפְרָת, הִיא בֵּית לָחֶם׃ וַאֲקֵים יַעֲקֹב, קָמְתָא עַל קְבוּרְתַהּ, הִיא, קָמַת קְבוּרְתָא דְּרָחֵל

אֶלָּא לְפִי שֶׁאָמְרָה רִבְקָה לְיַעֲקֹב: "וְשָׁלַחְתִּי וּלְקַחְתִּיךָ מִשָּׁם" (לעיל כז, מה) שָׁלְחָה דְּבוֹרָה אֶצְלוֹ לְפַדַּן אֲרָם לָצֵאת מִשָּׁם, וּמֵתָה בַּדֶּרֶךְ. מִדִּבְרֵי רַבִּי מֹשֶׁה הַדַּרְשָׁן לָמַדְתִּיהָ: מִתַּחַת לְבֵית אֵל. הָעִיר יוֹשֶׁבֶת בָּהָר וְנִקְבְּרָה בְּרַגְלֵי הָהָר: תַּחַת הָאַלּוֹן. "בְּשִׁפּוּלֵי מֵישְׁרָא", שֶׁהָיָה מִישׁוֹר מִלְּמַעְלָה בְּשִׁפּוּעַ הָהָר וְהַקְּבוּרָה מִלְּמַטָּה. וּמִישׁוֹר שֶׁל בֵּית אֵל הָיוּ קוֹרִין לוֹ 'אַלּוֹן'. וְאַגָּדָה, נִתְבַּשֵּׂר שָׁם בְּאֵבֶל שֵׁנִי, שֶׁהֻגַּד לוֹ עַל אִמּוֹ שֶׁמֵּתָה, וְ'אַלּוֹן' בְּלָשׁוֹן יְוָנִי – 'אַחֵר', וּלְפִי שֶׁהֶעֱלִימוּ אֶת יוֹם מוֹתָהּ, שֶׁלֹּא יְקַלְּלוּ הַבְּרִיּוֹת כָּרֵס שֶׁיָּצָא עֵשָׂו מִמֶּנּוּ, אַף הַכָּתוּב לֹא פִרְסְמָהּ:

ט| **עוֹד.** פַּעַם שֵׁנִי בַּמָּקוֹם הַזֶּה, אֶחָד בְּלֶכְתּוֹ וְאֶחָד בְּשׁוּבוֹ: **וַיְבָרֶךְ אֹתוֹ.** בִּרְכַּת אֲבֵלִים:

י| **לֹא יִקָּרֵא שִׁמְךָ עוֹד יַעֲקֹב.** לְשׁוֹן אָדָם הַבָּא בְּמַאֲרָב וְעָקְבָה, אֶלָּא לְשׁוֹן שַׂר וְנָגִיד:

יא| **אֲנִי אֵל שַׁדַּי.** שֶׁאֲנִי כְּדַאי לְבָרֵךְ, שֶׁהַבְּרָכוֹת שֶׁלִּי: **פְּרֵה וּרְבֵה.** עַל שֵׁם שֶׁעֲדַיִן לֹא נוֹלַד בִּנְיָמִין, וְאַף עַל פִּי שֶׁכְּבָר נִתְעַבְּרָה מִמֶּנּוּ: **גּוֹי.** בִּנְיָמִין: **גּוֹיִם.** מְנַשֶּׁה וְאֶפְרַיִם שֶׁעֲתִידִים לָצֵאת מִיּוֹסֵף וְהֵם בְּמִנְיַן הַשְּׁבָטִים: **וּמְלָכִים.** שָׁאוּל וְאִישׁ בֹּשֶׁת שֶׁהָיוּ מִשֵּׁבֶט בִּנְיָמִין שֶׁעֲדַיִן לֹא נוֹלַד:

יד| **בַּמָּקוֹם אֲשֶׁר דִּבֶּר אִתּוֹ.** אֵינִי יוֹדֵעַ מַה מְּלַמְּדֵנוּ:

טז| **כִּבְרַת הָאָרֶץ.** מְנַחֵם פֵּרֵשׁ לְשׁוֹן כַּבִּיר, רִבּוּי, מַהֲלָךְ רַב. וּמִדְרַשׁ אַגָּדָה, בִּזְמַן שֶׁהָאָרֶץ חֲלוּלָה כִּכְבָרָה, שֶׁהַנִּיר מָצוּי, הַסְּתָו עָבַר וְהַשָּׁרָב עֲדַיִן לֹא בָא. וְאֵין זֶה פְּשׁוּטוֹ שֶׁל מִקְרָא, שֶׁהֲרֵי בְּנַעֲמָן מָצִינוּ: "וַיֵּלֶךְ מֵאִתּוֹ כִּבְרַת אָרֶץ" (מלכים ב' ה, יט). וְאוֹמֵר אֲנִי שֶׁהוּא שֵׁם מִדַּת קַרְקַע, כְּמוֹ מַהֲלַךְ פַּרְסָה אוֹ יוֹתֵר, כְּמוֹ שֶׁאַתָּה אוֹמֵר: 'צֶמֶד כֶּרֶם', 'חֶלְקַת שָׂדֶה', כָּךְ כְּמַהֲלַךְ אָדָם נוֹתֵן שֵׁם מִדָּה – כִּבְרַת אָרֶץ:

יז| **כִּי גַם זֶה.** נוֹסָף לְךָ עַל יוֹסֵף. וְרַבּוֹתֵינוּ דָּרְשׁוּ, עִם כָּל שֵׁבֶט נוֹלְדָה תְאוֹמָה, וְעִם בִּנְיָמִין נוֹלְדָה תְאוֹמָה יְתֵרָה:

יח| **בֶּן אוֹנִי.** בֶּן צַעֲרִי: **בִּנְיָמִין.** נִרְאֶה בְּעֵינַי

עַד־הַיּוֹם׃ וַיִּסַּע יִשְׂרָאֵל וַיֵּט אָהֳלֹה מֵהָלְאָה כא
לְמִגְדַּל־עֵדֶר׃ וַיְהִי בִּשְׁכֹּן יִשְׂרָאֵל בָּאָרֶץ הַהִוא כב
וַיֵּלֶךְ רְאוּבֵן וַיִּשְׁכַּב אֶת־בִּלְהָה פִּילֶגֶשׁ אָבִיו
וַיִּשְׁמַע יִשְׂרָאֵל
וַיִּהְיוּ בְנֵי־יַעֲקֹב שְׁנֵים עָשָׂר׃ בְּנֵי לֵאָה בְּכוֹר יַעֲקֹב כג
רְאוּבֵן וְשִׁמְעוֹן וְלֵוִי וִיהוּדָה וְיִשָּׂשכָר וּזְבֻלוּן׃
בְּנֵי רָחֵל יוֹסֵף וּבִנְיָמִן׃ וּבְנֵי בִלְהָה שִׁפְחַת רָחֵל כד כה
דָּן וְנַפְתָּלִי׃ וּבְנֵי זִלְפָּה שִׁפְחַת לֵאָה גָּד וְאָשֵׁר כו
אֵלֶּה בְּנֵי יַעֲקֹב אֲשֶׁר יֻלַּד־לוֹ בְּפַדַּן אֲרָם׃ וַיָּבֹא כז
יַעֲקֹב אֶל־יִצְחָק אָבִיו מַמְרֵא קִרְיַת הָאַרְבַּע
הִוא חֶבְרוֹן אֲשֶׁר־גָּר־שָׁם אַבְרָהָם וְיִצְחָק׃ וַיִּהְיוּ כח
יְמֵי יִצְחָק מְאַת שָׁנָה וּשְׁמֹנִים שָׁנָה׃ וַיִּגְוַע יִצְחָק כט
וַיָּמָת וַיֵּאָסֶף אֶל־עַמָּיו זָקֵן וּשְׂבַע יָמִים וַיִּקְבְּרוּ
אֹתוֹ עֵשָׂו וְיַעֲקֹב בָּנָיו׃

וְאֵלֶּה תֹּלְדוֹת עֵשָׂו הוּא אֱדוֹם׃ עֵשָׂו לָקַח אֶת־ א ב לו
נָשָׁיו מִבְּנוֹת כְּנָעַן אֶת־עָדָה בַּת־אֵילוֹן הַחִתִּי
וְאֶת־אָהֳלִיבָמָה בַּת־עֲנָה בַּת־צִבְעוֹן הַחִוִּי׃ וְאֶת־ ג
בָּשְׂמַת בַּת־יִשְׁמָעֵאל אֲחוֹת נְבָיוֹת׃ וַתֵּלֶד עָדָה ד

לְפִי שֶׁהוּא לְבַדּוֹ נוֹלַד בְּאֶרֶץ כְּנַעַן שֶׁהִיא בַּנֶּגֶב כְּשֶׁאָדָם בָּא מֵאֲרַם נַהֲרַיִם, כְּמוֹ שֶׁנֶּאֱמַר: "בַּנֶּגֶב בְּאֶרֶץ כְּנָעַן" (במדבר לג, מ), "הָלוֹךְ וְנָסוֹעַ הַנֶּגְבָּה" (לעיל יב, ט); 'בִּנְיָמִין' – בֵּן יָמִין, לְשׁוֹן "צָפוֹן וְיָמִין אַתָּה בְרָאתָם" (תהלים פט, יג), לְפִיכָךְ הוּא מָלֵא:

וישלח

כא כב עַד יוֹמָא דֵין: וּנְטַל יִשְׂרָאֵל, וּפְרַסֵיהּ לְמַשְׁכְּנֵיהּ, מֵהָלְאָה לְמִגְדְּלָא דְעֵדֶר: וַהֲוָה, כַּד שְׁרָא
יִשְׂרָאֵל בְּאַרְעָא הַהִיא, וַאֲזַל רְאוּבֵן, וּשְׁכֵיב יָת בִּלְהָה לְחֵינְתָא דַאֲבוּהִי, וּשְׁמַע יִשְׂרָאֵל, וַהֲווֹ
כג בְּנֵי יַעֲקֹב תְּרֵי עֲסַר: בְּנֵי לֵאָה, בֻּכְרֵיהּ דְיַעֲקֹב רְאוּבֵן, וְשִׁמְעוֹן וְלֵוִי וִיהוּדָה, וְיִשָּׂשכָר וּזְבוּלוּן:
כד כה כו בְּנֵי רָחֵל, יוֹסֵף וּבִנְיָמִין: וּבְנֵי בִלְהָה אַמְתַהּ דְרָחֵל, דָּן וְנַפְתָּלִי: וּבְנֵי זִלְפָּה, אַמְתַהּ דְלֵאָה גָּד
כז וְאָשֵׁר, אִלֵּין בְּנֵי יַעֲקֹב, דְאִתְיְלִידוּ לֵיהּ בְּפַדַּן אֲרָם: וַאֲתָא יַעֲקֹב לְוָת יִצְחָק אֲבוּהִי, לְמַמְרֵא
כח כט קִרְיַת אַרְבַּע, הִיא חֶבְרוֹן, דְּדָר תַּמָּן אַבְרָהָם וְיִצְחָק: וַהֲווֹ יוֹמֵי יִצְחָק, מְאָה וּתְמָנַן שְׁנִין: וְאִתְנְגִיד
לו א יִצְחָק וּמִית וְאִתְכְּנֵישׁ לְעַמֵּיהּ, סִיב וּסְבַע יוֹמִין, וּקְבַרוּ יָתֵיהּ, עֵשָׂו וְיַעֲקֹב בְּנוֹהִי: וְאִלֵּין, תּוֹלְדָת
ב עֵשָׂו הוּא אֱדוֹם: עֵשָׂו, נְסֵיב יָת נְשׁוֹהִי מִבְּנָת כְּנַעַן, יָת עָדָה, בַּת אֵילוֹן חִתָּאָה, וְיָת אָהֳלִיבָמָה
ג ד בַּת עֲנָה, בַּת צִבְעוֹן חִוָּאָה: וְיָת בָּשְׂמַת בַּת יִשְׁמָעֵאל אֲחָתֵיהּ דִנְבָיוֹת: וִילֵידַת עָדָה,

כב) **בִּשְׁכֹּן יִשְׂרָאֵל בָּאָרֶץ הַהִוא.** עַד שֶׁלֹּא בָא לְחֶבְרוֹן אֵצֶל יִצְחָק אֵרְעוּהוּ כָּל אֵלֶּה: **וַיִּשְׁכַּב.** מִתּוֹךְ שֶׁבִּלְבֵּל מִשְׁכָּבוֹ מַעֲלֶה עָלָיו הַכָּתוּב כְּאִלּוּ שְׁכָבָהּ. וְלָמָּה בִּלְבֵּל וְחִלֵּל יְצוּעָיו? שֶׁכְּשֶׁמֵּתָה רָחֵל נָטַל יַעֲקֹב מִטָּתוֹ שֶׁהָיְתָה נְתוּנָה תָּדִיר בְּאֹהֶל רָחֵל וְלֹא בִשְׁאָר אֹהָלִים, וּנְתָנָהּ בְּאֹהֶל בִּלְהָה. בָּא רְאוּבֵן וְתָבַע עֶלְבּוֹן אִמּוֹ, אָמַר: אִם אֲחוֹת אִמִּי הָיְתָה צָרָתָהּ, שִׁפְחַת אֲחוֹת אִמִּי תְּהֵא צָרָה לְאִמִּי? **וַיִּהְיוּ בְנֵי יַעֲקֹב שְׁנֵים עָשָׂר.** מַתְחִיל לְעִנְיָן רִאשׁוֹן: מִשֶּׁנּוֹלַד בִּנְיָמִין נִשְׁלְמָה הַמִּטָּה וּמֵעַתָּה רְאוּיִים לְהִמָּנוֹת, וּמְנָאָן. וְרַבּוֹתֵינוּ דָּרְשׁוּ, לְלַמְּדֵנוּ בָא שֶׁכֻּלָּם שָׁוִים וְכֻלָּם צַדִּיקִים, שֶׁלֹּא חָטָא רְאוּבֵן:

כג) **בְּכוֹר יַעֲקֹב.** אֲפִלּוּ בִּשְׁעַת הַקַּלְקָלָה קְרָאוֹ בְּכוֹר: **בְּכוֹר יַעֲקֹב.** בְּכוֹר לְנַחֲלָה, בְּכוֹר לָעֲבוֹדָה, בְּכוֹר לַמִּנְיָן. וְלֹא נִתְּנָה בְּכוֹרָה לְיוֹסֵף אֶלָּא לְעִנְיַן הַשְּׁבָטִים, שֶׁנַּעֲשָׂה לִשְׁנֵי שְׁבָטִים:

כז) **מַמְרֵא.** שֵׁם הַמִּישׁוֹר: **קִרְיַת הָאַרְבַּע.** שֵׁם הָעִיר: **מַמְרֵא קִרְיַת הָאַרְבַּע.** אֶל מִישׁוֹר שֶׁל קִרְיַת אַרְבַּע. וְאִם תֹּאמַר, הָיָה לוֹ לִכְתֹּב 'מַמְרֵא הַקִּרְיַת אַרְבַּע'? כֵּן דֶּרֶךְ הַמִּקְרָא בְּכָל דָּבָר שֶׁשְּׁמוֹ כָּפוּל, כְּגוֹן זֶה, וּכְגוֹן: בֵּית לֶחֶם, אֲבִי עֶזֶר, בֵּית אֵל, אִם הֻצְרַךְ לְהַטִּיל בּוֹ הֵ"א נוֹתְנָהּ בְּרֹאשׁ תֵּבָה הַשְּׁנִיָּה: "בֵּית הַלַּחְמִי" (שמואל א' טז, א), "בְּעָפְרַת אֲבִי הָעֶזְרִי" (שופטים ו, כד), "בָּנָה חִיאֵל בֵּית הָאֱלִי" (מלכים א' טז, לד):

כט) **וַיִּגְוַע יִצְחָק.** אֵין מֻקְדָּם וּמְאֻחָר בַּתּוֹרָה; מְכִירָתוֹ שֶׁל יוֹסֵף קְדָמָה לְמִיתָתוֹ שֶׁל יִצְחָק שְׁתֵּים עֶשְׂרֵה שָׁנָה, שֶׁהֲרֵי יִצְחָק מֵת בִּשְׁנַת מֵאָה וְעֶשְׂרִים לְיַעֲקֹב, שֶׁנֶּאֱמַר: "וְיִצְחָק בֶּן שִׁשִּׁים שָׁנָה בְּלֶדֶת אֹתָם" (לעיל כה, כו), צֵא שִׁשִּׁים מִמֵּאָה וּשְׁמוֹנִים נִשְׁאֲרוּ מֵאָה וְעֶשְׂרִים; וְיוֹסֵף נִמְכַּר בֶּן שְׁבַע עֶשְׂרֵה שָׁנָה, וְאוֹתָהּ שָׁנָה שְׁנַת מֵאָה וּשְׁמוֹנֶה לְיַעֲקֹב, כֵּיצַד? בֶּן שִׁשִּׁים וְשָׁלֹשׁ נִתְבָּרֵךְ, אַרְבַּע עֶשְׂרֵה שָׁנָה נִטְמַן בְּבֵית עֵבֶר, הֲרֵי שִׁבְעִים וְשֶׁבַע, וְאַרְבַּע עֶשְׂרֵה עָבַד בְּאִשָּׁה, וּבְסוֹף אַרְבַּע עֶשְׂרֵה נוֹלַד יוֹסֵף, שֶׁנֶּאֱמַר: "וַיְהִי כַּאֲשֶׁר יָלְדָה רָחֵל אֶת יוֹסֵף" וְגוֹ' (לעיל ל, כה), הֲרֵי תִּשְׁעִים וְאַחַת, וּשְׁבַע עֶשְׂרֵה עַד שֶׁלֹּא נִמְכַּר, הֲרֵי מֵאָה וּשְׁמוֹנֶה:

פרק לו

ב) **עָדָה בַּת אֵילוֹן.** הִיא "בָּשְׂמַת בַּת אֵילֹן" (לעיל כו, לד), וְנִקְרֵאת בָּשְׂמַת עַל שֵׁם שֶׁהָיְתָה מְקַטֶּרֶת בְּשָׂמִים לַעֲבוֹדָה זָרָה: **אָהֳלִיבָמָה.** הִיא יְהוּדִית, וְהוּא רְשָׁעָהּ כִּנָּהּ שְׁמָהּ יְהוּדִית לוֹמַר שֶׁהִיא כּוֹפֶרֶת בַּעֲבוֹדָה זָרָה כְּדֵי לְהַטְעוֹת אֶת אָבִיו: **בַּת עֲנָה בַּת צִבְעוֹן.** אִם בַּת עֲנָה לֹא בַת צִבְעוֹן? עֲנָה בְּנוֹ שֶׁל צִבְעוֹן, שֶׁנֶּאֱמַר: "וְאֵלֶּה בְנֵי צִבְעוֹן וְאַיָּה וַעֲנָה" (להלן פסוק כד)! מְלַמֵּד שֶׁבָּא צִבְעוֹן עַל כַּלָּתוֹ אֵשֶׁת עֲנָה וְיָצְאָה אָהֳלִיבָמָה מִבֵּין שְׁנֵיהֶם, וְהוֹדִיעֲךָ הַכָּתוּב שֶׁכֻּלָּן בְּנֵי מַמְזֵרוּת הָיוּ:

ג) **בָּשְׂמַת בַּת יִשְׁמָעֵאל.** וּלְהַלָּן קוֹרֵא לָהּ 'מָחֲלַת' (לעיל כח, ט)? מָצָאתִי בְּאַגָּדַת מִדְרַשׁ סֵפֶר שְׁמוּאֵל (פרק יז), שְׁלֹשָׁה מוֹחֲלִים לָהֶן עֲווֹנוֹתֵיהֶן: גֵּר שֶׁנִּתְגַּיֵּר, וְהָעוֹלֶה לִגְדֻלָּה, וְהַנּוֹשֵׂא אִשָּׁה. וְלָמַד הַטַּעַם מִכָּאן, לְכָךְ נִקְרֵאת 'מָחֲלַת', שֶׁנִּמְחֲלוּ עֲווֹנוֹתֶיהָ: **אֲחוֹת נְבָיוֹת.** עַל שֵׁם שֶׁהוּא הִשִּׂיאָהּ לוֹ מִשֶּׁמֵּת יִשְׁמָעֵאל:

לְעֵשָׂו אֶת־אֱלִיפָז וּבָשְׂמַת יָלְדָה אֶת־רְעוּאֵל׃
ה וְאָהֳלִיבָמָה יָלְדָה אֶת־יעיש [יְעוּשׁ] וְאֶת־יַעְלָם וְאֶת־
קֹרַח אֵלֶּה בְּנֵי עֵשָׂו אֲשֶׁר יֻלְּדוּ־לוֹ בְּאֶרֶץ כְּנָעַן׃
ו וַיִּקַּח עֵשָׂו אֶת־נָשָׁיו וְאֶת־בָּנָיו וְאֶת־בְּנֹתָיו וְאֶת־
כָּל־נַפְשׁוֹת בֵּיתוֹ וְאֶת־מִקְנֵהוּ וְאֶת־כָּל־בְּהֶמְתּוֹ
וְאֵת כָּל־קִנְיָנוֹ אֲשֶׁר רָכַשׁ בְּאֶרֶץ כְּנָעַן וַיֵּלֶךְ
ז אֶל־אֶרֶץ מִפְּנֵי יַעֲקֹב אָחִיו׃ כִּי־הָיָה רְכוּשָׁם
רָב מִשֶּׁבֶת יַחְדָּו וְלֹא יָכְלָה אֶרֶץ מְגוּרֵיהֶם
ח לָשֵׂאת אֹתָם מִפְּנֵי מִקְנֵיהֶם׃ וַיֵּשֶׁב עֵשָׂו בְּהַר
ט שֵׂעִיר עֵשָׂו הוּא אֱדוֹם׃ וְאֵלֶּה תֹּלְדוֹת עֵשָׂו אֲבִי
י אֱדוֹם בְּהַר שֵׂעִיר׃ אֵלֶּה שְׁמוֹת בְּנֵי־עֵשָׂו אֱלִיפַז
בֶּן־עָדָה אֵשֶׁת עֵשָׂו רְעוּאֵל בֶּן־בָּשְׂמַת אֵשֶׁת
יא עֵשָׂו׃ וַיִּהְיוּ בְּנֵי אֱלִיפָז תֵּימָן אוֹמָר צְפוֹ וְגַעְתָּם
יב וּקְנַז׃ וְתִמְנַע ׀ הָיְתָה פִילֶגֶשׁ לֶאֱלִיפַז בֶּן־עֵשָׂו
וַתֵּלֶד לֶאֱלִיפַז אֶת־עֲמָלֵק אֵלֶּה בְּנֵי עָדָה אֵשֶׁת
יג עֵשָׂו׃ וְאֵלֶּה בְּנֵי רְעוּאֵל נַחַת וָזֶרַח שַׁמָּה וּמִזָּה
יד אֵלֶּה הָיוּ בְּנֵי בָשְׂמַת אֵשֶׁת עֵשָׂו׃ וְאֵלֶּה הָיוּ
בְּנֵי אָהֳלִיבָמָה בַת־עֲנָה בַּת־צִבְעוֹן אֵשֶׁת עֵשָׂו
וַתֵּלֶד לְעֵשָׂו אֶת־יעיש [יְעוּשׁ] וְאֶת־יַעְלָם וְאֶת־קֹרַח׃
טו אֵלֶּה אַלּוּפֵי בְנֵי־עֵשָׂו בְּנֵי אֱלִיפַז בְּכוֹר עֵשָׂו
אַלּוּף תֵּימָן אַלּוּף אוֹמָר אַלּוּף צְפוֹ אַלּוּף קְנַז׃

טז אַלּוּף־קֹרַח אַלּוּף גַּעְתָּם אַלּוּף עֲמָלֵק אֵלֶּה
אַלּוּפֵי אֱלִיפַז בְּאֶרֶץ אֱדוֹם אֵלֶּה בְּנֵי עָדָה:
יז וְאֵלֶּה בְּנֵי רְעוּאֵל בֶּן־עֵשָׂו אַלּוּף נַחַת אַלּוּף
זֶרַח אַלּוּף שַׁמָּה אַלּוּף מִזָּה אֵלֶּה אַלּוּפֵי רְעוּאֵל

ה לְעֵשָׂו יָת אֱלִיפַז, וּבָשְׂמַת, יְלֵידַת יָת רְעוּאֵל: וְאָהֳלִיבָמָה יְלֵידַת, יָת יְעוּשׁ וְיָת יַעְלָם וְיָת קֹרַח,
ו אִלֵּין בְּנֵי עֵשָׂו, דְּאִתְיְלִידוּ לֵיהּ בְּאַרְעָא דִּכְנָעַן: וּדְבַר עֵשָׂו, יָת נְשׁוֹהִי, וְיָת בְּנוֹהִי וְיָת בְּנָתֵיהּ
וְיָת כָּל נַפְשָׁת בֵּיתֵיהּ, וְיָת גֵּיתוֹהִי וְיָת כָּל בְּעִירֵיהּ, וְיָת כָּל קִנְיָנֵיהּ, דִּקְנָא בְּאַרְעָא דִּכְנָעַן, וַאֲזַל
ז לַאֲרַע אָחֳרִי, מִן קֳדָם יַעֲקֹב אֲחוּהִי: אֲרֵי הֲוָה קִנְיָנְהוֹן, סַגִּי מִלְּמִתַּב כַּחְדָא, וְלָא יְכֵילַת, אֲרַע
ח תּוֹתָבוּתְהוֹן לְסוֹבָרָא יָתְהוֹן, מִן קֳדָם גֵּיתֵיהוֹן: וִיתֵיב עֵשָׂו בְּטוּרָא דְשֵׂעִיר, עֵשָׂו הוּא אֱדוֹם:
ט י וְאִלֵּין, תּוֹלְדָת עֵשָׂו אֲבוּהוֹן דֶּאֱדוֹמָאֵי, בְּטוּרָא דְשֵׂעִיר: אִלֵּין שְׁמָהָת בְּנֵי עֵשָׂו, אֱלִיפַז, בַּר
יא עָדָה אִתַּת עֵשָׂו, רְעוּאֵל, בַּר בָּשְׂמַת אִתַּת עֵשָׂו: וַהֲווֹ בְּנֵי אֱלִיפַז, תֵּימָן אוֹמָר, צְפוֹ וְגַעְתָּם וּקְנַז:
יב וְתִמְנַע הֲוָת לְחֵינְתָא, לֶאֱלִיפַז בַּר עֵשָׂו, וִילֵידַת לֶאֱלִיפַז יָת עֲמָלֵק, אִלֵּין, בְּנֵי עָדָה אִתַּת עֵשָׂו:
יג יד וְאִלֵּין בְּנֵי רְעוּאֵל, נַחַת וָזֶרַח שַׁמָּה וּמִזָּה, אִלֵּין הֲווֹ, בְּנֵי בָשְׂמַת אִתַּת עֵשָׂו: וְאִלֵּין הֲווֹ, בְּנֵי
טו אָהֳלִיבָמָה בַת עֲנָה, בַּת צִבְעוֹן אִתַּת עֵשָׂו, וִילֵידַת לְעֵשָׂו, יָת יְעוּשׁ וְיָת יַעְלָם וְיָת קֹרַח: אִלֵּין
טז רַבְרְבֵי בְנֵי עֵשָׂו, בְּנֵי אֱלִיפַז בְּכְרֵיהּ דְּעֵשָׂו, רַבָּא תֵימָן רַבָּא אוֹמָר, רַבָּא צְפוֹ רַבָּא קְנַז: רַבָּא
יז קֹרַח, רַבָּא גַעְתָּם רַבָּא עֲמָלֵק, אִלֵּין רַבְרְבֵי אֱלִיפַז בְּאַרְעָא דֶּאֱדוֹם, אִלֵּין בְּנֵי עָדָה: וְאִלֵּין, בְּנֵי
רְעוּאֵל בַּר עֵשָׂו, רַבָּא נַחַת רַבָּא זֶרַח, רַבָּא שַׁמָּה רַבָּא מִזָּה, אִלֵּין רַבְרְבֵי רְעוּאֵל

ה) וְאָהֳלִיבָמָה יָלְדָה וְגוֹ'. קֹרַח זֶה מַמְזֵר הָיָה, וּבֶן אֱלִיפַז הָיָה שֶׁבָּא עַל אֵשֶׁת אָבִיו, שֶׁהֲרֵי הוּא מָנוּי עִם אַלּוּפֵי אֱלִיפַז בְּסוֹף הָעִנְיָן:

ו) וַיֵּלֶךְ אֶל אֶרֶץ. לָגוּר בַּאֲשֶׁר יִמְצָא:

ז) וְלֹא יָכְלָה אֶרֶץ מְגוּרֵיהֶם. לְהַסְפִּיק מִרְעֶה לַבְּהֵמוֹת שֶׁלָּהֶם. וּמִדְרַשׁ אַגָּדָה, "מִפְּנֵי יַעֲקֹב אָחִיו", מִפְּנֵי שְׁטָר חוֹב שֶׁל גְּזֵרַת "כִּי גֵר יִהְיֶה זַרְעֲךָ" (לעיל טו, יג) הַמֻּטָּל עַל זַרְעוֹ שֶׁל יִצְחָק, אָמַר: אֵלֵךְ לִי מִכָּאן, אֵין לִי חֵלֶק לֹא בַּמַּתָּנָה שֶׁנִּתְּנָה לוֹ הָאָרֶץ הַזֹּאת וְלֹא בְּפֵרָעוֹן הַשְּׁטָר, וּמִפְּנֵי הַבּוּשָׁה שֶׁמָּכַר בְּכוֹרָתוֹ:

ט) וְאֵלֶּה. הַתּוֹלָדוֹת שֶׁהוֹלִידוּ בָּנָיו מִשֶּׁהָלַךְ לְשֵׂעִיר:

יב) וְתִמְנַע הָיְתָה פִילֶגֶשׁ. לְהוֹדִיעַ גְּדֻלָּתוֹ שֶׁל אַבְרָהָם כַּמָּה הָיוּ תְּאֵבִים לְדָבֵק בְּזַרְעוֹ. תִּמְנַע זוֹ בַּת אַלּוּפִים הָיְתָה, שֶׁנֶּאֱמַר: "וַאֲחוֹת לוֹטָן תִּמְנָע" (להלן פסוק כב), וְלוֹטָן מֵאַלּוּפֵי יוֹשְׁבֵי שֵׂעִיר הָיָה, מִן הַחוֹרִים שֶׁיָּשְׁבוּ בָהּ לְפָנִים; אָמְרָה: אֵינִי זוֹכָה לְהִנָּשֵׂא לְךָ, הַלְוַאי וְאֶהְיֶה פִילֶגֶשׁ. וּבְדִבְרֵי הַיָּמִים (א' א, לו) מוֹנֶה אוֹתָהּ בְּבָנָיו שֶׁל אֱלִיפַז! מְלַמֵּד שֶׁבָּא עַל אִשְׁתּוֹ שֶׁל שֵׂעִיר וְיָלְדָה תִמְנַע מִבֵּינֵיהֶם, וּכְשֶׁגָּדְלָה נַעֲשֵׂית פִּילַגְשׁוֹ; וְזֶהוּ "וַאֲחוֹת לוֹטָן תִּמְנָע" וְלֹא מְנָאָהּ עִם בְּנֵי שֵׂעִיר, שֶׁהָיְתָה אֲחוֹתוֹ מִן הָאֵם וְלֹא מִן הָאָב:

טו) אֵלֶּה אַלּוּפֵי בְנֵי עֵשָׂו. רָאשֵׁי מִשְׁפָּחוֹת:

וישלח

בְּאֶרֶץ אֱדוֹם אֵלֶּה בְּנֵי בָשְׂמַת אֵשֶׁת עֵשָׂו׃
יח וְאֵלֶּה בְּנֵי אָהֳלִיבָמָה אֵשֶׁת עֵשָׂו אַלּוּף יְעוּשׁ
אַלּוּף יַעְלָם אַלּוּף קֹרַח אֵלֶּה אַלּוּפֵי אָהֳלִיבָמָה
יט בַּת־עֲנָה אֵשֶׁת עֵשָׂו׃ אֵלֶּה בְנֵי־עֵשָׂו וְאֵלֶּה
כ אַלּוּפֵיהֶם הוּא אֱדוֹם׃ אֵלֶּה בְנֵי־ שביעי
שֵׂעִיר הַחֹרִי יֹשְׁבֵי הָאָרֶץ לוֹטָן וְשׁוֹבָל וְצִבְעוֹן
כא וַעֲנָה׃ וְדִשׁוֹן וְאֵצֶר וְדִישָׁן אֵלֶּה אַלּוּפֵי הַחֹרִי בְּנֵי
כב שֵׂעִיר בְּאֶרֶץ אֱדוֹם׃ וַיִּהְיוּ בְנֵי־לוֹטָן חֹרִי וְהֵימָם
כג וַאֲחוֹת לוֹטָן תִּמְנָע׃ וְאֵלֶּה בְּנֵי שׁוֹבָל עַלְוָן
כד וּמָנַחַת וְעֵיבָל שְׁפוֹ וְאוֹנָם׃ וְאֵלֶּה בְנֵי־צִבְעוֹן
וְאַיָּה וַעֲנָה הוּא עֲנָה אֲשֶׁר מָצָא אֶת־הַיֵּמִם
בַּמִּדְבָּר בִּרְעֹתוֹ אֶת־הַחֲמֹרִים לְצִבְעוֹן אָבִיו׃
כה וְאֵלֶּה בְנֵי־עֲנָה דִּשֹׁן וְאָהֳלִיבָמָה בַּת־עֲנָה׃
כו כז וְאֵלֶּה בְּנֵי דִישָׁן חֶמְדָּן וְאֶשְׁבָּן וְיִתְרָן וּכְרָן׃ אֵלֶּה
כח בְּנֵי־אֵצֶר בִּלְהָן וְזַעֲוָן וַעֲקָן׃ אֵלֶּה בְנֵי־דִישָׁן
כט עוּץ וַאֲרָן׃ אֵלֶּה אַלּוּפֵי הַחֹרִי אַלּוּף לוֹטָן אַלּוּף
ל שׁוֹבָל אַלּוּף צִבְעוֹן אַלּוּף עֲנָה׃ אַלּוּף דִּשֹׁן אַלּוּף
אֵצֶר אַלּוּף דִּישָׁן אֵלֶּה אַלּוּפֵי הַחֹרִי לְאַלֻּפֵיהֶם
בְּאֶרֶץ שֵׂעִיר׃
לא וְאֵלֶּה הַמְּלָכִים אֲשֶׁר מָלְכוּ בְּאֶרֶץ אֱדוֹם לִפְנֵי *
לב מְלָךְ־מֶלֶךְ לִבְנֵי יִשְׂרָאֵל׃ וַיִּמְלֹךְ בֶּאֱדוֹם בֶּלַע בֶּן־

לג בְּעוֹר וְשֵׁם עִירוֹ דִּנְהָבָה: וַיָּמָת בָּלַע וַיִּמְלֹךְ
לד תַּחְתָּיו יוֹבָב בֶּן־זֶרַח מִבָּצְרָה: וַיָּמָת יוֹבָב וַיִּמְלֹךְ
לה תַּחְתָּיו חֻשָׁם מֵאֶרֶץ הַתֵּימָנִי: וַיָּמָת חֻשָׁם וַיִּמְלֹךְ

יח בְּאַרְעָא דֶּאֱדוֹם, אִלֵּין, בְּנֵי בָשְׂמַת אִתַּת עֵשָׂו: וְאִלֵּין, בְּנֵי אָהֳלִיבָמָה אִתַּת עֵשָׂו, רַבָּא יְעוּשׁ,
יט רַבָּא יַעְלָם רַבָּא קֹרַח, אִלֵּין רַבְרְבֵי, אָהֳלִיבָמָה, בַּת עֲנָה אִתַּת עֵשָׂו: אִלֵּין בְּנֵי עֵשָׂו, וְאִלֵּין
כ כא רַבְרְבָנֵיהוֹן הוּא אֱדוֹם: אִלֵּין בְּנֵי שֵׂעִיר חוֹרָאֵי, יָתְבֵי אַרְעָא, לוֹטָן וְשׁוֹבָל וְצִבְעוֹן וַעֲנָה: וְדִישׁוֹן
כב וְאֵצֶר וְדִישָׁן, אִלֵּין רַבְרְבֵי חוֹרָאֵי, בְּנֵי שֵׂעִיר בְּאַרְעָא דֶּאֱדוֹם: וַהֲווֹ בְנֵי לוֹטָן חוֹרִי וְהֵימָם,
כג כד וַאֲחָתֵיהּ דְּלוֹטָן תִּמְנָע: וְאִלֵּין בְּנֵי שׁוֹבָל, עַלְוָן וּמָנַחַת וְעֵיבָל, שְׁפוֹ וְאוֹנָם: וְאִלֵּין בְּנֵי צִבְעוֹן
וְאַיָּה וַעֲנָה, הוּא עֲנָה, דְּאַשְׁכַּח יָת גִּבָּרַיָּא בְּמַדְבְּרָא, כַּד הֲוָה רָעֵי יָת חֲמָרַיָּא לְצִבְעוֹן אֲבוּהִי:
כה כו וְאִלֵּין בְּנֵי עֲנָה דִּישׁוֹן, וְאָהֳלִיבָמָה בַּת עֲנָה: וְאִלֵּין בְּנֵי דִישָׁן, חֶמְדָּן וְאֶשְׁבָּן וְיִתְרָן וּכְרָן: אִלֵּין
כז כח כט בְּנֵי אֵצֶר, בִּלְהָן וְזַעֲוָן וַעֲקָן: אִלֵּין בְּנֵי דִישָׁן עוּץ וַאֲרָן: אִלֵּין רַבְרְבֵי חוֹרָאֵי, רַבָּא לוֹטָן רַבָּא
ל שׁוֹבָל, רַבָּא צִבְעוֹן רַבָּא עֲנָה: רַבָּא דִישׁוֹן, רַבָּא אֵצֶר רַבָּא דִישָׁן, אִלֵּין רַבְרְבֵי חוֹרָאֵי,
לא לְרַבְרְבָנֵיהוֹן בְּאַרְעָא דְשֵׂעִיר: וְאִלֵּין מַלְכַיָּא, דִּמְלַכוּ בְּאַרְעָא דֶּאֱדוֹם, קֳדָם דִּימְלוֹךְ מַלְכָּא
לב לג לִבְנֵי יִשְׂרָאֵל: וּמְלַךְ בֶּאֱדוֹם, בֶּלַע בַּר בְּעוֹר, וְשׁוּם קַרְתֵּיהּ דִּנְהָבָה: וּמִית בָּלַע, וּמְלַךְ תְּחוֹתוֹהִי,
לד לה יוֹבָב בַּר זֶרַח מִבָּצְרָה: וּמִית יוֹבָב, וּמְלַךְ תְּחוֹתוֹהִי, חוּשָׁם מֵאֲרַע דָּרוֹמָא: וּמִית חוּשָׁם, וּמְלַךְ

כ) **יֹשְׁבֵי הָאָרֶץ.** שֶׁהָיוּ יוֹשְׁבֶיהָ קֹדֶם שֶׁבָּא עֵשָׂו לְשָׁם. וְרַבּוֹתֵינוּ דָּרְשׁוּ, שֶׁהָיוּ בְּקִיאִין בְּיִשּׁוּבָהּ שֶׁל אֶרֶץ – מְלֹא קָנֶה זֶה לְזֵיתִים מְלֹא קָנֶה זֶה לִגְפָנִים, שֶׁהָיוּ טוֹעֲמִין הֶעָפָר וְיוֹדְעִין אֵי זוֹ נְטִיעָה רְאוּיָה לוֹ:

כד) **וְאַיָּה וַעֲנָה.** וָי"ו יְתֵרָה, וְהוּא כְּמוֹ אַיָּה וַעֲנָה. וְהַרְבֵּה יֵשׁ בַּמִּקְרָא: "תֵּת וְקֹדֶשׁ וְצָבָא מִרְמָס" (דניאל ח, יג), "נִרְדָּם וְרֶכֶב וָסוּס" (תהלים עו, ז): **הוּא עֲנָה.** הָאָמוּר לְמַעְלָה שֶׁהוּא אָחִיו שֶׁל צִבְעוֹן, וְכָאן הוּא קוֹרֵא אוֹתוֹ בְּנוֹ! מְלַמֵּד שֶׁבָּא צִבְעוֹן עַל אִמּוֹ וְהוֹלִיד אֶת עֲנָה: **אֶת הַיֵּמִם.** פְּרָדִים, הִרְבִּיעַ חֲמוֹר עַל סוּס נְקֵבָה וְיָלְדָה פֶּרֶד, וְהוּא הָיָה מַמְזֵר וְהֵבִיא פְּסוּלִין לָעוֹלָם. וְלָמָּה נִקְרָא שְׁמָם 'יֵמִים'? שֶׁאֵימָתָן מֻטֶּלֶת עַל הַבְּרִיּוֹת, דְּאָמַר רַבִּי חֲנִינָא: מִיָּמַי לֹא שְׁאָלַנִי אָדָם עַל מַכַּת פִּרְדָּה לְבָנָה וְחָיָה. לֹא נִזְקַק לִכְתֹּב לָנוּ מִשְׁפְּחוֹת הַחוֹרִי אֶלָּא מִפְּנֵי תִמְנָע, וּלְהוֹדִיעַ גְּדֻלַּת אַבְרָהָם כַּמָּה שֶׁפֵּרַשְׁתִּי לְמַעְלָה (לעיל פסוק יב):

לא) **וְאֵלֶּה הַמְּלָכִים וְגוֹ'.** שְׁמֹנָה הָיוּ, וּכְנֶגְדָּן הֶעֱמִיד יַעֲקֹב וּבִטֵּל מַלְכוּת עֵשָׂו בִּימֵיהֶם, וְאֵלּוּ הֵן: שָׁאוּל וְאִישׁ בֹּשֶׁת, דָּוִד וּשְׁלֹמֹה, רְחַבְעָם, אֲבִיָּה, אָסָא, יְהוֹשָׁפָט; וּבִימֵי יוֹרָם בְּנוֹ כָּתוּב: "בְּיָמָיו פָּשַׁע אֱדוֹם מִתַּחַת יַד יְהוּדָה וַיַּמְלִכוּ עֲלֵיהֶם מֶלֶךְ" (מלכים ב' ח, כ). וּבִימֵי שָׁאוּל כְּתִיב: "וּמֶלֶךְ אֵין בֶּאֱדוֹם נִצָּב מֶלֶךְ" (מלכים א' כב, מח):

לג) **יוֹבָב בֶּן זֶרַח מִבָּצְרָה.** בָּצְרָה מֵעָרֵי מוֹאָב הִיא, שֶׁנֶּאֱמַר: "וְעַל קְרִיּוֹת וְעַל בָּצְרָה" וְגוֹ' (ירמיה מח, כד), וּלְפִי שֶׁהֶעֱמִידָה מֶלֶךְ לֶאֱדוֹם עֲתִידָה לִלְקוֹת עִמָּהֶם, שֶׁנֶּאֱמַר: "כִּי זֶבַח לַה' בְּבָצְרָה" (ישעיה לד, ו):

תַּחְתָּ֗יו הֲדַ֤ד בֶּן־בְּדַ֙ד הַמַּכֶּ֤ה אֶת־מִדְיָן֙ בִּשְׂדֵ֣ה
לו מוֹאָ֔ב וְשֵׁ֥ם עִיר֖וֹ עֲוִֽית׃ וַיָּ֖מָת הֲדָ֑ד וַיִּמְלֹ֣ךְ תַּחְתָּ֔יו
לז שַׂמְלָ֖ה מִמַּשְׂרֵקָֽה׃ וַיָּ֖מָת שַׂמְלָ֑ה וַיִּמְלֹ֣ךְ תַּחְתָּ֔יו
לח שָׁא֖וּל מֵרְחֹב֥וֹת הַנָּהָֽר׃ וַיָּ֖מָת שָׁא֑וּל וַיִּמְלֹ֣ךְ
לט תַּחְתָּ֔יו בַּ֥עַל חָנָ֖ן בֶּן־עַכְבּֽוֹר׃ וַיָּ֛מָת בַּ֥עַל חָנָ֖ן
בֶּן־עַכְבּ֗וֹר וַיִּמְלֹ֣ךְ תַּחְתָּיו֮ הֲדַר֒ וְשֵׁ֥ם עִיר֖וֹ פָּ֑עוּ
וְשֵׁ֨ם אִשְׁתּ֤וֹ מְהֵֽיטַבְאֵל֙ בַּת־מַטְרֵ֔ד בַּ֖ת מֵ֥י זָהָֽב׃
★ מפטיר מ וְאֵ֨לֶּה שְׁמ֜וֹת אַלּוּפֵ֤י עֵשָׂו֙ לְמִשְׁפְּחֹתָ֔ם לִמְקֹמֹתָ֖ם
בִּשְׁמֹתָ֑ם אַלּ֥וּף תִּמְנָ֛ע אַלּ֥וּף עַֽלְוָ֖ה אַלּ֥וּף יְתֵֽת׃
מא מב אַלּ֧וּף אָהֳלִיבָמָ֛ה אַלּ֥וּף אֵלָ֖ה אַלּ֥וּף פִּינֹֽן׃ אַלּ֥וּף
מג קְנַ֛ז אַלּ֥וּף תֵּימָ֖ן אַלּ֥וּף מִבְצָֽר׃ אַלּ֣וּף מַגְדִּיאֵ֔ל
אַלּ֖וּף עִירָ֑ם אֵ֣לֶּה ׀ אַלּוּפֵ֣י אֱד֗וֹם לְמֹשְׁבֹתָם֙
בְּאֶ֣רֶץ אֲחֻזָּתָ֔ם ה֥וּא עֵשָׂ֖ו אֲבִ֥י אֱדֽוֹם׃

לו תְּחוֹתוֹהִי הֲדַד בַּר בְּדַד, דְּקַטִּיל יָת מִדְיָנָאֵי בְּחַקְלֵי מוֹאָב, וְשׁוּם קַרְתֵּיהּ עֲוִית: וּמִית הֲדָד,
לז וּמְלַךְ תְּחוֹתוֹהִי, שַׂמְלָה מִמַּשְׂרֵקָה: וּמִית שַׂמְלָה, וּמְלַךְ תְּחוֹתוֹהִי, שָׁאוּל מֵרְחוֹבוֹת דְּעַל
לח לט פְּרָת: וּמִית שָׁאוּל, וּמְלַךְ תְּחוֹתוֹהִי, בַּעַל חָנָן בַּר עַכְבּוֹר: וּמִית בַּעַל חָנָן בַּר עַכְבּוֹר, וּמְלַךְ
תְּחוֹתוֹהִי הֲדַר, וְשׁוּם קַרְתֵּיהּ פָּעוּ, וְשׁוּם אִתְּתֵיהּ מְהֵיטַבְאֵל בַּת מַטְרֵד, בַּת מְצָרֵף דַּהְבָא:
מ וְאִלֵּין, שְׁמָהַת, רַבְרְבֵי עֵשָׂו לְזַרְעִיָּתְהוֹן, לְאַתְרֵיהוֹן בִּשְׁמָהָתְהוֹן, רַבָּא תִמְנָע, רַבָּא עַלְוָה
מא מב מג רַבָּא יְתֵת: רַבָּא אָהֳלִיבָמָה, רַבָּא אֵלָה רַבָּא פִינֹן: רַבָּא קְנַז, רַבָּא תֵימָן רַבָּא מִבְצָר: רַבָּא
מַגְדִּיאֵל רַבָּא עִירָם, אִלֵּין רַבְרְבֵי אֱדוֹם, לְמוֹתְבָנֵיהוֹן בַּאֲרַע אַחְסָנַתְהוֹן, הוּא עֵשָׂו אֲבוּהוֹן
דֶּאֱדוֹמָאֵי:

לה) **הַמַּכֶּה אֶת מִדְיָן בִּשְׂדֵה מוֹאָב.** שֶׁבָּא מִדְיָן עַל מוֹאָב לַמִּלְחָמָה וְהָלַךְ מֶלֶךְ אֱדוֹם לַעֲזֹר אֶת מוֹאָב. וּמִכָּאן אָנוּ לְמֵדִים שֶׁהָיוּ מִדְיָן וּמוֹאָב מְרִיבִים זֶה עִם זֶה, וּבִימֵי בִלְעָם עָשׂוּ שָׁלוֹם לְהִתְקַשֵּׁר עַל יִשְׂרָאֵל:

לט) **בַּת מֵי זָהָב.** מַהוּ זָהָב; עָשִׁיר הָיָה וְאֵין זָהָב חָשׁוּב בְּעֵינָיו לִכְלוּם:

מ) **וְאֵלֶּה שְׁמוֹת אַלּוּפֵי עֵשָׂו.** שֶׁנִּקְרְאוּ עַל שֵׁם מְדִינוֹתֵיהֶם לְאַחַר שֶׁמֵּת הֲדַר וּפָסְקָה מֵהֶם מַלְכוּת, וְהָרִאשׁוֹנִים הַנִּזְכָּרִים לְמַעְלָה הֵם שְׁמוֹת תּוֹלְדוֹתָם, וְכֵן מְפֹרָשׁ בְּדִבְרֵי הַיָּמִים: "וַיָּמָת הֲדָד וַיִּהְיוּ אַלּוּפֵי אֱדוֹם אַלּוּף תִּמְנָע" וְגוֹ' (דברי הימים א' א, נא):

מג) **מַגְדִּיאֵל.** הִיא רוֹמִי:

וישלח

הפטרת וישלח

היחסים בין יעקב ועשו הפכו לסמל ליחסים בין ישראל ואומות העולם. הנביא עובדיה מתאר את יחסה האכזרי של אדום ("עשו הוא אדום") לבני יהודה, המדינה השכנה להם. היא הצטרפה לאויב שפגע בירושלים, פגעה בפליטי יהודה והשתתפה בביזתה. בהתנהגות שחצנית וזדונית זו הייתה התעלמות מרגש האחווה הטבעי כלפי קרובי משפחה. לא בכדי הפך עשו השונא ליעקב, סמל לשנאת ישראל, שנאה ללא כל סיבה הנראית לעין. עקירת שנאה זו היא חלק מתיקון העולם: "ועלו מושִעים בהר ציון לשפֹט את הר עשו, והיתה לה׳ המלוכה". זמנו של עובדיה אינו ידוע במדויק, אבל תיאור זה משקף נאמנה את האירועים שהתרחשו בחורבן ירושלים והמקדש על ידי בבל.

עובדיה

א א חֲזוֹן עֹבַדְיָה כֹּה־אָמַר אֲדֹנָי יֱהוִה לֶאֱדוֹם שְׁמוּעָה שָׁמַעְנוּ מֵאֵת יְהוָה
ב וְצִיר בַּגּוֹיִם שֻׁלָּח קוּמוּ וְנָקוּמָה עָלֶיהָ לַמִּלְחָמָה: הִנֵּה קָטֹן נְתַתִּיךָ בַּגּוֹיִם
ג בָּזוּי אַתָּה מְאֹד: זְדוֹן לִבְּךָ הִשִּׁיאֶךָ שֹׁכְנִי בְחַגְוֵי־סֶלַע מְרוֹם שִׁבְתּוֹ אֹמֵר
ד בְּלִבּוֹ מִי יוֹרִדֵנִי אָרֶץ: אִם־תַּגְבִּיהַּ כַּנֶּשֶׁר וְאִם־בֵּין כּוֹכָבִים שִׂים קִנֶּךָ מִשָּׁם
ה אוֹרִידְךָ נְאֻם־יְהוָה: אִם־גַּנָּבִים בָּאוּ־לְךָ אִם־שׁוֹדְדֵי לַיְלָה אֵיךְ נִדְמֵיתָה
ו הֲלוֹא יִגְנְבוּ דַּיָּם אִם־בֹּצְרִים בָּאוּ לָךְ הֲלוֹא יַשְׁאִירוּ עֹלֵלוֹת: אֵיךְ נֶחְפְּשׂוּ
ז עֵשָׂו נִבְעוּ מַצְפֻּנָיו: עַד־הַגְּבוּל שִׁלְּחוּךָ כֹּל אַנְשֵׁי בְרִיתֶךָ הִשִּׁיאוּךָ יָכְלוּ לְךָ
ח אַנְשֵׁי שְׁלֹמֶךָ לַחְמְךָ יָשִׂימוּ מָזוֹר תַּחְתֶּיךָ אֵין תְּבוּנָה בּוֹ: הֲלוֹא בַּיּוֹם הַהוּא
ט נְאֻם־יְהוָה וְהַאֲבַדְתִּי חֲכָמִים מֵאֱדוֹם וּתְבוּנָה מֵהַר עֵשָׂו: וְחַתּוּ גִבּוֹרֶיךָ
י תֵּימָן לְמַעַן יִכָּרֶת־אִישׁ מֵהַר עֵשָׂו מִקָּטֶל: מֵחֲמַס אָחִיךָ יַעֲקֹב תְּכַסְּךָ בוּשָׁה
יא וְנִכְרַתָּ לְעוֹלָם: בְּיוֹם עֲמָדְךָ מִנֶּגֶד בְּיוֹם שְׁבוֹת זָרִים חֵילוֹ וְנָכְרִים בָּאוּ שְׁעָרָו
יב וְעַל־יְרוּשָׁלִַם יַדּוּ גוֹרָל גַּם־אַתָּה כְּאַחַד מֵהֶם: וְאַל־תֵּרֶא בְיוֹם־אָחִיךָ בְּיוֹם
נָכְרוֹ וְאַל־תִּשְׂמַח לִבְנֵי־יְהוּדָה בְּיוֹם אָבְדָם וְאַל־תַּגְדֵּל פִּיךָ בְּיוֹם צָרָה:
יג אַל־תָּבוֹא בְשַׁעַר־עַמִּי בְּיוֹם אֵידָם אַל־תֵּרֶא גַם־אַתָּה בְּרָעָתוֹ בְּיוֹם אֵידוֹ
יד וְאַל־תִּשְׁלַחְנָה בְחֵילוֹ בְּיוֹם אֵידוֹ: וְאַל־תַּעֲמֹד עַל־הַפֶּרֶק לְהַכְרִית אֶת־
טו פְּלִיטָיו וְאַל־תַּסְגֵּר שְׂרִידָיו בְּיוֹם צָרָה: כִּי־קָרוֹב יוֹם־יְהוָה עַל־כָּל־הַגּוֹיִם
טז כַּאֲשֶׁר עָשִׂיתָ יֵעָשֶׂה לָּךְ גְּמֻלְךָ יָשׁוּב בְּרֹאשֶׁךָ: כִּי כַּאֲשֶׁר שְׁתִיתֶם עַל־הַר
יז קָדְשִׁי יִשְׁתּוּ כָל־הַגּוֹיִם תָּמִיד וְשָׁתוּ וְלָעוּ וְהָיוּ כְּלוֹא הָיוּ: וּבְהַר צִיּוֹן תִּהְיֶה
יח פְלֵיטָה וְהָיָה קֹדֶשׁ וְיָרְשׁוּ בֵּית יַעֲקֹב אֵת מוֹרָשֵׁיהֶם: וְהָיָה בֵית־יַעֲקֹב אֵשׁ
וּבֵית יוֹסֵף לֶהָבָה וּבֵית עֵשָׂו לְקַשׁ וְדָלְקוּ בָהֶם וַאֲכָלוּם וְלֹא־יִהְיֶה שָׂרִיד
יט לְבֵית עֵשָׂו כִּי יְהוָה דִּבֵּר: וְיָרְשׁוּ הַנֶּגֶב אֶת־הַר עֵשָׂו וְהַשְּׁפֵלָה אֶת־פְּלִשְׁתִּים
כ וְיָרְשׁוּ אֶת־שְׂדֵה אֶפְרַיִם וְאֵת שְׂדֵה שֹׁמְרוֹן וּבִנְיָמִן אֶת־הַגִּלְעָד: וְגָלֻת הַחֵל־
הַזֶּה לִבְנֵי יִשְׂרָאֵל אֲשֶׁר־כְּנַעֲנִים עַד־צָרְפַת וְגָלֻת יְרוּשָׁלִַם אֲשֶׁר בִּסְפָרַד
כא יִרְשׁוּ אֵת עָרֵי הַנֶּגֶב: וְעָלוּ מוֹשִׁעִים בְּהַר צִיּוֹן לִשְׁפֹּט אֶת־הַר עֵשָׂו וְהָיְתָה
לַיהוָה הַמְּלוּכָה:

פרשת
וישב

	לג	לד	לה
נושאים לפי סדרים	**חלומות יוסף ומכירתו**	**יהודה ותמר**	**יוסף עבד במצרים חלומות שרי פרעה**
	חברון-שכם-דותן-מצרים	עדולם-כזיב-תמנה	מצרים

11 שנים

וישב

לג וַיֵּשֶׁב יַעֲקֹב בְּאֶרֶץ מְגוּרֵי אָבִיו בְּאֶרֶץ כְּנָעַן׃ א לז
אֵלֶּה ׀ תֹּלְדוֹת יַעֲקֹב יוֹסֵף בֶּן־שְׁבַע־עֶשְׂרֵה ב
שָׁנָה הָיָה רֹעֶה אֶת־אֶחָיו בַּצֹּאן וְהוּא נַעַר
אֶת־בְּנֵי בִלְהָה וְאֶת־בְּנֵי זִלְפָּה נְשֵׁי אָבִיו וַיָּבֵא
יוֹסֵף אֶת־דִּבָּתָם רָעָה אֶל־אֲבִיהֶם׃ וְיִשְׂרָאֵל ג
אָהַב אֶת־יוֹסֵף מִכָּל־בָּנָיו כִּי־בֶן־זְקֻנִים הוּא
לוֹ וְעָשָׂה לוֹ כְּתֹנֶת פַּסִּים׃ · וַיִּרְאוּ אֶחָיו כִּי־ ד
אֹתוֹ אָהַב אֲבִיהֶם מִכָּל־אֶחָיו וַיִּשְׂנְאוּ אֹתוֹ
וְלֹא יָכְלוּ דַּבְּרוֹ לְשָׁלֹם׃ וַיַּחֲלֹם יוֹסֵף חֲלוֹם ה
וַיַּגֵּד לְאֶחָיו וַיּוֹסִפוּ עוֹד שְׂנֹא אֹתוֹ׃ וַיֹּאמֶר ו
אֲלֵיהֶם שִׁמְעוּ־נָא הַחֲלוֹם הַזֶּה אֲשֶׁר חָלָמְתִּי׃
וְהִנֵּה אֲנַחְנוּ מְאַלְּמִים אֲלֻמִּים בְּתוֹךְ הַשָּׂדֶה ז
וְהִנֵּה קָמָה אֲלֻמָּתִי וְגַם־נִצָּבָה וְהִנֵּה תְסֻבֶּינָה
אֲלֻמֹּתֵיכֶם וַתִּשְׁתַּחֲוֶיןָ לַאֲלֻמָּתִי׃ · וַיֹּאמְרוּ לוֹ ח
אֶחָיו הֲמָלֹךְ תִּמְלֹךְ עָלֵינוּ אִם־מָשׁוֹל תִּמְשֹׁל

א) **וַיֵּשֶׁב יַעֲקֹב.** אַחַר שֶׁכָּתַב לְךָ יִשּׁוּבֵי עֵשָׂו וְתוֹלְדוֹתָיו בְּדֶרֶךְ קְצָרָה, שֶׁלֹּא הָיוּ סְפוּנִים וַחֲשׁוּבִים לְפָרֵשׁ הֵיאַךְ נִתְיַשְּׁבוּ וְסֵדֶר מִלְחֲמוֹתֵיהֶם אֵיךְ הוֹרִישׁוּ אֶת הַחוֹרִי, פֵּרַשׁ לְךָ יִשּׁוּבֵי יַעֲקֹב וְתוֹלְדוֹתָיו בְּדֶרֶךְ אֲרֻכָּה, כָּל גִּלְגּוּלֵי סִבָּתָם, לְפִי שֶׁהֵם חֲשׁוּבִים לִפְנֵי הַמָּקוֹם לְהַאֲרִיךְ בָּהֶם. וְכֵן

לז א ב ויתיב יעקב, בארע תותבות אבוהי, בארעא דכנען: אלין תולדת יעקב, יוסף, בר שבע
עסרי שנין הוה רעי עם אחוהי בענא, והוא רבי, עם בני בלהה, ועם בני זלפה נשי אבוהי,
ג ואיתי יוסף, ית דבהון בישא לאבוהון: וישראל, רחים ית יוסף מכל בנוהי, ארי בר חכים
ד הוא ליה, ועבד ליה כתונא דפסי: וחזו אחוהי, ארי יתיה, רחים אבוהון מכל אחוהי, וסנו
ה יתיה, ולא צבן למללא עמיה שלם: וחלם יוסף חלמא, וחוי לאחוהי, ואוסיפו עוד
ו ז סנו יתיה: ואמר להון, שמעו כען, חלמא הדין דחלמית: והא, אנחנא, מאסרין אסרן
בגו חקלא, והא, קמת אסרתי ואף אזדקיפת, והא מסתחרן אסרתכון, וסגדן לאסרתי:
ח ואמרו ליה אחוהי, המלכו את מדמי לממלך עלנא, או שלטן את סביר למשלט

אותה מונח בעשרה דורות שמאדם ועד נח, פלוני הוליד פלוני, וכשבא לנח האריך בו. וכן בעשרה דורות שמנח ועד אברהם קיצר בהם, ומשהגיע אצל אברהם האריך בו. משל למרגלית שנפלה בין החול, אדם ממשמש בחול וכוברו בכברה עד שמוצא את המרגלית, ומשמצאה הוא משליך את הצרורות מידו ונוטל המרגלית:

ב) **אלה תלדות יעקב.** ואלה של תולדות יעקב, אלה ישוביהם וגלגוליהם עד שבאו לכלל ישוב; סבה ראשונה: "יוסף בן שבע עשרה" וגו', על ידי זה נתגלגלו וירדו למצרים. זהו אחר ישוב פשוטו של מקרא להיות דבור על אפניו. ומדרש אגדה דורש, תלה הכתוב תולדות יעקב ביוסף מפני כמה דברים: אחת, שכל עצמו של יעקב לא עבד אצל לבן אלא ברחל, ושהיה זיו איקונין של יוסף דומה לו, וכל מה שארע ליעקב ארע ליוסף: זה נשטם וזה נשטם, זה אחיו מבקש להרגו וזה אחיו מבקשים להרגו, וכן הרבה בבראשית רבה (פד, ו): **והוא נער.** שהיה עושה מעשה נערות, מתקן בשערו, ממשמש בעיניו, כדי שיהיה נראה יפה: **את בני בלהה.** כלומר, ורגיל אצל בני בלהה, לפי שהיו אחיו מבזין אותן והוא מקרבן: **את דבתם רעה.** כל רעה שהיה רואה באחיו בני לאה היה מגיד לאביו, שהיו אוכלין אבר מן החי, ומזלזלין בבני השפחות לקרותן עבדים, וחשודים על העריות. ובשלשתן לקה: "וישחטו שעיר עזים" (להלן פסוק לא) במכירתו, ולא אכלוהו חי; ועל דבה שספר עליהם שקורין לאחיהם עבדים – "לעבד נמכר יוסף" (תהלים קה, יז); ועל העריות שספר עליהם – "ותשא אשת אדוניו" וגו' (להלן לט, ז): **דבתם.** כל לשון דבה פרלדי"ן בלעז. כל מה שהיה יכול לדבר בהם רעה היה מספר. 'דבה' - לשון "דובב שפתי ישנים" (שיר השירים ז, י):

ג) **בן זקנים.** שנולד לו לעת זקנתו. ואונקלוס תרגם: "בר חכים הוא ליה", כל מה שלמד משם ועבר מסר לו. דבר אחר, שהיה זיו איקונין שלו דומה לו: **פסים.** לשון כלי מילת, כמו: "כרפס ותכלת" (אסתר א, ו), וכמו: "כתנת הפסים" (שמואל ב' יג, יח) דתמר ואמנון. ומדרש אגדה, על שם צרותיו, שנמכר לפוטיפר ולסוחרים ולישמעאלים ולמדנים:

ד) **ולא יכלו דברו לשלם.** מתוך גנותם למדנו שבחם, שלא דברו אחת בפה ואחת בלב. **דברו.** לדבר עמו:

ז) **מאלמים אלמים.** כתרגומו: "מאסרין אסרן", עמרין, וכן: "נשא אלמתיו" (תהלים קכו, ו), וכמוהו בלשון משנה: "והאלמות נוטל ומכריז" (בבא מציעא כב ע"ב): **קמה אלמתי.** נזקפה: **וגם נצבה.** לעמד על עמדה בזקיפה:

בְּנ֔וֹ וַיּוֹסִ֤פוּ עוֹד֙ שְׂנֹ֣א אֹת֔וֹ עַל־חֲלֹמֹתָ֖יו וְעַל־
דְּבָרָֽיו׃ וַיַּחֲלֹ֥ם עוֹד֙ חֲל֣וֹם אַחֵ֔ר וַיְסַפֵּ֥ר אֹת֖וֹ ט
לְאֶחָ֑יו וַיֹּ֗אמֶר הִנֵּ֨ה חָלַ֤מְתִּי חֲלוֹם֙ ע֔וֹד וְהִנֵּ֧ה
הַשֶּׁ֣מֶשׁ וְהַיָּרֵ֗חַ וְאַחַ֤ד עָשָׂר֙ כּֽוֹכָבִ֔ים מִֽשְׁתַּחֲוִ֖ים
לִֽי׃ וַיְסַפֵּ֣ר אֶל־אָבִיו֮ וְאֶל־אֶחָיו֒ וַיִּגְעַר־בּ֣וֹ אָבִ֔יו י
וַיֹּ֣אמֶר ל֔וֹ מָ֛ה הַחֲל֥וֹם הַזֶּ֖ה אֲשֶׁ֣ר חָלָ֑מְתָּ הֲב֣וֹא
נָב֗וֹא אֲנִי֙ וְאִמְּךָ֣ וְאַחֶ֔יךָ לְהִשְׁתַּחֲוֹ֥ת לְךָ֖ אָֽרְצָה׃
וַיְקַנְאוּ־ב֖וֹ אֶחָ֑יו וְאָבִ֖יו שָׁמַ֥ר אֶת־הַדָּבָֽר׃ יא
וַיֵּלְכ֖וּ אֶחָ֑יו לִרְע֛וֹת אֶׄתׄ־צֹ֥אן אֲבִיהֶ֖ם בִּשְׁכֶֽם׃ יב שני
וַיֹּ֨אמֶר יִשְׂרָאֵ֜ל אֶל־יוֹסֵ֗ף הֲל֤וֹא אַחֶ֙יךָ֙ רֹעִ֣ים יג
בִּשְׁכֶ֔ם לְכָ֖ה וְאֶשְׁלָחֲךָ֣ אֲלֵיהֶ֑ם וַיֹּ֥אמֶר ל֖וֹ הִנֵּֽנִי׃
וַיֹּ֣אמֶר ל֡וֹ לֶךְ־נָ֨א רְאֵ֜ה אֶת־שְׁל֤וֹם אַחֶ֙יךָ֙ וְאֶת־ יד
שְׁל֣וֹם הַצֹּ֔אן וַהֲשִׁבֵ֖נִי דָּבָ֑ר וַיִּשְׁלָחֵ֙הוּ֙ מֵעֵ֣מֶק
חֶבְר֔וֹן וַיָּבֹ֖א שְׁכֶֽמָה׃ וַיִּמְצָאֵ֣הוּ אִ֔ישׁ וְהִנֵּ֥ה תֹעֶ֖ה טו
בַּשָּׂדֶ֑ה וַיִּשְׁאָלֵ֧הוּ הָאִ֛ישׁ לֵאמֹ֖ר מַה־תְּבַקֵּֽשׁ׃
וַיֹּ֕אמֶר אֶת־אַחַ֖י אָנֹכִ֣י מְבַקֵּ֑שׁ הַגִּֽידָה־נָּ֣א לִ֔י טז
אֵיפֹ֖ה הֵ֥ם רֹעִֽים׃ וַיֹּ֣אמֶר הָאִישׁ֮ נָסְע֣וּ מִזֶּה֒ כִּ֤י יז
שָׁמַ֙עְתִּי֙ אֹֽמְרִ֔ים נֵלְכָ֖ה דֹּתָ֑יְנָה וַיֵּ֤לֶךְ יוֹסֵף֙ אַחַ֣ר
אֶחָ֔יו וַיִּמְצָאֵ֖ם בְּדֹתָֽן׃ וַיִּרְא֥וּ אֹת֖וֹ מֵרָחֹ֑ק וּבְטֶ֙רֶם֙ יח
יִקְרַ֣ב אֲלֵיהֶ֔ם וַיִּֽתְנַכְּל֥וּ אֹת֖וֹ לַהֲמִיתֽוֹ׃ וַיֹּאמְר֖וּ יט

איש אל־אחיו הנה בעל החלמות הלזה בא:
כ ועתה | לכו ונהרגהו ונשלכהו באחד הברות

ט בנא, ואוסיפו עוד סנו יתיה, על חלמוהי ועל פתגמוהי: וחלם עוד חלמא אחרנא, ואשתעי
יתיה לאחוהי, ואמר, הא חלמית חלמא עוד, והא שמשא וסיהרא, וחד עסר כוכביא, סגדין
י לי: ואשתעי לאבוהי ולאחוהי, ונזף ביה אבוהי, ואמר ליה, מא, חלמא הדין דחלמתא,
יא המיתא ניתי, אנא ואמך ואחך, למסגד לך על ארעא: וקניאו ביה אחוהי, ואבוהי נטר ית
יב יג פתגמא: ואזלו אחוהי, למרעי, ית ענא דאבוהון בשכם: ואמר ישראל ליוסף, הלא אחך רען
יד בשכם, איתא ואשלחנך לותהון, ואמר ליה האנא: ואמר ליה, איזיל כען חזי, ית שלם אחך
טו וית שלם ענא, ואתיבני פתגמא, ושלחיה ממישר חברון, ואתא לשכם: ואשכחיה גברא,
טז והא טעי בחקלא, ושאליה גברא, למימר מא את בעי: ואמר, ית אחי אנא בעי, חו כען לי,
יז איכא אנון רען: ואמר גברא נטלו מכא, ארי שמעית דאמרין, ניזיל לדותן, ואזל יוסף בתר
יח אחוהי, ואשכחנון בדותן: וחזו יתיה מרחיק, ועד לא קריב לותהון, וחשיבו עלוהי למקטליה:
יט כ ואמרו גבר לאחוהי, הא, מרי, חלמיא דיכי אתי: וכען איתו ונקטלניה, ונרמיניה בחד מן גביא,

ח| **ועל דבריו.** על דבתם רעה שהיה מביא לאביהם:

י| **ויספר אל אביו ואל אחיו.** לאחר שספר אותו לאחיו חזר וספרו לאביו בפניהם: **ויגער בו.** לפי שהיה מטיל שנאה עליו: **הבוא נבוא.** והלא אמך כבר מתה! והוא לא היה יודע שהדברים מגיעין לבלהה שגדלתו כאמו. ורבותינו למדו מכאן שאין חלום בלא דברים בטלים, ויעקב נתכוון להוציא הדבר מלב בניו שלא יקנאוהו, לכך אמר לו: "הבוא נבוא" וגו', כשם שאי אפשר באמך כך השאר בטל:

יא| **שמר את הדבר.** היה ממתין ומצפה מתי יבוא, וכן: "שומר אמונים" (ישעיה כו, ב), וכן: "לא תשמר על חטאתי" (איוב יד, טז) – לא תמתין:

יב| **לרעות את צאן.** נקוד על 'את', שלא הלכו אלא לרעות את עצמן:

יג| **הנני.** לשון ענוה וזריזות; נזדרז למצות אביו, ואף על פי שהיה יודע באחיו ששונאין אותו:

יד| **מעמק חברון.** והלא חברון בהר, שנאמר: "ויעלו בנגב ויבא עד חברון" (במדבר יג, כב)? אלא מעצה עמוקה של אותו צדיק הקבור בחברון, לקיים מה שנאמר לאברהם בין הבתרים: "כי גר יהיה זרעך": **ויבא שכמה.** מקום מוכן לפרענות, שם קלקלו השבטים, שם ענו את דינה, שם נחלקה מלכות בית דוד, שנאמר: "וילך רחבעם שכמה" (דברי הימים ב' י, א):

טו| **וימצאהו איש.** זה גבריאל:

יז| **נסעו מזה.** הסיעו עצמן מן האחוה: **נלכה דתינה.** לבקש לך נכלי דתות שימיתוך בהם. ולפי פשוטו שם מקום הוא, ואין מקרא יוצא מידי פשוטו:

יח| **ויתנכלו.** נתמלאו נכלים וערמומיות: **אתו.** כמו 'אתו' 'עמו', כלומר אליו:

וישב

וְאָמַ֕רְנוּ חַיָּ֥ה רָעָ֖ה אֲכָלָ֑תְהוּ וְנִרְאֶ֕ה מַה־יִּהְי֖וּ
חֲלֹמֹתָֽיו׃ וַיִּשְׁמַ֣ע רְאוּבֵ֔ן וַיַּצִּלֵ֖הוּ מִיָּדָ֑ם וַיֹּ֕אמֶר לֹ֥א כא
נַכֶּ֖נּוּ נָֽפֶשׁ׃ וַיֹּ֨אמֶר אֲלֵהֶ֣ם ׀ רְאוּבֵן֮ אַל־תִּשְׁפְּכוּ־ כב
דָם֒ הַשְׁלִ֣יכוּ אֹת֗וֹ אֶל־הַבּ֤וֹר הַזֶּה֙ אֲשֶׁ֣ר בַּמִּדְבָּ֔ר
וְיָ֖ד אַל־תִּשְׁלְחוּ־ב֑וֹ לְמַ֗עַן הַצִּ֤יל אֹתוֹ֙ מִיָּדָ֔ם
לַהֲשִׁיב֖וֹ אֶל־אָבִֽיו׃ וַיְהִ֕י כַּאֲשֶׁר־בָּ֥א יוֹסֵ֖ף אֶל־ כג שלישי
אֶחָ֑יו וַיַּפְשִׁ֤יטוּ אֶת־יוֹסֵף֙ אֶת־כֻּתָּנְתּ֔וֹ אֶת־כְּתֹ֥נֶת
הַפַּסִּ֖ים אֲשֶׁ֥ר עָלָֽיו׃ וַיִּ֨קָּחֻ֔הוּ וַיַּשְׁלִ֥כוּ אֹת֖וֹ הַבֹּ֑רָה כד
וְהַבּ֣וֹר רֵ֔ק אֵ֥ין בּ֖וֹ מָֽיִם׃ וַיֵּשְׁבוּ֮ לֶֽאֱכָל־לֶ֒חֶם֒ וַיִּשְׂא֣וּ כה
עֵינֵיהֶם֙ וַיִּרְא֔וּ וְהִנֵּה֙ אֹרְחַ֣ת יִשְׁמְעֵאלִ֔ים בָּאָ֖ה
מִגִּלְעָ֑ד וּגְמַלֵּיהֶ֣ם נֹֽשְׂאִ֗ים נְכֹאת֙ וּצְרִ֣י וָלֹ֔ט הוֹלְכִ֖ים
לְהוֹרִ֥יד מִצְרָֽיְמָה׃ וַיֹּ֥אמֶר יְהוּדָ֖ה אֶל־אֶחָ֑יו מַה־ כו
בֶּ֗צַע כִּ֤י נַהֲרֹג֙ אֶת־אָחִ֔ינוּ וְכִסִּ֖ינוּ אֶת־דָּמֽוֹ׃ לְכ֞וּ כז
וְנִמְכְּרֶ֣נּוּ לַיִּשְׁמְעֵאלִ֗ים וְיָדֵ֙נוּ֙ אַל־תְּהִי־ב֔וֹ כִּֽי־
אָחִ֥ינוּ בְשָׂרֵ֖נוּ ה֑וּא וַֽיִּשְׁמְע֖וּ אֶחָֽיו׃ וַיַּעַבְר֞וּ אֲנָשִׁ֤ים כח
מִדְיָנִים֙ סֹחֲרִ֔ים וַיִּמְשְׁכוּ֙ וַיַּעֲל֤וּ אֶת־יוֹסֵף֙ מִן־הַבּ֔וֹר
וַיִּמְכְּר֧וּ אֶת־יוֹסֵ֛ף לַיִּשְׁמְעֵאלִ֖ים בְּעֶשְׂרִ֣ים כָּ֑סֶף
וַיָּבִ֥יאוּ אֶת־יוֹסֵ֖ף מִצְרָֽיְמָה׃ וַיָּ֤שָׁב רְאוּבֵן֙ אֶל־ כט
הַבּ֔וֹר וְהִנֵּ֥ה אֵין־יוֹסֵ֖ף בַּבּ֑וֹר וַיִּקְרַ֖ע אֶת־בְּגָדָֽיו׃
וַיָּ֥שָׁב אֶל־אֶחָ֖יו וַיֹּאמַ֑ר הַיֶּ֣לֶד אֵינֶ֔נּוּ וַאֲנִ֖י אָ֥נָה אֲנִֽי־ ל

כא וְנֵימַר, חֵיתָא בִּשְׁתָּא אֲכַלְתֵּיהּ, וְנִחְזֵי, מָא יְהֵי בְּסוֹף חֶלְמוֹהִי: וּשְׁמַע רְאוּבֵן, וְשֵׁיזְבֵיהּ
כב מִיְּדְהוֹן, וַאֲמַר, לָא נִקְטְלִנֵּיהּ נְפַשׁ: וַאֲמַר לְהוֹן רְאוּבֵן לָא תֵישְׁדוּן דַּם, רְמוֹ יָתֵיהּ, לְגֻבָּא הָדֵין
דִּבְמַדְבְּרָא, וְיַד לָא תֵישְׁטוּן בֵּיהּ, בְּדִיל, לְשֵׁיזָבָא יָתֵיהּ מִיְּדְהוֹן, לְאָתָבוּתֵיהּ לְוָת אֲבוּהִי:
כג וַהֲוָה, כַּד אֲתָא יוֹסֵף לְוָת אֲחוֹהִי, וְאַשְׁלַחוּ יָת יוֹסֵף יָת כִּתּוּנֵיהּ, יָת כִּתּוּנָא דְפַסֵּי דַּעֲלוֹהִי:
כד כה וְנַסְבוּהִי, וּרְמוֹ יָתֵיהּ לְגֻבָּא, וְגֻבָּא רֵיקָן, לֵית בֵּיהּ מַיָּא: וְאַסְחַרוּ לְמֵיכַל לַחְמָא, וּזְקַפוּ עֵינֵיהוֹן
וַחֲזוֹ, וְהָא שַׁיָּרַת עַרְבָאֵי, אָתְיָא מִגִּלְעָד, וְגַמְלֵיהוֹן טְעִינִין, שְׁעַף וּקְטַף וּלְטוֹם, אָזְלִין
כו לְאַחָתָא לְמִצְרָיִם: וַאֲמַר יְהוּדָה לַאֲחוֹהִי, מָא מָמוֹן מִתְהֲנֵי לַנָא, אֲרֵי נִקְטוֹל יָת אֲחוּנָא,
כז וּנְכַסֵּי עַל דְּמֵיהּ: אִיתוֹ וּנְזַבְּנִנֵּיהּ לְעַרְבָאֵי, וִידַנָא לָא תְהֵי בֵיהּ, אֲרֵי אֲחוּנָא בִסְרַנָא הוּא,
כח וְקַבִּילוּ מִנֵּיהּ אֲחוֹהִי: וַעֲבַרוּ גֻּבְרֵי מִדְיָנָאֵי תַגָּרֵי, וּנְגַדוּ וְאַסִּיקוּ יָת יוֹסֵף מִן גֻּבָּא, וְזַבִּינוּ יָת
כט יוֹסֵף, לְעַרְבָאֵי בְּעֶסְרִין כְּסַף, וְאַיְתִיאוּ יָת יוֹסֵף לְמִצְרָיִם: וְתָב רְאוּבֵן לְגֻבָּא, וְהָא לֵית יוֹסֵף
ל בְּגֻבָּא, וּבַזַּע יָת לְבוּשׁוֹהִי: וְתָב לְוָת אֲחוֹהִי וַאֲמַר, עוּלֵימָא לֵיתוֹהִי, וַאֲנָא לְאָן אֲנָא

כ| **וְנִרְאֶה מַה יִּהְיוּ חֲלֹמֹתָיו.** אָמַר רַבִּי יִצְחָק: מִקְרָא זֶה אוֹמֵר דָּרְשֵׁנִי, רוּחַ הַקֹּדֶשׁ אוֹמֶרֶת כֵּן, הֵם אוֹמְרִים "נַהַרְגֵהוּ", וְהַכָּתוּב מְסַיֵּם "וְנִרְאֶה מַה יִּהְיוּ חֲלֹמֹתָיו" – נִרְאֶה דְּבַר מִי יָקוּם, אִם שֶׁלָּכֶם אוֹ שֶׁלִּי. וְאִי אֶפְשָׁר שֶׁיֹּאמְרוּ הֵם: "וְנִרְאֶה מַה יִּהְיוּ חֲלֹמֹתָיו", שֶׁמִּכֵּיוָן שֶׁיַּהַרְגוּהוּ בָּטְלוּ חֲלוֹמוֹתָיו:

כא| **לֹא נַכֶּנּוּ נָפֶשׁ.** מַכַּת נֶפֶשׁ, זוֹ הִיא מִיתָה:

כב| **לְמַעַן הַצִּיל אֹתוֹ.** רוּחַ הַקֹּדֶשׁ מְעִידָה עַל רְאוּבֵן שֶׁלֹּא אָמַר זֹאת אֶלָּא לְהַצִּיל אוֹתוֹ, שֶׁיָּבֹא הוּא וְיַעֲלֶנּוּ מִשָּׁם. אָמַר: אֲנִי בְּכוֹר וְגָדוֹל שֶׁבְּכֻלָּן, לֹא יִתָּלֶה הַסִּרְחוֹן אֶלָּא בִּי:

כג| **אֶת כֻּתָּנְתּוֹ.** זֶה חָלוּק: **אֶת כְּתֹנֶת הַפַּסִּים.** הוּא שֶׁהוֹסִיף לוֹ אָבִיו יוֹתֵר עַל אֶחָיו:

כד| **וְהַבּוֹר רֵק אֵין בּוֹ מָיִם.** מִמַּשְׁמַע שֶׁנֶּאֱמַר: "וְהַבּוֹר רֵק" אֵינִי יוֹדֵעַ שֶׁאֵין בּוֹ מַיִם? מַה תַּלְמוּד לוֹמַר: "אֵין בּוֹ מָיִם"? מַיִם אֵין בּוֹ, אֲבָל נְחָשִׁים וְעַקְרַבִּים יֵשׁ בּוֹ:

כה| **אֹרְחַת.** כְּתַרְגּוּמוֹ: "שְׁיָרַת", עַל שֵׁם הוֹלְכֵי אֹרַח: **וּגְמַלֵּיהֶם נֹשְׂאִים וְגוֹ'.** לָמָּה פִרְסֵם הַכָּתוּב אֶת מַשָּׂאָם? לְהוֹדִיעַ מַתַּן שְׂכָרָן שֶׁל צַדִּיקִים, שֶׁאֵין דַּרְכָּן שֶׁל עַרְבִיִּים לָשֵׂאת אֶלָּא נֵפְט וְעִטְרָן שֶׁרֵיחָן רַע, וְלָזֶה נִזְדַּמְּנוּ בְּשָׂמִים שֶׁלֹּא יֻזַּק מֵרֵיחַ רַע: **נְכֹאת.** כָּל כְּנוּסֵי בְּשָׂמִים הַרְבֵּה קָרוּי 'נְכֹאת', וְכֵן: "וַיַּרְאֵם אֶת כָּל בֵּית נְכֹתֹה" (מלכים ב' כ, יג) – מִרְקַחַת בְּשָׂמָיו. וְאוּנְקְלוֹס תִּרְגֵּם לְשׁוֹן שַׁעֲוָה: **וּצְרִי.** שְׂרָף הַנּוֹטֵף מֵעֲצֵי הַקְּטָף, וְהוּא נָטָף (שמות ל, לד) הַנִּמְנֶה עִם סַמָּנֵי הַקְּטֹרֶת: **וָלֹט.** 'לוֹטֶס' שְׁמוֹ בִּלְשׁוֹן מִשְׁנָה (שביעית ז, ו), וְרַבּוֹתַי פֵּרְשׁוּהוּ לִי: שֹׁרֶשׁ עֵשֶׂב וּשְׁמוֹ אַסְטוּרוּזִיאָ"ה בְּמַסֶּכֶת נִדָּה (דף ח ע"א):

כו| **מַה בֶּצַע.** מַה מָּמוֹן, כְּתַרְגּוּמוֹ: **וְכִסִּינוּ אֶת דָּמוֹ.** וְנַעֲלִים אֶת מִיתָתוֹ:

כז| **וַיִּשְׁמְעוּ.** "וְקַבִּילוּ מִנֵּיהּ", וְכָל שְׁמִיעָה שֶׁהִיא קַבָּלַת דְּבָרִים, כְּגוֹן זֶה, וּכְגוֹן: "וַיִּשְׁמַע יַעֲקֹב אֶל אָבִיו" (לעיל כח, ז), "נַעֲשֶׂה וְנִשְׁמָע" (שמות כד, ז), מִתַּרְגְּמִין: 'וְקַבֵּיל'. וְכָל שֶׁהִיא שְׁמִיעַת הָאֹזֶן, כְּגוֹן: "וַיִּשְׁמְעוּ אֶת קוֹל ה' אֱלֹהִים מִתְהַלֵּךְ בַּגָּן" (לעיל ג, ח), "וְרִבְקָה שֹׁמַעַת" (לעיל כז, ה), "וַיִּשְׁמַע יִשְׂרָאֵל" (לעיל לה, כב), "שָׁמַעְתִּי אֶת תְּלֻנּוֹת" (שמות טז, יב), כֻּלָּן מִתַּרְגְּמִין: וּשְׁמַעוּ, וּשְׁמַעַת, וּשְׁמַע, שְׁמִיעַ קֳדָמַי:

כח| **וַיַּעַבְרוּ אֲנָשִׁים מִדְיָנִים.** זוֹ הִיא שַׁיָּרָה אַחֶרֶת, וְהוֹדִיעֲךָ הַכָּתוּב שֶׁנִּמְכַּר פְּעָמִים הַרְבֵּה: **וַיִּמְשְׁכוּ.** בְּנֵי יַעֲקֹב אֶת יוֹסֵף מִן הַבּוֹר וַיִּמְכְּרוּהוּ לַיִּשְׁמְעֵאלִים, וְהַיִּשְׁמְעֵאלִים לַמִּדְיָנִים, "וְהַמְּדָנִים מָכְרוּ אֹתוֹ אֶל מִצְרָיִם" (להלן פסוק לו):

כט| **וַיָּשָׁב רְאוּבֵן.** וּבִמְכִירָתוֹ לֹא הָיָה שָׁם, שֶׁהִגִּיעַ יוֹמוֹ לֵילֵךְ וּלְשַׁמֵּשׁ אֶת אָבִיו. דָּבָר אַחֵר, עָסוּק הָיָה בְּשַׂקּוֹ וּבְתַעֲנִיתוֹ עַל בִּלְבּוּל יְצוּעֵי אָבִיו:

ל| **אָנָה אֲנִי בָא.** אָנָה אֶבְרַח מִצַּעֲרוֹ שֶׁל אַבָּא:

בָּא׃ וַיִּקְחוּ אֶת־כְּתֹנֶת יוֹסֵף וַיִּשְׁחֲטוּ שְׂעִיר עִזִּים לא
וַיִּטְבְּלוּ אֶת־הַכֻּתֹּנֶת בַּדָּם׃ וַיְשַׁלְּחוּ אֶת־כְּתֹנֶת לב
הַפַּסִּים וַיָּבִיאוּ אֶל־אֲבִיהֶם וַיֹּאמְרוּ זֹאת מָצָאנוּ
הַכֶּר־נָא הַכְּתֹנֶת בִּנְךָ הִוא אִם־לֹא׃ וַיַּכִּירָהּ לג
וַיֹּאמֶר כְּתֹנֶת בְּנִי חַיָּה רָעָה אֲכָלָתְהוּ טָרֹף טֹרַף
יוֹסֵף׃ וַיִּקְרַע יַעֲקֹב שִׂמְלֹתָיו וַיָּשֶׂם שַׂק בְּמָתְנָיו לד
וַיִּתְאַבֵּל עַל־בְּנוֹ יָמִים רַבִּים׃ וַיָּקֻמוּ כָל־בָּנָיו וְכָל־ לה
בְּנֹתָיו לְנַחֲמוֹ וַיְמָאֵן לְהִתְנַחֵם וַיֹּאמֶר כִּי־אֵרֵד
אֶל־בְּנִי אָבֵל שְׁאֹלָה וַיֵּבְךְּ אֹתוֹ אָבִיו׃ וְהַמְּדָנִים לו
מָכְרוּ אֹתוֹ אֶל־מִצְרָיִם לְפוֹטִיפַר סְרִיס פַּרְעֹה
שַׂר הַטַּבָּחִים׃

רביעי לד וַיְהִי בָּעֵת הַהִוא וַיֵּרֶד יְהוּדָה מֵאֵת אֶחָיו וַיֵּט א לח
עַד־אִישׁ עֲדֻלָּמִי וּשְׁמוֹ חִירָה׃ וַיַּרְא־שָׁם יְהוּדָה ב
בַּת־אִישׁ כְּנַעֲנִי וּשְׁמוֹ שׁוּעַ וַיִּקָּחֶהָ וַיָּבֹא אֵלֶיהָ׃
וַתַּהַר וַתֵּלֶד בֵּן וַיִּקְרָא אֶת־שְׁמוֹ עֵר׃ וַתַּהַר עוֹד ג ד
וַתֵּלֶד בֵּן וַתִּקְרָא אֶת־שְׁמוֹ אוֹנָן׃ וַתֹּסֶף עוֹד ה
וַתֵּלֶד בֵּן וַתִּקְרָא אֶת־שְׁמוֹ שֵׁלָה וְהָיָה בִכְזִיב
בְּלִדְתָּהּ אֹתוֹ׃ וַיִּקַּח יְהוּדָה אִשָּׁה לְעֵר בְּכוֹרוֹ ו

לא] **שְׂעִיר עִזִּים.** דָּמוֹ דּוֹמֶה לְשֶׁל אָדָם: **הַכֻּתֹּנֶת.** זֶה שְׁמָהּ, וּכְשֶׁהִיא דְּבוּקָה לְתֵבָה אַחֶרֶת, כְּגוֹן "כְּתֹנֶת יוֹסֵף", "כְּתֹנֶת פַּסִּים" (לעיל פסוק ג), "כְּתֹנֶת בַּד" (ויקרא טז, ד), נָקוּד 'כְּתֹנֶת':

לא לב אָתֵי: וּנְסִיבוּ יָת כִּתּוּנָא דְיוֹסֵף, וּנְכַסוּ צְפִיר בַּר עִזֵּי, וּטְבַלוּ יָת כִּתּוּנָא בִּדְמָא: וְשַׁלַּחוּ יָת
כִּתּוּנָא דְפַסֵּי, וְאֵיתִיאוּ לַאֲבוּהוֹן, וַאֲמַרוּ דָּא אַשְׁכַּחְנָא, אִשְׁתְּמוֹדַע כְּעַן, הֲכִתּוּנָא דִבְרָךְ,
לג הִיא אִם לָא: וְאִשְׁתְּמוֹדְעַהּ וַאֲמַר כִּתּוּנָא דִבְרִי, חַיְתָא בִשְׁתָּא אֲכַלְתֵּיהּ, מִקְטָל קְטִיל יוֹסֵף:
לד לה וּבַזַּע יַעֲקֹב לְבוּשׁוֹהִי, וַאֲסַר סַקָּא בְּחַרְצֵיהּ, וְאִתְאַבַּל עַל בְּרֵיהּ יוֹמִין סַגִּיאִין: וְקָמוּ כָל בְּנוֹהִי
וְכָל בְּנָתֵיהּ לְנַחָמוּתֵיהּ, וְסָרֵיב לְקַבָּלָא תַּנְחוּמִין, וַאֲמַר, אֲרֵי אֵיחוֹת לְוָת בְּרִי, כַּד אֲבִילְנָא
לו לִשְׁאוֹל, וּבְכָא יָתֵיהּ אֲבוּהִי: וּמִדְיָנָאֵי, זַבִּינוּ יָתֵיהּ לְמִצְרַיִם, לְפוֹטִיפַר רַבָּא דְפַרְעֹה, רַב
לח א קָטוֹלַיָּא: וַהֲוָה בְּעִדָּנָא הַהוּא, וּנְחַת יְהוּדָה מִלְּוָת אֲחוֹהִי, וּסְטָא, לְוָת גַּבְרָא עֲדֻלָּמָאָה וּשְׁמֵיהּ
ב ג חִירָה: וַחֲזָא תַמָּן יְהוּדָה, בַּת גְּבַר תַּגָּר וּשְׁמֵיהּ שׁוּעַ, וְנַסְבַהּ וְעָאל לְוָתַהּ: וְעַדִּיאַת וִילֵידַת בַּר,
ד ה וּקְרָא יָת שְׁמֵיהּ עֵר: וְעַדִּיאַת עוֹד וִילֵידַת בַּר, וּקְרָת יָת שְׁמֵיהּ אוֹנָן: וְאוֹסֵיפַת עוֹד וִילֵידַת
ו בַּר, וּקְרָת יָת שְׁמֵיהּ שֵׁלָה, וַהֲוָה בִכְזִיב כַּד יְלֵידַת יָתֵיהּ: וּנְסֵיב יְהוּדָה, אִתְּתָא לְעֵר בְּכְרֵיהּ,

לג) **וַיֹּאמֶר כְּתֹנֶת בְּנִי.** הִיא זוֹ: **חַיָּה רָעָה אֲכָלָתְהוּ.** נִזְרְקָה בּוֹ רוּחַ הַקֹּדֶשׁ, סוֹפוֹ שֶׁתִּתְגָּרֶה בּוֹ אֵשֶׁת פּוֹטִיפַר. וְלָמָּה לֹא גִּלָּה לוֹ הַקָּדוֹשׁ בָּרוּךְ הוּא? לְפִי שֶׁהֶחֱרִימוּ וְקִלְּלוּ אֶת כָּל מִי שֶׁיְּגַלֶּה, וְשִׁתְּפוּ לְהַקָּדוֹשׁ בָּרוּךְ הוּא עִמָּהֶם. אֲבָל יִצְחָק הָיָה יוֹדֵעַ שֶׁהוּא חַי, אָמַר: הֵיאַךְ אֲגַלֶּה וְהַקָּדוֹשׁ בָּרוּךְ הוּא אֵינוֹ רוֹצֶה לְגַלּוֹת לוֹ?:

לד) **יָמִים רַבִּים.** עֶשְׂרִים וּשְׁתַּיִם שָׁנָה מִשֶּׁפֵּרַשׁ מִמֶּנּוּ עַד שֶׁיָּרַד יַעֲקֹב לְמִצְרַיִם, שֶׁנֶּאֱמַר: "יוֹסֵף בֶּן שְׁבַע עֶשְׂרֵה שָׁנָה" וְגוֹ' (לעיל פסוק ב), וּבֶן שְׁלֹשִׁים שָׁנָה הָיָה בְּעָמְדוֹ לִפְנֵי פַרְעֹה (להלן מא, מו), וְשֶׁבַע שְׁנֵי הַשָּׂבָע, וְ"כִי זֶה שְׁנָתַיִם הָרָעָב" (להלן מה, ו) כְּשֶׁבָּא יַעֲקֹב לְמִצְרַיִם, הֲרֵי עֶשְׂרִים וּשְׁתַּיִם, כְּנֶגֶד עֶשְׂרִים וּשְׁתַּיִם שֶׁלֹּא קִיֵּם יַעֲקֹב כִּבּוּד אָב וָאֵם: עֶשְׂרִים שָׁנָה שֶׁהָיָה בְּבֵית לָבָן, וּשְׁתֵּי שָׁנִים בַּדֶּרֶךְ בְּשׁוּבוֹ מִבֵּית לָבָן, שָׁנָה וַחֲצִי בְּסֻכּוֹת וְשִׁשָּׁה חֳדָשִׁים בְּבֵית אֵל. וְזֶהוּ שֶׁאָמַר לְלָבָן: "זֶה לִּי עֶשְׂרִים שָׁנָה בְּבֵיתֶךָ" (לעיל לא, מא) – לִי הֵן, עָלַי הֵן, סוֹפִי לִלְקוֹת כְּנֶגְדָּן:

לה) **וְכָל בְּנֹתָיו.** רַבִּי יְהוּדָה אוֹמֵר: אֲחָיוֹת תְּאוֹמוֹת נוֹלְדוּ עִם כָּל שֵׁבֶט וְשֵׁבֶט וּנְשָׂאוּם. רַבִּי נְחֶמְיָה אוֹמֵר: כְּנַעֲנִיּוֹת הָיוּ, אֶלָּא מַהוּ "וְכָל בְּנוֹתָיו"? כַּלּוֹתָיו, שֶׁאֵין אָדָם נִמְנָע מִלִּקְרוֹא לַחֲתָנוֹ בְּנוֹ וּלְכַלָּתוֹ בִּתּוֹ: **וַיְמָאֵן לְהִתְנַחֵם.** אֵין אָדָם יָכוֹל לְקַבֵּל תַּנְחוּמִין עַל הַחַי וְסָבוּר שֶׁמֵּת, שֶׁעַל הַמֵּת נִגְזְרָה גְּזֵרָה שֶׁיִּשְׁתַּכַּח מִן הַלֵּב וְלֹא עַל הַחַי: **אֵרֵד אֶל בְּנִי.** כְּמוֹ 'עַל בְּנִי', וְהַרְבֵּה 'אֶל' שֶׁמְּשַׁמְּשִׁין בִּלְשׁוֹן 'עַל', "אֶל שָׁאוּל וְאֶל בֵּית הַדָּמִים" (שמואל ב' כא, א), "אֶל הִלָּקַח אֲרוֹן הָאֱלֹהִים וְאֶל חָמִיהָ וְאִישָׁהּ" (שמואל א' ד, כא): **אָבֵל שְׁאֹלָה.** כִּפְשׁוּטוֹ לְשׁוֹן קֶבֶר הוּא, בְּאֶבְלִי אֶקָּבֵר וְלֹא אֶתְנַחֵם כָּל יָמַי. וּמִדְרָשׁוֹ: גֵּיהִנָּם; סִימָן זֶה הָיָה מָסוּר בְּיָדִי מִפִּי הַגְּבוּרָה, אִם לֹא יָמוּת אֶחָד מִבָּנַי בְּחַיַּי מֻבְטָח אֲנִי שֶׁאֵינִי רוֹאֶה גֵּיהִנָּם: **וַיֵּבְךְּ אֹתוֹ אָבִיו.** יִצְחָק בּוֹכֶה הָיָה מִפְּנֵי צָרָתוֹ שֶׁל יַעֲקֹב, אֲבָל לֹא הָיָה מִתְאַבֵּל, שֶׁהָיָה יוֹדֵעַ שֶׁהוּא חַי:

לו) **הַטַּבָּחִים.** שׁוֹחֲטֵי בַהֲמוֹת הַמֶּלֶךְ:

פרק לח

א) **וַיְהִי בָּעֵת הַהִוא.** לָמָּה נִסְמְכָה פָּרָשָׁה זוֹ לְכָאן וְהִפְסִיק בְּפָרָשָׁתוֹ שֶׁל יוֹסֵף? לְלַמֵּד שֶׁהוֹרִידוּהוּ אֶחָיו מִגְּדֻלָּתוֹ כְּשֶׁרָאוּ בְּצָרַת אֲבִיהֶם, אָמְרוּ: אַתָּה אָמַרְתָּ לְמָכְרוֹ, אִלּוּ אָמַרְתָּ לַהֲשִׁיבוֹ הָיִינוּ שׁוֹמְעִים לְךָ: **וַיֵּט.** מֵאֵת אֶחָיו: **עַד אִישׁ עֲדֻלָּמִי.** נִשְׁתַּתֵּף עִמּוֹ:

ב) **כְּנַעֲנִי.** תַּגָּרָא:

ה) **וְהָיָה בִכְזִיב.** שֵׁם הַמָּקוֹם. וְאוֹמֵר אֲנִי, עַל שֵׁם שֶׁפָּסְקָה מִלֶּדֶת נִקְרָא 'כְּזִיב', לְשׁוֹן: "הָיוֹ תִהְיֶה לִי כְּמוֹ אַכְזָב" (ירמיה טו, יח), "אֲשֶׁר לֹא יְכַזְּבוּ מֵימָיו" (ישעיה נח, יא), וְאִם לֹא כֵן מָה בָּא לְהוֹדִיעֵנוּ? וּבִבְרֵאשִׁית רַבָּה (פה, ד) רָאִיתִי: "וַתִּקְרָא שְׁמוֹ שֵׁלָה" וְגוֹ' – פָּסְקַת:

וּשְׁמָ֖הּ תָּמָֽר׃ וַיְהִ֗י עֵ֚ר בְּכ֣וֹר יְהוּדָ֔ה רַ֖ע בְּעֵינֵ֣י ז
יְהוָ֑ה וַיְמִתֵ֖הוּ יְהוָֽה׃ וַיֹּ֤אמֶר יְהוּדָה֙ לְאוֹנָ֔ן בֹּ֛א ח
אֶל־אֵ֥שֶׁת אָחִ֖יךָ וְיַבֵּ֣ם אֹתָ֑הּ וְהָקֵ֥ם זֶ֖רַע לְאָחִֽיךָ׃
וַיֵּ֣דַע אוֹנָ֔ן כִּ֛י לֹּ֥א ל֖וֹ יִהְיֶ֣ה הַזָּ֑רַע וְהָיָ֞ה אִם־בָּ֞א ט
אֶל־אֵ֤שֶׁת אָחִיו֙ וְשִׁחֵ֣ת אַ֔רְצָה לְבִלְתִּ֥י נְתָן־
זֶ֖רַע לְאָחִֽיו׃ וַיֵּ֛רַע בְּעֵינֵ֥י יְהוָ֖ה אֲשֶׁ֣ר עָשָׂ֑ה י
וַיָּ֖מֶת גַּם־אֹתֽוֹ׃ וַיֹּ֣אמֶר יְהוּדָ֡ה לְתָמָ֣ר כַּלָּתוֹ֩ יא
שְׁבִ֨י אַלְמָנָ֣ה בֵית־אָבִ֗יךְ עַד־יִגְדַּל֙ שֵׁלָ֣ה בְנִ֔י
כִּ֣י אָמַ֔ר פֶּן־יָמ֥וּת גַּם־ה֖וּא כְּאֶחָ֑יו וַתֵּ֣לֶךְ תָּמָ֔ר
וַתֵּ֖שֶׁב בֵּ֥ית אָבִֽיהָ׃ וַיִּרְבּוּ֙ הַיָּמִ֔ים וַתָּ֖מָת בַּת־שׁ֣וּעַ יב
אֵֽשֶׁת־יְהוּדָ֑ה וַיִּנָּ֣חֶם יְהוּדָ֗ה וַיַּ֜עַל עַל־גֹּזְזֵ֤י צֹאנוֹ֙
ה֗וּא וְחִירָ֛ה רֵעֵ֥הוּ הָעֲדֻלָּמִ֖י תִּמְנָֽתָה׃ וַיֻּגַּ֥ד לְתָמָ֖ר יג
לֵאמֹ֑ר הִנֵּ֥ה חָמִ֛יךְ עֹלֶ֥ה תִמְנָ֖תָה לָגֹ֥ז צֹאנֽוֹ׃ וַתָּסַר֩ יד
בִּגְדֵ֨י אַלְמְנוּתָ֜הּ מֵעָלֶ֗יהָ וַתְּכַ֤ס בַּצָּעִיף֙ וַתִּתְעַלָּ֔ף
וַתֵּ֙שֶׁב֙ בְּפֶ֣תַח עֵינַ֔יִם אֲשֶׁ֖ר עַל־דֶּ֣רֶךְ תִּמְנָ֑תָה כִּ֤י
רָאֲתָה֙ כִּֽי־גָדַ֣ל שֵׁלָ֔ה וְהִ֕וא לֹא־נִתְּנָ֥ה ל֖וֹ לְאִשָּֽׁה׃
וַיִּרְאֶ֣הָ יְהוּדָ֔ה וַיַּחְשְׁבֶ֖הָ לְזוֹנָ֑ה כִּ֥י כִסְּתָ֖ה פָּנֶֽיהָ׃ טו
וַיֵּ֨ט אֵלֶ֜יהָ אֶל־הַדֶּ֗רֶךְ וַיֹּ֙אמֶר֙ הָֽבָה־נָּא֙ אָב֣וֹא טז
אֵלַ֔יִךְ כִּ֚י לֹ֣א יָדַ֔ע כִּ֥י כַלָּת֖וֹ הִ֑וא וַתֹּ֨אמֶר֙ מַה־תִּתֶּן־
לִּ֔י כִּ֥י תָב֖וֹא אֵלָֽי׃ וַיֹּ֕אמֶר אָנֹכִ֛י אֲשַׁלַּ֥ח גְּדִֽי־עִזִּ֖ים יז
מִן־הַצֹּ֑אן וַתֹּ֕אמֶר אִם־תִּתֵּ֥ן עֵרָב֖וֹן עַ֥ד שָׁלְחֶֽךָ׃

יח וַיֹּאמֶר מָה הָעֵרָבוֹן אֲשֶׁר אֶתֶּן־לָךְ וַתֹּאמֶר
חֹתָמְךָ וּפְתִילֶךָ וּמַטְּךָ אֲשֶׁר בְּיָדֶךָ וַיִּתֶּן־לָהּ

ח וּשְׁמַהּ תָּמָר: וַהֲוָה, עֵר בְּכְרֵיהּ דִּיהוּדָה, בִּישׁ קֳדָם יְיָ, וַאֲמִיתֵיהּ יְיָ: וַאֲמַר יְהוּדָה לְאוֹנָן, עוֹל,
ט לְוָת אִתַּת אֲחוּךְ וְיַבֵּים יָתַהּ, וַאֲקֵים זַרְעָא לַאֲחוּךְ: וִידַע אוֹנָן, אֲרֵי, לָא עַל שְׁמֵיהּ מִתְקְרֵי
זַרְעָא, וְהָוֵי, כַּד עָלֵיל לְוָת אִתַּת אֲחוּהִי וּמְחַבֵּיל אוֹרְחֵיהּ עַל אַרְעָא, בְּדִיל דְּלָא לְקַיָּמָא זַרְעָא
יא לַאֲחוּהִי: וּבְאֵישׁ, קֳדָם יְיָ דַּעֲבַד, וַאֲמִית אַף יָתֵיהּ: וַאֲמַר יְהוּדָה לְתָמָר כַּלְּתֵיהּ תִּיבִי אַרְמְלָא
בֵּית אֲבוּיִךְ, עַד דְּיִרְבֵּי שֵׁלָה בְרִי, אֲרֵי אֲמַר, דִּלְמָא יְמוּת אַף הוּא כַּאֲחוּהִי, וַאֲזַלַת תָּמָר,
יב וִיתֵיבַת בֵּית אֲבוּהָא: וּסְגִיאוּ יוֹמַיָּא, וּמִיתַת בַּת שׁוּעַ אִתַּת יְהוּדָה, וְאִתְנְחֵם יְהוּדָה, וּסְלֵיק,
יג עַל גָּזְזֵי עָנֵיהּ הוּא, וְחִירָה, רַחֲמֵיהּ עֲדֻלָּמָאָה לְתִמְנָת: וְאִתְחֲוָא לְתָמָר לְמֵימַר, הָא חֲמוּיִךְ,
יד סָלֵיק לְתִמְנָת לְמִגַּז עָנֵיהּ: וְאַעְדִּיאַת לְבוּשֵׁי אַרְמְלוּתַהּ מִנַּהּ, וְאִתְכַּסִּיאַת בְּעִיפָא וְאִתַּקְּנַת,
וִיתֵיבַת בְּפָרָשׁוּת עֵינַיִם, דְּעַל אוֹרַח תִּמְנָת, אֲרֵי חֲזַת אֲרֵי רְבָא שֵׁלָה, וְהִיא, לָא אִתְיְהֵיבַת
טו טז לֵיהּ לְאִתּוּ: וַחֲזָהּ יְהוּדָה, וְחַשְׁבַהּ כִּנְפָקַת בָּרָא, אֲרֵי כַסִּיאַת אַפַּהָא: וּסְטָא לְוָתַהּ לְאוֹרְחָא,
וַאֲמַר הַבִי כְעַן אֵיעוֹל לְוָתִיךְ, אֲרֵי לָא יְדַע, אֲרֵי כַלְּתֵיהּ הִיא, וַאֲמַרַת מָא תִתֵּין לִי, אֲרֵי תֵיעוֹל
יז לְוָתִי: וַאֲמַר, אֲנָא, אֲשַׁדַּר גַּדְיָא בַּר עִזֵּי מִן עָנָא, וַאֲמַרַת, אִם תִּתֵּין מַשְׁכּוֹנָא עַד דְּתִשְׁלַח:
יח וַאֲמַר, מָא מַשְׁכּוֹנָא דְּאֶתֵּין לִיךְ, וַאֲמַרַת, עִזְקָתָךְ וְשׁוֹשִׁפָּךְ, וְחֻטְרָךְ דִּבְיָדָךְ, וִיהַב לַהּ,

ז | **רַע בְּעֵינֵי ה'.** כְּרָעָתוֹ שֶׁל אוֹנָן, מַשְׁחִית זַרְעוֹ, שֶׁנֶּאֱמַר בְּאוֹנָן: "וַיָּמֶת גַּם אֹתוֹ" (להלן פסוק י), כְּמִיתָתוֹ שֶׁל עֵר מִיתָתוֹ שֶׁל אוֹנָן. וְלָמָּה הָיָה עֵר מַשְׁחִית זַרְעוֹ? כְּדֵי שֶׁלֹּא תִתְעַבֵּר וְיַכְחִישׁ יָפְיָהּ:

ח | **וְהָקֵם זֶרַע.** הַבֵּן יִקָּרֵא עַל שֵׁם הַמֵּת:

ט | **וְשִׁחֵת אַרְצָה.** דָּשׁ מִבִּפְנִים וְזוֹרֶה מִבַּחוּץ:

יא | **כִּי אָמַר וְגוֹ'.** כְּלוֹמַר, דּוֹחֶה הָיָה אוֹתָהּ בְּקַשׁ, שֶׁלֹּא הָיָה בְּדַעְתּוֹ לְהַשִּׂיאָהּ לוֹ: **כִּי אָמַר פֶּן יָמוּת.** מֻחְזֶקֶת הִיא זוֹ שֶׁיָּמוּתוּ אֲנָשֶׁיהָ:

יב | **וַיַּעַל עַל גֹּזְזֵי צֹאנוֹ.** וַיַּעַל תִּמְנָתָה לַעֲמֹד עַל גּוֹזְזֵי צֹאנוֹ:

יג | **עֹלֶה תִמְנָתָה.** וּבְשִׁמְשׁוֹן הוּא אוֹמֵר: "וַיֵּרֶד שִׁמְשׁוֹן תִּמְנָתָה" (שופטים יד, א)! בְּשִׁפּוּעַ הָהָר הָיְתָה יוֹשֶׁבֶת, עוֹלִין לָהּ מִכָּאן וְיוֹרְדִין לָהּ מִכָּאן:

יד | **וַתִּתְעַלָּף.** כִּסְּתָה פָנֶיהָ, שֶׁלֹּא יַכִּיר בָּהּ: **וַתֵּשֶׁב בְּפֶתַח עֵינַיִם.** בִּפְתִיחַת עֵינַיִם, בְּפָרָשַׁת דְּרָכִים שֶׁעַל דֶּרֶךְ תִּמְנָתָה. וְרַבּוֹתֵינוּ דָּרְשׁוּ, בְּפִתְחוֹ שֶׁל אַבְרָהָם אָבִינוּ שֶׁכָּל עֵינַיִם מְצַפּוֹת לִרְאוֹתוֹ: **כִּי רָאֲתָה כִּי גָדַל שֵׁלָה וְגוֹ'.** לְפִיכָךְ הִפְקִירָה עַצְמָהּ אֵצֶל יְהוּדָה, שֶׁהָיְתָה מִתְאַוָּה לְהַעֲמִיד מִמֶּנּוּ בָּנִים:

טו | **וַיַּחְשְׁבֶהָ לְזוֹנָה.** לְפִי שֶׁיּוֹשֶׁבֶת בְּפָרָשַׁת דְּרָכִים: **כִּי כִסְּתָה פָּנֶיהָ.** וְלֹא יָכֹל לִרְאוֹתָהּ וּלְהַכִּירָהּ. וּמִדְרַשׁ רַבּוֹתֵינוּ, "כִּי כִסְּתָה פָּנֶיהָ", כְּשֶׁהָיְתָה בְּבֵית חָמִיהָ הָיְתָה צְנוּעָה, לְפִיכָךְ לֹא חֲשָׁדָהּ:

טז | **וַיֵּט אֵלֶיהָ אֶל הַדֶּרֶךְ.** מִדֶּרֶךְ שֶׁהָיָה בָּהּ נָטָה אֶל הַדֶּרֶךְ אֲשֶׁר הִיא בָּהּ. וּבִלְשׁוֹן לַעַז דישטורני"ר: **הָבָה נָּא.** הָכִינִי עַצְמֵךְ וְדַעְתֵּךְ לְכָךְ. כָּל לְשׁוֹן 'הָבָה' לְשׁוֹן הַזְמָנָה הוּא, חוּץ מִמָּקוֹם שֶׁיֵּשׁ לְתַרְגְּמוֹ בִּלְשׁוֹן נְתִינָה, וְאַף אוֹתָן שֶׁל הַזְמָנָה קְרוֹבִים לִלְשׁוֹן נְתִינָה הֵם:

יז | **עֵרָבוֹן.** מַשְׁכּוֹן:

יח | **חֹתָמְךָ וּפְתִילֶךָ.** "עִזְקָתָךְ וְשׁוֹשִׁפָּךְ", טַבַּעַת שֶׁאַתָּה חוֹתֵם בָּהּ וְשִׂמְלָתְךָ שֶׁאַתָּה מִתְכַּסֶּה בָּהּ: **וַתַּהַר לוֹ.** גִּבּוֹרִים כַּיּוֹצֵא בוֹ, צַדִּיקִים כַּיּוֹצֵא בוֹ:

וישב

וַיָּבֹ֥א אֵלֶ֖יהָ וַתַּ֥הַר לֽוֹ׃ וַתָּ֣קׇם וַתֵּ֔לֶךְ וַתָּ֥סַר יט
צְעִיפָ֖הּ מֵעָלֶ֑יהָ וַתִּלְבַּ֖שׁ בִּגְדֵ֥י אַלְמְנוּתָֽהּ׃
וַיִּשְׁלַ֨ח יְהוּדָ֜ה אֶת־גְּדִ֣י הָֽעִזִּ֗ים בְּיַד֙ רֵעֵ֣הוּ כ
הָעֲדֻלָּמִ֔י לָקַ֥חַת הָעֵרָב֖וֹן מִיַּ֣ד הָאִשָּׁ֑ה וְלֹ֖א
מְצָאָֽהּ׃ וַיִּשְׁאַ֞ל אֶת־אַנְשֵׁ֤י מְקֹמָהּ֙ לֵאמֹ֔ר אַיֵּ֤ה כא
הַקְּדֵשָׁה֙ הִ֥וא בָעֵינַ֖יִם עַל־הַדָּ֑רֶךְ וַיֹּ֣אמְר֔וּ לֹא־
הָיְתָ֥ה בָזֶ֖ה קְדֵשָֽׁה׃ וַיָּ֙שׇׁב֙ אֶל־יְהוּדָ֔ה וַיֹּ֖אמֶר כב
לֹ֣א מְצָאתִ֑יהָ וְגַ֨ם אַנְשֵׁ֤י הַמָּקוֹם֙ אָֽמְר֔וּ לֹא־
הָיְתָ֥ה בָזֶ֖ה קְדֵשָֽׁה׃ וַיֹּ֤אמֶר יְהוּדָה֙ תִּֽקַּֽח־לָ֔הּ כג
פֶּ֖ן נִהְיֶ֣ה לָב֑וּז הִנֵּ֤ה שָׁלַ֙חְתִּי֙ הַגְּדִ֣י הַזֶּ֔ה וְאַתָּ֖ה
לֹ֥א מְצָאתָֽהּ׃ וַיְהִ֣י ׀ כְּמִשְׁלֹ֣שׁ חֳדָשִׁ֗ים וַיֻּגַּ֨ד כד
לִֽיהוּדָ֤ה לֵאמֹר֙ זָֽנְתָה֙ תָּמָ֣ר כַּלָּתֶ֔ךָ וְגַ֛ם הִנֵּ֥ה
הָרָ֖ה לִזְנוּנִ֑ים וַיֹּ֣אמֶר יְהוּדָ֔ה הוֹצִיא֖וּהָ וְתִשָּׂרֵֽף׃
הִ֣וא מוּצֵ֗את וְהִ֨יא שָׁלְחָ֤ה אֶל־חָמִ֙יהָ֙ לֵאמֹ֔ר כה
לְאִ֙ישׁ֙ אֲשֶׁר־אֵ֣לֶּה לּ֔וֹ אָנֹכִ֖י הָרָ֑ה וַתֹּ֙אמֶר֙ הַכֶּר־
נָ֔א לְמִ֞י הַחֹתֶ֧מֶת וְהַפְּתִילִ֛ים וְהַמַּטֶּ֖ה הָאֵֽלֶּה׃
וַיַּכֵּ֣ר יְהוּדָ֗ה וַיֹּ֙אמֶר֙ צָֽדְקָ֣ה מִמֶּ֔נִּי כִּֽי־עַל־כֵּ֥ן כו
לֹא־נְתַתִּ֖יהָ לְשֵׁלָ֣ה בְנִ֑י וְלֹֽא־יָסַ֥ף ע֖וֹד לְדַעְתָּֽהּ׃
וַיְהִ֖י בְּעֵ֣ת לִדְתָּ֑הּ וְהִנֵּ֥ה תְאוֹמִ֖ים בְּבִטְנָֽהּ׃ וַיְהִ֥י כז כח
בְלִדְתָּ֖הּ וַיִּתֶּן־יָ֑ד וַתִּקַּ֣ח הַמְיַלֶּ֗דֶת וַתִּקְשֹׁ֨ר עַל־
יָד֤וֹ שָׁנִי֙ לֵאמֹ֔ר זֶ֖ה יָצָ֥א רִאשֹׁנָֽה׃ וַיְהִ֣י ׀ כְּמֵשִׁ֣יב כט

יָדוֹ וְהִנֵּה֙ יָצָ֣א אָחִ֔יו וַתֹּ֕אמֶר מַה־פָּרַ֖צְתָּ עָלֶ֣יךָ
ל פָּ֑רֶץ וַיִּקְרָ֥א שְׁמ֖וֹ פָּֽרֶץ׃ וְאַחַר֙ יָצָ֣א אָחִ֔יו אֲשֶׁ֥ר

יט וְעָאל לְוָתַהּ וְעַדִּיאַת לֵיהּ: וְקָמַת וַאֲזַלַת, וְאַעְדִּיאַת עִיפַהּ מִנַּהּ, וּלְבִישַׁת לְבוּשֵׁי אַרְמְלוּתַהּ:
כ וְשַׁדַּר יְהוּדָה יָת גַּדְיָא בַּר עִזֵּי, בְּיַד רַחֲמֵיהּ עֲדֻלָּמָאָה, לְמִסַּב מַשְׁכּוֹנָא מִיְּדָא דְּאִתְּתָא, וְלָא
כא אַשְׁכְּחַהּ: וּשְׁאֵיל, יָת אֱנָשֵׁי אַתְרַהּ לְמֵימַר, אָן מְקַדַּשְׁתָּא, דַּהֲוָת בְּעֵינַיִם עַל אוֹרְחָא, וַאֲמַרוּ,
כב לֵית הָכָא מְקַדַּשְׁתָּא: וְתָב לְוָת יְהוּדָה, וַאֲמַר לָא אַשְׁכַּחְתַּהּ, וְאַף אֱנָשֵׁי אַתְרָא אֲמַרוּ, לֵית
כג הָכָא מְקַדַּשְׁתָּא: וַאֲמַר יְהוּדָה תִּסַּב לַהּ, דִּלְמָא נְהֵי חוּךְ, הָא שַׁדַּרִית גַּדְיָא הָדֵין, וְאַתְּ לָא
כד אַשְׁכַּחְתַּהּ: וַהֲוָה כִּתְלָתוּת יַרְחַיָּא, וְאִתְחַוָּא לִיהוּדָה לְמֵימַר זְנִיאַת תָּמָר כַּלְּתָךְ, וְאַף, הָא
כה מְעַדְּיָא מִזְּנוּתַהּ, וַאֲמַר יְהוּדָה, אַפְּקוּהָא וְתִתּוֹקַד: הִיא מִתַּפְּקָא, וְהִיא שְׁלַחַת לַחֲמוּהָא לְמֵימַר,
לִגְבַר דְּאִלֵּין דִּילֵיהּ, מִנֵּיהּ אֲנָא מְעַדְּיָא, וַאֲמַרַת אִשְׁתְּמוֹדַע כְּעַן, דְּמָאן עִזְקְתָא וְשׁוֹשִׁפָא,
כו וְחֻטְרָא הָאִלֵּין: וְאִשְׁתְּמוֹדַע יְהוּדָה, וַאֲמַר זַכָּאָה מִנִּי מְעַדְּיָא, אֲרֵי עַל כֵּן לָא יְהַבְתַּהּ לְשֵׁלָה
כז כח בְּרִי, וְלָא אוֹסִיף עוֹד לְמִדְעַהּ: וַהֲוָה בְּעִדָּן מֵילְדַהּ, וְהָא תְיוֹמִין בִּמְעַהָא: וַהֲוָה בְּמֵילְדַהּ וִיהַב
כט יְדָא, וּנְסֵיבַת חָיְתָא, וּקְטַרַת עַל יְדֵיהּ זְהוֹרִיתָא לְמֵימַר, דֵּין נְפַק קַדְמוּתָא: וַהֲוָה כַּד אֲתֵיב יְדֵיהּ,
ל וְהָא נְפַק אֲחוּהִי, וַאֲמַרַת, מָא תְּקוֹף סַגִּי עֲלָךְ לְמִתְקַף, וּקְרָא שְׁמֵיהּ פָּרֶץ: וּבָתַר כֵּן נְפַק אֲחוּהִי,

כא] **הַקְּדֵשָׁה.** מְקֻדֶּשֶׁת וּמְזֻמֶּנֶת לִזְנוּת:

כג] **תִּקַּח לָהּ.** יִהְיֶה שֶׁלָּהּ מַה שֶּׁבְּיָדָהּ: **פֶּן נִהְיֶה לָבוּז.** אִם תְּבַקְשֶׁנָּה עוֹד יִתְפַּרְסֵם הַדָּבָר וְיִהְיֶה גְּנַאי, כִּי מָה עָלַי עוֹד לַעֲשׂוֹת לְקַיֵּם דְּבָרַי? "הִנֵּה שָׁלַחְתִּי הַגְּדִי הַזֶּה" וְגוֹ'! וּלְפִי שֶׁרִמָּה יְהוּדָה אֶת אָבִיו בִּגְדִי עִזִּים שֶׁהִטְבִּיל כְּתֹנֶת יוֹסֵף בְּדָמוֹ, רִמּוּהוּ גַּם הוּא בִּגְדִי עִזִּים:

כד] **כְּמִשְׁלֹשׁ חֳדָשִׁים.** רֻבּוֹ שֶׁל רִאשׁוֹן וְרֻבּוֹ שֶׁל אַחֲרוֹן וְאֶמְצָעִי שָׁלֵם. וּלְשׁוֹן "כְּמִשְׁלֹשׁ חֳדָשִׁים" כְּהִשְׁתַּלֵּשׁ הֶחֳדָשִׁים, כְּמוֹ: "וּמִשְׁלֹחַ מָנוֹת" (אסתר ט, יט), "מִשְׁלוֹחַ יָדָם" (ישעיה יא, יד), וְכֵן תִּרְגֵּם אוּנְקְלוֹס: "כִּתְלָתוּת יַרְחַיָּא": **הָרָה לִזְנוּנִים.** שֵׁם דָּבָר, מְעֻבֶּרֶת, כְּמוֹ: "אִשָּׁה הָרָה" (שמות כא, כב), וּכְמוֹ: "בָּרָה כַּחַמָּה" (שיר השירים ו, י): **וְתִשָּׂרֵף.** אָמַר אֶפְרַיִם מִקְשָׁאָה מִשּׁוּם רַבִּי מֵאִיר: בִּתּוֹ שֶׁל שֵׁם הָיְתָה שֶׁהוּא כֹּהֵן, לְפִיכָךְ דָּנוּהָ בִּשְׂרֵפָה (ב"ר פה, י):

כה] **הִוא מוּצֵאת.** לִשָּׂרֵף: **וְהִיא שָׁלְחָה אֶל חָמִיהָ.** לֹא רָצְתָה לְהַלְבִּין פָּנָיו וְלוֹמַר: מִמְּךָ אֲנִי מְעֻבֶּרֶת! אֶלָּא "לָאִישׁ אֲשֶׁר אֵלֶּה לּוֹ". אָמְרָה: אִם יוֹדֶה – יוֹדֶה מֵעַצְמוֹ, וְאִם לָאו – יִשְׂרְפוּנִי וְאַל אַלְבִּין פָּנָיו. מִכָּאן אָמְרוּ: נוֹחַ לוֹ לְאָדָם שֶׁיַּפִּילוּהוּ לְכִבְשַׁן הָאֵשׁ וְאַל יַלְבִּין פְּנֵי חֲבֵרוֹ בָּרַבִּים: **הַכֶּר נָא.** אֵין 'נָא' אֶלָּא לְשׁוֹן בַּקָּשָׁה: הַכֶּר נָא בּוֹרַאֲךָ וְאַל תְּאַבֵּד שָׁלֹשׁ נְפָשׁוֹת:

כו] **צָדְקָה.** בִּדְבָרֶיהָ: **מִמֶּנִּי.** הִיא מְעֻבֶּרֶת. וְרַבּוֹתֵינוּ זִכְרוֹנָם לִבְרָכָה דָּרְשׁוּ שֶׁיָּצְתָה בַּת קוֹל וְאָמְרָה: מִמֶּנִּי וּמֵאִתִּי יָצְאוּ הַדְּבָרִים, לְפִי שֶׁהָיְתָה צְנוּעָה בְּבֵית חָמִיהָ גָּזַרְתִּי שֶׁיֵּצְאוּ מִמֶּנָּה מְלָכִים, וּמִשֵּׁבֶט יְהוּדָה גָּזַרְתִּי לְהַעֲמִיד מְלָכִים בְּיִשְׂרָאֵל: **כִּי עַל כֵּן לֹא נְתַתִּיהָ.** כִּי כַּדִּין עָשְׂתָה עַל אֲשֶׁר לֹא נְתַתִּיהָ לְשֵׁלָה בְנִי: **וְלֹא יָסַף עוֹד.** יֵשׁ אוֹמְרִים לֹא הוֹסִיף, וְיֵשׁ אוֹמְרִים לֹא פָסַק:

כז] **בְּעֵת לִדְתָּהּ.** וּבְרִבְקָה הוּא אוֹמֵר: "וַיִּמְלְאוּ יָמֶיהָ לָלֶדֶת" (לעיל כה, כד), לְהַלָּן לִמְלֵאִים וְכָאן לַחֲסֵרִים: **וְהִנֵּה תְאוֹמִים.** מָלֵא, וּלְהַלָּן (לעיל כה, כד) "תוֹמִם" חָסֵר, לְפִי שֶׁהָאֶחָד רָשָׁע, אֲבָל אֵלּוּ שְׁנֵיהֶם צַדִּיקִים:

כח] **וַיִּתֶּן יָד.** הוֹצִיא הָאֶחָד יָדוֹ לַחוּץ, וּלְאַחַר שֶׁקְּשָׁרָהּ עַל יָדוֹ הַשָּׁנִי הֶחֱזִירָהּ:

כט] **פָּרַצְתָּ.** חִזַּקְתָּ, עָלֶיךָ חֹזֶק:

חמישי לה עַל־יָדוֹ הַשָּׁנִי וַיִּקְרָא שְׁמוֹ זָרַח׃ וְיוֹסֵף א לט
הוּרַד מִצְרָיְמָה וַיִּקְנֵהוּ פּוֹטִיפַר סְרִיס פַּרְעֹה שַׂר
הַטַּבָּחִים אִישׁ מִצְרִי מִיַּד הַיִּשְׁמְעֵאלִים אֲשֶׁר
הוֹרִדֻהוּ שָׁמָּה׃ וַיְהִי יְהוָה אֶת־יוֹסֵף וַיְהִי אִישׁ ב
מַצְלִיחַ וַיְהִי בְּבֵית אֲדֹנָיו הַמִּצְרִי׃ וַיַּרְא אֲדֹנָיו כִּי ג
יְהוָה אִתּוֹ וְכֹל אֲשֶׁר־הוּא עֹשֶׂה יְהוָה מַצְלִיחַ
בְּיָדוֹ׃ וַיִּמְצָא יוֹסֵף חֵן בְּעֵינָיו וַיְשָׁרֶת אֹתוֹ וַיַּפְקִדֵהוּ ד
עַל־בֵּיתוֹ וְכָל־יֶשׁ־לוֹ נָתַן בְּיָדוֹ׃ וַיְהִי מֵאָז הִפְקִיד ה
אֹתוֹ בְּבֵיתוֹ וְעַל כָּל־אֲשֶׁר יֶשׁ־לוֹ וַיְבָרֶךְ יְהוָה
אֶת־בֵּית הַמִּצְרִי בִּגְלַל יוֹסֵף וַיְהִי בִּרְכַּת יְהוָה
בְּכָל־אֲשֶׁר יֶשׁ־לוֹ בַּבַּיִת וּבַשָּׂדֶה׃ וַיַּעֲזֹב כָּל־ ו
אֲשֶׁר־לוֹ בְּיַד־יוֹסֵף וְלֹא־יָדַע אִתּוֹ מְאוּמָה כִּי
אִם־הַלֶּחֶם אֲשֶׁר־הוּא אוֹכֵל וַיְהִי יוֹסֵף יְפֵה־תֹאַר
ששי וִיפֵה מַרְאֶה׃ וַיְהִי אַחַר הַדְּבָרִים הָאֵלֶּה וַתִּשָּׂא ז
אֵשֶׁת־אֲדֹנָיו אֶת־עֵינֶיהָ אֶל־יוֹסֵף וַתֹּאמֶר שִׁכְבָה
עִמִּי׃ וַיְמָאֵן ׀ וַיֹּאמֶר אֶל־אֵשֶׁת אֲדֹנָיו הֵן אֲדֹנִי ח
לֹא־יָדַע אִתִּי מַה־בַּבָּיִת וְכֹל אֲשֶׁר־יֶשׁ־לוֹ נָתַן
בְּיָדִי׃ אֵינֶנּוּ גָדוֹל בַּבַּיִת הַזֶּה מִמֶּנִּי וְלֹא־חָשַׂךְ ט
מִמֶּנִּי מְאוּמָה כִּי אִם־אוֹתָךְ בַּאֲשֶׁר אַתְּ־אִשְׁתּוֹ
וְאֵיךְ אֶעֱשֶׂה הָרָעָה הַגְּדֹלָה הַזֹּאת וְחָטָאתִי

י לֵֽאלֹהִֽים׃ וַֽיְהִ֕י כְּדַבְּרָ֥הּ אֶל־יוֹסֵ֖ף י֣וֹם ׀ י֑וֹם וְלֹא־
יא שָׁמַ֥ע אֵלֶ֛יהָ לִשְׁכַּ֥ב אֶצְלָ֖הּ לִהְי֥וֹת עִמָּֽהּ׃ וַיְהִי֙
כְּהַיּ֣וֹם הַזֶּ֔ה וַיָּבֹ֥א הַבַּ֖יְתָה לַעֲשׂ֣וֹת מְלַאכְתּ֑וֹ

לט א דְּעַל יְדֵיהּ זְהוֹרִיתָא, וּקְרָא שְׁמֵיהּ זָרַח: וְיוֹסֵף אִתַּחַת לְמִצְרָיִם, וְזַבְנֵיהּ, פּוֹטִיפַר רַבָּא דְפַרְעֹה,
ב רַב קָטוֹלַיָּא גְּבַר מִצְרָאָה, מִיְּדָא דְעַרְבָאֵי, דְּאַחֲתוּהִי לְתַמָּן: וַהֲוָה מֵימְרָא דַיְיָ בְּסַעֲדֵיהּ דְּיוֹסֵף,
ג וַהֲוָה גְּבַר מַצְלַח, וַהֲוָה, בְּבֵית רִבּוֹנֵיהּ מִצְרָאָה: וַחֲזָא רִבּוֹנֵיהּ, אֲרֵי מֵימְרָא דַיְיָ בְּסַעֲדֵיהּ, וְכָל
ד דְּהוּא עָבֵיד, יְיָ מַצְלַח בִּידֵיהּ: וְאַשְׁכַּח יוֹסֵף רַחֲמִין, בְּעֵינוֹהִי וְשַׁמֵּישׁ יָתֵיהּ, וּמַנְּיֵהּ עַל בֵּיתֵיהּ,
ה וְכָל דְּאִית לֵיהּ מְסַר בִּידֵיהּ: וַהֲוָה, מֵעִדָּן דְּמַנִּי יָתֵיהּ בְּבֵיתֵיהּ, וְעַל כָּל דְּאִית לֵיהּ, וּבָרֵיךְ יְיָ, יָת
ו בֵּית מִצְרָאָה בְּדִיל יוֹסֵף, וַהֲוָה, בִּרְכְתָא דַיְיָ בְּכָל דְּאִית לֵיהּ, בְּבֵיתָא וּבְחַקְלָא: וּשְׁבַק כָּל דְּלֵיהּ
בִּידָא דְיוֹסֵף, וְלָא יְדַע עִמֵּיהּ מִדְּעַם, אֱלָהֵין לַחְמָא דְּהוּא אָכֵיל, וַהֲוָה יוֹסֵף, שַׁפִּיר בְּרֵיוָא וְיָאֵי
ז בְּחֶזְוָא: וַהֲוָה, בָּתַר פִּתְגָמַיָּא הָאִלֵּין, וּזְקַפַת אִתַּת רִבּוֹנֵיהּ, יָת עֵינַהָא לְוָת יוֹסֵף, וַאֲמַרַת שְׁכוּב
ח עִמִּי: וְסָרֵיב וַאֲמַר לְאִתַּת רִבּוֹנֵיהּ, הָא רִבּוֹנִי, לָא יְדַע עִמִּי מָא בְּבֵיתָא, וְכָל דְּאִית לֵיהּ מְסַר
ט בִּידִי: לֵית דְּרַב, בְּבֵיתָא הָדֵין מִנִּי, וְלָא מְנַע מִנִּי מִדַּעַם, אֱלָהֵין יָתִיךְ בְּדִיל דְּאַתְּ אִתְּתֵיהּ,
י וְאֵיכְדֵין אַעֲבֵיד, בִּשְׁתָּא רַבְּתָא הָדָא, וַאֲחוּב קֳדָם יְיָ: וַהֲוָה, כַּד מַלֵּילַת עִם יוֹסֵף יוֹם יוֹם, וְלָא
יא קַבֵּיל מִנַּהּ, לְמִשְׁכַּב לְוָתַהּ לְמֶהֱוֵי עִמַּהּ: וַהֲוָה כְּיוֹמָא הָדֵין, וְעָאל לְבֵיתָא לְמִבְדַּק בִּכְתָבֵי

ל] אֲשֶׁר עַל יָדוֹ הַשָּׁנִי. אַרְבַּע יָדוֹת כְּתוּבוֹת כָּאן, כְּנֶגֶד אַרְבָּעָה אֲוָמִים שֶׁמָּעַל עָכָן שֶׁיָּצָא מִמֶּנּוּ. וְיֵשׁ אוֹמְרִים: כְּנֶגֶד אַרְבָּעָה דְּבָרִים שֶׁלָּקַח: אַדֶּרֶת שִׁנְעָר, וּשְׁתֵּי חֲתִיכוֹת כֶּסֶף שֶׁל מָאתַיִם שְׁקָלִים, וּלְשׁוֹן זָהָב (יהושע ז, כא). בִּבְרֵאשִׁית רַבָּה (פה, יד): וַיִּקְרָא שְׁמוֹ זָרַח. עַל שֵׁם זְרִיחַת מַרְאִית הַשָּׁנִי:

פרק לט

א] וְיוֹסֵף הוּרַד. חוֹזֵר לְעִנְיָן רִאשׁוֹן, אֶלָּא שֶׁהִפְסִיק בּוֹ כְּדֵי לִסְמֹךְ יְרִידָתוֹ שֶׁל יְהוּדָה לִמְכִירָתוֹ שֶׁל יוֹסֵף, לוֹמַר שֶׁבִּשְׁבִילוֹ הוֹרִידוּהוּ מִגְּדֻלָּתוֹ. וְעוֹד, כְּדֵי לִסְמֹךְ מַעֲשֵׂה אִשְׁתּוֹ שֶׁל פּוֹטִיפַר לְמַעֲשֵׂה תָמָר, לוֹמַר לְךָ, מַה זּוֹ לְשֵׁם שָׁמַיִם אַף זוֹ לְשֵׁם שָׁמַיִם, שֶׁרָאֲתָה בְּאִצְטְרוֹלוֹגִין שֶׁלָּהּ שֶׁעֲתִידָה לְהַעֲמִיד בָּנִים מִמֶּנּוּ, וְאֵינָהּ יוֹדַעַת אִם מִמֶּנָּה אִם מִבִּתָּהּ:

ג] כִּי ה׳ אִתּוֹ. שֵׁם שָׁמַיִם שָׁגוּר בְּפִיו:

ד] וְכָל יֶשׁ לוֹ. הֲרֵי לָשׁוֹן קָצָר, חָסֵר ׳אֲשֶׁר׳:

ו-ז] וְלֹא יָדַע אִתּוֹ מְאוּמָה. לֹא הָיָה נוֹתֵן לִבּוֹ לִכְלוּם: כִּי אִם הַלֶּחֶם. הִיא אִשְׁתּוֹ, אֶלָּא שֶׁדִּבֵּר בְּלָשׁוֹן נְקִיָּה: וַיְהִי יוֹסֵף יְפֵה תֹאַר. כֵּיוָן שֶׁרָאָה עַצְמוֹ מוֹשֵׁל, הִתְחִיל אוֹכֵל וְשׁוֹתֶה וּמְסַלְסֵל בִּשְׂעָרוֹ. אָמַר הַקָּדוֹשׁ בָּרוּךְ הוּא: אָבִיךָ מִתְאַבֵּל, וְאַתָּה מְסַלְסֵל בִּשְׂעָרְךָ?! אֲנִי מְגָרֶה בְךָ אֶת הַדֹּב! מִיָּד – "וַתִּשָּׂא אֵשֶׁת אֲדֹנָיו" וְגוֹ׳; כָּל מָקוֹם שֶׁנֶּאֱמַר ׳אַחַר׳ – סָמוּךְ:

ט] וְחָטָאתִי לֵאלֹהִים. בְּנֵי נֹחַ נִצְטַוּוּ עַל הָעֲרָיוֹת:

י] לִשְׁכַּב אֶצְלָהּ. אֲפִלּוּ בְּלֹא תַּשְׁמִישׁ: לִהְיוֹת עִמָּהּ. לָעוֹלָם הַבָּא:

וְאֵין אִישׁ מֵאַנְשֵׁי הַבַּיִת שָׁם בַּבָּיִת׃ וַתִּתְפְּשֵׂהוּ יב
בְּבִגְדוֹ לֵאמֹר שִׁכְבָה עִמִּי וַיַּעֲזֹב בִּגְדוֹ בְּיָדָהּ
וַיָּנָס וַיֵּצֵא הַחוּצָה׃ וַיְהִי כִּרְאוֹתָהּ כִּי־עָזַב בִּגְדוֹ יג
בְּיָדָהּ וַיָּנָס הַחוּצָה׃ וַתִּקְרָא לְאַנְשֵׁי בֵיתָהּ יד
וַתֹּאמֶר לָהֶם לֵאמֹר רְאוּ הֵבִיא לָנוּ אִישׁ עִבְרִי
לְצַחֶק בָּנוּ בָּא אֵלַי לִשְׁכַּב עִמִּי וָאֶקְרָא בְּקוֹל
גָּדוֹל׃ וַיְהִי כְשָׁמְעוֹ כִּי־הֲרִימֹתִי קוֹלִי וָאֶקְרָא טו
וַיַּעֲזֹב בִּגְדוֹ אֶצְלִי וַיָּנָס וַיֵּצֵא הַחוּצָה׃ וַתַּנַּח טז
בִּגְדוֹ אֶצְלָהּ עַד־בּוֹא אֲדֹנָיו אֶל־בֵּיתוֹ׃ וַתְּדַבֵּר יז
אֵלָיו כַּדְּבָרִים הָאֵלֶּה לֵאמֹר בָּא אֵלַי הָעֶבֶד
הָעִבְרִי אֲשֶׁר־הֵבֵאתָ לָּנוּ לְצַחֶק בִּי׃ וַיְהִי יח
כַּהֲרִימִי קוֹלִי וָאֶקְרָא וַיַּעֲזֹב בִּגְדוֹ אֶצְלִי וַיָּנָס
הַחוּצָה׃ וַיְהִי כִשְׁמֹעַ אֲדֹנָיו אֶת־דִּבְרֵי אִשְׁתּוֹ יט
אֲשֶׁר דִּבְּרָה אֵלָיו לֵאמֹר כַּדְּבָרִים הָאֵלֶּה עָשָׂה
לִי עַבְדֶּךָ וַיִּחַר אַפּוֹ׃ וַיִּקַּח אֲדֹנֵי יוֹסֵף אֹתוֹ כ
אֲסִירֵי וַיִּתְּנֵהוּ אֶל־בֵּית הַסֹּהַר מְקוֹם אֲשֶׁר־אסורי
הַמֶּלֶךְ אֲסוּרִים וַיְהִי־שָׁם בְּבֵית הַסֹּהַר׃ וַיְהִי כא
יְהוָה אֶת־יוֹסֵף וַיֵּט אֵלָיו חָסֶד וַיִּתֵּן חִנּוֹ בְּעֵינֵי
שַׂר בֵּית־הַסֹּהַר׃ וַיִּתֵּן שַׂר בֵּית־הַסֹּהַר בְּיַד־ כב
יוֹסֵף אֵת כָּל־הָאֲסִירִם אֲשֶׁר בְּבֵית הַסֹּהַר

וְאֵת כָּל־אֲשֶׁר עֹשִׂים שָׁם הוּא הָיָה עֹשֶׂה׃
כג אֵין ׀ שַׂר בֵּית־הַסֹּהַר רֹאֶה אֶת־כָּל־מְאוּמָה
בְּיָדוֹ בַּאֲשֶׁר יְהוָה אִתּוֹ וַאֲשֶׁר־הוּא עֹשֶׂה יְהוָה
מַצְלִיחַ׃

יב חשבניה, ולית אנש, מאנשי ביתא, תמן בביתא: ואחידתיה בלבושיה, למימר שכוב עמי,
יג ושבקיה ללבושיה בידה, וערק ונפק לשוקא: והוה כד חזת, ארי שבקיה ללבושיה בידה,
יד וערק לשוקא: וקרת לאנשי ביתה, ואמרת להון למימר, חזו, איתי לנא, גברא עבראה
טו לחיכא בנא, עאל לותי למשכב עמי, וקרית בקלא רמא: והוה כד שמע, ארי ארימית
טז קלי וקרית, ושבקיה ללבושיה לותי, וערק ונפק לשוקא: ואחיתתיה ללבושיה לותה, עד
יז דעאל רבוניה לביתיה: ומלילת עמיה, כפתגמיא האלין למימר, עאל לותי, עבדא
יח עבראה, דאיתיתא לנא לחיכא בי: והוה, כד ארימית קלי וקרית, ושבקיה ללבושיה,
יט לותי וערק לשוקא: והוה כד שמע רבוניה ית פתגמי אתתיה, דמלילת עמיה למימר,
כ כפתגמיא האלין, עבד לי עבדך, ותקיף רגזיה: ודבר רבוניה דיוסף יתיה, ויהביה בבית
כא אסירי, אתרא, דאסירי מלכא אסירין, והוה תמן בבית אסירי: והוה מימרא דיי בסעדיה
כב דיוסף, ונגד ליה חסדא, ויהביה לרחמין, בעיני רב בית אסירי: ויהב, רב בית אסירי בידא
דיוסף, ית כל אסיריא, דבבית אסירי, וית כל דעבדין תמן, ממימריה הוה מתעביד:
כג לית רב בית אסירי, חזי ית כל סרחן בידיה, בדמימרא דיי בסעדיה, ודהוא עביד יי מצלח:

יא| **ויהי כהיום הזה.** כלומר, ויהי כאשר הגיע יום מיוחד, יום צחוק, יום איד שלהם, שהלכו כלם לבית עבודה זרה; אמרה: אין לי יום הגון להזקק ליוסף כהיום הזה. אמרה להם: חולה אני ואיני יכולה לילך: **לעשות מלאכתו.** רב ושמואל, חד אמר: מלאכתו ממש, וחד אמר: לעשות צרכיו עמה, אלא שנראית לו דמות דיוקנו של אביו וכו', כדאיתא במסכת סוטה (דף לו ע"ב):

יד| **ראו הביא לנו.** הרי זה לשון קצרה, "הביא לנו" ולא פרש מי הביאו, ועל בעלה אומרת כן: **עברי.** מעבר הנהר, מבני עבר:

טז| **אדניו.** של יוסף:

יז| **בא אלי.** לצחק בי, העבד העברי אשר הבאת לנו:

יט| **ויהי כשמע אדניו.** בשעת תשמיש אמרה לו, וזהו שאמרה: "כדברים האלה עשה לי עבדך" – ענייני תשמיש כאלה:

כא| **ויט אליו חסד.** שהיה מקובל לכל רואיו, לשון 'כלה נאה וחסודה' שבמשנה (כתובות יז ע"א):

כב| **הוא היה עשה.** כתרגומו: "במימריה הוה מתעביד":

כג| **באשר ה' אתו.** בשביל שה' אתו:

מ א וַיְהִי אַחַר הַדְּבָרִים הָאֵלֶּה חָטְאוּ מַשְׁקֵה שביעי
מֶלֶךְ־מִצְרַיִם וְהָאֹפֶה לַאֲדֹנֵיהֶם לְמֶלֶךְ מִצְרָיִם׃
ב וַיִּקְצֹף פַּרְעֹה עַל שְׁנֵי סָרִיסָיו עַל שַׂר הַמַּשְׁקִים
ג וְעַל שַׂר הָאוֹפִים׃ וַיִּתֵּן אֹתָם בְּמִשְׁמַר בֵּית שַׂר
הַטַּבָּחִים אֶל־בֵּית הַסֹּהַר מְקוֹם אֲשֶׁר יוֹסֵף
ד אָסוּר שָׁם׃ וַיִּפְקֹד שַׂר הַטַּבָּחִים אֶת־יוֹסֵף אִתָּם
ה וַיְשָׁרֶת אֹתָם וַיִּהְיוּ יָמִים בְּמִשְׁמָר׃ וַיַּחַלְמוּ *
חֲלוֹם שְׁנֵיהֶם אִישׁ חֲלֹמוֹ בְּלַיְלָה אֶחָד אִישׁ
כְּפִתְרוֹן חֲלֹמוֹ הַמַּשְׁקֶה וְהָאֹפֶה אֲשֶׁר לְמֶלֶךְ
ו מִצְרַיִם אֲשֶׁר אֲסוּרִים בְּבֵית הַסֹּהַר׃ וַיָּבֹא
אֲלֵיהֶם יוֹסֵף בַּבֹּקֶר וַיַּרְא אֹתָם וְהִנָּם זֹעֲפִים׃
ז וַיִּשְׁאַל אֶת־סְרִיסֵי פַרְעֹה אֲשֶׁר אִתּוֹ בְמִשְׁמַר
בֵּית אֲדֹנָיו לֵאמֹר מַדּוּעַ פְּנֵיכֶם רָעִים הַיּוֹם׃
ח וַיֹּאמְרוּ אֵלָיו חֲלוֹם חָלַמְנוּ וּפֹתֵר אֵין אֹתוֹ
וַיֹּאמֶר אֲלֵהֶם יוֹסֵף הֲלוֹא לֵאלֹהִים פִּתְרֹנִים
ט סַפְּרוּ־נָא לִי׃ וַיְסַפֵּר שַׂר־הַמַּשְׁקִים אֶת־חֲלֹמוֹ *
לְיוֹסֵף וַיֹּאמֶר לוֹ בַּחֲלוֹמִי וְהִנֵּה־גֶפֶן לְפָנָי׃
י וּבַגֶּפֶן שְׁלֹשָׁה שָׂרִיגִם וְהִוא כְפֹרַחַת עָלְתָה נִצָּהּ
יא הִבְשִׁילוּ אַשְׁכְּלֹתֶיהָ עֲנָבִים׃ וְכוֹס פַּרְעֹה בְּיָדִי
וָאֶקַּח אֶת־הָעֲנָבִים וָאֶשְׂחַט אֹתָם אֶל־כּוֹס

פַּרְעֹה וָאֶתֵּן אֶת־הַכּוֹס עַל־כַּף פַּרְעֹה׃
יב וַיֹּאמֶר לוֹ יוֹסֵף זֶה פִּתְרֹנוֹ שְׁלֹשֶׁת הַשָּׂרִגִים

מ א והוה, בתר פתגמיא האלין, סרחו, שקיא דמלכא דמצרים ונחתומא, לרבונהון למלכא
ב ג דמצרים: ורגיז פרעה, על תרין רברבנוהי, על רב שקי, ועל רב נחתומי: ויהב יתהון במטרת,
ד בית, רב קטוליא בבית אסירי, אתרא, דיוסף אסיר תמן: ומני, רב קטוליא ית יוסף, עמהון
ה ושמיש יתהון, והוו יומין במטרא: וחלמו חלמא תרויהון, גבר חלמיה בליליא חד, גבר כפשרן
ו חלמיה, שקיא ונחתומא, דלמלכא דמצרים, דאסירין בבית אסירי: ואתא לותהון, יוסף
ז בצפרא, וחזא יתהון, והא אנון נסיסין: ושאיל ית רברבי פרעה, דעמיה במטרת, בית רבוניה
ח למימר, מדין, אפיכון בישין יומא דין: ואמרו ליה, חלמא חלמנא, ופשר לית ליה, ואמר להון
ט יוסף, הלא מן קדם יי פשרן חלמיא, אשתעו כען לי: ואשתעי רב שקי, ית חלמיה ליוסף, ואמר
י ליה, בחלמי, והא גופנא קדמי: ובגופנא תלתא שבשין, והיא כד אפרחת אפיקת לבלבין
יא אניצת נץ, בשילו אתכלהא הוו ענבין: וכסא דפרעה בידי, ונסיבית ית ענביא, ועצרית יתהון
יב לכסא דפרעה, ויהבית ית כסא על ידא דפרעה: ואמר ליה יוסף, דין פשרניה, תלתא שבשין,

פרק מ

א| אחר הדברים האלה. לפי שהרגילה אותה ארורה את הצדיק בפי כלם לדבר בו, הביא להם הקדוש ברוך הוא סרחנם של אלו, שיפנו אליהם ולא אליו; ועוד שתבוא הרוחה לצדיק על ידיהם: חטאו. זה נמצא זבוב בפיילי פוטירין שלו, וזה נמצא צרור בגלוסקין שלו: והאפה. את פת המלך, ואין לשון אפיה אלא בפת, ובלעז פיסטו"ר:

ד| ויפקד שר הטבחים את יוסף. להיות "אתם": ויהיו ימים במשמר. שנים עשר חדש:

ה| ויחלמו חלום שניהם. ויחלמו שניהם חלום, זהו פשוטו. ומדרשו, כל אחד חלם "חלום שניהם" – שחלם את חלומו ופתרון חברו, וזהו שנאמר: "וירא שר האפים כי טוב פתר": איש כפתרון חלמו. כל אחד חלם חלום הדומה לפתרון העתיד לבא עליהם:

ו| זעפים. עצבים, כמו: "סר וזעף" (מלכים א' כ, מג), "זעף ה' אשא" (מיכה ז, ט):

י| שריגם. זמורות ארוכות שקורין וידי"ץ: והוא כפרחת. דומה לפורחת. "והיא כפרחת" – נדמית לי בחלומי כאלו היא פורחת, ואחר הפרח "עלתה נצה" ונעשו סמדר, אשפני"ר בלעז, ואחר כך "הבשילו". "והיא כד אפרחת אפיקת לבלבין", עד כאן תרגום של "פרחת". נץ גדול מפרח, כדכתיב: "ובסר גמל יהיה נצה" (ישעיה יח, ה), וכתיב: "ויצא פרח" והדר "ויצץ ציץ" (במדבר יז, כג):

יא| ואשחט. כתרגומו "ועצרית", והרבה יש בלשון משנה:

שְׁלֹשֶׁת יָמִים הֵם׃ בְּעוֹד ׀ שְׁלֹשֶׁת יָמִים יִשָּׂא יג
פַרְעֹה אֶת־רֹאשֶׁךָ וַהֲשִׁיבְךָ עַל־כַּנֶּךָ וְנָתַתָּ
כוֹס־פַּרְעֹה בְּיָדוֹ כַּמִּשְׁפָּט הָרִאשׁוֹן אֲשֶׁר
הָיִיתָ מַשְׁקֵהוּ׃ כִּי אִם־זְכַרְתַּנִי אִתְּךָ כַּאֲשֶׁר יד
יִיטַב לָךְ וְעָשִׂיתָ־נָּא עִמָּדִי חָסֶד וְהִזְכַּרְתַּנִי
אֶל־פַּרְעֹה וְהוֹצֵאתַנִי מִן־הַבַּיִת הַזֶּה׃ כִּי־גֻנֹּב טו
גֻּנַּבְתִּי מֵאֶרֶץ הָעִבְרִים וְגַם־פֹּה לֹא־עָשִׂיתִי
מְאוּמָה כִּי־שָׂמוּ אֹתִי בַּבּוֹר׃ וַיַּרְא שַׂר־הָאֹפִים טז
כִּי טוֹב פָּתָר וַיֹּאמֶר אֶל־יוֹסֵף אַף־אֲנִי בַּחֲלוֹמִי
וְהִנֵּה שְׁלֹשָׁה סַלֵּי חֹרִי עַל־רֹאשִׁי׃ וּבַסַּל הָעֶלְיוֹן יז
מִכֹּל מַאֲכַל פַּרְעֹה מַעֲשֵׂה אֹפֶה וְהָעוֹף אֹכֵל
אֹתָם מִן־הַסַּל מֵעַל רֹאשִׁי׃ וַיַּעַן יוֹסֵף וַיֹּאמֶר יח
זֶה פִּתְרֹנוֹ שְׁלֹשֶׁת הַסַּלִּים שְׁלֹשֶׁת יָמִים הֵם׃
בְּעוֹד ׀ שְׁלֹשֶׁת יָמִים יִשָּׂא פַרְעֹה אֶת־רֹאשְׁךָ יט
מֵעָלֶיךָ וְתָלָה אוֹתְךָ עַל־עֵץ וְאָכַל הָעוֹף אֶת־
מפטיר בְּשָׂרְךָ מֵעָלֶיךָ׃ וַיְהִי ׀ בַּיּוֹם הַשְּׁלִישִׁי יוֹם הֻלֶּדֶת כ
אֶת־פַּרְעֹה וַיַּעַשׂ מִשְׁתֶּה לְכָל־עֲבָדָיו וַיִּשָּׂא
אֶת־רֹאשׁ ׀ שַׂר הַמַּשְׁקִים וְאֶת־רֹאשׁ שַׂר
הָאֹפִים בְּתוֹךְ עֲבָדָיו׃ וַיָּשֶׁב אֶת־שַׂר הַמַּשְׁקִים כא

כב עַל־מַשְׁקֵהוּ וַיִּתֵּן הַכּוֹס עַל־כַּף פַּרְעֹה: וְאֵת שַׂר
כג הָאֹפִים תָּלָה כַּאֲשֶׁר פָּתַר לָהֶם יוֹסֵף: וְלֹא־זָכַר
שַׂר־הַמַּשְׁקִים אֶת־יוֹסֵף וַיִּשְׁכָּחֵהוּ:

יג תְּלָתָא יוֹמִין אִנּוּן: בְּסוֹף תְּלָתָא יוֹמִין, יִדְכְּרִנָּךְ פַּרְעֹה, וִיתִיבִנָּךְ עַל שִׁמּוּשָׁךְ, וְתִתֵּין כָּסָא
יד דְּפַרְעֹה בִּידֵיהּ, כְּהִלְכְתָא קַדְמֵיתָא, דַּהֲוֵיתָא מַשְׁקֵי לֵיהּ: אֱלָהֵין תִּדְכְּרִנַּנִי עִמָּךְ, כַּד יִיטַב לָךְ,
טו וְתַעֲבֵיד כְּעַן עִמִּי טֵיבוּ, וְתִדְכַּר עֲלַי קֳדָם פַּרְעֹה, וְתַפְּקִנַּנִי מִן בֵּית אֲסִירֵי הָדֵין: אֲרֵי מִגְנָב
טז גְּנִיבְנָא, מֵאֲרַע עִבְרָאֵי, וְאַף הָכָא לָא עֲבַדִית מִדָּעַם, אֲרֵי מַנִּיאוּ יָתִי בְּבֵית אֲסִירֵי: וַחֲזָא רַב
נַחְתּוֹמֵי אֲרֵי יָאוּת פַּשַּׁר, וַאֲמַר לְיוֹסֵף, אַף אֲנָא בְּחֶלְמִי, וְהָא, תְּלָתָא, סַלִּין דְּחֵירוּ עַל רֵישִׁי:
יז וּבְסַלָּא עִלָּאָה, מִכֹּל, מֵיכְלָא דְּפַרְעֹה עוֹבַד נַחְתּוֹם, וְעוֹפָא, אָכֵיל יָתְהוֹן, מִן סַלָּא מֵעִלָּוֵי רֵישִׁי:
יח יט וַאֲתֵיב יוֹסֵף וַאֲמַר, דֵּין פֻּשְׁרָנֵיהּ, תְּלָתָא סַלִּין, תְּלָתָא יוֹמִין אִנּוּן: בְּסוֹף תְּלָתָא יוֹמִין, יַעְדֵּי
כ פַּרְעֹה יָת רֵישָׁךְ מִנָּךְ, וְיִצְלוֹב יָתָךְ עַל צְלִיבָא, וְיֵיכוֹל עוֹפָא, יָת בִּסְרָךְ מִנָּךְ: וַהֲוָה בְּיוֹמָא
תְּלִיתָאָה, יוֹם בֵּית וַלְדָא דְּפַרְעֹה, וַעֲבַד מִשְׁתְּיָא לְכָל עַבְדּוֹהִי, וְאִדְכַּר, יָת רֵישׁ רַב שָׁקֵי, וְיָת
כא רֵישׁ, רַב נַחְתּוֹמֵי בְּגוֹ עַבְדּוֹהִי: וַאֲתֵיב, יָת רַב שָׁקֵי עַל שַׁקְיוּתֵיהּ, וִיהַב כָּסָא עַל יְדָא דְּפַרְעֹה:
כב כג וְיָת, רַב נַחְתּוֹמֵי צְלַב, כְּמָא דְּפַשַּׁר לְהוֹן יוֹסֵף: וְלָא אִדְכַּר רַב שָׁקֵי, יָת יוֹסֵף וְאַנְשְׁיֵהּ:

יב| **שְׁלֹשֶׁת יָמִים הֵם.** סִימָן הֵם לְךָ לִשְׁלֹשֶׁת יָמִים, וְיֵשׁ מִדְרְשֵׁי אַגָּדָה הַרְבֵּה:

יג| **יִשָּׂא פַרְעֹה אֶת רֹאשֶׁךָ.** לְשׁוֹן חֶשְׁבּוֹן, כְּשֶׁיִּפְקֹד שְׁאָר עֲבָדָיו לְשָׁרֵת לְפָנָיו בִּסְעוּדָה, יִמְנֶה אוֹתְךָ עִמָּהֶם: **כַּנֶּךָ.** בְּסִיס שֶׁלְּךָ וּמוֹשָׁבְךָ:

יד| **כִּי אִם זְכַרְתַּנִי אִתְּךָ.** אַחַר אִם זְכַרְתַּנִי אִתְּךָ, מֵאַחַר שֶׁיִּיטַב לְךָ כְּפִתְרוֹנִי: **וְעָשִׂיתָ נָּא עִמָּדִי חָסֶד.** אֵין 'נָא' אֶלָּא לְשׁוֹן בַּקָּשָׁה [הֲרֵי אַתָּה עוֹשֶׂה עִמִּי חֶסֶד]:

טז| **סַלֵּי חֹרִי.** סַלִּים שֶׁל נְצָרִים קְלוּפִים חוֹרִין חוֹרִין, וּבִמְקוֹמֵנוּ יֵשׁ הַרְבֵּה, וְדֶרֶךְ מוֹכְרֵי פַּת כִּסָּנִין שֶׁקּוֹרִין אוֹבלי"ש לְתִתָּם בְּאוֹתָם סַלִּים:

כ| **יוֹם הֻלֶּדֶת אֶת פַּרְעֹה.** יוֹם לֵדָתוֹ, וְקוֹרִין לוֹ יוֹם גְּנוּסְיָא. וּלְשׁוֹן 'הֻלֶּדֶת', לְפִי שֶׁאֵין הַוָּלָד נוֹלָד אֶלָּא עַל יְדֵי אֲחֵרִים, שֶׁהַחַיָּה מְיַלֶּדֶת אֶת הָאִשָּׁה, וְעַל כֵּן הִיא נִקְרֵאת 'מְיַלֶּדֶת'; וְכֵן: "וּמוֹלְדוֹתַיִךְ בְּיוֹם הוּלֶּדֶת אוֹתָךְ" (יחזקאל טז, ד), וְכֵן: "אַחֲרֵי הֻכַּבֵּס אֶת הַנֶּגַע" (ויקרא יג, נה), שֶׁכִּבּוּסוֹ עַל יְדֵי אֲחֵרִים: **וַיִּשָּׂא אֶת רֹאשׁ וְגוֹ'.** מְנָאָם עִם שְׁאָר עֲבָדָיו, שֶׁהָיָה מוֹנֶה הַמְשָׁרְתִים שֶׁיְּשָׁרְתוּ לוֹ בִּסְעֻדָּתוֹ וְזָכַר אֶת אֵלּוּ בְּתוֹכָם, כְּמוֹ: "שְׂאוּ אֶת רֹאשׁ" (במדבר א, ב), לְשׁוֹן מִנְיָן:

כג| **וְלֹא זָכַר שַׂר הַמַּשְׁקִים.** בּוֹ בַּיּוֹם: **וַיִּשְׁכָּחֵהוּ.** לְאַחַר מִכָּאן. מִפְּנֵי שֶׁתָּלָה בּוֹ יוֹסֵף לְזָכְרוֹ הֻזְקַק לִהְיוֹת אָסוּר שְׁתֵּי שָׁנִים, שֶׁנֶּאֱמַר: "אַשְׁרֵי הַגֶּבֶר אֲשֶׁר שָׂם ה' מִבְטַחוֹ וְלֹא פָנָה אֶל רְהָבִים" (תהלים מ, ה), וְלֹא בָּטַח עַל מִצְרַיִם הַקְּרוּיִים רַהַב:

וישב

הפטרת וישב

בחנוכה קוראים את המפטיר ואת ההפטרה בעמודים שז-שיב.

עמוס היה נביא באחת מתקופות השיא של מלכויות ישראל ויהודה, ימי עוזיהו מלך יהודה וימי ירבעם בן יואש מלך ישראל. שניהם מלכו עשרות שנים. בזכות יציבות זו הממלכות היו חזקות ובעלות שפע חומרי. עמוס השמיע דברו במלכות ישראל והזהיר מפני חברת שפע היוצרת עיוותים חברתיים-כלכליים, ופוגעת אנושות בשכבות חלשות. חברה כזו גוזרת כליה על עצמה.

קורה שנוצרת מציאות מעוותת. גם אם היא קשה – יש דרך לתקן. תנאי בסיסי לכל תיקון: התבוננות אמיצה במציאות ומוכנות לתקן. התעלמות מן המציאות המעוותת והכחשתה, ינציחו אותה ויובילו להתרסקות. סדרה של שבע שאלות רטוריות מסיימת את ההפטרה. כולן מציגות קישור הכרחי בין סיבה לתוצאה. מי שלא מבין מה הקשר בין המצב שמצויה בו החברה ובין התנהלותה – יתרסק. "אריה שאג – מי לא יירא?"

עמוס כֹּה אָמַר יְהוָה עַל־שְׁלֹשָׁה פִּשְׁעֵי יִשְׂרָאֵל וְעַל־אַרְבָּעָה לֹא אֲשִׁיבֶנּוּ ו ב
עַל־מִכְרָם בַּכֶּסֶף צַדִּיק וְאֶבְיוֹן בַּעֲבוּר נַעֲלָיִם: הַשֹּׁאֲפִים עַל־עֲפַר־אֶרֶץ ז
בְּרֹאשׁ דַּלִּים וְדֶרֶךְ עֲנָוִים יַטּוּ וְאִישׁ וְאָבִיו יֵלְכוּ אֶל־הַנַּעֲרָה לְמַעַן חַלֵּל
אֶת־שֵׁם קָדְשִׁי: וְעַל־בְּגָדִים חֲבֻלִים יַטּוּ אֵצֶל כָּל־מִזְבֵּחַ וְיֵין עֲנוּשִׁים ח
יִשְׁתּוּ בֵּית אֱלֹהֵיהֶם: וְאָנֹכִי הִשְׁמַדְתִּי אֶת־הָאֱמֹרִי מִפְּנֵיהֶם אֲשֶׁר כְּגֹבַהּ ט
אֲרָזִים גָּבְהוֹ וְחָסֹן הוּא כָּאַלּוֹנִים וָאַשְׁמִיד פִּרְיוֹ מִמַּעַל וְשָׁרָשָׁיו מִתָּחַת:
וְאָנֹכִי הֶעֱלֵיתִי אֶתְכֶם מֵאֶרֶץ מִצְרָיִם וָאוֹלֵךְ אֶתְכֶם בַּמִּדְבָּר אַרְבָּעִים י
שָׁנָה לָרֶשֶׁת אֶת־אֶרֶץ הָאֱמֹרִי: וָאָקִים מִבְּנֵיכֶם לִנְבִיאִים וּמִבַּחוּרֵיכֶם יא
לִנְזִרִים הַאַף אֵין־זֹאת בְּנֵי יִשְׂרָאֵל נְאֻם־יְהוָה: וַתַּשְׁקוּ אֶת־הַנְּזִרִים יָיִן יב
וְעַל־הַנְּבִיאִים צִוִּיתֶם לֵאמֹר לֹא תִּנָּבְאוּ: הִנֵּה אָנֹכִי מֵעִיק תַּחְתֵּיכֶם כַּאֲשֶׁר יג
תָּעִיק הָעֲגָלָה הַמְלֵאָה לָהּ עָמִיר: וְאָבַד מָנוֹס מִקָּל וְחָזָק לֹא־יְאַמֵּץ כֹּחוֹ יד
וְגִבּוֹר לֹא־יְמַלֵּט נַפְשׁוֹ: וְתֹפֵשׂ הַקֶּשֶׁת לֹא יַעֲמֹד וְקַל בְּרַגְלָיו לֹא יְמַלֵּט טו
וְרֹכֵב הַסּוּס לֹא יְמַלֵּט נַפְשׁוֹ: וְאַמִּיץ לִבּוֹ בַּגִּבּוֹרִים עָרוֹם יָנוּס בַּיּוֹם־הַהוּא טז
נְאֻם־יְהוָה: שִׁמְעוּ אֶת־הַדָּבָר הַזֶּה אֲשֶׁר דִּבֶּר יְהוָה עֲלֵיכֶם בְּנֵי א ג
יִשְׂרָאֵל עַל כָּל־הַמִּשְׁפָּחָה אֲשֶׁר הֶעֱלֵיתִי מֵאֶרֶץ מִצְרַיִם לֵאמֹר: רַק אֶתְכֶם ב
יָדַעְתִּי מִכֹּל מִשְׁפְּחוֹת הָאֲדָמָה עַל־כֵּן אֶפְקֹד עֲלֵיכֶם אֵת כָּל־עֲוֺנֹתֵיכֶם:
הֲיֵלְכוּ שְׁנַיִם יַחְדָּו בִּלְתִּי אִם־נוֹעָדוּ: הֲיִשְׁאַג אַרְיֵה בַּיַּעַר וְטֶרֶף אֵין לוֹ ג ד
הֲיִתֵּן כְּפִיר קוֹלוֹ מִמְּעֹנָתוֹ בִּלְתִּי אִם־לָכָד: הֲתִפֹּל צִפּוֹר עַל־פַּח הָאָרֶץ ה
וּמוֹקֵשׁ אֵין לָהּ הֲיַעֲלֶה־פַּח מִן־הָאֲדָמָה וְלָכוֹד לֹא יִלְכּוֹד: אִם־יִתָּקַע ו
שׁוֹפָר בְּעִיר וְעָם לֹא יֶחֱרָדוּ אִם־תִּהְיֶה רָעָה בְּעִיר וַיהוָה לֹא עָשָׂה: כִּי ז
לֹא יַעֲשֶׂה אֲדֹנָי יְהוִה דָּבָר כִּי אִם־גָּלָה סוֹדוֹ אֶל־עֲבָדָיו הַנְּבִיאִים: אַרְיֵה ח
שָׁאָג מִי לֹא יִירָא אֲדֹנָי יְהוִה דִּבֶּר מִי לֹא יִנָּבֵא:

פרשת
מקץ

נושאים לפי סדרים	לו	לז	לח	לט
	חלום פרעה ופתרון יוסף	**יוסף עולה לגדולה אחיו יורדים לשבור בר**	**מאסר שמעון החזרה לכנען, דין ודברים עם יעקב**	**האחים יורדים עם בנימין למצרים גביע הכסף**

מצרים

9 שנים

מקץ

לו וַיְהִי מִקֵּץ שְׁנָתַיִם יָמִים וּפַרְעֹה חֹלֵם וְהִנֵּה עֹמֵד א מא
עַל־הַיְאֹר: וְהִנֵּה מִן־הַיְאֹר עֹלֹת שֶׁבַע פָּרוֹת ב
יְפוֹת מַרְאֶה וּבְרִיאֹת בָּשָׂר וַתִּרְעֶינָה בָּאָחוּ:
וְהִנֵּה שֶׁבַע פָּרוֹת אֲחֵרוֹת עֹלוֹת אַחֲרֵיהֶן מִן־ ג
הַיְאֹר רָעוֹת מַרְאֶה וְדַקּוֹת בָּשָׂר וַתַּעֲמֹדְנָה
אֵצֶל הַפָּרוֹת עַל־שְׂפַת הַיְאֹר: וַתֹּאכַלְנָה הַפָּרוֹת ד
רָעוֹת הַמַּרְאֶה וְדַקֹּת הַבָּשָׂר אֵת שֶׁבַע הַפָּרוֹת
יְפֹת הַמַּרְאֶה וְהַבְּרִיאֹת וַיִּיקַץ פַּרְעֹה: וַיִּישָׁן ה
וַיַּחֲלֹם שֵׁנִית וְהִנֵּה ׀ שֶׁבַע שִׁבֳּלִים עֹלוֹת בְּקָנֶה
אֶחָד בְּרִיאוֹת וְטֹבוֹת: וְהִנֵּה שֶׁבַע שִׁבֳּלִים דַּקּוֹת ו
וּשְׁדוּפֹת קָדִים צֹמְחוֹת אַחֲרֵיהֶן: וַתִּבְלַעְנָה ז
הַשִּׁבֳּלִים הַדַּקּוֹת אֵת שֶׁבַע הַשִּׁבֳּלִים הַבְּרִיאוֹת
וְהַמְּלֵאוֹת וַיִּיקַץ פַּרְעֹה וְהִנֵּה חֲלוֹם: וַיְהִי בַבֹּקֶר ח
וַתִּפָּעֶם רוּחוֹ וַיִּשְׁלַח וַיִּקְרָא אֶת־כָּל־חַרְטֻמֵּי
מִצְרַיִם וְאֶת־כָּל־חֲכָמֶיהָ וַיְסַפֵּר פַּרְעֹה לָהֶם
אֶת־חֲלֹמוֹ וְאֵין־פּוֹתֵר אוֹתָם לְפַרְעֹה: וַיְדַבֵּר ט
שַׂר הַמַּשְׁקִים אֶת־פַּרְעֹה לֵאמֹר אֶת־חֲטָאַי
אֲנִי מַזְכִּיר הַיּוֹם: פַּרְעֹה קָצַף עַל־עֲבָדָיו וַיִּתֵּן י

אֹתִי בְּמִשְׁמַר בֵּית שַׂר הַטַּבָּחִים אֹתִי וְאֵת שַׂר
יא הָאֹפִים: וַנַּחַלְמָה חֲלוֹם בְּלַיְלָה אֶחָד אֲנִי וָהוּא

מא א ב וַהֲוָה, מִסּוֹף תַּרְתֵּין שְׁנִין, וּפַרְעֹה חָלֵים, וְהָא קָאֵים עַל נַהֲרָא: וְהָא מִן נַהֲרָא, סָלְקָן שְׁבַע תּוֹרָן,
ג שַׁפִּירָן לְמֶחֱזֵי וּפַטִּימָן בְּסַר, וְרָעֲיָן בְּאַחֲוָא: וְהָא שְׁבַע תּוֹרָן אָחֳרָנְיָן, סָלִיקָא בָּתְרֵיהוֹן מִן נַהֲרָא,
ד בִּישָׁן לְמֶחֱזֵי וַחֲסִירָן בְּסַר, וְקָמָא, לָקֳבְלֵיהוֹן דְּתוֹרָתָא עַל כֵּיף נַהֲרָא: וַאֲכַלָא תוֹרָתָא, דְּבִישָׁן
ה לְמֶחֱזֵי וַחֲסִירָן בְּסַר, יָת שְׁבַע תּוֹרָתָא, דְּשַׁפִּירָן לְמֶחֱזֵי וּפַטִּימָתָא, וְאִתְּעַר פַּרְעֹה: וּדְמוּךְ, וַחֲלַם
ו תִּנְיָנוּת, וְהָא שְׁבַע שֻׁבְלִין, סָלְקָן, בְּקַנְיָא חַד פַּטִּימָן וְטָבָן: וְהָא שְׁבַע שֻׁבְלִין, לָקְיָן וּשְׁקִיפָן
ז קִדּוּם, צָמְחָן בָּתְרֵיהוֹן: וּבְלַעָא שֻׁבְלַיָּא לָקְיָתָא, יָת שְׁבַע שֻׁבְלַיָּא, פַּטִּימָתָא וּמַלְיָתָא, וְאִתְּעַר
ח פַּרְעֹה וְהָא חֶלְמָא: וַהֲוָה בְּצַפְרָא וּמִטָּרְפָא רוּחֵיהּ, וּשְׁלַח, וּקְרָא, יָת כָּל חָרָשֵׁי מִצְרַיִם וְיָת
ט כָּל חַכִּימַהָא, וְאִשְׁתַּעִי פַּרְעֹה לְהוֹן יָת חֶלְמֵיהּ, וְלֵית דְּפָשַׁר יָתְהוֹן לְפַרְעֹה: וּמַלֵּיל רַב שָׁקֵי,
י עִם פַּרְעֹה לְמֵימַר, יָת סָרְחָנִי, אֲנָא מַדְכַּר יוֹמָא דֵין: פַּרְעֹה רְגֵיז עַל עַבְדּוֹהִי, וִיהַב יָתִי
יא בְּמַטְּרַת, בֵּית רַב קָטוֹלַיָּא, יָתִי, וְיָת רַב נַחְתּוֹמֵי: וַחֲלַמְנָא חֶלְמָא, בְּלֵילְיָא חַד אֲנָא וְהוּא,

א| וַיְהִי מִקֵּץ. כְּתַרְגּוּמוֹ "מִסּוֹף", וְכָל לְשׁוֹן 'קֵץ' סוֹף הוּא: עַל הַיְאֹר. כָּל שְׁאָר נְהָרוֹת אֵינָם קְרוּיִין יְאוֹרִים חוּץ מִנִּילוּס, מִפְּנֵי שֶׁכָּל הָאָרֶץ עֲשׂוּיָה יְאוֹרִים יְאוֹרִים בִּידֵי אָדָם וְנִילוּס עוֹלֶה בְּתוֹכָם וּמַשְׁקֶה אוֹתָם, לְפִי שֶׁאֵין גְּשָׁמִים יוֹרְדִין בְּמִצְרַיִם תָּדִיר כִּשְׁאָר אֲרָצוֹת:

ב| יְפוֹת מַרְאֶה. סִימָן הוּא לִימֵי שֹׂבַע, שֶׁהַבְּרִיּוֹת נִרְאוֹת יָפוֹת זוֹ לָזוֹ, שֶׁאֵין עַיִן בְּרִיָּה צָרָה בַּחֲבֶרְתָּהּ: בָּאָחוּ. בָּאֲגַם, מריש"ק בְּלַעַז, כְּמוֹ: "יִשְׂגֶּא אָחוּ" (איוב ח, יא):

ג| וְדַקּוֹת בָּשָׂר. טינב"ש בְּלַעַז, לְשׁוֹן דַּק:

ד| וַתֹּאכַלְנָה. סִימָן שֶׁתְּהֵא כָּל שִׂמְחַת הַשָּׂבָע נִשְׁכַּחַת בִּימֵי הָרָעָב:

ה| בְּקָנֶה אֶחָד. טודי"ל בְּלַעַז: בְּרִיאוֹת. שיינ"ש בְּלַעַז:

ו| וּשְׁדוּפֹת. השליד"ש בְּלַעַז, "שְׁקִיפָן קִדּוּם", חֲבוּטוֹת, לְשׁוֹן מַשְׁקוֹף הֶחָבוּט תָּמִיד עַל יְדֵי הַדֶּלֶת הַמַּכָּה עָלָיו: קָדִים. רוּחַ מִזְרָחִית שֶׁקּוֹרִין ביש"א:

ז| הַבְּרִיאוֹת. שיינ"ש בְּלַעַז: וְהִנֵּה חֲלוֹם. וְהִנֵּה נִשְׁלַם חֲלוֹם שָׁלֵם לְפָנָיו וְהֻצְרַךְ לְפוֹתְרִים:

ח| וַתִּפָּעֶם רוּחוֹ. "וּמִטָּרְפָא רוּחֵיהּ", מְקַשְׁקֶשֶׁת בְּתוֹכוֹ כְּפַעֲמוֹן. וּבִנְבוּכַדְנֶצַּר אוֹמֵר: "וַתִּתְפָּעֶם רוּחוֹ" (דניאל ב, א), לְפִי שֶׁהָיוּ שָׁם שְׁתֵּי פְּעִימוֹת: שִׁכְחַת הַחֲלוֹם וְהַעֲלָמַת פִּתְרוֹנוֹ: חַרְטֻמֵּי. הַנֵּחָרִים בְּטִימֵי מֵתִים, שֶׁשּׁוֹאֲלִים בַּעֲצָמוֹת. 'טִימֵי' הֵן עֲצָמוֹת בִּלְשׁוֹן אֲרַמִּי, וּבַמִּשְׁנָה: בַּיִת שֶׁהוּא מָלֵא טִימַיָּא – מָלֵא עֲצָמוֹת: וְאֵין פּוֹתֵר אוֹתָם לְפַרְעֹה. פּוֹתְרִים הָיוּ אוֹתָם, אֲבָל לֹא לְפַרְעֹה, שֶׁלֹּא הָיָה קוֹלָן נִכְנָס בְּאָזְנָיו וְלֹא הָיָה לוֹ קוֹרַת

מקץ

איש כפתרון חלמו חלם: ושם אתנו נער יב
עברי עבד לשר הטבחים ונספר־לו ויפתר־
לנו את־חלמתינו איש כחלמו פתר: ויהי יג
כאשר פתר־לנו כן היה אתי השיב על־כני
ואתו תלה: וישלח פרעה ויקרא את־יוסף יד
ויריצהו מן־הבור ויגלח ויחלף שמלתיו ויבא
שני אל־פרעה: ויאמר פרעה אל־יוסף חלום טו
חלמתי ופתר אין אתו ואני שמעתי עליך
לאמר תשמע חלום לפתר אתו: ויען יוסף טז
את־פרעה לאמר בלעדי אלהים יענה את־
שלום פרעה: וידבר פרעה אל־יוסף בחלמי יז
הנני עמד על־שפת היאר: והנה מן־היאר יח
עלת שבע פרות בריאות בשר ויפת תאר
ותרעינה באחו: והנה שבע פרות אחרות יט
עלות אחריהן דלות ורעות תאר מאד ורקות
בשר לא־ראיתי כהנה בכל־ארץ מצרים לרע:
ותאכלנה הפרות הרקות והרעות את שבע כ
הפרות הראשנות הבריאת: ותבאנה אל־ כא
קרבנה ולא נודע כי־באו אל־קרבנה ומראיהן
רע כאשר בתחלה ואיקץ: וארא בחלמי כב

וְהִנֵּה שֶׁבַע שִׁבֳּלִים עֹלֹת בְּקָנֶה אֶחָד מְלֵאֹת
כג וְטֹבוֹת: וְהִנֵּה שֶׁבַע שִׁבֳּלִים צְנֻמוֹת דַּקּוֹת
כד שְׁדֻפוֹת קָדִים צֹמְחוֹת אַחֲרֵיהֶם: וַתִּבְלַעְןָ
הַשִּׁבֳּלִים הַדַּקֹּת אֵת שֶׁבַע הַשִּׁבֳּלִים הַטֹּבוֹת

יב גבר, כפשרן חלמיה חלמנא: ותמן עמנא עולים עבראי, עבדא לרב קטוליא, ואשתעינא
יג ליה, ופשר לנא ית חלמנא, גבר כחלמיה פשר: והוה, כמא דפשר לנא כן הוה, יתי, אתיב על
יד שמושי ויתיה צלב: ושלח פרעה וקרא ית יוסף, וארהטוהי מן בית אסירי, וספר ושני כסותיה,
טו ועאל לות פרעה: ואמר פרעה ליוסף, חלמא חלמית, ופשר לית ליה, ואנא, שמעית עלך
טז למימר, דאת שמע חלמא ומפשר ליה: ואתיב יוסף ית פרעה, למימר לא מן חכמתי, אלהין
יז מן קדם יי, יתתב שלמא דפרעה: ומליל פרעה עם יוסף, בחלמי, האנא קאים על כיף נהרא:
יח יט והא מן נהרא, סלקן שבע תורן, פטימן בסר ושפירן למחזי, ורעין באחוא: והא, שבע תורן
אחרנין סליקא בתריהון, חסיכן ובישן למחזי, לחדא וחסירן בסר, לא חזיתי דכותהון, בכל
כ ארעא דמצרים לבישו: ואכלא תורתא, חסיכתא ובישתא, ית שבע תורתא, קדמיתא
כא פטימתא: ועאלא למעיהון, ולא אתידע ארי עאלא למעיהון, ומחזיהון ביש, כד בקדמיתא,
כב כג ואתערית: וחזית בחלמי, והא שבע שבלין, סלקן, בקניא חד מלין וטבן: והא שבע שבלין,
כד נצן לקין שקיפן קדום, צמחן בתריהון: ובלעא שבליא לקיתא, ית שבע שבליא טבתא,

רוח בפתרונם, שהיו אומרים: שבע בנות אתה מוליד, שבע בנות אתה קובר:

יא| **איש כפתרון חלמו.** חלום הראוי לפתרון שנפתר לנו ודומה לו:

יב| **נער עברי עבד.** ארורים הרשעים שאין טובתם שלמה, מזכירו בלשון בזיון: "נער" – שוטה ואין ראוי לגדלה. "עברי" – אפילו לשוננו אינו מכיר. "עבד" – וכתוב בנמוסי מצרים שאין עבד מולך ולא לובש בגדי שרים: **איש כחלמו.** לפי החלום וקרוב לעניינו:

יג| **אתי השיב על כני.** פרעה הנזכר למעלה, כמו שאמר: "פרעה קצף על עבדיו" (לעיל פסוק י):

יד| **מן הבור.** מן בית הסהר שהוא עשוי כמין גומא, וכן כל בור שבמקרא לשון גומא הוא, ואף אם אין בו מים קרוי בור, פוס"א בלעז: **ויגלח.** מפני כבוד המלכות:

טו| **תשמע חלום לפתר אתו.** תאזין ותבין חלום לפתור אותו. "תשמע" – לשון הבנה והאזנה, כמו: "שמע יוסף" (להלן מב, כג), "אשר לא תשמע לשנו" (דברים כח, מט), אנטנדר"א בלעז:

טז| **בלעדי.** אין החכמה משלי, אלא "אלהים יענה" – יתן ענייה בפי לשלום פרעה:

יט| **דלות.** כחושות, כמו: "מדוע אתה ככה דל" (שמואל ב׳ יג, ד) דאמנון: **ורקות בשר.** כל לשון 'רקות' שבתורה "חסירן בסר", ובלעז בלוש"ש:

כג| **צנמות.** 'צונמא' בלשון ארמי סלע, הרי

מקץ

כה וְאֹמַר אֶל־הַחַרְטֻמִּים וְאֵין מַגִּיד לִי׃ וַיֹּאמֶר
יוֹסֵף אֶל־פַּרְעֹה חֲלוֹם פַּרְעֹה אֶחָד הוּא אֵת
כו אֲשֶׁר הָאֱלֹהִים עֹשֶׂה הִגִּיד לְפַרְעֹה׃ שֶׁבַע פָּרֹת
הַטֹּבֹת שֶׁבַע שָׁנִים הֵנָּה וְשֶׁבַע הַשִּׁבֳּלִים הַטֹּבֹת
כז שֶׁבַע שָׁנִים הֵנָּה חֲלוֹם אֶחָד הוּא׃ וְשֶׁבַע הַפָּרוֹת
הָרַקּוֹת וְהָרָעֹת הָעֹלֹת אַחֲרֵיהֶן שֶׁבַע שָׁנִים
הֵנָּה וְשֶׁבַע הַשִּׁבֳּלִים הָרֵקוֹת שְׁדֻפוֹת הַקָּדִים
כח יִהְיוּ שֶׁבַע שְׁנֵי רָעָב׃ הוּא הַדָּבָר אֲשֶׁר דִּבַּרְתִּי
אֶל־פַּרְעֹה אֲשֶׁר הָאֱלֹהִים עֹשֶׂה הֶרְאָה אֶת־
כט פַּרְעֹה׃ הִנֵּה שֶׁבַע שָׁנִים בָּאוֹת שָׂבָע גָּדוֹל בְּכָל־
ל אֶרֶץ מִצְרָיִם׃ וְקָמוּ שֶׁבַע שְׁנֵי רָעָב אַחֲרֵיהֶן
וְנִשְׁכַּח כָּל־הַשָּׂבָע בְּאֶרֶץ מִצְרָיִם וְכִלָּה הָרָעָב
לא אֶת־הָאָרֶץ׃ וְלֹא־יִוָּדַע הַשָּׂבָע בָּאָרֶץ מִפְּנֵי
לב הָרָעָב הַהוּא אַחֲרֵי־כֵן כִּי־כָבֵד הוּא מְאֹד׃ וְעַל
הִשָּׁנוֹת הַחֲלוֹם אֶל־פַּרְעֹה פַּעֲמָיִם כִּי־נָכוֹן
הַדָּבָר מֵעִם הָאֱלֹהִים וּמְמַהֵר הָאֱלֹהִים לַעֲשֹׂתוֹ׃
לג וְעַתָּה יֵרֶא פַרְעֹה אִישׁ נָבוֹן וְחָכָם וִישִׁיתֵהוּ עַל־
לד אֶרֶץ מִצְרָיִם׃ יַעֲשֶׂה פַרְעֹה וְיַפְקֵד פְּקִדִים עַל־
הָאָרֶץ וְחִמֵּשׁ אֶת־אֶרֶץ מִצְרַיִם בְּשֶׁבַע שְׁנֵי
לה הַשָּׂבָע׃ וְיִקְבְּצוּ אֶת־כָּל־אֹכֶל הַשָּׁנִים הַטֹּבֹת

הַבָּאֹת הָאֵלֶּה וְיִצְבְּרוּ־בָר תַּחַת יַד־פַּרְעֹה
לו אֹכֶל בֶּעָרִים וְשָׁמָרוּ: וְהָיָה הָאֹכֶל לְפִקָּדוֹן
לָאָרֶץ לְשֶׁבַע שְׁנֵי הָרָעָב אֲשֶׁר תִּהְיֶיןָ בְּאֶרֶץ
לז מִצְרָיִם וְלֹא־תִכָּרֵת הָאָרֶץ בָּרָעָב: וַיִּיטַב הַדָּבָר

כה וַאֲמַרִית לְחָרָשַׁיָּא, וְלֵית דִּמְחַוֵּי לִי: וַאֲמַר יוֹסֵף לְפַרְעֹה, חֶלְמָא דְּפַרְעֹה חַד הוּא, יָת דַּיְיָ,
כו עֲתִיד לְמֶעֱבַד חַוִּי לְפַרְעֹה: שְׁבַע תּוֹרָתָא טָבָתָא, שְׁבַע שְׁנַיָּא אִנִּין, וּשְׁבַע שֻׁבְּלַיָּא טָבָתָא,
כז שְׁבַע שְׁנַיָּא אִנִּין, חֶלְמָא חַד הוּא: וּשְׁבַע תּוֹרָתָא, חֲסִיכָתָא וּבִישָׁתָא דִּסְלִיקָא בָּתְרֵיהוֹן,
כח שְׁבַע שְׁנַיָּא אִנִּין, וּשְׁבַע שֻׁבְּלַיָּא לָקְיָתָא, דִּשְׁקִיפָן קִדּוּם, יְהֶוְיָן, שְׁבַע שְׁנֵי כַפְנָא: הוּא
כט פִּתְגָמָא, דְּמַלֵּילִית עִם פַּרְעֹה, דַּיְיָ, עֲתִיד לְמֶעֱבַד אַחְזֵי יָת פַּרְעֹה: הָא, שְׁבַע שְׁנַיָּא אָתְיָן,
ל סִבְעָא רַבָּא בְּכָל אַרְעָא דְּמִצְרָיִם: וִיקוּמוּן, שְׁבַע שְׁנֵי כַפְנָא בָּתְרֵיהוֹן, וְיִתְנְשֵׁי כָל סִבְעָא
לא בְּאַרְעָא דְּמִצְרָיִם, וִישֵׁיצֵי כַפְנָא יָת עַמָּא דְּאַרְעָא: וְלָא יִתְיְדַע סִבְעָא בְּאַרְעָא, מִן קֳדָם,
לב כַּפְנָא הַהוּא דִּיהֵי בָּתַר כֵּן, אֲרֵי תַקִּיף הוּא לַחְדָא: וְעַל דְּאִתְּנֵי חֶלְמָא, לְפַרְעֹה תַּרְתֵּין זִמְנִין,
לג אֲרֵי תַקִּין פִּתְגָמָא מִן קֳדָם יְיָ, וּמוֹחֵי יְיָ לְמֶעְבְּדֵיהּ: וּכְעַן יֶחֱזֵי פַרְעֹה, גְּבַר סֻכְלְתָן וְחַכִּים,
לד וִימַנֵּינֵיהּ עַל אַרְעָא דְּמִצְרָיִם: יַעֲבֵיד פַּרְעֹה, וִימַנֵּי מְהֵימְנִין עַל אַרְעָא, וִיזָרְזוּן יָת אַרְעָא
לה דְּמִצְרַיִם, בְּשְׁבַע שְׁנֵי סִבְעָא: וְיִכְנְשׁוּן, יָת כָּל עֲבוּר שְׁנַיָּא טָבָתָא, דְּאָתְיָן אִלֵּין, וְיִצְבְּרוּן עֲבוּרָא,
לו תְּחוֹת יַד מְהֵימְנֵי פַרְעֹה, עֲבוּרָא בְּקִרְוַיָּא וְיִטְרוּן: וִיהֵי עֲבוּרָא גְּנִיז לְעַמָּא דְּאַרְעָא, לְשְׁבַע
לז שְׁנֵי כַפְנָא, דִּיהֶוְיָן בְּאַרְעָא דְּמִצְרָיִם, וְלָא יִשְׁתֵּיצֵי עַמָּא דְּאַרְעָא בְּכַפְנָא: וּשְׁפַר פִּתְגָמָא

הֵן כְּעֵין כְּלִי לְחֹלוּחַ, קָשׁוֹת כְּסֶלַע; וְתַרְגּוּמוֹ 'נָצַן לָקְיָן'; 'נָצַן' – אֵין כָּהֵן אֶלָּא הַנֵּן לְפִי שֶׁנִּתְרוֹקְנוּ מִן הַזֶּרַע:

כה-לב| שֶׁבַע שָׁנִים וְשֶׁבַע שָׁנִים. כֻּלָּן אֵינָן אֶלָּא שֶׁבַע, וַאֲשֶׁר נִשְׁנָה הַחֲלוֹם פַּעֲמַיִם לְפִי שֶׁהַדָּבָר מְזֻמָּן, כְּמוֹ שֶׁפֵּרֵשׁ לוֹ בַּסּוֹף: "וְעַל הִשָּׁנוֹת הַחֲלוֹם" וְגוֹ': וְנִשְׁכַּח כָּל הַשָּׂבָע. הוּא פִּתְרוֹן הַבְּלִיעָה: וְלֹא יִוָּדַע הַשָּׂבָע. הוּא פִּתְרוֹן "וְלֹא נוֹדַע כִּי בָאוּ אֶל קִרְבֶּנָה" (לעיל פסוק כא): נָכוֹן. מְזֻמָּן. בְּשֶׁבַע שָׁנִים הַטּוֹבוֹת נֶאֱמַר: "הִגִּיד לְפַרְעֹה" (פסוק כה), לְפִי שֶׁהָיָה סָמוּךְ, וּבְשֶׁבַע שְׁנֵי רָעָב נֶאֱמַר: "הֶרְאָה אֶת פַּרְעֹה" (פסוק כח), לְפִי שֶׁהָיָה הַדָּבָר מֻפְלָג וְרָחוֹק נוֹפֵל בּוֹ לְשׁוֹן מַרְאֶה:

לד| וְחִמֵּשׁ. כְּתַרְגּוּמוֹ: "וִיזָרְזוּן", וְכֵן: "וַחֲמֻשִׁים" (שמות יג, יח):

לה| אֶת כָּל אֹכֶל. שֵׁם דָּבָר הוּא, לְפִיכָךְ טַעְמוֹ בָּאָלֶ"ף וְנָקוּד בְּפַתָּח קָטָן (סגול). וְ'אוֹכֵל' שֶׁהוּא פּוֹעֵל, כְּגוֹן: "כִּי כָּל אֹכֵל חֵלֶב" (ויקרא ז, כה), טַעְמוֹ לְמַטָּה בַּכָּ"ף וְנָקוּד קָמַץ (צירי): תַּחַת יַד פַּרְעֹה. בִּרְשׁוּתוֹ וּבְאוֹצְרוֹתָיו:

לו| וְהָיָה הָאֹכֶל. הַצָּבוּר כְּשְׁאָר פִּקָּדוֹן גָּנוּז לְקִיּוּם הָאָרֶץ:

לז בְּעֵינֵ֣י פַרְעֹ֑ה וּבְעֵינֵ֖י כָּל־עֲבָדָֽיו׃ וַיֹּ֥אמֶר פַּרְעֹ֖ה לח
אֶל־עֲבָדָ֑יו הֲנִמְצָ֣א כָזֶ֔ה אִ֕ישׁ אֲשֶׁ֛ר ר֥וּחַ אֱלֹהִ֖ים
שלישי בּֽוֹ׃ וַיֹּ֤אמֶר פַּרְעֹה֙ אֶל־יוֹסֵ֔ף אַחֲרֵ֨י הוֹדִ֧יעַ אֱלֹהִ֛ים לט
אוֹתְךָ֖ אֶת־כָּל־זֹ֑את אֵין־נָב֥וֹן וְחָכָ֖ם כָּמֽוֹךָ׃ אַתָּה֙ מ
תִּהְיֶ֣ה עַל־בֵּיתִ֔י וְעַל־פִּ֖יךָ יִשַּׁ֣ק כָּל־עַמִּ֑י רַ֥ק הַכִּסֵּ֖א
אֶגְדַּ֥ל מִמֶּֽךָּ׃ וַיֹּ֥אמֶר פַּרְעֹ֖ה אֶל־יוֹסֵ֑ף רְאֵה֙ נָתַ֣תִּי מא
אֹֽתְךָ֔ עַ֖ל כָּל־אֶ֥רֶץ מִצְרָֽיִם׃ וַיָּ֨סַר פַּרְעֹ֤ה אֶת־ מב
טַבַּעְתּוֹ֙ מֵעַ֣ל יָד֔וֹ וַיִּתֵּ֥ן אֹתָ֖הּ עַל־יַ֣ד יוֹסֵ֑ף וַיַּלְבֵּ֤שׁ
אֹתוֹ֙ בִּגְדֵי־שֵׁ֔שׁ וַיָּ֛שֶׂם רְבִ֥ד הַזָּהָ֖ב עַל־צַוָּארֽוֹ׃
וַיַּרְכֵּ֣ב אֹת֗וֹ בְּמִרְכֶּ֤בֶת הַמִּשְׁנֶה֙ אֲשֶׁר־ל֔וֹ וַיִּקְרְא֥וּ מג
לְפָנָ֖יו אַבְרֵ֑ךְ וְנָת֣וֹן אֹת֔וֹ עַ֖ל כָּל־אֶ֥רֶץ מִצְרָֽיִם׃
וַיֹּ֧אמֶר פַּרְעֹ֛ה אֶל־יוֹסֵ֖ף אֲנִ֣י פַרְעֹ֑ה וּבִלְעָדֶ֗יךָ לֹֽא־ מד
יָרִ֨ים אִ֜ישׁ אֶת־יָד֛וֹ וְאֶת־רַגְל֖וֹ בְּכָל־אֶ֥רֶץ מִצְרָֽיִם׃
וַיִּקְרָ֨א פַרְעֹ֣ה שֵׁם־יוֹסֵף֮ צָֽפְנַ֣ת פַּעְנֵ֒חַ֒ וַיִּתֶּן־ל֣וֹ מה
אֶת־אָֽסְנַ֗ת בַּת־פּ֥וֹטִי פֶ֛רַע כֹּהֵ֥ן אֹ֖ן לְאִשָּׁ֑ה וַיֵּצֵ֥א
יוֹסֵ֖ף עַל־אֶ֥רֶץ מִצְרָֽיִם׃ וְיוֹסֵף֙ בֶּן־שְׁלֹשִׁ֣ים שָׁנָ֔ה מו
בְּעָמְד֕וֹ לִפְנֵ֖י פַּרְעֹ֣ה מֶֽלֶךְ־מִצְרָ֑יִם וַיֵּצֵ֤א יוֹסֵף֙
מִלִּפְנֵ֣י פַרְעֹ֔ה וַֽיַּעֲבֹ֖ר בְּכָל־אֶ֥רֶץ מִצְרָֽיִם׃ וַתַּ֣עַשׂ מז
הָאָ֔רֶץ בְּשֶׁ֖בַע שְׁנֵ֣י הַשָּׂבָ֑ע לִקְמָצִֽים׃ וַיִּקְבֹּ֞ץ אֶת־ מח
כָּל־אֹ֣כֶל ׀ שֶׁ֣בַע שָׁנִ֗ים אֲשֶׁ֤ר הָיוּ֙ בְּאֶ֣רֶץ מִצְרַ֔יִם

מקץ

לח בְּעֵינֵי פַרְעֹה, וּבְעֵינֵי כָּל עַבְדּוֹהִי: וַאֲמַר פַּרְעֹה לְעַבְדּוֹהִי, הֲנַשְׁכַּח כְּדֵין, גְּבַר, דְּרוּחַ נְבוּאָה
לט מִן קֳדָם יי בֵּיהּ: וַאֲמַר פַּרְעֹה לְיוֹסֵף, בָּתַר דְּהוֹדַע יי, יָתָךְ יָת כָּל דָּא, לֵית סָכְלְתָן וְחַכִּים כְּוָתָךְ:
מ אַתְּ תְּהֵי מְמֻנֵּא עַל בֵּיתִי, וְעַל מֵימְרָךְ יִתְּזַן כָּל עַמִּי, לְחוֹד כָּרְסֵי מַלְכוּתָא הָדֵין אֵיהֵי
מא מב יַקִּיר מִנָּךְ: וַאֲמַר פַּרְעֹה לְיוֹסֵף, חֲזִי דְּמַנֵּיתִי יָתָךְ, עַל כָּל אַרְעָא דְּמִצְרָיִם: וְאַעְדִּי פַרְעֹה יָת
עִזְקְתֵיהּ מֵעַל יְדֵיהּ, וִיהַב יָתַהּ עַל יְדָא דְּיוֹסֵף, וְאַלְבֵּישׁ יָתֵיהּ לְבוּשִׁין דְּבוּץ, וְשַׁוִּי, מְנִיכָא
מג דְּדַהֲבָא עַל צַוְּרֵיהּ: וְאַרְכֵּיב יָתֵיהּ, בִּרְתִכָּא תִּנְיֵתָא דִּילֵיהּ, וְאַכְרִיזוּ קֳדָמוֹהִי דֵּין אַבָּא
מד לְמַלְכָּא, וּמַנִּי יָתֵיהּ, עַל כָּל אַרְעָא דְּמִצְרָיִם: וַאֲמַר פַּרְעֹה, לְיוֹסֵף אֲנָא פַרְעֹה, וּבָר מִמֵּימְרָךְ,
מה לָא יְרִים גְּבַר יָת יְדֵיהּ לְמֵיחַד זֵין, וְיָת רַגְלֵיהּ לְמִרְכַּב עַל סוּסְיָא בְּכָל אַרְעָא דְּמִצְרָיִם: וּקְרָא
פַרְעֹה שׁוּם יוֹסֵף גַּבְרָא דְּמִטַּמְרָן גַּלְיָן לֵיהּ, וִיהַב לֵיהּ יָת אָסְנַת, בַּת פּוֹטִיפֶרַע, רַבָּא דְּאוֹן
מו לְאִתּוּ, וּנְפַק יוֹסֵף שַׁלִּיט עַל אַרְעָא דְּמִצְרָיִם: וְיוֹסֵף בַּר תְּלָתִין שְׁנִין, כַּד קָם, קֳדָם פַּרְעֹה מַלְכָּא
מז דְּמִצְרָיִם, וּנְפַק יוֹסֵף מִן קֳדָם פַּרְעֹה, וַעֲבַר בְּכָל אַרְעָא דְּמִצְרָיִם: וּכְנַשׁוּ דָּיְרֵי אַרְעָא, בְּשָׁבַע
מח שְׁנֵי סִבְעָא, עֲבוּרָא לְאוֹצְרִין: וּכְנַשׁ, יָת כָּל עֲבוּר שְׁבַע שְׁנַיָּא, דַּהֲוָאָה בְּאַרְעָא דְּמִצְרַיִם,

לח| **הֲנִמְצָא כָזֶה.** "הֲנַשְׁכַּח כְּדֵין", אִם נֵלֵךְ וּנְבַקְשֶׁנּוּ הֲנִמְצָא כָמוֹהוּ? 'הֲנִמְצָא' לְשׁוֹן תְּמִיהָה, וְכֵן כָּל הֵ"א הַמְשַׁמֶּשֶׁת בְּרֹאשׁ תֵּבָה וּנְקוּדָה בַּחֲטַף פַּתָּח:

לט| **אֵין נָבוֹן וְחָכָם כָּמוֹךָ.** לְבַקֵּשׁ "אִישׁ נָבוֹן וְחָכָם" שֶׁאָמַרְתָּ (לעיל פסוק לג), לֹא נִמְצָא כָּמוֹךָ:

מ| **יִשַּׁק.** "יִתְּזַן", יִתְפַּרְנֵס; כָּל צְרָכֵי עַמִּי יִהְיוּ נַעֲשִׂים עַל יָדְךָ, כְּמוֹ: "וּבֶן מֶשֶׁק בֵּיתִי" (לעיל טו, ב), וּכְמוֹ: "נַשְּׁקוּ בַר" (תהלים ב, יב), גרניסו"ן בְּלַעַז: **רַק הַכִּסֵּא.** שֶׁיִּהְיוּ קוֹרִין לִי מֶלֶךְ: **כִּסֵּא.** לְשׁוֹן שֵׁם הַמְּלוּכָה, כְּמוֹ: "וִיגַדֵּל אֶת כִּסְאוֹ מִכִּסֵּא אֲדֹנִי הַמֶּלֶךְ" (מלכים א' א, לז):

מא| **נָתַתִּי אֹתְךָ.** "מַנֵּיתִי יָתָךְ"; וְאַף עַל פִּי כֵן לְשׁוֹן נְתִינָה הוּא, כְּמוֹ: "וּלְתִתְּךָ עֶלְיוֹן" (דברים כו, יט). בֵּין לִגְדֻלָּה בֵּין לְשִׁפְלוּת נוֹפֵל לְשׁוֹן נְתִינָה עָלָיו, כְּמוֹ: "נָתַתִּי אֶתְכֶם נִבְזִים וּשְׁפָלִים" (מלאכי ב, ט):

מב| **וַיָּסַר פַּרְעֹה אֶת טַבַּעְתּוֹ.** נְתִינַת טַבַּעַת הַמֶּלֶךְ הִיא אוֹת לְמִי שֶׁנּוֹתְנָהּ לוֹ לִהְיוֹת שֵׁנִי לוֹ בִּגְדֻלָּה: **בִּגְדֵי שֵׁשׁ.** דְּבַר חֲשִׁיבוּת הוּא בְּמִצְרַיִם: **רְבִד.** עֲנָק, וְעַל שֶׁהוּא רָצוּף בְּטַבָּעוֹת קָרוּי 'רָבִיד', וְכֵן: "רָבַדְתִּי עַרְשִׂי" (משלי ז, טז), רִצַּפְתִּי עַרְשִׂי מַרְבַדִּים. וּבִלְשׁוֹן מִשְׁנָה: "מֻקָּף רוֹבְדִין שֶׁל אֶבֶן" (מדות א, א), "עַל הָרֹבֶד שֶׁבָּעֲזָרָה" (יומא מג ע"ב), וְהִיא רִצְפָּה:

מג| **בְּמִרְכֶּבֶת הַמִּשְׁנֶה.** הַשְּׁנִיָּה לְמֶרְכַּבְתּוֹ, הַמְהַלֶּכֶת אֵצֶל שֶׁלּוֹ: **אַבְרֵךְ.** כְּתַרְגּוּמוֹ: "דֵּין אַבָּא לְמַלְכָּא", 'רַךְ' בִּלְשׁוֹן אֲרַמִּי מֶלֶךְ, בְּ'הַשֻּׁתָּפִין': "לָא רֵיכָא וְלָא בַּר רֵיכָא" (בבא בתרא ד ע"א). וּבְדִבְרֵי אַגָּדָה, דָּרַשׁ רַבִּי יְהוּדָה: "אַבְרֵךְ" זֶה יוֹסֵף, שֶׁהוּא אָב בְּחָכְמָה וְרַךְ בַּשָּׁנִים. אָמַר לוֹ רַבִּי יוֹסֵי בֶּן דּוּרְמַסְקִית: בְּרַבִּי, עַד מָתַי אַתָּה מְעַוֵּת עָלֵינוּ אֶת הַכְּתוּבִים? אֵין 'אַבְרֵךְ' אֶלָּא לְשׁוֹן בִּרְכַּיִם, שֶׁהַכֹּל יִהְיוּ נִכְנָסִין וְיוֹצְאִין תַּחַת יָדוֹ, כְּעִנְיָן שֶׁנֶּאֱמַר: "וְנָתוֹן אֹתוֹ" וְגוֹ':

מד| **אֲנִי פַרְעֹה.** שֶׁיֵּשׁ יְכֹלֶת בְּיָדִי לִגְזֹר גְּזֵרוֹת עַל מַלְכוּתִי, וַאֲנִי גּוֹזֵר שֶׁלֹּא יָרִים אִישׁ אֶת יָדוֹ בִּלְעָדֶיךָ, שֶׁלֹּא בִּרְשׁוּתְךָ. דָּבָר אַחֵר, "אֲנִי פַרְעֹה", אֲנִי אֶהְיֶה מֶלֶךְ, "וּבִלְעָדֶיךָ" וְגוֹ', זוֹ דֻּגְמַת "רַק הַכִּסֵּא אֶגְדַּל מִמֶּךָּ" (לעיל פסוק מ) אֶלָּא שֶׁהֻצְרַךְ לְפָרֵשׁ לוֹ בִּשְׁעַת נְתִינַת הַטַּבַּעַת: **אֶת יָדוֹ וְאֶת רַגְלוֹ.** כְּתַרְגּוּמוֹ:

מה| **צָפְנַת פַּעְנֵחַ.** מְפָרֵשׁ הַצְּפוּנוֹת, וְאֵין לְ'פַעְנֵחַ' דִּמְיוֹן בַּמִּקְרָא: **פּוֹטִי פֶרַע.** הוּא פּוֹטִיפַר, וְנִקְרָא פּוֹטִיפֶרַע עַל שֶׁנִּסְתָּרֵס מֵאֵלָיו, לְפִי שֶׁלָּקַח אֶת יוֹסֵף לְמִשְׁכַּב זְכוּר:

מז| **וַתַּעַשׂ הָאָרֶץ.** כְּתַרְגּוּמוֹ, וְאֵין הַלָּשׁוֹן נֶעֱקָר מִלְּשׁוֹן עֲשִׂיָּה: **לִקְמָצִים.** קֹמֶץ עַל קֹמֶץ, יָד עַל יָד הָיוּ אוֹצְרִין:

מקץ

וַיִּתֶּן־אֹכֶל בֶּעָרִים אֹכֶל שְׂדֵה־הָעִיר אֲשֶׁר סְבִיבֹתֶיהָ
מט נָתַן בְּתוֹכָהּ׃ וַיִּצְבֹּר יוֹסֵף בָּר כְּחוֹל הַיָּם הַרְבֵּה
נ מְאֹד עַד כִּי־חָדַל לִסְפֹּר כִּי־אֵין מִסְפָּר׃ וּלְיוֹסֵף
יֻלַּד שְׁנֵי בָנִים בְּטֶרֶם תָּבוֹא שְׁנַת הָרָעָב אֲשֶׁר
נא יָלְדָה־לּוֹ אָסְנַת בַּת־פּוֹטִי פֶרַע כֹּהֵן אוֹן׃ וַיִּקְרָא
יוֹסֵף אֶת־שֵׁם הַבְּכוֹר מְנַשֶּׁה כִּי־נַשַּׁנִי אֱלֹהִים אֶת־
נב כָּל־עֲמָלִי וְאֵת כָּל־בֵּית אָבִי׃ וְאֵת שֵׁם הַשֵּׁנִי קָרָא
נג אֶפְרָיִם כִּי־הִפְרַנִי אֱלֹהִים בְּאֶרֶץ עָנְיִי׃ וַתִּכְלֶינָה רביעי
שֶׁבַע שְׁנֵי הַשָּׂבָע אֲשֶׁר הָיָה בְּאֶרֶץ מִצְרָיִם׃
נד וַתְּחִלֶּינָה שֶׁבַע שְׁנֵי הָרָעָב לָבוֹא כַּאֲשֶׁר אָמַר יוֹסֵף
וַיְהִי רָעָב בְּכָל־הָאֲרָצוֹת וּבְכָל־אֶרֶץ מִצְרַיִם הָיָה
נה לָחֶם׃ וַתִּרְעַב כָּל־אֶרֶץ מִצְרַיִם וַיִּצְעַק הָעָם אֶל־
פַּרְעֹה לַלָּחֶם וַיֹּאמֶר פַּרְעֹה לְכָל־מִצְרַיִם לְכוּ אֶל־
נו יוֹסֵף אֲשֶׁר־יֹאמַר לָכֶם תַּעֲשׂוּ׃ וְהָרָעָב הָיָה עַל
כָּל־פְּנֵי הָאָרֶץ וַיִּפְתַּח יוֹסֵף אֶת־כָּל־אֲשֶׁר בָּהֶם
נז וַיִּשְׁבֹּר לְמִצְרַיִם וַיֶּחֱזַק הָרָעָב בְּאֶרֶץ מִצְרָיִם׃ וְכָל־
הָאָרֶץ בָּאוּ מִצְרַיְמָה לִשְׁבֹּר אֶל־יוֹסֵף כִּי־חָזַק
מב א הָרָעָב בְּכָל־הָאָרֶץ׃ וַיַּרְא יַעֲקֹב כִּי יֶשׁ־שֶׁבֶר
ב בְּמִצְרָיִם וַיֹּאמֶר יַעֲקֹב לְבָנָיו לָמָּה תִּתְרָאוּ׃ וַיֹּאמֶר
הִנֵּה שָׁמַעְתִּי כִּי יֶשׁ־שֶׁבֶר בְּמִצְרָיִם רְדוּ־שָׁמָּה
ג וְשִׁבְרוּ־לָנוּ מִשָּׁם וְנִחְיֶה וְלֹא נָמוּת׃ וַיֵּרְדוּ אֲחֵי־

מט וִיהַב עֲבוּרָא בִּקְרְוַיָּא, עֲבוּר חֲקַל קַרְתָּא, דִּבְסַחְרָנַהָא יְהַב בְּגַוַּהּ: וּכְנַשׁ יוֹסֵף עֲבוּרָא, כְּחָלָא
נ דְּיַמָּא סַגִּי לַחְדָּא, עַד, דִּפְסַק מִלְּמִמְנֵי אֲרֵי לֵית מִנְיָן: וּלְיוֹסֵף אִתְיְלִידוּ תְּרֵין בְּנִין, עַד לָא עֲאלַת
נא שַׁתָּא דְּכַפְנָא, דִּילֵידַת לֵיהּ אָסְנַת, בַּת פּוֹטִיפֶרַע רַבָּא דְּאוֹן: וּקְרָא יוֹסֵף, יָת שׁוּם בֻּכְרָא
נב מְנַשֶּׁה, אֲרֵי אַנְשְׁיַנִי יי יָת כָּל עַמְלִי, וְיָת כָּל בֵּית אַבָּא: וְיָת, שׁוּם תִּנְיָנָא קְרָא אֶפְרָיִם, אֲרֵי
נג נד אַפְשַׁנִי יי בַּאֲרַע שִׁעְבּוּדִי: וּשְׁלִימָא, שְׁבַע שְׁנֵי סִבְעָא, דַּהֲוָאָה בְּאַרְעָא דְּמִצְרָיִם: וְשָׁרִיאָה,
שְׁבַע שְׁנֵי כַפְנָא לְמֵיתֵי, כְּמָא דַּאֲמַר יוֹסֵף, וַהֲוָה כַפְנָא בְּכָל אַרְעָתָא, וּבְכָל אַרְעָא דְּמִצְרַיִם
נה הֲוָה לַחְמָא: וּכְפֵינַת כָּל אַרְעָא דְּמִצְרַיִם, וּצְוַח עַמָּא, קֳדָם פַּרְעֹה עַל לַחְמָא, וַאֲמַר פַּרְעֹה
נו לְכָל מִצְרָאֵי אִיזִילוּ לְוָת יוֹסֵף, דְּיֵימַר לְכוֹן תַּעְבְּדוּן: וְכַפְנָא הֲוָה, עַל כָּל אַפֵּי אַרְעָא, וּפְתַח
נז יוֹסֵף, יָת כָּל אוֹצְרַיָּא דִּבְהוֹן עֲבוּרָא וְזַבֵּין לְמִצְרָאֵי, וּתְקֵיף כַּפְנָא בְּאַרְעָא דְּמִצְרָיִם: וְכָל דָּיְרֵי
מב א אַרְעָא אֲתוֹ לְמִצְרַיִם, לְמִזְבַּן עֲבוּרָא מִן יוֹסֵף, אֲרֵי תְקֵיף כַּפְנָא בְּכָל אַרְעָא: וַחֲזָא יַעֲקֹב,
ב אֲרֵי אִית עֲבוּר מִזְדַּבַּן בְּמִצְרָיִם, וַאֲמַר יַעֲקֹב לִבְנוֹהִי, לְמָא תִתְחֲזוֹן: וַאֲמַר, הָא שְׁמַעִית, אֲרֵי
ג אִית עֲבוּר מִזְדַּבַּן בְּמִצְרָיִם, חוּתוּ לְתַמָּן וּזְבוּנוּ לַנָא מִתַּמָּן, וְנֵיחֵי וְלָא נְמוּת: וּנְחַתוּ אֲחֵי

מח) **אֹכֶל שְׂדֵה הָעִיר... נָתַן בְּתוֹכָהּ.** שֶׁכָּל אֶרֶץ וָאֶרֶץ מַעֲמֶדֶת פֵּרוֹתֶיהָ, וְנוֹתְנִין בַּתְּבוּאָה מֵעֲפַר הַמָּקוֹם וּמַעֲמִיד אֶת הַתְּבוּאָה מִלְּרָקֵב:

מט) **עַד כִּי חָדַל לִסְפֹּר.** עַד אֲשֶׁר חָדַל לוֹ הַסּוֹפֵר לִסְפֹּר, וַהֲרֵי זֶה מִקְרָא קָצָר: **כִּי אֵין מִסְפָּר.** לְפִי שֶׁאֵין מִסְפָּר, וַהֲרֵי 'כִּי' מְשַׁמֵּשׁ בִּלְשׁוֹן 'דְּהָא':

נ) **בְּטֶרֶם תָּבוֹא שְׁנַת הָרָעָב.** מִכָּאן שֶׁאָדָם אָסוּר לְשַׁמֵּשׁ מִטָּתוֹ בִּשְׁנֵי רְעָבוֹן:

נה) **וַתִּרְעַב כָּל אֶרֶץ מִצְרַיִם.** שֶׁהִרְקִיבָה תְּבוּאָתָם שֶׁאָצְרוּ, חוּץ מִשֶּׁל יוֹסֵף: **אֲשֶׁר יֹאמַר לָכֶם תַּעֲשׂוּ.** לְפִי שֶׁהָיָה יוֹסֵף אוֹמֵר לָהֶם שֶׁיִּמּוֹלוּ, וּכְשֶׁבָּאוּ אֵצֶל פַּרְעֹה וְאוֹמְרִים: כָּךְ הוּא אוֹמֵר לָנוּ, אָמַר לָהֶם: וְלָמָּה לֹא צְבַרְתֶּם בָּר, וַהֲלֹא הִכְרִיז לָכֶם שֶׁשְּׁנֵי הָרָעָב בָּאִים? אָמְרוּ לוֹ: אָסַפְנוּ הַרְבֵּה וְהִרְקִיבָה. אָמַר לָהֶם: אִם כֵּן, "אֲשֶׁר יֹאמַר לָכֶם תַּעֲשׂוּ"! הֲרֵי גָּזַר עַל הַתְּבוּאָה וְהִרְקִיבָה, מָה אִם יִגְזֹר עָלֵינוּ וְנָמוּת?:

נו) **עַל כָּל פְּנֵי הָאָרֶץ.** מִי הֵם "פְּנֵי הָאָרֶץ"? אֵלּוּ הָעֲשִׁירִים: **אֶת כָּל אֲשֶׁר בָּהֶם.** כְּתַרְגּוּמוֹ: "דִּי בְהוֹן עֲבוּרָא": **וַיִּשְׁבֹּר לְמִצְרַיִם.** 'שֶׁבֶר' לְשׁוֹן מֶכֶר וּלְשׁוֹן קִנְיָן הוּא, כָּאן מְשַׁמֵּשׁ לְשׁוֹן מֶכֶר; "שִׁבְרוּ לָנוּ מְעַט אֹכֶל" (להלן מג, ב) – לְשׁוֹן קִנְיָן. וְאַל תֹּאמַר, אֵינוֹ כִּי אִם בִּתְבוּאָה, שֶׁאַף בְּיַיִן וְחָלָב מָצִינוּ: "וּלְכוּ שִׁבְרוּ בְּלוֹא כֶסֶף וּבְלוֹא מְחִיר יַיִן וְחָלָב" (ישעיה נה, א):

נז) **וְכָל הָאָרֶץ בָּאוּ מִצְרַיְמָה.** אֶל יוֹסֵף לִשְׁבֹּר. וְאִם תִּדְרְשֶׁהוּ כְּסִדְרוֹ, הָיָה צָרִיךְ לִכְתֹּב: 'לִשְׁבֹּר מִן יוֹסֵף':

פרק מב

א) **וַיַּרְא יַעֲקֹב כִּי יֶשׁ שֶׁבֶר בְּמִצְרַיִם.** וּמֵהֵיכָן רָאָה? וַהֲלֹא לֹא רָאָה אֶלָּא שָׁמַע, שֶׁנֶּאֱמַר "הִנֵּה שָׁמַעְתִּי" וְגוֹ' (להלן פסוק ב)! וּמַהוּ "וַיַּרְא"? רָאָה בְּאַסְפַּקְלַרְיָה שֶׁל קֹדֶשׁ שֶׁיֵּשׁ לוֹ שֶׁבֶר עוֹד בְּמִצְרַיִם, וְלֹא הָיְתָה נְבוּאָה מַמָּשׁ לְהוֹדִיעוֹ בְּפֵרוּשׁ שֶׁזֶּה יוֹסֵף: **לָמָּה תִּתְרָאוּ.** אַל תַּרְאוּ עַצְמְכֶם בִּפְנֵי בְנֵי יִשְׁמָעֵאל וּבְנֵי עֵשָׂו כְּאִלּוּ אַתֶּם שְׂבֵעִים; בְּאוֹתָהּ שָׁעָה עֲדַיִן הָיָה לָהֶם תְּבוּאָה. וּמִפִּי אֲחֵרִים שָׁמַעְתִּי, שֶׁהוּא לְשׁוֹן כְּחִישָׁה: לָמָּה תִּהְיוּ כְּחוּשִׁים בָּרָעָב? וְדוֹמֶה לוֹ: "וּמַרְוֶה גַּם הוּא יוֹרֶא" (משלי יא, כה); וְאֵין הַדָּבָר נָכוֹן בְּעֵינַי:

ב) **רְדוּ שָׁמָּה.** וְלֹא אָמַר 'לְכוּ'! רֶמֶז לְמָאתַיִם וָעֶשֶׂר שָׁנִים שֶׁנִּשְׁתַּעְבְּדוּ לְמִצְרַיִם, כְּמִנְיַן רד"ו:

ג) **וַיֵּרְדוּ אֲחֵי יוֹסֵף.** וְלֹא כָּתַב 'בְּנֵי יַעֲקֹב'! מְלַמֵּד שֶׁהָיוּ מִתְחָרְטִים בִּמְכִירָתוֹ, וְנָתְנוּ לִבָּם לְהִתְנַהֵג עִמּוֹ בְּאַחְוָה וְלִפְדּוֹתוֹ בְּכָל מָמוֹן שֶׁיִּפְסְקוּ עֲלֵיהֶם: **עֲשָׂרָה.** מַה תַּלְמוּד לוֹמַר? וַהֲלֹא כְּתִיב: "וְאֶת בִּנְיָמִין אֲחִי יוֹסֵף לֹא שָׁלַח" (להלן פסוק ד)! אֶלָּא לְעִנְיַן הָאַחְוָה הָיוּ חֲלוּקִין לַעֲשָׂרָה, שֶׁלֹּא הָיְתָה אַהֲבַת כֻּלָּם וְשִׂנְאַת כֻּלָּם שָׁוָה לוֹ, אֲבָל לְעִנְיַן "לִשְׁבֹּר בָּר" כֻּלָּם לֵב אֶחָד לָהֶם. בְּרֵאשִׁית רַבָּה (צא, ב):

יוֹסֵף עֲשָׂרָה לִשְׁבֹּר בָּר מִמִּצְרָיִם׃ וְאֶת־בִּנְיָמִין ד
אֲחִי יוֹסֵף לֹא־שָׁלַח יַעֲקֹב אֶת־אֶחָיו כִּי אָמַר פֶּן־
יִקְרָאֶנּוּ אָסוֹן׃ וַיָּבֹאוּ בְּנֵי יִשְׂרָאֵל לִשְׁבֹּר בְּתוֹךְ ה
הַבָּאִים כִּי־הָיָה הָרָעָב בְּאֶרֶץ כְּנָעַן׃ וְיוֹסֵף הוּא ו
הַשַּׁלִּיט עַל־הָאָרֶץ הוּא הַמַּשְׁבִּיר לְכָל־עַם
הָאָרֶץ וַיָּבֹאוּ אֲחֵי יוֹסֵף וַיִּשְׁתַּחֲווּ־לוֹ אַפַּיִם אָרְצָה׃
וַיַּרְא יוֹסֵף אֶת־אֶחָיו וַיַּכִּרֵם וַיִּתְנַכֵּר אֲלֵיהֶם וַיְדַבֵּר ז
אִתָּם קָשׁוֹת וַיֹּאמֶר אֲלֵהֶם מֵאַיִן בָּאתֶם וַיֹּאמְרוּ
מֵאֶרֶץ כְּנַעַן לִשְׁבָּר־אֹכֶל׃ וַיַּכֵּר יוֹסֵף אֶת־אֶחָיו ח
וְהֵם לֹא הִכִּרֻהוּ׃ וַיִּזְכֹּר יוֹסֵף אֵת הַחֲלֹמוֹת אֲשֶׁר ט
חָלַם לָהֶם וַיֹּאמֶר אֲלֵהֶם מְרַגְּלִים אַתֶּם לִרְאוֹת
אֶת־עֶרְוַת הָאָרֶץ בָּאתֶם׃ וַיֹּאמְרוּ אֵלָיו לֹא אֲדֹנִי י
וַעֲבָדֶיךָ בָּאוּ לִשְׁבָּר־אֹכֶל׃ כֻּלָּנוּ בְּנֵי אִישׁ־אֶחָד יא
נָחְנוּ כֵּנִים אֲנַחְנוּ לֹא־הָיוּ עֲבָדֶיךָ מְרַגְּלִים׃ וַיֹּאמֶר יב
אֲלֵהֶם לֹא כִּי־עֶרְוַת הָאָרֶץ בָּאתֶם לִרְאוֹת׃
וַיֹּאמְרוּ שְׁנֵים עָשָׂר עֲבָדֶיךָ אַחִים ׀ אֲנַחְנוּ בְּנֵי יג
אִישׁ־אֶחָד בְּאֶרֶץ כְּנָעַן וְהִנֵּה הַקָּטֹן אֶת־אָבִינוּ
הַיּוֹם וְהָאֶחָד אֵינֶנּוּ׃ וַיֹּאמֶר אֲלֵהֶם יוֹסֵף הוּא יד
אֲשֶׁר דִּבַּרְתִּי אֲלֵכֶם לֵאמֹר מְרַגְּלִים אַתֶּם׃ בְּזֹאת טו
תִּבָּחֵנוּ חֵי פַרְעֹה אִם־תֵּצְאוּ מִזֶּה כִּי אִם־בְּבוֹא
אֲחִיכֶם הַקָּטֹן הֵנָּה׃ שִׁלְחוּ מִכֶּם אֶחָד וְיִקַּח אֶת־ טז

ד יוֹסֵף עַסְרָא, לְמִזְבַּן עֲבוּרָא מִמִּצְרָיִם: וְיָת בִּנְיָמִין אֲחוּהִי דְיוֹסֵף, לָא שְׁלַח יַעֲקֹב עִם אֲחוֹהִי,
ה אֲרֵי אֲמַר, דִּלְמָא יְעָרְעִנֵּיהּ מוֹתָא: וַאֲתוֹ בְּנֵי יִשְׂרָאֵל, לְמִזְבַּן עֲבוּרָא בְּגוֹ עָאלַיָּא, אֲרֵי הֲוָה
ו כַפְנָא בְּאַרְעָא דִכְנָעַן: וְיוֹסֵף, הוּא דְשַׁלִּיט עַל אַרְעָא, הוּא מְזַבֵּין עֲבוּרָא לְכָל עַמָּא דְאַרְעָא,
ז וַאֲתוֹ אֲחֵי יוֹסֵף, וּסְגִידוּ לֵיהּ עַל אַפֵּיהוֹן עַל אַרְעָא: וַחֲזָא יוֹסֵף, יָת אֲחוֹהִי וְאִשְׁתְּמוֹדְעִנּוּן,
וְחַשִׁיב מָא דִימַלֵּיל עִמְּהוֹן וּמַלֵּיל עִמְּהוֹן קַשְׁיָן, וַאֲמַר לְהוֹן מְנָן אֲתֵיתוֹן, וַאֲמַרוּ, מֵאַרְעָא
ח ט דִּכְנַעַן לְמִזְבַּן עֲבוּרָא: וְאִשְׁתְּמוֹדַע יוֹסֵף יָת אֲחוֹהִי, וְאִנּוּן לָא אִשְׁתְּמוֹדְעוּהִי: וְאִדְּכַר יוֹסֵף,
יָת חֶלְמַיָּא, דַּהֲוָה חֲלַים לְהוֹן, וַאֲמַר לְהוֹן אַלִּילֵי אַתּוּן, לְמִחְזֵי, יָת בִּדְקַהּ דְּאַרְעָא אֲתֵיתוֹן:
י יא וַאֲמַרוּ לֵיהּ לָא רִבּוֹנִי, וְעַבְדָּךְ אֲתוֹ לְמִזְבַּן עֲבוּרָא: כֻּלַּנָא, בְּנֵי גְבְרָא חַד נַחְנָא, כֵּיוָנֵי אֲנַחְנָא,
יב יג לָא הֲווֹ עַבְדָּךְ אַלִּילֵי: וַאֲמַר לְהוֹן, לָא, אֱלָהֵין בִּדְקַהּ דְּאַרְעָא אֲתֵיתוֹן לְמִחְזֵי: וַאֲמַרוּ, תְּרֵי
עֲסַר עַבְדָּךְ אַחִין אֲנַחְנָא, בְּנֵי גְבְרָא חַד בְּאַרְעָא דִכְנָעַן, וְהָא זְעֵירָא עִם אֲבוּנָא יוֹמָא דֵין,
יד טו וְחַד לָיְתוֹהִי: וַאֲמַר לְהוֹן יוֹסֵף, הוּא, דְּמַלֵּילִית עִמְּכוֹן, לְמֵימַר אַלִּילֵי אַתּוּן: בְּדָא תִתְבַּחֲרוּן,
טז חַיֵּי פַרְעֹה אִם תִּפְּקוּן מִכָּא, אֱלָהֵין בְּמֵיתֵי, אֲחוּכוֹן זְעֵירָא הָלְכָא: שְׁלַחוּ מִנְּכוֹן חַד וְיִדְבַּר יָת

ד| **פֶּן יִקְרָאֶנּוּ אָסוֹן.** וּבַבַּיִת לֹא יִקְרָאֶנּוּ?! אָמַר רַבִּי אֱלִיעֶזֶר בֶּן יַעֲקֹב: מִכָּאן שֶׁהַשָּׂטָן מְקַטְרֵג בִּשְׁעַת הַסַּכָּנָה:

ה| **בְּתוֹךְ הַבָּאִים.** מַטְמִינִין עַצְמָן שֶׁלֹּא יַכִּירוּם, לְפִי שֶׁצִּוָּם אֲבִיהֶם שֶׁלֹּא יִתְרָאוּ שֶׁלֹּא תִשְׁלֹט בָּהֶם עַיִן רָעָה, שֶׁכֻּלָּם נָאִים וְכֻלָּם גִּבּוֹרִים:

ו| **וַיִּשְׁתַּחֲווּ לוֹ אַפַּיִם.** נִשְׁתַּטְּחוּ לוֹ עַל פְּנֵיהֶם, וְכֵן כָּל הִשְׁתַּחֲוָאָה פִּשּׁוּט יָדַיִם וְרַגְלַיִם הוּא:

ז| **וַיִּתְנַכֵּר אֲלֵיהֶם.** נַעֲשָׂה לָהֶם כְּנָכְרִי בִּדְבָרִים לְדַבֵּר קָשׁוֹת:

ח| **וַיַּכֵּר יוֹסֵף וְגוֹ'.** לְפִי שֶׁהִנִּיחָם חֲתוּמֵי זָקָן: **וְהֵם לֹא הִכִּרֻהוּ.** שֶׁיָּצָא מֵאֶצְלָם בְּלֹא חֲתִימַת זָקָן וְעַכְשָׁיו בָּא בַּחֲתִימַת זָקָן. וּמִדְרַשׁ אַגָּדָה, "וַיַּכֵּר יוֹסֵף אֶת אֶחָיו", כְּשֶׁנִּמְסְרוּ בְיָדוֹ הִכִּיר שֶׁהֵם אֶחָיו וְרִחֵם עֲלֵיהֶם, "וְהֵם לֹא הִכִּרֻהוּ" כְּשֶׁנָּפַל בְּיָדָם לִנְהֹג בּוֹ אַחֲוָה:

ט| **אֲשֶׁר חָלַם לָהֶם.** עֲלֵיהֶם, וְיָדַע שֶׁנִּתְקַיְּמוּ, שֶׁהֲרֵי הִשְׁתַּחֲווּ לוֹ: **עֶרְוַת הָאָרֶץ.** גִּלּוּי הָאָרֶץ, מֵהֵיכָן הִיא נוֹחָה לִכָּבֵשׁ, כְּמוֹ: "אֶת מְקֹרָהּ הֶעֱרָה" (ויקרא כ, יח), וּכְמוֹ: "עֵרֹם וְעֶרְיָה" (יחזקאל טז, ז), וְכֵן כָּל עֶרְוָה שֶׁבַּמִּקְרָא לְשׁוֹן גִּלּוּי. וְאוּנְקְלוֹס תִּרְגֵּם: "בִּדְקָא דְאַרְעָא", כְּמוֹ: "בֶּדֶק הַבַּיִת" (מלכים ב' יב, ו) – רְעוּעַ הַבַּיִת, אֲבָל לֹא דִקְדֵּק לְפָרְשׁוֹ אַחַר לְשׁוֹן הַמִּקְרָא:

י| **לֹא אֲדֹנִי.** לֹא תֹאמַר כֵּן, וַהֲרֵי "עֲבָדֶיךָ בָּאוּ לִשְׁבָּר אֹכֶל":

יא| **כֻּלָּנוּ בְּנֵי אִישׁ אֶחָד נָחְנוּ.** נִצְנְצָה בָּהֶם רוּחַ הַקֹּדֶשׁ וְכָלְלוּהוּ עִמָּהֶם, שֶׁאַף הוּא בֶּן אֲבִיהֶם: **כֵּנִים.** אֲמִתִּיִּים, כְּמוֹ: "כֵּן דִּבַּרְתָּ" (שמות י, כט), "כֵּן בְּנוֹת צְלָפְחָד דֹּבְרֹת" (במדבר כז, ז), "וְעֶבְרָתוֹ לֹא כֵן בַּדָּיו" (ישעיה טז, ו):

יב| **כִּי עֶרְוַת הָאָרֶץ בָּאתֶם לִרְאוֹת.** שֶׁהֲרֵי נִכְנַסְתֶּם בַּעֲשָׂרָה שַׁעֲרֵי הָעִיר, לָמָּה לֹא נִכְנַסְתֶּם בְּשַׁעַר אֶחָד?:

יג| **וַיֹּאמְרוּ שְׁנֵים עָשָׂר עֲבָדֶיךָ וְגוֹ'.** וּבִשְׁבִיל אוֹתוֹ אֶחָד שֶׁאֵינֶנּוּ, נִתְפַּזַּרְנוּ בָעִיר לְבַקְּשׁוֹ:

יד| **הוּא אֲשֶׁר דִּבַּרְתִּי.** הַדָּבָר אֲשֶׁר דִּבַּרְתִּי שֶׁאַתֶּם מְרַגְּלִים הוּא הָאֱמֶת וְהַנָּכוֹן, זֶהוּ לְפִי פְּשׁוּטוֹ. וּמִדְרָשׁוֹ, אָמַר לָהֶם: וְאִלּוּ מְצָאתֶם אוֹתוֹ וְיִפְסְקוּ עֲלֵיכֶם מָמוֹן הַרְבֵּה, תִּפְדּוּהוּ? אָמְרוּ לוֹ: הֵן. אָמַר לָהֶם: וְאִם יֹאמְרוּ לָכֶם שֶׁלֹּא יַחֲזִירוּהוּ בְּשׁוּם מָמוֹן, מַה תַּעֲשׂוּ? אָמְרוּ: לְכָךְ בָּאנוּ, לַהֲרֹג אוֹ לֵהָרֵג! אָמַר לָהֶם: "הוּא אֲשֶׁר דִּבַּרְתִּי אֲלֵכֶם", לַהֲרֹג בְּנֵי הָעִיר בָּאתֶם, מְנַחֵשׁ אֲנִי בַּגָּבִיעַ שֶׁלִּי שֶׁשְּׁנַיִם מִכֶּם הֶחֱרִיבוּ כְּרַךְ גָּדוֹל שֶׁל שְׁכֶם:

טו| **חֵי פַרְעֹה.** אִם יִחְיֶה פַרְעֹה. כְּשֶׁהָיָה נִשְׁבָּע לַשֶּׁקֶר הָיָה נִשְׁבָּע בְּחַיֵּי פַרְעֹה: **אִם תֵּצְאוּ מִזֶּה.** מִן הַמָּקוֹם הַזֶּה:

אֲחִיכֶם וְאַתֶּם הֵאָסְרוּ וְיִבָּחֲנוּ דִּבְרֵיכֶם הַאֱמֶת
אִתְּכֶם וְאִם־לֹא חֵי פַרְעֹה כִּי מְרַגְּלִים אַתֶּם׃
לח וַיֶּאֱסֹף אֹתָם אֶל־מִשְׁמָר שְׁלֹשֶׁת יָמִים׃ וַיֹּאמֶר יז יח
אֲלֵהֶם יוֹסֵף בַּיּוֹם הַשְּׁלִישִׁי זֹאת עֲשׂוּ וִחְיוּ אֶת־
חמישי הָאֱלֹהִים אֲנִי יָרֵא׃ אִם־כֵּנִים אַתֶּם אֲחִיכֶם אֶחָד יט
יֵאָסֵר בְּבֵית מִשְׁמַרְכֶם וְאַתֶּם לְכוּ הָבִיאוּ שֶׁבֶר
רַעֲבוֹן בָּתֵּיכֶם׃ וְאֶת־אֲחִיכֶם הַקָּטֹן תָּבִיאוּ אֵלַי כ
וְיֵאָמְנוּ דִבְרֵיכֶם וְלֹא תָמוּתוּ וַיַּעֲשׂוּ־כֵן׃ וַיֹּאמְרוּ כא
אִישׁ אֶל־אָחִיו אֲבָל אֲשֵׁמִים ׀ אֲנַחְנוּ עַל־אָחִינוּ
אֲשֶׁר רָאִינוּ צָרַת נַפְשׁוֹ בְּהִתְחַנְנוֹ אֵלֵינוּ וְלֹא
שָׁמָעְנוּ עַל־כֵּן בָּאָה אֵלֵינוּ הַצָּרָה הַזֹּאת׃ וַיַּעַן כב
רְאוּבֵן אֹתָם לֵאמֹר הֲלוֹא אָמַרְתִּי אֲלֵיכֶם ׀
לֵאמֹר אַל־תֶּחֶטְאוּ בַיֶּלֶד וְלֹא שְׁמַעְתֶּם וְגַם־
דָּמוֹ הִנֵּה נִדְרָשׁ׃ וְהֵם לֹא יָדְעוּ כִּי שֹׁמֵעַ יוֹסֵף כִּי כג
הַמֵּלִיץ בֵּינֹתָם׃ וַיִּסֹּב מֵעֲלֵיהֶם וַיֵּבְךְּ וַיָּשָׁב אֲלֵהֶם כד
וַיְדַבֵּר אֲלֵהֶם וַיִּקַּח מֵאִתָּם אֶת־שִׁמְעוֹן וַיֶּאֱסֹר
אֹתוֹ לְעֵינֵיהֶם׃ וַיְצַו יוֹסֵף וַיְמַלְאוּ אֶת־כְּלֵיהֶם כה
בָּר וּלְהָשִׁיב כַּסְפֵּיהֶם אִישׁ אֶל־שַׂקּוֹ וְלָתֵת לָהֶם
צֵדָה לַדָּרֶךְ וַיַּעַשׂ לָהֶם כֵּן׃ וַיִּשְׂאוּ אֶת־שִׁבְרָם כו
עַל־חֲמֹרֵיהֶם וַיֵּלְכוּ מִשָּׁם׃ וַיִּפְתַּח הָאֶחָד אֶת־ כז

שַׂקּוֹ לָתֵת מִסְפּוֹא לַחֲמֹרוֹ בַּמָּלוֹן וַיַּרְא אֶת־
כח כַּסְפּוֹ וְהִנֵּה־הוּא בְּפִי אַמְתַּחְתּוֹ: וַיֹּאמֶר אֶל־

אחוכון, ואתון תתאסרון, ויתבחרון פתגמיכון, הקשוט אתון אמרין, ואם לא, חיי פרעה, ארי
יז יח אלילי אתון: וכנש יתהון, לבית מטרא תלתא יומין: ואמר להון יוסף ביומא תליתאה, דא
יט עבידו ואתקימו, מן קדם יי אנא דחיל: אם כיוני אתון, אחוכון חד, יתאסר בבית מטרתכון,
כ ואתון איזילו אובילו, עבורא דחסיר בבתיכון: וית אחוכון זעירא תיתון לותי, ויתהמנון
כא פתגמיכון ולא תמותון, ועבדו כן: ואמרו גבר לאחוהי, בקשטא חיבין אנחנא על אחונא,
דחזינא, בעקת נפשיה, כד הוה מתחנן לנא ולא קבילנא מניה, על כן אתת לנא, עקתא הדא:
כב ואתיב ראובן יתהון למימר, הלא אמרית לכון למימר, לא תחטון בעולימא ולא קבילתון,
כג כד ואף דמיה הא מתבעי: ואנון לא ידעין, ארי שמיע יוסף, ארי מתרגמן הוה ביניהון: ואסתחר
מלותהון ובכא, ותב לותהון ומליל עמהון, ודבר מלותהון ית שמעון, ואסר יתיה לעיניהון:
כה ופקיד יוסף, ומלו ית מניהון עבורא, ולאתבא כספיהון גבר לסקיה, ולמתן להון, זודין
כו כז לאורחא, ועבד להון כן: ונטלו ית עבורהון על חמריהון, ואזלו מתמן: ופתח חד ית סקיה,
כח למתן כסתא, לחמריה בבית מבתא, וחזא ית כספיה, והא הוא בפום טעניה: ואמר

טז **האמת אתכם.** אם אמת אתכם, לפיכך ה"א נקוד פתח, שהוא כמו בלשון תמה. "ואם לא" תביאוהו – "חי פרעה כי מרגלים אתם":

יז **משמר.** בית האסורים:

יט **בבית משמרכם.** שאתם אסורים בו עכשיו: **ואתם לכו הביאו. לבית** **חביכם.** **שבר רעבון בתיכם.** מה שקניתם לרעבון אנשי בתיכם:

כ **ויאמנו דבריכם.** יתאמתו ויתקימו, כמו: "אמן אמן" (במדבר ה, כב), וכמו: "יאמן נא דברך" (מלכים א' ח, כו):

כא **אבל.** כתרגומו: "בקושטא". וראיתי בבראשית רבה (צא, ח): לשנא דרומאה הוא, "אבל" – ברם: **באה אלינו.** טעמו בבי"ת לפי שהוא בלשון עבר, שכבר באה, ותרגומו: "אתת לנא":

כב **וגם דמו.** אתין וגמין רבויין – דמו וגם דם הזקן:

כג **והם לא ידעו כי שמע יוסף.** מבין לשונם, ובפניו היו מדברים כן: **כי המליץ בינתם.** כי כשהיו מדברים עמו היה המליץ ביניהם היודע לשון עברית ולשון מצרית, והיה מליץ דבריהם ליוסף ודברי יוסף להם, לכך היו סבורים שאין יוסף מכיר בלשון עברית: **המליץ.** זה מנשה:

כד **ויסב מעליהם.** נתרחק מעליהם שלא יראוהו בוכה: **ויבך.** לפי ששמע שהיו מתחרטין: **את שמעון.** הוא השליכו לבור, הוא שאמר ללוי: "הנה בעל החלמות הלזה בא" (לעיל לז, יט). דבר אחר, נתכון יוסף להפרידו מלוי, שמא יתיעצו שניהם להרג אותו: **ויאסר אתו לעיניהם.** לא אסרו אלא לעיניהם, וכיון שיצאו הוציאו והאכילו והשקהו:

כז **ויפתח האחד.** הוא לוי שנשאר יחיד משמעון בן זוגו: **במלון.** במקום שלנו בלילה: **אמתחתו.** הוא שק:

מקץ

אָחִיו הוּשַׁב כַּסְפִּי וְגַם הִנֵּה בְאַמְתַּחְתִּי וַיֵּצֵא
לִבָּם וַיֶּחֶרְדוּ אִישׁ אֶל־אָחִיו לֵאמֹר מַה־זֹּאת
עָשָׂה אֱלֹהִים לָנוּ׃ וַיָּבֹאוּ אֶל־יַעֲקֹב אֲבִיהֶם כט
אַרְצָה כְּנָעַן וַיַּגִּידוּ לוֹ אֵת כָּל־הַקֹּרֹת אֹתָם
לֵאמֹר׃ דִּבֶּר הָאִישׁ אֲדֹנֵי הָאָרֶץ אִתָּנוּ קָשׁוֹת ל
וַיִּתֵּן אֹתָנוּ כִּמְרַגְּלִים אֶת־הָאָרֶץ׃ וַנֹּאמֶר אֵלָיו לא
כֵּנִים אֲנָחְנוּ לֹא הָיִינוּ מְרַגְּלִים׃ שְׁנֵים־עָשָׂר לב
אֲנַחְנוּ אַחִים בְּנֵי אָבִינוּ הָאֶחָד אֵינֶנּוּ וְהַקָּטֹן
הַיּוֹם אֶת־אָבִינוּ בְּאֶרֶץ כְּנָעַן׃ וַיֹּאמֶר אֵלֵינוּ לג
הָאִישׁ אֲדֹנֵי הָאָרֶץ בְּזֹאת אֵדַע כִּי כֵנִים אַתֶּם
אֲחִיכֶם הָאֶחָד הַנִּיחוּ אִתִּי וְאֶת־רַעֲבוֹן בָּתֵּיכֶם
קְחוּ וָלֵכוּ׃ וְהָבִיאוּ אֶת־אֲחִיכֶם הַקָּטֹן אֵלַי לד
וְאֵדְעָה כִּי לֹא מְרַגְּלִים אַתֶּם כִּי כֵנִים אַתֶּם אֶת־
אֲחִיכֶם אֶתֵּן לָכֶם וְאֶת־הָאָרֶץ תִּסְחָרוּ׃ וַיְהִי הֵם לה
מְרִיקִים שַׂקֵּיהֶם וְהִנֵּה־אִישׁ צְרוֹר־כַּסְפּוֹ בְּשַׂקּוֹ
וַיִּרְאוּ אֶת־צְרֹרוֹת כַּסְפֵּיהֶם הֵמָּה וַאֲבִיהֶם
וַיִּירָאוּ׃ וַיֹּאמֶר אֲלֵהֶם יַעֲקֹב אֲבִיהֶם אֹתִי לו
שִׁכַּלְתֶּם יוֹסֵף אֵינֶנּוּ וְשִׁמְעוֹן אֵינֶנּוּ וְאֶת־בִּנְיָמִן
תִּקָּחוּ עָלַי הָיוּ כֻלָּנָה׃ וַיֹּאמֶר רְאוּבֵן אֶל־אָבִיו לז
לֵאמֹר אֶת־שְׁנֵי בָנַי תָּמִית אִם־לֹא אֲבִיאֶנּוּ

אֵלֶיךָ תְּנָה אֹתוֹ עַל־יָדִי וַאֲנִי אֲשִׁיבֶנּוּ אֵלֶיךָ:
לח וַיֹּאמֶר לֹא־יֵרֵד בְּנִי עִמָּכֶם כִּי־אָחִיו מֵת וְהוּא
לְבַדּוֹ נִשְׁאָר וּקְרָאָהוּ אָסוֹן בַּדֶּרֶךְ אֲשֶׁר תֵּלְכוּ־
בָהּ וְהוֹרַדְתֶּם אֶת־שֵׂיבָתִי בְּיָגוֹן שְׁאוֹלָה:
מג א ב וְהָרָעָב כָּבֵד בָּאָרֶץ: וַיְהִי כַּאֲשֶׁר כִּלּוּ לֶאֱכֹל

לַאֲחוּהִי אִתָּתַב כַּסְפִּי, וְאַף הָא בְטוֹעֲנִי, וּנְפַק מַדַּע לִבְּהוֹן, וּתְוַהוּ, גְּבַר בַּאֲחוּהִי לְמֵימַר, מָא
כט דָא, עֲבַד יי לָנָא: וַאֲתוֹ, לְוָת יַעֲקֹב אֲבוּהוֹן לְאַרְעָא דִכְנָעַן, וְחַוִּיאוּ לֵיהּ, יָת, כָּל דְּעָרָעָא יָתְהוֹן
ל לא לְמֵימַר: מַלֵּיל, גַּבְרָא רִבּוֹנַהּ דְּאַרְעָא, עִמַּנָא קַשְׁיָן, וִיהַב יָתַנָא, כִּמְאַלְּלֵי אַרְעָא: וַאֲמַרְנָא לֵיהּ
לב כֵּיוָנֵי אֲנַחְנָא, לָא הֲוֵינָא אַלִּילֵי: תְּרֵי עֲסַר אֲנַחְנָא, אַחִין בְּנֵי אֲבוּנָא, חַד לֵיתוֹהִי, וּזְעֵירָא יוֹמָא
לג דֵין, עִם אֲבוּנָא בְּאַרְעָא דִכְנָעַן: וַאֲמַר לַנָא, גַּבְרָא רִבּוֹנַהּ דְּאַרְעָא, בְּדָא אֶדַּע, אֲרֵי כֵּיוָנֵי אַתּוּן,
לד אֲחוּכוֹן חַד שְׁבוּקוּ לְוָתִי, וְיָת עֲבוּרָא דַחֲסִיר בְּבָתֵּיכוֹן סַבוּ וְאִיזִילוּ: וְאַיְתוֹ, יָת אֲחוּכוֹן זְעֵירָא
לְוָתִי, וְאֶדַּע, אֲרֵי לָא אַלִּילֵי אַתּוּן, אֲרֵי כֵּיוָנֵי אַתּוּן, יָת אֲחוּכוֹן אֶתֵּין לְכוֹן, וְיָת אַרְעָא תִּעְבְּדוּן
לה בַּהּ סְחוֹרְתָא: וַהֲוָה, אִנּוּן מְרִיקִין סַקֵּיהוֹן, וְהָא גְּבַר צְרוֹר כַּסְפֵּיהּ בְּסַקֵּיהּ, וַחֲזוֹ, יָת צְרָרֵי
לו כַסְפֵּיהוֹן, אִנּוּן וַאֲבוּהוֹן וּדְחִילוּ: וַאֲמַר לְהוֹן יַעֲקֹב אֲבוּהוֹן, יָתִי אַתְכֵּילְתּוּן, יוֹסֵף לֵיתוֹהִי
לז וְשִׁמְעוֹן לָא הֲוָה כָּא, וְיָת בִּנְיָמִין תִּדְבְּרוּן, עֲלַי הֲוָאָה כֻּלְּהוֹן: וַאֲמַר רְאוּבֵן לַאֲבוּהִי לְמֵימַר, יָת
לח תְּרֵין בְּנַי תְּמִית, אִם לָא אַיְתֵינֵיהּ לָךְ, הַב יָתֵיהּ עַל יְדִי, וַאֲנָא אֲתִיבִנֵּיהּ לָךְ: וַאֲמַר, לָא יֵיחוֹת
בְּרִי עִמְּכוֹן, אֲרֵי אֲחוּהִי מִית וְהוּא בִּלְחוֹדוֹהִי אִשְׁתְּאַר, וִיעָרְעִנֵּיהּ מוֹתָא בְּאוֹרְחָא דִּתְהָכוּן
מג א ב בַּהּ, וְתַחֲתוּן יָת סֵיבְתִי, בִּדְווֹנָא לִשְׁאוֹל: וְכַפְנָא תְּקֵיף בְּאַרְעָא: וַהֲוָה, כַּד שֵׁיצִיאוּ לְמֵיכַל

כח| וְגַם הִנֵּה בְאַמְתַּחְתִּי. גַּם הַכֶּסֶף בּוֹ עִם הַתְּבוּאָה: מַה זֹּאת עָשָׂה אֱלֹהִים לָנוּ. לַהֲבִיאֵנוּ לִידֵי עֲלִילָה זוֹ, שֶׁלֹּא הוּשַׁב אֶלָּא לְהִתְעוֹלֵל עָלֵינוּ:

לד| וְאֶת הָאָרֶץ תִּסְחָרוּ. תְּסוֹבְבוּ, וְכָל לְשׁוֹן 'סוֹחֲרִים' וּ'סְחוֹרָה' עַל שֵׁם שֶׁמְּחַזְּרִים וְסוֹבְבִים אַחַר הַפְּרַקְמַטְיָא:

לה| צְרוֹר כַּסְפּוֹ. קֶשֶׁר כַּסְפּוֹ:

לו| אֹתִי שִׁכַּלְתֶּם. מְלַמֵּד שֶׁחֲשָׁדָן שֶׁמָּא הֲרָגוּהוּ אוֹ מְכָרוּהוּ כְּיוֹסֵף: שִׁכַּלְתֶּם. כָּל מִי שֶׁבָּנָיו אֲבוּדִים קָרוּי 'שַׁכּוּל':

לח| לֹא יֵרֵד בְּנִי עִמָּכֶם. לֹא קִבֵּל דְּבָרָיו שֶׁל רְאוּבֵן, אָמַר: בְּכוֹר שׁוֹטֶה הוּא זֶה! הוּא אוֹמֵר לְהָמִית בָּנָיו, וְכִי בָּנָיו הֵם וְלֹא בָּנַי?!:

פרק מג

ב| כַּאֲשֶׁר כִּלּוּ לֶאֱכֹל. יְהוּדָה אָמַר לָהֶם: הַמְתִּינוּ לַזָּקֵן עַד שֶׁתִּכְלֶה פַּת מִן הַבַּיִת: כַּאֲשֶׁר כִּלּוּ. "כַּד שֵׁיצִיאוּ", וְהַמְתַרְגֵּם 'כַּד סְפִיקוּ' טוֹעֶה. "כַּאֲשֶׁר כִּלּוּ הַגְּמַלִּים לִשְׁתּוֹת" (לעיל כד, כב) מְתֻרְגָּם "כַּד סְפִיקוּ", כְּשֶׁשָּׁתוּ דֵּי סִפּוּקָם הוּא גְּמַר שְׁתִיָּתָם; אֲבָל זֶה, "כַּאֲשֶׁר כִּלּוּ לֶאֱכֹל", כַּאֲשֶׁר תַּם הָאֹכֶל הוּא, וּמְתַרְגְּמִינַן: "כַּד שֵׁיצִיאוּ":

אֶת־הַשֶּׁבֶר אֲשֶׁר הֵבִיאוּ מִמִּצְרָיִם וַיֹּאמֶר אֲלֵיהֶם
אֲבִיהֶם שֻׁבוּ שִׁבְרוּ־לָנוּ מְעַט־אֹכֶל׃ וַיֹּאמֶר ג
אֵלָיו יְהוּדָה לֵאמֹר הָעֵד הֵעִד בָּנוּ הָאִישׁ לֵאמֹר
לֹא־תִרְאוּ פָנַי בִּלְתִּי אֲחִיכֶם אִתְּכֶם׃ אִם־יֶשְׁךָ ד
מְשַׁלֵּחַ אֶת־אָחִינוּ אִתָּנוּ נֵרְדָה וְנִשְׁבְּרָה לְךָ
אֹכֶל׃ וְאִם־אֵינְךָ מְשַׁלֵּחַ לֹא נֵרֵד כִּי־הָאִישׁ אָמַר ה
אֵלֵינוּ לֹא־תִרְאוּ פָנַי בִּלְתִּי אֲחִיכֶם אִתְּכֶם׃
וַיֹּאמֶר יִשְׂרָאֵל לָמָה הֲרֵעֹתֶם לִי לְהַגִּיד לָאִישׁ ו
הַעוֹד לָכֶם אָח׃ וַיֹּאמְרוּ שָׁאוֹל שָׁאַל־הָאִישׁ לָנוּ ז
וּלְמוֹלַדְתֵּנוּ לֵאמֹר הַעוֹד אֲבִיכֶם חַי הֲיֵשׁ לָכֶם
אָח וַנַּגֶּד־לוֹ עַל־פִּי הַדְּבָרִים הָאֵלֶּה הֲיָדוֹעַ נֵדַע
כִּי יֹאמַר הוֹרִידוּ אֶת־אֲחִיכֶם׃ וַיֹּאמֶר יְהוּדָה ח
אֶל־יִשְׂרָאֵל אָבִיו שִׁלְחָה הַנַּעַר אִתִּי וְנָקוּמָה
וְנֵלֵכָה וְנִחְיֶה וְלֹא נָמוּת גַּם־אֲנַחְנוּ גַם־אַתָּה
גַּם־טַפֵּנוּ׃ אָנֹכִי אֶעֶרְבֶנּוּ מִיָּדִי תְּבַקְשֶׁנּוּ אִם־לֹא ט
הֲבִיאֹתִיו אֵלֶיךָ וְהִצַּגְתִּיו לְפָנֶיךָ וְחָטָאתִי לְךָ כָּל־
הַיָּמִים׃ כִּי לוּלֵא הִתְמַהְמָהְנוּ כִּי־עַתָּה שַׁבְנוּ זֶה י
פַעֲמָיִם׃ וַיֹּאמֶר אֲלֵהֶם יִשְׂרָאֵל אֲבִיהֶם אִם־כֵּן ׀ יא
אֵפוֹא זֹאת עֲשׂוּ קְחוּ מִזִּמְרַת הָאָרֶץ בִּכְלֵיכֶם
וְהוֹרִידוּ לָאִישׁ מִנְחָה מְעַט צֳרִי וּמְעַט דְּבַשׁ

יב נִכְאֹת וָלֹט בָּטְנִים וּשְׁקֵדִים: וְכֶסֶף מִשְׁנֶה קְחוּ
בְיֶדְכֶם וְאֶת־הַכֶּסֶף הַמּוּשָׁב בְּפִי אַמְתְּחֹתֵיכֶם

ג יָת עֲבוּרָא, דְּאֵיתִיאוּ מִמִּצְרָיִם, וַאֲמַר לְהוֹן אֲבוּהוֹן, תּוּבוּ זְבוּנוּ לַנָא זְעֵיר עֲבוּרָא: וַאֲמַר לֵיהּ,
יְהוּדָה לְמֵימַר, אַסְהָדָא אַסְהֵיד בַּנָא גֻּבְרָא לְמֵימַר לָא תִחְזוֹן אַפַּי, אֱלָהֵין כַּד אֲחוּכוֹן עִמְּכוֹן:
ד ה אִם אִיתָךְ, מְשַׁלַּח יָת אֲחוּנָא עִמַּנָא, נֵיחוֹת, וְנִזְבּוֹן לָךְ עֲבוּרָא: וְאִם לֵיתָךְ מְשַׁלַּח לָא נֵיחוֹת,
ו אֲרֵי גֻבְרָא, אֲמַר לַנָא לָא תִחְזוֹן אַפַּי, אֱלָהֵין כַּד אֲחוּכוֹן עִמְּכוֹן: וַאֲמַר יִשְׂרָאֵל, לְמָא אַבְאֵישְׁתּוּן
ז לִי, לְחַוָּאָה לְגֻבְרָא, הַעוֹד לְכוֹן אֲחָא: וַאֲמַרוּ, שַׁאֳלָא שַׁאֵיל גֻּבְרָא, לַנָא וּלְיַלָּדוּתַנָא לְמֵימַר,
הַעוֹד אֲבוּכוֹן קַיָּם הַאִית לְכוֹן אֲחָא, וְחַוֵּינָא לֵיהּ, עַל מֵימַר פִּתְגָּמַיָּא הָאִלֵּין, הֲמִידַע הֲוֵינָא
ח יָדְעִין, אֲרֵי יֵימַר, אַחִיתוּ יָת אֲחוּכוֹן: וַאֲמַר יְהוּדָה לְיִשְׂרָאֵל אֲבוּהִי, שְׁלַח עוּלֵימָא, עִמִּי וּנְקוּם
ט וְנֵיזֵיל, וְנֵיחֵי וְלָא נְמוּת, אַף אֲנַחְנָא אַף אַתְּ אַף טַפְלַנָא: אֲנָא מְעָרֵבְנָא בֵּיהּ, מִן יְדִי תִּבְעֵינֵיהּ,
י אִם לָא אַיְתֵינֵיהּ לָךְ וַאֲקִימִנֵּיהּ קֳדָמָךְ, וְאֵיהֵי חָטֵי לָךְ כָּל יוֹמַיָּא: אֲרֵי אִלּוּ לָא פוֹן בְּדָא
יא אִתְעַכַּבְנָא, אֲרֵי כְעַן תַּבְנָא דְנָן תַּרְתֵּין זִמְנִין: וַאֲמַר לְהוֹן יִשְׂרָאֵל אֲבוּהוֹן, אִם כֵּן הוּא דָא עֲבִידוּ,
סַבוּ, מִדִּמְשַׁבַּח בְּאַרְעָא בְּמָנֵיכוֹן, וַאֲחִיתוּ לְגֻבְרָא תִּקְרֻבְתָּא, זְעֵיר קְטוֹף וּזְעֵיר דְּבַשׁ, שְׁעַף
יב וּלְטוֹם, בֻּטְמִין וְשִׁגְדִּין: וְכַסְפָּא עַל חַד תְּרֵין סַבוּ בִידְכוֹן, וְיָת כַּסְפָּא, דְּאִתָּתַב בְּפוֹם טְעֵנֵיכוֹן

ג| **הָעֵד הֵעִד.** לְשׁוֹן הַתְרָאָה, שֶׁסְּתָם הַתְרָאָה מַתְרֶה בּוֹ בִּפְנֵי עֵדִים, וְכֵן: "הַעִדֹתִי בַּאֲבוֹתֵיכֶם" (ירמיה יא, ז), "רֵד הָעֵד בָּעָם" (שמות יט, כא): **לֹא תִרְאוּ פָנַי בִּלְתִּי אֲחִיכֶם אִתְּכֶם.** לֹא תִרְאוּנִי בְּלֹא אֲחִיכֶם אִתְּכֶם. וְאוּנְקְלוֹס תִּרְגֵּם: "אֱלָהֵין כַּד אֲחוּכוֹן עִמְּכוֹן", יִשֵּׁב הַדָּבָר עַל אָפְנוֹ וְלֹא דִקְדֵּק לְתַרְגֵּם אַחַר לְשׁוֹן הַמִּקְרָא:

ז| **לָנוּ וּלְמוֹלַדְתֵּנוּ.** לְמִשְׁפְּחוֹתֵינוּ. וּמִדְרָשׁוֹ, אֲפִלּוּ עֲצֵי עֲרִיסוֹתֵינוּ גִּלָּה לָנוּ: **וַנַּגֶּד לוֹ.** שֶׁיֵּשׁ לָנוּ אָב וְאָח: **עַל פִּי הַדְּבָרִים הָאֵלֶּה.** עַל פִּי שְׁאֵלוֹתָיו אֲשֶׁר שָׁאַל הֻזְקַקְנוּ לְהַגִּיד: **כִּי יֹאמַר.** אֲשֶׁר יֹאמַר; 'כִּי' מְשַׁמֵּשׁ בִּלְשׁוֹן 'אִם' וְ'אִם' מְשַׁמֵּשׁ בִּלְשׁוֹן 'אֲשֶׁר', הֲרֵי זֶה שִׁמּוּשׁ אַחַת מֵאַרְבַּע לְשׁוֹנוֹתָיו, 'אִי', שֶׁהֲרֵי 'כִּי' זֶה כְּמוֹ 'אִם', כְּמוֹ: "עַד אִם דִּבַּרְתִּי דְּבָרָי" (לעיל כד, לג):

ח| **וְנִחְיֶה.** נִתְנַבֵּא בּוֹ רוּחַ הַקֹּדֶשׁ, עַל יְדֵי הֲלִיכָה זוֹ תְּחִי רוּחֲךָ, שֶׁנֶּאֱמַר: "וַתְּחִי רוּחַ יַעֲקֹב אֲבִיהֶם" (להלן מה, כז): **וְלֹא נָמוּת.** בָּרָעָב; בִּנְיָמִין סָפֵק יִתָּפֵשׂ סָפֵק לֹא יִתָּפֵשׂ, וַאֲנוּ כֻּלָּנוּ מֵתִים בָּרָעָב אִם לֹא נֵלֵךְ, מוּטָב שֶׁתַּנִּיחַ אֶת הַסָּפֵק וְתִתְפֹּשׂ אֶת הַוַּדַּאי:

ט| **וְהִצַּגְתִּיו לְפָנֶיךָ.** שֶׁלֹּא אֲבִיאֶנּוּ אֵלֶיךָ מֵת כִּי אִם חַי: **וְחָטָאתִי לְךָ כָּל הַיָּמִים.** לָעוֹלָם הַבָּא:

י| **לוּלֵא הִתְמַהְמָהְנוּ.** עַל יָדְךָ, כְּבָר הָיִינוּ שָׁבִים עִם שִׁמְעוֹן, וְלֹא נִצְטַעַרְתָּ כָּל הַיָּמִים הַלָּלוּ:

יא| **אֵפוֹא.** לָשׁוֹן יָתֵר הוּא לְתַקֵּן מִלָּה בִּלְשׁוֹן עִבְרִי: אִם כֵּן אֶזְדַּקֵּק לַעֲשׂוֹת שֶׁאֶשְׁלָחֶנּוּ עִמָּכֶם, צָרִיךְ אֲנִי לַחֲזֹר וּלְבַקֵּשׁ אַיֵּה פֹּה תַּקָּנָה וְעֵצָה לַהֲשִׁיאֲכֶם, וְאוֹמֵר אֲנִי: "זֹאת עֲשׂוּ": **מִזִּמְרַת הָאָרֶץ.** כְּתַרְגּוּמוֹ "מִדִּמְשַׁבַּח בְּאַרְעָא", שֶׁהַכֹּל מְזַמְּרִים עָלָיו כְּשֶׁהוּא בָא לָעוֹלָם: **נְכֹאת.** שַׁעֲוָה. בִּבְרֵאשִׁית רַבָּה (צא, יא): **בָּטְנִים.** לֹא יָדַעְתִּי מַה הֵם. וּבְפֵרוּשֵׁי אָלֶ"ף בֵּי"ת שֶׁל רַבִּי מָכִיר רָאִיתִי פשטקי"ש, וְדוֹמֶה לִי שֶׁהֵן אֲפַרְסְקִים:

יב| **וְכֶסֶף מִשְׁנֶה.** פִּי שְׁנַיִם כָּרִאשׁוֹן: **קְחוּ בְיֶדְכֶם.**

תָּשִׁ֣יבוּ בְיֶדְכֶ֔ם אוּלַ֥י מִשְׁגֶּ֖ה הֽוּא׃ וְאֶת־אֲחִיכֶ֖ם יג
לט קָ֑חוּ וְק֖וּמוּ שׁ֥וּבוּ אֶל־הָאִֽישׁ׃ וְאֵ֣ל שַׁדַּ֗י יִתֵּ֨ן יד
לָכֶ֤ם רַחֲמִים֙ לִפְנֵ֣י הָאִ֔ישׁ וְשִׁלַּ֥ח לָכֶ֛ם אֶת־
אֲחִיכֶ֥ם אַחֵ֖ר וְאֶת־בִּנְיָמִ֑ין וַאֲנִ֕י כַּאֲשֶׁ֥ר שָׁכֹ֖לְתִּי
שָׁכָֽלְתִּי׃ וַיִּקְח֤וּ הָֽאֲנָשִׁים֙ אֶת־הַמִּנְחָ֣ה הַזֹּ֔את טו
וּמִשְׁנֶה־כֶּ֛סֶף לָקְח֥וּ בְיָדָ֖ם וְאֶת־בִּנְיָמִ֑ן וַיָּקֻ֙מוּ֙
ששי וַיֵּרְד֣וּ מִצְרַ֔יִם וַיַּֽעַמְד֖וּ לִפְנֵ֥י יוֹסֵֽף׃ וַיַּ֨רְא יוֹסֵ֣ף טז
אִתָּם֮ אֶת־בִּנְיָמִין֒ וַיֹּ֙אמֶר֙ לַֽאֲשֶׁ֣ר עַל־בֵּית֔וֹ הָבֵ֥א
אֶת־הָאֲנָשִׁ֖ים הַבָּ֑יְתָה וּטְבֹ֤חַ טֶ֙בַח֙ וְהָכֵ֔ן כִּ֥י אִתִּ֛י
יֹאכְל֥וּ הָאֲנָשִׁ֖ים בַּֽצָּהֳרָֽיִם׃ וַיַּ֣עַשׂ הָאִ֔ישׁ כַּאֲשֶׁ֖ר יז
אָמַ֣ר יוֹסֵ֑ף וַיָּבֵ֥א הָאִ֛ישׁ אֶת־הָאֲנָשִׁ֖ים בֵּ֥יתָה
יוֹסֵֽף׃ וַיִּֽירְא֣וּ הָאֲנָשִׁ֗ים כִּ֣י הֽוּבְאוּ֮ בֵּ֣ית יוֹסֵף֒ יח
וַיֹּ֣אמְר֔וּ עַל־דְּבַ֤ר הַכֶּ֙סֶף֙ הַשָּׁ֤ב בְּאַמְתְּחֹתֵ֙ינוּ֙
בַּתְּחִלָּ֔ה אֲנַ֖חְנוּ מֽוּבָאִ֑ים לְהִתְגֹּלֵ֤ל עָלֵ֙ינוּ֙
וּלְהִתְנַפֵּ֣ל עָלֵ֔ינוּ וְלָקַ֧חַת אֹתָ֛נוּ לַעֲבָדִ֖ים וְאֶת־
חֲמֹרֵֽינוּ׃ וַֽיִּגְּשׁוּ֙ אֶל־הָאִ֔ישׁ אֲשֶׁ֖ר עַל־בֵּ֣ית יוֹסֵ֑ף יט
וַיְדַבְּר֥וּ אֵלָ֖יו פֶּ֥תַח הַבָּֽיִת׃ וַיֹּאמְר֖וּ בִּ֣י אֲדֹנִ֑י יָרֹ֥ד כ
יָרַ֛דְנוּ בַּתְּחִלָּ֖ה לִשְׁבָּר־אֹֽכֶל׃ וַיְהִ֞י כִּי־בָ֣אנוּ כא
אֶל־הַמָּל֗וֹן וַֽנִּפְתְּחָה֙ אֶת־אַמְתְּחֹתֵ֔ינוּ וְהִנֵּ֤ה
כֶֽסֶף־אִישׁ֙ בְּפִ֣י אַמְתַּחְתּ֔וֹ כַּסְפֵּ֖נוּ בְּמִשְׁקָל֑וֹ
וַנָּ֥שֶׁב אֹת֖וֹ בְּיָדֵֽנוּ׃ וְכֶ֧סֶף אַחֵ֛ר הוֹרַ֥דְנוּ בְיָדֵ֖נוּ כב

לִשְׁבָּר־אֹכֶל לֹא יָדַעְנוּ מִי־שָׂם כַּסְפֵּנוּ
כג בְּאַמְתְּחֹתֵינוּ: וַיֹּאמֶר שָׁלוֹם לָכֶם אַל־תִּירָאוּ

יג יד תְּתִיבוּן בִּידְכוֹן, דִּלְמָא שָׁלוּ הֲוָת: וְיָת אֲחוּכוֹן דְּבָרוּ, וְקוּמוּ תּוּבוּ לְוָת גַּבְרָא: וְאֵל שַׁדַּי, יִתֵּין
לְכוֹן רַחֲמִין קֳדָם גַּבְרָא, וְיִפְטַר לְכוֹן, יָת אֲחוּכוֹן אָחֳרָנָא וְיָת בִּנְיָמִין, וַאֲנָא, כְּמָא דִּתְכֵילִית
טו תְּכֵילִית: וּנְסִיבוּ גֻבְרַיָּא יָת תִּקְרֻבְתָּא הָדָא, וְעַל חַד תְּרֵין כַּסְפָּא, נְסִיבוּ בִידֵיהוֹן וּדְבַרוּ יָת
טז בִּנְיָמִין, וְקָמוּ וּנְחַתוּ לְמִצְרַיִם, וְקָמוּ קֳדָם יוֹסֵף: וַחֲזָא יוֹסֵף עִמְּהוֹן יָת בִּנְיָמִין, וַאֲמַר לִדְמְמַנָּא
עַל בֵּיתֵיהּ, אַעֵיל יָת גֻּבְרַיָּא לְבֵיתָא, וְכוֹס נִכְסְתָא וְאַתְקֵין, אֲרֵי עִמִּי, אָכְלִין גֻּבְרַיָּא בְּשֵׁירוּתָא:
יז יח וַעֲבַד גַּבְרָא, כְּמָא דַּאֲמַר יוֹסֵף, וְאַעֵיל גַּבְרָא, יָת גֻּבְרַיָּא לְבֵית יוֹסֵף: וּדְחִילוּ גֻּבְרַיָּא, אֲרֵי
אִתָּעֲלוּ לְבֵית יוֹסֵף, וַאֲמַרוּ, עַל עֵיסַק כַּסְפָּא דְּאִתְּתַב בְּטוֹעֲנַנָא בְּקַדְמֵיתָא, אֲנַחְנָא מִתָּעֲלִין,
יט לְאִתְרַבְרָבָא עֲלָנָא וּלְאִסְתַּקָּפָא עֲלָנָא, וּלְמִקְנֵי יָתַנָא, לְעַבְדִין וּלְמִדְבַּר יָת חֲמָרָנָא: וְקָרִיבוּ לְוָת
כ גַּבְרָא, דִּמְמַנָּא עַל בֵּית יוֹסֵף, וּמַלִּילוּ עִמֵּיהּ בִּתְרַע בֵּיתָא: וַאֲמַרוּ בְּבָעוּ רִבּוֹנִי, מֵיחַת נְחַתְנָא,
כא בְּקַדְמֵיתָא לְמִזְבַּן עֲבוּרָא: וַהֲוָה כַּד אֲתֵינָא לְבֵית מְבָתָא, וּפְתַחְנָא יָת טוֹעֲנַנָא, וְהָא כְסַף גְּבַר
כב בְּפוּם טוֹעֲנֵיהּ, כַּסְפַּנָא בְּמַתְקָלֵיהּ, וַאֲתֵיבְנָא יָתֵיהּ בִּידַנָא: וְכַסְפָּא אָחֳרָנָא, אַחֵיתְנָא בִּידַנָא
כג לְמִזְבַּן עֲבוּרָא, לָא יְדַעְנָא, מַאן שַׁוִּי כַּסְפַּנָא בְּטוֹעֲנַנָא: וַאֲמַר שְׁלָם לְכוֹן לָא תִדְחֲלוּן,

לִשְׁבֹּר אֹכֶל, שֶׁמָּא הוּקַר הַשַּׁעַר: אוּלַי מִשְׁגֶּה הוּא. שֶׁמָּא הַמְמֻנֶּה עַל הַבַּיִת שְׁכָחוֹ שׁוֹגֵג:

יד| וְאֵל שַׁדַּי. מֵעַתָּה אֵינְכֶם חֲסֵרִים כְּלוּם אֶלָּא תְּפִלָּה, הֲרֵינִי מִתְפַּלֵּל עֲלֵיכֶם: אֵל שֶׁיֵּשׁ דַּי בִּנְתִינַת רַחֲמָיו וּכְדֵי הַיְכֹלֶת בְּיָדוֹ לִתֵּן, "יִתֵּן לָכֶם רַחֲמִים", זֶהוּ פְּשׁוּטוֹ. וּמִדְרָשׁוֹ, מִי שֶׁאָמַר לָעוֹלָם דַּי יֹאמַר דַּי לְצָרוֹתַי, שֶׁלֹּא שָׁקַטְתִּי מִנְּעוּרַי: צָרַת לָבָן, צָרַת עֵשָׂו, צָרַת רָחֵל, צָרַת דִּינָה, צָרַת יוֹסֵף, צָרַת שִׁמְעוֹן, צָרַת בִּנְיָמִין: וְשִׁלַּח לָכֶם. "וְיִפְטַר לְכוֹן", כְּתַרְגּוּמוֹ, יִפְטְרֶנּוּ מֵאֲסוּרָיו, לְשׁוֹן "לַחָפְשִׁי יְשַׁלְּחֶנּוּ" (שמות כא, כו). וְאֵין נוֹפֵל בְּתַרְגּוּמוֹ לְשׁוֹן 'וְיִשְׁלַח', שֶׁהֲרֵי לְשָׁם הֵם הוֹלְכִים אֶצְלוֹ: אֶת אֲחִיכֶם. זֶה שִׁמְעוֹן: אַחֵר. רוּחַ הַקֹּדֶשׁ נִזְרְקָה בּוֹ, לְרַבּוֹת יוֹסֵף: וַאֲנִי. עַד שׁוּבְכֶם אֶהְיֶה שָׁכוּל מִסָּפֵק: כַּאֲשֶׁר שָׁכֹלְתִּי. מִיּוֹסֵף וּמִשִּׁמְעוֹן: שָׁכָלְתִּי. מִבִּנְיָמִין:

טו| וְאֶת בִּנְיָמִן. מְתַרְגְּמִינַן "וּדְבַרוּ יָת בִּנְיָמִין", לְפִי שֶׁאֵין לְקִיחַת הַכֶּסֶף וּלְקִיחַת הָאָדָם שָׁוָה בְּלָשׁוֹן אֲרַמִּי; בְּדָבָר הַנִּקָּח בַּיָּד מְתַרְגְּמִינַן: "וּנְסִיב", וְדָבָר הַנִּקָּח בְּהַנְהָגַת דְּבָרִים מְתַרְגְּמִינַן: "וּדְבַר":

טז| וּטְבֹחַ טֶבַח וְהָכֵן. כְּמוֹ: 'וְלִטְבֹּחַ טֶבַח וּלְהָכֵן'. וְאֵין 'וּטְבֹחַ' לְשׁוֹן צִוּוּי, שֶׁהָיָה לוֹ לוֹמַר 'וּטְבַח': בַּצָּהֳרָיִם. זֶה מְתֻרְגָּם "בְּשֵׁירוּתָא" שֶׁהוּא לְשׁוֹן סְעוּדָה רִאשׁוֹנָה בְּלָשׁוֹן אֲרַמִּי, וּבְלַעַז דיזני"ר, וְיֵשׁ הַרְבֵּה בַּתַּלְמוּד: "שָׁדָא לְכַלְבָּא שֵׁירוּתֵיהּ" (תענית יח ע"ב), "בָּצַע אַכּוּלָּא שֵׁירוּתֵיהּ" (ברכות לט ע"ב). אֲבָל כָּל תַּרְגּוּם שֶׁל 'צָהֳרַיִם' – טֵיהֲרָא:

יח| וַיִּירְאוּ הָאֲנָשִׁים. כָּתוּב הוּא בִּשְׁנֵי יוּדִי"ן, וְתַרְגּוּמוֹ: "וּדְחִילוּ": כִּי הוּבְאוּ בֵּית יוֹסֵף. וְאֵין דֶּרֶךְ שְׁאָר הַבָּאִים לִשְׁבֹּר בָּר לָלוּן בְּבֵית יוֹסֵף כִּי אִם בְּפֻנְדְּקָאוֹת שֶׁבָּעִיר. "וַיִּירְאוּ" שֶׁאֵין זֶה אֶלָּא לְאָסְפָם אֶל מִשְׁמָר: אֲנַחְנוּ מוּבָאִים. אֶל תּוֹךְ הַבַּיִת הַזֶּה: לְהִתְגֹּלֵל. לִהְיוֹת מִתְגַּלְגֶּלֶת עָלֵינוּ עֲלִילַת הַכֶּסֶף וְלִהְיוֹתָהּ נוֹפֶלֶת עָלֵינוּ. וְאוּנְקְלוֹס שֶׁתִּרְגֵּם: "וּלְאִסְתַּקָּפָא עֲלָנָא" הוּא לְשׁוֹן 'לְהִתְעוֹלֵל', כְּדִמְתַרְגְּמִינַן "עֲלִילֹת דְּבָרִים" (דברים כב, יד) – "תַּסְקוּפֵי מִלִּין", וְלֹא תִּרְגְּמוֹ אַחַר לְשׁוֹן הַמִּקְרָא. וּ"לְהִתְגַּלֵּל" שֶׁתִּרְגֵּם "לְאִתְרַבְרָבָא" הוּא לְשׁוֹן: "גֻּלַּת הַזָּהָב" (קהלת יב, ו), "וְהֻצַּב גֻּלְּתָה הֹעֲלָתָה" (נחום ב, ח), שֶׁהוּא לְשׁוֹן מַלְכוּת:

כ| בִּי אֲדֹנִי. לְשׁוֹן בְּעָיָה וְתַחֲנוּנִים הוּא, וּבְלָשׁוֹן

אֱלֹהֵיכֶם וֵאלֹהֵי אֲבִיכֶם נָתַן לָכֶם מַטְמוֹן
בְּאַמְתְּחֹתֵיכֶם כַּסְפְּכֶם בָּא אֵלָי וַיּוֹצֵא אֲלֵהֶם
אֶת־שִׁמְעוֹן׃ וַיָּבֵא הָאִישׁ אֶת־הָאֲנָשִׁים בֵּיתָה כד
יוֹסֵף וַיִּתֶּן־מַיִם וַיִּרְחֲצוּ רַגְלֵיהֶם וַיִּתֵּן מִסְפּוֹא
לַחֲמֹרֵיהֶם׃ וַיָּכִינוּ אֶת־הַמִּנְחָה עַד־בּוֹא יוֹסֵף כה
בַּצָּהֳרָיִם כִּי שָׁמְעוּ כִּי־שָׁם יֹאכְלוּ לָחֶם׃ וַיָּבֹא כו
יוֹסֵף הַבַּיְתָה וַיָּבִיאוּ לוֹ אֶת־הַמִּנְחָה אֲשֶׁר־
בְּיָדָם הַבָּיְתָה וַיִּשְׁתַּחֲווּ־לוֹ אָרְצָה׃ וַיִּשְׁאַל כז
לָהֶם לְשָׁלוֹם וַיֹּאמֶר הֲשָׁלוֹם אֲבִיכֶם הַזָּקֵן
אֲשֶׁר אֲמַרְתֶּם הַעוֹדֶנּוּ חָי׃ וַיֹּאמְרוּ שָׁלוֹם כח
לְעַבְדְּךָ לְאָבִינוּ עוֹדֶנּוּ חָי וַיִּקְּדוּ וַיִּשְׁתַּחֲוּ׃
וַיִּשָּׂא עֵינָיו וַיַּרְא אֶת־בִּנְיָמִין אָחִיו בֶּן־אִמּוֹ כט
וַיֹּאמֶר הֲזֶה אֲחִיכֶם הַקָּטֹן אֲשֶׁר אֲמַרְתֶּם אֵלָי
שביעי וַיֹּאמַר אֱלֹהִים יָחְנְךָ בְּנִי׃ וַיְמַהֵר יוֹסֵף כִּי־ ל
נִכְמְרוּ רַחֲמָיו אֶל־אָחִיו וַיְבַקֵּשׁ לִבְכּוֹת וַיָּבֹא
הַחַדְרָה וַיֵּבְךְּ שָׁמָּה׃ וַיִּרְחַץ פָּנָיו וַיֵּצֵא וַיִּתְאַפַּק לא
וַיֹּאמֶר שִׂימוּ לָחֶם׃ וַיָּשִׂימוּ לוֹ לְבַדּוֹ וְלָהֶם לב
לְבַדָּם וְלַמִּצְרִים הָאֹכְלִים אִתּוֹ לְבַדָּם כִּי לֹא
יוּכְלוּן הַמִּצְרִים לֶאֱכֹל אֶת־הָעִבְרִים לֶחֶם כִּי־
תוֹעֵבָה הִוא לְמִצְרָיִם׃ וַיֵּשְׁבוּ לְפָנָיו הַבְּכֹר לג
כִּבְכֹרָתוֹ וְהַצָּעִיר כִּצְעִרָתוֹ וַיִּתְמְהוּ הָאֲנָשִׁים

לד **איש אל רעהו: וישא משאת מאת פניו
אלהם ותרב משאת בנימן ממשאת כלם**

אלהכון, ואלהא דאבוכון יהב לכון סימן בטעניכון, כספכון אתא לותי, ואפיק לותהון ית
כד שמעון: ואעיל גברא, ית גבריא לבית יוסף, ויהב מיא ואסחו רגליהון, ויהב כסתא לחמריהון:
כה כו ואתקינו ית תקרבתא, עד דעאל יוסף בשירותא, ארי שמעו, ארי תמן אכלין לחמא: ועאל
כז יוסף לביתא, ואעילו ליה, ית תקרבתא דבידיהון לביתא, וסגידו ליה על ארעא: ושאיל להון
כח לשלם, ואמר, השלם, אבוכון סבא דאמרתון, העוד כען קים: ואמרו, שלם, לעבדך לאבונא
כט עד כען קים, וכרעו וסגידו: וזקף עינוהי, וחזא, ית בנימין אחוהי בר אמיה, ואמר, הדין אחוכון
ל זעירא, דאמרתון לי, ואמר, מן קדם יי יתרחם עלך ברי: ואוחי יוסף, ארי אתגוללו רחמוהי
לא על אחוהי, ובעא למבכי, ועאל לאדרון בית משכבא ובכא תמן: ואסחי אפוהי ונפק,
לב ואתחסן, ואמר שוו לחמא: ושויאו ליה, בלחודוהי ולהון בלחודיהון, ולמצראי, דאכלין
עמיה בלחודיהון, ארי לא יכלין מצראי, למיכל עם עבראי לחמא, ארי בעירא דמצראי
לג דחלין ליה עבראי אכלין: ואסחרו קדמוהי, רבא כרביותיה, וזעירא כזעירותיה, ותהו גבריא
לד גבר בחבריה: ונטל חולקין, מן קדמוהי לקדמיהון, וסגי, חולקא דבנימין, מחולקי כלהון

ארמי: "כיא ביא" (יומא סט ע"ב): **ירד ירדנו.** ירידה היא לנו, רגילים היינו לפרנס אחרים, עכשיו אנו צריכים לך:

כג] **אלהיכם.** בזכותכם; ואם אין זכותכם כדאי, "אלהי אביכם" – בזכות אביכם "נתן לכם מטמון":

כד] **ויבא האיש.** הבאה אחר הבאה, לפי שהיו דוחפים אותו חוץ עד שדברו אליו פתח הבית, ומשאמר להם "שלום לכם" (לעיל פסוק כג) נמשכו ובאו אחריו:

כה] **ויכינו.** הזמינו, עטרוה בכלים נאים:

כו] **הביתה.** מפרוזדור לטרקלין:

כח] **ויקדו וישתחו.** על שאלת שלום. קדה – כפיפת קדקד, השתחואה – משתטח לארץ:

כט] **אלהים יחנך בני.** בשאר שבטים שמענו חנינה: "אשר חנן אלהים את עבדך" (לעיל לג, ה), ובנימין עדין לא נולד, לכך ברכו יוסף בחנינה:

ל] **כי נכמרו רחמיו.** שאלו: יש לך אח מאם? אמר לו: אח היה לי ואיני יודע היכן הוא. יש לך בנים? אמר לו: יש לי עשרה. אמר לו: ומה שמם? אמר לו: בלע ובכר וגו' (להלן מו, כא). אמר לו: מה טיבן של שמות הללו? אמר לו: כלם על שם אחי והצרות שמצאוהו, כדאיתא במסכת סוטה (דף לו ע"ב); מיד נכמרו רחמיו: **נכמרו.** נתחממו, ובלשון משנה: "על הכמר של זיתים" (בבא מציעא עד ע"א), ובלשון ארמי: "מכמר בשרא" (פסחים נח ע"א), ובמקרא: "עורנו כתנור נכמרו" (איכה ה, י) – נתחממו ונקמטו קמטים קמטים, "מפני זלעפות רעב". כן דרך כל עור, כשמחממין אותו מאד – נקמט ונכוץ:

לא] **ויתאפק.** נתאמץ, והוא לשון "אפיקי מגנים" (איוב מא, ז), חוזק. וכן: "ומזיח אפיקים רפה" (שם יב, כא):

לב] **כי תועבה הוא.** דבר שנאוי הוא למצרים "לאכל את העברים", ואונקלוס נתן טעם לדבר:

לג] **הבכר כבכרתו.** מכה בגביע וקורא: ראובן שמעון לוי ויהודה יששכר וזבלון בני אם אחת, הסבו כסדר הזה שהוא תולדותיכם, וכן כלם. כיון שהגיע לבנימין, אמר: זה אין לו אם ואני אין לי אם, ישב אצלי:

לד] **משאת.** מנות: **חמש ידות.** חלקו עם אחיו,

מקץ

חֲמֵשׁ יָדוֹת וַיִּשְׁתּוּ וַיִּשְׁכְּרוּ עִמּוֹ: וַיְצַו אֶת־אֲשֶׁר א מד
עַל־בֵּיתוֹ לֵאמֹר מַלֵּא אֶת־אַמְתְּחֹת הָאֲנָשִׁים
אֹכֶל כַּאֲשֶׁר יוּכְלוּן שְׂאֵת וְשִׂים כֶּסֶף־אִישׁ בְּפִי
אַמְתַּחְתּוֹ: וְאֶת־גְּבִיעִי גְּבִיעַ הַכֶּסֶף תָּשִׂים בְּפִי ב
אַמְתַּחַת הַקָּטֹן וְאֵת כֶּסֶף שִׁבְרוֹ וַיַּעַשׂ כִּדְבַר
★ יוֹסֵף אֲשֶׁר דִּבֵּר: הַבֹּקֶר אוֹר וְהָאֲנָשִׁים שֻׁלְּחוּ ג
הֵמָּה וַחֲמֹרֵיהֶם: הֵם יָצְאוּ אֶת־הָעִיר לֹא ד
הִרְחִיקוּ וְיוֹסֵף אָמַר לַאֲשֶׁר עַל־בֵּיתוֹ קוּם רְדֹף
אַחֲרֵי הָאֲנָשִׁים וְהִשַּׂגְתָּם וְאָמַרְתָּ אֲלֵהֶם לָמָּה
שִׁלַּמְתֶּם רָעָה תַּחַת טוֹבָה: הֲלוֹא זֶה אֲשֶׁר ה
יִשְׁתֶּה אֲדֹנִי בּוֹ וְהוּא נַחֵשׁ יְנַחֵשׁ בּוֹ הֲרֵעֹתֶם
אֲשֶׁר עֲשִׂיתֶם: וַיַּשִּׂגֵם וַיְדַבֵּר אֲלֵהֶם אֶת־ ו
הַדְּבָרִים הָאֵלֶּה: וַיֹּאמְרוּ אֵלָיו לָמָּה יְדַבֵּר אֲדֹנִי ז
כַּדְּבָרִים הָאֵלֶּה חָלִילָה לַעֲבָדֶיךָ מֵעֲשׂוֹת כַּדָּבָר
הַזֶּה: הֵן כֶּסֶף אֲשֶׁר מָצָאנוּ בְּפִי אַמְתְּחֹתֵינוּ ח
הֱשִׁיבֹנוּ אֵלֶיךָ מֵאֶרֶץ כְּנָעַן וְאֵיךְ נִגְנֹב מִבֵּית
אֲדֹנֶיךָ כֶּסֶף אוֹ זָהָב: אֲשֶׁר יִמָּצֵא אִתּוֹ מֵעֲבָדֶיךָ ט
וָמֵת וְגַם־אֲנַחְנוּ נִהְיֶה לַאדֹנִי לַעֲבָדִים: וַיֹּאמֶר י
גַּם־עַתָּה כְדִבְרֵיכֶם כֶּן־הוּא אֲשֶׁר יִמָּצֵא אִתּוֹ
★ יִהְיֶה־לִּי עָבֶד וְאַתֶּם תִּהְיוּ נְקִיִּם: וַיְמַהֲרוּ וַיּוֹרִדוּ יא

אִישׁ אֶת־אַמְתַּחְתּוֹ אָרְצָה וַיִּפְתְּחוּ אִישׁ

יב אַמְתַּחְתּוֹ׃ וַיְחַפֵּשׂ בַּגָּדוֹל הֵחֵל וּבַקָּטֹן כִּלָּה

יג וַיִּמָּצֵא הַגָּבִיעַ בְּאַמְתַּחַת בִּנְיָמִן׃ וַיִּקְרְעוּ

שִׂמְלֹתָם וַיַּעֲמֹס אִישׁ עַל־חֲמֹרוֹ וַיָּשֻׁבוּ

מד א חַמְשָׁא חוּלָקִין, וּשְׁתִיאוּ וּרְוִיאוּ עִמֵּיהּ: וּפַקֵּיד, יָת דִּמְמַנֵּא עַל בֵּיתֵיהּ לְמֵימַר, מַלִּי, יָת

ב טְעוֹנֵי גֻבְרַיָּא עֲבוּרָא, כְּמָא דְיָכְלִין לְמִטְעַן, וְשַׁו כְּסַף גְּבַר בְּפוּם טְעוֹנֵיהּ: וְיָת כַּלִּידִי כַּלִּידָא

דְכַסְפָּא, תְּשַׁוֵּי בְּפוּם טְעוֹנָא דִזְעֵירָא, וְיָת כְּסַף זְבִינוֹהִי, וַעֲבַד, כְּפִתְגָמָא דְיוֹסֵף דְּמַלֵּיל:

ג ד צַפְרָא נְהַר, וְגֻבְרַיָּא אִתְפְּטַרוּ, אִנּוּן וּחְמָרֵיהוֹן: אִנּוּן, נְפַקוּ מִן קַרְתָּא לָא אַרְחִיקוּ, וְיוֹסֵף

אֲמַר לְדִמְמַנֵּא עַל בֵּיתֵיהּ, קוּם רְדוֹף בָּתַר גֻּבְרַיָּא, וְתַדְבֵּיקִנּוּן וְתֵימַר לְהוֹן, לְמָא, שַׁלֵּימְתּוּן

ה בִּישְׁתָא חֲלָף טָבְתָא: הֲלָא דֵין, דְּשָׁתֵי רִבּוֹנִי בֵּיהּ, וְהוּא, בַּדָּקָא מְבַדֵּיק בֵּיהּ, אַבְאֵישְׁתּוּן

ו ז דַּעֲבַדְתּוּן: וְאַדְבֵּיקִנּוּן, וּמַלֵּיל עִמְּהוֹן, יָת פִּתְגָמַיָּא הָאִלֵּין: וַאֲמַרוּ לֵיהּ, לְמָא יְמַלֵּיל רִבּוֹנִי,

ח כְּפִתְגָמַיָּא הָאִלֵּין, חַס לְעַבְדָּךְ, מִלְּמֶעֱבַד כְּפִתְגָמָא הָדֵין: הָא כַסְפָּא, דְּאַשְׁכַּחְנָא בְּפוּם

טְעוֹנַנָא, אֲתֵיבְנָהִי לָךְ מֵאַרְעָא דִכְנַעַן, וְאֵיכְדֵין, נִגְנוֹב מִבֵּית רִבּוֹנָךְ, מָנִין דִּכְסַף אוֹ

ט י מָנִין דִּדְהַב: דְּיִשְׁתְּכַח עִמֵּיהּ, מֵעַבְדָּךְ יִתְקְטִיל, וְאַף אֲנַחְנָא, נְהֵי לְרִבּוֹנִי לְעַבְדִּין: וַאֲמַר,

יא אַף כְּעַן כְּפִתְגָמֵיכוֹן כֵּן הוּא, דְּיִשְׁתְּכַח עִמֵּיהּ יְהֵי לִי עַבְדָּא, וְאַתּוּן תְּהוֹן זַכָּאִין: וְאוֹחִיאוּ,

יב וְאַחִיתוּ, גְּבַר יָת טְעוֹנֵיהּ לְאַרְעָא, וּפְתַחוּ גְּבַר טְעוֹנֵיהּ: וּבְלַשׁ, בְּרַבָּא שָׁרִי, וּבִזְעֵירָא

יג שֵׁיצִי, וְאִשְׁתְּכַח כַּלִּידָא, בִּטְעוֹנָא דְבִנְיָמִין: וּבַזַּעוּ לְבוּשֵׁיהוֹן, וּרְמוֹ גְּבַר עַל חֲמָרֵיהּ, וְתָבוּ

וּמַשְׂאַת יוֹסֵף וְאָסְנַת וּמְנַשֶּׁה וְאֶפְרַיִם: וַיִּשְׁכְּרוּ עִמּוֹ. וּמִיּוֹם שֶׁמְּכָרוּהוּ לֹא שָׁתוּ יַיִן וְלֹא הוּא שָׁתָה יַיִן, וְאוֹתוֹ הַיּוֹם שָׁתוּ:

פרק מד

ב] גְּבִיעִי. כּוֹס אָרֹךְ וְקוֹרִין לוֹ מדירנ״ו:

ז] חָלִילָה לַעֲבָדֶיךָ. חֻלִּין הוּא לָנוּ, לְשׁוֹן גְּנַאי. וְתַרְגּוּם: ״חַס לְעַבְדָּךְ״, חַס מֵאֵת הַקָּדוֹשׁ בָּרוּךְ הוּא יְהֵא עָלֵינוּ מֵעֲשׂוֹת זֹאת. וְהַרְבֵּה יֵשׁ בַּתַּלְמוּד ״חָס וְשָׁלוֹם״:

ח] הֵן כֶּסֶף אֲשֶׁר מָצָאנוּ. זֶה אֶחָד מֵעֲשָׂרָה קַל וָחֹמֶר הָאֲמוּרִים בַּתּוֹרָה; וְכֻלָּן מְנוּיִין בִּבְרֵאשִׁית רַבָּה (צב, ז):

י] גַּם עַתָּה. אַף זוֹ מִן הַדִּין אֱמֶת ״כְדִבְרֵיכֶם כֶּן הוּא״ שֶׁכֻּלְּכֶם חַיָּבִים בַּדָּבָר; עֲשָׂרָה שֶׁנִּמְצֵאת גְּנֵבָה בְּיַד אֶחָד מֵהֶם כֻּלָּם נִתְפָּשִׂים, אֲבָל אֲנִי אֶעֱשֶׂה לָכֶם לִפְנִים מִשּׁוּרַת הַדִּין: ״אֲשֶׁר יִמָּצֵא אִתּוֹ יִהְיֶה לִּי עָבֶד״ וְגוֹ׳:

יב] בַּגָּדוֹל הֵחֵל. שֶׁלֹּא יַרְגִּישׁוּ שֶׁהָיָה יוֹדֵעַ הֵיכָן הוּא:

יג] וַיַּעֲמֹס אִישׁ עַל חֲמֹרוֹ. בַּעֲלֵי זְרוֹעַ הָיוּ, וְלֹא הֻצְרְכוּ לְסַיֵּעַ זֶה אֶת זֶה לִטְעֹן: וַיָּשֻׁבוּ הָעִירָה. מֶטְרוֹפּוֹלִין הָיְתָה וְהוּא אוֹמֵר ״הָעִירָה״, הָעִיר כָּל שֶׁהִיא?! אֶלָּא שֶׁלֹּא הָיְתָה חֲשׁוּבָה בְּעֵינֵיהֶם אֶלָּא כְּעִיר בֵּינוֹנִית שֶׁל עֲשָׂרָה בְּנֵי אָדָם לְעִנְיַן הַמִּלְחָמָה:

מפטיר
הָעִירָה׃ וַיָּבֹא יְהוּדָה וְאֶחָיו בֵּיתָה יוֹסֵף וְהוּא יד
עוֹדֶנּוּ שָׁם וַיִּפְּלוּ לְפָנָיו אָרְצָה׃ וַיֹּאמֶר לָהֶם יוֹסֵף טו
מָה־הַמַּעֲשֶׂה הַזֶּה אֲשֶׁר עֲשִׂיתֶם הֲלוֹא יְדַעְתֶּם
כִּי־נַחֵשׁ יְנַחֵשׁ אִישׁ אֲשֶׁר כָּמֹנִי׃ וַיֹּאמֶר יְהוּדָה טז
מַה־נֹּאמַר לַאדֹנִי מַה־נְּדַבֵּר וּמַה־נִּצְטַדָּק
הָאֱלֹהִים מָצָא אֶת־עֲוֺן עֲבָדֶיךָ הִנֶּנּוּ עֲבָדִים
לַאדֹנִי גַּם־אֲנַחְנוּ גַּם אֲשֶׁר־נִמְצָא הַגָּבִיעַ בְּיָדוֹ׃
וַיֹּאמֶר חָלִילָה לִּי מֵעֲשׂוֹת זֹאת הָאִישׁ אֲשֶׁר יז
נִמְצָא הַגָּבִיעַ בְּיָדוֹ הוּא יִהְיֶה־לִּי עָבֶד וְאַתֶּם
עֲלוּ לְשָׁלוֹם אֶל־אֲבִיכֶם׃

הפטרת מקץ

בחנוכה קוראים את המפטיר ואת ההפטרה בעמודים שז–שיב.

ההפטרה מתארת אירוע מראשית מלכות שלמה המוכר בשם ׳משפט שלמה׳. שתי זונות הגיעו אל המלך כדי שיכריע, מי משתיהן היא אמו של התינוק החי ומי אמו של התינוק המת. שני עניינים מיוחדים באירוע זה מדגישים את חכמת ההנהגה שניתנה לשלמה, כפי שביקש בחלום: האחד, גם נשים כאלו באו אל המלך למשפט, הן ידעו שתינתן גם להן הזכות למשפט צדק. השני, האתגר המשפטי הניצב בפני המלך-השופט: בית משפט יכול להכריע רק לפי דיני ראיות, כאן אין איש שיכול להעיד מיהי אם הילד. מלך, לעומת זאת, רשאי לפסוק גם על פי ראיות נסיבתיות, כמו תגובה פסיכולוגית. אירוע זה מלמדנו על עוצמת הברכה הטמונה בשלטון ראוי ומתוקן.

מלכים א׳
וַיִּקַץ שְׁלֹמֹה וְהִנֵּה חֲלוֹם וַיָּבוֹא יְרוּשָׁלִַם וַיַּעֲמֹד ׀ לִפְנֵי ׀ אֲרוֹן בְּרִית־אֲדֹנָי טו ג
וַיַּעַל עֹלוֹת וַיַּעַשׂ שְׁלָמִים וַיַּעַשׂ מִשְׁתֶּה לְכָל־עֲבָדָיו׃ אָז תָּבֹאנָה טז
שְׁתַּיִם נָשִׁים זֹנוֹת אֶל־הַמֶּלֶךְ וַתַּעֲמֹדְנָה לְפָנָיו׃ וַתֹּאמֶר הָאִשָּׁה הָאַחַת בִּי יז
אֲדֹנִי אֲנִי וְהָאִשָּׁה הַזֹּאת יֹשְׁבֹת בְּבַיִת אֶחָד וָאֵלֵד עִמָּהּ בַּבָּיִת׃ וַיְהִי בַּיּוֹם יח
הַשְּׁלִישִׁי לְלִדְתִּי וַתֵּלֶד גַּם־הָאִשָּׁה הַזֹּאת וַאֲנַחְנוּ יַחְדָּו אֵין־זָר אִתָּנוּ בַּבַּיִת

יד לְקַרְתָּא: וְעָאל יְהוּדָה וַאֲחוֹהִי לְבֵית יוֹסֵף, וְהוּא עַד כְּעַן תַּמָּן, וּנְפַלוּ קֳדָמוֹהִי עַל אַרְעָא:
טו וַאֲמַר לְהוֹן יוֹסֵף, מָא עוּבָדָא הָדֵין דַּעֲבַדְתּוּן, הֲלָא יְדַעְתּוּן, אֲרֵי בַדָּקָא מְבַדֵּיק, גַּבְרָא
טז דִּכְוָתִי: וַאֲמַר יְהוּדָה, מָא נֵימַר לְרִבּוֹנִי, מָא נְמַלֵּיל וּמָא נִזְכֵּי, מִן קֳדָם יְיָ, אִשְׁתְּכַח חוֹבָא
יז בְּעַבְדָּךְ, הָא אֲנַחְנָא עַבְדִּין לְרִבּוֹנִי, אַף אֲנַחְנָא, אַף, דְּאִשְׁתְּכַח כַּלִּידָא בִּידֵיהּ: וַאֲמַר, חַס
לִי, מִלְּמֶעֱבַד דָּא, גַּבְרָא, דְּאִשְׁתְּכַח כַּלִּידָא בִּידֵיהּ, הוּא יְהֵי לִי עַבְדָּא, וְאַתּוּן, סַקוּ לִשְׁלָם
לְוָת אֲבוּכוֹן:

יד) **עוֹדֶנּוּ שָׁם.** שֶׁהָיָה מַמְתִּין לָהֶם:

טז) **הָאֱלֹהִים מָצָא.** יוֹדְעִים אָנוּ שֶׁלֹּא סָרַחְנוּ, אֲבָל מֵאֵת הַמָּקוֹם נִהְיְתָה לְהָבִיא לָנוּ זֹאת, מָצָא בַּעַל חוֹב מָקוֹם לִגְבּוֹת שְׁטַר חוֹבוֹ: **וּמַה נִּצְטַדָּק.** לְשׁוֹן צֶדֶק, וְכֵן כָּל תֵּבָה שֶׁתְּחִלַּת יְסוֹדָהּ צָדִ"י וְהִיא בָאָה לְדַבֵּר בִּלְשׁוֹן מִתְפַּעֵל אוֹ נִתְפַּעֵל, נוֹתֵן טֵי"ת בִּמְקוֹם תָּי"ו, וְאֵינוֹ נוֹתְנָהּ לִפְנֵי אוֹת רִאשׁוֹנָה שֶׁל יְסוֹד הַתֵּבָה אֶלָּא בְּאֶמְצַע אוֹתִיּוֹת הָעִקָּר, כְּגוֹן "נִצְטַדָּק", "יִצְטַבַּע" (דניאל ד, יב) מִגִּזְרַת 'צֶבַע', "וַיִּצְטַיָּרוּ" (יהושע ט, ד) מִגִּזְרַת "צִיר אֱמוּנִים מַרְפֵּא" (משלי יג, יז), "הִצְטַיַּדְנוּ אֹתוֹ מִבָּתֵּינוּ" (יהושע ט, יב) מִגִּזְרַת "צֵדָה לַדָּרֶךְ" (לעיל מב, כה). וְתֵבָה שֶׁתְּחִלָּתָהּ סָמֶ"ךְ, כְּשֶׁהִיא מִתְפַּעֶלֶת מַפְרִיד תָּי"ו אֶת אוֹתִיּוֹת הָעִקָּר, כְּגוֹן: "וְיִסְתַּבֵּל הֶחָגָב" (קהלת יב, ה), "מִשְׂתַּכַּל הֲוֵית בְּקַרְנַיָּא" (דניאל ז, ח), "וְיִשְׁתַּמֵּר חֻקּוֹת עָמְרִי" (מיכה ו, טז), "וְסָר מֵרָע מִשְׁתּוֹלֵל" (ישעיה נט, טו) מִגִּזְרַת "מוֹלִיךְ יוֹעֲצִים שׁוֹלָל" (איוב יב, יז), "עוֹדְךָ מִסְתּוֹלֵל בְּעַמִּי" (שמות ט, יז) מִגִּזְרַת "דֶּרֶךְ לֹא סְלוּלָה" (ירמיה יח, טו):

יט זוּלָתִי שְׁתַּיִם־אֲנַחְנוּ בַּבָּיִת: וַיָּמָת בֶּן־הָאִשָּׁה הַזֹּאת לָיְלָה אֲשֶׁר שָׁכְבָה
כ עָלָיו: וַתָּקָם בְּתוֹךְ הַלַּיְלָה וַתִּקַּח אֶת־בְּנִי מֵאֶצְלִי וַאֲמָתְךָ יְשֵׁנָה וַתַּשְׁכִּיבֵהוּ
כא בְּחֵיקָהּ וְאֶת־בְּנָהּ הַמֵּת הִשְׁכִּיבָה בְחֵיקִי: וָאָקֻם בַּבֹּקֶר לְהֵינִיק אֶת־בְּנִי
כב וְהִנֵּה־מֵת וָאֶתְבּוֹנֵן אֵלָיו בַּבֹּקֶר וְהִנֵּה לֹא־הָיָה בְנִי אֲשֶׁר יָלָדְתִּי: וַתֹּאמֶר
הָאִשָּׁה הָאַחֶרֶת לֹא כִי בְּנִי הַחַי וּבְנֵךְ הַמֵּת וְזֹאת אֹמֶרֶת לֹא כִי בְּנֵךְ הַמֵּת
כג וּבְנִי הֶחָי וַתְּדַבֵּרְנָה לִפְנֵי הַמֶּלֶךְ: וַיֹּאמֶר הַמֶּלֶךְ זֹאת אֹמֶרֶת זֶה־בְּנִי הַחַי
כד וּבְנֵךְ הַמֵּת וְזֹאת אֹמֶרֶת לֹא כִי בְּנֵךְ הַמֵּת וּבְנִי הֶחָי: וַיֹּאמֶר
כה הַמֶּלֶךְ קְחוּ לִי־חָרֶב וַיָּבִאוּ הַחֶרֶב לִפְנֵי הַמֶּלֶךְ: וַיֹּאמֶר הַמֶּלֶךְ גִּזְרוּ אֶת־הַיֶּלֶד
כו הַחַי לִשְׁנָיִם וּתְנוּ אֶת־הַחֲצִי לְאַחַת וְאֶת־הַחֲצִי לְאֶחָת: וַתֹּאמֶר הָאִשָּׁה
אֲשֶׁר־בְּנָהּ הַחַי אֶל־הַמֶּלֶךְ כִּי־נִכְמְרוּ רַחֲמֶיהָ עַל־בְּנָהּ וַתֹּאמֶר ׀ בִּי אֲדֹנִי
תְּנוּ־לָהּ אֶת־הַיָּלוּד הַחַי וְהָמֵת אַל־תְּמִיתֻהוּ וְזֹאת אֹמֶרֶת גַּם־לִי גַּם־לָךְ

לֹ֥א יִֽהְיֶ֖ה גְּזֹֽרוּ׃ וַיַּ֨עַן הַמֶּ֜לֶךְ וַיֹּ֗אמֶר תְּנוּ־לָהּ֙ אֶת־הַיָּל֣וּד הַחַ֔י וְהָמֵ֖ת לֹ֣א כז
תְמִית֑וּהוּ הִ֖יא אִמּֽוֹ׃ וַיִּשְׁמְע֣וּ כָל־יִשְׂרָאֵ֗ל אֶת־הַמִּשְׁפָּט֙ אֲשֶׁ֣ר שָׁפַ֣ט הַמֶּ֔לֶךְ כח
וַיִּֽרְא֖וּ מִפְּנֵ֣י הַמֶּ֑לֶךְ כִּ֣י רָא֔וּ כִּֽי־חָכְמַ֥ת אֱלֹהִ֛ים בְּקִרְבּ֖וֹ לַעֲשׂ֥וֹת מִשְׁפָּֽט׃ וַיְהִי֙ א ד
הַמֶּ֣לֶךְ שְׁלֹמֹ֔ה מֶ֖לֶךְ עַל־כָּל־יִשְׂרָאֵֽל׃

מקץ

פרשת ויגש

נושאים לפי סדרים	מ	מא (א)
	נאום יהודה ליוסף **יוסף מתוודע לאחיו** **יעקב וביתו יורדים למצרים**	**מפגש יעקב ויוסף** **הצגת יעקב ובניו לפרעה** **יוסף המשביר**

מצרים-כנען-מצרים

5 שנים

ויגש

מ וַיִּגַּשׁ אֵלָיו יְהוּדָה וַיֹּאמֶר בִּי אֲדֹנִי יְדַבֶּר־נָא עַבְדְּךָ יח מד
דָבָר בְּאָזְנֵי אֲדֹנִי וְאַל־יִחַר אַפְּךָ בְּעַבְדֶּךָ כִּי כָמוֹךָ
כְּפַרְעֹה׃ אֲדֹנִי שָׁאַל אֶת־עֲבָדָיו לֵאמֹר הֲיֵשׁ־לָכֶם יט
אָב אוֹ־אָח׃ וַנֹּאמֶר אֶל־אֲדֹנִי יֶשׁ־לָנוּ אָב זָקֵן כ
וְיֶלֶד זְקֻנִים קָטָן וְאָחִיו מֵת וַיִּוָּתֵר הוּא לְבַדּוֹ
לְאִמּוֹ וְאָבִיו אֲהֵבוֹ׃ וַתֹּאמֶר אֶל־עֲבָדֶיךָ הוֹרִדֻהוּ כא
אֵלָי וְאָשִׂימָה עֵינִי עָלָיו׃ וַנֹּאמֶר אֶל־אֲדֹנִי לֹא־ כב
יוּכַל הַנַּעַר לַעֲזֹב אֶת־אָבִיו וְעָזַב אֶת־אָבִיו וָמֵת׃
וַתֹּאמֶר אֶל־עֲבָדֶיךָ אִם־לֹא יֵרֵד אֲחִיכֶם הַקָּטֹן כג
אִתְּכֶם לֹא תֹסִפוּן לִרְאוֹת פָּנָי׃ וַיְהִי כִּי עָלִינוּ אֶל־ כד
עַבְדְּךָ אָבִי וַנַּגֶּד־לוֹ אֵת דִּבְרֵי אֲדֹנִי׃ וַיֹּאמֶר כה
אָבִינוּ שֻׁבוּ שִׁבְרוּ־לָנוּ מְעַט־אֹכֶל׃ וַנֹּאמֶר לֹא כו
נוּכַל לָרֶדֶת אִם־יֵשׁ אָחִינוּ הַקָּטֹן אִתָּנוּ וְיָרַדְנוּ
כִּי־לֹא נוּכַל לִרְאוֹת פְּנֵי הָאִישׁ וְאָחִינוּ הַקָּטֹן
אֵינֶנּוּ אִתָּנוּ׃ וַיֹּאמֶר עַבְדְּךָ אָבִי אֵלֵינוּ אַתֶּם כז
יְדַעְתֶּם כִּי שְׁנַיִם יָלְדָה־לִּי אִשְׁתִּי׃ וַיֵּצֵא הָאֶחָד כח
מֵאִתִּי וָאֹמַר אַךְ טָרֹף טֹרָף וְלֹא רְאִיתִיו עַד־הֵנָּה׃
וּלְקַחְתֶּם גַּם־אֶת־זֶה מֵעִם פָּנַי וְקָרָהוּ אָסוֹן כט

ל וְהוֹרַדְתֶּם אֶת־שֵׂיבָתִי בְּרָעָה שְׁאֹלָה׃ וְעַתָּה
כְּבֹאִי אֶל־עַבְדְּךָ אָבִי וְהַנַּעַר אֵינֶנּוּ אִתָּנוּ וְנַפְשׁוֹ
לא קְשׁוּרָה בְנַפְשׁוֹ׃ וְהָיָה כִּרְאוֹתוֹ כִּי־אֵין הַנַּעַר שני

יח וּקְרֵיב לְוָתֵיהּ יְהוּדָה, וַאֲמַר בְּבָעוּ רִבּוֹנִי, יְמַלֵּיל כְּעַן עַבְדָּךְ פִּתְגָּמָא קֳדָם רִבּוֹנִי, וְלָא יִתְקַף רֻגְזָךְ
יט בְּעַבְדָּךְ, אֲרֵי כְּפַרְעֹה כֵּן אַתְּ׃ רִבּוֹנִי שַׁאֵיל, יָת עַבְדּוֹהִי לְמֵימַר, הַאִית לְכוֹן אַבָּא אוֹ אֲחָא׃
כ וַאֲמַרְנָא לְרִבּוֹנִי, אִית לַנָא אַבָּא סָבָא, וּבַר סֵיבְתִּין זְעֵיר, וַאֲחוּהִי מִית, וְאִשְׁתְּאַר הוּא
כא בִּלְחוֹדוֹהִי, לְאִמֵּיהּ וַאֲבוּהִי רָחֵים לֵיהּ׃ וַאֲמַרְתְּ לְעַבְדָּךְ, אַחֲתוּהִי לְוָתִי, וַאֲשַׁוֵּי עֵינִי עֲלוֹהִי׃
כב כג וַאֲמַרְנָא לְרִבּוֹנִי, לָא יִכּוֹל עוּלֵימָא לְמִשְׁבַּק יָת אֲבוּהִי, וְאִם יִשְׁבּוֹק יָת אֲבוּהִי יְמוּת׃ וַאֲמַרְתְּ
כד לְעַבְדָּךְ, אִם לָא יֵיחוֹת, אֲחוּכוֹן זְעֵירָא עִמְּכוֹן, לָא תֵיסְפוּן לְמִחְזֵי אַפָּי׃ וַהֲוָה כַּד סְלֵיקְנָא, לְוָת
כה עַבְדָּךְ אַבָּא, וְחַוֵּינָא לֵיהּ, יָת פִּתְגָּמֵי רִבּוֹנִי׃ וַאֲמַר אֲבוּנָא, תּוּבוּ זְבוּנוּ לַנָא זְעֵיר עֲבוּרָא׃
כו וַאֲמַרְנָא, לָא נִכּוֹל לְמֵיחַת, אִם אִית אֲחוּנָא זְעֵירָא עִמָּנָא וְנֵיחוֹת, אֲרֵי לָא נִכּוֹל, לְמִחְזֵי אַפֵּי
כז גֻּבְרָא, וַאֲחוּנָא זְעֵירָא לֵיתוֹהִי עִמָּנָא׃ וַאֲמַר, עַבְדָּךְ אַבָּא לַנָא, אַתּוּן יְדַעְתּוּן, אֲרֵי תְּרֵין יְלֵידַת
כח כט לִי אִתְּתִי׃ וּנְפַק חַד מִלְּוָתִי, וַאֲמָרִית, בְּרַם מִקְטַל קְטִיל, וְלָא חֲזֵיתֵיהּ עַד כְּעַן׃ וְתִדְבְּרוּן אַף יָת
ל דֵּין, מִן קֳדָמַי וִיעָרְעִנֵּיהּ מוֹתָא, וְתַחֲתוּן יָת סֵיבְתִי, בְּבִשְׁתָּא לִשְׁאוֹל׃ וּכְעַן, כְּמֵיתַא לְוָת עַבְדָּךְ
לא אַבָּא, וְעוּלֵימָא לֵיתוֹהִי עִמָּנָא, וְנַפְשֵׁיהּ חַבִּיבָא לֵיהּ כְּנַפְשֵׁיהּ׃ וִיהֵי, כַּד יִחְזֵי, אֲרֵי לֵית עוּלֵימָא

יח) **ויגש אליו. דבר באזני אדני.** יכנסו דברי באזניך: **ואל יחר אפך.** מכאן אתה למד שדבר אליו קשות: **כי כמוך כפרעה.** חשוב אתה בעיני כמלך, זהו פשוטו. ומדרשו, סופך ללקות עליו בצרעת כמו שלקה פרעה על ידי זקנתי שרה על לילה אחת שעכבה. דבר אחר, מה פרעה גוזר ואינו מקיים מבטיח ואינו עושה, אף אתה כן. וכי זו היא שימת עין שאמרת לשום עינך עליו?! דבר אחר, "כי כמוך כפרעה", אם תקניטני אהרג אותך ואת אדוניך:

יט-כ) **אדני שאל את עבדיו.** מתחלה בעלילה באת עלינו, למה היה לך לשאול כל אלה? בתך היינו מבקשים או אחותנו אתה מבקש? ואף על פי כן: "ונאמר אל אדני", לא כחדנו ממך דבר: **ואחיו מת.** מפני היראה היה מוציא דבר שקר מפיו, אמר: אם אומר לו שהוא קים, יאמר הביאוהו אצלי: **לבדו לאמו.** מאותה האם אין לו עוד אח:

כב) **ועזב את אביו ומת.** אם יעזב את אביו דואגים אנו שמא ימות בדרך, שהרי אמו בדרך מתה:

כט) **וקרהו אסון.** שהשטן מקטרג בשעת הסכנה: **והורדתם את שיבתי וגו'.** עכשיו כשהוא אצלי אני מתנחם בו על אמו ועל אחיו, ואם ימות זה, דומה עלי ששלשתן מתו ביום אחד:

לא) **והיה כראותו כי אין הנער ומת.** אביו מצרתו:

ויגש

וָמֵת וְהוֹרִידוּ עֲבָדֶיךָ אֶת־שֵׂיבַת עַבְדְּךָ אָבִינוּ
לב בְּיָגוֹן שְׁאֹלָה׃ כִּי עַבְדְּךָ עָרַב אֶת־הַנַּעַר מֵעִם אָבִי
לֵאמֹר אִם־לֹא אֲבִיאֶנּוּ אֵלֶיךָ וְחָטָאתִי לְאָבִי כָּל־
לג הַיָּמִים׃ וְעַתָּה יֵשֶׁב־נָא עַבְדְּךָ תַּחַת הַנַּעַר עֶבֶד
לד לַאדֹנִי וְהַנַּעַר יַעַל עִם־אֶחָיו׃ כִּי־אֵיךְ אֶעֱלֶה אֶל־
אָבִי וְהַנַּעַר אֵינֶנּוּ אִתִּי פֶּן אֶרְאֶה בָרָע אֲשֶׁר
מה א יִמְצָא אֶת־אָבִי׃ וְלֹא־יָכֹל יוֹסֵף לְהִתְאַפֵּק לְכֹל
הַנִּצָּבִים עָלָיו וַיִּקְרָא הוֹצִיאוּ כָל־אִישׁ מֵעָלָי וְלֹא־
ב עָמַד אִישׁ אִתּוֹ בְּהִתְוַדַּע יוֹסֵף אֶל־אֶחָיו׃ וַיִּתֵּן
אֶת־קֹלוֹ בִּבְכִי וַיִּשְׁמְעוּ מִצְרַיִם וַיִּשְׁמַע בֵּית
ג פַּרְעֹה׃ וַיֹּאמֶר יוֹסֵף אֶל־אֶחָיו אֲנִי יוֹסֵף הַעוֹד
אָבִי חָי וְלֹא־יָכְלוּ אֶחָיו לַעֲנוֹת אֹתוֹ כִּי נִבְהֲלוּ
ד מִפָּנָיו׃ וַיֹּאמֶר יוֹסֵף אֶל־אֶחָיו גְּשׁוּ־נָא אֵלַי וַיִּגָּשׁוּ
וַיֹּאמֶר אֲנִי יוֹסֵף אֲחִיכֶם אֲשֶׁר־מְכַרְתֶּם אֹתִי
ה מִצְרָיְמָה׃ וְעַתָּה ׀ אַל־תֵּעָצְבוּ וְאַל־יִחַר בְּעֵינֵיכֶם
כִּי־מְכַרְתֶּם אֹתִי הֵנָּה כִּי לְמִחְיָה שְׁלָחַנִי אֱלֹהִים
ו לִפְנֵיכֶם׃ כִּי־זֶה שְׁנָתַיִם הָרָעָב בְּקֶרֶב הָאָרֶץ וְעוֹד
ז חָמֵשׁ שָׁנִים אֲשֶׁר אֵין־חָרִישׁ וְקָצִיר׃ וַיִּשְׁלָחֵנִי
אֱלֹהִים לִפְנֵיכֶם לָשׂוּם לָכֶם שְׁאֵרִית בָּאָרֶץ
שלישי ח וּלְהַחֲיוֹת לָכֶם לִפְלֵיטָה גְּדֹלָה׃ וְעַתָּה לֹא־אַתֶּם
שְׁלַחְתֶּם אֹתִי הֵנָּה כִּי הָאֱלֹהִים וַיְשִׂימֵנִי לְאָב

לְפַרְעֹה וּלְאָדוֹן לְכָל־בֵּיתוֹ וּמֹשֵׁל בְּכָל־אֶרֶץ
ט מִצְרָיִם: מַהֲרוּ וַעֲלוּ אֶל־אָבִי וַאֲמַרְתֶּם אֵלָיו כֹּה
אָמַר בִּנְךָ יוֹסֵף שָׂמַנִי אֱלֹהִים לְאָדוֹן לְכָל־
י מִצְרָיִם רְדָה אֵלַי אַל־תַּעֲמֹד: וְיָשַׁבְתָּ בְאֶרֶץ־

לב וימות, ויחתון עבדך, ית סיבת עבדך אבונא, בדוונא לשאול: ארי עבדך מערב בעולימא,
לג מן אבא למימר, אם לא איתיניה לך, ואיהי חטי לאבא כל יומיא: וכען, יתיב כען עבדך
לד תחות עולימא, עבדא לרבוני, ועולימא יסק עם אחוהי: ארי איכדין אסק לות אבא,
מה א ועולימא ליתוהי עמי, דלמא אחזי בבשתא, דתשכח ית אבא: ולא יכיל יוסף לאתחסנא,
לכל דקימין עלוהי, וקרא, אפיקו כל אנש מעלוי, ולא קם אנש עמיה, כד אתידע יוסף
ב ג לאחוהי: ויהב ית קליה בבכיתא, ושמעו מצראי, ושמע אנש בית פרעה: ואמר יוסף
לאחוהי אנא יוסף, העוד כען אבא קים, ולא יכילו אחוהי לאתבא יתיה פתגם, ארי
ד אתבהילו מן קדמוהי: ואמר יוסף לאחוהי, קרובו כען לותי וקריבו, ואמר, אנא יוסף
ה אחוכון, דזבינתון יתי למצרים: וכען לא תתנססון, ולא יתקף בעיניכון, ארי זבינתון יתי
ו הלכא, ארי לקימא, שלחני יי קדמיכון: ארי דנן, תרתין שנין כפנא בגו ארעא, ועוד חמש
ז שנין, דלית זרועא וחצדא: ושלחני יי קדמיכון, לשואה לכון, שארא בארעא, ולקימא לכון,
ח לשיזבא רבא: וכען, לא אתון, שלחתון יתי הלכא, אלהין מן קדם יי, ושויני אבא לפרעה,
ט ולרבון לכל אנש ביתיה, ושליט בכל ארעא דמצרים: אוחו וסקו לות אבא, ותימרון ליה,
י כדנן אמר ברך יוסף, שויני יי, לרבון לכל מצראי, חות לותי לא תתעכב: ותתיב בארעא

לב) כי עבדך ערב את הנער. ואם תאמר, למה אני נכנס לתגר יותר משאר אחי? הם כלם מבחוץ, ואני נתקשרתי בקשר חזק להיות מנדה בשני עולמות:

לג) ישב נא עבדך וגו׳. לכל דבר אני מעלה ממנו, לגבורה ולמלחמה ולשמש:

פרק מה

א) להתאפק לכל הנצבים. לא יכול לסבל שיהיו מצרים נצבים עליו ושומעין שאחיו מתביישין בהודעו להם:

ב) וישמע בית פרעה. ביתו של פרעה, כלומר עבדיו ובני ביתו, ואין זה לשון בית ממש, אלא כמו "בית ישראל", "בית יהודה", מיסניד"א בלעז:

ג) כי נבהלו. מפני הבושה:

ד) גשו נא אלי. ראה אותם נסוגים לאחור, אמר, עכשיו אחי נכלמים, קרא להם בלשון רכה ותחנונים והראה להם שהוא מהול:

ה) למחיה. להיות לכם למחיה:

ו) כי זה שנתים הרעב. עברו משני הרעב:

ח) לאב. חבר ופטרון:

ט) ועלו אל אבי. ארץ ישראל גבוהה מכל הארצות:

גֹ֖שֶׁן וְהָיִ֣יתָ קָרוֹב֙ אֵלַ֔י אַתָּ֕ה וּבָנֶ֖יךָ וּבְנֵ֣י בָנֶ֑יךָ
וְצֹאנְךָ֥ וּבְקָרְךָ֖ וְכָל־אֲשֶׁר־לָֽךְ׃ וְכִלְכַּלְתִּ֤י אֹֽתְךָ֙ שָׁ֔ם יא
כִּי־ע֛וֹד חָמֵ֥שׁ שָׁנִ֖ים רָעָ֑ב פֶּן־תִּוָּרֵ֛שׁ אַתָּ֥ה וּבֵיתְךָ֖
וְכָל־אֲשֶׁר־לָֽךְ׃ וְהִנֵּ֤ה עֵֽינֵיכֶם֙ רֹא֔וֹת וְעֵינֵ֖י אָחִ֣י יב
בִנְיָמִ֑ין כִּי־פִ֖י הַֽמְדַבֵּ֥ר אֲלֵיכֶֽם׃ וְהִגַּדְתֶּ֣ם לְאָבִ֗י יג
אֶת־כָּל־כְּבוֹדִי֙ בְּמִצְרַ֔יִם וְאֵ֖ת כָּל־אֲשֶׁ֣ר רְאִיתֶ֑ם
וּמִֽהַרְתֶּ֛ם וְהוֹרַדְתֶּ֥ם אֶת־אָבִ֖י הֵֽנָּה׃ וַיִּפֹּ֛ל עַל־ יד
צַוְּארֵ֥י בִנְיָמִֽן־אָחִ֖יו וַיֵּ֑בְךְּ וּבִ֨נְיָמִ֔ן בָּכָ֖ה עַל־צַוָּארָֽיו׃
וַיְנַשֵּׁ֥ק לְכָל־אֶחָ֖יו וַיֵּ֣בְךְּ עֲלֵהֶ֑ם וְאַחֲרֵ֣י כֵ֔ן דִּבְּר֥וּ טו
אֶחָ֖יו אִתּֽוֹ׃ וְהַקֹּ֣ל נִשְׁמַ֗ע בֵּ֤ית פַּרְעֹה֙ לֵאמֹ֔ר בָּ֖אוּ טז
אֲחֵ֣י יוֹסֵ֑ף וַיִּיטַב֙ בְּעֵינֵ֣י פַרְעֹ֔ה וּבְעֵינֵ֖י עֲבָדָֽיו׃
וַיֹּ֤אמֶר פַּרְעֹה֙ אֶל־יוֹסֵ֔ף אֱמֹ֥ר אֶל־אַחֶ֖יךָ זֹ֣את עֲשׂ֑וּ יז
טַעֲנוּ֙ אֶת־בְּעִ֣ירְכֶ֔ם וּלְכוּ־בֹ֖אוּ אַ֥רְצָה כְּנָֽעַן׃ וּקְח֧וּ יח
אֶת־אֲבִיכֶ֛ם וְאֶת־בָּתֵּיכֶ֖ם וּבֹ֣אוּ אֵלָ֑י וְאֶתְּנָ֣ה לָכֶ֗ם
אֶת־טוּב֙ אֶ֣רֶץ מִצְרַ֔יִם וְאִכְל֖וּ אֶת־חֵ֥לֶב הָאָֽרֶץ׃
רביעי וְאַתָּ֥ה צֻוֵּ֖יתָה זֹ֣את עֲשׂ֑וּ קְחוּ־לָכֶם֩ מֵאֶ֨רֶץ מִצְרַ֜יִם יט
עֲגָל֗וֹת לְטַפְּכֶם֙ וְלִנְשֵׁיכֶ֔ם וּנְשָׂאתֶ֥ם אֶת־אֲבִיכֶ֖ם
וּבָאתֶֽם׃ וְעֵ֣ינְכֶ֔ם אַל־תָּחֹ֖ס עַל־כְּלֵיכֶ֑ם כִּי־ט֛וּב כ
כָּל־אֶ֥רֶץ מִצְרַ֖יִם לָכֶ֥ם הֽוּא׃ וַיַּֽעֲשׂוּ־כֵן֙ בְּנֵ֣י יִשְׂרָאֵ֔ל כא
וַיִּתֵּ֨ן לָהֶ֥ם יוֹסֵ֛ף עֲגָל֖וֹת עַל־פִּ֣י פַרְעֹ֑ה וַיִּתֵּ֥ן לָהֶ֛ם

כב צֵדָה לַדָּרֶךְ: לְכֻלָּם נָתַן לָאִישׁ חֲלִפוֹת שְׂמָלֹת
וּלְבִנְיָמִן נָתַן שְׁלֹשׁ מֵאוֹת כֶּסֶף וְחָמֵשׁ חֲלִפֹת
כג שְׂמָלֹת: וּלְאָבִיו שָׁלַח כְּזֹאת עֲשָׂרָה חֲמֹרִים

יא דְּגֹשֶׁן, וּתְהֵי קָרִיב לִי, אַתְּ, וּבְנָךְ וּבְנֵי בְנָךְ, וְעָנָךְ וְתוֹרָךְ וְכָל דִּלָךְ: וַאֲזוּן יָתָךְ תַּמָּן, אֲרֵי עוֹד,
יב חֲמֵשׁ שְׁנִין כַּפְנָא, דִּלְמָא תִתְמַסְכַּן, אַתְּ וֶאֱנָשׁ בֵּיתָךְ וְכָל דִּלָךְ: וְהָא עֵינֵיכוֹן חָזְיָן, וְעֵינֵי אֲחִי
יג בִנְיָמִין, אֲרֵי כְּלִישָׁנְכוֹן אֲנָא מְמַלֵּיל עִמְּכוֹן: וּתְחַוּוֹן לְאַבָּא, יָת כָּל יְקָרִי דִּבְמִצְרַיִם, וְיָת כָּל
יד דַּחֲזֵיתוֹן, וּתוֹחוֹן, וְתַחֲתוּן יָת אַבָּא הָלְכָא: וּנְפַל, עַל צַוְּרָא דְּבִנְיָמִין אֲחוּהִי וּבְכָא, וּבִנְיָמִין,
טו טז בְּכָא עַל צַוְּרֵיהּ: וְנַשֵּׁיק לְכָל אֲחוֹהִי וּבְכָא עֲלֵיהוֹן, וּבָתַר כֵּן, מַלִּילוּ אֲחוֹהִי עִמֵּיהּ: וְקָלָא
יז אִשְׁתְּמַע, בֵּית פַּרְעֹה לְמֵימַר, אֲתוֹ אֲחֵי יוֹסֵף, וּשְׁפַר בְּעֵינֵי פַרְעֹה, וּבְעֵינֵי עַבְדּוֹהִי: וַאֲמַר
פַּרְעֹה לְיוֹסֵף, אֵימַר לַאֲחָךְ דָּא עֲבִידוּ, טְעוּנוּ יָת בְּעִירְכוֹן, וְאִיזִילוּ אוֹבִילוּ לְאַרְעָא דִּכְנָעַן:
יח וּדְבַרוּ יָת אֲבוּכוֹן, וְיָת אֱנָשׁ בָּתֵּיכוֹן וְאֵיתוֹ לְוָתִי, וְאֶתֵּין לְכוֹן, יָת טוּב אַרְעָא דְּמִצְרַיִם,
יט וְתֵיכְלוּן יָת טוּבָא דְּאַרְעָא: וְאַתְּ מְפַקַּד דָּא עֲבִידוּ, סַבוּ לְכוֹן מֵאַרְעָא דְּמִצְרַיִם עֶגְלָן,
כ לְטַפְלְכוֹן וְלִנְשֵׁיכוֹן, וְתִטְּלוּן יָת אֲבוּכוֹן וְתֵיתוֹן: וְעֵינְכוֹן, לָא תְחוּס עַל מָנֵיכוֹן, אֲרֵי טוּב, כָּל
כא אַרְעָא דְּמִצְרַיִם דִּילְכוֹן הוּא: וַעֲבַדוּ כֵן בְּנֵי יִשְׂרָאֵל, וִיהַב לְהוֹן יוֹסֵף, עֶגְלָן עַל מֵימְרָא
כב דְּפַרְעֹה, וִיהַב לְהוֹן, זְוָדִין לְאוֹרְחָא: לְכֻלְּהוֹן יְהַב, לִגְבַר אִצְטְלָן דִּלְבוּשָׁא, וּלְבִנְיָמִין יְהַב
כג תְּלָת מְאָה סִלְעִין דִּכְסַף, וְחַמְשָׁא אִצְטְלָוָן דִּלְבוּשָׁא: וּלְאֲבוּהִי, שְׁלַח כְּדֵין עַסְרָא חֲמָרִין,

יא| **פֶּן תִּוָּרֵשׁ.** "דִּלְמָא תִתְמַסְכַּן", לְשׁוֹן: "מוֹרִישׁ וּמַעֲשִׁיר" (שמואל א׳ ב, ז):

יב| **וְהִנֵּה עֵינֵיכֶם רֹאוֹת.** בִּכְבוֹדִי, וְשֶׁאֲנִי אֲחִיכֶם שֶׁאֲנִי מָהוּל, וְעוֹד, "כִּי פִי הַמְדַבֵּר אֲלֵיכֶם" בִּלְשׁוֹן הַקֹּדֶשׁ: **וְעֵינֵי אָחִי בִנְיָמִין.** הִשְׁוָה אֶת כֻּלָּם יַחַד, לוֹמַר כְּשֵׁם שֶׁאֵין בְּלִבִּי שִׂנְאָה לְהַתֵּל בְּבִנְיָמִין אָחִי, שֶׁלֹּא הָיָה בִּמְכִירָתִי, כָּךְ אֵין בְּלִבִּי עֲלֵיכֶם:

יד| **וַיִּפֹּל עַל צַוְּארֵי בִנְיָמִן אָחִיו וַיֵּבְךְּ.** עַל שְׁנֵי מִקְדָּשׁוֹת שֶׁעֲתִידִין לִהְיוֹת בְּחֶלְקוֹ שֶׁל בִּנְיָמִין וְסוֹפָן לֵחָרֵב: **וּבִנְיָמִן בָּכָה עַל צַוָּארָיו.** עַל מִשְׁכַּן שִׁילֹה שֶׁעָתִיד לִהְיוֹת בְּחֶלְקוֹ שֶׁל יוֹסֵף וְסוֹפוֹ לֵחָרֵב:

טו| **וְאַחֲרֵי כֵן.** מֵאַחַר שֶׁרָאוּהוּ בּוֹכֶה וְלִבּוֹ שָׁלֵם עִמָּהֶם, "דִּבְּרוּ אֶחָיו אִתּוֹ", שֶׁמִּתְּחִלָּה הָיוּ בּוֹשִׁים מִמֶּנּוּ:

טז| **וְהַקֹּל נִשְׁמַע בֵּית פַּרְעֹה.** כְּמוֹ בְּבֵית פַּרְעֹה, וְזֶהוּ לְשׁוֹן בַּיִת מַמָּשׁ:

יז| **טַעֲנוּ אֶת בְּעִירְכֶם.** תְּבוּאָה:

יח| **אֶת טוּב אֶרֶץ מִצְרַיִם.** אֶרֶץ גֹּשֶׁן (להלן מז, ו). נְבָאָהּ וְאֵינוֹ יוֹדֵעַ מַה נִּבָּא, סוֹפָם לַעֲשׂוֹתָהּ כִּמְצוּלָה שֶׁאֵין בָּהּ דָּגִים: **חֵלֶב הָאָרֶץ.** כָּל 'חֵלֶב' לְשׁוֹן מֵיטָב הוּא:

יט| **וְאַתָּה צֻוֵּיתָה.** מִפִּי לוֹמַר לָהֶם: "זֹאת עֲשׂוּ", כָּךְ אֱמֹר לָהֶם שֶׁבִּרְשׁוּתִי הוּא:

כג| **שָׁלַח כְּזֹאת.** כַּחֶשְׁבּוֹן הַזֶּה, וּמַהוּ הַחֶשְׁבּוֹן?

נֹשְׂאִים מִטּוּב מִצְרָיִם וְעֶשֶׂר אֲתֹנֹת נֹשְׂאֹת בָּר
כד וָלֶחֶם וּמָזוֹן לְאָבִיו לַדָּרֶךְ׃ וַיְשַׁלַּח אֶת־אֶחָיו
כה וַיֵּלֵכוּ וַיֹּאמֶר אֲלֵהֶם אַל־תִּרְגְּזוּ בַּדָּרֶךְ׃ וַיַּעֲלוּ
מִמִּצְרָיִם וַיָּבֹאוּ אֶרֶץ כְּנַעַן אֶל־יַעֲקֹב אֲבִיהֶם׃
כו וַיַּגִּדוּ לוֹ לֵאמֹר עוֹד יוֹסֵף חַי וְכִי־הוּא מֹשֵׁל
בְּכָל־אֶרֶץ מִצְרָיִם וַיָּפָג לִבּוֹ כִּי לֹא־הֶאֱמִין לָהֶם׃
כז וַיְדַבְּרוּ אֵלָיו אֵת כָּל־דִּבְרֵי יוֹסֵף אֲשֶׁר דִּבֶּר
אֲלֵהֶם וַיַּרְא אֶת־הָעֲגָלוֹת אֲשֶׁר־שָׁלַח יוֹסֵף
חמישי כח לָשֵׂאת אֹתוֹ וַתְּחִי רוּחַ יַעֲקֹב אֲבִיהֶם׃ וַיֹּאמֶר
יִשְׂרָאֵל רַב עוֹד־יוֹסֵף בְּנִי חָי אֵלְכָה וְאֶרְאֶנּוּ
מו א בְּטֶרֶם אָמוּת׃ וַיִּסַּע יִשְׂרָאֵל וְכָל־אֲשֶׁר־לוֹ וַיָּבֹא
בְּאֵרָה שָּׁבַע וַיִּזְבַּח זְבָחִים לֵאלֹהֵי אָבִיו יִצְחָק׃
ב וַיֹּאמֶר אֱלֹהִים ׀ לְיִשְׂרָאֵל בְּמַרְאֹת הַלַּיְלָה
ג וַיֹּאמֶר יַעֲקֹב ׀ יַעֲקֹב וַיֹּאמֶר הִנֵּנִי׃ וַיֹּאמֶר אָנֹכִי
הָאֵל אֱלֹהֵי אָבִיךָ אַל־תִּירָא מֵרְדָה מִצְרַיְמָה
ד כִּי־לְגוֹי גָּדוֹל אֲשִׂימְךָ שָׁם׃ אָנֹכִי אֵרֵד עִמְּךָ
מִצְרַיְמָה וְאָנֹכִי אַעַלְךָ גַם־עָלֹה וְיוֹסֵף יָשִׁית יָדוֹ
ה עַל־עֵינֶיךָ׃ וַיָּקָם יַעֲקֹב מִבְּאֵר שָׁבַע וַיִּשְׂאוּ בְנֵי־
יִשְׂרָאֵל אֶת־יַעֲקֹב אֲבִיהֶם וְאֶת־טַפָּם וְאֶת־
נְשֵׁיהֶם בָּעֲגָלוֹת אֲשֶׁר־שָׁלַח פַּרְעֹה לָשֵׂאת

ו אֹתוֹ: וַיִּקְחוּ אֶת־מִקְנֵיהֶם וְאֶת־רְכוּשָׁם אֲשֶׁר
רָכְשׁוּ בְּאֶרֶץ כְּנַעַן וַיָּבֹאוּ מִצְרָיְמָה יַעֲקֹב וְכָל־

כג טְעִינִין מִטּוּב מִצְרָיִם, וַעֲסַר אֲתָנָן, טְעִינָן, עֲבוּר וּלְחֵים וּזְוָדִין, לַאֲבוּהִי לְאוֹרְחָא: וְשַׁלַּח יָת
כה אֲחוּהִי וַאֲזַלוּ, וַאֲמַר לְהוֹן, לָא תִתְנְצוּן בְּאוֹרְחָא: וּסְלִיקוּ מִמִּצְרָיִם, וַאֲתוֹ לְאַרְעָא דִכְנַעַן,
כו לְוָת יַעֲקֹב אֲבוּהוֹן: וְחַוִּיאוּ לֵיהּ לְמֵימַר, עַד כְּעַן יוֹסֵף קַיָּם, וַאֲרֵי הוּא שַׁלִּיט בְּכָל אַרְעָא
כז דְמִצְרָיִם, וַהֲוָאָה מַלְיָא פָּיְגָן עַל לִבֵּיהּ, אֲרֵי לָא הֵימֵין לְהוֹן: וּמַלִּילוּ עִמֵּיהּ, יָת כָּל פִּתְגָמֵי
יוֹסֵף דְּמַלֵּיל עִמְּהוֹן, וַחֲזָא יָת עֶגְלָתָא, דִּשְׁלַח יוֹסֵף לְמִטַּל יָתֵיהּ, וּשְׁרָת, רוּחַ קֻדְשָׁא עַל
כח יַעֲקֹב אֲבוּהוֹן: וַאֲמַר יִשְׂרָאֵל, סַגִּי לִי חֶדְוָא, עַד כְּעַן יוֹסֵף בְּרִי קַיָּם, אֵיזֵיל וְאֶחְזֵינֵּיהּ עַד לָא
מו א אֲמוּת: וּנְטַל יִשְׂרָאֵל וְכָל דְּלֵיהּ, וַאֲתָא לִבְאֵר שָׁבַע, וְדַבַּח דִּבְחִין, לֵאלָהָא דַּאֲבוּהִי יִצְחָק:
ב ג וַאֲמַר יי לְיִשְׂרָאֵל בְּחֶזְוָא דְלֵילְיָא, וַאֲמַר יַעֲקֹב יַעֲקֹב, וַאֲמַר הָאֲנָא: וַאֲמַר, אֲנָא אֵל אֱלָהָא
ד דַּאֲבוּךְ, לָא תִדְחַל מִלְּמֵיחַת לְמִצְרַיִם, אֲרֵי לְעַם סַגִּי אֲשַׁוֵּינָךְ תַּמָּן: אֲנָא, אֵיחוֹת עִמָּךְ
ה לְמִצְרַיִם, וַאֲנָא אַסֵּקִנָּךְ אַף אַסָּקָא, וְיוֹסֵף, יְשַׁוֵּי יְדוֹהִי עַל עֵינָךְ: וְקָם יַעֲקֹב מִבְּאֵר שָׁבַע,
וּנְטַלוּ בְנֵי יִשְׂרָאֵל יָת יַעֲקֹב אֲבוּהוֹן, וְיָת טַפְלְהוֹן וְיָת נְשֵׁיהוֹן, בְּעֶגְלָתָא, דִּשְׁלַח פַּרְעֹה
ו לְמִטַּל יָתֵיהּ: וּדְבַרוּ יָת גֵּיתֵיהוֹן, וְיָת קִנְיָנְהוֹן דִּקְנוֹ בְּאַרְעָא דִכְנַעַן, וַאֲתוֹ לְמִצְרָיִם, יַעֲקֹב וְכָל

"עֲשָׂרָה חֲמֹרִים" וְגוֹ': מִטּוּב מִצְרָיִם. מָצִינוּ בַּתַּלְמוּד שֶׁשָּׁלַח לוֹ יַיִן יָשָׁן, שֶׁדַּעַת זְקֵנִים נוֹחָה הֵימֶנּוּ. וּמִדְרַשׁ אַגָּדָה, גְּרִיסִין שֶׁל פּוֹל: בַּר וָלֶחֶם. כְּתַרְגּוּמוֹ: וּמָזוֹן. לְפִתָּן:

כד| אַל תִּרְגְּזוּ בַּדָּרֶךְ. אַל תִּתְעַסְּקוּ בִּדְבַר הֲלָכָה שֶׁלֹּא תִרְגַּז עֲלֵיכֶם הַדֶּרֶךְ. דָּבָר אַחֵר, אַל תַּפְסִיעוּ פְּסִיעָה גַּסָּה, וְהַכְנִיסוּ חַמָּה לָעִיר. וּלְפִי פְּשׁוּטוֹ שֶׁל מִקְרָא יֵשׁ לוֹמַר, לְפִי שֶׁהָיוּ נִכְלָמִים הָיָה דוֹאֵג שֶׁמָּא יָרִיבוּ בַּדֶּרֶךְ עַל דְּבַר מְכִירָתוֹ לְהִתְוַכֵּחַ זֶה עִם זֶה וְלוֹמַר: עַל יָדְךָ נִמְכַּר, אַתָּה סִפַּרְתָּ לָשׁוֹן הָרָע עָלָיו וְגָרַמְתָּ לָנוּ לִשְׂנֹאתוֹ:

כו| וְכִי הוּא מֹשֵׁל. וַאֲשֶׁר הוּא מוֹשֵׁל: וַיָּפָג לִבּוֹ. נֶחֱלַף לִבּוֹ וְהָלַךְ מִלְּהַאֲמִין, לֹא הָיָה לִבּוֹ פּוֹנֶה אֶל הַדְּבָרִים, לְשׁוֹן 'מְפִיגִין טַעֲמָן' בִּלְשׁוֹן מִשְׁנָה, וּכְמוֹ: "מֵאֵין הֲפֻגוֹת" (איכה ג, מט), "וְרֵיחוֹ לֹא נָמָר" (ירמיה מח, יא) מְתַרְגְּמִינַן: "וְרֵיחֵיהּ לָא פָג":

כז| אֵת כָּל דִּבְרֵי יוֹסֵף. סִימָן מָסַר לָהֶם בַּמֶּה הָיָה עוֹסֵק כְּשֶׁפֵּרַשׁ מִמֶּנּוּ, בְּפָרָשַׁת עֶגְלָה עֲרוּפָה, וְזֶהוּ שֶׁאָמַר: "וַיַּרְא אֶת הָעֲגָלוֹת אֲשֶׁר שָׁלַח יוֹסֵף" וְלֹא נֶאֱמַר: 'אֲשֶׁר שָׁלַח פַּרְעֹה': וַתְּחִי רוּחַ יַעֲקֹב. שָׁרְתָה עָלָיו שְׁכִינָה שֶׁפֵּרְשָׁה מִמֶּנּוּ:

כח| רַב. רַב לִי עוֹד שִׂמְחָה וְחֶדְוָה הוֹאִיל וְ"עוֹד יוֹסֵף בְּנִי חָי":

פרק מו

א| בְּאֵרָה שָּׁבַע. כְּמוֹ לִבְאֵר שָׁבַע, הֵ"א בְּסוֹף תֵּבָה בִּמְקוֹם לָמֶ"ד בִּתְחִלָּתָהּ: לֵאלֹהֵי אָבִיו יִצְחָק. חַיָּב אָדָם בִּכְבוֹד אָבִיו יוֹתֵר מִבִּכְבוֹד זְקֵנוֹ, לְפִיכָךְ תָּלָה בְּיִצְחָק וְלֹא בְּאַבְרָהָם:

ב| יַעֲקֹב יַעֲקֹב. לְשׁוֹן חִבָּה:

ג| אַל תִּירָא מֵרְדָה מִצְרַיְמָה. לְפִי שֶׁהָיָה מֵצֵר עַל שֶׁנִּזְקַק לָצֵאת לְחוּצָה לָאָרֶץ:

ד| וְאָנֹכִי אַעַלְךָ. הִבְטִיחוֹ לִהְיוֹת נִקְבָּר בָּאָרֶץ:

ו| אֲשֶׁר רָכְשׁוּ בְּאֶרֶץ כְּנַעַן. אֲבָל מַה שֶּׁרָכַשׁ בְּפַדַּן אֲרָם נָתַן הַכֹּל לְעֵשָׂו בִּשְׁבִיל חֶלְקוֹ בִּמְעָרַת הַמַּכְפֵּלָה, אָמַר: נִכְסֵי חוּצָה לָאָרֶץ אֵינָן כְּדָאִי לִי,

ז זַרְעוֹ אִתּוֹ׃ בָּנָיו וּבְנֵי בָנָיו אִתּוֹ בְּנֹתָיו וּבְנוֹת בָּנָיו
ח וְכָל־זַרְעוֹ הֵבִיא אִתּוֹ מִצְרָיְמָה׃ וְאֵלֶּה
שְׁמוֹת בְּנֵי־יִשְׂרָאֵל הַבָּאִים מִצְרַיְמָה יַעֲקֹב
ט וּבָנָיו בְּכֹר יַעֲקֹב רְאוּבֵן׃ וּבְנֵי רְאוּבֵן חֲנוֹךְ וּפַלּוּא
י וְחֶצְרֹן וְכַרְמִי׃ וּבְנֵי שִׁמְעוֹן יְמוּאֵל וְיָמִין וְאֹהַד
יא וְיָכִין וְצֹחַר וְשָׁאוּל בֶּן־הַכְּנַעֲנִית׃ וּבְנֵי לֵוִי גֵּרְשׁוֹן
יב קְהָת וּמְרָרִי׃ וּבְנֵי יְהוּדָה עֵר וְאוֹנָן וְשֵׁלָה וָפֶרֶץ
וָזָרַח וַיָּמָת עֵר וְאוֹנָן בְּאֶרֶץ כְּנַעַן וַיִּהְיוּ בְנֵי־פֶרֶץ
יג חֶצְרֹן וְחָמוּל׃ וּבְנֵי יִשָּׂשכָר תּוֹלָע וּפֻוָּה וְיוֹב
יד טו וְשִׁמְרֹן׃ וּבְנֵי זְבֻלוּן סֶרֶד וְאֵלוֹן וְיַחְלְאֵל׃ אֵלֶּה ׀
בְּנֵי לֵאָה אֲשֶׁר יָלְדָה לְיַעֲקֹב בְּפַדַּן אֲרָם וְאֵת
דִּינָה בִתּוֹ כָּל־נֶפֶשׁ בָּנָיו וּבְנוֹתָיו שְׁלֹשִׁים וְשָׁלֹשׁ׃
טז וּבְנֵי גָד צִפְיוֹן וְחַגִּי שׁוּנִי וְאֶצְבֹּן עֵרִי וַאֲרוֹדִי
יז וְאַרְאֵלִי׃ וּבְנֵי אָשֵׁר יִמְנָה וְיִשְׁוָה וְיִשְׁוִי וּבְרִיעָה
יח וְשֶׂרַח אֲחֹתָם וּבְנֵי בְרִיעָה חֶבֶר וּמַלְכִּיאֵל׃ אֵלֶּה
בְּנֵי זִלְפָּה אֲשֶׁר־נָתַן לָבָן לְלֵאָה בִתּוֹ וַתֵּלֶד אֶת־
יט אֵלֶּה לְיַעֲקֹב שֵׁשׁ עֶשְׂרֵה נָפֶשׁ׃ בְּנֵי רָחֵל אֵשֶׁת
כ יַעֲקֹב יוֹסֵף וּבִנְיָמִן׃ וַיִּוָּלֵד לְיוֹסֵף בְּאֶרֶץ מִצְרַיִם
אֲשֶׁר יָלְדָה־לּוֹ אָסְנַת בַּת־פּוֹטִי פֶרַע כֹּהֵן אֹן
כא אֶת־מְנַשֶּׁה וְאֶת־אֶפְרָיִם׃ וּבְנֵי בִנְיָמִן בֶּלַע וָבֶכֶר

וְאַשְׁבֵּל גֵּרָא וְנַעֲמָן אֵחִי וָרֹאשׁ מֻפִּים וְחֻפִּים
כב וָאָרְדְּ: אֵלֶּה בְּנֵי רָחֵל אֲשֶׁר יֻלַּד לְיַעֲקֹב כָּל־
כג כד נֶפֶשׁ אַרְבָּעָה עָשָׂר: וּבְנֵי־דָן חֻשִׁים: וּבְנֵי נַפְתָּלִי
כה יַחְצְאֵל וְגוּנִי וְיֵצֶר וְשִׁלֵּם: אֵלֶּה בְּנֵי בִלְהָה
אֲשֶׁר־נָתַן לָבָן לְרָחֵל בִּתּוֹ וַתֵּלֶד אֶת־אֵלֶּה

ז בְּנוֹהִי עִמֵּיהּ: בְּנוֹהִי, וּבְנֵי בְנוֹהִי עִמֵּיהּ, בְּנָתֵיהּ, וּבְנָת בְּנוֹהִי וְכָל בְּנוֹהִי, אַיְתִי עִמֵּיהּ לְמִצְרָיִם:
ח ט וְאִלֵּין שְׁמָהָת בְּנֵי יִשְׂרָאֵל, דְּעָאלוּ לְמִצְרַיִם יַעֲקֹב וּבְנוֹהִי, בֻּכְרֵיהּ דְּיַעֲקֹב רְאוּבֵן: וּבְנֵי רְאוּבֵן,
י חֲנוֹךְ וּפַלּוּא וְחֶצְרוֹן וְכַרְמִי: וּבְנֵי שִׁמְעוֹן, יְמוּאֵל וְיָמִין, וְאוֹהַד וְיָכִין וְצוֹחַר, וְשָׁאוּל בַּר כְּנַעֲנֵיתָא:
יא יב וּבְנֵי לֵוִי, גֵּרְשׁוֹן, קְהָת וּמְרָרִי: וּבְנֵי יְהוּדָה, עֵר וְאוֹנָן, וְשֵׁלָה וָפֶרֶץ וָזָרַח, וּמִית עֵר וְאוֹנָן בְּאַרְעָא
יג יד דִּכְנַעַן, וַהֲווֹ בְנֵי פֶרֶץ חֶצְרוֹן וְחָמוּל: וּבְנֵי יִשָּׂשכָר, תּוֹלָע וּפֻוָּה וְיוֹב וְשִׁמְרוֹן: וּבְנֵי זְבוּלוּן,
טו סֶרֶד וְאֵלוֹן וְיַחְלְאֵל: אִלֵּין בְּנֵי לֵאָה, דִּילֵידַת לְיַעֲקֹב בְּפַדַּן אֲרָם, וְיָת דִּינָה בְרַתֵּיהּ, כָּל נְפַשׁ
טז יז בְּנוֹהִי, וּבְנָתֵיהּ תְּלָתִין וּתְלָת: וּבְנֵי גָד, צִפְיוֹן וְחַגִּי שׁוּנִי וְאֶצְבּוֹן, עֵרִי וַאֲרוֹדִי וְאַרְאֵלִי: וּבְנֵי אָשֵׁר,
יח יִמְנָה וְיִשְׁוָה, וְיִשְׁוִי וּבְרִיעָה וְשֶׂרַח אֲחָתְהוֹן, וּבְנֵי בְרִיעָה, חֶבֶר וּמַלְכִּיאֵל: אִלֵּין בְּנֵי זִלְפָּה, דִּיהַב
יט לָבָן לְלֵאָה בְרַתֵּיהּ, וִילֵידַת יָת אִלֵּין לְיַעֲקֹב, שֵׁית עַסְרֵי נַפְשָׁן: בְּנֵי רָחֵל אִתַּת יַעֲקֹב, יוֹסֵף
כ וּבִנְיָמִין: וְאִתְיְלִיד לְיוֹסֵף בְּאַרְעָא דְּמִצְרַיִם, דִּילֵידַת לֵיהּ אָסְנַת, בַּת פּוֹטִיפֶרַע רַבָּא דְאוֹן,
כא יָת מְנַשֶּׁה וְיָת אֶפְרָיִם: וּבְנֵי בִנְיָמִין, בֶּלַע וָבֶכֶר וְאַשְׁבֵּל, גֵּרָא וְנַעֲמָן אֵחִי וָרֹאשׁ, מֻפִּים וְחֻפִּים
כב כג כד וָאָרְדְּ: אִלֵּין בְּנֵי רָחֵל, דְּאִתְיְלִידוּ לְיַעֲקֹב, כָּל נַפְשָׁתָא אַרְבְּעַת עֲסַר: וּבְנֵי דָן חֻשִׁים: וּבְנֵי
כה נַפְתָּלִי, יַחְצְאֵל וְגוּנִי וְיֵצֶר וְשִׁלֵּם: אִלֵּין בְּנֵי בִלְהָה, דִּיהַב לָבָן לְרָחֵל בְּרַתֵּיהּ, וִילֵידַת יָת אִלֵּין,

וְזֶהוּ "אֲשֶׁר כָּרִיתִי לִי" (להלן נ, ה), הֶעֱמִיד לוֹ צִבּוּרִין שֶׁל זָהָב וְכֶסֶף כְּמִין כְּרִי, וְאָמַר לוֹ: טֹל אֶת אֵלּוּ:

ז| וּבְנוֹת בָּנָיו. שֶׂרַח בַּת אָשֵׁר וְיוֹכֶבֶד בַּת לֵוִי:

ח| הַבָּאִים מִצְרַיְמָה. עַל שֵׁם הַשָּׁעָה קוֹרֵא לָהֶם הַכָּתוּב 'בָּאִים', וְאֵין לִתְמֹהַּ עַל אֲשֶׁר לֹא כָתַב 'אֲשֶׁר בָּאוּ':

י| בֶּן הַכְּנַעֲנִית. בֶּן דִּינָה שֶׁנִּבְעֲלָה לִכְנַעֲנִי; כְּשֶׁהָרְגוּ אֶת שְׁכֶם לֹא הָיְתָה דִּינָה רוֹצָה לָצֵאת עַד שֶׁנִּשְׁבַּע לָהּ שִׁמְעוֹן שֶׁיִּשָּׂאֶנָּה. בְּרֵאשִׁית רַבָּה (פ, יא):

טו| אֵלֶּה בְּנֵי לֵאָה... וְאֵת דִּינָה בִתּוֹ. הַזְּכָרִים תָּלָה בְּלֵאָה וְהַנְּקֵבוֹת תָּלָה בְּיַעֲקֹב, לְלַמֶּדְךָ, אִשָּׁה מַזְרַעַת תְּחִלָּה יוֹלֶדֶת זָכָר, אִישׁ מַזְרִיעַ תְּחִלָּה יוֹלֶדֶת נְקֵבָה: שְׁלֹשִׁים וְשָׁלֹשׁ. וּבִפְרָטָן אִי אַתָּה מוֹצֵא אֶלָּא שְׁלֹשִׁים וּשְׁנַיִם, אֶלָּא זוֹ יוֹכֶבֶד שֶׁנּוֹלְדָה בֵּין הַחוֹמוֹת בִּכְנִיסָתָן לָעִיר, שֶׁנֶּאֱמַר: "אֲשֶׁר יָלְדָה אֹתָהּ לְלֵוִי בְּמִצְרָיִם" (במדבר כו, נט) – לֵדָתָהּ בְּמִצְרַיִם וְאֵין הוֹרָתָהּ בְּמִצְרַיִם:

יט| בְּנֵי רָחֵל אֵשֶׁת יַעֲקֹב. וּבְכֻלָּן לֹא נֶאֱמַר כֵּן! אֶלָּא שֶׁהָיְתָה עִקָּרוֹ שֶׁל בַּיִת:

לְיַעֲקֹב כָּל־נֶפֶשׁ שִׁבְעָה׃ כָּל־הַנֶּפֶשׁ הַבָּאָה כו
לְיַעֲקֹב מִצְרַיְמָה יֹצְאֵי יְרֵכוֹ מִלְּבַד נְשֵׁי בְנֵי־יַעֲקֹב
כָּל־נֶפֶשׁ שִׁשִּׁים וָשֵׁשׁ׃ וּבְנֵי יוֹסֵף אֲשֶׁר־יֻלַּד־לוֹ כז
בְמִצְרַיִם נֶפֶשׁ שְׁנָיִם כָּל־הַנֶּפֶשׁ לְבֵית־יַעֲקֹב
ששי מא הַבָּאָה מִצְרַיְמָה שִׁבְעִים׃ וְאֶת־ כח
יְהוּדָה שָׁלַח לְפָנָיו אֶל־יוֹסֵף לְהוֹרֹת לְפָנָיו גֹּשְׁנָה
וַיָּבֹאוּ אַרְצָה גֹּשֶׁן׃ וַיֶּאְסֹר יוֹסֵף מֶרְכַּבְתּוֹ וַיַּעַל כט
לִקְרַאת־יִשְׂרָאֵל אָבִיו גֹּשְׁנָה וַיֵּרָא אֵלָיו וַיִּפֹּל עַל־
צַוָּארָיו וַיֵּבְךְּ עַל־צַוָּארָיו עוֹד׃ וַיֹּאמֶר יִשְׂרָאֵל ל
אֶל־יוֹסֵף אָמוּתָה הַפָּעַם אַחֲרֵי רְאוֹתִי אֶת־פָּנֶיךָ
כִּי עוֹדְךָ חָי׃ וַיֹּאמֶר יוֹסֵף אֶל־אֶחָיו וְאֶל־בֵּית לא
אָבִיו אֶעֱלֶה וְאַגִּידָה לְפַרְעֹה וְאֹמְרָה אֵלָיו אַחַי
וּבֵית־אָבִי אֲשֶׁר בְּאֶרֶץ־כְּנַעַן בָּאוּ אֵלָי׃ וְהָאֲנָשִׁים לב
רֹעֵי צֹאן כִּי־אַנְשֵׁי מִקְנֶה הָיוּ וְצֹאנָם וּבְקָרָם וְכָל־
אֲשֶׁר לָהֶם הֵבִיאוּ׃ וְהָיָה כִּי־יִקְרָא לָכֶם פַּרְעֹה לג
וְאָמַר מַה־מַּעֲשֵׂיכֶם׃ וַאֲמַרְתֶּם אַנְשֵׁי מִקְנֶה הָיוּ לד
עֲבָדֶיךָ מִנְּעוּרֵינוּ וְעַד־עַתָּה גַּם־אֲנַחְנוּ גַּם־
אֲבֹתֵינוּ בַּעֲבוּר תֵּשְׁבוּ בְּאֶרֶץ גֹּשֶׁן כִּי־תוֹעֲבַת
מִצְרַיִם כָּל־רֹעֵה צֹאן׃ וַיָּבֹא יוֹסֵף וַיַּגֵּד לְפַרְעֹה א מז
וַיֹּאמֶר אָבִי וְאַחַי וְצֹאנָם וּבְקָרָם וְכָל־אֲשֶׁר לָהֶם
בָּאוּ מֵאֶרֶץ כְּנָעַן וְהִנָּם בְּאֶרֶץ גֹּשֶׁן׃ וּמִקְצֵה אֶחָיו ב

כו ליעקב כל נפשתא שבע: כל נפשתא, דעאלא עם יעקב למצרים נפקי ירכיה, בר מנשי
כז בני יעקב, כל נפשתא שתין ושית: ובני יוסף, דאתילידו ליה במצרים נפשתא תרתין, כל
כח נפשתא לבית יעקב, דעאלא למצרים שבעין: וית יהודה, שלח קדמוהי
כט לות יוסף, לפנאה קדמוהי לגשן, ואתו לארעא דגשן: וטקיס יוסף רתכוהי, וסליק, לקדמות
ל ישראל אבוהי לגשן, ואתחזי ליה, ונפל על צוריה, ובכא על צוריה עוד: ואמר ישראל,
ליוסף אלו אנא מאית זמנא הדא מנחם אנא, בתר דחזיתנון לאפך, ארי עד כען קים
לא את: ואמר יוסף לאחוהי ולבית אבוהי, אסק ואחוי לפרעה, ואימר ליה, אחי ובית אבא,
לב דבארעא דכנען אתו לותי: וגבריא רען ענא, ארי גברי מרי גיתי הוו, וענהון ותוריהון, וכל
לג לד דילהון איתיאו: ויהי, ארי יקרי לכון פרעה, ויימר מא עובדיכון: ותימרון, גברי מרי גיתי,
הוו עבדך מזעורנא ועד כען, אף אנחנא אף אבהתנא, בדיל, דתתבון בארעא דגשן,
מז א ארי מרחקין מצראי כל רעי ענא: ואתא יוסף וחוי לפרעה, ואמר, אבא ואחי, וענהון
ב ותוריהון וכל דילהון, אתו מארעא דכנען, והאנון בארעא דגשן: ומקצת אחוהי,

כו-כז] **כל הנפש הבאה ליעקב.** שיצאו מארץ כנען לבא למצרים, ואין 'הבאה' זו לשון עבר אלא לשון הוה, כמו: "בערב היא באה" (אסתר ב, יד), וכמו: "והנה רחל בתו באה עם הצאן" (לעיל כט, ו), לפיכך טעמו למטה בלמ"ד, לפי שכשיצאו לבוא מארץ כנען לא היו אלא ששים ושש. והשני, "כל הנפש לבית יעקב הבאה מצרימה שבעים" הוא לשון עבר, לפיכך טעמו למעלה בבי"ת, לפי שמשבאו שם היו שבעים, שמצאו שם יוסף ושני בניו, ונתוספה להם יוכבד בין החומות. ולדברי האומר תאומות נולדו עם השבטים צריכים אנו לומר שמתו לפני ירידתן למצרים, שהרי לא נמנו כאן. מצאתי בויקרא רבה (ד, ו): עשו שש נפשות היו לו והכתוב קורא אותן 'נפשות ביתו' (לעיל לו, ו) לשון רבים, לפי שהיו עובדין לאלהות הרבה; יעקב שבעים היו לו והכתוב קורא אותן 'נפש', לפי שהיו עובדין לאל אחד:

כח] **להורת לפניו.** כתרגומו, לפנות לו מקום ולהורות היאך יתישב בה: **לפניו.** קדם שיגיע לשם. ומדרש אגדה, "להורת לפניו", לתקן לו בית תלמוד שמשם תצא הוראה:

כט] **ויאסר יוסף מרכבתו.** הוא עצמו אסר את הסוסים למרכבה להזדרז לכבוד אביו: **וירא אליו.** יוסף נראה אל אביו: **ויבך על צואריו עוד.** לשון הרבות בכיה, וכן: "כי לא על איש ישים עוד" (איוב לד, כג) לשון רבוי הוא, אינו שם עליו עלילות נוספות על חטאיו, אף כאן, הרבה והוסיף בבכי יותר על הרגיל. אבל יעקב לא נפל על צוארי יוסף ולא נשקו, ואמרו רבותינו שהיה קורא את שמע:

ל] **אמותה הפעם.** פשוטו כתרגומו. ומדרשו, סבור הייתי למות שתי מיתות, בעולם הזה ולעולם הבא, שנסתלקה ממני שכינה, והייתי אומר שיתבעני הקדוש ברוך הוא מיתתך. עכשיו שעודך חי, לא אמות אלא פעם אחת:

לא-לב] **ואמרה אליו אחי וגו'.** ועוד אמר לו: "והאנשים רעי צאן" וגו':

לד] **בעבור תשבו בארץ גשן.** והיא צריכה לכם, שהיא ארץ מרעה, וכשתאמרו לו שאין אתם בקיאין במלאכה אחרת ירחיקכם מעליו ויושיבכם שם: **כי תועבת מצרים כל רעה צאן.** לפי שהם להם אלהות:

פרק מז

ב] **ומקצה אחיו.** מן הפחותים שבהם לגבורה שאין נראים גבורים, שאם יראה אותם גבורים יעשה אותם אנשי מלחמתו. ואלה הם: ראובן, שמעון, לוי, יששכר ובנימין, אותן שלא כפל משה שמותם כשברכן. אבל שמות הגבורים כפל: "וזאת ליהודה... שמע ה' קול יהודה" (דברים לג, ז); "ולגד אמר ברוך מרחיב גד" (שם פסוק כ); "ולנפתלי אמר נפתלי" (שם פסוק כג); "ולדן אמר דן" (שם פסוק כב); וכן לזבולן (שם פסוק יח) וכן לאשר (שם פסוק כד), זהו לשון בראשית רבה (צה, ד) שהיא אגדת ארץ

לָקַח חֲמִשָּׁה אֲנָשִׁים וַיַּצִּגֵם לִפְנֵי פַרְעֹה׃ וַיֹּאמֶר ג
פַּרְעֹה אֶל־אֶחָיו מַה־מַּעֲשֵׂיכֶם וַיֹּאמְרוּ אֶל־פַּרְעֹה
רֹעֵה צֹאן עֲבָדֶיךָ גַּם־אֲנַחְנוּ גַּם־אֲבוֹתֵינוּ׃ וַיֹּאמְרוּ ד
אֶל־פַּרְעֹה לָגוּר בָּאָרֶץ בָּאנוּ כִּי־אֵין מִרְעֶה לַצֹּאן
אֲשֶׁר לַעֲבָדֶיךָ כִּי־כָבֵד הָרָעָב בְּאֶרֶץ כְּנָעַן וְעַתָּה
יֵשְׁבוּ־נָא עֲבָדֶיךָ בְּאֶרֶץ גֹּשֶׁן׃ וַיֹּאמֶר פַּרְעֹה אֶל־ ה
יוֹסֵף לֵאמֹר אָבִיךָ וְאַחֶיךָ בָּאוּ אֵלֶיךָ׃ אֶרֶץ מִצְרַיִם ו
לְפָנֶיךָ הִוא בְּמֵיטַב הָאָרֶץ הוֹשֵׁב אֶת־אָבִיךָ וְאֶת־
אַחֶיךָ יֵשְׁבוּ בְּאֶרֶץ גֹּשֶׁן וְאִם־יָדַעְתָּ וְיֶשׁ־בָּם
אַנְשֵׁי־חַיִל וְשַׂמְתָּם שָׂרֵי מִקְנֶה עַל־אֲשֶׁר־לִי׃
וַיָּבֵא יוֹסֵף אֶת־יַעֲקֹב אָבִיו וַיַּעֲמִדֵהוּ לִפְנֵי פַרְעֹה ז
וַיְבָרֶךְ יַעֲקֹב אֶת־פַּרְעֹה׃ וַיֹּאמֶר פַּרְעֹה אֶל־יַעֲקֹב ח
כַּמָּה יְמֵי שְׁנֵי חַיֶּיךָ׃ וַיֹּאמֶר יַעֲקֹב אֶל־פַּרְעֹה יְמֵי ט
שְׁנֵי מְגוּרַי שְׁלֹשִׁים וּמְאַת שָׁנָה מְעַט וְרָעִים הָיוּ
יְמֵי שְׁנֵי חַיַּי וְלֹא הִשִּׂיגוּ אֶת־יְמֵי שְׁנֵי חַיֵּי אֲבֹתַי
בִּימֵי מְגוּרֵיהֶם׃ וַיְבָרֶךְ יַעֲקֹב אֶת־פַּרְעֹה וַיֵּצֵא י
שביעי מִלִּפְנֵי פַרְעֹה׃ וַיּוֹשֵׁב יוֹסֵף אֶת־אָבִיו וְאֶת־אֶחָיו יא
וַיִּתֵּן לָהֶם אֲחֻזָּה בְּאֶרֶץ מִצְרַיִם בְּמֵיטַב הָאָרֶץ
בְּאֶרֶץ רַעְמְסֵס כַּאֲשֶׁר צִוָּה פַרְעֹה׃ וַיְכַלְכֵּל יוֹסֵף יב
אֶת־אָבִיו וְאֶת־אֶחָיו וְאֵת כָּל־בֵּית אָבִיו לֶחֶם לְפִי

יג הַטָּֽף׃ וְלֶ֙חֶם֙ אֵ֣ין בְּכָל־הָאָ֔רֶץ כִּֽי־כָבֵ֥ד הָרָעָ֖ב
מְאֹ֑ד וַתֵּ֜לַהּ אֶ֤רֶץ מִצְרַ֙יִם֙ וְאֶ֣רֶץ כְּנַ֔עַן מִפְּנֵ֖י
יד הָרָעָֽב׃ וַיְלַקֵּ֣ט יוֹסֵ֗ף אֶת־כָּל־הַכֶּ֙סֶף֙ הַנִּמְצָ֤א

ג דְּבַר חַמְשָׁא גֻּבְרִין, וַאֲקֵימִנּוּן קֳדָם פַּרְעֹה: וַאֲמַר פַּרְעֹה, לַאֲחוֹהִי מָא עוֹבָדֵיכוֹן, וַאֲמַרוּ
ד לְפַרְעֹה, רָעַן עָנָא עַבְדָּךְ, אַף אֲנַחְנָא אַף אֲבָהָתַנָא: וַאֲמַרוּ לְפַרְעֹה, לְאִתּוֹתָבָא בְּאַרְעָא
אֲתֵינָא, אֲרֵי לֵית רַעְיָא, לְעָנָא דִּלְעַבְדָּךְ, אֲרֵי תְּקֵיף כַּפְנָא בְּאַרְעָא דִּכְנָעַן, וּכְעַן, יִתְּבוּן כְּעַן
ה ו עַבְדָּךְ בְּאַרְעָא דְּגֹשֶׁן: וַאֲמַר פַּרְעֹה, לְיוֹסֵף לְמֵימַר, אֲבוּךְ וַאֲחָךְ אֲתוֹ לְוָתָךְ: אַרְעָא דְּמִצְרַיִם
קֳדָמָךְ הִיא, בִּדְשַׁפִּיר בְּאַרְעָא, אוֹתֵיב יָת אֲבוּךְ וְיָת אֲחָךְ, יִתְּבוּן בְּאַרְעָא דְּגֹשֶׁן, וְאִם יְדַעְתְּ,
ז וְאִית בְּהוֹן גֻּבְרִין דְּחֵילָא, וּתְמַנֵּינוּן, רַבָּנֵי גֵּיתֵי עַל דִּילִי: וְאַיְתִי יוֹסֵף יָת יַעֲקֹב אֲבוּהִי, וַאֲקֵימֵיהּ
ח ט קֳדָם פַּרְעֹה, וּבָרֵיךְ יַעֲקֹב יָת פַּרְעֹה: וַאֲמַר פַּרְעֹה לְיַעֲקֹב, כַּמָּה, יוֹמֵי שְׁנֵי חַיָּךְ: וַאֲמַר יַעֲקֹב
לְפַרְעֹה, יוֹמֵי שְׁנֵי תוֹתָבוּתִי, מְאָה וּתְלָתִין שְׁנִין, זְעִירִין וּבִישִׁין, הֲווֹ יוֹמֵי שְׁנֵי חַיַּי, וְלָא אַדְבִּיקוּ,
י יָת יוֹמֵי שְׁנֵי חַיֵּי אֲבָהָתַי, בְּיוֹמֵי תוֹתָבוּתְהוֹן: וּבָרֵיךְ יַעֲקֹב יָת פַּרְעֹה, וּנְפַק מִן קֳדָם פַּרְעֹה:
יא וְאוֹתֵיב יוֹסֵף יָת אֲבוּהִי וְיָת אֲחוֹהִי, וִיהַב לְהוֹן אַחְסָנָא בְּאַרְעָא דְּמִצְרַיִם, בִּדְשַׁפִּיר בְּאַרְעָא
יב בְּאֲרַע רַעְמְסֵס, כְּמָא דְּפַקֵּיד פַּרְעֹה: וְזָן יוֹסֵף יָת אֲבוּהִי וְיָת אֲחוֹהִי, וְיָת כָּל בֵּית אֲבוּהִי,
יג לַחְמָא לְפוּם טַפְלָא: וְלַחְמָא לֵית בְּכָל אַרְעָא, אֲרֵי תְּקֵיף כַּפְנָא לַחְדָּא, וְאִשְׁתַּלְהִי, עַמָּא
יד דְּאַרְעָא דְּמִצְרַיִם וְעַמָּא דְּאַרְעָא דִּכְנַעַן, מִן קֳדָם כַּפְנָא: וְלַקֵּיט יוֹסֵף, יָת כָּל כַּסְפָּא דְּאִשְׁתְּכַח

יִשְׂרָאֵל. אֲבָל בְּתַלְמוּד בַּבְלִי שֶׁלָּנוּ מָצִינוּ שֶׁאוֹתָן שֶׁכָּפַל מֹשֶׁה שְׁמוֹתָן הֵם הַחַלָּשִׁים וְאוֹתָן הֵבִיא לִפְנֵי פַרְעֹה, וִיהוּדָה שֶׁהִכְפַּל שְׁמוֹ לֹא הִכְפַּל מִשּׁוּם חַלָּשׁוּת, אֶלָּא טַעַם יֵשׁ בַּדָּבָר, כִּדְאִיתָא בְּבָבָא קַמָּא (דף צב ע"א). וּבַבָּרַיְתָא דְּסִפְרֵי שָׁנִינוּ כָּהּ בְּ'וְזֹאת הַבְּרָכָה' (שנב) כְּמוֹ תַלְמוּד שֶׁלָּנוּ:

ו| אַנְשֵׁי חַיִל. בְּקִיאִין בְּאֻמָּנוּתָן לִרְעוֹת צֹאן: עַל אֲשֶׁר לִי. עַל צֹאן שֶׁלִּי:

ז| וַיְבָרֶךְ יַעֲקֹב. הִיא שְׁאֵלַת שָׁלוֹם כְּדֶרֶךְ כָּל הַנִּרְאִים לִפְנֵי הַמְּלָכִים לִפְרָקִים, סלודי"ר בְּלַעַז:

ט| שְׁנֵי מְגוּרַי. יְמֵי גֵּרוּתִי, כָּל יָמַי הָיִיתִי גֵּר בָּאָרֶץ: וְלֹא הִשִּׂיגוּ. בַּטּוֹבָה:

י| וַיְבָרֶךְ יַעֲקֹב. כְּדֶרֶךְ כָּל הַנִּפְטָרִים מִלִּפְנֵי שָׂרִים, מְבָרְכִים אוֹתָם וְנוֹטְלִים רְשׁוּת. וּמַה בְּרָכָה בֵּרְכוֹ? שֶׁיַּעֲלֶה נִילוּס לְרַגְלָיו, לְפִי שֶׁאֵין מִצְרַיִם שׁוֹתָה מֵי גְשָׁמִים, אֶלָּא נִילוּס עוֹלֶה וּמַשְׁקָהּ, וּמִבִּרְכָתוֹ שֶׁל יַעֲקֹב וָאֵילָךְ הָיָה פַּרְעֹה בָּא עַל נִילוּס וְהוּא עוֹלֶה לִקְרָאתוֹ וּמַשְׁקֶה אֶת הָאָרֶץ. תַּנְחוּמָא (נשא כו):

יא| רַעְמְסֵס. מֵאֶרֶץ גֹּשֶׁן הִיא:

יב| לְפִי הַטָּף. לְפִי הַצָּרִיךְ לְכָל בְּנֵי בֵיתָם:

יג| וְלֶחֶם אֵין בְּכָל הָאָרֶץ. חוֹזֵר לָעִנְיָן הָרִאשׁוֹן לִתְחִלַּת שְׁנֵי הָרָעָב: וַתֵּלַהּ. כְּמוֹ וַתִּלְאֶה, לְשׁוֹן עֲיֵפוּת כְּתַרְגּוּמוֹ, וְדוֹמֶה לוֹ: "כְּמִתְלַהְלֵהַּ הַיֹּרֶה זִקִּים" (משלי כו, יח):

ויגש

בְּאֶרֶץ־מִצְרַיִם וּבְאֶרֶץ כְּנַעַן בַּשֶּׁבֶר אֲשֶׁר־הֵם
שֹׁבְרִים וַיָּבֵא יוֹסֵף אֶת־הַכֶּסֶף בֵּיתָה פַרְעֹה: וַיִּתֹּם טו
הַכֶּסֶף מֵאֶרֶץ מִצְרַיִם וּמֵאֶרֶץ כְּנַעַן וַיָּבֹאוּ כָל־
מִצְרַיִם אֶל־יוֹסֵף לֵאמֹר הָבָה־לָּנוּ לֶחֶם וְלָמָּה
נָמוּת נֶגְדֶּךָ כִּי אָפֵס כָּסֶף: וַיֹּאמֶר יוֹסֵף הָבוּ טז
מִקְנֵיכֶם וְאֶתְּנָה לָכֶם בְּמִקְנֵיכֶם אִם־אָפֵס כָּסֶף:
וַיָּבִיאוּ אֶת־מִקְנֵיהֶם אֶל־יוֹסֵף וַיִּתֵּן לָהֶם יוֹסֵף יז
לֶחֶם בַּסּוּסִים וּבְמִקְנֵה הַצֹּאן וּבְמִקְנֵה הַבָּקָר
וּבַחֲמֹרִים וַיְנַהֲלֵם בַּלֶּחֶם בְּכָל־מִקְנֵהֶם בַּשָּׁנָה
הַהִוא: וַתִּתֹּם הַשָּׁנָה הַהִוא וַיָּבֹאוּ אֵלָיו בַּשָּׁנָה יח *
הַשֵּׁנִית וַיֹּאמְרוּ לוֹ לֹא־נְכַחֵד מֵאֲדֹנִי כִּי אִם־תַּם
הַכֶּסֶף וּמִקְנֵה הַבְּהֵמָה אֶל־אֲדֹנִי לֹא נִשְׁאַר לִפְנֵי
אֲדֹנִי בִּלְתִּי אִם־גְּוִיָּתֵנוּ וְאַדְמָתֵנוּ: לָמָּה נָמוּת יט
לְעֵינֶיךָ גַּם־אֲנַחְנוּ גַּם־אַדְמָתֵנוּ קְנֵה־אֹתָנוּ וְאֶת־
אַדְמָתֵנוּ בַּלָּחֶם וְנִהְיֶה אֲנַחְנוּ וְאַדְמָתֵנוּ עֲבָדִים
לְפַרְעֹה וְתֶן־זֶרַע וְנִחְיֶה וְלֹא נָמוּת וְהָאֲדָמָה לֹא
תֵשָׁם: וַיִּקֶן יוֹסֵף אֶת־כָּל־אַדְמַת מִצְרַיִם לְפַרְעֹה כ
כִּי־מָכְרוּ מִצְרַיִם אִישׁ שָׂדֵהוּ כִּי־חָזַק עֲלֵהֶם
הָרָעָב וַתְּהִי הָאָרֶץ לְפַרְעֹה: וְאֶת־הָעָם הֶעֱבִיר כא
אֹתוֹ לֶעָרִים מִקְצֵה גְבוּל־מִצְרַיִם וְעַד־קָצֵהוּ: רַק כב

אַדְמַת הַכֹּהֲנִים לֹא קָנָה כִּי חֹק לַכֹּהֲנִים מֵאֵת
פַּרְעֹה וְאָכְלוּ אֶת־חֻקָּם אֲשֶׁר נָתַן לָהֶם פַּרְעֹה
כג עַל־כֵּן לֹא מָכְרוּ אֶת־אַדְמָתָם: וַיֹּאמֶר יוֹסֵף אֶל־ ★

בְּאַרְעָא דְּמִצְרַיִם וּבְאַרְעָא דִּכְנַעַן, בַּעֲבוּרָא דְּאִנּוּן זָבְנִין, וְאַיְתִי יוֹסֵף, יָת כַּסְפָּא לְבֵית
טו פַּרְעֹה: וּשְׁלִים כַּסְפָּא, מֵאַרְעָא דְּמִצְרַיִם וּמֵאַרְעָא דִּכְנַעַן, וַאֲתוֹ כָל מִצְרָאֵי לְוָת יוֹסֵף
טז לְמֵימַר הַב לַנָא לַחְמָא, וּלְמָא נְמוּת לְקִבְלָךְ, אֲרֵי שְׁלִים כַּסְפָּא: וַאֲמַר יוֹסֵף הַבוּ גֵּיתֵיכוֹן,
יז וְאֶתֵּין לְכוֹן בְּגֵיתֵיכוֹן, אִם שְׁלִים כַּסְפָּא: וְאֵיתִיאוּ יָת גֵּיתֵיהוֹן לְוָת יוֹסֵף, וִיהַב לְהוֹן יוֹסֵף
לַחְמָא בְּסוּסָוָתָא, וּבְגֵיתֵי עָנָא, וּבְגֵיתֵי תוֹרֵי וּבִחְמָרַיָא, וְזָנְנוּן בְּלַחְמָא בְּכָל גֵּיתֵיהוֹן,
יח בְּשַׁתָּא הַהִיא: וּשְׁלֵימַת שַׁתָּא הַהִיא, וַאֲתוֹ לְוָתֵיהּ בְּשַׁתָּא תִּנְיֵיתָא, וַאֲמַרוּ לֵיהּ לָא נְכַסֵּי
מִן רִבּוֹנִי, אֱלָהֵין שְׁלִים כַּסְפָּא, וְגֵיתֵי בְעִירָא לְוָת רִבּוֹנִי, לָא אִשְׁתְּאַר קֳדָם רִבּוֹנִי, אֱלָהֵין
יט גְּוִיָּתַנָא וְאַרְעַנָא: לְמָא נְמוּת לְעֵינָךְ, אַף אֲנַחְנָא אַף אַרְעֲנָא, קְנֵי יָתַנָא וְיָת אַרְעֲנָא
בְּלַחְמָא, וּנְהֵי, אֲנַחְנָא וְאַרְעֲנָא עַבְדִּין לְפַרְעֹה, וְהַב בַּר זְרַע, וְנֵיחֵי וְלָא נְמוּת, וְאַרְעָא
כ לָא תְבוּר: וּקְנָא יוֹסֵף, יָת כָּל אַרְעָא דְּמִצְרַיִם לְפַרְעֹה, אֲרֵי זַבִּינוּ מִצְרָאֵי גְּבַר חַקְלֵיהּ, אֲרֵי
כא תְּקֵיף עֲלֵיהוֹן כַּפְנָא, וַהֲוָת אַרְעָא לְפַרְעֹה: וְיָת עַמָּא, אַעְבַּר יָתֵיהּ מִקְּרֵי לִקְרֵי, מִסּוֹף
כב תְּחוּם מִצְרַיִם וְעַד סוֹפֵיהּ: לְחוֹד, אֲרַע כֻּמְרַיָא לָא קְנָא, אֲרֵי חוּלָקָא לְכֻמְרַיָא מִן קֳדָם
כג פַּרְעֹה, וְאָכְלִין יָת חוּלָקְהוֹן דִּיהַב לְהוֹן פַּרְעֹה, עַל כֵּן, לָא זַבִּינוּ יָת אַרְעֲהוֹן: וַאֲמַר יוֹסֵף

יד| **בַּשֶּׁבֶר אֲשֶׁר הֵם שֹׁבְרִים.** נוֹתְנִין לוֹ אֶת הַכֶּסֶף:

טו| **אָפֵס.** כְּתַרְגּוּמוֹ, "שְׁלִים":

יז| **וַיְנַהֲלֵם.** כְּמוֹ וַיְנַהֲגֵם, וְדוֹמֶה לוֹ: "אֵין מְנַהֵל לָהּ" (ישעיה נא, יח); "עַל מֵי מְנֻחוֹת יְנַהֲלֵנִי" (תהלים כג, ב):

יח| **בַּשָּׁנָה הַשֵּׁנִית.** לִשְׁנֵי הָרָעָב: **כִּי אִם תַּם הַכֶּסֶף.** כִּי אֲשֶׁר תַּם הַכֶּסֶף וְהַמִּקְנֶה וּבָא הַכֹּל אֶל יָדֵי אֲדֹנִי: **בִּלְתִּי אִם גְּוִיָּתֵנוּ.** כְּמוֹ אִם לֹא גְּוִיָּתֵנוּ:

יט| **וְתֶן זֶרַע.** לִזְרֹעַ הָאֲדָמָה. וְאַף עַל פִּי שֶׁאָמַר יוֹסֵף: "וְעוֹד חָמֵשׁ שָׁנִים אֲשֶׁר אֵין חָרִישׁ וְקָצִיר" (לעיל מה, ו), מִכֵּיוָן שֶׁבָּא יַעֲקֹב לְמִצְרַיִם בָּאָה בְרָכָה לְרַגְלָיו וְהִתְחִילוּ לִזְרֹעַ, וְכָלָה הָרָעָב. וְכֵן שָׁנִינוּ בְּתוֹסֶפְתָּא דְּסוֹטָה (י, ג): **לֹא תֵשָׁם.** לֹא תְהֵא שְׁמָמָה, "לֹא תְבוּר", לְשׁוֹן שְׂדֵה בּוּר, שֶׁאֵינוֹ חָרוּשׁ:

כ| **וַתְּהִי הָאָרֶץ לְפַרְעֹה.** קְנוּיָה לוֹ:

כא| **וְאֶת הָעָם הֶעֱבִיר.** יוֹסֵף מֵעִיר לְעִיר לְזִכָּרוֹן שֶׁאֵין לָהֶם עוֹד חֵלֶק בָּאָרֶץ, וְהוֹשִׁיב שֶׁל עִיר זוֹ בַּחֲבֶרְתָּהּ. וְלֹא הֻצְרַךְ הַכָּתוּב לִכְתֹּב זֹאת, אֶלָּא לְהוֹדִיעֲךָ שִׁבְחוֹ שֶׁל יוֹסֵף, שֶׁנִּתְכַּוֵּן לְהָסִיר חֶרְפָּה מֵעַל אֶחָיו, שֶׁלֹּא יִהְיוּ קוֹרִין אוֹתָם גּוֹלִים: **מִקְצֵה גְבוּל מִצְרַיִם וְגוֹ׳.** כֵּן עָשָׂה לְכָל הֶעָרִים אֲשֶׁר בְּמַלְכוּת מִצְרַיִם, מִקְּצֵה גְּבוּלָהּ וְעַד קְצֵה גְּבוּלָהּ:

כב| **הַכֹּהֲנִים.** כּוֹמָרִים. כָּל לְשׁוֹן 'כֹּהֵן' מְשָׁרֵת לֶאֱלֹהוּת הוּא, חוּץ מֵאוֹתָן שֶׁהֵם לְשׁוֹן גְּדֻלָּה, כְּמוֹ: "כֹּהֵן מִדְיָן" (שמות ב, טז), "כֹּהֵן אוֹן" (לעיל מא, מה): **חֹק לַכֹּהֲנִים.** חֹק כָּךְ וְכָךְ לֶחֶם לַיּוֹם:

הָעָם הֵן קָנִיתִי אֶתְכֶם הַיּוֹם וְאֶת־אַדְמַתְכֶם
לְפַרְעֹה הֵא־לָכֶם זֶרַע וּזְרַעְתֶּם אֶת־הָאֲדָמָה׃
כד וְהָיָה בַּתְּבוּאֹת וּנְתַתֶּם חֲמִישִׁית לְפַרְעֹה וְאַרְבַּע
הַיָּדֹת יִהְיֶה לָכֶם לְזֶרַע הַשָּׂדֶה וּלְאָכְלְכֶם וְלַאֲשֶׁר
כה בְּבָתֵּיכֶם וְלֶאֱכֹל לְטַפְּכֶם׃ וַיֹּאמְרוּ הֶחֱיִתָנוּ נִמְצָא־ מפטיר
כו חֵן בְּעֵינֵי אֲדֹנִי וְהָיִינוּ עֲבָדִים לְפַרְעֹה׃ וַיָּשֶׂם אֹתָהּ
יוֹסֵף לְחֹק עַד־הַיּוֹם הַזֶּה עַל־אַדְמַת מִצְרַיִם
לְפַרְעֹה לַחֹמֶשׁ רַק אַדְמַת הַכֹּהֲנִים לְבַדָּם לֹא
כז הָיְתָה לְפַרְעֹה׃ וַיֵּשֶׁב יִשְׂרָאֵל בְּאֶרֶץ מִצְרַיִם
בְּאֶרֶץ גֹּשֶׁן וַיֵּאָחֲזוּ בָהּ וַיִּפְרוּ וַיִּרְבּוּ מְאֹד׃

הפטרת ויגש

יחזקאל הנביא, שליווה את הגולים לבבל, משרטט בנבואות העידוד והנחמה שלו את דמותה של הממלכה בארץ, בשוב הגולים לאדמתם, ומתאר את מאפייניה: קיבוץ גלויות, חידוש מלכות בית דוד, טהרה רוחנית ודבקות בתורה ובמצוותיה, מציאות של שלום ושלווה. את אחדות העם הוא מרחיב לתאר. אחדות זו, שהיא חוליה מרכזית במציאות מתוקנת, מתוארת באמצעות מעשה סמלי מהתחום החקלאי: הרכבת עץ. בפעולה זו מחברים אל גזע של עץ חסון ומושרש, ענף של עץ בעל פירות איכותיים ויוצרים מציאות שלמה יותר. זהו סוד היחד, והוא הבסיס לגילוי המאפיינים האחרים בגאולה. דברים אלה, המושמעים באוזני הגולים מיהודה לאחר החורבן הכללי הראשון של העם (בית המקדש, מלכות בית דוד, ירושלים), מפיחים תקווה בעם ונותנים כוח להתמודדות בעיצומו של השבר הגדול.

לז טו טז וַיְהִי דְבַר־יְהוָה אֵלַי לֵאמֹר׃ וְאַתָּה בֶן־אָדָם קַח־לְךָ עֵץ אֶחָד וּכְתֹב עָלָיו יחזקאל
לִיהוּדָה וְלִבְנֵי יִשְׂרָאֵל חֲבֵרָו וּלְקַח עֵץ אֶחָד וּכְתוֹב עָלָיו לְיוֹסֵף עֵץ אֶפְרַיִם
יז וְכָל־בֵּית יִשְׂרָאֵל חֲבֵרָו׃ וְקָרַב אֹתָם אֶחָד אֶל־אֶחָד לְךָ לְעֵץ אֶחָד וְהָיוּ
יח לַאֲחָדִים בְּיָדֶךָ׃ וְכַאֲשֶׁר יֹאמְרוּ אֵלֶיךָ בְּנֵי עַמְּךָ לֵאמֹר הֲלוֹא־תַגִּיד לָנוּ

לְעַמָּא, הָא קְנֵיתִי יָתְכוֹן יוֹמָא דֵין, וְיָת אַרְעֲכוֹן לְפַרְעֹה, הָא לְכוֹן בַּר זַרְעָא, וְתִזְרְעוּן יָת
כד אַרְעָא: וִיהֵי בְּאֵיעוֹלֵי עֲלַלְתָּא, וְתִתְּנוּן חַד מִן חַמְשָׁא לְפַרְעֹה, וְאַרְבְּעָא חוּלָקִין, יְהֵי לְכוֹן
כה לְבַר זְרַע חַקְלָא וּלְמֵיכַלְכוֹן, וְלֶאֱנָשׁ בָּתֵּיכוֹן וּלְמֵיכַל לְטַפְלְכוֹן: וַאֲמַרוּ קַיֵּימְתָּנָא, נַשְׁכַּח
כו רַחֲמִין בְּעֵינֵי רִבּוֹנִי, וּנְהֵי עַבְדִּין לְפַרְעֹה: וְשַׁוִּי יָתַהּ יוֹסֵף, לִגְזֵירָא עַד יוֹמָא הָדֵין, עַל אַרְעָא
דְּמִצְרַיִם, דִּיהוֹן יָהֲבִין חַד מִן חַמְשָׁא לְפַרְעֹה, לְחוֹד, אֲרַע כֻּמְרַיָּא בִּלְחוֹדֵיהוֹן, לָא הֲוָת
כז לְפַרְעֹה: וִיתֵיב יִשְׂרָאֵל, בְּאַרְעָא דְּמִצְרַיִם בְּאַרְעָא דְּגֹשֶׁן, וְאַחְסִינוּ בַהּ, וּנְפִישׁוּ וּסְגִיאוּ לַחֲדָא:

כג| הֵא. כְּמוֹ הִנֵּה:

כד| לְזֶרַע הַשָּׂדֶה. שֶׁבְּכָל שָׁנָה: וְלַאֲשֶׁר בְּבָתֵּיכֶם. וְלֶאֱכֹל הָעֲבָדִים וְהַשְּׁפָחוֹת אֲשֶׁר בְּבָתֵּיכֶם: טַפְּכֶם. בָּנִים קְטַנִּים:

כה| נִמְצָא חֵן. לַעֲשׂוֹת לָנוּ זֹאת כְּמוֹ שֶׁאָמַרְתָּ: וְהָיִינוּ עֲבָדִים לְפַרְעֹה. לְהַעֲלוֹת לוֹ הַמַּס הַזֶּה בְּכָל שָׁנָה:

כו| לְחֹק. שֶׁלֹּא יַעֲבֹר:

כז| וַיֵּשֶׁב יִשְׂרָאֵל בְּאֶרֶץ מִצְרַיִם. וְהֵיכָן? "בְּאֶרֶץ גֹּשֶׁן", שֶׁהִיא מֵאֶרֶץ מִצְרָיִם:

יט מָה־אֵלֶּה לָּךְ: דַּבֵּר אֲלֵהֶם כֹּה־אָמַר אֲדֹנָי יֱהוִה הִנֵּה אֲנִי לֹקֵחַ אֶת־עֵץ יוֹסֵף
אֲשֶׁר בְּיַד־אֶפְרַיִם וְשִׁבְטֵי יִשְׂרָאֵל חֲבֵרָו וְנָתַתִּי אוֹתָם עָלָיו אֶת־עֵץ יְהוּדָה
כ וַעֲשִׂיתִם לְעֵץ אֶחָד וְהָיוּ אֶחָד בְּיָדִי: וְהָיוּ הָעֵצִים אֲשֶׁר־תִּכְתֹּב עֲלֵיהֶם
כא בְּיָדְךָ לְעֵינֵיהֶם: וְדַבֵּר אֲלֵיהֶם כֹּה־אָמַר אֲדֹנָי יֱהוִה הִנֵּה אֲנִי לֹקֵחַ אֶת־בְּנֵי
יִשְׂרָאֵל מִבֵּין הַגּוֹיִם אֲשֶׁר הָלְכוּ־שָׁם וְקִבַּצְתִּי אֹתָם מִסָּבִיב וְהֵבֵאתִי אוֹתָם
כב אֶל־אַדְמָתָם: וְעָשִׂיתִי אֹתָם לְגוֹי אֶחָד בָּאָרֶץ בְּהָרֵי יִשְׂרָאֵל וּמֶלֶךְ אֶחָד יִהְיֶה
לְכֻלָּם לְמֶלֶךְ וְלֹא יהיה־עוֹד לִשְׁנֵי גוֹיִם וְלֹא יֵחָצוּ עוֹד לִשְׁתֵּי מַמְלָכוֹת עוֹד: יִהְיוּ־
כג וְלֹא יִטַּמְּאוּ עוֹד בְּגִלּוּלֵיהֶם וּבְשִׁקּוּצֵיהֶם וּבְכֹל פִּשְׁעֵיהֶם וְהוֹשַׁעְתִּי אֹתָם מִכֹּל
מוֹשְׁבֹתֵיהֶם אֲשֶׁר חָטְאוּ בָהֶם וְטִהַרְתִּי אוֹתָם וְהָיוּ־לִי לְעָם וַאֲנִי אֶהְיֶה לָהֶם
כד לֵאלֹהִים: וְעַבְדִּי דָוִד מֶלֶךְ עֲלֵיהֶם וְרוֹעֶה אֶחָד יִהְיֶה לְכֻלָּם וּבְמִשְׁפָּטַי יֵלֵכוּ

כה וְחֻקּוֹתַי יִשְׁמְרוּ וְעָשׂוּ אוֹתָם׃ וְיָשְׁבוּ עַל־הָאָרֶץ אֲשֶׁר נָתַתִּי לְעַבְדִּי לְיַעֲקֹב
אֲשֶׁר יָשְׁבוּ־בָהּ אֲבוֹתֵיכֶם וְיָשְׁבוּ עָלֶיהָ הֵמָּה וּבְנֵיהֶם וּבְנֵי בְנֵיהֶם עַד־עוֹלָם
כו וְדָוִד עַבְדִּי נָשִׂיא לָהֶם לְעוֹלָם׃ וְכָרַתִּי לָהֶם בְּרִית שָׁלוֹם בְּרִית עוֹלָם יִהְיֶה
כז אוֹתָם וּנְתַתִּים וְהִרְבֵּיתִי אוֹתָם וְנָתַתִּי אֶת־מִקְדָּשִׁי בְּתוֹכָם לְעוֹלָם׃ וְהָיָה
כח מִשְׁכָּנִי עֲלֵיהֶם וְהָיִיתִי לָהֶם לֵאלֹהִים וְהֵמָּה יִהְיוּ־לִי לְעָם׃ וְיָדְעוּ הַגּוֹיִם כִּי
אֲנִי יהוה מְקַדֵּשׁ אֶת־יִשְׂרָאֵל בִּהְיוֹת מִקְדָּשִׁי בְּתוֹכָם לְעוֹלָם׃

פרשת ויחי

מג	מב	מא (ב)	
ברכות יעקב לבניו מות יעקב וקבורתו מות יוסף	ברכות יעקב ליוסף ולבניו	יעקב מצווה את יוסף לקברו בכנען	נושאים לפי סדרים
מצרים-חברון-מצרים	מצרים		

54 שנים

כח מז וַיְחִי יַעֲקֹב בְּאֶרֶץ מִצְרַיִם שְׁבַע עֶשְׂרֵה שָׁנָה וַיְהִי
יְמֵי־יַעֲקֹב שְׁנֵי חַיָּיו שֶׁבַע שָׁנִים וְאַרְבָּעִים וּמְאַת
כט שָׁנָה׃ וַיִּקְרְבוּ יְמֵי־יִשְׂרָאֵל לָמוּת וַיִּקְרָא ׀ לִבְנוֹ
לְיוֹסֵף וַיֹּאמֶר לוֹ אִם־נָא מָצָאתִי חֵן בְּעֵינֶיךָ שִׂים־
נָא יָדְךָ תַּחַת יְרֵכִי וְעָשִׂיתָ עִמָּדִי חֶסֶד וֶאֱמֶת
ל אַל־נָא תִקְבְּרֵנִי בְּמִצְרָיִם׃ וְשָׁכַבְתִּי עִם־אֲבֹתַי
וּנְשָׂאתַנִי מִמִּצְרַיִם וּקְבַרְתַּנִי בִּקְבֻרָתָם וַיֹּאמַר
לא אָנֹכִי אֶעֱשֶׂה כִדְבָרֶךָ׃ וַיֹּאמֶר הִשָּׁבְעָה לִי וַיִּשָּׁבַע
לוֹ וַיִּשְׁתַּחוּ יִשְׂרָאֵל עַל־רֹאשׁ הַמִּטָּה׃
מח א וַיְהִי אַחֲרֵי הַדְּבָרִים הָאֵלֶּה וַיֹּאמֶר לְיוֹסֵף הִנֵּה מב
אָבִיךָ חֹלֶה וַיִּקַּח אֶת־שְׁנֵי בָנָיו עִמּוֹ אֶת־מְנַשֶּׁה
ב וְאֶת־אֶפְרָיִם׃ וַיַּגֵּד לְיַעֲקֹב וַיֹּאמֶר הִנֵּה בִּנְךָ יוֹסֵף
בָּא אֵלֶיךָ וַיִּתְחַזֵּק יִשְׂרָאֵל וַיֵּשֶׁב עַל־הַמִּטָּה׃
ג וַיֹּאמֶר יַעֲקֹב אֶל־יוֹסֵף אֵל שַׁדַּי נִרְאָה־אֵלַי בְּלוּז
ד בְּאֶרֶץ כְּנָעַן וַיְבָרֶךְ אֹתִי׃ וַיֹּאמֶר אֵלַי הִנְנִי מַפְרְךָ
וְהִרְבִּיתִךָ וּנְתַתִּיךָ לִקְהַל עַמִּים וְנָתַתִּי אֶת־הָאָרֶץ
ה הַזֹּאת לְזַרְעֲךָ אַחֲרֶיךָ אֲחֻזַּת עוֹלָם׃ וְעַתָּה שְׁנֵי־

כח וַחֲיָא יַעֲקֹב בְּאַרְעָא דְמִצְרַיִם, שְׁבַע עַסְרֵי שְׁנִין, וַהֲוָה יוֹמֵי יַעֲקֹב שְׁנֵי חַיּוֹהִי, מְאָה וְאַרְבְּעִין
כט וּשְׁבַע שְׁנִין: וּקְרִיבוּ יוֹמֵי יִשְׂרָאֵל לִמְמָת, וּקְרָא לִבְרֵיהּ לְיוֹסֵף, וַאֲמַר לֵיהּ אִם כְּעַן אַשְׁכַּחִית
רַחֲמִין בְּעֵינָךְ, שַׁו כְּעַן יְדָךְ תְּחוֹת יַרְכִּי, וְתַעֲבֵיד עִמִּי טֵיבוּ וּקְשׁוֹט, לָא כְעַן תִּקְבְּרִנַּנִי בְּמִצְרָיִם:
ל וְאֶשְׁכּוֹב עִם אֲבָהָתַי, וְתִטְּלִנַּנִי מִמִּצְרַיִם, וְתִקְבְּרִנַּנִי בִּקְבוּרַתְהוֹן, וַאֲמַר, אֲנָא אַעֲבֵיד
לא מח א כְּפִתְגָמָךְ: וַאֲמַר, קַיֵּים לִי, וְקַיֵּים לֵיהּ, וּסְגֵיד יִשְׂרָאֵל עַל רֵישׁ עַרְסָא: וַהֲוָה, בָּתַר פִּתְגָמַיָּא
הָאִלֵּין, וַאֲמַר לְיוֹסֵף, הָא אֲבוּךְ מְרַע, וּדְבַר, יָת תְּרֵין בְּנוֹהִי עִמֵּיהּ, יָת מְנַשֶּׁה וְיָת אֶפְרָיִם:
ב ג וְחַוִּי לְיַעֲקֹב, וַאֲמַר, הָא, בְּרָךְ יוֹסֵף אָתֵי לְוָתָךְ, וְאִתַּקַּף יִשְׂרָאֵל, וִיתֵיב עַל עַרְסָא: וַאֲמַר יַעֲקֹב
ד לְיוֹסֵף, אֵל שַׁדַּי, אִתְגְּלִי לִי בְלוּז בְּאַרְעָא דִכְנָעַן, וּבָרֵיךְ יָתִי: וַאֲמַר לִי, הָאֲנָא מַפֵּישׁ לָךְ וּמַסְגֵּי
ה לָךְ, וְאֶתְּנִנָּךְ לִכְנִשַׁת שִׁבְטִין, וְאֶתֵּין, יָת אַרְעָא הָדָא, לִבְנָךְ בָּתְרָךְ אַחְסָנַת עָלַם: וּכְעַן, תְּרֵין

כח) **וַיְחִי יַעֲקֹב.** לָמָּה פָּרָשָׁה זוֹ סְתוּמָה? לְפִי שֶׁכֵּיוָן שֶׁנִּפְטַר יַעֲקֹב אָבִינוּ, נִסְתְּמוּ עֵינֵיהֶם וְלִבָּם שֶׁל יִשְׂרָאֵל מִצָּרַת הַשִּׁעְבּוּד, שֶׁהִתְחִילוּ לְשַׁעְבְּדָם. דָּבָר אַחֵר, שֶׁבִּקֵּשׁ לְגַלּוֹת אֶת הַקֵּץ לְבָנָיו וְנִסְתַּם מִמֶּנּוּ. בְּרֵאשִׁית רַבָּה (צו, א):

כט) **וַיִּקְרְבוּ יְמֵי יִשְׂרָאֵל לָמוּת.** כָּל מִי שֶׁנֶּאֶמְרָה בּוֹ קְרִיבָה לָמוּת לֹא הִגִּיעַ לִימֵי אֲבוֹתָיו: **וַיִּקְרָא לִבְנוֹ לְיוֹסֵף.** לְמִי שֶׁהָיָה יְכֹלֶת בְּיָדוֹ לַעֲשׂוֹת: **שִׂים נָא יָדֶךָ.** וְהִשָּׁבַע: **חֶסֶד וֶאֱמֶת.** חֶסֶד שֶׁעוֹשִׂין עִם הַמֵּתִים הוּא חֶסֶד שֶׁל אֱמֶת, שֶׁאֵינוֹ מְצַפֶּה לְתַשְׁלוּם גְּמוּל: **אַל נָא תִקְבְּרֵנִי בְּמִצְרָיִם.** סוֹפָהּ לִהְיוֹת עֲפָרָהּ כִּנִּים, וְשֶׁאֵין מֵתֵי חוּצָה לָאָרֶץ חַיִּים אֶלָּא בְּצַעַר גִּלְגּוּל מְחִלּוֹת, וְשֶׁלֹּא יַעֲשׂוּנִי מִצְרִים עֲבוֹדָה זָרָה:

ל) **וְשָׁכַבְתִּי עִם אֲבֹתַי.** וָי"ו זֶה מְחֻבָּר לְמַעְלָה לִתְחִלַּת הַמִּקְרָא: "שִׂים נָא יָדְךָ תַּחַת יְרֵכִי" וְהִשָּׁבַע לִי, וַאֲנִי סוֹפִי לִשְׁכַּב עִם אֲבוֹתַי וְאַתָּה תִּשָּׂאֵנִי מִמִּצְרַיִם. וְאֵין לוֹמַר "וְשָׁכַבְתִּי עִם אֲבֹתַי" – הַשְׁכִּיבֵנִי עִם אֲבוֹתַי בַּמְּעָרָה, שֶׁהֲרֵי כְּתִיב אַחֲרָיו: "וּנְשָׂאתַנִי מִמִּצְרַיִם וּקְבַרְתַּנִי בִּקְבֻרָתָם"; וְעוֹד, מָצִינוּ בְּכָל מָקוֹם לְשׁוֹן שְׁכִיבָה עִם אֲבוֹתָיו הִיא הַגְּוִיעָה וְלֹא הַקְּבוּרָה, "וַיִּשְׁכַּב דָּוִד עִם אֲבֹתָיו וַיִּקָּבֵר בְּעִיר דָּוִד" (מלכים א' ב, י):

לא) **וַיִּשְׁתַּחוּ יִשְׂרָאֵל.** תַּעֲלָא בְּעִדָּנֵיהּ סְגִיד לֵיהּ: **עַל רֹאשׁ הַמִּטָּה.** הָפַךְ עַצְמוֹ לְצַד הַשְּׁכִינָה; מִכָּאן אָמְרוּ שֶׁהַשְּׁכִינָה לְמַעְלָה מְרַאֲשׁוֹתָיו שֶׁל חוֹלֶה. דָּבָר אַחֵר, "עַל רֹאשׁ הַמִּטָּה", עַל שֶׁהָיְתָה מִטָּתוֹ שְׁלֵמָה וְלֹא הָיָה בָהּ רָשָׁע, שֶׁהֲרֵי יוֹסֵף מֶלֶךְ הוּא, וְעוֹד שֶׁנִּשְׁבָּה לְבֵין הַגּוֹיִם, וַהֲרֵי הוּא עוֹמֵד בְּצִדְקוֹ:

פרק מח

א) **וַיֹּאמֶר לְיוֹסֵף.** אֶחָד מִן הַמַּגִּידִים, וַהֲרֵי זֶה מִקְרָא קָצָר. וְיֵשׁ אוֹמְרִים, אֶפְרַיִם הָיָה רָגִיל לִפְנֵי יַעֲקֹב בְּתַלְמוּד, וּכְשֶׁחָלָה יַעֲקֹב בְּאֶרֶץ גֹּשֶׁן הָלַךְ אֶפְרַיִם אֵצֶל אָבִיו לְמִצְרַיִם לְהַגִּיד לוֹ: **וַיִּקַּח אֶת שְׁנֵי בָנָיו עִמּוֹ.** כְּדֵי שֶׁיְּבָרְכֵם יַעֲקֹב לִפְנֵי מוֹתוֹ:

ב) **וַיַּגֵּד.** הַמַּגִּיד "לְיַעֲקֹב" וְלֹא פֵּרֵשׁ מִי, וְהַרְבֵּה מִקְרָאוֹת קִצְרֵי לָשׁוֹן: **וַיִּתְחַזֵּק יִשְׂרָאֵל.** אָמַר, אַף עַל פִּי שֶׁהוּא בְּנִי, מֶלֶךְ הוּא, אֶחְלֹק לוֹ כָּבוֹד; מִכָּאן שֶׁחוֹלְקִים כָּבוֹד לַמַּלְכוּת. וְכֵן מֹשֶׁה חָלַק כָּבוֹד לַמַּלְכוּת: "וְיָרְדוּ כָל עֲבָדֶיךָ אֵלֶּה אֵלַי" (שמות יא, ח). וְכֵן אֵלִיָּהוּ: "וַיְשַׁנֵּס מָתְנָיו" וְגוֹ' (מלכים א' יח, מו):

ד) **וּנְתַתִּיךָ לִקְהַל עַמִּים.** בִּשְּׂרַנִי שֶׁעֲתִידִים לָצֵאת מִמֶּנִּי עוֹד קָהָל וְעַמִּים. וְאַף עַל פִּי שֶׁאָמַר לִי: "גּוֹי וּקְהַל גּוֹיִם" (לעיל לה, יא)! 'גּוֹי' אָמַר לִי עַל בִּנְיָמִין,

ויחי

בָּנֶיךָ הַנּוֹלָדִים לְךָ בְּאֶרֶץ מִצְרַיִם עַד־בֹּאִי אֵלֶיךָ
מִצְרַיְמָה לִי־הֵם אֶפְרַיִם וּמְנַשֶּׁה כִּרְאוּבֵן וְשִׁמְעוֹן
ו יִהְיוּ־לִי׃ וּמוֹלַדְתְּךָ אֲשֶׁר־הוֹלַדְתָּ אַחֲרֵיהֶם לְךָ
ז יִהְיוּ עַל שֵׁם אֲחֵיהֶם יִקָּרְאוּ בְּנַחֲלָתָם׃ וַאֲנִי ׀
בְּבֹאִי מִפַּדָּן מֵתָה עָלַי רָחֵל בְּאֶרֶץ כְּנַעַן בַּדֶּרֶךְ
בְּעוֹד כִּבְרַת־אֶרֶץ לָבֹא אֶפְרָתָה וָאֶקְבְּרֶהָ שָּׁם
ח בְּדֶרֶךְ אֶפְרָת הִוא בֵּית לָחֶם׃ וַיַּרְא יִשְׂרָאֵל אֶת־
ט בְּנֵי יוֹסֵף וַיֹּאמֶר מִי־אֵלֶּה׃ וַיֹּאמֶר יוֹסֵף אֶל־אָבִיו
בָּנַי הֵם אֲשֶׁר־נָתַן־לִי אֱלֹהִים בָּזֶה וַיֹּאמַר קָחֶם־
שני י נָא אֵלַי וַאֲבָרְכֵם׃ • וְעֵינֵי יִשְׂרָאֵל כָּבְדוּ מִזֹּקֶן לֹא
יוּכַל לִרְאוֹת וַיַּגֵּשׁ אֹתָם אֵלָיו וַיִּשַּׁק לָהֶם וַיְחַבֵּק
יא לָהֶם׃ וַיֹּאמֶר יִשְׂרָאֵל אֶל־יוֹסֵף רְאֹה פָנֶיךָ לֹא
פִלָּלְתִּי וְהִנֵּה הֶרְאָה אֹתִי אֱלֹהִים גַּם אֶת־זַרְעֶךָ׃
יב וַיּוֹצֵא יוֹסֵף אֹתָם מֵעִם בִּרְכָּיו וַיִּשְׁתַּחוּ לְאַפָּיו
יג אָרְצָה׃ וַיִּקַּח יוֹסֵף אֶת־שְׁנֵיהֶם אֶת־אֶפְרַיִם
בִּימִינוֹ מִשְּׂמֹאל יִשְׂרָאֵל וְאֶת־מְנַשֶּׁה בִשְׂמֹאלוֹ
יד מִימִין יִשְׂרָאֵל וַיַּגֵּשׁ אֵלָיו׃ וַיִּשְׁלַח יִשְׂרָאֵל אֶת־
יְמִינוֹ וַיָּשֶׁת עַל־רֹאשׁ אֶפְרַיִם וְהוּא הַצָּעִיר וְאֶת־
שְׂמֹאלוֹ עַל־רֹאשׁ מְנַשֶּׁה שִׂכֵּל אֶת־יָדָיו כִּי מְנַשֶּׁה
טו הַבְּכוֹר׃ וַיְבָרֶךְ אֶת־יוֹסֵף וַיֹּאמַר הָאֱלֹהִים אֲשֶׁר
הִתְהַלְּכוּ אֲבֹתַי לְפָנָיו אַבְרָהָם וְיִצְחָק הָאֱלֹהִים

בְּנָךְ דְּאִתְיְלִידוּ לָךְ בְּאַרְעָא דְמִצְרַיִם, עַד מֵיתַא לְוָתָךְ, לְמִצְרַיִם דִּילִי אִנּוּן, אֶפְרַיִם וּמְנַשֶּׁה,
ו כִּרְאוּבֵן וְשִׁמְעוֹן יְהוֹן קֳדָמָי: וּבְנִין, דְּתוֹלֵיד בָּתְרֵיהוֹן דִּילָךְ יְהוֹן, עַל שׁוּם אֲחֵיהוֹן, יִתְקְרוֹן
ז בְּאַחְסַנְתְּהוֹן: וַאֲנָא בְּמֵיתַא מִפַּדָּן, מֵיתַת עֲלַי רָחֵל, בְּאַרְעָא דִכְנַעַן בְּאוֹרְחָא, בְּעוֹד כְּרוּב
ח אַרְעָא לְמֵיעַל לְאֶפְרָת, וּקְבַרְתַּהּ תַּמָּן בְּאוֹרַח אֶפְרָת, הִיא בֵּית לָחֶם: וַחֲזָא יִשְׂרָאֵל יָת בְּנֵי
ט יוֹסֵף, וַאֲמַר מַאן אִלֵּין: וַאֲמַר יוֹסֵף לַאֲבוּהִי, בְּנַי אִנּוּן, דִּיהַב לִי יי הָכָא, וַאֲמַר, קָרֵיבִנּוּן כְּעַן
י לְוָתִי וַאֲבָרֵיכִנּוּן: וְעֵינֵי יִשְׂרָאֵל יְקַרָא מִסֵּיבוּ, לָא יָכוֹל לְמִחְזֵי, וְקָרֵיב יָתְהוֹן לְוָתֵיהּ, וְנַשֵּׁיק לְהוֹן
יא יב וְגָפֵיף לְהוֹן: וַאֲמַר יִשְׂרָאֵל לְיוֹסֵף, מִחְזֵי אַפָּךְ לָא סַבְרִית, וְהָא אַחְזִי יָתִי, יי אַף יָת בְּנָךְ: וְאַפֵּיק
יג יוֹסֵף, יָתְהוֹן מִן קֳדָמוֹהִי, וּסְגִיד עַל אַפּוֹהִי עַל אַרְעָא: וּדְבַר יוֹסֵף יָת תַּרְוֵיהוֹן, יָת אֶפְרַיִם בִּימִינֵיהּ
יד מִסְּמָאלָא דְיִשְׂרָאֵל, וְיָת מְנַשֶּׁה בִסְמָאלֵיהּ מִיַּמִּינָא דְיִשְׂרָאֵל, וְקָרֵיב לְוָתֵיהּ: וְאוֹשֵׁיט יִשְׂרָאֵל
יָת יַמִּינֵיהּ, וְשַׁוִּי עַל רֵישָׁא דְאֶפְרַיִם וְהוּא זְעֵירָא, וְיָת סְמָאלֵיהּ עַל רֵישָׁא דִמְנַשֶּׁה, אַחְכֵּימִנּוּן
טו לִידוֹהִי, אֲרֵי מְנַשֶּׁה בֻּכְרָא: וּבָרֵיךְ יָת יוֹסֵף וַאֲמַר, יי, דִּפְלַחוּ אֲבָהָתִי קֳדָמוֹהִי אַבְרָהָם וְיִצְחָק,

'קְהַל גּוֹיִם' הֲרֵי שְׁנַיִם לְבַד מִבִּנְיָמִין, וְשׁוּב לֹא נוֹלַד לִי בֵּן; לִמְדַנִי שֶׁעָתִיד אֶחָד מִשְּׁבָטַי לֵחָלֵק, וְעַתָּה אוֹתָהּ מַתָּנָה אֲנִי נוֹתֵן לְךָ:

ה| **הַנּוֹלָדִים לְךָ... עַד בֹּאִי אֵלֶיךָ.** לִפְנֵי בוֹאִי אֵלֶיךָ, כְּלוֹמַר, שֶׁנּוֹלְדוּ מִשֶּׁפֵּרַשְׁתָּ מִמֶּנִּי עַד שֶׁבָּאתִי אֶצְלְךָ: **לִי הֵם.** בְּחֶשְׁבּוֹן שְׁאָר בָּנַי הֵם, לִטֹּל חֵלֶק בָּאָרֶץ אִישׁ כְּנֶגְדּוֹ:

ו| **וּמוֹלַדְתְּךָ.** אִם תּוֹלִיד עוֹד לֹא יִהְיוּ בְּמִנְיַן בָּנַי, אֶלָּא בְּתוֹךְ שִׁבְטֵי אֶפְרַיִם וּמְנַשֶּׁה יִהְיוּ נִכְלָלִים, וְלֹא יְהֵא לָהֶם שֵׁם בַּשְּׁבָטִים לְעִנְיַן הַנַּחֲלָה. וְאַף עַל פִּי שֶׁנֶּחְלְקָה הָאָרֶץ לְמִנְיַן גֻּלְגְּלוֹתָם, כְּדִכְתִיב: "לָרַב תַּרְבֶּה נַחֲלָתוֹ" (במדבר כו, נד), וְכָל אִישׁ וְאִישׁ נָטַל בְּשָׁוֶה חוּץ מִן הַבְּכוֹרוֹת, מִכָּל מָקוֹם לֹא נִקְרְאוּ שְׁבָטִים אֶלָּא אֵלּוּ:

ז| **וַאֲנִי בְּבֹאִי מִפַּדָּן וְגוֹ'.** וְאַף עַל פִּי שֶׁאֲנִי מַטְרִיחַ עָלֶיךָ לְהוֹלִיכֵנִי לִקָּבֵר בְּאֶרֶץ כְּנַעַן, לֹא כָךְ עָשִׂיתִי לְאִמְּךָ, שֶׁהֲרֵי מֵתָה סָמוּךְ לְבֵית לֶחֶם: **כִּבְרַת אֶרֶץ.** מִדַּת אֶרֶץ, וְהֵם אַלְפַּיִם אַמָּה כְּמִדַּת תְּחוּם שַׁבָּת, כְּדִבְרֵי רַבִּי מֹשֶׁה הַדַּרְשָׁן. וְלֹא תֹאמַר שֶׁעִכְּבוּ עָלַי גְּשָׁמִים מִלְּהוֹלִיכָהּ וּלְקָבְרָהּ בְּחֶבְרוֹן, עֵת הַגָּרִיד הָיָה שֶׁהָאָרֶץ חֲלוּלָה וּמְנֻקֶּבֶת כִּכְבָרָה: **וָאֶקְבְּרֶהָ שָּׁם.** וְלֹא הוֹלַכְתִּיהָ אֲפִלּוּ לְבֵית לֶחֶם לְהַכְנִיסָהּ לָאָרֶץ, וְיָדַעְתִּי שֶׁיֵּשׁ בְּלִבְּךָ עָלַי; אֲבָל דַּע לְךָ שֶׁעַל פִּי הַדִּבּוּר קְבַרְתִּיהָ שָׁם, שֶׁתְּהֵא לְעֶזְרָה לְבָנֶיהָ, כְּשֶׁיַּגְלֶה נְבוּזַרְאֲדָן וְהָיוּ עוֹבְרִים דֶּרֶךְ שָׁם, יָצְאַת רָחֵל עַל קִבְרָהּ וּבוֹכָה וּמְבַקֶּשֶׁת עֲלֵיהֶם רַחֲמִים, שֶׁנֶּאֱמַר: "קוֹל בְּרָמָה נִשְׁמָע" וְגוֹ' (ירמיה לא, יד). וְאוּנְקְלוֹס תִּרְגֵּם: "כְּרוּב אַרְעָא", כְּדֵי שִׁעוּר חֲרִישַׁת יוֹם; וְאוֹמֵר אֲנִי שֶׁהָיָה לָהֶם קֶצֶב שֶׁהָיוּ קוֹרִין אוֹתוֹ כְּדֵי מַחֲרֵשָׁה אַחַת, קרואיד"א בְּלַעַז, כִּדְאָמְרִינַן: "כְּרוּב וְתָנֵי" (בבא מציעא קז ע"א), "כַּמָּה דְּמַסִּיק תַּעֲלָא מִבֵּי כַּרְבָּא" (יומא מג ע"ב):

ח| **וַיַּרְא יִשְׂרָאֵל אֶת בְּנֵי יוֹסֵף.** בִּקֵּשׁ לְבָרְכָם וְנִסְתַּלְּקָה שְׁכִינָה מִמֶּנּוּ, לְפִי שֶׁעָתִיד יָרָבְעָם וְאַחְאָב לָצֵאת מֵאֶפְרַיִם, וְיֵהוּא וּבָנָיו מִמְּנַשֶּׁה: **וַיֹּאמֶר מִי אֵלֶּה.** מֵהֵיכָן יָצְאוּ אֵלּוּ שֶׁאֵינָן רְאוּיִין לִבְרָכָה?:

ט| **בָּזֶה.** הֶרְאָה לוֹ שְׁטַר אֵרוּסִין וּשְׁטַר כְּתֻבָּה, וּבִקֵּשׁ יוֹסֵף רַחֲמִים עַל הַדָּבָר, וְנָחָה עָלָיו רוּחַ הַקֹּדֶשׁ: **וַיֹּאמַר קָחֶם נָא אֵלַי וַאֲבָרְכֵם.** זֶהוּ שֶׁאָמַר הַכָּתוּב: "וְאָנֹכִי תִרְגַּלְתִּי לְאֶפְרַיִם קָחָם עַל זְרוֹעֹתָיו" (הושע יא, ג), תִּרְגַּלְתִּי רוּחִי בְּיַעֲקֹב בִּשְׁבִיל אֶפְרַיִם עַד שֶׁלְּקָחָם עַל זְרוֹעוֹתָיו:

יא| **לֹא פִלָּלְתִּי.** לֹא מִלָּאַנִי לִבִּי לַחְשֹׁב מַחֲשָׁבָה שֶׁאֶרְאֶה פָנֶיךָ עוֹד. 'פִּלָּלְתִּי' לְשׁוֹן מַחֲשָׁבָה, כְּמוֹ: "הָבִיאִי עֵצָה עֲשׂוּ פְלִילָה" (ישעיה טז, ג):

יב| **וַיּוֹצֵא יוֹסֵף אֹתָם.** לְאַחַר שֶׁנְּשָׁקָם הוֹצִיאָם יוֹסֵף מֵעִם בִּרְכָּיו, כְּדֵי לְיַשְּׁבָם זֶה לַיָּמִין וְזֶה לַשְּׂמֹאל לִסְמֹךְ יָדָיו עֲלֵיהֶם וּלְבָרְכָם: **וַיִּשְׁתַּחוּ לְאַפָּיו.** כְּשֶׁחָזַר לַאֲחוֹרָיו מִלִּפְנֵי אָבִיו:

יג| **אֶת אֶפְרַיִם בִּימִינוֹ מִשְּׂמֹאל יִשְׂרָאֵל.** הַבָּא לִקְרַאת חֲבֵרוֹ יְמִינוֹ כְּנֶגֶד שְׂמֹאל חֲבֵרוֹ, וְכִוֵּן שֶׁיְּהֵא הַבְּכוֹר מְיֻמָּן לִבְרָכָה:

יד| **שִׂכֵּל אֶת יָדָיו.** כְּתַרְגּוּמוֹ "אַחְכֵּימִנּוּן", בְּהַשְׂכֵּל

הָרֹעֶה אֹתִי מֵעוֹדִי עַד־הַיּוֹם הַזֶּה׃ הַמַּלְאָךְ טז
הַגֹּאֵל אֹתִי מִכָּל־רָע יְבָרֵךְ אֶת־הַנְּעָרִים וְיִקָּרֵא
בָהֶם שְׁמִי וְשֵׁם אֲבֹתַי אַבְרָהָם וְיִצְחָק וְיִדְגּוּ לָרֹב
שלישי בְּקֶרֶב הָאָרֶץ׃ וַיַּרְא יוֹסֵף כִּי־יָשִׁית אָבִיו יַד־ יז
יְמִינוֹ עַל־רֹאשׁ אֶפְרַיִם וַיֵּרַע בְּעֵינָיו וַיִּתְמֹךְ יַד־
אָבִיו לְהָסִיר אֹתָהּ מֵעַל רֹאשׁ־אֶפְרַיִם עַל־רֹאשׁ
מְנַשֶּׁה׃ וַיֹּאמֶר יוֹסֵף אֶל־אָבִיו לֹא־כֵן אָבִי כִּי־זֶה יח
הַבְּכֹר שִׂים יְמִינְךָ עַל־רֹאשׁוֹ׃ וַיְמָאֵן אָבִיו וַיֹּאמֶר יט
יָדַעְתִּי בְנִי יָדַעְתִּי גַּם־הוּא יִהְיֶה־לְּעָם וְגַם־הוּא
יִגְדָּל וְאוּלָם אָחִיו הַקָּטֹן יִגְדַּל מִמֶּנּוּ וְזַרְעוֹ יִהְיֶה
מְלֹא־הַגּוֹיִם׃ וַיְבָרְכֵם בַּיּוֹם הַהוּא לֵאמוֹר בְּךָ כ
יְבָרֵךְ יִשְׂרָאֵל לֵאמֹר יְשִׂמְךָ אֱלֹהִים כְּאֶפְרַיִם
וְכִמְנַשֶּׁה וַיָּשֶׂם אֶת־אֶפְרַיִם לִפְנֵי מְנַשֶּׁה׃ וַיֹּאמֶר כא
יִשְׂרָאֵל אֶל־יוֹסֵף הִנֵּה אָנֹכִי מֵת וְהָיָה אֱלֹהִים
עִמָּכֶם וְהֵשִׁיב אֶתְכֶם אֶל־אֶרֶץ אֲבֹתֵיכֶם׃ וַאֲנִי כב
נָתַתִּי לְךָ שְׁכֶם אַחַד עַל־אַחֶיךָ אֲשֶׁר לָקַחְתִּי מִיַּד
הָאֱמֹרִי בְּחַרְבִּי וּבְקַשְׁתִּי׃

רביעי מג וַיִּקְרָא יַעֲקֹב אֶל־בָּנָיו וַיֹּאמֶר הֵאָסְפוּ וְאַגִּידָה א מט
לָכֶם אֵת אֲשֶׁר־יִקְרָא אֶתְכֶם בְּאַחֲרִית הַיָּמִים׃
הִקָּבְצוּ וְשִׁמְעוּ בְּנֵי יַעֲקֹב וְשִׁמְעוּ אֶל־יִשְׂרָאֵל ב
אֲבִיכֶם׃ רְאוּבֵן בְּכֹרִי אַתָּה כֹּחִי וְרֵאשִׁית אוֹנִי יֶתֶר ג

טז יְיָ דְּזָן יָתִי, מִדְּאִיתַנִי עַד יוֹמָא הָדֵין: מַלְאֲכָא דִּפְרַק יָתִי מִכָּל בִּישָׁא, יְבָרֵיךְ יָת עוּלֵימַיָּא,
וְיִתְקְרֵי בְהוֹן שְׁמִי, וְשׁוּם אֲבָהָתַי אַבְרָהָם וְיִצְחָק, וּכְנוּנֵי יַמָּא יִסְגּוֹן בְּגוֹ בְּנֵי אֲנָשָׁא עַל אַרְעָא:
יז וַחֲזָא יוֹסֵף, אֲרֵי שַׁוִּי אֲבוּהִי יַד יַמִּינֵיהּ, עַל רֵישָׁא דְאֶפְרַיִם וּבְאֵישׁ בְּעֵינוֹהִי, וְסַעֲדַהּ לִידָא
יח דַּאֲבוּהִי, לְאַעְדָּאָה יָתַהּ, מֵעַל רֵישָׁא דְאֶפְרַיִם לְאַנְחוּתַהּ עַל רֵישָׁא דִמְנַשֶּׁה: וַאֲמַר יוֹסֵף,
יט לַאֲבוּהִי לָא כֵן אַבָּא, אֲרֵי דֵין בֻּכְרָא, שַׁו יַמִּינָךְ עַל רֵישֵׁיהּ: וְסָרֵיב אֲבוּהִי, וַאֲמַר יְדַעְנָא בְרִי
יְדַעְנָא, אַף הוּא יְהֵי לְעַם וְאַף הוּא יִסְגֵּי, וּבְרַם, אֲחוּהִי זְעֵירָא יִסְגֵּי מִנֵּיהּ, וּבְנוֹהִי יְהוֹן שַׁלְטִין
כ בְּעַמְמַיָּא: וּבָרֵיכִנּוּן, בְּיוֹמָא הַהוּא לְמֵימַר, בָּךְ, יְבָרֵיךְ יִשְׂרָאֵל לְמֵימַר, יְשַׁוֵּינָךְ יְיָ, כְּאֶפְרַיִם
כא וְכִמְנַשֶּׁה, וְשַׁוִּי יָת אֶפְרַיִם קֳדָם מְנַשֶּׁה: וַאֲמַר יִשְׂרָאֵל לְיוֹסֵף, הָא אֲנָא מָאִית, וִיהֵי מֵימְרָא
כב דַּיְיָ בְּסַעְדְּכוֹן, וְיָתֵיב יָתְכוֹן, לַאֲרַע אֲבָהָתְכוֹן: וַאֲנָא, יְהַבִית לָךְ, חוּלָק חַד יַתִּיר עַל אֲחָךְ,
מט א דִּנְסֵיבִית מִידָא דֶּאֱמוֹרָאָה, בִּצְלוֹתִי וּבְבָעוּתִי: וּקְרָא יַעֲקֹב לִבְנוֹהִי, וַאֲמַר, אִתְכַּנַּשׁוּ וַאֲחַוֵּי
ב לְכוֹן, יָת, דִּיעָרַע יָתְכוֹן בְּסוֹף יוֹמַיָּא: אִתְכַּנַּשׁוּ וּשְׁמַעוּ בְּנֵי יַעֲקֹב, וְקַבִּילוּ אֻלְפָן מִן יִשְׂרָאֵל
ג אֲבוּכוֹן: רְאוּבֵן בֻּכְרִי אַתְּ, חֵילִי וְרֵישׁ תְּקוֹפִי, לָךְ הֲוָה חֲזֵי לְמִסַּב תְּלָתָא חוּלָקִין בְּבֵירוּתָא

וְחָכְמָה הִשְׂכִּיל אֶת יָדָיו לְכָךְ וּמִדַּעַת, כִּי יוֹדֵעַ הָיָה כִּי מְנַשֶּׁה הַבְּכוֹר וְאַף עַל פִּי כֵן לֹא שָׁת יְמִינוֹ עָלָיו:

טז) **הַמַּלְאָךְ הַגֹּאֵל אֹתִי.** מַלְאָךְ הָרָגִיל לְהִשְׁתַּלֵּחַ אֵלַי בְּצָרָתִי, כְּעִנְיָן שֶׁנֶּאֱמַר: "וַיֹּאמֶר אֵלַי מַלְאַךְ הָאֱלֹהִים בַּחֲלוֹם יַעֲקֹב וְגוֹ', אָנֹכִי הָאֵל בֵּית אֵל" (לעיל לא, יא-יג): **יְבָרֵךְ אֶת הַנְּעָרִים.** מְנַשֶּׁה וְאֶפְרַיִם: **וְיִדְגּוּ.** כַּדָּגִים הַלָּלוּ שֶׁפָּרִים וְרָבִים וְאֵין עַיִן הָרָע שׁוֹלֶטֶת בָּהֶם:

יז) **וַיִּתְמֹךְ יַד אָבִיו.** הֱרִימָהּ מֵעַל רֹאשׁ בְּנוֹ וּתְמָכָהּ בְּיָדוֹ:

יט) **יָדַעְתִּי בְנִי יָדַעְתִּי.** שֶׁהוּא הַבְּכוֹר, וְגַם הוּא יִהְיֶה לְעָם וְיִגְדַּל – עָתִיד גִּדְעוֹן לָצֵאת מִמֶּנּוּ, שֶׁהַקָּדוֹשׁ בָּרוּךְ הוּא עוֹשֶׂה נֵס עַל יָדוֹ: **וְאוּלָם אָחִיו הַקָּטֹן יִגְדַּל מִמֶּנּוּ.** שֶׁעָתִיד יְהוֹשֻׁעַ לָצֵאת מִמֶּנּוּ, שֶׁיַּנְחִיל אֶת הָאָרֶץ וִילַמֵּד תּוֹרָה לְיִשְׂרָאֵל: **וְזַרְעוֹ יִהְיֶה מְלֹא הַגּוֹיִם.** כָּל הָעוֹלָם יִתְמַלֵּא בְּצֵאת שָׁמְעוֹ וּשְׁמוֹ, כְּשֶׁיַּעֲמִיד חַמָּה בְּגִבְעוֹן וְיָרֵחַ בְּעֵמֶק אַיָּלוֹן:

כ) **בְּךָ יְבָרֵךְ יִשְׂרָאֵל.** הַבָּא לְבָרֵךְ אֶת בָּנָיו יְבָרְכֵם בְּבִרְכָתָם, וְיֹאמַר אִישׁ לִבְנוֹ: "יְשִׂמְךָ אֱלֹהִים כְּאֶפְרַיִם וְכִמְנַשֶּׁה": **וַיָּשֶׂם אֶת אֶפְרַיִם.** בִּבְרָכָתוֹ "לִפְנֵי מְנַשֶּׁה", לְהַקְדִּימוֹ בַּדְּגָלִים וּבַחֲנֻכַּת הַנְּשִׂיאִים:

כב) **וַאֲנִי נָתַתִּי לְךָ.** לְפִי שֶׁאַתָּה טוֹרֵחַ לְהִתְעַסֵּק בִּקְבוּרָתִי, וְגַם "אֲנִי נָתַתִּי לְךָ" נַחֲלָה שֶׁתִּקָּבֵר בָּהּ, וְאֵי זוֹ? זוֹ שְׁכֶם, שֶׁנֶּאֱמַר: "וְאֶת עַצְמוֹת יוֹסֵף אֲשֶׁר הֶעֱלוּ בְנֵי יִשְׂרָאֵל מִמִּצְרַיִם קָבְרוּ בִשְׁכֶם" (יהושע כד, לב): **שְׁכֶם אַחַד עַל אַחֶיךָ.** שְׁכֶם מַמָּשׁ, הִיא תִּהְיֶה לְךָ חֵלֶק אֶחָד יְתֵרָה עַל אַחֶיךָ: **בְּחַרְבִּי וּבְקַשְׁתִּי.** כְּשֶׁהָרְגוּ שִׁמְעוֹן וְלֵוִי אֶת אַנְשֵׁי שְׁכֶם נִתְכַּנְּסוּ כָּל סְבִיבוֹתֵיהֶם לְהִזְדַּוֵּג לָהֶם, וְחָגַר יַעֲקֹב כְּלֵי מִלְחָמָה כְּנֶגְדָּן. דָּבָר אַחֵר, "שְׁכֶם אַחַד", הִיא הַבְּכוֹרָה, שֶׁיִּטְּלוּ בָנָיו שְׁנֵי חֲלָקִים, וּ'שְׁכֶם' לְשׁוֹן חֵלֶק הוּא, וְהַרְבֵּה יֵשׁ לוֹ דּוֹמִים בַּמִּקְרָא: "אֲחַלְּקָה שְׁכֶם" (תהלים ס, ח); "כִּי תְּשִׁיתֵמוֹ שֶׁכֶם" (שם כא, יג), תָּשִׁית שׂוֹנְאַי לְפָנַי לַחֲלָקִים; "דֶּרֶךְ יְרַצְּחוּ שֶׁכְמָה" (הושע ו, ט), אִישׁ חֶלְקוֹ; "לְעָבְדוֹ שְׁכֶם אֶחָד" (צפניה ג, ט). "אֲשֶׁר לָקַחְתִּי מִיַּד הָאֱמֹרִי" – מִיַּד עֵשָׂו שֶׁעָשָׂה מַעֲשֵׂה אֱמוֹרִי. דָּבָר אַחֵר, שֶׁהָיָה צָד אָבִיו בְּאִמְרֵי פִיו. "בְּחַרְבִּי וּבְקַשְׁתִּי" – הִיא חָכְמָתוֹ וּתְפִלָּתוֹ:

פרק מט

א) **וְאַגִּידָה לָכֶם.** בִּקֵּשׁ לְגַלּוֹת אֶת הַקֵּץ וְנִסְתַּלְּקָה מִמֶּנּוּ שְׁכִינָה, וְהִתְחִיל אוֹמֵר דְּבָרִים אֲחֵרִים:

ג-ד) **וְרֵאשִׁית אוֹנִי.** הִיא טִפָּה רִאשׁוֹנָה לוֹ, שֶׁלֹּא רָאָה קֶרִי מִיָּמָיו: **אוֹנִי.** כֹּחִי, כְּמוֹ: "מָצָאתִי אוֹן לִי" (הושע יב, ט), "מֵרֹב אוֹנִים" (ישעיה מ, כו), "וּלְאֵין אוֹנִים" (שם כט): **יֶתֶר שְׂאֵת.** רָאוּי הָיִיתָ לִהְיוֹת יֶתֶר עַל אַחֶיךָ בַּכְּהֻנָּה, לְשׁוֹן נְשִׂיאוּת כַּפַּיִם: **וְיֶתֶר עָז.** בַּמַּלְכוּת, כְּמוֹ: "וְיִתֶּן עֹז לְמַלְכּוֹ" (שמואל א' ב, י), וּמִי גָּרַם לְךָ לְהַפְסִיד? "פַּחַז כַּמַּיִם" – הַפַּחַז וְהַבֶּהָלָה אֲשֶׁר מִהַרְתָּ לְהַרְאוֹת כַּעַסְךָ כַּמַּיִם

ויחי

ד שְׂאֵת וְיֶתֶר עָז׃ פַּחַז כַּמַּיִם אַל־תּוֹתַר כִּי עָלִיתָ
מִשְׁכְּבֵי אָבִיךָ אָז חִלַּלְתָּ יְצוּעִי עָלָה׃
ה ו שִׁמְעוֹן וְלֵוִי אַחִים כְּלֵי חָמָס מְכֵרֹתֵיהֶם׃ בְּסֹדָם
אַל־תָּבֹא נַפְשִׁי בִּקְהָלָם אַל־תֵּחַד כְּבֹדִי כִּי
ז בְאַפָּם הָרְגוּ אִישׁ וּבִרְצֹנָם עִקְּרוּ־שׁוֹר׃ אָרוּר
אַפָּם כִּי עָז וְעֶבְרָתָם כִּי קָשָׁתָה אֲחַלְּקֵם בְּיַעֲקֹב
וַאֲפִיצֵם בְּיִשְׂרָאֵל׃
ח יְהוּדָה אַתָּה יוֹדוּךָ אַחֶיךָ יָדְךָ בְּעֹרֶף אֹיְבֶיךָ
ט יִשְׁתַּחֲווּ לְךָ בְּנֵי אָבִיךָ׃ גּוּר אַרְיֵה יְהוּדָה מִטֶּרֶף
בְּנִי עָלִיתָ כָּרַע רָבַץ כְּאַרְיֵה וּכְלָבִיא מִי יְקִימֶנּוּ׃
י לֹא־יָסוּר שֵׁבֶט מִיהוּדָה וּמְחֹקֵק מִבֵּין רַגְלָיו

הַלָּלוּ הַמְמַהֲרִים לִמְרוּצָתָם, לְכָךְ "אַל תּוֹתַר" – אַל תַּרְבֶּה לִטֹּל כָּל הַיְתֵרוֹת הַלָּלוּ שֶׁהָיוּ רְאוּיוֹת לָךְ. וּמַהוּ הַפַּחַז אֲשֶׁר פָּחַזְתָּ? "כִּי עָלִיתָ מִשְׁכְּבֵי אָבִיךָ", אָז חִלַּלְתָּ אוֹתוֹ שֶׁעָלָה עַל יְצוּעִי, שֵׁם שְׁכִינָה שֶׁדַּרְכּוֹ לִהְיוֹת עוֹלֶה עַל יְצוּעִי: **פַּחַז.** שֵׁם דָּבָר הוּא, לְפִיכָךְ טַעְמוֹ לְמַעְלָה וְכֻלּוֹ נָקוּד פַּתָּח. וְאִלּוּ הָיָה לְשׁוֹן עָבָר, הָיָה נָקוּד חֶצְיוֹ קָמַץ וְחֶצְיוֹ פַּתָּח וְטַעְמוֹ לְמַטָּה: **יְצוּעִי.** לְשׁוֹן מִשְׁכָּב, עַל שֵׁם שֶׁמַּצִּיעִים אוֹתוֹ עַל יְדֵי לְבָדִין וּסְדִינִין. וְהַרְבֵּה דּוֹמִים לוֹ: "אִם אֶעֱלֶה עַל עֶרֶשׂ יְצוּעָי" (תהלים קלב, ג), "אִם זְכַרְתִּיךָ עַל יְצוּעָי" (שם סג, ז):

ה| **שִׁמְעוֹן וְלֵוִי אַחִים.** בְּעֵצָה אַחַת עַל שְׁכֶם וְעַל יוֹסֵף: "וַיֹּאמְרוּ אִישׁ אֶל אָחִיו וְגוֹ' וְעַתָּה לְכוּ וְנַהַרְגֵהוּ" (לעיל לז, יט-כ). מִי הֵם? אִם תֹּאמַר רְאוּבֵן אוֹ יְהוּדָה, הֲרֵי לֹא הִסְכִּימוּ בַּהֲרִיגָתוֹ. אִם תֹּאמַר בְּנֵי הַשְּׁפָחוֹת, הֲרֵי לֹא הָיְתָה שִׂנְאָתָן שְׁלֵמָה, שֶׁנֶּאֱמַר: "וְהוּא נַעַר אֶת בְּנֵי בִלְהָה וְאֶת בְּנֵי זִלְפָּה" (לעיל לז, ב). יִשָּׂשכָר וּזְבוּלוּן לֹא הָיוּ מְדַבְּרִים בִּפְנֵי אֲחֵיהֶם הַגְּדוֹלִים מֵהֶם. עַל כָּרְחֲךָ שִׁמְעוֹן וְלֵוִי הֵם שֶׁקְּרָאָם אֲבִיהֶם 'אַחִים': **כְּלֵי חָמָס.** אֻמָּנוּת זוֹ שֶׁל רְצִיחָה חָמָס הוּא בִּידֵיהֶם, מִבִּרְכַּת עֵשָׂו הִיא זוֹ, אֻמָּנוּת שֶׁלּוֹ הִיא, וְאַתֶּם חֲמַסְתֶּם אוֹתָהּ הֵימֶנּוּ: **מְכֵרֹתֵיהֶם.** לְשׁוֹן כְּלֵי זַיִן, הַסַּיִף בִּלְשׁוֹן יְוָנִי מכי"ר. תַּנְחוּמָא (שם ט). דָּבָר אַחֵר, "מְכֵרֹתֵיהֶם", בְּאֶרֶץ מְגוּרָתָם נָהֲגוּ עַצְמָן בִּכְלֵי חָמָס, כְּמוֹ: "מְכֹרֹתַיִךְ וּמֹלְדֹתַיִךְ" (יחזקאל טז, ג), וְזֶה תַּרְגּוּם שֶׁל אוּנְקְלוֹס:

ו| **בְּסֹדָם אַל תָּבֹא נַפְשִׁי.** זֶה מַעֲשֵׂה זִמְרִי, כְּשֶׁנִּתְקַבְּצוּ שִׁבְטוֹ שֶׁל שִׁמְעוֹן לְהָבִיא אֶת הַמִּדְיָנִית

ד כְּהֻנְּתָא וּמַלְכוּתָא: עַל דַּאֲזַלְתְּ לְקֳבֵיל אַפָּךְ הָא כְמַיָּא בְּרַם לָא אַהֲנִיתָא חוּלָק יַתִּיר לָא
ה תִסַּב, אֲרֵי סְלֵיקְתָּא בֵּית מִשְׁכְּבֵי אֲבוּךְ, בְּכֵן אַחֵילְתָּא לְשִׁוְיֵי בְּרִי סְלֵיקְתָּא: שִׁמְעוֹן וְלֵוִי
ו אַחִין, גֻּבְרִין גִּבָּרִין בְּאַרַע תּוֹתָבוּתְהוֹן עֲבַדוּ גְּבוּרָא: בְּרָזְהוֹן לָא הֲוָת נַפְשִׁי, בְּאִתְכַּנּוֹשֵׁיהוֹן
ז לְמֶהֱדָךְ לָא נְחָתִית מִן יְקָרִי, אֲרֵי בְּרֻגְזְהוֹן קְטַלוּ קְטוֹל, וּבִרְעוּתְהוֹן תְּרַעוּ שׁוּר סָנְאָה: לִיט רֻגְזְהוֹן
ח אֲרֵי תַקִּיף, וְחֵימַתְהוֹן אֲרֵי קַשְׁיָא, אֲפַלֵּיגִנּוּן בְּיַעֲקֹב, וַאֲבַדְּרִנּוּן בְּיִשְׂרָאֵל: יְהוּדָה, אַתְּ אוֹדֵיתָא
וְלָא בְהֵיתְתָא בָּךְ יוֹדוֹן אֲחָךְ, יְדָךְ תִּתְקַף עַל בַּעֲלֵי דְבָבָךְ יִתַּבְרוּן סָנְאָךְ, יְהוֹן מַחְזְרֵי קְדָל
ט קֳדָמָךְ, יְהוֹן מַקְדְּמִין לְמִשְׁאַל בִּשְׁלָמָךְ בְּנֵי אֲבוּךְ: שִׁלְטוֹן יְהֵי בְּשֵׁירוּיָא וּבְסוֹפָא יִתְרַבָּא מַלְכָּא
מִדְּבֵית יְהוּדָה, אֲרֵי מִדִּין קַטְלָא בְּרִי נַפְשָׁךְ סַלֵּיקְתָּא, יְנוּחַ יִשְׁרֵי בִּתְקוֹף כְּאַרְיָא, וּכְלֵיתָא
י וְלֵית מַלְכוּ דִּתְזַעְזְעִנֵּיהּ: לָא יֶעְדֵּי עָבֵיד שֻׁלְטָן מִדְּבֵית יְהוּדָה, וְסָפְרָא מִבְּנֵי בְנוֹהִי עַד עָלְמָא,

לִפְנֵי מֹשֶׁה, וְאָמְרוּ לוֹ: זוֹ אֲסוּרָה אוֹ מֻתֶּרֶת? אִם תֹּאמַר אֲסוּרָה, בַּת יִתְרוֹ מִי הִתִּירָהּ לְךָ? – אַל יִזָּכֵר שְׁמִי בַּדָּבָר, "זִמְרִי בֶּן סָלוּא נְשִׂיא בֵית אָב לַשִּׁמְעֹנִי" (במדבר כה, יד), וְלֹא כָתַב 'בֶּן יַעֲקֹב': **בִּקְהָלָם.** כְּשֶׁיַּקְהִיל קֹרַח שֶׁהוּא מִשִּׁבְטוֹ שֶׁל לֵוִי אֶת כָּל הָעֵדָה עַל מֹשֶׁה וְעַל אַהֲרֹן, "אַל תֵּחַד כְּבֹדִי" שָׁם, אַל יִתְיַחֵד עִמָּהֶם שְׁמִי, שֶׁנֶּאֱמַר: "קֹרַח בֶּן יִצְהָר בֶּן קְהָת בֶּן לֵוִי" (במדבר טז, א), וְלֹא נֶאֱמַר 'בֶּן יַעֲקֹב'. אֲבָל בְּדִבְרֵי הַיָּמִים (א' ו, כב-כג) כְּשֶׁנִּתְיַחֲסוּ בְּנֵי קֹרַח עַל הַדּוּכָן, נֶאֱמַר: "בֶּן קֹרַח בֶּן יִצְהָר בֶּן קְהָת בֶּן לֵוִי בֶּן יִשְׂרָאֵל": **אַל תֵּחַד כְּבֹדִי.** כָּבוֹד לְשׁוֹן זָכָר הוּא, וְעַל כָּרְחֲךָ אַתָּה צָרִיךְ לְפָרֵשׁ כִּמְדַבֵּר אֶל הַכָּבוֹד וְאוֹמֵר: אַתָּה כְּבוֹדִי, אַל תִּתְיַחֵד עִמָּהֶם. כְּמוֹ: "לֹא תֵחַד אִתָּם בִּקְבוּרָה" (ישעיה יד, כ): **כִּי בְאַפָּם הָרְגוּ אִישׁ.** אֵלּוּ חֲמוֹר וְאַנְשֵׁי שְׁכֶם, וְאֵינָן חֲשׁוּבִין כֻּלָּם אֶלָּא כְּאִישׁ אֶחָד. וְכֵן הוּא אוֹמֵר בְּגִדְעוֹן: "וְהִכִּיתָ אֶת מִדְיָן כְּאִישׁ אֶחָד" (שופטים ו, טז). וְכֵן בְּמִצְרַיִם: "סוּס וְרֹכְבוֹ רָמָה בַיָּם" (שמות טו, א). זֶהוּ מִדְרָשׁוֹ. וּפְשׁוּטוֹ: אֲנָשִׁים הַרְבֵּה קוֹרֵא 'אִישׁ', כָּל אֶחָד לְעַצְמוֹ, בְּאַפָּם הָרְגוּ כָּל אִישׁ שֶׁכָּעֲסוּ עָלָיו, וְכֵן: "וַיִּלְמַד לִטְרָף טֶרֶף אָדָם אָכָל" (יחזקאל יט, ג): **וּבִרְצֹנָם עִקְּרוּ שׁוֹר.** רָצוּ לַעֲקֹר אֶת יוֹסֵף שֶׁנִּקְרָא שׁוֹר, שֶׁנֶּאֱמַר: "בְּכוֹר שׁוֹרוֹ הָדָר לוֹ" (דברים לג, יז). "עִקְּרוּ" אשיירטי"ר בְּלַעַז, לְשׁוֹן: "אֶת סוּסֵיהֶם תְּעַקֵּר" (יהושע יא, ו):

ז| **אָרוּר אַפָּם.** אֲפִלּוּ בִּשְׁעַת תּוֹכָחָה לֹא קִלֵּל אֶלָּא אַפָּם, וְזֶהוּ שֶׁאָמַר בִּלְעָם: "מָה אֶקֹּב לֹא קַבֹּה אֵל" (במדבר כג, ח): **אֲחַלְּקֵם בְּיַעֲקֹב.** אַפְרִידֵם זֶה מִזֶּה, שֶׁלֹּא יְהֵא לֵוִי בְּמִנְיַן הַשְּׁבָטִים, וַהֲרֵי הֵם חֲלוּקִים. דָּבָר אַחֵר, אֵין לְךָ עֲנִיִּים סוֹפְרִים וּמְלַמְּדֵי תִינוֹקוֹת אֶלָּא מִשִּׁמְעוֹן, כְּדֵי שֶׁיִּהְיוּ נְפוֹצִים, וְשִׁבְטוֹ שֶׁל לֵוִי עֲשָׂאוֹ מְחַזֵּר עַל הַגְּרָנוֹת לַתְּרוּמוֹת וְלַמַּעַשְׂרוֹת, נָתַן לוֹ תְּפוּצָתוֹ דֶּרֶךְ כָּבוֹד:

ח| **יְהוּדָה אַתָּה יוֹדוּךָ אַחֶיךָ.** לְפִי שֶׁהוֹכִיחַ אֶת הָרִאשׁוֹנִים בְּקִנְטוּרִים, הִתְחִיל יְהוּדָה נָסוֹג לַאֲחוֹרָיו, וּקְרָאוֹ יַעֲקֹב בְּדִבְרֵי רִצּוּי: לֹא אַתָּה כְּמוֹתָם: **יָדְךָ בְּעֹרֶף אֹיְבֶיךָ.** בִּימֵי דָוִד, "וְאֹיְבַי תַּתָּה לִּי עֹרֶף" (שמואל ב' כב, מא): **בְּנֵי אָבִיךָ.** עַל שֵׁם שֶׁהָיוּ מִנָּשִׁים הַרְבֵּה לֹא אָמַר 'בְּנֵי אִמֶּךָ' כְּדֶרֶךְ שֶׁאָמַר יִצְחָק (לעיל כז, כט):

ט| **גּוּר אַרְיֵה.** עַל דָּוִד נִתְנַבֵּא. בַּתְּחִלָּה "גּוּר", "בִּהְיוֹת שָׁאוּל מֶלֶךְ עָלֵינוּ אַתָּה... הַמּוֹצִיא וְהַמֵּבִי אֶת יִשְׂרָאֵל" (שמואל ב' ה, ב), וּלְבַסּוֹף "אַרְיֵה" כְּשֶׁהִמְלִיכוּהוּ עֲלֵיהֶם. וְזֶהוּ שֶׁתִּרְגֵּם אוּנְקְלוֹס: "שִׁלְטוֹן יְהֵא בְּשֵׁירוּיָא", בִּתְחִלָּתוֹ: **מִטֶּרֶף.** מִמַּה שֶּׁחֲשַׁדְתִּיךָ בְּ"טָרֹף טֹרַף יוֹסֵף", "חַיָּה רָעָה אֲכָלָתְהוּ" (לעיל לז, לג), וְזֶהוּ יְהוּדָה שֶׁנִּמְשַׁל לְאַרְיֵה – "בְּנִי עָלִיתָ", סִלַּקְתָּ אֶת עַצְמְךָ וְאָמַרְתָּ: "מַה בֶּצַע" וְגוֹ' (לעיל לז, כו), וְכֵן מֵהֲרִיגַת תָּמָר שֶׁהוֹדָה "צָדְקָה מִמֶּנִּי" (לעיל לח, כו), לְפִיכָךְ "כָּרַע רָבַץ" וְגוֹ', בִּימֵי שְׁלֹמֹה "אִישׁ תַּחַת גַּפְנוֹ" וְגוֹ' (מלכים א' ה, ה):

י| **לֹא יָסוּר שֵׁבֶט מִיהוּדָה.** מִדָּוִד וְאֵילָךְ, אֵלּוּ רָאשֵׁי גָלֻיּוֹת שֶׁבְּבָבֶל שֶׁרוֹדִים אֶת הָעָם בַּשֵּׁבֶט, שֶׁמְּמֻנִּים עַל פִּי הַמַּלְכוּת: **וּמְחֹקֵק מִבֵּין רַגְלָיו.**

עַד כִּי־יָבֹא שִׁילֹה וְלוֹ יִקְּהַת עַמִּים׃ אֹסְרִי לַגֶּפֶן יא
עִירֹה וְלַשֹּׂרֵקָה בְּנִי אֲתֹנוֹ כִּבֵּס בַּיַּיִן לְבֻשׁוֹ וּבְדַם־
עֲנָבִים סוּתֹה׃ חַכְלִילִי עֵינַיִם מִיָּיִן וּלְבֶן־שִׁנַּיִם יב
מֵחָלָב׃
זְבוּלֻן לְחוֹף יַמִּים יִשְׁכֹּן וְהוּא לְחוֹף אֳנִיֹּת וְיַרְכָתוֹ יג
עַל־צִידֹן׃
יִשָּׂשכָר חֲמֹר גָּרֶם רֹבֵץ בֵּין הַמִּשְׁפְּתָיִם׃ וַיַּרְא יד טו
מְנֻחָה כִּי טוֹב וְאֶת־הָאָרֶץ כִּי נָעֵמָה וַיֵּט שִׁכְמוֹ
לִסְבֹּל וַיְהִי לְמַס־עֹבֵד׃ דָּן יָדִין עַמּוֹ טז
כְּאַחַד שִׁבְטֵי יִשְׂרָאֵל׃ יְהִי־דָן נָחָשׁ עֲלֵי־דֶרֶךְ יז
שְׁפִיפֹן עֲלֵי־אֹרַח הַנֹּשֵׁךְ עִקְּבֵי־סוּס וַיִּפֹּל רֹכְבוֹ

תַּלְמִידִים, אֵלּוּ נְשִׂיאֵי אֶרֶץ יִשְׂרָאֵל: **עַד כִּי יָבֹא שִׁילֹה.** מֶלֶךְ הַמָּשִׁיחַ שֶׁהַמְּלוּכָה שֶׁלּוֹ. וְכֵן תִּרְגְּמוֹ אוּנְקְלוֹס. וּמִדְרַשׁ אַגָּדָה, "שִׁילֹה", שַׁי לוֹ, שֶׁנֶּאֱמַר: "יוֹבִילוּ שַׁי לַמּוֹרָא" (תהלים עו, יב): **וְלוֹ יִקְּהַת עַמִּים.** אֲסִיפַת הָעַמִּים; שֶׁהַיּוּ"ד עִקָּר הִיא בַּיְסוֹד, כְּמוֹ "יִפְעָתֵךְ" (יחזקאל כח, ז; יז), וּפְעָמִים שֶׁנּוֹפֶלֶת מִמֶּנּוּ. וְכַמָּה אוֹתִיּוֹת מְשַׁמְּשׁוֹת בְּלָשׁוֹן זֶה וְהֵם נִקְרָאִים עִקָּר נוֹפֵל, כְּגוֹן נוּ"ן שֶׁל 'נוֹגֵף' וְשֶׁל 'נוֹשֵׁךְ', וְאָלֶ"ף שֶׁבְּ"אַחֲוָתִי בְּאָזְנֵיכֶם" (איוב יג, יז) וְשֶׁבְּ"אִבְחַת חָרֶב" (יחזקאל כא, כ) "אָסוּךְ שָׁמֶן" (מלכים ב׳ ד, ב); אַף זֶה, "יִקְּהַת עַמִּים", אֲסִיפַת עַמִּים, שֶׁנֶּאֱמַר: "אֵלָיו גּוֹיִם יִדְרֹשׁוּ" (ישעיה יא, י), וְדוֹמֶה לוֹ: "עַיִן תִּלְעַג לְאָב וְתָבוּז לִיקֲּהַת אֵם" (משלי ל, יז), לְקִבּוּץ קְמָטִים שֶׁבְּפָנֶיהָ מִפְּנֵי זִקְנָתָהּ. וּבַתַּלְמוּד: "דְּיָתְבֵי וּמַקְהוּ אַקְהָתָא בְּשׁוּקֵי דִּנְהַרְדְּעָא" בְּמַסֶּכֶת יְבָמוֹת (דף קי ע״ב). וְיָכוֹל הָיָה לוֹמַר: 'קְהִיַּת עַמִּים':

יא| **אֹסְרִי לַגֶּפֶן עִירֹה.** נִתְנַבֵּא עַל אֶרֶץ יְהוּדָה שֶׁתְּהֵא מוֹשֶׁכֶת יַיִן כְּמַעְיָן, אִישׁ יְהוּדָה יֶאֱסֹר לַגֶּפֶן עַיִר אֶחָד וְיִטְעָנֶנּוּ מִגֶּפֶן אַחַת, וּמִשֹּׂרֵק אֶחָד בֶּן אָתוֹן אֶחָד: **שֹׂרֵקָה.** זְמוֹרָה אֲרֻכָּה, קורייד"א בְּלַעַז: **כִּבֵּס בַּיַּיִן.** כָּל זֶה לְשׁוֹן רִבּוּי יַיִן: **סוּתֹה.** לְשׁוֹן מִין בֶּגֶד הוּא, וְאֵין לוֹ דִּמְיוֹן בַּמִּקְרָא: **אֹסְרִי.** כְּמוֹ אוֹסֵר, דֻּגְמַת: "מְקִימִי מֵעָפָר דָּל" (תהלים קיג, ז), "הַיֹּשְׁבִי בַּשָּׁמָיִם" (שם קכג, א), וְכֵן "בְּנִי אֲתֹנוֹ" כְּעִנְיָן זֶה. וְאוּנְקְלוֹס תִּרְגֵּם בְּמֶלֶךְ הַמָּשִׁיחַ: "גֶּפֶן" הֵם יִשְׂרָאֵל, "עִירֹה" זוֹ יְרוּשָׁלַיִם, "שֹׂרֵקָה" – יִשְׂרָאֵל, "וְאָנֹכִי נְטַעְתִּיךְ שׂוֹרֵק" (ירמיה ב, כא), "בְּנִי אֲתֹנוֹ" – "יִבְנוּן הֵיכְלֵיהּ", לְשׁוֹן "שַׁעַר הָאִיתוֹן" בְּסֵפֶר יְחֶזְקֵאל (מ, טו). וְעוֹד תִּרְגְּמוֹ בְּפָנִים אֲחֵרִים: "גֶּפֶן" אֵלּוּ צַדִּיקִים, "בְּנִי אֲתֹנוֹ" – "עָבְדֵי אוֹרָיְתָא בְּאוּלְפָן", עַל שֵׁם "רֹכְבֵי אֲתֹנוֹת צְחֹרוֹת" (שופטים ה, י), "כִּבֵּס בַּיַּיִן" – "יְהֵא אַרְגְּוָן טָב לְבוּשׁוֹהִי", שֶׁצִּבְעוֹ דּוֹמֶה לְיַיִן. "וּצְבְעוֹנִין" הוּא לְשׁוֹן "סוּתֹה", שֶׁהָאִשָּׁה לוֹבַשְׁתָּן

יא עַד דְיֵיתֵי מְשִׁיחָא דְּדִילֵיהּ הִיא מַלְכוּתָא, וְלֵיהּ יִשְׁתַּמְעוּן עַמְמַיָּא: יַסְחַר יִשְׂרָאֵל לְקַרְתֵּיהּ
עַמָּא יִבְנוּן הֵיכְלֵיהּ, יְהוֹן צַדִּיקַיָּא סְחוֹר סְחוֹר לֵיהּ וְעָבְדֵי אוֹרָיְתָא בְּאֻלְפָן עִמֵּיהּ, יְהֵי
יב אַרְגְּוָן טָב לְבוּשֵׁיהּ, וּכְסוּתֵיהּ מֵילָא מֵילָא צְבַע זְהוֹרִי וְצִבְעָנִין: יִסְמְקוּן טוּרוֹהִי בְּכַרְמוֹהִי
יג יְטוּפוּן נַעֲווֹהִי בַּחֲמַר, יַחְוְרָן בִּקְעָתֵיהּ בַּעֲבוּר וּבְעֶדְרֵי עָנֵיהּ: זְבוּלוּן, עַל סְפַר יַמְמַיָּא יִשְׁרֵי,
וְהוּא יְכַבֵּישׁ מָחוֹזִין בִּסְפִינָן, וְטוּב יַמָּא יֵיכוֹל, וּתְחוּמֵיהּ יְהֵי מָטֵי עַד צִידוֹן: יִשָּׂשכָר עַתִּיר
יד טו בְּנִכְסִין, אַחְסָנְתֵיהּ בֵּין תְּחוּמַיָּא: וַחֲזָא חוּלָקָא אֲרֵי טָב, וְיָת אַרְעָא אֲרֵי מַעְבְּדָא פֵּירִין,
וִיכַבֵּישׁ מָחוֹזֵי עַמְמַיָּא וִישֵׁיצֵי יָת דָּיְרֵיהוֹן, וּדְיִשְׁתַּאֲרוּן בְּהוֹן יְהוֹן לֵיהּ פָּלְחִין וּמַסְּקֵי
טז מִסִּין: מִדְּבֵית דָּן יִתְבְּחַר וִיקוּם גַּבְרָא, בְּיוֹמוֹהִי יִתְפְּרֵיק עַמֵּיהּ, וּבִשְׁנוֹהִי יְנוּחוּן כַּחֲדָא
יז שִׁבְטַיָּא דְיִשְׂרָאֵל: יְהֵי גֻּבְרָא דְיִתְבְּחַר וִיקוּם מִדְּבֵית דָּן, אֵימְתֵיהּ תִּתְרְמֵי עַל עַמְמַיָּא
וּמַחֲתֵיהּ תִּתַּקַּף בִּפְלִשְׁתָּאֵי, כְּחִוֵי חֻרְמָן יִשְׁרֵי עַל אוֹרְחָא וּכְפִתְנָא יִכְמוֹן עַל שְׁבִילָא,
יְקַטֵּיל גִּבָּרֵי מַשְׁרְיַת פְּלִשְׁתָּאֵי פָּרָשִׁין עִם רִגְלָאִין, יְעַקַּר סוּסָוָן וּרְתִכִּין, וִימַגַּר רָכְבֵיהוֹן

וּמְסִיתָהּ בָּהֶן אֶת הַזָּכָר לִתֵּן עֵינָיו בָּהּ. וְאַף רַבּוֹתֵינוּ פֵּרְשׁוּ בַּתַּלְמוּד לְשׁוֹן הֲסָתַת שִׁכְרוּת, בְּמַסֶּכֶת כְּתֻבּוֹת (דף קיא ע״ב): וְעַל הַיַּיִן שֶׁמָּא תֹּאמַר אֵינוֹ מַרְוֶה, תַּלְמוּד לוֹמַר: "סוּתֹה":

יב] **חַכְלִילִי.** לְשׁוֹן אֹדֶם, כְּתַרְגּוּמוֹ. וְכֵן: "לְמִי חַכְלִלוּת עֵינָיִם" (משלי כג, כט), שֶׁכֵּן דֶּרֶךְ שׁוֹתֵי יַיִן עֵינֵיהֶם מַאֲדִימִין: **מֵחָלָב.** מֵרֹב חָלָב, שֶׁיְּהֵא בְּאַרְצוֹ מִרְעֶה טוֹב לְעֶדְרֵי צֹאן, וְכֵן פֵּרוּשׁ הַמִּקְרָא: אֲדֹם עֵינַיִם יְהֵא מֵרֹב יַיִן, וּלְבֶן שִׁנַּיִם יְהֵא מֵרֹב חָלָב. וּלְפִי תַרְגּוּמוֹ: "עֵינַיִם" לְשׁוֹן הָרִים, שֶׁמִּשָּׁם צוֹפִים לְמֵרָחוֹק. וְעוֹד תִּרְגְּמוֹ בְּפָנִים אֲחֵרִים, לְשׁוֹן מַעְיָנוֹת וְקִלּוּחַ הַיְקָבִים: "נַעֲווֹהִי", יְקָבִים שֶׁלּוֹ, וְלָשׁוֹן אֲרַמִּי הוּא בְּמַסֶּכֶת עֲבוֹדָה זָרָה (דף עד ע״ב): "נַעֲוָא אַרְתַּחוּ". "יַחְוְרָן בִּקְעָתֵיהּ" – תַּרְגּוּם "שִׁנַּיִם", לְשׁוֹן "שְׁנֵי הַסְּלָעִים" (שמואל א׳ יד, ד):

יג] **לְחוֹף יַמִּים.** עַל חוֹף יַמִּים תִּהְיֶה אַרְצוֹ. "חוֹף" כְּתַרְגּוּמוֹ "סְפַר", מרק״א בְּלַעַז. וְהוּא יִהְיֶה מָצוּי תָּדִיר אֵל חוֹף אֳנִיּוֹת, בִּמְקוֹם הַנָּמֵל שֶׁאֳנִיּוֹת מְבִיאוֹת שָׁם פְּרַקְמַטְיָא, שֶׁהָיָה זְבוּלוּן עוֹסֵק בִּפְרַקְמַטְיָא וּמַמְצִיא מָזוֹן לְשֵׁבֶט יִשָּׂשכָר, וְהֵם עוֹסְקִים בַּתּוֹרָה. הוּא שֶׁאָמַר מֹשֶׁה: "שְׂמַח זְבוּלֻן בְּצֵאתֶךָ וְיִשָּׂשכָר בְּאֹהָלֶיךָ" (דברים לג, יח), זְבוּלוּן יוֹצֵא בִּפְרַקְמַטְיָא וְיִשָּׂשכָר עוֹסֵק בַּתּוֹרָה בָּאֹהָלִים: **וְיַרְכָתוֹ עַל צִידֹן.** סוֹף גְּבוּלוֹ יִהְיֶה סָמוּךְ לְצִידוֹן. "וְיַרְכָתוֹ" – סוֹפוֹ, כְּמוֹ: "וּלְיַרְכְּתֵי הַמִּשְׁכָּן" (שמות כו, כב):

יד] **יִשָּׂשכָר חֲמֹר גָּרֶם.** חֲמוֹר בַּעַל עֲצָמוֹת, סוֹבֵל עֹל תּוֹרָה כַּחֲמוֹר חָזָק שֶׁמַּטְעִינִין אוֹתוֹ מַשָּׂא כָבֵד: **רֹבֵץ בֵּין הַמִּשְׁפְּתָיִם.** כַּחֲמוֹר הַמְהַלֵּךְ בַּיּוֹם וּבַלַּיְלָה וְאֵין לוֹ לִינָה בַּבַּיִת, וּכְשֶׁהוּא רוֹצֶה לָנוּחַ רוֹבֵץ בֵּין הַתְּחוּמִין, בִּתְחוּמֵי הָעֲיָרוֹת שֶׁמּוֹלִיךְ שָׁם אֲבִילוֹת שֶׁל פְּרַקְמַטְיָא:

טו] **וַיַּרְא מְנֻחָה כִּי טוֹב.** רָאָה לְחֶלְקוֹ אֶרֶץ מְבֹרֶכֶת וְטוֹבָה לְהוֹצִיא פֵּרוֹת: **וַיֵּט שִׁכְמוֹ לִסְבֹּל.** עֹל תּוֹרָה: **וַיְהִי.** לְכָל אֶחָיו יִשְׂרָאֵל "לְמַס עֹבֵד" – לְסַפֵּק לָהֶם הוֹרָאוֹת שֶׁל תּוֹרָה וְסִדְרֵי עִבּוּרִין, שֶׁנֶּאֱמַר: "וּמִבְּנֵי יִשָּׂשכָר יוֹדְעֵי בִינָה לָעִתִּים לָדַעַת מַה יַּעֲשֶׂה יִשְׂרָאֵל, רָאשֵׁיהֶם מָאתַיִם", מָאתַיִם סַנְהֶדְרָאוֹת הֶעֱמִיד, "וְכָל אֲחֵיהֶם עַל פִּיהֶם" (דברי הימים א׳ יב, לג): **וַיֵּט שִׁכְמוֹ.** הִשְׁפִּיל שִׁכְמוֹ, כְּמוֹ: "וַיֵּט שָׁמַיִם" (שמואל ב׳ כב, י), "הַטּוּ אָזְנְכֶם" (תהלים עח, א). וְאוּנְקְלוֹס תִּרְגְּמוֹ בְּפָנִים אֲחֵרִים: וַיֵּט שִׁכְמוֹ לִסְבֹּל מִלְחָמוֹת וְלִכְבֹּשׁ מְחוֹזוֹת, שֶׁהֵם יוֹשְׁבִים עַל הַסְּפָר, וַיְהִי הָאוֹיֵב כָּבוּשׁ תַּחְתָּיו לְמַס עֹבֵד:

טז] **דָּן יָדִין עַמּוֹ.** יִנְקֹם נִקְמַת עַמּוֹ מִפְּלִשְׁתִּים, כְּמוֹ: "כִּי יָדִין ה׳ עַמּוֹ" (דברים לב, לו): **כְּאַחַד שִׁבְטֵי יִשְׂרָאֵל.** כָּל יִשְׂרָאֵל יִהְיוּ כְּאֶחָד עִמּוֹ וְאֶת כֻּלָּם יָדִין, וְעַל שִׁמְשׁוֹן נִבָּא נְבוּאָה זוֹ. וְעוֹד יֵשׁ לְפָרֵשׁ, "כְּאַחַד שִׁבְטֵי יִשְׂרָאֵל", כַּמְיֻחָד שֶׁבַּשְּׁבָטִים, הוּא דָּוִד שֶׁבָּא מִיהוּדָה:

יז] **שְׁפִיפֹן.** הוּא נָחָשׁ, וְאוֹמֵר אֲנִי שֶׁקְּרוּי כֵּן עַל שֵׁם שֶׁהוּא נוֹשֵׁף, "וְאַתָּה תְּשׁוּפֶנּוּ עָקֵב" (לעיל ג, טו): **הַנֹּשֵׁךְ עִקְּבֵי סוּס.** כָּךְ דַּרְכּוֹ שֶׁל נָחָשׁ. וְדִמָּהוּ

חמישי אָחוֹר: לִישׁוּעָתְךָ קִוִּיתִי יְהוָה: גָּד גְּדוּד יח יט
יְגוּדֶנּוּ וְהוּא יָגֻד עָקֵב: מֵאָשֵׁר שְׁמֵנָה כ
לַחְמוֹ וְהוּא יִתֵּן מַעֲדַנֵּי־מֶלֶךְ: נַפְתָּלִי כא
אַיָּלָה שְׁלֻחָה הַנֹּתֵן אִמְרֵי־שָׁפֶר: בֵּן כב
פֹּרָת יוֹסֵף בֵּן פֹּרָת עֲלֵי־עָיִן בָּנוֹת צָעֲדָה עֲלֵי־
שׁוּר: וַיְמָרֲרֻהוּ וָרֹבּוּ וַיִּשְׂטְמֻהוּ בַּעֲלֵי חִצִּים: וַתֵּשֶׁב כג כד
בְּאֵיתָן קַשְׁתּוֹ וַיָּפֹזּוּ זְרֹעֵי יָדָיו מִידֵי אֲבִיר יַעֲקֹב
מִשָּׁם רֹעֶה אֶבֶן יִשְׂרָאֵל: מֵאֵל אָבִיךָ וְיַעְזְרֶךָּ וְאֵת כה
שַׁדַּי וִיבָרְכֶךָּ בִּרְכֹת שָׁמַיִם מֵעָל בִּרְכֹת תְּהוֹם

לְנָחָשׁ "הַנֹּשֵׁךְ עִקְּבֵי סוּס וַיִּפֹּל רֹכְבוֹ אָחוֹר", שֶׁלֹּא נָגַע בּוֹ, וְדֻגְמָתוֹ מָצִינוּ בְּשִׁמְשׁוֹן: "וַיִּלְפֹּת וְגוֹ' אֶת שְׁנֵי עַמּוּדֵי הַתָּוֶךְ" וְגוֹ' (שופטים טז, כט), וְשֶׁעַל הַגָּג מֵתוּ. וְאוּנְקְלוֹס תִּרְגֵּם: "כְּחִוֵי חוּרְמָן", שֵׁם מִין נָחָשׁ שֶׁאֵין רְפוּאָה לִנְשִׁיכָתוֹ וְהוּא צִפְעוֹנִי, וְקָרוּי חוּרְמָן עַל שֵׁם שֶׁעוֹשֶׂה הַכֹּל חֵרֶם, "וּכְפִתְנָא" כְּמוֹ פֶּתֶן, "יִכְמוֹן" – יֶאֱרֹב:

יח| לִישׁוּעָתְךָ קִוִּיתִי ה'. נִתְנַבֵּא שֶׁיְּנַקְּרוּ פְּלִשְׁתִּים אֶת עֵינָיו, וְסוֹפוֹ לוֹמַר: "זָכְרֵנִי נָא וְחַזְּקֵנִי נָא אַךְ הַפַּעַם" וְגוֹ' (שם טז, כח):

יט| גָּד גְּדוּד יְגוּדֶנּוּ. גְּדוּדִים יָגוּדוּ הֵימֶנּוּ, שֶׁיַּעַבְרוּ אֶת הַיַּרְדֵּן עִם אֲחֵיהֶם לַמִּלְחָמָה כָּל חָלוּץ עַד וְנִכְבְּשָׁה הָאָרֶץ (עיין במדבר פרק לב): וְהוּא יָגֻד עָקֵב. כָּל גְּדוּדָיו יָשׁוּבוּ עַל עֲקֵבָם לְנַחֲלָתָם שֶׁלָּקְחוּ בְּעֵבֶר הַיַּרְדֵּן, וְלֹא יִפָּקֵד מֵהֶם אִישׁ: עָקֵב. בְּדַרְכָּם וּבִמְסִלּוֹתָם שֶׁהָלְכוּ יָשׁוּבוּ, כְּמוֹ: "וְעִקְּבוֹתֶיךָ לֹא נֹדָעוּ" (תהלים עז, כ), וְכֵן: "בְּעִקְּבֵי הַצֹּאן" (שיר השירים א, ח), בִּלְשׁוֹן לַעַז טרא"צש:

כ| מֵאָשֵׁר שְׁמֵנָה לַחְמוֹ. מַאֲכַל הַבָּא מֵחֶלְקוֹ שֶׁל אָשֵׁר יְהֵא שָׁמֵן, שֶׁיִּהְיוּ זֵיתִים מְרֻבִּים בְּחֶלְקוֹ וְהוּא מוֹשֵׁךְ שֶׁמֶן כְּמַעְיָן. וְכֵן בֵּרְכוֹ מֹשֶׁה: "וְטֹבֵל בַּשֶּׁמֶן רַגְלוֹ" (דברים לג, כד), כְּמוֹ שֶׁשָּׁנִינוּ בִּמְנָחוֹת: פַּעַם אַחַת נִצְטָרְכוּ אַנְשֵׁי לוּדְקִיָּא לְשֶׁמֶן וְכוּ':

כא| אַיָּלָה שְׁלֻחָה. זוֹ בִּקְעַת גִּנּוֹסַר, שֶׁהִיא קַלָּה לְבַשֵּׁל פֵּרוֹתֶיהָ כְּאַיָּלָה זוֹ שֶׁהִיא קַלָּה לָרוּץ. "אַיָּלָה שְׁלֻחָה" – אַיָּלָה מְשֻׁלַּחַת לָרוּץ: הַנֹּתֵן אִמְרֵי שָׁפֶר. כְּתַרְגּוּמוֹ. דָּבָר אַחֵר, עַל מִלְחֶמֶת סִיסְרָא נִתְנַבֵּא: "וְלָקַחְתָּ עִמְּךָ עֲשֶׂרֶת אֲלָפִים אִישׁ מִבְּנֵי נַפְתָּלִי" וְגוֹ' (שופטים ד, ו) וְהָלְכוּ שָׁם בִּזְרִיזוּת. וְכֵן נֶאֱמַר שָׁם לְשׁוֹן שִׁלּוּחַ: "בָּעֵמֶק שֻׁלַּח בְּרַגְלָיו" (שם ה, טו). "הַנֹּתֵן אִמְרֵי שָׁפֶר" – עַל יָדָם שָׁרוּ דְּבוֹרָה וּבָרָק שִׁירָה. וְרַבּוֹתֵינוּ דְּרָשׁוּהוּ עַל יוֹם קְבוּרַת יַעֲקֹב, כְּשֶׁעִרְעֵר עֵשָׂו עַל הַמְּעָרָה, בְּמַסֶּכֶת סוֹטָה (דף יג ע"א). וְתַרְגּוּמוֹ: "יִתְרְמֵי עַדְבֵיהּ", יִפֹּל חֶבְלוֹ, וְהוּא יוֹדֶה עַל חֶלְקוֹ אֲמָרִים נָאִים וָשֶׁבַח:

כב| בֵּן פֹּרָת. בֶּן חֵן. וְהוּא לְשׁוֹן אֲרַמִּי: "אַפְרִין נִמְטְיֵהּ לְרַבִּי שִׁמְעוֹן" בְּסוֹף בָּבָא מְצִיעָא (דף קיט ע"א): בֵּן פֹּרָת עֲלֵי עָיִן. חִנּוֹ נָטוּי עַל הָעַיִן הָרוֹאָה

רש"י

יח יט לאחרא: לפרקנך סברית יי: דבית גד משרית מזינין, כד יעברון ית ירדנא קדם אחיהון
כ לקרבא, ובנכסין סגיאין יתובון לארעהון: דאשר טבא ארעיה, והיא מרביא תפנקי מלכין:
כא נפתלי בארע טבא יתרמי עדביה, אחסנתיה תהי מעבדא פירין, יהון מודן ומברכין
כב עליהון: ברי דיסגי יוסף ברי דיתברך, כגופן דנציב על עינא דמיא, תרין שבטין יפקון
כג מבנוהי, יקבלון חולקא ואחסנתא: ואתמררו עמיה ונקמוהי, ואעיקו ליה גברין
כד בעלי פלגותיה: ותבת בהון נביותיה, על דקיים אוריתא בסתרא ושוי תקפא רחצניה,
בכן אתרמא דהב על דרעוהי אחסין מלכותא ותקיף, דא הות ליה מן קדם אל תקיפא
כה דיעקב, דבמימריה זן אבהן ובנין זרעא דישראל: מימר אלהא דאבוך יהי בסעדך, וית
שדי ויברכנך, ברכן דנחתן מטלא דשמיא מלעילא, ברכן דנגדן ממעמקי ארעא

אותו: **בנות צעדה עלי שור.** בנות מצרים היו צועדות על החומה להסתכל ביפיו. "בנות" הרבה "צעדה" כל אחת ואחת במקום שתוכל לראותו משם. דבר אחר, "עלי שור", על ראייתו, כמו: "אשורנו ולא קרוב" (במדבר כד, יז). ומדרשי אגדה יש רבים, וזה נוטה ליישוב המקרא: **פרת.** תי"ו שבו הוא תקון הלשון, כמו: "על דברת בני האדם" (קהלת ג, יח): **שור.** כמו לשור, "עלי שור" – בשביל לשור. ותרגום של אונקלוס "בנות צעדה עלי שור" – "תרין שבטין יפקון מבנוהי" וכו', וכתב 'בנות' על שם בנות מנשה בנות צלפחד שנטלו חלק בשני עברי הירדן. "ברי דיסגי יוסף" – 'פרת' לשון פריה ורביה. ויש מדרשי אגדה המתיישבים על הלשון: בשעה שבא עשו לקראת יעקב, בכלן קדמו האמהות ללכת לפני בניהן להשתחוות, וברחל כתיב: "נגש יוסף ורחל וישתחוו" (לעיל לג, ז). אמר יוסף: הרשע הזה עינו רמה, שמא יתן עיניו באמי. יצא לפניה ושרבב קומתו לכסותה. והוא שברכו אביו: "בן פרת", הגדלת עצמך "יוסף, עלי עין" של עשו, לפיכך זכית לגדלה. "בנות צעדה עלי שור", להסתכל בך בצאתך על מצרים. ועוד דרשוהו לענין שלא ישלט בזרעו עין הרע. ואף כשברך מנשה ואפרים ברכם כדגים שאין עין הרע שולטת בהם:

כג **וימררהו ורבו.** וימררוהו אחיו, וימררוהו פוטיפר ואשתו לאסרו, לשון: "וימררו את חייהם" (שמות א, יד): **ורבו.** נעשו לו אחיו אנשי ריב. ואין הלשון הזה לשון פעלו, שאם כן היה לו לנקד 'ורבו', כמו: "המה מי מריבה אשר רבו" וגו' (במדבר כ, יג), ואף אם לשון רבית חצים הוא, כן היה לו לנקד; ואינו אלא לשון פעלו, כמו: "שמו שמים" (ירמיה ב, יב) שהוא לשון הושמו, וכן: "רומו מעט" (איוב כד, כד) שהוא לשון הורמו, אלא שלשון הורמו והושמו על ידי אחרים, ולשון שמו, רמו, רבו – מאליהם הוא, משוממים את עצמם, נתרוממו מעצמם, נעשו אנשי ריב. וכן: "דמו ישבי אי" (ישעיה כג, ב) כמו נדמו. וכן תרגם אונקלוס: "ונקמוהי": **בעלי חצים.** שלשונם כחץ, ותרגומו לשון "ותהי המחצה" (במדבר לא, לו), אותן שהיו ראויים לחלק עמו נחלה:

כד **ותשב באיתן קשתו.** נתישבה בחוזק: **קשתו.** חזקו: **ויפזו זרעי ידיו.** זו היא נתינת טבעת על ידו, לשון: "זהב מופז" (מלכים א' י, יח), זאת היתה לו מידי הקדוש ברוך הוא שהוא "אביר יעקב", ומשם עלה להיות "רעה אבן ישראל", עקרן של ישראל, לשון: "האבן הראשה" (זכריה ד, ז), לשון מלכות. ואונקלוס אף הוא כך תרגמו: "ותשב" – "ותבת בהון נביאותיה", החלומות אשר חלם להם. "על דקיים אורייתא בסתרא" – תוספת הוא ולא מלשון עברי שבמקרא. "ושוי תקפא רוחצניה" – תרגום של "באיתן קשתו". וכך לשון התרגום על העברי: ותשב נבואתו בשביל שאיתנו של הקדוש ברוך הוא היתה לו לקשת ולמבטח, "בכן אתרמא דהב" – לכך "ויפזו זרעי ידיו", לשון 'פז': **אבן ישראל.** לשון נוטריקון, אב ובן, "אבהן ובנין", יעקב ובניו:

כה **מאל אביך.** היתה לך זאת, והוא יעזרך: **ואת שדי.** ועם הקדוש ברוך הוא היה לבך כשלא

רֹבֶצֶת תָּחַת בִּרְכֹת שָׁדַיִם וָרָחַם׃ בִּרְכֹת אָבִיךָ כו
גָּבְרוּ עַל־בִּרְכֹת הוֹרַי עַד־תַּאֲוַת גִּבְעֹת עוֹלָם
תִּהְיֶיןָ לְרֹאשׁ יוֹסֵף וּלְקָדְקֹד נְזִיר אֶחָיו׃
ששי בִּנְיָמִין זְאֵב יִטְרָף בַּבֹּקֶר יֹאכַל עַד וְלָעֶרֶב יְחַלֵּק כז
שָׁלָל׃ כָּל־אֵלֶּה שִׁבְטֵי יִשְׂרָאֵל שְׁנֵים עָשָׂר וְזֹאת כח
אֲשֶׁר־דִּבֶּר לָהֶם אֲבִיהֶם וַיְבָרֶךְ אוֹתָם אִישׁ אֲשֶׁר
כְּבִרְכָתוֹ בֵּרַךְ אֹתָם׃ וַיְצַו אוֹתָם וַיֹּאמֶר אֲלֵהֶם כט
אֲנִי נֶאֱסָף אֶל־עַמִּי קִבְרוּ אֹתִי אֶל־אֲבֹתָי אֶל־
הַמְּעָרָה אֲשֶׁר בִּשְׂדֵה עֶפְרוֹן הַחִתִּי׃ בַּמְּעָרָה אֲשֶׁר ל
בִּשְׂדֵה הַמַּכְפֵּלָה אֲשֶׁר־עַל־פְּנֵי מַמְרֵא בְּאֶרֶץ
כְּנָעַן אֲשֶׁר קָנָה אַבְרָהָם אֶת־הַשָּׂדֶה מֵאֵת עֶפְרֹן
הַחִתִּי לַאֲחֻזַּת־קָבֶר׃ שָׁמָּה קָבְרוּ אֶת־אַבְרָהָם לא
וְאֵת שָׂרָה אִשְׁתּוֹ שָׁמָּה קָבְרוּ אֶת־יִצְחָק וְאֵת
רִבְקָה אִשְׁתּוֹ וְשָׁמָּה קָבַרְתִּי אֶת־לֵאָה׃ מִקְנֵה לב
הַשָּׂדֶה וְהַמְּעָרָה אֲשֶׁר־בּוֹ מֵאֵת בְּנֵי־חֵת׃ וַיְכַל לג

שָׁמַעְתָּ לְדִבְרֵי חֲדוֹנָתְךָ, וְהוּא יְבָרְכֶךָּ: **בִּרְכֹת שָׁדַיִם וָרָחַם.** "בִּרְכָתָא דַּאֲבוּךְ וּדְאִמָּךְ", כְּלוֹמַר יִתְבָּרְכוּ הַמּוֹלִידִים וְהַיּוֹלְדוֹת, שֶׁיִּהְיוּ הַזְּכָרִים מַזְרִיעִים טִפָּה הָרְאוּיָה לְהֵרָיוֹן, וְהַנְּקֵבוֹת לֹא יְשַׁכְּלוּ חֶת רֶחֶם שֶׁלָּהֶן לְהַפִּיל עֻבְּרֵיהֶן: **שָׁדַיִם.** "יָרֹה יִיָּרֶה" (שמות יט, יג) מְתַרְגְּמִינַן: "חִשְׁתְּדָחָה יִשְׁתְּדֵי", חַף שָׁדַיִם כָּחן עַל שֵׁם שֶׁהַזֶּרַע יוֹרֶה כַּחֵץ:

כו) **בִּרְכֹת אָבִיךָ גָּבְרוּ וְגוֹ'.** הַבְּרָכוֹת שֶׁבֵּרְכַנִי הַקָּדוֹשׁ בָּרוּךְ הוּא גָּבְרוּ עַל הַבְּרָכוֹת שֶׁבֵּרַךְ חֶת הוֹרַי: **עַד תַּאֲוַת גִּבְעֹת עוֹלָם.** לְפִי שֶׁהַבְּרָכוֹת שֶׁלִּי גָּבְרוּ וְהָלְכוּ עַד סוֹף גְּבוּלֵי גִּבְעוֹת עוֹלָם, שֶׁנָּתַן לִי בְּרָכָה פְּרוּצָה בְּלִי מְצָרִים מַגַּעַת עַד חַרְבַּע קְצוֹת הָעוֹלָם, שֶׁנֶּחֱמַר: "וּפָרַצְתָּ יָמָּה וָקֵדְמָה" וְגוֹ' (לעיל כח, יד), מַה שֶּׁלֹּח חָמַר לְחַבְרָהָם חָבִינוּ

כו מלרע, ברכתא דאבוך ודאמך: ברכתא דאבוך, יתוספן לך על ברכתא דלי בריכו אבהתי,
כז דחמידו להון רברביא דמן עלמא, יהוין כל אלין לרישא דיוסף, גברא פרישא דאחוהי: בנימין
בארעיה תשרי שכינתא ובאחסנתיה יתבני מקדשא, בצפרא ובפניא יהון מקרבין כהניא
כח קרבנא, ולעדן רמשא יהון מפלגין מותר חולקהון משאר קדשיא: כל אלין, שבטיא דישראל
כט תרי עסר, ודא דמליל להון אבוהון ובריך יתהון, גבר כברכתיה בריך יתהון: ופקיד יתהון,
ואמר להון אנא מתכניש לעמי, קברו יתי לות אבהתי, במערתא, דבחקל עפרון חתאה:
ל במערתא, דבחקל כפילתא, דעל אפי ממרא בארעא דכנען, דזבן אברהם ית חקלא, מן
לא עפרון חתאה לאחסנת קבורא: תמן קברו ית אברהם, וית שרה אתתיה, תמן קברו ית יצחק,
לב לג וית רבקה אתתיה, ותמן קברית ית לאה: זביני חקלא, ומערתא דביה מן בני חתאה: ושיצי

וליצחק. לאברהם אמר לו: "שא נא עיניך וראה... צפנה וגו' כי את כל הארץ אשר אתה ראה לך אתננה" (לעיל יג, יד-טו), ולא הראהו אלא ארץ ישראל בלבד. ליצחק אמר לו: "כי לך ולזרעך אתן את כל הארצת האל והקמתי את השבעה" וגו' (לעיל כו, ג). וזהו שאמר ישעיה: "והאכלתיך נחלת יעקב אביך" (ישעיה נח, יד) ולא אמר 'נחלת אברהם': הורי. לשון הריון, שהורוני במעי אמי, כמו "הרה גבר" (איוב ג, ג): תאות. אשמול"ן, כך חברו מנחם בן סרוק: עד תאות. עד קצות, כמו: "והתאויתם לכם לגבול קדמה" (במדבר לד, י), "תתאו לבא חמת" (שם פסוק ח): תהיין. כלם "לראש יוסף": נזיר אחיו. "פרישא דאחוהי", שנבדל מאחיו, כמו: "וינזרו מקדשי בני ישראל" (ויקרא כב, ב), "נזרו אחור" (ישעיה א, ד). ורבותינו דרשו "ותשב באיתן קשתו" על כבישת יצרו באשת אדניו, וקוראהו 'קשת' על שם שהזרע יורה כחץ. "ויפזו זרעי ידיו", כמו ויפוצו, שיצא הזרע מבין אצבעות ידיו. "מידי אביר יעקב", שנראתה לו דמות דיוקנו של אביו בחלון וכו', כדאיתא במסכת סוטה (דף לו ע"ב). ואונקלוס תרגם "תאות גבעת עולם" לשון תאוה וחמדה, ו'גבעות' לשון "מצקי ארץ" (שמואל א' ב, ח) שאהבתן אמו והזקיקתו לקבלם:

כז| בנימין זאב יטרף. זאב הוא אשר יטרף, נבא על שהיו עתידין להיות חטפנין, "וחטפתם לכם איש אשתו" בפילגש בגבעה (שופטים כא, כא). ונבא על שאול שהיה נוצח באויביו סביב, שנאמר: "ושאול לכד המלוכה... וילחם... במואב... ובאדום וגו' ובכל אשר יפנה ירשיע" (שמואל א' יד, מז): בבקר יאכל עד. לשון בזה ושלל המתרגם: 'עדאה'. ועוד יש לו דומה בלשון עברית: "אז חלק עד שלל" (ישעיה לג, כג), ועל שאול הוא אומר, שעמד בתחלת בקרן וזריחתן של ישראל: ולערב יחלק שלל. אף משתשקע שמשן של ישראל על ידי נבוכדנצר שיגלם לבבל, "יחלק שלל" – מרדכי ואסתר שהם מבנימין יחלקו את שלל המן, שנאמר: "הנה בית המן נתתי לאסתר" (אסתר ח, ז). ואונקלוס תרגמו על שלל הכהנים בקדשי המקדש:

כח| וזאת אשר דבר להם אביהם ויברך אותם. והלא יש מהם שלא ברכם אלא קנטרן? אלא כך פרושו: "וזאת אשר דבר להם אביהם", מה שאמור בענין. יכול שלא ברך לראובן שמעון ולוי? תלמוד לומר: "ויברך אותם", כלם במשמע: אשר כברכתו. ברכה העתידה לבא על כל אחד ואחד "ברך אתם". לא היה לו לומר אלא 'איש אשר כברכתו ברך אתו', מה תלמוד לומר: "ברך אתם"? לפי שנתן ליהודה גבורת ארי ולבנימין חטיפתו של זאב ולנפתלי קלותו של איל, יכול שלא כללן כלם בכל הברכות? תלמוד לומר: "ברך אתם":

כט| נאסף אל עמי. על שם שמכניסין הנפשות אל מקום גניזתן, שיש אסיפות בלשון עברית שהן לשון הכנסה, כגון: "ואין איש מאסף אותי הביתה" (שופטים יט, יח), "ואספתו אל תוך ביתך" (דברים כב, ב), "באספכם את תבואת הארץ" (ויקרא כג, לט) – הכנסתה לבית מפני הגשמים, "באספך את מעשיך" (שמות כג, טז), וכל אסיפה האמורה במיתה אף היא לשון הכנסה: אל אבתי. עם אבותי:

ויחי

יַעֲקֹב לְצַוֺּת אֶת־בָּנָיו וַיֶּאֱסֹף רַגְלָיו אֶל־הַמִּטָּה
וַיִּגְוַע וַיֵּאָסֶף אֶל־עַמָּיו׃ וַיִּפֹּל יוֹסֵף עַל־פְּנֵי אָבִיו א נ
וַיֵּבְךְּ עָלָיו וַיִּשַּׁק־לוֹ׃ וַיְצַו יוֹסֵף אֶת־עֲבָדָיו אֶת־ ב
הָרֹפְאִים לַחֲנֹט אֶת־אָבִיו וַיַּחַנְטוּ הָרֹפְאִים אֶת־
יִשְׂרָאֵל׃ וַיִּמְלְאוּ־לוֹ אַרְבָּעִים יוֹם כִּי כֵּן יִמְלְאוּ ג
יְמֵי הַחֲנֻטִים וַיִּבְכּוּ אֹתוֹ מִצְרַיִם שִׁבְעִים יוֹם׃
וַיַּעַבְרוּ יְמֵי בְכִיתוֹ וַיְדַבֵּר יוֹסֵף אֶל־בֵּית פַּרְעֹה ד
לֵאמֹר אִם־נָא מָצָאתִי חֵן בְּעֵינֵיכֶם דַּבְּרוּ־נָא
בְּאָזְנֵי פַרְעֹה לֵאמֹר׃ אָבִי הִשְׁבִּיעַנִי לֵאמֹר הִנֵּה ה
אָנֹכִי מֵת בְּקִבְרִי אֲשֶׁר כָּרִיתִי לִי בְּאֶרֶץ כְּנַעַן
שָׁמָּה תִּקְבְּרֵנִי וְעַתָּה אֶעֱלֶה־נָּא וְאֶקְבְּרָה אֶת־
אָבִי וְאָשׁוּבָה׃ וַיֹּאמֶר פַּרְעֹה עֲלֵה וּקְבֹר אֶת־ ו
אָבִיךָ כַּאֲשֶׁר הִשְׁבִּיעֶךָ׃ וַיַּעַל יוֹסֵף לִקְבֹּר אֶת־ ז
אָבִיו וַיַּעֲלוּ אִתּוֹ כָּל־עַבְדֵי פַרְעֹה זִקְנֵי בֵיתוֹ וְכֹל
זִקְנֵי אֶרֶץ־מִצְרָיִם׃ וְכֹל בֵּית יוֹסֵף וְאֶחָיו וּבֵית ח
אָבִיו רַק טַפָּם וְצֹאנָם וּבְקָרָם עָזְבוּ בְּאֶרֶץ גֹּשֶׁן׃
★ וַיַּעַל עִמּוֹ גַּם־רֶכֶב גַּם־פָּרָשִׁים וַיְהִי הַמַּחֲנֶה כָּבֵד ט
מְאֹד׃ וַיָּבֹאוּ עַד־גֹּרֶן הָאָטָד אֲשֶׁר בְּעֵבֶר הַיַּרְדֵּן י
וַיִּסְפְּדוּ־שָׁם מִסְפֵּד גָּדוֹל וְכָבֵד מְאֹד וַיַּעַשׂ לְאָבִיו
אֵבֶל שִׁבְעַת יָמִים׃ וַיַּרְא יוֹשֵׁב הָאָרֶץ הַכְּנַעֲנִי יא
אֶת־הָאֵבֶל בְּגֹרֶן הָאָטָד וַיֹּאמְרוּ אֵבֶל־כָּבֵד זֶה

לְמִצְרַיִם עַל־כֵּן קָרָא שְׁמָהּ אָבֵל מִצְרַיִם אֲשֶׁר
יב יג בְּעֵבֶר הַיַּרְדֵּן: וַיַּעֲשׂוּ בָנָיו לוֹ כֵּן כַּאֲשֶׁר צִוָּם: וַיִּשְׂאוּ

נ א יַעֲקֹב לְפַקָּדָא יָת בְּנוֹהִי, וּכְנַשׁ רַגְלוֹהִי לְעַרְסָא, וְאִתְנְגִיד וְאִתְכְּנֵישׁ לְעַמֵּיהּ: וּנְפַל יוֹסֵף עַל
ב אַפֵּי אֲבוּהִי, וּבְכָא עֲלוֹהִי וְנַשֵּׁיק לֵיהּ: וּפַקֵּיד יוֹסֵף יָת עַבְדּוֹהִי יָת אָסְוָתָא, לְמִחְנַט יָת אֲבוּהִי,
ג וַחֲנַטוּ אָסְוָתָא יָת יִשְׂרָאֵל: וּשְׁלִימוּ לֵיהּ אַרְבְּעִין יוֹמִין, אֲרֵי, כֵּן שָׁלְמִין יוֹמֵי חֲנִיטַיָּא, וּבְכוֹ
ד יָתֵיהּ, מִצְרָאֵי שִׁבְעִין יוֹמִין: וַעֲבַרוּ יוֹמֵי בְכִיתֵיהּ, וּמַלֵּיל יוֹסֵף, עִם בֵּית פַּרְעֹה לְמֵימַר, אִם כְּעַן
ה אַשְׁכַּחִית רַחֲמִין בְּעֵינֵיכוֹן, מַלִּילוּ כְעַן, קֳדָם פַּרְעֹה לְמֵימַר: אַבָּא קַיֵּים עֲלַי לְמֵימַר, הָא אֲנָא
מָאִית, בְּקִבְרִי, דְּאַתְקֵינִית לִי בְּאַרְעָא דִּכְנַעַן, תַּמָּן תִּקְבְּרִנַּנִי, וּכְעַן, אֶסַּק כְּעַן, וְאֶקְבַּר יָת אַבָּא
ו ז וַאֲתוּב: וַאֲמַר פַּרְעֹה, סַק, וּקְבַר יָת אֲבוּךְ כְּמָא דְקַיֵּים עֲלָךְ: וּסְלֵיק יוֹסֵף לְמִקְבַּר יָת אֲבוּהִי,
ח וּסְלִיקוּ עִמֵּיהּ, כָּל עַבְדֵי פַרְעֹה סָבֵי בֵיתֵיהּ, וְכָל סָבֵי אַרְעָא דְמִצְרָיִם: וְכָל בֵּית יוֹסֵף, וַאֲחוֹהִי
ט וּבֵית אֲבוּהִי, לְחוֹד, טַפְלְהוֹן וְעָנְהוֹן וְתוֹרֵיהוֹן, שְׁבַקוּ בְּאַרְעָא דְגֹשֶׁן: וּסְלֵיק עִמֵּיהּ, אַף רְתִכִּין
י אַף פָּרָשִׁין, וַהֲוָת מַשְׁרִיתָא סַגִּיאָה לַחֲדָא: וַאֲתוֹ עַד בֵּית אִדְּרֵי דְאָטָד, דִּבְעִבְרָא דְיַרְדְּנָא,
יא וּסְפַדוּ תַמָּן, מִסְפֵּד, רַב וְתַקִּיף לַחֲדָא, וַעֲבַד לַאֲבוּהִי, אֶבְלָא שִׁבְעָא יוֹמִין: וַחֲזָא, יָתֵיב
אֲרַע כְּנַעֲנָאָה יָת אֶבְלָא, בְּבֵית אִדְּרֵי דְאָטָד, וַאֲמַרוּ, אֵבֶל תַּקִּיף דֵּין לְמִצְרָאֵי, עַל כֵּן,
יב יג קְרָא שְׁמַהּ אָבֵל מִצְרַיִם, דִּבְעִבְרָא דְיַרְדְּנָא: וַעֲבַדוּ בְנוֹהִי לֵיהּ, כֵּן כְּמָא דְפַקֵּידִנּוּן: וּנְטַלוּ

לג| וַיֶּאֱסֹף רַגְלָיו. הִכְנִיס רַגְלָיו: וַיִּגְוַע וַיֵּאָסֶף. וּמִיתָה לֹא נֶאֶמְרָה בּוֹ, וְאָמְרוּ רַבּוֹתֵינוּ: יַעֲקֹב אָבִינוּ לֹא מֵת:

פרק נ

ב| לַחֲנֹט אֶת אָבִיו. עִנְיַן מִרְקַחַת בְּשָׂמִים הוּא:

ג| וַיִּמְלְאוּ לוֹ. הִשְׁלִימוּ לוֹ יְמֵי חֲנִיטָתוֹ עַד שֶׁמָּלְאוּ לוֹ אַרְבָּעִים יוֹם: וַיִּבְכּוּ אֹתוֹ מִצְרַיִם שִׁבְעִים יוֹם. אַרְבָּעִים לַחֲנִיטָה וּשְׁלֹשִׁים לַבֶּכִי, לְפִי שֶׁבָּאָה לָהֶם בְּרָכָה לְרַגְלוֹ, שֶׁכָּלָה הָרָעָב וְהָיוּ מֵי נִילוּס מִתְבָּרְכִין:

ה| אֲשֶׁר כָּרִיתִי לִי. כִּפְשׁוּטוֹ, כְּמוֹ: "כִּי יִכְרֶה אִישׁ" (שמות כא, לג). וּמִדְרָשׁוֹ עוֹד מִתְיַשֵּׁב עַל הַלָּשׁוֹן, כְּמוֹ אֲשֶׁר קָנִיתִי. אָמַר רַבִּי עֲקִיבָא: כְּשֶׁהָלַכְתִּי לִכְרַכֵּי הַיָּם הָיוּ קוֹרִין לִמְכִירָה 'כִּירָה'. וְעוֹד מִדְרָשׁוֹ לָשׁוֹן כְּרִי, דְּגוֹר; שֶׁנָּטַל יַעֲקֹב כָּל כֶּסֶף וְזָהָב שֶׁהֵבִיא מִבֵּית לָבָן וְעָשָׂה אוֹתוֹ כְּרִי, וְאָמַר לְעֵשָׂו: טֹל זֶה בִּשְׁבִיל חֶלְקְךָ בַּמְּעָרָה:

ו| כַּאֲשֶׁר הִשְׁבִּיעֶךָ. וְאִם לֹא בִּשְׁבִיל הַשְּׁבוּעָה לֹא הָיִיתִי מַנִּיחֲךָ. אֲבָל יָרֵא לוֹמַר: אֶעֱבֹר עַל הַשְּׁבוּעָה, שֶׁלֹּא יֹאמַר: אִם כֵּן, אֶעֱבֹר עַל הַשְּׁבוּעָה שֶׁנִּשְׁבַּעְתִּי לְךָ שֶׁלֹּא אֲגַלֶּה עַל לְשׁוֹן הַקֹּדֶשׁ שֶׁאֲנִי מַכִּיר עוֹדֵף עַל שִׁבְעִים לָשׁוֹן וְאַתָּה אֵינְךָ מַכִּיר בּוֹ, כִּדְאִיתָא בְּמַסֶּכֶת סוֹטָה (דף לו ע"ב):

י| גֹּרֶן הָאָטָד. מֻקָּף אֲטָדִין הָיָה. וְרַבּוֹתֵינוּ דָּרְשׁוּ עַל שֵׁם הַמְּאֹרָע, שֶׁבָּאוּ כָּל מַלְכֵי כְנַעַן וּנְשִׂיאֵי יִשְׁמָעֵאל לַמִּלְחָמָה, וְכֵיוָן שֶׁרָאוּ כִּתְרוֹ שֶׁל יוֹסֵף תָּלוּי בַּאֲרוֹנוֹ שֶׁל יַעֲקֹב, עָמְדוּ כֻלָּן וְתָלוּ בוֹ כִּתְרֵיהֶם, וְהִקִּיפוּהוּ כְּתָרִים כְּגֹרֶן הַמֻּקָּף סְיָג שֶׁל קוֹצִים:

יב-יג| כַּאֲשֶׁר צִוָּם. מַהוּ אֲשֶׁר צִוָּם? "וַיִּשְׂאוּ אֹתוֹ בָנָיו" וְלֹא בְּנֵי בָנָיו, שֶׁכָּךְ צִוָּם: אַל יִשְּׂאוּ מִטָּתִי לֹא אִישׁ מִצְרִי וְלֹא אֶחָד מִבְּנֵיכֶם, שֶׁהֵם מִבְּנוֹת כְּנַעַן, אֶלָּא אַתֶּם. וְקָבַע לָהֶם מָקוֹם, שְׁלֹשָׁה לַמִּזְרָח, וְכֵן לְאַרְבַּע רוּחוֹת, וּכְסִדְרָן לְמַסַּע מַחֲנֶה שֶׁל דְּגָלִים נִקְבְּעוּ כָּאן; לֵוִי לֹא יִשָּׂא, שֶׁהוּא עָתִיד

אֹתוֹ בָנָיו אַרְצָה כְּנַעַן וַיִּקְבְּרוּ אֹתוֹ בִּמְעָרַת
שְׂדֵה הַמַּכְפֵּלָה אֲשֶׁר קָנָה אַבְרָהָם אֶת־הַשָּׂדֶה
לַאֲחֻזַּת־קֶבֶר מֵאֵת עֶפְרֹן הַחִתִּי עַל־פְּנֵי מַמְרֵא׃
יד וַיָּשָׁב יוֹסֵף מִצְרַיְמָה הוּא וְאֶחָיו וְכָל־הָעֹלִים
אִתּוֹ לִקְבֹּר אֶת־אָבִיו אַחֲרֵי קָבְרוֹ אֶת־אָבִיו׃
טו וַיִּרְאוּ אֲחֵי־יוֹסֵף כִּי־מֵת אֲבִיהֶם וַיֹּאמְרוּ לוּ
יִשְׂטְמֵנוּ יוֹסֵף וְהָשֵׁב יָשִׁיב לָנוּ אֵת כָּל־הָרָעָה
טז אֲשֶׁר גָּמַלְנוּ אֹתוֹ׃ וַיְצַוּוּ אֶל־יוֹסֵף לֵאמֹר אָבִיךָ
יז צִוָּה לִפְנֵי מוֹתוֹ לֵאמֹר׃ כֹּה־תֹאמְרוּ לְיוֹסֵף
אָנָּא שָׂא נָא פֶּשַׁע אַחֶיךָ וְחַטָּאתָם כִּי־רָעָה
גְמָלוּךָ וְעַתָּה שָׂא נָא לְפֶשַׁע עַבְדֵי אֱלֹהֵי אָבִיךָ
יח וַיֵּבְךְּ יוֹסֵף בְּדַבְּרָם אֵלָיו׃ וַיֵּלְכוּ גַּם־אֶחָיו וַיִּפְּלוּ
יט לְפָנָיו וַיֹּאמְרוּ הִנֶּנּוּ לְךָ לַעֲבָדִים׃ וַיֹּאמֶר אֲלֵהֶם
כ יוֹסֵף אַל־תִּירָאוּ כִּי הֲתַחַת אֱלֹהִים אָנִי׃ וְאַתֶּם
חֲשַׁבְתֶּם עָלַי רָעָה אֱלֹהִים חֲשָׁבָהּ לְטֹבָה לְמַעַן
כא שביעי עֲשֹׂה כַּיּוֹם הַזֶּה לְהַחֲיֹת עַם־רָב׃ וְעַתָּה אַל־
תִּירָאוּ אָנֹכִי אֲכַלְכֵּל אֶתְכֶם וְאֶת־טַפְּכֶם וַיְנַחֵם
כב אוֹתָם וַיְדַבֵּר עַל־לִבָּם׃ וַיֵּשֶׁב יוֹסֵף בְּמִצְרַיִם
הוּא וּבֵית אָבִיו וַיְחִי יוֹסֵף מֵאָה וָעֶשֶׂר שָׁנִים׃
כג מפטיר וַיַּרְא יוֹסֵף לְאֶפְרַיִם בְּנֵי שִׁלֵּשִׁים גַּם בְּנֵי מָכִיר
כד * בֶּן־מְנַשֶּׁה יֻלְּדוּ עַל־בִּרְכֵּי יוֹסֵף׃ וַיֹּאמֶר יוֹסֵף

יָתֵיהּ בְּנוֹהִי לְאַרְעָא דִכְנַעַן, וּקְבַרוּ יָתֵיהּ, בִּמְעָרַת חֲקַל כָּפֵילְתָּא, דִּזְבַן אַבְרָהָם
יד יָת חַקְלָא לְאַחְסָנַת קְבוּרָא, מִן עֶפְרוֹן חִתָּאָה עַל אַפֵּי מַמְרֵא: וְתָב יוֹסֵף לְמִצְרַיִם הוּא
טו וַאֲחוֹהִי, וְכָל דִּסְלִיקוּ עִמֵּיהּ לְמִקְבַּר יָת אֲבוּהִי, בָּתַר דִּקְבַר יָת אֲבוּהִי: וַחֲזוֹ אֲחֵי יוֹסֵף
אֲרֵי מִית אֲבוּהוֹן, וַאֲמַרוּ, דִּלְמָא יִטַּר לָנָא דְבָבוּ יוֹסֵף, וְאָתָבָא יָתֵיב לָנָא, יָת כָּל בִּשְׁתָּא,
טז יז דִּגְמַלְנָא יָתֵיהּ: וּפַקִּידוּ, לְוָת יוֹסֵף לְמֵימַר, אֲבוּךְ פַּקֵּיד, קֳדָם מוֹתֵיהּ לְמֵימַר: כְּדֵין תֵּימְרוּן
לְיוֹסֵף, בְּבָעוּ, שְׁבוֹק כְּעַן, לְחוֹבֵי אֲחָךְ וְלִחְטָאֵיהוֹן אֲרֵי בִשְׁתָּא גַמְלוּךְ, וּכְעַן שְׁבוֹק כְּעַן,
יח לְחוֹבֵי עַבְדֵי אֱלָהָא דַאֲבוּךְ, וּבְכָא יוֹסֵף בְּמַלָּלוּתְהוֹן עִמֵּיהּ: וַאֲזַלוּ אַף אֲחוֹהִי, וּנְפַלוּ
יט קֳדָמוֹהִי, וַאֲמַרוּ, הָא אֲנַחְנָא לָךְ לְעַבְדִין: וַאֲמַר לְהוֹן, יוֹסֵף לָא תִדְחֲלוּן, אֲרֵי, דָחֲלָא דַיְיָ
כ אֲנָא: וְאַתּוּן, חֲשַׁבְתּוּן עֲלַי בִּישָׁא, מִן קֳדָם יְיָ אִתְחֲשֵׁיבַת לְטָבָא, בְּדִיל, לְמֶעְבַּד, כְּיוֹמָא
כא הָדֵין לְקַיָּמָא עַם סַגִּי: וּכְעַן לָא תִדְחֲלוּן, אֲנָא, אֲזוּן יָתְכוֹן וְיָת טַפְלְכוֹן, וְנַחֵים יָתְהוֹן, וּמַלֵּיל
כב תַּנְחוּמִין עַל לִבְּהוֹן: וִיתֵיב יוֹסֵף בְּמִצְרַיִם, הוּא וּבֵית אֲבוּהִי, וַחֲיָא יוֹסֵף, מְאָה וַעֲסַר שְׁנִין:
כג כד וַחֲזָא יוֹסֵף לְאֶפְרַיִם, בְּנִין תְּלִיתָאִין, אַף, בְּנֵי מָכִיר בַּר מְנַשֶּׁה, אִתְיְלִידוּ וְרַבִּי יוֹסֵף: וַאֲמַר יוֹסֵף

לָשֵׂאת אֶת הָאָרוֹן, וְיוֹסֵף לֹא יִשָּׂא, שֶׁהוּא מֶלֶךְ, מְנַשֶּׁה וְאֶפְרַיִם יִהְיוּ תַּחְתֵּיהֶם. וְזֶהוּ "אִישׁ עַל דִּגְלוֹ בְאֹתֹת" (במדבר ב, ב) – בְּאוֹת שֶׁמָּסַר לָהֶם אֲבִיהֶם לָשֵׂאת מִטָּתוֹ:

יד] **הוּא וְאֶחָיו וְכָל הָעֹלִים אִתּוֹ.** בַּחֲזָרָתָן כָּאן הִקְדִּים אֶחָיו לַמִּצְרִים הָעוֹלִים אִתּוֹ, וּבַהֲלִיכָתָן הִקְדִּים מִצְרִים לְאֶחָיו, שֶׁנֶּאֱמַר: "וַיַּעֲלוּ אִתּוֹ כָּל עַבְדֵי פַרְעֹה" וְגוֹ' וְאַחַר כָּךְ: "וְכֹל בֵּית יוֹסֵף וְאֶחָיו" (לעיל פסוק ז-ח)! אֶלָּא לְפִי שֶׁרָאוּ כָּבוֹד שֶׁעָשׂוּ מַלְכֵי כְנַעַן, שֶׁתָּלוּ כִתְרֵיהֶם בַּאֲרוֹנוֹ שֶׁל יַעֲקֹב, נָהֲגוּ בָהֶם כָּבוֹד:

טו] **וַיִּרְאוּ אֲחֵי יוֹסֵף כִּי מֵת אֲבִיהֶם.** מַהוּ "וַיִּרְאוּ"? הִכִּירוּ בְמִיתָתוֹ אֵצֶל יוֹסֵף, שֶׁהָיוּ רְגִילִים לִסְעֹד עַל שֻׁלְחָנוֹ שֶׁל יוֹסֵף וְהָיָה מְקָרְבָן בִּשְׁבִיל כְּבוֹד אָבִיו, וּמִשֶּׁמֵּת יַעֲקֹב לֹא קֵרְבָן: **לוּ יִשְׂטְמֵנוּ.** שֶׁמָּא יִשְׂטְמֵנוּ. 'לוּ' מִתְחַלֵּק לְעִנְיָנִים הַרְבֵּה: יֵשׁ 'לוּ' מְשַׁמֵּשׁ בִּלְשׁוֹן בַּקָּשָׁה וּלְשׁוֹן הַלְוַאי, כְּגוֹן: "לוּ יְהִי כִדְבָרֶךָ" (לעיל ל, לד), "לוּ שְׁמָעֵנִי" (לעיל כג, יג), "וְלוּ הוֹאַלְנוּ" (יהושע ז, ז), "לוּ מַתְנוּ" (במדבר יד, ב); וְיֵשׁ 'לוּ' מְשַׁמֵּשׁ בִּלְשׁוֹן אִם וְאוּלַי, כְּגוֹן: "לוּ חָכְמוּ" (דברים לב, כט), "לוּ הִקְשַׁבְתָּ לְמִצְוֹתָי" (ישעיה מח, יח), "וְלוּ אָנֹכִי שֹׁקֵל עַל כַּפַּי" (שמואל ב' יח, יב); וְיֵשׁ 'לוּ' מְשַׁמֵּשׁ בִּלְשׁוֹן שֶׁמָּא: "לוּ יִשְׂטְמֵנוּ" וְאֵין לוֹ עוֹד דּוֹמֶה בַּמִּקְרָא, וְהוּא לְשׁוֹן אוּלַי, כְּמוֹ: "אֻלַי לֹא תֵלֵךְ הָאִשָּׁה אַחֲרָי" (לעיל כד, לט), לְשׁוֹן שֶׁמָּא הוּא. וְיֵשׁ 'אוּלַי' לְשׁוֹן בַּקָּשָׁה, כְּגוֹן: "אוּלַי יִרְאֶה ה' בְּעֵינִי" (שמואל ב' טז, יב), "אוּלַי ה' אוֹתִי" (יהושע יד, יב), הֲרֵי הוּא כְמוֹ: "לוּ יְהִי כִדְבָרֶךָ" (לעיל ל, לד); וְיֵשׁ 'אוּלַי' לְשׁוֹן אִם: "אוּלַי יֵשׁ חֲמִשִּׁים צַדִּיקִם" (לעיל יח, כד):

טז] **וַיְצַוּוּ אֶל יוֹסֵף.** כְּמוֹ: "וַיְצַוֵּם אֶל בְּנֵי יִשְׂרָאֵל" (שמות ו, יג), צִוָּה לְמֹשֶׁה וּלְאַהֲרֹן לִהְיוֹת שְׁלוּחִים אֶל בְּנֵי יִשְׂרָאֵל, אַף זֶה, וַיְצַוּוּ אֶל שְׁלוּחָם לִהְיוֹת שָׁלִיחַ אֶל יוֹסֵף לוֹמַר לוֹ כֵּן. וְאֶת מִי צִוּוּ? אֶת בְּנֵי בִלְהָה שֶׁהָיוּ רְגִילִין אֶצְלוֹ, שֶׁנֶּאֱמַר: "וְהוּא נַעַר אֶת בְּנֵי בִלְהָה" (לעיל לז, ב): **אָבִיךָ צִוָּה.** שִׁנּוּ בַדָּבָר מִפְּנֵי הַשָּׁלוֹם, כִּי לֹא צִוָּה יַעֲקֹב כֵּן, שֶׁלֹּא נֶחְשַׁד יוֹסֵף בְּעֵינָיו:

יז] **שָׂא נָא לְפֶשַׁע עַבְדֵי אֱלֹהֵי אָבִיךָ.** אִם אָבִיךָ מֵת, אֱלֹהָיו קַיָּם וְהֵם עֲבָדָיו:

יח] **וַיֵּלְכוּ גַּם אֶחָיו.** מוּסָף עַל הַשְּׁלִיחוּת:

יט] **כִּי הֲתַחַת אֱלֹהִים אָנִי.** שֶׁמָּא בִמְקוֹמוֹ אֲנִי? בִּתְמִיָּה. אִם הָיִיתִי רוֹצֶה לְהָרַע לָכֶם, כְּלוּם אֲנִי יָכוֹל? וַהֲלֹא אַתֶּם כֻּלְּכֶם חֲשַׁבְתֶּם עָלַי רָעָה וְהַקָּדוֹשׁ בָּרוּךְ הוּא חֲשָׁבָהּ לְטוֹבָה, וְהֵיאַךְ אֲנִי לְבַדִּי יָכוֹל לְהָרַע לָכֶם?

כא] **וַיְדַבֵּר עַל לִבָּם.** דְּבָרִים הַמִּתְקַבְּלִים עַל הַלֵּב: עַד שֶׁלֹּא יְרַדְתֶּם לְכָאן הָיוּ מְרַנְּנִים עָלַי שֶׁאֲנִי עֶבֶד, וְעַל יְדֵיכֶם נוֹדַע שֶׁאֲנִי בֶּן חוֹרִין, וַאֲנִי הוֹרֵג אֶתְכֶם?! מָה הַבְּרִיּוֹת אוֹמְרוֹת? כַּת שֶׁל בַּחוּרִים רָאָה וְנִשְׁתַּבַּח בָּהֶם וְאָמַר: אַחַי הֵם, וּלְבַסּוֹף הֲרָגָם. יֵשׁ לְךָ אָח שֶׁהוֹרֵג אֶת אֶחָיו? דָּבָר אַחֵר, עֲשָׂרָה נֵרוֹת לֹא יָכְלוּ לְכַבּוֹת נֵר אֶחָד וְכוּ' (מגילה טז ע"ב):

כג] **עַל בִּרְכֵּי יוֹסֵף.** כְּתַרְגּוּמוֹ, גִּדְּלָן בֵּין בִּרְכָּיו:

אֶל־אֶחָיו אָנֹכִי מֵת וֵאלֹהִים פָּקֹד יִפְקֹד אֶתְכֶם
וְהֶעֱלָה אֶתְכֶם מִן־הָאָרֶץ הַזֹּאת אֶל־הָאָרֶץ
אֲשֶׁר נִשְׁבַּע לְאַבְרָהָם לְיִצְחָק וּלְיַעֲקֹב׃ וַיַּשְׁבַּע כה
יוֹסֵף אֶת־בְּנֵי יִשְׂרָאֵל לֵאמֹר פָּקֹד יִפְקֹד אֱלֹהִים
אֶתְכֶם וְהַעֲלִתֶם אֶת־עַצְמֹתַי מִזֶּה׃ וַיָּמָת יוֹסֵף כו

הפטרת ויחי

דוד המלך מותיר צוואה לבנו, שלמה המלך. בחלקה הראשון הוא מציין את הדבקות בתורת משה ובמצוותיה כתנאי להצלחתו כאדם וכמלך. בחלקה השני הוא מחדד את הבנתו לקראת השעה הרגישה של חילופי שלטון. יש אנשים שעלולים לנסות ולנצל את שעת הדמדומים הזאת כדי לתפוס את השלטון. מאבק דמים כזה, בניגוד לכל מה שסוכם עליו בתום המלכת שלמה, שכל המערערים מקבלים עליהם את שלטונו, עלול למוטט את מלכות ישראל. במצבים רגישים והרי גודל יש לפעול במהירות ובנחרצות כדי למנוע פגיעה בהישגים הרבים של מלכות ישראל, שהרי הייתה ממלכה גדולה וחזקה מבחינה צבאית, מדינית וכלכלית, שלטון מרכזי מוסכם ואיתן. כך היה סבור דוד המלך, והוא ראה בזה ביטוי לדבקות בערכים שהצביע עליהם בחלקה הראשון של הצוואה.

מלכים א׳ ב א וַיִּקְרְבוּ יְמֵי־דָוִד לָמוּת וַיְצַו אֶת־שְׁלֹמֹה בְנוֹ לֵאמֹר׃ אָנֹכִי הֹלֵךְ בְּדֶרֶךְ
ג כָּל־הָאָרֶץ וְחָזַקְתָּ וְהָיִיתָ לְאִישׁ׃ וְשָׁמַרְתָּ אֶת־מִשְׁמֶרֶת ׀ יהוה אֱלֹהֶיךָ
לָלֶכֶת בִּדְרָכָיו לִשְׁמֹר חֻקֹּתָיו מִצְוֹתָיו וּמִשְׁפָּטָיו וְעֵדְוֹתָיו כַּכָּתוּב בְּתוֹרַת
מֹשֶׁה לְמַעַן תַּשְׂכִּיל אֵת כָּל־אֲשֶׁר תַּעֲשֶׂה וְאֵת כָּל־אֲשֶׁר תִּפְנֶה שָׁם׃
ד לְמַעַן יָקִים יהוה אֶת־דְּבָרוֹ אֲשֶׁר דִּבֶּר עָלַי לֵאמֹר אִם־יִשְׁמְרוּ בָנֶיךָ
אֶת־דַּרְכָּם לָלֶכֶת לְפָנַי בֶּאֱמֶת בְּכָל־לְבָבָם וּבְכָל־נַפְשָׁם לֵאמֹר לֹא־
ה יִכָּרֵת לְךָ אִישׁ מֵעַל כִּסֵּא יִשְׂרָאֵל׃ וְגַם אַתָּה יָדַעְתָּ אֵת אֲשֶׁר־עָשָׂה לִי

ויחי

כו בֶּן־מֵאָה וָעֶשֶׂר שָׁנִים וַיַּחַנְטוּ אֹתוֹ וַיִּישֶׂם בָּאָרוֹן
בְּמִצְרָיִם׃ **חזק**

לַאֲחוֹהִי, אֲנָא מָאִית, וַייָ מִדְכַּר דְּכִיר יָתְכוֹן, וְיַסֵּיק יָתְכוֹן מִן אַרְעָא הָדָא, לְאַרְעָא, דְּקַיֵּים,
כה לְאַבְרָהָם לְיִצְחָק וּלְיַעֲקֹב: וְאוֹמֵי יוֹסֵף, יָת בְּנֵי יִשְׂרָאֵל לְמֵימַר, מִדְכַּר דְּכִיר יְיָ יָתְכוֹן, וְתַסְּקוּן
כו יָת גַּרְמַי מִכָּא: וּמִית יוֹסֵף, בַּר מְאָה וַעֲסַר שְׁנִין, וַחֲנַטוּ יָתֵיהּ, וְשָׁמוּהִי בַּאֲרוֹנָא בְּמִצְרָיִם:

יוֹאָב בֶּן־צְרוּיָה אֲשֶׁר עָשָׂה לִשְׁנֵי־שָׂרֵי צִבְאוֹת יִשְׂרָאֵל לְאַבְנֵר בֶּן־נֵר
וְלַעֲמָשָׂא בֶן־יֶתֶר וַיַּהַרְגֵם וַיָּשֶׂם דְּמֵי־מִלְחָמָה בְּשָׁלֹם וַיִּתֵּן דְּמֵי מִלְחָמָה
ו בַּחֲגֹרָתוֹ אֲשֶׁר בְּמָתְנָיו וּבְנַעֲלוֹ אֲשֶׁר בְּרַגְלָיו: וְעָשִׂיתָ כְּחָכְמָתֶךָ וְלֹא־
ז תוֹרֵד שֵׂיבָתוֹ בְּשָׁלֹם שְׁאֹל: וְלִבְנֵי בַרְזִלַּי הַגִּלְעָדִי תַּעֲשֶׂה־
חֶסֶד וְהָיוּ בְּאֹכְלֵי שֻׁלְחָנֶךָ כִּי־כֵן קָרְבוּ אֵלַי בְּבָרְחִי מִפְּנֵי אַבְשָׁלוֹם
ח אָחִיךָ: וְהִנֵּה עִמְּךָ שִׁמְעִי בֶן־גֵּרָא בֶן־הַיְמִינִי מִבַּחֻרִים וְהוּא קִלְלַנִי
קְלָלָה נִמְרֶצֶת בְּיוֹם לֶכְתִּי מַחֲנָיִם וְהוּא־יָרַד לִקְרָאתִי הַיַּרְדֵּן וָאֶשָּׁבַע
ט לוֹ בַיהוָה לֵאמֹר אִם־אֲמִיתְךָ בֶּחָרֶב: וְעַתָּה אַל־תְּנַקֵּהוּ כִּי אִישׁ חָכָם
אָתָּה וְיָדַעְתָּ אֵת אֲשֶׁר תַּעֲשֶׂה־לּוֹ וְהוֹרַדְתָּ אֶת־שֵׂיבָתוֹ בְּדָם שְׁאוֹל:
י יא וַיִּשְׁכַּב דָּוִד עִם־אֲבֹתָיו וַיִּקָּבֵר בְּעִיר דָּוִד: וְהַיָּמִים אֲשֶׁר מָלַךְ
דָּוִד עַל־יִשְׂרָאֵל אַרְבָּעִים שָׁנָה בְּחֶבְרוֹן מָלַךְ שֶׁבַע שָׁנִים וּבִירוּשָׁלַם
יב מָלַךְ שְׁלֹשִׁים וְשָׁלֹשׁ שָׁנִים: וּשְׁלֹמֹה יָשַׁב עַל־כִּסֵּא דָּוִד אָבִיו וַתִּכֹּן
מַלְכֻתוֹ מְאֹד:

קריאות והפטרות לשבתות מיוחדות

מפטיר לשבת ראש חודש

במדבר כח, ט–טו
וביום השבת שני־כבשים בני־שנה תמימם ושני עשרנים סלת מנחה
בלולה בשמן ונסכו: עלת שבת בשבתו על־עלת התמיד ונסכה:
ובראשי חדשיכם תקריבו עלה ליהוה פרים בני־בקר שנים ואיל אחד
כבשים בני־שנה שבעה תמימם: ושלשה עשרנים סלת מנחה בלולה
בשמן לפר האחד ושני עשרנים סלת מנחה בלולה בשמן לאיל האחד:
ועשרן עשרון סלת מנחה בלולה בשמן לכבש האחד עלה ריח ניחח
אשה ליהוה: ונסכיהם חצי ההין יהיה לפר ושלישת ההין לאיל ורביעת
ההין לכבש יין זאת עלת חדש בחדשו לחדשי השנה: ושעיר עזים
אחד לחטאת ליהוה על־עלת התמיד יעשה ונסכו:

הפטרת שבת ראש חודש

אם ר״ח חל בשבת וראשון הספרדים מוסיפים פסוק ראשון ואחרון מהפטרת ׳מחר חדש׳ בעמוד שו.

סיומה של ההפטרה, שהוא גם סיומו של ספר ישעיהו, מזכיר את החזון העתידי שלפיו כל האנושות תבוא למקדש לעבוד את ה׳. בהפטרה מובלט המתח שבין ההווה העגום לעתיד השלם. מעבר זה בין המציאות לחזון יכול להיות גם סיכום לספר ישעיהו כולו. ישעיהו ניבא בתקופת הגלות הראשונה – גלות מלכות ישראל, וגם בתקופה שבה נוצרה האפשרות לגאולה שלמה. ״בקש הקב״ה לעשות חזקיהו משיח וסנחריב גוג ומגוג״ (סנהדרין צד ע״א). אפשרות זו לא התממשה בדורם של ישעיהו וחזקיהו, כיוון שחזקיהו ״לא אמר שירה״ – ולא שיבח את ה׳ על ההצלה מידי אשור. במציאות העתידית, המתוקנת, יבוא כל בשר להשתחוות לפני ה׳, וישלים את השירה החסרה.

ישעיה סו, א–כד
כה אמר יהוה השמים כסאי והארץ הדם רגלי אי־זה בית אשר תבנו־לי
ואי־זה מקום מנוחתי: ואת־כל־אלה ידי עשתה ויהיו כל־אלה נאם־יהוה
ואל־זה אביט אל־עני ונכה־רוח וחרד על־דברי: שוחט השור מכה־
איש זובח השה ערף כלב מעלה מנחה דם־חזיר מזכיר לבנה מברך
און גם־המה בחרו בדרכיהם ובשקוציהם נפשם חפצה: גם־אני אבחר
בתעלוליהם ומגורתם אביא להם יען קראתי ואין עונה דברתי ולא שמעו
ויעשו הרע בעיני ובאשר לא־חפצתי בחרו: שמעו דבר־יהוה
החרדים אל־דברו אמרו אחיכם שנאיכם מנדיכם למען שמי יכבד יהוה
ונראה בשמחתכם והם יבשו: קול שאון מעיר קול מהיכל קול יהוה
משלם גמול לאיביו: בטרם תחיל ילדה בטרם יבוא חבל לה והמליטה
זכר: מי־שמע כזאת מי ראה כאלה היוחל ארץ ביום אחד אם־יולד גוי

פַּעַם אֶחָת כִּי־חָלָה גַּם־יָלְדָה צִיּוֹן אֶת־בָּנֶיהָ׃ הַאֲנִי אַשְׁבִּיר וְלֹא אוֹלִיד
יֹאמַר יְהוָה אִם־אֲנִי הַמּוֹלִיד וְעָצַרְתִּי אָמַר אֱלֹהָיִךְ׃ שִׂמְחוּ
אֶת־יְרוּשָׁלִַם וְגִילוּ בָהּ כָּל־אֹהֲבֶיהָ שִׂישׂוּ אִתָּהּ מָשׂוֹשׂ כָּל־הַמִּתְאַבְּלִים
עָלֶיהָ׃ לְמַעַן תִּינְקוּ וּשְׂבַעְתֶּם מִשֹּׁד תַּנְחֻמֶיהָ לְמַעַן תָּמֹצּוּ וְהִתְעַנַּגְתֶּם מִזִּיז
כְּבוֹדָהּ׃ כִּי־כֹה ׀ אָמַר יְהוָה הִנְנִי נֹטֶה־אֵלֶיהָ כְּנָהָר שָׁלוֹם וּכְנַחַל
שׁוֹטֵף כְּבוֹד גּוֹיִם וִינַקְתֶּם עַל־צַד תִּנָּשֵׂאוּ וְעַל־בִּרְכַּיִם תְּשָׁעֳשָׁעוּ׃ כְּאִישׁ
אֲשֶׁר אִמּוֹ תְּנַחֲמֶנּוּ כֵּן אָנֹכִי אֲנַחֶמְכֶם וּבִירוּשָׁלִַם תְּנֻחָמוּ׃ וּרְאִיתֶם וְשָׂשׂ
לִבְּכֶם וְעַצְמוֹתֵיכֶם כַּדֶּשֶׁא תִפְרַחְנָה וְנוֹדְעָה יַד־יְהוָה אֶת־עֲבָדָיו וְזָעַם
אֶת־אֹיְבָיו׃ כִּי־הִנֵּה יְהוָה בָּאֵשׁ יָבוֹא וְכַסּוּפָה מַרְכְּבֹתָיו לְהָשִׁיב בְּחֵמָה
אַפּוֹ וְגַעֲרָתוֹ בְּלַהֲבֵי־אֵשׁ׃ כִּי בָאֵשׁ יְהוָה נִשְׁפָּט וּבְחַרְבּוֹ אֶת־כָּל־בָּשָׂר וְרַבּוּ
אַחַת חַלְלֵי יְהוָה׃ הַמִּתְקַדְּשִׁים וְהַמִּטַּהֲרִים אֶל־הַגַּנּוֹת אַחַר אחד בַּתָּוֶךְ אֹכְלֵי
בְּשַׂר הַחֲזִיר וְהַשֶּׁקֶץ וְהָעַכְבָּר יַחְדָּו יָסֻפוּ נְאֻם־יְהוָה׃ וְאָנֹכִי מַעֲשֵׂיהֶם
וּמַחְשְׁבֹתֵיהֶם בָּאָה לְקַבֵּץ אֶת־כָּל־הַגּוֹיִם וְהַלְּשֹׁנוֹת וּבָאוּ וְרָאוּ אֶת־כְּבוֹדִי׃
וְשַׂמְתִּי בָהֶם אוֹת וְשִׁלַּחְתִּי מֵהֶם ׀ פְּלֵיטִים אֶל־הַגּוֹיִם תַּרְשִׁישׁ פּוּל וְלוּד
מֹשְׁכֵי קֶשֶׁת תֻּבַל וְיָוָן הָאִיִּים הָרְחֹקִים אֲשֶׁר לֹא־שָׁמְעוּ אֶת־שִׁמְעִי
וְלֹא־רָאוּ אֶת־כְּבוֹדִי וְהִגִּידוּ אֶת־כְּבוֹדִי בַּגּוֹיִם׃ וְהֵבִיאוּ אֶת־כָּל־אֲחֵיכֶם ׀
מִכָּל־הַגּוֹיִם ׀ מִנְחָה ׀ לַיהוָה בַּסּוּסִים וּבָרֶכֶב וּבַצַּבִּים וּבַפְּרָדִים וּבַכִּרְכָּרוֹת
עַל הַר קָדְשִׁי יְרוּשָׁלִַם אָמַר יְהוָה כַּאֲשֶׁר יָבִיאוּ בְנֵי יִשְׂרָאֵל אֶת־הַמִּנְחָה
בִּכְלִי טָהוֹר בֵּית יְהוָה׃ וְגַם־מֵהֶם אֶקַּח לַכֹּהֲנִים לַלְוִיִּם אָמַר יְהוָה׃ כִּי
כַאֲשֶׁר הַשָּׁמַיִם הַחֲדָשִׁים וְהָאָרֶץ הַחֲדָשָׁה אֲשֶׁר אֲנִי עֹשֶׂה עֹמְדִים לְפָנַי
נְאֻם־יְהוָה כֵּן יַעֲמֹד זַרְעֲכֶם וְשִׁמְכֶם׃ וְהָיָה מִדֵּי־חֹדֶשׁ בְּחָדְשׁוֹ וּמִדֵּי שַׁבָּת
בְּשַׁבַּתּוֹ יָבוֹא כָל־בָּשָׂר לְהִשְׁתַּחֲוֺת לְפָנַי אָמַר יְהוָה׃ וְיָצְאוּ וְרָאוּ בְּפִגְרֵי
הָאֲנָשִׁים הַפֹּשְׁעִים בִּי כִּי תוֹלַעְתָּם לֹא תָמוּת וְאִשָּׁם לֹא תִכְבֶּה וְהָיוּ דֵרָאוֹן
לְכָל־בָּשָׂר׃

והיה מדי־חדש בחדשו ומדי שבת בשבתו יבוא כל־בשר להשתחות לפני אמר יהוה:

הפטרת שבת ערב ראש חדש

האירוע המתואר בהפטרה נמשך ארבעה ימים: מערב ראש חודש ועד למחרת היום השני של ראש חודש. בימים אלה הגיע המתח ביחסים בין שאול המלך לדוד לשיאו. שאול כבר יודע שדוד עתיד למלוך תחתיו, והוא מנסה לפגוע בו. בצעד נחרץ החליט דוד להיעלם מפני שאול. לפני כן, הוא רצה לבדוק אם כלו כל הקִצין. אף ששאול כבר איים פעמיים על דוד בחניתו, רצה דוד להיות בטוח בהחלטתו. הוא תיאם עם יהונתן – בנו של שאול ואיש אמונו – מבדק, כיצד יגיב שאול על היעדרותו של דוד ממסיבת ראש חודש בבית המלך. תגובתו של שאול הייתה קשה. יהונתן מדווח לדוד, והם נפרדים כבני ברית פרידה נרגשת מאוד.

שמואל א׳ כ, יח-מב

ויאמר־לו יהונתן מחר חדש ונפקדת כי יפקד מושבך: ושלשת תרד
מאד ובאת אל־המקום אשר־נסתרת שם ביום המעשה וישבת אצל
האבן האזל: ואני שלשת החצים צדה אורה לשלח־לי למטרה: והנה
אשלח את־הנער לך מצא את־החצים אם־אמר אמר לנער הנה
החצים | ממך והנה קחנו ובאה כי־שלום לך ואין דבר חי־יהוה: ואם־
כה אמר לעלם הנה החצים ממך והלאה לך כי שלחך יהוה: והדבר
אשר דברנו אני ואתה הנה יהוה ביני ובינך עד־עולם: ויסתר
דוד בשדה ויהי החדש וישב המלך על־הלחם לאכול: וישב המלך אל־
על־מושבו כפעם | בפעם אל־מושב הקיר ויקם יהונתן וישב אבנר
מצד שאול ויפקד מקום דוד: ולא־דבר שאול מאומה ביום ההוא כי
אמר מקרה הוא בלתי טהור הוא כי־לא טהור: ויהי ממחרת
החדש השני ויפקד מקום דוד ויאמר שאול אל־יהונתן בנו מדוע לא־
בא בן־ישי גם־תמול גם־היום אל־הלחם: ויען יהונתן את־שאול נשאל
נשאל דוד מעמדי עד־בית לחם: ויאמר שלחני נא כי זבח משפחה
לנו בעיר והוא צוה־לי אחי ועתה אם־מצאתי חן בעיניך אמלטה נא
ואראה את־אחי על־כן לא־בא אל־שלחן המלך: ויחר־אף
שאול ביהונתן ויאמר לו בן־נעות המרדות הלוא ידעתי כי־בחר אתה
לבן־ישי לבשתך ולבשת ערות אמך: כי כל־הימים אשר בן־ישי חי
על־האדמה לא תכון אתה ומלכותך ועתה שלח וקח אתו אלי כי
בן־מות הוא: ויען יהונתן את־שאול אביו ויאמר אליו למה
יומת מה עשה: ויטל שאול את־החנית עליו להכתו וידע יהונתן כי־
כלה היא מעם אביו להמית את־דוד: ויקם יהונתן מעם
השלחן בחרי־אף ולא־אכל ביום־החדש השני לחם כי נעצב אל־דוד
כי הכלמו אביו: ויהי בבקר ויצא יהונתן השדה למועד דוד
ונער קטן עמו: ויאמר לנערו רץ מצא־נא את־החצים אשר אנכי מורה
הנער רץ והוא־ירה החצי להעברו: ויבא הנער עד־מקום החצי אשר
ירה יהונתן ויקרא יהונתן אחרי הנער ויאמר הלוא החצי ממך והלאה:

וַיִּקְרָא יְהוֹנָתָן אַחֲרֵי הַנַּעַר מְהֵרָה חוּשָׁה אַל־תַּעֲמֹד וַיְלַקֵּט נַעַר יְהוֹנָתָן
הַחִצִּים אֶת־הַחִצִּי וַיָּבֹא אֶל־אֲדֹנָיו׃ וְהַנַּעַר לֹא־יָדַע מְאוּמָה אַךְ יְהוֹנָתָן וְדָוִד יָדְעוּ
אֶת־הַדָּבָר׃ וַיִּתֵּן יְהוֹנָתָן אֶת־כֵּלָיו אֶל־הַנַּעַר אֲשֶׁר־לוֹ וַיֹּאמֶר לוֹ לֵךְ הָבֵיא
הָעִיר׃ הַנַּעַר בָּא וְדָוִד קָם מֵאֵצֶל הַנֶּגֶב וַיִּפֹּל לְאַפָּיו אַרְצָה וַיִּשְׁתַּחוּ שָׁלֹשׁ
פְּעָמִים וַיִּשְּׁקוּ ׀ אִישׁ אֶת־רֵעֵהוּ וַיִּבְכּוּ אִישׁ אֶת־רֵעֵהוּ עַד־דָּוִד הִגְדִּיל׃
וַיֹּאמֶר יְהוֹנָתָן לְדָוִד לֵךְ לְשָׁלוֹם אֲשֶׁר נִשְׁבַּעְנוּ שְׁנֵינוּ אֲנַחְנוּ בְּשֵׁם יהוה
לֵאמֹר יהוה יִהְיֶה ׀ בֵּינִי וּבֵינֶךָ וּבֵין זַרְעִי וּבֵין זַרְעֲךָ עַד־עוֹלָם׃

קריאה לחנוכה

ביום הראשון של חנוכה: למנהג הספרדים והתימנים קוראים מהמילים 'וַיְדַבֵּר ה''. למנהג האשכנזים קוראים מהמילים 'וַיְהִי בְּיוֹם כַּלּוֹת מֹשֶׁה'.

בשבת שחלה בשני עד שמיני של חנוכה קוראים את הקריאה לאותו היום כמצוין למטה. לאחר מכן קוראים את ההפטרה המתאימה, בעמ' שח–שט.

כשבשבת חנוכה חלה בראש חודש טבת מוציאים שלושה ספרי תורה. בספר הראשון קוראים לשישה עולים את פרשת 'מקץ'; בספר השני את פסוקי מוספי שבת וראש חודש (עמ' שד), אומרים חצי קדיש, וקוראים בספר השלישי את הקריאה ליום השישי לחנוכה. לאחר מכן קוראים את ההפטרה בעמ' שיא.

במדבר ו, כב–ז, יז

וַיְדַבֵּר יהוה אֶל־מֹשֶׁה לֵּאמֹר׃ דַּבֵּר אֶל־אַהֲרֹן וְאֶל־בָּנָיו לֵאמֹר
כֹּה תְבָרְכוּ אֶת־בְּנֵי יִשְׂרָאֵל אָמוֹר לָהֶם׃ יְבָרֶכְךָ יהוה
וְיִשְׁמְרֶךָ׃ יָאֵר יהוה ׀ פָּנָיו אֵלֶיךָ וִיחֻנֶּךָּ׃ יִשָּׂא יהוה ׀
פָּנָיו אֵלֶיךָ וְיָשֵׂם לְךָ שָׁלוֹם׃ וְשָׂמוּ אֶת־שְׁמִי עַל־בְּנֵי יִשְׂרָאֵל וַאֲנִי
אֲבָרְכֵם׃ וַיְהִי בְּיוֹם כַּלּוֹת מֹשֶׁה לְהָקִים אֶת־הַמִּשְׁכָּן וַיִּמְשַׁח
אֹתוֹ וַיְקַדֵּשׁ אֹתוֹ וְאֶת־כָּל־כֵּלָיו וְאֶת־הַמִּזְבֵּחַ וְאֶת־כָּל־כֵּלָיו וַיִּמְשָׁחֵם
וַיְקַדֵּשׁ אֹתָם׃ וַיַּקְרִיבוּ נְשִׂיאֵי יִשְׂרָאֵל רָאשֵׁי בֵּית אֲבֹתָם הֵם נְשִׂיאֵי הַמַּטֹּת
הֵם הָעֹמְדִים עַל־הַפְּקֻדִים׃ וַיָּבִיאוּ אֶת־קָרְבָּנָם לִפְנֵי יהוה שֵׁשׁ־עֶגְלֹת
צָב וּשְׁנֵי־עָשָׂר בָּקָר עֲגָלָה עַל־שְׁנֵי הַנְּשִׂאִים וְשׁוֹר לְאֶחָד וַיַּקְרִיבוּ אוֹתָם
לִפְנֵי הַמִּשְׁכָּן׃ וַיֹּאמֶר יהוה אֶל־מֹשֶׁה לֵּאמֹר׃ קַח מֵאִתָּם וְהָיוּ לַעֲבֹד
אֶת־עֲבֹדַת אֹהֶל מוֹעֵד וְנָתַתָּה אוֹתָם אֶל־הַלְוִיִּם אִישׁ כְּפִי עֲבֹדָתוֹ׃ וַיִּקַּח
מֹשֶׁה אֶת־הָעֲגָלֹת וְאֶת־הַבָּקָר וַיִּתֵּן אוֹתָם אֶל־הַלְוִיִּם׃ אֵת ׀ שְׁתֵּי הָעֲגָלוֹת
וְאֵת אַרְבַּעַת הַבָּקָר נָתַן לִבְנֵי גֵרְשׁוֹן כְּפִי עֲבֹדָתָם׃ וְאֵת ׀ אַרְבַּע הָעֲגָלֹת
וְאֵת שְׁמֹנַת הַבָּקָר נָתַן לִבְנֵי מְרָרִי כְּפִי עֲבֹדָתָם בְּיַד אִיתָמָר בֶּן־אַהֲרֹן
הַכֹּהֵן׃ וְלִבְנֵי קְהָת לֹא נָתָן כִּי־עֲבֹדַת הַקֹּדֶשׁ עֲלֵהֶם בַּכָּתֵף יִשָּׂאוּ׃ וַיַּקְרִיבוּ
הַנְּשִׂאִים אֵת חֲנֻכַּת הַמִּזְבֵּחַ בְּיוֹם הִמָּשַׁח אֹתוֹ וַיַּקְרִיבוּ הַנְּשִׂיאִם אֶת־
קָרְבָּנָם לִפְנֵי הַמִּזְבֵּחַ׃ וַיֹּאמֶר יהוה אֶל־מֹשֶׁה נָשִׂיא אֶחָד לַיּוֹם נָשִׂיא
אֶחָד לַיּוֹם יַקְרִיבוּ אֶת־קָרְבָּנָם לַחֲנֻכַּת הַמִּזְבֵּחַ׃ וַיְהִי הַמַּקְרִיב

בַּיּ֖וֹם הָרִאשׁ֑וֹן אֶת־קָרְבָּנ֖וֹ נַחְשׁ֥וֹן בֶּן־עַמִּֽינָדָ֖ב לְמַטֵּ֥ה יְהוּדָֽה׃ וְקָרְבָּנ֞וֹ קַעֲרַת־כֶּ֣סֶף אַחַ֗ת שְׁלֹשִׁ֣ים וּמֵאָה֮ מִשְׁקָלָהּ֒ מִזְרָ֤ק אֶחָד֙ כֶּ֔סֶף שִׁבְעִ֥ים שֶׁ֖קֶל בְּשֶׁ֣קֶל הַקֹּ֑דֶשׁ שְׁנֵיהֶ֣ם ׀ מְלֵאִ֗ים סֹ֛לֶת בְּלוּלָ֥ה בַשֶּׁ֖מֶן לְמִנְחָֽה׃ כַּ֥ף אַחַ֛ת עֲשָׂרָ֥ה זָהָ֖ב מְלֵאָ֥ה קְטֹֽרֶת׃ פַּ֣ר אֶחָ֞ד בֶּן־בָּקָ֗ר אַ֧יִל אֶחָ֛ד כֶּֽבֶשׂ־אֶחָ֥ד בֶּן־שְׁנָת֖וֹ לְעֹלָֽה׃ שְׂעִיר־עִזִּ֥ים אֶחָ֖ד לְחַטָּֽאת׃ וּלְזֶ֣בַח הַשְּׁלָמִים֮ בָּקָ֣ר שְׁנַ֒יִם֒ אֵילִ֤ם חֲמִשָּׁה֙ עַתּוּדִ֣ים חֲמִשָּׁ֔ה כְּבָשִׂ֥ים בְּנֵי־שָׁנָ֖ה חֲמִשָּׁ֑ה זֶ֛ה קָרְבַּ֥ן נַחְשׁ֖וֹן בֶּן־עַמִּינָדָֽב׃

ליום השני
במדבר
ז, יח-כג

בַּיּוֹם֙ הַשֵּׁנִ֔י הִקְרִ֖יב נְתַנְאֵ֣ל בֶּן־צוּעָ֑ר נְשִׂ֖יא יִשָּׂשכָֽר׃ הִקְרִ֤ב אֶת־קָרְבָּנוֹ֙ קַעֲרַת־כֶּ֣סֶף אַחַ֗ת שְׁלֹשִׁ֣ים וּמֵאָה֮ מִשְׁקָלָהּ֒ מִזְרָ֤ק אֶחָד֙ כֶּ֔סֶף שִׁבְעִ֥ים שֶׁ֖קֶל בְּשֶׁ֣קֶל הַקֹּ֑דֶשׁ שְׁנֵיהֶ֣ם ׀ מְלֵאִ֗ים סֹ֛לֶת בְּלוּלָ֥ה בַשֶּׁ֖מֶן לְמִנְחָֽה׃ כַּ֥ף אַחַ֛ת עֲשָׂרָ֥ה זָהָ֖ב מְלֵאָ֥ה קְטֹֽרֶת׃ פַּ֣ר אֶחָ֞ד בֶּן־בָּקָ֗ר אַ֧יִל אֶחָ֛ד כֶּֽבֶשׂ־אֶחָ֥ד בֶּן־שְׁנָת֖וֹ לְעֹלָֽה׃ שְׂעִיר־עִזִּ֥ים אֶחָ֖ד לְחַטָּֽאת׃ וּלְזֶ֣בַח הַשְּׁלָמִים֮ בָּקָ֣ר שְׁנַ֒יִם֒ אֵילִ֤ם חֲמִשָּׁה֙ עַתֻּדִ֣ים חֲמִשָּׁ֔ה כְּבָשִׂ֥ים בְּנֵי־שָׁנָ֖ה חֲמִשָּׁ֑ה זֶ֛ה קָרְבַּ֥ן נְתַנְאֵ֖ל בֶּן־צוּעָֽר׃

ליום השלישי
במדבר
ז, כד-כט

בַּיּוֹם֙ הַשְּׁלִישִׁ֔י נָשִׂ֖יא לִבְנֵ֣י זְבוּלֻ֑ן אֱלִיאָ֖ב בֶּן־חֵלֹֽן׃ קָרְבָּנ֞וֹ קַעֲרַת־כֶּ֣סֶף אַחַ֗ת שְׁלֹשִׁ֣ים וּמֵאָה֮ מִשְׁקָלָהּ֒ מִזְרָ֤ק אֶחָד֙ כֶּ֔סֶף שִׁבְעִ֥ים שֶׁ֖קֶל בְּשֶׁ֣קֶל הַקֹּ֑דֶשׁ שְׁנֵיהֶ֣ם ׀ מְלֵאִ֗ים סֹ֛לֶת בְּלוּלָ֥ה בַשֶּׁ֖מֶן לְמִנְחָֽה׃ כַּ֥ף אַחַ֛ת עֲשָׂרָ֥ה זָהָ֖ב מְלֵאָ֥ה קְטֹֽרֶת׃ פַּ֣ר אֶחָ֞ד בֶּן־בָּקָ֗ר אַ֧יִל אֶחָ֛ד כֶּֽבֶשׂ־אֶחָ֥ד בֶּן־שְׁנָת֖וֹ לְעֹלָֽה׃ שְׂעִיר־עִזִּ֥ים אֶחָ֖ד לְחַטָּֽאת׃ וּלְזֶ֣בַח הַשְּׁלָמִים֮ בָּקָ֣ר שְׁנַ֒יִם֒ אֵילִ֤ם חֲמִשָּׁה֙ עַתֻּדִ֣ים חֲמִשָּׁ֔ה כְּבָשִׂ֥ים בְּנֵי־שָׁנָ֖ה חֲמִשָּׁ֑ה זֶ֛ה קָרְבַּ֥ן אֱלִיאָ֖ב בֶּן־חֵלֹֽן׃

ליום הרביעי
במדבר
ז, ל-לה

בַּיּוֹם֙ הָרְבִיעִ֔י נָשִׂ֖יא לִבְנֵ֣י רְאוּבֵ֑ן אֱלִיצ֖וּר בֶּן־שְׁדֵיאֽוּר׃ קָרְבָּנ֞וֹ קַעֲרַת־כֶּ֣סֶף אַחַ֗ת שְׁלֹשִׁ֣ים וּמֵאָה֮ מִשְׁקָלָהּ֒ מִזְרָ֤ק אֶחָד֙ כֶּ֔סֶף שִׁבְעִ֥ים שֶׁ֖קֶל בְּשֶׁ֣קֶל הַקֹּ֑דֶשׁ שְׁנֵיהֶ֣ם ׀ מְלֵאִ֗ים סֹ֛לֶת בְּלוּלָ֥ה בַשֶּׁ֖מֶן לְמִנְחָֽה׃ כַּ֥ף אַחַ֛ת עֲשָׂרָ֥ה זָהָ֖ב מְלֵאָ֥ה קְטֹֽרֶת׃ פַּ֣ר אֶחָ֞ד בֶּן־בָּקָ֗ר אַ֧יִל אֶחָ֛ד כֶּֽבֶשׂ־אֶחָ֥ד בֶּן־שְׁנָת֖וֹ לְעֹלָֽה׃ שְׂעִיר־עִזִּ֥ים אֶחָ֖ד לְחַטָּֽאת׃ וּלְזֶ֣בַח הַשְּׁלָמִים֮ בָּקָ֣ר שְׁנַ֒יִם֒ אֵילִ֤ם חֲמִשָּׁה֙ עַתֻּדִ֣ים חֲמִשָּׁ֔ה כְּבָשִׂ֥ים בְּנֵי־שָׁנָ֖ה חֲמִשָּׁ֑ה זֶ֛ה קָרְבַּ֥ן אֱלִיצ֖וּר בֶּן־שְׁדֵיאֽוּר׃

היום החמישי של חנוכה לעולם אינו חל בשבת.

ליום השישי
במדבר
ז, מב-מז

בַּיּוֹם֙ הַשִּׁשִּׁ֔י נָשִׂ֖יא לִבְנֵ֣י גָ֑ד אֶלְיָסָ֖ף בֶּן־דְּעוּאֵֽל׃ קָרְבָּנ֞וֹ קַעֲרַת־כֶּ֣סֶף אַחַ֗ת שְׁלֹשִׁ֣ים וּמֵאָה֮ מִשְׁקָלָהּ֒ מִזְרָ֤ק אֶחָד֙ כֶּ֔סֶף שִׁבְעִ֥ים שֶׁ֖קֶל בְּשֶׁ֣קֶל הַקֹּ֑דֶשׁ שְׁנֵיהֶ֣ם ׀ מְלֵאִ֗ים סֹ֛לֶת בְּלוּלָ֥ה בַשֶּׁ֖מֶן לְמִנְחָֽה׃ כַּ֥ף אַחַ֛ת עֲשָׂרָ֥ה זָהָ֖ב מְלֵאָ֥ה קְטֹֽרֶת׃ פַּ֣ר אֶחָ֞ד בֶּן־בָּקָ֗ר אַ֧יִל אֶחָ֛ד כֶּֽבֶשׂ־אֶחָ֥ד בֶּן־שְׁנָת֖וֹ

לְעֹלָֽה׃ שְׂעִיר־עִזִּ֥ים אֶחָ֖ד לְחַטָּֽאת׃ וּלְזֶ֣בַח הַשְּׁלָמִים֮ בָּקָ֣ר שְׁנַ֒יִם֒ אֵילִ֤ם חֲמִשָּׁה֙ עַתֻּדִ֣ים חֲמִשָּׁ֔ה כְּבָשִׂ֥ים בְּנֵי־שָׁנָ֖ה חֲמִשָּׁ֑ה זֶ֛ה קָרְבַּ֥ן אֱלִיָסָ֖ף בֶּן־דְּעוּאֵֽל׃

ליום השביעי
במדבר
ז, מח-נג

בַּיּוֹם֙ הַשְּׁבִיעִ֔י נָשִׂ֖יא לִבְנֵ֣י אֶפְרָ֑יִם אֱלִישָׁמָ֖ע בֶּן־עַמִּיהֽוּד׃ קָרְבָּנ֞וֹ קַֽעֲרַת־כֶּ֣סֶף אַחַ֗ת שְׁלֹשִׁ֣ים וּמֵאָה֮ מִשְׁקָלָהּ֒ מִזְרָ֤ק אֶחָד֙ כֶּ֔סֶף שִׁבְעִ֥ים שֶׁ֖קֶל בְּשֶׁ֣קֶל הַקֹּ֑דֶשׁ שְׁנֵיהֶ֣ם ׀ מְלֵאִ֗ים סֹ֛לֶת בְּלוּלָ֥ה בַשֶּׁ֖מֶן לְמִנְחָֽה׃ כַּ֥ף אַחַ֛ת עֲשָׂרָ֥ה זָהָ֖ב מְלֵאָ֥ה קְטֹֽרֶת׃ פַּ֣ר אֶחָ֞ד בֶּן־בָּקָ֗ר אַ֧יִל אֶחָ֛ד כֶּֽבֶשׂ־אֶחָ֥ד בֶּן־שְׁנָת֖וֹ לְעֹלָֽה׃ שְׂעִיר־עִזִּ֥ים אֶחָ֖ד לְחַטָּֽאת׃ וּלְזֶ֣בַח הַשְּׁלָמִים֮ בָּקָ֣ר שְׁנַ֒יִם֒ אֵילִ֤ם חֲמִשָּׁה֙ עַתֻּדִ֣ים חֲמִשָּׁ֔ה כְּבָשִׂ֥ים בְּנֵי־שָׁנָ֖ה חֲמִשָּׁ֑ה זֶ֛ה קָרְבַּ֥ן אֱלִישָׁמָ֖ע בֶּן־עַמִּיהֽוּד׃

ביום השמיני קוראים עד ׳כֵּן עָשָׂה אֶת־הַמְּנֹרָה׳ בעמוד הבא.

ליום השמיני
במדבר
ז, נד-ח, ד

בַּיּוֹם֙ הַשְּׁמִינִ֔י נָשִׂ֖יא לִבְנֵ֣י מְנַשֶּׁ֑ה גַּמְלִיאֵ֖ל בֶּן־פְּדָהצֽוּר׃ קָרְבָּנ֞וֹ קַֽעֲרַת־כֶּ֣סֶף אַחַ֗ת שְׁלֹשִׁ֣ים וּמֵאָה֮ מִשְׁקָלָהּ֒ מִזְרָ֤ק אֶחָד֙ כֶּ֔סֶף שִׁבְעִ֥ים שֶׁ֖קֶל בְּשֶׁ֣קֶל הַקֹּ֑דֶשׁ שְׁנֵיהֶ֣ם ׀ מְלֵאִ֗ים סֹ֛לֶת בְּלוּלָ֥ה בַשֶּׁ֖מֶן לְמִנְחָֽה׃ כַּ֥ף אַחַ֛ת עֲשָׂרָ֥ה זָהָ֖ב מְלֵאָ֥ה קְטֹֽרֶת׃ פַּ֣ר אֶחָ֞ד בֶּן־בָּקָ֗ר אַ֧יִל אֶחָ֛ד כֶּֽבֶשׂ־אֶחָ֥ד בֶּן־שְׁנָת֖וֹ לְעֹלָֽה׃ שְׂעִיר־עִזִּ֥ים אֶחָ֖ד לְחַטָּֽאת׃ וּלְזֶ֣בַח הַשְּׁלָמִים֮ בָּקָ֣ר שְׁנַ֒יִם֒ אֵילִ֤ם חֲמִשָּׁה֙ עַתֻּדִ֣ים חֲמִשָּׁ֔ה כְּבָשִׂ֥ים בְּנֵי־שָׁנָ֖ה חֲמִשָּׁ֑ה זֶ֛ה קָרְבַּ֥ן גַּמְלִיאֵ֖ל בֶּן־פְּדָהצֽוּר׃

בַּיּוֹם֙ הַתְּשִׁיעִ֔י נָשִׂ֖יא לִבְנֵ֣י בִנְיָמִ֑ן אֲבִידָ֖ן בֶּן־גִּדְעֹנִֽי׃ קָרְבָּנ֞וֹ קַֽעֲרַת־כֶּ֣סֶף אַחַ֗ת שְׁלֹשִׁ֣ים וּמֵאָה֮ מִשְׁקָלָהּ֒ מִזְרָ֤ק אֶחָד֙ כֶּ֔סֶף שִׁבְעִ֥ים שֶׁ֖קֶל בְּשֶׁ֣קֶל הַקֹּ֑דֶשׁ שְׁנֵיהֶ֣ם ׀ מְלֵאִ֗ים סֹ֛לֶת בְּלוּלָ֥ה בַשֶּׁ֖מֶן לְמִנְחָֽה׃ כַּ֥ף אַחַ֛ת עֲשָׂרָ֥ה זָהָ֖ב מְלֵאָ֥ה קְטֹֽרֶת׃ פַּ֣ר אֶחָ֞ד בֶּן־בָּקָ֗ר אַ֧יִל אֶחָ֛ד כֶּֽבֶשׂ־אֶחָ֥ד בֶּן־שְׁנָת֖וֹ לְעֹלָֽה׃ שְׂעִיר־עִזִּ֥ים אֶחָ֖ד לְחַטָּֽאת׃ וּלְזֶ֣בַח הַשְּׁלָמִים֮ בָּקָ֣ר שְׁנַ֒יִם֒ אֵילִ֤ם חֲמִשָּׁה֙ עַתֻּדִ֣ים חֲמִשָּׁ֔ה כְּבָשִׂ֥ים בְּנֵי־שָׁנָ֖ה חֲמִשָּׁ֑ה זֶ֛ה קָרְבַּ֥ן אֲבִידָ֖ן בֶּן־גִּדְעֹנִֽי׃

בַּיּוֹם֙ הָֽעֲשִׂירִ֔י נָשִׂ֖יא לִבְנֵ֣י דָ֑ן אֲחִיעֶ֖זֶר בֶּן־עַמִּישַׁדָּֽי׃ קָרְבָּנ֞וֹ קַֽעֲרַת־כֶּ֣סֶף אַחַ֗ת שְׁלֹשִׁ֣ים וּמֵאָה֮ מִשְׁקָלָהּ֒ מִזְרָ֤ק אֶחָד֙ כֶּ֔סֶף שִׁבְעִ֥ים שֶׁ֖קֶל בְּשֶׁ֣קֶל הַקֹּ֑דֶשׁ שְׁנֵיהֶ֣ם ׀ מְלֵאִ֗ים סֹ֛לֶת בְּלוּלָ֥ה בַשֶּׁ֖מֶן לְמִנְחָֽה׃ כַּ֥ף אַחַ֛ת עֲשָׂרָ֥ה זָהָ֖ב מְלֵאָ֥ה קְטֹֽרֶת׃ פַּ֣ר אֶחָ֞ד בֶּן־בָּקָ֗ר אַ֧יִל אֶחָ֛ד כֶּֽבֶשׂ־אֶחָ֥ד בֶּן־שְׁנָת֖וֹ לְעֹלָֽה׃ שְׂעִיר־עִזִּ֥ים אֶחָ֖ד לְחַטָּֽאת׃ וּלְזֶ֣בַח הַשְּׁלָמִים֮ בָּקָ֣ר שְׁנַ֒יִם֒ אֵילִ֤ם חֲמִשָּׁה֙ עַתֻּדִ֣ים חֲמִשָּׁ֔ה כְּבָשִׂ֥ים בְּנֵי־שָׁנָ֖ה חֲמִשָּׁ֑ה זֶ֛ה קָרְבַּ֥ן אֲחִיעֶ֖זֶר בֶּן־עַמִּישַׁדָּֽי׃

בְּיוֹם עַשְׁתֵּי עָשָׂר יוֹם נָשִׂיא לִבְנֵי אָשֵׁר פַּגְעִיאֵל בֶּן־עָכְרָן׃ קָרְבָּנוֹ קַעֲרַת־
כֶּסֶף אַחַת שְׁלֹשִׁים וּמֵאָה מִשְׁקָלָהּ מִזְרָק אֶחָד כֶּסֶף שִׁבְעִים שֶׁקֶל בְּשֶׁקֶל
הַקֹּדֶשׁ שְׁנֵיהֶם ׀ מְלֵאִים סֹלֶת בְּלוּלָה בַשֶּׁמֶן לְמִנְחָה׃ כַּף אַחַת עֲשָׂרָה
זָהָב מְלֵאָה קְטֹרֶת׃ פַּר אֶחָד בֶּן־בָּקָר אַיִל אֶחָד כֶּבֶשׂ־אֶחָד בֶּן־שְׁנָתוֹ
לְעֹלָה׃ שְׂעִיר־עִזִּים אֶחָד לְחַטָּאת׃ וּלְזֶבַח הַשְּׁלָמִים בָּקָר שְׁנַיִם אֵילִם
חֲמִשָּׁה עַתֻּדִים חֲמִשָּׁה כְּבָשִׂים בְּנֵי־שָׁנָה חֲמִשָּׁה זֶה קָרְבַּן פַּגְעִיאֵל בֶּן־
עָכְרָן׃

בְּיוֹם שְׁנֵים עָשָׂר יוֹם נָשִׂיא לִבְנֵי נַפְתָּלִי אֲחִירַע בֶּן־עֵינָן׃ קָרְבָּנוֹ קַעֲרַת־
כֶּסֶף אַחַת שְׁלֹשִׁים וּמֵאָה מִשְׁקָלָהּ מִזְרָק אֶחָד כֶּסֶף שִׁבְעִים שֶׁקֶל בְּשֶׁקֶל
הַקֹּדֶשׁ שְׁנֵיהֶם ׀ מְלֵאִים סֹלֶת בְּלוּלָה בַשֶּׁמֶן לְמִנְחָה׃ כַּף אַחַת עֲשָׂרָה
זָהָב מְלֵאָה קְטֹרֶת׃ פַּר אֶחָד בֶּן־בָּקָר אַיִל אֶחָד כֶּבֶשׂ־אֶחָד בֶּן־שְׁנָתוֹ
לְעֹלָה׃ שְׂעִיר־עִזִּים אֶחָד לְחַטָּאת׃ וּלְזֶבַח הַשְּׁלָמִים בָּקָר שְׁנַיִם אֵילִם
חֲמִשָּׁה עַתֻּדִים חֲמִשָּׁה כְּבָשִׂים בְּנֵי־שָׁנָה חֲמִשָּׁה זֶה קָרְבַּן אֲחִירַע בֶּן־עֵינָן׃
זֹאת ׀ חֲנֻכַּת הַמִּזְבֵּחַ בְּיוֹם הִמָּשַׁח אֹתוֹ מֵאֵת נְשִׂיאֵי יִשְׂרָאֵל קַעֲרֹת כֶּסֶף
שְׁתֵּים עֶשְׂרֵה מִזְרְקֵי־כֶסֶף שְׁנֵים עָשָׂר כַּפּוֹת זָהָב שְׁתֵּים עֶשְׂרֵה׃ שְׁלֹשִׁים
וּמֵאָה הַקְּעָרָה הָאַחַת כֶּסֶף וְשִׁבְעִים הַמִּזְרָק הָאֶחָד כֹּל כֶּסֶף הַכֵּלִים אַלְפַּיִם
וְאַרְבַּע־מֵאוֹת בְּשֶׁקֶל הַקֹּדֶשׁ׃ כַּפּוֹת זָהָב שְׁתֵּים־עֶשְׂרֵה מְלֵאֹת קְטֹרֶת
עֲשָׂרָה עֲשָׂרָה הַכַּף בְּשֶׁקֶל הַקֹּדֶשׁ כָּל־זְהַב הַכַּפּוֹת עֶשְׂרִים וּמֵאָה׃ כָּל־
הַבָּקָר לָעֹלָה שְׁנֵים עָשָׂר פָּרִים אֵילִם שְׁנֵים־עָשָׂר כְּבָשִׂים בְּנֵי־שָׁנָה
שְׁנֵים עָשָׂר וּמִנְחָתָם וּשְׂעִירֵי עִזִּים שְׁנֵים עָשָׂר לְחַטָּאת׃ וְכֹל בְּקַר ׀ זֶבַח
הַשְּׁלָמִים עֶשְׂרִים וְאַרְבָּעָה פָּרִים אֵילִם שִׁשִּׁים עַתֻּדִים שִׁשִּׁים כְּבָשִׂים
בְּנֵי־שָׁנָה שִׁשִּׁים זֹאת חֲנֻכַּת הַמִּזְבֵּחַ אַחֲרֵי הִמָּשַׁח אֹתוֹ׃ וּבְבֹא מֹשֶׁה
אֶל־אֹהֶל מוֹעֵד לְדַבֵּר אִתּוֹ וַיִּשְׁמַע אֶת־הַקּוֹל מִדַּבֵּר אֵלָיו מֵעַל הַכַּפֹּרֶת
אֲשֶׁר עַל־אֲרֹן הָעֵדֻת מִבֵּין שְׁנֵי הַכְּרֻבִים וַיְדַבֵּר אֵלָיו׃

וַיְדַבֵּר יהוה אֶל־מֹשֶׁה לֵּאמֹר׃ דַּבֵּר אֶל־אַהֲרֹן וְאָמַרְתָּ אֵלָיו בְּהַעֲלֹתְךָ
אֶת־הַנֵּרֹת אֶל־מוּל פְּנֵי הַמְּנוֹרָה יָאִירוּ שִׁבְעַת הַנֵּרוֹת׃ וַיַּעַשׂ כֵּן אַהֲרֹן
אֶל־מוּל פְּנֵי הַמְּנוֹרָה הֶעֱלָה נֵרֹתֶיהָ כַּאֲשֶׁר צִוָּה יהוה אֶת־מֹשֶׁה׃ וְזֶה
מַעֲשֵׂה הַמְּנֹרָה מִקְשָׁה זָהָב עַד־יְרֵכָהּ עַד־פִּרְחָהּ מִקְשָׁה הִוא כַּמַּרְאֶה
אֲשֶׁר הֶרְאָה יהוה אֶת־מֹשֶׁה כֵּן עָשָׂה אֶת־הַמְּנֹרָה׃

הפטרת שבת ראשונה של חנוכה

הנביא זכריה, שפעל בירושלים בשנה השנייה לשלטונו של דריוש מלך פרס, מחזק את ידי שבי ציון לחדש את בניית בית המקדש השני עד לסיומו. את הבנייה, שעמדה במרכזה של הצהרת כורש, הקפיא השלטון הפרסי לאחר הנחת אבן הפינה, עקב התנגדות אויבי ישראל, שכני פחוות יהודה. ההתערבות הנמרצת של זכריה בשם ה', יצקה עוז בעשייה של שבי ציון. הנביא הציג את האתגר הגדול של גאולה שלמה העומדת בפתח, והשתמש לשם כך גם בחזון על מנורת זהב. המנורה – מקור האור, הייתה לסמל יהודי מובהק, והיא המחברת בין מנורת המשכן ומנורות מקדש שלמה למנורה של בית שני, שעל בנייתו שקדו זכריה ושבי הגולה.

רָנִּי וְשִׂמְחִי בַּת־צִיּוֹן כִּי הִנְנִי־בָא וְשָׁכַנְתִּי בְתוֹכֵךְ נְאֻם־יְהוָה: וְנִלְווּ גוֹיִם זכריה ב, יד-ד, ז
רַבִּים אֶל־יְהוָה בַּיּוֹם הַהוּא וְהָיוּ לִי לְעָם וְשָׁכַנְתִּי בְתוֹכֵךְ וְיָדַעַתְּ כִּי־
יְהוָה צְבָאוֹת שְׁלָחַנִי אֵלָיִךְ: וְנָחַל יְהוָה אֶת־יְהוּדָה חֶלְקוֹ עַל אַדְמַת
הַקֹּדֶשׁ וּבָחַר עוֹד בִּירוּשָׁלָ‍ִם: הַס כָּל־בָּשָׂר מִפְּנֵי יְהוָה כִּי נֵעוֹר מִמְּעוֹן
קָדְשׁוֹ: וַיַּרְאֵנִי אֶת־יְהוֹשֻׁעַ הַכֹּהֵן הַגָּדוֹל עֹמֵד לִפְנֵי מַלְאַךְ
יְהוָה וְהַשָּׂטָן עֹמֵד עַל־יְמִינוֹ לְשִׂטְנוֹ: וַיֹּאמֶר יְהוָה אֶל־הַשָּׂטָן יִגְעַר יְהוָה
בְּךָ הַשָּׂטָן וְיִגְעַר יְהוָה בְּךָ הַבֹּחֵר בִּירוּשָׁלָ‍ִם הֲלוֹא זֶה אוּד מֻצָּל מֵאֵשׁ:
וִיהוֹשֻׁעַ הָיָה לָבֻשׁ בְּגָדִים צוֹאִים וְעֹמֵד לִפְנֵי הַמַּלְאָךְ: וַיַּעַן וַיֹּאמֶר אֶל־
הָעֹמְדִים לְפָנָיו לֵאמֹר הָסִירוּ הַבְּגָדִים הַצֹּאִים מֵעָלָיו וַיֹּאמֶר אֵלָיו רְאֵה
הֶעֱבַרְתִּי מֵעָלֶיךָ עֲוֺנֶךָ וְהַלְבֵּשׁ אֹתְךָ מַחֲלָצוֹת: וָאֹמַר יָשִׂימוּ צָנִיף טָהוֹר
עַל־רֹאשׁוֹ וַיָּשִׂימוּ הַצָּנִיף הַטָּהוֹר עַל־רֹאשׁוֹ וַיַּלְבִּשֻׁהוּ בְּגָדִים וּמַלְאַךְ יְהוָה
עֹמֵד: וַיָּעַד מַלְאַךְ יְהוָה בִּיהוֹשֻׁעַ לֵאמֹר: כֹּה־אָמַר יְהוָה צְבָאוֹת אִם־בִּדְרָכַי
תֵּלֵךְ וְאִם אֶת־מִשְׁמַרְתִּי תִשְׁמֹר וְגַם־אַתָּה תָּדִין אֶת־בֵּיתִי וְגַם תִּשְׁמֹר אֶת־
חֲצֵרָי וְנָתַתִּי לְךָ מַהְלְכִים בֵּין הָעֹמְדִים הָאֵלֶּה: שְׁמַע־נָא יְהוֹשֻׁעַ ׀ הַכֹּהֵן
הַגָּדוֹל אַתָּה וְרֵעֶיךָ הַיֹּשְׁבִים לְפָנֶיךָ כִּי־אַנְשֵׁי מוֹפֵת הֵמָּה כִּי־הִנְנִי מֵבִיא אֶת־
עַבְדִּי צֶמַח: כִּי ׀ הִנֵּה הָאֶבֶן אֲשֶׁר נָתַתִּי לִפְנֵי יְהוֹשֻׁעַ עַל־אֶבֶן אַחַת שִׁבְעָה
עֵינָיִם הִנְנִי מְפַתֵּחַ פִּתֻּחָהּ נְאֻם יְהוָה צְבָאוֹת וּמַשְׁתִּי אֶת־עֲוֺן הָאָרֶץ־הַהִיא
בְּיוֹם אֶחָד: בַּיּוֹם הַהוּא נְאֻם יְהוָה צְבָאוֹת תִּקְרְאוּ אִישׁ לְרֵעֵהוּ אֶל־תַּחַת
גֶּפֶן וְאֶל־תַּחַת תְּאֵנָה: וַיָּשָׁב הַמַּלְאָךְ הַדֹּבֵר בִּי וַיְעִירֵנִי כְּאִישׁ
אֲשֶׁר־יֵעוֹר מִשְּׁנָתוֹ: וַיֹּאמֶר אֵלַי מָה אַתָּה רֹאֶה ויאמר רָאִיתִי וְהִנֵּה וָאֹמַר
מְנוֹרַת זָהָב כֻּלָּהּ וְגֻלָּהּ עַל־רֹאשָׁהּ וְשִׁבְעָה נֵרֹתֶיהָ עָלֶיהָ שִׁבְעָה וְשִׁבְעָה
מוּצָקוֹת לַנֵּרוֹת אֲשֶׁר עַל־רֹאשָׁהּ: וּשְׁנַיִם זֵיתִים עָלֶיהָ אֶחָד מִימִין הַגֻּלָּה
וְאֶחָד עַל־שְׂמֹאלָהּ: וָאַעַן וָאֹמַר אֶל־הַמַּלְאָךְ הַדֹּבֵר בִּי לֵאמֹר מָה־
אֵלֶּה אֲדֹנִי: וַיַּעַן הַמַּלְאָךְ הַדֹּבֵר בִּי וַיֹּאמֶר אֵלַי הֲלוֹא יָדַעְתָּ מָה־הֵמָּה
אֵלֶּה וָאֹמַר לֹא אֲדֹנִי: וַיַּעַן וַיֹּאמֶר אֵלַי לֵאמֹר זֶה דְּבַר־יְהוָה אֶל־זְרֻבָּבֶל
לֵאמֹר לֹא בְחַיִל וְלֹא בְכֹחַ כִּי אִם־בְּרוּחִי אָמַר יְהוָה צְבָאוֹת: מִי־אַתָּה

הַר־הַגָּד֛וֹל לִפְנֵ֥י זְרֻבָּבֶ֖ל לְמִישֹׁ֑ר וְהוֹצִיא֙ אֶת־הָאֶ֣בֶן הָרֹאשָׁ֔ה תְּשֻׁא֕וֹת
חֵ֥ן ׀ חֵ֖ן לָֽהּ׃

הפטרת שבת שנייה של חנוכה

הבית הראשון בימי שלמה נבנה, בשיא עוצמתה של מלכות ישראל, ממיטב חומרי הגלם ובאמצעים הטכנולוגיים המתקדמים ביותר. היה אפשר להבחין בעושר הרב גם בעשייה לכבוד ה׳. ההפטרה מתארת את פועלו של חירום – ה׳בצלאל׳ של שלמה, ומפרטת את יפי הבניין והכלים. מהכלים הנזכרים הם גם מנורות הזהב שהאירו את המבנה המפואר. מלאכת הבנייה הייתה מורכבת, ובסיומה, לאחר שבע שנים, נחנך הבית ברוב פאר והדר.

מלכים א׳ ז, מ–נ

וַיַּ֣עַשׂ חִיר֔וֹם אֶת־הַ֨כִּיֹּר֔וֹת וְאֶת־הַיָּעִ֖ים וְאֶת־הַמִּזְרָק֑וֹת וַיְכַ֣ל חִירָ֗ם לַעֲשׂוֹת֙
אֶת־כָּל־הַמְּלָאכָ֔ה אֲשֶׁ֥ר עָשָׂ֛ה לַמֶּ֥לֶךְ שְׁלֹמֹ֖ה בֵּ֥ית יְהוָֽה׃ עַמֻּדִ֣ים שְׁנַ֔יִם
וְגֻלֹּ֧ת הַכֹּתָרֹ֛ת אֲשֶׁר־עַל־רֹ֥אשׁ הָעַמֻּדִ֖ים שְׁתָּ֑יִם וְהַשְּׂבָכ֣וֹת שְׁתַּ֔יִם לְכַסּ֗וֹת
אֶת־שְׁתֵּי֙ גֻּלֹּ֣ת הַכֹּתָרֹ֔ת אֲשֶׁ֖ר עַל־רֹ֥אשׁ הָעַמּוּדִֽים׃ וְאֶת־הָרִמֹּנִ֥ים אַרְבַּ֖ע
מֵא֑וֹת לִשְׁתֵּ֖י הַשְּׂבָכ֑וֹת שְׁנֵי־טוּרִ֤ים רִמֹּנִים֙ לַשְּׂבָכָ֣ה הָאֶחָ֔ת לְכַסּ֗וֹת אֶת־
שְׁתֵּי֙ גֻּלֹּ֣ת הַכֹּתָרֹ֔ת אֲשֶׁ֖ר עַל־פְּנֵ֥י הָעַמּוּדִֽים׃ וְאֶת־הַמְּכֹנ֖וֹת עָ֑שֶׂר וְאֶת־
הַכִּיֹּרֹ֥ת עֲשָׂרָ֖ה עַל־הַמְּכֹנֽוֹת׃ וְאֶת־הַיָּ֥ם הָאֶחָ֖ד וְאֶת־הַבָּקָ֥ר שְׁנֵים־עָשָׂ֖ר
תַּ֥חַת הַיָּֽם׃ וְאֶת־הַסִּיר֤וֹת וְאֶת־הַיָּעִים֙ וְאֶת־הַמִּזְרָק֔וֹת וְאֵ֨ת כָּל־הַכֵּלִ֜ים
האהל אֲשֶׁ֨ר עָשָׂ֥ה חִירָ֛ם לַמֶּ֥לֶךְ שְׁלֹמֹ֖ה בֵּ֣ית יְהוָ֑ה נְחֹ֖שֶׁת מְמֹרָֽט׃ בְּכִכַּ֤ר הָאֵ֔לֶּה
הַיַּרְדֵּן֙ יְצָקָ֣ם הַמֶּ֔לֶךְ בְּמַעֲבֵ֖ה הָאֲדָמָ֑ה בֵּ֥ין סֻכּ֖וֹת וּבֵ֥ין צָרְתָֽן׃ וַיַּנַּ֤ח שְׁלֹמֹה֙
אֶת־כָּל־הַכֵּלִ֔ים מֵרֹ֖ב מְאֹ֣ד מְאֹ֑ד לֹ֥א נֶחְקַ֖ר מִשְׁקַ֥ל הַנְּחֹֽשֶׁת׃ וַיַּ֣עַשׂ שְׁלֹמֹ֔ה
אֵ֚ת כָּל־הַכֵּלִ֔ים אֲשֶׁ֖ר בֵּ֣ית יְהוָ֑ה אֵ֚ת מִזְבַּ֣ח הַזָּהָ֔ב וְאֶת־הַשֻּׁלְחָ֗ן אֲשֶׁ֥ר
עָלָ֛יו לֶ֥חֶם הַפָּנִ֖ים זָהָֽב׃ וְאֶת־הַ֠מְּנֹרוֹת חָמֵ֨שׁ מִיָּמִ֜ין וְחָמֵ֧שׁ מִשְּׂמֹ֛אול לִפְנֵ֥י
הַדְּבִ֖יר זָהָ֣ב סָג֑וּר וְהַפֶּ֧רַח וְהַנֵּרֹ֛ת וְהַמֶּלְקַחַ֖יִם זָהָֽב׃ וְהַסִּפּ֣וֹת וְהַֽמְזַמְּר֗וֹת
וְהַמִּזְרָק֧וֹת וְהַכַּפּ֛וֹת וְהַמַּחְתּ֖וֹת זָהָ֣ב סָג֑וּר וְהַפֹּת֞וֹת לְדַלְת֨וֹת הַבַּ֤יִת הַפְּנִימִי֙
לְקֹ֣דֶשׁ הַקֳּדָשִׁ֔ים לְדַלְתֵ֥י הַבַּ֖יִת לְהֵיכָ֑ל זָהָֽב׃

נספחים

עמ' 13: תמונה עליונה: *Joe Welker*; תמונה אמצעית: מיכאל בראנד; תמונה תחתונה: *Brenda Jones, Spanishnature, Spain*. עמ' 14: תמונה אמצעית: *W. John Hayden, University of Richmond*. עמ' 15: תמונה עליונה: מיכאל בראנד; תמונה אמצעית: יהושע לביא. עמ' 16: תמונה תחתונה: מיכאל בראנד.

הלכות קריאת התורה

תקנת קריאת התורה

1 "'וילכו שלשת ימים במדבר ולא מצאו מים' (שמות טו, כב) – דורשי רשומות אמרו: אין מים אלא תורה, שנאמר: 'הוי כל צמא לכו למים' (ישעיה נה, א), כיון שהלכו שלשת ימים בלא תורה נלאו" (בבא קמא פב ע"א). משה רבינו תיקן לישראל לקרוא בתורה בשבתות ובימים טובים, בחול המועד, בראשי חודשים ובכל שני וחמישי, כדי שיקראו בתורה לכל הפחות פעם בשלושה ימים. עזרא הסופר ובית דינו הוסיפו ותיקנו שיקראו גם במנחה של שבת, עבור מי שאינו יכול להגיע לבית הכנסת בימי שני וחמישי (רמב"ם, תפילה פי"ב ה"א).

2 "המנהג הפשוט בכל ישראל שמשלימין את התורה בשנה אחת: מתחילין בשבת שאחר חג הסוכות וקורין בסדר בראשית, בשניה 'אלה תולדות' (בראשית ו, ט), בשלישית 'ויאמר ה' אל אברם' (שם יב, א), וקוראין והולכין על הסדר הזה עד שגומרין את התורה בחג הסוכות. ויש מי שמשלים את התורה בשלש שנים ואינו מנהג פשוט" (רמב"ם, תפילה פי"ג ה"א). בספר 'החילוקים שבין אנשי מזרח ובני ארץ ישראל' מתקופת הגאונים מתואר שמנהג ארץ ישראל היה לסיים את קריאת התורה בשלוש שנים וחצי, וזה ככל הנראה מקור החלוקה לסדרים המופיעה בתנ"ך. אך בכל ישראל פשט המנהג ש"בשבתות קוראים חלק אחד מנ"ג מן התורה וזאת היא פרשה" (סידור רס"ג, שסג).

3 בכל שבת מעלים שבעה קרואים לפרשת השבוע; אך בחגים ובשבת חול המועד אין קוראים את הפרשה על פי הסדר, אלא קוראים קריאה מיוחדת לאותו היום. ישנן חמישים וארבע פרשות, כדי שיהיה אפשר לקרוא פרשה אחת בכל שבת, גם בשנים מעוברות שאין בהן אף יום טוב החל בשבת.

4 ברוב השנים אין חמישים ושלוש שבתות ששום יום טוב אינו חל בהן (הפרשה החמישים וארבע היא 'וזאת הברכה', וקוראים אותה בשמחת תורה אפילו אם חל ביום חול). משום כך בשבתות אחדות קוראים שתי פרשות. בארץ ישראל יש שישה זוגות של פרשות שקוראים לפעמים ביחד. בחו"ל נוסף זוג שביעי לרשימה בשנים שבהן יום טוב שני של שבועות חל בשבת. במניין הפרשות הכפולות התקבל מנהג צרפת, המובא במחזור ויטרי (רנו) ונפסק בטור (תכח). כאשר קוראים שתי פרשות ביחד, שלושה קרואים מהפרשה הראשונה, הרביעי את סוף הראשונה ואת תחילת השנייה, והחמישי עד השביעי מהפרשה השנייה (מג"א קלה, ב בשם מהר"ם מינץ). אם מוסיפים על הקרואים, יש להקפיד שיהיה מספר קרואים אי־זוגי, ושהאמצעי יקרא מעט מכל פרשה (א"ר רפב, ט).

הוצאת ספר התורה

5 יש הנוהגים לכבד בפתיחת הארון את מי שאשתו בחודש התשיעי להריונה ('מורה באצבע' ג, צ).

6 כשמוציאים את ספר התורה מההיכל נוהגים לנשק אותו וללוותו לתיבה (ע"פ שעה"כ, עניין קריאת הס"ת). בקהילות הספרדים יש נוהגים להוליך את ספר התורה פתוח כדי שכל האנשים והנשים יראו אותו ('אמת ליעקב', מנהגי הוצאת ס"ת ג, וראה מסכת סופרים יד, ח), וכאשר רואים את הכתב כורעים (שו"ע קלד, ב ע"פ מסכת סופרים, שם). וכן נוהגים ללוותו בחזרה להיכל (וראה כה"ח קמט, ו). בשבתות מיוחדות שבהן קוראים בשני ספרי תורה נוהגים בקהילות אשכנז ששליח הציבור לוקח את הספר הראשון אל הבימה ואדם נוסף מביא את הספר השני. כשמחזירים אותם, שליח הציבור לוקח את הספר השני ('שערי אפרים' י, מא), ומי שהביא אותו מחזיר את הראשון.

7 מנהג הספרדים וכן חלק מקהילות האשכנזים להגביה את ספר התורה קודם קריאת התורה כדי שהציבור יראה את הכתוב (שו"ע, שם וכן דעת הגר"א). ומנהג רוב קהילות אשכנז להגביה את ספר התורה אחר הקריאה בו (רמ"א קלד, ב). בשבתות מיוחדות שבהן קוראים בשני ספרי תורה, מנהג הספרדים להגביה את שניהם בתחילה, קודם הקריאה, ובקהילות אשכנז נוהגים להגביה כל ספר אחר הקריאה בו. בשעה"כ (שם) כתב, שמנהג האר"י היה לעמוד סמוך לתיבה בזמן ההגבהה כדי שיוכל לראות בבירור את האותיות, כיוון שעל ידי ההסתכלות בהן נמשך לאדם אור גדול.

דיני הקריאה

8 בימות החול ובמנחה של שבת שלושה עולים לקרוא בתורה – כוהן, לוי וישראל. בחול המועד ובראש חודש עולה ישראל נוסף, בסך הכול ארבעה; ביום טוב עולים חמישה, ביום הכיפורים שישה ובשבת שבעה (משנה, מגילה כא ע"א; וראה טור וב"י, קלה). בימות החול אין מוסיפים על מספר זה, אך בשבתות ובימים טובים יכולים להוסיף (שו"ע רפב, א; והרמ"א שם כתב, שנהגו שלא להוסיף ביום טוב), ומכל מקום מוטב שלא להוסיף הרבה משום טורח ציבור (ילק"י קלה, כו).

9 מותר להעלות קטן לתורה (מגילה כד ע"א; 'הלכות גדולות'; רמב"ם, תפילה פי"ב הי"ז, וכן דעת הגאונים ורבים מהראשונים) וכך פסק מרן (שו"ע רפב, ג). דעת כמה מהראשונים, שאין להעלותו בשלוש העליות הראשונות (הערוך והרוקח; והיחו"ד ח"ב, טו כתב לחוש לשיטה זו בימי שני וחמישי) שהן מתקנת עזרא (ראה בבא קמא פב ע"א), ויש שכתבו שיכול לעלות לעליית שביעי בלבד (תוספות, ראש השנה לג ע"א; מהר"ם מרוטנבורג, פסקים ומנהגים ח"א, קד; וכן דעת האר"י המובאת בשעה"כ, ואחריו נמשכו המקובלים); ויש נוהגים שלא להעלות קטן אלא למפטיר (מג"א רפב, ו; א"ר שם, ג). ומנהג האשכנזים כיום שאין מעלים קטן כלל.

10 נוהגים לקרוא לעולה בשמו (מובא בכנה"ג, סו); אך בהרבה מהקהילות הספרדיות מקובל שאין מזמינים את העולה לתורה בשמו, כדי שאם אינו יכול לעלות מסיבה כלשהי, יהיה רשאי שלא לעלות ('חיים שאל' יג).

11 אם אין בבית הכנסת לוי, הכוהן קורא שוב (גיטין נט ע"ב, ותוספות שם). אם אין כוהן ויש לוי, אין חובה לקרוא את הלוי לתורה; אך אם מעלים את הלוי לקרוא, יש לקוראו ראשון (שו"ע ורמ"א קלה, ו בשם רבינו ירוחם). ומכריזים "במקום כוהן" או "אף על פי שהוא לוי", כדי שלא יטעה הקהל לחשוב שהעולה ראשון כוהן הוא (טור שם).

12 עוד נוהגים להעלות חתן ביום חופתו ובשבתות שלפני נישואיו ואחריהם, בר־מצווה, מי שאשתו ילדה, יתום ביום פטירת אביו או אמו, ומי שחייב לברך הגומל (בה"ל קלו, ד"ה בשבת).

13 אף על פי שמן הדין מותר להעלות אב ובנו או שני אחים בזה אחר זה, אין עושין כן לכתחילה משום עין הרע ('מרדכי', הל' ספר תורה תתקסט בשם מהר"ם; שו"ע קמא, ו).

14 מעיקר הדין, העולה לתורה הוא הקורא בה, אך מכיוון שאין הכל בקיאים, נהגו ששליח ציבור קורא לכל העולים, אלא אם כן העולה יודע לקרוא כראוי ורוצה לקרוא בעצמו. ובקהילות אשכנז נוהגים שלעולם שליח הציבור הוא הקורא (משנ"ב קמא, ח). עולה לתורה שאינו קורא, צריך לקרוא מתוך הספר עם הקורא, ויעשה זאת בלחש (שו"ע קמא, ב ע"פ ר"ת בתוספות, בבא בתרא טו ע"א).

15 העולה לתורה עולה לבימה בדרך הקצרה ביותר (שו"ע קמא, ז בשם בעל תה"ד). פותח את ספר התורה כדי לראות היכן יקרא, ואחר כך מברך "אשר בחר בנו" וקורא (הוא או שליח הציבור). יש אומרים שצריך להקפיד שלא להסתכל בספר בשעת הברכה כדי שלא ייראה שגם הברכות כתובות בו (רמ"א קלט, ד בשם ה'כלבו'), ויש אומרים שאין צורך להקפיד בכך בברכה שקודם הקריאה (שו"ע קלט, ד ע"פ הרמב"ם, וכדעת רבי יהודה, מגילה לב ע"א), ולדעת האר"י יש לכסות את הכתב משום כבוד התורה (שעה"כ, עניין קריאת ספר התורה). לאחר הקריאה סוגר את הספר או מכסהו במטפחת ומברך "אשר נתן לנו" (שו"ע שם, ד-ה, שעה"כ שם).

16 "וצריך הקורא לאחוז בה כאלו קבלה (עכשיו) מהר סיני" ('ארחות חיים', שני וחמישי יט). בשעת הברכה יש לאחוז בספר התורה, אולם אין לגעת ביריעות אלא באמצעות מטפחת (שו"ע קמז, א; שעה"כ, עניין קריאת ספר התורה ע"פ הגמרא במגילה לב ע"א), ומנהג בני אשכנז לאחוז בעמוד (המכונה 'עץ חיים').

17 אם הברכה נאמרה על פרשה שאינה נכונה, צריך לשוב ולברך. אך אם המקום הנכון לקריאה היה פתוח בשעת הברכה, אין צורך לשוב ולברך (ט"ז קמ, ד).

18 הקורא בתורה עומד (מגילה כא ע"א). עולה לתורה שאינו קורא, צריך לעמוד אף הוא ('מרדכי', הל' ספר תורה תתקסח). הקהל אינו מחויב לעמוד (שו"ע קמו, ד), ויש שהורו שראוי לעמוד (שו"ת הרמ"ע מפאנו, צא; א"ר שם; והכנה"ג שם כתב, שכך היה מנהגם של הרד"ך ומהרימ"ט); ומנהג האר"י היה לשבת (מובא בשעה"כ, עניין קריאת ספר התורה).

19 בכל עלייה לתורה קוראים שלושה פסוקים לפחות (מגילה כא ע"ב), ובסך הכל יש לקרוא עשרה פסוקים לפחות (שם) – פרט לפורים, שקוראים בו רק תשעה פסוקים, מכיוון שיש בהם כל מעשה מלחמת עמלק והמצווה למחות את זכרו (תוספות שם). ההפסקות בקריאה צריכות להתאים במידת האפשר לפרשיות פתוחות או סתומות בתורה (ראה מג"א, פתיחה לסימן רפב בשם הזוהר), ונוהגים להפסיק כאשר עניין מסתיים, אף אם אין במקום הפסק פרשה (רמ"א קלח, א בשם תה"ד). פותחים בדבר טוב ומסיימים בדבר טוב (רמב"ם תפילה יג, ה). ומכל מקום אין להפסיק בפחות משלושה פסוקים מהפרשה הקרובה (מגילה כא ע"ב).

טעות בקריאה

20 "קרא וטעה אפילו בדקדוק אות אחת מחזירין אותו" (רמב"ם תפלה פי"ב, ה"ו; שו"ע קמב, א), וכך מנהג הספרדים. ומנהג אשכנז כדברי הרמ"א (שם), שדווקא אם טעה הקורא טעות המשנה את משמעות הפסוק (בין שקרא מילה שונה, בין ששינה את הניקוד, ולעתים אף את ההטעמה), צריך לחזור למקום שנפלה בו הטעות ולקרוא משם (משנ"ב קמב, ד). ואם הטעות אינה משנה את המשמעות "טוב שלא להגיה עליו על שגגותיו ברבים שלא להלבין פניו, דאף על פי שטעה בה יצא ידי קריאה" (טור קמב בשם המנהיג).

21 אם נזכר שם שמים בפסוק שטעה בו, יש שכתבו שעליו לסיים את הפסוק ולחזור ולקראו מתחילתו; אך אם ישנו עוד שם בהמשך הפסוק, יעצור במקום שנודע לו שטעה, ויחזור לקרוא מתחילת הפסוק ('ציץ אליעזר' חי"ב, מ, ג).

ספר תורה שנמצאה בו טעות

22 אם נמצאה בספר התורה טעות, יש להפסיק את הקריאה בו ולהמשיך לקרוא בספר אחר ממקום שהפסיקו בו. למנהג הספרדים ספר התורה הפסול נשאר סגור על התיבה עד סיום הקריאה (ילק"י קמג, י ע"פ שולחן גבוה יו"ד רעט, ד), אך האשכנזים נוהגים להחזירו בעת שמוציאים את הספר האחר. אין צורך לחזור ולברך את הברכה הראשונה (שו"ע קמג, ד ע"פ מהר"י בירב). ויש אומרים שיקרא לכל הפחות שלושה פסוקים בספר הכשר אפילו אם לשם כך עליו לחזור על הפסוקים שקרא (ילק"י קלח, ד).

23 יש שפסקו, שאם אפשר לחלק את המשך הפרשה לשבע עליות (או למספר העולים באותו יום, כאמור בהלכה ח), עדיף לעשות כך (משנ"ב שם, טז).

24 טעויות מצויות שבגינן יש להוציא ספר תורה אחר (ראה שו"ע או"ח לב וכן לו; יו"ד רעד):

א. אות חסרה או אות יתרה, ולמנהג האשכנזים דווקא כשהדבר ניכר בקריאה.

ב. אם נכתב קרי במקום כתיב.

ג. שינוי במראה האות, כגון רי"ש שנראית כדל"ת.

ד. אותיות שניטשטשו עד שאין רישומן ניכר.

ה. דיבוק בין שתי אותיות – למנהג האשכנזים דיבוק מלא שמשנה את האות, או דיבוק שנעשה בתחילת כתיבת האות אף שאינו דיבוק מלא – פוסלים; דיבוק קל שנעשה בסוף הכתיבה – אם אין אפשרות לתקן במקום (למשל, בשבת) יש להקל. למנהג הספרדים – מחליפים ספר תורה על כל דיבוק קל. לכל הדעות בספק דיבוק יש להכשיר.

ו. דיבוק קל בתוך האות, כגון: יו"די האל"ף, השי"ן, העי"ן והצדי"ק למנהג הספרדים, ולמנהג האשכנזים דווקא כשנדבקו במלואם.

ז. פירוד ניכר, ולמנהג הספרדים אף פירוד דק כחוט השערה.

ח. אם יו"די האל"ף, השי"ן, העי"ן והצדי"ק מנותקים, אפילו כחוט השערה.

ט. כשאין רווח ניכר בין שתי תיבות ותינוק קוראן כאחת (אך אם יש אות סופית בתיבה הראשונה יש להקל בשעת הדחק), או להפך, כשיש רווח בתוך תיבה ותינוק קוראה כשתי תיבות.

25 נוהגים לברך את העולה, ולעתים מוסיפים ברכה ייחודית לחולה, ליולדת, לבר־מצווה וכד׳.

26 לאחר קריאת התורה אומרים קדיש. בזמן הגאונים היו שנהגו לומר את הקדיש מיד לאחר הקריאה, והיו שנהגו לאומרו לאחר החזרת ספר התורה להיכל (שני המנהגים מובאים בסדר רב עמרם גאון). כיום נוהגים שבשבתות ובימים טובים אומרים קדיש לפני עליית המפטיר, שאינו ממניין הקרואים – כדי להפסיק בין הקריאה שחייבים בה לקריאתו (שו״ת הר״י ן׳ מגאש, פט; או״ז ח״ב, מז, בשם ספר המקצועות); בקריאת התורה בשחרית של חול, בראש חודש ובחול המועד אומרים קדיש לאחר שהעולה האחרון בירך את הברכה שאחר הקריאה; ובמנחה של שבת, של יום הכיפורים ושל תעניות ציבור דוחים את הקדיש עד לאחר הכנסת ספר התורה כדי להסמיך לקדיש את תפילת העמידה (׳לבוש׳ רצב, א).

27 את הקדיש הזה אומר שליח הציבור (טור, קמט), כלומר, הקורא בתורה (ראה שו״ע קמא, ב); ויש הנוהגים שאם העולה האחרון אבל או שיש לו יום זיכרון – הוא אומר את הקדיש (׳שערי אפרים׳ י, ט); ויש הנוהגים שבכל מקרה האבל אומר את הקדיש (׳שדי חמד׳, מערכת אבלות קסג בשם ׳אגודת אזוב מדברי׳ ע״פ גרסה בתשב״ץ ח״ג, קעא).

מפטיר

28 בשבתות ובימים טובים לאחר אמירת הקדיש אדם נוסף עולה למפטיר (שבה״ל עט בשם הראב״ד). בשבתות המפטיר קורא את הפסוקים האחרונים של פרשת השבוע, פרט לשבתות מיוחדות שקורא בהן עניין השייך לאותה שבת. המפטיר יכול להיות כוהן, לוי או ישראל.

29 לאחר שסיים את קריאת המפטיר, קורא את ההפטרה, שהיא קטע מספרי הנביאים המתאים מבחינת התוכן לפרשה שנקראה, או לתקופה בשנה. מעיקר הדין יש לקרוא בהפטרה עשרים ואחד פסוקים, אך נוהגים לקצר אם עניין ההפטרה מסתיים קודם לכן (מגילה כג ע״א).

30 העולה למפטיר קורא את ההפטרה עצמה, אך אם אינו יודע לקרוא, שליח הציבור קוראה עבורו (רמ״א רפד, ד). יש שכתבו שמוטב לקרוא את ההפטרה מקלף (משנ״ב שם, א); אך ברוב בתי הכנסת לא נהגו להקפיד על כך. ויש שכתבו שמוטב לקרוא את ההפטרה מתוך ספר נביא שלם (יחו״ד ה, כו).

31 קודם שקורא את ההפטרה (המפטיר או שליח הציבור), מברך עליה ״אשר בחר בנביאים טובים״. ואחריה מברך ארבע ברכות (ע״פ מסכת סופרים פי״ג ה״ח-ה״יג): הראשונה על קיום דברי הנבואה שנאמרו בהפטרה (ספר המנהיג), ושלוש האחרות על הגאולה, על ביאת המשיח ועל קדושת היום. יש מהראשונים שכתבו ששלוש הברכות האלה אינן קשורות להפטרה במישרין אלא הן ברכות שבח והודאה (רא״ה, ברכות מו ע״ב).

32 בקהילות הספרדים יש הנוהגים להוסיף אחר ההפטרה את הפסוק ״גואלנו ה׳ צבאות שמו קדוש ישראל״, בגלל הברכות שלאחר מכן המדברות על הגאולה (׳כתר שם טוב׳, הפטרה כח), או כדי לסיים את קריאת ההפטרה בדברי נחמה.

33 יש שאינם גורסים את המילה ״ורחמן״ בברכה הראשונה שאחר ההפטרה, כיוון שברכה זו מדברת על הנאמנות, והרחמים הם מעניין הברכה השנייה (וכן במחז״ו, קסו). אך בסידור קרקוב שנ״ז הוסיפו מילה זו, מכיוון שכל הברכות מסתיימות בעניין הברכה הבאה; וכן ברוב הסידורים הנדפסים. מנהג חב״ד להוסיף לברכה השנייה ״ולעלובת נפש תושיע ותשמח במהרה בימינו״, וכן נהג רי״ד סולובייצ׳יק.

34 גרסת הראשונים בברכה השנייה שלאחר ההפטרה הייתה ״ולעגומת נפש תנקום נקם במהרה בימינו״, ומחמת הצנזורה שונתה הגרסה ל״ולעלובת נפש תושיע במהרה בימינו״.

35 בשבתות שקוראים בהן מפטיר מיוחד (שבת חול המועד, שבת ראש חודש, שבת חנוכה, ארבע פרשיות, ׳פורים משולש׳ בירושלים) וכן בימים טובים מוציאים שני ספרי תורה. בראשון קוראים לשבעה קרואים ואומרים חצי קדיש. ומנהג בני אשכנז להניח את הספר השני על הבימה קודם הקדיש, ואחר הקדיש מגביהים את הספר הראשון. לאחר מכן המפטיר קורא מעניין היום בספר השני, ומנהג הספרדים לומר שוב חצי קדיש (ב״י רפב בשם הריב״ש, וראה ספר המכריע, לא). אחר כך קוראים את ההפטרה. בשבתות מיוחדות שבהן מוציאים שלושה ספרי תורה, קוראים לשישה קרואים בספר הראשון ואין אומרים חצי קדיש אחר הספר הראשון אלא אחר השני, לאחר שעלו שבעת העולים שהם חובת היום. ולמנהג הספרדים אומר שוב חצי קדיש אחר הקריאה בספר השלישי (שם).

אוצר לעזי רש"י
תרגום הלעזים בפירוש רש"י על התורה

משה קטן

פרק ופסוק	מילה לועזית	פירוש בעברית
א, ב	אישטורדישו"ן	עילפון, הלם, מבוכה
א, ב	אקוביטי"ר	לכסות
א, יא	אירבידי"ץ	מעשב, מכלול העשבים
א, כד	קוננמוברי"ש	רוחשים
א, כז	קוי"ן	מטבע (הצורה הטבועה באסימון)
ג, כד	למ"א	להב
ד, יח	ניישטר"א	להיוולד (גם ללדת)
ד, יח	אניינדרי"ר	להוליד
ד, כג	נברידור"א	פצע
יא, ג	אפריילייי"ר	להיכון
יא, ג	טיולי"ש	רעפים
יד, יד	ארמי"ר	לצייד בנשק
יד, יד	איניציי"ר	לחנוך
טו, ב	דישאנפנטי"ץ	חסר ילדים
יט, ט	טרי"י טי"י ד"י נו"ש	משוך את עצמך ממנו
יט, יז	אישמוציי"ר	להיחבא, להינצל
יט, כח	טורק"א	לפיד, אבוקה
כ, טז	אישפרובי"ר	לבחון
כב, ג	פינדר"א	לחטוב, לבקע
כג, יג	דונא"י	נתתי
כג, טז	צינטינייר"ש	משקלים של מאה מידות, מטבעות של מאה
כד, יד	אפרובי"ר	להראות בבירור

כד, יז	הומי"ר	לגמוא (לבלוע מתוך שאיפה)
כה, כא	אינקריישמיני"ט	ריבוי
כה, כה	פלוקייד"א	אריג צמרי
כו, יד	אובריינ"א	מכלול העבודות
כו, כא	נוישימינ"ט	נזק
כט, יז	קונפ"ש	מחוגה
כט, כז	שייטיינ"א	קבוצה של שבעה
ל, כ	הירבירייריא"ה	אירוח, לינה
ל, לב	פוינטור"א	ניקוד
ל, לז	טרינבל"א	צפצפה רעדנית
ל, לז	קולדר"א	אלסר
ל, לז	קשטיניי"ר	עץ ערמון
לא, י	פיישי"ד	מנומש
לא, לד	בשטי"ל	אוכף
לא, לז	אפרובי"ר	לברר
לג, י	אפיימינ"ט	פיוס
לג, יא	שלודי"ר	לשאול בשלום
לג, יא	מו"ן שלו"ד	שאילת שלומי
לג, יג	אינפנטיי"ש	שיש להן ולדות
לז, ב	פרלידי"ץ	דיבה, רכילות
לז, כה	אשטורוזיה	פירוש מילה זו לא נתברר
לח, טז	דישטולי"ר	לסטות
מ, א	פישטו"ר	אופה (המייצר פת)
מ, י	וידי"ץ	ענף גפן
מ, י	אישפני"ר	להנץ, להתפתח
מ, טז	אובלידי"ש	רקיקים
מא, ב	מריש"ק	בִּיצה
מא, ג	טינבי"ש	דקות
מא, ה	טודי"ל	צינור, גבעול
מא, ה	שייני"ש	בריאות
מא, ו	השלידי"ש	שרופות, מיובשות, שזופות
מא, ו	ביש"א	רוח חזקה, קרה ויבשה
מא, ז	שייני"ש	בריאות
מא, יד	פוש"א	חפירה
מא, טו	אינטינדר"א	להבין
מא, יט	בלושי"ש	מחוסרות
מא, מ	גרנישו"ן	ציוד, צידה, אספקה
מג, יא	פשטקיא"ס	בוטנים / פיסתקים
מג, טז	דישני"ר	ארוחת צהריים
מד, ב	מדירנ"א	כוס ארוכה עשויה עץ משויש (כוס הדורה)

מה, ב	מיישניד"א	בני הבית
מז, ז	שלודי"ר	לשאול בשלום
מח, ז	קרואיד"א	מלוא מחרשה (מה שמחרשה מספיקה לחרוש במשך יום)
מט, ו	אישיריטי"ר	לכרות את גידי השוק
מט, יא	קורייד"א	עריס (שורה של גפנים המודלות על גדר והן יוצרות מעין סוכה)
מט, יג	מרק"א	גבול, ספר
מט, יט	טרצי"ש	עקבות
מט, כו	אשומיי"ל	גבול

מִספרים בספר בראשית

פרשה	פסוקים	מילים	אותיות	מצוות
בראשית	146	1931	7235	1
נח	153	1861	6907	0
לך לך	126	1686	6336	1
וירא	147	2085	7862	0
חיי שרה	105	1402	5314	0
תולדות	106	1432	5426	0
ויצא	148	2021	7512	0
וישלח	*153	1976	7458	1
וישב	112	1558	5972	0
מקץ	146	2022	7914	0
ויגש	106	1480	5680	0
ויחי	85	1158	4448	0
ספר בראשית	1533	20612	78064	3

* הפסק באמצע פסוק - יש המונים הפסק זה כפסוק נוסף.

צמחים בספר בראשית

זֹהר עמר

עֲשֵׂה לְךָ תֵּבַת עֲצֵי־גֹפֶר (פרשת נח ו, יד)

מימין: עץ ערער. משמאל: קורות ערער

גֹּפֶר ישנה מחלוקת באשר לזיהויו של העץ, אך קיימת הסכמה שמדובר בעץ עמיד במים המתאים בתכונותיו לבניית אניות, וככל הנראה מדובר בעץ מחטני. מסתבר ביותר שהוא אחד ממיני הערער (*Juniperus*) המכונה ביוונית בשם 'קדרוס', מעין תרגומו של אונקלוס.

וַיִּטַּע אֶשֶׁל בִּבְאֵר שָׁבַע (פרשת וירא כא, לג)

אשל

אֶשֶׁל קיימות כמה אפשרויות לזיהוי העץ: שם קיבוצי כללי לעצים או לאילן גדול. מקובלת גם הפרשנות שמדובר בשם ספציפי לעץ המכונה גם בימינו בשם אשל (*Tamarix*) ובערבית בשם את'ל. מתאים ביותר לתיאור המקראי – אשל הפרקים (*T. aphylla*).

וַיֵּלֶךְ רְאוּבֵן בִּימֵי קְצִיר־חִטִּים וַיִּמְצָא דוּדָאִים בַּשָּׂדֶה וַיָּבֵא אֹתָם אֶל־לֵאָה אִמּוֹ (פרשת ויצא ל, יד)

מימין: פריחה. משמאל: פירות

דוּדָאִים כמעט כל הפירושים הקדומים מצביעים על הדודא הרפואי (*Mandragora officinarum*). זהו צמח בר רב־שנתי ממשפחת הסולניים, בעל שושנת עלים ושורש שיפודי מפותל. הקדמונים ראו בו צורת אדם וייחסו לו סגולות פריון (בפירושי אבן עזרא ורמב"ן לתורה). פירותיו מבשילים בתחילת הקיץ, צבעם כתום והם בעלי ריח נעים (שיר השירים ז, יד).

מקלות יעקב

וַיִּקַּח-לוֹ יַעֲקֹב מַקַּל לִבְנֶה לַח וְלוּז וְעַרְמוֹן וַיְפַצֵּל בָּהֵן פְּצָלוֹת לְבָנוֹת מַחְשֹׂף הַלָּבָן אֲשֶׁר עַל-הַמַּקְלוֹת (פרשת ויצא ל, לז)

מימין: לבנה רפואי, משמאל: צפצפה

לִבְנֶה העץ נזכר פעמיים במקרא: כאן, וברשימת העצים שתחתם עבדו עובדי האלילים: "תַּחַת אַלּוֹן וְלִבְנֶה וְאֵלָה כִּי טוֹב צִלָּהּ" (הושע ד, יג). לפי מסורות הזיהוי המוסמכות יותר, מדובר בעץ צפצפה (*Populus sp.*), ונראה שהרטיבו את ענפיו כדי שיהיה אפשר לקלף אותם ביתר קלות. זיהוי נוסף שמקובל בימינו הוא הלבנה הרפואי (*Styrax officinalis*), הנמנה עם מרכיבי החורש הים תיכוני.

ענף אגוז האלסר

לוּז עץ ה'לוז' נזכר כאן, וכן נזכר כשמה הקדום של בית אל (בראשית כח, יט; מח, ג). לפי רוב התרגומים, מדובר בשם נרדף לשקד, ואולם היו פרשנים שסברו שמדובר בעץ אגוז האִלסר (*Corylus avellana*), שאינו גדל בארץ ישראל.

דולב מזרחי

עַרְמוֹן כל התרגומים הקדומים מזהים אותו עם העץ המכונה בימינו דולב מזרחי (*Platanus orientalis*). יש לכך גם אסמכתה אטימולוגית, שכן השם 'ערמון' רומז כנראה על תכונתו – התקלפותו מקליפת העץ מדי שנה בשנה, מותירה אותו עירום, כביכול. זיהוי הערמון עם עץ הקסטניה (*Castanea sativa*) מאוחר, והתקבע בטעות בלשון העברית המודרנית.

אלה ארץ ישראלית

וַיִּתְּנוּ אֶל־יַעֲקֹב, אֵת כָּל־אֱלֹהֵי הַנֵּכָר... וַיִּטְמֹן אֹתָם יַעֲקֹב, תַּחַת הָאֵלָה (פרשת וישלח לה, ד)

אֵלָה האלה מזוהה עם עצי ה־*Pistacia sp*, ובהקשר של פסוק זה הכוונה היא לאלה הארץ ישראלית (*P. palaestina*). מדובר בעץ הנפוץ באזור ההר הים תיכוני, שיוצר עם האלון המצוי יחד חברת צומח מרכזית. יש מהם עצים שיכולים להגיע לגודל עצום, ולכן במקרא הם היו נקודות ציון בולטות, שמתחתם התנהל פולחן אלילי (הושע ד, יג). יעקב, אפוא, טומן באופן סמלי את האלילים מתחת לעץ שייצג את הפולחן הכנעני.

אלון מצוי

וַתָּמָת דְּבֹרָה מֵינֶקֶת רִבְקָה, וַתִּקָּבֵר מִתַּחַת לְבֵית־אֵל תַּחַת הָאַלּוֹן (פרשת וישלח לה, ח)

אַלּוֹן הכוונה היא לאלון המצוי (*Quercus calliprinos*) השכיח באזור זה. לעתים היה העץ נקודת ציון לעבודת אלילים (הושע ד, יג), אך בהקשר שלנו יעקב דווקא מקים במקום זה מזבח לה' (בראשית לה, ז). קבורת דבורה תואמת את הנוהג הקדום לקבור אנשים מכובדים בסמוך למקומות קדושים, כפי שקיים עד היום ליד כמה מציוני קברי קדושים. 'אֵלון מורה' (בראשית יב, ו) ו'אֵלוני ממרא' (בראשית יג, יח; יד, יג; יח, א) הם שמות מקומות שבהם כנראה נראו עצים גדולים במיוחד. עם זאת, אפשר שבכל המקומות שבהם השם אֵלון מופיע בצירוף בן שתי מילים, הוא כינוי לאזור מישורי, כפי שמופיע במסורת התרגום הארמית.

זמרת הארץ

וְהִנֵּה אֹרְחַת יִשְׁמְעֵאלִים בָּאָה מִגִּלְעָד, וּגְמַלֵּיהֶם נֹשְׂאִים, נְכֹאת וּצְרִי וָלֹט הוֹלְכִים לְהוֹרִיד מִצְרָיְמָה (פרשת וישב לז, כה)

בקבוק בושם עתיק

נְכֹאת לפי מסורות הזיהוי, מדובר בכינוי כללי או ספציפי של סממני בושם או קטורת, אך קשה להצביע על זיהוי חד־משמעי. כל הפירושים המאוחרים שמזכירים, למשל, את החרוב וקדד השרף אינם מבוססים דיים.

אלת המסטיק - מימין: שרף, משמאל: עלווה

צֳרִי מפסוקי המקרא נראה שבעולם הקדום הצרי היה סממן מרפא מפורסם ביעילותו באיחוי שברים ובריפוי פצעים (ירמיהו ח, כב; מו, יא; נא, ח). על פי רוב הפירושים הקדומים, מדובר במין שרף עץ. הזיהוי המסתבר ביותר הוא, שהצרי המקראי הוא שרף המופק מאלה ארץ ישראלית (*Pistacia palaestina*). שרף זה מתואר במקורות הקדומים, ואופן הפקתו אבד בימינו. לפי פירוש אחר, מדובר בשרף אלת המסטיק (*Pistacia lentiscus*), שאחד משמותיה בערבית הקדומה הוא 'צ'רו' (הרמב"ם ואישתורי הפרחי). בתקופת חז"ל השם 'צרי' היה אחד משמותיו של שיח בושם האפרסמון. שיח זה גדל בימיהם כצמח תרבותי רק ביהודה בנאות המדבר החמים, ולא בהרי הגלעד הגבוהים והקרירים.

לוטם

לֹט פרשנויות רבות ניתנו לזיהוי הצמח. הקדומות שבהן תמימות דעים, שמדובר בשרף של צמח ששימש לבושם או לרפואה. הזיהוי המקובל בימינו, אף שאינו מבוסס דיו, הוא שרף המופק מהלוטם הכרתי (*Cistus creticus*), תת־מין של הלוטם השעיר הגדל בר בארץ ישראל.

אלה אמתית

פירות העץ הבשלים (פסטק)

קְחוּ מִזִּמְרַת הָאָרֶץ בִּכְלֵיכֶם, וְהוֹרִידוּ לָאִישׁ מִנְחָה, מְעַט צֳרִי וּמְעַט דְּבַשׁ, נְכֹאת וָלֹט, בָּטְנִים וּשְׁקֵדִים (פרשת מקץ מג, יא)

נוסף על הסחורה שהוליכו הישמעאלים, נשאו בני יעקב מצרימה שלושה מינים נוספים: דבש, בטנים ושקדים.

בָּטְנִים לפי כל מסורות הזיהוי, מדובר בעץ מהסוג אלה (*Pistacia*). התוספת של התרגום הארמי שמדובר בשמן האלה ('משח דבוטנין') מחזקת את ההנחה שהמקרא מתכוון לפירות האלה הארץ ישראלית (*P. palaestina*) הידועה בערבית בשם 'בֻּטם'. עץ בר זה הוא מרכיב מרכזי בחורש הים תיכוני, ואינו מצוי במצרים. הוא מניב פירות שאפשר לאכלם בקלייה, ובעת העתיקה נחשב השמן המופק מהם למשובח. הזיהוי עם האלה האמתית (*P. vera*) הידועה בשם 'פסתק' מופיע רק מתקופת חז"ל ואילך, כאשר נלמדה הטכניקה של גידולה התרבותי באמצעות הרכבה. אגוזי האדמה (*Arachis hypogaea*), הנקראים בימינו בטעות 'בוטנים', מקורם בעולם החדש.

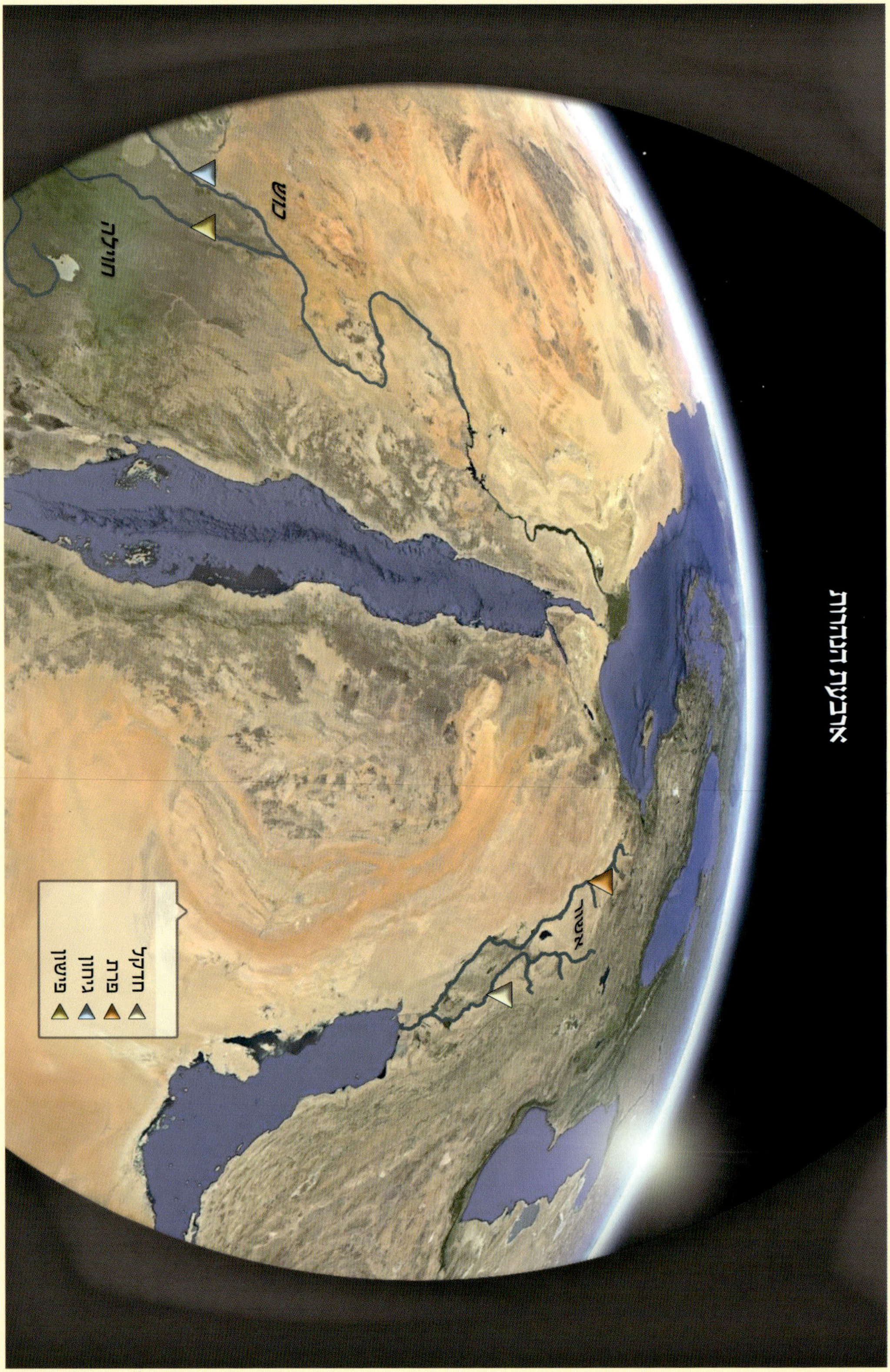

GoogleEarth - Data SIO, NOAA, U.S. Navy, NGA GEBCO

מושבות צאצאי נח

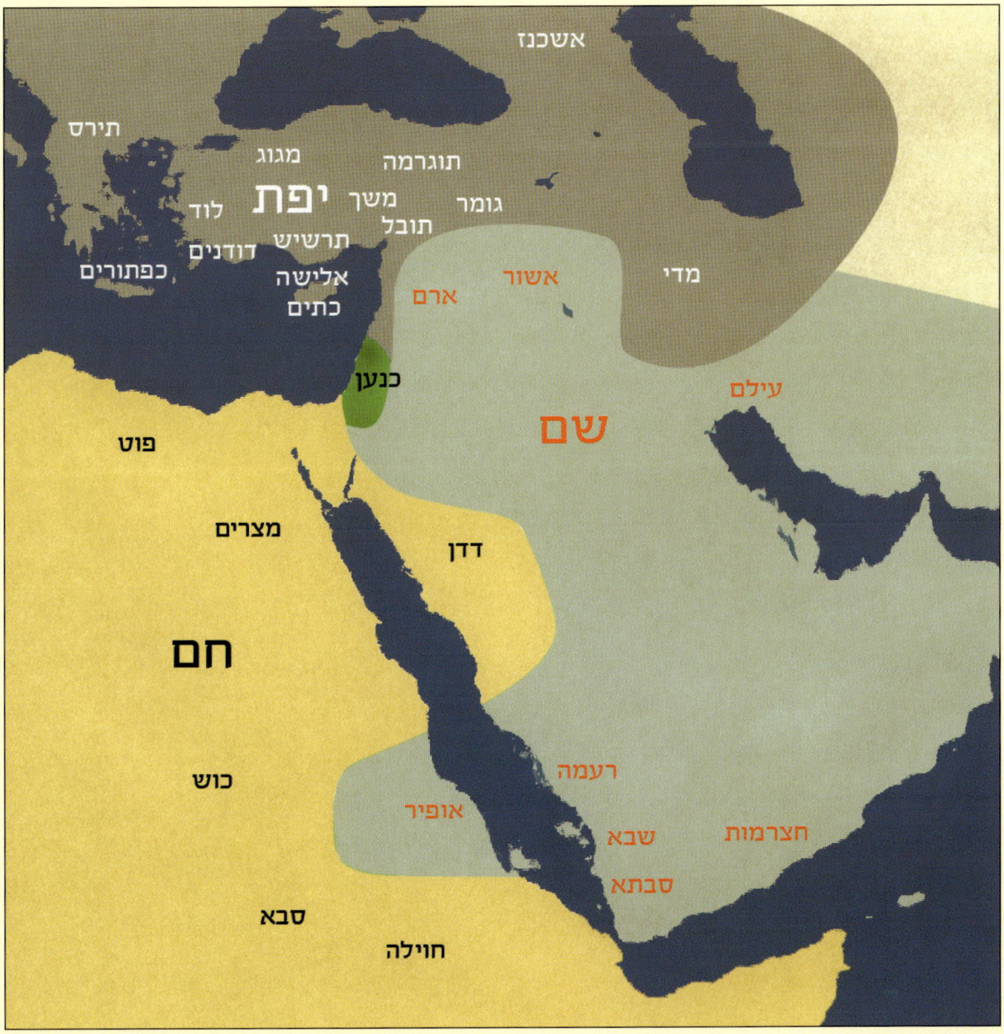

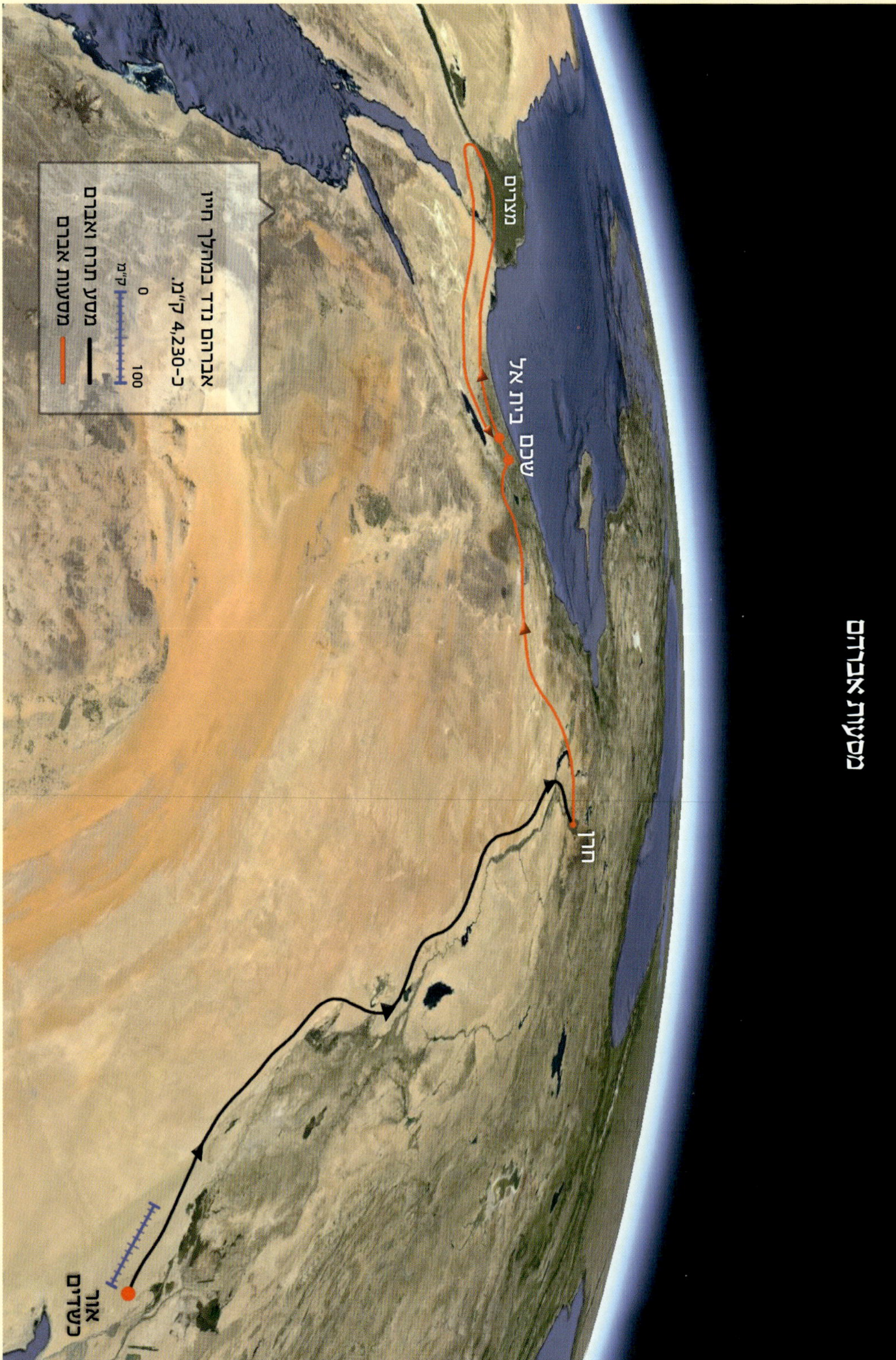

GoogleEarth – Data SIO, NOAA, U.S. Navy, NGA GEBCO

GoogleEarth - Data SIO, NOAA, U.S. Navy, NGA GEBCO

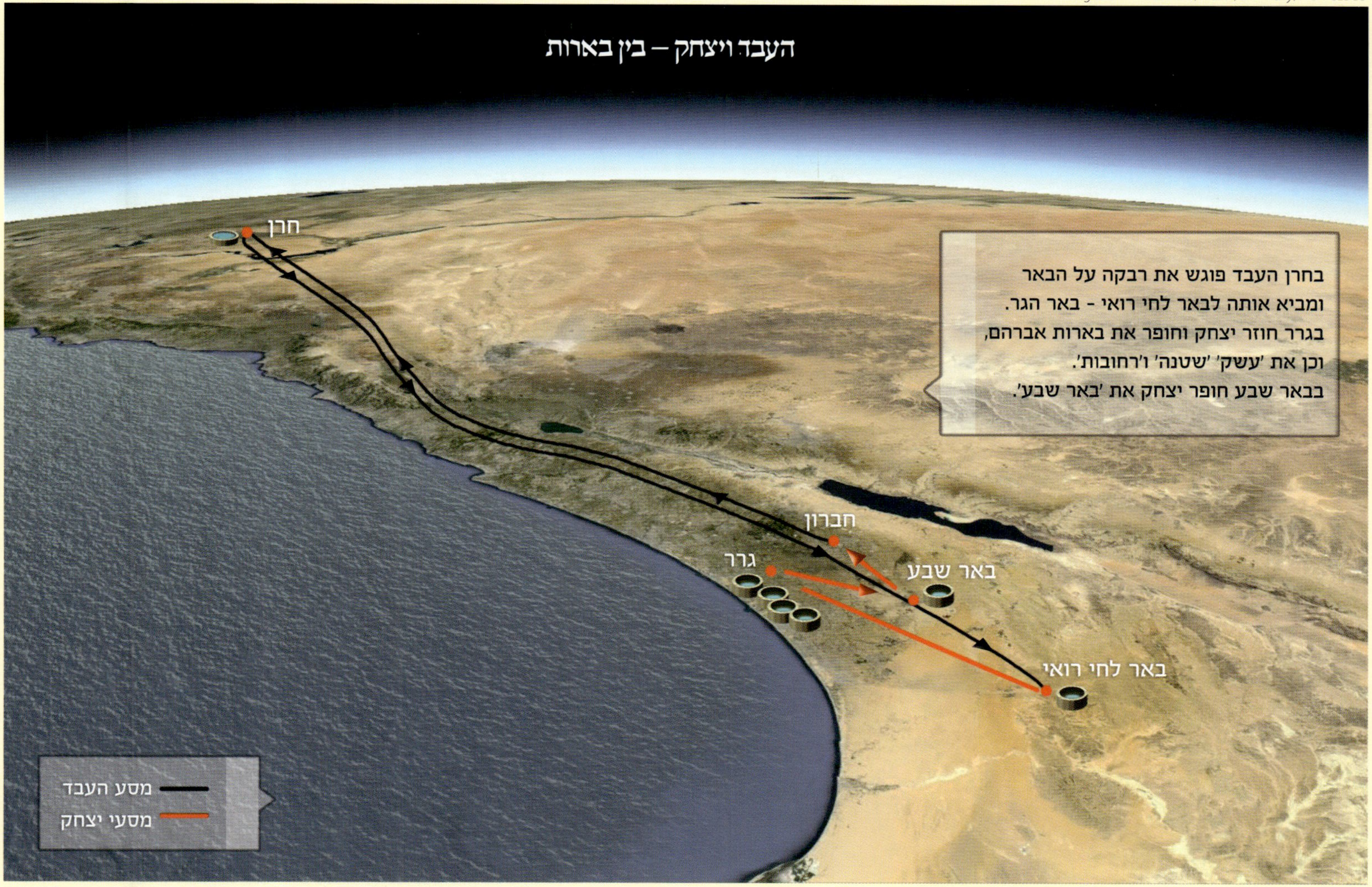

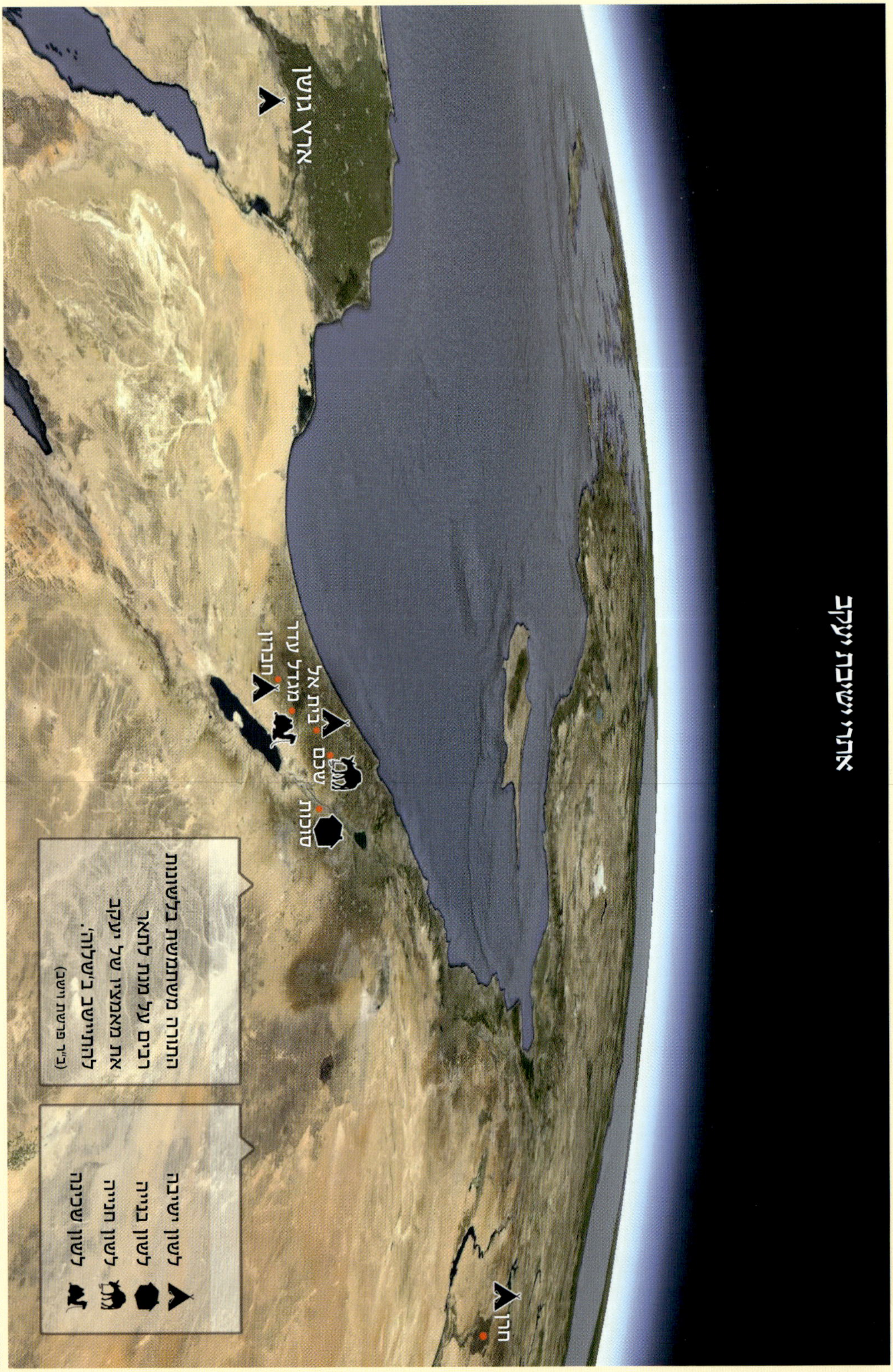

GoogleEarth - Data SIO, NOAA, U.S. Navy, NGA GEBCO

GoogleEarth - Data SIO, NOAA, U.S. Navy, NGA GEBCO

מסעות האבות בארץ כנען

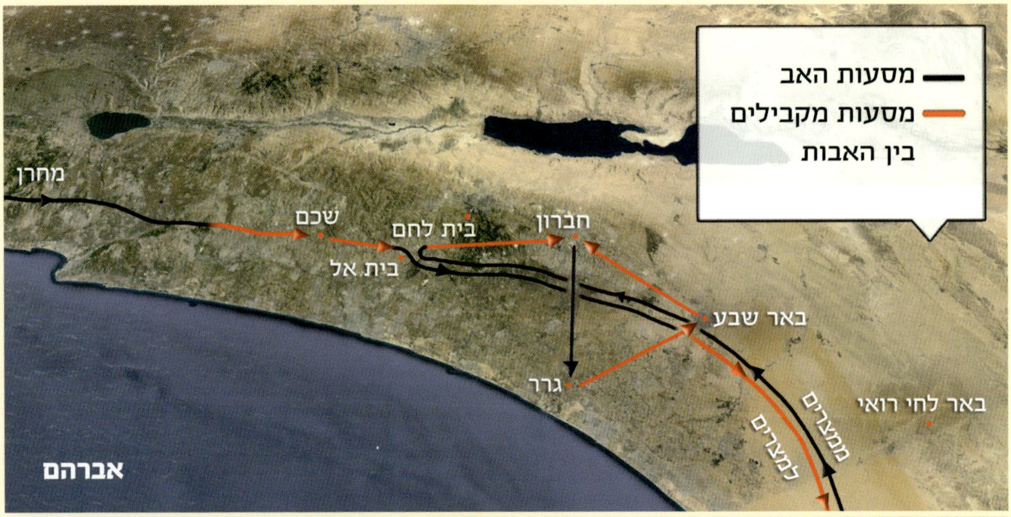

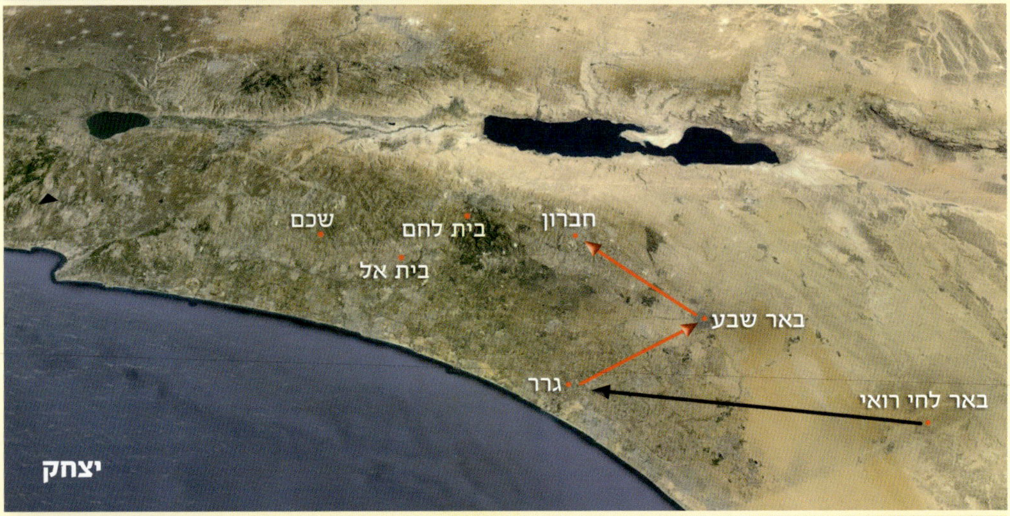

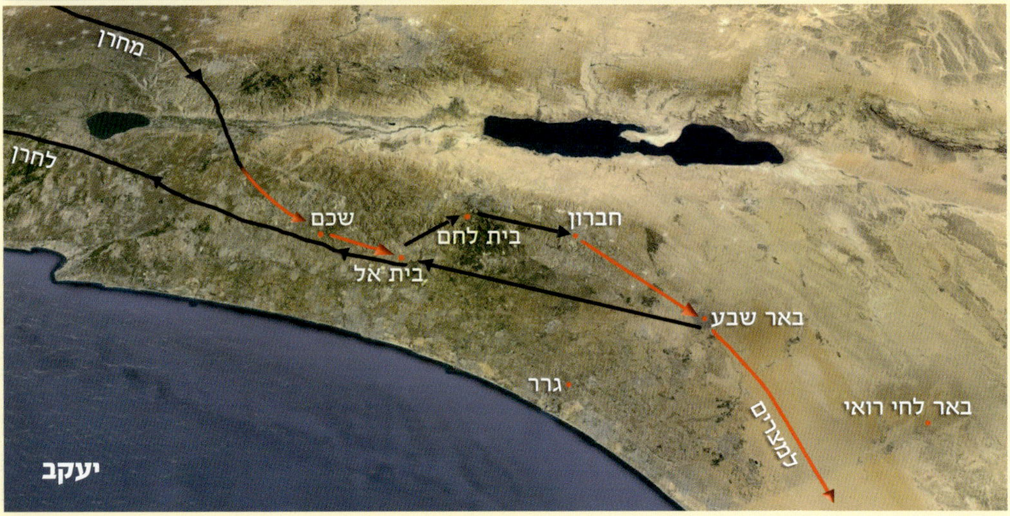

GoogleEarth - Data SIO, NOAA, U.S. Navy, NGA GEBCO

משך זמן המבול

דתניא: "בשנת שש מאות שנה... בשבעה עשר יום לחדש"
רבי יהושע אומר אותו היום שבעה עשר באייר היה...
רבי אליעזר אומר אותו היום שבעה עשר במרחשון היה...
(ראש השנה יא ע"ב, עיין גם ע"א)

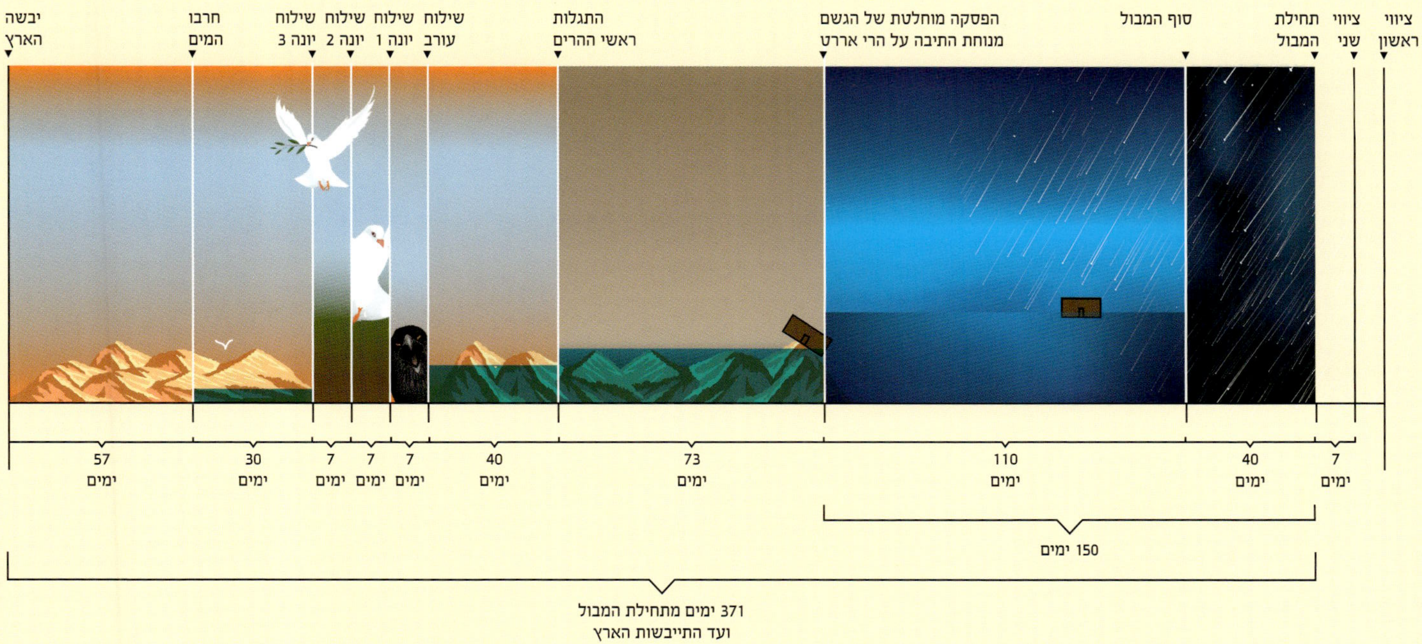

צאצאי תרח למשפחותיהם

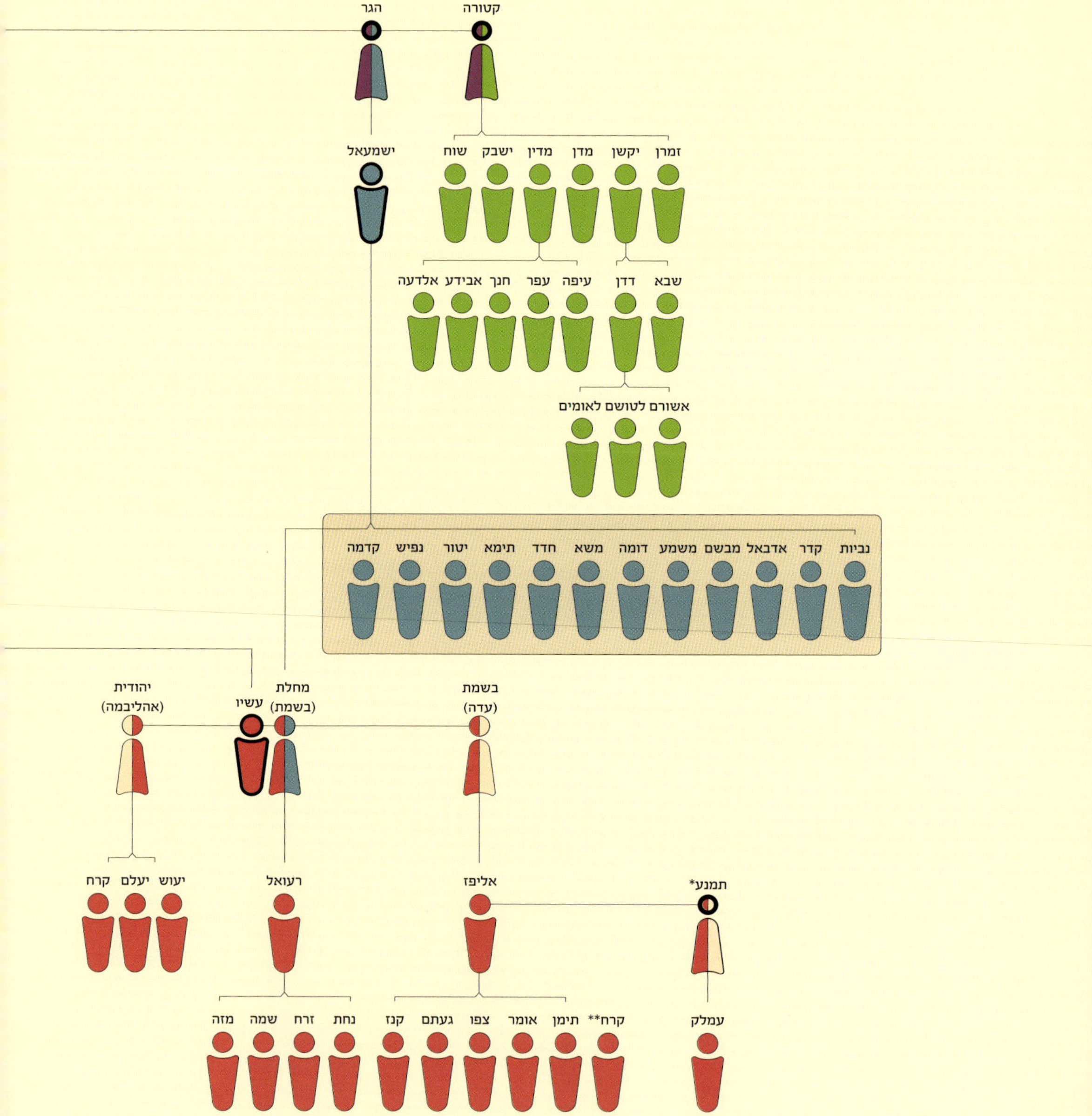

תרשימים

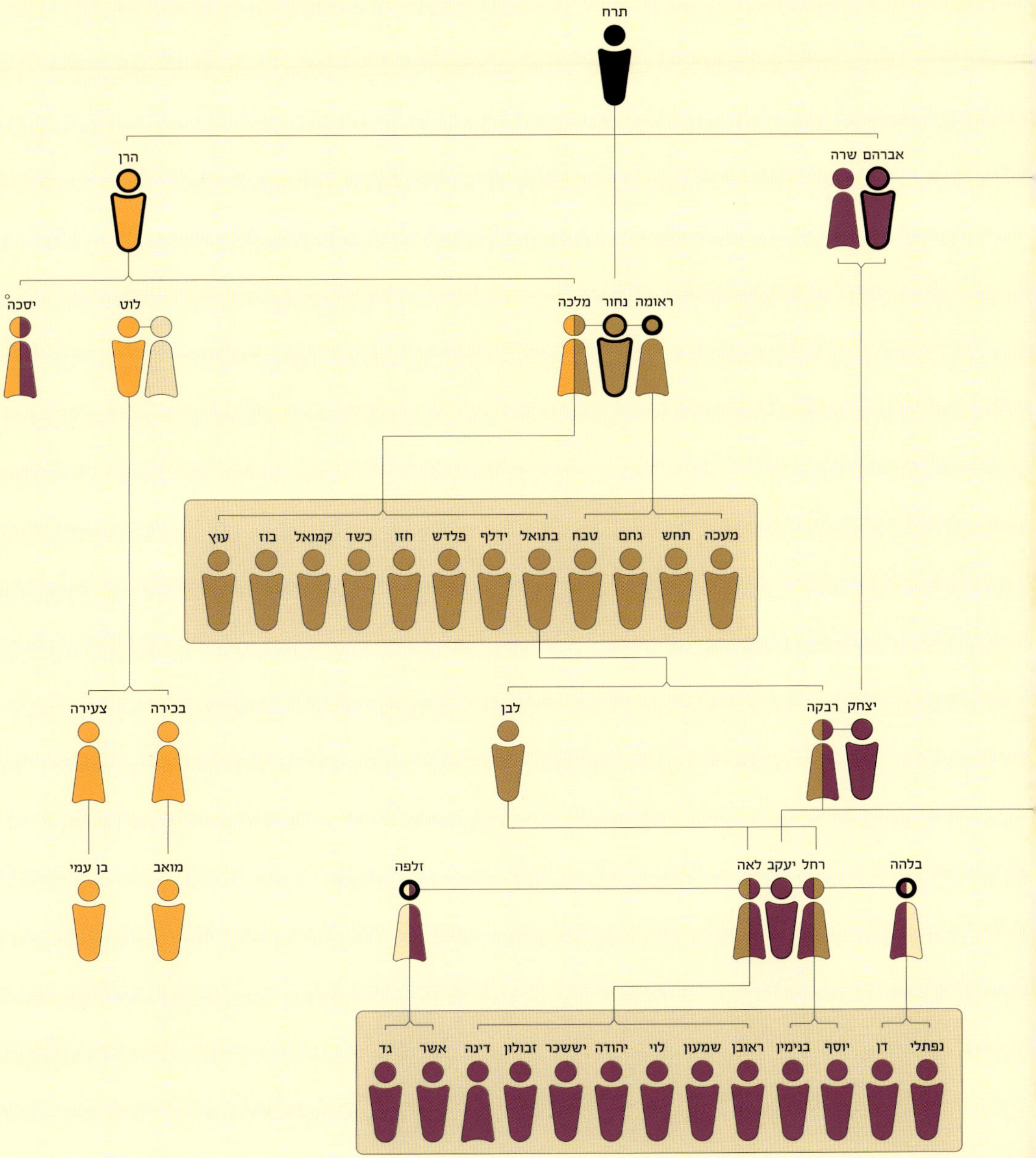

להרחבה בתרשים, עיין באתר ההוצאה, במדור 'אודות'.

° "וגם אמנה אחתי בת אבי הִוא אך לא בת אמי ותהי לי לאשה" - (בראשית כ, יב).
עיין במסכת מגילה יד ע"א: "אמר ר' יצחק: יסכה זו שרה".

* בדברי הימים א' א, לו - תמנע נמנית עם בני אליפז, עיין בתנחומא וישב א.

** קרח נמנה עם אלופי אליפז אך לא עם בניו. עיין בבראשית רבה פב, יב.

תקופת האבות

(שנים על פי רש"י)

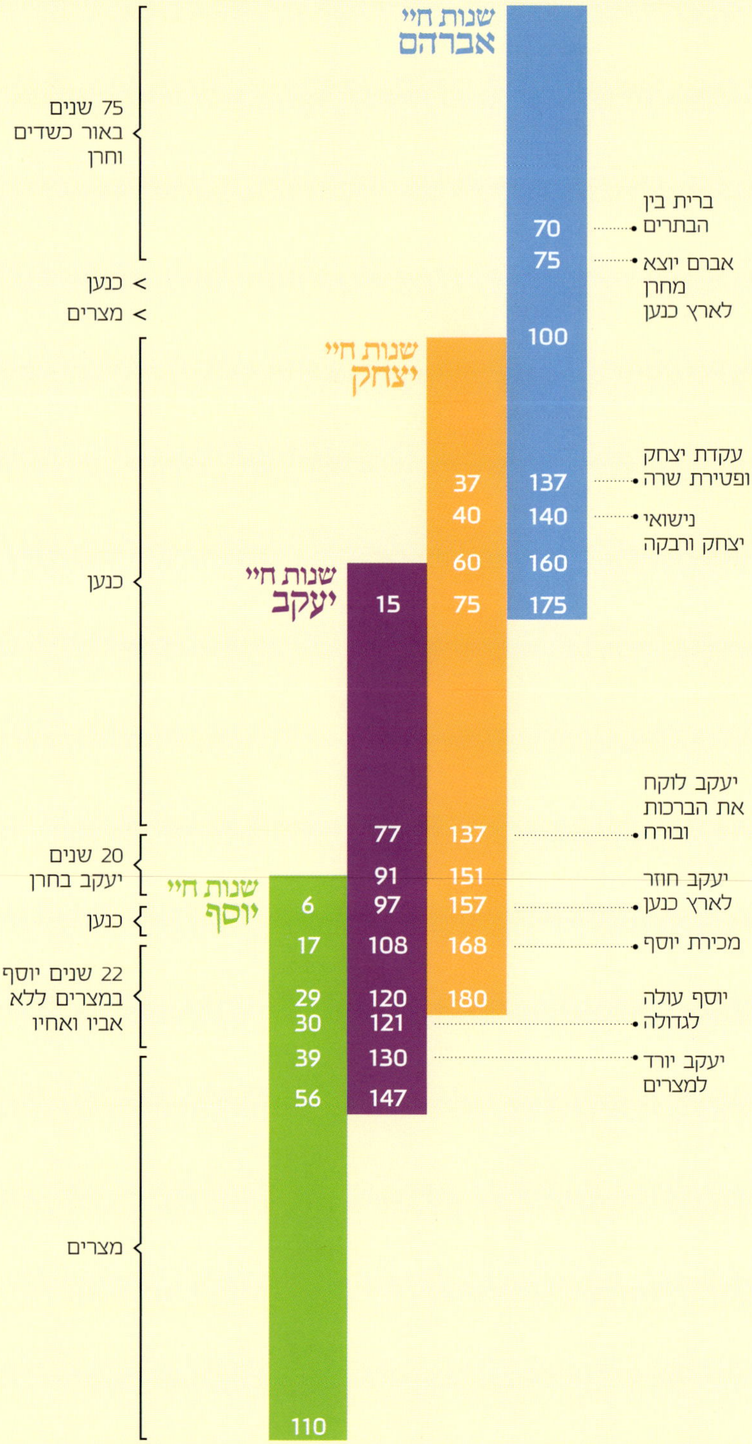